150 Jahre Kohlhammer
Deutscher Gemeindeverlag

Schriftenreihe
Verwaltung in Praxis und Wissenschaft (vpw)

Allgemeines Verwaltungsrecht

mit Sozialverwaltungsverfahren, Bescheidtechnik, Verwaltungsvollstreckung und Rechtsschutz

von

Prof. Dr. Harald Hofmann

Prof. Dr. Jürgen Gerke

Prof. Dr. Uta Hildebrandt

unter Mitarbeit von

Oberregierungsrat Christian Olthaus

alle Fachhochschule für öffentliche Verwaltung Nordrhein-Westfalen

11. überarbeitete Auflage

Kohlhammer

Deutscher Gemeindeverlag

11. Auflage 2016

Gesamtherstellung: W. Kohlhammer GmbH, Stuttgart

Print:
ISBN 978-3-555-01872-0

E-Book-Formate:
pdf: ISBN 978-3-555-01873-7
epub: ISBN 978-3-555-01874-4
mobi: ISBN 978-3-555-01875-1

Vorwort zur 11. Auflage

Bei der völligen Überarbeitung zur aktuellen Neuauflage haben wir als zusätzliche Autorin Frau Prof. Dr. Uta Hildebrandt für unser Autorenteam gewinnen können. In der vorliegenden Auflage konnten Gesetzgebung, Rechtsprechung und wissenschaftliche Literatur bis April 2016 berücksichtigt werden. Die teilweise Wiedereinführung des früher in einigen Bundesländern abgeschafften Widerspruchsrechts wurde berücksichtigt.

Das Buch orientiert sich weiterhin an dem bisherigen Konzept, der Leserschaft das Allgemeine Verwaltungsrecht unter besonderer Berücksichtigung prüfungsrelevanter Themen und für die Praxis wichtiger Fragen darzustellen. Neben anderen wichtigen Bereichen des Allgemeinen Verwaltungsrechts konnten auch die oft vernachlässigten Themen „Sozialverwaltungsverfahren“ und „Bescheid“ das Gewicht finden, das ihnen in Ausbildung, Prüfung und Praxis zukommt. Die umfassende Bearbeitung des neuen Abschnitts zum Sozialverwaltungsverfahren durch Herrn ORR Christian Olthaus orientiert sich an der Modulbeschreibung der FHöV-NRW, insbesondere mit den klausurrelevanten Themen Erstattungsanspruch und Ersatzanspruch.

Wie in den Vorauflagen, erlauben wir uns folgendes Zitat – zum Wissenschaftsbetrieb im Allgemeinen und im Besonderen zu dem von den Autoren erfahrenen Spannungsverhältnis zwischen den Zielen „Umfangbegrenzung“ und „Tiefe der Darstellung“:

> „Die Wissenschaft, sie ist und bleibt,
> was einer ab vom andern schreibt.
> Doch trotzdem ist, ganz unbestritten,
> sie immer weiter fortgeschritten.
> Der Leser, traurig aber wahr,
> ist häufig unberechenbar:
> Hat er nicht Lust, hat er nicht Zeit,
> dann gähnt er: „Alles viel zu breit!“
> Doch wenn er selber etwas sucht,
> was ich, aus Raumnot, nicht verbucht,
> wirft er voll Stolz sich in die Brust:
> „Aha, das hat er nicht gewusst!“
> Man weiß, die Hoffnung wär’ zum Lachen,
> es allen Leuten recht zu machen.“
> (Eugen Roth, Großes Tierleben, Vorwortgedicht „Zum Geleit“, 3. + 4. Absatz)

Weiterhin sind Anregungen und Verbesserungsvorschläge sehr willkommen; sie werden berücksichtigt, selbst wenn sie sich nicht unmittelbar im Text der nachfolgenden Auflage niederschlagen. Die Anschrift lautet: Name des Autors, c/o Fachhochschule für öffentliche Verwaltung NRW, Abteilung Köln, Postfach 13 02 28, 50496 Köln.

Köln, August 2016

Prof. Dr. Harald Hofmann/Prof. Dr. Jürgen Gerke/
Prof. Dr. Uta Hildebrandt

Zu den Autoren:

Nach dem Studium in Bonn und München war **Prof. Dr. Harald Hofmann** bei der Bezirksregierung Münster tätig. Inzwischen lehrt und forscht er an der Fachhochschule für öffentliche Verwaltung NRW, Abteilung Köln, in den Fächern Allgemeines Verwaltungsrecht und Kommunalrecht.
Er berät seit mehr als 10 Jahren Kommunal-, Regional- und Staatsverwaltungen in Deutschland und in Ost- und Südosteuropa im Rahmen von Verwaltungsreformprozessen.
Einer seiner Forschungsschwerpunkte ist das Thema „Online-Partizipation" (Kooperation mit der Universität Düsseldorf im Rahmen eines mit Landesmitteln geförderten „Fortschrittskollegs"). Ein weiterer Forschungsschwerpunkt ist das chinesische Verwaltungsrecht (Forschungskooperation mit der Verwaltungshochschule in Peking – „Beijing Administrative College", BAC).
Außerdem ist er Mitautor der Bücher „Hofmann/Theisen/Bätge, Kommunalrecht in NRW", z.Zt. 16. Auflage und „Hofmann/Beckmann, Praktische Fälle aus dem Kommunalrecht", z.Zt. 11. Auflage.

Nach seiner Ausbildung für den gehobenen Verwaltungsdienst, Abitur am staatl. Abendgymnasium in Hannover und Studium in Göttingen war **Prof. Dr. Jürgen Gerke** als Richter in der niedersächsischen Justiz tätig. Inzwischen lehrt er an der Fachhochschule für öffentliche Verwaltung NRW, Abteilung Köln. In seiner Freizeit nimmt er einige ehrenamtliche Tätigkeiten wahr, z. B. als Schiedsmann, Rettungshelfer im DRK und bereitet sich auf den einen oder anderen Marathonlauf vor.
Jürgen Gerke ist seit vielen Jahren Lehrbeauftragter an der Deutschen Universität für Verwaltungswissenschaften in Speyer, Arbeitsgemeinschaftsleiter für (juristische) Referendare und Mitglied im Prüfungsausschuss für den höheren Verwaltungsdienst NRW. Er berät Gemeinden über Korruptionsprävention. Sein Lehrbuch „Strafrecht mit Bezügen zum Strafverfahrensrecht" ist in der 4. Auflage im gleichen Verlag erschienen.

Nach einem Studium der Rechtswissenschaften an den Universitäten Augsburg und Heidelberg wurde **Prof. Dr. Uta Hildebrandt** 1999 mit einer Arbeit zu Verfassungsfragen des Religionsunterrichts an der Martin-Luther-Universität Halle-Wittenberg promoviert. Anschließend war sie einige Zeit als Rechtsanwältin in Brüssel und Berlin tätig. 2001 wechselte sie in den Staatsdienst des Landes Berlin und war dort mehrere Jahre in verschiedenen Funktionen in der Senatskanzlei des Landes Berlin beschäftigt. Seit 2010 lehrt sie hauptamtlich an der Fachhochschule für öffentliche Verwaltung NRW, Abteilung Köln, mit Schwerpunkten im Staats- und Verwaltungsrecht.

Christian Olthaus war zehn Jahre im mittleren Polizeivollzugsdienst des Landes NRW tätig, bevor er das Studium der Rechtswissenschaften an der Universität zu Köln begann. Nach dem 1. Staatsexamen arbeitete er am Seminar für Staatsphilosophie und Rechtspolitik der Universität zu Köln als wissenschaftlicher Mitarbeiter, bevor er 2012 sein Assessorexamen ablegte.
Christian Olthaus hat an der Fachhochschule für öffentliche Verwaltung NRW eine Dozentur für „Sozialrecht und Allgemeines Verwaltungsrecht" inne. Daneben ist er stellvertretender Leiter des Masterstudiengangs „Master of Public Management (MPM)" der Fachhochschule für öffentliche Verwaltung NRW.

Zu den Autoren

Anteile an der Bearbeitung:

Abschnitte 1–4 und 7 .... Hofmann
Abschnitte 5–6 und 8–9 .... Hildebrandt
Abschnitte 10 .... Olthaus
Abschnitte 11–18 .... Gerke

Inhaltsverzeichnis

Verzeichnis der abgekürzt zitierten Literatur

Bader/Ronellenfitsch, Verwaltungsverfahrensgesetz, Kommentar 2010
Berlit/Conradis/Sartorius, Existenzsicherungsrecht, 2. Aufl. 2013
Bull/Mehde, Allgemeines Verwaltungsrecht, 9. Aufl. 2015
v. Danwitz, Europäisches Verwaltungsrecht, 2008
Detterbeck, Allgemeines Verwaltungsrecht, 13. Aufl. 2015
Dietlein/Dünchheim, Examinatorium Allgemeines Verwaltungsrecht, 3. Aufl. 2007
Diering/Timme/Waschull, Sozialgesetzbuch X, 4. Aufl. 2016
Eichenhofer/Wenner, SGB I/IV/X, Kommentar, 2012
Eicher, SGB II, Kommentar, 3. Aufl. 2013
Engelhardt/App/Schlatmann, Verwaltungsvollstreckungsgesetz, Verwaltungszustellungsgesetz, 10. Aufl. 2014
Eyermann, Verwaltungsgerichtsordnung, Kommentar, 14. Aufl. 2014
Finke/Haurand/Sundermann/Vahle, Allgemeines Verwaltungsrecht, 10. Aufl. 2006
Fischer/Keller/Ott/Quarch, EU-Recht in der Praxis 2012
Frings/Spahlholz, Das Recht der Gefahrenabwehr in NRW, 3. Aufl. 2011
Grube/Wahrendorf, SGB XII, Kommentar, 5. Aufl. 2014
Gunkel/Hoffmann, Beamtenrecht in NRW, 6. Aufl. 2014
Hentschel/König/Dauer, Straßenverkehrsrecht, 43. Aufl. 2015
Hofmann/Theisen/Bätge, Kommunalrecht in Nordrhein-Westfalen, Fachbuch mit Übungsaufgaben und Lösungen, 16. Aufl. 2015
Hofmann/Beckmann, Praktische Fälle aus dem Kommunalrecht, 11. Aufl. 2016
Hufen/Siegel, Fehler im Verwaltungsverfahren, 5. Aufl. 2013
Knack/Henneke, Verwaltungsverfahrensgesetz, Kommentar, 10. Aufl. 2014
Kopp/Schenke, Verwaltungsgerichtsordnung, Kommentar, 22. Aufl. 2016
Kopp/Ramsauer, Verwaltungsverfahrensgesetz, Kommentar, 16. Aufl. 2015
Linhart, Schreiben, Bescheide und Vorschriften in der Verwaltung, Loseblatt, 2016
Maunz/Dürig, Grundgesetz, Kommentar, Loseblatt, 2016
Maurer, Allgemeines Verwaltungsrecht, 18. Aufl. 2011
Möller/Wilhelm, Allgemeines Polizei- und Ordnungsrecht, 5. Aufl. 2003
Mrozynski, Sozialgesetzbuch I, 5. Aufl. 2014
Münder, Sozialgesetzbuch II, Kommentar, 5. Aufl. 2013
Oberrath, Öffentliches Recht, 5. Aufl. 2015
Pabst, Staats- und Europarecht, 2. Aufl. 2015
Palm/Rohde/Hofmann, Praktische Fälle aus dem Allgemeinen Verwaltungsrecht, 6. Aufl. 2014
Peine, Allgemeines Verwaltungsrecht, 11. Aufl. 2015
Pietzner/Ronellenfitsch, Das Assessorexamen im öffentlichen Recht, 12. Aufl. 2010
Rabe/Pauli/Wenzel, Bau- und Planungsrecht, 7. Aufl. 2014
Redeker/v. Oertzen, Verwaltungsgerichtsordnung, 16. Aufl. 2014
Sauerland, Allgemeines Verwaltungsrecht, 2015
Schlegel/Völzke, juris Online-Kommentar SGB X
Schliesky, Öffentliches Wirtschaftsrecht, 4. Aufl. 2014
Schmalz, Allgemeines Verwaltungsrecht, 3. Aufl. 1998
Schmalz, Verfassungsrecht, 3. Aufl. 2003
Schmalz, Methodenlehre für das juristische Studium, 4. Aufl. 1998
Schoch/Schmidt-Aßmann/Pietzner, Verwaltungsgerichtsordnung, Loseblattkommentar, 2016
Schwacke/Schmidt, Staatsrecht, 5. Aufl. 2007
Schwacke, Juristische Methodik mit Technik der Fallbearbeitung, 5. Aufl. 2011
Schweickhardt/Vondung, Allgemeines Verwaltungsrecht, 9. Aufl. 2010
Sensburg, Staats- und Europarecht, 2014
Stelkens/Bonk/Sachs, Verwaltungsverfahrensgesetz, Kommentar, 8. Aufl. 2014
Tettinger/Wahrendorf, Verwaltungsprozessrecht 4. Aufl. 2015
Theisen/Rohde, Allgemeines Verwaltungsrecht, 13. Aufl. 2014
Treutner, Kooperativer Rechtsstaat, 1998
Wichmann/Langer , Öffentliches Dienstrecht, 7. Aufl. 2013
Wolff/Bachof/Stober/Kluth I, Verwaltungsrecht Bd. I, 13. Aufl. 2016

Verzeichnis der abgekürzt zitierten Literatur

Wolff/Bachof/Stober/Kluth II, Verwaltungsrecht Bd. II, 7. Aufl. 2010
Wolff/Bachof/Stober III, Verwaltungsrecht Bd. II, 5. Aufl. 2004
Wüstenbecker/Sommer, Allgemeines Verwaltungsrecht I, 16. Aufl. 2016
Wüstenbecker, Allgemeines Verwaltungsrecht II, 13. Aufl. 2013
v. Wulffen/Schütze, Sozialgesetzbuch X, 8. Aufl. 2014
Zimmerling/Brehm, Der Prüfungsprozess, 3. Aufl. 2007

Abkürzungsverzeichnis

a. A.	anderer Auffassung
a. a. O.	am angegebenen Ort (= Verweisung auf vorherige Zitierung)
Abs.	Absatz
AcP	Archiv für civilistische Praxis (Zeitschrift)
AEUV	Vertrag über die Arbeitsweise der Europäischen Union
AFG	Arbeitsförderungsreformgesetz (SGB III)
AjS	Arbeitskreis juristische Studienliteratur
aM	anderer Meinung
Anm	Anmerkung
AO	Abgabenordnung
AöR	Archiv des öffentlichen Rechts (Zeitschrift)
Art	Artikel
AT	Allgemeiner Teil
Aufl.	Auflage
AVA	Arbeitsmaterialien zur Verwaltungsausbildung
B	Bund(es) – in Verbindung mit Gesetzesbezeichnung
Bad-Württ.	Baden-Württemberg, baden-württembergisch
BauR	Zeitschrift für das gesamte öffentliche und zivile Baurecht
BAGE	Entscheidungen des Bundesarbeitsgerichts
BauGB	Baugesetzbuch
Bay	Bayern, bayerisch
BayObLG	Bayerisches Oberstes Landesgericht
BayVBl	Bayerische Verwaltungsblätter (Zeitschrift)
BB	Der Betriebs-Berater (Zeitschrift)
BBG	Bundesbeamtengesetz
Bbg	Brandenburg
BDG	Bundesdisziplinargesetz
BDSG	Datenschutzgesetz des Bundes
BeamtStG	Beamtenstatusgesetz
Betr	Der Betrieb (Zeitschrift)
BFH	Bundesfinanzhof
BFHE	Entscheidungen des Bundesfinanzhofs
BGB	Bürgerliches Gesetzbuch
BGH	Bundesgerichtshof
BGHZ	Entscheidungen des Bundesgerichtshofes in Zivilsachen
BGHSt	Entscheidungen des Bundesgerichtshofes in Strafsachen
BImSchG	Gesetz zum Schutz vor schädlichen Umwelteinwirkungen durch Luftverunreinigungen, Geräusche, Erschütterungen und ähnliche Vorgänge (Bundes-Immissionsschutzgesetz)
BSG	Bundessozialgericht
BSGE	Entscheidungen des Bundessozialgerichts
BVerfG	Bundesverfassungsgericht
BVerfGE	Entscheidungen des Bundesverfassungsgerichts
BVerfGG	Bundesverfassungsgerichtsgesetz
BVerwG	Bundesverwaltungsgericht
BVerwGE	Entscheidungen des Bundesverwaltungsgerichts
BVwVfG	Verwaltungsverfahrensgesetz des Bundes
BVwVG	Verwaltungs-Vollstreckungsgesetz des Bundes
BVwZG	Verwaltungszustellungsgesetz des Bundes
BW/BadWürtt.	Baden-Württemberg
bzw.	beziehungsweise
Diss.	Dissertation
DJT	Deutscher Juristentag (Veröffentlichung des DJT)

Abkürzungsverzeichnis

DÖD	Der öffentliche Dienst (Zeitschrift)
DÖV	Die öffentliche Verwaltung (Zeitschrift)
DRV	Deutsche Rentenversicherung
DSG	Datenschutzgesetz
DV	Die Verwaltung (Zeitschrift)
DVBl	Deutsches Verwaltungsblatt (Zeitschrift)
E	Entscheidung in der amtlichen Sammlung des davor genannten Gerichts
EG	Europäische Gemeinschaft (siehe EU)
ESVGH	Entscheidungssammlung des Hessischen und des Baden-Württembergischen VGH
EuGH	Europäischer Gerichtshof
EuDLRL	Europäische Dienstleistungsrichtlinie
EUV	Vertrag über die Europäische Union
f	folgende Seite
FeV	Fahrerlaubnis-Verordnung
ff	folgende Seiten
FGO	Finanzgerichtsordnung
FStrG	(Bundes-) Fernstraßengesetz
FN	Fußnote
FVG	Finanzverwaltungsgesetz
G	Gesetz – in Verbindung mit Gesetzesbezeichnung
GastG	Gaststättengesetz
GemS OGB	Gemeinsamer Senat der obersten Gerichtshöfe des Bundes
GewArch	Gewerbearchiv (Zeitschrift)
GG	Grundgesetz für die Bundesrepublik Deutschland
ggfs	gegebenenfalls
GO	Gemeindeordnung
GoA	Geschäftsführung ohne Auftrag
GVBl	Gesetz- und Verordnungsblatt
GVG	Gerichtsverfassungsgesetz
GWB	Gesetz gegen Wettbewerbsbeschränkungen
Hess	Hessen, hessisch
hM	herrschende Meinung
Hs	Halbsatz
idR	in der Regel
ieS	im engeren Sinn
IFG	Informationsfreiheitsgesetz
iVm	in Verbindung mit
iwS	im weiteren Sinn
JA	Juristische Arbeitsblätter (Zeitschrift)
JR	Juristische Rundschau (Zeitschrift)
Jura	Jura (Zeitschrift)
JuS	Juristische Schulung (Zeitschrift)
JZ	Juristenzeitung (Zeitschrift)
KAG	Kommunalabgabengesetz
KG	Kammergericht (= OLG) Berlin
KJ	Kritische Justiz (Zeitschrift)
L	Land(es) – in Verbindung mit Gesetzesbezeichnung
LBauO	Landesbauordnung
LG	Landgericht
LOG NRW	Landesorganisationsgesetz des Landes Nordrhein-Westfalen
Lit.	Literatur
LS	Leitsatz (einer gerichtlichen Entscheidung)

LVwVfG	Landesverwaltungsverfahrensgesetz
LZG	Landeszustellungsgesetz
MDR	Monatsschrift für Deutsches Recht (Zeitschrift)
mE	meines Erachtens
MRK	Konvention zum Schutze der Menschenrechte und Grundfreiheiten
mwN	mit weiteren Nachweisen
Nds	Niedersachsen, niedersächsisch
NJ	Neue Justiz (Zeitschrift)
NJW	Neue Juristische Wochenschrift (Zeitschrift)
Nr.	Nummer
NRW (NW)	Nordrhein-Westfalen, nordrhein-westfälisch
NWVBl	Nordrhein-Westfälische Verwaltungsblätter
NuR	Natur und Recht (Zeitschrift)
O	Ordnung – in Verbindung mit Gesetzesbezeichnung
OBG	Ordnungsbehördengesetz (Nordrhein-Westfalen)
OLG	Oberlandesgericht
OVG	Oberverwaltungsgericht
OVGE	Entscheidungen der Oberverwaltungsgerichte für das Land Nordrhein-Westfalen in Münster sowie für die Länder Niedersachsen und Schleswig-Holstein in Lüneburg
OWiG	Gesetz über Ordnungswidrigkeiten
P/R	Pietzner/Ronel lenfitsch
PolG	Polizeigesetz
R	Recht
RdNr.	Randnummer
RG	Reichsgericht
Rspr.	Rechtsprechung
S.	Satz oder Seite
SGB	Sozialgesetzbuch
SGG	Sozialgerichtsgesetz
sog.	sogenannte(r)
SOG	Gesetz über die öffentliche Sicherheit und Ordnung
S/S/P	Schoch/Schmidt-Aßmann/Pietzner Verwaltungsgerichtsordnung
StAG	Staatsangehörigkeitsgesetz
StGB	Strafgesetzbuch
StGH	Staatsgerichtshof
StPO	Strafprozessordnung
st. Rspr.	ständige Rechtsprechung
str.	streitig
StVG	Straßenverkehrsgesetz
StVO	Straßenverkehrsordnung
StVZO	Straßenverkehrszulassungsordnung (jetzt teilweise in FeV)
UIG	Umweltinformationsgesetz
TÜV	Technischer Überwachungsverein
u. s. w.	und so weiter
UVPG	Umweltverträglichkeitsprüfungsgesetz
UZwG	Gesetz über den unmittelbaren Zwang bei Ausübung öffentlicher Gewalt durch Vollzugsbeamte (des Bundes)
VA	Verwaltungsakt
VAEU (AEUV)	Vertrag über die Arbeitsweise der Europäischen Union
VerfGH	Verfassungsgericht

Abkürzungsverzeichnis

VersR	Versicherungsrecht (Zeitschrift)
VerwArch	Verwaltungsarchiv (Zeitschrift)
VerwR	Verwaltungsrecht
VerwRspr	Verwaltungsrechtsprechung in Deutschland (Entscheidungssammlung)
VIG	Verbraucherinformationsgesetz
VG	Verwaltungsgericht
VGH	Verwaltungsgerichtshof
vgl.	vergleiche
VO	Verordnung
VR	Verwaltungsrundschau (Zeitschrift)
VVDStRL	Veröffentlichungen der Vereinigung der Deutschen Staatsrechtslehrer
VV	Verwaltungsvorschrift
VwGO	Verwaltungsgerichtsordnung
VwVfG	Verwaltungsverfahrensgesetz (des Bundes und der Länder)
VwVfG NRW	Verwaltungsverfahrensgesetz des Landes Nordrhein-Westfalen
VwVG	Verwaltungsvollstreckungsgesetz
VwZG	Verwaltungszustellungsgesetz
WHG	Gesetz zur Ordnung des Wasserhaushalts (Wasserhaushaltsgesetz)
WM	Wertpapiermitteilungen (Zeitschrift)
WPflG	Wehrpflichtgesetz
z. B.	zum Beispiel
ZfS	Zentralblatt für Sozialversicherung
ZPO	Zivilprozessordnung
ZRP	Zeitschrift für Rechtspolitik
ZUR	Zeitschrift für Umweltrecht

1. Abschnitt: Die öffentliche Verwaltung

1. Die Bedeutung der öffentlichen Verwaltung für jeden Einzelnen

Das Verwaltungsrecht befasst sich mit dem Handeln der öffentlichen Verwaltung. Um zu erkennen, inwieweit jeder Mensch täglich von der öffentlichen Verwaltung betroffen ist, betrachten wir den Tageslauf eines Bürgers oder einer Bürgerin, den/die wir „den[1] Bürger B“ nennen wollen: 1
Nach dem Aufstehen schaltet B das Licht an und nutzt den von einem öffentlichen Elektrizitätswerk verteilten Strom. Das anschließend benötigte Wasser wird von einem gemeindlichen Wasserwerk geliefert und durch die von der Gemeindeverwaltung unterhaltene Kanalisation abgeleitet. Währenddessen leert die gemeindliche Müllabfuhr die Mülltonne. Fährt B mit dem Auto zur Arbeit, ist er auf die von der Verwaltung gebauten und unterhaltenen Straßen und auf Verkehrsregelungen angewiesen. Seine Kinder fahren mit öffentlichen Verkehrsmitteln zur Schule und werden von Lehrern unterrichtet. Im Berufsleben kommt B am intensivsten mit der Verwaltung in Berührung, wenn er – wie ca. 4,2 Millionen[2] – selbst dort Dienst tut. Aber auch als Arbeitnehmer in einem privatwirtschaftlichen Betrieb verlässt er sich darauf, dass die von ihm benutzten Maschinen von den Arbeitsschutzbehörden überwacht und für sicher befunden worden sind. Vor Straftaten schützt ihn, so gut es geht, die Polizei. Wird er krank, kann er z. B. im städtischen Krankenhaus oder in einer staatlichen Universitätsklinik behandelt werden. Die Kosten zahlt die Krankenkasse, oft ein Verwaltungsträger wie beispielsweise die Allgemeine Ortskrankenkasse. Wird er arbeitslos, unterstützt ihn die Arbeitsagentur finanziell und hilft ihm bei der Suche nach einem neuen Arbeitsplatz. Ob die Behörden in dem nötigen Umfang verhindern, dass der Wald, durch den sein Spaziergang oder sein Waldlauf führt, nicht abgeholzt und nicht durch Abgase zerstört wird, ist bekanntlich umstritten; immerhin bemühen sich eine Reihe von Behörden um den Schutz der Umwelt. Für die Freizeitgestaltung sorgt die Gemeinde durch Anlage und Unterhaltung von Sportplätzen, Schwimmbädern, Theatern und Museen. Ein intensiver Kontakt weniger angenehmer Art sei nicht verschwiegen: Im Auftrag der Finanzverwaltung und der Sozialversicherungsträger zieht der Arbeitgeber Steuern und Beiträge vom Entgelt ab. Dafür sichert z. B. die Deutsche Rentenversicherung im Alter den Lebensunterhalt durch Zahlung einer Rente.

Nimmt man hinzu, dass der Mensch meist in einem von der Gemeinde, vom Kreis oder Land betriebenen Krankenhaus geboren wird und auf einem gemeindlichen Friedhof seine letzte Ruhe findet, wird deutlich, wie sehr wir alle von der öffentlichen Verwaltung begleitet werden und in welch vielfältiger Weise wir von ihr abhängig sind[3]. 2

2. Der Begriff der öffentlichen Verwaltung

Bei der obigen Betrachtung des Tagesablaufs „des Bürgers B“ wurde davon ausgegangen, dass so Unterschiedliches aus der Verwaltungspraxis wie Müllabfuhr, AOK, Polizei, 3

1 Männliche Bezeichnungen stehen in diesem Buch aus Vereinfachungsgründen zugleich für weibliche (vgl. § 12 GO NRW).

2 Zusammengefasst sind die Vollzeit- und Teilzeitbeschäftigten des Bundes, der Länder, der Gemeinden und der Sozialversicherung; bei Einbeziehung der „sonstigen öffentlichen Einrichtungen“: 5,8 Mio. (Quelle: Statistisches Bundesamt, Fachserie 14, Reihe 6, Personal des öffentlichen Dienstes. Vgl. www.destatis.de).

3 Vgl. Hofmann/Theisen/Bätge, Kommunalrecht in NRW, Einleitung zu Abschnitt 2, zum besonders vielfältigen Bezug der Bürger zur „ihrer“ jeweiligen Kommunalverwaltung.

Schule und Friedhof etc. zur öffentlichen Verwaltung gehört. Dies bedarf der Begründung und Abgrenzung, zumal es auch Privat-Krankenkassen, private Müllentsorger, private Theater und neben den öffentlich-rechtlichen Fernsehanstalten[4] auch zahlreiche kommerzielle („private") Fernsehanbieter[5] gibt. Manche Verkehrsunternehmen und die meisten Energieversorgungsunternehmen sind Aktiengesellschaften oder GmbHs – gehören auch diese zur öffentlichen Verwaltung?

2.1 Öffentliche Verwaltung als staatliche Verwaltung

4 Die öffentliche Verwaltung als Gegenstand des Verwaltungsrechts ist gleichbedeutend mit „staatlicher" Verwaltung, wobei „staatlich" an dieser Stelle in einem weiten Sinn verstanden wird und auch die Gemeinde-(Kommunal-) Verwaltung mit einschließt. Der erste Schritt zur Bestimmung dessen, was öffentliche Verwaltung bedeutet, dient deshalb der Abgrenzung der staatlichen Verwaltung von der nichtstaatlichen, also der privaten Verwaltung, zu der beispielsweise die Personal- und Finanzverwaltung großer Unternehmen, die Geschäftsführung eines Vereins, die Verwaltung privaten Vermögens gehören.

Betrachtet man allein die Tätigkeit, lässt sich nicht hinreichend präzise abgrenzen, was Aufgabe des Staates ist und welche Tätigkeiten dem privaten (einschließlich kommerziellen) Bereich zuzuordnen sind. Zwar gibt es einen Kernbereich ausschließlich staatlicher Aufgaben. Hierzu gehören die Aufgaben der Polizei und anderer Behörden, die Zwang ausüben dürfen (z. B. der Finanzämter); zur Zwangsanwendung ist nur der Staat befugt (Gewaltmonopol des Staates). Die meisten anderen Tätigkeiten sind aber auch als Handlungsweisen Privater denkbar: Auch Privatpersonen, gewerbliche Unternehmen und Vereine können beispielsweise öffentliche Verkehrsmittel oder Rundfunksender betreiben, Strom erzeugen und verteilen, Schulen (Privatschulen) und Krankenhäuser (Privatkliniken) unterhalten, können Hilfsbedürftige unterstützen. Deshalb lässt sich der Bereich der Staatstätigkeit allgemein nur so bestimmen, dass er alle gesetzlich übertragenen sowie die zulässigerweise freiwillig übernommenen Aufgaben umfasst. Prinzipiell kann der Staat Aufgaben aller Art übernehmen; sein Wirkungsbereich ist gegenständlich (fast) unbegrenzt.

Das ergibt sich aus den Vorschriften des Grundgesetzes: Art. 30 GG spricht nur allgemein von der „Ausübung der staatlichen Befugnisse" und der „Erfüllung der staatlichen Aufgaben", ohne diese näher zu bestimmen. In Art. 87 Abs. 3 S. 2 GG ist ausdrücklich vorgesehen, dass dem Bund neue Aufgaben erwachsen können, ohne dass näher bestimmt ist, wann das der Fall ist. Aus Art. 28 Abs. 2 S. 1 GG ergibt sich, dass die Gemeinden „alle Angelegenheiten der örtlichen Gemeinschaft ... in eigener Verantwortung regeln"[6], was auch gegebenenfalls neu entstehende Aufgaben umfasst.

5 Wichtige rechtliche Schranken staatlicher Tätigkeit bilden die Grundrechte (z. B. verbietet Art. 6 Abs. 1 GG dem Staat, etwa durch eine „Ehevermittlungsbehörde" den Ehepartner zu suchen). Für die einzelnen organisatorischen Gliederungen des Staates (z. B. Bund, Länder, Gemeinden) ergeben sich Schranken ihres Wirkungsbereichs aus den Zuständigkeitsvorschriften bzw. der Verbandskompetenz[7]. Weitere Grenzen bil-

---

4 Z. B. WDR (Westdeutscher Rundfunk) in Köln – als größte Landesrundfunkanstalt Deutschlands, also als Teil der „ARD" (Arbeitsgemeinschaft der öffentlich-rechtlichen Rundfunkanstalten der Bundesrepublik Deutschland), kurz des „Ersten Programms"; vgl. zum Umfang der Verwaltungstätigkeit des WDR: VG Köln, NWVBl. 2010, 155.

5 Z. B. RTL in Köln – als erfolgreichster kommerzieller Sender Deutschlands.

6 Vgl. zu Art. 28 Abs. 2 S. 1 GG und zur kommunalen Selbstverwaltung eingehend: Hofmann/Theisen/Bätge, Kommunalrecht in NRW, 2.2–2.2.8.

7 Zur Verbandskompetenz vgl. unten RdNr. 576.

den sonstige Gesetze, die Haushaltsvorschriften und – faktisch – die nur beschränkt vorhandenen finanziellen, personellen und technischen Möglichkeiten. In diesem Bereich ist auch das später zu behandelnde Stichwort „Privatisierung“[8] von Bedeutung.

2.2 Die Gewaltenteilungslehre als Grundlage für die Begriffsbestimmung der Verwaltung

Nach der Lehre von der Dreiteilung der Gewalten (auch: Funktionen) ist zu unterscheiden: 6
- Erste Gewalt: Gesetzgebung, Legislative;
- Zweite Gewalt: Vollziehende Gewalt, Regierung und Verwaltung, Exekutive;
- Dritte Gewalt: Rechtsprechung, Judikative.

Die Gewaltenteilung als organisatorisches Grundprinzip des Rechtsstaates ergibt sich aus Art. 1 Abs. 3, 20 Abs. 2 S. 2, 70, 83, 92 GG. Ihre Behandlung im Einzelnen gehört in das Staatsrecht[9].

Jeder der dabei verwendeten drei Begriffe – Gesetzgebung, Verwaltung, Rechtsprechung – hat einen doppelten Sinn: Im Vordergrund steht der materielle Sinn, der eine bestimmte Art der Staatstätigkeit beschreibt. Beispielsweise umfasst die Gesetzgebung im materiellen Sinn den „Erlass von Gesetzen und anderen Rechtsnormen“. Der organisatorische Sinn beschreibt jeweils ein bestimmtes Staatsorgan oder eine Organgruppe: Bei der Ersten Gewalt sind es die Parlamente (die gesetzgebenden Körperschaften und Organe), bei der Zweiten Gewalt Regierung und Verwaltungsbehörden, bei der Dritten Gewalt die Gerichte. 7

Naturgemäß decken sich grundsätzlich der materielle und der organisatorische Bereich, d. h. die Gesetzgebung im materiellen Sinn obliegt den Gesetzgebungsorganen, die Verwaltungstätigkeit den Verwaltungsbehörden und die Rechtsprechung den Gerichten. Es gibt aber Abweichungen, insbesondere dürfen Organe der Zweiten Gewalt unter den Voraussetzungen des Art. 80 GG Rechtsverordnungen erlassen und damit materielle Gesetzgebungsaufgaben wahrnehmen. Auch wegen solcher Diskrepanzen hat die Unterscheidung der Gewalten im materiellen und im organisatorischen Sinn Bedeutung.

Aufgrund dieser Überlegungen ist der **Begriff der Verwaltung** materiell und organisatorisch näher zu bestimmen:

2.2.1 Welche Tätigkeit unter den weitgefassten Begriff des „Verwaltens“ (Verwaltung im **materiellen** Sinn) fällt, lässt sich nicht mit einer Kurzdefinition beschreiben. 8

1. Am einfachsten ist die Bestimmung nach der sog. Subtraktionsformel. Sie geht von der Überlegung aus, dass sich eher feststellen lässt, was „Gesetzgebung“ und was „Rechtsprechung“ ist. Das, was übrig bleibt, ist die Verwaltungstätigkeit. Folglich ist Verwaltung im materiellen Sinne jede Staatstätigkeit, die weder Gesetzgebung noch Rechtsprechung ist[10]. 9

   Diese Begriffsbestimmung erhält ihren Inhalt durch die Bestimmung dessen, was „Gesetzgebung“ und was „Rechtsprechung“ ist:
   - **Gesetzgebung** ist der Erlass allgemeiner Regelungen für das Zusammenleben der Personen in der Gesellschaft, wobei die Gesetze die grundlegenden Entscheidungen für das Gemeinwesen treffen.

---

8 Zur Privatisierungsdiskussion vgl. unten RdNr. 28.

9 Vgl. z. B. für viele: Bätge in Sensburg, Staats- und Europarecht, 1. Kapitel, H II 1; Röckinghausen in Sensburg, Staats- und Europarecht, 2. Kapitel B II; Schwacke/Schmidt, 3. Teil 2.4.2.1; Schmalz, RdNr. 88 ff.

10 Dieser Formel folgte vor allem die ältere Verwaltungsrechtslehre (Otto Mayer, Walter Jellinek).

- **Rechtsprechung** ist die Entscheidung von Rechtsstreitigkeiten durch einen neutralen Dritten sowie die Verhängung von Strafen.

  Allerdings sind die Begriffe von Gesetzgebung und Rechtsprechung keineswegs eindeutig. Beispielsweise lässt sich kaum ausreichend begründen, weshalb der Erlass des für den Staat geltenden Haushaltsplanes durch Haushaltsgesetz (Art. 110 Abs. 2 GG) erfolgt und somit Gesetzgebung ist, während der Erlass entsprechender Haushaltssatzungen durch die Gemeinden[11], ferner auch die Aufstellung von Bebauungsplänen und zahlreiche andere (Verwaltungs-) Planungen zur Verwaltungstätigkeit gehören. Immerhin ermöglicht die Subtraktionsformel in den Fällen eine Entscheidung, in denen Gesetzgebung oder Rechtsprechung eindeutig vorliegt oder nicht vorliegt.

10 2. Es gibt auch positive Definitionen von Verwaltung, die aber sehr abstrakt sind. Danach ist Verwaltung „die planmäßige, in ihren Zielen und Zwecken durch die Rechtsordnung und innerhalb dieser durch die politischen Entscheidungen der Regierung bestimmte und zugleich begrenzte Tätigkeit öffentlicher Gemeinwesen zur Gestaltung und Gewährleistung des sozialen Zusammenlebens durch konkrete Maßnahmen“.[12]
Oder etwa: „Verwaltung im materiellen Sinne kann … definiert werden als mannigfaltige, zweckbestimmte, idR organisierte, fremdnützige und verantwortliche, nur teilplanende, selbstbeteiligt ausführende und gestaltende Wahrnehmung von Angelegenheiten, insbesondere durch Herstellung diesbezüglicher Entscheidungen.“[13]

11 3. Schließlich besteht die Möglichkeit einer Begriffsbestimmung durch Aufzählen. Danach fallen in den Bereich der Zweiten Gewalt u. a. folgende Tätigkeiten:
- Das Setzen bestimmter politischer Ziele (z. B. in der Außenpolitik, der Verkehrspolitik, der Energiepolitik), wobei allerdings politische Entscheidungen des Parlaments Vorrang haben.
- Der Vollzug der Gesetze, aber auch die Mitwirkung bei der Vorbereitung der Gesetze.
- Die Sicherung gegen existenzielle Risiken (z. B. Sozialversicherung, Sozialleistung, Arbeitsförderung), sowie das Beheben von Notlagen und Missständen in den von den Gesetzen (noch) nicht geregelten Bereichen (z. B. Subventionsgewährung bei extremem Anstieg der Energiekosten).
- Die Gewährleistung, Schaffung und Unterhaltung von Einrichtungen, die für das gesellschaftliche Zusammenleben unentbehrlich oder doch nützlich sind (z. B. Einrichtungen des Verkehrs, der Versorgung, der Entsorgung, der Bildung, Kultur, Theater, Sportanlagen).
- Das Beobachten der gesellschaftlichen Entwicklung durch Sammeln von Informationen und Daten, u. a. um dem Gesetzgeber Unterlagen für Regelungen an die Hand zu geben.
- Die Sicherung der Ordnung nach innen und außen (z. B. Polizei, Bundeswehr).
- Die Beschaffung der finanziellen Mittel zur Erfüllung der Verwaltungsaufgaben (z. B. Steuer- und Zollverwaltung).

Offenkundig handelt es sich hier aber nicht um eine abschließende Aufzählung, sondern nur um einige besonders wichtige und typische Tätigkeitsbereiche aus der Praxis der Verwaltung.

12 Zusammenfassend kann der **Begriff der Verwaltung** so bestimmt werden, dass erstens durch Anwendung der Subtraktionsformel die eindeutig zur Gesetzgebung und Recht-

---

11 Vgl. Hofmann/Theisen/Bätge, Kommunalrecht in NRW, 2.4.1.5.
12 Bachof, Evangelisches Staatslexikon, 6. Auflage, Spalte 2772/3.
13 So Wolff/Bachof/Stober/Kluth I § 3.

sprechung gehörenden Tätigkeiten ausgeschieden werden; zweitens wird eine der positiven Begriffsbestimmungen herangezogen; drittens erfolgt eine Konkretisierung durch die typischen Tätigkeitsbereiche der Verwaltung.

2.2.2 Was **organisatorisch** unter Verwaltung zu verstehen ist, lässt sich klarer bestimmen: 13

1. Zunächst gibt es Vorschriften in der Verfassung, nach denen bestimmte Organe und Organgruppen der Exekutive zugeteilt werden. Nach Art. 87 Abs. 1 und 2 GG sind das beispielsweise der Auswärtige Dienst, die Bundesfinanzverwaltung und bestimmte Sozialversicherungsträger.
2. Für andere Organe, insbesondere für die Gemeinden (vgl. Art. 28 Abs. 2 S. 1 GG), fehlt eine ausdrückliche verfassungsrechtliche Einordnung in den Bereich der Zweiten Gewalt (ob allein die Bezeichnung als Selbst„verwaltung“ in Art. 28 Abs. 2 S. 2 GG ausreicht, ist fraglich). Als Kriterien für die Zuordnung zur Zweiten Gewalt kommen in diesen Fällen (also auch hinsichtlich der Gemeinden) in Betracht:
   - In Abgrenzung zur Rechtsprechung: Die Organe der Verwaltung sind weisungsgebunden, die Richter sind unabhängig und weisungsfrei (Art. 97 GG).

     Jedoch ist dieses Merkmal allenfalls als Indiz zu werten. Denn es gibt auch weisungsfreie Verwaltung, wozu insbesondere die Rechnungshöfe gehören (z. B. Art. 114 Abs. 2 GG). Auch die zur Zweiten Gewalt gehörende Regierung ist nicht weisungsgebunden.
   - In Abgrenzung zur Ersten Gewalt: Die Parlamentsabgeordneten werden gewählt, während die Mitglieder der Verwaltung ernannt werden.

     Jedoch werden einerseits die Mitglieder des Bundesrats, eines Gesetzgebungsorgans, nicht gewählt, sondern von den Landesregierungen entsandt. Andererseits werden die Mitglieder des Gemeinderats, eines Organs der Selbst„verwaltung“, mit gleicher demokratischer Legitimation wie Bundestags- und Landtagsabgeordnete gewählt. Also hat auch dieses Merkmal nur Indizfunktion.

Deshalb lässt sich in den Fällen, in denen eine verfassungsrechtliche Zuordnung fehlt, nur auf die Tätigkeit des jeweiligen Organs abstellen. **Verwaltungsorgane** sind diejenigen Staatsorgane, deren hauptsächliche Tätigkeit Verwaltungstätigkeit im materiellen[14] Sinne ist. 14
Danach gehört die gesamte Kommunalverwaltung einschließlich ihrer Vertretungskörperschaften (Gemeinde-/Stadtrat, Bezirksvertretung, Kreistag) zur Verwaltung im organisatorischen Sinne. Bei ihnen überwiegt die Verwaltungstätigkeit. Das gilt auch für die Tätigkeit der (durch demokratische Wahl legitimierten) Vertretungskörperschaften, da auch diese in ihrer Praxis vor allem in wichtigen Verwaltungsangelegenheiten entscheiden; ihre Rechtsetzungstätigkeit (Erlass von Satzungen) tritt dahinter deutlich zurück[15].

2.3 Begriffbestimmungen

Die Begriffsbestimmungen für die Verwaltung im materiellen und im organisatorischen Sinn bedürfen noch einer Korrektur. Innerhalb der Zweiten Gewalt sind zu unterscheiden: 15

1. Die Tätigkeit der Regierung umfasst – unbeschadet der Vorrangstellung des Parlaments – die politische Staatsleitung, insbesondere die Bestimmung der Richtlinien der Politik und die Vorbereitung der Gesetze. Organisatorisch gehören zur Regierung die Bundes- und Landesregierungen als Kollegialorgane sowie die Minister als Mitglieder der Regierungen.

---

14 Erläutert oben 2.1.1 (RdNr. 8 ff.).

15 Vgl. Hofmann/Theisen/Bätge, Kommunalrecht in NRW, 2.1.2.2.2; problematisierend Dolderer, DÖV 2009, 146 ff.

Tätigkeit und Organisation der Regierung sind Gegenstand des Verfassungsrechts und nicht des Verwaltungsrechts. Die Regierung in diesem Sinne wird auch als Gubernative bezeichnet.

16 2. Der übrige Teil der Zweiten Gewalt ist die Verwaltung im engeren Sinne (**Exekutive ieS**), der vor allem der Vollzug der Gesetze dem Bürger gegenüber obliegt.

Die Praxis der Ministerien weist eine Doppelstellung auf: In erster Linie unterstützen sie den Minister in seiner Eigenschaft als Mitglied der Regierung, gehören insoweit in den Regierungs- und damit Verfassungsbereich (vgl. Art. 65 S. 2 GG). Außerdem sind sie oberste Bundes- bzw. Landesbehörden und gehören insoweit zum Bereich der Verwaltung ieS. Vor allem in den Ländern ist dieser Tätigkeitsbereich der Ministerien in der Verwaltungspraxis umfassender als der der Beteiligung an der Staatsleitung.

2.4 Organisatorischer Verwaltungsbegriff

17 Zur Bestimmung dessen, was als öffentliche Verwaltung Gegenstand des Verwaltungsrechts ist, wird zweckmäßigerweise an den organisatorischenBegriff der Verwaltung angeknüpft. Danach gehören zur Verwaltung alle Organe der Zweiten Gewalt, ausgenommen die Regierung. Also befasst sich das Verwaltungsrecht umfassend mit der Tätigkeit der Exekutive ieS.

3. Arten und Unterscheidungen der öffentliche Verwaltung

3.1 Inhalt der Verwaltungsaufgaben

18 Am nächsten liegt eine Unterscheidung nach dem konkreten **Inhalt der Verwaltungsaufgaben.** Danach gibt es beispielsweise die Polizei- und Ordnungsverwaltung, die Bauverwaltung oder die Finanzverwaltung.
Die Aufzählung weiterer Beispiele würde einen langen Katalog ergeben, der dennoch nicht vollständig wäre. Sein systematischer Wert wäre gering. Einen Überblick über die jeweilige konkrete Verwaltungspraxis geben die Aufgabengliederungspläne der Ministerien, der Bezirksregierungen und der Kommunalverwaltungen.

3.2 Eingriffsverwaltung und Leistungsverwaltung

In der früheren Verwaltungsrechtslehre stand im Vordergrund die Unterscheidung zwischen **Eingriffsverwaltung** und **Leistungsverwaltung.**

18a 3.2.1 Ausgangspunkt ist dabei die Betrachtung der einzelnen Verwaltungsmaßnahme und ihrer Auswirkung auf die Rechtssphäre des Bürgers.

19 1. Es handelt sich um Eingriffsverwaltung, wenn die einzelne Verwaltungsmaßnahme in Rechte des Bürgers eingreift. Das ist wegen der gebotenen weiten Auslegung des Art. 2 Abs. 1 GG bei jeder belastenden Maßnahme der Fall. Kennzeichen der Eingriffsverwaltung sind „Befehl“ und „Zwang“.

Praxisbeispiele hierzu: Polizei- und Ordnungsverfügungen, Steuerbescheide, nichtgerichtliche Disziplinarmaßnahmen im Beamtenrecht.

20 2. Davon zu unterscheiden sind begünstigende Verwaltungsmaßnahmen, insbesondere soweit Leistungen erbracht werden.

Praxisbeispiele hierzu: die Erteilung von Erlaubnissen, die Gewährung von Sozialleistungen oder von Wirtschaftssubventionen.

Diese Unterscheidung zwischen Eingriffs- und Leistungsverwaltung hat ihre hauptsächliche Bedeutung bei der Frage, inwieweit für die einzelnen Maßnahmen gesetzliche Grundlagen erforderlich sind, und ist später noch genauer beim Prinzip vom Vorbehalt[16] des Gesetzes zu behandeln.

3.2.2 Eine Systematisierung ganzer Verwaltungsbereiche aufgrund der vorgenannten Unterscheidung ist nur sehr begrenzt möglich. In keinem Bereich der Verwaltungspraxis wird nur mit dem Mittel des Eingriffs gearbeitet; umgekehrt gibt es kaum Bereiche, in denen auf den Erlass belastender Maßnahmen verzichtet werden kann. 21

Beispielsweise handelt eine typische Eingriffsbehörde wie die Polizei nicht mit dem Mittel des Eingriffs, wenn sie im Straßenverkehr liegengebliebene Fahrzeuge abschleppen lässt oder auf der Autobahn vor einem Stau warnt. Die Ordnungsbehörde handelt zwar typischerweise durch belastende Verfügungen, erteilt vielfach aber auch Erlaubnisse und Genehmigungen (Fahrerlaubnis, Baugenehmigung), handelt also mit dem Mittel des begünstigenden Verwaltungsakts. Die Finanzverwaltung, ebenfalls eine typische Eingriffsverwaltung, kann für die Gewährung von Investitionszulagen, also die Entscheidung über die Erbringung von Leistungen, zuständig sein. Umgekehrt kann das für Aufgaben der Leistungsverwaltung zuständige Sozialamt zu viel gezahlte Sozialhilfeleistungen durch belastenden Verwaltungsakt zurückverlangen. Die Sozialversicherungsverwaltung, eine typische Leistungsverwaltung, bedarf für die von ihr zu erbringenden Leistungen einer Aufbringung der Mittel durch die Versicherten; diese Beitragspflicht kann durch Erlass von (belastenden) Bescheiden und deren Vollstreckung durchgesetzt werden.

3.3 Typischer Gehalt und Zweck der Verwaltungstätigkeit

Also ist eine systematische Einordnung ganzer Verwaltungsbereiche besser in der Weise möglich, dass auf den **typischen Gehalt und Zweck** der Verwaltungstätigkeit im Ganzen abgestellt wird. Das führt zu folgender Unterscheidung: 22

1. Als **ordnende Verwaltung** werden diejenigen Verwaltungsbereiche bezeichnet, deren typischer Zweck auf die Verhinderung und Beseitigung von Störungen und Missständen gerichtet ist. Sie arbeitet idR mit dem Mittel des Eingriffs. 23

   Als Praxisbeispiele sind hier vor allem zu nennen die Bereiche der Polizeiverwaltung und der kommunalen Bauordnungsverwaltung oder der Straßenverkehrsverwaltung.

   Wie eng hier Eingriff und Begünstigung zusammenhängen, zeigt das mögliche Verhalten der Baubehörde im Falle eines Bauantrages: Wird dem Antrag durch Erteilung einer Baugenehmigung stattgegeben, so handelt es sich im Regelfall um eine ausschließlich begünstigende Maßnahme. Wird der Antrag abgelehnt, bedeutet dies im Grunde ein Bauverbot, das als Eingriff qualifiziert werden kann. In gleicher Weise entscheidet die Straßenverkehrsbehörde über den Antrag auf eine Fahrerlaubnis entweder durch Erteilung oder durch Ablehnung; eine erteilte Fahrerlaubnis kann entzogen und später wieder erteilt werden. Sämtliche genannten Maßnahmen dienen als „Ordnungsverwaltung“ der Ordnung des Soziallebens im Bereich des Bauens bzw. des Straßenverkehrs.

2. Erbringt ein Verwaltungszweig typischerweise Leistungen, handelt es sich um **Leistungsverwaltung.** 24

   Wichtige Praxisbeispiele sind hier die Sozialverwaltung (Sozialversicherung, Sozialhilfe, Wohngeld), die (Subventionen gewährende) Wirtschaftsverwaltung und die Schul- und Hochschulverwaltung. Vor allem die Gemeinden erbringen gegenüber der Bürgerschaft Leistungen aller Art durch „gemeindliche Einrichtungen“[17] wie Versorgungsbetriebe (Wasser, Strom, Gas), Verkehrsbetriebe, Krankenhäuser, Theater, Museen, Sportanlagen.

---

16 Erläutert unten in RdNr. 198 ff.

17 Grundlegend: Mohl, Die kommunalen öffentlichen Einrichtungen, Diss., 88; vgl. Hofmann/Theisen/Bätge, Kommunalrecht in NRW, 2.3.4.1.

Allerdings ist auch diese Unterscheidung (zwischen 1. und 2.) nicht unproblematisch. Einerseits erbringt auch die „ordnende Verwaltung" im Grunde eine erhebliche „Leistung" gegenüber der Gesellschaft, wobei man als Praxisbeispiel nur daran zu denken braucht, welche planerischen, technischen und juristischen Aufwendungen erforderlich sind, um sicheres und geordnetes Bauen zu gewährleisten. Andererseits gibt es Verwaltungsbereiche, deren Tätigkeit von dem dadurch begünstigten Bürger als Leistung empfunden wird, die aber in die Umweltgüter der Allgemeinheit eingreifen, wie das z. B. der Fall ist beim Bau von Verkehrswegen (Straßen, Flughäfen, Schienenwegen, Kanälen), der Wasserversorgung durch Inanspruchnahme von Grundwasser und die Erteilung von Kraftwerksgenehmigungen nach dem Bundes-Immissionsschutzgesetz. Bei der Schaffung von Verkehrswegen, die früher als Leistungsverwaltung angesehen wurde, ist mittlerweile anerkannt, dass es sich hierbei um „Eingriffe in Natur und Landschaft" handelt (§§ 14 ff. BNatSchG), die einen derartigen Umfang angenommen haben, dass ihr Eingriffscharakter teilweise den Leistungscharakter überwiegt. Ähnlich zu beurteilen ist der Aufbau von Datensammlungen: Er ist teils Leistung, teils aber auch Gefährdung der Rechtssphäre des Bürgers und damit ein Eingriff in dessen Rechtsstellung.

Es ist nicht möglich, mit der Alternative „Eingriffs-/Leistungsverwaltung" die gesamte Verwaltungspraxis zu erfassen, da viele Verwaltungsbereiche außerhalb dieser Unterscheidung liegen. Beispielsweise arbeitet die Finanzverwaltung zwar überwiegend mit dem Mittel des Eingriffs, bezweckt aber nicht die Ordnung des Soziallebens, sondern die Beschaffung von Geldmitteln für den Staat.

Diesen Zuordnungsschwierigkeiten hat man dadurch zu begegnen versucht, dass man neue Aufgabenkategorien eingeführt hat (z. B. Daseinsvorsorge, planende Verwaltung, lenkende Verwaltung, Verwaltung durch Kooperation zwischen Staat und Wirtschaft, Verwaltung durch „mittelbares Einwirken"), oder dass man Aufgaben als Querschnittsaufgaben bezeichnet (z. B. den Umweltschutz). Keiner dieser Begriffe hat bisher so feste Konturen erhalten, dass er die obigen Unterscheidungen ablösen oder im Rahmen einer befriedigenden Systematik ergänzen könnte[18].

In der Verwaltungspraxis haben folgende Bereiche einen so weitgehend selbständigen Charakter, dass sie von der Ordnungsverwaltung und der Leistungsverwaltung zu unterscheiden sind:

25 3. Die **Abgabenverwaltung**, insbesondere die Finanzverwaltung. Ihr typischer Gehalt und Zweck ist auf die Deckung des Finanzbedarfs des Staates gerichtet.
4. Die **Bewirtschaftungsverwaltung** ordnet und verteilt knappe Güter.
5. Die **Beschaffungsverwaltung** organisiert das für die Tätigkeit der Verwaltung benötigte Personal und die benötigten Sachmittel (Grundstücke, Räume, Büro- und Heizmaterial, Fahrzeuge, EDV-Anlagen).
6. Die **erwerbswirtschaftliche Verwaltung** betrifft den Bereich, in dem der Staat wie ein Privater am Wirtschaftsleben teilnimmt.

Praxisbeispiele zur erwerbswirtschaftlichen Verwaltung: Verkauf von Gelegenheit zur Werbung an die Wirtschaft durch öffentlich-rechtliche Rundfunkanstalten, Verkauf von Holz aus dem Staatsforst.

3.4 Unterscheidungen

26 Folgende weitere Unterscheidungen sind in einem späteren Zusammenhang zu behandeln (oder haben keine größere selbständige Bedeutung, so dass die nachfolgenden Hinweise ausreichen):

18 Vgl. auch Treutner, Kooperativer Rechtsstaat – Das Beispiel Sozialverwaltung, 98.

- Unterscheidung nach dem Träger der Verwaltung: Bundesverwaltung, Landesverwaltung einschließlich der Gemeinde- und Kreisverwaltung.
- Unterscheidung nach der Weisungsabhängigkeit von der Regierung: Unmittelbare Staatsverwaltung und mittelbare[19] Staatsverwaltung; ähnlich: Staatsverwaltung (ieS) und Selbstverwaltung; in diesem Zusammenhang hat auch der Unterschied zwischen Selbstverwaltung und Fremdverwaltung (Auftragsverwaltung) Bedeutung.
- Unterscheidung nach dem anwendbaren Recht: Öffentlich-rechtliche[20] (hoheitliche) und privatrechtliche (fiskalische) Verwaltung.
- Innerhalb der öffentlich-rechtlichen Verwaltung kann nach den angewandten rechtstechnischen Mitteln unterschieden werden: Verwaltung durch Erlass einseitiger Regelungen (Verwaltungsakte, Rechtsverordnungen und Satzungen) und durch sonstige, nicht regelnde Maßnahme[21] (schlichte Hoheitsverwaltung).
- Nach dem Verhältnis des Verwaltungshandelns zum Gesetz unterscheidet man einerseits die gesetzesabhängige (gesetzesakzessorische) Verwaltung, die sich wiederum aufteilen lässt in gebundene Verwaltung und Ermessensverwaltung[22], und andererseits die nicht-gesetzesakzessorische, frei gestaltende Verwaltung (z. B. im kulturellen Bereich: Das städtische Symphonieorchester „spielt nach Noten, nicht nach gesetzlichen Vorschriften").

4. Aufgaben der öffentlichen Verwaltung

Die Auffassung darüber, welche **Aufgaben** solche der **öffentlichen Verwaltung** sind, hat im Laufe der Zeit stark geschwankt. Der absolutistische Staat (16.–18. Jahrhundert) nahm in Anspruch, sich um das gesamte Wohlergehen der Bevölkerung zu kümmern und beispielsweise sogar die Kleidung durch Kleiderordnungen vorzuschreiben[23]. Im 19. Jahrhundert forderte hingegen z. B. Wilhelm von Humboldt „im Namen der Freiheit, dass sich die staatliche Tätigkeit auf die Gewährleistung der öffentlichen Sicherheit zu beschränken habe". Jedoch führten die sozialen Probleme, welche die Industrialisierung mit sich brachte, aber auch die Weltkriege des 20. Jahrhunderts und ihre Folgen zu einer expandierenden Verwaltungstätigkeit des Staates. Diese Entwicklung nimmt heute – je nach Aufgabengebiet – noch zu, ist teilweise aber auch beendet oder sogar rückläufig. 27
In einem Spannungsverhältnis zur demokratisch legitimierten Verwaltung stehen wirtschaftlich, politisch oder ideologisch motivierte Deregulierungs- und Ökonomisierungskonzepte:

Eine der Grenzlinien zwischen den Aufgaben des Staates und denen der Privatpersonen bzw. der Privatwirtschaft wird seit einiger Zeit unter dem Stichwort **„Privatisierung"** erörtert. Teilweise aus praktischen Gründen, teilweise aber aus ideologischen Gründen („Privat vor Staat") wurde insbesondere seit den 90er Jahren versucht, Aufgaben von der öffentlichen Hand auf die Privatwirtschaft zu verlagern. Hier ist inzwischen teilweise Ernüchterung und Zurückhaltung eingekehrt. 28

Praxisfelder der ehemaligen Privatisierungseuphorie sind die Müllentsorgung, der öffentliche Nahverkehr, das Fernsehen und insbesondere auch Bereiche der Daseinsvorsorge auf kommunaler Ebene.

---

19 Vgl. Hofmann/Theisen/Bätge, Kommunalrecht in NRW, 2.1.2.1 und 2.1.2.2.
20 Dazu unten RdNr. 324 ff.
21 Dazu unten RdNr. 326 ff.
22 Dazu unten RdNr. 392 ff.
23 Menger, Deutsche Verfassungsgeschichte der Neuzeit, RdNr. 97.

Dabei ergibt sich die Problematik, dass
1. durch die Privatisierung immer der Einfluss des öffentlichen Interesses gemindert[24] wird,
2. dass oft die Stellung der Beschäftigten verschlechtert wird und
3. dass zum Teil außerdem durch „verschlankte Standards“ auch die Leistungen für die Bürger reduziert werden.
4. Zudem zeigen die rechtstatsächlichen Fakten der letzten Jahre, dass im Zusammenhang mit Privatisierungen wiederholt Staatsanwaltschaften und Strafgerichte tätig werden mussten – nicht nur im Müllentsorgungsbereich[25] und bei der Übertragung der Bauaufsicht auf Private. Bei letzterem hat es in Folge einer Privatisierung der Bauaufsicht[26] sogar Tote gegeben.

Allein die staatliche bzw. kommunale Tätigkeit ist demokratisch legitimiert und dem Gemeinwohl verpflichtet; bei Abgabe von Aufgaben durch Privatisierung darf nicht unbeachtet bleiben, dass „Private“ bzw. „der Markt“ die Bereiche „Soziales“, „Verbraucherschutz“ oder „Umweltschutz“ in der Regel nur unzureichend berücksichtigen (strukturelles Marktversagen). Grundsätzlich stellt sich die Frage, ob es im Sinne der Gemeinwohlorientierung sachgerecht ist, größere Elemente der öffentlichen Daseinsvorsorge (z. B. Energie- und Wasserversorgung, Gesundheit, Bildung) der Renditeorientierung des Marktes zu überlassen. Wenn das primäre Ziel privatwirtschaftlicher Unternehmen die Gewinnmaximierung (bzw. der Shareholder Value) ist, verliert die vorher öffentliche Aufgabe bei Privatisierung ihre Ausrichtung am Allgemeininteresse.

Beispiel für die aktuellen **Abkehrtendenzen von der früheren Privatisierungseuphorie** ist die Rechtsprechung des Bundesverwaltungsgerichts[27] zu den Grenzen der Privatisierung auf kommunaler Ebene: „Die Gemeinden sind infolge der Selbstverwaltungsgarantie nicht nur vor Eingriffen durch den Bund und die Länder in dem Kernbestand ihres Aufgabenbereichs geschützt, sondern aus Art 28 Abs. 2, Satz 1 GG ergibt sich auch eine Bindung der Gemeinden hinsichtlich der Aufrechterhaltung dieses Bestandes und damit die grundsätzliche Pflicht der gemeindlichen Wahrung und Sicherung ihres eigenen Aufgabenbestandes, wenn dieser in den Angelegenheiten der örtlichen Gemeinschaft wurzelt.“ (BVerwG, NVwZ 2009, 1306, RdNr. 27)

„Es steht … nicht im freien Ermessen einer Gemeinde, freie Selbstverwaltungsangelegenheiten zu übernehmen oder sich auch jeder Zeit wieder dieser Aufgaben zu entledigen. Gehören Aufgaben zu den Angelegenheiten des örtlichen Wirkungskreises, so darf sich die Gemeinde im Interesse einer wirksamen Wahrnehmung dieses örtlichen Wirkungskreises, der ausschließlich der Gemeinde, letztlich zum Wohle der Gemeindeangehörigen, anvertraut ist, nicht ihrer gemeinwohlorientierten Handlungsspielräume begeben. Der Gemeinde steht es damit nicht grundsätzlich zu, sich ohne weiteres der Angelegenheiten der örtlichen Gemeinschaft zu entledigen. Anderenfalls hätten es die Gemeinden selbst in der Hand, den Inhalt der kommunalen Selbstverwaltung durch Abstoßen oder Nichtwahrnehmung ihrer ureigenen Aufgaben auszuhöhlen.“ (BVerwG, NVwZ 2009, 1307, RdNr. 29)

Eine weitere Grenzlinie zwischen den Aufgaben des Staates und denen der Privatwirtschaft wird unter den Stichworten **„öffentlich-private Partnerschaften (ÖPP)“** bzw. **„public-private partnership (PPP)“** erörtert.

---

24 Peter Hauschild u. a. „Privatisierung, Kommunen im Fadenkreuz“ 2004; Huffschmid, „Wie geht Privatisierung?“ 2008; Kippels, Demokratie und Exekutive, S. 17, 37–41, in: Czerwig/Lorig/Treutner, Die öffentliche Verwaltung in der Demokratie der Bundesrepublik Deutschland, 2009.

25 ZEIT 13.5.2004: „Das Stadtparlament merkte gar nicht, wie es die Kontrolle verlor …“.

26 Zur problematischen „Privatisierung der Bauaufsicht“ z. B. durch (legales) „Weiterreichen der Aufsichtspflichten“ von der Bezirksregierung Düsseldorf an die Stadt Köln und von dort an die Kölner Verkehrs-Betriebe AG (KVB), die zugleich Bauherrin war (vor dem Einsturz des Stadtarchivs bei der U-Bahn-Erweiterung in Köln): Oebbecke: „Wir sind zu weit gegangen“ (SPIEGEL 14, 2009, S. 37). – „Zu spät hat die … zuständige Bezirksregierung Düsseldorf nach der Katastrophe … die Aufsicht wieder an sich gezogen. Sie hätte sie erst gar nicht abgeben sollen“, Kölner Stadtanzeiger, 15.2.2010. – Vgl. dazu zusammenfassend: Landtags-Drucksache (NRW) 14/10742 vom 2.3.2010.

27 BVerwG, Urteil vom 27.5.2009, Az.: 8 C 10/08; NVwZ 2009, 1305 ff.

Praxisbeispiel: Etwa beim Autobahnbau vorfinanzieren Baukonzerne bei einer ÖPP ein Projekt mit privatwirtschaftlich aufgenommenen Krediten, bauen die Autobahn und betreuen das Projekt – bis zu 30 Jahren. In dieser Zeit zahlt ihnen der Staat die Bau- und Unterhaltskosten und eine Rendite.

Der Bundesrechnungshof hatte bereits 2013 beanstandet, dass die ÖPP-Projekte für den Steuerzahler zu Mehrkosten führen (Gutachten[28] des Rechnungshofes allein für den Bau von 5 Autobahnen: Mehrkosten von knapp 2 Milliarden Euro)[29]. Auch in einem weiteren Gutachten von Januar 2016 warnt der Bundesrechnungshof vor „unwirtschaftlichen Autobahn-Bauprojekten".[30]

5. Geschichte der Verwaltung und des Verwaltungsrechts

Die **Geschichte der Verwaltung und des Verwaltungsrechts** soll in diesem Buch nicht dargestellt werden; insoweit sei hingewiesen auf: Jeserich/Pohl/v. Unruh, Deutsche Verwaltungsgeschichte (6 Bände); Stelkens/Bonk/Sachs, Einleitung RdNr. 1 ff. – Zur Geschichte der Kommunalverwaltung: Hofmann/Theisen/Bätge, Kommunalrecht, 1. – 1.1.5, mit weiteren Nachweisen. – Zur Vernichtung von Verfassungs- und Verwaltungsverfahrensrechten durch den Nationalsozialismus: Holste, JA 2009, 359. 29

28 Bundesrechnungshof: https://www.bundesrechnungshof.de/de/veroeffentlichungen/gutachten-berichte-bwv/berichte/langfassungen/2013-bwv-gutachten-wirtschaftlichkeitsuntersuchungen-bei-oeffentlich-privaten-partnerschaften-oepp-im-bundesfernstrassenbau.

29 Handelsblatt 12.6.2014: „Privater Autobahnbau lohnt sich nicht."

30 SPIEGEL 2.1.2016: „Privater Autobahnbau – Rechnungshof warnt vor unwirtschaftlichen Projekten."; WELT AM SONNTAG 3.1.2016: „Rechnungshof: Dobrindt wegen Baupartnerschaften abgewatscht."

2. Abschnitt: Die Organisation der öffentlichen Verwaltung

1. Organisation und Organisationsrecht

1.1 Öffentliches Verwalten

30 Öffentliches Verwalten – als materielle Staatstätigkeit – ist nur möglich, wenn die organisatorischen Voraussetzungen hierfür erfüllt sind, wenn also eine Verwaltungsorganisation vorhanden ist. Was das Verhältnis der materiellen Verwaltungstätigkeit zur Verwaltungsorganisation betrifft, steht die materielle Seite, also die Verwaltungsaufgabe, im Vordergrund; denn um ihrer Erfüllung wegen wird die Organisation geschaffen. Dementsprechend ist es gerechtfertigt, wenn viele Gesetze zuerst die sachliche Aufgabe regeln und sich erst danach der Organisation zuwenden. Faktisch muss aber erst die Organisation vorhanden sein, ehe Verwaltung ausgeübt werden kann; von daher ist verständlich, wenn beispielsweise das OrdnungsbehördenG (OBG) NRW in §§ 1–13 zunächst die Organisation der Ordnungsbehörden und erst danach (§§ 14 ff.) das Handeln der Ordnungsbehörden regelt.
Möglich ist auch, dass Aufgaben und Organisation in unterschiedlichen Gesetzen geregelt werden: Die Polizeigesetze regeln in den Bundesländern die materielle Tätigkeit der Polizei; ihre Organisation ist z. B. in NRW im PolizeiorganisationsG (POG NRW) geregelt.

1.2 Organisationsrecht

31 Das **Organisationsrecht** umfasst alle, die Organisation regelnden, Rechtsvorschriften. Es ist jedoch kein einheitliches Rechtsgebiet. Das Staatsorganisationsrecht findet sich in den Verfassungen. Diese enthalten auch Vorschriften über die Organisation der Verwaltung (z. B. Art. 87 GG über die Bundesverwaltung, Art. 28 Abs. 2 GG über die kommunale Selbstverwaltung). Da Verwaltung im wesentlichen Angelegenheit der Bundesländer ist (Art. 30 GG), enthalten auch die Landesverfassungen Vorschriften über die Organisation der Verwaltung. Organisationsrecht findet sich ferner in den Gesetzen, in denen die Tätigkeit bestimmter Verwaltungsträger geregelt ist: beispielsweise die Organisation der Gemeinden in der Gemeindeordnung, der Handwerkskammern in der Handwerksordnung. Zahlreiche Verwaltungsgesetze enthalten auch organisationsrechtliche Regelungen.

32 Soweit ein landesrechtliches Landesorganisationsgesetz erlassen ist (so in NRW: das LOG), regelt dieses nur den Aufbau der (staatlichen) Landesverwaltung und nicht etwa das gesamte Organisationsrecht.
Zahlreiche Fragen des Organisationsrechtes sind gesetzlich nicht geregelt. Hierfür gelten „allgemeine Grundsätze“, die von der Verwaltungsrechtslehre erarbeitet wurden und nachstehend genauer zu behandeln sind.

Organisationsrechtliche Vorschriften gibt es auch im Privatrecht (Vereins- und Handelsgesellschaftsrecht), wobei zahlreiche Parallelen zum öffentlichen Recht bestehen. Am deutlichsten ist das bei den gemeinsamen Begriffen der Körperschaft und der Stiftung. – Die Rechtsordnung kann für die Organisationen nur einen äußeren Rahmen bieten. Dafür, dass die Organisation im Einzelnen sinnvoll ist und effektiv arbeitet, bedarf es der Organisationswissenschaft bzw. Organisationslehre[1].

---

1 Hierzu: Paulic, Verwaltungsmanagement und Organisation; Pippke/Gourmelon/Meixner/Mersmann, Organisation; Siepmann/Siepmann, Verwaltungsorganisation.

2. Der Staat als Träger öffentlicher Verwaltung

Öffentliche Verwaltung ist, wie im 1. Abschnitt ausgeführt wurde, „staatliche" Verwaltung (staatlich im weiteren Sinne, vgl. unten RdNr. 42). Also ist der Staat die Organisation, die durch ihre Organe öffentliche Verwaltung ermöglicht. Hierfür bedarf der Staat rechtlicher Eigenschaften, die genauer zu behandeln sind. 33

2.1 Rechtsfähigkeit

Der Staat muss Inhaber von Rechten und Pflichten sein können. 34

Beispielsweise muss er Dienstherr von Beamten und anderen Beschäftigten sein können mit der Folge, dass er gegenüber den Beamten u. s. w. Rechte auf Arbeitsleistung erwirbt; dementsprechend obliegen ihm Pflichten zur Entgeltzahlung. Der Staat muss Adressat (Verpflichteter) aus den Grundrechten des Bürgers sein. Ihm müssen Rechte auf Zahlung von Abgaben (Steuern, Gebühren, Beiträge), auf Erfüllung der Schul- und anderer Pflichten des Bürgers zustehen.

Wer über die Eigenschaft verfügt, Inhaber von Rechten und Pflichten sein zu können, wird als **Rechtssubjekt, Rechtsträger** oder (Rechts-)**Person** bezeichnet. Ihm kommt **Rechtsfähigkeit** zu.

2.2 Juristische Person

In erster Linie ist der Mensch rechtsfähig und Rechtssubjekt (vgl. § 1 BGB). In der Rechtssprache sind Menschen **„natürliche Personen"** (vgl. die Überschrift vor § 1 BGB). Andere Rechtssubjekte sind von der Rechtsordnung geschaffen und werden deshalb als „juristische Personen" bezeichnet. Juristische Personen, deren Rechtsverhältnisse sich nach dem Privatrecht richten, sind juristische Personen des Privatrechts. Die wichtigsten sind eingetragene Vereine, Aktiengesellschaften, Gesellschaften mit beschränkter Haftung (GmbHs), Genossenschaften. Der Staat als juristische Person unterliegt in erster Linie dem Verfassungsrecht und damit dem öffentlichen Recht; er ist deshalb eine **juristische Person des öffentlichen Rechts** (vgl. § 1 Abs. 1 VwVfG). 35

Die Bezeichnungen als juristische Person „des Privatrechts" oder „des öffentlichen Rechts" besagen nur, dass die Entstehungsbedingungen und andere wesentliche Fragen im Privatrecht bzw. öffentlichen Recht geregelt sind. Sie bedeuten keine Beschränkung bezüglich der möglichen Rechte und Pflichten: Auch die juristische Person des Privatrechts kann öffentliche Rechte (vgl. Art 19 Abs. 3 GG) und öffentliche Pflichten haben (z. B. Pflicht einer GmbH zur Zahlung von Steuern). Umgekehrt kann der Staat als Körperschaft des öffentlichen Rechts Inhaber von privaten Rechten und Pflichten sein (z. B. als Eigentümer von Grundstücken). 36

2.3 Rechte und Pflichten

Als juristische Person ist der Staat Inhaber zahlreicher Rechte und Pflichten. Er hat insbesondere 37

- Herrschaftsrechte über die Staatsangehörigen und die sich auf seinem Staatsgebiet aufhaltenden übrigen Personen (demokratisch legitimierte „Staatsgewalt");
- Rechte und Pflichten im Verhältnis zu fremden Staaten, z. B. aus völkerrechtlichen Verträgen;
- Rechte auf Erhebung von Steuern und Sozialabgaben;
- Pflichten zur Beachtung der Grundrechte des Bürgers, zur Erteilung von Genehmigungen und Erlaubnissen aller Art, zur Gewährung von Sozialleistungen.

– Er kann Eigentümer und Besitzer von Sachen, Gläubiger und Schuldner aus Kauf-, Werk-, Mietverträgen, kann insbesondere Arbeitgeber sein.

Im Vergleich zum Menschen als natürliche Person hat der Staat zahlreiche weitergehende (Hoheits-) Rechte. Andererseits hat er auch weniger Rechte, beispielsweise keine familienrechtlichen Rechte, kann nicht Ehegatte sein und nicht in einem Eltern-Kind-Verhältnis stehen. Um diesen – an sich selbstverständlichen – Aspekt hervorzuheben, wird dem Staat nur „Teilrechtsfähigkeit" zuerkannt[2].

3. Die Aufgliederung des Staates in eine Mehrzahl von Verwaltungsträgern; Körperschaften, Anstalten, Stiftungen

3.1 Organisation des Staates

38 Die Organisation des Staates und seiner Verwaltung tritt dem Bürger in Deutschland äußerst vielgestaltig gegenüber[3]: Aus dem Bundesstaatsprinzip folgt, dass es den Bund und 16 Bundesländer gibt, d. h. 17 Staaten. In der Organisation der Länder gibt es erhebliche Unterschiede, die u. a. der unterschiedlichen Einwohnerzahl Rechnung tragen; so umfasst das mit Abstand einwohnerstärkste Land Nordrhein-Westfalen knapp 18 Millionen Einwohner, Bayern gut 12 Millionen, Baden-Württemberg knapp 11 Millionen, aber etwa Mecklenburg-Vorpommern nur 1,6 Millionen und das Saarland nur knapp 1 Million[4].

Ferner gibt es Gemeinden (der Begriff Gemeinden umfasst sowohl Kleinstgemeinden als auch – soweit sie keine Stadtstaaten sind – Millionenstädte wie München oder Köln) und Kreise, Industrie- und Handelskammern, Landwirtschafts- und andere Kammern, öffentliche Rundfunkanstalten, Universitäten, Landesämter, (öffentlich-rechtliche) Stiftungen etc.

39 3.1.1 Die Verteilung von Verwaltungsaufgaben auf eine Mehrzahl von organisatorischen Einheiten („Dezentralisation der Verwaltung") ist überwiegend durch die Verfassung und durch die Gesetze vorgeschrieben. Dahinter stehen folgende Gründe:

40 1. Die Rechtfertigung des Bundesstaatsprinzips (Art 20 Abs. 1, Art 28 Abs. 1 GG) ergab sich ursprünglich aus dem Bedürfnis, regionalen („landsmannschaftlichen") Besonderheiten gerecht zu werden. Dieser Gesichtspunkt tritt infolge der fortschreitenden Vereinheitlichung der Lebensverhältnisse mehr und mehr in den Hintergrund. Heute ergibt sich der Sinn des Bundesstaatsprinzips daraus, die Gewaltenteilung des Art 20 Abs. 2 S. 2 GG zwischen Gesetzgebung, vollziehender Gewalt und Rechtsprechung („horizontale Gewaltenteilung") durch eine Aufteilung der Macht zwischen Bund und Ländern („vertikale Gewaltenteilung") zu ergänzen. Gleichzeitig werden dadurch die Einflussmöglichkeiten der Bürger auf die Ausübung der Staatsgewalt verbessert, was dem Demokratieprinzip dient. Die gleichen Gründe gelten für die verfassungsrechtliche Anerkennung der kommunalen Selbstverwaltung (Art. 28 Abs. 2 GG)[5].

41 2. Unterschiedliche Verwaltungszwecke können unterschiedliche Verwaltungsstrukturen erfordern. Der Zwang zu fortschreitender Spezialisierung besteht auch für

2 Vgl. Maurer § 21 RdNr. 6.

3 Kippels, Demokratie und Exekutive, S. 17, 33, in: Czerwig/Lorig/Treutner, Die öffentliche Verwaltung in der Demokratie der Bundesrepublik Deutschland, 2009.

4 Zu den Einwohnerzahlen der übrigen Bundesländer vgl. www.destatis.de (Statistisches Bundesamt Deutschland) bzw. www.statistik-portal.de (Statistische Ämter des Bundes und der Länder).

5 Vgl. Hofmann/Theisen/Bätge, Kommunalrecht in NRW, 2.2.

die öffentliche Verwaltung und fordert eine ständige Differenzierung auch innerhalb der Verwaltungsorganisation.
3. Es kann das Bedürfnis bestehen, betroffene Bürger stärker an der Willensbildung innerhalb der Verwaltung zu beteiligen, so dass hierfür geeignete Organisationsformen geschaffen werden müssen.
4. Einer stärkeren Beteiligung der Bürger muss eine Verminderung der Weisungsbefugnisse der Staatsregierung entsprechen, so dass gewisse selbständige organisatorische Einheiten (wie z. B. Hochschulen und öffentlich-rechtliche Rundfunkanstalten) über eine größere „Staatsferne“ verfügen.

3.1.2 Alle organisatorisch selbständigen Verwaltungseinheiten, die öffentliche (= staatliche) Verwaltung ausüben, leiten ihre Befugnisse aus der Staatsgewalt[6] ab, sind also in den Staat eingegliedert. Sie gehören deshalb zum „Staat im weiteren Sinn“. „Staat im engeren Sinn“ sind Bund und Länder. Wird von „Staatsverwaltung“ gesprochen, ist im Zweifel nur die Verwaltung von Bund und Ländern gemeint, nicht etwa die öffentliche Verwaltung der Gemeinden und Kreise (Kommunalverwaltung)[7]. 42

3.2 Träger öffentlicher Verwaltung

Wird zwischen Staat ieS und anderen, Verwaltung ausübenden Subjekten unterschieden, bedarf es des Oberbegriffs **Träger öffentlicher Verwaltung**. Verwaltungsträger sind vor allem die oben aufgeführten Organisationen (Staat, Gemeinden u. s. w.). Ihnen stehen die Befugnisse zur Verwaltung und die damit verbundenen Rechte und Pflichten zu, d. h. sie verfügen über Verwaltungskompetenzen (Zuständigkeiten im weiteren Sinne). Um diese von den – noch zu behandelnden – Behördenzuständigkeiten abzugrenzen, werden sie als Verbandskompetenzen bezeichnet. Jeder Verwaltungsträger verfügt also über eine **Verbandskompetenz**. 43

Ein Beispiel für die Zuweisung einer Verbandskompetenz an die Gemeinden enthält § 2 Abs. 1 BauGB, wenn dort bestimmt ist, dass die Bauleitpläne „von der Gemeinde in eigener Verantwortung aufzustellen“ sind.

Da den Verwaltungsträgern Rechte und Pflichten zustehen müssen, sind sie rechtsfähig, sind sie juristische Personen.

Es gibt allerdings Verwaltungseinheiten, die einem (anderen) Verwaltungsträger zugeordnet und deshalb nicht rechtsfähig sind, aber über eine gewisse organisatorische Selbständigkeit verfügen. Sie erfüllen praktisch die gleichen Funktionen wie die Verwaltungsträger und werden deshalb im Folgenden mitbehandelt. Das betrifft in erster Linie die nichtrechtsfähigen öffentlichen Anstalten.

3.3 Organisationsformen

Die oben genannten Gründe für die Dezentralisation durch Schaffung selbständiger Verwaltungsträger und ähnlicher Verwaltungseinheiten gelten für die einzelnen Verwaltungsgebiete unterschiedlich. Deshalb stellt die Rechtsordnung verschiedene Organisationsformen zur Verfügung: Körperschaft, Anstalt, Stiftung. Aufgeführt sind sie in § 1 Abs. 1 Nr. 1 BVwVfG (bzw. in den Landes-VwVfGen) und in § 89 BGB. Sie werden im folgender genauer behandelt. 44

---

6 Kippels, Demokratie und Exekutive, S. 17, 20, in: Czerwig/Lorig/Treutner, Die öffentliche Verwaltung in der Demokratie der Bundesrepublik Deutschland, 2009.

7 Vgl. Hofmann/Theisen/Bätge, Kommunalrecht in NRW, 2.1.2.

3.4 Körperschaften des öffentlichen Rechts

45 3.4.1 Körperschaft des öffentlichen Rechts ist ein zur Erfüllung öffentlicher Aufgaben geschaffener Personenzusammenschluss, dessen Bestand vom Wechsel der Mitglieder unabhängig ist und bei dem die Mitglieder wesentlichen Einfluss auf die Willensbildung haben. Ihre Entstehung und ihre Organisation sind in Vorschriften des öffentlichen Rechts geregelt.

Wichtigste Körperschaft des öffentlichen Rechts ist der Staat (sowohl der Bund als auch das jeweilige Land). Dass seine Willensbildung von den Mitgliedern, von den Staatsangehörigen, wesentlich bestimmt wird, ergibt sich aus Art. 20 Abs. 2 (und aus Art. 28 Abs. 1) GG, wonach die Staatsgewalt vom Volke ausgeht und im Wesentlichen durch Wahlen ausgeübt wird.

Weitere wichtige Körperschaften sind z. B. auch die Gemeinden/Städte, Kreise und anderen Gemeindeverbände; hier üben die Bürger die erforderliche „mitgliedschaftliche Willensbildung“ durch die Wahlen von Rat, Bezirksvertretung, Kreistag, Bürgermeister, Landrat, etc. und durch Bürgerbegehren und Bürgerentscheide[8] aus.

Beispiel für einen sondergesetzlich geregelten Fall nach Bundesrecht sind die Religionsgemeinschaften[9]; sie haben öffentlich-rechtlichen Körperschaftsstatus nach Art. 140 GG iVm Art. 137 Abs. 5 WRV. Die Länder entscheiden über die Verleihung des Körperschaftsstatus an Religionsgemeinschaften[10].

Beispiel für einen sondergesetzlich geregelten Fall auf Landesebene ist die „Städteregion Aachen“, mit Wirkung seit 21.10.2009[11].

46 3.4.2 Körperschaften sind normalerweise rechtsfähig. Soweit sie Verwaltung ausüben, sind sie Verwaltungsträger.

Ausnahmsweise nichtrechtsfähige Körperschaften sind Parlamente (z. B. wird der Bundestag als „gesetzgebende Körperschaft“ bezeichnet; er übt allerdings keine Verwaltung aus) und die „internen“ Fachhochschulen für öffentliche Verwaltung[12] des Bundes und der Länder.

47 3.4.3 Bei **Personalkörperschaften** richtet sich die Mitgliedschaft nach Eigenschaften, die mit der Person verbunden sind.

Beispielsweise sind Personalkörperschaften vor allem diejenigen Verbände, bei denen die Mitgliedschaft von einer berufsbezogenen Tätigkeit abhängt; das gilt für die verschiedenen Kammern (Industrie- und Handelskammern, Landwirtschafts-, Rechtsanwalts-, Ärztekammern), ferner die Hochschulen und die Sozialversicherungsträger.

48 Um **Gebietskörperschaften** handelt es sich, wenn die Mitgliedschaft vom Wohnsitz oder Aufenthaltsort abhängt. Zu den Gebietskörperschaften gehören der Staat (Bund und Länder), ferner die Gemeinden[13], Städte und Kreise.

Zwar ergibt sich die Staatsangehörigkeit nach deutschem Recht aus der Abstammung, also einem persönlichen Merkmal (§§ 3, 4 StAG). Jedoch ist hierfür letztlich entscheidend, dass die Mehrzahl der deutschen Staatsangehörigen sich auf deutschem Staatsgebiet aufhält (und dort eine Sprach- und Kulturgemeinschaft bildet). Die Mitglieder[14] der Städte, Gemeinden und Kreise sind die Einwohner und die Bürger (also die Wahlberechtigten unter den Einwohnern).

---

8 Vgl. zu Bürgerbegehren und Bürgerentscheiden Hofmann/Theisen/Bätge, Kommunalrecht in NRW, 2.3.3.2.1.2.

9 Vgl. Quaas NVwZ 2009, 1400 ff.; Heinz, VR 2010, 117.

10 BVerfG, NVwZ 2015, 1434; vgl. Sachs/Jasper, NWVBl. 2016, 1 ff.

11 Vgl. Hofmann/Theisen/Bätge, Kommunalrecht in NRW, 2.9.2.

12 Für die Fachhochschule für öffentliche Verwaltung NRW: Hofmann/Theisen/Bätge, Kommunalrecht in NRW, 2.1.2.2.1.

13 Zu den kommunalen Gebietskörperschaften: Hofmann/Theisen/Bätge, Kommunalrecht in NRW, 2.3.1.1 und 2.3.1.2.

14 Zu den Mitgliedern der Kommunalkörperschaften: Hofmann/Theisen/Bätge, Kommunalrecht in NRW, 2.3.3.

Als **Verbands- oder Bundkörperschaften** werden diejenigen bezeichnet, deren Mitglieder ausschließlich juristische Personen sind. 49

Beispielsweise bestimmt § 1 LandschaftsverbandsO NRW, dass die „zum Lande Nordrhein-Westfalen gehörenden Kreise und kreisfreien Städte" die beiden Landschaftsverbände (Westfalen-Lippe und Rheinland – als sog. höhere Gemeindeverbände) bilden[15].

3.5 Anstalten des öffentlichen Rechts

3.5.1 Anstalt des öffentlichen Rechts ist eine im Verhältnis zum Staat (ieS) verselbständigte Organisation, der eine bestimmte Aufgabe öffentlicher Verwaltung (= Anstaltszweck) übertragen ist. Als Organisation verfügt die Anstalt über für sie tätige Personen und über sächliche Hilfsmittel. Ihre Entstehung und Organisation richtet sich nach öffentlichem Recht. In Abgrenzung zur Körperschaft hat sie keine ihren Willen entscheidend bildenden Mitglieder; benutzbare Anstalten haben Benutzer. Der mit der Bildung einer Anstalt verfolgte Zweck besteht stets darin, dass der Staat eine Aufgabe nicht unmittelbar durch seine vorhandenen Organe und Behörden erfüllen will, sondern dass er die Schaffung einer ausgegliederten, mehr oder weniger selbständigen Organisation für zweckmäßig hält. 50

Bisher ist es nicht gelungen, dem Anstaltsbegriff schärfere Konturen zu geben. BVerwGE 32, 302: „Wesentlich für den Begriff der Anstalt ist die Verbindung von persönlichen und sächlichen Mitteln zur Erfüllung einer aus dem Bereich der zuständigen Behörden ausgegliederten besonderen Sachaufgabe, die in der Darbietung einer Leistung gegenüber einem meist nicht näher bestimmbaren Personenkreis besteht. Die öffentlichen Anstalten sind aus diesem Grunde eine typische Erscheinungsform der Leistungsverwaltung." Jedoch ist diese Definition etwas zu eng, da auch die Justizvollzugsanstalten (Haftanstalten) hierzu gehören[16].

Öffentliche Anstalten können rechtsfähig und damit Verwaltungsträger sein. Die meisten Anstalten sind aber nur organisatorisch verselbständigt und nicht rechtsfähig. Rechtlich sind sie dann Bestandteil eines anderen Verwaltungsträgers, meist des Staates oder einer Gemeinde, der als Anstaltsträger bezeichnet wird.

3.5.2 Beispielsweise sind **rechtsfähige** Anstalten: die Bundesanstalt für Immobilienaufgaben, die Deutsche Bundesbank, die öffentlichen Sparkassen, die NRW-Bank, die öffentlich-rechtlichen Rundfunkanstalten (Landesrundfunkanstalten der ARD, Deutsche Welle und das ZDF). Bei den Rundfunkanstalten sind also die Teilnehmer (Radiohörer und Fernsehzuschauer) keine Mitglieder des Rundfunks, sondern (nur) Benutzer. 51

Soweit ein Gremium (z. B. ein Rundfunkrat) oberstes Willensbildungsorgan ist, wird es nicht von den Rundfunkteilnehmern gewählt, sondern aus anderen Gremien (z. B. vom Landtag), oder seine Mitglieder werden von Verbänden entsandt. Dieser Gesichtspunkt macht deutlich, dass der Unterschied zwischen Körperschaften und Anstalten gering sein kann.

3.5.3 Beispiele für **nichtrechtsfähige** Anstalten sind vor allem die Schulen, kommunale Badeanstalten, Schlachthöfe, Kläranlagen. 52

Hierbei entsteht eine eigenartige Mischung der Organisationsformen, wie sich am Beispiel der Gemeinde zeigt: Unter dem Aspekt der Rechtsfähigkeit (des Verwaltungsträgers) handelt es sich um Verwaltung durch die Körperschaft Gemeinde. Deshalb entscheiden die Bürger bei Kommunalwahlen und Bürgerentscheiden auch über die Geschicke der kommunalen Anstalten. Der gewählte Gemeinderat ist auch zuständig, über die Besetzung der Anstaltsleitung zu entscheiden und über die grundlegenden Bedingungen für die Benutzung der Anstalten (z. B. Tarife für Wasser, Kanalisation, Strom und Gas). Während diese Verwaltungsentscheidungen also „körper-

15 Zu Einzelheiten der Landschaftsverbände vgl. Hofmann/Theisen/Bätge, Kommunalrecht in NRW, 2.3.1.3 und 2.3.1.4.

16 Vgl. auch zur öffentlichen Anstalt: Bull/Mehde, RdNr. 103 und 944 ff.

schaftlich“ erfolgen, werden die laufenden Verwaltungsaktivitäten, insbesondere die Erbringung von Leistungen gegenüber dem Bürger, „anstaltlich“ vorgenommen.
Öffentlichen Anstalten gemeinsam ist eine gewisse Selbständigkeit im Verhältnis zum Staat, die bei nichtrechtsfähigen Anstalten weniger ausgeprägt, bei rechtsfähigen Anstalten stärker ist. Soll die Organisation ein noch stärkeres Eigenleben entfalten, empfiehlt sich die Form der Stiftung.

3.6 Stiftung

53 **Stiftung** des öffentlichen Rechts ist ein rechtlich verselbständigter Bestand von Kapital und Sachen (= Vermögensmasse), der einem öffentlichen Zweck (= Stiftungszweck) dient. In Abgrenzung zum Parallelinstitut der privatrechtlichen Stiftung (§§ 80 ff. BGB) richtet sich ihre Entstehung und ihre Organisation nach öffentlichem Recht[17]. Stiftungen sind zwingend rechtsfähig.

Beispiele für Bundesstiftungen: Stiftung Preußischer Kulturbesitz, Bundeskanzler-Willy-Brandt-Stiftung, Conterganstiftung für behinderte Menschen, Bundesstiftung Mutter und Kind.
Beispiele für Stiftungen der Länder: Stiftung Industriedenkmalpflege und Geschichtskultur NRW, Stiftung des Landes NRW für Wohlfahrtspflege. – Die kommunalen „örtliche Stiftungen“ regelt z. B. in Nordrhein-Westfalen § 100 GemeindeO NRW.

4. Die Organisation innerhalb eines Trägers öffentlicher Verwaltung. Organe, Behörden, Ämter, Amtswalter

4.1 Organe

54 Juristische Personen und andere Organisationen sind (in ihrer Gesamtheit) selbst nicht handlungsfähig. Sie können jedoch durch ihre Organe handeln. Organ ist eine Einrichtung einer juristischen Person oder einer ähnlichen Organisation, deren Handeln als das Handeln der juristischen Person oder der Organisation gilt. Das Handeln des Organs wird der juristischen Person, für die das Organ handelt, zugerechnet. Diese Zurechnung muss grundsätzlich gesetzlich bestimmt sein.

Ebenso wie das Sprechen eines Menschen durch sein Organ „Mund“ als Sprechen des Menschen selbst gilt, gilt ein Gesetz, welches das Bundesorgan Bundestag unter Mitwirkung des Bundesorgans Bundesrat erlässt, als Gesetz der Bundesrepublik Deutschland. – Organe gibt es auch bei juristischen Personen des Privatrechts; z. B. ist der Vorstand eines Vereins das für den Verein handelnde Organ (§ 26 BGB).

55 Genaugenommen ist auch das Organ nicht handlungsfähig. Für dieses muss ein **Mensch** als **„Organwalter“** handeln (vgl. unten RdNr. 75). Es erfolgt also eine doppelte Zurechnung: vom Organwalter an das Organ und vom Organ an die juristische Person.

Im öffentlich-rechtlichen Bereich werden Organe nicht „im fremden Namen“ tätig, sondern sie handeln als Staatsorgan im eigenen Namen. Im privatrechtlich geregelten Bereich (BGB) ist das Handeln im fremden Namen nötig, um deutlich zu machen, dass die Rechtsfolgen einen anderen treffen sollen. Beim Staat besteht hierfür kein Bedürfnis. Sagt beispielsweise der Polizeibeamte „Ich muss Ihnen leider den Zutritt verbieten“, oder schreibt die Sachbearbeiterin beim Bauamt „Hiermit erteile ich Ihnen die Baugenehmigung“, so bedarf es keines weiteren Hinweises, um deutlich zu machen, dass diese Maßnahmen durch die Behörde (mit Wirkung für und gegen den Verwaltungsträger) erlassen werden.

---

17 Zu kommunalen Stiftungen: Twehues, Rechtsfragen kommunaler Stiftungen, Köln 1996; zu den parteinahen Stiftungen: Merten NWVBl 97, 44; zu gemeinnützigen Stiftungen Pfeifer: KommunalPraxis N 98, 108; zur steuerlichen Umwidmung von Stiftungen des öffentlichen Rechts in solche des Privatrechts: Neuhoff, DÖV 2004, 289; zur Reform der Landesstiftungsgesetze: Schulte/Risch, DVBl 2005, 9.

4.2 Behörden

4.2.1 „Behörde" ist der im Verwaltungsrecht ein oft verwandter organisatorischer Begriff und von zentraler Bedeutung. Zwar stehen, wie ausgeführt, die verwaltungsrechtlichen Rechte und Pflichten letztlich einem Verwaltungsträger (z. B. Bund, Land, Stadt, Kreis) zu. Verwirklicht werden sie aber durch dessen Behörden. Deshalb sprechen viele Vorschriften des VwVfG davon, „die Behörde" sei zu einem bestimmten Verhalten berechtigt oder verpflichtet. Im Einzelnen kommt es in folgendem Zusammenhang auf die Behörde an: 56

1. Verwaltungszuständigkeiten werden auf Behörden bezogen. Die „zuständige" Behörde kann vielfach nur dann herausgefunden werden, wenn Klarheit über den Behördenbegriff besteht.

   Beispiel: Die Handelsgesellschaft H hat ein altes Kinogebäude erworben und will dies zu einem Supermarkt umbauen. Ob die Baugenehmigung hierfür erteilt werden soll, ist politisch umstritten. H hat bereits mit dem Bauamt der Stadtverwaltung verhandelt. Hier wird erklärt, die Frage müsse im Bauausschuss des Rates behandelt werden. Bleibe sie dort umstritten, werde sie voraussichtlich dem Rat zur Entscheidung vorgelegt. Was ist die zuständige Behörde: Der Bauausschuss? Der Rat? Das Bauamt der Stadtverwaltung? Der (Ober-)Bürgermeister? Die Antwort ergibt sich aus den folgenden Abschnitten. (Zur – vom Behördenbegriff zu trennenden – Frage der Zuständigkeit siehe unten: RdNr. 575 ff.)

2. Das VwVfG ist nach dessen § 1 Abs. 1 nur anwendbar, wenn eine Behörde handelt. Insbesondere ein Verwaltungsakt oder ein öffentlich-rechtlicher Vertrag kann nur von einer Behörde erlassen bzw. abgeschlossen werden (§§ 35, 54 VwVfG). Dementsprechend definiert das VwVfG im letzten Absatz des § 1 den Begriff der Behörde.

   Praxisbeispiel: Der Behördenbegriff könnte im obigen Beispiel bedeutsam werden, wenn der Rat über die Erteilung der Baugenehmigung diskutiert und die Handelsgesellschaft H verlangt, in der Ratssitzung gemäß § 28 VwVfG angehört zu werden: Die Anhörungspflicht nach § 28 besteht nur, wenn das VwVfG anwendbar ist. Eine Anhörungspflicht des Rates würde somit voraussetzen, dass dieser Behörde ist. Da das aber hier nicht der Fall ist, hat der Rat die H nicht anzuhören; ausreichend ist eine Anhörung durch das Bauamt der Stadtverwaltung[18].

3. Bedeutung hat der Behördenbegriff schließlich für die verwaltungsgerichtlichen[19] Verfahren, sofern die Anfechtungs- oder Verpflichtungsklage gegen die Behörde zu richten ist (vgl. § 78 Abs. 1 S. 2 VwGO).

4.2.2 Da der Begriff der Behörde typisch für die Verwaltung, die zweite Gewalt ist, wird er grundsätzlich im Sinne von „Verwaltungsbehörde" verwandt: **Behörde** ist ein Organ des Staates ieS oder eines anderen Trägers öffentlicher Verwaltung, das mit Zuständigkeiten zur Erfüllung von Verwaltungsaufgaben dem Bürger gegenüber ausgestattet ist. 57

(Verwaltungs-)Organe **ohne** Behördencharakter sind Gremien, die für einen Verwaltungsträger „lediglich" die Willensbildung vornehmen, aber noch keine Entscheidung dem Bürger gegenüber treffen. Hierzu gehören insbesondere der Rat der Gemeinde und Ratsausschüsse; ihre (Haupt-) Aufgabe ist die kommunale Willensbildung.

Z. B. bedarf der Beschluss des Gemeinderates oder eines Ausschusses etwa, wonach ein ortsansässiger Verein jährlich 10.000 € als Förderung erhält, dann noch der Umsetzung durch einen verbindlichen Bescheid der Gemeindeverwaltung (Ober-/**Bürgermeister**). Dieser ist Behörde, der Rat oder der Ausschuss ist (Willensbildungs-)Organ.
Beispielsweise aber hat der Rat dagegen ausnahmsweise Behördencharakter bei der Abberufung eines Beigeordneten oder bei der Bestellung des Leiters des Rechnungsprüfungsamtes[20].

---

18 Vgl. unten RdNr. 677 ff.
19 Vgl. unten 13. Abschnitt (RdNr. 981 ff.).
20 Einzelheiten hierzu bei Hofmann/Theisen/Bätge, Kommunalrecht in NRW, 2.8.3.

58 Stellen ohne Behördencharakter sind auch solche, die lediglich fachliche Aufgaben wahrnehmen, ohne über Zuständigkeiten zu Verwaltungsmaßnahmen dem Bürger gegenüber zu verfügen.

Wird beispielsweise ein Wasserwirtschaftsamt eingerichtet, hat dieses Behördencharakter, sobald ihm Zuständigkeiten zu Maßnahmen dem Bürger gegenüber zugewiesen werden (z. B. die Berechtigung zur Einholung von Auskünften). Nimmt es dagegen nur Messungen vor und berät es die zuständigen Wasserbehörden gutachtlich, ist es eine Stelle ohne Behördencharakter.

Bei obiger Definition handelt es sich um den organisationsrechtlichen Behördenbegriff. Da er die Zuständigkeitszuweisung zu seinem Inhalt macht, hat er seine Bedeutung vor allem im Rahmen der Zuständigkeitsordnung[21].
Für den Anwendungsbereich des VwVfG bestimmt § 1 letzter Absatz VwVfG: „Behörde ... ist jede Stelle, die Aufgaben öffentlicher Verwaltung wahrnimmt". Das Verhältnis dieses verwaltungsverfahrensrechtlichen Behördenbegriffs zum organisationsrechtlichen wird aus dem Gesetzeswortlaut nicht ganz klar. Sicher ist, dass jede organisationsrechtliche Behörde auch Behörde iSd VwVfG ist. Weiterhin erspart die absichtlich weite Fassung die Prüfung, welcher organisatorischen Einheit die Zuständigkeiten zugewiesen sind.

Beispiel: Eine Maßnahme wurde vom „Gesundheitsamt-Amtsarzt" erlassen. Organisationsrechtlich kann zweifelhaft sein, ob die wahrgenommenen Zuständigkeiten dem Amtsarzt, dem Gesundheitsamt oder der Stadt- bzw. Kreisverwaltung zugewiesen sind. Geht es nur darum, ob das VwVfG anwendbar ist oder ob ein Verwaltungsakt vorliegt, braucht das nicht geprüft und entschieden zu werden. Vielmehr genügt die Feststellung, dass eine Aufgabe öffentlicher Verwaltung wahrgenommen wurde. – Wegen dieser Bezugnahme auf die öffentliche Verwaltung „als Funktion" wird dieser Begriff auch als „funktionaler" Behördenbegriff bezeichnet.

59 4.2.3 Die Eigenschaft als Behörde hängt von der Erfüllung des Begriffs und nicht von der Bezeichnung ab: Meist wird diese nicht einmal ausdrücklich als „...-behörde" bezeichnet. Behörden sind beispielsweise auch die Ministerien (Oberste Bundes- oder Landesbehörden), Finanzämter, Bezirksregierungen.
Bei den Kommunalverwaltungen treten die Behörden teilweise unter einer „personalisierten" Bezeichnung auf: Beispiel hierfür ist in NRW der/die (Ober)Bürgermeister/in, der/die Landrat/Landrätin. Das Wort „Bürgermeister" ist hier also nicht nur die Bezeichnung der betreffenden Person („Herr Bürgermeister Müller", „Frau Landrätin Meier") sondern auch die der Behörde („Bürgermeister der Stadt XY", „Landrätin Z"), also der gesamten Stadtverwaltung der Stadt XY bzw. Kreisverwaltung des Kreises Z[22].

60 Einige Gesetze erweitern für ihren speziellen Anwendungsbereich den Behördenbegriff.

Beispielsweise bezieht das nordrhein-westfälische Informationsfreiheitsgesetz (IFG NRW) seinen in § 2 Abs. 1 S. 2 verwendeten (allgemeinen) Behördenbegriff in Abs. 4 auch auf Private: „Sofern eine natürliche oder juristische Person des Privatrechts öffentlich-rechtliche Aufgaben wahrnimmt, gilt sie als Behörde im Sinne dieses Gesetzes"[23].

61 4.2.4 Zur Klärung des **Behördenbegriffs** bedarf es noch einiger Abgrenzungen.
a) Vielfach verwenden die Gesetze Bezeichnungen wie „Polizeibehörde, Ordnungsbehörde, Straßenverkehrsbehörde, Baugenehmigungsbehörde, Ausländerbehörde, Widerspruchsbehörde, Vollstreckungsbehörde, höhere Verwaltungsbehörde". Keiner dieser Ausdrücke bezeichnet unmittelbar eine real existierende Behörde, erfüllt also den organisationsrechtlichen oder den verwaltungsverfahrensrechtlichen Be-

21 Zur (verneinten) Behördeneigenschaft eines Prüfungsausschusses BVerwGE 70, 4; zum Behördenbegriff bei Rat und Bürgermeister vgl. Hofmann/Theisen/Bätge, Kommunalrecht in NRW, 2.6.1.3.1.3 und 2.7.2.4.
22 Details bei: Hofmann/Theisen/Bätge, Kommunalrecht in NRW, 2.3.1, 2.7.2.5, 2.9.1 und 4.1.
23 Zu den Informationsfreiheitsgesetzen siehe unten RdNr. 651 ff.

hördenbegriff. Es handelt sich um eine Funktionsbezeichnung. Die jeweilige Funktion wird von einer gesetzlich bestimmten, aber anders benannten Behörde wahrgenommen.

Beispielsweise ist Baugenehmigungsbehörde oder Ausländerbehörde die Behörde der kreisfreien Stadt oder des (Land-)Kreises. Wer Widerspruchsbehörde ist, ergibt sich aus § 73 VwGO. Kommunalaufsichtsbehörde kann die Kreisbehörde, die Bezirksregierung oder das Innenministerium sein, vgl. § 120 Gemeindeordnung NRW („das für Inneres zuständige Ministerium", also das „Ministerium für Inneres und Kommunales").
Hauptgrund für diese – scheinbar umständliche – Ausdrucksweise ist die bundesstaatliche Kompetenzverteilung: Nach Art. 83 GG werden die Bundesgesetze grundsätzlich von den Ländern ausgeführt. Nach Art. 84 Abs. 1 GG bestimmen die Länder auch, welche Behörden zuständig sind. Mit der Funktionsbezeichnung verweisen die Bundesgesetze auf die Bestimmungen der Länder. – „Baugenehmigungsbehörde" bedeutet also: „die nach landesrechtlicher Vorschrift für die Erteilung der Baugenehmigung zuständige Behörde". Diese Vorgehensweise hat den Vorteil, dass der Bundesgesetzgeber nicht weiter auf die Eigenarten des Behördenaufbaus in den einzelnen Bundesländern einzugehen braucht.

Wird eine Funktionsbezeichnung verwandt, so bedarf es für die Feststellung der danach zuständigen Behörde stets einer weiteren Vorschrift, in der bestimmt ist, welche reale Behörde diese Funktion wahrnimmt. 62

b) Behörde ist stets nur die „Gesamtbehörde" ohne Rücksicht auf die (noch unter RdNr. 73 zu behandelnde) interne Aufgliederung und Geschäftsverteilung. Die einzelnen Untergliederungen einer Behörde haben selbst keine Behördeneigenschaft. Insbesondere die einzelnen Ämter/Fachbereiche/Dezernate einer Gemeinde-, Stadt-, Kreis- oder Landesverwaltung sind keine eigenständigen Behörden, sondern Teile einer Behörde (die z. B. „Bürgermeister", „Landrat" oder „Bezirksregierung" heißt). 63

Beispielsweise gilt das für das Ordnungsamt, Bauordnungs- oder Bauverwaltungsamt, Straßenverkehrsamt, Sozialamt, Gesundheitsamt, Amt für Wohnungswesen. Die Geschäftsverteilung spiegelt häufig die unterschiedlichen Funktionen – vgl. oben a) – wider: Weil der kreisfreien Stadt die Funktionen Ordnungsbehörde, Baugenehmigungsbehörde, Straßenverkehrsbehörde u. s. w. zugewiesen sind, gibt es als Teil der Behörde „Bürgermeister" bzw. „Oberbürgermeister" ein Ordnungsamt, Bauamt, Straßenverkehrsamt u. s. w. Soweit in kreisangehörigen Gemeinden diese Funktionen nicht von der Gemeinde wahrgenommen werden, obliegen sie der Kreisbehörde „Landrat" bzw. „Landratsamt".
Praktische Bedeutung hat dies beispielsweise für die Anmeldung eines Kraftfahrzeugs: Während der Bürger einer kreisangehörigen Gemeinde für die Anmeldung seines Kraftfahrzeugs in der Regel zur Straßenverkehrsbehörde „Landrat"/„Landratsamt" in die Kreisstadt fahren muss, kann der Bürger einer kreisfreien Stadt dies in der Regel bei der Straßenverkehrsbehörde „(Ober-)Bürgermeister" an seinem Wohnort erledigen.
Bei den Bezirksregierungen bzw. den Regierungspräsidien, die u. a. die Funktionen der höheren/mittleren (Landes-)Polizeibehörde, höheren/mittleren Ordnungsbehörde, der höheren/mittleren Wasserbehörde wahrnehmen, gibt es entsprechende Dezernate.

c) Abschließend ist darauf hinzuweisen, dass der Verwaltungsträger und seine Behörden zwar zusammengehören, begrifflich aber zu unterscheiden sind. Die Körperschaften, Anstalten und Stiftungen sind keine Behörden, sondern handeln durch Behörden (die Körperschaft Stadt durch den (Ober-)Bürgermeister, das Land u. a. durch Ministerien, Bezirksregierungen). 64

4.2.5 Behörden gibt es auf verschiedenen Ebenen der Verwaltung. Dadurch entsteht eine **instanzielle Gliederung**. 65

Der typische Verwaltungsaufbau umfasst drei Instanzen, soweit man die Oberbehörden hinzuzählen kann, vier Instanzen. Das gilt für den Bund und die größeren Flächenstaaten. Abweichungen bestehen insbesondere in den kleineren Ländern. 66

67 **Oberste** Bundes- und Landes**behörden** sind vor allem die (Staats-)Regierungen als Kollegien, sowie die einzelnen Ministerien (z. B. für Inneres, Finanzen, Justiz). Die Ministerien haben typischerweise eine doppelte Aufgabe:
a) Zusammenwirken mit dem politisch-parlamentarischen Bereich, insbesondere durch die Ausarbeitung von Gesetzesvorlagen,
b) Leitung und Beaufsichtigung der Verwaltungsbehörden, an deren Spitze sie stehen (z. B. durch Erlass von Verordnungen, Verwaltungsvorschriften und durch organisatorische und personelle Grundsatzentscheidungen); ausnahmsweise obliegt ihnen auch die Entscheidung einzelner Verwaltungsvorgänge.

68 **Obere Behörden (Oberbehörden)** stehen unterhalb der Ministerialebene, ihr Zuständigkeitsbereich erstreckt sich aber auf das gesamte Staatsgebiet[24].

Beispiele finden sich zahlreich beim Bund, der in Ausübung seiner Befugnisse nach Art. 87 Abs. 1 S. 2 und Abs. 3 S. 1 GG zahlreiche Bundesoberbehörden eingerichtet hat: das Bundeskriminalamt, das Bundesamt für Verfassungsschutz, das Kraftfahrtbundesamt, das Bundeszentralamt für Steuern, das Bundesverwaltungsamt und das Statistische Bundesamt.
Als Beispiele für Landesoberbehörden benennt z. B. für NRW der § 6 LandesorganisationsG u. a.: Landesamt für Besoldung und Versorgung, Landeskriminalamt, Landesamt für Ausbildung, Fortbildung und Personalangelegenheiten der Polizei.

69 **Mittelbehörden** des Bundes sind beispielsweise die Wasser- und Schifffahrtsdirektionen und die Oberfinanzdirektionen. In den Ländern – außer in den Stadtstaaten und in den kleineren Ländern – gibt es teilweise Bezirksregierungen (bzw. Regierungspräsidien) als allgemeine Mittelbehörde.

Beispielsweise bestimmt hierzu § 8 LandesorganisationsG NRW: „(1) Die Bezirksregierung ist die allgemeine Vertretung der Landesregierung in ihrem Bezirk. Sie hat die Entwicklung auf allen Lebensbereichen in ihrem Bezirk zu beobachten und den zuständigen obersten Landesbehörden darüber zu berichten. (2) Die Bezirksregierung ist eine Bündelungsbehörde. (3) Die Bezirksregierung ist zuständig für alle Aufgaben der Landesverwaltung, die nicht ausdrücklich anderen Behörden übertragen sind.“

In Bundesgesetzen wird die Bezirksregierung vielfach als „höhere Verwaltungsbehörde“ bezeichnet.

Bei den Bezirksregierungen laufen, obwohl es auf der unteren Ebene verschiedene Behörden gibt und auf der obersten Ebene verschiedene Ministerien zuständig sind, grundsätzlich alle Aufgaben zusammen (Aufgabenbündelung oder Aufgabenkonzentration, „Bündelungsbehörde“).

Beispielsweise sind sie Kommunalaufsichtsbehörde und (je nach Landesrecht) Widerspruchsbehörde gegenüber den kreisfreien Städten und den Kreisen[25]. Weitere Aufsichts-Aufgabenbereiche sind z. B.: Polizeiangelegenheiten, Bauaufsicht, Gewerbeaufsicht, sonstige Ordnungsangelegenheiten, Planung im Bezirk, Wasser- und Abfallangelegenheiten, Landschaftsschutz, Enteignung, Schulwesen.

70 Der Hauptteil der Verwaltungstätigkeit wird von den **unteren (örtlichen) Behörden** bürgernah durchgeführt.
Grundsätzlich werden auf der unteren Ebene die Behörden der kommunalen Selbstverwaltung tätig (Gemeinde- und Kreisbehörden). Ihnen sind auch zahlreiche staatliche Aufgaben übertragen (dazu noch unten RdNr. 87 ff., insbesondere RdNr. 92).
Auch staatliche Sonderbehörden gibt es auf der unteren Ebene:

Beispiele: Untere (örtliche) Behörden der Bundesverwaltung sind etwa die Hauptzollämter, Wasser- und Schifffahrtsämter.

---

24 Vgl. unten 7.1.1, RdNr. 96.
25 Vgl. Hofmann/Theisen/Bätge, Kommunalrecht in NRW, 3.3.1 und 3.3.2.

Beispiele für untere (örtliche) Landesbehörden sind z. B. die Finanzämter, die Kreispolizeibehörden und die Schulämter (vgl. die Aufzählung beispielsweise für NRW in § 9 LandesorganisationsG).

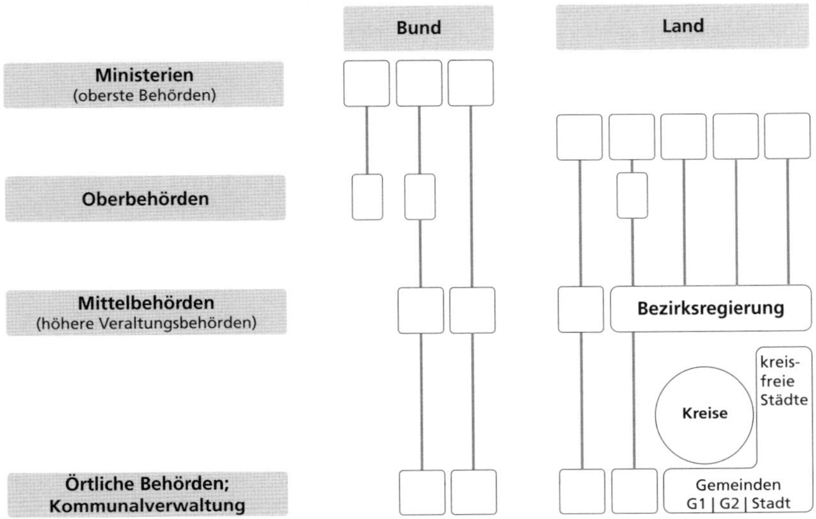

4.2.6 In der Regel wird die Behörde nach außen hin durch eine Person, den Behördenleiter, repräsentiert. Es handelt sich dann um eine „monokratisch verfasste" Behörde. 71

Teilweise wird dies bereits an den Behördenbezeichnungen deutlich: der (Ober-)Bürgermeister, der Landrat, der Polizeipräsident. Gleiches gilt aber für die Ministerien, die Oberfinanzdirektionen, die Bezirksregierungen, für die Gemeinde- und Kreisverwaltungen in den meisten Ländern. Da der Behördenleiter [die männliche Bezeichnung steht – wie oben auf Seite 1, RdNr. 1 erwähnt – zusammenfassend auch für die weibliche] nur die wenigsten Aufgaben selbst erledigen kann, kann für ihn ein Vertreter handeln (er zeichnet: „in Vertretung" = „i. V.") oder – in der Praxis meist – ein Sachbearbeiter (er zeichnet: „im Auftrag" = „i.A.").

Es gibt aber auch Kollegialbehörden. Beispiele sind: der in wenigen Bundesländern existierende kommunale Magistrat sowie die aus mehreren Betriebsleitern bestehende Betriebsleitung eines kommunalen Eigenbetriebes. Vgl. auch §§ 88 ff. VwVfG (Ausschüsse, kollegiale Einrichtungen).

4.3 Untergliederung der Behörde

Sofern die Behörde eine gewisse Größe überschreitet, besteht das Bedürfnis nach einer **Untergliederung:** 72

4.3.1 Die Untergliederungen heißen bei den Ministerien und den Bezirksregierungen Abteilungen, die wiederum in Unterabteilungen, Dezernate und Referate gegliedert sein können. Die Kommunalverwaltung wird üblicherweise in Ämter gegliedert, wovon mehrere zu Dezernaten zusammengefasst sind. Welche Untergliederung (Stelle) innerhalb der Behörde tätig zu werden hat, ist eine Frage der **Geschäftsverteilung** (und keine der Zuständigkeit, da sich diese nur auf die Behörde bezieht). 73

4.3.2 Letztlich muss alle Verwaltungsarbeit von einzelnen Menschen geleistet werden. Es ist deshalb auch Aufgabe der Geschäftsverteilung, konkrete – auf die Leistungsfähigkeit eines einzelnen Menschen zugeschnittene – Aufgabenbereiche zu schaffen. 74

Diese kleinste organisatorische Einheit wird als **Amt** (im organisationsrechtlichen Sinne)oder Stelle oder Dienstposten bezeichnet.

Der Begriff „Amt" kann hier also einen dreifachen Sinn haben: Bezeichnung für eine Behörde („Finanzamt"), für eine Untergliederung innerhalb der Behörde („Straßenverkehrsamt"), für den Tätigkeitsbereich eines einzelnen, allerdings abstrakt und nicht individuell bezeichneten Menschen innerhalb der Verwaltung („Pressesprecher der Behörde").

4.4 Organwalter

75 Der konkrete Beamte oder Beschäftigte im öffentlichen Dienst, der für ein Organ, eine Behörde oder ein Amt tätig wird, wird als **Organwalter** oder **Amtswalter** bezeichnet. Das Handeln des Amtswalters wird seinem Amt, seiner Behörde und letztlich dem Verwaltungsträger zugerechnet (vgl. bereits oben RdNr. 55). Als Privatperson treffen den Handelnden hieraus keine Rechte und Pflichten.

Beispiel: Ruft ein Polizeibeamter ein Abschleppunternehmen an, damit dieses ein auf der Straße liegengebliebenes Fahrzeug abschleppt, muss für die Bezahlung der Kosten allein das Land oder z. B. der Halter des Fahrzeugs aufkommen, nicht dagegen der Polizeibeamte. Fügt ein Beamter jemandem einen Schaden zu, trifft die Haftung den Verwaltungsträger (Art. 34 GG).

Diese Rechtslage bedeutet aber nicht, dass den Amtswalter überhaupt keine Pflichten treffen. Vielmehr ist er für die Rechtmäßigkeit seiner Amtshandlungen persönlich verantwortlich (§ 36 BeamtStG); außerdem trifft ihn eine strafrechtliche Verantwortlichkeit. Fügt er einer Person einen Schaden zu und muss deshalb sein Dienstherr Ersatz leisten, kommt ein Rückgriff gegen den Beamten in Betracht (§ 48 BeamtStG).
Ein Handeln als Amtswalter liegt nur vor, wenn der Beamte deutlich gemacht hat, dass er als solcher handelt. Das ist nicht der Fall, wenn er auf einer Dienstreise ein Hotelzimmer mietet und dabei nur seinen Namen angibt; in solchem Fall haftet er persönlich.

4.5 Besondere Beauftragte

76 **Besondere Beauftragte** werden bestellt, um Aufgaben zu erfüllen, die in die bisherige Organisationsstruktur des Verwaltungsträgers oder der Behörde nicht passen, insbesondere bei Grundsatz- oder Querschnittsaufgaben sowie zu Kontrollzwecken.

Beispiele sind: Bundesbeauftragter für Migration, Flüchtlinge und Integration; Bundesbeauftragter für die Unterlagen des Staatssicherheitsdienstes der ehemaligen DDR; die Datenschutzbeauftragten des Bundes und der Länder, die kommunalen Gleichstellungsbeauftragten[26].

5. Aufsicht. Einheit der Verwaltung

5.1 Vielgestaltigkeit der Verwaltungsträger

77 Die Vielgestaltigkeit der Verwaltungsträger, der Organe und Behörden gewährleistet, dass für fachliche und verwaltungsmäßige Aufgaben ausreichend organisatorische Formen zur Verfügung stehen. Damit wird aber auch die Gefahr heraufbeschworen, dass die Aufgabenerledigung unkoordiniert oder sogar widersprüchlich erfolgt. Denn grundsätzlich entscheidet jede Stelle der öffentlichen Verwaltung selbständig und ohne Bindung an Entscheidungen anderer Stellen. Mit den Gesetzen allein lassen sich unkoordiniertes Vorgehen und widersprüchliche Entscheidungen nicht verhindern.

---

26 Vgl. für NRW: § 5 GemeindeO (dazu: Hofmann/Theisen/Bätge, Kommunalrecht in NRW, 2.5.1 und Kremer, VR 2002, S. 15 ff.).

Beispiel: Die Naturschutzbehörde weist ein größeres Feuchtbiotop als Naturschutzgebiet aus und kauft die in der Kernzone gelegenen Grundstücke an. Die Wasserbehörde erteilt einem Wasserwerk in der Nähe die Genehmigung, Grundwasser zu fördern. Folge: Der Grundwasserspiegel sinkt, das Feuchtbiotop vertrocknet.

Den negativen Folgen der Vielgestaltigkeit und Aufgliederung der Verwaltung entgegenwirken soll das **Prinzip der Einheit der Verwaltung**. Die Staatswillensbildung soll möglichst einheitlich und widerspruchsfrei erfolgen. 78

Dieses Prinzip hat aber keine unmittelbaren Rechtsfolgen, sondern bezeichnet nur ein anzustrebendes Ziel[27].

Der Einheit der Verwaltung dienen eine Reihe konkreter Rechtsinstitute. In erster Linie ist das die nachfolgend zu behandelnde Aufsicht.

Beispiele weiterer Faktoren, die auf eine einheitliche Staatswillensbildung zielen: die Beteiligung anderer Verwaltungsträger und Behörden („Träger öffentlicher Belange") im Verwaltungsverfahren; die Konzentrationswirkung von Genehmigungsentscheidungen; die Tatbestands- und die Feststellungswirkung sowie die Bestandskraft der Verwaltungsakte bzw. die Rechtskraft gerichtlicher Urteile. Diese Rechtsinstitute werden noch später in anderen Zusammenhängen behandelt.

5.2 Die Arten der Aufsicht

5.2.1 Jede Aufsicht hat zumindest die Funktion, die Rechtmäßigkeit des Verwaltungshandelns zu gewährleisten. Wird von „Rechtsaufsicht" oder „allgemeiner Aufsicht" gesprochen, so bedeutet das, dass die Aufsicht auf eine bloße Rechtmäßigkeitskontrolle beschränkt ist („Nur-Rechtsaufsicht"). 79

Beispiele: Rechtsaufsicht gegenüber den Städten und Gemeinden[28] (durch die Bezirksregierung oder den Landrat, vgl. § 119 Abs. 1, § 120 GO NRW). – Rechtsaufsicht gegenüber der Fachhochschule für öffentliche Verwaltung NRW in Fragen von Lehre und Forschung: § 29 Abs. 1, 2. Halbsatz und Abs. 3 Fachhochschulgesetz für den öffentlichen Dienst (FHGöD) NRW.

5.2.2 Die **Fachaufsicht** geht darüber hinaus. Sie berechtigt nicht nur zu einer Rechtmäßigkeitskontrolle, sondern auch zur Kontrolle und Steuerung der Zweckmäßigkeit des Verwaltungshandelns (gegebenenfalls unter politischen Gesichtspunkten oder mit dem Ziel einer Deeskalation). 80

Beispiele: vgl. Art. 85 Abs. 4 GG („… erstreckt sich auf die Gesetzmäßigkeit und Zweckmäßigkeit der Ausführung …")[29] und § 13 Abs. 1 LandesorganisationsG NRW („Die Fachaufsicht erstreckt sich auf die rechtmäßige und zweckmäßige Wahrnehmung der Aufgaben …").

5.2.3 Die **Dienstaufsicht** umfasst zusätzlich zur Fachaufsicht die Personalangelegenheiten sowie den Aufbau der Behörde, ihre innere Ordnung und ihre allgemeine Geschäftsführung. 81

Beispielsweise formuliert dies § 12 LandesorganisationsG NRW („Die Dienstaufsicht erstreckt sich auf den Aufbau, die innere Ordnung, die allgemeine Geschäftsführung und die Personalangelegenheiten der Behörde").

Die Aufsicht kann in einem Gesetz auch je nach Tätigkeitsbereich differenziert ausgestaltet werden, teilweise Dienst- und Fachaufsicht, teilweise (in Fragen der Forschung und Lehre) nur Rechtsaufsicht (so z. B. in § 29 Abs. 1 FHGöD NRW). – Im Folgenden ist genauer zu behandeln, wann die einzelnen Fälle der Aufsicht eingreifen.

---

27 Vgl. Faber § 5 I; kritisch Bull/Mehde vgl. RdNr. 110, 396.
28 Hofmann/Theisen/Bätge, Kommunalrecht in NRW, 3.3.
29 Vgl. Hlusiak, apf 2009, 140.

5.3 Verhältnis der Verwaltungsträger zueinander

82 Im Verhältnis der selbständigen Verwaltungsträger Bund, Länder, Gemeinden, sonstige Verwaltungsträger, gilt:

83 5.3.1 Der **Bund** kann keiner Aufsicht unterliegen. Die Länder unterliegen bei Ausführung der Bundesgesetze einer Rechtsaufsicht des Bundes (Art. 84 Abs. 3 GG); „für besondere Fälle" (Art. 84 Abs. 5 GG) können auch Einzelweisungen vorgesehen werden (Fachaufsicht). Nehmen die Länder Verwaltungsaufgaben im Auftrage des Bundes wahr (Auftragsverwaltung, z. B. Autobahnen und Fernstraßen gemäß Art. 90 Abs. 2 GG), unterliegen die Länder der Fachaufsicht des Bundes (Art. 85 Abs. 3 und 4 GG).

84 5.3.2 Die **sonstigen Verwaltungsträger,** die Körperschaften, Anstalten und Stiftungen, unterstehen einer **Rechtsaufsicht,** die von Bund und Ländern im Rahmen ihrer allgemeinen Zuständigkeiten ausgeübt wird. Die Aufsicht der Länder über die Gemeinden und Gemeindeverbände wird als **Kommunalaufsicht** bezeichnet[30]. Soweit den Verwaltungsträgern Selbstverwaltungsbefugnisse zustehen (das ist oft der Fall, dazu noch unten RdNr. 90), ist die Aufsicht grundsätzlich auf eine Rechtsaufsicht beschränkt.

Beispielsweise sind die kommerziellen Rundfunkanbieter aufgrund der Rechtsaufsicht (der entsprechenden Landesanstalten für Medien) zur Aufzeichnung aller Sendungen für Zwecke der Rechtsaufsicht verpflichtet[31].

Der Rechtsaufsicht unterliegt jede organisatorische Einheit der Staatsverwaltung. Das ist eine zwingende verfassungsrechtliche Folgerung aus Art. 20 Abs. 3 GG („... an Gesetz und Recht gebunden"). Soweit nichts anderes bestimmt ist, obliegt die Rechtsaufsicht letztlich der Regierung. Diese ist dem Parlament dafür verantwortlich, dass jedes Handeln im Bereich der Exekutive gesetzmäßig verläuft.

5.3.3 Eine **Fachaufsicht** im Verhältnis zwischen selbständigen Verwaltungsträgern besteht in den Fällen der Fremdverwaltung (Auftragsverwaltung)[32].

Als Beispiel hierfür wurde bereits oben auf Art. 85 Abs. 3 und 4 GG hingewiesen; allgemein hierzu noch unten RdNr. 91 ff.

5.4 Innerhalb eines Verwaltungsträgers

85 Innerhalb eines Verwaltungsträgers, z. B. innerhalb der Bundes- oder Landesverwaltung, besteht grundsätzlich **Fach- und Dienstaufsicht.** Es ist ein typisches Kennzeichen der deutschen Verwaltung, dass an der Spitze eines Verwaltungsträgers ein (meist monokratisches[33]) Organ steht, das mit Weisungsbefugnissen gegenüber den nachgeordneten Organen, Behörden und Amtswaltern ausgestattet ist. Das bedeutet beispielsweise bei der Landesverwaltung, dass die Ministerien Weisungsbefugnisse gegenüber den Landesoberbehörden und den Mittelbehörden (Bezirksregierungen) haben. Diese Weisungsbefugnisse setzen sich „nach unten" fort, d. h. die Mittelbehörden haben Aufsichtsbefugnisse gegenüber den örtlichen staatlichen Behörden des Landes.

Praxisbeispiele: Ein bis auf die Ortsebene durchgehender Aufsichts- und Weisungszug besteht etwa bei der Finanzverwaltung (Finanzministerium – Oberfinanzdirektion – Finanzämter) und den Polizeibehörden (Innenministerium – Bezirksregierung – Kreispolizeibehörden).

Fachaufsicht besteht auch innerhalb eines Selbstverwaltungsträgers, z. B. innerhalb der Gemeinde: Der „Hauptkommunalbeamte" der Gemeinde (Bürgermeister/Oberbürger-

30 Vgl. Hofmann/Theisen/Bätge, Kommunalrecht in NRW, 3. bis 3.5.
31 BVerfG, DÖV 97, 503.
32 Vgl. Hlusiak, apf 2009, 140.
33 Vgl. oben RdNr. 71.

meister) ist weisungsbefugt gegenüber den Beamten und sonstigen Beschäftigten der Gemeindeverwaltung[34]; andererseits ist er der Gemeindevertretung (dem Rat) gegenüber verantwortlich für das gesetzmäßige und zweckmäßige Verhalten sämtlicher Gemeindebediensteten. Rechtsgrundlage der innerhalb eines Verwaltungsträgers bestehenden Rechts-, Fach- und Dienstaufsicht können zunächst speziellere organisationsrechtliche Vorschriften sein (z. B. in der GemeindeO, in NRW vgl. § 120 ff).
Für Beamte ist bestimmt, dass diese die Weisungen ihrer Vorgesetzten auszuführen haben (vgl. § 35 BeamtStG). Bei den sonstigen Beschäftigten greift die arbeitsrechtliche Direktionsbefugnis ein.

Gegenbeispiele (für den gesetzlichen Ausschluss der Fachaufsicht) sind die Rechnungshöfe; ihren Mitgliedern ist – obwohl sie zur Zweiten Gewalt, der Exekutive gehören – richterlich Unabhängigkeit zugebilligt (vgl. z. B. Art. 114 Abs. 2 GG).

6. Staatsunmittelbare und staatsmittelbare Verwaltung. Selbstverwaltung. Eigen- und Fremdverwaltungsaufgaben

6.1 Unmittelbare Staatsverwaltung

Als staatsunmittelbare Verwaltung oder **„unmittelbare Staatsverwaltung“** wird die Verwaltung bezeichnet, deren Träger der Staat ieS selbst ist, also die Verwaltung des Bundes oder eines Landes (durch eigene Bundes- oder Landes-Bedienstete), bei der also keine andere Körperschaft, Anstalt oder Stiftung zwischengeschaltet ist. Die oben[35] aufgeführten Behörden gehören im Wesentlichen zur staatsunmittelbaren Verwaltung. **86**

6.2 Mittelbare Staatsverwaltung

Ist Verwaltungsträger nicht der Staat ieS selbst, sondern eine andere Körperschaft, Anstalt oder Stiftung, handelt es sich um staatsmittelbare Verwaltung oder **„mittelbare Staatsverwaltung“**. **87**

Beispiel für eine ungenaue gesetzliche Begriffsverwendung ist, dass Art 87 Abs. 2 GG bei der staatsmittelbaren Verwaltung im Bundesbereich von „bundesunmittelbaren Körperschaften“ spricht. Das GG hat hier offenbar nicht den Gegensatz unmittelbare – mittelbare Verwaltung im Auge gehabt, sondern zum Ausdruck bringen wollen, dass diese Körperschaften dem Bundesbereich (im Unterschied zum Landesbereich) zuzurechnen sind.

Die Begriffsbildung „staatsmittelbare Verwaltung“/„mittelbare Staatsverwaltung“ bringt einerseits zum Ausdruck, dass eine gewisse Distanz zum Staat ieS besteht, dass aber andererseits auch diese Verwaltungsträger ihre Befugnisse aus der Staatsgewalt ableiten und daher zum Staat iwS gehören. Sie bleiben „an den Staat angebunden“[36].

6.3 Selbstverwaltungsträger

Zur mittelbaren Staatsverwaltung (staatsmittelbaren Verwaltung) gehören im Wesentlichen die **Selbstverwaltungsträger** (z. B. Gemeinden, Sozialversicherungsträger, Hochschulen, öffentlich-rechtliche Rundfunkanstalten). **88**

6.3.1 Von besonderer Bedeutung ist die **kommunale Selbstverwaltung**: Für Gemeinden, Kreise und höhere Gemeindeverbände (z. B. Landschaftsverbände) ist die Selbst- **89**

34 Vgl. Hofmann/Theisen/Bätge, Kommunalrecht in NRW, 2.7.2.4.
35 Siehe oben 4.2.5, RdNr. 65 ff.
36 Maurer § 21 RdNr. 8. – Weiter zur Unterscheidung von unmittelbarer und mittelbarer Verwaltung vgl. Hofmann/Theisen/Bätge, Kommunalrecht in NRW, 2.1.2.

verwaltung nämlich sogar verfassungsrechtlich abgesichert durch Art. 28 Abs. 2 GG[37]. Ferner gibt es Selbstverwaltung im Bereich der Wirtschaft durch Industrie- und Handelskammern, Landwirtschaftskammern, Rechtsanwalts- und Ärztekammern; Selbstverwaltung im Bereich von Wissenschaft und Kultur wird z. B. ausgeübt durch die Hochschulen.
Die aufgeführten Selbstverwaltungsträger bilden die Selbstverwaltung im organisatorischen Sinn. Nachfolgend werden ihre Aufgaben behandelt:

90 6.3.2 Den Selbstverwaltungsträgern obliegen in erster Linie **Selbstverwaltungsaufgaben.** Ihr Wesen besteht darin, dass bestimmte öffentliche Aufgaben in eigener Verantwortung und unter verstärkter Beteiligung der Betroffenen erledigt werden (vgl. Art. 28 Abs. 1 S. 2, Abs. 2 GG). Der eigenverantwortlichen Wahrnehmung der Selbstverwaltungsaufgaben entspricht, dass der Staat grundsätzlich auf eine Rechtsaufsicht beschränkt[38] ist. Eine Fachaufsicht wäre mit der speziellen Form von Eigenständigkeit im Rahmen der Selbstverwaltung unvereinbar.
Aber da Selbstverwaltung immer nur „im Rahmen der Gesetze“ gewährleistet ist (vgl. Art. 28 Abs. 2 GG), widerspricht es dem Wesen der Selbstverwaltung nicht, wenn der Selbstverwaltungsträger zur Wahrnehmung bestimmter Aufgaben gesetzlich verpflichtet wird. Es gibt also freiwillige und Pflicht-Selbstverwaltungsaufgaben.

Praxisbeispiele: a) für freiwillige Selbstverwaltungsaufgaben: Museen, Theater, Büchereien, Sporteinrichtungen, Kultur- und Wirtschaftsförderung; b) für Pflicht-Selbstverwaltungsaufgaben: Sozialhilfe, Gemeindestraßenbau, Bauleitplanung.

Die Selbstverwaltungsaufgaben lassen sich zur Unterscheidung von den nachfolgend behandelten Aufgabenarten als „eigene Aufgaben“ oder „eigene Angelegenheiten“ bezeichnen.

91 6.3.3 Ferner gibt es **Fremdverwaltungsaufgaben,** zu denen die Fälle der Auftragsverwaltunggehören. Wesentlich hierfür ist eine grundsätzlich unbeschränkte Fachaufsicht (vgl. Art. 85 Abs. 3 und 4 GG). Auftragsverwaltung gibt es bereits im Verhältnis des Bundes zu den Ländern.

Beispiel: Autobahn- und Fernstraßenverwaltung, Art. 90 Abs. 2 GG

92 In der (Misch-)Form der **„Pflichtaufgabe (zur Erfüllung) nach Weisung“**, verbunden mit einer „Sonderaufsicht“, werden z. B. in NRW und Brandenburg zahlreiche Aufgaben erledigt.

Beispiele für NRW: die allgemeinen Ordnungsangelegenheiten nach § 3 OBG MRW („... die Aufgaben ... nehmen die Gemeinden ... als Pflichtaufgaben zur Erfüllung nach Weisung wahr ...“); die Bauaufsicht nach §§ 60/85 der BauO NRW; zur grundsätzlich verfehlten Privatisierung in diesem Bereich vgl. oben RdNr. 28[39]. Die Behandlung des Themas „Pflichtaufgaben zur Erfüllung nach Weisung“ im Einzelnen gehört in das Kommunalrecht[40].

In sämtlichen Bundesländern gibt es aber noch Fremdverwaltungsangelegenheiten (**Auftragsangelegenheiten**)[41] kraft Bundesrechts.

---

37 Vgl. Hofmann/Theisen/Bätge, Kommunalrecht in NRW, 1.2.2.1 und 2.2.1.
38 Vgl. oben 5.3.2.
39 Zum rechtstatsächlicher Hintergrund der problematischen Privatisierung durch „Weiterreichen“ der Bauaufsicht an Privatunternehmen (im Zusammenhang mit dem Einsturz des Stadtarchivs bei der U-Bahn-Erweiterung in Köln): Die an sich bei der Bezirksregierung Düsseldorf liegende Bauaufsicht war (legal) an die Stadt Köln und von dort (legal) an die Kölner Verkehrs-Betriebe AG (KVB), die zugleich Bauherrin war, übertragen worden. Auch die „örtliche Bauüberwachung“ lag in der Verantwortung des Verkehrsunternehmens. Vgl. Landtags-Drucksache (NRW) 14/10742 vom 2.3.2010.
40 Vgl. Hofmann/Theisen/Bätge, Kommunalrecht in NRW, 2.5.3 und 3.2.
41 Hlusiak, apf 2009, 135 ff.; Klaes, DVBl. 2009, 1298.

Beispiele für Bundesauftragsangelegenheiten sind die Aufgaben der Standesämter nach dem Personenstandsgesetz, die Ausbildungsförderung nach dem BAFöG, die Durchführung der Bundestagswahlen nach dem BundeswahlG und die Erfüllung der Aufgaben des Zivilschutzes nach dem Zivilschutz- und KatastrophenhilfeG (§ 2 Abs. 1 S. 1 ZSKG: „Soweit die Ausführung dieses Gesetzes den Ländern einschließlich der Gemeinden und Gemeindeverbände obliegt, handeln sie im Auftrag des Bundes“). 93
Vgl. ferner zu Auftragsangelegenheiten kraft Bundesrecht: § 16 LOG NRW („Die Gemeinden und Gemeindeverbände sind bei der Durchführung von Bundesgesetzen, die das Land im Auftrag des Bundes ausführt ... an die Weisungen der Aufsichtsbehörden gebunden.“) und Art. 84 Abs. 1 Satz 7 und Art. 85 Abs. 1 Satz 2 GG[42] („Durch Bundesgesetz dürfen Gemeinden und Gemeindeverbänden Aufgaben nicht übertragen werden“.
Beispiel für Auftragsangelegenheit nach Landesrecht ist die Mitwirkung der Gemeinden bei der Vorbereitung und Durchführung der Landtagswahlen nach den Landeswahlgesetzen[43].

6.3.4 Ein gegenüber der Auftragsverwaltung verstärkter Fall ist die **Organleihe**. Bei ihr wird der Verwaltungsauftrag nicht dem Verwaltungsträger, sondern einem Organ des Verwaltungsträgers erteilt. Dieses Organ wird gleichsam „ausgeliehen“ und unterliegt insoweit der Fachaufsicht. Wird der Verwaltungsauftrag vom Staat an ein kommunales Organ erteilt, handelt das kommunale Organ „als verlängerter Arm des Staates“. 94

Beispiel: Landrat „als untere staatliche Verwaltungsbehörde“ gem. § 59 Abs. 3 KreisO NRW.
Bei der Organleihe wird das Organ eines (anderen) Verwaltungsträgers beliehen. Davon zu unterscheiden ist die Beleihung eines Privaten mit öffentlichen Aufgaben; dazu noch unten RdNr. 107 f[44].

7. Der Aufbau der öffentlichen Verwaltung in der Bundesrepublik Deutschland

Nach der bundesstaatlichen Verfassung[45] gibt es in Deutschland zwei staatliche Ebenen: die des Bundes und die der Länder. Deshalb ist jede Verwaltung entweder Bundesverwaltung oder Landesverwaltung. Als Grundprinzip für die Kompetenzverteilung bestimmt Art. 30 GG, dass die Ausübung der staatlichen Befugnisse und die Erfüllung der staatlichen Aufgaben Sache der Länder ist, soweit das GG keine andere Regelung trifft oder zulässt. 95
In welchen Fällen das GG eine Bundesverwaltung vorsieht, wird nachfolgend unter 7.1 behandelt. Anders als bei der Gesetzgebung, verfügt der Bund im Bereich der Verwaltung nur über geringe Kompetenzen und relativ wenig Personal (verglichen mit der Landes- und Kommunalebene). Das Schwergewicht der Verwaltung liegt bei den Ländern (unter Einbeziehung der Städte und Gemeinden); vgl. dazu nachfolgend 7.2[46].

7.1 Die Bundesverwaltung

7.1.1 Die wichtigsten Bereiche **unmittelbarer** Bundesverwaltung sind in Art. 87 Abs. 1 GG aufgeführt, beispielsweise: der Auswärtige Dienst, die Bundesfinanzverwaltung. Häufig vertreten ist bei der Bundesverwaltung die Form der Oberbehörde (gemäß Art. 87 Abs. 3 S. 1 GG). 96

Beispiele: Bundesgesundheitsamt, Bundeskartellamt, Bundeskriminalamt, Bundesamt für Verfassungsschutz, Bundesverwaltungsamt, Bundeszentralamt für Steuern, Umweltbundesamt, Statistisches Bundesamt. Kennzeichen einer Oberbehörde des Bundes ist, dass sie einerseits einem Ministerium untersteht, andererseits aber für das ganze Bundesgebiet zuständig ist, ohne dass sie

42 Vgl. Hofmann/Theisen/Bätge, Kommunalrecht in NRW, 2.5.4.
43 Hlusiak, apf 2009, 140.
44 Vgl. Hofmann/Theisen/Bätge, Kommunalrecht in NRW, 2.5.5; Klaes, DVBl. 2009, 1298.
45 Bätge in Sensburg, Staats- und Europarecht, 1. Kapitel, I.
46 Vgl. Hofmann/Theisen/Bätge, Kommunalrecht in NRW, 2.1.2.2 und 2.1.2.2.2.

nachgeordnete Behörden haben muss. Sie eignet sich daher nur für Aufgaben, die zentral, ohne verschiedene örtliche Behörden erfüllt werden können.

97 7.1.2 Beispiele für **mittelbare** Bundesverwaltung (gemäß Art. 87 Abs. 2 und 3 GG) sind: die Bundesagentur für Arbeit, die Deutsche Rentenversicherung, die Physikalisch-Technische Bundesanstalt oder die Bundesanstalt für Immobilienaufgaben.

7.2 Die Landesverwaltung

7.2.1 Unmittelbare Landesverwaltung

98 Zur **unmittelbaren** Landesverwaltung gehören vor allem folgende Bereiche: Polizei, Schulverwaltung (mit Ausnahme der kommunalen Schulen), Berg(bau)verwaltung, (Landes-)Finanzverwaltung, Forstverwaltung.
Bei der Landesverwaltung lässt sich die Unterscheidung von unmittelbarer und mittelbarer Verwaltung vielfach nicht für einen ganzen Verwaltungszweig durchführen, weil die Aufteilung der Verwaltungskompetenzen meist folgendem Prinzip folgt: Die Erfüllung der Aufgaben auf örtlicher und Kreis-Ebene geschieht durch die Kommunalverwaltung, während ein Teil der grundsätzlicheren und der fachlichen Aufgaben, ferner die Aufsicht von den Behörden der unmittelbaren Landesverwaltung (Bezirksregierung, Ministerien) wahrgenommen wird.

7.2.2 Mittelbare Landesverwaltung

99 Zur **mittelbaren** Landesverwaltung gehören die berufsständischen Kammern (Industrie- und Handelskammern, Landwirtschaftskammern, Rechtsanwalts- und Ärztekammern), die Hochschulen (Universitäten, Fachhochschulen), vor allem aber die kommunalen Selbstverwaltungsträger[47] (Städte, Gemeinden, Kreise, sonstige Gemeindeverbände).

100 7.2.3 Schaubild unmittelbare und mittelbare Bundes- und Landesverwaltung

Verwaltung	des Bundes, z.B.:	der Länder, z.B.:
unmittelbare	– Ministerien: Außen-, Innen-, Verteidigungs- Verkehrsministerium – Bundesämter: Bundeskriminalamt, Umweltbundesamt – Bundesfinanzdirektionen, Wasser- und Schifffahrtsdirektion – Hauptzollämter, Wasser- und Schifffahrtsämter	– Ministerien: Innen-, Finanz-, Kultusministerium – Landesämter: -für Besoldung und Versorgung, Landeskriminalamt – Bezirksregierungen, Oberfinanzdirektionen – Finanzämter, Kreispolizeibehörden
mittelbare	– Bundesagentur für Arbeit – Deutsche Rentenversicherung – Bundesanstalt für Immobilienaufgaben	– Industrie- und Handelskammern, Landwirtschaftskammern – Hochschulen – Kommunale Selbstverwaltung: Gemeinden, Kreise, höhere Gemeindeverbände

47 Dazu vgl. oben RdNr. 89 und 90.

7.3 Europäische Union

Träger öffentlicher Verwaltung innerhalb der Bundesrepublik kann auch die **Europäische Union** sein. Zu den Rechtsquellen (primäres und sekundäres Gemeinschaftsrecht) sei unten auf RdNr. 156 ff. verwiesen. 101

In der Regel hat die Europäische Union keine unmittelbaren Verwaltungsbefugnisse innerhalb ihrer Mitgliedsländer. Die Rechtssetzungen und Anordnungen werden grundsätzlich von den nationalen Behörden vollzogen, in der Bundesrepublik also von der Bundes- und Landesverwaltung (sog. mittelbarer Vollzug des EU-Rechts). Die EU verfügt aber auch über unmittelbare Verwaltungskompetenzen (sog. unmittelbarer Vollzug). Insoweit ist dann die EU, für welche die Kommission mit dem Sitz in Brüssel als Behörde handelt, ein Träger öffentlicher Verwaltung auch im Gebiet der Bundesrepublik Deutschland[48]. 102

Beispielsweise bestimmt im Wettbewerbsrecht die gemäß Art. 103 AEUV erlassene KartellVO in Art. 23, 24, dass die Kommission bei Verletzung der EU-Wettbewerbsregeln Geldbußen und Zwangsgelder unmittelbar gegenüber Unternehmen festsetzen kann[49].

Mit zunehmender europäischer Integration erlangen die Vorschriften des EU-Rechts immer stärkeren Einfluss auf die öffentliche Verwaltung in den Mitgliedstaaten und auf das nationale Verwaltungsrecht, insbesondere die EU-Richtlinien (siehe unten RdNr. 144).

Beispiele für den EU-Einfluss bis hinein in das – in diesem Buch behandelte – Verwaltungsverfahrensrecht: Die Einführung der Genehmigungsfiktion nach § 42a VwVfG (unten RdNr. 564 ff.) basiert auf Art. 13 Abs. 3 und Abs. 4 Eu-DLRL; die Verwaltungszusammenarbeit nach § 8a ff. VwVfG (unten RdNr. 588 ff.) folgt den Vorgaben der Art. 28 ff. Eu-DLRL; das Verfahren über eine einheitliche Stelle nach § 71a ff. VwVfG (unten RdNr. 723 ff.) ist eingeführt worden auf Grund von Art. 6 f. Eu-DLRL. Auch die Kommunalkörperschaften sind von EU-Recht vielfach betroffen[50].

Auch durch die **Rechtsprechung des EuGH** mit ihren darin entwickelten „allgemeinen Grundsätzen eines europäischen Verwaltungsverfahrensrechts“ wird das nationale Verfahrensrecht (z. T. erheblich) modifiziert; hierdurch wird das Recht der Mitgliedstaaten de facto insoweit außer Kraft gesetzt, als seine Anwendung „... die Durchsetzung des Gemeinschaftsrechts praktisch unmöglich machen oder wesentlich erschweren würde ...“ („effet-utile-Prinzip“). 103

Beispiel dafür ist die Rechtsprechung des EuGH zur Rücknahme gemeinschaftsrechtswidriger VAe, wonach die Eingrenzungen des § 48 VwVfG – wie Rücknahmeermessen, Vertrauensschutz und Jahresfrist – bei Rückforderung von gemeinschaftsrechtswidrigen Subventionen praktisch außer Kraft gesetzt werden[51].

8. Die Schaffung und Änderung der staatlichen Organisation. Organisationsgewalt und Organisationsakte

Die Verwaltungsorganisation in der Bundesrepublik Deutschland ist im Wesentlichen vorhanden. Sie bedarf aber ständiger Fortentwicklung. Die organisatorischen Strukturen müssen an Veränderungen der gesellschaftlichen Verhältnisse und der Verwaltungsaufgaben angepasst werden. Für die Vornahme organisatorischer Maßnahmen bedarf es einer hierauf gerichteten rechtlichen Befugnis; sie wird als Organisationsgewalt bezeichnet 104

48 Sensburg, Staats- und Europarecht, 8. Kapitel, B II, 1.
49 Zur Wirkung von EU-Richtlinien Herrmann/Michl, JuS 2009, 1065.
50 Zum Einfluss des europäischen Rechts auf die Verwaltung der Städte und Gemeinden: Hofmann/Theisen/Bätge, Kommunalrecht in NRW, 1.2.1.
51 Vgl. dazu unten RdNr. 490 ff. – Zur Rücknahme EU-rechtswidriger Verwaltungsakte: Rennert, DVBl 2007, 400.

(dazu nachfolgend RdNr. 105). Auf der Grundlage der Organisationsgewalt wird die Organisation durch Organisationsakte gestaltet und verändert (dazu RdNr. 106).

Beispiele dafür, wie neue Aufgaben eine Fortentwicklung der Verwaltungsorganisation erfordern, bilden der Natur- und Umweltschutz und der Datenschutz.
Beispiele für verwaltungsorganisatorische Anpassungen sind: die Schaffung der Bundesagentur für Arbeit (ehemalige Bundesanstalt für Arbeit), die Bundesanstalt für Immobilienaufgaben (ehemals Bundesvermögensämter und Bundesforstämter), die Deutsche Rentenversicherung (ehemals Bundesversicherungsanstalt für Angestellte).
Beispiele für organisatorische Maßnahmen sind die Regelungen zur elektronischen Kommunikation im Verwaltungsverfahrensrecht[52], die Informationsfreiheitsgesetze[53] und das Verbraucherinformationsgesetz[54].

8.1 Organisationsgewalt

105 **Organisationsgewalt** ist die Befugnis des Staates und seiner Organe zur Schaffung und Änderung der staatlichen Organisation, insbesondere zur Schaffung, Aufhebung und Änderung von Verwaltungsträgern, Behörden und Ämtern, sowie zur Bestimmung ihrer Zuständigkeiten und ihrer inneren Ordnung.
„Organisationsgewalt" ist zunächst nur ein beschreibender Begriff; seine Verwendung löst keine unmittelbaren Rechtsfolgen aus. Insbesondere ist die Organisationsgewalt keine neben der Gesetzgebung, Verwaltung und Rechtsprechung stehende eigenständige Staatsfunktion. Deshalb sagt der Begriff „Organisationsgewalt" nichts darüber aus, welche Staatsorgane im einzelnen Träger dieser Organisationsgewalt sind. Vielmehr gilt auch hier die Kompetenzverteilung der Verfassung, wonach der Gesetzgeber zu Regelungen aller Art befugt ist und die grundlegenden Regelungen selbst treffen muss (zum Vorbehalt des Gesetzes noch im 3. Abschnitt, insbesondere RdNr. 198 ff.). Beispielsweise wird in fast jedem Gesetz eine Regelung darüber getroffen, von welchen Behörden das Gesetz ausgeführt wird. Soweit allerdings gesetzliche Regelungen nicht vorhanden sind, organisatorische Maßnahmen aber notwendig sind, um eine Verwaltungsaufgabe zu erfüllen, darf die für die Verwaltung zuständige Stelle nach pflichtgemäßem Ermessen die von ihr für erforderlich gehaltenen organisatorischen Regelungen treffen. In diesem gewohnheitsrechtlich anerkannten Satz liegt die rechtliche Bedeutung der „Organisationsgewalt".

Beispiele: Organisationsermessen im Schulbereich; Organisationsgewalt bei der Besetzung von Notarstellen[55]

8.2 Organisationsakte

106 Die Organisationsgewalt wird durch **Organisationsakte** ausgeübt. Für die rechtliche Behandlung der Organisationsakte gilt prinzipiell dasselbe wie für die Organisationsgewalt: „Organisationsakt" ist nicht etwa ein eigenständiger Typ des Verwaltungshandelns, sondern ein Begriff, der Staatsakte mit einem bestimmten Inhalt beschreibt und auf damit verbundene spezifische Probleme hinweist. Organisationsakte müssen unter Verwendung der allgemeinen Handlungstypen (Rechtsnorm, Verwaltungsvorschrift, Verwaltungsakt usw.) erlassen werden.

Deshalb ist auf die Rechtsnatur, Anfechtbarkeit und Rechtmäßigkeit von Organisationsakten noch bei der allgemeinen Behandlung des Verwaltungshandelns (ab 5. Abschnitt, RdNr. 306 ff.) einzugehen.

---

52 Vgl. unten RdNr. 661 ff.
53 Vgl. unten RdNr. 651.
54 Vgl. Mühlbauer, DVBl. 2009, 354; Zilkens, NVwZ 2009 S. 1465.
55 Vgl. BVerfGE 40, 250; 8, 155; BVerwGE 36, 91.

9. Öffentliche Verwaltung durch Private und Privatrechtssubjekte

9.1 Beliehene

Natürliche oder juristische Personen des Privatrechts können vom Staat mit der hoheitlichen Wahrnehmung von Verwaltungsaufgaben im eigenen Namen betraut werden. Sie werden als **Beliehene**[56] bezeichnet. Die Beleihung Privater mit Aufgaben öffentlicher Verwaltung hat den Vorteil, dass der Staat von Verwaltungsaufgaben entlastet und auf die Aufsicht beschränkt wird, ferner dass Sachkunde und Initiative der Privaten im öffentlichen Interesse eingesetzt wird; Nachteil ist die Gefahr, dass private Interessen Einfluss auf die Erfüllung öffentlicher Aufgaben nehmen können. 107

Beispiel: Traditionelles Muster für den Beliehenen ist der Notar. Er übt einen freien Beruf aus, ist insbesondere nicht Beamter. Ihm ist aber durch die Bestellung auf der gesetzlichen Grundlage des § 1 BNotarO die Aufgabe übertragen, Rechtsvorgänge hoheitlich zu beurkunden, was durch Gebrauch des Landessiegels (und des Landeswappens auf einem Schild vor der Kanzlei) deutlich wird.
Weitere Beispiele[57]: Sachverständige der technischen Überwachungsvereine im Falle des § 29 StVZO (Untersuchung der Kraftfahrzeuge); Privatschulen als staatlich anerkannte Ersatzschulen[58]; Piloten im fliegenden Flugzeug: „Der verantwortliche Luftfahrzeugführer hat als Beliehener für die Aufrechterhaltung der Sicherheit und Ordnung an Bord des im Flug befindlichen Luftfahrzeuges zu sorgen“[59]; Toll-Collect-GmbH für die Autobahnmaut[60]; Beleihung zur Errichtung und zum Betreib von Friedhöfen an Religionsgemeinschaften[61].

Verwaltungsträger sind zwar in der Regel juristische Personen des öffentlichen Rechts; § 1 Abs. 4 BVwVfG (und entsprechend die Landes-VwVfG'e, z. B. § 1 Abs. 2 VwVfG-NRW) enthalten aber keine Beschränkung auf Staatsorgane, sondern umfassen „... jede Stelle, die Aufgaben der öffentlichen Verwaltung wahrnimmt“. Die Beleihung ermöglicht dementsprechend eine Übertragung von Hoheitsrechten[62] an Private. Sie bedarf aber stetseiner **gesetzlichen Grundlage**, d. h. sie muss ausdrücklich durch ein Gesetz oder aufgrund einer gesetzlichen Ermächtigung erfolgen. 108

Beispielsweise enthält § 85 Abs. 2 Nr. 3 BauO NRW (als Landesgesetz) die Ermächtigung an die „... oberste Bauaufsichtsbehörde ..., durch Rechtsverordnung Vorschriften zu erlassen über ... die Übertragung von Prüfaufgaben der Bauaufsichtsbehörde ... auf Sachverständige ...“.[63]
Beispiel einer besonders weitgehenden Ermächtigung war, dass die Münchner Kanalbaugesellschaft Rhein-Main-Donau-AG sogar über Weisungsbefugnisse gegenüber staatlichen Behörden verfügte[64], eine – soweit ersichtlich – einmalige Konstruktion in der Bundesrepublik Deutschland (und rechtlich nicht unproblematisch).

Bei der Beleihung werden durch einen förmlichen Akt hoheitliche Befugnisse zur eigenverantwortlichen Ausübung übertragen.
Fehlt es daran, kommt einer der nachfolgend behandelten Tatbestände in Betracht:

9.2 Privatpersonen

Wirken Privatpersonen bei der Erfüllung öffentlicher Aufgaben mit, ohne Beliehene zu sein, kann es sich um folgende Fälle handeln: 109

56 Veraltete Bezeichnung: „Beliehene Unternehmer“.
57 Vgl. Schliesky, Öffentliches Wirtschaftsrecht, S. 152.
58 BVerwGE 45, 117.
59 Nach § 12, Abs. 1 LuftSicherheitsG.
60 Nach § 4, Abs. 3 BundesfernstraßenmautG.
61 Godry/Micke/Stollmann, NWVBl. 2015, 176.
62 Schmidt am Busch, DÖV 2007, 533.
63 Zum Verhältnis von Public Private Partnership und Beliehene vgl. Tettinger NWVBl 2005, 1.
64 VGH München NVwZ 82, 509.

110 9.2.1 **Verwaltungshelfer** unterstützen die Verwaltungsbehörden bei der Erfüllung öffentlicher Aufgaben durch Übernahme von Hilfstätigkeiten (ohne eigene Entscheidungsbefugnis).

Beispiele sind: Schülerlotsen; Schüler, die vom Lehrer im Unterricht zu Hilfeleistungen bei Versuchen oder beim Turnen herangezogen werden; Bauunternehmer beim Bau öffentlicher Straßen; Testinstitut bei BSE-Schnelltests[65]; Beteiligung von Naturschutzverbänden im Planfeststellungsverfahren: „Einem von den Ländern anerkannten Verein ist Gelegenheit zur Stellungnahme und zur Einsicht in die einschlägigen Sachverständigengutachten zu geben“[66].

111 9.2.2 Der Staat kann Privatpersonen gesetzlich verpflichten, bestimmte, im öffentlichen Interesse liegende Handlungen vorzunehmen. Diese Fälle werden als **Indienstnahme** oder Inpflichtnahme Privater für öffentliche Zwecke bezeichnet. In Abgrenzung zu den bisher behandelten Fällen der Beleihung und der Verwaltungshilfe wird die Erfüllung dieser Aufgaben vom Gesetz im Wege der Bürgerpflicht verlangt.

Beispiel (von traditionell hoher Praxisrelevanz) ist die Verpflichtung der Arbeitgeber zur Einbehaltung der Lohnsteuern und der Sozialbeiträge[67].
Weitere Beispiele: Vorratshaltung durch Unternehmer, z. B. Erdölbevorratung[68]. – Um eine spezielle Fallgruppe handelt es sich, wenn das Gesetz die Bestellung besonderer betrieblicher Beauftragter vorschreibt, wie z. B. die Immissionsschutzbeauftragten (§ 53 BimSchG: „Betreiber genehmigungsbedürftiger Anlagen haben einen oder mehrere Betriebsbeauftragte für Immissionsschutz ... zu bestellen, ...“), Gewässerschutzbeauftragten (§ 64 WHG: „Benutzer von Gewässern, die an einem Tag mehr als 750 Kubikmeter Abwasser einleiten dürfen, haben ... einen oder mehrere Betriebsbeauftragte für Gewässerschutz ... zu bestellen.“).

Den bisher behandelten Fällen ist gemeinsam, dass bereits vorhandene natürliche oder juristische Personen zusätzlich mit Aufgaben öffentlicher Verwaltung oder einer damit in Zusammenhang stehenden Tätigkeit beauftragt werden. Bei der folgenden Fallgruppe wird ein privatrechtliches Rechtssubjekt für Zwecke der öffentlichen Verwaltung gegründet:

9.3 Privatrechtliche Gesellschaften

112 Der Staat oder ein anderer Verwaltungsträger kann **privatrechtliche Gesellschaften** (z. B. Aktiengesellschaften, Gesellschaften mit beschränkter Haftung) zu dem Zweck gründen, mit ihrer Hilfe öffentliche Aufgaben zu erfüllen. Das gilt vor allem für Verkehrs- und Versorgungsbetriebe der Kommunen, die vielfach als AG oder GmbH organisiert sind. Sie werden als Eigengesellschaften bezeichnet.

Beispiele: Stadtwerke Köln GmbH; Stadtwerke Aachen AG[69]; Bahn AG (Berlin); Lufthansa AG (Köln). – Möglich ist auch eine bloße Beteiligung (Mehrheits- oder Minderheitsbeteiligung) an einer privaten Gesellschaft oder eine der vielfältigen Formen der „öffentlich-privaten Partnerschaften (ÖPP)“ bzw. „public-private partnership (PPP)“; hierzu gab es mehrfach Gutachten und kritische Stellungnahmen (2006, 2013, 2016) des Bundesrechnungshofes[70], die auf die Unwirtschaftlichkeit derartiger Projekte hinwiesen.

65 BGH DVBl 2005, 247 (VR 2005, 104).
66 § 60 Abs. 2, Nr. 6 BNaturSchG.
67 BSG NJW 78, 1175.
68 BVerfGE 30, 292.
69 Vgl. allgemein: Hofmann/Theisen/Bätge, Kommunalrecht in NRW, 7.2.3.
70 Hofmann/Theisen/Bätge, Kommunalrecht in NRW, 7.2.; kritische Studien des Bundesrechnungshofs zu ppp: http://bundesrechnungshof.de/bundesbeauftragter-bwv/ergebnisse-des-bwv-1/sonstige-gutachten-berichte-bwv/05-V3-2006-0201.pdf; Bundesrechnungshof: https://www.bundesrechnungshof.de/de/veroeffentlichungen/gutachten-berichte-bwv/berichte/langfassungen/2013-bwv-gutachten-wirtschaftlichkeitsuntersuchungen-bei-oeffentlich-privaten-partnerschaften-oepp-im-bundesfernstrassenbau; SPIEGEL 2.1.2016: „Privater Autobahnbau – Rechnungshof warnt vor unwirtschaftlichen Projekten.“; WELT AM SONNTAG 3.1.2016: „Rechnungshof: Dobrindt wegen Baupartnerschaften abgewatscht.“

9.4 Abgrenzung

Zur Abgrenzung: Um öffentliche Verwaltung durch Private und Privatrechtssubjekte anzunehmen, ist **nicht ausreichend,** 113

- dass die öffentliche Hand an einer Gesellschaft beteiligt ist, deren Tätigkeit allein der Gewinnerzielung dient,

  Beispiel: Fernsehwerbegesellschaften der öffentlich-rechtlichen Rundfunkanstalten (ARD-Werbung SALES & SERVICES GmbH),

- dass eine private Firma aufgrund freiwillig geschlossener Verträge und im eigenen Interesse an der Versorgung des Staates mit Gütern oder Dienstleistungen teilnimmt,

  Beispiel: Eine PKW-Firma liefert einem Land Autos für den Polizeidienst,

- dass ein Privatunternehmen Daseinsvorsorge betreibt, insbesondere lebenswichtige Güter und Dienstleistungen anbietet,

  Beispiele: Lebensmittelversorgung durch Einzelhandelsgeschäfte; Krankenversorgung durch private Krankenhäuser,

- dass Vereine oder Privatpersonen gemeinnützige Zwecke verfolgen

  Beispiele: Aufbau einer Kunstsammlung durch privaten Mäzen; Natur- und Umweltschutz durch Vereine.

3. Abschnitt: Recht und Rechtsordnung als Grundlage des Verwaltungshandelns und der Beziehungen zwischen Bürger und Verwaltung

1. Einführung

1.1 Steuerung und Lenkung

114 Das Handeln der Verwaltung bedarf der Steuerung und Lenkung. Das wichtigste Steuerungsmittel sind die **Gesetze.** Durch sie werden der Verwaltung von den Parlamenten Aufgaben zugewiesen (dazu bereits oben im 1. Abschnitt), und es wird die für das Verwaltungshandeln benötigte Organisation geschaffen (dazu im oben 2. Abschnitt). Vor allem regeln die Gesetze fast alle Aktivitäten der Verwaltung. Durch das Recht erhält die Verwaltung ihren Auftrag und ihre **demokratische Legitimation** zum Handeln, wichtig insbesondere für Belastungen und Eingriffe in die Rechtssphäre der Bürger. Im Unterschied zum Zivil- und Strafrecht wird das Recht für die Verwaltung nicht erst im Streitfall relevant, sondern es begleitet bereits den alltäglichen Verwaltungsvorgang[1].

1.2 öffentliche Interesse

115 Richtschnur für jedes Verwaltungshandeln ist das **öffentliche Interesse**, das auch als „öffentliches Wohl", „Wohl der Allgemeinheit" oder „Gemeinwohl" bezeichnet wird. Hierbei handelt es sich aber nicht um einen zur Rechtsordnung hinzutretenden Gesichtspunkt. Vielmehr bestimmen die Gesetze – auf Basis ihrer demokratischen Legitimation – in der Regel selbst, welches Verwaltungshandeln im öffentlichen Interesse vorgenommen und welches unterbleiben soll. Soweit die Gesetze aber auslegungsbedürftig sind oder soweit der Verwaltung darin ein Ermessensspielraum eingeräumt wird, erhält die Orientierung der Verwaltung am öffentlichen Interesse ein selbständiges Gewicht. Darüber hinaus hat das Gebot zur Verwirklichung des öffentlichen Interesses für die Behördenpraxis seine Hauptbedeutung im Bereich der gesetzlich nicht näher geregelten, frei gestaltenden Verwaltung. Allerdings gibt es keine allgemeingültige Formel, was – außerhalb des gesetzlich geregelten Bereichs – als „öffentliches Interesse" anzusehen ist. Vielfach wird ein Unterschied zwischen dem öffentlichen Interesse und dem Interesse des einzelnen bestehen. Notwendig ist das aber nicht.

Beispielsweise liegt die Zahlung öffentlicher Abgaben idR nur im öffentlichen Interesse, nicht im Interesse des Pflichtigen. Handelt es sich aber um einen Erschließungsbeitrag, der zur Verbesserung der Zufahrt zum Grundstück des Pflichtigen verwandt wird, liegt dessen Zahlung auch im Eigeninteresse des Pflichtigen.

2. Öffentliches Recht und Privatrecht

2.1 Die Unterscheidung und ihre Bedeutung

116 Der gesamten Rechtsordnung in der Bundesrepublik Deutschland liegt die Unterscheidung zwischen öffentlichem und privatem Recht zugrunde.

---

1 Vgl. oben RdNr. 1.

Beispiele zur uneinheitlichen Ausdrucksweise: Im Wesentlichen gleichbedeutend sind einerseits die Begriffe öffentlich-rechtlich, hoheitlich, Ausübung öffentlicher Gewalt, andererseits privatrechtlich, zivilrechtlich, bürgerlich-rechtlich, auch fiskalisch.

Zum öffentlichen Recht gehören insbesondere das Verfassungs- und das Verwaltungsrecht. Kernbereich des Privatrechts ist das BGB. Die Unterscheidung zwischen öffentlichem und privatem Recht bezieht sich in erster Linie auf die einzelnen Rechtsnormen/Paragraphen. Sind die einzelnen Vorschriften eines Gesetzes im Wesentlichen gleich zuzuordnen, kann dementsprechend auch das ganze Gesetz dem öffentlichen oder dem privaten Recht zugeordnet werden. Hierbei ist aber Vorsicht geboten; letztlich kommt es auf den Rechtscharakter der einzelnen Vorschrift oder eines zusammenhängenden Vorschriftenkomplexes an.

Beispielsweise gehören im Straßenverkehrsgesetz die §§ 1 ff., in denen vor allem die Kraftfahrzeug-Zulassung und die Erteilung bzw. Entziehung der Fahrerlaubnis geregelt ist, zum öffentlichen Recht, während §§ 7 ff. desselben Gesetzes (Haftung/Schadensersatz des Fahrzeughalters und -führers) zum Privatrecht gehören. Selbst im BGB gibt es öffentlich-rechtliche Vorschriften, z. B. ist § 43 BGB eine Ermächtigungsgrundlage zum Erlass eines Verwaltungsakts (Entziehung der Rechtsfähigkeit eines Vereins).

Bevor die Abgrenzung des öffentlichen Rechts zum Privatrecht genauer behandelt wird, ist auf die **Bedeutung der Unterscheidung** einzugehen: **117**

1. Vor einer gerichtlichen Klage muss geklärt werden, welcher Gerichtszweig auszuwählen ist, es muss also der „Rechtsweg“ bestimmt werden. Für privatrechtliche (bürgerlich-rechtliche) Streitigkeiten ist der Zivilrechtsweg gegeben (der Rechtsweg zu den „ordentlichen Gerichten“, § 13 GVG), bei öffentlich-rechtlichen Streitigkeiten der Verwaltungsrechtsweg (§ 40 Abs. 1 VwGO). **118**

2. Die Vorschriften des Verwaltungsverfahrensgesetzes gelten nach dem Wortlaut des § 1 VwVfG nur „ … für die öffentlich-rechtliche Verwaltungstätigkeit“ der Behörden. Das gilt auch für zahlreiche andere Gesetze. **119**

3. Im öffentlich-rechtlichen und im privatrechtlichen Bereich gelten unterschiedliche Befugnisse und Rechtsinstitute: Kraft öffentlichen Rechts besteht für die Behörden die Befugnis zu einseitigen Regelungen, insbesondere zum Erlass von Verwaltungsakten[2] und auch zur eigenen Vollstreckung[3]; andererseits unterliegen die Behörden starken rechtlichen Bindungen, durch ihre Verfahrenspflichten[4] und insbesondere durch die Grundrechte. – Im Privatrecht sind dagegen Verträge und andere Rechtsgeschäfte die wesentlichen Handlungsformen; für die Durchsetzung (z. B. einer Kaufpreisforderung) und gegebenenfalls der Vollstreckung bedarf es der Anrufung des Gerichts und eines Gerichtsvollziehers; es besteht Privatautonomie und damit eine größere Gestaltungsfreiheit. **120**

4. Bei Ausübung eines „öffentlichen Amtes“ (Art 34 GG), was gleichbedeutend ist mit öffentlich-rechtlicher Tätigkeit, greift Staatshaftung[5] anstelle der Eigenhaftung des Handelnden ein. **121**

5. Nach Art. 33 Abs. 4 GG ist die „Ausübung hoheitsrechtlicher Befugnisse … in der Regel Angehörigen des öffentlichen Dienstes zu übertragen, die in einem öffentlich-rechtlichen Dienst- und Treueverhältnis stehen“, d. h. Beamten (Funktionsvorbe- **122**

---

2 Siehe unten RdNr. 307 ff.
3 Siehe unten RdNr. 1100 ff.
4 Siehe unten RdNr. 568 ff.
5 Vgl. unten RdNr. 1216 ff.

halt). Davon zu unterscheiden sind die Arbeitnehmer im öffentlichen Dienst, die in einem privatrechtlichen Arbeitsverhältnis zum Staate stehen.

2.2 Die Theorien für die Abgrenzung des öffentlichen Rechts vom Privatrecht

123 Unterschieden wurde schon im römischen Recht zwischen „publicum ius“ und „privatum ius“. In voller Schärfe entwickelte sich die Unterscheidung aber erst mit der Trennung von Staat und Gesellschaft im liberalen Rechtsstaat des 19. Jahrhunderts. Seit längerem läuft die Entwicklung wieder auf eine engere Verbindung von Staat und Gesellschaft hinaus, eine Folge des demokratisch-sozialen Rechtsstaates, aber auch der Entwicklung von Großorganisationen im Bereich der Industriegesellschaft. Damit wird die Unterscheidung zwischen öffentlichem und privatem Recht zunehmend fragwürdig. Denknotwendig war diese Unterscheidung nie, was sich auch daran zeigt, dass das anglo-amerikanische Recht sie nicht kennt. Es gibt auch keine gesetzliche Vorschrift über die Voraussetzungen für öffentliches oder privates Recht. Von zahlreichen daran anknüpfenden Gesetzen (auf die unten noch näher eingegangen werden soll) wird diese Abgrenzung allerdings vorausgesetzt.
Damit liegt auf der Hand, dass erhebliche Schwierigkeiten auftreten müssen, wenn ohne Fortbestehen der historischen Ausgangslage, ohne gesetzliche Regelung und ohne zwingende, logische Notwendigkeit das Recht in zwei große Bereiche – das öffentliche und das private Recht – aufgeteilt werden muss. Eine allgemeingültige Formel gibt es infolgedessen nicht.

124 2.2.1 Die einfachste und rechtsgeschichtlich früheste Unterscheidung fragt nach den durch die Rechtsnorm geschützten Interessen (**„Interessentheorie“**). Danach gehören zum öffentlichen Recht diejenigen Rechtsnormen, die überwiegend dem öffentlichen Interesse dienen; das Privatrecht wird gebildet von den die privaten Interessen schützenden Rechtsnormen.

So die Ulpianstelle in den Digesten (I, 1, 1): Publicum ius est quod ad statum rei Romanae spectat, privatum quod ad singulorum utilitatem (Öffentliches Recht ist, was sich auf den Zustand von Rom als Gemeinwesen bezieht, privates Recht ist, was den Einzelnen nützlich ist). Zum Problem der Definition des Begriffs „öffentliches Interesse“ vgl. oben RdNr. 115.

Damit ist sicher ein Wesenszug des öffentlichen Rechts erfasst. Nimmt man als Beispiel die Vorschrift des Art. 48 Abs. 3 S. 2 GG, wonach alle Bundestagsabgeordneten das „Recht der freien Benutzung aller staatlichen Verkehrsmittel“ haben, so dient diese Regelung allein der Erleichterung der Mandatsausübung und besteht im öffentlichen Interesse, nicht dagegen zum privaten Nutzen der Abgeordneten; die Vorschrift gehört zum öffentlichen Recht.

125 Jedoch sind öffentliches und privates Interesse oft miteinander verbunden: Die im Staat organisierte Gesellschaft nimmt sich wichtiger Privatinteressen an und erhebt sie dadurch in den Rang des öffentlichen Interesses. Die Interessentheorie ist deshalb für die Abgrenzung des öffentlichen Rechts vom Privatrecht zumindest in schwierigeren Fällen nicht ausreichend.

Beispiele für die vielen privatrechtlichen Vorschriften, bei denen nicht zu verkennen ist, dass bei ihnen wichtige öffentliche Interessen mitbestimmend sind, finden sich z. B. im Arbeitsrecht oder im Mieterschutzrecht. – Vgl. auch § 679 BGB, in dem ausdrücklich vom „öffentlichen Interesse“ ausgegangen wird.

2.2.2 Ausgangspunkt für die weiteren Theorien ist folgende Überlegung: Das öffentliche Recht regelt die Rechtsbeziehungen des Staates zu den Bürgern (z. B. die Erhebung von Steuern) sowie die Rechtsbeziehungen innerhalb des Staates (z. B. die Weisungsbefugnisse der vorgesetzten Behörden gegenüber den nachgeordneten). Das Privatrecht regelt die Beziehungen zwischen den Bürgern als Privatpersonen. Allerdings kann das Privatrecht auch für Beziehungen gelten, an denen der Staat beteiligt ist: Ebenso wie der Private, kann der Staat kaufen, mieten, eine GmbH gründen, durch seine Organe unerlaubte Handlungen begehen. Deshalb regelt das öffentliche Recht nur einen Ausschnitt aus dem Tätigkeitsbereich des Staates und der Verwaltung, und es geht nun darum, das Spezifische gerade der öffentlich-rechtlichen Rechte, Pflichten und Handlungen des Staates herauszufinden.

Nach der **„Subjektions-"** oder **„Subordinationstheorie"** regelt das öffentliche Recht **126** diejenigen Rechtsbeziehungen, bei denen ein Über- und Unterordnungsverhältnis besteht, das sich daraus ergibt, dass ein mit Hoheitsgewalt ausgestatteter Träger öffentlicher Verwaltung beteiligt ist. Das Privatrecht regelt dagegen die auf dem Boden der Gleichordnung, der Partnerschaft, bestehenden Verhältnisse.

Diese Auffassung war lange Zeit ganz herrschend. Man kann sagen, dass sich auf ihrem Boden im Wesentlichen die Ausdifferenzierung des öffentlichen Rechts vom Privatrecht in der zweiten Hälfte des 19. Jahrhunderts und der ersten Hälfte des 20. Jahrhunderts abgespielt hat[6].

Richtig ist, dass in den klassischen Bereichen der Eingriffsverwaltung ein auf demokra- **127** tischer Legitimation begründetes Über- und Unterordnungsverhältnis besteht, wonach die Verwaltung die Rechtsbeziehungen zum Bürger einseitig durch Verwaltungsakt regeln darf. Jedoch sind im Zuge der Ausfüllung des Sozialstaatsgebotes zahlreiche Aufgabenbereiche der Verwaltung entstanden (z. B. gemeindliche Versorgungsunternehmen, Schulen, Hochschulen), bei denen die Rechtsverhältnisse öffentlich-rechtlich geregelt sind, *ohne* dass ein Über- und Unterordnungsverhältnis feststellbar wäre. Deshalb passt die Subjektionstheorie nur dort, wo wirklich eine Über- und Unterordnung feststellbar ist; in anderen Fällen ermöglicht sie keine zuverlässige Abgrenzung.

Beispiel für Gleichordnung im öffentlichen Recht sind die §§ 54 ff. VwVfG, in denen der öffentlich-rechtliche Vertrag als zweiseitige Regelung zwischen gleichberechtigten Partnern anerkannt wird. – Ferner ist unverkennbar, dass es auch im Zivilrecht Über- und Unterordnungsverhältnisse gibt, z. B. zwischen Arbeitgeber und Arbeitnehmer oder zwischen Kunden und Unternehmen mit großer Marktmacht. Wenn also (auch) Gleichordnungsverhältnisse im Bereich des öffentlichen Rechts festzustellen sind und (auch) zahlreiche Über- und Unterordnungsverhältnisse im Bereich des Privatrechts, zeigt sich, dass die dargestellte Subjektions- oder Subordinationstheorie zur eindeutigen Trennung beider Bereiche heute nicht mehr zu vertreten ist.

2.2.3 Nicht verwechselt werden mit der dargestellten Subjektionstheorie darf – trotz **128** ähnlichen Namens – die ***Subjekts*theorie**, verbreitet auch **„Sonderrechtstheorie"** genannt. Nach der Subjekts-/Sonderrechtstheorie gehören zum öffentlichen Recht diejenigen Rechtsnormen, bei denen der aus dem konkret anwendbaren Paragraphen Berechtigte oder Verpflichtete (= „das Zuordnungssubjekt der Norm") ausschließlich und notwendig der Staat (ieS) oder ein anderer Träger öffentlicher Gewalt ist. – Zum Privatrecht gehören hingegen die Rechtsnormen, aus denen alle, sowohl Private als auch der Staat, Rechte und Pflichten haben können. Das öffentliche Recht ist danach ein Sonderrechtsgebiet innerhalb der allgemeinen Rechtsordnung, weshalb diese Theorie heute überwiegend als Sonderrechtstheorie bezeichnet wird.

Beispiel zur Verdeutlichung dieser Theorie: Die verschiedenen Befugnisse zur Enteignung[7] von Grundstücken (z. B. für Zwecke des Städtebaus, des Straßenbaus, der Verteidigung) stehen **nur** dem Staat zu; nur dieser ist (auf der Berechtigungsseite) Zuordnungssubjekt der die Enteignung regelnden Vorschriften; sie sind also öffentliches Recht. – Dagegen kann nach §§ 925, 873 BGB jeder Grundstücke erwerben (sowohl Private als auch der Staat); diese Vorschriften sind also Privatrecht.

---

6 Vgl. z. B. RGZ 166, 226; BGHZ 14, 227; 35, 117; BVerwGE 29, 161; wieder in diesem Sinne BGHZ 67, 81, 86.

7 Z. B. §§ 104 ff. BauGB.

129 Dieser (Subjekts- oder) Sonderrechtstheorie wird heute überwiegend gefolgt[8]. Auch diese Theorie ist freilich Einwänden ausgesetzt. Sie stellt strikt auf den anwendbaren Rechtssatz ab und ermöglicht daher keine Lösung in den Fällen, in denen es gerade um die Frage geht, ob auf den Fall öffentlich-rechtliche oder privatrechtliche Rechtsnormen anwendbar sind.

Beispielsweise wegen der sich dann anschließenden Frage, ob der Benutzer einer gemeindlichen Einrichtung ein privatrechtliches Entgelt oder eine öffentlich-rechtliche Gebühr schuldet[9]. – Weitere Beispiele, bei denen auch die Sonderrechtstheorie nicht recht passt, sind diejenigen arbeitsrechtlichen Vorschriften, die privatrechtlicher Natur sind, aber nur für den öffentlichen Dienst gelten, wie das beim Tarifvertrag für den öffentlichen Dienst (TVöD) und dem Tarifvertrag für den öffentlichen Dienst der Länder (TV-L) der Fall ist; obwohl diese nur mit öffentlichen Arbeitgebern abgeschlossen werden, gehören sie zum Privatrecht.

2.3 Abgrenzung öffentliches Recht – Privatrecht

130 Kommt es in einem praktischen Fall auf die Abgrenzung öffentliches Recht – Privatrecht an, so empfiehlt sich die **Prüfung** folgender Gesichtspunkte:

1. Bei den allermeisten gesetzlichen Vorschriften gibt es eine feste Auffassung, zu welchem Rechtsgebiet sie gehören. Die Einordnung dieser Vorschriften bedarf keiner Begründung.

   Ohne Begründung können also folgende Gesetze als öffentliches Recht behandelt werden: GG, VwVfG, SGB, AO, die Beamtengesetze, BauGB, BauOrdnungen der Länder, BImSchG, WHG, die haushaltsrechtlichen Gesetze. Auf diese Weise erledigt sich in den meisten Fällen die Abgrenzungsfrage, ohne dass dies überhaupt einer Erwähnung in der Falllösung bedarf.

2. Für spezielle Fallgruppen wurden besondere Grundsätze entwickelt; sie werden unten ab 2.4 (RdNr. 133 ff.) behandelt.
3. Vielfach hilft der Sachzusammenhang: Fast jede gesetzliche Vorschrift und jedes Verwaltungshandeln steht mit einer anderen gesetzlichen Vorschrift und mit anderen Verwaltungsmaßnahmen im Zusammenhang. Lässt sich einigermaßen sicher feststellen, dass die andere Vorschrift bzw. Verwaltungsmaßnahme öffentlich-rechtlich ist, so sind auch die hiermit in einem engen äußeren und inneren Zusammenhang stehenden Vorschriften und Maßnahmen öffentlich-rechtlich.

   Beispiel: Beamter B hat öffentlich (z. B. in einer Pressemitteilung) behauptet, A habe sich auf Kosten der Allgemeinheit ungerechtfertigt bereichert. A hält dies für unzutreffend und verlangt Widerruf. Stand die Behauptung des B im Zusammenhang mit einer öffentlich-rechtlichen Verwaltungstätigkeit (z. B. im Zusammenhang mit polizeilichen oder staatsanwaltschaftlichen Ermittlungen), ist der Widerrufsanspruch des A öffentlich-rechtlich zu beurteilen. Erfolgte die Behauptung dagegen im Zusammenhang mit einem privatrechtlichen Auftrag (z. B. Vergabe eines Bauauftrags durch die Gemeinde an A), unterliegt der Widerruf dem Privatrecht[10].

131 4. Erst wenn sämtliche vorangegangenen Gesichtspunkte keine Lösung ermöglichen, sind die oben 2.2 (RdNr. 124 ff.) behandelten Theorien heranzuziehen. Dabei braucht nicht entschieden zu werden, welche Theorie „richtig“ ist, weil sämtliche Theorien einen richtigen Kern enthalten und sich idR auch nicht widersprechen. Es kann die Theorie angewandt werden, die am ehesten eine Lösung ermöglicht; als Ausgangspunkt empfiehlt sich die (Subjekts-)/Sonderrechtstheorie. Auch können die einzelnen Theorie-Argumente miteinander kombiniert[11] werden.

---

8 Vgl. Kopp/Ramsauer VwVfG § 1 RdNr. 15; Stelkens/Bonk/Sachs § 1 RdNr. 97.
9 Vgl. Hofmann/Theisen/Bätge, Kommunalrecht in NRW, 2.3.4.1.2.
10 Vgl. BVerwGE 18, 35/6; 50, 282; BSGE 37, 292; BGHZ 78, 274; 81, 24; 89, 252.
11 Zu dieser „Kombinationstheorie“ BVerwGE 13, 47 ff.; vgl. Faber § 16 III.

5. Ermöglichen auch die Theorien keine Lösung, kommt eine Vermutungsregel zur Anwendung: Wird von der Behörde eine wichtige öffentliche Aufgabe erfüllt, ist im Zweifel anzunehmen, dass hierfür öffentliches Recht maßgebend ist. Denn dieses enthält in der Regel eine genauere und sachgerechtere Regelung der Rechtsbeziehungen zwischen Staat und Bürger und gestaltet auch den Rechtsschutz des Bürgers effektiver (vgl. Art. 19 Abs. 4 GG). **132**

2.4 Leistungen durch die öffentliche Verwaltung

Als erste **spezielle Fallgruppe** zu behandeln ist die Gewährung von **Leistungen** durch die öffentliche Verwaltung.

2.4.1 Zunächst ist festzustellen, wie der unmittelbare Leistungsträger organisiert ist. **133**
Die **Organisationsform** ist öffentlich-rechtlich, wenn der Staat die Leistung selbst erbringt (z. B. Vergabe einer Subvention durch Bescheid des Wirtschaftsministeriums) oder wenn eine rechtsfähige oder nichtrechtsfähige Anstalt oder Stiftung (des öffentlichen Rechts) Leistungsträger ist. Eine im kommunalen Bereich häufige öffentlich-rechtliche Organisationsform ist der Eigenbetrieb.

Beispielsweise erfolgt die Lieferung von Wasser durch einen öffentlich-rechtlich organisierten Leistungsträger, wenn sie von den Stadtwerken erbracht wird und diese als Eigenbetrieb geführt werden[12].

Privatrechtliche Organisationsformen sind vor allem die Aktiengesellschaft und die GmbH.

Beispielsweise können die Verkehrsbetriebe einer Stadt als AG oder GmbH organisiert sein, wobei die Aktien bzw. Geschäftsanteile ganz oder überwiegend in den Händen der Stadt liegen[13].

Von der Organisationsform zu unterscheiden ist das Rechtsverhältnis zu dem die Leis- **134**
tung in Anspruch nehmenden Bürger (**Leistungsverhältnis**). Dieses kann öffentlich-rechtlich sein (z. B. ein durch Verwaltungsakt begründetes Anstaltsbenutzungsverhältnis oder ein öffentlich-rechtlicher Vertrag) oder auch privatrechtlich (z. B. Kaufvertrag über Wasserlieferung, Werkvertrag über die Beförderung mit Straßenbahn oder Bus). Jedoch besteht ein Zusammenhang zwischen der Organisationsform und dem Leistungs- bzw. Benutzungsverhältnis:

Beispielsweise scheiden bei privatrechtlicher Organisationsform öffentlich-rechtliche Beziehungen zum Benutzer (Leistungsempfänger) aus, denn eine AG oder GmbH kann ihre Leistungen nur durch Abschluss privatrechtlicher Verträge vergeben. (Die Rechtsfigur des Beliehenen[14] ist auf Fälle beschränkt, bei denen Hoheitsbefugnisse notwendig sind, und kommt hier nicht zur Anwendung.) Sind also die Stadtwerke einer Stadt als AG oder GmbH organisiert, so steht fest, dass die von ihnen den Bürgern gegenüber erbrachten Leistungen den Regeln des privaten Vertragsrechts unterliegen.

2.4.2 Ist der Leistungsträger öffentlich-rechtlich organisiert, wird insbesondere die **135**
Leistung unmittelbar von einer Verwaltungsbehörde erbracht, so kann die hierfür zuständige Stelle je nach Zweckmäßigkeit das Leistungs- bzw. Benutzungsverhältnis öffentlich-rechtlich oder privatrechtlich regeln.

Die Verwaltungspraxis und die hM in Literatur und Rechtsprechung gehen von dieser „Wahlfreiheit“ aus[15].

---

12 Umfassend: Hofmann/Theisen/Bätge, Kommunalrecht in NRW, 7.2.1.
13 Vgl. oben RdNr. 112.
14 Vgl. oben RdNr. 107.
15 Mohl, Die kommunalen öffentlichen Einrichtungen, Diss.; Hofmann/Theisen/Bätge, Kommunalrecht in NRW, 2.3.4.1.2.

In den Fällen der Wahlfreiheit sollte die handelnde Behörde klarstellen, ob sie öffentlich-rechtliche oder privatrechtliche Rechtsbeziehungen begründen will. Geschieht das nicht, so ist das Rechtsverhältnis (Leistungs-, Benutzungsverhältnis) anhand von Indizien auf seine Rechtsnatur zu überprüfen. Indizien für öffentliches Recht sind:

- Die Existenz oder der Erlass einer Satzung,
- das Bestehen eines Anschluss- oder Benutzungszwangs (z. B. bei der gemeindlichen Kanalisation),
- die Bezeichnung des vom Bürger zu leistenden Entgelts als „Gebühr" oder „Beitrag".

2.5 Gemischte öffentlich-rechtlich – privatrechtliche Rechtsverhältnisse: Zwei-Stufen-Theorie und Verwaltungsprivatrecht

136 Grundsätzlich ist ein Rechtsverhältnis einheitlich (entweder privatrechtlich oder öffentlich-rechtlich) zu beurteilen. Davon gibt es aber Ausnahmen. Eine einfache Ausnahme bildet der Fall, dass eine Leistung aufgrund öffentlichen Rechts zu erbringen ist, die Erfüllung aber eine Übereignung voraussetzt.

Beispielsweise ist die Erfüllung einer öffentlich-rechtlichen (Steuer-, Gebühren-, Beitrags-) Schuld durch Barzahlung nur dadurch möglich, dass der Bürger dem Staat einen entsprechenden Geldbetrag übereignet. Da es keine öffentlich-rechtliche Übereignung gibt, muss diese nach § 929 BGB erfolgen.

Zwei weitere, praktisch bedeutsame Fallgruppen sind nachfolgend zu behandeln:

2.5.1 Die Zwei-Stufen-Theorie

137 Im geltenden Recht ist anerkannt, dass ein Rechtsverhältnis zweistufig begründet und abgewickelt werden kann. Voraussetzung hierfür ist, dass sich zwei getrennte Verfahrensabschnitte feststellen lassen, wobei der erste sich nach öffentlichem Recht und der zweite nach Privatrecht richtet. Anwendungsbereich ist die Gewährung von Leistungen. Im Einzelnen handelt es sich um folgende Gestaltung:

1. Aufgrund einer öffentlich-rechtlichen Vorschrift ergeht eine gesonderte Entscheidung über das „Ob" der Leistung (1. Stufe, „Bewilligungsstufe"). Diese Entscheidung ist ein Verwaltungsakt. In diesem muss zumindest geregelt werden, wer eine Leistung erhält und unter welchen Bedingungen.

   Beispiele: Das Amt für Wohnbauförderung der Stadt S bewilligt dem A auf seinen Antrag hin für den Bau eines Eigenheims ein hypothekarisch gesichertes Darlehen in bestimmter Höhe, das noch ausgezahlt und verwaltet werden muss. – Die Einwohner einer Stadt haben einen öffentlich-rechtlichen Anspruch auf Zulassung (z. B. nach § 8 Abs. 2 GO NRW)[16] zum städtischen Schwimmbad, der jeweils noch in die Praxis umgesetzt werden muss.
2. Nach positiver Entscheidung auf dieser 1. Stufe schließt sich ein privatrechtliches Rechtsverhältnis an (2. Stufe, „Erfüllungs- und Abwicklungsstufe").

Beispiele: Im obigen ersten Fall wird im Anschluss an den behördlichen Bewilligungsbescheid mit einer dazu beauftragen Bank ein Darlehensvertrag abgeschlossen, das bewilligte Darlehen tatsächlich ausgezahlt und später durch Tilgungs- und Zinszahlungen rückabgewickelt. – Im obigen zweiten Fall realisiert sich der Zulassungsanspruch zum städtischen Schwimmbad durch den privatrechtlichen (Ver-)Kauf einer Eintrittskarte. – Mögliche Rechtsformen auf dieser 2. Stufe sind neben Kauf- und Darlehensverträgen auch Bürgschaften, Werkverträge, Mietverträge[17].

138 Wichtigste Rechtsfolge dieser zweistufigen Gestaltung ist, dass für die Streitigkeiten auf der 1. Stufe der Verwaltungsrechtsweg gegeben ist (insbesondere: Verpflichtungs-

16 Hierzu und zur Zwei-Stufen-Theorie: Übungsfall 4 (und Lösung) bei Hofmann/Theisen/Bätge, Kommunalrecht in NRW, 2.3.5.

17 Grundlegende Entscheidung hierzu ist BVerwGE 1, 308; kritisch Bull/Mehde, RdNr. 251und 916.

klage auf Erlass eines Zulassungs- oder Bewilligungsbescheides), während Streitigkeiten auf der 2. Stufe – um Abwicklung und Erfüllung – vor die Zivilgerichte gehören (z. B. der Anspruch der das Darlehen verwaltenden Bank auf Tilgungen und Zinsen).

2.5.2 Das Verwaltungsprivatrecht

Im Privatrecht (des BGB etc.) verfügen die Beteiligten über Privatautonomie, d. h. sie entscheiden völlig frei, ob überhaupt und mit wem sie Verträge schließen und welchen Inhalt Verträge haben. Eine solche Freiheit kann es für die in privatrechtlichen Formen handelnde öffentliche Verwaltung nicht geben, denn für jedes Verwaltungshandeln gilt nach Art. 20 Abs. 3 GG die Gesetzesbindung. Unter diesem Aspekt würde völlige Privatautonomie nämlich bedeuten, dass sich die Verwaltung durch eine „Flucht ins Privatrecht" ihren Bindungen entziehen könnte. Dem beugt die (einschränkende) Rechtsfigur des Verwaltungsprivatrechts[18] vor, wonach in solchen Fällen die Grundrechte und weitere öffentlich-rechtliche Bindungen gelten. **139**

Erste Voraussetzung ist, dass ein Träger öffentlicher Verwaltung in privatrechtlichen Formen handelt. Dazu gehört auch das Handeln einer juristischen Person des Privatrechts (GmbH, AG), wenn sich ihre Anteile überwiegend oder ganz in der Hand einer öffentlichen Körperschaft befinden. **140**

Beispiele: Die Stadt S betreibt ihre Verkehrsbetriebe in Form einer GmbH oder AG. Diese schließt mit den Fahrgästen privatrechtliche Werkverträge. – Die Stadt S hat ein größeres Baugelände erworben und verkauft die einzelnen Parzellen an Familien mit mehreren Kindern, um diesen die Errichtung von Eigenheimen zu ermöglichen.

Weitere, entscheidende Voraussetzung ist, dass unmittelbar öffentliche Aufgaben erfüllt werden. Das sind in erster Linie durch Gesetz übertragene, außerdem aber auch freiwillig übernommene Aufgaben.

Beispielsweise gehören hierzu Leistungen der Daseinsvorsorge wie die Bereitstellung von Energie und Wasser, die Abfall- und Abwasserbeseitigung, der Betrieb von Sparkassen. Nicht ausreichend ist, dass es sich um wichtige, ja lebenswichtige Aufgaben handelt. Andernfalls würde einerseits der Betrieb von städtischen Theatern und kommunalen Sportplätzen nicht darunter fallen, wohl aber der Verkauf von Brot und Milch, der aber gerade keine öffentliche, sondern eine Aufgabe der Privatwirtschaft ist.

Kommt Verwaltungsprivatrecht zur Anwendung, hat das mehrere Rechtsfolgen:

1. In erster Linie gelten die **Grundrechte**, vor allem der Gleichheitssatz des Art. 3 GG. **141**

   Beispiele: Vom BGH[19] wurde entschieden, dass eine Stadtwerke-GmbH bei der Ausgabe verbilligter Schülermonatskarten keine Schule (z. B. eine Privatschule) davon ausnehmen darf; die Kündigung eines Girokontos einer Partei durch ein „staatlich beherrschtes Kreditinstitut" wurde vom BGH als nichtig eingestuft[20].

2. Ferner gelten das Gebot, nur notwendige und angemessene Mittel einzusetzen (**Verhältnismäßigkeitsprinzip**[21]), und das Verbot, eine von der Verwaltung zu erbringende Leistung von einer Gegenleistung des Bürgers abhängig zu machen, die in keinem sachlichen Zusammenhang mit der Leistung steht (**Koppelungsverbot**[22]). Weiterhin sind die öffentlich-rechtlichen Zuständigkeitsvorschriften zu beachten.
3. Für Streitigkeiten im Bereich des Verwaltungsprivatrechts bleibt die Erwägung maßgebend, dass das „Basisrecht" Privatrecht ist, woraus die Zulässigkeit des Zi-

18 Grundlegend hierzu die Rechtsprechung des BGH: BGHZ 29, 76, 80; 52, 325, 329; 65, 284, 287; 91, 84, 96 f.
19 BGHZ 52, 325.
20 BGH DÖV 2004, 439.
21 Im Detail unten RdNr. 409 ff.
22 Z. B. Bay VGH DVBl 2004, 975; LG München, NVwZ 2005, 119.

vilrechtswegs folgt, selbst wenn die öffentlich-rechtlichen Bindungen eingeklagt werden[23].

2.5.3 Bedarfsdeckungsverwaltung

142 Vom ursprünglichen Anwendungsbereich des Verwaltungsprivatrechts wird üblicherweise unterschieden die **Bedarfsdeckungs-Verwaltung** (Beschaffungsverwaltung).

Beispiele: Kauf von Grundstücken zur Errichtung von Verwaltungsgebäuden, Kauf von Fahrzeugen, Maschinen, Büromaterial. Vergabe von Aufträgen (z. B. Aufträge zum Abschleppen von liegengebliebenen Fahrzeugen durch die Polizei, zum Bau von Verwaltungsgebäuden, zum Bau von Straßen).

In diesen Fällen greift die Zwei-Stufen-Theorie nicht ein, weil keine formalisierte öffentlich-rechtliche Entscheidung ergeht. Zwar erfolgt die Vergabe von Aufträgen nach Vergabeordnungen. Diese sind jedoch keine öffentlich-rechtlichen Vorschriften, sondern privatrechtliche „Allgemeine Geschäftsbedingungen", im Übrigen auch nur verwaltungsinterner Natur. Die Entscheidung durch einen Vergabeausschuss der Gemeinde hat ebenfalls bloß eine verwaltungsinterne Bedeutung.

143 Umstritten ist aber, ob auch hier Verwaltungsprivatrecht eingreift und die öffentliche Hand deshalb an die Grundrechte, insbesondere an Art. 3 GG gebunden ist.

Die überwiegende Rechtsprechung hält bisher an der Auffassung fest, Verwaltungsprivatrecht greife nur ein, wenn unmittelbar öffentliche Aufgaben erfüllt werden. Das ist aber (noch) nicht der Fall, wenn die Polizei ein Fahrzeug kauft, sondern erst dann, wenn sie das Fahrzeug verwendet. Beim Kauf des Fahrzeugs wird dem liefernden Unternehmen gegenüber keine Verwaltungsaufgabe erfüllt. Der Kauf schafft lediglich die Voraussetzungen dafür, dass öffentliche Aufgaben gegenüber dem Bürger erfüllt werden können und dient daher nur mittelbar öffentlichen Zwecken. Hinter dieser Auffassung steht die Überlegung, dass die öffentliche Hand bei der Auswahl ihrer Lieferanten nach Zweckmäßigkeit und Wirtschaftlichkeit entscheiden kann, ebenso wie die Privatwirtschaft.

144 Allerdings darf die öffentliche Hand niemals willkürlich[24] handeln. Infolge dieses Willkürverbots besteht dann im Ergebnis kein wesentlicher Unterschied mehr zu der Auffassung, nach der Art. 3 GG anzuwenden ist.

Da die Verwaltung in diesem Bereich am Wirtschaftsverkehr teilnimmt, unterliegt sie auch dem Kartellrecht. Vielfach ist sie hierbei sogar marktbeherrschend iSd § 19 Abs. 2 des Gesetzes gegen Wettbewerbsbeschränkungen. Sie unterliegt deshalb dem Diskriminierungsverbot[25].

2.6 Trennung öffentlich-rechtlicher und privatrechtlicher Befugnisse

145 Abschließend zur Behandlung der Unterscheidung öffentliches Recht – Privatrecht ist darauf hinzuweisen, dass die Träger öffentlicher Verwaltung ihre **öffentlich-rechtlichen und ihre privatrechtlichen Befugnisse** grundsätzlich zu trennen haben. Ohne gesetzliche Grundlage dürfen sie nicht hoheitlich, etwa durch Verwaltungsakte, in privatrechtliche Beziehungen eingreifen. Umgekehrt dürfen sie nicht privatrechtliche Verträge über die öffentlich-rechtlichen (hoheitlichen) Befugnisse schließen.

Beispielsweise ist deshalb ein privatrechtlicher Vertrag, in dem sich eine Gemeinde zur Erteilung einer Baugenehmigung oder zum Erlass eines Bebauungsplanes verpflichtet, nichtig[26]. Nichtig ist auch ein Vertrag, in dem sich eine Gemeinde, die einen Betrieb verpachtet, vom Pächter

---

23 So BGHZ 92, 94/6. – Auch Ersatzansprüche richten sich nach Privatrecht, nicht nach Art. 34 GG (BGH NJW 81, 976). – Kein Rückgriff auf die Jahresfrist des § 48 Abs. 4 VwVfG im Verwaltungsprivatrecht: BGH, NVwZ 2010, 531.

24 BGHZ NJW 77, 628, 629 und DÖV 2004, 439 (dort insbesondere zum Willkürverbot).

25 BGHZ 36, 102; 69, 59.

26 BGHZ 76, 16.

versprechen lässt, dass dieser die betrieblichen Verhältnisse in bestimmter Weise gestaltet, damit die Gewerbesteuern der Gemeinde zufließen[27].

3. Rechtsquellen und Rechtsnormen

3.1 Anforderungen

Nach Art. 20 Abs. 3 GG ist die Verwaltung „an Gesetz und Recht" gebunden[28]. Der Bürger kann sich gegenüber der Verwaltung auf „sein Recht" berufen, es gegebenenfalls einklagen (Art 19 Abs. 4 GG). Welche Anforderungen müssen erfüllt sein, damit etwas „Recht" in diesem Sinne ist? **146**

In weiten Bereichen ist dies nicht problematisch. So besteht kein Zweifel, dass ein Verwaltung und Bürger bindendes Recht vorliegt, wenn in einem Gesetz über die Ablegung einer Prüfung bestimmt ist, dass die Prüfung bei Nichtbestehen zweimal wiederholt werden darf. Andererseits liegt sicherlich kein verbindliches Recht vor, wenn eine Fraktion im Rat der Stadt den Beschluss fasst, auf einen Einstellungsstopp hinzuwirken. Bestimmt aber das Kultusministerium in einem Erlass, dass eine Prüfung nur einmal wiederholt oder nicht wiederholt werden darf oder dass bestimmte Lehrerstellen nicht besetzt werden dürfen – ist das für Behörden, Betroffene und Gerichte verbindliches „Recht"?

3.2 Begriff

Was für Behörde und Bürger verbindlich ist, ergibt sich nicht schlechthin aus „Recht und Gesetz" (Art. 20 Abs. 3 GG), sondern jeweils aus **einzelnen Rechtsnormen.** **147**

Beispiele zu sinngleichen Begriffen für „Rechtsnorm" sind: „Rechtssatz", „Norm", „Rechtsvorschrift", „Gesetz in einem weiteren Sinne". Auch der Begriff der „Rechtsquelle" wird in einem ähnlichen Sinne verwandt. Rechtsquelle ist eine „Rechtserkenntnisquelle": Aus Rechtsquellen ergibt sich, dass etwas den Verbindlichkeitsanspruch einer Rechtsnorm hat.

Für die Verwendung des Begriffs „(Rechts-)Norm" spricht, dass sich dieser bei vielen damit zusammenhängenden Begriffen eingebürgert hat, wie z. B. bei Normenkontrolle, Normzweck, Normadressat. – Die genauere Beschreibung und Deutung der Rechtsnormen und die Unterscheidung insbesondere in vollständige und unvollständige Normen, Antwort-, Hilfs- und Gegennormen ist Gegenstand der juristischen Methodenlehre[29].

3.3 Arten der Rechtsnormen

Also besteht das Recht, das für Bürger und Verwaltung verbindlich ist, aus Rechtsnormen. Wird dementsprechend eine Definition des Begriffs der Rechtsnorm gesucht, zeigt sich, dass es keine einheitliche Deutung gibt. Eine Rechtsnorm liegt vor, wenn die Voraussetzungen für eine der Rechtsnormarten gegeben sind. Diese **Arten der Rechtsnormen** unterscheiden sich wie folgt: **148**

3.3.1 Das **Verfassungsrecht**[30] der Bundesrepublik Deutschland ergibt sich aus dem Grundgesetz (Bundesverfassungsrecht) und den Verfassungen der Länder (Landesverfassungsrecht). Es ist auch für die Beziehungen zwischen der Verwaltung und den **149**

27 BGHZ 66, 199.

28 Zu Überlegungen zur „Rechtsfortbildung durch die Verwaltung" vgl. Weimar DÖV 2009, 932.

29 Vgl. Schwacke, Juristische Methodik (vpw), 1. Abschnitt, 3.2 und 3.3; Schmalz, Methodenlehre für das juristische Studium RdNr. 89 ff. und 102 ff.

30 Vgl. für viele: Bätge in Sensburg, Staats- und Europarecht, 1. Kapitel; Röckinghausen in Sensburg, Staats- und Europarecht, 2. Kapitel; Braun in Sensburg, Staats- und Europarecht, 3. und 5. Kapitel; Hildebrandt in Sensburg, Staats- und Europarecht, 4. Kapitel.

Bürgern von großer Bedeutung: Zahlreiche Vorschriften des Verwaltungsrechts konkretisieren verfassungsrechtliche Leitvorschriften (z. B. konkretisiert das Sozialgesetzbuch das Sozialstaatsprinzip des Art. 20 Abs. 1 GG).
Das wird üblicherweise so ausgedrückt:

Verwaltungsrecht ist konkretisiertes Verfassungsrecht[31].

Deshalb sind Verwaltungsgesetze mit Blick auf die Grundprinzipien der Verfassung auszulegen und anzuwenden (verfassungskonforme Auslegung der Gesetze).

150 3.3.2 Die wichtigste Rechtsquelle ist das **formelle Gesetz** (in Abgrenzung zur Verfassung wird es auch: „einfaches Gesetz" genannt). Formelles Gesetz ist jede Regelung, die von den verfassungsmäßigen Gesetzgebungsorganen auf dem in der Verfassung für Gesetze vorgesehenen Weg erlassen wurde. Die verfassungsmäßigen Gesetzgebungsorgane sind im demokratischen Rechtsstaat die Parlamente. Formelles Gesetz ist deshalb jedes vom Parlament „im Wege der Gesetzgebung" beschlossene Gesetz. Die meisten formellen Gesetze werden auch in ihrem Namen als „Gesetz" bezeichnet (z. B. das VwVfG, BauGB, StGB). Die Bezeichnung ist aber nicht entscheidend; förmliche Gesetze sind auch die Zivilprozessordnung (ZPO), Verwaltungsgerichtsordnung (VwGO), Abgabenordnung (AO), Gemeindeordnung (GO).

Demgegenüber ist die Straßenverkehrsordnung (StVO) nur eine Rechtsverordnung (vgl. nachfolgend RdNr. 151).

Sinngleich mit dem „formellen Gesetz" ist der in Art. 104 Abs. 1 GG verwandte Begriff „förmliches Gesetz".

Zum begrifflichen Gegenstück „materiellen Gesetz" noch unten RdNr. 184.

151 3.3.3 **Verordnung** (RechtsVO oder **VO**) ist eine Regelung, die von einer Regierungs- oder Verwaltungsbehörde aufgrund einer (im formellen Gesetz enthaltenen) Ermächtigung erlassen worden ist. Es handelt sich um eine Rechtsetzung durch die Exekutive. Dies bedeutet deshalb eine Abweichung vom strengen Gewaltenteilungsprinzip, ist aber in den Verfassungen (Art. 80 GG, Art. 70 LandesverfNRW) ausdrücklich vorgesehen und unentbehrlich, um das Parlament von weniger grundlegenden, meist mehr technischen Regelungen zu entlasten[32]. Das bedeutet aber nicht, dass Rechtsverordnungen keine größere Bedeutung hätten.

Beispiele für in der Praxis besonders wichtige Verordnungen sind z. B. die Fahrerlaubnisverordnung (FeV), die Straßenverkehrsordnung (StVO), die Straßenverkehrszulassungsordnung (StVZO), die Baunutzungsverordnung (BauNVO). Der Zahl nach werden mehr Rechtsverordnungen als Gesetze erlassen (die zum Teil auch die Rechtsprechung beschäftigen[33]). Zur Vertiefung[34] sei auf die Lehrbuch- und Kommentarliteratur zu Art. 80 GG („Erlass von Rechtsverordnungen") verwiesen.

152 3.3.4 **Satzung** ist eine öffentlich-rechtliche Regelung, die ein selbständiger, dem Staate eingegliederter Verwaltungsträger kraft der ihm verliehenen Satzungsautonomie zur Regelung seiner eigenen Angelegenheiten in dem dafür vorgesehenen förmlichen Verfahren erlassen hat. Ebenso wie für die (Rechts)VO ist auch für den Erlass einer Satzung eine gesetzliche Ermächtigung erforderlich, die aber in einer allgemein gehaltenen Generalklausel bestehen kann.

31 Im Anschluss an Werner DVBl 58, 527.

32 Zur Abgrenzung zwischen Verordnung und Allgemeinverfügung: VGH Bad.-Württ. DÖV 2005, 126; vgl. auch unten RdNr. 342 ff.

33 Vgl. als Beispiele: HambOVG DVBl 2005, 259; VHG Bad.-Württ. DVBl 2005, 259.

34 Zu Überlegungen zur „Rechtsfortbildung durch die Verwaltung" Weimar DÖV 2009, 932; vgl. Krüger, VR 2015, 342.

Die Satzung ist die typische Rechtsetzungsform der Gemeinden; es gibt z. B. Bürgerbegehrenssatzungen, Steuersatzungen, Satzungen über die Nutzung gemeindlicher Anstalten (wie Freibad, Friedhof), Erschließungsbeitragssatzungen und Baumschutzsatzungen. Eine typische Ermächtigung hierfür ist § 7 Abs. 1 GemeindeO NRW: „Die Gemeinden können ihre Angelegenheiten durch Satzung regeln, soweit Gesetze nichts anderes bestimmen."[35] **153**

3.4 Überstaatliche Rechtsquellen

Bisher wurde nur das von Organen der Bundesrepublik Deutschland, insbesondere von Bund und Ländern einschließlich der Gemeinden, erlassene Recht behandelt: (staatlich-)nationales Recht. Daneben gibt es überstaatliche Rechtsquellen. Aus ihnen kann sich innerstaatlich wirkendes, die Beziehungen zwischen Verwaltungsbehörden und Bürger regelndes Recht ergeben, wenn eine solche Wirkung durch die staatliche Rechtsordnung angeordnet ist; es bedarf also einer innerstaatlichen normativen Grundlage. **154**

3.4.1 Normative Grundlage für die Geltung von **Völkerrecht** kann zunächst Art. 25 GG sein. Danach sind „die allgemeinen Regeln des Völkerrechts... Bestandteil des Bundesrechts". Eine solche allgemeine Regel ist der Satz: **„Pacta sunt servanda"** (Verträge sind einzuhalten)[36]. **155**

Das sonstige Völkerrecht gilt dagegen nicht ohne weiteres, sondern nur dann, wenn es durch ein staatliches Gesetz in deutsches Recht transformiert worden ist (vgl. hierzu Art. 59 Abs. 2 S. 1 GG). So ist beispielsweise die Konvention zum Schutz der Menschenrechte und Grundfreiheiten (MRK), die ursprünglich im Jahre 1950 durch Vertrag zwischen zwölf europäischen Staaten vereinbart wurde, durch Bundesgesetz[37] in innerdeutsches Recht transformiert worden und hat seitdem die Wirkung eines (einfachen) Bundesgesetzes.

3.4.2 Das als **supranationales Recht** bezeichnete Recht der Europäischen Union (EU) fand sich zunächst in den Gründungsverträgen[38] und findet sich heute in dem **EU-Vertrag** (EUV)[39] sowie in dem **Vertrag über die Arbeitsweise der Europäischen Union** (AEUV)[40] – in der Fassung des Vertrages von Lissabon[41] (vgl. Art. 23 GG[42]). **156**

Diese bilden das **primäre EU-Recht**. Es ist nach denselben Regeln in Kraft getreten wie (sonstiges) Völkerrecht, nämlich durch ein den Vertrag in deutsches Recht transformierendes Bundesgesetz[43]. **157**

Beispiele für unmittelbar anwendbare Rechtsnormen des primären EU-Rechts sind: das Verbot, zwischen den Mitgliedstaaten Ein- und Ausfuhrzölle und Abgaben gleicher Wirkung zu erheben nach Art. 28 AEUV und das Verbot von Einfuhrbeschränkungen nach Art. 34 AEUV.

---

35 Beispiele und Vertiefungen bei: Hofmann/Theisen/Bätge, Kommunalrecht in NRW, 2.4 bis 2.4.6.

36 BVerfGE 31, 145, 178; 6, 309, 363.

37 BGBl II 1952 S. 685; BGBl II 2002 S. 1054).

38 Vgl. Sensburg, Staats- und Europarecht, 6. Kapitel.

39 Amtsbl. der EU 30.3.2010, C 83/13 in: http://eur-lex.europa.eu/LexUriServ/LexUriServ.do?uri=OJ:C:2010:083:0013:0046:DE:PDF.

40 http://eur-lex.europa.eu/LexUriServ/LexUriServ.do?uri=OJ:C:2010:083:0047:0200:DE:PDF.

41 „VertragvonLissabon zur Änderung des Vertrags über die Europäische Union und des Vertrags zur Gründung der Europäischen Gemeinschaft" vom 1. Dezember 2009; vgl. Sensburg, Staats- und Europarecht, 6. Kapitel B IV.

42 Dazu Kippels, Demokratie und Exekutive, S. 17, 22, in: Czerwig/Lorig/Treutner, Die öffentliche Verwaltung in der Demokratie der Bundesrepublik Deutschland, 2009; Wiemers VR 2010, 73; BVerfG DÖV 2010, 84.

43 Sensburg, Staats- und Europarecht, 8. Kapitel, A I-III.

158 Im AEUV ist der Union die Befugnis eingeräumt, selbst Recht zu setzen (**sekundäres EU-Recht**). Grundlegend hierfür ist Art 288 Abs. 1 AEUV:
„Für die Ausübung der Zuständigkeiten der Union nehmen die Organe Verordnungen, Richtlinien, Beschlüsse, Empfehlungen und Stellungnahmen an“.

159 Die hier genannten **Verordnungen**[44] haben allgemeine Geltung. Sie sind „in allen ihren Teilen verbindlich“ und gelten „unmittelbar in jedem Mitgliedstaat“, Art. 288 Abs. 2 AEUV.

Instruktives Beispiel für eine frühe Verordnung ist die EG-KartellVO, aufgrund derer die Kommission unmittelbare Verwaltungsbefugnisse auch in der Bundesrepublik Deutschland hat und z. B. bei Verletzung von EU-Wettbewerbsregeln nach Art. 23 EG-KartellVO (Art. 103 AEUV) Bußgelder gegenüber Unternehmen festsetzen kann (was inzwischen wiederholt – und pressewirksam – geschehen ist).

160 Eine **Richtlinie**[45] ist nach Art. 288 Abs. 3 AEUV für die betroffenen Mitgliedstaaten „hinsichtlich des zu erreichenden Ziels verbindlich, überlässt jedoch den innerstaatlichen Stellen die Wahl der Form und der Mittel“. Das bedeutet, dass Richtlinien jeweils der Transformation durch nationale Rechtsvorschriften bedürfen[46].

Beispiele für Richtlinien (und deren Umsetzungen): Richtlinie über Umweltverträglichkeit bei bestimmten öffentlichen und privaten Projekten, umgesetzt durch das deutsche „Umweltverträglichkeitsprüfungsgesetz“.[47] – Richtlinie über die Weiterverwendung von Informationen des öffentlichen Sektors[48], umgesetzt durch das deutsche „Informationsweiterverwendungsgesetz“[49]. Praxisrelevantes Beispiel mit erheblichem Gewicht für des Verwaltungsverfahrensrecht ist die Europäische Dienstleistungsrichtlinie[50], umgesetzt in Simultangesetzgebung des Bundes und der Länder u. a. durch §§ 8a ff. VwVfG (Verwaltungszusammenarbeit, siehe unten RdNr. 588 ff.), § 42a VwVfG (Genehmigungsfiktion, siehe unten RdNr. 564 ff.) und durch §§ 71a ff. VwVfG (Verfahren über eine einheitliche Stelle, siehe unten RdNr. 723 ff.).

161 **Beschlüsse** im Sinne von Art 288 Abs. 4 AEUV „sind in allen ihren Teilen verbindlich.“ Sie entfalten individuelle Wirkung für den Adressaten und ähnelt insoweit dem VA nach deutschem Recht. Ein Beschluss ist für den Betroffenen unmittelbar bindend, ohne dass es hierzu eines innerstaatlichen Umsetzungsaktes bedarf; an der Durchsetzung des Beschlusses wirken die innerstaatlichen Stellen allerdings mit (z. B. in der Vollstreckung). Adressat eines solchen Beschlusses nach Art 288 Abs. 4 AEUV kann ein Mitgliedstaat oder jede Privatperson (natürliche oder juristische Person) sein[51].

Beispiel für einen Beschluss gegenüber einem Mitgliedstaat ist das Verlangen nach Art. 108 Abs. 2 AEUV, eine einem Unternehmen – unter Verstoß gegen Art. 107/108 AEUV – gewährte Beihilfe aufzuheben oder umzugestalten.
Beispiel für einen gegenüber einer Privatperson (meist Unternehmer oder Unternehmen) erlassenen Beschluss ist die – hauptsächlich im Bereich des Kartellrechts nach Art. 101 ff. AEUV vorkommende – Festsetzung von Geldbußen oder Anordnung von Prüfungen und Durchsuchungen. Hiergegen können die Betroffenen sich mit einer Klage beim EuGH nach Art. 263 Abs. 4 AEUV zur Wehr setzen.

---

44 Vgl. Sensburg, Staats- und Europarecht, 8. Kapitel, B I.
45 Vgl. Sensburg, Staats- und Europarecht, 8. Kapitel, B II.
46 Zur Feststellung von EG-Vertrags-Verstößen der Bundesrepublik Deutschland wegen Nichtumsetzung von EG-Richtlinien oder nicht-fristgemäßer Umsetzung vgl. die Urteile des EuGH NVwZ 97, 369, 370, 371. – Zur Wirkung von EU-Richtlinien Herrmann/Michl, JuS 2009, 1065.
47 Vgl. unten RdNr. 769.
48 Richtlinie 2003/98/EG des Europäischen Parlaments und des Rates vom 17. November 2003 über die Weiterverwendung von Informationen des öffentlichen Sektors (ABl. EU Nr. L 345 S. 90).
49 BGBl. I 2006 S. 2913 und BGBl. I 2015, Nr. 29 vom 16.7.2015.
50 Richtlinie 2006/123/EG des Europäischen Parlaments und des Rates vom 12.12.2006 über Dienstleistungen im Binnenmarkt, Amtsblatt EU Nr. L 376 vom 27.12.2006, S. 36 ff.; http://eur-lex.europa.eu/LexUriServ/LexUriServ.do?uri=CELEX:32006L0123:DE:HTML.
51 Sensburg, Staats- und Europarecht, 8. Kapitel B III; vgl. Rösch VR 2008, 361, 365.

Insgesamt bilden somit das primäre und das sekundäre EU-Recht eine neben den staatlichen Rechtsquellen stehende supranationale Rechtsquelle von praktisch erheblicher und ständig zunehmender Bedeutung. Die konkreten Einflüsse auf Normen des Verwaltungsrechts werden in diesem Buch im jeweiligen Einzelzusammenhang erörtert. **162**

Beispiele: „Europäische Verwaltungszusammenarbeit" nach §§ 8 a ff. VwVfG[52] und Verfahren über „einheitliche Stelle" nach §§ 71 a ff. VwVfG[53] (beide auf Grund der Europäischen Dienstleistungsrichtlinie[54]). – Vgl. etwa auch zur Rücknahme gemeinschaftsrechtswidriger VAe unten RdNr. 489 ff.[55]. – Zu den sich verstärkenden Auswirkungen europäischer Regelungen auf die deutsche Kommunalpraxis vgl. Hofmann/Theisen/Bätge, Kommunalrecht in NRW, 1.2.1 ff. und 2.2.9

3.5 Weitere Rechtsquellen

3.5.1 Eine auf das Arbeitsrecht beschränkte, wegen der Arbeiternehmer im öffentlichen Dienst aber auch für die öffentliche Verwaltung bedeutsame[56] Rechtsquelle ist das Tarifrecht. Nach § 1 TarifvertragsG enthält der **Tarifvertrag** „Rechtsnormen, die den Inhalt, den Abschluss und die Beendigung des Arbeitsverhältnisses sowie betriebliche und betriebsverfassungsrechtliche Fragen ordnen können." Diese Rechtsnormen gelten nach § 4 Abs. 1 TarifvertragsG „unmittelbar und zwingend zwischen den beiderseits Tarifgebundenen ...". Eine darüber hinausgehende Geltung besteht im Fall der Allgemeinverbindlichkeitserklärung (§ 5 TVG[57]). **163**

Vorbemerkung zu RdNr. 148–161: Das bisher behandelte Recht besteht aus geschriebenen Rechtsnormen, deren Geltung und Inhalt prinzipiell nicht zweifelhaft ist. Bei den folgenden Rechtsquellen ist entweder zweifelhaft, ob sie überhaupt Geltungsgrund für Rechtsnormen sind, oder es ist ihr Inhalt problematisch, d. h. Voraussetzungen oder Rechtsfolgen sind mehr oder weniger unbestimmt.

3.5.2 Es gibt grundlegende **Rechtsprinzipien**, deren Geltung außer Zweifel steht. Sie werden bezeichnet als „verfassungsgestaltende Grundentscheidungen". **164**
In erster Linie gehören hierzu die in Art. 20 GG niedergelegten obersten Verfassungsprinzipien, von denen für die öffentliche Verwaltung die folgenden besonders bedeutsam sind:

1. Demokratieprinzip[58] (Art. 20 Abs. 1 GG): Auch die Mitglieder der Verwaltung sind sämtlich (mittelbar[59]) demokratisch legitimiert, indem sie letztlich von der Verwaltungsspitze (Regierung) ernannt und kontrolliert werden und die Regierung ihrerseits nach dem Prinzip der parlamentarischen Demokratie vom Vertrauen des vom Volke gewählten Parlaments abhängt. Dem entspricht, **dass jeder Amtswalter[60] letztlich dem Volke gegenüber verantwortlich** ist, was durch die (bereits im **165**

52 Im Detail unten RdNr. 588 ff.
53 Im Detail unten RdNr. 723 ff.
54 Richtlinie 2006/123/EG des Europäischen Parlaments und des Rates vom 12.12.2006 über Dienstleistungen im Binnenmarkt, Amtsblatt EU Nr. L 376 vom 27.12.2006, S. 36 ff.; http://eur-lex.europa.eu/LexUriServ/LexUriServ.do?uri=CELEX:32006L0123:DE:HTML.
55 Zahlreiche Beispiele des stetig wachsenden Einflusses bei: Kadelbach, Allgemeines Verwaltungsrecht unter europäischem Einfluss, S. 108 ff., S. 150 ff., S. 296 ff. – Zum Einfluss des EG-Rechts auf die Verwaltungspraxis der Städte und Gemeinden vgl. Hofmann, DVP 99, 237; Hofmann/Theisen/Bätge, Kommunalrecht in NRW, 1.2.1.
56 Tarifvertrag für den öffentlichen Dienst (TVöD) und Tarifvertrag für den öffentlichen Dienst der Länder (TV-L); vgl. umfassend: Wichmann/Langer, Öffentliches Dienstrecht, RdNr. 422 ff.
57 Dazu BVerfGE 44, 322.
58 Bätge in Sensburg, Staats- und Europarecht, 1. Kapitel, F.
59 Zur **un**mittelbaren demokratischen Legitimation der (Ober-)Bürgermeister als Hauptkommunalbeamte vgl. Hofmann/Theisen/Bätge, Kommunalrecht in NRW, 2.7.3.
60 Siehe oben RdNr. 75.

2. Abschnitt behandelte) Aufsicht[61] der Regierung gewährleistet wird und in die politische Verantwortung der Regierung gegenüber dem Parlament mündet.

166 2. Rechtsstaatsprinzip: Hervorzuheben sind die **strikte Bindung der öffentlichen Verwaltung an Gesetz und Recht** (Art. 20 Abs. 3 GG), also z. B. an die Grundrechte, an die formellen Gesetze und an das Verhältnismäßigkeitsprinzip.

167 3. Sozialstaatsprinzip[62] (Art. 20 Abs. 1 GG): Innerhalb aller der Verwaltung eingeräumten Handlungs- und Entscheidungsspielräume hat jede Verwaltungsbehörde **auf soziale Gerechtigkeit hinzuwirken.**

168 4. Aus dem Prinzip der **Bundesstaatlichkeit**[63] (Art. 20 Abs. 1 GG) ergibt sich vor allem die Trennung der Bundes- und der Landesverwaltung sowie ihr Zusammenwirken.

Als weitere Prinzipien sind anzuerkennen:

169 5. Das **Vertrauensschutzprinzip.** Danach muss jeder Teilnehmer am Rechtsverkehr, der bei einem anderen das Vertrauen in ein bestimmtes Verhalten oder in einen bestimmten Zustand erweckt hat, sein Verhalten in dem Maße an dem erweckten Vertrauen ausrichten, wie dieses Vertrauen schutzwürdig ist.

Beispiel hierfür ist die detaillierte, gesetzlich Ausgestaltung der Vertrauensschutzabwägungen in § 48 Abs. 2 Satz 1–3 VwVfG.

170 6. Das **Prinzip von Treu und Glauben** (z. B. im BGB: § 242) und das Missbrauchsverbot. Danach darf keine Rechtsposition geltend gemacht oder ausgeübt werden, soweit dies treuwidrig ist oder eindeutig im Widerspruch zu ihrem Zweck steht.

Beispiel: Umweltschützer protestieren in einem Landschaftsschutzgebiet, das durch den geplanten Bau einer Straße zerstört werden könnte, gegen das Vorhaben durch einen Info-Stand und durch Plakate. Gegen sie wird durch Verbotsverfügung und Bußgeldbescheid eingeschritten, weil ihr Verhalten im Landschaftsschutzgebiet verboten sei – Fall eines Missbrauchs der zum Schutz der Landschaft erlassenen Vorschriften.

171 7. Das Prinzip der Nachhaltigkeit, also das Gebot zum Schutze der natürlichen Lebensgrundlagen und der sonstigen Umwelt. Rechtsgrundlage ist vor allem Art. 20a GG; auch die Landesverfassungen haben ausdrückliche Umweltschutzgebote aufgenommen[64].

Beispiele: Art. 29a Verf NRW „(1) Die natürlichen Lebensgrundlagen und die Tiere stehen unter dem Schutz des Landes, der Gemeinden und Gemeindeverbände. (2) Die notwendigen Bindungen und Pflichten bestimmen sich unter Ausgleich der betroffenen öffentlichen und privaten Belange. Das Nähere regelt das Gesetz.“; Art. 141 Verf Bay. „(1) Der Schutz der natürlichen Lebensgrundlagen ist, auch eingedenk der Verantwortung für die kommenden Generationen, der besonderen Fürsorge jedes Einzelnen und der staatlichen Gemeinschaft anvertraut. Tiere werden als Lebewesen und Mitgeschöpfe geachtet und geschützt. Mit Naturgütern ist schonend und sparsam umzugehen. Es gehört auch zu den vorrangigen Aufgaben von Staat, Gemeinden und Körperschaften des öffentlichen Rechts, Boden, Wasser und Luft als natürliche Lebensgrundlagen zu schützen, eingetretene Schäden möglichst zu beheben oder auszugleichen und auf möglichst sparsamen Umgang mit Energie zu achten, die Leistungsfähigkeit des Naturhaushaltes zu erhalten und dauerhaft zu verbessern, den Wald wegen seiner besonderen Bedeutung für den Naturhaushalt zu schützen und eingetretene Schäden möglichst zu beheben oder auszugleichen, die heimischen Tier- und Pflanzenarten und ihre notwendigen Lebensräume sowie kennzeichnende Orts- und Landschaftsbilder zu schonen und zu erhalten“.

---

61 Oben RdNr. 79 ff.
62 Bätge in Sensburg, Staats- und Europarecht, 1. Kapitel, J.
63 Bätge in Sensburg, Staats- und Europarecht, 1. Kapitel, I.
64 Vgl. Pestalozza, Verfassungen der deutschen Bundesländer, 9. Aufl., 2009.

Letztlich kann das Gebot zum Umweltschutz auch aus Art. 1 Abs. 1 GG (Würde des Menschen) hergeleitet werden. Denn hierzu gehört auch, dass die gegenwärtig lebenden Menschen nicht die Güter gefährden, ohne die künftige Generationen kein Leben in Menschenwürde führen können (**Prinzip der Nachhaltigkeit**).

Besondere **Praxisbedeutung** hat das Nachhaltigkeitsprinzip im Verwaltungsrecht, weil bei den meisten Umweltschädigungen die Verwaltung mitwirkt, sei es durch eigenes Verwaltungshandeln (z. B. Straßenbau), sei es durch Erteilung von Genehmigungen (z. B. für emittierende Anlagen).
Die genannten grundlegenden Rechtsprinzipien sind trotz ihrer unzweifelhaften Geltung und ihres hohen Ranges keine ohne weiteres anwendbaren Rechtsnormen. Dafür sind ihre Voraussetzungen und ihre Rechtsfolgen teilweise zu unbestimmt.

Beispielsweise kann der einzelne Bürger nicht allein nach dem Vertrauensschutzprinzip einen Anspruch darauf haben, dass ein Gebietsentwicklungsplan durchgeführt oder ein Bebauungsplan nicht geändert wird. „Vertrauensschutz" allein ist kein rechtsbegründender oder rechtsabändernder Tatbestand. – Die finanzielle Unterstützung eines traditionsreichen Fußballvereins durch die öffentliche Hand lässt sich nicht etwa allein damit begründen, dies entspreche dem „Willen der Mehrheit" der Bürger und sei daher vom Demokratieprinzip geboten. – Aus der Pflicht des Staates zum Umweltschutz allein lässt sich nicht herleiten, dass eine bestimmte Autobahnstrecke nicht gebaut werden darf.

Vielmehr ist es erforderlich, aus einem Rechtsprinzip konkret gefasste Rechtsnormen 172
abzuleiten. Soweit dies bereits durch eine (oben behandelte, unter RdNr. 146 ff. fallende) Rechtsnorm, insbesondere durch ein Gesetz, geschehen ist, ist diese Rechtsnorm entscheidend. Rechtsprinzipien haben daher **nur subsidiäre Geltung** gegenüber den Gesetzen, (Rechts-)Verordnungen und Satzungen. Soweit es aber für die Lösung eines Rechtsproblems keine Regelung in einem Gesetz, einer (Rechts-)VO oder Satzung gibt, ist es zulässig, aus einem allgemein geltenden Rechtsprinzip konkrete Rechtsfolgen abzuleiten.

Beispielsweise hat das Bundesverfassungsgericht festgestellt: „Aus dem Grundsatz der Rechtsstaatlichkeit lässt sich der Verfassungsrechtssatz ableiten, dass belastende Steuergesetze grundsätzlich ihre Wirksamkeit nicht auf abgeschlossene Tatbestände erstrecken dürfen."[65]

3.5.3 Gewisse öffentlich-rechtliche Vereinbarungen können normsetzende Kraft ha- 173
ben.

Beispielsweise gilt das für eine öffentlich-rechtliche Vereinbarung zwischen zwei Gemeinden (etwa gemäß dem Gesetz über kommunale Gemeinschaftsarbeit NRW), wonach sich eine Gemeinde gegenüber einer anderen verpflichtet, bestimmte Aufgaben auch für die andere Gemeinde durchzuführen (§ 23, Abs. 1: „Gemeinden und Gemeindeverbände können vereinbaren, dass einer der Beteiligten einzelne Aufgaben der übrigen Beteiligten in seine Zuständigkeit übernimmt oder sich verpflichtet, solche Aufgaben für die übrigen Beteiligten durchzuführen.")[66].

3.5.4 Das **Gewohnheitsrecht** ist die älteste Rechtsquelle; ursprünglich gab es nur Ge- 174
wohnheitsrecht. Es ist zu unterscheiden vom staatlich gesetzten Recht.
Gewohnheitsrecht besteht (nur) unter folgenden Voraussetzungen:

1. Rechtssatzmäßige Formulierbarkeit. – Beispiel ist der Aufopferungsgrundsatz: „Wird jemand durch Hoheitsakt im öffentlichen Interesse ein Nachteil an seinen nichtvermögenswerten Rechtsgütern wie Leben, Gesundheit, Körper und Freiheit zugefügt, so hat er gegen den Begünstigten einen Anspruch auf Entschädigung."
2. Langdauernde und allgemeine Übung. Zum angesprochenen Beispiel der Aufopferung lässt sich feststellen, dass zumindest seit der Formulierung des Aufopferungsgrundsatzes in § 75 der Einleitung zum Allgemeinen Landrecht für die preußischen

65 BVerfGE 13, 261.
66 Dazu im Einzelnen: Hofmann/Theisen/Bätge, Kommunalrecht in NRW, 6.1.

Staaten von 1794 (Einl. ALR) auch in Gebieten, in denen das Preußische ALR nicht galt, Entschädigung verlangt und gewährt worden ist.

3. Allgemeine Überzeugung der Beteiligten, dass diese Übung rechtlich geboten ist. In den Aufopferungsfällen lag den Entschädigungsverlangen und -gewährungen die Überzeugung zugrunde, dass ein finanzieller Ausgleich von der Gerechtigkeit gefordert wird. Somit ist der Aufopferungsgrundsatz gewohnheitsrechtlich anerkannt.

175 In der Praxis ist es allerdings sehr schwierig, anhand vorstehender Kriterien zu entscheiden, ob Gewohnheitsrecht vorliegt. Zunächst gibt es keine Hilfsmittel, um in schwierigen Fällen die Voraussetzungen 2) und 3) zuverlässig festzustellen. Selbst bei einem so einhellig anerkannten Gewohnheitsrechtssatz wie dem oben behandelten Aufopferungsgrundsatz wäre ein außerordentlicher Aufwand erforderlich, um die „langdauernde und allgemeine Übung in der Überzeugung rechtlicher Gebotenheit" wirklich zweifelsfrei festzustellen. Im Grunde begnügt man sich mit der allgemeinen Überzeugung, es bestehe ein Gewohnheitsrecht.

Beispiele für verwaltungsrechtliches Gewohnheitsrecht: Gemeingebrauch am Meeresstrand; Kurtaxe (die ohne gewohnheitsrechtliche Akzeptanz mit Art. 11 GG unvereinbar wäre), die allerdings heute auch zum Teil gesetzlich geregelt ist, z. B. in § 11 KommunalabgabenG NRW). – Eine (Kommunal-)Verfassungsbeschwerde kann sogar gegen Gewohnheitsrecht gerichtet werden[67]. – Gewohnheitsrecht, das nur örtlich gilt, wird als „Observanz" bezeichnet[68].

Abänderungen eines bestehenden Gewohnheitsrecht können erfolgen sowohl durch formelles Gesetz, als auch „durch Bildung eines entgegenstehenden Gewohnheitsrechts"[69].

176 3.5.5 Problematisch ist, inwieweit Präjudizien als **sog. Richterrecht** als allgemeinverbindliche Rechtsquellen anzuerkennen sind. Grundsätzlich ist es Aufgabe der Gerichte, Recht anzuwenden, um im Einzelfall aus den Rechtsvorschriften eine Entscheidung zum Abschluss des vorliegenden Falls zu finden – also eine Rechtsfolge festzustellen. Die Rechtsanwendung auf den Einzelfall ist naturgemäß etwas anderes als das Setzen allgemeinverbindlicher Rechtsnormen. Jedoch regeln die Gesetze nicht alle auftretenden Probleme, sondern lassen Auslegungszweifel und Lücken. Auch und gerade in solchen Fällen sind die Gerichte zu einer Entscheidung verpflichtet; „Rechtsverweigerung" wäre ihnen untersagt. Die Entscheidung bei Auslegungszweifeln oder Gesetzeslücken geschieht dann ähnlich wie die Rechtsetzung. Deshalb könnte es sich, soweit solche Entscheidungen auch auf andere Fälle übertragen werden können, um etwas Ähnliches wie eine Rechtsquelle handeln.

In einigen Sonderfällen wird dies ausdrücklich gesetzlich angeordnet: Nach § 31 Abs. 2 BVerfGG haben gewisse Entscheidungen des Bundesverfassungsgerichts (zu einzeln aufgeführten Themen) Gesetzeskraft (und sind deshalb im Bundesgesetzblatt, bzw. im Gesetz- und Verordnungsblatt des betroffenen Landes zu veröffentlichen[70]). Das gilt insbesondere für Normenkontrollentscheidungen nach Art. 93 Abs. 1 Nr. 2 GG (§ 13 Nr. 6 und 6a BVerfGG).

Beispiele mit entsprechendem Charakter sich auch Normenkontrollentscheidungen der Oberverwaltungsgerichte; sie sind allgemeinverbindlich (§ 47 Abs. 5 Satz 2 VwGO).

Steht in mehr als 20 Verwaltungsgerichtsverfahren die Rechtmäßigkeit einer behördlichen Maßnahme in Frage, so kann das Gericht durch eines (oder einzelne) der Ge-

67 Nach VerfGH NRW DÖV 83, 28.
68 Vgl. Hofmann/Theisen/Bätge, Kommunalrecht in NRW, 1.2.3.2.
69 So BGH Beschl. v. 4.9.2013, RdNr. 21; vgl. auch Heinz, VR 2014, 397 ff.
70 Z. B. GV NRW Nr. 26 2015, 471 ff., vom 15.5.2015.

richtsverfahren als **Musterverfahren** durchführen und die anderen Verfahren vorerst aussetzen (so § 93a VwGO).

Von solchen – gesetzlich festgelegten – seltenen Sonderfällen abgesehen kommen als verbindlich die allgemeinen Regeln in Betracht, mit denen die Gerichte ihre Urteile begründen müssen, sofern klare gesetzliche Vorschriften nicht vorhanden sind. Diese Regeln werden häufig „rechtssatz-ähnlich" formuliert und bei einem Abdruck in juristischen Zeitschriften oder in der amtlichen Sammlung als sog. **Leitsätze** vorangestellt. Das deutet eine gewisse Vergleichbarkeit zu Rechtsnormen an. 177

Es besteht aber Einigkeit darüber, dass weder Gerichte noch Verwaltungsbehörden oder Bürger an solche Leitsätze (von vorhergehenden Entscheidungen) wie an Gesetze gebunden sind.

Beispielsweise ist es deshalb formal nicht zu beanstanden – wenngleich bedenklich –, dass das Bundesfinanzministerium seit jeher in sog. „Nichtanwendungserlassen" bestimmt, dass gewisse, näher bezeichnete Urteile des Bundesfinanzhofes „über den Einzelfall hinaus nicht anzuwenden sind".[71]

Die Gerichte entscheiden (bis auf die oben in RdNr. 176 genannten gesetzlich geregelten Ausnahmen) immer nur mit Wirkung für den konkret vorliegenden Einzelfall; sie „setzen" also *kein* – allgemeinverbindliches – Recht.

Andererseits wird eine Verwaltungsbehörde von einer (möglicherweise ständigen) höchstrichterlichen Rechtsprechung nicht ohne besonderen Grund abweichen. Dies verbieten (wenn die Sachlage wirklich völlig identisch ist):

a) das (aus dem Rechtsstaatsprinzip abzuleitende) Gebot der Rechtssicherheit

   (Tatsächlich verlassen sich ja Bürger und Behörden weitgehend auf die Entscheidungen der Gerichte)

   sowie

b) der Gleichheitssatz des Art. 3 GG (vgl. unten RdNr. 407).

Der ungenaue Begriff „Richterrecht" bedeutet also nur, dass die von einem Gericht (bei der Entscheidung eines vorhergehenden Einzelfalles) vertretene Meinung als gewichtiges Argument bei der Entscheidung einer vom Gesetz nicht eindeutig geregelten Frage zu behandeln ist. Eine weitergehende Bindung besteht nicht. Deshalb ist, sofern sich aus dem konkret zu entscheidenden Falle ein hinreichender, sachlicher Grund ergibt, (für ein Gericht, für eine Verwaltungsbehörde oder für einen sonstigen Rechtsanwender) eine Abweichung auch von einer ständigen höchstrichterlichen Rechtsprechung möglich. 178

Insoweit hat „Richterrecht" jedenfalls **nicht die gleiche Bedeutung**[72], wie sie die (anderen) Rechtsquellen haben. Ob im Übrigen der Ausdruck Richter-"recht" zutreffend ist, ist mehr eine semantische Frage; korrekter ist es, hier von Präjudizien zu sprechen.

3.6 Die Bedeutung von Inhalt und Form für das begriffliche Vorliegen einer Rechtsnorm

3.6.1 Rechtsnormen werden wegen ihres **Inhalts** erlassen, also mit Rücksicht auf die darin enthaltene „materielle Regelung". Inhaltlich sind Rechtsnormen sehr unterschiedlich. Sie reichen 179

- von den „unverletzlichen und unveräußerlichen Menschenrechten als Grundlage jeder menschlichen Gemeinschaft" (Art. 1 Abs. 2 GG),
- über die Gesetze, die etwa das Bauen oder die Ausübung des Gewerbes regeln,

71 Vgl. Leiner, Die allgemeine Bindung der Finanzverwaltung an die Rechtsprechung.

72 Vgl. zur weiteren Vertiefung: Schmalz, Methodenlehre für das juristische Studium RdNr. 49 ff.; Schwacke, Juristische Methodik, 1. Abschnitt 5.5.4 und 6.

- über Haushaltsgesetze (mit €-Beträgen im zwölfstelligen Bereich),
- bis zu den Prüfungsfragen bei der Fischerprüfung („Wodurch unterscheidet sich ein Spinner von einem Blinker?“[73]).

180 Als besonders wichtige Staatsakte bedürfen die Rechtsnormen bestimmter **formeller Erfordernisse.** Dazu können gehören: die Bezeichnung (z. B. als Gesetz, Satzung), der Erlass durch eine bestimmte Stelle (z. B. durch das Parlament), ein bestimmtes Verfahren (z. B. durch Mehrheitsbeschluss des Bundestages unter Mitwirkung des Bundesrates), die förmliche Verkündung (z. B. im Bundesgesetzblatt – BGBl, im Gesetz- und Verordnungsblatt des Landes – GVBl oder im Amtsblatt der Gemeinde); auch die ausdrückliche Bezugnahme auf eine gesetzliche Ermächtigung im Text einer (Rechts)VO oder Satzung ist ein formelles Erfordernis.

181 3.6.2 Im Folgenden ist der Frage nachzugehen, inwieweit es für die Einordnung in eine der oben behandelten Rechtsnormarten auf materielle (inhaltliche) und inwieweit es auf formelle Merkmale ankommt.
Zunächst kann eine gesetzliche Festlegung eingreifen, die eine bestimmte Gestaltung vorschreibt.

Beispielsweise ist der Bundes-Haushaltsplan durch „Haushaltsgesetz“ (Art. 110 Abs. 2 GG), ein Bebauungsplan durch kommunale „Satzung“[74] (§ 10 BauGB) zu erlassen. – Fehlt eine solche vorgegebene Regelung und geht es um die Einordnung einer erlassenen Norm, kann es auf materielle und auf formelle Merkmale ankommen.

182 Ob ein **formelles Gesetz** vorliegt, richtet sich, wie sich bereits aus dessen Definition ergibt (oben RdNr. 150), ausschließlich nach formellen Merkmalen. Es kommt nicht darauf an, ob das Gesetz einen allgemeinverbindlichen Inhalt hat.

Beispielsweise ist deshalb auch das Haushaltsgesetz ein formelles Gesetz, obwohl es sich lediglich auf Einnahmen und Ausgaben eines bestimmten Haushaltsjahres bezieht und keine Regelungen gegenüber dem Bürger enthält. Auch ein sog. Maßnahmegesetz[75], wie z. B. ein Gesetz über die Verstaatlichung bestimmter Industrieunternehmen (vgl. Art. 15 GG), ist ein formelles Gesetz.
Liegt also ein Staatsakt in der Form des Gesetzes vor, so richten sich sowohl seine Rechtmäßigkeitsvoraussetzung als auch seine Rechtsfolgen nach den Regeln, die für Gesetze gelten; insbesondere greift (nur) der gegenüber Gesetzen mögliche Rechtsschutz ein.

183 Bei der **Rechtsverordnung und der Satzung** ist die Frage, inwieweit die Einordnung nach formellen oder nach materiellen Merkmalen zu erfolgen hat, schwieriger zu beantworten als beim formellen Gesetz, weil diese Rechtsnormen nicht vom ordentlichen Gesetzgeber erlassen werden und deshalb das Privileg des Parlaments zum Erlass von Gesetzen nicht eingreift. Auch hier geht die hM aber zutreffend dahin, dass bei Vorliegen eindeutiger formeller Merkmale auf diese abzustellen ist.

3.7 Das materielle Gesetz

184 Materielle Gesetze sind alle Rechtsnormen, die allgemeinverbindliche Regelungen für das Verhalten von Personen enthalten.

Da diese Begriffsbestimmung vom Vorliegen einer „Rechtsnorm“ ausgeht, ist das „materielle Gesetz“ keine weitere Rechtsnormart; vielmehr wird dadurch der Gesetzesbegriff auf die meisten Rechtsnormarten ausgedehnt. Ein solch weiter Gesetzesbegriff wird in der Rechtsordnung vielfach verwandt.

---

73 Vgl. GVBl NRW 73, 170, Nr. 33; § 31 Landesfischereigesetz NRW.
74 Vgl. Hofmann/Theisen/Bätge, Kommunalrecht in NRW, 2.4.1.3.
75 BVerfGE 25, 371 LS 1 („Der Begriff des Maßnahmegesetzes ist verfassungsrechtlich irrelevant“); 36, 70 und 400.

Beispielsweise bestimmt Art. 20 Abs. 3 GG, dass die Verwaltung an „Gesetz" (und Recht) gebunden ist; hiermit sind nicht nur die formellen Gesetze gemeint, sondern z. B. auch (Rechts-)Verordnungen. Grundsätzlich gilt, was in Art. 2 des Einführungsgesetzes zum BGB folgendermaßen formuliert ist: „Gesetz im Sinne des Bürgerlichen Gesetzbuches und dieses Gesetzes ist jede Rechtsnorm."

Dass auch das GG einem weiten Gesetzesbegriff folgt, ergibt ein Gegenschluss aus Art. 104 Abs. 1 GG: Wenn dort verlangt wird, die Freiheit der Person dürfe nur auf Grund eines „förmlichen Gesetzes" beschränkt werden, bedeutet das offenbar eine Ausnahme von der sonst geltenden Regel, wonach unter „Gesetz" jede Rechtsnorm zu verstehen ist, nicht nur das formelle Gesetz.
Formelles und materielles Gesetz bilden dabei keine Gegensätze; vielmehr sind die meisten formellen Gesetze zugleich materielle Gesetze (z. B. das BGB, StGB, VwVfG, die VwGO, das BauGB, die GemeindeO). Materielle Gesetze sind darüber hinaus aber auch die meisten Rechtsverordnungen und Satzungen.

Beispiel: Der das Fahreignungs-Bewertungssystem regelnde § 4 StVG ist ein *formelles* (weil vom Parlament erlassen) *und* zugleich *materielles* Gesetz, weil darin (in Abs. 5, Satz 1, Ziff. 3) festgelegt ist, unter welchen Voraussetzungen ein Bürger eine Entziehung der Fahrerlaubnis durch die Verwaltungsbehörde hinzunehmen hat („... gilt der Inhaber einer Fahrerlaubnis als ungeeignet zum Führen von Kraftfahrzeugen und die Fahrerlaubnis ist zu entziehen").
Gegenbeispiel: In der Fahrerlaubnisverordnung (FeV) ist der (zur Ungeeignetheit zum Führen von Kraftfahrzeugen inhaltlich übereinstimmende) § 46 Abs. 1 S. 1 FeV *nur ein materielles* Gesetz, denn es handelt sich formell um eine Verordnung (VO)[76] – die aber als Rechtsnorm allgemeinverbindliche Regelungen enthält[77].

4. Rechtmäßigkeit, Gültigkeit und Anwendbarkeit der Rechtsnormen

4.1 Voraussetzungen für den rechtmäßigen Erlass der Rechtsnormen

Die **Voraussetzungen für den rechtmäßigen Erlass der Rechtsnormen** sind verschieden, je nach ihrer Art; gewisse gemeinsame Anforderungen bestehen aber für alle Arten der Rechtsnormen.

4.1.1 Überblick über die Voraussetzungen für den rechtmäßigen Erlass einer Rechts- **185**
norm:
- Formelle Voraussetzungen:
  - Zuständigkeit der erlassenden Stelle (Kompetenz zur Rechtssetzung);
  - Beachtung der für das Rechtssetzungsverfahren bestehenden Vorschriften;
  - Wahrung der vorgeschriebenen Form, zumindest Schriftform;
  - ordnungsgemäße Verkündung (vgl. unten RdNr. 186).
- Materielle Voraussetzungen:
  - Jede Rechtssetzung, die nicht formelles Gesetz und nicht Gewohnheitsrecht ist, bedarf einer formell-gesetzlichen Ermächtigung und muss sich im Rahmen der Ermächtigung halten; das gilt insbesondere für (Rechts)Verordnungen und Satzungen.
  - Für jede Rechtsnorm gilt, dass kein Verstoß gegen höherrangiges Recht, insbesondere gegen die Grundrechte (Art. 2 ff. GG), vorliegen darf (vgl. unten RdNr. 187 ff.).

4.1.2 Von besonderer Bedeutung für den Erlass der Rechtsnormen ist die richtige **186**
Verkündung. „Die hinlängliche Publizität von allgemeinverbindlichen, mit Außenwirkung ausgestatteten Rechtsregeln ist ein für alle Normsetzungsakte geltendes rechts-

76 Siehe oben RdNr. 151.
77 Vgl. OVG Münster, NJW 2001, 3427.

staatliches Erfordernis“[78]. Zu verkünden ist alles, was Inhalt der Regelung wird. Die Verkündung muss ihren Regelungsinhalt hinlänglich klar zum Ausdruck bringen.

Beispielsweise muss bei einem Landschaftsschutzgebiet die räumliche Abgrenzung eindeutig sein. Wird der Grenzverlauf auf einer Karte im Maßstab 1 : 25.000 durch eine 1 mm dicke Linie eingetragen, so können sich daraus Unklarheiten ergeben, welche die Gültigkeit ausschließen[79]. – Problematisch ist, wenn nicht-normative, technische Regeln einbezogen werden sollen (z. B. DIN-Regeln). Hierbei genügt eine Bestimmung, wie sie sich z. B. in § 7 Abs. 5 BImSchG findet: „Wegen der Anforderungen nach Absatz 1 Nr. 1–4 (d. h. wegen der Anforderungen an die zu genehmigende technische Anlage) kann auf jedermann zugängliche Bekanntmachungen sachverständiger Stellen verwiesen werden ...“.
Gegenbeispiel zu kommunalen Satzungen: Unbestimmt ist eine Hauptsatzung, in der ein Rat zu einem konkreten Sachgebiet alle „wichtigen und bedeutsamen Angelegenheiten“ auf einen Ausschuss überträgt.[80]

Die erforderliche Publizität wird heute besonders dadurch gewährleistet, dass alle wesentlichen Rechtsnormen für jeden Interessierten zu Hause per Internet in den Rechtssammlungsportalen des Bundes[81], der Länder[82] oder der Kommunalkörperschaften[83] einsehbar sind. Was früher eher eine Hypothese als rechtstatsächliche Praxis war, dass nämlich alle Menschen das Bundesgesetzblatt oder die Amtsblätter in irgendeiner Bibliothek oder Behörde „einsehen könnten“, ist heute dank der Internet-Rechtssammlungsportale eine im Wesentlichen[84] taugliche rechtsstaatliche Wirklichkeit geworden.

4.2 Rangordnung

187 Den verschiedenen Arten der Rechtsquellen und Rechtsnormen wird eine unterschiedlich starke Geltungskraft zugelegt. Daraus ergibt sich eine **Rangordnung** der Rechtsnormen, zugleich das Prinzip der „Rechtsordnung in verschiedenen Normstufen“ (Normenpyramide).

188 4.2.1 Grundlegend ist folgende „absteigende“ Rangordnung: Verfassung – (einfaches) formelles Gesetz – (Rechts-)Verordnung – Satzung.

Die Einordnung der weiteren Rechtsquellen ist entweder nicht einheitlich möglich (so beim Gewohnheitsrecht) oder problematisch (so beim EU-Recht).

Im Verhältnis von Bundes- zu Landesrecht wird die obige Rangfolge überlagert durch Art. 31 GG, wonach Bundesrecht vorrangig ist („Bundesrecht bricht Landesrecht“).

189 4.2.2 Die Rangverschiedenheit der Rechtsnormen hat mehrere Konsequenzen: Zunächst darf die rangniedere Norm nicht gegen die ranghöhere verstoßen; anderenfalls ist sie rechtswidrig. Ferner ergeben sich die (formellen und materiellen) Voraussetzungen für den Erlass einer Rechtsnorm jeweils aus dem höherrangigen Recht, z. B. für formelle Bundesgesetze aus dem Verfassungsrecht (Art. 70 ff. GG), für gemeindliche Satzungen aus der Satzungsermächtigung des (Landes-)Kommunalrechts, (z. B. aus § 7 GemeindeO-NRW[85]). Diese beiden Folgen der Rangverschiedenheit werden als **Geltungsvorrang** der höherrangigen Norm bezeichnet.

78 BVerfGE 44, 350; vgl. auch OVG Münster, DVBl 2009, 996.
79 OVG Münster DÖV 78, 53.
80 OVG Münster NWVBl 2008, 269; vgl. auch OVG Münster NWVBl 2009, 228.
81 http://www.gesetze-im-internet.de/index.html.
82 Z. B. für NRW: https://recht.nrw.de/lmi/owa/br_start.
83 Z. B. für die Stadt Köln: http://www.stadt-koeln.de/1/satzungen-bekanntmachungen/satzungen-alphabetisch/
84 Soweit man von derdigitalen (Informations-)Kluft (digital gap), bzw. der digitalen Spaltung (digital divide) absieht.
85 Zu Einzelheiten Hofmann/Theisen/Bätge, Kommunalrecht in NRW, 2.4.1.1.

Beispiel einer weiteren Folge ist bei der Auslegung das methodische Gebot, die rangniedere Norm orientiert an der ranghöheren Norm auszulegen. In erster Linie bedeutet dies das Gebot zur verfassungskonformen Auslegung allen Rechts, das unter der Verfassung steht[86]. (Rechts-)Verordnungen und Satzungen sind außerdem gesetzeskonform im Sinne der (gesetzlichen) Ermächtigungsnorm auszulegen.

4.3 Rechtsfolgen

Muss somit jede Rechtsnorm mit dem höherrangigen Recht in Einklang stehen, so stellt sich die weitere Frage, welche Rechtsfolgen sich ergeben, falls dieser Grundsatz nicht beachtet wird, d. h. welche Folgen der Verstoß gegen höherrangiges Recht für die betroffene Rechtsnorm hat. **190**

4.3.1 Vorweg bedarf es der grundsätzlichen Unterscheidung zwischen den Begriffspaaren rechtmäßig/rechtswidrig und rechtswirksam/unwirksam. Ob eine Maßnahme des Staates **rechtmäßig oder rechtswidrig** ist, betrifft die Frage, ob sie mit dem geltenden Recht übereinstimmt – dann rechtmäßig – oder nicht übereinstimmt – dann rechtswidrig. **191**

Beispielsweise können Bezugspunkte dieser Frage sein: der Erlass oder Nichterlass von Rechtsnormen, der Erlass oder Nichterlass von Verwaltungsakten, aber auch die Vornahme oder Nichtvornahme tatsächlicher Handlungen.

Die (weitere) Unterscheidung **rechtswirksam oder unwirksam** betrifft dagegen nur Maßnahmen, die auf die Herbeiführung von Rechtsfolgen gerichtet sind („Regelungen"). Bei ihnen muss (zusätzlich) entschieden werden, ob die angestrebte Rechtsfolge eintritt.

In der Praxis ist dies überwiegend der Fall, so dass die Regelung wirksam ist, was gleichbedeutend ist mit gültig, effektiv wirkend; anderenfalls ist sie unwirksam (gleichbedeutend: ungültig, nichtig).

Zwischen beiden Unterscheidungen besteht ein Zusammenhang: Rechtmäßig erlassene Rechtsnormen und Verwaltungsakte sind grundsätzlich auch wirksam. Umgekehrt liegt nahe, dass rechtswidrige Regelungen unwirksam sind. Jedoch ist dies keineswegs selbstverständlich und bedarf im Folgenden für die Rechtsnormen und noch später für Verwaltungsakte genauerer Behandlung. Es können nämlich Gründe bestehen – etwa die Autorität der erlassenden Stelle oder Gründe der Rechtssicherheit und Rechtsklarheit –, die zur vorläufigen oder sogar endgültigen Rechtswirksamkeit (trotz Rechtswidrigkeit) führen.

Beispiele: Bestandskraft eines Verwaltungsakts (nach Ablauf der Rechtsbehelfsfrist), auch wenn dieser (schlicht) rechtswidrig ist, nach § 43 Abs. 2 VwVfG[87]. – Nichtaufhebung eines Verwaltungsakts trotz Rechtswidrigkeit (wegen Verfahrens- oder Formfehlern) bei offensichtlicher Nichtbeeinflussung der Sachentscheidung nach § 46 VwVfG[88].

4.3.2 Rechts**unwirksam ist eine Rechtsnorm** zunächst dann, wenn sie gewisse Mindestanforderungen nicht erfüllt, insbesondere von einer absolut unzuständigen Stelle erlassen worden ist und nicht in dem vorgeschriebenen Gesetzesblatt verkündet worden ist. Nach hM führt aber auch in anderen Fällen ein Rechtsverstoß grundsätzlich zur Rechtsunwirksamkeit der Rechtsnorm. **192**

Beispielsweise hebt deshalb das BVerfG ein verfassungswidriges Gesetz nicht auf, sondern stellt dessen Nichtigkeit fest[89]. Nach § 78 BVerfGG, „erklärt" das Bundesverfassungsgericht „das

86 BVerfGE 48, 45.
87 Vgl. unten RdNr. 453 ff.
88 Vgl. unten RdNr. 444 ff.
89 Z. B. BVerfGE 61, 151.

Gesetz für nichtig" (und nicht etwa: „hebt es auf"); ähnlich § 76 Abs. 1 Nr. 1 BVerfGG, wonach ein Normenkontrollantrag zulässig ist, wenn ein Antragsberechtigter Bundes- oder Landesrecht „für nichtig hält".

4.3.3 Verstöße gegen formelle Vorschriften können allerdings **folgenlos** bleiben. Das ist der Fall, wenn die Verfahrensvorschrift eine bloße Ordnungsvorschrift oder sonst ein unwesentliches Verfahrenserfordernis enthält.

Beispiele: Die Bundesregierung hat eine Gesetzesvorlage nicht, wie Art. 76 Abs. 2 S. 1 GG verlangt, „zunächst" dem Bundesrat, sondern gleichzeitig dem Bundesrat und dem Bundestag zugeleitet. Der Bundesrat hat aber ausführlich Stellung nehmen können. Der Verstoß ist unwesentlich und berührt die Gültigkeit des Gesetzes nicht.
Beispiele zu Bauleitplänen; hier ist die Wirkung und Geltendmachung von Fehlern nach BauGB teilweise beschränkt (§ 214 BauGB: „Eine Verletzung von Verfahrens- und Formvorschriften ... ist für die Rechtswirksamkeit des Flächennutzungsplans und der Satzungen nach diesem Gesetzbuch nur beachtlich, wenn ..."; § 215 BauGB: „Unbeachtlich werden ... Verletzungen der ... Verfahrens- und Formvorschriften ... wenn sie nicht innerhalb eines Jahres seit Bekanntmachung ... schriftlich ... geltend gemacht worden sind").
Beispiel zu fehlerhaften kommunalen Satzungen § 7 Abs. 6 GemeindeO NRW[90]: „Die Verletzung von Verfahrens- oder Formvorschriften dieses Gesetzes kann gegen Satzungen, sonstige ortsrechtliche Bestimmungen und Flächennutzungspläne nach Ablauf eines Jahres seit ihrer Verkündung nicht mehr geltend gemacht werden, es sei denn, ...".
Beispiele zur eventuellen Unbeachtlichkeit von Verfahrens- und Formfehlern bei Verwaltungsakten nach § 46 VwVfG, vgl. unten RdNr. 444.

193 4.4 Normenkonkurrenzen und Normenkollisionen

Die Anwendbarkeit der Rechtsnormen im Falle von **Normenkonkurrenzen** und **Normenkollisionen**
Angesichts zunehmender Regelungsdichte (angebliche „Normenflut") und Spezialisierung ist manchmal zweifelhaft, welche von mehreren konkret in Betracht kommenden Rechtsvorschriften letztlich zur Anwendung kommt.

Von vornherein unproblematisch und auszuklammern sind die Fälle, in denen verschiedene Normen nebeneinander zur Anwendung kommen, insbesondere weil sie verschiedene Aspekte oder einen Sachverhalt unter verschiedenen Gesichtspunkten regeln.
Beispielsweise gelten, wenn jemand mit dem Auto fahren will, selbstverständlich die Vorschriften der FeV über die Zulassung des Fahrers durch Fahrerlaubnis einerseits und die StVZO über die Zulassung des Fahrzeugs andererseits nebeneinander. Ein – privatrechtlicher oder öffentlichrechtlicher – Anspruch kann auf mehrere, nebeneinander eingreifende Anspruchsgrundlagen gestützt sein.
Im Folgenden geht es hingegen nur um das Verhältnis solcher Vorschriften zueinander, die sich möglicherweise widersprechen und daher nicht ohne weiteres nebeneinander angewandt werden können.

Beispielsweise soll angenommen werden, Vorschrift A bestimmt: „Bei der Errichtung von Gebäuden muss pro 20 qm Gebäudefläche ein Stellplatz für Kraftfahrzeuge geschaffen werden". Vorschrift B bestimmt: „Die Zahl der zu schaffenden Stellplätze ergibt sich aus der Zahl der voraussichtlich ständig beschäftigten Personen x 0,66". Man sieht, dass bei einem Betrieb, der 600 qm Gebäudefläche hat und voraussichtlich 30 Personen beschäftigen wird, nach der Vorschrift A 30 Stellplätze, nach der Vorschrift B nur 20 zu schaffen sind.
Da die Rechtsordnung auf eine Rechtsfrage nur eine Antwort geben darf (Einheit der Rechtsordnung), muss es Regeln geben, wie im Falle von derartigen Kollisionen zu verfahren ist:

90 Vgl. Hofmann/Theisen/Bätge, Kommunalrecht in NRW, 2.4.3.1.

4.4.1 Zunächst ist für jede Vorschrift zu prüfen, ob sie nach den Grundsätzen, die oben[91] dargestellt worden sind, gültig erlassen ist: 194

Beispielsweise kann die Vorschrift A Bundesrecht, die Vorschrift B Landesrecht sein, so dass – bei im Übrigen gleichem Anwendungsbereich – die Vorschrift B nach Art. 31 GG nicht gültig erlassen ist. Es kann auch die Vorschrift A Bestandteil eines (höherrangigen) formellen Gesetzes sein, B dagegen nur eine (Rechts-)VO; dann ist ebenfalls B ungültig und nur Vorschrift A anzuwenden.

4.4.2 Da jede Rechtsnorm durch eine spätere aufgehoben oder abgeändert werden 195
kann, gilt folgender Grundsatz: Bei gleichem Anwendungsbereich, aber verschiedenem Regelungsinhalt, insbesondere bei Verschiedenheit der Rechtsfolgen, **gilt die jüngere Norm**; die ältere ist nicht mehr anwendbar (lex posterior derogat legi priori).

Im obigen Beispiel gilt, wenn die Vorschriften A und B den gleichen Anwendungsbereich haben, falls aber B neueren Datums ist, nur die Vorschrift B, die später erlassen wurde – auch wenn dabei die frühere Vorschrift A nicht ausdrücklich aufgehoben worden ist.

4.4.3 Besonders wichtig ist das **Spezialitätsprinzip**. Besteht zwischen den kollidieren- 196
den Normen das Verhältnis von allgemeiner zu spezieller Vorschrift, so hat die speziellere Vorschrift den Vorrang (lex specialis derogat legi generali). Die allgemeinere Vorschrift bleibt in Kraft und erfasst die von der spezielleren Vorschrift nicht geregelten Fälle.

Beispielsweise könnte im obigen Beispielsfall die Vorschrift B für alle gewerblichen Gebäude, Vorschrift A dagegen nur für Bürogebäude gelten. Dann würde im Falle der Errichtung eines Bürogebäudes Vorschrift A vorgehen.
Beispiele für wichtige Anwendungsbereiche dieser Regel enthält das Recht der Gefahrenabwehr: Dort gehen die spezielleren Vorschriften des Baurechts, Gewerberechts (z. B. zur Gewerbeuntersagung nach § 35 GewerbeO: „Die Ausübung eines Gewerbes ist ... zu untersagen, wenn ... Unzuverlässigkeit des Gewerbetreibenden ...") oder des Straßenverkehrsrechts etc. den in den allgemeinen Ordnungs- und Polizeigesetzen enthaltenen, recht abstrakten Generalklauseln (z. B. § 14 OBG NRW: „Die Ordnungsbehörden können die notwendigen Maßnahmen treffen ...") vor.
Für weitere Fragen im Zusammenhang mit den Rechtsnormen – auch zur Vertiefung des Problemkreises der Normenkonkurrenzen und Normenkollisionen – darf auf die Darstellungen der juristischen Methodenlehre verwiesen werden[92].

5. Gesetzmäßigkeit der Verwaltung: Vorrang und Vorbehalt des Gesetzes

5.1 Der Vorrang des Gesetzes

Das Prinzip genannt „Vorrang des Gesetzes" ergibt sich unmittelbar aus der Formulie- 197
rung des Art. 20 Abs. 3 GG: „... die vollziehende Gewalt und die Rechtsprechung sind an Gesetz und Recht gebunden." Der Anwendungsbereich dieses Prinzips ist unbeschränkt[93]. Der Vorrang des Gesetzes gilt also für jede Staatstätigkeit/Verwaltungstätigkeit, für die Tätigkeit in öffentlich-rechtlichen Formen ebenso wie für die Verwaltung unter Verwendung privatrechtlicher Formen. Seinem Inhalt nach besagt dieses Prinzip etwas im Grunde Selbstverständliches: Man kann es so aufgliedern, dass die Verwaltung danach

- soweit für den zu bearbeitenden Sachverhalt Gesetzregelungen vorliegen, diese Gesetze **anzuwenden** hat (Anwendungsgebot) und
- sie **richtig** anzuwenden hat (Abweichungsverbot).

91 RdNr. 185 ff., bei 4.1–4.3.
92 Schwacke, Juristische Methodik, 1. Abschnitt, 2.2.3; Schmalz, Methodenlehre RdNr. 64 ff.
93 Zur Verneinung des Gesetzesvorrangs in der NS-Zeit vgl. Holste, JA 2009, 359, 361.

Als Kurzformel brauchbar ist:

Kein Handeln gegen Gesetz!

Der Ausdruck „Vorrang" erklärt sich daraus, dass der in Rechtsnormen, insbesondere im formellen Gesetz geäußerte Staatswille **Vorrang** hat gegenüber anderen Willensäußerungen des Staates (wie Verwaltungsakten, tatsächlichen Erklärungen u. s. w.). – Zur Rechtsfolge ergibt sich aus dem Vorrangprinzip (nur), dass im Falle seiner Verletzung Rechtswidrigkeit vorliegt. Die weiteren Fragen, ob z. B. rechtswidrige Rechtsnormen und Verwaltungsakte nichtig sind, beantworten sich nicht nach diesem Prinzip, sondern nach anderen (unten in RdNr. 428 ff. zu behandelnden) Grundsätzen.

5.2 Der Vorbehalt des Gesetzes – Grundsätzlich zur Bedeutung und zum Anwendungsbereich, Totalvorbehalt?

198 5.2.1 Das soeben angesprochene Prinzip vom Vorrang des Gesetzes kann nur eingreifen, wenn ein Gesetz (oder eine andere Rechtsnorm) auch tatsächlich vorhanden ist. Es betrifft nicht den Bereich, der gesetzlich nicht geregelt ist. Angesichts der Vielzahl vorhandener Rechtsnormen ist dieser Bereich nicht groß; er ist aber auch nicht ganz unbedeutend:

Beispielsweise gibt es keine allgemeinen Vorschriften darüber, welche Unternehmen im Falle wirtschaftlicher Schwierigkeiten vom Staat durch Bürgschaften und Zuschüsse unterstützt werden dürfen, obwohl solche Unterstützungen durchaus üblich sind.

Der Vorbehalt des Gesetzes steigert den (sich aus dem Vorrang des Gesetzes ergebenden) Mitbestimmungsanspruch der Parlamente zu einem Entscheidungsmonopol.

In der Praxis betrifft die aufgeworfene Frage das Verhältnis der Verwaltung zum Gesetzgeber und hat in erster Linie für die Verwaltung Bedeutung, weil von ihr das Tätigwerden der Behörden im gesetzlich nicht näher geregelten Bereich abhängt. Zugleich ist aber der Gesetzgeber angesprochen, da dieser sich die Frage stellen muss, welche Bereiche er gesetzlich regeln muss und welche er ungeregelt lassen darf, weil er erwarten kann, dass die Verwaltung auch ohne gesetzliche Regelung nicht untätig bleiben wird.

199 5.2.2 Das die aufgeworfene Frage behandelnde Prinzip vom **Vorbehalt des Gesetzes** besagt, dass
- im Falle seiner Anwendbarkeit
- eine Verwaltungsbehörde *nur dann* handeln darf, wenn dieses Handeln in einer Rechtsnorm (Rechtsgrundlage) für zulässig erklärt worden ist.

Als Kurzformel brauchbar ist:

Kein Handeln ohne Gesetz!

Der Ausdruck „Vorbehalt" des Gesetzes leitet sich aus dem Gedanken ab, dass die Initialzündung zum Handeln dem Gesetzgeber **„vorbehalten"** ist.

Vorrang und Vorbehalt des Gesetzes sind zwar grundsätzlich zu unterscheiden, können aber ineinander übergehen, wie sich am Beispiel des § 31 SGB I zeigt; danach dürfen Sozialleistungen nur gewährt werden, soweit ein Gesetz es vorschreibt oder zulässt[94]. Diese Regelung ist im Gesetz zwar mit „Vorbehalt des Gesetzes" überschrieben; wird aber eine Leistung ohne Gesetz gewährt, verstößt dies gegen § 31 SGB I, so dass bereits das Vorrangprinzip eingreift.

94 „Rechte und Pflichten in den Sozialleistungsbereichen dieses Gesetzbuchs dürfen nur begründet, festgestellt, geändert oder aufgehoben werden, soweit ein Gesetz es vorschreibt oder zulässt."

Beispielsweise liegt es auch ähnlich bei einem gesetzlich nicht vorgesehenen Erlass einer Steuer (etwa Erlass künftiger Grundsteuer gegenüber einem ansiedlungswilligen Unternehmen). Geht man davon aus, für jeden Fall eines Steuererlasses bedürfe es einer gesetzlichen Regelung und diese fehle, so wird der Vorbehalt des Gesetzes verletzt. Man könnte aber auch dem Steuerrecht diesbezügliche Rechtsnormen (z. B. § 227 AO[95]) entnehmen, wonach die dort geregelten Möglichkeiten des Steuererlasses abschließend seien; dann wird der Vorrang dieses Gesetzes verletzt.

5.2.3 Eine gesetzliche Regelung des Vorbehaltsprinzips gibt es im Bereich der Grund- **200**
rechte, insbesondere für Freiheitsbeschränkungen, die nach Art 104 Abs. 1 GG „nur auf Grund eines förmlichen Gesetzes" zulässig sind. Im Übrigen fehlt eine Regelung der Vorbehaltsproblematik. Umstritten ist, ob man den Vorbehalt des Gesetzes dem Art. 20 Abs. 3 GG entnehmen kann oder er in dieser Vorschrift wenigstens vorausgesetzt wird[96]. Unmittelbar ergibt sich aus dieser Vorschrift weder etwas über den Anwendungsbereich noch über den Inhalt des Vorbehalts des Gesetzes. Hierzu sind deshalb noch zahlreiche Fragen ungeklärt[97].

Beispielhaft ist hierzu die Regelung des Art. 2 Abs. 1 der Verfassung des Saarlandes: „Der Mensch ist frei und darf nicht zu einer Handlung, Unterlassung oder Duldung gezwungen werden, zu der ihn das Gesetz nicht verpflichtet."

5.2.4 Wendet man sich genauer dem **Anwendungsbereich** des Vorbehalts des Gesetzes zu, so fragt sich zunächst, ob dieser für die gesamte Verwaltungstätigkeit gilt. Teilweise wird dies bejaht (Lehre vom Totalvorbehalt). – Allerdings wird nicht immer deutlich, ob es sich dabei nur um eine eher rechtspolitische Forderung an den Gesetzgeber handelt oder ob wirklich die Konsequenz in Kauf genommen wird, dass Aktivitäten der Verwaltung ohne normative Grundlage rechtswidrig sind.

Nach hM[98] gilt das Prinzip vom Vorbehalt des Gesetzes nicht für jede Art von Verwal- **201**
tungstätigkeit (Lehre vom **Teilvorbehalt**).

Auch hiernach gilt zwar für den weitaus größten Teil des Verwaltungshandelns der Vorbehalt des Gesetzes. Die Ablehnung des „Totalvorbehalts" durch die hM bedeutet allerdings ein Gebot sachgemäßer Differenzierung, wie im Folgenden noch ausgeführt wird.
Beispiele zur Verdeutlichung der praktischen Konsequenzen sollen bereits hier benannt werden: Es geht um Bereiche, bei denen nach hM eine gesetzliche Regelung nicht erforderlich ist (vorbehaltlich der haushaltsmäßigen Deckung der Kosten): Einrichtung einer Forschungsstelle ohne Rechtsfähigkeit; Einsetzung eines Beauftragten für Energiesparberatung; Hilfeleistung in Notfällen, z. B. nach Naturkatastrophen; Ausstellung von Unbedenklichkeitsbescheinigungen durch das Finanzamt zur Vorlage bei der Bewerbung um öffentliche Aufträge; Zuweisung von Schülern an eine ausländische Schule im Bundesgebiet wegen besonderer Gründe hierfür; Informationsrechte der Verwaltung; Rechtschreibereform[99].

Für die Lehre vom Teilvorbehalt spricht (mit der hM), dass der Totalvorbehalt weder **202**
in der Verfassung noch an anderer Stelle gesetzlich verankert ist. Er würde auch der historischen Entwicklung widersprechen. Die Verwaltung hat sich weithin entwickelt, ohne dass ihr für jede Aufgabe ein ausdrücklicher gesetzlicher Auftrag erteilt worden ist. Erst im bürgerlichen Rechtsstaat ist es gelungen, (zunächst) für Eingriffe in Freiheit und Eigentum eine gesetzliche Grundlage zu fordern. Auch heute noch übt die Verwaltung eigenständige Staatsfunktionen aus. Es fragt sich jedoch, ob für die öffentliche Verwaltung der freiheitliche Gedanke gilt, wonach alles, was nicht verboten ist, er-

95 § 227 AO: „Die Finanzbehörden können Ansprüche aus dem Steuerschuldverhältnis ganz oder zum Teil erlassen, wenn deren Einziehung nach Lage des einzelnen Falls unbillig wäre ..."
96 So BVerfGE 40, 249.
97 Bull/Mehde, RdNr. 159 ff.
98 Z. B.: BVerwGE 48, 305, 308: „Keinesfalls kann jedoch angenommen werden, dass jedes Verwaltungshandeln der gesetzlichen Grundlage bedarf."; zum „spiegelbildlichen" Ansatz der Verneinung jedes Vorbehalts des Gesetzes in der NS-Zeit vgl. Holste, JA 2009, 359, 361.
99 BVerfG NJW 98, 2512.

laubt ist; dieser Satz kann – wie auch seine Anwendung auf Bürger untereinander – nicht gelten, wenn in die Sphäre andere eingegriffen wird:

5.3 Der Anwendungsbereich des Vorbehalts des Gesetzes, insbesondere bei Grundrechtseingriffen und wesentlichen Entscheidungen

203 5.3.1 Jeder Eingriff in ein Grundrecht, insbesondere jede Beschränkung von Freiheit und Eigentum, ist nur rechtmäßig, wenn er durch ein Gesetz gestattet wird. Eingriffe in Grundrechte unterliegen also ausnahmslos dem Vorbehalt des Gesetzes.

Das ergibt sich daraus, dass die Grundrechte bestimmte Freiheiten sehr weitgehend schützen und nach ihrem ausdrücklichen Wortlaut Eingriffe nur „durch Gesetz“ oder „auf Grund eines Gesetzes“ zulassen (z. B. Art. 2 Abs. 2 GG). Es handelt sich hierbei um den Vorbehalt des Gesetzes in der Form des „Grundrechtsvorbehalts.“[100]

204 Da Art. 2 Abs. 1 GG nach der Rechtsprechung des BVerfG[101] die allgemeine Handlungsfreiheit schützt, bedeutet jede Belastung einen Eingriff zumindest in dieses Grundrecht und bedarf daher einer gesetzlichen Grundlage. Daher unterliegt **jede belastende Maßnahme** dem Vorbehalt des Gesetzes.

Beispielsweise gilt deshalb für Eingriffe in die Freiheitsrechte ein **Analogieverbot**: Wegen des Vorbehalts des Gesetzes ist es unzulässig, eine gesetzliche Ermächtigung über ihren Wortlaut hinaus auf (vergleichbare) andere Fälle anzuwenden[102].

Der grundrechtliche Vorbehalt ist aber nicht auf Belastungen beschränkt. Der Grundrechtsbereich kann auch durch neutrale oder begünstigende Maßnahmen berührt werden, so dass diese Maßnahmen dem Vorbehalt des Gesetzes unterliegen.

Beispiel hierfür sind Pressesubventionen: Soweit sie überhaupt zulässig sind, können sie bewirken, dass die Presse vom staatlichen Einfluss abhängig wird, was eine Gefährdung der in Art. 5 Abs. 1 S. 2 GG geschützten Pressefreiheit zur Folge hätte. Sie unterliegen daher selbst dann dem Vorbehalt des Gesetzes, wenn man sie als Begünstigung ansieht[103].

205 5.3.2 Bedenkt man, dass es um das grundsätzliche Verhältnis zwischen dem unmittelbar demokratisch legitimierten Gesetzgeber und der Verwaltung geht, so müssen zur Bestimmung des Anwendungsbereichs des Vorbehalts des Gesetzes auch die Staatsformmerkmale der Demokratie und des Rechtsstaates herangezogen werden. Nach diesen Prinzipien ist der Gesetzgeber verpflichtet, die für die Gesellschaft **wesentlichen Entscheidungen** selbst zu treffen und nicht der Verwaltung zu überlassen. Die sog. **Wesentlichkeitstheorie** ist vor allem von der Rechtsprechung entwickelt worden[104]. Diese Wesentlichkeitstheorie ist allerdings in ihrem Ansatz so unbestimmt, dass sie nur als Grundlage oder Ausgangspunkt für weitere Konkretisierungen dienen kann. Das gesteht auch das BVerfG[105] zu: Die Wesentlichkeitstheorie enthält nur die „Binsenweisheit ..., dass die wirklich wichtigen Dinge in einem parlamentarisch-demokratischen Staatswesen vor das Parlament gehören.“ Eine erste Konkretisierung nimmt das BVerfG in der Weise vor, dass auf die Grundrechtsrelevanz einer Maßnahme abgestellt

100 Vgl. hierzu z. B. BVerwGE 57, 130 LS 3; BVerfG NJW 96, 3146 und BVerfG DÖV 97, 117; Wölfl, NVwZ 2002, 49; BVerfG DVP 2010, 79 mit Anm. von Vahle.

101 BVerfGE 6, 32.

102 So BVerfG NJW 96, 3146 (vgl. Konzak, NVwZ 97, 872); zur Frage einer bedenklichen dynamischen Verweisung auf eine Verwaltungsvorschrift in einem Gesetz BVerwG, VR 2010, 107.

103 Vgl. OLG Frankfurt/M. NVwZ 93, 706.

104 BVerfGE 47, 46, 78; 49, 89, 126/127; 58, 257, 268 ff.; BVerwGE 47, 194, 197/8; 52, 193, 197. Vgl. Bull/Mehde, RdNr. 170 ff. mit weiteren Nachweisen.

105 Nach BVerfGE 47, 79.

wird. Wesentlich sind in erster Linie diejenigen Entscheidungen, bei denen es um die Verwirklichung der Grundrechte geht[106].

Beispiele aus der Rechtsprechung: Nach dem BVerfG[107] sind (im Gegensatz zum aufgehobenen vorhergehenden Urteil des BVerwG) Regelungen zum Kopftuchtragen für Lehrkräfte in Schule und Unterricht „... dem Parlament vorbehalten, um sicher zu stellen, dass Entscheidungen von solcher Tragweite aus einem Verfahren hervorgehen, das der Öffentlichkeit Gelegenheit bietet, ihre Auffassung auszubilden und zu vertreten und die Volksvertretung dazu anhält, Notwendigkeit und Ausmaß von Grundrechtseingriffen in öffentlicher Debatte zu klären ...“; für den Berliner VerfGH ist die Schließung eines Theaters kein Anwendungsfall der Wesentlichkeitstheorie[108]; dagegen ist für den Brandenburgischen VerfGH nach der Wesentlichkeitslehre eine gesetzliche Grundlage für den Fall erforderlich, dass das gesamte Gebiet einer Gemeinde zum Braunkohleförderungsgebiet werden soll[109]; nach einem zweifelhaften Urteil des nordrhein-westfälischen VerfGH's soll die Entscheidung über eine Zusammenlegung des Landesinnenministeriums und des Landesjustizministeriums wesentlich im Sinne des Vorbehalts des Gesetzes sein[110]; kein Vorbehalt des Gesetzes laut BVerfG bei Evakuierungseinsätzen der Bundeswehr[111].

Soweit die Rechtsprechung die Wesentlichkeitstheorie verantwortungsbewusst handhabt, dient sie durch die Stärkung der Parlamentsbefugnisse der Demokratie. „Und es wäre nicht das erste Mal, dass eine Leerformel durch geduldige und sorgfältig differenzierende Kasuistik der Rechtsprechung zu einem brauchbaren Regelungsinstrument geläutert wird“[112]. **206**

5.3.3 Bei den beiden vorangegangenen Begründungen für den Vorbehalt des Gesetzes wurde auf Inhalt und Wirkungen der Maßnahme abgestellt. Die Notwendigkeit des Vorbehaltes des Gesetzes kann sich aber auch aus der Form der Maßnahme ergeben. Das gilt für untergesetzliche Rechtssetzungen, insbesondere für (Rechts-)Verordnungen und Satzungen. Jede im Range unter dem förmlichen Gesetz stehende Rechtssetzung – mit Ausnahme des Gewohnheitsrechts – bedarf einer formell-gesetzlichen Ermächtigungsgrundlage. **207**

Für (Rechts-)Verordnungen ergibt sich das bereits aus der Verfassung (Art. 80 GG für bundesrechtliche Rechtsverordnungen; für landesrechtliche gilt entsprechendes: vgl. z. B. Art. 70 Verf NRW). Für Satzungen gelten nicht dieselben engen Grenzen wie für Rechtsverordnungen, vielmehr kann dem Selbstverwaltungsträger zur Regelung seiner eigenen Angelegenheiten durch Satzung ein weiterer Spielraum eingeräumt werden[113].

5.4 Die Rechtsfolgen des Vorbehalts des Gesetzes. Das Problem der Regelungsdichte

5.4.1 Besteht ein Vorbehalt des Gesetzes, so stellt sich zunächst die Frage, ob ein förmliches Gesetz erforderlich ist oder eine sonstige (untergesetzliche) Rechtsnorm – (Rechts)Verordnung, Satzung – ausreicht. **208**

Für folgende Fallgruppen ergibt sich bereits aus der Verfassung, dass ein förmliches Gesetz erforderlich ist: Für Ermächtigungen zu Rechtsverordnungen (Art. 80 GG), ähnlich bei Ermächtigungen zu Satzungen; für Freiheitsbeschränkungen (Art. 104 **209**

---

106 BVerfGE 47, 49 und 58, 268/9; vgl. auch Wölfl, NVwZ 2002, 49.
107 BVerfG DVBl 2003, 1526; http://www.bverfg.de/entscheidungen/rs20030924_2bvr143602.htm.
108 NJW 95, 858; vgl. Selmer, JuS 95, 644.
109 DVBl 96, 37; vgl. Degenhardt, DVBl 96, 773.
110 NWVBl 99, 176; http://www.justiz.nrw.de/nrwe/ovgs/vgh_nrw/j1999/VerfGH_11_98urteil19990209.html.
111 Vgl. dazu Fischer/Ladiges, NVwZ 2016, 2 ff.
112 So Faber, § 13 IV d, zur Wesentlichkeitstheorie.
113 Vgl. Hofmann/Theisen/Bätge, Kommunalrecht in NRW, 2.4.1.1 und 2.4.1.3.

Abs. 1 GG); für zahlreiche Regelungen im Finanz- und Haushaltsbereich, vor allem für die Feststellung des Haushaltsplans (Art. 110 Abs. 2 GG). Im Übrigen geht die Rechtsprechung des BVerfG wie soeben dargestellt dahin, dass die wesentlichen Entscheidungen vom Gesetzgeber selbst getroffen werden müssen; der Vorbehalt des Gesetzes ist daher grundsätzlich auch ein Parlamentsvorbehalt[114]. Auch für den Bereich der Grundrechtseingriffe geht heute die hM dahin, dass ein förmliches Gesetz erforderlich ist. Das folgt auch aus dem Gesichtspunkt, dass (Rechts-)Verordnungen und Satzungen einer formell-gesetzlichen Ermächtigungsgrundlage bedürfen, also nicht ohne vorangegangenen Erlass eines formellen Gesetzes möglich sind.
Jedoch ist das Gebot zum Erlass eines formellen Gesetzes auf die wirklich wesentlichen Entscheidungen und auf die zum Erlass untergesetzlicher Rechtsnormen erforderlichen Ermächtigung beschränkt. Im Übrigen sind Rechtsnormen jeder Art ausreichend. Auch Eingriffe in Grundrechte können durch – ansonsten verfassungsmäßige – (Rechts) Verordnungen und Satzungen erfolgen. Selbst die Auferlegung von Geldstrafen und Geldbußen durch RechtsVO ist möglich; Art. 103 Abs. 2 GG enthält keinen Parlamentsvorbehalt[115].

Gegenbeispiel: In keinem Falle ausreichend sind allerdings Verwaltungsvorschriften[116]; zu ihnen und den damit zusammenhängenden Problemen noch unten RdNr. 217 ff. – Bei der staatlichen Planung gibt es ein Spannungsverhältnis zwischen Legislative und Exekutive[117].

210 5.4.2 Die Rechtsnormen, welche die Rechtsgrundlage bilden, müssen hinreichend **bestimmt** sein, so dass das Handeln des Staates für den Bürger vorhersehbar und berechenbar wird. Auch dies ergibt sich aus dem Rechtsstaatsprinzip. Das Maß der Bestimmtheit und damit das Maß der vom Normgeber herbeizuführenden Rechtsdichte ist unterschiedlich: Je stärker Grundrechte betroffen sind und je wesentlicher die geregelte Frage ist, desto genauer muss der Gesetzgeber das Rechtsverhältnis zwischen Bürger und Behörde regeln.

Beispielsweise nicht einfach zu erreichen ist in der Rechtspraxis die hinreichende Bestimmtheit einer Naturschutzverordnung oder einer Baumschutzsatzung[118]. Vgl. zum Fehlen „einer hinreichend bestimmten Ermächtigungsgrundlage“ für Höchstaltersgrenzen[119].

Stets zulässig bleibt die Verwendung von unbestimmten Rechtsbegriffen und Generalklauseln, soweit diese sich mit Hilfe der üblichen juristischen Methoden näher bestimmen lassen[120]. Auch Ermessen[121] darf der Verwaltungsbehörde in gewissem Rahmen eingeräumt werden; unzulässig ist es aber, einen Eingriff in Grundrechte ganz dem Ermessen der Verwaltung zu überlassen[122].

5.5 Es folgen **Beispiele** und ein Überblick über Konkretisierungen der Lehre vom Vorbehalt des Gesetzes auf einzelnen Sachgebieten:

211 5.5.1 Keine grundsätzlichen Probleme gibt es im Bereich der herkömmlichen **Eingriffsverwaltung**, hier gilt der Vorbehalt des Gesetzes umfassend. Soweit etwa eine Bewirtschaftung knapper Güter erfolgt oder der Zugang zu einem Beruf oder Gewerbe be-

---

114 BVerfGE 58, 268.
115 BVerfGE 58, 272 ff., 276/7; BVerwGE 57, 130, 137.
116 Zur Frage einer bedenklichen dynamischen Verweisung auf eine Verwaltungsvorschrift in einem Gesetz: BVerwG, VR 2010, 107.
117 BVerfG DÖV 97, 117.
118 Vgl. VGH Mannheim NVwZ 93, 909; zu Baumschutzsatzungen OLG Hamm NWVBl 93, 314; Mampel NWVBl 93, 447. – Vgl. auch Hoppe NWVBl. 2006, 81.
119 BVerfG Beschl. v. 21.4.2015; VR 2015, 283 ff.
120 BVerfGE 48, 56; 49, 133; siehe unten RdNr. 383.
121 Siehe unten RdNr. 392 ff.
122 BVerwGE 18, 250; BVerfGE 49, 145.

schränkt wird, bilden die Grundzüge der Verteilung eine wesentliche Frage, die gesetzlich geregelt werden muss.

Beispiele: Prüfungsverfahren bei einem berufsbezogenen Examen[123]; Auswahl der Bewerber bei der Verteilung der Güterfernverkehrsgenehmigungen[124] und bei der Verteilung von Taxigenehmigungen nach PersonenbeförderungsG[125]; Kopftuchverbot bei Beamtenbewerberinnen[126]; Höchstaltersgrenze bei Beamten[127]. – Fraglich ist, ob das Tierschutzgesetz eine ausreichende gesetzliche Grundlage darstellt für den Eingriff in die Berufsfreiheit von Brütereibetreibern bei Verbot der Tötung männlicher „Eintagsküken"[128].

5.5.2 Für den Bereich der **Sozialleistungen** bleibt das Problem des Vorbehalts des Gesetzes zwar auf der Ebene des Verfassungsrechts bestehen, ist aber für die verwaltungsrechtliche Ebene entschieden durch § 31 SGB I. Wegen dieser ausdrücklichen (einfachgesetzlichen) Regelung gilt hier: Die Gewährung von Sozialleistungen ohne gesetzliche Grundlage, etwa lediglich auf Grund von Ermessen, Art. 3 GG oder Verwaltungsvorschriften, ist nicht zulässig. In Notfällen wird der Verwaltung allerdings eine Art „Notkompetenz" zur Erbringung sozialstaatlich unbedingt gebotener Leistungen zuerkannt. Der Generalermächtigung für Eingriffe zur Gefahrenabwehr entspricht eine Generalermächtigung zu Leistungen in Notfällen. 212

5.5.3 Nach wie vor problematisch ist der Vorbehalt des Gesetzes bei **sonstigen Geldleistungen**, insbesondere bei Wirtschaftssubventionen. Sie werden in der Praxis vielfach nach Bereitstellung der Finanzmittel im Haushaltsplan auf Grund von Richtlinien der obersten Landesbehörden gewährt[129]. 213

Diese Form der Gewährung entspricht jedenfalls nicht den Anforderungen, die oben für den Fall aufgestellt wurden, dass der Vorbehalt des Gesetzes eingreift. Darin zeigen sich noch deutlich die Auswirkungen der Lehre, die früher ganz allgemein vertreten wurde, wonach dieser Vorbehalt für reine Begünstigungen nicht gilt. Andererseits hat hier aber der Ruf nach einer Ausdehnung des Vorbehalts des Gesetzes starkes Gewicht, da es schwer verständlich ist, wenn Steuergelder in Millionenhöhe, die nicht ohne Einfluss auf die Wettbewerbsverhältnisse und die Marktstrukturen sind, ohne genauere gesetzliche Regelung verteilt werden.

Die Forderung nach weitgehender Unterstellung auch dieses Bereichs unter den strengen Vorbehalt des Gesetzes wird damit begründet, die „Vorenthaltung einer staatlichen Leistung" könne „den Bürger nicht weniger gravierend treffen, als ein Eingriff in Freiheit und Eigentum"[130].
In der Praxis werden gleichwohl Subventionen nach wie vor in großem Umfang ohne genauere gesetzliche Regelung gewährt. Dabei hat auch kaum jemand Interesse daran, diese Gewährung als verfassungswidrig anzugreifen. Vielmehr versuchen die Beteiligten idR, selbst etwas zu bekommen. Dann kommt der Grundsatz zum Zuge: „Wo kein Kläger, da kein Richter".

Die Rechtsprechung verfolgt eine mittlere Linie, die sich als praktisch vernünftiger Kompromiss darstellt[131]. Danach ist zu unterscheiden:

1. Für die Gewährung der Leistung insgesamt (für das Ob der Leistung) muss eine gesetzliche Grundlage vorhanden sein. Diese muss den Gesamtumfang der Leistung sowie vor allem auch ihren Zweck näher bestimmen. Hierbei ist aber das 214

123 BVerwG NVwZ 93, 682 LS 4.
124 BVerfGE 51, 235.
125 BVerwGE 64, 238.
126 BVerfG DVBl 2003, 1526.
127 BVerfG Beschl. v. 21.4.2015; VR 2015, 283 ff.
128 VG Minden NWVBl. 2015, 237; Bender NWVBl. 2015, 212.
129 Vgl. BVerwGE 58, 45.
130 Vgl. z. B. Maurer § 6 RdNr. 21.
131 BVerwGE 58, 45; OVG Münster NVwZ 82, 381; OVG Berlin NVwZ 91, 798.

Haushaltsgesetz iVm dem Haushaltsplan ausreichend, da dieses sowohl die Mittel als auch den Zweck festlegt.

Wird eine Leistung ohne eine derartige gesetzliche Grundlage gewährt, ist sie wegen Verstoßes gegen den Vorbehalt des Gesetzes verfassungswidrig. Allein die Berufung auf Art. 3 GG reicht nicht aus, um die Leistungsgewährung zu legitimieren[132].

2. Nicht erforderlich ist dagegen eine „normative Basis für die Abwicklung des Förderungsprogramms“[133]. Es bedarf also keiner gesetzlichen Regelung der Frage, wie die Mittel im Einzelnen verteilt werden. Hier greifen die Grundsätze des pflichtgemäßen Ermessens, des Gleichheitssatzes (Art. 3 GG) sowie – in Verbindung damit – der Verwaltungsvorschriften ein (dazu noch unten RdNr. 217 ff.).

215 5.5.4 Einen besonderen Problembereich bilden seit jeher die **verwaltungsrechtlichen Sonderverhältnisse**[134] (veraltet: „besondere Gewaltverhältnisse“, vgl. dazu noch unten RdNr. 284 f.). Seit der „Strafvollzugsentscheidung“ des Bundesverfassungsgerichts[135] ist anerkannt, dass die Grundrechte auch in derartigen (Sonder-)Rechtsverhältnissen nur durch Gesetz oder auf Grund eines Gesetzes beschränkt werden können.

Beispielsweise gilt deshalb auch im verwaltungsrechtlichen Sonderverhältnis das Analogieverbot[136].

Inzwischen ist speziell im Hinblick auf das **Schul**verhältnis die Geltung des Vorbehalts des Gesetzes anerkannt und genauer bestimmt worden.

Beispielsweise **gilt der Vorbehalt des Gesetzes** (aber nur teilweise als Parlamentsvorbehalt, teilweise reichen (Rechts-)Verordnungen aus): für den zwangsweisen Ausschluss aus der Schule; für die Regelung der Versetzung bzw. Nichtversetzung[137]; für den Ausschluss von Einrichtungen des zweiten Bildungsweges[138]; für die Feststellung der Pflichtfremdsprache[139]; für die Untersagung politischer Werbung in der Schule[140]; für die Einführung eines neuen Unterrichtsfaches, z. B. der Sexualerziehung[141]; für das Verbot des Kopftuchtragens für Lehramts-Beamtenbewerberinnen[142].
Beispielweise gilt der Vorbehalt des Gesetzes **dagegen nicht:** für die Einführung der Mengenlehre im Mathematikunterricht und die Einführung der Fünf-Tage-Woche in der Schule[143]; für die Regelung, wonach eine Prüfung nach einem schweren Täuschungsversuch als nicht bestanden gilt[144]; für „Regelungen über die richtige Schreibung für den Unterricht“ (neue Rechtschreibung)[145].
Zur der dem Gesetzgeber vorbehaltenen Ausgestaltung des „Überdenkens“ von Prüfungsentscheidung in berufsbezogenen Prüfungsverfahren[146].

216 5.5.5 Im Bereich der **Verwaltungsorganisation** gilt der Vorbehalt des Gesetzes
- für die Bildung neuer rechtsfähiger Körperschaften und Anstalten (Art. 87 Abs. 3 GG: „... können durch Bundesgesetz errichtet werden.“),
- für die Schaffung einer neuen Behördenart,
- für die Zuweisung neuartiger Zuständigkeiten an vorhandene Behörden.

---

132 OVG Münster NVwZ 82, 381; vgl. OVG Berlin NVwZ 91, 798; BVerwG, DVBl 2004, 1420.
133 BVerwGE 58, 48.
134 Sachs NWVBl 2004, 209 ff.
135 BVerfGE 33, 1.
136 BVerfG NJW 96, 3146.
137 BVerfGE 58, 257 ff.
138 BVerfGE 41, 251.
139 BVerwG DVBl 82, 414.
140 BayVerfGH DÖV 82, 691.
141 BVerwGE 47, 194; BVerfGE 47, 46.
142 BVerfG DVBl 2003, 1526.
143 BVerwGE 47, 201.
144 BVerwGE 52, 193.
145 BVerfGE 98, 218.
146 BVerwG NVwZ 93, 682 LS 4.

Entsprechend gilt der Vorbehalt des Gesetzes auch für das Umgekehrte: Aufhebung einer Körperschaft, Abschaffung einer Behördenart u. s. w., da dies nicht ohne Änderung von Rechtsvorschriften möglich ist.
Gegenbeispiel: Überwiegend wird eine gesetzliche Regelung für **nicht** erforderlich gehalten
- für die bloß innerorganisatorische Aufgabenverteilung (Geschäftsverteilung);
- für die Bestimmung des (im Gesetz nicht näher festgelegten) örtlichen Zuständigkeitsbereichs vorhandener Behörden;
- für die Einrichtung und Aufhebung einer einzelnen Behörde innerhalb eines fortbestehenden Behördensystems (z. B. Auflösung des Finanzamtes in X und Eingliederung dieses Bezirks in das Finanzamt Y).

Auch im Bereich des Organisationsrechts gilt, dass eine gesetzliche Regelung stets erforderlich ist, wenn in Rechte eingegriffen wird. Ein Eingriff in Rechte ergibt sich aber idR weder aus[147] den beamtenrechtlichen oder tarifrechtlichen Folgen für die bei der Behörde Beschäftigten, noch daraus, dass der Bürger seine Verwaltungsangelegenheiten nunmehr an einer anderen Stelle erledigen und deshalb einen weiteren Weg zurücklegen muss[148].

6. Verwaltungsvorschriften

6.1 Bedeutung

Die Verwaltungspraxis arbeitet mit zahlreichen Vorschriften, die nicht unter die oben behandelten Rechtsquellen und Rechtsnormen fallen, die insbesondere weder formelle Gesetze noch (Rechts-)Verordnungen oder Satzungen sind[149]. Sie werden Verwaltungsvorschriften genannt (veraltete Bezeichnung: „Verwaltungsverordnung“). Ihre große Anzahl und ihre **erhebliche Bedeutung für die Verwaltungspraxis** sind eine Folge bestimmter Notwendigkeiten der Verwaltung: Die vorhandenen gesetzlichen Bestimmungen reichen den Verwaltungsbehörden nicht immer aus. Wie oben[150] ausgeführt, setzt auch nicht jedes Verwaltungshandeln eine gesetzliche Regelung voraus. Vielfach enthalten die Gesetze unbestimmte Rechtsbegriffe oder stellen das Handeln in das Ermessen der Verwaltung. **217**
Beispielsweise besteht das Bedürfnis,

- den Verwaltungsmitarbeitern bei der Auslegung der Gesetze zu helfen, **218**

  z. B. den Gemeindebediensteten durch Konkretisierung ihrer gesetzlichen „Service-Pflichten“ gegenüber den Einwohnern gem. § 22 GO NRW, oder den Ordnungsbehörden bei der Definition dessen, was auf ihrem Spezialgebiet „Gefahr“ im Sinne der Eingriffsermächtigung des § 14 OGB NRW ist,

- durch Ermessensrichtlinien die fachgemäße Ermessensausübung zu steuern,

  z. B. für die nach § 8 Staatsangehörigkeitsgesetz (StAG)[151] im Ermessen stehende Einbürgerung zu bestimmen, wie lange der Antragsteller in der Bundesrepublik ansässig sein sollte,

- den internen Dienstbetrieb näher zu regeln,

  z. B. die Geschäftsverteilung durch Geschäftsverteilungspläne, das Verwaltungsverfahren durch Vorschriften über die zu verwendenden Formulare, über die an einer Entscheidung zu beteiligenden Dienststellen, über die Zeichnungsbefugnis.

---

147 BVerfGE 40, 237, 250; OVG Münster DÖV 80, 528.
148 Vgl. Bull/Mehde, RdNr. 194 f.
149 Vgl. BVerwG DVP 2009, 475.
150 Insbesondere unter RdNr. 213.
151 § 8 StAG: „Ein Ausländer, der rechtmäßig seinen gewöhnlichen Aufenthalt im Inland hat, kann auf seinen Antrag eingebürgert werden …“.

219 „**Verwaltungsvorschriften**" (im folgenden „**VV**") ist ein Oberbegriff, der auch im GG verwandt wird (Art. 84 Abs. 2, Art. 85 Abs. 2, Art. 86 S. 1). **In der Verwaltungspraxis** gibt es **unterschiedliche Bezeichnungen:**
Beispielsweise: Richtlinien, (Rund-)Erlasse, Durchführungsbestimmungen, Ausführungsvorschriften, Dienstanweisungen, allgemeine Weisungen; (allgemeine oder Rund-) Verfügungen.

Die Bezeichnung einer VV als „Rundverfügung" kann zu Missverständnissen führen, da unter dem Begriff „Verfügung" primär der Verwaltungsakt (VA) verstanden wird[152] (§ 35 VwVfG, 31 SGB X, 118 AO: „Verwaltungsakt ist jede Verfügung, Entscheidung oder andere hoheitliche Maßnahme ...").

Insbesondere ist die jeweils im zweiten Satz von § 35 VwVfG, 31 SGB X, 118 AO genannte „Allgemeinverfügung" ein VA[153] und nicht eine VV („Allgemeinverfügung ist ein Verwaltungsakt, der sich an einen nach allgemeinen Merkmalen bestimmten oder bestimmbaren Personenkreis richtet oder ...").

Praxisbeispiele für VV mit konkreteren Bezeichnungen sind: Prüfungsordnung, Förderprogramm, Benutzungsordnung, Subventionsrichtlinie, Gnadenordnung, Beihilferichtlinien, technische Anleitung, Beurteilungsrichtlinie. Manchmal sind VV auch in einfachen, behördeninternen Schreiben enthalten.

Unter Praxisaspekten ist auf die große tägliche Bedeutung der VV hingewiesen worden; andererseits soll aber nicht in Abrede gestellt werden, dass zahlreiche VV über das praktische Bedürfnis hinausgehen, d. h. dass manche VV schlicht unnötig sind, z. B. wenn in den (inzwischen geänderten) „Richtlinien über die Haltung und Benutzung von Dienstkraftfahrzeugen"[154] bestimmt wurde, dass zu den Pflegearbeiten an Kraftfahrzeugen die „regelmäßige Leerung der Aschenbecher" gehört.

Wie stets bei rechtlichen Kategorisierungen, ist auch hier die Bezeichnung letztlich nicht entscheidend; zu differenzieren ist vielmehr nach dem Inhalt und nach der Rechtsgrundlage.

6.2 Grundlage

220 Die **Grundlage** zum Erlass von Verwaltungsvorschriften ergibt sich daraus, dass der Staat eine Einheit bildet und – was die Verwaltung betrifft – von der Regierung als oberster Behörde geleitet wird; eine Fortsetzung dieser **Leitungsbefugnis** findet sich im Verhältnis der mittleren zu den unteren Behörden[155]. Aus dieser „Geschäftsleitungsgewalt" oder auch „inneren Organisationsgewalt" ergibt sich die Befugnis zum Erlass von Einzelweisungen und auch von allgemeinen Weisungen, damit also auch von Verwaltungsvorschriften. Dem entspricht die beamtenrechtliche Regelung (vgl. § 35 S. 2 BeamtenStG), wonach der Beamte die Pflicht hat, die von den Vorgesetzten erlassenen „dienstlichen Anordnungen auszuführen und deren allgemeinen Richtlinien zu befolgen".
Eine weitergehende oder spezielle Ermächtigung zum Erlass von VV ist nicht erforderlich. Soweit VV sich an Arbeitnehmer im öffentlichen Dienst richten, ergibt sich deren Verpflichtung zu ihrer Beachtung aus der arbeitsrechtlichen Direktionsbefugnis des Arbeitgebers.

6.3 Begriff

221 Nunmehr kann der **Begriff** der VV folgendermaßen bestimmt werden: Verwaltungsvorschriften sind allgemeine Regelungen, die innerhalb einer Verwaltungsorganisation

152 Siehe unten RdNr. 317.
153 Siehe unten RdNr. 342.
154 JMBl NW 83, 20; Erl. d. Finanzministeriums NRW v. 23.4.2007.
155 Vgl. oben RdNr. 67 ff.

von vorgesetzten Regierungs- oder sonstigen Verwaltungsstellen an die nachgeordneten Behörden, Ämter oder Amtswalter gerichtet werden und die unmittelbar nur die Organisation, das Verfahren oder das innerdienstliche Verhalten der innerhalb der Verwaltung Tätigen regeln.

Der Begriff der VV, die rechtlichen Grundlagen und die Rolle der VV in der Verwaltungs- und insbesondere in der Kommunalpraxis sollen an dieser Stelle nicht zusätzlich vertieft werden. Insofern darf auf weiterführende Literatur verwiesen werden.[156]

6.4 Einordnung

Für das Verständnis und die rechtliche Behandlung der VV ist es erforderlich, sie genauer in das Normensystem des Verfassungs- und Verwaltungsrechts einzuordnen: **222**

6.4.1 Grundlegend ist die **Unterscheidung** zwischen Außenrecht und Innenrecht. Das **Außenrecht** regelt die Beziehungen zwischen dem als Einheit betrachteten Staat und den Bürgern sowie zwischen den Gliedern des Staates, die selbständige Rechtspersönlichkeit haben (wie z. B. zwischen einzelnen Bundesländern). Das **Innenrecht** regelt die Rechtsbeziehungen innerhalb des Staates, insbesondere zwischen den Behörden unterschiedlicher Ebenen. Da das Außenrecht die Beziehungen zwischen (Rechts-)Personen behandelt, wird es auch als interpersonales Recht bezeichnet – im Unterschied zum Innenrecht als intrapersonales Recht. **223**

6.4.2 Die oben[157] behandelten Rechtsnormen gelten stets als Außenrecht.

Beispielsweise ist die Vorschrift des Art. 43, Abs. 2 GG, wonach die Mitglieder des Bundesrates und der Bundesregierung zu allen Sitzungen des Bundestages und seiner Ausschüsse Zutritt haben, Bestandteil des Grundgesetzes als eines formellen (Verfassungs-)Gesetzes und als solches Außenrecht.

6.4.3 Verwaltungsvorschriften sind dagegen (nur) **Innenrecht.** Damit verbunden ist zunächst die Feststellung, dass es sich auch bei den VV auch um „eine Art Recht" handelt. Das ist heute allgemein anerkannt. **224**

Dagegen erkannte die frühere Lehre Rechtsbeziehungen nur zwischen verschiedenen Personen an, nicht dagegen innerhalb des Staates. Dessen Innenbereich wurde mit dem des Menschen verglichen, bei dem ja zwischen Haupt und Gliedern auch keine Rechtsbeziehungen möglich sind (sog. Impermeabilität des Staates).
Aus der Einordnung der VV als „Rechtsnormen des Innenrechts" dürfen aber keine zu weitgehenden Schlüsse gezogen werden. Denn soweit die Gesetze die Begriffe „Recht", „rechtmäßig" oder „rechtswidrig" verwenden, bezieht sich das fast immer nur auf das Außenrecht. Insbesondere ist Rechtswidrigkeit iSd Verwaltungsrechts (z. B. § 48 VwVfG) und des Verwaltungsprozessrechts (z. B. § 113 VwGO) grundsätzlich *nur* die „Außen-Rechtswidrigkeit". Auf eine Innenrechtswidrigkeit kommt es nicht an; vgl. unten RdNr. 229 ff.

VV können auch **keine Ermächtigung** für belastende Verwaltungsakte sein[158]. Ansprüche des Bürgers gegen die Verwaltung können sich aus VV nicht unmittelbar ergeben. Versteht man aus diesen Gründen unter Rechtsnormen, zumindest bei der praktischen Rechtsanwendung, nur die Außenrechtsnormen, so ist die Feststellung nach wie vor zutreffend, dass Verwaltungsvorschriften **keine Rechtsnormen**[159] sind. **225**

---

156 Vgl. Bull/Mehde, RdNr. 226 ff. (mit weiterführenden Nachweisen). – Zur Rolle der VV in der Verwaltungs- und insbesondere in der Kommunalpraxis: Hofmann/Theisen/Bätge, Kommunalrecht in NRW, 1.2.2.1; vgl. dort auch 1.3 (Fall 3).

157 RdNr. 148 ff.

158 BVerwGE 58, 285.

159 Vgl. z. B. BVerwGE 58, 49; BVerwG DÖV 97, 732; BVerwG DVP 2009, 475.

6.5 Rechtmäßigkeit der VV. Verhältnis der VV zum Gesetz

226 6.5.1 Wie jedes Verwaltungshandeln, unterliegt auch der Erlass von VV dem Prinzip vom Vorrang des Gesetzes (vgl. oben RdNr. 197). VV müssen formell und materiell rechtmäßig sein.

In **formell**er Hinsicht ist erforderlich, dass die zuständige Stelle gehandelt hat, dass Mitwirkungserfordernisse und formale Mindesterfordernisse beachtet sind.

Beispielsweise: Zustimmung des Bundesrates bei VV der Bundesregierung gemäß Art. 84 Abs. 2 GG; VV müssen den (in der Regel innerdienstlichen) Adressaten bekannt gegeben werden, wobei aber keine besondere Verkündungsart vorgeschrieben ist.

227 In **materiell**er Hinsicht sind VV rechtswidrig, wenn sie gegen einfache Gesetze oder gegen das Grundgesetz, insbesondere gegen Grundrechte verstoßen. Norminterpretierende VV sind rechtswidrig, wenn sie eine mit dem Gesetz nicht im Einklang stehende Gesetzesauslegung vornehmen[160]. Ausführungen zu den Ermessensrichtlinien folgen noch unter RdNr. 231.

VV dürfen keine Regelungen enthalten, für die der Vorbehalt des Gesetzes gilt. Sie dürfen also weder wesentliche Entscheidungen (im Sinne der obigen[161] Ausführungen) enthalten, noch dürfen sie Belastungen des Bürgers anordnen[162].

228 6.5.2 Für das Verhalten des Amtswalters[163], der Adressat der VV ist, sind die VV allerdings dienstrechtlich (grundsätzlich) bindend. Auch soweit für das Verhältnis zwischen Verwaltung und Bürger ausschließlich das Gesetz maßgebend ist, hat der Amtswalter das Gesetz nur in der Weise anzuwenden, wie dies in den VV bestimmt ist. Denn die VV haben gerade die Aufgabe, den Inhalt des Gesetzes für die Verwaltungsmitarbeiter verbindlich festzulegen.

Hält der Amtswalter (Beamte) die VV für rechtswidrig und daher für ungültig, greift folgende beamtenrechtliche Regelung ein: Er hat die Bedenken auf dem Dienstwege geltend zu machen und die Entscheidung durch den Vorgesetzten einzuholen (vgl. § 36 Abs. 2 BeamtStG). Diese Regelung ist – über den Wortlaut der §§ 35, 36 BeamtStG hinaus – nicht nur bei Einzelweisungen, sondern auch bei Verwaltungsvorschriften anzuwenden. Muss der Beamte danach die VV ausführen, obwohl sie wegen Verstoßes gegen das Gesetz objektiv rechtswidrig und ungültig sind, handelt er im Innenverhältnis zu seinem Dienstherrn rechtmäßig[164], während die Maßnahmen im (Außen-)Verhältnis zwischen Bürger und Staat rechtswidrig sind. Die persönliche Verantwortung trifft in solchem Fall den Vorgesetzten.

6.6 Außenwirkung der Verwaltungsvorschriften gegenüber dem Bürger?

229 Nach Begriff und Zweck der VV dürfte es das Problem einer Außenwirkung der VV gar nicht geben. Jedoch hat eine Vorschrift, die sich unmittelbar nur an die Amtswalter innerhalb der Verwaltung richtet und ihr dienstliches Verhalten beeinflusst, **mittelbar** auch **Wirkungen gegenüber dem Bürger**, der von diesem dienstlichen Verhalten betroffen ist. Dies gilt für alle Arten von VV, insbesondere aber für „Ermessensrichtlinien".

Beispielsweise wird in der VV zu der Ermessensvorschrift § 8 StAG bestimmt, dass für eine Einbürgerung grundsätzlich ein Aufenthalt in der Deutschland von einer bestimmten Anzahl von Jahren erforderlich ist; hier wartet der die Einbürgerung begehrende Ausländer zweckmäßiger-

---

160 Vgl. BVerwGE 34, 278, BVerfGE 56, 216.

161 RdNr. 205.

162 Vgl. Bull/Mehde, RdNr. 226.

163 Siehe oben RdNr. 75.

164 § 36 Abs. 2 BeamtStG: „... müssen die Beamtinnen und Beamten sie ausführen und sind von der eigenen Verantwortung befreit. Dies gilt nicht, wenn das aufgetragene Verhalten die Würde des Menschen verletzt oder strafbar oder ordnungswidrig ist und die Strafbarkeit oder Ordnungswidrigkeit für die Beamtinnen oder Beamten erkennbar ist".

weise den Ablauf dieser Frist ab, weil sein Antrag vorher normalerweise keine Aussicht auf Erfolg hat. – Noch deutlicher ist das in der Praxis der Subventionsverwaltung: Nur der Antrag des Antragstellers, der die jeweiligen Subventionsrichtlinien kennt und ihre Voraussetzungen erfüllt, hat Aussicht auf Erfolg.

Gleichwohl ist es nicht zulässig, etwa einer „Richtlinie" oder einer „allgemeinen Dienstverfügung" allein auf Grund ihres Inhalts und ihrer praktischen Bedeutung „Außenwirkung" zuzusprechen und sie damit als (Außen-) Rechtsnorm einzustufen[165]. Das würde dagegen verstoßen, dass die Arten allgemeinverbindlicher Rechtsnormen im Rechtsstaat grundsätzlich geschlossen sind (Typenzwang für Außenrechtsnormen).

Vielmehr ist eine Lösung der Problematik nur durch eine differenzierende Betrachtungsweise möglich, welche die grundsätzliche Unterscheidung von Außenrechtsnormen und VV nicht aufhebt:

6.6.1 In dem Bereich, der durch **zwingendes Recht** geregelt ist, darf die Verwaltung **230**
durch VV keine abweichende Regelung treffen. Sie ist nur zu norminterpretierenden VV berechtigt. Bei diesen bleibt es bei dem Grundsatz, dass VV nur verwaltungs*interne* Bedeutung haben; Grundlage für eine Bindung im Außenverhältnis können sie nicht sein.

Nach einer hierzu grundlegenden Entscheidung des Bundesverwaltungsgerichts[166] scheiden Verwaltungsvorschriften „als Grundlage für eine mit Außenwirkung versehene Selbstbindung der Verwaltung schon ihrer Natur nach aus. Da die Befugnis zur letztverbindlichen Auslegung des objektiven Rechts (anders als die gerade ihr eingeräumte Befugnis zur Ermessensausübung) nicht der Verwaltung, sondern durch Art. 19 Abs. 4 GG, den Gerichten übertragen ist, steht auch die in Verwaltungsvorschriften enthaltene Rechtsausübung unter dem Vorbehalt, dass sie die Billigung durch die Rechtsprechung findet. Die Wirkung norminterpretierender Verwaltungsvorschriften bleibt deshalb auf den internen Bereich der Verwaltung beschränkt mit der Folge, dass ihre Beachtung oder Nichtbeachtung auf die Rechtmäßigkeit oder Rechtswidrigkeit eines in ihrer Anwendung ergangenen Verwaltungsaktes keinen Einfluss hat."[167]

Bei den norminterpretierenden VV gibt es nur zwei Möglichkeiten: Sie stimmen mit dem Gesetz überein, so dass bereits auf Grund der Gesetzesbindung so zu verfahren ist. Oder sie verstoßen gegen das Gesetz und sind deshalb ungültig. (Die verwaltungsinterne Bindung – vgl. oben RdNr. 228 – besteht aber auch in diesem Fall.) Allerdings haben VV in diesem Bereich die Bedeutung einer von der vorgesetzten Behörde vertretenen Rechtsauffassung und sind deshalb (ähnlich wie eine in Rechtsprechung oder Literatur vertretene Meinung) als Argument bei der Auseinandersetzung um die richtige Auslegung und Anwendung des Gesetzes mit zu berücksichtigen. In der Verwaltungspraxis wird der in VV niedergelegten Auffassung regelmäßig besonderes Gewicht beigelegt.

6.6.2 Soweit ein Handeln der Verwaltung zulässig, aber nicht näher gesetzlich geregelt **231**
ist, insbesondere im Bereich des **Ermessens**, darf die Verwaltung nach selbstgesetzten Maßstäben (auf Basis ihrer speziellen Detail- und Sachkenntnis) unter Berücksichtigung der Besonderheiten des Einzelfalles handeln. Diese Maßstäbe können in VV generalisierend niedergelegt werden. Da die Behörden ihre eigenen VV idR befolgen, ist davon auszugehen, dass die VV die regelmäßige Verwaltungsübung wiedergeben. Nach Art. 3 GG hat jeder Bürger ein Recht darauf, dass die Behörde in seinem Fall nicht grundlos von der bisherigen Verwaltungspraxis abweicht. Damit ist die Behörde dem Bürger gegenüber zur Gleichbehandlung entsprechend ihren VV verpflichtet. Es

165 BVerfG DVP 2010, 79 mit Anm. von Vahle.
166 BVerwGE 34, 281/2.
167 Ebenso BVerwGE 51, 359 LS 5; 66, 81 (mit dem Hinweis, dass in VV Erfahrungssätze enthalten sein können, die auch das Gericht mit in seine Betrachtungen einzubeziehen hat); BVerfGE 49, 168, 183.

erfolgt eine **Selbstbindung**[168] der Verwaltung, die wegen Art. 3 GG dem Bürger gegenüber eine **mittelbare** normative **Außenwirkung** hat.
Zur Begründung der mittelbaren Außenwirkung der VV ist vereinzelt auch der Vertrauensgrundsatz herangezogen worden[169]. Hierfür reicht aber das Vorliegen von VVen gerade nicht aus, da sich diese nicht an den Bürger wenden und deshalb ihm gegenüber keinen Vertrauenstatbestand begründen. Vielmehr ist erforderlich, dass eine VV „in Anbetracht der konkreten Umstände als eine Art Zusicherung an bestimmte Personen gewertet werden kann"[170].
Mittelbare Außenwirkung haben also vor allem VV im Ermessensbereich. Sie werden als Ermessensrichtlinien bezeichnet.

Beispielsweise gibt es Ermessensrichtlinien im Bereich der leistenden Verwaltung (z. B. Subventionsrichtlinien[171]), im Einbürgerungs- und Ausländerrecht, im Beamten- und Schulrecht. Es gibt auch VV, die teilweise norminterpretierenden und teilweise ermessenssteuernden Charakter haben.

232 Um nicht gegen den Zweck der das Ermessen einräumenden Gesetze zu verstoßen, dürfen die Ermessensrichtlinien nur typische Fälle behandeln. Sie dürfen das Einzelfallermessen der entscheidenden Behörde nicht ausschließen. Das bedeutet, dass VV – anders als Rechtsnormen des Außenrechts – keine strikte Bindung bewirken, sondern stets unter dem Vorbehalt stehen, dass nicht die Besonderheiten des Einzelfalles eine andere Behandlung rechtfertigen.
Auch kann die zum Erlass der VV zuständige Behörde diese VV (nach sachlichen Kriterien) jederzeit abändern und damit für die Zukunft der Bindungswirkung einen anderen Inhalt geben. Stets unzulässig bleibt wegen der Selbstbindung aber, im Einzelfall ohne hinreichende Gründe von den VV abzuweichen[172].

233 6.6.3 In den vorhergegangenen Ausführungen wurde die Problematik unter dem Gesichtspunkt des Verwaltungshandelns betrachtet. Aus der Sicht des Bürgers, der eine lediglich in einer VV vorgesehene Leistung beantragt, stellt sich die **Frage, inwieweit** er einen **Anspruch** auf eine Gewährung haben kann. Aus den VV allein kann er keinen Anspruch haben, weil diese keine Außen-Rechtsnormen sind. Art. 3 GG ist zwar Außen-Rechtsnorm, besagt aber selbst nichts über die Voraussetzung für die konkret begehrte Leistung. Die Anspruchsgrundlage des Bürgers kann sich daher nur aus einer Verbindung beider Gesichtspunkte ergeben, wobei das Ermessen die Brücke zwischen den beiden Elementen bildet. Danach hat der Antragsteller aus Art. 3 GG einen **Anspruch auf eine ermessensfehlerfreie Entscheidung** unter Berücksichtigung der Selbstbindung durch VV und bisherigen Verwaltungspraxis.

Beispiel für den Bereich der Subventionsverwaltung: Danach haben die Verwaltungsgerichte zu prüfen, ob „bei Anwendung der Richtlinien in Einzelfällen, in denen die begehrte Leistung versagt worden ist, der Gleichheitssatz verletzt oder der Rahmen, der durch die gesetzliche Zweckbestimmung gezogen ist, nicht beachtet worden ist."[173] – Nicht zulässig ist jedenfalls, die VV wie ein Gesetz zu behandeln und allein auf ihre Anwendung abzustellen. – Fraglich ist ein Vertrauensschutz auf Fortbestand von Förderungsrichtlinien[174]. – Die Rechtswidrigkeit eines Subventionsbescheides „kann aus einem Verstoß gegen die in den ... Richtlinien fixierte Verwaltungspraxis und damit aus dem Gleichbehandlungsgebot des Art. 3 Abs. 1 GG folgen"[175].

---

168 Vgl. VGH Kassel, NVwZ-RR 2005, 304.
169 BVerwGE 35, 162; OVG Münster NJW 80, 1406/8; vgl. OLG Karlsruhe DVP 2010, 86 mit Anm. von Otto.
170 Vgl. BVerwG DÖV 97, 732 und NVwZ 2005, 602.
171 Vgl. BVerwG, DVP 2004, 85 mit Anm. von Vahle.
172 BVerwG DÖV 97, 732.
173 BVerwGE 58, 45.
174 BVerwG DÖV 97, 732.
175 BVerwG, DVP 2004, 85 mit Anm. von Vahle.

6.6.4 Einer genaueren Betrachtung bedarf das Verhältnis zwischen dem Erklärungsgehalt (Inhalt) der VV und ihrer **tatsächlichen Handhabung in der Verwaltungspraxis.** Im Regelfall ist davon auszugehen, dass die ausgeübte Verwaltungspraxis dem Inhalt der VV entspricht. Es können daher in der Regel die VVen als schriftlich niedergelegte Verwaltungspraxis angewandt werden, ohne dass eine selbständige Ermittlung der Verwaltungsübung erforderlich wäre („VV als Indiz der Praxis")[176].

Liegt eine Divergenz zwischen den geschriebenen VV und gelebter Verwaltungspraxis **234**
vor, so ist – im Rahmen der gesetzlichen Festlegung des Leistungszwecks – die tatsächlich geübte Verwaltungs**praxis maßgebend.**

Beispiele: Einerseits kann sich der Bürger nicht auf für ihn günstige (aber nur auf dem Papier stehende) VV berufen, wenn die Verwaltungspraxis tatsächlich ständig anders (und für ihn ungünstig) verfährt[177]. – Umgekehrt ist ihm gegenüber eine über die VV hinausgehende, günstigere, ständige Verwaltungsübung maßgebend[178]. – Die Behörde darf sogar eine den VV entsprechende ständige Verwaltungspraxis (aus sachlichen Gründen) für die Zukunft allgemein ändern, ohne den Wortlaut der VV ändern zu müssen; dann ist allein die geänderte Verwaltungspraxis maßgebend[179].
Anders liegt es, wenn der Bürger sich gerade auf den Wortlaut der VV verlassen hat, etwa weil – ausnahmsweise – der Text der VV ihm von der Behörde mit der Erklärung übersandt worden ist, er sei verbindlich[180]. Dann hat der Vertrauensschutz Vorrang, gegebenenfalls unter dem Gesichtspunkt der Zusicherung[181].

6.6.5 Sind die VV bisher noch nicht angewandt worden, handelt es sich also um den „ersten Fall", so kann auf eine Verwaltungspraxis noch nicht abgestellt werden. Dann wird davon ausgegangen, dass die Verwaltung künftig gemäß den VV verfahren wird, so dass bereits dieser erste Fall der Selbstbindung gemäß den VV unterliegt.

„Vorwirkung der Verwaltungspraxis" oder „VV als antizipierte Verwaltungspraxis"[182]. Kommt es zu einem Prozess, wird es meist so liegen, dass inzwischen weitere Fälle aufgetreten sind, so dass es sich nicht mehr um den ersten und einzigen Fall handelt, sondern tatsächlich eine ständige Verwaltungspraxis feststellbar ist.

6.7 Veröffentlichung **235**

Wie ausgeführt, werden VV nicht – wie Außenrechtsnormen – in einer der Allgemeinheit zugänglichen Weise veröffentlicht, sondern nur verwaltungsintern bekannt gegeben. Soweit sie aber mittelbare Wirkung gegenüber dem Bürger haben, wird die Auffassung vertreten, die VV müssten bekannt gegeben werden. Die Veröffentlichung ist jedoch keine Wirksamkeitsvoraussetzung, sondern nur eine sich aus der faktischen Außenwirkung der VV ergebende „Folgepflicht". Nach der Rechtsprechung des BVerwG[183] gibt es **keinen allgemeinen Anspruch auf Veröffentlichung von VV.** Jedoch sollte die Verwaltung bei einem einigermaßen begründeten Wunsch eines Bürgers oder eines Anwalts keine Geheimniskrämerei betreiben. Die an einem konkreten Verwaltungsverfahren Beteiligten können ohnehin Auskunft verlangen, wie die für das Verfahren bedeutsamen VV lauten und welche Verwaltungspraxis besteht[184].

---

176 BVerwG DVBl 81, 1149:
177 BVerwG NJW 79, 280.
178 BVerwGE 57, 290.
179 BVerwG DÖV 79, 793; DÖV 82, 81.
180 Vgl. BVerwG DVBl 2005, 766.
181 Vgl. unten RdNr. 540 ff.
182 BVerwGE 52, 199.
183 BVerwGE 61, 15 und 40.
184 Vgl. BVerwG NVwZ 2005, 602.

236 ## 6.8 Außenwirkung

Es gibt einige weitere Fallgruppen, in denen ein hinreichender rechtsdogmatischer Grund dafür besteht, Verwaltungsvorschriften eine gewisse Außenwirkung beizulegen: Soweit für weniger bedeutsame Regelungen der Verwaltungsorganisation und des Verwaltungsverfahrens der Vorbehalt des Gesetzes nicht eingreift[185] und die Verwaltung deshalb VV erlassen darf, haben solche Organisations- und Verfahrensvorschriften Außenwirkung gegenüber dem Bürger.

Beispiele: Die Übertragung von Zuständigkeiten nach § 54 Abs. 3 S. 2 BeamtStG sowie die Bestimmung von Zuständigkeiten nach § 22 Abs. 4 S. 2 FStrG[186]. – Auch kann dem Bürger durch VV vorgeschrieben werden, welche Formulare er in einem Verwaltungsverfahren zu verwenden hat.

In einigen Entscheidungen ist zugelassen worden, dass eine bewusst unvollständige Rechtsnorm (Blankettvorschrift) durch VV ausgefüllt wird, falls es sich dabei nur um unwesentliche Ergänzungen handelt[187].

237 Für die Praxis der Verwaltung bedeutsame Sonderfälle bilden die als VV ergangenen technischen Regelwerke, genannt „**Technische Anleitung**“ (TA), z. B. TA-Luft[188], TA-Lärm[189]. Sie erläutern die in den Gesetzen gebrauchten Begriffe, deren Feststellung im Einzelfall nicht ohne eine besondere Sachkunde möglich ist. Nach der Rechtsprechung des BVerwGs haben solche Regelwerke die Funktion von vorweggenommenen (antizipierten) Sachverständigengutachten[190]. Sie haben also ähnliche Wirkung, als wenn im Gerichtsverfahren ein konkretes Gutachten erstattet worden wäre. Da dieses von der Behörde bzw. vom Verwaltungsgericht zu beachten wäre, wird zum Teil auch den (solche Gutachten ersetzenden) VV eine Art Außenwirkung beigelegt.

7. Die Gesetze des allgemeinen Verwaltungsrechts. Das VwVfG und seine Anwendbarkeit

238 Bisher war überwiegend nur allgemein von „Rechtsnormen“, „Gesetzen“ u. ä. die Rede. Es war aber auch schon deutlich geworden, dass es bei der Rechtsanwendung im Einzelfall stets nur um die Anwendung ganz bestimmter gesetzlicher Vorschriften gehen kann. Sie finden sich für die Verwaltung insbesondere in den Gesetzen des (allgemeinen und des besonderen) Verwaltungsrechts.
Wichtig für die Verwaltungspraxis und für die Bürger ist die Funktion des Verwaltungsrechts im demokratischen Rechtsstaat; sie lässt sich mit der – in den Aufbaujahren der Bundesrepublik Deutschland geprägten – Kurzformel zusammenfassen:

„Verwaltungsrecht ist konkretisiertes Verfassungsrecht“.

So Werner, schon 1959[191]; Battis entwickelt diesen Gedanken im europäischen Rahmen weiter unter der Formel „Verwaltungsrecht als konkretisiertes Gemeinschaftsrecht“[192].

185 BVerfGE 40, 250.
186 Vgl. auch BVerwGE 36, 91.
187 BVerfGE 40, 237, 255.
188 Müggenborg NVwZ 2010, 166.
189 Vgl. VGH Mannheim DÖV 2005, 169; VGH Kassel DVBl 2009, 1597.
190 BVerwGE 55, 256; vgl. für VOL und VOB: BGH NJW 92, 827.
191 DVBl 59, 527.
192 DÖV 2001, 988.

7.1 Vorschriften des besonderen Verwaltungsrechts

Zu den Vorschriften des **besonderen Verwaltungsrechts**– als Spezialgesetz für die jeweiligen Verwaltungszweige – gehören z. B. die Gesetze des Polizei- und Ordnungsrechts, das Baugesetzbuch, die Landesbauordnungen, die Gemeindeordnungen, die Umweltschutzgesetze, die Gewerbeordnung, die zahlreichen Gesetze des Sozialrechts. 239

7.2 Das allgemeine Verwaltungsrecht

Hierzu rechnet man die für alle Gebiete des Verwaltungsrechts geltenden grundlegenden Rechtsnormen und Regeln. Es findet sich zunächst in drei bedeutsamen Gesetzen, die als die drei Säulen des allgemeinen Verwaltungs-(Verfahrens-) Rechts bezeichnet werden[193]. 240

- Die allgemeinste Regelung enthält das **Verwaltungsverfahrensgesetz (VwVfG).** Das VwVfG ist das „Grundgesetz der Verwaltung“[194].
- Das allgemeine Steuerverfahrensrecht findet sich in der **Abgabenordnung** (AO), deren verfahrensrechtliche Regelungen teilweise mit denen des VwVfG übereinstimmen.
- Das allgemeine Verwaltungsrecht der Sozialverwaltung findet sich im **Sozialgesetzbuch**, teilweise im Ersten Buch (**SGB I**), auch als SGB AT bezeichnet: §§ 30–67, im übrigen im Zehnten Buch (**SGB X**): §§ 1–66.
  Für bestimmte „besondere Teile“ des SGB gilt dies gemäß § 1 Abs. 1 Satz 2 SGB X allerdings nur, soweit diese besonderen Teile die Vorschriften des SGB X „ ... für anwendbar erklären ...“.

  Beispiele solcher ausdrücklichen Regelung: § 40 Abs. 1 S. 1 SGB II[195]; § 46 Abs. 2 S. 6 SGB XI

In ähnliche Richtung zielt § 37 SGB I, wonach „Das Erste und das Zehnte Buch ...“ nur gelten, „ ... soweit sich aus den übrigen Büchern nichts Abweichendes ergibt.“
Die verfahrensrechtlichen SGB I- und SGB X- Regelungen stimmen weitgehend mit denen des VwVfG überein; Abweichungen finden sich z. B. bei der Bestandskraft der Verwaltungsakte (vgl. unten RdNr. 727 bis 840).

7.3 Anwendungsbereich

Der **Anwendungsbereich** dieser drei allgemeinen Verwaltungsgesetze im Verhältnis zueinander ergibt sich aus den jeweiligen Anwendbarkeitsbestimmungen dieser Gesetze: 241

- § 1 SGB X verweist auf die „öffentlich-rechtliche Verwaltungstätigkeit der Behörden, die nach diesem Gesetzbuch ausgeübt wird“, praktisch also auf die einzelnen Sachbereiche der Sozialverwaltung.
- Nach § 1 Abs. 1 AO gilt dieses Gesetz für alle Steuern, die durch Bundesrecht oder EG-Recht geregelt sind, soweit sie durch Bundesfinanzbehörden oder Landesfinanzbehörden verwaltet werden.
- Das VwVfG gilt grundsätzlich für die übrigen Bereiche (vgl. Abgrenzung zum SGB und zur AO in § 2 Abs. 2 Nr. 1und 4 VwVfG). Die Anwendbarkeit des VwVfG bedarf aber im folgenden einer genaueren Betrachtung:

---

193 Bonk, NVwZ 2001, 636, 637.
194 So z. B. Schily, NVwZ 2000, 883, 887.
195 Vgl. Münder, Sozialgesetzbuch II § 40 RdNr. 1und 2.

7.4 Verwaltungsverfahrensgesetze

242 Ein **VerwaltungsverfahrensG** gibt es im **Bund** (BVwVfG) und in jedem **Land** (LVwVfG). Das Verhältnis des BVwVfG zum LVwVfG ist gemäß § 1 BVwVfG folgendermaßen zu bestimmen:
Das BVwVfG gilt zunächst dann, wenn Bundesbehörden tätig werden (§ 1 Abs. 1 Nr. 1 BVwVfG).
Werden Landesbehörden tätig,
a) so müsste nach der in § 1 Abs. 1 Nr. 2 und Abs. 2 BVwVfG getroffenen Regelung das BVwVfG anwendbar sein, wenn die Landesbehörden Bundesrecht ausführen.
b) Jedoch gilt nach § 1 Abs. 3 das BVwVfG für die Landesbehörden nicht, „soweit die öffentlich-rechtliche Verwaltungstätigkeit der Behörden landesrechtlich durch ein Verwaltungsverfahrensgesetz geregelt ist." Da dies in allen Ländern der Fall ist, schließt es die Anwendbarkeit des BVwVfG auf die Tätigkeit von Landesbehörden aus.

243 Dementsprechend gilt das **Behördenprinzip**: Wird eine Bundesbehörde tätig, gilt das VwVfG des Bundes, handelt eine Landesbehörde, gilt das VwVfG des Landes.
Im Übrigen lauten das BVwVfG sowie die VwVfGe der Länder weitgehend gleich, was teilweise durch eine die Bundesfassung übernehmende Vollregelung („Parallelgesetze"), teilweise durch Verweisung auf die Bundesfassung erreicht wird („Verweisungsgesetze"). Eine Ausnahme besteht in Schleswig-Holstein, wo zwar der rechtliche Gehalt des Landesverwaltungsgesetzes im Wesentlichen der gleiche ist, die Paragraphenfolge aber von der in den übrigen VwVfGen abweicht. Bedeutsamere inhaltliche Unterschiede zwischen der Bundesfassung und den Länderfassungen gibt es z. B. bei der Anwendbarkeit; hier enthalten die Länderfassungen weitere Ausschlussgründe in § 2, z. B. für die Bereiche Religionsgemeinschaften, Rundfunk, Schulen und Hochschulen.

Bei einer Fallbearbeitung braucht, falls Abweichungen nicht in Betracht kommen, nicht ausdrücklich kenntlich gemacht zu werden, ob das BVwVfG oder das LVwVfG angewandt wird. Dementsprechend wird auch in dieser Darstellung lediglich von „VwVfG" gesprochen und die Bundesfassung zugrunde gelegt, soweit nicht Unterschiede in den Länderfassungen eine abweichende Behandlung gebieten.

7.5 Anwendbarkeit

244 Die **Anwendbarkeit des VwVfG** – insgesamt sowie im Hinblick auf seine einzelnen Vorschriften – richtet sich nach vier Voraussetzungen:
1. Zunächst muss **öffentlich-rechtliche Verwaltungstätigkeit einer Behörde** vorliegen (§ 1 Abs. 1 VwVfG). Hierfür gilt der oben[196] entwickelte Begriff der Verwaltung, mit dem (zu wiederholenden) Hinweis, dass es sich um öffentlich-rechtlich ausgeübte Tätigkeit – im Unterschied zur Verwaltung auf Grund privaten Rechts – handeln muss. Die Anwendung öffentlich-rechtlicher Vorschriften ist daher Voraussetzung für die Anwendung des VwVfG, nicht etwa Folge davon.
2. Das VwVfG darf nicht gemäß § 2 VwVfG insgesamt ausgeschlossen sein. Hauptsächlich geht es hier um die (oben dargestellte) Abgrenzung zur Abgabenordnung und zum Sozialgesetzbuch.

245 Somit hat die Kommunalverwaltung mit allen drei allgemeinen Verwaltungs(verfahrens)gesetzen zu tun, z. B.
- das Bauamt mit dem VwVfG,
- das Sozialamt und die Wohngeldstelle mit dem SGB,
- das Stadtsteueramt mit der AO.

196 RdNr. 3 ff.

Praxisbeispiele hierzu: In der Kommunalverwaltung gilt z. B. für die Rücknahme
- von als rechtswidrig erkannten Baugenehmigungen der § 48 VwVfG,
- von Wohngeldbescheiden § 45 SGB X (vgl. unten RdNr. 727 bis 840) und
- von Erschließungsbeitragsbescheiden § 130 Abs. 1 AO (z. B. i. V. m. § 12 KAG NRW).

3. Für das Verhältnis des VwVfG zum übrigen Recht, insbesondere zum besonderen Verwaltungsrecht, gilt das **Subsidiaritätsprinzip**. **246**

Beispiel: § 1 Abs. 1und 2 BVwVfG, wonach das VwVfG nur zur Anwendung kommt, „soweit nicht Rechtsvorschriften des Bundes inhaltsgleiche oder entgegenstehende Bestimmungen enthalten".

Hierzu kommt es für die Anwendbarkeit des VwVfG darauf an, ob nicht in einem anderen verwaltungsrechtlichen Gesetz eine inhaltsgleiche oder entgegenstehende Bestimmung enthalten ist. Dies lässt sich nur dadurch entscheiden, dass man die Regelungsbereiche der beiden Bestimmungen durch Auslegung näher herausarbeitet und miteinander vergleicht. Die andere, spezielle Bestimmung geht vor, wenn sie entweder denselben Anwendungsbereich wie das VwVfG hat oder wenn sie eine abschließende Regelung enthält.

Beispielsweise enthält § 11 BeamtStG eine abschließende Regelung der Nichtigkeit von Beamtenernennungen und verdrängt § 44 VwVfG. § 12 BeamtStG regelt die Zurücknahme der Ernennung und verdrängt §§ 48, 49 VwVfG. – Ebenso gehen die Spezialvorschriften in den landesrechtlichen Ordnungsgesetzen über Rücknahme und Widerruf von Erlaubnissen den allgemeinen §§ 48, 49 VwVfG vor, auch soweit die Regelung inhaltlich gleich ist.

4. Als (weitere) Anwendungsbeschränkung wirkt § 9 VwVfG, wonach ein **Verwaltungsverfahren** iSd VwVfG nur die auf **Erlass eines Verwaltungsaktes** oder auf den **Abschluss eines öffentlich-rechtlichen Vertrages** gerichtete Tätigkeit der Behörde ist[197]. **247**

Deshalb ist das VwVfG nicht anwendbar auf ein Verwaltungsverfahren, das
- auf Erlass einer Rechtsvorschrift (z. B. Satzung),
- auf faktische Maßnahmen (z. B. Aufstellung von Parkbänken),
- auf verwaltungsinterne Vorgänge (wie den Erlass von Verwaltungsvorschriften)

gerichtet ist.

Jedoch gelten § 3 (örtliche Zuständigkeit), §§ 4 ff. (Amtshilfe), wie sich aus ihrer Stellung *vor* § 9 ergibt, nicht nur für Verfahren iSd § 9, sondern allgemein. §§ 35, 54 müssen im Rahmen des § 9 ohne weiteres gelten, weil sich ohne ihre Heranziehung gar nicht entscheiden lässt, ob das VwVfG gemäß dessen § 9 gilt. Einige Vorschriften sind Ausdruck allgemeiner Rechtsgedanken, und daher auch bei anderen Verwaltungsverfahren anzuwenden, z. B. §§ 20, 21 (Ausschluss betroffener oder befangener Amtswalter), § 29 (Anspruch auf Akteneinsicht).

7.6 Allgemeine Grundsätze des Verwaltungsrechts

Soweit das allgemeine Verwaltungsrecht nicht gesetzlich geregelt ist, haben sich **allgemeine Grundsätze des Verwaltungsrechts** entwickelt, die vor Erlass des VwVfG einen Großteil des allgemeinen Verwaltungsrechts ausmachten. Einige dieser Grundsätze gelten auch nach dem Erlass des VwVfG weiter, beispielsweise für die Frage, inwieweit öffentlich-rechtliche Rechte und Pflichten übertragbar sind. Diese allgemeinen Grundsätze des Verwaltungsrechts sind aber keine selbständige Rechtsquelle. Vielmehr stammen sie aus konkretisierten Rechts-(Verfassungs-) Prinzipien, aus Lückenausfüllung (analoge Anwendung anderer Rechtsnormen) und aus der Rechtsprechung (ungenau **248**

197 Vgl. Bonk, NVwZ 2001, 636, 638, 642.

„Richterrecht“, vgl. oben RdNr. 176). Dabei kann ein „Grundsatz“ auf Elemente aller drei Rechtsquellenarten gestützt werden.

7.7 Verhältnis des VwVfG zur Verwaltungsgerichtsordnung

249 Das **Verhältnis des VwVfG zur Verwaltungsgerichtsordnung (VwGO)** wird nur deutlich, wenn einerseits die Entstehungszeitpunkte und andererseits die unterschiedlichen Normierungszwecke beider Gesetze berücksichtigt werden: Die VwGO ist 1960 in Kraft getreten, also wesentlich früher als das VwVfG (des Bundes und das der meisten Länder: 1976). Manche der Regelungen über das Widerspruchsverfahren, das an sich ein reines Verwaltungsverfahren („zweiter Instanz“) ist, sind primär wegen dieser Entstehungsreihenfolge in die VwGO gelangt und nicht etwa wegen der Gesetzgebungszuständigkeit des Bundes zur Regelung von gerichtlichen Verfahren (Art. 74 Abs. 1 Nr. 1 GG).

250 Allein aus der (an Sachurteilsvoraussetzungen orientierten) Optik einer Prozessordnung ist auch die Bezeichnung des Widerspruchsverfahrens in § 68 VwGO als „Vorverfahren“ zu verstehen; aus der Sicht des Verwaltungsverfahrensrechts handelt es sich dagegen um ein „Nachverfahren“ im Sinne der Überprüfung einer getroffenen Entscheidung durch eine (oft, aber nicht zwingend, zweite) Verwaltungsinstanz[198].
Das Verhältnis des VwVfG und der VwGO im Rechtsbehelfsverfahren ist in § 79 VwVfG dahingehend geregelt, dass die VwGO durch subsidiäre Geltung des VwVfG – zur Auffüllung von Lücken – ergänzt wird.

Beispiel für eine solche notwendige Ergänzung ist die Regelung zur Kostentragung des VwVfG bei Rechtsbehelfen: Während § 73 Abs. 3 Satz 3 VwGO lediglich bestimmt, dass der Widerspruchsbescheid eine Kostenlastentscheidung enthalten muss, ergibt sich erst aus § 80 VwVfG, wem konkret die Erstattungspflicht aufzuerlegen ist.

8. Unterscheidung formelles und materielles Recht

251 Die Unterscheidung zwischen **formellem und materiellem Recht** ist für das Verständnis des Verwaltungsrechts und seine Anwendung von großem Nutzen.

Beispielsweise ist diese Unterscheidung als Voraussetzung zum Verständnis der §§ 45, 46 VwVfG unverzichtbar, da nur die (dort genannten) formellen Fehler eines VA heilbar oder folgenlos sind, materielle jedoch nicht.

8.1 Materielles Recht

252 Das **materielle Recht** enthält die inhaltliche Regelung für die Entscheidung „in der Sache“ (vgl. diese Formulierung in § 46 VwVfG). Ob eine Norm zum materiellen Verwaltungsrecht gehört, kann man daran erkennen, dass ihre Anwendung die **Entscheidung selbst** – bei einem Verwaltungsakt also dessen Ausspruch (Bestimmung/Regelung/Tenor) – **un**mittelbar **beeinflusst.**

Beispiele: „Sache“ in diesem Sinne ist im Baugenehmigungsverfahren die Frage, ob auf einem bestimmten Grundstück ein ganz konkreter Bau (genaue Lage auf dem Baugrundstück, Zahl und Höhe der Geschosse, tragende Wände, Fenster, Dachgestaltung) errichtet werden darf. – Im Abgabenrecht ist „Sache“ die Frage, ob, in welcher Höhe, wann und von wem eine Steuer,

198 Zum Begriff „Vorverfahren“: Fluck/Theuer VR 95, 361; OVG Münster NWVBl 98, 107. – Teilweise ist der Devolutiveffekt durch Landesgesetzgebung zur Einschränkung des Widerspruchsrechts beseitigt; vgl. Rüssel NVwZ 2006, 523, Hoppe NWVBl. 2008, 384 und NWVBl. 2009, 143 und Steinbeiß-Winkelmann NVwZ 2009, 686.

Gebühr oder ein Beitrag zu zahlen ist. – Im Prüfungsrecht ist „Sache“ die Entscheidung, unter welchen Voraussetzungen eine bestimmte Prüfung bestanden ist, welche Noten dabei möglich sind und von welchem Maßstab die Benotung abhängt.

8.2 Formelles Recht

Das **formelle Recht** betrifft die Vorschriften über **253**
a) die Zuständigkeit (z. B. die Regelung der örtlichen Zuständigkeit in § 3 VwVfG);
b) das Verfahren (§§ 9 ff. VwVfG; z. B. §§ 20, 21 über die im Verwaltungsverfahren ausgeschlossenen Personen);
c) die Form der Entscheidung (z. B. ob mündlich, elektronisch, schriftlich, durch Aushändigung einer Urkunde, vgl. § 37 Abs. 2 VwVfG);
d) die der Entscheidung beizufügende Begründung (§ 39 VwVfG) und die Rechtsbehelfsbelehrung;
e) die Art der Bekanntgabe (vgl. § 41 VwVfG).

Diese Regelungen haben **keinen unmittelbaren Einfluss auf die Entscheidung in der Sache.** So ist der Inhalt der Baugenehmigung unabhängig davon, ob das Bauamt in A oder das in B entscheidet, in welcher Form die Genehmigung erteilt wird, ob ihr eine Begründung beigefügt und wie sie bekannt gegeben wird. Dass die formellen Vorschriften gleichwohl wichtig sind, folgt aus ihrer mittelbaren Bedeutung. **254**

Beispielsweise fällt es einem befangenen Amtswalter möglicherweise schwerer, die rechtmäßige Entscheidung zu treffen. – Muss dem VA eine Begründung beigefügt werden, so überdenkt der Sachbearbeiter beim Anfertigen der Begründung gezwungenermaßen nochmals die Entscheidung und korrigiert sich möglicherweise.

8.3 Einordnung formelles – materielles Recht

Das VwVfG kann nicht pauschal in das Schema formelles – materielles Recht eingeordnet werden. Die meisten Vorschriften des VwVfG sind allerdings verfahrensrechtlich-formeller Natur, wie sich schon aus der Bezeichnung Verwaltungsverfahrensgesetz ergibt. **255**
Zahlreiche Vorschriften über Verwaltungsakte (insbesondere §§ 35, 36, 38, 43, 44, 48, 49) und über den öffentlich-rechtlichen Vertrag (§§ 54, 55, 56, 59 ff.) sind aber „inhaltlicher“, materiell-rechtlicher Natur.

Bei der Fallbearbeitung können sich aber dann besondere Zuordnungsprobleme ergeben, wenn der Gesetzgeber **in einer Vorschrift sowohl formelle als auch materielle Fragen** behandelt. **256**

Beispiel hierfür ist § 37 VwVfG, der in seinen Absätzen 2–6 die Form von Verwaltungsakten regelt – also insoweit zum formellen Recht zählt –, aber in seinem Abs. 1 die Bestimmtheit von Verwaltungsakten behandelt – also insoweit inhaltsbezogen ist und damit zum materiellen Recht gehört (Vgl. unten RdNr. 359, 417, 422).

Die Unterscheidung zwischen materiellem und formellem Recht ist bei der Fallbearbeitung bedeutsam, da formelle Fehler und Verfahrensfehler möglicherweise geheilt werden können oder unbeachtlich bleiben (§§ 46, 46 VwVfG), materielle Rechtsmängel jedoch nicht (Vgl. unten RdNr. 444).

4. Abschnitt: Objektives Recht und subjektive Rechte. Pflichten. Verwaltungsrechtliche Rechtsverhältnisse

1. Die Bedeutung des objektiven Rechts. Rechtmäßigkeit und Rechtswidrigkeit

1.1 Objektives Recht

257 Die bisher behandelten Rechtsnormen – Verfassungsrecht, einfaches (formelles) Gesetz, (Rechts-)VO u. a. – bilden das **objektive Recht.** Zweck des objektiven Rechts ist in erster Linie, das Verhalten von Personen durch Verbote und Gebote zu regeln. „Personen" sind auch die juristischen Personen des öffentlichen Rechts – die Verwaltungsträger – einschließlich ihrer Organe und Behörden. Entspricht ein Verhalten den Anforderungen des objektiven Rechts, ist es rechtmäßig; entspricht es ihnen nicht, ist es rechtswidrig. Daraus ergibt sich die allgemeine Begriffsbestimmung für Rechtmäßigkeit und Rechtswidrigkeit: **Rechtmäßig** ist ein Verhalten, das mit dem objektiven Recht übereinstimmt. Stimmt ein Verhalten mit dem objektiven Recht nicht überein, ist es **rechtswidrig.**
Die Begriffe „rechtmäßig" und „rechtswidrig" bilden sich ausschließende (kontradiktorische) Gegensätze. Ein Verhalten kann also nur rechtmäßig oder rechtswidrig sein. Eine dritte Möglichkeit gibt es ebenso wenig wie ein Sowohl-als-auch. Möglich ist aber (bei teilbaren Sachverhalten), dass ein Verhalten zum Teil rechtmäßig und zum Teil rechtswidrig ist.

1.2 Ausgestaltung

258 Das objektive Verwaltungsrecht ist inhaltlich überwiegend so ausgestaltet, dass es Zuständigkeitszuweisungen und Handlungsermächtigungen an die Verwaltungsbehörden enthält und dadurch bestimmt, welches Verhalten der Behörden geboten ist. Damit verbunden ist stets auch eine Begrenzung des möglichen Verwaltungshandelns, d. h. die Aufstellung von Handlungsverboten. Die Begrenzung findet sich teilweise ausdrücklich in den Gesetzen (z. B. in den Grundrechten, im Verhältnismäßigkeitsprinzip[1]). Im Übrigen ergibt sie sich aus dem Prinzip vom Vorbehalt[2] des Gesetzes: Belastungen bzw. Eingriffe und wesentliche Entscheidungen für das Leben in der Gesellschaft sind nur rechtmäßig, wenn sie gesetzlich vorgesehen sind; anderenfalls sind sie untersagt. Damit ermöglicht das Verwaltungsrecht ein Rechtmäßigkeits- bzw. Rechtswidrigkeitsurteil über jedes Verhalten der Verwaltungsbehörden.
Die Rechtmäßigkeit bzw. Rechtswidrigkeit des Verwaltungshandelns ist rein objektiv zu bestimmen, unabhängig von einem eventuellen Verschulden des handelnden Amtswalters.

Beispielsweise ist ein Steuerbescheid objektiv rechtswidrig, wenn die Steuer auf Grund falscher Angaben des Steuerschuldners zu niedrig festgesetzt worden ist, selbst dann, wenn der Veranlagungsbeamte die Angaben nicht zu überprüfen brauchte oder die Unrichtigkeit nicht feststellen konnte. Dann hat der Beamte weder pflichtwidrig noch schuldhaft gehandelt. Gleichwohl ist der Bescheid objektiv rechtswidrig, weil die Steuerfestsetzung der Gesetzeslage widerspricht.

1 Z. B. formuliert in § 15 OBG NRW.
2 Vgl. oben RdNr. 197 ff.

1.3 Personenbezogenes Recht

Die Beurteilung eines Verhaltens als objektiv rechtmäßig oder rechtswidrig reicht nicht aus, um sämtliche im öffentlichen Recht auftauchenden Fragestellungen zu behandeln, insbesondere nicht, um zu entscheiden, **wer** ein bestimmtes Verhalten der Verwaltung verlangen kann. Vielmehr ist es erforderlich, das gebotene oder verbotene Verhalten in einen spezifischen Bezug zu bestimmten Personen (Rechtssubjekten) zu setzen. Zu diesem Zweck werden aus dem objektiven Recht **subjektive** (d. h. subjektbezogene, personenbezogene) **Rechte** und Pflichten entwickelt. 259

Sie sind im Folgenden unter RdNr. 260 ff. näher zu behandeln. Die subjektiven Rechte und Pflichten werden unter dem (noch allgemeineren) Oberbegriff des „Rechtsverhältnisses" zusammengefasst, der Gegenstand der Darstellung unter RdNr. 281 ff. ist.

2. Das subjektive öffentliche Recht: Bedeutung, Begriff und Voraussetzungen

2.1 Subjektives Recht

Subjektive Rechte können dem Bürger gegenüber dem Staat und dem Staat gegenüber dem Bürger zustehen. Seine wesentliche Bedeutung hat das subjektive Recht als Recht des Bürgers. Es bildet das rechtsstaatlich notwendige Gegengewicht zu der dem Staat zustehenden Hoheitsgewalt. Fragt man nach der Bedeutung der subjektiven öffentlichen Rechte, so ist zunächst hervorzuheben, dass das subjektive Recht Bestandteil des objektiven Rechts ist und deshalb sämtliche Funktionen des objektiven Rechts erfüllt, also darüber entscheidet, ob ein bestimmtes Verhalten geboten oder verboten, rechtmäßig oder rechtswidrig ist. 260

Für die Verwaltungspraxis haben die subjektiven Rechte aber vor allem folgende – über das objektive Recht hinausgehende – zusätzliche Funktionen:

1. Sie beantworten die Frage, **welches Verhalten der Bürger** vom Staat und seinen Organen **verlangen kann.** 261

   Beispielsweise fragt sich, ob er verlangen kann, dass eine Straße gebaut oder nicht gebaut wird. Hat er gegen die Polizei einen Anspruch, dass diese ihm den Namen einer Person mitteilt, die ihn denunziert hat? Kann er verlangen, dass der Sozialversicherungsträger seine persönlichen Daten niemand anderem übermittelt? Hat er ein Recht auf Benutzung oder gar Schaffung einer kommunalen Einrichtung?[3] Hat er ein Recht auf Aufrechterhaltung eines straßenrechtlichen Gemeingebrauchs?[4]

   Hierbei wird vorausgesetzt, dass der Bürger ein Verhalten des Staates nicht schon deshalb verlangen kann, weil es gesetzlich vorgeschrieben ist. Das wird üblicherweise so formuliert: „Es gibt ... keinen allgemeinen Gesetzesvollziehungsanspruch ..."[5].
2. Liegt ein Eingriff in Rechte vor, so bedarf es nach dem Prinzip vom Vorbehalt des Gesetzes einer in bestimmter Weise beschaffenen Rechtsgrundlage (Ermächtigung).
3. Soll ein VA erlassen werden, der in die Rechte eines Beteiligten eingreift, so muss dieser idR zuvor angehört werden (§ 28 VwVfG).
4. Macht jemand geltend, durch die öffentliche Gewalt in seinen Rechten verletzt zu sein, hat er die Möglichkeit, ein Gericht anzurufen (vgl. Art. 19 Abs. 4 GG). Die **Berufung auf ein subjektives Recht gewährleistet also den Rechtsschutz**, z. B. vor 262

3 Vgl. Hofmann/Theisen/Bätge, Kommunalrecht in NRW, 2.3.4.1.
4 Vgl. VGH Bad.-Württ. DÖV 2004, 492; BVerfG NVwZ 2009, 1426.
5 So Wolff/Bachof/Stober/Kluth I § 43 RdNr. 10; differenzierend: Bull/Mehde, RdNr. 142 ff. Überblick: Voßkuhle/Kaiser JuS 2009, 16.

den allgemeinen Verwaltungsgerichten (§ 113 VwGO[6]), bzw. den Sozial- und Finanzgerichten. Bei Grundrechtsverletzungen kommt außerdem eine Verfassungsbeschwerde in Betracht (Art. 93 Abs. 1 Nr. 4a GG).

Andererseits wird dadurch der Rechtsschutz eingegrenzt: Wer sich nämlich nicht auf ein subjektives Recht berufen kann, hat die aufgeführten Möglichkeiten grundsätzlich nicht, kann insbesondere keine verwaltungsgerichtliche Anfechtungs- oder Verpflichtungsklage erheben (vgl. §§ 42, 113 VwGO).

Nicht zulässig ist insbesondere eine sog. Popularklage, d. h. eine Klage, bei der jemand als Sprecher lediglich allgemeiner Interessen auftritt (als „quivis ex populo" = irgendeiner aus dem Volke). – Der im Folgenden vorwiegend zu behandelnden sachlich-rechtlichen Seite des subjektiven Rechts entspricht die prozessuale Problematik der sog. Klagebefugnis gemäß § 42 Abs. 2 VwGO („... ist die Klage nur zulässig, wenn der Kläger geltend macht, ... in seinen Rechten verletzt zu sein").

263 Die grundsätzliche Anbindung der Klagemöglichkeit an das subjektive Recht ist dort am problematischsten, wo es um die Durchsetzung lebenswichtiger Belange der Allgemeinheit geht, insbesondere im Bereich des Natur- und Umweltschutzes. Da in solchen Fällen meist „nur" objektiv-rechtliche Vorschriften verletzt werden (wie z. B. Sorgfaltspflichten nach § 5 WHG, Ziele des Naturschutzes nach § 1 BNatSchG und den entsprechenden Landschaftsgesetzen der Länder), greift der Grundsatz ein „Wo kein Kläger, da kein Richter". Es entstehen Vollzugsdefizite; diese Situation verbessert sich, soweit Verbänden die Befugnis zur Klage gegen bestimmte umweltschädliche Verwaltungsentscheidungen eingeräumt wird (sog. altruistische **Verbandsklage**[7]).

Aus dem an die Verletzung subjektiver Rechte anknüpfenden Rechtsschutzsystem lässt sich diese Verbandsklage nicht herleiten; § 42 Abs. 2 VwGO lässt jedoch eine Klagebefugnis auch **ohne**[8] subjektive Rechtsverletzung zu, wenn ein Gesetz dies bestimmt. Das ist im Naturschutzrecht – wo die Länder eine Gesetzgebungskompetenz besitzen (Art. 72 Abs. 3 Nr. 2 GG) – mit unterschiedlichen Voraussetzungen geschehen.

Beispielsweise sei hierzu § 12 b) des nordrhein-westfälischen Landschaftsgesetzes (LG) zitiert: „Ein nach § 12 anerkannter Verein kann, ohne in seinen Rechten verletzt zu sein, Rechtsbehelfe nach Maßgabe der Verwaltungsgerichtsordnung einlegen gegen ...". Auf Grund des bundesrechtlichen **Umwelt-Rechtsbehelfsgesetzes** können bestimmte anerkannte Verbände z. B. gegen umweltrechtliche Genehmigungen vor den Verwaltungsgerichten klagen (§ 2: „... ohne eine Verletzung in eigenen Rechten geltend machen zu müssen ...").

2.2 Die Voraussetzungen für ein subjektives öffentliches Recht

264 2.2.1 Das Vorliegen eines subjektiven öffentlichen Rechts ergibt sich vielfach bereits unmittelbar aus dem Gesetz. Das gilt für die Grundrechte und die grundrechtsgleichen Rechte der Verfassung, die Rechte aus der (europäischen) Menschenrechtskonvention, die sozialen Rechte nach § 3–10 SGB I, die Ansprüche auf eine öffentlich-rechtliche Entschädigung (z. B. wegen Amtspflichtverletzung, Enteignung), die Rechte der Beamten. Auch bei den grundrechtsverwirklichenden Genehmigungen und Erlaubnissen (z. B. Baugenehmigung, gewerberechtliche und berufsrechtliche Genehmigungen, Fahrerlaubnis) ist unbestritten, dass sowohl der Anspruch auf die Erteilung als auch die im Falle der Erteilung sich daraus ergebenden Befugnisse subjektive Rechte sind.

Inzwischen wird auch von einer „Europäisierung" des subjektiv-öffentlichen Rechts ausgegangen – als Folge von zwingend in nationales Recht umzusetzendem Gemeinschaftsrecht[9].

---

6 § 113 VwGO: „Soweit der Verwaltungsakt rechtswidrig und der Kläger dadurch in seinen Rechten verletzt ist, hebt das Gericht den Verwaltungsakt ... auf ..."

7 BVerwG, NVwZ 2010, 380; zu der Grenzen der Verbandsklage: OVG Greifswald, NVwZ-RR 2016, 94.

8 § 42 Abs. 2 VwGO: „Soweit gesetzlich nichts anderes bestimmt ist ..."

9 Zur Frage „subjektiver Verfahrensrechte als Folge der Europäisierung im Bauplanungsrecht" Grünewald, NVwZ 2009, 1520.

2.2.2 Lässt sich nicht ohne weiteres eindeutig feststellen, dass eine Rechtsnorm ein subjektives Recht begründet, so bedarf es hierzu einer genaueren **Auslegung der Rechtsnorm.** Diese Auslegung hat sich an den allgemeinen Voraussetzungen für ein subjektives öffentliches Recht auszurichten. **265**

Beispiel: E will sein Grundstück in NRW teilen, um die eine Hälfte zu veräußern. Die Teilung ist bauordnungsrechtlich genehmigungsbedürftig nach § 8 BauO NRW. E fragt, ob er im Falle der Ablehnung der Genehmigung ein – gegebenenfalls durch verwaltungsgerichtliche Verpflichtungsklage einklagbares – Recht auf Erteilung der Genehmigung hat.

1. Es muss eine Rechtsnorm des öffentlichen Rechts vorliegen, in der das Verhalten eines Trägers öffentlicher Gewalt, insbesondere einer Behörde, geregelt ist[10]. In der Regel muss eine Verpflichtung eines Trägers öffentlicher Gewalt bestehen.

   Für das Ausgangsbeispiel gilt, dass der für die Genehmigungsbedürftigkeit und die Genehmigungserteilung maßgebende § 8 BauO NRW Rechtsnorm des öffentlichen Rechts ist, worin geregelt ist, unter welchen Voraussetzungen die zuständige Behörde zur Erteilung oder Versagung der Genehmigung verpflichtet ist.

   Geht es nicht nur abstrakt um die Frage, ob sich aus einer Vorschrift generell ein Recht ergeben kann, sondern geht es – wie stets im praktischen Fall – um das Bestehen eines konkreten Rechts, so ist weiterhin erforderlich, dass die Voraussetzungen dieser Rechtsnorm erfüllt sind.

   Im Ausgangsbeispiel ist erforderlich, dass die Behörde zur Erteilung der Genehmigung konkret verpflichtet ist. Wäre die Behörde zur Ablehnung der Genehmigung berechtigt, wäre ein subjektives Recht auf Erteilung von vornherein ausgeschlossen. – Im praktischen Fall wird man dies allerdings erst dann prüfen, wenn abstrakt feststeht, dass Voraussetzung 2) gegeben ist. Denn andernfalls würde die Verpflichtung der Behörde kein subjektives öffentliches Recht begründen.

2. Die Rechtsnorm muss **266**
   - das Interesse einer bestimmten Person oder eines abgrenzbaren Personenkreises objektiv begünstigen (schützen) und
   - nach ihrer Zweckbestimmung auf den Schutz dieser Interessen gerichtet sein. Es muss sich also um eine **Norm mit Schutzzweck** für bestimmte oder bestimmbare Personen handeln; dann steht diesen Personen aus der Norm ein subjektives Recht zu (**Schutznormtheorie**).

Im Ausgangsbeispiel wird der Eigentümer E im Falle der Genehmigung der Teilung objektiv begünstigt. Die sich daran anschließende entscheidende Frage nach dem Schutzzweck ergibt sich manchmal aus einer ausdrücklichen Erwähnung der geschützten Personen (z. B. § 3 Abs. 1 BImSchG: „...die Nachbarschaft ...“). Vielfach fehlt es hier aber an klaren Kriterien, so dass eine überzeugende Lösung nur schwer möglich ist[11].

Der ein subjektives Recht begründende Interessenschutz braucht nicht der einzige Zweck der Vorschrift zu sein; **ausreichend ist, dass** die Vorschrift **auch diesen Zweck verfolgt.**
Eine bestimmte Person hat aus einer Vorschrift aber kein subjektives Recht, wenn
- die Vorschrift lediglich im öffentlichen Interesse (Allgemeininteresse) erlassen ist oder
- den Schutz eines Personenkreises bezweckt, zu dem diese Person nicht gehört, also zum Schutze Dritter erlassen ist.

Im Ausgangsbeispiel besteht kein Zweifel, dass die Teilungsgenehmigung, d. h. eine positive Bescheinigung des Antrags, das Interesse des Grundstückseigentümers an der selbständigen Verwertung des Grundstücksteils schützen will. Unerheblich ist, dass § 8 BauO NRW in erster Linie

10 BVerfGE 51, 211.
11 Zur Fragwürdigkeit abstrakter Interessenqualifikation als Basis subjektiv-öffentlicher Rechte: Reiling, DÖV 2004, 181.

dem Schutz der Allgemeinheit vor einer bauplanungswidrigen Zersplitterung des Grundbesitzes dienen und außerdem einen Dritten davor schützen wollen, dass er ein zu Zwecken der Bebauung ungeeignetes Grundstück erwirbt. Letzteren Zwecken dient die Versagung der Genehmigung, während die von E erstrebte Genehmigungserteilung den Schutz des E bezweckt; somit hat E ein subjektives Recht auf die Erteilung der Genehmigung[12].

2.3 Ermessensentscheidung

267 Ob die dem subjektiven Recht zugrundeliegende Rechtsnorm auf ein striktes Verwaltungshandeln gerichtet ist oder auf eine Ermessensentscheidung, ist für die Frage des subjektiven Rechts unerheblich. Durch die Einräumung von Ermessen wird ein subjektives Recht nicht ausgeschlossen. Beruht das subjektive Recht auf einer Ermessensnorm, so betrifft das ausschließlich die Rechtsfolge: Das **Recht** geht dann nicht auf ein striktes Verhalten, sondern lediglich **auf eine ermessensfehlerfreie Entscheidung**. Auch in diesem Fall muss geprüft werden, ob die Norm den Schutz bestimmter Personen bezweckt[13].

2.4 Drittbeteiligungsfälle

268 Die meisten Schwierigkeiten bereitet die Feststellung des subjektiven Rechts in den sog. **Drittbeteiligungsfällen**. Bei ihnen hat das Verwaltungshandeln einen unmittelbaren, primären Adressaten. Betroffen durch den Erlass oder den Nichterlass des VA fühlt sich aber ein anderer („Dritter“). Es fragt sich dann, ob der Dritte geltend machen kann, in seinen Rechten verletzt zu sein.

Beispiele für möglicherweise verletzte Rechte in solchem Fall:

- Die verwaltungsrechtlichen Regelungen, die Grundlage des vom Dritten abgewehrten oder erstrebten Verwaltungshandelns sind. Bei ihnen ist jedoch häufig fraglich, ob sie subjektive Rechte des Dritten begründen; damit befassen sich die nachfolgenden Ausführungen.
- Außerdem kommt idR die Verletzung von Grundrechten in Betracht. Bei diesen ist der subjektiv-rechtliche Charakter nicht zweifelhaft. Hier ist aber vielfach problematisch, ob sie (möglicherweise) verletzt sind. Diese Frage gehört ins Verfassungsrecht und soll hier nicht näher behandelt werden[14].

2.4.1 Bei der wichtigsten Fallgruppe der Drittbeteiligung ist gegenüber dem unmittelbaren Adressaten ein begünstigender VA erlassen worden; dieser VA wirkt zugleich dem Dritten gegenüber nachteilig. Er wird als begünstigender VA mit **drittbelastender Doppelwirkung** oder als **VA mit** (belastender) **Drittwirkung** bezeichnet.

Beispiele für gesetzliche Besonderheiten bei derartigen VAen sind §§ 80 Abs. 1 S. 2 und § 80a VwGO, sowie § 50 VwVfG[15].

269 Hauptbeispiel ist die sog. **baurechtliche Nachbarklage**, der im Normalfall folgende Konstellation zu Grunde liegt: Grundstückseigentümer E erhält von der Baubehörde eine Baugenehmigung. Nachbar N wendet sich gegen diese Baugenehmigung mit der Begründung, sie verletze baurechtliche Vorschriften (z. B. über den seitlichen Grenzabstand, über die Zahl der zulässigen Geschosse, über die Zulassung eines störenden Gewerbebetriebes). Da eine Klage des N nur Erfolg hat, wenn er sich auf **sein** Recht beruft (§§ 42, 113 VwGO), kommt es darauf an, ob die möglicherweise verletzten

---

12 Vgl. zur Schutznormtheorie: Bull/Mehde, RdNr. 1045; Faber § 28 III a; BVerfGE 27, 297, 307; BVerwGE 52, 122, 128. – Zur Frage eines subjektiv-öffentlichen Rechts auf Luftreinhaltung: Fonk, NVwZ 2009, 69.

13 BVerwGE 39, 235.

14 Im einzelnen hierzu Ramsauer AöR 111. Bd, S. 501 ff.

15 Vgl. Laubinger, Der Verwaltungsakt mit Doppelwirkung. – Zur uneinheitlichen Terminologie: Stelkens/Bonk/Sachs § 50 RdNr. 12 f.

Vorschriften Rechte des N begründen. Das ist nach den oben (RdNr. 265 f.) entwickelten Grundsätzen der Fall, wenn die Vorschriften zumindest auch den Schutz der Interessen des Nachbarn N bezwecken, d. h. wenn sie **nachbarschützenden Charakter** haben.

Beispielsweise haben nachbarschützenden Charakter die Vorschriften über den seitlichen Grenzabstand („Bauwich"), die Geschosszahl, die Art der Nutzung – nicht jedoch die Vorschriften über Einstellplätze oder Dachgestaltung. Im Einzelnen gehört dieser Problemkreis ins Baurecht.

Eine ähnliche Fallgestaltung liegt der **immissionsschutzrechtlichen Nachbarklage** zugrunde. Mit ihr wenden sich die in der Umgebung einer genehmigten umweltbeeinträchtigenden technischen Anlage Wohnenden gegen diese Genehmigung. **270**

Beispiel: Die §§ 4, 5 BImschG haben nachbarschützenden Charakter, wie der mehrfachen Erwähnung der „Nachbarschaft" in diesen Vorschriften zu entnehmen ist[16].

Mit der **gewerberechtlichen Konkurrentenklage**, wendet sich ein Gewerbetreibender dagegen, dass einem anderen Gewerbetreibenden eine bestimmte Genehmigung erteilt wird.

Beispiel: Zulassung eines Taxiunternehmers[17]. Ähnlich liegt die Klage, mit der sich ein Unternehmer gegen die (Presse-)Subventionierung seines Konkurrenten wendet[18]. Umstritten ist die Frage eines subjektiven Rechts zur Abwehr kommunaler Wirtschaftsbetätigung[19].

Bei der **beamtenrechtlichen Konkurrentenklage** sind die Fälle besonders problematisch, in denen es um die Vergabe einer nur einmal vorhandenen Stelle geht und der abgewiesene Bewerber sich gegen die Ernennung des vorgesehenen Bewerbers wehrt.

Hier kann die Schaffung vollendeter Tatsachen dadurch verhindert werden, dass der Behörde durch einstweilige Anordnung nach § 123 Abs. 1 S. 1 VwGO untersagt wird, den vorgesehenen Bewerber zu ernennen[20].

2.4.2 Bei einer weiteren Fallgruppe verlangt ein Dritter von der Behörde das Einschreiten gegenüber einer anderen Person. **271**

Beispielsfall ist, dass der von einer Störung Betroffene von der Polizei oder der Ordnungsbehörde das Einschreiten gegen einen (angeblichen oder tatsächlichen) Störer begehrt. Die grundsätzliche Interessenlage ist ähnlich wie bei den Fällen oben RdNr. 269, 270, jedoch wendet sich dort der Dritte gegen den Erlass eines VA (daher prozessual: Anfechtungsklage), während er hier den Erlass eines VA begehrt (prozessual deshalb: Verpflichtungsklage).

Auch in diesen Fällen kommt es darauf an, ob die mögliche Ermächtigungsnorm (zumindest „auch") den Schutz der Interessen des Dritten bezweckt. Das ist bei der polizei- und ordnungsrechtlichen Generalklausel dann der Fall, wenn die Gefahr für die öffentliche Sicherheit darin besteht, dass gewichtige Individualgüter des Einzelnen (Leben, Gesundheit, Freiheit, Ehre, Eigentum) gefährdet sind. Steht das Einschreiten im Ermessen der Behörde, hat der gefährdete Dritte (nur) einen Anspruch auf eine ermessensfehlerfreie Entscheidung über das Einschreiten.

Unter engen Voraussetzungen ist ein subjektives Recht auf polizeiliches oder ordnungsbehördliches Einschreiten anzuerkennen bei „Ermessensreduktion auf Null" wegen hoher Intensität der Störung oder Gefährdung[21].

---

16 Vgl. BVerwG NVwZ 2015, 1458.

17 Vgl. BVerwGE 16, 187.

18 BVerwGE 30, 191; OLG Frankfurt/M NVwZ 93, 706 wegen unzulässiger Pressesubvention für Mitbewerber.

19 Hofmann/Theisen/Bätge, Kommunalrecht in NRW, 7.5.

20 Vgl. Wichmann/Langer, Öffentliches Dienstrecht RdNr. 313 ff.; OVG Münster, NVwZ-RR 2010, 28.

21 Zur Ermessensreduktion: unten RdNr. 398; BVerwGE 81, 197. – Vgl. VGH Kassel DVBl 2009, 1597. – Zur Frage eines subjektiven Rechts auf „Bauordnungsverfügung im Zeitalter der Baufreistellung", Mehde/Hansen, NVwZ 2010, 14.

3. Weitere Rechtspositionen der Bürger

272 Der rechtliche Schutz der Bürger setzt nicht stets ein subjektives Recht voraus. In einigen Fällen ist eine schwächere Position ausreichend. Beispiele für derartige **weitere Rechtspositionen der Bürger** ergeben sich aus folgenden gesetzlichen Regelungen:

- Eine Feststellungsklage kann nach § 43 Abs. 1 VwGO bereits erheben, wer „ein berechtigtes Interesse an der baldigen Feststellung" des Bestehens oder Nichtbestehens eines Rechtsverhältnisses hat (vgl. unten RdNr. 1053 ff.).
- Die Verwaltungsbehörde kann im Verwaltungsverfahren Personen beiladen und das Verwaltungsgericht kann im Prozess Personen beiladen, „deren rechtliche Interessen durch den Ausgang des Verfahrens/durch die Entscheidung berührt werden" (§ 13 Abs. 2 S. 1 VwVfG; § 65 Abs. 1 VwGO).
- Im (behördlichen) Planfeststellungsverfahren ist nach § 73 Abs. 4 VwVfG anzuhören, wessen „Belange durch das Vorhaben berührt werden" (vgl. unten RdNr. 721 ff.).
- Praktisch jedermann ist befugt, im Verfahren der Bauleitplanung „Stellungnahmen" vorzubringen (§ 3 Abs. 2 BauGB).
- Ausdrücklich „jeder" hat das Recht, sich nach § 24 GemeindeO NRW mit „Anregungen und Beschwerden" an den Rat oder die Bezirksvertretung zu wenden[22].

Als weitergehende Entwicklung ist die „Europäisierung" des subjektiv-öffentlichen Rechts als Folge von zwingend in nationales Recht umzusetzenden Gemeinschaftsrechts zu sehen[23].

4. Subjektive Rechte des Staates und innerhalb des Staates

273 Oben (RdNr. 264 f.) wurde ausgeführt, dass das subjektive Recht seine Hauptbedeutung auf Seiten des Bürgers hat, dass aber auch auf Seiten des Staates subjektive Rechte möglich sind. Der Staat kann subjektive Privatrechte haben.

Beispielsweise kann das (Bundes-)Land L ein Grundstück an die Bundesrepublik Deutschland (oder an einen Privaten) verkaufen; dann steht dem Land L ein Kaufpreisanspruch nach § 433 BGB zu, der ein subjektives (Privat-)Recht ist. Durch die Erfüllung des Kaufvertrages geht das privatrechtliche Eigentum von einem Verwaltungsträger auf den anderen (bzw. den Privaten) über.

4.1 Befugnisse des Staates

274 Die Befugnisse, die der Staat gegenüber den Bürgernhat (Zuständigkeiten, Handlungsermächtigungen) sind keine subjektiven Rechte, weil sie nicht zum Schutz des Individualinteresses des Staates geschaffen sind, sondern zur Wahrnehmung im allgemeinen Interesse. Sie sind deshalb eher Pflichten als Rechte. Es gibt aber Befugnisse, die ähnlich wie subjektive Rechte behandelt werden können. Beispielsweise spricht § 37 AO vom „Steueranspruch" des Staates. Allerdings: die gerade für subjektive Rechte typischen Besonderheiten, insbesondere die Befugnis zur Geltendmachung nach Belieben, treffen auf solche Rechtsstellungen nicht zu.

4.2 Grundrechte

275 Auch innerhalb der staatlichen Organisationwerden Rechtsbeziehungen grundsätzlich nur durch objektives Recht und nicht durch subjektive Rechte geregelt.

---

22 Hierzu und zu zahlreichen weiteren kommunalen Rechten der Einwohner und Bürger: Hofmann/Theisen/Bätge, Kommunalrecht in NRW, speziell 2.3.3.1.1.5 und allgemein 2.3.3–2.3.3.2.2.

23 Grünewald, NVwZ 2009, 1520.

Insbesondere stehen den Verwaltungsträgern die **Grundrechte nach Art 2 ff. GG grundsätzlich nicht** zu. Zwar sind die rechtsfähigen Verwaltungsträger „inländische juristische Personen" iSd Art. 19 Abs. 3 GG, jedoch ist diese Vorschrift in erster Linie auf juristische Personen des Privatrechts zugeschnitten. Verwaltungsträger haben öffentliche Aufgaben wahrzunehmen und sind in dieser Eigenschaft Adressaten der Grundrechte und nicht Grundrechtsinhaber[24].

Das gilt nach BVerfG[25] insbesondere auch für die Gemeinden: Eine Gemeinde befinde sich nicht in der „grundrechtstypischen Gefährdungslage". Eigentum in der Hand der Gemeinde diene „nicht der Funktion, derentwegen es durch das Grundrecht geschützt ist, nämlich dem Eigentümer als Grundlage privater Initiative und in eigenverantwortlichem privatem Interesse von Nutzen zu sein ... Art. 14 als Grundrecht schützt nicht das Privateigentum, sondern das Eigentum Privater."[26]

Beispiele für Fälle, in denen organisatorischen Einheiten des Staates subjektive Rechte zustehen:

4.2.1 Auf bestimmte Grundrechte berufen können sich „solche juristische Personen des öffentlichen Rechts ..., die wie Universitäten und Fakultäten oder Rundfunkanstalten von der ihnen durch die Rechtsordnung übertragenen Aufgabe her unmittelbar einem durch bestimmte Grundrechte geschützten Lebensbereich zugeordnet sind oder wie die Kirchen und andere mit dem Status einer Körperschaft des öffentlichen Rechts versehene Religionsgesellschaften kraft ihrer Eigenart ihm von vornherein zugehören"[27]. 276

Beispielsweise können sich deshalb die Rundfunkanstalten auf Art. 5 Abs. 1 S. 2 GG, die Universitäten auf Art. 5 Abs. 3 GG und die Kirchen auf Art. 4 GG berufen.

4.2.2 Ein wichtiges Recht, das einem Verwaltungsträger ausdrücklich verfassungsrechtlich eingeräumt ist, ist das **Selbstverwaltungsrecht der Gemeinden und Gemeindeverbände** nach Art. 28 Abs. 2 GG. Dieses kann durch verwaltungsgerichtliche Klage (etwa gegenüber Aufsichtsmaßnahmen) oder durch Verfassungsbeschwerden nach Landesrecht oder nach Art. 93 Abs. 1 Nr. 4b GG geltend gemacht werden. 277

Beispiel: Eine Gemeinde hatte eine baurechtliche Beseitigungsverfügung erlassen, weil das Bauvorhaben ohne Baugenehmigung und unter Verstoß gegen das Bauplanungsrecht errichtet worden ist. Die Widerspruchsbehörde hatte die Verfügung aufgehoben. Gegen diesen (die Beseitigungsverfügung aufhebenden) Widerspruchsbescheid kann die Gemeinde unter Berufung auf eine Verletzung ihres – die Bauplanungshoheit umfassenden – Selbstverwaltungsrechts klagen[28].

Aus dem Selbstverwaltungsrecht fließt auch das Namensrecht der Gemeinde, einschließlich des Städtenamens als Internet-Adresse[29].

Beispiele für weitere mögliche Rechte zwischen Verwaltungsträgern sind Ersatz- und Ausgleichsansprüche (etwa aus einem öffentlich-rechtlichen Vertrag oder aus Geschäftsführung ohne Auftrag).

4.2.3 Ob innerhalb eines Verwaltungsträgers einzelne Organe subjektive Rechte gegeneinander oder gegen den Verwaltungsträger haben können, hat für die Zulässigkeit von **Organstreitverfahren** Bedeutung. Ausdrücklich geregelt sind Organstreitverfahren im Ver- 278

24 So die stetige Rspr des BVerfG, BVerfGE 21, 362, 369 ff.; 45, 63, 78 ff.; 61, 82, 105 ff.; ferner BVerwGE 64, 202.

25 BVerfGE 61, 82, 108 und BVerfG NVwZ 2005, 82.

26 Vgl. Hofmann/Theisen/Bätge, Kommunalrecht in NRW, 2.2.2.3, 2.2.6 und 2.3.2.1.

27 BVerfGE 61, 102.

28 BVerwG DÖV 82, 283; vgl. auch BVerwGE 31, 263, 22, 342: hierzu und zur Klagebefugnis bei Maßnahmen der Raumordnung und Landesplanung Hofmann/Theisen/Bätge, Kommunalrecht in NRW, 2.2.5.5.

29 Vgl. BVerwGE 44, 351. – Zum Schutz des Städtenamens auch als Internet-Adresse: Hofmann/Theisen/Bätge, Kommunalrecht in NRW, 2.3.2.2.

fassungsrecht[30] (Art. 93 Abs. 1 Nr. 1 GG). – Aber auch ohne ausdrückliche Regelung sind sie im Verwaltungsprozess möglich und von der Rechtsprechung anerkannt: Beispielsfall sind Kommunalverfassungsstreitverfahren: Eine Ratsfraktion hat z. B. ein Recht darauf, dass von ihr gestellte Anträge in die Tagesordnung der Ratssitzung aufgenommen werden. Wird dem vom Bürgermeister oder von der Ratsmehrheit nicht entsprochen, kann dieses Recht durch verwaltungsgerichtliche Klage geltend gemacht werden.

Die genauere Behandlung gehört ins Kommunalrecht[31].

5. Die öffentlich-rechtlichen Pflichten

5.1 Staat

279 **Auf Seiten des Staates** lässt sich aus jeder Rechtsnorm eine – zumindest abstrakt bestehende – Pflicht desjenigen Staatsorgans herleiten, dessen Verhalten durch die Norm geregelt wird. Selbst Rechtsvorschriften, die ausschließlich den Staat begünstigen – wie z. B. die ein Recht zur Erhebung einer Abgabe (Steuer, Gebühr, Beitrag) einräumenden Vorschriften – sind mit der Verpflichtung verbunden, diese Befugnis geltend zu machen, die Abgabe also auch zu erheben. Letztlich sind alle Staatsorgane nach dem Grundsatz der Gesetzmäßigkeit der Verwaltung verpflichtet, die Gesetze nicht nur zu beachten sondern auch auszuführen. Deshalb gibt es keinen Grund, das Verwaltungsrecht gesondert unter dem Gesichtspunkt der Pflichten der Verwaltung darzustellen. Eine Aufgliederung der Pflichten nach ihrer Art wäre praktisch identisch mit einer Aufgliederung des Verwaltungsrechts insgesamt.

5.2 Bürger

280 **Auf Seiten des Bürgers** lässt sich jedes objektiv-rechtliche Verbot und Gebot sowie jede normative Belastung als Pflicht darstellen.

Beispiele der sog. Grundpflichten sind: die allgemeine Pflicht, die Gesetze zu befolgen und die Rechte anderer zu achten; die Steuer- und Schulpflicht; die Pflicht, keine Gefahren für die öffentliche Sicherheit und Ordnung herbeizuführen (Nichtstörungspflicht) und die Umwelt nicht zu schädigen.

6. Das Verwaltungsrechtsverhältnis

6.1 Begriff und Bedeutung

281 Begriff und Bedeutung des Verwaltungsrechtsverhältnisses
Ein **Rechtsverhältnis** entsteht dadurch, dass
- auf einen konkreten Lebenssachverhalt
- bestimmte Rechtsnormen angewandt werden,
- so dass zwischen zwei oder mehr Rechtssubjekten
- eine Rechtsfolge entsteht.

Zu betonen ist, dass die drei entscheidenden Elemente – Sachverhalt, Rechtsnorm, Rechtssubjekte – konkret vorhanden sein müssen; dann ist ohne weiteres auch die Rechtsfolge, wie erforderlich, eine konkrete[32]. – Die (abstrakten) Pflichten – z. B. des Unternehmers, auf seine Umsätze Umsatzsteuer zu zahlen, des Schülers, Hausaufgaben zu machen, der Verkehrsteilnehmer zur

---

30 Röckinghausen in Sensburg, Staats- und Europarecht, 2. Kapitel, B III. 2. a)

31 Umfassend dazu: Hofmann/Theisen/Bätge, Kommunalrecht in NRW, 2.8.4.

32 Beispiele zu den einzelnen, unterschiedlichen Begriffsbestimmungen zum Verwaltungsrechtsverhältnis bei Bull/Mehde, RdNr. 288 ff.; Maurer § 8 RdNr. 17; Faber § 7 IV. Vgl. Rottenwallner VR 2016, 1, 6.

Beachtung der Verkehrsregeln – begründen kein Rechtsverhältnis. Hat aber ein bestimmter Unternehmer einen konkreten Umsatz getätigt, so ergibt sich aus dieser Anwendung des Umsatzsteuergesetzes ein konkretes Rechtsverhältnis („Steuerschuldverhältnis" iSv § 37 ff. AO).

Öffentlich-rechtlich ist ein Rechtsverhältnis, wenn die angewandten Rechtsnormen zum öffentlichen Recht[33] gehören. **Verwaltungsrechtlich** ist es, wenn die öffentlich-rechtlichen Rechtsnormen nicht dem Verfassungsrecht oder dem Völkerrecht angehören.

Zu dem Begriff des Rechtsverhältnisses gehören insbesondere alle (konkreten) Rechte und Pflichten. Die Entstehung von Verwaltungsrechtsverhältnissen wird ausgelöst u. a. durch Verwaltungsakte, öffentlich-rechtliche Verträge oder durch schlichtes Verwaltungshandeln. Das „Verwaltungsrechtsverhältnis" steht also systematisch weder neben den bisher behandelten „Rechten und Pflichten", noch neben den später zu behandelnden Arten des Verwaltungshandelns (RdNr. 318 ff.). Im Verhältnis zu diesen grundlegenden Institutionen des Verwaltungsrechts hat es keine selbständige Bedeutung. Die **Bedeutung des Verwaltungsrechtsverhältnisses** besteht im Folgenden: **282**

- Mit Hilfe dieses Begriffs können gewisse, sonst nicht näher einzuordnende allgemeine Erscheinungen behandelt werden (wie z. B. der Übergang öffentlich-rechtlicher Rechte und Pflichten, vgl. noch RdNr. 294 ff.).
- Die Eigenart bestimmter Beziehungen zwischen Verwaltung und Bürger, insbesondere der „verwaltungsrechtlichen Sonderverhältnisse" (vgl. unten RdNr. 284 f.), lässt sich unter Bezugnahme auf den allgemeinen Begriff des Verwaltungsrechtsverhältnisses darstellen.
- Für eine Feststellungsklage iSd § 43 VwGO ist ein Streit um das Bestehen oder Nichtbestehen eines (Verwaltungs-) Rechtsverhältnisses erforderlich, (vgl. unten 1053 ff.).

Die Bedeutung des Verwaltungsrechtsverhältnisses als einer Grundfigur des Verwaltungsrechts ist umstritten[34].

6.2 Arten der Verwaltungsrechtsverhältnisse

Bei den **Arten der Verwaltungsrechtsverhältnisse** kann differenziert werden nach ihrer Dichte und Intensität. **283**

1. Bereits erwähnt wurde, dass jedes Recht, jede Pflicht sowie jede sonstige konkrete Rechtsbeziehung auf dem Gebiet des Verwaltungsrechts dem Begriff des Verwaltungsrechtsverhältnisses unterfällt.
2. Wird bei der praktischen Rechtsanwendung von „Verwaltungsrechtsverhältnis" gesprochen, so sind zumeist Rechtsverhältnisse mit mehreren Rechten und Pflichten, also solche von größerer Dichte und Regelungsintensität gemeint. Hierzu gehören:
   - Öffentlich-rechtliche Verträge (vgl. unten RdNr. 1153 ff.);
   - öffentlich-rechtliche, auf eine bestimmte Tätigkeit innerhalb der Verwaltung gerichtete Rechtsverhältnisse, die keine Beamtenverhältnisse sind, wie z. B. das Verhältnis zwischen Ratsmitglied und Gemeinde bzw. Gemeinderat[35], zwischen einem ehrenamtlichen Richter und dem Staat;
   - Anstaltsbenutzungsverhältnisse[36];

33 Vgl. oben RdNr. 116 ff.

34 Vgl. einerseits zurückhaltend Maurer § 8 RdNr. 25; andererseits Achterberg, Vorwort unter 4.: „Die folgende Darstellung des Verwaltungsrechts gründet sich durchgehend auf die Erkenntnisse der Rechtsverhältnistheorie". Vgl. Rottenwallner VR 2016, 1, 6.

35 Vgl. Hofmann/Theisen/Bätge, Kommunalrecht in NRW, 2.3.4.1.2.

36 BVerwGE 49, 137.

- das Sozialversicherungsverhältnis zwischen dem Sozialversicherungsträger und dem Versicherten (vgl. die Mitwirkungspflichten §§ 60 ff. SGB I);
- Steuerschuldverhältnis (§§ 37–50 AO);
- das Subventionsrechtsverhältnis (vgl. die SubventionsGe; Erstattung und Verzinsung: § 49a VwVfG);
- die öffentlich-rechtliche Geschäftsführung ohne Auftrag[37].

3. Noch engere und meist länger andauernde Beziehungen werden als verwaltungsrechtliche Sonderverhältnisse (früher: „besondere Gewaltverhältnisse") bezeichnet; dazu nachfolgend:

6.3 Verwaltungsrechtliche Sonderverhältnisse

284 6.3.1 Zwischen dem Staat und jeder der Staatsgewalt unterworfenen Person besteht eine Rechtsbeziehung, die als **allgemeines Gewaltverhältnis** bezeichnet wird. Viele Personen stehen zum Staat aber darüber hinaus in einem weit engeren Verhältnis. Dieses wurde früher als „besonderes Gewaltverhältnis" bezeichnet. Da die ursprünglich hinter diesem Begriff stehende Theorie nicht mit dem Grundgesetz vereinbar ist, spricht man stattdessen besser von **verwaltungsrechtlichen Sonderverhältnissen**[38]. Sämtliche dieser Rechtsverhältnisse sind verfassungsrechtlich anerkannt.

Es handelt sich insbesondere um die Rechtsverhältnisse des Staates zum
- Beamten (Art. 33 Abs. 5 GG),
- Richter (Art. 97, 98 GG),
- Schüler (Art. 7 GG und Landesverfassungen),
- Studenten (Art. 5 Abs. 3, 12 Abs. 1 GG und Landesverfassungen),
- Strafgefangenen, Untersuchungsgefangenen und den aus sonstigen Gründen zwangsweise Untergebrachten (z. B. im Polizeigewahrsam).

285 6.3.2 Wesentlich für derartige Sonderverhältnisse ist, dass sie der Erreichung bestimmter Zwecke dienen und dass zur Erfüllung des jeweiligen Zweckes zahlreiche Rechte und Pflichten (mit einem im Einzelnen nicht in jeder Hinsicht vorherbestimmbaren Umfang) erforderlich sind.

Nach früherer Rechtsauffassung folgte daraus,
- dass die Grundsätze über den Gesetzesvorbehalt nicht in vollem Umfange gelten könnten. Es sei nicht möglich und nicht nötig, die einzelnen Pflichten des Gewaltunterworfenen in Außen-Rechtsnormen niederzulegen, vielmehr seien hierfür Verwaltungsvorschriften ausreichend. Auch als Ermächtigungsgrundlage für Einzelanordnungen bedürfe es nicht stets einer normativen Grundlage, vielmehr müsse die Berufung auf den Zweck des „besonderen Gewaltverhältnisses" ausreichen.
- Eine uneingeschränkte Geltung der (auf das allgemeine Gewaltverhältnis zugeschnittenen) Grundrechte sei mit dem Wesen des „besonderen Gewaltverhältnisses" unvereinbar.
- Nur begrenzt anwendbar sei die auf das allgemeine Gewaltverhältnis zugeschnittene Handlungsform des Verwaltungsakts und der sich daran anknüpfende spezifische Rechtsschutz.

Hinter diesen Einzelthesen stand die Vorstellung, die in einem „besonderen Gewaltverhältnis" Stehenden befänden sich im Innenbereich des Staates und könnten daher die Rechtsstellung des normalen, dem Staat im Außenverhältnis gegenüber stehenden Bürgers nicht haben. Diese Grundvorstellung gilt heute nur noch für Beamte, Richter u. s. w., soweit sie als Amtswalter, d. h. in ihrem Dienst angesprochen werden; im Übrigen ist sie aufgegeben. Grundrechtseinschränkungen sind (spätestens seit dem Strafvollzugs-Beschluss des Bundesverfassungsgerichts[39]) allein wegen des Bestehens eines sog. besonderen Gewaltverhältnisses nicht mehr zulässig.

---

37 Vgl. OVG Lüneburg NVwZ 91, 81.

38 Bull/Mehde, RdNr. 289; Faber § 22 III. – Weitere Sonderrechtsverhältnisse: Soldaten, Mitglieder der Freiwilligen Feuerwehr (so OVG Lüneburg, NVwZ-RR 2001, 419).

39 BVerfGE 33, 1.

Die nach dem Zweck dieser Rechtsverhältnisse unbedingt nötigen Einschränkungen der Grundrechte lassen sich durch Spezialvorschriften (Art. 17a GG) und im Wege normaler Grundrechtsinterpretation rechtfertigen. Die Normsetzungsprobleme sind durch Ausdehnung des Vorbehalts des Gesetzes und durch eine dementsprechend verdichtete Rechtssetzung gelöst.

6.4 Dingliche Rechtsverhältnisse

Entsprechend dem Sinn der Rechtsordnung, das Verhalten von Personen zu regeln, **286** bestehen Rechtsverhältnisse **zwischen Personen** und beziehen sich auf das Verhalten dieser Personen.

Davon zu unterscheiden sind die sich auf **Sachen** beziehenden **(dinglichen) Rechtsverhältnisse.** **287** Hauptfall ist die behördliche Widmung einer Grundstücksfläche zur öffentlichen Straße (vgl. unten RdNr. 345). Hierdurch entsteht ein Rechtsverhältnis zwischen dem durch die Behörde vertretenen öffentlich-rechtlichen Sachherrn und der Straße als öffentlicher Sache[40], kraft dessen z. B. die Benutzung der öffentlichen Sache geregelt werden darf; andererseits bestehen Pflichten zur Unterhaltung und zur Sicherung des Verkehrs. Eine der Behörde gegenüberstehende Person als konkreten Adressaten dieser Rechtsbeziehungen gibt es nicht.

Beispielsweise gehören zu den sachbezogenen (dinglichen) Rechtsverhältnissen auch diejenigen Erlaubnisse, die sich zwar formal an eine andere Person richten, für deren Erteilung aber vorrangig Zustand und Lage einer Sache maßgeblich sind und persönliche Eigenschaften des Erlaubnisinhabers keine Rolle spielen (Baugenehmigung, wasserrechtliche Genehmigung, Anlagengenehmigung nach § 4 BImSchG). – Dass sich eine Regelung (auch) auf eine Sache bezieht, reicht aber nicht aus. Insbesondere enthalten Verwaltungsakte, die das Verhalten einer Person zu einer Sache betreffen, keine dinglichen Regelungen. Deshalb liegt keine dingliche, sondern eine personale Regelung vor, wenn einem Unternehmer untersagt wird, eine bestimmte Maschine weiter zu betreiben.

Letztlich ist die Frage, ob eine dingliche Regelung vorliegt, im Zusammenhang mit den Vorschriften zu beurteilen, bei denen es auf diese Einordnung ankommt. Das sind vor allem der die Allgemeinverfügung regelnde § 35 S. 2 VwVfG (vgl. unten RdNr. 342 ff.) sowie die unten (RdNr. 294 ff.) zu behandelnden Grundsätze über den Übergang von verwaltungsrechtlichen Rechten und Pflichten.

Der Unterschied zwischen personalen und dinglichen Regelungen darf nicht überbetont werden. Letztlich geht es auch bei der dinglichen Regelung mittelbar um die Herbeiführung von Rechtsfolgen gegenüber Personen (z. B. begründet die – eingangs als Hauptfall genannte – Widmung einer Straße das Benutzungsrecht der künftigen Benutzer kraft Gemeingebrauchs). Nur werden diese personalen Rechtsfolgen in der Regelung nicht unmittelbar bezeichnet, sondern sie ergeben sich daraus, dass Personen in eine Beziehung zu der Sache treten und damit der für diese Sache geltenden Rechtslage unterfallen.

7. Entstehen, Veränderung und Erlöschen von Verwaltungsrechtsverhältnissen

7.1 Entstehungsgründe

Entstehungsgründe für Verwaltungsrechtsverhältnisse[41] sind: **288**
- Gesetz, genauer: der Eintritt der für eine gesetzliche Rechtsfolge erforderlichen tatsächlichen Voraussetzungen

---

40 Eingehend unten RdNr. 1191 ff.
41 Rottenwallner VR 2016, 1, 6.

(Beispiel: Das Vorhandensein von Abfällen, das nach § 17 KreislaufwirtschG die Verpflichtung des Erzeugers bzw. des Besitzers zur Überlassung an den Beseitigungspflichtigen auslöst);

- Verwaltungsakt (§ 35 VwVfG; vgl. unten RdNr. 307 ff.);
- Öffentlich-rechtlicher Vertrag (§ 54 VwVfG; vgl. unten RdNr. 1153 ff.);
- Verwaltungsrechtliche Willenserklärung (dazu noch unten RdNr. 289);
- Erfüllung des Tatbestandes, an den ein Gesetz die Leistungspflicht knüpft

(Beispiel: § 38 AO: „Die Ansprüche aus dem Steuerschuldverhältnis entstehen, sobald der Tatbestand verwirklicht ist, an den das Gesetz die Leistungspflicht knüpft.“);

- Tatsächliches Handeln eines Bürgers, z. B. die Inanspruchnahme einer von der öffentlichen Hand angebotenen Leistung;
- Tatsächliches Handeln der Verwaltung, z. B. die Inbesitznahme einer fremden Sache, wodurch ein öffentlich-rechtliches Verwahrungsverhältnis ausgelöst wird.

Die Fallgruppen überschneiden sich, zumal man in sämtlichen Fällen als Entstehungsgrund (auch) das Gesetz (z. B. die Regelungen des VwVfG über den VA, über den öffentlich-rechtlichen Vertrag u. s. w.) ansehen kann.

7.2 Willenserklärung

289 Soweit die Entstehung eines Verwaltungsrechtsverhältnisses auf dem erklärten Willen eines Beteiligten beruht und die Verwaltungsbehörde nicht durch Verwaltungsakt handelt, bedarf es einer **verwaltungsrechtlichen Willenserklärung.**[42] Diese Rechtsfigur entspricht der in §§ 116 ff. BGB geregelten (privatrechtlichen) Willenserklärung.

Beispiele für verwaltungsrechtliche Willenserklärungen sind:

- die Vertragserklärungen beim öffentlich-rechtlichen Vertrag;
- rechtserhebliche Anträge im Verwaltungsverfahren (§ 22 S. 2 VwVfG);
- die Einlegung von Rechtsbehelfen, z. B. die „Erhebung“ eines Widerspruchs (§ 69 VwGO);
- die Mitwirkungserklärung des Bürgers beim mitwirkungsbedürftigen VA (dazu noch unter RdNr. 535).

Für verwaltungsrechtliche Willenserklärungen gelten, soweit Sondervorschriften nicht eingreifen, die Vorschriften des BGB analog. Jedoch sind stets die Besonderheiten des öffentlichen Rechts zu beachten.

Beispielsweise gilt für Verfahrenshandlungen, dass sie keinen rechtlichen Schwebezustand dulden. Deshalb kann die Rücknahme eines Widerspruchs durch den Bürger nicht wegen Willensmangel angefochten werden[43]. Im Übrigen sind auch verwaltungsrechtliche Willenserklärungen analog §§ 119 ff. BGB anfechtbar. – Auch § 118 BGB kann anwendbar sein: So ist die Anmeldung einer Sammlung „Freiheit für den Osterhasen“ nicht ernstlich gemeint und analog § 118 BGB nichtig. – Die Schaffung einer Ermächtigung für hoheitliche Eingriffe in die Rechte des Bürgers durch analoge Anwendung von Aufrechnungsregeln ist jedoch unzulässig[44].

7.3 Erlöschensgründe

290 Die **Erlöschensgründe** für Verwaltungsrechtsverhältnisse entsprechen den Entstehungsgründen: Gesetz, Verwaltungsakt, verwaltungsrechtliche Willenserklärung (z. B. Kündigung[45]) u. s. w. Hinzu kommt der normale Beendigungsgrund für Rechte und Pflich-

---

42 Zur Auslegung öffentlich-rechtlicher Willenserklärungen Hess-VGH, DöV 2015, 760.

43 BVerwGE 57, 342.

44 BVerfG NJW 96, 3146; vgl. BVerwG DVP 2010, 80. – Zur Frage, ob die Aufrechnung eine öffentlich-rechtliche Willenserklärung oder ein VA ist, vgl. OVG Magdeburg NVwZ-RR 2009, 226 und v. Rath, DÖV 2010, 180.

45 Z. B. Kündigung eines Betreuungsvertrages einer städtischen Kindertageseinrichtung VG Düsseldorf, NWVBl 2004, 33.

ten: die Erfüllung. Soweit allerdings eine vermögenswerte Leistung erbracht wird, führt die Erfüllung nicht zu einer vollständigen Beseitigung des Rechtsverhältnisses, sondern nur zur Umwandlung des Erfüllungsanspruchs in einen Rechtsgrund zum Behaltendürfen der Leistung. Dieser Rechtsgrund hindert die Rückforderung im Wege eines Bereicherungs- oder Erstattungsanspruchs.

Beispiel: Die Erlöschensgründe für Ansprüche aus dem Steuerschuldverhältnis sind in § 47 AO aufgeführt: „Ansprüche aus dem Steuerschuldverhältnis erlöschen insbesondere durch Zahlung, Aufrechnung, Erlass, Verjährung, ferner durch Eintritt der Bedingung bei auflösend bedingten Ansprüchen."
Die allgemein im Verwaltungsrecht geltenden Erlöschensgründe bedürfen im Folgenden gesonderter Hinweise:

7.4 Verjährung

Verjährung eines Rechts liegt vor, wenn dieses infolge Zeitablaufs aufgrund einer gesetzliche Regelung nicht mehr geltend gemacht werden kann. Das Rechtsinstitut der Verjährung ist auch im Verwaltungsrecht anerkannt[46], wie auch z. B. § 53 VwVfG zeigt, der die Hemmung einer Verjährung durch Verwaltungsakt regelt. **291**

Beispiele für weitere gesetzliche Regelungen finden sich für das Abgabenrecht in §§ 228 ff. AO, für das Sozialrecht in § 45 SGB I. Soweit Sonderregelungen fehlen, werden die §§ 194 ff. BGB analog angewandt.

Im Zivilrecht hat die Verjährung zur Folge, dass der Schuldner die Leistung durch Einrede verweigern kann (§ 214 BGB). Grundsätzlich gilt dies auch für öffentlich-rechtliche Ansprüche (so ausdrücklich z. B. § 45 Abs. 2 SGB I). Eine bedeutsame Ausnahme bestimmt aber § 232 AO, wonach Ansprüche aus dem Steuerschuldverhältnis durch Verjährung direkt erlöschen.
Der Ablauf der Verjährungsfrist wird hinausgeschoben

- durch **Hemmung** der Verjährung. Das bedeutet, dass der Zeitraum, während dessen die Verjährung gehemmt ist, in die Verjährungsfrist nicht eingerechnet wird. Nach § 53 VwVfG hemmt ein VA, der zur Feststellung oder Durchsetzung des Anspruchs eines öffentlich-rechtlichen Rechtsträgers erlassen wird, die Verjährung dieses Anspruchs (vgl. § 203 ff. BGB). – Nach § 230 AO ist die Verjährung gehemmt, solange der Anspruch wegen höherer Gewalt innerhalb der letzten sechs Monate der Verjährungsfrist nicht verfolgt werden kann.
- Ein **Neubeginn** der Verjährung (vgl. § 212 BGB) erfolgt, wenn der Schuldner den Anspruch anerkennt oder wenn eine gerichtliche oder behördliche Vollstreckungshandlung vorgenommen oder beantragt wird.[47]

Von der Verjährung unterschieden werden verfahrensrechtliche Ausschlussfristen (z. B. **Antragsfristen** und die **Rechtsbehelfsfristen** nach §§ 70, 74 VwGO); sie haben allerdings eine ähnliche Wirkung. **292**
Außerdem gibt es gesetzliche Bestimmungen, wonach eine Berechtigung wegen Nichtausübung innerhalb einer bestimmten Frist erlischt (z. B. **Erlöschen** einer Baugenehmigung, wenn nicht innerhalb von drei Jahren mit der Bauausführung begonnen wird, vgl. § 77 BauO NRW).

7.5 Verwirkung

Ausnahmsweise kann ein Recht auch unter besonderen Voraussetzungen durch **Verwirkung** erlöschen. Für die Verwirkung gibt es keine bestimmte Frist und keine gesetz- **293**

46 Vgl. BVerfG, VR 2009, 282; zur Verjährung von Besoldungsansprüchen, Thür.OVG, DVBl 2010, 464.
47 Zur „Unterbrechung der Zahlungsverjährung" nach § 231 AO: OVG NRW, DÖV, 2015, 117.

lich konkret festgelegten Kriterien. Vielmehr wird die Verwirkung auf Grund des Grundsatzes von Treu und Glauben (Rechtsgedanke des § 242 BGB) aus den wesentlichen Umständen des Einzelfalles hergeleitet. Eine Verwirkung liegt vor, wenn eine Rechtsposition trotz Veranlassung zur Rechtsausübung längere Zeit hindurch nicht ausgeübt worden ist und Umstände die Annahme des Verpflichteten rechtfertigen, der Berechtigte werde von seinem Recht keinen Gebrauch mehr machen, und er sich darauf eingerichtet hat.

In der Verwaltungspraxis ist die Berufung auf eine angebliche Verwirkung oft erfolglos. An die Verwirkung sind relativ strenge Anforderungen zu stellen[48]. – Aber nicht jedes Recht ist verwirkbar:

Beispielsweise wird das Recht aus der Fahrerlaubnis nicht dadurch verwirkt, dass jemand jahrelang nicht Auto fährt. – Auch wer lange Jahre hindurch sein Wahlrecht nicht ausübt, verwirkt dieses selbstverständlich nicht.

8. Der Übergang von Rechten und Pflichten im Verwaltungsrecht (Rechts- und Pflichtennachfolge)

8.1 Allgemeine Grundsätze

294 Voraussetzungen für den Übergang öffentlich-rechtlicher Rechte und Pflichten (**Rechts- und Pflichtennachfolge**) sind:

- erstens, dass das Recht oder die Pflicht nachfolge-/übergangsfähig (übertragbar, abtretbar, vererblich) ist und
- zweitens, dass ein Nachfolge-/Übergangstatbestand gegeben ist, der den Übergang bewirkt.

295 Im Vordergrund steht die Frage, ob öffentlich-rechtliche Rechte und Pflichten überhaupt **übergangsfähig** sind. Diese Frage kann für bestimmte Arten von Rechten und Pflichten gesetzlich geregelt sein. Ist das nicht der Fall, kommt es auf die Eigenart des Rechts bzw. der Pflicht an. Im Zweifel sind nichtvermögenswerte Rechte und Pflichten „höchstpersönlich“, d. h. sie sind nicht übergangsfähig.

Beispiele zu höchstpersönlichen Rechten: Fahrerlaubnis und sonstige sich aus Prüfungen ergebende Berechtigungen, Zulassungen zu einem Beruf oder Gewerbe (wie Gaststättengenehmigung).

Dagegen sind sachbezogene oder vermögenswerte (insbesondere auf Geldzahlung gerichtete) Rechte und Pflichten regelmäßig nicht höchstpersönlich, also übergangsfähig.

Beispielweise gilt die Baugenehmigung „auch für und gegen die Rechtsnachfolgerin oder den Rechtsnachfolger der Bauherrin oder des Bauherrn“ (so § 75 Abs. 2 BauO NRW). Verwaltungsakte der Bauaufsichtsbehörden gelten nach § 53 Abs. 5 der HessBauO „auch für und gegen Rechtsnachfolgerinnen und Rechtsnachfolger“[49]. – Für Erlaubnisse und Bewilligungen zur Benutzung eines Gewässers ist gesetzlich bestimmt, dass sie mit dem Eigentum am Grundstück verbunden sind und mit dem Übergang des Eigentums an dem Grundstück auf den neuen Grundstückseigentümer übergehen (§ 8 Abs. 4 WHG).

296 Weiterhin kommt es darauf an, wie ein Übergang bewirkt wird. Es bedarf eines **Übergangstatbestandes**. Dieser kann spezialgesetzlich geregelt sein. Ist das nicht der Fall, können die Vorschriften des BGB über die Abtretung (§§ 398 ff., 413), die Schuldübernahme (§§ 414 ff.) und insbesondere über den Übergang von Rechten und Pflichten im Todesfall kraft Erbrechts (§§ 1922, 1967) anwendbar sein.

---

48 Beispiele in BVerwGE 44, 339, 343 f; zur Verwirkung des Rechts auf Überprüfung einer dienstlichen Beurteilung VGH Mannheim NVwZ-RR 2009, 967.

49 Vgl. VGH Kassel NVwZ-RR, 2015, 270.

8.2 Übertragbarkeit

Die den **Verwaltungsträgern** (Bund, Ländern, Gemeinden) **zustehenden Rechte und Pflichten** sind grundsätzlich **nicht übertragbar.** Um einen Ausnahmefall handelt es sich, wenn eine Körperschaft oder Anstalt mit einer anderen zusammengelegt oder in eine andere eingegliedert wird, z. B. bei der kommunalen Neugliederung[50]. Dann gehen die Rechte und Pflichten des Verwaltungsträgers, der seine Selbständigkeit verliert, auf den Verwaltungsträger über, der die Funktionen fortführt (Übergang kraft Funktionsnachfolge). **297**

8.3 Der Übergang von Rechten und Pflichten auf Seiten der Privaten

8.3.1 Als Beispiel für eine **gesetzliche Regelung des Übergangs** öffentlich-rechtlicher **Rechte** können §§ 46 AO, 53 SGB I herangezogen werden. Diese Vorschriften unterscheiden nach Art des Rechts: **298**

1. Weitgehend zulässig ist die Abtretung von Geldansprüchen. Nach § 46 Abs. 1 AO gilt dies z. B. uneingeschränkt für Ansprüche auf Erstattung von Steuern. § 53 Abs. 2 und 3 SGB I enthält eine differenzierende Regelung.
2. Demgegenüber können Ansprüche auf Dienst- und Sachleistungen nach § 53 Abs. 1 SGB I nicht übertragen werden.

8.3.2 Öffentlich-rechtliche **Pflichten** sind in der Regel personenbezogen und deshalb nicht übertragbar. Ausnahmen gibt es im Ordnungsrecht. Dort ist vorgesehen, dass bestimmte, der öffentlichen Sicherheit oder Ordnung dienende Pflichten (z. B. die Pflicht zum Reinigen und Streuen der Straße) vom an sich Pflichtigen (z. B. dem Eigentümer) mit Zustimmung der Ordnungsbehörde auf einen anderen (z. B. den Hausverwalter, einen Mieter) übertragen werden können. **299**

Beispiele für gesetzliche Regelungen zu solchen Übertragungen: Ermächtigung zu ordnungsbehördlichen Maßnahmen „gegen den Inhaber der tatsächlichen Gewalt" über Sachen, von denen eine Gefahr ausgeht: (§ 18 Abs. 2 S. 2 OBG NRW[51]); Gewässerunterhaltung „durch Dritte" (§ 95 Abs. 1 S. 1 und § 109 LWasserG NRW „...von einem anderen durch Vereinbarung unter Zustimmung der zuständigen Behörde mit öffentlich-rechtlicher Wirkung übernommen ...").

8.3.3 Von dem vorstehend behandelten Übergang der Rechte und Pflichten im Wege der **Einzelnachfolge** zu unterscheiden ist der Fall, dass der Berechtigte oder Verpflichtete verstirbt und dessen Erbe (auch: eine Mehrzahl von Miterben) als **Gesamtnachfolger** in die Rechte und Pflichten eintritt. **300**

Beispiele für gesetzliche Regelungen beim Eintritt der Gesamtrechtsnachfolge enthalten die AO und das SGB I: Für den Anwendungsbereich der AO bestimmt § 45 Abs. 1 S. 1: „Bei Gesamtrechtsnachfolge gehen die Forderungen und Schulden aus dem Steuerschuldverhältnis auf den Rechtsnachfolger über." Allerdings haften die Erben für Steuerschulden nur beschränkt (§ 45 Abs. 2 S. 1 AO iVm §§ 1967 ff. BGB).
Beispiel einer differenzierenden Regelung ist SGB I: § 56 regelt den Übergang fälliger Ansprüche auf laufende Geldleistungen auf diejenigen, die mit dem Verstorbenen in einem gemeinsamen Haushalt gelebt haben, insbesondere auf den Ehegatten und die Kinder. – Nach § 58 sind fällige Ansprüche auf Geldleistungen grundsätzlich vererblich, während nach § 59 Ansprüche auf Dienst- und Sachleistungen nicht vererblich sind, sondern mit dem Tode des Berechtigten erlöschen.
Außerhalb der AO und des SGB I findet verwaltungsrechtliche Gesamtrechtsnachfolge nur in besonderen Fällen statt.

---

50 Zu den Folgen kommunaler Neugliederung und Gebietsänderung Hofmann/Theisen/Bätge, Kommunalrecht in NRW, 2.3.2.3.2.

51 Vgl. Frings/Spahlholz RdNr. 266.

301 Auch bei der Gesamtrechtsnachfolge müssen die (oben unter RdNr. 294 ff. genannten) Voraussetzungen – Übergangstatbestand und Übergangsfähigkeit – vorliegen. Während sich der Übergangstatbestand problemlos aus der Gesamtrechtsnachfolge durch Erbfall ergibt (§§ 1922, 1967 BGB; § 45 Abs. 1 S. 1 AO; §§ 56, 58 SGB I), ist bei der Frage der Übergangsfähigkeit auch hier zwischen höchstpersönlichen und sachbezogenen Rechten und Pflichten bzw. solchen, die von der Person des Inhabers (Erblassers) abtrennbar sind, zu unterscheiden.

302 8.3.4 Ein besonderer Grund für den Übergang von Rechten und Pflichten besteht dann, wenn diese sich auf eine Sache beziehen (sachbezogene, **dingliche Rechte** und Pflichten; vgl. oben RdNr. 286 ff.; 1191 ff.).

Beispielsweise ist für Erlaubnisse und Bewilligungen zur Benutzung eines Gewässers gesetzlich bestimmt, dass sie mit dem Eigentum am Grundstück verbunden sind und mit dem Übergang des Eigentums an dem Grundstück auf den neuen Grundstückseigentümer übergehen (§ 8 Abs. 4 WHG). – Nach § 75 Abs. 2 BauO NRW gilt die Baugenehmigung „auch für und gegen die Rechtsnachfolgerin oder den Rechtsnachfolger der Bauherrin oder des Bauherrn" (auch soweit sie Auflagen enthält).

Beispielsfall für den Übergang **sachbezogener Pflichten** ist § 134 Abs. 2 BauGB. Danach wirkt der Erschließungsbeitrag als öffentliche auf dem Grundstück ruhende Last auch gegenüber einem Erwerber des Grundstücks[52].

303 Fraglich ist, ob auch eine baurechtliche Beseitigungsverfügung dinglichen Charakter hat und Rechtswirkungen gegenüber einem Rechtsnachfolger auslöst. Für den Übergang einer durch Verfügung begründeten Verpflichtung spricht, dass die Pflicht ihren Grund ganz überwiegend in dem Zustand des Bauwerks hat; dagegen spricht, dass der Verfügung eine Ermessensentscheidung zugrunde liegt, bei der auch persönliche Gesichtspunkte eine Rolle spielen können. Nach hM reicht es für die Annahme eines Übergangstatbestandes aus, dass die Pflicht dinglichen Charakter hat, mit dem Eigentum an dem Grundstück verbunden ist und ein Übergangstatbestand im Hinblick auf das Grundstückseigentum vorhanden ist. – Auch im Naturschutzrecht wirken Beseitigungsanordnungen gegenüber dem Rechtsnachfolger des Adressaten.

Praxisaspekte, die entscheidend für diese Auffassung sprechen, ergeben sich daraus, dass andernfalls der durch VA zur Beseitigung eines illegalen Zustandes Verpflichtete die Durchsetzung dieser Pflicht (zumindest theoretisch) dadurch vereiteln oder deutlich verzögern könnte, dass er das Grundstück veräußert. Die Behörde müsste nach jeder Veräußerung erneut eine Verfügung erlassen, deren Unanfechtbarkeit abwarten oder die sofortige Vollziehung anordnen. Auch geht die sich aus dem Gesetz ergebende materielle Beseitigungspflicht (Zustandshaftung) ohnehin auf den neuen Eigentümer über. Falls sich beim Rechtsnachfolger eine besondere Lage ergeben sollte, kann dieser eine erneute Prüfung (gegebenenfalls durch Wiederaufgreifen des Verfahrens nach § 51 Abs. 1 Nr. 1 VwVfG) und entsprechend eine Abänderung der Verfügung verlangen.

304 Die Rechtsnachfolge betrifft jedoch nur die (sachbezogene) Beseitigungsanordnung, nicht aber Vollstreckungsmaßnahmen; soweit etwa dem Erblasser gegenüber eine Androhung von Zwangsgeld erfolgt ist, ist diese personenbezogen und damit nicht übergangsfähig. Deshalb muss gegebenenfalls dem Rechtsnachfolger gegenüber ein erneutes Vollstreckungsverfahren in Gang gesetzt werden[53].

8.4 Regress

305 Ein durch Gesetz oder Verwaltungsakt bewirkter Übergang des (einem Privaten zustehenden) Rechts auf eine Behörde findet vielfach statt, um der Behörde einen Ersatz- oder Rückgriffsanspruch zu gewähren. Dies sind die **Regressfälle**.

---

52 Hierzu BVerwGE 47, 49; ferner 64, 105, 110; vgl. OVG Magdeburg NVwZ-RR 2010, 163.

53 Instruktive Beispielsfälle zur Rechtsnachfolge im Zwangsverfahren: Dietlein/Dünchheim, Examinatorium Allgemeines Verwaltungsrecht, Nr. 180, 181.

Beispiel: A ist bei einem Unfall verletzt worden. Da B den Unfall verschuldet hat, müsste eigentlich B an A aus § 823 BGB Schadensersatz zahlen. Weil A aber sozialversichert ist, erbringt seine Krankenkasse alle nötigen Leistungen. In diesen Fällen greifen regelmäßig gesetzliche Vorschriften ein, die den Zweck verfolgen, einerseits dem die Kosten tragenden Verwaltungsträger einen Rückgriff (Regress) bei dem Dritten zu ermöglichen, andererseits dem Dritten keine stärkere Belastung aufzuerlegen, als sie ihm auf Grund seiner Verpflichtung gegenüber dem Leistungsempfänger (Verletzten) obliegt. Dies wird dadurch erreicht, dass der – meist privatrechtliche – Anspruch des Leistungsempfängers (im Beispiel: A gegen den Dritten B) auf die leistende Verwaltungsbehörde übergeht. Hierfür ist stets eine gesetzliche Regelung erforderlich.

Praxisrelevante Beispiele für entsprechende Regelungen sind: §§ 115, 116 SGB X (Übergang von Ansprüchen gegen einen Arbeitgeber oder gegen einen Schadensersatzpflichtigen); §§ 37, 38 BAföG (Übergang von Unterhaltsansprüchen oder anderer Ansprüche auf das Land). Ähnlich: § 349 Abs. 5 LAG (Rückforderung von Lastenausgleich auch von Rechtsnachfolgern[54]).

54 BVerwG, NVwZ-RR, 2015, 721.

5. Abschnitt: Verwaltungshandeln dargestellt am Verwaltungsakt

1. Bedeutung des Verwaltungsakts als typische Handlungsform der öffentlichen Verwaltung

1.1 Handlungsformen der Verwaltung

306 In den bisherigen Ausführungen kam bereits zum Ausdruck, dass die öffentliche Verwaltung gegenüber dem Bürger in äußerst vielgestaltiger und unterschiedlicher Weise handeln kann. Diesen Unterschieden wird durch unterschiedliche **Handlungsformen** Rechnung getragen:

Beispielsweise
- ist für einen Schüler ebenso wie für die Schulverwaltung die Änderung des Stundenplans von anderer Bedeutung als die Erteilung des Abiturzeugnisses oder z. B. der Ausschluss von der Schule.
- Erteilt die Verwaltung dem X eine Fahrerlaubnis, so unterscheidet sich dies in der Handlungsform von dem Verwaltungshandeln von Polizeibeamten, die etwa für X ein Verkehrshindernis von der Straße räumen oder auch von einer Verwaltungsmitteilung an X, für die Entscheidung über die Entziehung der Fahrerlaubnis das Gutachten einer medizinisch-psychologischen Untersuchungsstelle beizubringen.
- Im Zusammenhang mit einem Eigenheimbau des E ist die Aufstellung des Bebauungsplans durch die Gemeinde von anderer Qualität als die Erteilung der Baugenehmigung an E, ein Erschließungsbeitragsbescheid oder die vertragliche Ablösung von der Verpflichtung zur Schaffung von Autostellplätzen.

Die unterschiedliche Gestalt und Bedeutung des Verwaltungshandelns spiegelt sich in dem jeweiligen Rechtscharakter der Handlungsform wider. Ohne dass an dieser Stelle bereits auf Einzelheiten eingegangen werden soll, darf darauf hingewiesen werden, dass von den genannten Beispielen (nur) die Erteilung der Fahrerlaubnis und des Abiturzeugnisses, die Schulverweisung, die Baugenehmigung und der Erschließungsbeitragsbescheid Verwaltungsakte sind.

Ein breites Spektrum unterschiedlicher Handlungsformen ermöglicht es der Verwaltung, jede Problemstellung angemessen zu bewältigen. Neben dem **Verwaltungsakt (VA)** kann die Verwaltung daher auf folgende Instrumente zugreifen:
- Ihr stehen Rechtsetzungsformen zur Verfügung (Rechtsverordnung, Satzung, vgl. oben RdNr. 151, 152)
- Sie kann Maßnahmen ohne jede Regelungswirkung treffen, die allein auf einen faktischen Erfolg gerichtet sind (schlichtes Verwaltungshandeln bzw. Realakte, vgl. unten RdNr. 329)
- Sie kann öffentlich-rechtliche Regelungen im Einzelfall nicht nur einseitig anordnen (VA), sondern auch zweiseitig mit dem Bürger aushandeln (öffentlich-rechtlicher Vertrag, vgl. unten RdNr. 1153 ff.)
- Für die Gestaltung komplexer Infrastrukturmaßnahmen steht ihr das Instrument „Plan“ zur Verfügung (vgl. §§ 72 ff. VwVfG sowie unten RdNr. 721 ff.).
- Interne Angelegenheiten kann sie durch unterschiedliche Arten von Verwaltungsvorschriften regeln (RdNr. 217 ff.)
- Nicht zuletzt kann die Verwaltung auch zivilrechtliche Handlungsformen nutzen (Verträge, Willenserklärungen etc., vgl. oben RdNr. 26).

1.2 Der Verwaltungsakt als Handlungsform

307 Unter den vielfältigen Handlungsformen der Verwaltung spielt der **VA** die **zentrale Rolle.** Er ist in der Behördenpraxis das wichtigste Mittel, mit dem effektiv, rasch und kostengünstig die gesetzlichen Ziele – notfalls auch gegen den Willen eines betroffenen Bürgers – umgesetzt werden können.

Die einseitige Regelungsbefugnis der Behörde zeugt dabei nicht etwa von einem obrigkeitsstaatlichen Verwaltungsverständnis[1], sondern ist unverzichtbares Gestaltungsmittel für ein sozial- und rechtsstaatlich geregeltes Miteinander in einer Massengesellschaft. Die (teilweise relativ weitgehenden) behördlichen Entscheidungsbefugnisse sind **gesetzlich legitimiert** und werden durch demokratische Kontrollmechanismen, mittelbare parlamentarische Legitimation des Verwaltungspersonals und vor allem durch **umfassenden Rechtsschutz** (Art 19 Abs. 4 GG; § 40 VwGO; § 51 SGG; § 33 FGO) aufgewogen.

Beispiele für VAe (neben den bereits genannten Fällen) sind etwa auch: Bewilligung oder Ablehnung einer Sozialleistung, Ordnungs- oder Polizeiverfügung, Rentenbescheid, Steuer- oder Gebührenbescheid, Ernennung zum Beamten, Enteignung eines Grundstücks, Zulassung zu einem Gewerbe, Abbruchverfügung, Gewährung einer Subvention.

1.3 Funktionen des Verwaltungsakts

Die zentrale Rolle des VA in der Verwaltungspraxis lässt sich mit **sechs Funktionen**[2] umschreiben:

1.3.1 Gesetzesvollzugs- und Konkretisierungsfunktion (materiell-rechtliche Regelungsfunktion)

Gesetzliche Regelungen sind von ihrer Struktur her generell-abstrakt: Sie beschreiben in abstrakter Weise für eine Vielzahl von unterschiedlichen Fallgestaltungen, welche Rechtsfolgen einzutreten haben oder aber nach Ermessen der Verwaltung eintreten können. Bei der Anwendung auf den Einzelfall ist eine Entscheidung der Verwaltung über das Vorliegen der gesetzlichen (Tatbestands-) Voraussetzungen und über den Eintritt der (geeigneten) Rechtsfolge erforderlich. Der VA verdichtet die vorher aufgrund des Gesetzes gegebene allgemeine Rechtslage zu einer konkreten Rechtsbeziehung zwischen Bürger und Verwaltung; er schafft insoweit Klarheit über die für den einzelnen Bürger bestehenden Rechte und Pflichten. Der VA ist die notwendige Zwischenstufe zwischen dem abstrakten Gesetz und der Herbeiführung des konkreten Erfolges im tatsächlichen Einzelfall; er setzt die generell-abstrakte Vorgabe des Gesetzes in eine individuell-konkrete Regelung um. **308**

Beispielsweise erfolgt die Ernennung eines Beamten laut Gesetz nach „Eignung, Befähigung und fachlicher Leistung“ (vgl. § 9 BeamtStG). Geht es um die Besetzung eines bestimmten Amtes, so bedarf es der Feststellung dieser Tatbestandsvoraussetzungen (= Konkretisierung) im Hinblick auf einen bestimmten Bewerber (= Individualisierung).

Der VA ordnet das Verhältnis zwischen Bürger und Staat in dem jeweiligen Sachzusammenhang konkret, eindeutig und verlässlich; durch seine Regelungsfunktion wird er auch selbst zu einem „rechtsfolgeerzeugenden Tatbestand“.

Beispiel für die Funktion des VA als rechtsfolgeerzeugender Tatbestand: Ist eine Subventionsvergabe als Ermessensentscheidung vorgesehen, hat ein Interessent (I), der eine derartige Subvention erstrebt, zunächst nur einen Anspruch auf ermessensfehlerfreie Entscheidung. Ist I aber durch Bescheid (VA) die Subvention bewilligt worden, hat er aus dem VA einen Anspruch auf Zahlung des bewilligten Betrages.

1.3.2 Bestandskraftsfunktion

Die eben dargestellte Konkretisierungsfunktion wird dadurch verstärkt, dass der VA (mit Einschränkungen) auch dann wirksam ist und seine Regelungswirkung entfaltet, wenn er mit dem Gesetz nicht übereinstimmt (Umkehrschluss aus § 43 Abs. 2 und 3 **309**

---

1 Aus diesem Gedanken heraus allgemein kritisch zur Legaldefinition des VA Emmerich-Fritsche, NVwZ 2006, 762.

2 Nach Sojka wohl nur vier Funktionen, vgl. apf 2015, 290; ebenso Schoch, Jura 2010, 670, 671 („vier Hauptfunktionen“); Jachmann/Drüen, Allgemeines Verwaltungsrecht, RdNr. 73; vgl. auch U.Stelkens in Stelkens/Bonk/Sachs, VwVfG, § 35 RdNr. 30 ff.

VwVfG, § 39 Abs. 2 und 3 SGB X). Er besitzt insoweit eine begrenzte Fehlerunempfindlichkeit, die als **Wirksamkeit** bezeichnet wird und die ihre eigentliche Bedeutung mit dem (späteren) Eintritt der Unanfechtbarkeit als Bestandskraft[3] des VA erlangt.

Beispielhaft sei zur Verdeutlichung dieser Wirkung das obige Subventionsbeispiel fortgeführt: Ist dem I die Subvention von der Behörde durch VA bewilligt und ausgezahlt worden, so kann die Behörde diesen Betrag später nicht einfach mit der Begründung zurückverlangen, I hätte die Subvention nach den gesetzlichen Vorschriften nicht erhalten dürfen. Denn der (vielleicht inhaltlich falsche, aber wirksame) Subventionsbescheid rechtfertigt die Zahlung; er ist ihr Rechtsgrund. Erst nach seiner Beseitigung durch Aufhebung (§§ 48, 49 VwVfG) kann ein Rückforderungsanspruch (§ 49a VwVfG) bestehen.

Sinn dieser grundsätzlichen Rechtswirksamkeit (auch des fehlerhaften) VA ist es, einmal ergangene VAs als Äußerungen staatlicher Autorität – ähnlich wie gerichtliche Urteile – im Interesse der Rechtssicherheit zu schützen[4]. Auch mängelbehaftete VAs müssen befolgt werden (Ausnahme: Nichtigkeit, §§ 43 Abs. 3, 44 VwVfG); die Betroffenen haben aber innerhalb gesetzlich vorgegebener Fristen die Möglichkeit, dagegen Rechtsbehelfe (§§ 40 ff., 68 ff. VwGO; 78 ff., 87 ff. SGG) einzulegen, und die Verwaltung hat unter bestimmten Voraussetzungen die Möglichkeit der Rücknahme des VA (§§ 48 VwVfG, 44, 45, 48 SGB X). Der umfassende gerichtliche Rechtsschutz kann als rechtliches Korrelat zur Anerkennung der grundsätzlichen Wirksamkeit auch des fehlerhaften VA angesehen werden.

310 Durch die Bestandskraftsfunktion wird das Verhältnis des VA zum Gesetzmäßigkeitsprinzip (Art. 20 Abs. 3 GG) modifiziert: Gleichberechtigt neben das Bestreben nach inhaltlicher Übereinstimmung von VA und Gesetz (Gesetzmäßigkeit) tritt – konkurrierend – der Gedanke der Rechtssicherheit (Interesse am Fortbestand einmal getroffener Entscheidungen, ebenfalls verfassungsrechtlich verbürgt im Rechtsstaatsprinzip des Art. 20 Abs. 3 GG). Diese gesetzlich festgelegte Konkurrenz zweier Verfassungsgüter dient letztlich auch dem betroffenen Bürger: Wehrt sich dieser nicht innerhalb der gesetzlichen Fristen gegen den VA, so geht das Gesetz davon aus, dass die dort getroffene Regelung vom Betroffenen (wenn auch vielleicht nur zähneknirschend) mitgetragen wird – und auch er ein Interesse daran hat, dass die Angelegenheit damit dauerhaft entschieden sein soll und Rechtsfrieden einkehrt.

1.3.3 Verfahrensrechtliche Funktion

311 Die Bedeutung des VA für das seinem Erlass vorgeschaltete Verwaltungsverfahren ergibt sich aus § 9 VwVfG und § 8 SGB X. Danach ist der VA (neben dem in der Praxis nicht ebenso bedeutsamen öffentlich-rechtlichen Vertrag) Ziel und Abschluss des Verwaltungsverfahrens. Beabsichtigt die Verwaltung also, einen VA zu erlassen, so ist sie zwingend an die gesetzlichen Vorgaben der §§ 9 ff. VwVfG, §§ 8 ff. SGB X gebunden. Die Handlungsform bestimmt die Verfahrensregeln.

Auch für die Vorschriften über das Rechtsbehelfsverfahren nach §§ 68 ff. VwGO, 78 ff. SGG (als nachgeschaltetes Verwaltungsverfahren „zweiter Instanz") ist der VA Anknüpfungskriterium[5].

1.3.4 Akzeptanzfunktion

312 Sowohl unter dem Gesichtspunkt der Bürgerorientierung als auch unter dem Aspekt, Doppelarbeit der Verwaltung wegen Rechtsbehelfen zu vermeiden, ist es wichtig, einen VA so abzufassen und zu begründen (§ 39 VwVfG, § 35 SGB X), dass der Adressat

3 Vgl. unten RdNr. 453.

4 Zum Einfluss der EuGH-Rechtsprechung auf bestandskräftige VAs: EuGH, NVwZ 2004, 459; Beaucamp DVBl 2004, 352.

5 Vgl. unten RdNr. 864 ff.; zur Fragestellung, ob der VA-Begriff der VwGO deckungsgleich ist mit dem VA-Begriff des BVwVfG oder der VwVfGesetze der Länder vgl. nur Rusteberg, ZJS 2012, 449 sowie U. Stelkens in Stelkens/Bonk/Sachs, VwVfG, § 35 RdNr. 15 ff. m. w. N.

ihn vollständig verstehen kann und möglichst auch von seiner Rechtmäßigkeit und Notwendigkeit überzeugt wird (Akzeptanzfunktion). Dann wird der betroffene Bürger den VA im Regelfall freiwillig befolgen und nicht zu den „Abwehrmitteln" der behördlichen Rechtsbehelfsverfahren bzw. der verwaltungsgerichtlichen Klagen greifen, selbst wenn die von der Behörde getroffene Regelung seinen Wünschen nicht entspricht.

Verwaltungspraxis und Gerichte sind auf diese Akzeptanzfunktion in hohem Maße angewiesen: Würde den Betroffenen in einem erheblichen Teil der millionenfach erlassenen Steuerbescheide oder sonstigen VAs die Regelung nicht akzeptabel erscheinen und würden in diesen Fällen Rechtsbehelfsverfahren eingeleitet, wäre ein ordnungsgemäßes Arbeiten der Verwaltung nicht mehr möglich. Die dann entstehende Belastung (durch Widerspruchsentscheidungen, Vorlageberichte und Klageerwiderungen) würde den Behörden kaum noch ausreichend Zeit für die kontinuierliche Bearbeitung neuer Fälle lassen.

Abgesehen von dem „verwaltungs-egoistischen" Aspekt der Arbeitsbelastung und dem Gesichtspunkt des Rechtsfriedens ist es gerade in einer bürgerorientierten Staatsform wie der parlamentarischen Demokratie als selbstverständlich anzusehen, dass die Verwaltungsbediensteten bei der Abfassung ihrer VAs auf Verständlichkeit und überzeugende Begründung achten. VAs, in denen der Adressat „mit Paragraphen erschlagen wird", und VAs, die nicht aus sich heraus verständlich sind, oder bei denen der Verfasser allein an Verwaltungsrichter gedacht hat, nicht aber an den Bürger, „rächen sich" in der Praxis durch Abwehrhaltungen selbst ansonsten williger Betroffener, durch Umsetzungsprobleme und durch Vollzugsdefizite.

1.3.5 Prozessrechtliche Funktion

Die Klageart und andere Modalitäten des verwaltungsgerichtlichen Rechtsschutzes **313** richten sich danach, ob die angegriffene oder begehrte Verwaltungsmaßnahme ein VA ist oder nicht, d. h. die Handlungsform VA bestimmt die Rechtsschutzmöglichkeiten. Die Qualifizierung als VA ist zwar keine Bedingung für gerichtlichen Rechtsschutz (Art. 19 Abs. 4 GG), jedoch Anknüpfungspunkt für spezielle Rechtsschutzmöglichkeiten wie ein Vorverfahren (§§ 68 ff. VwGO, 78 ff. SGG), Anfechtungs- und Verpflichtungsklage (§§ 42, 113 VwGO, 54, 131 SGG), sowie die aufschiebende Wirkung (§ 80 VwGO, § 86a SGG) von Widerspruch und Klage.

1.3.6 Vollstreckungs- bzw. Titelfunktion

Anders als der Bürger, der zur Durchsetzung von Ansprüchen grundsätzlich darauf ange- **314** wiesen ist, sich durch zeitraubende und risikobehaftete Anrufung der Gerichte einen Vollstreckungs-„Titel" (in der Regel in Form eines Urteils) zu erstreiten, kann die Verwaltung einen von ihr erlassenen VA selbst durchsetzen (vgl. §§ 3, 6 VwVG des Bundes sowie die entsprechenden Landes-VwVGe, insbesondere § 55 VwVG NRW).

Die Behörde braucht nicht etwa das Verwaltungsgericht anzurufen, wenn der Adressat den VA nicht befolgen will, sondern sie schafft sich schon durch Erlass des VA selbst einen solchen Vollstreckungstitel[6]. Nach Hinzutreten weiterer rechtlicher Voraussetzungen (etwa der Unanfechtbarkeit des VA und der vorherigen Androhung eines Zwangsmittels) kann sie den VA selbst vollstrecken und dadurch ihre eigene – gesetzlich legitimierte – Regelung relativ schnell und einfach zwangsweise durchsetzen. Dies gilt sowohl für Zahlungspflichten als auch für Handlungs-, Duldungs- oder Unterlassungspflichten.

2. Gesetzliche Grundlagen und Allgemeines zum Begriff des Verwaltungsakts

2.1 Gesetzliche Begriffsbestimmung

Die gesetzliche Bestimmung des VA-Begriffs ergibt sich aus **§§ 35 VwVfG, 31 SGB X,** **315** **118 AO.** Die wortgleichen **Legaldefinitionen** gelten nicht nur für die Anwendungsbe-

6 Zum VA als Titel für die Kosten seiner Vollstreckung: Enders, NVwZ 2009, 958.

reiche dieser Gesetze, sondern allgemein, insbesondere auch für die VwGO, das SGG sowie die FGO[7]. Jedes der Tatbestandsmerkmale des gesetzlichen VA-Begriffs dient nicht nur der positiven Beschreibung der Handlungsform VA, sondern auch der (negativen) Abgrenzung zu anderen Handlungsformen, die der Verwaltung zur Verfügung stehen. Beide Aspekte sind bei der Frage nach dem Rechtscharakter einer Verwaltungsentscheidung zu berücksichtigen.

2.2 Formale Aspekte

316 Fragt sich der betroffene Bürger bei einem Schreiben der Behörde, ob es sich dabei um einen VA handelt, so werden sich ihm die in § 35 VwVfG genannten inhaltlichen Kriterien nur schwer erschließen. Er wird vielmehr versuchen, anhand der Form des Schreibens (oder des elektronischen Dokuments nach § 3a VwVfG) zu ermitteln, ob er einen VA in der Hand hält. Dieses Vorgehen ist durchaus sinnvoll, da es eine typische Form des VA (die **Bescheidform**) gibt[8].

317 Folgende formale Aspekte deuten auf das Vorliegen eines VA hin:

1. Je nach Sachgebiet werden bestimmte, charakteristische **Bezeichnungen** verwandt

   Beispiele: Verfügung (Polizei- oder Ordnungsverfügung, vgl. Nr. 20.11 VV OBG NRW), Bescheid (Steuer-, Gebühren-, Beitrags, Heranziehungsbescheid), Entscheidung, Anordnung, Beschluss, Genehmigung, Erlaubnis. Oder noch konkreter: Zwangsgeldandrohung, Ernennung (zum Beamten), Immatrikulation.
2. Aufbau: Im Briefkopf erscheint die erlassende Behörde; anschließend folgen Name und Anschrift des Empfängers oder eines Bevollmächtigten
3. Der Ausspruch (verfügender Teil oder Entscheidungssatz, Fachausdruck „Tenor“) enthält die für den VA wesentlichen Regelungen (Hauptregelung, ggf. Nebenbestimmungen), dazu eventuell auch die Anordnung der sofortigen Vollziehung, eine Zwangsmittelandrohung sowie, falls erforderlich, eine Kostenentscheidung
4. Je nach seiner Eigenart enthält der Bescheid eine zum Teil recht eingehende rechtliche und tatsächliche Begründung.
5. Dem belastenden VA ist eine Rechtsbehelfsbelehrung beigefügt.
6. Der Bescheid wird dem Adressaten individuell bekannt gemacht; unter bestimmten Voraussetzungen muss eine förmliche Zustellung erfolgen.

Zur Gegenüberstellung und Abgrenzung sei auf die Form der Rechtsnorm hingewiesen, die als „Gesetz“, „(Rechts-) VO“, „Satzung“ bezeichnet wird, allgemeine Vorschriften (in aller Regel in Paragraphen gefasst) enthält und öffentlich (z. B. in einem Gesetz- oder Amtsblatt) verkündet wird.
Andere Maßnahmen wie Anfragen, Hinweise, Mitteilungen u. s. w. ergehen formlos als schlichte Schreiben. Bei ihnen wäre es irreführend, etwa Tenor und Begründung zu unterscheiden und eine Rechtsbehelfsbelehrung beizufügen.

2.3 Stellung des Verwaltungsakts im System des Verwaltungshandelns

318 Bei der begrifflichen Erfassung des VAs geht es gleichzeitig um die **funktionsgerechte Abgrenzung zu den anderen Arten behördlichen Handelns**[9]. Die folgende Übersicht ordnet den einzelnen Elementen des VA ihre jeweilige Abgrenzungsfunktion zu, bevor im Anschluss die Tatbestandsmerkmale näher erläutert werden:

7 Vgl. aber die Hinweise in Fn. 5.
8 Einzelheiten unten unter RdNr. 347 ff.
9 Siehe oben RdNr. 306.

Tatbestandsmerkmale:	Definition:	Abgrenzung:
hoheitlich	einseitig	zweiseitig = vertraglich
Maßnahme	zweckgerichtetes Verhalten mit Erklärungsgehalt	ungewolltes Handeln, Nichts-Tun, Schweigen
Behörde	vgl. § 1 Abs. 2 VwVfG NRW: Jede Stelle, die Aufgaben der öffentlichen Verwaltung wahrnimmt	Gesetzgebung, Rechtsprechung, Regierungstätigkeit, Handeln von Privatpersonen (Ausnahme: Beliehene)
Regelung	jede Maßnahme, die auf die unmittelbare Herbeiführung einer Rechtsfolge gerichtet ist oder sie bewirkt	schlichtes Verwaltungshandeln, Realakte, Vorbereitungshandlungen, Auskünfte
Einzelfall	Regelung, die: – konkret-individuell – abstrakt-individuell oder – konkret-generell (§ 35 S. 2 VwVfG) wirkt	Rechtsnorm (abstrakt-generelle Regelung)
auf dem Gebiet des öffentlichen Rechts	wenn die zugrunde liegenden Rechtsnormen dem öffentlichen Recht zuzurechnen sind, also durch sie ausschließlich ein Träger hoheitlicher Gewalt berechtigt oder verpflichtet wird (modifizierte Subjektstheorie)	auf dem Gebiet des Privatrechts
unmittelbare Rechtswirkung nach außen	Die Rechtsfolge muss außerhalb des handelnden Rechtsträgers und seines Rechtskreises / bei anderen natürlichen oder juristischen Person eintreten	verwaltungsinternes Handeln

Sinn der Unterscheidung verschiedener Arten des Verwaltungshandelns ist es, jede Art **319** den (ihrer Eigenart und Funktion entsprechenden) gesetzlichen Regelungen zuzuordnen, insbesondere unter den Aspekten: Rechtmäßigkeitsvoraussetzungen, Bindungswirkung, Rechtswidrigkeitsfolgen und Rechtsschutzmöglichkeiten[10]. Damit ist es grundsätzlich nicht vereinbar, Verwaltungsmaßnahmen „Doppelnaturen“ zuzuerkennen oder die Rechtsnatur in personeller Beziehung zu relativieren, indem etwa eine Maßnahme dem A gegenüber als VA, dem B gegenüber als schlichtes Verwaltungshandeln angesehen wird. Vielmehr ist die Rechtsnatur einer Maßnahme einheitlich und mit Wirkung für und gegen jede Person festzustellen.

3. Tatbestandsmerkmale des Verwaltungsaktes

3.1 Maßnahme

§ 35 VwVfG zählt auf, welche Handlungen als VA in Betracht kommen können, näm- **320** lich jede „Verfügung, Entscheidung oder andere hoheitliche Maßnahme“. Damit ist zum einen klargestellt, dass die „hoheitliche Maßnahme“ als Oberbegriff fungiert,

10 „Die Rechtmäßigkeitskontrolle behördlichen Handelns setzt voraus, dass die gewählte Handlungsform bestimmt ist“, BVerwG, DVBl 2012, 49.

zum anderen, dass bloßes Nichts-Tun nicht dem VA-Begriff unterfällt. Unter „Maßnahme“ versteht man jedes **zweckgerichtete Handeln mit Erklärungsgehalt.** Meist handelt es sich um eine ausdrückliche Erklärung (schriftlich oder mündlich); die Maßnahme kann aber auch in einem schlüssigen (konkludenten) Verhalten zu sehen sein, z. B. dem Handzeichen eines Verkehrspolizisten. Welcher Erklärungsgehalt der Maßnahme im Einzelfall beizumessen ist, beurteilt sich nach dem Empfängerhorizont des Adressaten; die Auslegungsregeln der §§ 133, 157 BGB sind insoweit entsprechend anzuwenden. Ein bloßes Unterlassen (Untätigkeit) reicht für eine Maßnahme nicht aus. Allerdings kann Untätigkeit nach Ablauf einer Frist nach § 42a VwVfG aufgrund gesetzlicher Festlegung zu einer „Genehmigungsfiktion“ führen[11]; eine behördliche „Maßnahme“ ist hier jedoch gerade nicht erfolgt. Die ausdrückliche Ablehnung eines Antrages ist kein bloßes Unterlassen, sondern ein VA.
VAs sind gemäß § 37 Abs. 2 VwVfG grundsätzlich formlos möglich; entsprechend kann die „Maßnahme“ in unterschiedlicher Gestalt erfolgen. So sind auch automatische, durch EDV-Anlagen gefertigte Erklärungen und durch Automaten (etwa Verkehrsampeln) gegebene Zeichen als „Maßnahmen“ zu werten, soweit sie auf zweckgerichtetes behördliches Handeln zurückzuführen sind.
Die elektronische Kommunikation wird durch § 3a VwVfG für zulässig erklärt, „soweit der Empfänger hierfür einen Zugang eröffnet“; dementsprechend ermöglicht § 37 Abs. 2 VwVfG auch den **„elektronischen VA“**[12].

3.2 hoheitlich

321 Die Maßnahme ist als „hoheitlich“ zu werten, wenn sie **einseitig** erfolgt. Mit dem Merkmal „hoheitlich“ bringt der Gesetzgeber zum Ausdruck, dass für den Erlass eines VA besondere gesetzliche Befugnisse einseitig durch die Behörde genutzt werden können oder sogar müssen[13]. Eine vertragliche, also zweiseitige Entscheidung kann kein VA sein, sondern hierfür steht die Handlungsform Vertrag (öffentlich-rechtlich oder zivilrechtlich) zur Verfügung[14]. Dass in bestimmten Fällen die Zustimmung des Bürgers zu der behördlichen Entscheidung erforderlich ist, oder aber eine Entscheidung nur auf Antrag des Bürgers ergeht, nimmt der Maßnahme nicht die Hoheitlichkeit: Ob und welche Entscheidung getroffen wird, liegt auch bei den sog. „mitwirkungsbedürftigen VAs“[15] allein in der Kompetenz der Behörde.

So ist eine Beamtenernennung nur mit Zustimmung des Bewerbers möglich. Ob ein Beamtenverhältnis begründet wird und mit welchem Inhalt, liegt aber allein in der Entscheidungsgewalt der Behörde; die Ernennung ist daher ein (mitwirkungsbedürftiger) VA.

3.3 Behörde

322 **Behörde** i. S. des § 35 VwVfG ist jede Stelle, die Aufgaben der öffentlichen Verwaltung wahrnimmt (§ 1 Abs. 4 VwVfG des Bundes bzw. § 1 Abs. 2 VwVfG mehrerer Länder, § 1 Abs. 2 SGB X). Da nach dieser Definition nur dann eine Behörde handelt, wenn es um die Erledigung von „Aufgaben der öffentlichen **Verwaltung**“ geht, fallen nach der Subtraktionsformel[16] Handlungen des Gesetzgebers, der Gerichte oder der Regierung nicht unter den VA-Begriff. Ebenso fehlt es am Handeln einer „Behörde“, wenn

11 Siehe unten RdNr. 564 ff.
12 Zum „elektronischen VA“ vgl. unten Rdnr. 657 ff.
13 Sojka, apf 2015, 290, 293.
14 Haurand, DVP 2007, 221, 222; Sodan/Ziekow, Grundkurs Öffentliches Recht, § 74 RdNr. 8.
15 Siehe unten RdNr. 535 f.
16 Vgl. oben RdNr. 9.

eine (natürliche oder juristische) Person des Privatrechts tätig geworden ist, es sei denn, es handelt sich um einen Beliehenen[17], dem die Wahrnehmung von „Aufgaben der öffentlichen Verwaltung" ja gerade durch den Beleihungsakt durch Gesetz oder aufgrund Gesetzes übertragen wurde. Fehlt es am Handeln einer „Behörde", so spielen auch formale Merkmale keine Rolle mehr; aus dem Schein allein lässt sich die Maßnahme einer Behörde nicht herleiten.

Maßnahmen einer Behörde sind daher weder die Anordnungen des „Hauptmanns von Köpenick" noch die privater Sicherheits- und Bewachungsfirmen. – Die Voraussetzungen für eine Verkehrszeichenaufstellung durch private Bauunternehmer bei Bauarbeiten sind in § 45 Abs. 6 StVO geregelt.

Nur äußeres Indiz der Behördeneigenschaft ist die Verwendung eines Behörden-Briefkopfes (z. B. „Oberbürgermeister der Stadt S", „Finanzamt X-Stadt", „Innenministerium des Landes L"). Erforderlich für das Vorliegen eines VA ist, dass die Maßnahme der Behörde auch **zuzurechnen ist.** Die Zurechnung erfolgt, wenn der Handelnde allgemein (generell) befugt ist, für die Behörde tätig zu werden[18]. Für die Zurechnung im Rahmen des VA-Begriffs ist es unerheblich, ob die Behörde tatsächlich zuständig war, ob der Handelnde nach der verwaltungsinternen Geschäftsverteilung zum Handeln befugt war und ob das Handeln rechtmäßig oder rechtswidrig war. **323**

3.4 auf dem Gebiet des öffentlichen Rechts

Auf dem Gebiet des öffentlichen Rechts ergeht eine Maßnahme, wenn die Behörde dabei von öffentlich-rechtlichen Befugnissen Gebrauch macht. Die wesentliche Bedeutung dieses Tatbestandsmerkmals liegt in der **Abgrenzung zu privatrechtlichen[19] Maßnahmen** der Verwaltung, wie z. B. der Abschluss von Verträgen mit Arbeitnehmern des öffentlichen Dienstes oder Kauf- und Mietverträgen auf Grundlage des BGB. **324**

Eine Maßnahme auf dem Gebiet des öffentlichen Rechts liegt zunächst dann vor, wenn die Behörde zum öffentlich-rechtlichen Handeln berechtigt ist, weil die Rechtsbeziehungen zwischen ihr und dem Bürger öffentlich-rechtlich geregelt sind (so z. B. im Abgabenrecht, Polizei- und Ordnungsrecht, Schulrecht). Sie liegt auch vor, wenn die Behörde aufgrund öffentlich-rechtlicher Befugnisse in privatrechtliche Rechtsverhältnisse eingreift.

Beispielsweise ist das der Fall beim sog. „privatrechtsgestaltenden VA", wie z. B. der Teilungsgenehmigung nach § 8 BauO NRW oder der „Anerkennung" einer Stiftung nach § 80 BGB; ebenso bei der Zustimmung der Agentur für Arbeit zu einer Entlassung nach § 18 KSchG.

Ferner gibt es VAe, die aufgrund gesetzlicher Regelung privatrechtliche „Nebenwirkungen" haben. **325**

Beispiele: Ausschluss von Unterlassungs- und Schadensersatzansprüchen etc. bei Vorliegen einer wasserrechtlichen Bewilligung gemäß § 16 WHG; Ausschluss privatrechtlicher Abwehransprüche gemäß § 14 BImSchG; Ausschluss von Unterlassungs-, Beseitigungs- oder Änderungsansprüchen bei unanfechtbarem Planfeststellungsbeschluss nach § 75 Abs. 2 S. 1 VwVfG.

Es kommt also nicht darauf an, in welchem Bereich die Wirkungen (Rechtsfolgen) der Maßnahme eintreten, vielmehr ist es erforderlich und ausreichend, dass die Maß-

---

17 Zu den Beliehenen oben RdNr. 107 f.

18 Das BVerwG, DVBl 2012, 49, bejaht die Zurechnungfrage, wenn die Behörde (hier ein Abwasserzweckverband) eine private Firma mit Geschäftsbesorgungsvertrag zur Aufgabenerledigung einschaltet und diese dann den behördlichen Briefkopf benutzt; vgl. hierzu auch die Besprechung von Hebeler, JA 2012, 479, der sich dort ausführlich mit der Abgrenzung eines VA von einem „Schein"- oder „Nicht-VA" auseinandersetzt. Ebenso BVerwG, Beschluss vom 17. November 2015 – 9 B 21/15 –, juris.

19 Vgl. hierzu die Abgrenzung des öffentlichen Rechts zum Privatrecht oben RdNr. 116 ff.

nahme kraft öffentlichen Rechts ergeht, das heißt, dass die Behörde ihre Befugnis zum Handeln aus öffentlich-rechtlichen Vorschriften ableitet.

3.5 Regelung; Abgrenzung zum schlichten Verwaltungshandeln

326 Der VA erfüllt seine spezifische Funktion in erster Linie durch seine Regelungswirkung (vgl. oben RdNr. 308). Sie kennzeichnet ihn als Rechtsakt, der sich nicht nur nach dem Recht richtet, sondern auch selbst Rechtsfolgen auslöst. Die **Regelung** ist deshalb das für den VA-Begriff wichtigste Merkmal.
Regelung ist jede Maßnahme, die nach ihrem Erklärungsinhalt auf **Herbeiführung einer Rechtsfolge gerichtet** ist oder sie unmittelbar bewirkt. Durch die im VA enthaltene Regelung werden subjektive Rechte und/oder Pflichten begründet, verändert, aufgehoben, verbindlich festgestellt oder verneint. Beim dinglichen VA wird der Rechtsstatus einer Sache festgelegt. Die Regelung eines VA findet sich in seinem „verfügenden Teil" (§ 41 Abs. 4 VwVfG), also im Tenor oder Entscheidungssatz.

327 In der Verwaltungspraxis gibt es im Wesentlichen **sieben Arten** der Regelung:
- **Verbot** eines Verhaltens (z. B. Versammlungsverbot, Benutzungsverbot)
- **Gebot** eines Verhaltens (z. B. Zahlungsgebot durch Steuerbescheid oder Abbruchgebot für Bauwerk)
- **Rechtsgewährung** (z. B. Bewilligung einer Rente, Erteilung einer Fahrerlaubnis)
- **Versagung** einer solchen Rechtsgewährung
- **Rechtsgestaltung** ieS (z. B. Beamtenentlassung, privatrechtsgestaltender VA wie die Anerkennung einer Stiftung)
- **dingliche Regelung** (z. B. Widmung oder Umbenennung einer Straße)
- individuelle **Feststellung**[20] einer Rechtslage (z. B. Steuermessbescheid)

328 Bestehen Zweifel am Vorliegen einer Regelung, so bedarf die behördliche Maßnahme der **Auslegung.** Die Auslegung einer behördlichen Maßnahme kann auch für die Feststellung der anderen Begriffsmerkmale des VA notwendig sein (vgl. oben zur Frage des Vorliegens einer „Maßnahme"), hat aber ihre größte Praxisbedeutung beim Merkmal der Regelung. Dort greift sie nicht nur ein, wenn es um die Frage geht, ob überhaupt eine Regelung vorliegt, sondern auch dann, wenn es um den Inhalt und den Umfang der getroffenen Regelung geht.

Grundsätzlich kommt es für die Auslegung einer Verwaltungsmaßnahme darauf an, wie der von ihr Betroffene sie verstehen durfte; es gelten die Grundsätze der §§ 133, 157 BGB[21]. Dass eine Behörde in höflicher Form um die Rücküberweisung überzahlter Vorauszahlungen bittet, steht der Annahme eines VA in Gestalt eines Leistungsbescheids nicht entgegen[22].

329 Der **Gegenbegriff** zum Verwaltungshandeln mit Regelungscharakter ist in erster Linie das bloß faktische, **schlichte Verwaltungshandeln**, das auch als (Verwaltungs-)**Realakt** bezeichnet wird[23]. Realakte sind nicht auf die Herbeiführung eines rechtlichen, sondern eines tatsächlichen Erfolgs gerichtet.

Beispiele: Straßenbauarbeiten des Tiefbauamtes, Heizen einer Schule, Streifenfahrten der Polizei

Auch sog. „Wissenserklärungen" von Behörden sind mangels Regelung nicht als Verwaltungsakte zu werten; dies betrifft z. B. behördliche Informationen, Auskünfte oder Hinweise.

---

20 Zu den Voraussetzungen eines feststellenden VA: BVerwG, DÖV 2010, 331.

21 Zur Auslegung von Verwaltungsakten bzw. deren Regelungsgehalt vgl. jüngst OVG Münster, Beschluss vom 05. Oktober 2015 – 1 B 830/15 –, juris.

22 VG Köln, Urteil vom 13. Oktober 2015 – 7 K 4343/14 –, juris.

23 Z. B. BVerwGE 151, 228 für die staatliche Internet-Datenbank „lostart.de", die sich mit der Erfassung und Suche nach im Dritten Reich gestohlenen oder enteigneten Kulturgütern befasst.

Ein äußerlich bloß faktisches Verwaltungshandeln (z. B. Wegnahme einer Sache, Geldzahlung) **kann** zugleich eine Regelung und damit einen VA – der nach §§ 37 Abs. 2 VwVfG, 33 Abs. 2 SGB X auch mündlich oder formlos („... in anderer Weise ...") möglich ist – enthalten. Umstritten ist dies nach wie vor bei den sog. Standard-Maßnahmen von Polizei- und Ordnungsbehörden wie z. B. der Sicherstellung oder Beschlagnahme von Sachen. Hier wird zum Teil in der tatsächlichen Durchführung der Beschlagnahme der konkludente Erlass einer Duldungsverfügung gesehen[24]. **330**

Beispiele für **Regelung und damit VA anzunehmen**: Auskunftsverlangen durch das Finanzamt; Schulentlassung; die von einem Amtsgerichtspräsidenten gegenüber einem Rechtsbeistand erteilte Rüge wegen überhöhter Gebührenrechnung; die „Bezeichnung" eines Verteidigungsvorhabens gegenüber der davon betroffenen Gemeinde; Mitteilung über beabsichtigtes Zwangspensionierungsverfahren wegen Dienstunfähigkeit; Mitteilung der Handwerkskammer über die beabsichtigte Löschung in der Handwerksrolle[25]; die Entscheidung des Rates über die Zulässigkeit eines Bürgerbegehrens; Entscheidung über Annahme und Führen ausländischer Titel; Suspendierung eines Mitgliedes der Freiwilligen Feuerwehr vom Einsatzdienst; bestimmte Prüfungsnoten[26]; Anordnung einer erkennungsdienstlichen Behandlung[27]; Anordnung an Professor durch Dekan zur Durchführung einer Vorlesung[28]; Rückforderung von Anwärterbezügen[29]. **331**
Beispiele für **Verneinung einer Regelung und damit VA abzulehnen**: dienstliche Beamtenbeurteilungen (die deshalb etwa geändert werden können, ohne dass §§ 48, 49 VwVfG gelten)[30]; Ankündigung eines VA; Verweigerung einer positiven Kontrollbescheinigung; Stellungnahme einer Landesregierung zu Landbeschaffung für Verteidigungszwecke; Abwicklung einer Einrichtung gemäß Art. 13 des Einigungsvertrages; Anordnung der Beibringung eines medizinisch-psychologischen Gutachtens; die Sicherstellung eines Altkleidercontainers; Prüfungsankündigungen des Bundesrechnungshofes[31]; Umsetzung eines Schülers in eine Parallelklasse[32]; Auszahlung von Städtebauförderungsmitteln durch Kommune an privaten Investor[33]; „Ruf" an einen Professor im Berufungsverfahren[34]

„Regelung" im Sinne des VA-Begriffes ist grundsätzlich nur die **endgültige Regelung**. Deshalb sind die einen VA vorbereitenden Maßnahmen, insbesondere Verfahrenshandlungen, keine VAs. – Ebenso wenig ist VA die sog. „wiederholende Verfügung" (vgl. unten RdNr. 524 ff.), die im Nachhinein nur eine schon früher getroffene Regelung ohne erneute Sachprüfung wiedergibt[35]. Hingegen sind Vorabregelungen und Teilregelungen (wie Vorbescheide und Teilerrichtungsgenehmigungen) VAs im Rahmen des gestuften Verwaltungsverfahrens; auch vorläufige Regelungen sind VAs. VAs sind auch Zweitbescheide, die nach neuer Prüfung eine schon geregelte Sache erneut entscheiden (vgl. unten RdNr. 527). **332**

Die oben erwähnte, gegenüber dem Bürger B als Inhaber einer Fahrerlaubnis ergangene „Mitteilung"[36] der Straßenverkehrsbehörde, gemäß § 11 Abs. 6, Satz 2 Fahrerlaubnisverordnung (FeV) ein Gutachten einer medizinisch-psychologischen Untersuchungsstelle über seine Fahreignung

---

24 Übersicht über den Streitstand bei U.Stelkens in Stelkens/Bonk/Sachs, VwVfG, § 35 RdNr. 96 ff.
25 Übersicht bei Kopp/Ramsauer, VwVfG, § 35 RdNr. 103.
26 Im einzelnen streitig, vgl. dazu Morgenroth, NVwZ 2014, 32.
27 VG Schleswig, DVP 2005, 216 mit Anm. Vahle.
28 VG Darmstadt, NVwZ-RR 2005, 117.
29 OVG Lüneburg, NVwZ-RR 2009, 1009.
30 BVerwGE 49, 351.
31 Hauser, DÖV 2004, 786.
32 OVG Hamburg, NVwZ-RR 2005, 40.
33 OVG Weimar, DVBl 2010, 462.
34 VGH München, Beschluss vom 29. April 2015 – 7 CE 15.54 –, juris.
35 Die verfahrensrechtliche Aussage der wiederholenden Verfügung, dass nämlich das Verwaltungsverfahren nicht wieder aufgegriffen wird, § 51 VwVfG, ist allerdings sehr wohl eine Regelung und damit auch ein VA.
36 § 11 Abs. 6 Satz 2 FEV: „Die Behörde teilt dem Betroffenen ... mit, dass er sich ... der Untersuchung zu unterziehen und das Gutachten beizubringen hat...".

beizubringen, ist lediglich eine vorbereitende Maßnahme der Beweiserhebung im Fahrerlaubnis-Entziehungsverfahren und kein anfechtbarer VA[37].

3.6 Außenwirkung der Regelung; Abgrenzung zu verwaltungsinternen Maßnahmen

333 Außenwirkung hat eine Regelung, wenn die mit dem VA verbundene Rechtsfolge außerhalb des Rechtskreises der Behörde bzw. ihres Verwaltungsträgers eintritt. Im Normalfall richtet sich die Regelung an **außerhalb der Verwaltung** stehende natürliche oder juristische Personen, aber auch bei einem dinglichen VA, der adressatenlos ist, tritt die Rechtsfolge außerhalb des Rechtskreises der handelnden Behörde ein. Außenwirkung fehlt, wenn eine Maßnahme nur verwaltungsinterne Bedeutung hat; auch Maßnahmen zwischen verschiedenen Behörden desselben Rechtsträgers haben keine Außenwirkung.

Beispiele für **verwaltungsinterne** Maßnahmen sind etwa: Anordnungen zwischen Dienststellen desselben Rechtsträgers (z. B. Anordnung der Bezirksregierung an eine Polizeidienststelle wegen Verkehrskontrollen); Maßnahmen innerhalb eines Rechtsträgers, z. B. Weisung an Beamte zur Aktenbearbeitung, zur einheitlichen Gesetzesauslegung, zu bürgerorientiertem Verhalten bei Publikumsverkehr oder als Zugangs- und Nutzungsregelung für EDV-Datenbestände. **Außenwirkung** besitzt hingegen auch die Feststellung der (Un)Zulässigkeit eines Bürgerbegehrens (feststellender VA) durch den Rat im Verhältnis zu den Begehrensvertretern[38].

Die Außenbeziehungen zwischen Staat und Bürger gehören zum Anwendungsbereich des VA und damit der §§ 9 VwVfG, 8 SGB X; für den Innenbereich gibt es dagegen verwaltungsspezifische Regelungen (z. B. Weisungen, Erlasse etc.)
Die erforderliche Abgrenzung von Außen- und Innenbereich kann dort problematisch werden, wo der von einer Regelung Betroffene zu der Verwaltung in einem besonders engen Verhältnis steht oder selbst in ihr tätig ist, also in einem **„verwaltungsrechtlichen Sonderverhältnis“** (vgl. oben RdNr. 215):

3.6.1 Außenwirkung im Beamtenverhältnis

334 Auch die Anordnungen im Innenbereich der Verwaltung müssen letztlich von den bei der öffentlichen Verwaltung Tätigen, insbesondere den Beamten, ausgeführt werden; sie sind für die Beamten – und damit für natürliche Personen – verbindlich. Es kommt deshalb darauf an, in welcher Eigenschaft diese Person (der Adressat) von der Regelung angesprochen wird. **Außenwirkung** hat eine solche Maßnahme nur dann, **wenn sie auf die Regelung (höchst-) persönlicher Rechte und Pflichten des Beamten gerichtet ist**; als verwaltungs-intern ist hingegen eine Regelung zu bewerten, wenn sie den Beamten lediglich als Amtswalter, als Teil der Verwaltungsorganisation betrifft und (nur) auf organisationsinterne Wirkung gerichtet ist. Häufig hilft folgende Überlegung bei der Einordnung: Angenommen, der Adressat der Maßnahme fehlt aus Krankheitsgründen – würde die Regelung auch für seinen Vertreter im Amt gelten? Falls ja, hat die Maßnahme lediglich interne Wirkung. Gilt eine Anordnung jedoch nur für den Beamten persönlich, so ist sie – bei Vorliegen der übrigen Voraussetzungen – ein VA mit Außenwirkung.

Beispiele für bloß **verwaltungsinterne** Maßnahmen im Beamtenverhältnis: die Weisung, bestimmte Arbeiten zu verrichten oder in einer Sache in einer bestimmten Weise zu entscheiden; Dienstzeit- oder Gleitzeitregelung; Umsetzung[39]; Textverarbeitungsanordnung; Dienstanweisung

37 Zahlreiche Rechtsprechungsnachweise bei Kopp/Ramsauer, VwVfG, § 35 RdNr. 109, Fn. 315.
38 Vgl. Hofmann/Theisen/Bätge, Kommunalrecht in NRW, 2.3.3.2.1.2, Nr. 17.
39 Ständige Rechtsprechung seit BVerwG 60, 147; anders OVG Münster für den Sonderfall des § 4 PostPersRG, ZBR 2013, 421.

für EDV-Nutzungsberechtigung; Aufforderung im Sinne von § 46 Abs. 7 BBG an einen Ruhestandsbeamten, sich einer ärztlichen Untersuchung zu unterziehen[40].
Beispiele für Fälle, in denen der Beamte **wie ein Außenstehender** als eine dem Dienstherrn mit selbständigen Rechten gegenüberstehende Rechtspersönlichkeit betroffen wird (**so dass ein VA vorliegt**): Ernennung, Entlassung, Nebentätigkeitserlaubnis, Bewilligung von Urlaub, Gehaltsfestsetzung und Einverständnis des aufnehmenden Dienstherrn bei Versetzung in anderes Bundesland; Weisung des Dekans an einen Professor, eine bestimmte Lehrveranstaltung durchzuführen[41].

3.6.2 Außenwirkung in sonstigen verwaltungsrechtlichen Sonderverhältnissen

Eine ähnliche Problematik wie bei Beamten gibt es in den (sonstigen) verwaltungsrechtlichen Sonderrechtsverhältnissen (vgl. oben RdNr. 215). Auch hier ist danach zu differenzieren, ob die fragliche Maßnahme sich an den Betroffenen (Schüler, Soldaten, Strafgefangenen) als eigene, individuelle Rechtspersönlichkeit richtet – dann ist das sog. **„Grundverhältnis"** betroffen, und ein VA mit Außenwirkung liegt vor. Dient die Maßnahme jedoch nur der Organisation des inneren Betriebes der in Rede stehenden Einrichtung, deren Mitglied der Adressat ist, ist nur das sog. **„Betriebsverhältnis"** betroffen und die Außenwirkung fehlt[42]. **335**

Von erheblicher (klausur-) praktischer Bedeutung ist neben dem Beamten- das Schulverhältnis: Schüler und Lehrer sind Angehörige der Einrichtung Schule; schulische Anweisungen können sie sowohl als eigene Rechtspersönlichkeiten, aber auch lediglich als Teil der Organisationseinheit „Schule" betreffen. **336**

Als schulische Betriebsregelungen **ohne Außenwirkung** (also **ohne VA-Charakter**) werden betrachtet: Anordnungen, die die interne Ordnung der Schule betreffen („hitzefrei", Auflösung einer Parallelklasse[43]); unterrichtsleitende Anordnungen des Lehrers, Beginn und Ende des Unterrichts, Stellung einzelner (Haus-) Aufgaben; Festlegung der Lehrverpflichtung eines Lehrers. „Erzieherische Maßnahmen" wie der Ausschluss aus der laufenden Unterrichtsstunde, die zeitweise Wegnahme von Gegenständen (z. B. Handy) oder die Anordnung von Aufgaben, die geeignet sind, das Fehlverhalten eines Schülers zu verdeutlichen („Strafarbeit") dienen der Wiederherstellung der geordneten Unterrichtsarbeit und werden in NRW nicht als VAs angesehen.
Der **VA-Charakter ist hingegen anerkannt** bei den sog. „Ordnungsmaßnahmen", wie z. B. einem schriftlichen Verweis (Feststellung von Fehlverhalten und Ermahnung)[44], der Versetzung in eine Parallelklasse oder sogar der Ausschluss von der Schule, vgl. § 53 Abs. 3 S. 2 SchulG NRW. Ebenfalls VA: Entscheidung über die Aufnahme eines Schülers an der Schule, Versetzungsentscheidung, Zulassung von Schulbüchern für den Unterrichtsgebrauch.

3.6.3 Verwaltungsakte unter Mitwirkung einer weiteren Behörde (mehrstufige VAs)

In der Verwaltungspraxis sind vor dem Erlass eines VA durch die Behörde häufig andere Behörden zu beteiligen (mehrstufige VAs). Teilweise ist gesetzlich nur **„Anhörung"** oder **„Benehmen"** vorgeschrieben, also zwingende Beteiligung mit unverbindlichem Charakter. In anderen Fällen wird **„Zustimmung"** oder **„Einvernehmen"** verlangt, so dass dann die Ablehnung der anderen Behörde bindend ist. **337**
In diesen Fällen fragt sich, ob der Beteiligungsakt der „zweiten" Behörde selbst ein VA mit Außenwirkung ist – mit der Folge, dass der Bürger bei der Verweigerung eines behördlichen Einvernehmens Verpflichtungsklage auf Erteilung des Einvernehmens erheben könnte. Dies ist jedoch nur (ausnahmsweise) der Fall, wenn der Mitwirkungsbehörde die selbständige und ausschließliche Geltendmachung bestimmter Gesichtspunkte

---

40 BVerwG, NVwZ 2001, 436, 438.
41 VG Darmstadt, NVwZ-RR 2005, 117.
42 Kopp/Ramsauer, VwVfG, § 35 RdNr. 135.
43 OVG Hamburg, NVwZ-RR 2005, 40.
44 Anders für die Rechtslage in Bayern: VGH München, Urteil vom 10. März 2010 – 7 B 09.1906 –, juris: Verweis ist kein VA mangels Regelung.

dem Bürger gegenüber übertragen ist. Im Normalfall bleibt die Gesamtverantwortung der „ersten" Behörde unberührt, so dass die Beteiligung der Mitwirkungsbehörde ein rein interner Vorgang und kein VA ist.

Beispiele: Erfordernis der Zustimmung der obersten Landesstraßenbaubehörde bei Bauten längs der Bundesfernstraßen nach § 9 Abs. 2 FStrG; Erfordernis des Einvernehmens der Gemeinde oder der höheren Verwaltungsbehörde bei Baugenehmigungen § 36 BauGB[45]. Die (alleinige) Regelung mit Außenwirkung gegenüber dem Bürger wird dann von der „ersten" Behörde getroffen, auch wenn etwa die Ablehnung dieser Genehmigung ihren Grund allein in der fehlenden Zustimmung der Mitwirkungsbehörde hat[46]. – Vgl. zum mehrstufigen VA auch unten RdNr. 536.

3.7 Einzelfallregelung, Allgemeinverfügung; Abgrenzung zur Rechtsnorm

338 Bei hoheitlichen Regelungen mit Außenwirkung handelt es sich zumeist entweder um allgemeine (generell-abstrakte) Regelungen (Rechtsnormen) oder um Einzelfallregelungen (individuell-konkrete Regelung =VA). Die verwaltungspraktische Relevanz der am **Kriterium des Einzelfalls** orientierten **Unterscheidung zwischen VA und Rechtsnorm** ergibt sich aus der verfahrensrechtlichen, der prozessrechtlichen, aber auch der Titelfunktion des VA[47]: Nur für diesen gelten die Vorschriften über das Verwaltungsverfahren, §§ 9 VwVfG, 8 SGB X; nur für diesen stehen die Rechtsschutzmöglichkeiten von Widerspruch, Anfechtungs- und Verpflichtungsklage zur Verfügung. Nur aufgrund eines VA kann die Behörde ihre Anordnungen selbst vollstrecken; nur bei einem belastenden VA kann die Vollstreckung durch die aufschiebende Wirkung von Widerspruch und Klage, § 80 Abs. 1 VwGO, verhindert werden. Im Übrigen sind die Fehlerfolgen unterschiedlich: Fehlerhafte Rechtsnormen sind grundsätzlich nichtig; fehlerhafte VA dagegen nur in besonders schwerwiegenden Fällen (§ 44 VwVfG) – in der Regel sind sie (nur) rechtswidrig. Auch bei der Zuständigkeit ergeben sich Unterschiede: VAs werden von Behörden erlassen; für den Erlass von Rechtsnormen ist der Gesetz-, Verordnungs- oder Satzungsgeber zuständig[48].

Für die Abgrenzung von VA und Rechtsnorm können auch formelle Gesichtspunkte maßgebend sein: So kann etwa durch Gesetz bestimmt sein, dass ein Hoheitsakt in einer bestimmten Form zu erlassen ist; dann richtet sich der Rechtscharakter allein nach der gesetzlich vorgeschriebenen Form: So ist beispielsweise ein Bebauungsplan nach der gesetzlichen Vorgabe des § 10 BauGB als Satzung (also als Rechtsnorm) zu beschließen. Damit ist ein Bebauungsplan auch dann kein VA, wenn er nur ein Grundstück betrifft.

Wenn formelle Gesichtspunkte nicht eingreifen oder nicht eindeutig sind, kommt es für die Abgrenzung von Einzelfallregelung und allgemeiner Regelung entscheidend auf inhaltliche Aspekte an:

3.7.1 Abgrenzung nach dem Sachverhalt und den Adressaten der Regelung

339 In der Verwaltungspraxis sind Einzelfallregelung und allgemeine Regelung typischerweise deutlich unterschieden, so dass ihre Abgrenzung in der weitaus größten Zahl der Fälle keine Schwierigkeiten bereitet.

So ist die gesetzliche Regelung in § 75 Abs. 1 S. 1 BauO NRW, wonach die Baugenehmigung zu erteilen ist, wenn dem Vorhaben öffentlich-rechtliche Vorschriften nicht entgegenstehen, unschwer als allgemeine Regelung zu erkennen; wird dem Antragsteller A auf seinen Bauantrag hin eine Baugenehmigung zur Errichtung eines dreistöckigen Mehrfamilienhauses erteilt, so handelt es sich ebenso klar erkennbar um einen Einzelfall.

---

45 Ständige Rechtsprechung seit BVerwGE 22, 342; vgl. auch Schoch, NVwZ 2012, 777.

46 Kopp/Ramsauer, VwVfG, § 35 RdNr. 128; BVerwG, NVwZ 2005, 213. Zu eventueller Amtshaftung bei Versagung des Einvernehmens: Zeiler, KommJur 2009, 288.

47 Vgl. oben RdNr. 308 ff.

48 S. auch Schoch, Jura 2012, 26.

Da Einzelfallregelung und allgemeine Regelung in Grenzbereichen ineinander übergehen, kann ihre Unterscheidung aber in Sonderfällen recht schwierig werden. Die Abgrenzung orientiert sich nach der hM[49] an zwei Kriterien, nämlich der Anzahl der geregelten **Fälle** und der Anzahl bzw. der Bestimmung der **Adressaten**; dabei wird bei den Fällen mit dem Begriffspaar konkret-abstrakt gearbeitet, und bei den Adressaten mit dem Begriffspaar individuell-generell:

Der geregelte **Fall** ist der von der Regelung betroffene Sachverhalt. Dieser ist **konkret**, **340**
wenn er nach Zeit, Ort oder sonstigen Umständen derart bestimmt ist, dass er sich in dieser Konstellation nur einmal ereignen kann.

Beispiel: A wird eine Gaststättenerlaubnis für die Räumlichkeiten im Erdgeschoss des Hauses Eichenweg 2 in Köln erteilt.

Hingegen ist der Fall **abstrakt**, wenn er nur begrifflich erfasst (gedacht, hypothetisch) ist und in Oberbegriffen beschrieben wird, wenn also nicht feststeht, wie oft er sich ereignen kann (unbestimmte Vielzahl von Fällen).

Beispiel: Bei Unzuverlässigkeit eines Gastwirtes darf diesem keine Gaststättenerlaubnis erteilt werden, § 4 Abs. 1 GastG.

Bei den **Adressaten** ist wie folgt zu unterscheiden: Richtet sich die Maßnahme an eine bestimmte Person oder auch mehrere bestimmte Personen, die mit Namen bezeichnet werden können und zahlenmäßig feststehen, handelt es sich um eine **individuelle** Regelung.

Beispiel: Adressat ist Herr Müller oder die Eheleute Peter und Frieda Schmitz

Betrifft die Maßnahme dagegen einen nur nach allgemeinen Merkmalen beschriebenen, persönlich noch nicht bestimmten und insbesondere – zur Zeit des Maßnahmenerlasses – der Zahl nach noch nicht feststehenden Adressatenkreis, handelt es sich um eine **generelle** Regelung.

Beispiel: Die Polizei räumt die Domplatte in Köln – Adressaten der Maßnahme sind alle Menschen, die sich in diesem Moment auf der Domplatte aufhalten oder sie gerade betreten.

Kombiniert man nun die genannten Aspekte miteinander, so ergeben sich vier Konstellationen. Die beiden Ersten (abstrakt-generelle bzw. konkret-individuelle Regelung) ermöglichen schon für die in der Verwaltungspraxis überwiegende Zahl der Regelungen eine klare Unterscheidung zwischen Norm und VA:

1. Die **abstrakt-generelle** Regelung ist allgemeiner Natur und erfolgt durch Rechts- **341**
   norm (Gesetz, Verordnung, Satzung).

   Beispiel: Gewerbetreibenden ist bei Unzuverlässigkeit die Gewerbeausübung gemäß § 35 GewO zu untersagen.

2. Die **konkret-individuelle** Regelung ist typische Form der Einzelfallregelung und damit VA.

   Beispiel: Dem Gewerbetreibenden G wird durch Bescheid die Ausübung seines bisherigen Gewerbes untersagt.

3. Die **abstrakt-individuelle** Regelung wird – letztlich aus praktischen Gründen – ebenfalls als VA angesehen; hier wird ein Adressat für mehrfach auftretende Fallgestaltungen in Anspruch genommen. Da der Adressat der Maßnahme individuell bestimmbar ist, bereitet die Einordnung dieser Fallgestaltung unter das Kriterium „Einzelfall" in der Regel keine Probleme.

49 Z. B. Sodan/Ziekow, Grundkurs Öffentliches Recht, § 74 RdNr. 13 ff.; Detterbeck, Allgemeines Verwaltungsrecht, § 10 RdNr. 458 ff.

Beispiel: Dem Gewerbetreibenden G, der ein Veranstaltungsgelände besitzt, wird durch Bescheid aufgegeben, „immer dann, wenn eine Veranstaltung stattgefunden hat, den auf dem Gelände befindlichen Abfall zu beseitigen".

4. Die **konkret-generelle** Regelung regelt einen einzigen Fall, richtet sich aber an einen größeren und nicht namentlich bestimmten Personenkreis. Auch sie ist nach der gesetzlichen Festlegung des § 35 S. 2, 1. Alternative VwVfG (§ 31 S. 2 SGB X) als „Allgemeinverfügung" ein VA und wird sogleich näher dargestellt.

Beispiel: Allen Gewerbetreibenden, die in den Kreisen X, Y und Z Gemüsehändler sind, wird ab sofort der Verkauf von Endiviensalat verboten, da dieser Quelle einer Typhusepidemie ist[50].

3.7.2 Die Allgemeinverfügung

342 In der Verwaltungspraxis ergibt sich manchmal der Bedarf, mehrere Einzelfälle, die an sich durch eine Vielzahl von Einzel-VAs geregelt werden müssten, unter dem „Dach" eines einzigen VA zusammenzufassen. Rechtsprechung und Literatur hatten hierzu schon recht früh die Figur der Allgemeinverfügung[51] entwickelt, um dem praktischen Bedürfnis nach einer solchen Bündelung zu genügen. Es wäre unökonomisch und auch keinesfalls rechtlich geboten, bei einem größeren Kreis von Betroffenen alternativ nur den Erlass einer Vielzahl von Einzel-VAs oder den umständlicheren, „oft praktisch nicht gangbaren Weg der Verordnungsgebung" vorzusehen[52]. Der Gesetzgeber hat daher die Figur der Allgemeinverfügung in § 35 S. 2 VwVfG, § 31 S. 2 SGB X aufgegriffen.

Die Vorschriften zur Allgemeinverfügung ergänzen bzw. verändern die Definition des VA-Begriffs in § 35 S. 1 VwVfG (nur) hinsichtlich des Merkmals „Einzelfall"[53]. Über die Rechtsfigur der Allgemeinverfügung werden insbesondere bestimmte konkret-generelle Regelungen, die also eine Vielzahl von Adressaten betreffen, in den VA-Begriff integriert: So erweitert § 35 S. 2 1. Alternative den Adressatenkreis auf einen „nach allgemeinen Merkmalen bestimmten oder bestimmbaren Personenkreis"; § 35 S. 2 3. Alternative erstreckt gar den VA-Begriff auf eine Regelung, die die „Allgemeinheit" betrifft, sofern es im Kern um eine Nutzungsregelung für eine öffentliche Sache geht. § 35 S. 2 2. Alternative VwVfG bezieht gar Regelungen in den VA-Begriff mit ein, die gar keine Adressaten haben; der sog. „dingliche" VA richtet seine Regelung stets auf die „öffentlich-rechtlichen Eigenschaften" einer Sache, nicht aber auf Personen; er ist adressatenlos.

Trotz der Besonderheiten beim Adressatenkreis will der Gesetzgeber die Allgemeinverfügung als VA behandelt sehen.

In der Verwaltungspraxis hat dies für die Behörde die Folge, dass die Verwaltungsverfahrensgesetze Anwendung finden: Allgemeinverfügungen werden als Ergebnis eines Verwaltungsverfahrens nach § 9 VwVfG erlassen. Die Sonderregelungen der Verordnungsgebung (z. B. Art 80 Abs. 1 GG und die entsprechenden landesverfassungsrechtlichen Normen, z. B. Art 70 Verfassung NRW) greifen nicht ein.

Verfahrenserleichterungen für die Verwaltungspraxis im Zusammenhang mit Allgemeinverfügungen enthalten z. B. § 28 Abs. 2 Nr. 4 VwVfG (Absehen von Anhörung), § 39 Abs. 2 Nr. 5 VwVfG (Wegfall der Begründungspflicht), § 41 Abs. 3 S. 2 und Abs. 4 S. 4 VwVfG (öffentliche Bekanntgabe). Deshalb ist die Allgemeinverfügung nicht nur von der (generell-abstrakten) Rechtsnorm, sondern auch vom (individuell-konkreten) „normalen" VA im Sinne von §§ 35 S. 1 VwVfG, 31 S. 1 SGB X abzugrenzen.

343 **3.7.2.1 Die personenbezogene Allgemeinverfügung.** Die **personenbezogene Allgemeinverfügung** nach S. 2 **1. Alternative** der §§ 35 VwVfG, 31 SGB X ist der „Normalfall"

---

50 BVerwGE 12, 87; ebenso OVG Saarlouis, NVwZ-RR 2011, 190 in einem ähnlichen Fall. Kritisch hierzu Schoch, Jura 2012, 26, 27 (Rechtsverordnung).

51 Instruktiv Schoch, Jura 2012, 26.

52 Zur Abgrenzung zwischen Verordnung und Allgemeinverfügung: VGH Mannheim, DÖV 2005, 126.

53 D. h., dass alle anderen VA-Merkmale auch bei einer Allgemeinverfügung vorliegen müssen!

der Allgemeinverfügung. Hierzu gehören zunächst solche Regelungen, bei denen der Adressatenkreis objektiv feststeht, auch wenn die Personen der Behörde nicht namentlich bekannt sind, so dass sie die Adressaten (etwa in Eilfällen) unter Verwendung allgemeiner Merkmale bezeichnen muss.

Beispiel: Verfügt etwa die Verwaltung wegen akuter Dachlawinengefahr Schutzmaßnahmen gerichtet „an jeden Hauseigentümer der Stadt", so steht der Adressatenkreis aufgrund des allgemeinen Merkmals „Hauseigentümer der Stadt" fest. Wegen der aktuellen Gefahrenlage ist es für die Behörde durchaus sinnvoll, die Eigentümer-Namen nicht durch EDV-Auszug aus der Grundsteuerdatei zu ermitteln und dann jeden mit individuellem VA anzuschreiben, sondern etwa Lautsprecherdurchsagen, Rundfunk und Zeitungen zu nutzen. – Dagegen handelt es sich um keine Allgemeinverfügung, sondern um mehrere „normale" VAs im Sinne von S. 1 der §§ 35 VwVfG, § 31 SGB X, wenn die Regelung sich zwar an mehrere Personen richtet, diese aber jeweils namentlich angeschrieben werden.

Außerdem werden zur personenbezogenen Allgemeinverfügung solche Regelungen gezählt, die sich aus Anlass eines konkreten Falles an jedermann richten.

Beispiel: Verfügt die Verwaltung etwa wegen extremen Glatteises für einen Tag in der Stadt X ein Fahrverbot gegenüber allen Rad-, Motorrad- und Autofahrern, so ist noch eine Allgemeinverfügung anzunehmen. Als Allgemeinverfügung zulässig ist auch das Glasverbot im Kölner Karneval, mit dem zum einen an den „jecken" Tagen den Feiernden innerhalb bestimmter Straßenzüge das Mitführen von Glas verboten wird, und zum anderen den dort ansässigen Wirten und Geschäftsinhabern untersagt wird, Getränke in Glasbehältern zu verkaufen[54].

Mit dem Fahrverbot für einen Tag in X ist ein ausreichend konkreter Fall umschrieben. **344**
Unschwer erkennbar ist aber, dass hier einerseits das Merkmal des „bestimmbaren Personenkreises" problematisch ist; andererseits richtet sich die Verfügung an eine einigermaßen individualisierte Gruppe von Adressaten. Deshalb wird überwiegend auch hier der Personenkreis als noch ausreichend bestimmbar anerkannt; dies wohl nicht zuletzt unter dem Gesichtspunkt, dass ein Praxisbedürfnis für eine solche – wegen der Einmaligkeit des Falles nicht durch Rechtsnorm mögliche – Regelung bestehen kann.

Weitere Beispiele: Räumungsgebot an sämtliche Hausbesetzer eines konkreten Gebäudes; Auflösung einer unfriedlich werdenden Versammlung oder einer aus dem Ruder laufenden Facebook-Party[55].

3.7.2.2 Die dingliche Allgemeinverfügung. Die **Regelung der Sacheigenschaft** („dingliche Allgemeinverfügung", „dinglicher VA") nach S. 2 **2. Alternative** der §§ 35 **345**
VwVfG, 31 SGB X muss eine konkrete Sache betreffen, es darf sich also nicht etwa um „alle Straßen der Stadt" handeln. Die Regelung beinhaltet die Bestimmung oder Veränderung der öffentlich-rechtlichen Eigenschaften der Sache.

Das klassische Beispiel ist die **Widmung** einer privaten zur (auch) öffentlichen Sache, etwa eines Grundstücks zur öffentlichen Straße (z. B. nach § 2 FStrG). Diese hat zur unmittelbaren Rechtsfolge, dass sich der rechtliche Charakter des Grundstücks ändert; nur mittelbar bezieht sich dies auch auf Personen, da im Rahmen des Gemeingebrauchs nunmehr alle (etwa nach § 7 FStrG) die Straße nutzen dürfen[56]. Die dingliche Allgemeinverfügung ist in der Regel adressatenlos; die Regelung bezieht sich auf die Sache, nicht auf die Rechte oder Pflichten von Personen. Diese können höchstens mittelbar betroffen sein.

Weitere Beispielsfälle: Eintragung eines Gebäudes in eine Denkmalliste; Entwidmung bzw. Außerdienststellung eines Friedhofs; Entwidmung von Betriebsanlagen der Eisenbahn; Militärische

54 OVG Münster, NWVBl 2012, 431; vgl. dazu Vahle, DVP 2012, 432.

55 Vgl. hierzu Herberger, VBlBW 2015, 445.

56 Instruktiver Fall zur Widmung (mit Muster einer Widmungsverfügung): Weidemann, VR 2002, 104, 107; vgl. Stuttmann, NWVBl 2005, 255.

Schutzbereichsanordnungen[57]; Umbenennung von öffentlichen Straßen; Neuvergabe von Hausnummern[58]. – Auch der Lehrstuhl einer Hochschule wird gewidmet[59].
Vgl. auch § 6 StrWG NRW, der die Widmung ausdrücklich bezeichnet als „Allgemeinverfügung, durch die Straßen, Wege und Plätze die Eigenschaft einer öffentlichen Straße erhalten"[60]; ähnlich §§ 7 und 8 StrWG NRW zu Einziehung, Teileinziehung und Umstufung von Straßen etc.

346 **3.7.2.3 Die Benutzungsregelung.** Die in S. 2 **3. Alternative** der §§ 35 VwVfG, 31 SGB X benannte **Regelung der Sachnutzung** (Benutzungsregelung) benennt als Adressatenkreis die „Allgemeinheit". Dies ist so zu verstehen, dass sich die Benutzungsregelung an eine unbestimmte Vielzahl von Personen richten muss. In der Praxis fasst man unter diese Variante der Allgemeinverfügung im wesentlichen Verkehrszeichen – soweit sie Ge- oder Verbote enthalten, vgl. §§ 41, 42 StVO. Daneben kommen benutzungsregende Allgemeinverfügungen in Betracht, um die Rechte und Pflichten der Nutzer von öffentlichen Sachen festzulegen, z. B. in Benutzungsregelungen für allgemein zugängliche öffentliche Einrichtungen wie Badeanstalten, Museen, Parks oder Bibliotheken.
Die Einordnung der Verkehrszeichen (Gebots-, Verbotsschilder) als Allgemeinverfügungen wird zwar zum Teil kritisiert, entspricht jedoch der heute hM[61].

4. Der Bescheid

4.1 Der Begriff des Bescheides

347 „Alle, die wir in Gesetzgebung, Verwaltung und Rechtsprechung Verantwortung tragen, stehen im Dienst der Bürgerinnen und Bürger. Schon deshalb müssen wir uns schriftlich und mündlich so ausdrücken, dass sie uns verstehen: einfach, klar, partnerschaftlich und verständlich."
Diesen Hinweis von Richard von Weizsäcker[62] gilt es auch bei der Anfertigung von Bescheiden zu beachten. Die überwiegende Kommunikation zwischen Verwaltung und Bürger findet (immer noch) in schriftlicher Form statt, und umgangssprachlich werden alle möglichen Behördenschreiben, seien es Auskünfte, Informationen, Einladungen, aber auch Anordnungen oder Zahlungsaufforderungen als „Bescheide" bezeichnet. In der Rechtssprache meint ein „Bescheid" jedoch nur einen **schriftlich erlassenen Verwaltungsakt,** und so soll der Begriff auch hier[63] verwendet werden.
Dabei sind häufig in einem Bescheid mehrere VAs enthalten, so z. B. immer dann, wenn für eine Anordnung eines Tuns, Duldens oder Unterlassens zugleich die Vollstreckung angedroht wird (Beispiel: Anordnung einer Gewerbeuntersagung mit Zwangsgeldandrohung).

348 Ein Bescheid zeichnet sich formal durch bestimmte Inhalte und einen bestimmten Aufbau aus: Er besteht aus einem Eingangsteil, dem Tenor (oder Entscheidungssatz), den Gründen und dem Bescheidschluss mit einer Rechtsbehelfsbelehrung[64]. Für die Abfas-

57 OVG Münster, DVBl 2001, 1307.
58 Vgl. zu den Rechtsschutzmöglichkeiten bei Straßenumbenennungen oder neuen Hausnummern Schoch, JURA 2011, 344.
59 Zur „Umwidmung" eines Hochschul-Lehrstuhls OVG Münster, NWVBl 2004, 232.
60 Zur Frage der Nichtigkeit einer Widmung: VGH München, DÖV 2001, 743. – Zum Umfang der straßenrechtlichen Widmung (Parken „mit Verkaufsofferte" als zulässiger Gemeingebrauch): OVG Münster, NVwZ 2002, 218.
61 BVerwG, NJW 2011, 246; weitere Nachweise zum Streitstand bei Peine, Allgemeines Verwaltungsrecht, RdNr. 412 ff. Näheres zu verwaltungsrechtlichen Fragen rund um das Verkehrszeichen bei Beaucamp, JA 2008, 612.
62 Bundespräsident von 1984–1994, zitiert nach Wilhelm, DVP 2010, 189, 191.
63 Dabei beziehen sich die folgenden Ausführungen auf den klassischen „Erstbescheid"; zum Abhilfe- bzw. Widerspruchsbescheid vgl. unten RdNr. 937, 945.
64 Die Bezeichnungen für die Bestandteile von Bescheiden können durchaus variieren; die genannte Vierteilung findet sich z. B. bei Rüssel/Sensburg, VR 2004, 37, Gerke, JuS 2009, 940; Haakh, Bescheidtechnik, S. 11, www.haakh-online.de.

sung von Bescheiden gibt es einige gesetzliche Vorgaben, die zwingend zu beachten sind (z. B. muss der Bescheid die erlassende Behörde erkennen lassen, § 37 Abs. 3 VwVfG; der Tenor muss „hinreichend bestimmt“ sein, § 37 Abs. 1 VwVfG, und die Anforderungen an eine korrekte Rechtsbehelfsbelehrung sind in § 37 Abs. 6 VwVfG festgelegt). Es ist jedoch nirgendwo vorgeschrieben, wie ein Bescheid aufzubauen ist[65]; die folgenden Aufbauempfehlungen orientieren sich daher an der bestehenden Verwaltungspraxis, können im Einzelfall aber auch anders gehandhabt werden[66].

Viele Behörden erleichtern ihren Mitarbeitern die Arbeit durch die Bereitstellung von Mustern, Bescheid-Vorlagen, Simile-Sammlungen oder Verwaltungsvorschriften; hierdurch wird zugleich ein einheitliches Auftreten nach außen gewährleistet.

4.2 Bescheidtechnik

Mit der im Folgenden näher dargelegten **„Bescheidtechnik“**, die die Methodik der Bescheiderstellung in aufbautechnischer, inhaltlicher und sprachlicher Hinsicht umfasst[67], soll gewährleistet werden, dass das Ergebnis eines Verwaltungsverfahrens (§ 9 VwVfG), nämlich der zu erlassende VA, rechtskonform und in sprachlich angemessener Weise in ein an den Bürger gerichtetes Schriftstück umgesetzt wird; dabei soll dieses als „Artikulation des behördlichen Willens“ den Empfänger von der Richtigkeit des im Verwaltungsverfahren gefundenen Ergebnisses überzeugen[68]. Ein Bescheid muss damit sehr unterschiedliche Erwartungshaltungen gleichzeitig bedienen[69]: 349

So erwartet die **Verwaltung**, dass
- das Verwaltungsverfahren zügig und effizient zu Ende gebracht wird,
- der VA nicht nur rechtmäßig, sondern auch zweckmäßig und vernünftig ist
- der VA einer gerichtlichen Überprüfung standhalten kann
- die Grundsätze der Wirtschaftlichkeit und Sparsamkeit beachtet werden
- der Bescheid sowohl das Gemeinwohl wie auch das des Adressaten in angemessener Weise berücksichtigt
- der Bescheid „empfängerorientiert“ abgefasst wird, damit nachfolgende rechtliche Auseinandersetzungen und Vollstreckungsmaßnahmen möglichst vermieden werden können.

Die **Allgemeinheit** erwartet, dass
- in einem rechtmäßig und zügig durchgeführten Verfahren
- möglichst wenig Kosten verursacht werden und
- das Allgemeinwohl angemessen berücksichtigt wird.

Die **Behördenmitarbeiterinnen und –mitarbeiter** erwarten, dass
- ein möglichst geringer Aufwand an Zeit, Arbeit und sonstigen Belastungen anfällt und
- ihr Interesse an einer selbständigen und selbstverantwortlichen Aufgabenerledigung berücksichtigt wird.

Nicht zuletzt erwarten die **Adressaten** des VA, dass
- dem Bescheid ein korrekt ermittelter Sachverhalt zugrunde liegt
- die Entscheidung der Behörde rechtmäßig und gerecht ist
- ihre Argumente ernst genommen und berücksichtigt werden
- ihnen Hilfe und Beratung angeboten wird
- sie nicht zu lange auf eine Entscheidung warten müssen

---

65 Joerger in Büchner/Joerger/Trockels/Vondung, Übungen zum Verwaltungsrecht und zur Bescheidtechnik, RdNr. 226.

66 Zu alternativen Aufbaumöglichkeiten Wilhelm, DVP 2010, 189, 196 f. („Sandwichmethode“).

67 Literatur zur Bescheidtechnik: Büchner/Joerger/Trockels/Vondung, Übungen zum Verwaltungsrecht und zur Bescheidtechnik, 5. Aufl. 2010; Volkert, Die Verwaltungsentscheidung, 5. Auflage 2010; Linhart, Der Bescheid, 4. Aufl. 2013; Stein, Bescheidtechnik, 2007. Kurz und instruktiv: Rüssel/Sensburg, VR 2004, 37; Wilhelm, DVP 2010, 189. Mit Fallbeispiel: Gerke, JuS 2009, 940.

68 Rüssel/Sensburg, VR 2004, 37 m. w. N.

69 Aufzählung in Anlehnung an Joerger in Büchner/Joerger/Trockels/Vondung, Übungen zum Verwaltungsrecht und zur Bescheidtechnik, RdNr. 190; Haakh, Bescheidtechnik, S. 8, www.haakh-online.de.

- die Entscheidung überzeugend, nachvollziehbar und leicht verständlich begründet wird
- sie höflich und professionell behandelt werden.

Diese unterschiedlichen, teilweise sogar gegenläufigen Aspekte müssen bei der Anfertigung eines Bescheids „unter einen Hut" gebracht werden; die folgenden Ausführungen sollen dabei Hilfestellung geben.

350 Bei der sprachlichen Abfassung des Bescheides ist zu berücksichtigen, dass es sich in der Sache um einen VA handelt, also um eine rechtsverbindliche Regelung, die ihren Grund und Ursprung in geltendem Recht hat. Daher ist es manchmal unvermeidlich, bei der sprachlichen Gestaltung auf Elemente der Rechtssprache zurückzugreifen, die für den juristischen Laien zum Teil nur schwer verständlich sind. Jedoch haben manche Begriffe feststehende rechtliche Bedeutungen, die sich nicht in eine leichter verständliche Sprache übertragen lassen, ohne ihren rechtlich festgelegten Gehalt zu verlieren.

So bedeutet „Widerspruch einlegen" nicht dasselbe wie „widersprechen", und der Begriff der Ersatzvornahme ist z. B. in § 59 VwVG NRW vom Gesetzgeber eindeutig definiert. Eine Umformulierung von Rechtsbegriffen in leichter verständliche Begriffe kann schnell zu Bedeutungsverlusten oder Unschärfen führen: So lässt sich der sperrige Begriff „Restmüllbehälter" nicht ohne weiteres als „Mülltonne" übersetzen, denn mit „Restmüll" ist nur eine ganz bestimmte Sorte von Müll gemeint, und der „Behälter" muss nicht zwingend eine Tonne sein; es kann auch ein Beutel oder ein Container sein. Auch wenn umgangssprachlich „Führerschein" und „Fahrerlaubnis" synonym verwendet werden – rechtlich sind die Begriffe unterschiedlich besetzt: Die Fahrerlaubnis ist ein Verwaltungsakt, mit der die Berechtigung zum Führen von Kraftfahrzeugen im Straßenverkehr erteilt wird; der Führerschein dokumentiert diese Berechtigung. Der Verlust des Führerscheins führt nicht automatisch zum Verlust der Fahrerlaubnis; durch den Verlust der Fahrerlaubnis verliert aber der Führerschein immer seine Gültigkeit[70].

Außerdem sollen die Bescheide „gerichtsfest" sein, d. h. einer Überprüfung durch ein Verwaltungsgericht im Klageverfahren standhalten können – auch dies legt in mancher Hinsicht die Verwendung der gesetzlich vorgegebenen Begrifflichkeiten nahe. Leidtragender ist der Bürger, dem sich der Inhalt des an ihn gerichteten Bescheides vielleicht erst erschließt, wenn er einen Anwalt um „Übersetzung" bittet.

351 Deshalb sollte der Bescheid so weit wie möglich in einer bürgerfreundlichen, leicht verständlichen (Alltags-) Sprache abgefasst werden. Nur wenn der Bürger versteht, was die Verwaltung von ihm will, wenn ihm das behördliche Vorgehen in verständlichen Worten plausibel und nachvollziehbar erläutert wird, wird er die im VA enthaltene Regelung umsetzen und auf weitere Rechtsbehelfe (und damit auf die Verursachung weiterer Verwaltungskosten) verzichten. Unklarheiten provozieren Widerstand. Daher sollten Bescheide soweit wie möglich ohne „Amtsdeutsch" und „Verwaltungschinesisch" auskommen. Stattdessen empfehlen sich kurze, klare Sätze, die idealerweise aktiv formuliert sind. Der Bescheid sollte sachlich und höflich abgefasst sein; „obrigkeitliches" Gehabe, Kanzleistil, Ironie oder Besserwisserei sind zu vermeiden. Letztlich sollte das Motto lauten: „So fachgerecht wie nötig – so bürgernah wie möglich".[71]

---

70 Beispiele von Blaha/Şahin, www.ioev.nrw.de.

71 Bayrisches Staatsministerium des Inneren, zitiert nach Wilhelm, DVP 2010, 189, 191. „Klar, persönlich, partnerschaftlich, zeitgemäß", lautet die Devise bei der Bundesagentur für Arbeit, www.bundesregierung.de/Content/DE/Artikel/2015/08/2015-08-11-ba-bescheide.html (letzter Aufruf 21.1.2016).
Es gibt eine Vielzahl von Handreichungen und Broschüren, die Empfehlungen für eine „bürgernahe Verwaltungssprache" geben, vgl. z. B. „Tipps zum einfachen Schreiben – ein Leitfaden zur bürgernahen Verwaltungssprache" der Stadt Bochum, www.bochum.de; „Verwaltungstexte verständlich schreiben" des Kreises Soest, www.kreis-soest.de oder das Arbeitshandbuch „Bürgernahe Verwaltungssprache" des Bundesverwaltungsamtes, www.bva.bund.de. In allen Leitfäden finden sich zahlreiche praxisorientierte Beispiele und Verbesserungsvorschläge für Redewendungen der Verwaltungssprache. Vgl. auch Blaha/Wilhelm, Verständliche Sprache in Recht und Verwaltung – Herausforderungen und Chancen, 2011 sowie Fisch/Margies, Bessere Verwaltungssprache, 2014.

Dazu gehört auch, in einem Bescheid den Adressaten persönlich anzusprechen (Sehr geehrte Frau Müller...) und das Schreiben mit einer Grußformel zu schließen (Mit freundlichen Grüßen...). Der Bescheid wird in der „Ich-Form“ verfasst, so dass der Adressat erkennen kann, dass ihm auf der „Gegenseite“ nicht ein gesichtsloser, unpersönlicher Moloch („die“ Verwaltung), sondern ein Mensch gegenübersitzt, der die Entscheidung getroffen hat, und der dies auch durch seine Unterschrift (§ 37 Abs. 3 S. 1 VwVfG) zu erkennen gibt. Durch den Gebrauch der Ich-Form soll die (verbale) Distanz zwischen Verwaltung und Bürgern überbrückt werden. Diese Art der Abfassung von Bescheiden wird als **„Bescheidform“** oder „Briefform“ bezeichnet. Die früher gebräuchliche **„Beschlussform“**, bei der auf eine persönliche Anrede sowohl im Eingang wie auch im Text sowie eine Grußformel am Ende verzichtet wird, und die in einem neutral-unpersönlichen Stil verfasst ist, wird heute nur noch selten verwendet. 352

Beispiel für die Bescheidform: „Sehr geehrte Frau Müller, gegen Sie ergeht folgende Ordnungsverfügung: Ich fordere Sie auf, bis zum... folgendes zu tun .... Mit freundlichen Grüßen...Im Auftrag ...“

Beispiel für die Beschlussform: „Der Bürgermeister der Stadt Erkrath erlässt folgende Ordnungsverfügung: Frau Frieda Müller wird verpflichtet, bis zum ... folgendes zu tun ... Im Auftrag ...“. Der Adressat des Bescheides wird beim Gebrauch der Beschlussform nie persönlich angesprochen; er wird entweder mit seinem Namen oder mit seiner Verfahrensrolle (z. B. als „Antragsteller“) bezeichnet. Die Beschlussform ist in Aufbau und Sprache einer gerichtlichen Entscheidung nachempfunden; das distanziert-„obrigkeitliche“ (sprachliche) Erscheinungsbild, das ein Bescheid auf diese Weise erhält, ist zwar für ein streitentscheidendes Urteil angemessen, nicht aber für die Erstentscheidung gegenüber dem Bürger im Verwaltungsverfahren, das Behörde und Bürger vom Grundsatz her als Verfahrenspartner und nicht als Gegner versteht.

Nicht zuletzt sind Bescheide in gendersensibler Sprache abzufassen. § 4 des Landesgleichstellungsgesetzes (LGG) NRW formuliert dieses Erfordernis wie folgt: 353

„Gesetze und andere Rechtsvorschriften sollen sprachlich der Gleichstellung von Frauen und Männern Rechnung tragen. Im dienstlichen Schriftverkehr ist auf die sprachliche Gleichbehandlung von Frauen und Männern zu achten. In Vordrucken sind geschlechtsneutrale Personenbezeichnungen zu verwenden. Sofern diese nicht gefunden werden können, sind die weibliche und die männliche Sprachform zu verwenden.“[72]

Auf Bundesebene existiert keine entsprechende gesetzliche Verpflichtung, jedoch sind auch die Bundesbehörden aufgefordert, geschlechtersensibel zu formulieren.

4.3 Der Bescheidaufbau

Der typische Ausgangs- oder Erstbescheid besteht aus vier Elementen oder „Bausteinen“: 354

1. Bescheideingang
2. Tenor
3. Gründe
4. Bescheidschluss

Die einzelnen Bausteine setzen sich wiederum aus unterschiedlichen Bestandteilen zusammen, wie die folgende Übersicht zeigt:

72 Beispiele für eine gendergerechte Ausdrucksweise finden sich z. B. in einer Broschüre des Bundesverwaltungsamtes, www.bva.bund.de/SharedDocs/Downloads/DE/BVA/Verwaltungsmodernisierung/Sprachliche_Gleichbehandlung_von_%20Frauen_%20Maennern.html (letzter Aufruf am 25. April 2016) oder auf www.fhoev.nrw.de/uploads/media/GenderLeitfaden-4. Auflage.pdf (letzter Aufruf am 25. April 2016).

1. Bescheideingang:

Erlassende Behörde
Fachbereich/Amt/Dezernat…
Aktenzeichen

Ort und Datum
Postanschrift
Sachbearbeiter/-in
Zimmer
Telefon/Fax
Mailadresse

Ggf. Zustellungsvermerk
Adressat
Postanschrift

Anrede,
Einleitungssatz
Überschrift

2. Tenor

1. Entscheidung in der Hauptsache, ggf. Nebenbestimmungen
2. ggf. Anordnung der sofortigen Vollziehung
3. ggf. Androhung von Zwangsmitteln
4. ggf. Kostenentscheidung

3. Gründe

Gründe
a) Sachverhalt
b) Rechtliche Würdigung
Zu Ziffer 1…
Zu Ziffer 2…
Zu Ziffer 3…
Zu Ziffer 4…

4. Bescheidschluss

Rechtsbehelfsbelehrung/Ihre Rechte
Grußformel
Ggf. i.A. /i. V.

Unterschrift

Die formalen und inhaltlichen Anforderungen an einen rechtmäßigen Bescheid ergeben sich weitgehend aus den §§ 35–44 VwVfG (§§ 31–40 SGB X) und sollen im Einzelnen nun näher dargestellt werden.

4.3.1 Der Bescheideingang

355 § 37 Abs. 3 VwVfG schreibt vor, dass der schriftliche oder elektronische VA die erlassende Behörde erkennen lassen muss; geschieht dies nicht, so ist der VA nichtig, § 44 Abs. 2 Nr. 1 VwVfG. Daher findet sich im Bescheideingang zunächst der sog. „**Bescheidkopf**", nämlich die Angabe der Erlassbehörde.

Beispiel: Die Oberbürgermeisterin der Stadt Köln; der Landrat des Kreises Mettmann. Handelt der Landrat in Organleihe als untere staatliche Verwaltungsbehörde, § 9 Abs. 2 LOG NRW, so lautet der Bescheidkopf: Der Landrat als untere staatliche Verwaltungsbehörde. Weitere Landesbehörden: z. B. Bezirksregierung Köln; Ministerium für Inneres und Kommunales des Landes Nordrhein-Westfalen.

In der Verwaltungspraxis halten alle Behörden Briefkopfmuster oder passende elektronische Dokumentmuster vor, die den Mitarbeitern die Arbeit erleichtern und für eine einheitliche Außendarstellung sorgen. Diese enthalten üblicherweise auch Angaben zu Amt, Fachbereich oder Dezernat der handelnden Behörde, Angaben zum Sachbearbeiter (Telefon, Fax, Mail-Adresse, Zimmer; häufig finden sich auch Hinweise zur Er-

reichbarkeit während der Dienstzeiten). Weiter sollten der Ort sowie das Datum der Bescheiderstellung angegeben werden sowie das Aktenzeichen der Behörde.
Der elektronische VA muss den Voraussetzungen des § 37 Abs. 3 S. 2 VwVfG genügen; dies ist üblicherweise von Seiten der Behörde sichergestellt, wenn der Mitarbeiter die behördliche elektronische Signatur nutzt.

Weiter gehört zum Bescheideingang die korrekte Benennung des **Adressaten** und seiner Postanschrift. Gemäß § 41 Abs. 1 VwVfG ist der Verwaltungsakt demjenigen bekannt zu geben, für den er bestimmt ist oder der von ihm betroffen wird; erst mit der Bekanntgabe wird der VA wirksam, § 43 Abs. 1 VwVfG. Sind mehrere Personen von dem VA betroffen (wie z. B. bei einer Baugenehmigung, die in der Regel auch die Belange der Nachbarn betrifft), so ist der VA jedem einzelnen bekanntzugeben; geschieht dies nicht, wird der VA gegenüber diesen Personen nicht wirksam, und die Rechtsbehelfsfristen beginnen nicht zu laufen, so dass keine Bestandskraft eintreten kann. 356
Der Adressat ist mit Herr/Frau sowie seinem vollständigen Namen zu bezeichnen; Sammelbezeichnungen sind zulässig, soweit zusätzlich alle Adressaten namentlich benannt werden[73].

Beispiel: Herr Ernst Müller und Frau Dr. Frieda Müller oder: Eheleute Ernst und Dr. Frieda Müller

Ist der Adressat des VA eine juristische Person, so wird der Bescheid an den gesetzlichen Vertreter geschickt.

Beispiel: Firma Chemotech GmbH, vertreten durch die Geschäftsführerin Dr. Frieda Müller oder: Firma Chemotech AG, vertreten durch die Vorstände Frau Christa Meier und Herrn Rudolf Schmitz

Ist im Verwaltungsverfahren ein Rechtsanwalt aufgetreten, so kann bzw. soll die Bekanntgabe ihm gegenüber vorgenommen werden, § 41 Abs. 1 S. 2, § 14 Abs. 3 VwVfG. Wird der Bescheid durch förmliche Zustellung bekanntgegeben, so muss an den bevollmächtigten Anwalt zugestellt werden, wenn er eine schriftliche Vollmacht vorgelegt hat, § 7 VwZG, § 8 LZG NRW.
Sofern die Behörde den Bescheid zustellt[74] – sei es, weil die Zustellung gesetzlich vorgeschrieben ist[75], sei es, weil die Behörde die Bekanntgabe und damit den Beginn der Rechtsbehelfsfristen rechtssicher dokumentieren möchte – ist es üblich, über dem Adressfeld einen sogenannten **Zustellungsvermerk** anzubringen.

Z. B. „mit Postzustellungsurkunde" oder „gegen Empfangsbekenntnis" – letzteres ist üblich bei der Zustellung an Rechtsanwälte.

Unter dem Adressfeld folgt der **Betreff**, d. h., es wird kurz und prägnant angegeben, um welche Angelegenheit es geht. Das Wort „Betreff" wird heute üblicherweise weggelassen; dafür wird der Betreff häufig optisch (z. B. durch Fettdruck) hervorgehoben. 357

Beispiel: Gewerbeuntersagung, Vollzug der Bauordnung, Erteilung einer Sondernutzungserlaubnis

Unter dem Betreff wird üblicherweise noch ein **Bezug** angegeben, d. h. es wird an den letzten Kontakt zwischen Verwaltung und Adressat in der Angelegenheit angeknüpft.

Beispiel: Ihr Antrag vom...; Ihr Schreiben vom... (ggf. mit Angabe des fremden Aktenzeichens, z. B. bei Anwaltskorrespondenz); Unser Telefonat vom...

---

73 Trotz der Sammelbezeichnung muss jeder Adressat eine eigene Ausfertigung des Bescheides erhalten, soweit keine gegenseitige Bevollmächtigung vorliegt, vgl. Kopp/Ramsauer, VwVfG, § 41 RdNr. 30.

74 Allgemein zu Bekanntgabe und Zustellung vgl. unten RdNr. 665 ff.

75 Achtung: Sofern im Bescheid zugleich die Androhung eines Zwangsmittels erfolgt, muss er zugestellt werden, vgl. § 63 Abs. 6 VwVG NRW.

Der Eingangsteil des Bescheides schließt mit einer höflich formulierten **Anrede** des Adressaten, einem **Einleitungssatz** und einer **Überschrift**, die den Inhalt des VA klar bezeichnet. Zumeist ergibt sich die Art der Überschrift aus den zugrundeliegenden gesetzlichen Regelungen; ansonsten kann auch schlicht der Begriff „Bescheid" benutzt werden.

Beispiel: Sehr geehrte Frau Müller, hiermit ergeht gegen Sie folgende **Ordnungsverfügung**[76]/Abrissanordnung/folgender **Bescheid**...; oder: Sehr geehrte Frau Müller, auf Ihren Antrag erteile ich Ihnen folgende **Gaststättenerlaubnis/Baugenehmigung/Sondernutzungserlaubnis.**

4.3.2 Der Tenor

358 An die Überschrift schließt sich der **Tenor** (Entscheidungssatz, Verfügungssatz) des Bescheides an; dieser enthält sämtliche Regelungen, die die Behörde zum Abschluss des Verwaltungsverfahrens trifft. Dazu gehört in erster Linie die **Hauptsacheentscheidung**, also die „Regelung" im Sinne des § 35 VwVfG wie z. B. die Erteilung einer Baugenehmigung oder der Erlass einer Abrissverfügung. Häufig ergänzt die Behörde die Hauptsacheentscheidung durch weitere **Nebenentscheidungen**. So kommt beim Erlass eines begünstigenden VA wie z. B. einer Sondernutzungserlaubnis die Anordnung von **Nebenbestimmungen** (Befristung, Bedingung, Auflage etc.) in Betracht. Bei einem belastenden VA wie z. B. einer Ordnungsverfügung ist es häufig geboten, auch eine Entscheidung zu treffen über die Anordnung der sofortigen Vollziehung und über die Androhung eines Zwangsmittels, um notfalls zügig Vollstreckungsmaßnahmen einleiten zu können. Auch eine Entscheidung über die Kosten kann erforderlich sein.
Bei der Gestaltung des Tenors sind die einzelnen Regelungen optisch voneinander zu trennen und zu nummerieren, in der Regel mit arabischen Zahlen. Der Tenor ist grundsätzlich freizuhalten von Sachverhaltselementen oder rechtlichen Begründungen; auf die Angabe von §§ ist zu verzichten.

359 **4.3.2.1 Die Hauptsacheentscheidung.** Die Gestaltung des Tenors wird von § 37 Abs. 1 VwVfG geleitet, wonach der VA **„hinreichend bestimmt"** sein muss, das heißt, für den Adressaten muss die Regelung, die den Zweck, Sinn und Inhalt des VA ausmacht, so vollständig, klar und unzweideutig erkennbar sein, dass dieser sein Verhalten danach richten kann. Welches Maß an Konkretisierung im Einzelfall notwendig ist, hängt von der Art des Verwaltungsaktes, den Umständen seines Erlasses (Sachzusammenhanges) und seinem Zweck ab[77]. Das Bestimmtheitsgebot dient zum einen dazu, den Adressaten eindeutig und unmissverständlich über seine Rechte und Pflichten zu informieren (Klarstellungsfunktion). Zum anderen folgt aus der Titelfunktion des VA, dass dieser die Grundlage von behördlichen Vollstreckungsmaßnahmen ist. Deshalb muss die Tenorierung so präzise sein, dass klar und eindeutig feststeht, was genau vollstreckt werden kann.

So wäre z. B. eine Formulierung, mit der die „Herstellung ordnungsgemäßer Zustände" angeordnet wird, zu unbestimmt; gleiches gilt für die Anordnung, einen Hund „sicher zu verwahren"[78].

Soll also durch den Bescheid ein **Gebot** ausgesprochen werden, so muss dieses klar, eindeutig und vollstreckbar formuliert sein.

Beispiel: Hiermit wird Ihnen aufgegeben, das im öffentlichen Straßenraum der Stadt Erkrath im Bereich Goethestraße/Ecke Schillerstraße abgestellte Werbefahrzeug mit dem amtlichen Kennzeichen ME-KK 734 bis zum 15.1.2016, 24.00 Uhr, zu entfernen.
Oder: Ich gebe Ihnen auf, als Eigentümer des Grundstücks Am Goldberg, Gemarkung Düsseldorf-Gerresheim, Flur 3, Flurstück 732, innerhalb von einem Monat nach Zustellung dieses Bescheides das sich auf diesem Grundstück befindliche Gartenhaus abzubrechen und die entstehenden Bauabfälle einer geordneten Entsorgung zuzuführen.

---

76 Vgl. auch Nr. 20.11 VV OBG NRW.
77 OVG Münster, Beschluss vom 16. Oktober 2001 – 7 B 1939/00 –, juris.
78 Diese und weitere Beispiele bei Weber, KommJur 2008, 89, 91.

Ähnlich präzise ist bei der **Aufhebung** von Bescheiden zu formulieren:

Hiermit widerrufe ich die Ihnen am 20.2.2013 unter dem Az.... erteilte Gaststättenerlaubnis zum Betrieb der Schank- und Speisewirtschaft „Goldener Kessel“ in der Neusser Straße 55 in 12345 Glücksstadt. Gleichzeitig gebe ich Ihnen auf, die Gaststätte bis spätestens zum 31. Juli 2015 zu schließen.

Hiermit widerrufe ich Ihre waffenrechtlichen Erlaubnisse, die Ihnen in Form der Waffenbesitzkarten Nr. 123/13 und 124/14 erteilt worden sind.

Ich entziehe Ihnen die Fahrerlaubnis der Klasse B. Sie müssen Ihren Führerschein innerhalb von 7 Tagen nach Zustellung dieses Bescheides bei mir abgeben.

Der Bestimmtheitsgrundsatz gilt auch für **Verbote**:

Ich erteile Ihnen ab dem 1.2.2015 ein auf drei Monate befristetes Aufenthaltsverbot für den Konrad-Adenauer-Platz in 40210 Düsseldorf. Wegen des räumlichen Geltungsbereichs wird auf den als Anlage beigefügten Lageplan verwiesen.

Die für den 2.2.2016, 16.00 Uhr geplante Versammlung auf dem Konrad-Adenauer-Platz in 40210 Düsseldorf wird untersagt.

Hat der Bürger eine **Erlaubnis** oder eine sonstige Begünstigung beantragt, so kann die Behörde dem Antrag stattgeben – dann wird die gewünschte Erlaubnis erteilt. Wird dem Antrag nur teilweise stattgegeben, so ist der Antrag „im übrigen“ abzulehnen.

Beispiel: Auf Ihren Antrag vom 27.1. des Jahres erteile ich Ihnen die Erlaubnis zum Betrieb einer Schank- und Speisewirtschaft in der Neusser Straße 55 in 12345 Glücksstadt. Oder: Auf Ihren Antrag auf Bewilligung eines Zuschusses in Höhe von 5.000 Euro gewähre ich Ihnen einen Zuschuss in Höhe von 3.500 Euro; im Übrigen wird der Antrag abgelehnt.

Häufig wird ein begünstigender VA mit **Nebenbestimmungen**, § 36 VwVfG, § 32 360
SGB X, verbunden[79]. Mit Hilfe von Nebenbestimmungen kann die Behörde flexibel auf die Anforderungen des Einzelfalls reagieren und eine passgenaue Entscheidung treffen; sie kann die Hauptregelung sachlich oder zeitlich beschränken oder ergänzen, sich den Widerruf oder auch den Erlass von weiteren Auflagen vorbehalten. Vor allem aber kann die Behörde durch den Erlass von Nebenbestimmung bürgerfreundlich reagieren und dem Antragsteller eine Genehmigung auch dann (schon) erteilen, wenn sie seinen Antrag mangels Vorliegen von Tatbestandsvoraussetzungen eigentlich ablehnen müsste (§ 36 Abs. 1 VwVfG, § 32 Abs. 1 SGB X – „Ja, aber“ statt „nein“). Die Behörde kann also die beantragte Erlaubnis aussprechen, allerdings versehen mit Nebenbestimmungen, die sicherstellen, dass die (noch) fehlenden gesetzlichen Voraussetzungen erfüllt werden. Nebenbestimmungen werden (als Nummer 2) unmittelbar an die Hauptsacheentscheidung angefügt; eine Befristung oder ein Widerrufsvorbehalt kann aber auch in den Hauptausspruch integriert werden.

Beispiel: Ich erteile Ihnen die Genehmigung zum ... in ... Diese Erlaubnis gilt bis zum ...; sie ist jederzeit widerruflich.

Oder:

1. Ich erteile Ihnen die Erlaubnis zum Betrieb einer Schank und Speisewirtschaft in ....
2. Die Erlaubnis wird mit folgenden Nebenbestimmungen erteilt:
   a) Befristung: Die Erlaubnis gilt bis zum...
   b) Auflagen:
      aa) Sie sind verpflichtet, bis zum... die vorhandenen Fenster der Gaststätte durch Schallschutzfenster der Schallschutzklasse 4 zu ersetzen.
      bb) Weiter sind Sie verpflichtet, den Filter der Entlüftungsanlage in der Küche auszutauschen.

Auch für die Nebenbestimmungen gilt der Bestimmtheitsgrundsatz des § 37 Abs. 1 VwVfG; insbesondere Auflagen sind wegen der Möglichkeit ihrer Vollstreckung präzise zu formulieren. Da die einzelnen Nebenbestimmungen unterschiedliche Rechtsfolgen auslösen, empfiehlt sich, ihren Rechtscharakter klar zu benennen; dies gilt insbe-

79 Zu den Nebenbestimmungen des VA vgl. unten RdNr. 548 ff.

sondere für Bedingungen und Auflagen. Sollen einer Erlaubnis oder Genehmigung (z. B. bei einem großen Bauvorhaben oder einer Betriebsgenehmigung) sehr viele Nebenbestimmungen beigefügt werden, so kann die Behörde diese auch in einem separaten Anhang oder Katalog zusammenfassen, der zum Bestandteil des Bescheides gemacht wird[80].

361 4.3.2.2 **Die Nebenentscheidungen.** Bei belastenden VAs, insbesondere bei Ordnungsverfügungen zur Gefahrenabwehr, ist häufig die **Anordnung der sofortigen Vollziehung** gemäß § 80 Abs. 2 Nr. 4 VwGO geboten: Denn wehrt sich der Adressat mit Widerspruch oder Anfechtungsklage gegen den belastenden VA, so löst die Einlegung des Rechtsbehelfs den sog. „Suspensiveffekt" aus, d. h., Widerspruch und Klage entfalten zunächst aufschiebende Wirkung, § 80 Abs. 1 VwGO[81]. Damit wird der VA vorläufig „auf Eis" gelegt und seine Rechtswirkungen werden ausgesetzt, bis mit Bestandskraft über seine Rechtmäßigkeit entschieden ist. In dieser Zeit muss die Regelung des VA (noch) nicht befolgt werden und der VA kann noch nicht vollstreckt werden. Diese aufschiebende Wirkung von Widerspruch und Klage entfällt jedoch, wenn die Behörde die sofortige Vollziehung im öffentlichen Interesse oder im überwiegenden Interesse eines Beteiligten angeordnet hat. Ist sofortige Vollziehung angeordnet, so kann die Behörde den VA auch schon vollstrecken, obwohl der Bürger einen Rechtsbehelf eingelegt hat, und obwohl das Gericht über die Rechtmäßigkeit des VA noch nicht abschließend entschieden hat, vgl. § 55 Abs. 1 VwVG NRW.

Erfordert also das öffentliche Interesse oder aber das überwiegende Interesse eines Beteiligten, dass die Behörde sofort zu Vollstreckungsmaßnahmen greifen kann, so ordnet sie bereits mit Erlass der Ordnungsverfügung die sofortige Vollziehung an; dies ist insbesondere geboten, wenn Gefahren für hochrangige Rechtsgüter zu befürchten sind, oder um vollendete Tatsachen zu verhindern.

Häufige Anwendungsbereiche: Polizei- und Ordnungsrecht (Gefahrenabwehrmaßnahme, Versammlungsverbot, Ausreiseverbot, Schulverweisung); Verkehrsrecht (Entziehung der Fahrerlaubnis); Baurecht (Baueinstellung), Gewerberecht (Widerruf einer Gaststättenerlaubnis, Gewerbeuntersagung); Umweltrecht (Lärmschutz; abfallrechtliche Anordnungen), Beamtenrecht (Entfernung aus dem Dienst)

Die Tenorierung lautet dann wie folgt:

„Die sofortige Vollziehung wird angeordnet." Oder: „Die vorstehende(n) Anordnung(en) werden für sofort vollziehbar erklärt." Damit der Bürger, der in der Regel mit dem Begriff der „sofortigen Vollziehung" nichts anfangen kann, den Sinn dieser Anordnung versteht, kann eine knappe Erläuterung hinzugefügt werden: „Dies bedeutet, dass Sie meine Anordnung auch dann befolgen müssen, wenn Sie einen Rechtsbehelf einlegen."

362 Wurden mit der Anordnung der sofortigen Vollziehung rechtlich die Voraussetzungen für die Einleitung von Vollstreckungsmaßnahmen zur Durchsetzung eines Tuns, Duldens oder Unterlassens geschaffen, so empfiehlt es sich, als nächsten Punkt der Tenorierung die **Androhung eines Zwangsmittels** vorzusehen, § 63 Abs. 1 VwVG. Dies soll auch dann geschehen, wenn kraft Gesetzes ein Rechtsmittel gegen den VA keine aufschiebende Wirkung hat, § 63 Abs. 2 S. 2 VwVG NRW, § 80 Abs. 2 S. 1 Nr. 1 bis 3 VwGO. Zwangsmittel für die Durchsetzung eines VA, der auf eine Handlung, Duldung oder Unterlassung gerichtet ist, sind gemäß § 57 Abs. 1 VwVG NRW die Ersatz-

---

80 Vgl. z. B. die „Allgemeinen Nebenbestimmungen für Zuwendungen zur institutionellen Förderung (ANBest-I)" oder die „Allgemeinen Nebenbestimmungen für Zuwendungen zur Projektförderung (ANBest-P)", die in den VV zu § 44 LHO festgeschrieben sind und die Bestandteil des jeweiligen Zuwendungsbescheides sind.

81 Anders kraft Gesetzes in den Fällen des § 80 Abs. 2 Nr. 1 bis 3 VwGO: In den dort genannten Fällen entfalten Widerspruch und Anfechtungsklage keine aufschiebende Wirkung.

vornahme, das Zwangsgeld und der unmittelbare Zwang[82]. Die Androhung von Zwangsmitteln ist ein notwendiger Schritt bei der Durchführung der Zwangsvollstreckung und selbst ein VA, der mit der Hauptsacheentscheidung verbunden werden kann. Die Androhung von Zwangsmitteln im Tenor kann auch dann erfolgen, wenn mangels Dringlichkeit auf die Anordnung der sofortigen Vollziehung verzichtet wird, die Behörde aber dennoch mit der Notwendigkeit der Einleitung von Vollstreckungsmaßnahmen rechnet.

Die Androhung muss sich auf ein bestimmtes Zwangsmittel beziehen; werden mehrere Zwangsmittel angedroht, so ist anzugeben, in welcher Reihenfolge sie angewendet werden sollen, § 63 Abs. 3 VwVG NRW. Wird der Adressat zu einem Tun verpflichtet, so ist in der Androhung eine angemessene Frist zur Erfüllung der Verpflichtung zu bestimmen, § 63 Abs. 1 S. 2 VwVG NRW. Wird eine Ersatzvornahme angedroht, so sollen in der Androhung die voraussichtlichen Kosten angegeben werden, § 63 Abs. 4 VwVG NRW; ein Zwangsgeld ist in einer bestimmten Höhe anzudrohen, § 63 Abs. 5 VwVG NRW.

Beispiel: „Für den Fall, dass Sie meine Anordnung unter Ziffer 1 nicht befolgen, wird ein Zwangsgeld in Höhe von 500 Euro angedroht.“ Oder:
„Für den Fall, dass Sie meiner Anordnung unter Ziffer 1, das Werbefahrzeug zu beseitigen, nicht fristgerecht nachkommen, drohe ich Ihnen die Entfernung im Wege der Ersatzvornahme an. Hierfür werden voraussichtlich Kosten in Höhe von 200 Euro anfallen; diese sind von Ihnen zu tragen.“

Gemäß § 14 GebG NRW soll eine Entscheidung über die **Kosten** (Gebühren und Auslagen), soweit möglich, zusammen mit der Sachentscheidung ergehen; daher wird üblicherweise im letzten Punkt des Tenors eine Entscheidung zu den Kosten bzw. Gebühren getroffen. Für welche Amtshandlung in welcher Höhe konkret Gebühren erhoben werden, ergibt sich entweder aus der Allgemeinen Verwaltungsgebührenordnung (AVerwGebO NRW), die die Landesregierung auf der Grundlage von § 2 GebG NRW erlassen hat oder aber aus den Gebührensatzungen der Selbstverwaltungsträger (§ 2 Abs. 2 Nr. 2 GebG NRW). Das GebG NRW enthält außerdem Vorschriften zur sachlichen und persönlichen Gebührenfreiheit; gemäß § 64 SGB X werden im Sozialverwaltungsverfahren grundsätzlich keine Gebühren erhoben. Welchen rechtlichen Anforderungen die Kostenentscheidung im Einzelnen genügen muss, ergibt sich aus § 14 Abs. 1 S. 3 GebG NRW; im Tenor wird üblicherweise nur die Kostenpflicht dem Grunde nach festgelegt und die Höhe der Kosten festgesetzt. **363**

Beispiel: Für diesen Bescheid wird eine Gebühr in Höhe von 100 Euro erhoben, die Sie zu zahlen haben. Oder: Diese Entscheidung ergeht gebührenfrei.

4.3.3 Die Gründe

Gemäß § 39 Abs. 1 VwVfG, § 35 Abs. 1 SGB X ist ein schriftlicher oder elektronischer Verwaltungsakt zu begründen; in der **Begründung** sind die wesentlichen **tatsächlichen und rechtlichen Gründe** mitzuteilen, die die Behörde zu ihrer Entscheidung bewogen haben. Bei Ermessensentscheidungen sollen auch die Gesichtspunkte erkennbar sein, von denen die Behörde bei der Ausübung ihres Ermessens ausgegangen ist. Nur in gesetzlich geregelten Ausnahmefällen kann auf die Begründung verzichtet werden (§ 39 Abs. 2 VwVfG, § 35 Abs. 2 SGB X). **364**

Unter rechtsstaatlichen Gesichtspunkten stellt die Begründung das „Herzstück“ des Bescheides dar[83]; zugleich wirkt sie in verschiedene Richtungen: Beim Formulieren der Begründung vergewissert sich die Behörde noch einmal ihrer eigenen Überlegungen und kontrolliert sich auf diese Weise selbst (Kontrollfunktion); durch die Begründung

82 Vgl. zum Verwaltungsvollstreckungsverfahren unten RdNr. 1100 ff.
83 Wilhelm, DVP 2010, 189, 194.

werden die im Tenor festgelegten Entscheidungen noch einmal erläutert, präzisiert und ergänzt (Klarstellungsfunktion)[84]; eine gute Begründung überzeugt den Bürger von der Recht- und Zweckmäßigkeit der getroffenen Entscheidung und hält ihn von Rechtsbehelfen ab (Befriedungsfunktion) und nicht zuletzt orientiert sich sowohl der Adressat als auch später die Widerspruchsbehörde oder das Verwaltungsgericht an der Begründung, um die Recht- und Zweckmäßigkeit der getroffenen Regelung überprüfen zu können (Rechtsschutzfunktion).
Entsprechend der gesetzlichen Vorgabe sind die tatsächlichen und die rechtlichen Gründe mitzuteilen; im Bescheid wird daher üblicherweise unter der Überschrift „Gründe“ zunächst der Sachverhalt dargelegt, den die Behörde ihrer Entscheidung zugrunde gelegt hat, und dann die rechtliche Bewertung.

365 **4.3.3.1 Sachverhalt.** In der Sachverhaltsdarstellung sollen knapp und präzise (nur) die Tatsachen wiedergegeben werden, von denen die Behörde bei ihrer Entscheidung ausgegangen ist – jede Information, die später in der rechtlichen Begründung verwertet wird, muss im Sachverhalt benannt sein. Dabei empfiehlt sich eine Darstellung in chronologischer Reihenfolge, die, wenn das Verfahren mit einem Antrag des Bürgers eröffnet wurde, auch mit diesem beginnt.

Beispiel: Am 15.1.2016 beantragten Sie den Erlass einer Sondernutzungserlaubnis für ... Dabei gaben Sie an, dass...

Hat die Behörde das Verfahren von Amts wegen eingeleitet, so beginnt die Begründung direkt mit der Schilderung des Sachverhalts. Es schließt sich an eine Darstellung des Verwaltungsverfahrens (welche Ermittlungen wurden veranlasst, welche Anhörungen wurden durchgeführt und mit welchem Ergebnis; wurden Zeugen oder Sachverständige gehört, Gutachten in Auftrag gegeben etc.); wichtig ist, dass alle Verwaltungshandlungen genannt werden, die den VA rechtmäßig machen (z. B. dass eine Anhörung erfolgt ist – selbst wenn der Bürger die Gelegenheit zur Stellungnahme nicht genutzt hat). Im Rahmen dieser Darlegungen sollten insbesondere die Ansichten des Adressaten wiedergegeben werden – so kann er erkennen, dass die Behörde seine Argumente zur Kenntnis genommen hat. Bei der sprachlichen Wiedergabe ist darauf zu achten, dass Tatsachen „behauptet“, Rechtsmeinungen „vertreten“ oder „dargelegt“ werden (im Konjunktiv!).

366 **4.3.3.2 Rechtliche Würdigung.** Mit der rechtlichen Würdigung begründet die Behörde sämtliche im Tenor festgelegten Entscheidungen, also sowohl die **Entscheidung in der Hauptsache** (mitsamt Nebenbestimmungen, falls vorhanden) als auch **sämtliche Nebenentscheidungen.** Eine größere Übersichtlichkeit lässt sich erzielen, wenn man die Begründung jeweils den einzelnen Ziffern des Tenors zuordnet.

Zu Ziffer 1:.... Zu Ziffer 2:...

Die rechtliche Würdigung enthält somit
- die Angabe der Rechtsgrundlagen für alle getroffenen Entscheidungen
- deren Erläuterung in allgemeinverständlicher Sprache
- die Subsumtion des Sachverhalts unter die rechtlichen Vorgaben und
- Ermessensüberlegungen, falls Ermessen vorliegt.

Eine gute Begründung setzt sich zusätzlich mit sämtlichen Einwendungen und Argumenten des Adressaten auseinander, da nur auf diese Weise die Befriedungsfunktion der Begründung erreicht werden kann.

367 Bei der Begründung der Hauptsacheentscheidung empfiehlt es sich, ähnlich wie bei der gutachterlichen Prüfung zunächst die Aspekte der formellen Rechtmäßigkeit zu erläutern:

---

84 Die Erläuterungen in der Begründung dürfen zur Auslegung der Hauptsacheentscheidung herangezogen werden, vgl. OVG Münster, Beschluss vom 16. Oktober 2001 – 7 B 1939/00 –, juris.

Gemäß §.... bin ich für die Entscheidung über Ihren Antrag auf ... sachlich und örtlich zuständig. Soweit Sie vortragen, ich sei bei der Entscheidung befangen gewesen, kann ich Ihrer Ansicht nicht folgen, weil....

Anschließend erfolgt die Auseinandersetzung mit der Rechtsnorm, die die Entscheidung in materieller Hinsicht trägt (Ermächtigungs- oder Anspruchsgrundlage). Grundsätzlich sind die maßgeblichen gesetzlichen Bestimmungen, die in der Begründung verwendet werden, zunächst einmal wiederzugeben, denn die meisten Bürger verfügen nicht über die einschlägigen Gesetzestexte, und es ist auch nicht ihre Aufgabe, sich diese zusammenzusuchen. Die Gesetzesbezeichnungen sind dabei einmal auszuschreiben; sodann sind in einer Klammer ihre Abkürzung und ihr offizieller Fundort (z. B. GV NRW, BGBl I) anzugeben[85]. Im weiteren Textverlauf darf dann die eingeführte Abkürzung verwendet werden.

Die Tatbestandsmerkmale der Ermächtigungsnorm sind, soweit erforderlich, in verständlicher Sprache zu erklären oder zu definieren; dann folgt die Subsumtion der passenden Sachverhaltselemente unter den Tatbestand der Norm. Sprachlich geschieht dies im sog. „Urteils-„ oder **„Bescheidstil“**, d. h. anders als beim Gutachtenstil, der sich fragend-hypothetisch vorantastet, wird beim Bescheidstil das Ergebnis vorweg genannt und dann begründet.

Beispiel: „Die Voraussetzungen des § 14 Abs. I OBG NW liegen vor. Nach dieser Vorschrift kann ich die erforderlichen Maßnahmen treffen, um eine im einzelnen Fall bestehende Gefahr für die öffentliche Sicherheit oder Ordnung abzuwehren. Die öffentliche Sicherheit schützt die Unversehrtheit der objektiven Rechtsordnung, Individualrechtsgüter sowie den Bestand und die Funktionsfähigkeit des Staates und anderer Träger hoheitlicher Gewalt, ihrer Einrichtungen und Veranstaltungen. Die vom Blitz getroffene Kiefer in Ihrem Vorgarten stellt eine Gefahr für die öffentliche Sicherheit dar, da im Falle ihres Umkippens nicht nur das Leben und die Gesundheit von Passanten gefährdet sind, sondern auch am Straßenrand abgestellte Autos beschädigt werden können...“

Besondere Bedeutung kommt der Begründung von Ermessensentscheidungen zu. Die **368** Formulierung in § 39 Abs. 1 VwVfG, § 35 Abs. 1 SGB X, wonach bei Ermessensentscheidungen die hierfür maßgeblichen Gesichtspunkte benannt werden **sollen**, ist im Rahmen der Bescheiderstellung als **„Muss“**- Vorschrift zu verstehen[86]. Es sind Ausführungen sowohl zum Entschließungs- als auch zum Auswahlermessen erforderlich, d. h. die Behörde muss sich erklären in Bezug auf den Grund ihres Einschreitens, den ausgewählten Adressaten sowie auf die angeordneten Maßnahmen. Aus der Begründung muss klar erkennbar sein, dass der Behörde bewusst war, dass sie Ermessen hatte (andernfalls kann ein Ermessensausfall vermutet werden!), dass sie dieses ausgeübt hat und dass sie sich dabei von der gesetzlichen Zweckbestimmung hat leiten lassen. Bei belastenden VAs ist darzulegen, dass die gewählte Maßnahme das mildeste geeignete Mittel darstellt, insbesondere dann, wenn der Bürger im Verwaltungsverfahren Alternativen aufgezeigt hat: Hier muss sorgfältig begründet werden, warum der Alternativvorschlag nicht aufgegriffen wurde. Auch bei der Darstellung der Angemessenheit der Maßnahme ist darzulegen, dass die Rechte des Adressaten durch die gewählte Maßnahme nicht über Gebühr beeinträchtig werden.

Werden Nebenbestimmungen festgesetzt, so ist zu erläutern, warum dies notwendig **369** war, da mit ihrem Erlass die erteilte Erlaubnis in gewisser Weise wieder eingeschränkt wird. Ordnet die Behörde nach § 80 Abs. 2 S. 1 Nr. 4 VwGO die sofortige Vollziehung

---

85 Auch wenn diese Angaben dem Bürger nur wenig weiterhelfen dürften. Lebensnäher wäre der Hinweis auf Fundstellen im Internet wie z. B. die vom Bundesministerium der Justiz und für Verbraucherschutz gemeinsam mit der Firma Juris verantwortete Seite www.gesetze-im-internet.de oder aber für das Land NRW die Seite www. recht.nrw.de.

86 Wilhelm, DVP 2011, 310, 313. Anders nur in den Fällen des sog. „intendierten Ermessens“, vgl. unten RdNr. 395 ff. sowie grundlegend BVerwGE 72, 1; ebenso BVerwGE 105, 55.

an, so ist § 80 Abs. 3 S. 1 VwGO zu beachten, wonach das „besondere Interesse" hieran schriftlich zu begründen ist. Auch hier ist ein Eingehen auf den konkreten Einzelfall erforderlich; bloß floskelhafte Hinweise oder vorgefertigte Formulierungen reichen nicht aus. Insbesondere genügt es nicht, auf die Gründe hinzuweisen, die in der Sache zum Erlass des VA geführt haben: Nach dem Wortlaut des Gesetzes sind gerade weitere, „besondere" Umstände erforderlich, die die Aufhebung des gesetzlich vorgesehenen Suspensiveffektes (§ 80 Abs. 1 VwGO) bei Einlegung eines Rechtsbehelfs rechtfertigen können.

Wird ein Zwangsmittel angedroht, so müssen auch hierfür die maßgeblichen Rechtsgrundlagen angegeben werden. Außerdem ist die Auswahl des Zwangsmittels zu begründen. Weiter sind Erläuterungen erforderlich z. B. zur Höhe eines angedrohten Zwangsgeldes, § 63 Abs. 5 VwVG NRW, oder zu den voraussichtlichen Kosten einer Ersatzvornahme, § 63 Abs. 4 VwVG NRW.

Zur Begründung der Kostenentscheidung genügt in der Regel ein Hinweis auf die gesetzlichen Grundlagen; falls ein Gebührenrahmen existiert, ist die Höhe der festgesetzten Gebühr zu begründen.

4.3.4 Der Bescheidschluss

370 In den Schlussteil des Bescheides gehört zunächst eine Rechtsbehelfsbelehrung, § 37 Abs. 6 VwVfG, § 36 SGB X, die den rechtlichen (Mindest-) Anforderungen dieser Normen entspricht[87] und die den Bürger darüber informiert, auf welche Weise er sich gegen den Bescheid wehren kann. Die Bezeichnung „Rechtsbehelfsbelehrung" ist trotz einer gewissen Sperrigkeit bis heute üblich; gebräuchlich ist aber auch die Formulierung „Ihre Rechte".

An den Schluss des Bescheides gehört eine höfliche Grußformel, üblicherweise „Mit freundlichen Grüßen", sowie die Unterschrift oder die Namenswiedergabe des Behördenleiters, seines Vertreters oder seines Beauftragten, § 37 Abs. 3 S. 1 VwVfG, § 33 Abs. 3 S. 1 SGB X. Der Behördenleiter unterschreibt nur mit seinem Namen, sein Vertreter im Amt unterschreibt mit dem Zusatz „In Vertretung", alle anderen Behördenmitarbeiter unterschreiben mit dem Zusatz „Im Auftrag". Die Angabe der Amtsbezeichnung nach dem Namen ist möglich, aber nicht zwingend.

371 **Musterbescheid:**

Gemeinde Großdorf
Der Bürgermeister
Ordnungsamt –
Fachbereich – Az.: ...

Großdorf, den 12. Februar 2016
Adresse
Name, e-mail-Adresse
und Durchwahl-Telefon
des Bearbeiters

Mit Postzustellungsurkunde

Herrn Peter Wirt
Weingasse 3
12345 Großdorf

Rücknahme der Gaststättenerlaubnis; Schließung der Gaststätte „Goldener Krug"
Ihr Schreiben vom 10. Februar 2016

Sehr geehrter Herr Wirt,

hiermit erlasse ich gegen Sie folgende

87 Vgl. hierzu näher unten RdNr. 696.

Ordnungsverfügung

1. *Die Ihnen am 1.4.2013 erteilte Gaststättenerlaubnis (Az.: ...) zum Betrieb der Schank- und Speisewirtschaft „Goldener Krug" in der Weingasse 3 in 12345 Großdorf nehme ich hiermit zurück. Gleichzeitig gebe ich Ihnen auf, den Betrieb am Tage der Zustellung dieser Verfügung sofort zu schließen.*
2. *Die sofortige Vollziehung der unter Ziffer 1 genannten Entscheidungen wird angeordnet, d. h., Sie sind verpflichtet, Ihre Gaststätte auch dann sofort zu schließen, wenn Sie Klage vor dem Verwaltungsgericht erheben.*
3. *Sollten Sie der Schließungsanordnung (Ziffer 1) nicht nachkommen und den Gaststättenbetrieb unerlaubt fortsetzen, drohe ich Ihnen ein Zwangsgeld in Höhe von 5.000 Euro an.*

Gründe:

a) Sachverhalt:

Am 1.4.2013 erteilte ich Ihnen unter dem Aktenzeichen... die Erlaubnis zum Betrieb der Schank- und Speisewirtschaft „Goldener Krug" in der Weingasse 3 in 12345 Großdorf. Inzwischen habe ich erfahren, dass Sie bereits damals alkoholabhängig waren; in Ihrem Schreiben vom 10. Februar 2016 haben Sie dies selbst eingeräumt. Auf meine Aufforderung vom 5. Januar 2016 haben Sie sich in der Suchtklinik X erneut untersuchen lassen mit dem Ergebnis, dass die Alkoholkrankheit trotz mehrerer zwischenzeitlicher Therapieversuche auch heute noch gegeben ist; dies bestätigt das Gutachten des Klinikdirektors Prof. Dr. Klein vom 10. Januar 2016.

Mit Schreiben vom 20. Januar 2016 habe ich Sie um Stellungnahme zu der beabsichtigten Rücknahme der Gaststättenerlaubnis gebeten; in Ihrer Antwort vom 10. Februar 2016 haben Sie vorgetragen, dass Sie sich trotz der Alkoholkrankheit in der Lage sähen, die Gastwirtschaft ordnungsgemäß weiter zu betreiben, zumal Ihre Familie, insbesondere Ihre Frau, Sie beim Betrieb unterstützen würde. Im Übrigen seien Sie auf die Einkünfte aus dem Betrieb wirtschaftlich angewiesen.

b) Rechtliche Würdigung:

Zu Ziffer 1: Gemäß §§ 15 Abs. 1, 4 Abs. 1 Nr. 1 Gaststättengesetz (GastG) in der Fassung der Neubekanntmachung vom ... (BGBl. I S. ...) bin ich verpflichtet, Ihre Gaststättenerlaubnis zurückzunehmen, denn das Gaststättengesetz schreibt vor, dass die Erlaubnis zum Betrieb eines Gaststättengewerbes zurückzunehmen ist, wenn bekannt wird, dass bei der Erteilung Versagungsgründe nach § 4 Abs. 1 Nr. 1 vorlagen. Als einen solchen Versagungsgrund sieht es der Gesetzgeber insbesondere an, wenn der Erlaubnisnehmer „dem Trunke ergeben", also alkoholkrank ist.
Meine sachliche und örtliche Zuständigkeit für diese Entscheidung folgt aus § 30 GastG in Verbindung mit Ziffer III Nr. 3 der Anlage zu § 2 Abs. 1 der Verordnung zur Übertragung von Ermächtigungen, zur Regelung von Zuständigkeiten und Festlegungen auf dem Gebiet des Gewerberechts (GewRV) vom.... (GV NRW S. ...); hiernach liegt die Zuständigkeit bei den örtlichen Ordnungsbehörden, also den Gemeinden gemäß § 3 Abs. 1 des Ordnungsbehördengesetzes des Landes Nordrhein-Westfalen (OBG, gültig in der Fassung vom, GV NRW S. ...). Gemäß § 28 des Verwaltungsverfahrensgesetzes des Landes Nordrhein-Westfalen (VwVfG, gültig in der Fassung der Neubekanntmachung vom..., GV NRW S.) war ich verpflichtet, Sie vor dem Erlass dieser Verfügung anzuhören; dieser Verpflichtung bin ich durch mein Schreiben vom 20. Januar 2016 nachgekommen.
In der Sache war ich rechtlich verpflichtet, Ihre Betriebserlaubnis zurückzunehmen; insbesondere hat der Gesetzgeber mir in Fällen wie dem Ihren kein Ermessen, also keinen Entscheidungsspielraum eingeräumt. Deshalb durfte ich Ihre Argumente gegen die Rücknahme der Erlaubnis nicht berücksichtigen.
Meine Anordnung, die Gaststätte sofort zu schließen, beruht auf § 31 GastG in Verbindung mit § 15 Abs. 2 Gewerbeordnung (GewO) in der Fassung der Neubekanntmachung vom ...

(BGBl. I S. ..., zuletzt geändert durch Gesetz vom ..., BGBl. I S. ...). Nach diesen gesetzlichen Vorschriften kann die Behörde die Fortsetzung eines Betriebes verhindern, wenn die erforderliche Erlaubnis nicht mehr vorliegt. Die Erlaubnis zum Betrieb Ihrer Gaststätte musste ich Ihnen, wie gerade dargelegt, entziehen; meine Entscheidung, die Gaststätte auch sofort zu schließen, resultiert zum einen aus den Gefahren, die bei Alkoholmissbrauch leicht entstehen können. Ein alkoholkranker Gastwirt stellt eine Gefahr für seine Gäste dar, da nicht auszuschließen ist, dass Sie in betrunkenem Zustand nicht vollständig zurechnungsfähig sind und Ihnen gravierende Fehler im Betrieb unterlaufen (z. B. Alkoholausschank an Jugendliche). Zum anderen liegt es nahe, die gesetzliche Verpflichtung aus § 15 Abs. 1 GastG auch auf die Schließungsentscheidung zu übertragen: Ist es zwingend erforderlich, die Erlaubnis zu entziehen, so liegt es nach der Wertung des Gesetzes nahe, auch den unerlaubten Betrieb sofort zu beenden.

Zu Ziffer 2: Die Anordnung der sofortigen Vollziehung beruht auf § 80 Abs. 2 Nr. 4 Verwaltungsgerichtsordnung (VwGO) in der Fassung der Neubekanntmachung vom ... (BGBl I S. ..., zul. geändert durch Gesetz vom ..., BGBl I S. ...). Sie ist erforderlich, um zu verhindern, dass Sie in der Zeit einer eventuellen Klage Ihren Betrieb doch noch weiterführen. Es besteht nämlich ein besonderes öffentliches Interesse daran, dass in Ihrem Fall Ihre Gaststätte sofort geschlossen wird, um die erheblichen Gefahrensituationen zu vermeiden, die entstehen können, wenn der Inhaber und Wirt einer Gaststätte alkoholkrank ist. Da hier besonders hochwertige Rechtsgüter wie die Gesundheit Ihrer Gäste gefährdet sind, muss Ihr wirtschaftliches Interesse an der Weiterführung der Gaststätte dahinter zurückstehen.

Zu Ziffer 3: Die Androhung eine Zwangsgeldes in Höhe von 5.000 Euro stützt sich auf §§ 60, 63 des Verwaltungsvollstreckungsgesetzes für das Land Nordrhein-Westfalen in der Fassung der Bekanntmachung vom ... (GV NRW S. ..., zuletzt geändert durch Gesetz vom ..., GV NRW S. ...), wonach ein Zwangsgeld zwischen 10 und 10.000 Euro verhängt werden kann. Sollten Sie also Ihre Gaststätte nicht sofort schließen, müssen Sie damit rechnen, dass ich das angedrohte Zwangsgeld gegen Sie festsetzen werde, um die Schließung zu erzwingen. Die Höhe des Zwangsgeldes habe ich unter Berücksichtigung Ihrer finanziellen Verhältnisse festgesetzt. Zugleich habe ich die Höhe so gewählt, dass die Weiterführung des Betriebes auch nur für kurze Zeit für Sie wirtschaftlich nicht lohnend wäre.

Ihre Rechte (Rechtsbehelfsbelehrung)
Vgl. hierzu unten RdNr. 696

Mit freundlichen Grüßen
Im Auftrag

Unterschrift
(Name in Maschinenschrift)

6. Abschnitt: Rechtmäßigkeit des Verwaltungsaktes

1. Verfassungsrechtliche Grundlagen

Das in Art. 20 Abs. 3 GG verankerte **Rechtsstaatsprinzip** bindet die „vollziehende Gewalt" an Recht und Gesetz. Für die Verwaltung bedeutet dies, dass sie sich bei der Wahrnehmung ihrer Aufgaben stets innerhalb des Rahmens des geltenden Rechts bewegen muss (**Vorrang des Gesetzes**). Verstößt sie gegen gesetzliche Vorgaben, so handelt sie rechtswidrig[1]. Für belastendes Verwaltungshandeln ist darüber hinaus immer eine gesetzliche Eingriffsermächtigung (Ermächtigungs- oder Eingriffsgrundlage, Befugnisnorm) erforderlich (**Vorbehalt des Gesetzes**): Nur, wenn ein (formell und inhaltlich verfassungsmäßiges) Gesetz[2] den Eingriff gestattet, darf die Verwaltung diesen anordnen – oder aber, wenn auf der Grundlage des verfassungsmäßigen Gesetzes eine materielle Rechtsnorm (Verordnung, Satzung) zum Eingriff ermächtigt. Fehlt für ein belastendes Verwaltungshandeln die Eingriffserlaubnis (sei sie formeller oder auch materieller Art), so ist dieses rechtswidrig. 372

Dem Vorbehalt des Gesetzes genügt eine Behörde, wenn sie auf der Grundlage des § 14 OBG NRW, also eines formellen Gesetzes, eine (belastende) Ordnungsverfügung erlässt. Aber auch eine gemeindliche Satzung (z. B. Hundesteuersatzung) taugt als Ermächtigungsgrundlage für einen belastenden VA (z. B. einen Hundesteuerbescheid) – solange die Satzung (= materielles Gesetz) ihrerseits auf ein formell und materiell verfassungsmäßiges Gesetz zurückzuführen ist: Gemeindliche Satzungen lassen sich zum einen auf § 7 Abs. 1 GO NRW zurückführen; darüber hinaus resultiert die Satzungskompetenz der Gemeinden auch unmittelbar aus Art. 28 Abs. 2 GG.

Für die Frage nach der Rechtmäßigkeit eines VA ergeben sich aus diesen Vorgaben zwei Konsequenzen: Der VA ist nur rechtmäßig, wenn die Verwaltung bei seinem Erlass alle gesetzlichen Vorgaben beachtet hat, wenn sie also das Verwaltungsverfahren, das auf den Erlass des VA gerichtet ist (§ 9 VwVfG) in rechtmäßiger Weise durchgeführt und sämtliche gesetzlichen Vorgaben zu Fragen der Zuständigkeit, des Verfahrens und der Form befolgt hat (**formelle Rechtmäßigkeit**). Zum zweiten kann der VA nur rechtmäßig sein, wenn er auf einer (recht- bzw. verfassungsmäßigen) Ermächtigungsgrundlage beruht und die Verwaltung deren Anforderungen hinsichtlich Tatbestandsvoraussetzungen und Wahl der Rechtsfolge korrekt umgesetzt hat (**materielle Rechtmäßigkeit**).

2. Der Verwaltungsakt als zulässige Handlungsform (VA-Befugnis)

Für die Frage nach der Rechtmäßigkeit eines VA ist darüber hinaus von Bedeutung, ob die Verwaltung überhaupt durch Verwaltungsakt handeln durfte, ob sie also die „Befugnis" zum Handeln durch VA (**VA-Befugnis**) hatte. Der Verwaltung stehen zur Wahrnehmung ihrer Aufgaben unterschiedliche Handlungsformen zur Verfügung, die sich in sehr verschiedener Weise auf die Rechtsposition und die Rechtsschutzmöglichkeiten des Betroffenen auswirken. Entscheidet sich die Behörde für ein Handeln durch VA, so hat dies erhebliche Konsequenzen für den Betroffenen: Der VA dient der Behörde als Vollstreckungstitel; sie kann die Vollstreckung durch die Anordnung der 373

---

1 Allerdings kann ein Gesetzesverstoß auch heilbar oder unbeachtlich sein, vgl. dazu unten RdNr. 706, 711.
2 Vgl. zum Rechtsstaatsprinzip und zu den Grundsätzen vom Vorrang und Vorbehalt des Gesetzes oben RdNr. 197 ff.

sofortigen Vollziehung, § 80 Abs. 2 S. 1 Nr. 4 VwGO, sofort herbeiführen. Will der Bürger dies abwehren, muss er um (gerichtlichen) Rechtsschutz nachsuchen. Außerdem wird der Bürger durch die Handlungsform des VA in die Defensive gedrängt: Will er die Regelung des VA nicht gegen sich gelten lassen, muss er binnen Monatsfrist einen Rechtsbehelf einlegen; andernfalls wird der VA (trotz eventueller Fehler) bestandskräftig, § 43 Abs. 2 VwVfG. Allein die Entscheidung der Behörde für die Handlungsform VA stellt somit für den Bürger schon eine Belastung dar und unterfällt daher dem Grundsatz vom Vorbehalt des Gesetzes: Will die Behörde durch VA handeln, so braucht sie hierfür eine gesetzliche Erlaubnis[3]. Entscheidet sie sich ohne gesetzliche Erlaubnis zum Handeln durch VA, so ist dieser schon allein deshalb rechtswidrig.

374 Bei der Frage nach der VA-Befugnis sind die Fälle unproblematisch, in denen die Eingriffs- bzw. Befugnisnorm bereits sprachlich klar erkennen lässt, dass die Verwaltung durch VA handeln soll: So schreibt z. B. § 49a Abs. 1 VwVfG vor, dass die zu erstattende Leistung „durch schriftlichen Verwaltungsakt" festzusetzen ist; gleiches gilt für Leistungsbescheide nach § 50 Abs. 3 SGB X.

Weitere Beispiele: Die Zulässigkeit von VAs folgt im Steuerrecht aus § 155 Abs. 1 AO, wonach die Steuern durch Steuerbescheid festgesetzt werden; in S. 2 erläutert die Norm sodann, dass „Steuerbescheid" der bekannt gegebene VA ist.

Ein Handeln durch VA ist auch dann gestattet, wenn das Gesetz zwar nicht den Begriff „Verwaltungsakt", aber entsprechende Synonyme wie z. B. „Verfügung" verwendet:

Im Vereinsgesetz folgt die VA-Befugnis aus § 3 (Verbot von Vereinen „durch Verfügung"). Auch in den Ordnungs- und Polizeigesetzen ist der Erlass von „Verfügungen" vorgesehen (vgl. z. B. § 20 OBG NRW). Der VA als Handlungsform ist auch dort vom Vorbehalt des Gesetzes gedeckt, wo der Gesetzgeber Begriffe wie „Verbot", „Anordnung" „Genehmigung", „Erlaubnis" oder ähnliches genutzt hat.

Unstreitig ist, dass § 35 VwVfG den Behörden keine VA-Befugnis vermittelt: Die Norm definiert nur, was ein VA ist, schweigt jedoch darüber, in welchen Fällen die Verwaltung durch VA handeln darf.

Ebenfalls unstreitig ist, dass ein Handeln durch VA jedenfalls dann rechtswidrig ist, wenn der Gesetzgeber eine andere Handlungsform angeordnet hat: So schreibt z. B. § 10 Abs. 1 BauGB vor, dass der Bebauungsplan als Satzung beschlossen wird; gleiches gilt für die Begründung eines Anschluss- und Benutzungszwangs z. B. für die Kanalisation, gemäß § 9 GO NRW.

Ein Handeln durch VA ist auch dann gestattet, wenn die Ermächtigungsgrundlage zwar nicht den Begriff des VA oder ein Synonym wie „Anordnung" oder „Verfügung" verwendet, aber ansonsten sprachlich deutlich klar macht, dass die Behörde einseitig-hoheitlich vorgehen darf:

So wird im Gefahrenabwehrrecht die Behörde oft ermächtigt, etwas zu „verlangen"; sie darf „anordnen", „eingreifen" oder „Maßnahmen ergreifen"; damit wird sie zugleich ermächtigt, diese Befugnisse durch den Erlass eines VA zu realisieren.
In Zusammenhang mit der dem VA nachfolgenden **Verwaltungsvollstreckung** ist zu unterscheiden: Ob diese Verwaltungsvollstreckung zulässig ist, hängt grundsätzlich davon ab, ob zuvor ein VA ergangen ist. Die Verwaltungsvollstreckungsgesetze (vgl. § 1 Abs. 1 VwVG des Bundes) setzen daher die VA-Befugnis voraus, räumen dagegen keine VA-Befugnis ein (auch nicht § 3 VwVG des Bundes). Besteht eine Berechtigung zur Verwaltungsvollstreckung, dann können die im Verwaltungsvollstreckungsverfahren erforderlichen Regelungen ohne weiteres durch VA getroffen werden; z. B. können die Kosten der Ersatzvornahme vom Pflichtigen durch Leistungsbescheid verlangt (und ggf. im Wege der Verwaltungsvollstreckung geltend gemacht) werden.

---

3 Heute h. M., vgl. BVerwGE 144, 306, 307 f.; Schoch, Jura 2010, 670, 673 m. w. N.; Detterbeck, Allgemeines Verwaltungsrecht, § 10, RdNr. 592 ff. Früher vertrat das BVerwG (E 28, 1 ff. m. w. N.) die gegenteilige Ansicht, wonach „nach einem allgemeinen Rechtsgrundsatz des deutschen Verwaltungsrechts" die vollziehende Gewalt befugt sei, zur hoheitlichen Erfüllung ihrer Aufgaben Verwaltungsakte zu erlassen; einer besonderen Ermächtigung bedürfe es insoweit nicht.

„In der Rechtsprechung des Bundesverwaltungsgerichts ist anerkannt, dass die Befugnis der Verwaltung, sich zur Wahrnehmung ihrer Aufgaben des Mittels des Verwaltungsaktes zu bedienen, **nicht ausdrücklich** in der gesetzlichen Grundlage erwähnt werden muss, die in materieller Hinsicht zu einem Eingriff ermächtigt. Denn als Handlungsform, in der die Verwaltung Privatpersonen in der Regel gegenübertritt, ist der Verwaltungsakt allseits bekannt. Es reicht deshalb aus, wenn sich die Verwaltungsaktbefugnis dem Gesetz im Wege der **Auslegung** entnehmen lässt“, hat das BVerwG[4] befunden. Gibt die Ermächtigungsgrundlage sprachlich keinen Hinweis, so ist bei der Auslegung insbesondere danach zu fragen, ob die Behörde zu dem Adressaten des VA in einem allgemeinen öffentlich-rechtlichen Über- und Unterordnungsverhältnis steht[5], so dass ein einseitig-hoheitliches Handeln angezeigt ist; ist dies der Fall, so ist soll ein Handeln durch VA zulässig sein. 375

Dies ist nach der Rechtsprechung des BVerwG z. B. auch im grundsätzlich hierarchisch strukturierten Beamten- oder Soldatenverhältnis gegeben; deshalb darf ein Schadensersatzanspruch des Dienstherrn gegen den Beamten durch VA geltend gemacht werden[6]. Überzahlte Dienstbezüge dürfen durch Leistungsbescheid zurückgefordert werden[7]. Entsprechendes gilt auch für das Schulrecht und das Hochschulrecht, wo z. B. über die Zulassung zu einer Wiederholungsprüfung oder über eine Schulverweisung durch VA entschieden wird.
Ähnlich verläuft die Argumentation im Bereich öffentlich-rechtlicher Anstaltsverhältnisse: Hier darf der Anstaltsträger kraft Anstaltsgewalt die zur Erreichung des Anstaltszwecks erforderlichen Maßnahmen durch VA erlassen[8], z. B. die Zulassung zur Anstalt sowie den Ausschluss davon.

Die **Befugnis zum Handeln durch VA entfällt**, wenn die Behörde und ihr Anspruchsgegner/Adressat sich im Verhältnis der **Gleichordnung** gegenüber stehen. Deshalb ist eine Geltendmachung von Ansprüchen aus Vertrag, sei er öffentlich-rechtlicher oder privatrechtlicher Natur, ausgeschlossen; hier muss die Behörde zur Durchsetzung den Klageweg beschreiten und Leistungsklage erheben[9]. Auch verschiedene Verwaltungsträger können sich im Verhältnis der Gleichordnung begegnen; dann ist ebenfalls eine Regelung der Rechtsbeziehung durch VA nicht möglich[10]. 376

In Klausuren oder anderen Prüfungsarbeiten kann in der Regel auf die Prüfung der VA-Befugnis **verzichtet** werden, sofern die Aufgabenstellung dies nicht nahelegt. Handelt die Behörde auf der Grundlage einer gesetzlichen Ermächtigung, so darf stillschweigend unterstellt werden, dass sie dies in der Handlungsform des VA tun darf. Ist die Frage der VA-Befugnis problematisch, so handelt es sich dabei um ein Problem der materiellen Rechtmäßigkeit[11] des VA: Erlaubt die Befugnisnorm kein Handeln durch VA, so ist dieser schon allein deswegen als rechtswidrig anzusehen. 377

3. Die Prüfung der Rechtmäßigkeit des VA

Oben wurde bereits ausgeführt, dass ein VA nur dann rechtmäßig ist, wenn er in formeller und materieller Hinsicht mit den gesetzlichen Anforderungen übereinstimmt. 378

---

4 BVerwGE 151, 102, 106 unter Verweis auf BVerwGE 141, 243; dort werden sämtliche Auslegungskriterien (Wortlaut, Systematik, Entstehungsgeschichte sowie Sinn und Zweck der Norm) abgeprüft; Hervorhebung nicht im Original.

5 BVerwGE 144, 306, 308 unter Hinweis auf BVerwGE 24, 225, 226 ff.

6 BVerwGE 19, 243, 245.

7 BVerwGE 28, 1 ff.; kritisch zur h. M. Schoch, Jura 2010, 670, 674 f. mit weiteren Hinweisen auf die Rechtsprechung.

8 OVG Münster, Urteil vom 26. März 1996 – 5 A 3812/92 –, juris.

9 Je nach Charakter des Rechtsverhältnisses vor dem Verwaltungsgericht oder den ordentlichen Gerichten.

10 Vgl. BVerwGE 24, 225, 228 mit Blick auf das Verhältnis des Landes Bayern zu einem Landrat als Kommunalbeamten. – Zum Verhältnis zwischen dem Landesrechnungshof und einem Klinikdirektor OVG Lüneburg, DVBl 84, 837, 838.

11 Jachmann/Drüen, Allgemeines Verwaltungsrecht, RdNr. 123.

Handelt es sich um einen belastenden VA, ist zwingend eine gesetzliche Eingriffsermächtigung erforderlich. Aber auch bei begünstigenden VAs ist in der Regel eine Rechtsgrundlage gegeben, die die Voraussetzungen der jeweiligen Erlaubnis oder Genehmigung beschreibt.

Z. B. § 8 StAG, der die Voraussetzungen einer Einbürgerung benennt; § 6 BImSchG – Voraussetzungen für eine Anlagengenehmigung; § 75 BauO NRW – Voraussetzungen für die Erteilung einer Baugenehmigung

Nicht selten regelt das Gesetz bei begünstigenden VAs auch (nur), dass eine Erlaubnis erforderlich ist, und benennt anschließend Versagungsgründe, die einer Erlaubniserteilung entgegenstehen – diese sind dann als „negative“ Tatbestandsmerkmale abzuprüfen.

Diese Systematik findet sich z. B. im Gewerberecht für Gewerbetreibende, die einer besonderen Genehmigung bedürfen, § 30 ff. GewO, vgl. auch §§ 2, 4 GastG für die Erteilung einer Gaststättenerlaubnis.

Soll die Rechtmäßigkeit eines VA geprüft werden, so empfiehlt es sich, die Ermächtigungsgrundlage oder aber die Rechtsgrundlage der Erlaubnis als erstes zu suchen und zu benennen, denn damit ist zugleich das (Fach-) Gesetz benannt, aus dem sich womöglich weitere Anforderungen an die Rechtmäßigkeit des VA ergeben: So enthalten die meisten Gesetze Aussagen zur (sachlichen) Zuständigkeit, vielfach auch weitere Verfahrens- oder Formanforderungen.

Beispiel: Kommt § 14 OBG NRW als Ermächtigungsgrundlage in Betracht, so folgt daraus, dass sich die Zuständigkeit aus den §§ 3 ff. OBG NRW ergibt; § 20 OBG NRW enthält spezielle Anforderungen zu Schriftform und Rechtsbehelfsbelehrung.
Ist die Rechtmäßigkeit einer schulrechtlichen Ordnungsmaßnahme zu prüfen, so enthält § 53 SchulG NRW spezielle Regelungen zur sachlichen, örtlichen und funktionellen Zuständigkeit sowie besondere Vorschriften zur Anhörung, zum Begründungserfordernis, zur Schriftform und zur Bekanntgabe.

Bei der Rechtmäßigkeitsprüfung in Klausuren, Hausarbeiten oder in der Praxis kann das folgende Prüfschema helfen:

379 **Prüfschema** für die Fallbearbeitung (VA-Rechtmäßigkeitsprüfung):

I. Benennung der **Ermächtigungsgrundlage**/Rechtsgrundlage

II. **Formelle Rechtmäßigkeit**
   1. **Zuständigkeit der handelnden Behörde** (sachlich, örtlich, instanziell, funktionell)
   2. Beachtung der **Verfahrensvorschriften**, §§ 9 ff. VwVfG, §§ 8 ff. SGB X (z. B. Antragserfordernis, Befangenheit, Anhörungspflicht etc.)
   3. Beachtung der **Formvorschriften**, z. B. § 37 Abs. 2–6 VwVfG (§ 33 Abs. 2–5 SGB X), § 39 VwVfG oder sondergesetzlich, z. B. § 20 OBG NRW; ordnungsgemäße Bekanntgabe oder Zustellung des VA
   Liegen Zuständigkeits-, Verfahrens- oder Formfehler vor, so ist mitzuprüfen, ob diese evtl. heilbar oder unbeachtlich sind, §§ 45, 46 VwVfG, §§ 42, 42 SGB X.
   Die Erläuterungen zu den einzelnen Aspekten der formellen Rechtmäßigkeit finden sich unten im 9. Abschnitt.

III. **Materielle Rechtmäßigkeit**
   1. Die **Tatbestandsvoraussetzungen** der Ermächtigungsgrundlage/Rechtsgrundlage müssen erfüllt sein
   2. Manchmal ist zu prüfen, ob die Behörde den richtigen **Adressaten** ausgewählt hat („Störerauswahl“, insbesondere im Polizei- und Ordnungsrecht)
   3. Die Behörde muss die richtige **Rechtsfolge** getroffen haben: Enthält die Ermächtigungsgrundlage eine **gebundene Entscheidung**, so muss die vorge-

schriebene Rechtsfolge gewählt werden; wird der Behörde **Ermessen** eingeräumt, so muss das Ermessen rechtmäßig ausgeübt worden sein, § 40 VwVfG, § 39 SGB X; dabei ist insbesondere der Grundsatz der **Verhältnismäßigkeit** zu beachten.

4. **Bestimmtheit** des VA (wird in §§ 37 Abs. 1 VwVfG, 33 Abs. 1 SGB X missverständlicherweise in einem Paragraphen jeweils zusammen mit der Form behandelt; bei der Bestimmtheit handelt es sich aber – im Gegensatz zum formellen Merkmal „Form" – um eine inhaltsbezogene, die Rechtsfolge betreffende, also materielle Voraussetzung)
5. Gebote und Verbote, deren Erfüllung **unmöglich** ist, sind rechtswidrig

Ob ein Verwaltungsakt rechtmäßig ist, beurteilt sich grundsätzlich nach dem **Zeitpunkt seines Erlasses.** Ändert sich nachträglich die Sach- oder Rechtslage, so lässt dies die Rechtmäßigkeit des VA unberührt, jedoch räumt das Gesetz der Behörde die Möglichkeit ein, auf solche Änderungen mit dem Widerruf des VA zu reagieren, § 49 Abs. 2 VwVfG. Von diesem Grundsatz zu trennen ist die (hoch umstrittene) prozessrechtliche Frage, inwieweit das Verwaltungsgericht nachträgliche Änderungen der Sach- und/oder Rechtslage bei der Entscheidung über die Rechtmäßigkeit eines VA gemäß § 113 Abs. 1 S. 1 VwGO berücksichtigen darf oder muss – die Schwierigkeiten resultieren hier insbesondere daraus, dass die Frage der Rechtmäßigkeit des VA mit dem weiteren Erfordernis des Vorliegens eines subjektiven Aufhebungsanspruchs verknüpft ist[12]. **380**

4. Materielle Fehlerquellen

Für die Frage der materiellen Rechtmäßigkeit des VA kommt es, wie im Prüfschema dargelegt, insbesondere darauf an, dass die Behörde die Ermächtigungs- bzw. Rechtsgrundlage für ihre Entscheidung korrekt angewendet hat, dass also bei der Prüfung der tatbestandlichen Voraussetzungen ebenso wenig Fehler passiert sind wie bei der Auswahl der passenden Rechtsfolge. **381**

4.1 Die tatbestandlichen Voraussetzungen

Ob die Ermächtigungs- oder Rechtsgrundlage den VA tatsächlich „trägt", hängt davon ab, ob der in Frage stehende Lebenssachverhalt unter die Tatbestandsvoraussetzungen der Norm subsumiert werden kann. Die erste und häufig schwierigste Voraussetzung für ein korrektes Subsumtionsergebnis ist damit in der Verwaltungspraxis die umfassende und zutreffende Ermittlung des Sachverhalts. Legt die Behörde bei ihrer Rechtsanwendung aus welchem Grund auch immer falsche Tatsachen zugrunde, so kann schon diese Fehleinschätzung des Sachverhalts zur Rechtswidrigkeit des VA führen. **382**

Beispiel: Die Behörde geht bei der Erteilung einer Gaststättenerlaubnis irrtümlich davon aus, dass der künftige Wirt kein Alkoholiker ist – in Wahrheit ist dieser jedoch seit langem schon „dem Trunke ergeben", § 4 Abs. 1 Nr. 1 GastG. Damit liegt objektiv ein Versagungsgrund vor, der die Behörde an der Erteilung der Gaststättenerlaubnis hindert; erteilt sie diese dennoch, so ist die Gaststättenerlaubnis rechtswidrig. Dass die Behörde den Versagungsgrund nicht kannte (und vielleicht auch nicht erkennen konnte), ist für die Frage nach der Rechtmäßigkeit der Erlaubnis unerheblich.

12 Vgl. zur Problematik umfassend Kopp/Schenke, VwGO, § 113 RdNr. 29 ff.; s. auch unten RdNr. 1025 ff. Zur (umgekehrten) Problematik des Rechtmäßigwerdens eines ursprünglich rechtswidrigen VA vgl. Schenke, NVwZ 2015, 1341.

Im Behördenalltag stellt die Aufklärung des Sachverhalts, zu der die Behörde von Gesetzes wegen (§ 24 VwVfG, § 20 SGB X) verpflichtet ist, meist das Hauptproblem und die Hauptarbeit dar; in Prüfungsarbeiten steht der Sachverhalt dagegen üblicherweise eindeutig fest (und sollte auch vom Klausurbearbeiter nicht verändert oder mit Blick auf eventuell erkannte Rechtsprobleme „passend gemacht" oder „gequetscht" werden).

4.1.1 Tatbestandsmerkmale; unbestimmte Rechtsbegriffe

383 Ist der Sachverhalt ermittelt, prüft die Verwaltung, ob die tatbestandlichen Voraussetzungen der anzuwendenden Rechtsgrundlage gegeben sind. Sind die im Gesetz verwendeten Begriffe klar und eindeutig, so ergeben sich hier keine größeren Schwierigkeiten. Da aber der Gesetzgeber bei der Formulierung von Rechtsnormen stets eine größere Vielzahl von individuellen Fallgestaltungen abdecken will und muss, formuliert er gesetzliche Tatbestände in der Regel abstrakt und verwendet Begriffe, die weit, offen oder sogar unscharf sind, und die daher näherer Konkretisierung bedürfen; diese werden als **„unbestimmte Rechtsbegriffe"** bezeichnet.

Beispiele: „Unzuverlässigkeit" des Gewerbetreibenden (§ 35 GewO); „ungeeignet" zum Führen eines Kraftfahrzeugs (§ 4 Abs. 3, S. 1, Ziff. 3 StVG); „Verunstaltung des Landschaftsbildes" (nach § 35 Abs. 3, Satz 1, Ziff. 5 BauGB)[13]; „persönliche Eignung ... von Inhabern waffenrechtlicher Erlaubnisse" (§ 4 Abs. 3 WaffG)[14]; „schädliche Umwelteinwirkungen" (§ 20 Abs. 3 BImSchG); „erhebliche Belästigung" (§ 3 Abs. 1 BImSchG); „besonderes pädagogisches Interesse" (Art. 7 Abs. 5 GG). Auch unbestimmt, aber durch Rechtsprechung und Rechtsanwendung inzwischen hinreichend konturiert: die Generalklausel des Polizei- und Ordnungsrechts, die behördliches Handeln erlaubt zur Abwehr einer „Gefahr für die öffentliche Sicherheit oder Ordnung".

384 Häufig hilft der Gesetzgeber dem Rechtsanwender, indem er selbst Begriffsbestimmungen und Definitionen für die verwendeten Rechtsbegriffe vorgibt.

So enthält z. B. das Arzneimittelgesetz (AMG) in § 2 Erläuterungen zum Arzneimittelbegriff, auch das Lebensmittel-, Bedarfsgegenstände- und Futtermittelgesetzbuch (LFGB) definiert in § 2, was „Lebensmittel", „Futtermittel", „kosmetische Mittel" oder „Bedarfsgegenstände" im Sinne des Gesetzes sind.

Eine andere Technik zur Begriffsklärung besteht darin, dass der Gesetzgeber bestimmte Be- oder Umschreibungen mit einem Oberbegriff in einem Klammerzusatz versieht und auf diese Weise klarstellt, was er unter einem bestimmten Begriff verstanden wissen möchte; diese Klammerzusätze werden **„Legaldefinitionen"** genannt.

Beispiel: In § 36 Abs. 2 VwVfG finden sich Legaldefinitionen für die Begriffe „Befristung", „Bedingung" und „Auflage"; § 48 Abs. 1 S. 2 VwVfG definiert, was ein „begünstigender Verwaltungsakt" ist. Diese vom Gesetzgeber selbst festgelegten Definitionen werden auch außerhalb des Anwendungsbereiches des VwVfG verwendet.

Eine weitere Möglichkeit, dem Rechtsanwender den Umgang mit unbestimmten Rechtsbegriffen zu erleichtern, hat die Verwaltung selbst in der Hand: Durch den Erlass von „normkonkretisierenden Verwaltungsvorschriften" kann sie vorgeben, welche Fallgestaltungen durch einen unbestimmten Rechtsbegriff erfasst werden sollen[15]. Auf diese Weise wird ein gleichheitskonformer Umgang mit der Rechtslage sichergestellt.

So legt z. B. Nr. 14 der Verwaltungsvorschrift zum OBG NRW fest, dass mit „Gefahr" im Sinne des § 14 Abs. 1 OBG NRW die konkrete Gefahr gemeint ist.

Lässt sich der unbestimmte Rechtsbegriff nicht mit den beschriebenen Hilfsmitteln konkretisieren, bleibt der Verwaltung nur die eigenständige Auslegung des Gesetzes

13 Dazu OVG Münster, NWVBl 2002, 67.
14 BVerwG, NVwZ-RR 2010, 146; vgl. auch BVerwG, NVwZ-RR 2010, 225.
15 Vgl. allgemein zu Verwaltungsvorschriften oben RdNr. 217.

mit Hilfe der allgemein anerkannten Auslegungsmittel. Hierbei muss sie ausgehend vom Wortlaut der Norm (als „Grund und Grenze der Auslegung") versuchen, Reichweite und Bedeutung des unbestimmten Rechtsbegriffs zu ermitteln unter Zuhilfenahme von historischen, systematischen und teleologischen Argumenten[16], wobei letzteren, die nach dem Sinn und Zweck (Normzweck) des anzuwendenden Gesetzes fragen, häufig ein besonderes Gewicht zukommt.

Die Rechtsanwendung der Verwaltung und damit auch das Ergebnis der Auslegung werden von den Verwaltungsgerichten im Falle eines Rechtsstreites **vollumfänglich nachgeprüft**. Die Unbestimmtheit der gesetzlichen Begriffe dient nicht dem Zweck, der Verwaltung eigene Entscheidungsspielräume zu gewähren, sondern ist eine Folge davon, dass der Gesetzgeber angesichts der Vielzahl der zu regelnden Lebenssachverhalte – bei der gebotenen Kürze eines Paragraphen – keine präzisere Fassung gefunden hat. Kommt es im Zusammenhang mit einem unbestimmten Rechtsbegriff zu einer verwaltungsgerichtlichen Klage, so ist das Verwaltungsgericht zu einer uneingeschränkten Rechtskontrolle verpflichtet; bei den Rechtsbegriffen nimmt es eine Selbstprüfung (Eigenentscheidung) vor und beschränkt sich nicht auf eine (etwa eingeschränkte) Überprüfung (Fehlerkontrolle) der Verwaltungsentscheidung. Bei unbestimmten Rechtsbegriffen liegt also die Zuständigkeit zur letztverbindlichen Auslegung beim Gericht. Entsprechend kann es nur eine rechtmäßige Auslegung des unbestimmten Rechtsbegriffs geben, und die Gerichte prüfen nach, ob diese Auslegung gefunden und im konkreten Fall zur Anwendung gebracht wurde[17]. „Aus dem Anspruch der Betroffenen aus Art. 19 Abs. 4 GG auf eine wirksame gerichtliche Kontrolle folgt grundsätzlich die Pflicht der Gerichte, die angefochtenen Akte der öffentlichen Gewalt in rechtlicher und tatsächlicher Hinsicht **vollständig** zu überprüfen; eine Bindung der Gerichte an die von der Exekutive getroffenen Feststellungen und Wertungen ist dem Grundgesetz fremd."[18] 385

Beispielsweise sind unbeschränkt gerichtlich überprüfbar die vielfach verwendeten unbestimmten Rechtsbegriffe „Notwendigkeit" und „(Un-) Zuverlässigkeit"; „schädliche Umwelteinwirkungen" oder „Gefahren, erhebliche Nachteile oder erhebliche Belästigungen", § 3 BImSchG; „besondere Sachkunde", § 36 Abs. 1 GewO[19]. Soweit bei derartigen Entscheidungen spezielle Fachkenntnisse erforderlich sind, kann sich das Verwaltungsgericht durch Heranziehung von Sachverständigen kundig machen. Bei der Tatsachenermittlung mit Hilfe von Sachverständigen auftretende „praktische Schwierigkeiten allein sind kein ausreichender Grund, den durch Art 19 Abs. 4 GG gewährleisteten Rechtsschutz einzuschränken"[20].

4.1.2 Lehre vom Beurteilungsspielraum

Prüfen die Verwaltungsgerichte auf der Tatbestandsebene die Rechtsanwendung der Behörden grundsätzlich vollumfänglich nach, so kommen eigene Entscheidungsspielräume der Verwaltung, die einer nur eingeschränkten gerichtlichen Kontrolle unterliegen, ausschließlich dann in Betracht, wenn der Gesetzgeber selbst der Verwaltung eine entsprechende Entscheidungskompetenz zugewiesen hat (normative Ermächtigungslehre[21]) – an diesen gesetzlich vorgegebenen Entscheidungsfreiraum, an diese vom 386

---

16 Zu den Grundlagen der juristischen Methodik vgl. z. B. Vahle, DVP 2012, 2; aus der zahlreich vorhandenen Lehrbuchliteratur vgl. z. B. Schwacke, Juristische Methodik.

17 Hufen, ZJS 2010, 603, 606; www.zjs-online.com.

18 BVerfGE 103, 142, 156; Hervorhebung nicht im Original.

19 Weitere Beispiele: Unzuverlässigkeit eines Gastwirts mit Lokal in Drogenszene (OVG Bremen, NVwZ-RR 2010, 102); luftverkehrsrechtliche Unzuverlässigkeit bei wiederholten Verstößen gegen Straßenverkehrsvorschriften OVG Koblenz (DVBl 2010, 463); waffenrechtliche Zuverlässigkeit bei Mitgliedschaft in verfassungsfeindlicher Gruppierung (BVerwG, NVwZ-RR 2010, 225).

20 So BVerfG, NJW 91, 2005, 2008; ähnlich Herzog, NJW 92, 2601, 2602.

21 Voßkuhle, JuS 2008, 117 mit Darstellung des Streitstandes um die Berechtigung von Beurteilungsspielräumen.

Gesetzgeber vorgenommene Aufgabenteilung zwischen Verwaltung und Justiz sind auch die Gerichte aufgrund des Vorrangs des Gesetzes gebunden. „Gerichtliche Kontrolle endet ... dort, wo das materielle Recht der Exekutive in verfassungsrechtlich unbedenklicher Weise Entscheidungen abverlangt, ohne dafür hinreichend bestimmte Entscheidungsprogramme vorzugeben," führt das Bundesverfassungsgericht[22] aus; normativ, also gesetzlich eröffnete Gestaltungs-, Ermessens- und Beurteilungsspielräume für Behörden seien vor dem Hintergrund des Art. 19 Abs. 4 GG grundsätzlich unbedenklich. Allerdings darf der Gesetzgeber die durch Art 19 Abs. 4 S. 1 GG garantierte Effektivität der Gerichte nicht durch zu zahlreiche oder weitgreifende Beurteilungsspielräume für ganze Sachbereiche oder gar Rechtsgebiete aushebeln[23]. Für die tatbestandliche Ebene werden solche behördlichen Gestaltungs- und Entscheidungsspielräume, die von den Gerichten nur eingeschränkt nachgeprüft werden, als **Beurteilungsspielräume** bezeichnet[24].

387 Da allein der Gesetzgeber darüber entscheiden kann, ob der Exekutive ein Beurteilungsspielraum zukommen soll, muss die gesetzliche Regelung in der Ermächtigungs- oder Rechtsgrundlage der Ausgangspunkt der Untersuchung sein. Auch die Lehre vom Beurteilungsspielraum knüpft zunächst an einen oder mehrere unbestimmte Rechtsbegriffe an. Allerdings stellt der Gesetzgeber nur sehr selten ausdrücklich klar, dass mit diesem Begriff ein Beurteilungsspielraum verbunden sein soll.

Für die Festlegung von regulierungsbedürftigen Märkten formuliert z. B. § 10 Abs. 2 des Telekommunikationsgesetzes (TKG) wie folgt: „Für eine Regulierung nach diesem Teil kommen Märkte in Betracht, die durch beträchtliche und anhaltende strukturell oder rechtlich bedingte Marktzutrittsschranken gekennzeichnet sind, längerfristig nicht zu wirksamem Wettbewerb tendieren und auf denen die Anwendung des allgemeinen Wettbewerbsrechts allein nicht ausreicht, um dem betreffenden Marktversagen entgegenzuwirken. Diese Märkte werden von der Bundesnetzagentur im Rahmen des ihr zustehenden **Beurteilungsspielraums** bestimmt." § 71 Abs. 5 S. 2 des Gesetzes gegen Wettbewerbsbeschränkungen (GWB) formuliert etwas anders, gewährt aber auch einen Beurteilungsspielraum: „Die Würdigung der gesamtwirtschaftlichen Lage und Entwicklung ist hierbei der Nachprüfung des Gerichts entzogen".

Sehr viel häufiger muss der Rechtsanwender aus dem Gesamtkontext der Norm ermitteln, ob der Gesetzgeber der Verwaltung einen Beurteilungsspielraum zugestehen wollte, und zwar durch Auslegung. Insbesondere muss nach dem Sinn und Zweck des Gesetzes der materiell-rechtliche Regelungszusammenhang hinreichend deutlich für eine Ermächtigung sprechen[25]. Dies wird angenommen, wenn Entscheidungen einen starken außerrechtlichen Bezug aufweisen, wenn z. B. ökonomische oder naturwissenschaftlich-technische Wertungen vorzunehmen sind – hier verfügt üblicherweise die zuständige Verwaltung über eine größere Fach- und Sachnähe, die es rechtfertigt, ihr einen gerichtlich nur eingeschränkt überprüfbaren Entscheidungsspielraum zuzubilligen[26]. Auch Entscheidungen, die wegen ihrer besonderen Umstände nur schwerlich vollständig nachvollziehbar sind, und bei denen eine gerichtliche Vollkontrolle ebenfalls nicht sachgerecht erscheint oder aber praktisch unmöglich ist, rechtfertigen die Annahme eines Beurteilungsspielraumes[27]. In Rechtsprechung und Lehre sind inzwischen **vier Fallgruppen** von Beurteilungsspielräumen anerkannt:

---

22 BVerfGE 103, 142, 156 f. unter Hinweis auf BVerfGE 88, 40, 61; ebenso BVerfGE 129, 1, 22.

23 BVerfGE 129, 1, 23.

24 Zur eingeschränkten Überprüfbarkeit von Ermessensentscheidungen auf der Rechtsfolgenseite vgl. später unten RdNr. 415. Allgemein zu Beurteilungsspielraum und Ermessen Hufen, ZJS 2010, 603, www.zjs-online.com; Kment/Vorwalter, JuS 2015, 193.

25 BVerfG, NVwZ 2010, 435.

26 So kommt der Regulierungsbehörde bei der telekommunikationsrechtlichen Entgeltgenehmigung bei der Auswahl der Methode für die Berechnung des Anlagevermögens als Grundlage für die Ermittlung von Zinsen und Abschreibungen ein Beurteilungsspielraum zu, BVerwGE 148, 48.

27 Kment/Vorwalter, JuS 2015, 193, 197.

- Prüfungsentscheidungen sowie prüfungsähnliche Entscheidungen (z. B. Abitur, Staatsexamina[28], Versetzungsentscheidungen) **388**
- Beamtenrechtliche Eignungs- und Leistungsbeurteilungen[29]
- Risiko- und Prognoseentscheidungen, insbesondere im Umwelt- und Wirtschaftsverwaltungsrecht
- Wertende Entscheidungen von unabhängigen und weisungsfreien Gremien oder Ausschüssen, die nach besonderen Kriterien personell zusammengesetzt sind (insbesondere Sachverstand[30] oder zur Vertretung besonderer Interessen)

Diesen Fallgruppen ist gemeinsam, dass die entscheidende Behörde stets einen gewissen Informations- oder Wissensvorsprung vor dem Gericht hat, oder aber dass die Entscheidung von Faktoren getragen ist, die das Gericht nicht vollständig und umfassend nachvollziehen kann[31].

So sind z. B. Prüfungsentscheidungen stark situations- und personengebunden und die Bewertung z. B. bei einer mündlichen Prüfung beruht auf einer einmaligen und unwiederholbaren Prüfungssituation: In die Prüfungsentscheidung mit ein fließt (vielleicht sogar unbewusst) die Zusammensetzung der Prüfungsgruppe sowohl auf Seiten der Studierenden (starke oder schwache Mitprüflinge) wie der Prüfer (gnädig oder ungnädig, Mann/Frau; jung/alt etc.). Es kann einen Unterschied machen, ob ein Prüfling sofort antworten kann, oder ob er für die Antwort Hilfestellungen des Prüfers benötigt. Auch spielt für die Bewertung eine Rolle, wie die jeweilige Leistung im Vergleich zu den Leistungen der Mitprüflinge zu werten ist. Auf diese Weise entsteht aus der unwiederbringlichen Prüfungssituation eine „höchstpersönliche" Entscheidung des Prüfers, die kein Gericht rekonstruieren oder ersetzen kann[32]. Ähnlich gelagert sind **Eignungs- und Leistungsbeurteilungen** bei Beamten und anderen öffentlich Bediensteten (z. B. Einstellungs- und Beförderungsentscheidungen), da sie ebenfalls auf einem Akt wertender Erkenntnis beruhen. Die Einstellungsentscheidung resultiert aus einem häufig zeitintensiven und komplexen Auswahlverfahren oder einem Vorstellungsgespräch mit unterschiedlichen Beteiligten, die Beförderungsentscheidung oder die Entscheidung über die Bewährung in der Probezeit beruht auf Bewertungen aus einem längeren Beobachtungszeitraum[33].

Auch die Diskussion in einem unabhängigen Gremium mit unterschiedlichen Interessenvertretern oder Sachverständigen ist unwiederbringlich, und der dort gefundene Kompromiss, der die Entscheidung prägt, ist vor Gericht letztlich nicht vollständig rekonstruierbar. Beispiele: Aufnahme in die „Baueignungsliste" für Künstler wegen „Kunst-am-Bau"-Aufträgen[34]; Entscheidungen eines Ausschusses des Bundessortenamtes gemäß § 38 Abs. 2 des Saatgutverkehrsgesetzes (SaatG) über den „landeskulturellen Wert" einer Getreidesorte (nach § 34 SaatgutverkehrsG).[35]

Kann ein behördlicher Beurteilungsspielraum festgestellt werden, so findet eine verwaltungsgerichtliche Kontrolle nur mit gewissen Einschränkungen statt. Diese beziehen sich allerdings nicht auf die von der Verwaltung vorgenommene Auslegung eines unbestimmten Rechtsbegriffs – deren Rechtmäßigkeit wird weiterhin vollumfänglich nachgeprüft. Allerdings nimmt sich das Gericht zurück bei der Subsumtionskontrolle: **389**

28 Zu Bewertungsfehlern im Staatsexamen vgl. umfassend Barton, NVwZ 2013, 555; vgl. auch Zimmerling/Brehm, DVBl 2012, 265.

29 BVerwGE 122, 147, 151.

30 Zur Beurteilung von Wein durch eine Weinprüfungskommission BVerwGE 129, 27; Feststellung der didaktischen und pädagogischen Eignung von Schulbüchern für den Unterricht durch die Schulverwaltung BVerwGE 79, 300, 309.

31 Hufen, ZJS 2010, 603, 607, www.zjs-online.com.

32 BVerfGE 84, 34, 51 ff. Fachwissenschaftliche Fragen unterliegen allerdings nicht dem Beurteilungsspielraum und sind von den Verwaltungsgerichten voll überprüfbar. Ist eine Lösung in der Fachwelt „vertretbar", so darf sie nicht als falsch bewertet werden, BVerfGE 84, 59.

33 BVerwG, Beschluss vom 25. November 2015 – 2 B 38/15 –, juris. Keinen Beurteilungsspielraum hat der Dienstherr jedoch hinsichtlich der Frage der gesundheitlichen Eignung eines Bewerbers, BVerwGE 147, 244.

34 OVG Lüneburg, NJW 83, 1218.

35 BVerwGE 62, 330, 331 ff. Zum „naturschutzfachlichen Beurteilungsspielraum" im Zusammenhang mit der Flora-Fauna-Habitat-EG-Richtlinie: BVerwG, DVBl 2001, 375.

Ob ein konkreter Lebenssachverhalt unter die Norm fällt, entscheidet die Verwaltung im Rahmen ihres Beurteilungsspielraumes – und dies wird von den Gerichten nur eingeschränkt nachgeprüft. Für diese Nachprüfung haben Rechtsprechung und Lehre über viele Jahre Kriterien entwickelt[36], die inzwischen auch Eingang in gesetzliche Regelungen gefunden haben – wenn auch bislang noch nicht in die VwGO.
Das Gesetz über ergänzende Vorschriften zu Rechtsbehelfen in Umweltangelegenheiten nach der EG-Richtlinie 2003/35/EG (UmwRG) regelt in § 4 a Abs. 2 exemplarisch folgendes:

§ 4a Maßgaben zur Anwendung der Verwaltungsgerichtsordnung
(2) Soweit der Verwaltungsbehörde bei der Anwendung umweltrechtlicher Vorschriften eine Beurteilungsermächtigung eingeräumt ist, ist eine behördliche Entscheidung im gerichtlichen Verfahren nur daraufhin zu überprüfen, ob
1. der Sachverhalt vollständig und zutreffend erfasst wurde,
2. die Verfahrensregeln und die rechtlichen Bewertungsgrundsätze eingehalten wurden,
3. das anzuwendende Recht verkannt wurde,
4. sachfremde Erwägungen vorliegen.

Diese vier Punkte entsprechen vollständig dem heute weitgehend anerkannten Prüfprogramm bei der Kontrolle von Beurteilungsspielräumen[37].

So ist insbesondere bei Prüfungsentscheidungen ein faires Verfahren von entscheidender Bedeutung; alle Prüflinge müssen die gleichen Bedingungen und Chancen vorfinden. Sachfremde Erwägungen wie z. B. frühere Verfehlungen eines Prüflings oder seine Haarfarbe dürfen in eine Prüfungsentscheidung keinen Eingang finden. Bestehen Zweifel an der Rechtmäßigkeit des Verfahrens, so hat der Prüfling eventuelle Fehler sofort zu rügen, um den Prüfern die Möglichkeit zu geben, Abhilfe zu schaffen. Kommt er seiner Rügeobliegenheit nicht unverzüglich nach, obwohl ihm dies zumutbar ist, so werden diese Prüfungsmängel in einem späteren Gerichtsverfahren nicht mehr berücksichtigt[38].

4.2 Die Rechtsfolge

390 Ist es der Verwaltung gelungen, den zu regelnden Lebenssachverhalt unter die Tatbestandsvoraussetzungen der Rechts- oder Ermächtigungsgrundlage zu subsumieren, so stellt sich als nächstes die Frage nach der im Gesetz festgelegten Rechtsfolge. Dabei lassen sich zwei Konstellationen unterscheiden:
- Die von der Verwaltung anzuordnende Rechtsfolge ist zwingend vorgeschrieben (**gebundene Entscheidung**).
- Das Gesetz räumt der Verwaltung **Ermessen** ein. In diesem Fall sind verschiedene Handlungsoptionen möglich, deren rechtmäßige Auswahl der Gesetzgeber der Behörde überlässt.

4.2.1 Die gebundene Entscheidung

391 Ob das Gesetz eine **gebundene Entscheidung** vorsieht, lässt sich in der Regel am Wortlaut der Norm leicht erkennen: Wenn das Behördenverhalten mit den Begriffen „muss", „hat… zu", „ist verpflichtet" etc. beschrieben wird, dann hat die Behörde keine Entscheidungsfreiheit über die Rechtsfolge; gemäß dem Vorrang des Gesetzes ist sie zur Umsetzung des Rechtsbefehls verpflichtet. Dabei kann der Gesetzgeber die Behörde positiv zu einem Tun verpflichten, oder aber negativ ein bestimmtes Verhalten untersagen.

So „ist" eine Gaststättenerlaubnis zurückzunehmen, wenn bekannt wird, dass bei ihrer Erteilung Versagungsgründe nach § 4 Abs. 1 Nr. 1 GastG vorlagen, § 15 Abs. 1 GastG. Ebenso die Syste-

36 Vgl. z. B. Voßkuhle, JuS 2008, 117, 119.
37 Detterbeck, Allgemeines Verwaltungsrecht, § 8 RdNr. 363 ff.
38 BVerwG, NVwZ 2000, 921.

matik in § 4 Abs. 1 GastG: Liegt einer der dort aufgezählten Versagungsgründe vor, so „ist" die Erlaubnis zu versagen. § 85 S. 1 AO bestimmt: „Die Finanzbehörden haben die Steuern ... festzusetzen und zu erheben ...". Eine Ernennung zum Beamten „muss" zurückgenommen werden, wenn sie durch Zwang, arglistige Täuschung oder Bestechung herbeigeführt wurde, § 12 Abs. 1 Nr. 1 BeamtStG.

Eine gebundene Entscheidung liegt auch vor, wenn ein Behördenhandeln schlicht im Indikativ beschrieben wird:

„Die Gemeindeprüfungsanstalt teilt das Prüfungsergebnis in Form eines Prüfberichts ... mit. Der Bürgermeister legt den Prüfungsbericht dem Rechnungsprüfungsausschuss zur Beratung vor," § 105 Abs. 4, 5 GO NRW. Oder: „Alle Behörden des Bundes und der Länder leisten sich gegenseitig Rechts- und Amtshilfe," Art. 35 GG.

4.2.2 Das Ermessen

4.2.2.1 Verschiedene Ermessensvorschriften. Räumt der Gesetzgeber der Verwaltung **Ermessen** ein, dann überlässt er der Behörde die recht- und zweckmäßige Auswahl der Rechtsfolge. Dies ist in vielen Fällen schlicht unabdingbar, da es unmöglich ist, Regelungen für sämtliche nur erdenklichen Einzelfälle zu schaffen. Hat die entscheidungsbefugte Behörde Ermessen, so kann sie flexibel reagieren und ihr Handeln den Erfordernissen der konkreten Fallgestaltung anpassen; sie kann der „Vielgestaltigkeit und Dynamik der Lebenssachverhalte gerecht" werden[39]. Mit dem Instrument des Ermessens kann eine hohe Einzelfallgerechtigkeit erreicht werden – diese wird allerdings „erkauft" mit einem gewissen Verzicht auf Rechtssicherheit: Wenn der Behörde Ermessen zukommt, kann der Bürger nur schwer voraussehen, wie die Behörde in seinem konkreten Fall entscheiden wird. Mit der Einräumung von Ermessen trägt der Gesetzgeber nicht zuletzt dem Gewaltenteilungsgrundsatz Rechnung: Die Verwaltung ist nicht nur „vollziehende Gewalt", sondern verfügt auch über eigene Entscheidungskompetenzen – im Rahmen von Recht und Gesetz, Art. 20 Abs. 3 GG. **392**

Die Ermessenseinräumung erfolgt in den Gesetzen in unterschiedlicher Form; so kann sie z. B. durch ausdrücklichen Gebrauch des Wortes „Ermessen"erfolgen. **393**

So darf nach § 36 Abs. 2 VwVfG ein VA „nach pflichtgemäßem Ermessen" erlassen werden mit Nebenbestimmungen. § 17 Abs. 2 SGB XII ordnet an: „Über Art und Maß der Leistungserbringung ist nach pflichtmäßigem Ermessen zu entscheiden..."

Häufiger gebraucht der Gesetzgeber allerdings Formulierungen wie: „kann", „ist befugt", „darf", „hat die Wahl", „ist berechtigt"; diese fungieren als Schlüsselwörter für behördliches Ermessen. Ermessen ist aber auch dann anzunehmen, wenn die Behörde zum Handeln befugt ist, ohne dass der Wortlaut des Gesetzes ein „kann" oder „darf" oder ähnliches enthält und ohne dass das Gesetz dafür nähere Voraussetzungen aufstellt.

So bei der Sondernutzungserlaubnis gemäß § 8 FStrG (Die Sondernutzung „... bedarf der Erlaubnis der Straßenbaubehörde...") oder hinsichtlich der Aufstellung von Verkehrszeichen etc. gemäß § 45 Abs. 3 StVO („Im Übrigen bestimmen die Straßenverkehrsbehörden, wo und welche ..."), sowie bei Vergabe einer ohne spezialgesetzliche Grundlage zulässigen Leistung (gesetzesfreie Verwaltung). Allerdings kann in seltenen Fällen auch umgekehrt eine gebundene Entscheidung vorliegen, obwohl die Norm das Wort „kann" benutzt: So z. B. dann, wenn diese Formulierung nur als Hinweis auf die Befugnis der Behörde zu verstehen ist („Ermächtigungs-Kann") und andere Gründe (z. B. eine grundrechtskonforme Auslegung) ein Ermessen ausschließen[40].

Auch Normen, in denen der Gesetzgeber die Formulierung „Soll" oder „in der Regel" verwendet, werden den Ermessensvorschriften zugerechnet, obwohl sie sich zwischen den „Kann"- und den „Muss"-Vorschriften bewegen. „**Soll- Vorschriften**" verpflichten die Behörde grundsätzlich zum Tätigwerden, wenn die tatbestandlichen Voraussetzungen vorlie- **394**

39 Wilhelm, DVP 2011, 310.
40 So das BVerwG zu § 35 Abs. 2 BauGB, BVerwGE 18, 247, 250 ff.

gen[41], allerdings lassen sie für atypische Fallgestaltungen ein Abweichen zu: Liegt ein solcher Sonderfall vor, dann hat die Behörde hinsichtlich der Rechtsfolge Ermessen. „Soll-Vorschriften" gewähren also der Behörde einen – wenn auch nur engen – Ermessensspielraum. Für die Behörden gilt hier umgangssprachlich das Motto: „Soll = muss, wenn kann"[42].

Beispiele für Soll-Vorschriften; § 89 Abs. 2 SGB IX, § 9 Abs. 1 StAG, § 5 Abs. 1 ParteiG; Beispiele für Vorschriften mit der gesetzlichen Vorgabe „in der Regel": § 48 Abs. 2 S. 2 und S. 4 VwVfG.

395 Auf die Rechtsprechung des BVerwG lässt sich eine weitere Kategorie von Ermessensentscheidungen zurückführen: Das Gericht interpretiert eine „normale" „Kann"- oder „Darf"-Bestimmung als „gelenktes" oder **„intendiertes Ermessen"**, wenn sich dem Gesetz oder dem gesetzlichen Kontext entnehmen lässt, wie das Ergebnis der Ermessensausübung „im Normalfall" ausfallen muss. Es wird also angenommen, dass das Gesetz bei der Ermessensausübung einen gewissen „Regelfall" vorschreibt – auch wenn dies sprachlich nicht erkennbar ist. Nur bei atypischen Fallgestaltungen darf – ähnlich wie bei den „Soll-Vorschriften" – eine andere (Ermessens-) Entscheidung getroffen werden; diese ist dann umfänglich zu begründen.

Das Bundesverwaltungsgericht beschreibt das intendierte Ermessen wie folgt: „Ist eine ermessenseinräumende Vorschrift dahin auszulegen, dass sie für den Regelfall von einer Ermessensausübung in einem bestimmten Sinne ausgeht, so müssen besondere Gründe vorliegen, um eine gegenteilige Entscheidung zu rechtfertigen. Liegt ein vom Regelfall abweichender Sachverhalt nicht vor, versteht sich das Ergebnis der Abwägung von selbst. Versteht sich aber das Ergebnis von selbst, so bedarf es insoweit nach § 39 Abs. 1 Satz 3 VwVfG auch keiner das Selbstverständliche darstellenden Begründung..."[43]
Intendiertes Ermessen sieht das BVerwG z. B. in § 49 Abs. 3 S. 1 Ziff. 2 VwVfG: Wird der mit einer Subvention verfolgte Zweck verfehlt, so stehe der Widerruf der Bewilligung zwar nach dem Wortlaut des Gesetzes im Ermessen – allerdings folge aus den haushaltsrechtlichen Grundsätzen der Wirtschaftlichkeit und Sparsamkeit zwingend, dass im Regelfall nur der Widerruf der Bewilligung rechtmäßig sein könne – nur dies entspräche der Intention des Gesetzgebers. Daher sei regelmäßig nur die Entscheidung für den Widerruf ermessensfehlerfrei[44]. Intendiertes Ermessen wird auch gesehen in § 31 GastG iVm § 15 Abs. 2 S. 1 GewO oder § 43 Abs. 2 BGB[45].

Räumt eine Rechtsnorm intendiertes Ermessen ein, so ergeben sich nach der Rechtsprechung des BVerwG daraus folgende **Konsequenzen**:
- Da sich das Ergebnis der Ermessensausübung „von selbst versteht", muss die Behörde keine aufwendigen Ermessenserwägungen und -abwägungen vornehmen – sie folgt ja der Intention des Gesetzgebers. Lediglich bei atypischen Fallgestaltungen müssen Ermessensüberlegungen angestellt werden, die die Abweichung vom Regelfall rechtfertigen.
- Außerdem entfällt die Begründungspflicht für Ermessensentscheidungen nach § 39 Abs. 1 S. 3 VwVfG – da es ja „selbstverständlich" ist, wenn die Behörde die Intention des Gesetzgebers umsetzt und „Selbstverständliches" eben nicht begründet werden muss, sondern aus sich selbst heraus verständlich ist.

396 Die Figur des „gelenkten" oder „intendierten" Ermessens ist in der Literatur weitgehend auf **Kritik**[46] gestoßen; die Rechtsprechung hält gleichwohl an ihr fest. Problematisch ist die Konstruktion des Bundesverwaltungsgerichts insbesondere deshalb, weil

---

41 BVerfGE 119, 331, 351 f.: „Die Formulierung „sollen" bedeutet in der Gesetzessprache eine den Adressaten treffende Verbindlichkeit, die Ausnahmen nur für atypische Fälle zulässt...".
42 Wilhelm, DVP 2011, 310.
43 BVerwGE 105, 55, 57 f. unter Verweis auf BVerwGE 72, 1 und BVerwGE 91, 82.
44 BVerwGE 105, 55, 57.
45 Wilhelm, DVP 2011, 310, 311; weitere Beispiele bei Sachs in Stelkens/Bonk/Sachs, VwVfG, § 40 RdNr. 29.
46 Vgl. Borowski, DVBl 2010, 149 m. w. N.; s. auch Detterbeck, Allgemeines Verwaltungsrecht, § 8 RdNr. 323, Fn. 13.

erstens der Anwendungsbereich des „intendierten Ermessens" unscharf ist – ob eine Rechtnorm „normales" oder „intendiertes" Ermessen enthält, lässt sich am Wortlaut der Norm nicht erkennen. Zweitens wird die Grenze zwischen regulären Ermessenvorschriften einerseits und den oben beschriebenen „Soll-Vorschriften" verwischt. Außerdem bietet das „intendierte Ermessen" der Verwaltung einen bequemen Ausweg aus umfänglichen Ermessenserwägungen und unbequemen Ermessensbegründungen – sollen diese jedoch verzichtbar sein, so ist es Aufgabe des Gesetzgebers, dies klarzustellen.

Vorsicht ist auch in Klausuren geboten: Die Rechtsnormen mit intendiertem Ermessen unterscheiden sich sprachlich nicht von „normalen" Ermessensnormen – und eine umfängliche Auslegung der Norm hinsichtlich der „Intention" des Gesetzgebers bei der Rechtsfolge dürfte unter Klausurbedingungen nur schwer zu leisten sein.

4.2.2.2 Ermessensarten. Liegt eine Ermessensvorschrift vor, so kann sie der Verwaltung verschiedene Entscheidungsmöglichkeiten einräumen. Die erste Entscheidungsoption geht dahin, dass die Verwaltung entscheiden kann, **ob bzw. wann** sie überhaupt einschreitet, oder ob sie auf ein Eingreifen verzichtet – diese Art des Ermessens wird als **Entschließungsermessen** bezeichnet. Die zweite Option lässt der Verwaltung die Wahl zwischen **verschiedenen Handlungsalternativen**; entsprechend wird diese Art von Ermessen als **Auswahlermessen** bezeichnet. Die beiden Ermessensarten können getrennt, aber auch gekoppelt auftreten. **397**

Nur **Entschließungsermessen** gewähren z. B. § 23 Abs. 2 oder 3 BeamtStG: Danach können Beamtinnen und Beamte unter bestimmten Umständen entlassen werden. Die Behörde hat also die Wahl, entweder zu entlassen oder aber auf die Entlassung zu verzichten; weitere Handlungsoptionen bestehen nicht.
Nur **Auswahlermessen** gewährt z. B. § 8 Abs. 2 VersG: Nach dieser Norm hat der Versammlungsleiter für Ordnung zu sorgen. Dazu ist er verpflichtet, insoweit besteht kein Ermessen. Allerdings kann er selbst entscheiden, wie bzw. mit welchen Maßnahmen er für Ordnung sorgen will – insoweit ist ein (Auswahl-) Ermessen gegeben.
Häufig enthalten Normen beide Arten von Ermessen in **Kombination**, so z. B. die meisten Gefahrenabwehrklauseln. Gemäß § 14 OBG NRW können die Ordnungsbehörden die notwendigen Maßnahmen treffen, um eine im Einzelnen bestehende Gefahr für die öffentliche Sicherheit oder Ordnung abzuwehren: Damit können die Behörden entscheiden, ob sie überhaupt einschreiten, und wenn ja, welche Maßnahme sie veranlassen möchten.

Das Auswahlermessen bezieht sich in der Regel auf die anzuordnende Handlung; im Gefahrenabwehrrecht kommt zumeist noch ein Auswahlermessen hinsichtlich der in Anspruch zu nehmenden Person bzw. des Adressaten hinzu. Diese Art von personellem Auswahlermessen wird auch als **„Störerauswahl"** bezeichnet.

So kann die Ordnungsbehörde eine Maßnahme auf der Grundlage des § 14 OBG NRW entweder gegen den Verursacher der Gefahr richten, § 17 OBG NRW, oder aber gegen den Eigentümer einer Sache oder eines Tieres, von dem die Störung ausgeht, § 18 OBG NRW. In besonderen Situationen kann sie auch einen sogenannten „Nichtstörer" in Anspruch nehmen, § 19 OBG NRW.

Aufgrund der besonderen Umstände eines Einzelfalles ist es möglich, dass bei einer konkreten Entscheidung alle Ermessensentscheidungen bis auf eine einzige ermessensfehlerhaft wären. Da dann im Ergebnis ein Ermessensspielraum nicht mehr besteht, spricht man von einer **Ermessensreduzierung auf Null** oder Ermessensschrumpfung – nur eine einzige Handlungsoption ist rechtmäßig, alle anderen wären fehlerhaft. **398**

Solche Fallgestaltungen treten besonders häufig im Recht der Gefahrenabwehr auf: Sind hochrangige Rechtsgüter wie das Leben oder die körperliche Unversehrtheit in Gefahr, so ist die Behörde zum Einschreiten verpflichtet; sie hat kein Entschließungsermessen mehr: Sieht z. B. eine Polizeistreife in der Düsseldorfer Altstadt, wie zwei betrunkene junge Männer eine Frau sprachlich und handgreiflich belästigen und beleidigen, so sind sie zum Einschreiten gezwungen; Vorbeilaufen, Abwarten oder Wegsehen wären ermessensfehlerhaft. Wie genau allerdings die Ordnungshüter die Gefahrensituation beenden, bleibt ihrem Auswahlermessen überlassen: Vielleicht

reicht eine Ansprache und/oder die Feststellung der Personalien, vielleicht muss ein Platzverweis ausgesprochen werden.
Ähnlich die Situation, wenn Nachbarn die Polizei rufen, weil schon seit Stunden ein Kind in der Nachbarwohnung schreit und die Eltern nicht erreichbar sind: Auch hier ist das Entschließungsermessen auf Null reduziert, und falls kein Nachbar einen Schlüssel hat, dürfte wohl auch das Auswahlermessen reduziert sein: Die Tür darf und muss dann mit Gewalt geöffnet werden[47].
Weiteres Beispiel aus einem anderen Kontext: Das Aufstellen von Plakatständern bedarf einer straßenrechtlichen Sondernutzungserlaubnis, die grundsätzlich im Ermessen der Behörde steht. Unter Berücksichtigung von Art 21 Abs. 1 S. 1 GG und § 1 Abs. 1 und 2 ParteiG reduziert sich der Ermessensspielraum jedoch, wenn es sich um Erlaubnisanträge von politischen Parteien handelt, in angemessenem Maße. In Wahlkampfzeiten findet (soweit von den Plakatständern keine Behinderungen oder Gefährdungen ausgehen) sogar eine Ermessensreduzierung auf Null statt, so dass die Erlaubnis zu erteilen ist[48].

In der Verwaltungspraxis (und auch in Klausuren) ist die Ermessensreduzierung auf Null eher ein **Ausnahmefall**. Keinesfalls sollte man voreilig eine solche annehmen, um sich der Überprüfung der korrekten Ermessensausübung zu entziehen – denn die Auseinandersetzung mit dem Verhältnismäßigkeitsgrundsatz stellt oft einen Klausurschwerpunkt dar.

399 Von dem auf die Sachentscheidung bezogenen Ermessen ist das **Verfahrensermessen** zu unterscheiden.

So entscheidet die Behörde z. B. gemäß § 22 S. 1 VwVfG „nach pflichtgemäßem Ermessen“, ob sie ein Verwaltungsverfahren durchführt; gemäß § 28 Abs. 2 VwVfG „kann“ sie in bestimmten Fällen von einer Anhörung absehen.

Der Gesetzgeber kann der Verwaltung in verschiedenen weiteren Zusammenhängen Ermessen einräumen; da es hier allerdings um die Rechtmäßigkeit eines Verwaltungsaktes geht, bleiben die weiteren Ermessensspielarten (wie z. B. das normative oder das planerische Ermessen) hier außer Betracht[49].

400 **4.2.2.3 Die Ermessensausübung.** Auch wenn die Einräumung von Ermessen der Verwaltung Entscheidungs- und Gestaltungsspielräume eröffnet, so ist sie doch in der Ausübung ihres Ermessens nicht vollständig frei. Die Schlüsselnorm für die Ermessensbetätigung ist § 40 VwVfG[50]: Danach hat die Behörde bei der Ermessensausübung „entsprechend dem Zweck der Ermächtigung“ zu handeln und die „gesetzlichen Grenzen des Ermessens einzuhalten“. Ein „freies“ oder „beliebiges“ Ermessen existiert somit nicht, sondern das Gesetz kennt nur das **„pflichtgemäße Ermessen“**.
Für eine korrekte Ermessensentscheidung ist zunächst wichtig, dass alle entscheidungserheblichen **Tatsachen** auf dem Tisch liegen – hier ist die Behörde in der Verpflichtung, den Sachverhalt von Amts wegen und unter Einbeziehung aller notwendigen Beweismittel umfassend aufzuklären, §§ 24 ff. VwVfG. Dann muss die Behörde den **Zweck** der Ermächtigungs- oder Rechtsgrundlage genau im Auge behalten – sie darf ja nur „entsprechend dem Zweck der Ermächtigung“ handeln. Verfolgt sie mit ihrer Maßnahme andere, möglicherweise durchaus ehrenwerte Ziele, die aber nicht vom Zweck des Gesetzes erfasst sind, so ist ihr Handeln rechtswidrig; es liegt ein Ermessensfehlgebrauch vor[51].

Beispiel: Das Straßen- und Wegegesetz (StrWG) NRW verfolgt in der Hauptsache den Zweck, die Sicherheit und Leichtigkeit des Verkehrs zu gewährleisten. Geht es um die Erteilung einer Sondernutzungserlaubnis, so dürfen keine Nebenbestimmungen beigefügt werden, die anderen

47 Zur Problematik des Sofortvollzugs vgl. unten RdNr. 1136 ff.
48 BVerwGE 47, 280, 283.
49 Vgl. hierzu z. B. Kopp/Schenke, VwVfG, § 40 RdNr. 4 ff.
50 Nahezu wortgleich für das Sozialverwaltungsrecht § 39 Abs. 1 S. 1 SGB I.
51 Dazu sogleich unten RdNr. 404.

als verkehrlichen Zwecken dienen, z. B. Belangen des Umweltschutzes oder der Gefahrenabwehr[52].

Gemäß § 53 SchulG NRW können gegen einen Schüler, der seinen Pflichten nicht nachkommt, Erziehungs- und Ordnungsmaßnahmen verhängt werden. In Abs. 1 S. 1 benennt die Norm den Zweck dieser Maßnahmen: Sie „dienen der geordneten Unterrichts- und Erziehungsarbeit der Schule sowie dem Schutz von Personen und Sachen." Die klassische „Strafarbeit" ist damit rechtswidrig, denn Zweck des Gesetzes ist es nicht, den Schüler zu bestrafen. Hat der Schüler allerdings Unterrichtsstoff versäumt, weil er ständig den Klassenclown spielt, so kann er zur Nacharbeit des Unterrichtsstoffs angehalten werden; im Rahmen der Erziehungsarbeit kann ihm auch aufgegeben werden, über sein Verhalten in schriftlicher Form zu reflektieren.

Zu einer rechtmäßigen Ermessensausübung gehört weiter, dass die Behörde das Für und Wider ihrer Entscheidung sorgfältig abwägt. Diese **Abwägung** muss auf den konkreten Fall bezogen sein, sie darf nicht nur abstrakt-pauschal ausfallen oder sich in Leerfloskeln erschöpfen. Am Ende muss die Behörde eine Entscheidung treffen, die alle Interessen, insbesondere die des oder der Betroffenen und die vom Gesetz geschützten Interessen der Allgemeinheit, je nach ihrem Gewicht berücksichtigt und ihnen soweit wie möglich Rechnung trägt[53]. Dabei ist sie an den allgemeinen Rechtsgrundsatz der **Verhältnismäßigkeit** gebunden, der seine Wurzeln im Rechtsstaatsprinzip des Art. 20 Abs. 3 GG hat, und der letztlich besagt, dass die Freiheit des Einzelnen nur soweit beschnitten werden darf, wie es für die Wahrung der Interessen der Allgemeinheit unbedingt notwendig ist[54]. Auch die Bedeutung und das Gewicht der betroffenen **Grundrechte** müssen berücksichtigt werden. Nicht zuletzt muss die Behörde ihre Erwägungen dem Adressaten gegenüber offen legen und begründen, § 39 Abs. 1 S. 3 VwVfG: Je intensiver und ausführlicher die Behörde ihren Abwägungsprozess transparent macht und dem Betroffenen erläutert, dass sie seine Interessen gesehen und berücksichtigt hat, umso eher kann der VA seine Befriedungsfunktion entfalten und ein Verwaltungsrechtsstreit vermieden werden.

In der Praxis wird den Behörden die Ermessensausübung häufig durch **„ermessenslenkende" Verwaltungsvorschriften** erleichtert. Durch solche Erlasse, Durchführungsbestimmungen, Dienstanweisungen etc., die für die Mitarbeiter verbindlich sind, können Behörden die Ermessensausübung intern steuern und eine gleichheitskonforme Entscheidungspraxis sicherstellen. Außenwirkung für die Betroffenen haben solche Verwaltungsvorschriften nicht; allerdings entsteht bei längerer gleichbleibender Behördenpraxis eine „Selbstbindung" der Verwaltung, die dann über den Gleichheitsgrundsatz des Art. 3 Abs. 1 GG auch Außenwirkung entfalten kann[55]. Wichtig: Ein Verstoß gegen eine derartige Verwaltungsvorschrift macht eine Ermessensausübung nicht automatisch rechtswidrig, die bloße Beachtung macht sie nicht automatisch rechtmäßig[56]. **401**

4.2.2.3 Ermessensfehler. Gemäß § 40 VwVfG ist die Behörde bei der Ausübung ihres Ermessens verpflichtet, dieses entsprechend dem Zweck der Ermächtigung auszuüben und die gesetzlichen Grenzen des Ermessens einzuhalten. Tut sie dies nicht, so ist die Ermessensentscheidung fehlerhaft und der gesamte VA materiell rechtswidrig. Rechtsprechung und Lehre haben für Verstöße gegen die Anforderungen des § 40 die sog. **Ermessensfehlerlehre** entwickelt, die im Folgenden näher dargestellt wird. Als Ermes- **402**

---

52 Vgl. OVG Münster, NWVBl 2007, 64: Eine Nebenbestimmung zu einer Sondernutzungserlaubnis, mit der verboten wird, Bilder und Plakate von Totgeburten öffentlich zu zeigen, ist rechtswidrig, da diese Nebenbestimmung keinen sachlichen Bezug zu Fragen der Straßennutzung und des Verkehrs hat. Zur anders gelagerten Rechtslage in Berlin vgl. OVG Berlin-Brandenburg, NVwZ-RR 2012, 217: Aspekte des Umweltschutzes sind vom Zweck des Berliner Straßengesetzes abgedeckt.

53 BVerwGE 91, 135, 140.

54 Zum Grundsatz der Verhältnismäßigkeit ausführlich unten RdNr. 409 ff.

55 BVerwGE 148, 48, 74 unter Verweis auf die ständige Rspr. des BVerwG und des BVerfG.

56 BVerwGE 143, 50, 58 f.

sensfehler sind insbesondere zu nennen der **Ermessensausfall**, der **Ermessensfehlgebrauch** und die **Ermessensüberschreitung**[57]. Ist in Prüfungsarbeiten eine Ermessenskontrolle vorzunehmen, so empfiehlt es sich, zunächst § 40 VwVfG als Ausgangsnorm zu benennen und sodann mögliche Ermessensfehler abzuprüfen.

403 Der Fehler des „**Ermessensausfalls**" (auch Ermessensnichtgebrauch, Ermessensunterschreitung oder Ermessensmangel genannt) liegt vor, wenn ein gesetzlich eingeräumtes Ermessen gar nicht „ausgeübt" wurde, z. B. weil die Behörde bei ihrer Entscheidung gar nicht erkannt hat, dass ihr Ermessen zukam, etwa, weil sie fälschlicherweise davon ausging, dass sie durch das Gesetz in ihrer Entscheidung gebunden war[58]. Stellt die Behörde keine Ermessenserwägungen an, obwohl die anzuwendende Norm Ermessen als Rechtsfolge vorsieht, so ist die Entscheidung wegen des Verstoßes gegen § 40 VwVfG rechtswidrig – selbst wenn die Behörde bei korrekter Ermessensausübung zum selben Ergebnis gekommen wäre.
In der Praxis und auch in Klausurfällen liegt ein Ermessensausfall nahe, wenn die Behörde formuliert, eine Erlaubnis „musste" widerrufen werden oder sie sei zu einem bestimmten (gefahrenabwehrrechtlichen) Verhalten „verpflichtet" – obwohl tatsächlich Ermessen vorlag. Der Verdacht eines Ermessensausfalls besteht auch, wenn die Ausübung des Ermessens in Verwaltungsvorschriften geregelt ist und die Behörde sich bei der praktischen Normanwendung pauschal auf diese Vorschriften beruft, ohne den konkreten Einzelfall zu berücksichtigen.

Hier besteht folgende Problematik: Einerseits ist die Behörde verwaltungsintern an die Verwaltungsvorschrift gebunden; andererseits darf dadurch das gesetzlich eingeräumte Ermessen nicht ausgeschlossen werden. In einem solchem Fall ist die Ermessensausübung aufgeteilt: Die grundsätzlichen Ermessenserwägungen nimmt die (vorgesetzte) Behörde bei Erlass der Verwaltungsvorschriften vor. Die zusätzlich den Einzelfall betreffenden Erwägungen muss die Behörde anstellen, die den VA erlässt[59] und sie soll diese (gemäß § 39 Abs. 1 S. 3 VwVfG) in der Begründung des VA benennen.

404 Ein „**Ermessensfehlgebrauch**" (auch: Ermessensmissbrauch) liegt vor, wenn die Behörde bei der Entscheidung nicht „entsprechend dem Zweck der Ermächtigung" (§§ 40 VwVfG, 39 SGB I) handelt, insbesondere, wenn sie sich von sachfremden oder unsachgemäßen Erwägungen leiten lässt. Das Vorliegen eines Ermessensfehlgebrauchs ergibt sich zumeist aus der Begründung des VA, denn der Erkennbarkeit eines etwaigen Ermessensfehlgebrauchs dient die in § 39 Abs. 1 S. 3 VwVfG (durch das Wort „soll") und § 35 Abs. 1 S. 3 SGB X (durch das Wort „muss") ausdrücklich normierte Pflicht zur Begründung der Ermessensentscheidung, die auch die Gesichtspunkte erkennen lassen soll/muss, „von denen die Behörde bei der Ausübung ihres Ermessens ausgegangen ist".

Ausnahmsweise besteht nach der Rechtsprechung des Bundesverwaltungsgerichts nur eine reduzierte Begründungspflicht in Fällen des „intendierten Ermessens"; vgl. dazu oben RdNr. 395

Die in §§ 40 VwVfG, 39 SGB I zugrunde gelegte„Ermächtigung", aus der sich der bei der Ermessensausübung zu berücksichtigende **Zweck** ergibt, ist in erster Linie die konkrete Ermessensnorm selbst. Aber auch der Gesamtkontext, in dem die Norm steht, ist zu berücksichtigen. Der Zweck der Norm wird manchmal vom Gesetzgeber ausdrücklich benannt; ansonsten ist er durch Auslegung zu ermitteln.

---

57 Die Terminologie bei den Ermessensfehlern ist nicht immer einheitlich, vgl. dazu Hufen, ZJS 2010, 603 f., www.zjs-online.com.

58 BVerwG, Beschluss vom 26. Februar 2015 – 1 WB 32/14 –, juris, für den Fall, dass die Behörde die Möglichkeit einer Ausnahmeregelung nicht erkannt hat.

59 Vgl. BVerwG, Urteil vom 27. Mai 2010 – 5 C 8/09 –, juris, zu den Voraussetzungen einer Einbürgerung nach § 8 StAG: Trotz Vorliegens einer ermessensleitenden Verwaltungsvorschrift ist die Behörde verpflichtet, die „Umstände des Einzelfalls" zu berücksichtigen.

Vgl. z.B. § 1 Abs. 1 BImSchG; dort wird der Zweck des Gesetzes ausdrücklich benannt. Siehe auch oben die Beispiele unter RdNr. 400: Der Zweck von schulischen Erziehungs- und Ordnungsmaßnahmen ist in § 53 Abs. 1 SchulG NRW gesetzlich festgelegt; der Zweck einer Sondernutzungserlaubnis nach dem StrWG NRW ergibt sich aus dem Gesamtkontext des Gesetzes – und nur diese Zwecke dürfen mit der im VA getroffenen Regelung verfolgt werden. Umstritten ist, ob eine Gemeinde eine Straße gemäß § 4 Abs. 2 S. 3 StrWG NRW umbenennen darf, weil sie sich vom bisherigen Namensgeber der Straße (häufig Personen mit nationalsozialistischer Vergangenheit) distanzieren möchte: Zweck des StrWG NRW ist in erster Linie die Wahrung der Sicherheit und Leichtigkeit des allgemeinen Verkehrs, und die Vergabe von Straßennamen soll die Orientierung erleichtern – wird ein Name geändert, so wird die Orientierung zunächst einmal erschwert. Allerdings akzeptiert die Rechtsprechung, dass wegen des verfassungsrechtlich in Art. 28 Abs. 2 GG geschützten kommunalen Selbstverwaltungsrechts die Gemeinden auch eigene Zwecke „mitverfolgen“ dürfen, z.B. die Pflege örtlicher Traditionen oder die Ehrung verdienter Bürger. Und da öffentliche Straßen mit einem bestimmten Namen auch „Erinnerungsorte“ für die örtliche Gemeinschaft sein können, dürfen Gemeinden auch zur eigenen Identitätspflege Straßenumbenennungen vornehmen[60].

Ermessensfehlgebrauch liegt insbesondere vor, wenn die Entscheidung auf **sachfremden Erwägungen** beruht, also nicht ausschließlich dem Zweck des Gesetzes verpflichtet ist. Hierzu gehören etwa Entscheidungen auf Grund von Freundschaft/Feindschaft oder etwa die – positive oder negative – Berücksichtigung der (für das Ermessen irrelevanten) Tatsache, dass der Antragsteller grüngefärbte Haare trägt. **405**

Es kann sich aber – differenzierend – auch aus dem Gesetzeszusammenhang ergeben, welche Erwägungen nach dem Ermessenszweck noch bzw. nicht mehr sachgemäß sind.

Beispiele: Nach § 36 BBG können sogenannte politische Beamte jederzeit in den einstweiligen Ruhestand versetzt werden. In einem Fall vor dem Bundesverwaltungsgericht[61] war ein 62 Jahre alter Generalkonsul mit der Begründung in den einstweiligen Ruhestand versetzt worden, es müsse der Überalterung im Auswärtigen Dienst entgegengewirkt werden. Das BVerwG hat den Zweck des § 36 BBG darin gesehen, die Amtsführung des „politischen Beamten“ in fortdauernder Übereinstimmung mit der Regierungspolitik zu halten. Deshalb seien nur solche Erwägungen sachgemäß, aus denen sich Bedenken gegen die Fähigkeit oder Bereitschaft des betroffenen Beamten ergeben, die Übereinstimmung seiner Amtsführung mit der Regierungspolitik zu gewährleisten. Allein das Alter sei kein (hier passender) sachlicher Grund. Die Versetzungsverfügung wurde deshalb wegen Ermessensfehlers aufgehoben.

Auch das Gebot des verantwortungsvollen Umgangs mit Haushaltsmitteln darf nicht dazu führen, dass ein Bewerber um ein öffentliches Amt mit der Begründung abgelehnt wird, er habe (zu) viele oder (zu) kranke Angehörige und würde deshalb den Staatshaushalt wegen zu erbringender Beihilfeleistungen zu stark belasten, denn Zweck des Art. 33 Abs. 2 GG ist ein Zugang zum Amt bzw. eine Bestenauswahl nach Eignung und Leistung sowie der Grundsatz der Chancengleichheit[62] – nicht aber die Schonung von Haushaltsmitteln.

Bei Gefahrenabwehrmaßnahmen, also vor allem im Polizei- und Ordnungsrecht, sind ebenfalls rein fiskalische Erwägungen unzulässig; vielmehr müssen Motive der Gefahrenabwehr zugrunde liegen.

Universitäten dürfen von einer gesetzlichen Ermächtigung zur Entziehung eines Doktorgrades wegen nachträglicher Unwürdigkeit nur bei wissenschaftsbezogenen Verfehlungen eines Promovierten Gebrauch machen, nicht jedoch wegen einer (nicht offen gelegten) Vorstrafe wegen sexueller Nötigung. Denn Universitäten sind generell nicht zur Abgabe und Durchsetzung von Werturteilen berufen, die außerhalb der Wissenschaft angesiedelt sind[63].

Ein Ermessensfehlgebrauch liegt auch vor bei Missachtung gewisser allgemeiner Entscheidungsanforderungen, etwa wenn **406**

- unlogische, widersprüchliche, unzutreffende Erwägungen zugrunde liegen;

---

60 VG Hannover, Urteil vom 03. März 2011 – 10 A 6277/09 –, juris, m.w.N.; vgl. auch Schoch, Jura 2011, 344.

61 BVerwGE 52, 33.

62 OVG Greifswald, NVwZ-RR 2001, 454.

63 BVerwG, DVBl 2015, 1584 unter Hinweis auf BVerfG NVwZ 2014, 1571.

- wenn eine Scheinbegründung offenkundig die wahren Gründe verdeckt;
- wenn die Tatsachen („Sachverhalt") falsch festgestellt worden sind, so dass keine sachgerechte Abwägung stattfinden konnte;
- wenn wesentliche Abwägungsgesichtspunkte außer Acht geblieben sind („Heranziehungsdefizit", „Abwägungsdefizit").

In der Behördenpraxis ist diese letztgenannte Art von Ermessensfehlern am häufigsten und beruht oft auf unzulänglicher Beweis- und Tatsachenermittlung, die dann typischerweise in der Begründung des VA hinter „allgemeinen Erwägungen", Leerformeln und schematischen Argumenten versteckt wird.

Beispiele zum Abwägungs-/Heranziehungsdefizit sind formularmäßig abgefasste Bescheide (mit Textbausteinen) ohne sorgfältige Ausübung des Ermessens. Bei falscher Tatsachenfeststellung ist die Ermessensausübung in der Regel falsch, da ein „unrichtiger Sachverhalt" zugrunde gelegt wird[64].

407 Auch ein Verstoß gegen den **Gleichbehandlungsgrundsatz** des Art 3 Abs. 1 GG führt zu einem Ermessensfehlgebrauch. Insbesondere darf die Verwaltungsbehörde von einer rechtmäßigen ständigen Praxis nicht ohne hinreichenden sachlichen Grund abweichen[65]. Existiert eine ermessenslenkende Verwaltungsvorschrift, von der jedoch in der Praxis ständig gleichförmig abgewichen wird, so ist für die Frage der Gleichbehandlung die Verwaltungspraxis entscheidend, nicht die Verwaltungsvorschrift[66]. Die Verwaltungspraxis muss allerdings selbst rechtmäßig sein, denn eine Selbstbindung durch ein rechtswidriges Verhalten kommt nicht in Betracht (keine Gleichheit im Unrecht).

408 Eine **Ermessensüberschreitung** liegt vor, wenn die „gesetzlichen Grenzen des Ermessen" (§§ 40 VwVfG, 39 SGB I) nicht eingehalten werden. Bietet eine Rechtsnorm als Rechtsfolge eine Rahmenregelung an, so darf die Behörde diesen Rahmen bei der Auswahl der Rechtsfolge nicht verlassen.

Beispiel: Darf eine Behörde nach der einschlägigen Gebührenordnung eine Gebühr von 50 bis 100 Euro erheben, und sie verlangt 120 Euro, so hat sie ihr Ermessen überschritten. Dies gilt auch, wenn sie nur 40 Euro verlangt.
Eine Ermessensüberschreitung liegt auch vor, wenn eine Behörde nach Ermessen zwischen Rechtsfolge a) oder Rechtsfolge b) wählen darf, sich aber für Rechtsfolge c) entscheidet.
Die Grenzen des Ermessens können sich aus der Ermessensnorm selbst ergeben, aber auch aus anderen Vorschriften wie etwa den **Grundrechten**. Die wichtigste Grenze der Ermessensausübung stellt der **Grundsatz der Verhältnismäßigkeit** dar.

409 **4.2.2.4 Der Verhältnismäßigkeitsgrundsatz.** Das Prinzip der **Verhältnismäßigkeit** (auch: **Übermaßverbot**) gebietet, dass bei der Ermessensausübung stets eine angemessene **Zweck-Mittel**-Relation zu wahren ist: Die von der Behörde ausgewählte Rechtsfolge darf im Hinblick auf den zu erzielenden Erfolg nicht über das notwendige Maß hinaus in Rechte des Betroffenen eingreifen. Hinter dem Grundsatz der Verhältnismäßigkeit verbirgt sich letztlich die Erkenntnis des Volksmunds, dass man nicht „mit Kanonen auf Spatzen" schießen sollte, oder auch anders gewendet: Wenn der Staat in Rechte des Bürgers eingreift, dann „so wenig wie möglich, aber so viel wie nötig". Der Verhältnismäßigkeitsgrundsatz verpflichtet die Behörde zu einem Handeln mit Augenmaß; dies stellt für sie eine Rechtspflicht dar, deren Verletzung zur Rechtswidrigkeit des VA führt.
Seine Wurzeln hat der Grundsatz der Verhältnismäßigkeit im Verfassungsrecht: Aus dem **Rechtsstaatsprinzip** des Art. 20 Abs. 3 GG folgt, dass alle staatliche Macht nach den Grundsätzen von Recht und Gerechtigkeit ausgeübt werden muss; durch das Gebot einer sachlich-gerechten Abwägung aller im Einzelfall kollidierenden Interessen

---

64 BVerwG, DVP 2001, 40. mit Anm. von Vahle.
65 Kopp/Schenke, VwVfG, § 40 RdNr. 44 m. w. N.
66 BVerwGE 143, 50, 58 f.

wird eine möglichst hohe Einzelfallgerechtigkeit erreicht[67]. Das Verhältnismäßigkeitsprinzip folgt zudem aus dem Wesen der **Grundrechte**, „die als Ausdruck des allgemeinen Freiheitsanspruchs des Bürgers gegenüber dem Staat von der öffentlichen Gewalt jeweils nur so weit beschränkt werden dürfen, als es zum Schutz öffentlicher Interessen unerlässlich ist."[68] Damit kommt dem Grundsatz der Verhältnismäßigkeit Verfassungsrang zu; er ist bei allen Staatsakten zu beachten[69]. Wesentliche Bedeutung entfaltet er im Verfassungsrecht, wo er als Grenze für Grundrechtseingriffe wirkt. Für das Verwaltungsrecht hat der Verhältnismäßigkeitsgrundsatz besonders im Bereich der Eingriffsverwaltung, wie z. B. im Ordnungs- und Polizeirecht, maßgebliche Bedeutung und ist vielfach spezialgesetzlich geregelt.

Beispiele: § 9 Abs. 2 VwVG des Bundes, § 58 VwVG NRW, § 53 Abs. 1 S. 3 SchulG NRW; in den Polizei- und Ordnungsgesetzen, z. B. § 15 OBG NRW, Art 4 bayPAG, § 2 PolG NRW.

Das Verhältnismäßigkeitsprinzip gebietet, dass eine staatliche **Maßnahme** (= das angewandte **Mittel**) und der mit ihr verfolgte **Zweck** in einem bestimmten (vernünftigen, ausgewogenen) **Verhältnis** zueinander stehen (Mittel-Zweck-Relation) – ist dies nicht gegeben, so ist die Ermessensausübung rechtswidrig. 410

Für die Prüfung, ob die Behörde bei ihrer Entscheidung den Grundsatz der Verhältnismäßigkeit als Grenze ihres Ermessens beachtet hat, ist ein **vierstufiges Vorgehen** geboten:

1. Die Behörde muss sich bei ihrer Ermessensausübung am **Zweck des Gesetzes** orientiert haben.
2. Das von ihr ausgewählte Mittel (die angeordnete Maßnahme) muss **geeignet** sein, den angestrebten Zweck zu erreichen, oder aber ihn zumindest zu fördern.
3. Das Mittel muss **erforderlich** sein zur Erreichung des Zwecks; insbesondere darf es kein **milderes Mittel** (das den Zweck ebenso gut fördert, den Betroffenen aber weniger belastet) geben.
4. Zuletzt muss das Mittel **angemessen** (oder: verhältnismäßig im engeren Sinne) sein: Hierfür ist eine Güterabwägung durchzuführen zwischen der Belastung für den Betroffenen und dem zu erreichenden Zweck.

Zunächst ist daher zu klären, ob die Behörde mit der von ihr im Rahmen ihres Ermessens ausgewählten Maßnahme den **Zweck** der Eingriffs- oder Rechtsgrundlage verfolgt[70]. Tut sie dies nicht, liegt, wie oben bereits dargelegt, ein Ermessensfehlgebrauch vor – und eine solche Maßnahme kann nicht mehr verhältnismäßig sein. Den Zweck des Gesetzes korrekt zu ermitteln ist unabdingbar, um später zu prüfen, ob die Maßnahme auch geeignet ist, ihn zu erreichen – und natürlich für die Güterabwägung: Die Beeinträchtigung des Betroffenen muss angemessen sein im Hinblick auf den vom Gesetzgeber vorgegebenen Zweck der Maßnahme. 411

Vielfach liest man in Klausuren, es müsse ein „legitimer Zweck" verfolgt werden – dies ist dann richtig, wenn damit der Zweck der Eingriffsgrundlage gemeint ist. Häufig haben die Klausurschreiber jedoch die verfassungsrechtliche Prüfung der Verhältnismäßigkeit im Hinterkopf: Dort verbirgt sich hinter dem „legitimen Zweck" aber naturgemäß etwas anderes: Ein Grundrechtseingriff darf erfolgen, wenn der Gesetzgeber damit ein „vernünftiges Gemeinwohlinteresse" verfolgt[71] – bei der Festlegung, welche Zwecke er erreichen möchte, ist der Gesetzgeber grundsätzlich frei und entscheidet nach politischen Erwägungen im Sinne des Gemeinwohls. Das Bundesverfassungsgericht billigt ihm hier auch einen weiten Entscheidungsspielraum zu. Anders

---

67 Vosskuhle, JuS 2007, 429.
68 BVerfGE 19, 342, 348 und 111, 54, 82; vgl. auch Arnauld, JZ 2000, 276 und Vosskuhle, JuS 2007, 429.
69 Aus diesem Grund wird teilweise vertreten, dass der Verhältnismäßigkeitsgrundsatz in besonderen Fällen auch auf gebundene Entscheidungen anzuwenden ist, um im Einzelfall unbillige Ergebnisse zu vermeiden; mit Übersicht über die Rechtsprechung kritisch hierzu Barczak, VerwArch 105 (2014), 142.
70 Vgl. dazu oben RdNr. 400 und 404.
71 Z. B. BVerfGE 83, 1, 16.

liegt es aber für die Verwaltung: Diese ist gesetzesgebunden, und Ermessen wird ihr nur zur Verfolgung gesetzlich festgelegter Ziele vom Gesetzgeber zugewiesen. Daher darf die Verwaltung auf der Grundlage einer konkreten Eingriffsermächtigung nicht „irgendwelche" Gemeinwohlinteressen verfolgen, sondern nur die in der Norm festgelegten Zwecke.
Noch einmal das Beispiel von oben: Das Straßen- und Wegerecht dient der Sicherheit und Leichtigkeit des Verkehrs – Nebenbestimmungen zu einer Sondernutzungserlaubnis, die nicht diesem Zweck dienen, sondern z. B. dem Umweltschutz, sind vom Zweck des Gesetzes nicht gedeckt und daher rechtswidrig – obwohl sie für sich betrachtet durchaus vernünftig sind. Sollen im konkreten Fall Umweltbelange durchgesetzt werden, so muss ergänzend die dafür zuständige Behörde auf der Grundlage einer umweltrechtlichen Eingriffsnorm tätig werden.

Geeignet ist eine Maßnahme, wenn anzunehmen ist, dass mit ihr der Zweck des Gesetzes erreicht werden kann, oder aber, wenn die Maßnahme diesen zumindest fördert.

Beispiel: Gemäß § 1 des Landeshundegesetzes (LHundG) NRW besteht der Zweck dieses Gesetzes darin, „die durch Hunde und den unsachgemäßen Umgang des Menschen mit Hunden entstehenden Gefahren abzuwehren und möglichen Gefahren vorsorgend entgegenzuwirken." Hat nun ein Hund bereits zweimal einen Menschen verletzt, so wäre eine Anordnung nach § 12 LHundG NRW, ihm dauerhaft einen Maulkorb anzulegen und außerhalb des Hauses an der Leine zu führen, geeignet, die von ihm ausgehende Gefahr zu beenden. Geeignet wäre allerdings auch die Anordnung, den Hund dauerhaft im Zwinger zu halten oder gar, ihn zu töten – auch diese Maßnahmen wehren erfolgreich die von ihm ausgehende Gefahr ab.
Gegenbeispiel: Ungeeignetheit des Mittels liegt vor, wenn für eine ohne Erlaubnis in einem Landschaftsschutzgebiet errichtete Party-Hütte ein bloßes Nutzungsverbot erlassen wird, da nicht allein das Abhalten von Partys, sondern vor allem die Existenz der Hütte dem Landschaftsschutz (Zweck des Gesetzes) zuwiderläuft. Die Landschaft ist so lange beeinträchtigt, wie die Hütte steht; hier hilft nur der Abriss.

412 **Erforderlich** ist allein diejenige Maßnahme unter mehreren möglichen und geeigneten, die den einzelnen und die Allgemeinheit am wenigsten beeinträchtigt (**mildestes Mittel**). Zu prüfen ist also, ob die Verwaltung das mildeste aller zur Verfügung stehenden, den Zweck erreichenden Mittel ausgewählt hat. Das Mittel muss aber weiterhin geeignet sein – die Verwaltung ist nicht gezwungen, ein Mittel zu wählen, das zwar vielleicht den Betroffenen weniger belastet, dafür aber auch den Zweck nicht so gut fördert oder erreicht.

Im oben genannten Beispiel des LHundG würde es wohl ausreichen, Maulkorb und Leinenzwang anzuordnen, um die Gefahr dauerhaft abzuwehren; nur in besonders gelagerten Einzelfällen könnte es geboten sein, den Hund dauerhaft im Zwinger unterzubringen. Die Tötung des Hundes ist zwar ein geeignetes Mittel, aber – da mildere Mittel vorhanden sind – nicht erforderlich.
Weiteres Beispiel: Bei einem im Wasserschutzgebiet unerlaubt angelegten Keller-Heizöltank genügt ein durch Verplombung gesichertes Benutzungsverbot anstelle eines (an sich auch geeigneten) Beseitigungsgebots, wenn die bauliche Beseitigung (Zerschweißen) sehr aufwendig ist[72]. Hier stört (im Unterschied zum obigen Beispiel der Party-Hütte im Landschaftsschutzgebiet) nicht die Existenz eines ungenutzten Tanks, sondern nur die Einlagerung von Heizöl[73], da dieses das Grundwasser gefährden kann.
Verstößt ein Schüler gegen die Schulordnung, so sind zunächst erzieherische Maßnahmen anzuwenden, § 53 Abs. 1 S. 4 SchulG NRW; erst wenn diese keinen Erfolg zeigen, darf die Schule Ordnungsmaßnahmen anordnen (Ausschluss aus dem Unterricht, Versetzung in eine Parallelklasse etc).

413 **Angemessen** ist die Maßnahme, wenn durch sie kein Nachteil herbeigeführt wird, der bei einer Gesamtabwägung in grobem Missverhältnis, also erkennbar außer Verhältnis, zu dem beabsichtigten Erfolg steht (Verhältnismäßigkeit im engen Sinne, Angemessenheit, Proportionalität). Es ist eine **Güterabwägung** durchzuführen zwischen dem von der Verwaltung verfolgten Zweck auf der einen Seite und den Nachteilen, die durch die angeordnete Maßnahme beim Betroffenen entstehen, auf der anderen Seite.

---

72 OVG Münster, NJW 1980, 2210.
73 Vgl. Fall Nr. 31 bei Dietlein/Dünchheim, Examinatorium – Allgemeines Verwaltungsrecht.

Unangemessen ist eine Maßnahme dann, wenn die mit ihr bezweckten Vorteile nicht deutlich die mit ihr verbundenen Nachteile überwiegen.

Im Beispiel mit dem LHundG ist also der Zweck des Gesetzes, nämlich die Abwehr der von dem Hund ausgehenden Gefahr, ins Verhältnis zu setzen mit den Einschränkungen für den Hundebesitzer. Maulkorb- und Leinenzwang stellen bereits einen Eingriff in das Eigentumsgrundrecht sowie in die allgemeine Handlungsfreiheit des Hundehalters dar, sind aber angemessen mit Blick auf die Gefahr, die von dem Hund ausgeht. Ob die Verpflichtung, den Hund im Zwinger zu halten, angemessen ist, hängt von den Umständen des Einzelfalls ab.
Die Zulassung von politischen Informationsständen in der Fußgängerzone der Stadt (Sondernutzungserlaubnis) führt erfahrungsgemäß zu Diskussionen der politischen Gruppen untereinander oder mit Passanten und zu Ansammlungen. Die hieraus folgende Beeinträchtigung der Sicherheit und Leichtigkeit des Fußgängerverkehrs könnte man nur dann völlig verhindern, wenn man Informationsstände überhaupt nicht mehr erlaubte. Der damit herbeigeführte „Vorteil der Störungsfreiheit“ hätte aber eindeutig geringeres Gewicht als der damit verbundene Nachteil, dass eine politische Kommunikation und Information unterbleiben würde. Ein vollständiges Verbot wäre daher unangemessen.

Die Prüfung der Verhältnismäßigkeit als Grenze des Ermessens spielt in vielen Klausuren eine zentrale Rolle. Wichtig ist dabei, die dargestellten Prüfungsschritte in der **richtigen Reihenfolge** zu absolvieren. Scheitert die Prüfung an einer Stelle, so steht fest, dass die Verwaltung gegen den Grundsatz der Verhältnismäßigkeit verstoßen hat und der zu prüfende VA damit rechtswidrig ist – es wäre fehlerhaft, die verbleibenden Prüfungspunkte (ggf. als Hilfsgutachten) noch weiter zu erörtern: Existiert z. B. ein gleich geeignetes, milderes Mittel, so kann (denklogisch) die geprüfte Maßnahme nicht mehr angemessen und damit verhältnismäßig sein. Also ist die Verhältnismäßigkeitsprüfung an dieser Stelle zu beenden. **414**

4.2.2.5 Besonderheiten bei der Überprüfung von Ermessensentscheidungen. Räumt ein Gesetz der Verwaltung Ermessen ein, so begründet der Gesetzgeber bewusst einen Handlungsspielraum für die Exekutive: Die Verwaltungsbehörde soll selbst entscheiden, wie der Zweck des Gesetzes im Einzelfall am besten auf angemessene Weise erreicht werden kann. Dementsprechend ist die gerichtliche Kontrolle von Ermessensentscheidungen auf die Überprüfung der **Rechtmäßigkeit** der Ermessensentscheidung begrenzt (vgl. § 114 VwGO) – ob die Entscheidung der Behörde auch **zweckmäßig**, also vernünftig ist, ist der Kontrolle des Verwaltungsgerichts entzogen[74]. Das Verwaltungsgericht prüft somit entsprechend der gesetzlichen Vorgabe in § 40 VwVfG nur nach, ob die Behörde die gesetzlichen Grenzen des Ermessens überschritten hat, oder ob sie von dem Ermessen in einer dem Zweck der Ermächtigung nicht entsprechenden Weise Gebrauch gemacht hat. Stellt das Gericht einen solchen Rechtsverstoß fest, so hebt es im Rahmen einer **Anfechtungsklage** den VA auf – Ermessensfehler machen den VA rechtswidrig. **415**

Dadurch wird aber nicht ausgeschlossen, dass – was in der Praxis manchmal vorkommt – die Behörde einen VA mit gleichem Tenor nochmals erlässt, wenn dies aufgrund neuer ermessensfehlerfreier Abwägung geboten ist.

Ist ein beantragter, im Ermessen stehender, begünstigender VA abgelehnt worden und richtet sich dagegen eine **Verpflichtungsklage** des Antragstellers, so bestehen zwei Besonderheiten:
Der Kläger wird nur dann in seinen Rechten verletzt, wenn er einen **Anspruch**, also ein subjektiv-öffentliches Recht auf eine ermessensfehlerfreie Entscheidung hat. Ob dies der Fall ist, richtet sich nach denselben Voraussetzungen, wie sie allgemein für subjektiv-öffentliche Rechte gelten[75]: Die mögliche Rechts- oder Anspruchsgrundlage

---

74 Instruktives Beispiel zur (nur) eingeschränkten gerichtlichen Kontrolle von Ermessensentscheidungen: BVerwG NVwZ 2001, 436, 437.

75 Vgl. hierzu oben RdNr. 260 ff.

muss (zumindest auch) dazu bestimmt sein, den Schutz des Antragstellers zu bezwecken (Schutznormtheorie).
Ist die Ablehnung des beantragten VA ermessensfehlerhaft erfolgt, so ist die Verpflichtungsklage begründet. Allerdings darf das Gericht nun nicht selbst anstelle der Verwaltung die Ermessensentscheidung vornehmen und den begehrten VA ausurteilen – es kann „nur" die Behörde dazu verpflichten, den Kläger unter Beachtung der Rechtsauffassung des Gerichts erneut zu bescheiden, also das Ermessen erneut, aber diesmal fehlerfrei zu betätigen (**Bescheidungsurteil**, § 113 Abs. 5 S. 2 VwGO). Dies kann durchaus dazu führen, dass der begehrte VA von der Behörde wiederum abgelehnt wird – aber diesmal ermessensfehlerfrei.

Hintergrund dieser recht umständlichen Regelung ist der Gewaltenteilungsgrundsatz: Die Verfassung und entsprechend die VwGO erlaubt nicht, dass der Ermessensspielraum der Verwaltung durch das Gericht ausgefüllt wird – die Ermessensentscheidung muss von der Behörde (fehlerfrei) getroffen werden.

Nur wenn das Gericht zu der Einschätzung kommt, dass der Ermessensspielraum der Behörde im konkreten Fall auf Null reduziert ist, also nur eine einzige Entscheidung rechtmäßig sein kann, dann ist die Sache „spruchreif" und das Gericht spricht die Verpflichtung der Behörde aus, den beantragten VA zu erlassen (**Vornahmeurteil**, § 113 Abs. 5 S. 1 VwGO). Auch in diesem Fall urteilt das Gericht den gewünschten VA nicht selbst aus, verpflichtet allerdings die Behörde zum Erlass – denn ein Ermessensspielraum der Behörde, in den das Gericht „eingreifen" könnte, besteht wegen der Reduzierung auf Null ja nicht mehr[76].

416 Die dargestellte Beschränkung der Kontrolle auf Fragen der Rechtmäßigkeit vor dem Verwaltungsgericht gilt nicht für das **Widerspruchsverfahren**: Dort prüft sowohl die Ausgangs- wie die Widerspruchsbehörde (als „zweite Instanz" der Verwaltung) die **Rechtmäßigkeit** und die **Zweckmäßigkeit** des VA noch einmal voll nach, § 68 Abs. 1 S. 1 VwGO – damit wird auch die Ermessensentscheidung sowohl inhaltlich als auch hinsichtlich der einzuhaltenden Grenzen (§ 40 VwVfG) erneut auf den Prüfstand gestellt. Die Widerspruchsbehörde darf im Rahmen ihrer Prüfung eine vollständig neue Ermessensentscheidung vornehmen und dadurch die Entscheidung der Ausgangsbehörde ersetzen[77].

4.3 Bestimmtheitsgrundsatz

417 § 37 Abs. 1 VwVfG (§ 33 Abs. 1 SGB X) ordnet an, dass ein Verwaltungsakt „**hinreichend bestimmt** sein" muss. Der Bestimmtheitsgrundsatz hat seine Wurzeln im Rechtsstaatsgebot des Art. 20 Abs. 3 GG und dient der Rechtssicherheit und Rechtsklarheit; ihm kommt Verfassungsrang zu[78]. Nur der hinreichend bestimmte VA kann seine Konkretisierungs- und Titelfunktion[79] erfüllen, indem er klarstellt, zwischen wem eine Rechtsbeziehung besteht, und wie genau diese geregelt ist. Für die Beteiligten des Verfahrens muss eindeutig feststehen, was die Behörde von ihnen verlangt oder was sie ihnen gewährt, damit sie ihr Verhalten entsprechend ausrichten können[80]. Da der VA zugleich der Titel einer möglichen Vollstreckung ist, muss die verlangte Handlung, Duldung oder Unterlassung so präzise und eindeutig formuliert sein, dass eine Vollstreckung problemlos möglich ist[81].

---

76 Stein, DVP 2013, 90, 98 f. (mit hilfreichen Aufbautipps zur Prüfung von Verpflichtungsklagen).
77 Zum Widerspruchsverfahren vgl. unten RdNr. 864 ff.
78 BVerwGE 143, 222, 226.
79 Vgl. dazu oben RdNr. 308 ff.
80 BVerwGE 119, 282, 284.
81 Die Aufforderung an einen Landwirt, die Außenwände seines Melkhauses „in einem landschaftlich unauffälligen Farbton zu gestalten", ist zu unbestimmt und daher nicht vollstreckbar, VGH Mannheim, DVP 2014, 259 mit Anmerkung von Vahle.

Das Bestimmtheitsgebot in § 37 Abs. 1 VwVfG bezieht sich auf die materielle Rechtmäßigkeit des VA, obwohl § 37 VwVfG in den Absätzen 2 bis 6 ansonsten ausschließlich formelle Voraussetzungen an die Rechtmäßigkeit des VA formuliert[82]. Diese Unterscheidung ist bedeutsam, da formelle Fehler u. U. geheilt werden können, materielle Fehler jedoch nicht[83].

Der VA muss **unmissverständlich** erkennen lassen, wer was von wem will (oder erhält). **418**
Das gilt insbesondere:
- für die Bezeichnung der erlassenden Behörde (vgl. dazu auch §§ 37 Abs. 3, 44 Abs. 2 Nr. 1 VwVfG),
- für die Bezeichnung des Adressaten,
- sowie für den Ausspruch des VA (Inhalt des Tenors[84]).

Bestehen Zweifel an der Bestimmtheit des VA, so ist zunächst zu prüfen, ob diese durch **Auslegung** des VA beseitigt werden können; dabei ist auch die **Begründung** des VA mit heranzuziehen[85]. Die Möglichkeit der Auslegung ist stets vorrangig zu prüfen; nur wenn hierdurch keine Klarheit zu erreichen ist, fällt der VA der Nichtigkeit anheim[86]. Bei der Auslegung „kommt es nicht darauf an, wie ein außenstehender Dritter, sondern allein wie der Betroffene selbst nach den ihm bekannten Umständen den Verwaltungsakt unter Berücksichtigung von Treu und Glauben verstehen musste"[87]. Entscheidend ist also nicht das „von der Behörde Gewollte" sondern der „tatsächliche Erklärungsinhalt"[88]; Unklarheiten gehen zu Lasten der Verwaltung. Welches **Maß an Eindeutigkeit**[89] im Inhalt des Tenors erforderlich ist, richtet sich nach dem Sachgebiet und der Art der Maßnahme.

Beispiele: Bei einem auf Geldzahlung gerichteten VA muss der Betrag durch Ziffern genau angegeben werden[90], während bei der Widmung einer öffentlichen Einrichtung der Zweck der Einrichtung nur grob umschrieben zu werden braucht. Soll durch Erlass einer Verfügung eine Gefahr bekämpft werden, so muss in der Verfügung zumindest der mit ihr beabsichtigte Erfolg (das heißt der herbeizuführende ordnungsgemäße Zustand) bezeichnet werden. – Die Rechtsprechung hat hierzu eine umfassende Kasuistik[91] entwickelt, die für die Verwaltungspraxis Maßstäbe setzt.

Der VA muss aus sich heraus so klar sein, dass der Betroffene (bzw. die Widerspruchsbehörde, ein Gericht oder gegebenenfalls auch ein Vollstreckungsbeamter) ohne weitere Hilfen erkennen kann, was gelten soll bzw. was von dem Betroffenen verlangt wird. – Die Frage, ob dazu nur der von der Behörde angestrebte Zustand anzugeben ist oder auch die Mittel, mit denen er erreicht werden soll, muss unterschiedlich beantwortet werden: **419**

Zielt der VA auf die Verhinderung oder Beseitigung einer Störung, genügt grundsätzlich die bestimmte Bezeichnung der herbeizuführenden, störungsfreien Sachlage, also des Ziels der Maßnahme. Das Mittel ist hingegen anzugeben, wenn dies durch Gesetz

---

82 U. Stelkens in Stelkens/Bonk/Sachs, VwVfG, § 37 RdNr. 1.
83 Vgl. dazu unten RdNr. 700 ff.
84 Zum „Tenor" eines Bescheides vgl. oben RdNr. 358 ff.
85 BVerwGE 119, 282, 284: „Es reicht aus, wenn sich die Regelung aus dem gesamten Inhalt des Bescheids, insbesondere seiner Begründung, sowie den weiteren, den Beteiligten bekannten oder ohne weiteres erkennbaren Umstände unzweifelhaft erkennen lässt." S. auch OVG Münster, NWVBl 2004, 314.
86 BVerwGE 143, 222, 225.
87 BVerwGE 143, 222, 225.
88 „Erklärungsinhalt, wie ihn der Adressat bei objektiver Würdigung verstehen durfte", so OVG Münster, NVwZ-RR 2005, 451.
89 OVG Münster, NWVBl 2009, 229.
90 Ein „Rückforderungsbescheid muss den Betrag der rechtsgrundlosen Leistung und die zu erstattende Summe enthalten; er darf keinerlei Zweifel daran aufkommen lassen, in welcher Höhe und zu welchem Fälligkeitszeitpunkt der geforderte Betrag zu entrichten ist," VGH München, NVwZ-RR 2009, 268, 269.
91 Zahlreiche Beispiele bei Weber, VR 2008, 181 ff.; s. auch bei U. Stelkens in Stelkens/Bonk/Sachs, VwVfG, § 37 RdNr. 27 (zur getroffenen Regelung).

vorgeschrieben ist (z. B. § 3 Abs. 2 S. 1 PolG NRW, § 21 OBG NRW), oder auch, wenn nur durch die Beschreibung des Mittels der Adressat Klarheit über das von ihm geforderte Verhalten bekommt[92] oder wenn die Behörde im Falle einer Vollstreckung ein ganz bestimmtes Mittel anwenden will.

Beispiele: Wird vom Adressaten eine Unterlassung verlangt (z. B. von Lärm oberhalb eines bestimmten Db(A)-Wertes), braucht nicht positiv beschrieben zu werden, wie er dies erreicht, ob er z. B. die lärmende Maschine durch Baumaßnahmen abschirmt oder gegen eine leisere austauscht[93]. – Andererseits genügt es nicht, einem Hauseigentümer aufzugeben, „die Einsturzgefahr des Schornsteins zu beseitigen"; vielmehr ist hier etwa anzugeben, dass „die Steine der oberen 50 cm des Schornsteins abzutragen und neu aufzumauern" sind.

420 Folgende Anordnungen sind **zu unbestimmt:** An einem Haus „alle ohne Genehmigung errichteten Bauteile abzubrechen", einen Ventilator „geräuscharm" zu betreiben, „auf dem Baugrundstück oder in der Nähe Parkplätze zu schaffen", bei einer Striptease-Vorführung „sexuelle körperliche Kontakte zu unterlassen". Den zuständigen Behörden ist in der Regel die fachgebietsbezogene Rechtsprechung bekannt, so dass durch die umfassende Kasuistik der Gerichte der relativ unbestimmte Begriff „Bestimmtheit" hinreichend bestimmt und handhabbar wird.

421 Sowohl für die Behörde als auch für die Betroffenen hilfreich ist die Möglichkeit, im Tenor des VA neben dem zu erreichenden Ziel ein bestimmtes Mittel anzuordnen, das gegebenenfalls auch vollstreckt werden soll, dem Adressaten aber zugleich zu gestatten, das Ziel durch ein alternatives (Austausch-)Mittel zu erreichen (vgl. § 21 S. 2 OBG NRW).

422 Wird das Bestimmtheitsgebot verletzt, kommen verschiedene **Rechtsfolgen**[94] in Betracht:
- Meist wird (schlichte) Rechtswidrigkeit (Anfechtbarkeit) gegeben sein.
- Nichtigkeit liegt in dem Spezialfall vor, dass der schriftliche VA nicht „die erlassende Behörde ... erkennen lässt" (jeweils Abs. 2 Nr. 1 der §§ 44 VwVfG, 40 SGB X).
- Im Übrigen kann in den (selteneren) Fällen besonders schwerwiegender, offenkundiger Unklarheit, Unverständlichkeit oder gar Widersprüchlichkeit Nichtigkeit gemäß §§ 44 Abs. 1 VwVfG, 40 Abs. 1 SGB X gegeben sein[95].
- Wird nicht einmal deutlich, dass eine Regelung getroffen ist, liegt überhaupt kein VA vor.

423 Ein unbestimmter VA kann durch einen eindeutig formulierten Widerspruchsbescheid geheilt werden, § 79 Abs. 1 Nr. 1 VwGO; außerdem anerkennen die Verwaltungsgerichte die Möglichkeit der Verwaltung, durch einen sog. **„Klarstellungsbescheid"** nachträglich und rückwirkend den Bestimmtheitsmangel zu heilen[96], obwohl § 45 VwVfG eine solche Heilungsoption nicht enthält – § 45 VwVfG wird insofern als nicht abschließend betrachtet. Eine Heilung des Bestimmtheitsmangels setzt allerdings das Vorliegen eines wirksamen VA voraus: Ist also der VA in seiner ursprünglichen Fassung

92 Angabe des Mittels erforderlich bei: OVG Münster, NWVBl 2009, 229.
93 BVerwGE 31, 15, 18.
94 Weber, VR 2008, 217 ff.; Klindt, NVwZ 2009, 891; U. Stelkens in Stelkens/Bonk/Sachs, VwVfG, § 37 RdNr. 40.
95 Zur Frage einer eventuellen Nichtigkeit bei (umstrittener) fehlender Bestimmtheit einer Bauordnungsverfügung: OVG Münster, DVP 2001, 42 mit Anm. von Vahle.
96 BVerwG, NVwZ 2009, 52 unter Hinweis auf BVerwGE 123, 261, 283: „Die Behörde ist befugt, einen unklaren Verwaltungsakt zu präzisieren und seine hinreichende Bestimmtheit – auch durch Erklärung gegenüber dem Gericht – nachträglich herbeizuführen."

derartig widersprüchlich oder unverständlich, dass er nichtig ist, so scheidet eine Heilung aus.

4.4 Unmöglichkeit

424 Zuletzt muss die Regelung, die der VA enthält, für den Betroffenen umsetzbar sein; ein Verwaltungsakt, der von seinem Adressaten etwas Unmögliches verlangt, ist rechtswidrig, in bestimmten Fällen sogar nichtig. Zu unterscheiden ist zwischen der tatsächlichen und der rechtlichen **Unmöglichkeit**.

4.4.1 Tatsächliche Unmöglichkeit

425 Bei der tatsächlichen Unmöglichkeit ist zwischen objektiver und subjektiver Unmöglichkeit zu differenzieren:

Objektive Unmöglichkeit bedeutet, dass niemand in der Lage wäre, den Rechtsbefehl des VA zu befolgen; eine solche, für jedermann bestehende Unmöglichkeit führt nach §§ 44 Abs. 2 Nr. 4 VwVfG, 40 Abs. 2 Nr. 3 SGB X zur Nichtigkeit.

Beispiele: Gebot, eine „Baumaschine geräuschlos" zu betreiben; Abbruchanordnung für ein bereits zusammengestürztes Gebäude; Gebührenbescheid, der auf eine nicht mehr gültige Währung ausgestellt ist[97]. Weiteres Beispiel für tatsächliche objektive Unmöglichkeit ist die Auflage, bei einer Demonstration auf öffentlichen Straßen weder den Fahr- noch den Fußgängerverkehr zu beeinträchtigen, denn „jeder Aufzug beeinträchtigt nämlich notwendigerweise den Straßenverkehr"[98].

Subjektive Unmöglichkeit bedeutet, dass nur der Adressat nicht in der Lage ist, den VA auszuführen – einem Dritten wäre dies aber durchaus möglich. Dieser Fall ist gesetzlich nicht geregelt[99], aber es besteht Übereinstimmung, dass subjektive tatsächliche Unmöglichkeit in der Regel die Rechtswidrigkeit des VA nach sich zieht; in seltenen Fällen kann Nichtigkeit nach § 44 Abs. 1 VwVfG, § 40 Abs. 1 SGB X vorliegen[100].

Beispiele für tatsächliche subjektive Unmöglichkeit sind: Anordnungen persönlicher Leistungen, die der Betroffene etwa wegen Alters oder Krankheit nicht erfüllen kann; Unvermögen aus Geldmangel, den Abbruch eines Gebäudes durchzuführen.

4.4.2 Rechtliche Unmöglichkeit

426 **Rechtliche Unmöglichkeit** bedeutet, dass der Adressat des VA notwendig in Konflikt mit der Rechtsordnung gerät, wenn er die Regelung des VA umsetzt.

§ 44 Abs. 2 Nr. 5 VwVfG und § 40 Abs. 2 Nr. 4 SGB X regeln, dass ein VA, der die Begehung einer rechtswidrigen Tat verlangt, die einen Straf- oder Bußgeldtatbestand verwirklicht, der Nichtigkeit anheimfällt[101]. In anderen Fällen rechtlicher Unmöglichkeit ist nur sehr selten, nämlich bei Vorliegen der schwerwiegenden Voraussetzungen des Abs. 1 der §§ 44 VwVfG, 40 SGB X, Nichtigkeit gegeben; die meisten Fälle rechtlicher Unmöglichkeit führen zu schlichter Rechtswidrigkeit.

Beispiele: sämtliche Situationen, in denen etwa wegen zivilrechtlicher oder sonstiger öffentlichrechtlicher Hinderungsgründe das verlangte Tun oder Unterlassen nicht ausgeführt werden darf, etwa wegen Verstoßes gegen naturschutzrechtliche Bestimmungen[102].

427 Ein wichtiger Sonderfall liegt vor, wenn der Befolgung des VA die privaten **Rechte eines Dritten** entgegenstehen. Der Dritte wird als Nebenberechtigter bezeichnet. Da

---

97 KreisG Dresden, NVwZ 1993, 601.
98 So schon VGH München, NJW 84, 2116.
99 Beispiel: BVerwG, NWVBl. 2004, 389.
100 Kopp/Ramsauer, VwVfG, § 44 RdNr. 42.
101 Beispielsfälle bei Vahle, DVP 2005, 109 ff.
102 Zur Unzulässigkeit der Durchquerung des geschützten Bereichs eines Naturdenkmals mit Anschlussleitungen OVG Münster, Eildienst Städtetag, 97, 30.

die Beseitigung einer Störung nicht am (zufälligen) Vorhandensein eines Nebenberechtigten scheitern darf, muss die Behörde gegenüber diesem eine **Duldungsverfügung** erlassen.

Beispiel ist das Gebot gegenüber dem Eigentümer E, ein im Landschaftsschutzgebiet ohne Genehmigung errichtetes Wochenendhaus abzubrechen, wenn das Haus an den M vermietet und das Mietverhältnis nicht alsbald kündbar ist. Die Duldungsverfügung ist rechtmäßig, wenn der Besitzer (hier Mieter) einer störenden Sache als Zustandsstörer verantwortlich ist.

Muss der Nebenberechtigte das Verhalten des primär Verpflichteten dulden, so entfällt dessen rechtliche Unmöglichkeit. Fehlt die Duldungsverfügung, so führt das nicht zur Rechtswidrigkeit des VA, sondern nur zum Ausschluss der Vollstreckbarkeit[103].

Die Behörde darf also im obigen Beispielsfall des vermieteten Wochenendhauses zunächst die (Haupt-) Verfügung erlassen und abwarten, ob der Nebenberechtigte freiwillig zustimmt. Wenn das nicht der Fall ist, muss sie – vor der Vollstreckung – die Duldungsverfügung erlassen. Rechtsgrundlage für die Duldungsverfügung sind idR dieselben Vorschriften wie die für die Hauptverfügung. Die Behörde hat dadurch eine Möglichkeit, schrittweise vorzugehen, kann in dringenden Fällen beide Bescheide aber auch parallel erlassen.

In der Verwaltungspraxis hat der Gesichtspunkt der Unmöglichkeit als selbständige Fehlerquelle für den VA wenig Bedeutung: Denn zuvor ist die Übereinstimmung des VA mit seiner gesetzlichen Grundlage zu prüfen. Verlangt das Gesetz etwas Unmögliches, so ist es nichtig; es fehlt dann bereits die Rechtsgrundlage für den VA. Verlangt das Gesetz nichts Unmögliches, wohl aber der VA, stimmt dieser mit der Rechtsgrundlage nicht überein. Praktische Bedeutung behält dieser Gesichtspunkt in Zweifelsfällen der Gesetzesauslegung und im Ermessensbereich.

5. Fehlerfolgen

428 Täglich werden Tausende von VAs erlassen – und nur wenige davon sind fehlerhaft oder werden von den Betroffenen als fehlerhaft gerügt. Aber: „Irren ist menschlich", daher sind Fehlleistungen nicht auszuschließen – vor allem nicht vor dem Hintergrund von Personalverknappung und hoher Arbeitsbelastung in den Verwaltungen. Im Folgenden wird daher dargestellt, welche Arten von Fehlern einen VA „befallen" können und wie sich die Fehlerhaftigkeit jeweils auswirkt.

5.1 Allgemeines

429 Grundlage der folgenden Überlegungen sind die in § 43 VwVfG (§ 39 SGB X) getroffenen Regelungen: Nach Abs. 1 wird ein Verwaltungsakt mit seiner Bekanntgabe **wirksam** – und zwar unabhängig davon, ob er fehlerhaft ist oder nicht. Wirksamkeitsvoraussetzung des VA ist somit nur seine Bekanntgabe – **nicht** seine Rechtmäßigkeit (!!!). Dies ergibt sich im logischen Umkehrschluss aus Abs. 2, wonach die Wirksamkeit des VA bestehen bleibt, bis er u. a. „zurückgenommen" wird – damit stellt das Gesetz klar, dass auch ein von Anfang an rechtswidriger VA mit seiner Bekanntgabe wirksam wird und es auch bleibt, bis er z. B. „zurückgenommen" wird, § 48 VwVfG, oder (wegen seiner Rechtswidrigkeit) „aufgehoben" wird, z. B. von der Widerspruchsbehörde (§ 68 ff. VwGO) oder vom Verwaltungsgericht (§ 113 Abs. 1 S. 1 VwGO). Eine Ausnahme macht das Gesetz für nichtige VAs: Diese sind nach § 43 Abs. 3 VwVfG (von Anfang an) unwirksam – auch hier führt der Umkehrschluss zu der Erkenntnis, dass alle „nicht nichtigen" VAs mit ihrer Bekanntgabe zunächst einmal wirksam werden. Die im VA enthaltene Regelung wird somit mit ihrer Bekanntgabe wirksam und bindet bzw. verpflichtet sowohl den Adressaten als auch die Behörde – unabhängig davon,

103 BVerwGE 40, 101, 103; anders BVerwG 88, 97, 100 f.

ob der VA rechtmäßig ist. Etwas anderes gilt nur für VAs, die an einem so schweren Fehler leiden, dass sie der Nichtigkeit anheimfallen.

So verpflichtet ein rechtswidriger (aber nicht nichtiger) Steuerbescheid den Betroffenen zur Zahlung der geforderten Steuer. Eine rechtswidrige (aber nicht nichtige) Fahrerlaubnis berechtigt zum Führen eines Kraftfahrzeuges. Natürlich kann der Bürger den rechtswidrigen Steuerbescheid anfechten – und das Gericht wird ihn wegen seiner Rechtswidrigkeit auch aufheben, wenn er zudem in Rechte des Betroffenen eingreift. Die rechtswidrige Fahrerlaubnis kann die Behörde unter den Voraussetzungen des § 48 VwVfG zurücknehmen[104].
Achtung: § 43 VwVfG setzt allerdings denklogisch voraus, dass zum einen überhaupt ein VA vorliegt, und dass zum anderen eine Bekanntgabe stattgefunden hat. Fehlt es also z. B. an einem Merkmal des § 35 VwVfG, oder aber scheitert aus irgendeinem Grund die Bekanntgabe, so handelt es sich um einen sog. „Nicht- (Verwaltung-) Akt“ oder „Schein- (Verwaltungs-) Akt“[105].

Rechtspolitischer Grund für die (zumindest vorläufige) Wirksamkeit auch rechtswidriger VAs ist, dass andernfalls der mit dem Erlass des VA verfolgte Zweck, Klarheit über die Rechte und Pflichten zwischen Staat und Bürger zu schaffen, nicht erreicht werden könnte. Ein Klärungsinteresse besteht ja vor allem dann, wenn Behörde und Bürger verschiedener Meinung über die Rechtslage sind, was gleichbedeutend damit ist, dass der Bürger Maßnahmen der Behörde für rechtswidrig hält. Würde die Rechtswidrigkeit „automatisch“ zur Unwirksamkeit führen, dürfte der Bürger die (vermeintliche) Rechtswidrigkeit zeitlich unbegrenzt durch einfaches Nichtbeachten des VA geltend machen; auch müsste die Behörde stets (auch noch nach Jahren) mit der Unwirksamkeit des VA rechnen. Der normale VA hätte dann kaum größere Bedeutung als ein bloßer Hinweis auf die Rechtslage. **430**
Noch deutlicher ist dies beim begünstigenden VA: Eine Baugenehmigung, Fahrerlaubnis, Ernennung zum Beamten, eine bestandene Prüfung, bei welcher der Adressat stets damit rechnen müsste, dass sie wegen eines Fehlers unwirksam ist, wäre keine brauchbare Vertrauensgrundlage für das weitere Verhalten des Adressaten. Die grundsätzliche Wirksamkeit auch rechtswidriger VAs dient also sowohl dem Interesse der Verwaltung als auch dem des Bürgers.

Auch beim gerichtlichen Urteil ist es nicht zulässig, dass der Verurteilte mit der Behauptung, das Urteil sei rechtswidrig (falsch), bereits dessen Unwirksamkeit geltend machen kann. Die Eigenschaft, auch bei Fehlerhaftigkeit (jedenfalls nach Ablauf der Rechtsbehelfsfristen) grundsätzlich wirksam zu sein, kommt also VAs („**Bestandskraft**“, vgl. dazu unten RdNr. 453) und gerichtlichen Urteilen („**Rechtskraft**“) zu, somit den wichtigsten einen Einzelfall regelnden Staatsakten. Andere Staatsakte haben diese Eigenschaft nicht, vor allem nicht Rechtsnormen (dazu oben RdNr. 146 ff.) und auch nicht andere Einzelfallregelungen wie beispielsweise Gemeinderatsbeschlüsse, die keine VAs sind; diese sind bei Rechtswidrigkeit in der Regel zugleich nichtig.

5.2 Fehlerarten

Beim Erlass eines VA sind viele verschiedene gesetzliche Vorgaben zu beachten; dazu kommt die korrekte Sachverhaltsermittlung. Dementsprechend gibt es auch viele Möglichkeiten, Fehler zu begehen. Allerdings ziehen nicht alle Fehler die gleichen Rechtsfolgen nach sich: Manche lassen die Rechtmäßigkeit des VA unberührt, andere führen zu Rechtswidrigkeit, sind aber heilbar, wieder andere machen den VA rechtswidrig und darüber hinaus auch noch nichtig bzw. unwirksam. Die folgende Übersicht zeigt die Fehlerarten und die damit verbundenen Fehlerfolgen auf: **431**

---

104 Zu Anfechtbarkeit, Bestandskraft und Aufhebungsmöglichkeiten vgl. die Erläuterungen im 7. Abschnitt.
105 BVerwG, DVBl 2012, 49; vgl. dazu auch Hebeler, JA 2012, 479.

432

VAs mit Fehlern	Folgen für den VA			
Fehlerarten	rechtmäßig	rechtswidrig	wirksam	unwirksam
„offenbare Unrichtigkeiten", § 42 VwVfG	X		X	
Fehlende oder fehlerhafte Rechtsbehelfsbelehrung, § 37 Abs. 6 VwVfG Folge: Verlängerung der Rechtsbehelfsfrist auf 1 Jahr, § 58 Abs. 2 VwGO	X		X	
Fehler im Verwaltungsverfahren (Zuständigkeit, Verfahren, Form) **Achtung:** Fehler ist eventuell heilbar, § 45 VwVfG, oder unbeachtlich, § 46 VwVfG		X	X	
Materielle (inhaltliche) Fehler (Ermächtigungsgrundlage, Tatbestand, Rechtsfolge, insbesondere Ermessensfehler)		X	X	
Fehler, die zur Nichtigkeit führen, § 44 Abs. 1, 2 VwVfG		X		X

5.3 Nichtigkeit

433 Der gesetzlichen Regelung in § 43 VwVfG lässt sich entnehmen, dass die **Nichtigkeit** und damit die Unwirksamkeit eines VA die **Ausnahme** sein soll; grundsätzlich werden VAs trotz Fehlerhaftigkeit mit ihrer Bekanntgabe wirksam. Nur ausnahmsweise führt die Rechtswidrigkeit des VA zu seiner Nichtigkeit, so dass der VA unwirksam (§ 43 Abs. 3 VwVfG; § 39 Abs. 3 SGB X) ist; er löst dann trotz Bekanntgabe keine Rechtsfolgen aus.

Die Frage der Nichtigkeit kann sich allerdings nur stellen, wenn überhaupt ein VA vorliegt; das ist nicht der Fall beim sogenannten **Nicht-Akt** (oder Schein-VA[106]). Solche Fälle sind in der Behördenpraxis jedoch ausgesprochen selten.

Beispiele sind etwa „Beförderungen" bei der Behörden-Karnevalsfeier, selbstgemalte „Verkehrsschilder" oder Maßnahmen von Automaten, die sich wegen technischen Defekts völlig von ihrer Programmierung gelöst haben, so dass praktisch kein menschlicher Wille mehr dahintersteht (z. B. Dauer-Rot bei Verkehrsampeln).

Die Voraussetzungen, unter denen ein VA nichtig ist, können sich zunächst aus (seltenen) **Spezialvorschriften** ergeben[107]; ansonsten greift die Regelung des § 44 VwVfG (§ 40 SGB X) ein[108]. Zunächst formuliert § 44 Abs. 1 VwVfG generalklauselartig, dass Nichtigkeit gegeben ist, „wenn der Verwaltungsakt an einem besonders schwerwiegenden Fehler leidet und dies bei verständiger Würdigung aller in Betracht kommender Umstände offenkundig ist."[109] Damit wird noch einmal deutlich gemacht, dass die Nichtigkeit des VA nur ausnahmsweise in Betracht kommt – nämlich nur dann, wenn der Fehler „besonders schwerwiegend" ist. Nur dann haben nach dem Willen des Gesetzgebers die (oben RdNr. 430 geschilderten) Belange der Rechtssicherheit weniger Gewicht als das rechtsstaatlich motivierte Interesse an einem rechtmäßigen und gesetzeskonformen Verwaltungshandeln[110]. Sodann regelt § 44 Abs. 2 VwVfG die Fälle, in denen der Gesetzgeber selbst den Fehler für so gravierend erachtet, dass der VA in jedem Fall nichtig sein muss; es wird also ein sog. „Positivkatalog" von Fehlern genannt, die Nichtigkeit nach sich ziehen. § 44 Abs. 3 VwVfG formuliert

106 Vgl. Fußnote 106.
107 z. B. § 11 BeamtStG, Nichtigkeit der Beamtenernennung, oder § 18 DRiG, Nichtigkeit der Ernennung zum Richter.
108 Dazu instruktiv und mit Fallbeispielen Beaucamp, JA 2007, 704 und Will/Rathgeber, JuS 2012, 1057.
109 So die Formulierung in § 44 Abs. 1 VwVfG NRW; § 44 BVwVfG benutzt den Begriff „offensichtlich".
110 Beaucamp, JA 2007, 704 m. w. N.

schließlich einen „Negativkatalog" und beschreibt Fehler, die der Gesetzgeber als weniger gravierend wertet, so dass sie für sich genommen auf gar keinen Fall zur Nichtigkeit führen.

In Klausuren und Prüfungsarbeiten empfiehlt es sich daher, § 44 VwVfG (§ 40 SGB X) in der folgenden Reihenfolge zu prüfen:
Liegt ein Fall des Abs. 2 vor? Dann ist der VA in jedem Fall nichtig.
Liegt ein Fall des Abs. 3 vor? Dann ist der VA auf keinen Fall nichtig.
Wenn beides nicht gegeben ist: Greift Abs. 1, ist also der Fehler „besonders schwerwiegend" und „offenkundig"? Dann ist Nichtigkeit gegeben. Die Positiv- und Negativbeispiele der Abs. 2 und 3 können dabei als Anhaltspunkte dienen.

§ 44 Abs. 2 VwVfG (ähnlich § 40 Abs. 2 SGB X) regelt die sog. „absoluten Nichtigkeitsgründe" (Positivkatalog). Dazu gehören: **434**
Nr. 1: Nichterkennbarkeit der erlassenden Behörde
Nr. 2: Nichtaushändigung einer vorgeschriebenen Urkunde
Nr. 3: Verletzung der sich aus der ortsgebundenen Lage einer Sache oder eines Rechts („Belegenheit") ergebenden örtlichen Zuständigkeit
Nr. 4: Tatsächliche Unmöglichkeit
Nr. 5: Gebot einer Straftat oder Ordnungswidrigkeit
Nr. 6: Verstoß gegen die guten Sitten.
Beispiele zu den einzelnen Nummern der jeweiligen Absätze 2 (wegen der begrenzten Relevanz dieser Sonderfälle in der behördlichen und gerichtlichen Praxis sollen hier nur wenige Hinweise genügen):
VAs, die unter **Nr. 1** fallen, können sich z. B. bei automatischer Textverarbeitung durch Fortfall des „Bausteines Briefkopf" ergeben. Ist die erlassende Behörde für den Betroffenen nicht erkennbar, dann kann er nicht wissen, gegen wen er sich mit seinem Rechtsbehelf wenden kann – dies ist nach der Wertung des Gesetzgebers vor dem Hintergrund von Art. 19 Abs. 4 GG ein nicht zu tolerierender Fehler.
Ein Beispiel zu **Nr. 2** ist die Einbürgerung ohne Aushändigung der Einbürgerungsurkunde (§ 16 S. 1 StAG) oder die Ernennung zum Beamten ohne Aushändigung der Ernennungsurkunde (§ 8 Abs. 2 BeamtStG). Zu beachten ist, dass § 44 Abs. 2 Nr. 2 VwVfG nur konstitutive Urkunden erfasst; die Anordnung der Urkundenübergabe muss gesetzlich festgelegt sein.
Beispiel zu **Nr. 3**: Die Oberbürgermeisterin der Stadt Köln erteilt eine Baugenehmigung für ein in Düsseldorf gelegenes Grundstück. Achtung: Der Nichtigkeitsgrund des § 44 Abs. 2 Nr. 3 VwVfG greift nur bei Zuständigkeitsverstößen wegen der Belegenheit der Sache, § 3 Abs. 1 Nr. 1 VwVfG – nur, wenn es um Angelegenheiten des unbeweglichen Vermögens oder ortsgebundene Rechte geht, führt örtliche Unzuständigkeit zur Nichtigkeit. Verstöße gegen die übrigen Regeln der örtlichen Zuständigkeit in § 3 VwVfG führen niemals zur Nichtigkeit, § 44 Abs. 3 Nr. 1 VwVfG! Auch Verstöße gegen die sachliche Zuständigkeit machen einen VA regelmäßig „nur" rechtswidrig.
Nr. 4 erfasst die Fälle der objektiven Unmöglichkeit, etwa die Abbruchverfügung für ein bereits beseitigtes Gebäude[111].
Nr. 5 betrifft die Fälle der „rechtlichen Unmöglichkeit"[112]. Dahinter steht der Gedanke der „Einheit der Rechtsordnung" und das Rechtsstaatsprinzip: Wegen ihrer Bindung an Recht und Gesetz darf die Verwaltung nicht etwas anordnen, was gesetzlich verboten und sogar mit Strafe oder Bußgeld sanktioniert ist.
Nr. 6 greift den Rechtsgedanken des § 138 BGB auf, allerdings werden die „guten Sitten" im Verwaltungsrecht leicht anders definiert: Der Begriff der „guten Sitten" ist ein unbestimmter Rechtsbegriff, der die „dem geschichtlichen Wandel unterworfenen

111 Vgl. BVerwG, NVwZ 92, 564; vgl. auch oben RdNr. 425.
112 S. oben RdNr. 426.

sozialethischen Wertvorstellungen“ umfasst, die „in der Rechtsgemeinschaft als maßgebliche Ordnungsvoraussetzungen anerkannt sind.“[113] Nichtig sind sowohl VAs, die selbst ein sittenwidriges Verhalten anordnen, aber auch solche, die ein sittenwidriges Verhalten erlauben, wie z. B. eine Genehmigung für eine Zwergenweitwurf-Veranstaltung[114]. Da das Bundesverwaltungsgericht zu Recht hervorgehoben hat, dass die Frage der Sittenwidrigkeit dem geschichtlichen (Werte-) Wandel unterworfen ist, ist der Anwendungsbereich der Norm heute nur noch gering. Achtung: VAs, die durch arglistige Täuschung, Drohung oder Bestechung erwirkt wurden, fallen nicht unter § 44 Abs. 3 Nr. 6 VwVfG, da der Gesetzgeber diese Fälle in § 48 Abs. 2 S. 3 Nr. 1 VwVfG geregelt hat: Solche VAs sind (nur) rechtswidrig.

435 In **§ 44 Abs. 3** VwVfG (ähnlich § 40 Abs. 3 SGB X) sind – umgekehrt – die Fälle aufgeführt, in denen ein Fehler **nicht** zur Nichtigkeit führt. Es handelt sich um die Verletzung einzelner formeller Vorschriften:
Nr. 1: Nichteinhalten der (allgemeinen) örtlichen Zuständigkeit
Nr. 2: Mitwirkung bestimmter ausgeschlossener Personen
Nr. 3: Fehlende Mitwirkung eines Ausschusses
Nr. 4: Fehlende Mitwirkung einer anderen Behörde.

Hier ist zu beachten, dass Nr. 1 nur die örtliche Zuständigkeit betrifft und dies im Rahmen des VwVfG auch nur soweit, als nicht ein Fall des § 44 Abs. 2 Nr. 3 VwVfG gegeben ist. § 40 Abs. 3 Nr. 1 SGB X erfasst hingegen alle Verstöße gegen die örtliche Zuständigkeit; diese führen nicht zur Nichtigkeit des VA.

Die in Abs. 3 aufgezählten Fehler führen für sich genommen „nur“ zur Rechtswidrigkeit des VA, allerdings ist in den Fällen der Nr. 3 und 4 eine Heilung nach § 45 Abs. 1 Nr. 4 und 5 VwVfG möglich. Ein Zuständigkeitsverstoß wie in Nr. 1 beschrieben kann unter den Voraussetzungen des § 46 VwVfG unbeachtlich sein. Bei dem Verstoß gegen die Befangenheitsvorschriften nach Nr. 2 ist zu beachten, dass auf § 20 Abs. 1 S. 1 Nr. 1 VwVfG **nicht** verwiesen wird.

Erteilt sich ein Bauamtsmitarbeiter also selbst eine Baugenehmigung, ist dies kein Fall der Nr. 2. Ob die Genehmigung allerdings nichtig ist, beurteilt sich allein nach § 44 Abs. 1 VwVfG.

436 Nach der Generalklausel des § 44 Abs. 1 VwVfG ist ein VA nichtig, wenn zwei Aspekte kumulativ gegeben sind:
1. Der Fehler muss „**besonders schwerwiegend**“ sein, und
2. dies muss auch „**offenkundig**“ (§ 44 Abs. 1 VwVfG NRW) bzw. „offensichtlich“ (BVwVfG) sein.

437 Das Gesetz arbeitet hier mit zwei unbestimmten Rechtsbegriffen, die insbesondere durch die Rechtsprechung des Bundesverwaltungsgerichts näher ausgeformt werden. Dabei hebt das Gericht den Ausnahmecharakter des § 44 VwVfG hervor und lässt bei der Annahme von Nichtigkeit große Zurückhaltung walten, denn die Rechtsfolge der Nichtigkeit eines Verwaltungsakts stellt sich „als eine besondere Ausnahme von dem Grundsatz dar, dass ein Akt staatlicher Gewalt die Vermutung seiner Gültigkeit in sich trägt.“[115]
Ein Verwaltungsakt leidet „nur dann an einem besonders schweren Fehler, wenn er mit der Rechtsordnung unter keinen Umständen vereinbar ist; die Verletzung selbst einer wichtigen Rechtsbestimmung lässt den Fehler allein noch nicht als besonders schwerwiegend erscheinen“,[116] hat das Bundesverwaltungsgericht festgehalten. In einem anderen Fall hat es entschieden, dass ein Fehler nur dann „besonders schwerwie-

---

113 BVerwGE 64, 274, 276 f. – Sittenwidrigkeit von Peep-Shows.
114 VG Neustadt, NVwZ 1993, 98.
115 BVerwG, NVwZ 2000, 1039, 1040.
116 BVerwGE 104, 289, 296.

gend" sei, wenn er den VA „schlechterdings unerträglich, d. h. mit tragenden Verfassungsprinzipien oder der Rechtsordnung immanenten wesentlichen Wertvorstellungen unvereinbar erscheinen" lasse[117]. Anhaltspunkte geben der Positivkatalog des § 44 Abs. 2 VwVfG und der Negativkatalog des Abs. 3: Der Fehler muss deutlich schwerer ausfallen als die in Abs. 3 genannten (die gerade nicht nur Nichtigkeit führen), und sollte mindestens von ebensolcher Bedeutung sein wie die Nichtigkeitsgründe in Abs. 2. Auch die §§ 45, 46 VwVfG geben Hinweise: Die dort genannten Fehler sind heilbar bzw. unbeachtlich; ein Fehler, der zur Nichtigkeit führt, muss also deutlich schwerwiegender sein. Nicht ausreichend für einen besonders schwerwiegenden Verstoß ist, dass ein VA keine Ermächtigungsgrundlage hat oder dass die Ermächtigungsgrundlage – z. B. eine nichtige Satzung – ungültig ist (sog. gesetzloser VA)[118]. Auch ein Verstoß gegen Vorschriften der Verfassung, insbesondere gegen Grundrechte, erfüllt nicht ohne weiteres die Voraussetzungen der Nichtigkeit. Zwar verstößt ein solcher VA gegen grundlegende Wertvorstellungen der Rechtsordnung, jedoch nicht unbedingt in einem für die Nichtigkeit ausreichend starkem Maß. Auch ein Verstoß gegen Gemeinschaftsrecht begründet für sich genommen noch keinen „besonders schwerwiegenden" Fehler[119].

Zudem muss der schwere Fehler „offensichtlich" oder „offenkundig" sein – zugrunde **438**
zu legen ist dabei als Maßstab der „verständige Bürger", der über keine besonderen juristischen Kenntnisse verfügt. Die Fehlerhaftigkeit des VA muss sich dem unbefangenen Betrachter geradezu aufdrängen; häufig liest man, dass dem VA die Fehlerhaftigkeit „auf die Stirn geschrieben" sein müsse[120]. Nicht offenkundig sind Fehler, die nur aufgrund fachlich-technischer oder juristischer Spezialkenntnisse herausgefunden werden können.

Nimmt man die beiden Tatbestandsvoraussetzungen der Generalklausel zusammen und berücksichtigt die Wertung des Gesetzgebers, wonach Fehler nur ausnahmsweise zur Nichtigkeit führen sollen, so ist der Anwendungsbereich der Generalklausel recht gering; auch in Prüfungsarbeiten ist im Umgang mit § 44 Abs. 1 VwVfG Zurückhaltung angeraten.

Als nichtig gemäß § 44 Abs. 1 VwVfG wird z. B. eine Genehmigung angesehen, die ein Behördenmitarbeiter sich selbst erteilt, § 20 Abs. 1 Nr. 1 VwVfG. Auch völlige Unbestimmtheit des VA führt zur Nichtigkeit, etwa ein Bauvorbescheid, der die planungsrechtliche Zulässigkeit offenlässt[121]. In sich widersprüchliche oder vollkommen unverständliche VAs können nach Abs. 1 nichtig sein. Übereinstimmend werden auch Fälle der absoluten sachlichen Unzuständigkeit als nichtig bewertet, wenn also eine Behörde handelt, die offensichtlich unter keinem denkbaren Gesichtspunkt sachlich für den Erlass des VA zuständig sein kann. Beispiel: Der Bürgermeister der Gemeinde G schickt an eine radikale Partei einen Bescheid, der die Partei für verfassungswidrig erklärt – diese Entscheidung ist nach Art. 21 Abs. 2 GG ausschließlich dem Bundesverfassungsgericht vorbehalten.

§ 44 Abs. 4 VwVfG (§ 40 Abs. 4 SGB X) geht – im Gegensatz zu § 139 BGB – davon **439**
aus, dass bei **Teilnichtigkeit** im Normalfall der fehlerfreie Teil des VA aufrechterhalten bleiben soll. Diese Regelung entspricht der Gesamttendenz des Verwaltungsverfahrensrechts, der Rechtssicherheit und dem staatlichen Interesse am Fortbestand des VA einen hohen Stellenwert einzuräumen. Gesamtnichtigkeit tritt nur dann ein, wenn der nichtige Teil so wesentlich ist, dass die Behörde den VA ohne den nichtigen Teil nicht erlassen hätte, wenn also der Rest nicht mehr aus sich heraus verständlich wäre, wenn

117 BVerwG, NVwZ 2000, 1039, 1040.
118 BVerwG, NVwZ 1998, 1061, 1062.
119 BVerwGE 138, 322, 327.
120 Z. B. bei Sauerland, Allgemeines Verwaltungsrecht, RdNr. 322.
121 OVG Münster, NVwZ 1989, 1081.

der VA einen anderen Sinn erhalten würde oder wenn der nichtige Teil nicht abtrennbar ist.

440 Ist ein VA nichtig, so löst er **keine Rechtsfolgen** aus; der Bürger muss ihn nicht befolgen, kann aber auch z. B. aus einer nichtigen Genehmigung keine Erlaubnis herleiten. Ein nichtiger VA kann weder vollstreckt werden noch darf die Verwaltung sonstige negative Folgen an ihn knüpfen, z. B. wegen Verstoßes gegen einen nichtigen VA ein Bußgeld verhängen.

441 Ein nichtiger VA hat zwar keinerlei Rechtswirkungen; dennoch kann der Adressat oder eventuell ein Drittbelasteter ein Interesse daran haben, dass diese Unwirksamkeit auch „offiziell" festgestellt wird. Dafür kommt zunächst ein Antrag bei der Behörde in Betracht, die gemäß § 44 Abs. 5 VwVfG die Nichtigkeit jederzeit von Amts wegen feststellen kann – und sie feststellen muss, wenn der Antragsteller daran ein berechtigtes Interesse hat. Daneben ist aber auch eine Nichtigkeitsfeststellungsklage gemäß § 43 Abs. 1 VwGO (§ 55 Abs. 1 Nr. 4 SGG) möglich; der Antrag nach § 44 Abs. 5 VwVfG ist keine Sachentscheidungsvoraussetzung für den Erfolg der Klage, muss also nicht zwingend vor Erhebung der Klage gestellt werden. Aus praktischen Gründen wird ganz überwiegend auch die Erhebung einer Anfechtungsklage gegen den nichtigen VA für zulässig gehalten – so muss der Kläger nicht das „Prognoserisiko" tragen, dass der von ihm für nichtig gehaltene VA dies vielleicht gar nicht ist[122]. Die Anfechtungsklage hat auch dann Erfolg, wenn der VA „nur" rechtswidrig ist.

5.4 Rechtswidrigkeit

442 Wie bereits dargestellt ist die Nichtigkeit als Fehlerfolge von der Wertung des Gesetzes her die Ausnahme; in der Regel ist ein VA mit einem Fehler „nur" rechtswidrig. Rechtswidrig bedeutet, dass der VA gegen gesetzliche Vorschriften und damit gegen das Prinzip vom Vorrang des Gesetzes verstößt. Denkbar sind zum einen „formelle" Fehler, die die Zuständigkeit, die Durchführung des Verwaltungsverfahrens oder die Form des VA betreffen, es können aber auch „materielle" Fehler auftreten, die aus einer fehlerhaften Anwendung der Rechts- oder Ermächtigungsgrundlage resultieren und den VA inhaltlich „falsch" machen. In Betracht kommen hier insbesondere Fehler bei der Auslegung und Anwendung der normativen Voraussetzungen sowie Fehler in der Ermessensausübung.
Solche rechtswidrigen VAs werden mit ihrer Bekanntgabe wirksam und bleiben es auch, bis ein Fall des § 43 Abs. 2 VwVfG eintritt. Die in ihnen enthaltene Regelung bindet den Adressaten und die Behörde und sie können vollstreckt werden – denn für die Rechtmäßigkeit der Vollstreckung ist nur die Wirksamkeit des VA, nicht aber seine Rechtmäßigkeit von Bedeutung[123].

443 Folge der Rechtswidrigkeit eines VAs ist zum einen seine **Anfechtbarkeit** (durch den betroffenen Bürger) und zum anderen seine **Aufhebbarkeit** (durch die Behörde):
Der Adressat eines rechtswidrigen (aber wirksamen) VA kann und muss diesen anfechten, wenn er verhindern will, dass der VA bestandskräftig wird und dann dauerhaft wirksam bleibt; er kann durch **Widerspruch** und/oder **Anfechtungsklage** die Aufhebung erzwingen (§§ 68, 42, 113 VwGO; §§ 78, 54, 131 SGG). Dabei hat er allerdings gewisse formelle Voraussetzungen zu beachten, insbesondere muss er den richtigen Rechtsbehelf fristgemäß erheben. Durch den Erlass des VA drängt die Behörde den Betroffenen in die Defensive und in eine „Klägerrolle"; wehrt er sich nicht, ist er der

---

122 Will/Rathgeber, JuS 2012, 1057, 1063 m. w. N.
123 Vgl. dazu unten RdNr. 1127.

Regelung des (rechtswidrigen) VA dauerhaft ausgesetzt: Der VA wird bestandskräftig und damit unanfechtbar. Durch diese gesetzliche Regelung wird dem Betroffenen zugleich das Klagerisiko aufgebürdet. Nur durch das Einlegen eines Rechtsbehelfs kann zugleich eine sofortige Vollstreckung des VA verhindert werden, denn Widerspruch und Anfechtungsklage entfalten grundsätzlich aufschiebende Wirkung, § 80 Abs. 1 VwGO.
Die Behörde ihrerseits kann die Wirksamkeit eines rechtswidrigen VA durch eine **Rücknahme**, also den Erlass eines zweiten VA, der die zunächst getroffene Regelung wieder aufhebt, beseitigen, § 43 Abs. 2, § 48 VwVfG (§§ 44, 45 SGB X[124]) – allerdings steht diese Entscheidung gemäß § 48 VwVfG in ihrem Ermessen. Die Möglichkeit zur Rücknahme ist auch dann noch gegeben, wenn die Rechtsbehelfsfristen für den Bürger bereits verstrichen und der VA unanfechtbar ist („... auch nachdem er unanfechtbar geworden ist ...“, § 48 VwVfG, §§ 44, 45 SGB X).

Für bestimmte formelle Fehler, die nicht zur Nichtigkeit, wohl aber zur Rechtswidrigkeit des VA führen, sieht das Gesetz in § 45 VwVfG die Möglichkeit der **Heilung** vor; durch die Nachholung der versäumten Handlung wird der VA rechtmäßig. Daneben regelt § 46 VwVfG, dass bei Vorliegen gewisser formeller Fehler der Anspruch des Betroffenen auf Aufhebung des rechtswidrigen VA entfällt, wenn der Fehler den VA in der Sache nicht beeinflusst hat – in diesen Fällen bleibt es zwar bei der Rechtswidrigkeit des VA, allerdings führt eine Klage nicht zur Aufhebung und damit nicht zum Erfolg[125]. **444**
Auch materielle Fehler, insbesondere unzureichende Ermessenserwägungen, können in gewissem Umfang noch nachträglich geheilt werden; dies geschieht durch das sog. „Nachschieben von Gründen“, vgl. § 114 S. 2 VwGO[126].

Eine weitere Option, einen rechtswidrigen VA zu „retten“, bietet § 47 VwVfG (§ 43 SGB X); sind die Voraussetzungen dieser Norm gegeben, kann ein rechtswidriger und sogar ein nichtiger VA in einen rechtmäßigen VA umgedeutet werden (**Umdeutung** oder **Konversion**)[127]. Nach überwiegender Ansicht tritt die heilende Wirkung sogar kraft Gesetzes ein[128]; sie kann entweder von der Behörde (Ausgangs- und auch Widerspruchsbehörde) oder vom Verwaltungsgericht festgestellt werden. Die Möglichkeit der Umdeutung dient der Verfahrensökonomie: Der Aufwand für den Erlass eines neuen VA soll vermieden werden, wenn die Voraussetzungen eines anderen, rechtmäßigen VA vorliegen, der dem Willen der Behörde entspricht[129]. Typischerweise kommt eine Umdeutung in Betracht, wenn der rechtmäßige VA schon als „Minus“ in dem rechtswidrigen oder nichtigen VA enthalten ist, und keine zusätzlichen Verfahrens- oder Formvorschriften für seinen Erlass zu beachten sind; auch muss die Behördenzuständigkeit für beide VAs gegeben sein. **445**

Beispiel: Eine wegen mangelnder vorheriger Beteiligung des Personalrats rechtswidrige fristlose Entlassung eines Beamten auf Probe kann bei nachträglicher Zustimmung des Personalrats umgedeutet werden in eine rechtmäßige fristgerechte Entlassung[130]. Ein fehlerhafter Rücknahmebescheid kann zumindest dann in eine nur „deklaratorische“ Aufhebung umgedeutet werden, wenn die Rücknahme wegen des vorherigen Eintritts einer auflösenden Bedingung rechtlich nicht mehr möglich war, die mit der Rücknahme verbundene Rückforderung jedoch weiterhin rechtmäßig

124 Vgl. hierzu unten RdNr. 733 ff.
125 Zur Möglichkeit der nachträglichen Heilung vgl. unten RdNr. 706 ff.; zur Unbeachtlichkeit von Fehlern RdNr. 711 ff.
126 Vgl. hierzu unten RdNr. 694.
127 Ausführlich hierzu Leopold, Jura 2006, 895.
128 Detterbeck, Allgemeines Verwaltungsrecht, RdNr. 642 m. w. N.
129 Fremuth, JA 2012, 844, 845.
130 BVerwGE 91, 73, 74.

ist, § 49a Abs. 1 VwVfG[131]. Ein Vorausleistungsbescheid lässt sich in einen endgültigen Beitragsbescheid umdeuten[132]; eine nicht erforderliche und deshalb auch nicht zulässige Genehmigung in eine Unbedenklichkeitsbescheinigung[133].

Folgende **Voraussetzungen** müssen für eine Umdeutung gegeben sein:
- Vorliegen eines fehlerhaften (rechtswidrigen oder nichtigen) VA,
- Zielgleichheit der ursprünglichen und der neuen Regelung,
- die Erlassvoraussetzungen für den neuen VA müssen gegeben sein (formell und materiell),
- der neue VA darf zur Absicht der Behörde nicht im Widerspruch stehen,
- er darf keine ungünstigeren Rechtsfolgen für den Betroffenen enthalten,
- eine Rücknahme des fehlerhaften VA muss zulässig sein,
- es darf keine Umdeutung einer gebundenen Entscheidung in eine Ermessensentscheidung vorgenommen werden
- der Betroffene muss vorher angehört werden.

446 In der Verwaltungspraxis führt nicht allein diese Vielzahl von positiven und negativen gesetzlichen Voraussetzungen dazu, dass die Umdeutung wenig Relevanz hat. Auch die (dem verfahrensökonomischen Gesetzeszweck entsprechende) Tatsachenkonstellation, dass nämlich in einem fehlerhaften VA ein anderer, rechtmäßiger VA mehr oder weniger schon „mitenthalten" ist, tritt in der Praxis nur selten auf. Soweit die Rechtsprechung mit den §§ 47 VwVfG, 43 SGB X überhaupt befasst wird, verneint sie das Vorliegen der Umdeutungsvoraussetzungen in den meisten Fällen.

5.5 Sonstige Fehler

5.5.1 „Offenbare Unrichtigkeiten"

447 § 42 VwVfG (§ 38 SGB X) räumt der Behörde das Recht ein, „Schreibfehler, Rechenfehler und ähnliche offenbare Unrichtigkeiten" jederzeit zu berichtigen; Beteiligte können dies von der Behörde verlangen, wenn sie ein berechtigtes Interesse daran haben. Ein VA mit einem solch „offenbaren" Fehler wird vom Gesetz als von Anfang an rechtmäßig angesehen – denn es ist ja „offenbar", also für jeden „verständigen Leser" problemlos erkennbar, welchen Inhalt der VA hat[134]. Der Berichtigung durch die Behörde kommt insoweit nur eine klarstellende Funktion zu – eine inhaltliche Änderung des VA wird durch die Berichtigung nicht bewirkt. Der VA wird bereits mit seiner Bekanntgabe mit dem „richtigen" Inhalt wirksam; eine eventuelle nachträgliche Berichtigung ist nicht als Rücknahme und Neuerlass des VA zu werten, sondern stellt nur klar, was von Anfang an bereits galt. Entsprechend greift bei einer Berichtigung auch kein Vertrauensschutz ein, da eine offenbare („ins Auge springende") Unrichtigkeit keinen Vertrauenstatbestand beim Empfänger begründen kann.
Schreib- und Rechenfehler werden als typische Beispiele genannt, sie und die sonstigen „offenbaren Fehler" lassen die Rechtmäßigkeit des VA unberührt, wenn der Fehler beim Lesen sofort erkennbar ist[135] und außerdem klar wird, was wirklich gemeint ist.

Beispiele: Ein Schreibfehler liegt vor, wenn der Adressat nicht mit „Herr Manfred Schmidt", sondern mit „Herr Manfred Schmid" bezeichnet wird. Ähnlich, wenn dem bauwilligen Eigentümer der Grundstücksparzelle 516 wegen eines Diktat- oder Tippfehlers eine Baugenehmigung für die (fremde) Parzelle 615 erteilt wird. Auch Rechenfehler müssen „offenbar" sein – dies ist der Fall, wenn die Behörde im Bescheid einen einfachen Rechenvorgang (z. B. Addition) vor-

---

131 VG Köln, Gerichtsbescheid vom 17. August 2015 – 16 K 6804/14 –, juris.
132 VGH München, NVwZ 84, 184.
133 BVerwGE 57, 158.
134 Sachs in Stelkens/Bonk/Sachs, VwVfG, § 42 RdNr. 22 ff.
135 BSGE 67, 70, 72.

nimmt und dabei zu einem falschen Ergebnis kommt, was jedermann unschwer feststellen könnte. Allerdings sind nach der Rechtsprechung bei Rechenfehlern die Anforderungen an den „verständigen Leser" hoch: So erwartet das BSG, dass auch eine 17-seitige Rentenberechnung vom Empfänger „Seite für Seite" gelesen wird – und dass eine Prozentrechnung zumindest „überschlägig" nachvollzogen wird[136]. Kritisch zu sehen ist auch die Rechtsprechung des BFH, wonach Berechnungsfehler, die auf eine fehlerhafte Datenverarbeitung zurückzuführen sind, in der Regel als unbeachtlich gelten und schlicht berichtigt werden können – so werden die Risiken der Verwaltungsautomation weitgehend auf den Bürger abgewälzt[137].

5.5.2 Fehlerhafte oder fehlende Rechtsbehelfsbelehrung

Gemäß § 37 Abs. 6 VwVfG (§ 36 SGB X) ist einem schriftlichen oder elektronischen **448**
VA, der der Anfechtung unterliegt, eine Rechtsbehelfsbelehrung beizufügen[138]. Geschieht dies nicht, oder ist die Rechtsbehelfsbelehrung fehlerhaft, so wird zwar gegen gesetzliche Vorgaben verstoßen, doch macht dieser Fehler den VA nicht rechtswidrig. Dies ergibt sich aus der Überlegung, dass die Rechtsbehelfsbelehrung dem VA ergänzend „beigefügt" wird; sie ist nicht Teil der Regelung bzw. Inhalt des VA, sondern eine zusätzliche Ergänzung, die den Betroffenen über seine weiteren Rechte informiert. Der VA selbst wird durch die Rechtsbehelfsbelehrung nicht berührt; seine Rechtmäßigkeit ist unabhängig von der Rechtsbehelfsbelehrung zu beurteilen. Konsequenz einer fehlerhaften oder gar fehlenden Rechtsbehelfsbelehrung ist die Verlängerung der Rechtsbehelfsfrist auf ein Jahr, § 58 Abs. 2 VwGO.

---

136 BSGE 67, 70, 72.
137 Vgl. hierzu die Nachweise bei Kopp/Ramsauer, VwVfG, § 42 RdNr. 12.
138 Näher hierzu unten RdNr. 696 ff.

7. Abschnitt: Bestandskraft des Verwaltungsaktes. Rücknahme und Widerruf. Wiederaufgreifen

1. Bestandskraft

449 Mit dem Erlass des VA kommt das vorausgegangene Verwaltungsverfahren gemäß §§ 9 VwVfG, 8 SGB X zu einem Abschluss. Für das Verhältnis zwischen Bürger und Behörde sind dabei besonders wesentlich die Regelungs- und die Bestandskraftfunktion des VA (vgl. oben RdNr. 309). Der Begriff **„Bestandskraft des Verwaltungsaktes"** findet sich z. B. als Abschnitts- bzw. Titelüberschrift vor den §§ 43 ff. VwVfG, 39 ff. SGB X und z. B. im Wortlaut des § 48 Abs. 3 SGB X, wird jedoch im Gesetz nirgends näher erläutert; er ist in Literatur und Rechtsprechung trotz vielfacher Verwendung unklar und umstritten geblieben.

Für die Verwaltungspraxis und für die Ausbildung sind die unterschiedlichen Definitionen des Begriffs „Bestandskraft" weitgehend ohne Bedeutung; deshalb wird hier auf eine Darstellung der einzelnen Standpunkte verzichtet. – Auch Vergleiche mit der „Rechtskraft" gerichtlicher Entscheidungen, die zu einer Differenzierung zwischen „formeller Bestandskraft" (= Unanfechtbarkeit) und „materieller Bestandskraft" (= Abweichungsverbot, Bindung der Behörde und der Beteiligten an die Regelung) führen, sind nur begrenzt aussagekräftig, da VAe in Wirkung, Bindung und Aufhebbarkeit ihrem eigenen Regelungssystem unterliegen.

1.1 Wirksamkeit des VA

450 Mit Bekanntgabe wird der VA wirksam, das heißt er führt die in ihm geregelte Rechtsfolge herbei (Abs. 1 u. 2 der §§ 43 VwVfG, 39 SGB X). Grundsätzlich ist auch ein rechtswidriger VA (erst einmal) wirksam; Wirksamkeit tritt ausnahmsweise aber nicht ein, wenn der VA nichtig ist (vgl. oben RdNr. 433 ff.).

Praktisch noch nicht wirksam ist der gemäß § 80 Abs. 1 VwGO, § 86a Abs. 1 SGG („aufschiebende Wirkung" von Widerspruch und Klage) suspendierte VA.

Der wirksame VA bindet die Beteiligten, und die Behörde darf ihn nur unter bestimmten Voraussetzungen wieder aufheben (vgl. unten RdNr. 462–531).

Beispiele: Ist dem B von der Behörde eine Subvention bewilligt und ausgezahlt worden, so kann die Behörde diesen Betrag nicht einfach mit der Begründung zurückverlangen, B hätte die Subvention nach den gesetzlichen Vorschriften nicht erhalten dürfen. Denn der Subventionsbescheid rechtfertigt die Zahlung; er ist Rechtsgrund für sie. Erst nach seiner Aufhebung kann ein Rückforderungsanspruch bestehen (vgl. § 49a VwVfG: „... soweit ein Verwaltungsakt ... zurückgenommen oder widerrufen worden ... ist, sind bereits erbrachte Leistungen zu erstatten.")[1]. Unter besonderen Umständen wird allerdings eine stillschweigende Aufhebung bei der Rückforderung anerkannt. – Hat die Bauaufsichtsbehörde einen Bau genehmigt, so darf sie, solange die Genehmigung wirksam ist, nicht einen Baustopp erlassen, den Abbruch verfügen oder eine der Genehmigung entsprechende Nutzung untersagen.

451 Soll bei einem VA die Rechtsfolge abweichend vom Zeitpunkt der Bekanntgabe (also abweichend von § 43 Abs. 1 VwVfG bzw. § 39 Abs. 1 SGB X) eintreten, so ist zwischen **äußerer und innerer Wirksamkeit** zu unterscheiden:

Beispiel: Am 24.6. wird einem Beamten die Urkunde ausgehändigt, wonach er mit Wirkung zum 1.7. befördert wird. Äußere Wirksamkeit erlangt dieser VA bereits am 24.6., während die innere Wirksamkeit erst am 1.7. eintritt. Für die Bindung der Beteiligten, den Beginn der Rechtsbehelfs-

1 Vgl. zur Rückforderungen zu Unrecht erbrachter Leistungen: VGH Mannheim, NVwZ-RR 2016, 9.

fristen und für die Anwendung der Rücknahmevorschriften ist die äußere Wirksamkeit maßgebend.
Nicht unbedingt mit der Wirksamkeit (allein) verbunden ist die Vollziehbarkeit, da sie noch von weiteren vollstreckungsrechtlichen Voraussetzungen abhängt (vgl. unten RdNr. 1100 ff.).

Die **Wirksamkeit** des VA **endet** mit seinem Erlöschen. Erlöschensgründe sind: 452
- gesetzliche Regelung (Beispiel: Erlöschen einer Gaststättenerlaubnis wegen Nichtgebrauchs nach § 8 GastG),
- Eintritt einer auflösenden Befristung oder Bedingung (Beispiele unter RdNr. 550, 501 f.),
- Tod des Adressaten beim höchstpersönlichen VA (Beispiel: bei der Fahrerlaubnis; vgl. oben RdNr. 294 ff.),
- Fortfall einer (vorgeschriebenen) dauernden Bekanntgabe (Beispiel: Beseitigung oder Unkenntlichmachung eines Verkehrszeichens),
- nachträgliche Unmöglichkeit der in einem VA mit Dauerwirkung getroffenen Regelung (Beispiele oben RdNr. 424 f.),
- Aufhebung durch die Verwaltungsbehörde im Rechtsbehelfsverfahren oder durch Rücknahme bzw. Widerruf (zahlreiche Beispiele unten RdNr. 462 ff.),
- Aufhebung durch die Verwaltungsgerichte gemäß §§ 113 VwGO, 131 SGG (Beispiele zu Aufhebungstenor unten RdNr. 1082 ff.),
- (sonstige) Erledigung des VA, vgl. jeweils Abs. 2 der §§ 43 VwVfG, 39 SGB X (Beispiel: Ablauf des Tages, an dem eine geplante Veranstaltung stattfinden sollte).

Trotz Erledigung des VA kann der Betroffene gemäß §§ 113 Abs. 1 S. 4 VwGO, 131 Abs. 1 S. 3 SGG auf Feststellung klagen, „dass der Verwaltungsakt rechtswidrig gewesen ist" (Fortsetzungsfeststellungsklage). In diesem Zusammenhang hat der Begriff der Erledigung des VA seine hauptsächliche Bedeutung.

1.2 Unanfechtbarkeit des VA (Bestandskraft)

Wenn ein – nicht nichtiger – VA unanfechtbar geworden ist, kommt ihm („formelle") **Bestandskraft** zu. Diese Unanfechtbarkeit tritt vor allem ein, wenn die Fristen für Rechtsbehelfe abgelaufen sind, aber auch wenn der Betroffene auf ihre Einlegung verzichtet hat, wenn eine Klage rechtskräftig abgewiesen worden ist, der Rechtsweg erschöpft ist. 453
Die Bestandskraft bedeutet:
- Rechtsbehelfe sind unzulässig. Dies beschränkt ausschließlich die Möglichkeit des Adressaten, sich gegen den VA zur Wehr zu setzen; die Befugnisse der Behörde zur Änderung oder Aufhebung des VA (im Rahmen von Rücknahme und Widerruf) bleiben unberührt.
- Das Verwaltungsverfahren ist abgeschlossen. Die Behörde kann Anträge auf Änderung oder Neuprüfung grundsätzlich ablehnen. Nur unter engen Voraussetzungen ist ein Wiederaufgreifen des Verwaltungsverfahrens möglich (dazu noch unten RdNr. 515 ff.).

1.3 Umfang der Bindungswirkung[2]

In der behördlichen Praxis ergibt sich manchmal die Frage, inwieweit ein gegenüber einem Adressaten erlassener VA in ein weiteres Verwaltungsverfahren hineinwirkt oder inwieweit andere staatliche Stellen an einen erlassenen VA gebunden sind. 454

2 Umfassend zu den Bindungswirkungen: Schroeder, DÖV 2009, 217.

455 1.3.1 Die **Bindung** des Adressaten korrespondiert mit der Regelungswirkung des VA (vgl. oben RdNr. 308) und ist in Zweifelsfällen durch Auslegung zu ermitteln. Dabei kann in der Praxis problematisch sein, inwieweit die Bestandskraft eines unanfechtbaren Ablehnungsbescheids in ein weiteres Verwaltungsverfahren zwischen denselben Beteiligten ausstrahlt[3].

Beispiel: B hat im Außenbereich ohne Baugenehmigung eine Blockhütte gebaut. Der Antrag auf nachträgliche Erteilung der Genehmigung wurde abgelehnt; ein Widerspruch blieb erfolglos; Klage erhob B nicht. Später erließ die Baubehörde eine Abbruchverfügung, gegen die B nach erfolglosem Widerspruch jetzt Anfechtungsklage erhob. Das BVerwG[4] hat hierzu entschieden, „dass die Bestandskraft insoweit in das nachfolgende Verfahren nicht hineinwirkt". Diese Entscheidung ist nicht ohne Kritik geblieben (vgl. noch unten RdNr. 529). Soweit die beiden Verwaltungsverfahren nicht denselben Verfahrensgegenstand haben (hier: einerseits Baugenehmigung, andererseits Abbruchgebot), ist der Auffassung des BVerwGs zuzustimmen.

Soweit es sich um denselben Verfahrensgegenstand handelt, ist von Bestandskraft auszugehen, so dass keine neue Überprüfung erfolgt.

Beispiel: Gleicher Verfahrensgegenstand zu bejahen für den Fall, dass ein Ausländer unanfechtbar ausgewiesen worden ist und nun nachträgliche Befristung der Ausweisung erstrebt.

456 Die **Bindung eines Drittbetroffenen** durch den VA entspricht der des Adressaten, wobei allerdings der Lauf von Rechtsbehelfsfristen für den Dritten zu einem anderen Zeitpunkt einsetzen kann, wenn der VA nicht beiden gleichzeitig bekannt gegeben worden ist.

457 1.3.2 Grundsätzlich entfaltet der VA nur Rechtsfolgen zwischen den unmittelbar im Verwaltungsverfahren agierenden, also der Behörde und dem VA-Adressaten. – Handelt es sich hingegen um eine darüber hinausgehende Bindungswirkung **gegenüber anderen Behörden oder Gerichten**, so spricht man von Tatbestandswirkung und gegebenenfalls von Feststellungswirkung.
Werden mehrere Verwaltungsbehörden oder eine Verwaltungsbehörde und ein Gericht zur Regelung desselben Lebenssachverhalts tätig, so kann die früher ergangene Entscheidung eine gewisse Bindungswirkung für die später ergehende Maßnahme haben.

Die im Folgenden zu erläuternden Grundsätze zur Tatbestandswirkung und Feststellungswirkung haben nicht die Bedeutung von rechtsfolgeerzeugenden Regelungen und sind auch nicht im Gesetz erwähnt. Die beiden Begriffe beschreiben lediglich eine Bindung, die sich bei einer richtigen Anwendung des Gesetzes von selbst ergibt. Ihre Funktion besteht darin, die systematische Darstellung der verschiedenen Fallgruppen und die Erfassung der jeweiligen Besonderheiten zu erleichtern. In Literatur und Rechtsprechung besteht zwar keine Einigkeit über die Terminologie, in der Sache besteht jedoch weitgehend Übereinstimmung:

458 1. In den Fällen der **Tatbestandswirkung** wird das Handeln einer Behörde oder eines Gerichts davon abhängig gemacht, dass eine (andere) Behörde eine bestimmte Regelung getroffen oder abgelehnt hat. Die andere (fremde) Regelung erlangt als Tatbestandsvoraussetzung Einfluss auf die zu treffende Entscheidung und löst dadurch eine Bindung aus.

   Beispiele: B bewirbt sich um eine Anstellung als Beamter. Nach den gesetzlichen Vorschriften ist erste Voraussetzung, dass er Deutscher bzw. Unionsbürger ist (vgl. § 7 BeamtStG). B war ursprünglich Brasilianer, ist aber eingebürgert worden. Die Anstellungsbehörde (z. B. die Finanzverwaltung) hat von dem Tatbestand auszugehen, dass die Einbürgerungsbehörde die Einbürgerung ausgesprochen hat und muss deshalb B als Deutschen behandeln. Weitere Voraussetzung ist, dass B die Laufbahnprüfung bestanden hat; auch an die Entscheidung der Laufbahn-Prüfungsbehörde ist die Anstellungsbehörde gebunden, so dass diese ebenfalls für sie Tatbestandswirkung auslöst.[5]

3 Vgl. OVG Bautzen, DVBl 2010, 461.
4 BVerwGE 48, 271, 274; zustimmend BGHZ 90, 22, 23.
5 Vgl. zur Tatbestandswirkung: Wilhelms, NJ 2005, 337.

Weitere Beispiele: Entscheidung über die Voraussetzungen der Rundfunkbeitragsbefreiung durch das örtliche Sozialamt bindet den Beitragsservice der Rundfunkanstalten; Fußgängerzonen-Beschilderung der Straßenverkehrsbehörde bindet Strafgericht; Bindung der Ausländerbehörde an arbeitsmarkt-fachliche Entscheidungen des Agentur für Arbeit zugunsten eines Ausländers.[6]

In der Praxis erhebliche Bedeutung hat die Tatbestandswirkung von umweltrechtlichen Genehmigungen und Auflagen der Verwaltungsbehörden für strafgerichtliche Verfahren: Bei Straftaten gegen die Umwelt (§§ 324 ff. StGB) wird vielfach zur Voraussetzung gemacht, dass das Verhalten „unbefugt" erfolgte oder eine „Verletzung verwaltungsrechtlicher Pflichten" vorliegt („Verwaltungsaktsakzessorietät").

Beispiele: § 324 StGB „Wer unbefugt ein Gewässer verunreinigt ..."; § 324a StGB „Wer unter Verletzung verwaltungsrechtlicher Pflichten Stoffe in den Boden einbringt ...".

Für die Tatbestandswirkung **kommt es nur darauf an, dass der fremde Akt vorliegt,** **459**
nicht dagegen auf dessen Rechtmäßigkeit oder Zweckmäßigkeit. Auch ein fehlerhafter (aber nicht nichtiger) VA begründet daher Tatbestandswirkung[7]. Dies rechtfertigt sich daraus, dass es sich bei der Tatbestandswirkung um eine selbstverständliche Folgerung aus der staatlichen Zuständigkeitsverteilung handelt: Wenn die verschiedenen Aufgaben auf verschiedene Staatsorgane verteilt werden, dann muss jedes Staatsorgan die Regelung, die ein anderes Organ im Rahmen seiner Zuständigkeit getroffen hat, anerkennen[8].

Beispiele: Etwa darf im obigen ersten Beispiel die Anstellungsbehörde nicht nachprüfen, ob die bei der Laufbahnprüfung getroffenen Beurteilungen zutreffend waren. Würde die Anstellungsbehörde bei einem Bewerber, der durch die Prüfung gefallen ist, zum Ergebnis kommen, er hätte die Prüfung eigentlich bestehen müssen und werde angestellt, so wäre dies ein Eingriff in die Zuständigkeit der Prüfungsbehörde. – Entsprechend hat ein Strafgericht den X wegen Fahrens ohne Fahrerlaubnis zu verurteilen, selbst wenn dieser geltend macht, er habe früher eine Fahrerlaubnis gehabt, die ihm zu Unrecht entzogen worden ist. Umgekehrt darf, wenn X Inhaber einer Fahrerlaubnis ist, eine Verurteilung auch dann nicht erfolgen, wenn die Fahrerlaubnis rechtswidrig erteilt worden war, denn der Erlaubnis-VA wirkt so lange, bis er aufgehoben ist. – Tatbestandswirkung kann auch von Entscheidungen eines EU-Organs, etwa von unanfechtbar gewordenen EuGH-Urteilen, ausgehen[9].

Da, wie ausgeführt, die Tatbestandswirkung den Zweck verfolgt, die gesetzliche Zuständigkeitsverteilung zu gewährleisten, kommt sie nicht zum Zuge, wenn der erste Akt unter Überschreitung der Zuständigkeit ergangen ist und gerade in die Zuständigkeit der später entscheidenden Behörde eingreift.
In den anzuerkennenden Fällen der Tatbestandswirkung besteht eine Bindung nur an die Regelung, die im Ausspruch (Tenor) des VA zum Ausdruck kommt. Gleiches gilt bei gerichtlichen Urteilen[10]. Keine Bindung besteht hingegen an die (rechtlichen oder tatsächlichen) Begründungen.

Beispielsweise kann eine Dienstbehörde einen Beamten, der die Laufbahnprüfung bestanden hat, aber mit schlechter Note in einem bestimmten Fach, ihn dennoch gerade in diesem Gebiet einsetzen.

2. Anders ist es hingegen, wenn ein Fall der **Feststellungswirkung** gegeben ist. Fest- **460**
stellungswirkung liegt vor, wenn eine Bindung auch an die tragenden, tatsächlichen oder rechtlichen Feststellungen der Begründung des anderen Aktes (VA oder ge-

6 Zur Tatbestandswirkung einer denkmalrechtlichen Genehmigung BVerwG DVBl 2009, 913.
7 Vgl. Rebler, DVP 2015, 487.
8 Vgl. OVG Bautzen, DVBl 2010, 461.
9 Vgl. Rennert DVBl 2007, 400.
10 Differenzierend BVerwG, NVwZ 2009, 120.

richtliches Urteil) besteht. Sie existiert **nur dort, wo sie vom Gesetz vorgeschrieben** ist, beispielsweise:

- Bindung im beamtenrechtlichen Disziplinarverfahren an ein Urteil im Strafverfahren oder Bußgeldverfahren (§ 23 Abs. 1 BDG),
- Bindung der Straßenverkehrsbehörde bei Entziehung der Fahrerlaubnis an die Feststellungen in einem Strafurteil (§ 3 Abs. 4 StVG),
- Bindung der Gewerbebehörde bei der Gewerbeuntersagung wegen Unzuverlässigkeit an die Feststellungen in einem Strafurteil (§ 35 Abs. 3 GewO).

461 Die **Rechtskraftwirkung**, die gerichtlichen Urteilen zukommt, ist kein Aspekt des hier zu behandelnden allgemeinen Verwaltungsrechts, sondern des Prozessrechts. An dieser Stelle soll aber auf die für das Verwaltungsrecht bedeutsame Rechtsprechung des BGH hingewiesen werden, wonach das Zivilgericht bei Entschädigungs- und Schadensersatzklagen an ein verwaltungsgerichtliches Urteil gebunden ist, durch das ein VA wegen Rechtswidrigkeit aufgehoben worden ist[11]. Dadurch steht fest, dass die Behörde dem Kläger gegenüber (rechtswidrig) eine Pflicht verletzt hat.

Beispielsweise ist aber weder die Ordnungsbehörde noch das Verwaltungsgericht an die Beurteilungen in strafgerichtlichen Entscheidungen (hinsichtlich der persönlichen Zuverlässigkeit eines Inhabers einer Waffenbesitzkarte) gebunden. Insbesondere besteht bei Einstellung des Strafverfahrens (gegen Auflagen und Weisungen gemäß § 153a StPO) keinerlei Bindung der Ordnungsbehörde, da die strafprozessualen und die ordnungsrechtlichen Maßstäbe nicht identisch sind; entscheidend für die Beurteilung der Zuverlässigkeit ist der ordnungsrechtliche Zweck des jeweiligen verwaltungsrechtlichen Gesetzes.

2. Einführung zu Rücknahme und Widerruf

462 Die Behörden benötigen – sowohl unter dem Aspekt der Bürgerorientierung als auch der Effizienz ihres Handelns und der Rechtsstaatlichkeit – gesetzliche Instrumente, ehemals getroffene Entscheidungen zu überprüfen und gegebenenfalls den Veränderungen in der Verwaltungswirklichkeit und dem allgemeinen gesellschaftlichen Wandel entsprechend anzupassen oder auch, um begangene Fehler zu beseitigen.

463 In der Verwaltungspraxis kommt es zwar nur relativ selten vor, dass ein VA nach Unanfechtbarkeit durch die Behörde wieder aufgehoben wird. Bei den täglich erlassenen Tausenden von VAen besteht dennoch immer wieder einmal die Notwendigkeit, die von dem VA herbeigeführte Rechtsfolge – vor und selbst nach Unanfechtbarkeit – aufzuheben oder abzuändern.

Beispielsweise weil die Regelung nicht (mehr) dem Gesetz entspricht oder weil sich wesentliche Umstände geändert haben.

Dem wird vom Gesetz dadurch Rechnung getragen, dass die Behörde unter bestimmten Voraussetzungen das Recht oder sogar die Pflicht hat, den VA wieder aufzuheben. Der Oberbegriff „Aufhebung“ umfasst – wie sich aus Abs. 2 der §§ 43 VwVfG, 39 SGB X ablesen lässt – insbesondere die Rücknahme und den Widerruf eines VA.
Eine **Aufhebung** liegt vor, wenn die Behörde zu erkennen gibt, dass sie die durch einen VA herbeigeführte Rechtsfolge nicht mehr gelten lassen will. Sie kann ausdrücklich erfolgen (Normalfall) oder (seltener) auch schlüssig/konkludent. In einer dem ursprünglichen VA widersprechenden neuen Regelung kann aber nur dann eine Aufhebung gesehen werden, wenn sich die Behörde des Widerspruchs bewusst war.

---

11 BGHZ 20, 379 – Zur Frage der Überprüfbarkeit bestandskräftiger Verwaltungsakte durch die Zivilgerichte: Beaucamp, DVBl 2004, 352 – Zur Frage der Bindung an die Auslegung eines Bescheides in einem rechtskräftigen Urteil: BVerwG, NVwZ 2009, 120.

2.1 Interessenkonstellationen

Für die Verwaltungspraxis wichtig zum Verständnis der Regeln über Rücknahme und Widerruf von VAen ist das Erkennen der **unterschiedlichen Interessenkonstellationen**: Die Interessenlagen (der Behörde einerseits und des VA-Adressaten andererseits) sind bei Vorliegen eines rechtmäßigen oder rechtswidrigen VA sowie einer Begünstigung oder Belastung jeweils unterschiedlich und entsprechend unterschiedlich vom Gesetz geregelt. 464

- Beispielsweise wird der Bürger die Rücknahme eines **rechtswidrigen**, ihn **belastenden** VA durch die Behörde (auch nach Unanfechtbarkeit) durchaus begrüßen.
- Von der Rücknahme eines **rechtswidrigen begünstigenden** VA dürfte er hingegen weniger angetan sein, während sich die Behörde hierzu aufgrund des Gebots der Gesetzmäßigkeit des Verwaltungshandelns geradezu verpflichtet fühlen wird.
- Ebenso divergierend sind die Interessen, wenn die Behörde einen **rechtmäßigen begünstigenden** VA etwa wegen Änderung der Verhältnisse widerrufen will,
- während der Bürger mit dem Widerruf eines **rechtmäßigen**, ihn **belastenden** VA (auch nach Unanfechtbarkeit) durchaus einverstanden sein wird.

Diese gegensätzlichen Interessen lassen sich jeweils auf Rechtsstaatsprinzipien stützen (wie die Gebote der Rechtssicherheit, des Vertrauensschutzes, der Sozialstaatlichkeit und der Gesetzmäßigkeit des Verwaltungshandelns) und auf einzelne Grundrechte (Art. 2 Abs. 1 und Art. 14 Abs. 1 GG). Vergröbernd lassen sich die in den Vorschriften über Rücknahme und Widerruf von VAen geregelten Interessenkonflikte mit der Formel „Vertrauensschutz gegen Gesetzmäßigkeit" beschreiben[12].

2.2 Neuregelung, Erlöschen, Berichtigung

Die hier zu behandelnde Aufhebung durch Rücknahme und Widerruf ist **abzugrenzen** von der Neuregelung, dem Erlöschen, der bloßen Berichtigung und der Aufhebung im Rechtsbehelfsverfahren: 465

Eine **Neuregelung** ist gegeben, wenn die Regelung im Hinblick auf einen Sachverhalt erfolgt, der von dem zunächst erlassenen VA noch gar nicht erfasst wurde. 466

Beispiele: Wird dem A nach Entzug der Fahrerlaubnis eine neue Fahrerlaubnis erteilt, so liegt darin keine Aufhebung des Entzuges, sondern eine Neuregelung der Frage, ob A ein Kraftfahrzeug führen darf. – Besteht ein Kandidat, der eine Prüfung beim ersten Male nicht bestanden hat, die Wiederholungsprüfung, enthält der Bescheid über das Bestehen der Prüfung keine Abänderung des früheren negativen Prüfungsbescheids.

Keine Aufhebung liegt vor beim **Erlöschen** des VA kraft Gesetzes oder kraft einer ihm beigefügten Bedingung oder Befristung. Jedoch kann in derartigen Fällen unter besonderen Umständen ein Vertrauensschutz ähnlich wie bei Rücknahme oder Widerruf geboten sein[13].

Die bloße **Berichtigung** von Schreibfehlern, Rechenfehlern oder ähnlicher offenbarer Unrichtigkeiten folgt eigenen Regelungen (§§ 42 VwVfG, 38 SGB X vgl. oben RdNr. 447), so dass die Vorschriften über Widerruf und Rücknahme nicht eingreifen. Die **Aufhebung des VA im Rechtsbehelfsverfahren** (vgl. unten RdNr. 864 ff. und 988 ff.) richtet sich nur in zweiter Linie nach den Verwaltungsverfahrensgesetzen (§§ 79 VwVfG, 62 SGB X); in erster Linie gelten die §§ 68 ff. VwGO, 78 ff. SGG; die §§ 48, 49 VwVfG, 44–48 SGB X, gelten im Rechtsbehelfsverfahren nicht. 467

---

12 Vgl. die Einführung bei Bull/Mehde, RdNr. 791; Schmalz AVR, RdNr. 463 ff.
13 BVerfGE 49, 168; BVerwGE 52, 201, 212, 213.

Die Behörde muss deshalb, sofern überhaupt beides in Betracht kommt, klarstellen, ob eine Aufhebung durch Widerruf bzw. Rücknahme oder eine Aufhebung im Rechtsbehelfsverfahren gewollt ist.

2.3 Spezialvorschriften

468 In der Verwaltungspraxis ist der Anwendungsbereich der §§ 48, 49 VwVfG wesentlich kleiner als der manch anderer Regelung des VwVfG, weil zahlreiche **Spezialvorschriften** Vorrang haben. Viele verwaltungsrechtliche Sondergesetze enthalten auch Vorschriften über Widerruf und Rücknahme des VA. Der Grund hierfür liegt nicht etwa (nur) in mangelhafter Abstimmung der einzelnen gesetzlichen Vorschriften, sondern ergibt sich auch daraus, dass

a) die Voraussetzungen für den Erlass der VAe naturgemäß nicht sämtlich einheitlich geregelt werden können, sondern den Besonderheiten der jeweiligen Materie angepasst werden müssen, und dass
b) Widerruf und Rücknahme als Gegenstück zum Erlass (actus contrarius) ebenfalls den Besonderheiten des Sachgebiets angepasst werden sollten.

Beispielsweise ist es nicht nur erforderlich, die Erteilung der Fahrerlaubnis zu regeln (§ 2 StVG, §§ 21 ff. FeV), sondern auch die Entziehung (§ 3 Abs. 1 StVG und § 46 FeV) und zweckmäßigerweise auch die Neuerteilung der Fahrerlaubnis nach vorangegangener Entziehung (§ 20 FeV).
Weitere Beispiele für Spezialvorschriften: § 15 GastG (Rücknahme und Widerruf einer Gaststättenerlaubnis); § 12 BeamtStG und § 14 BBG (Rücknahme einer Ernennung[14]); § 22 OBG NRW (Fortfall der Voraussetzungen einer Ordnungsverfügung).

Das **SGB X** enthält Vorschriften über Widerruf und Rücknahme, die im Vergleich zum VwVfG einen eigenständigen, den Besonderheiten dieses Sachgebietes angepassten Regelungsgehalt hat; hierzu noch unten RdNr. 727 ff.

469 Für die Praxis besitzen die §§ 48 ff. VwVfG aber trotz dieser zahlreichen Spezialregelungen wesentliche Bedeutung: Diese gründet sich insbesondere auf die allgemeine, vom Gesetzgeber angestrebte längerfristige Konzentrations- und Vereinfachungsfunktion des VwVfG. Ferner haben die §§ 48 ff. VwVfG Modellcharakter für das gesamte Rücknahme- und Widerrufsrecht, an dem sich Verständnis und Auslegung auch der Spezialvorschriften orientieren. Sie sind vor allem zum Einstieg in das Regelwerk der Rücknahme und des Widerrufs von VAen gut geeignet und werden daher im Folgenden zu Grunde gelegt.

Im Anwendungsbereich der §§ 48 ff. VwVfG verbleiben z. B. das Prüfungsrecht, das Besoldungs- und Versorgungsrecht der Beamten sowie weite Bereiche des Polizei-, Ordnungs-, Ausländer-, Subventions- und Baurechts.
Beispiele: Anwendbarkeit von § 48 auf durch falsche Angaben erschlichene rechtswidrige Einbürgerung[15]; Rücknahme eines VA im Baurecht, der auf Bestechung beruht[16]. – Widerruf einer Anerkennung als politisch Verfolgter[17]; Widerruf einer Gaststättenkonzession wegen Hehlerei[18].

2.4 Eigenschaften des aufzuhebenden VA

470 Für die richtige Anwendung der §§ 48 ff. VwVfG ist es erforderlich, einige rechtliche **Eigenschaften des aufzuhebenden VA** zu bestimmen.

---

14 Sächs. OVG DVBl 2015, 263 ff.
15 BVerwG NVwZ 2004, 489; VGH Mannheim NVwZ-RR 2008, 139.
16 OVG Münster, NWVBl 2005, 71.
17 BVerwG DÖV 2005, 77.
18 VG Gießen VR 2005, 33.

2.4.1 Der VA muss **wirksam erlassen** sein. Bei einem nichtigen VA sind Widerruf und Rücknahme im eigentlichen Sinne weder nötig noch möglich. – Wäre der VA aber im Falle seiner Wirksamkeit rücknehmbar, so ist er (falls die Behörde dies will) erst recht bei Nichtigkeit – deklaratorisch – aufhebbar. **471**

Dies ist allerdings nicht unumstritten; nach aA soll hier nur eine „Feststellung der Nichtigkeit" durch die Behörde in Frage kommen[19].

Zum Zeitpunkt der Wirksamkeit kommt es auf die äußere und nicht auf die innere Wirksamkeit (vgl. oben RdNr. 451) an[20].

2.4.2 §§ 48 und 49 VwVfG unterscheiden sich danach, ob der **aufzuhebende VA** **472**
- **rechtswidrig** war: dann **Rücknahme** nach § 48, oder
- ob er **rechtmäßig** war: dann **Widerruf** nach § 49.

Ob ein VA rechtmäßig oder rechtswidrig ist, richtet sich nach den oben unter RdNr. 197 und vor allem in RdNr. 379 ff. behandelten Grundsätzen.

Beispielsweise kann sich hier die Frage stellen, ob ein bei Erlass rechtmäßiger VA später rechtswidrig werden kann mit der Folge, dass eine Rücknahme nach § 48 VwVfG möglich ist. Eine spätere Rechtswidrigkeit kann nur durch eine Änderung der Sach- oder Rechtslage eintreten. Diese Fälle sind in § 49 Abs. 2 Nr. 3 und 4 VwVfG geregelt; offensichtlich geht also das VwVfG davon aus, dass hier ein rechtmäßiger VA widerrufen wird. Deshalb ist für die Anwendung der §§ 48, 49 normalerweise der Zeitpunkt des Erlasses des VA maßgebend. Wenn ein Widerspruchsverfahren stattgefunden hat, ist hier in der Regel der Erlasszeitpunkt des Widerspruchsbescheides entscheidend.

Abweichend hiervon ist bei Dauerverwaltungsakten auf die spätere Entwicklung der Sach- und Rechtslage abzustellen – mit der Folge, dass sich die Aufhebung eines ursprünglich rechtmäßigen Dauer-VA, der durch Änderung der Sach- oder Rechtslage rechtswidrig wird, nach § 48 und nicht nach § 49 richtet[21]; dies gilt sowohl bei Geldleistungsbescheiden als auch bei sonstigen Verwaltungsakten mit Dauerwirkung.

2.4.3 Bei § 48 und § 49 VwVfG kommt es zusätzlich darauf an, ob der aufzuhebende (rechtswidrige oder rechtmäßige) VA **belastend** oder **begünstigend** war. **473**

Dieser Gesichtspunkt gestaltet die Interessenlagen unterschiedlich: Handelt es sich um die Aufhebung eines begünstigenden VA, so geht es in der Regel um die Frage, ob die Behörde hierzu berechtigt ist. Bei der Aufhebung eines belastenden VA kommt hinzu, ob der Betroffene hierauf einen Anspruch hat.

Welche VAe begünstigend bzw. belastend sind, richtet sich nach der Legaldefinition in § 48 Abs. 1 S. 2 VwVfG. Danach ist begünstigend ein VA, „der ein Recht oder einen rechtlich erheblichen Vorteil begründet oder bestätigt hat". Ein VA, der nicht unter diese Definition fällt, ist in der Regel belastend. Hat ein VA begünstigende und zugleich belastende Wirkungen und sind diese nicht trennbar (z. B. bei der Beamtenernennung), so gelten die „strengeren" Regeln, praktisch also die für begünstigende VAe.

2.4.4 Ob ein VA noch **anfechtbar** oder bereits **unanfechtbar** ist, hat keine Bedeutung für §§ 48, 49 VwVfG (vgl. jeweils Abs. 1 S. 1 „ ... auch nachdem er unanfechtbar geworden ist ..."). Aus der Sicht des Bürgers besteht die Hauptbedeutung der §§ 48, 49 in der Möglichkeit, dass eine Änderung des VA durch die Behörde auch noch nach Unanfechtbarkeit erfolgen kann – gegebenenfalls nach Anregung durch den Bürger. **474**

3. Rücknahme des VA gemäß § 48 VwVfG

Gemäß **§ 48 Abs. 1 S. 1 VwVfG** steht die Rücknahme eines **rechtswidrigen** VA im Ermessen der Verwaltung. Dieser Grundsatz rechtfertigt sich aus der Erwägung, dass **475**

19 So Maurer § 11 RdNr. 16.
20 BVerwGE 55, 212.
21 BVerwG NVwZ-RR 2012, 933.

es der Behörde ermöglicht werden soll, ihre (fehlerhafte) Regelung wieder mit dem Gesetz in Übereinstimmung zu bringen. Ob die Rücknahme erfolgt, ob der VA ganz oder teilweise, mit Wirkung nur für die Zukunft oder auch für die Vergangenheit, mit sofortiger Wirkung oder erst nach Ablauf einer Schonfrist zurückgenommen wird, soll dabei grundsätzlich im pflichtgemäßen **Ermessen der Behörde** bleiben. Dieser Grundsatz erfährt jedoch in den nachfolgenden Absätzen des § 48 zum Teil Einschränkungen, die dem Interessenausgleich dienen; der jeweils unterschiedlichen Interessenkonstellation entsprechend unterscheidet das Gesetz zwischen der Rücknahme belastender und begünstigender VAe:

3.1 Rücknahme belastender VAe

476 Bei der **Rücknahme belastender VAe** (§ 48 Abs. 1 S. 1 VwVfG) gibt es keine Einschränkungen des Ermessens der Behörde, außer den allgemeinen Ermessensschranken wie z. B. zur Gleichbehandlung[22] (Art. 3 GG). Zur Rücknahme von dem EG-Recht widersprechenden deutschen VAen vgl. unten RdNr. 489 ff.

Beispiel zu der hier notwendigen (in der Praxis oft schwierigen) Ermessensbetätigung: Im Zusammenhang mit der unproblematischen Rücknahme einer durch Täuschung herbeigeführten Einbürgerung eines Elternteils (wegen Scheinehe) erfordert die Rücknahme der Einbürgerung des (mit-)eingebürgerten, minderjährigen Kindes eine „eigenständige Ermessensentscheidung“[23]. Dementsprechend zahlreich sind in der Praxis die Fälle, in denen das Unterlassen der Abwägung oder nicht ausreichende Abwägungen im Rahmen der gemäß § 48 Abs. 1 VwVfG erforderlichen Ermessensentscheidung zur Aufhebung der Rücknahmeentscheidung durch die Verwaltungsgerichte führt; andererseits wird „dem Grundsatz der Gesetzmäßigkeit der Verwaltung und dem haushaltsrechtlichen Gebot der Wirtschaftlichkeit und der Sparsamkeit der Rechtsgedanke“ entnommen, dass der öffentliche Rechtsträger seine Rücknahmemöglichkeit regelmäßig geltend macht und nur in atypischen Fällen hiervon absehen darf[24].

In der Verwaltungspraxis spielt im Rahmen der **Ermessensausübung** der mit der Rücknahme verbundene zusätzliche Verwaltungsaufwand eine nicht unerhebliche Rolle. **Beispiele** für Gründe, die – trotz Rechtswidrigkeit des belastenden VA – ein ermessensfehlerfreies **Absehen von der Rücknahme** gestatten können, sind: eine bloß geringfügige Belastung des Betroffenen, der Ablauf einer langen Zeit seit Erlass des VA, ein andernfalls erforderliches massenhaftes Wiederaufgreifen abgeschlossener Verfahren. – Andererseits können etwa die Schwere des Fehlers oder gravierende Auswirkungen für den Betroffenen oder für die Allgemeinheit das Ermessen zu einer **Rücknahmepflicht** verdichten.

Die Frage nach den Grenzen der Befugnis der Behörde hat hier wegen der „elastischen“ gesetzlichen Regelung bei der Rücknahme belastender VAe insgesamt eine geringere praktische Bedeutung; problematischer ist dagegen, inwieweit der Betroffene die Rücknahme verlangen kann (dazu unten RdNr. 515 ff.).

3.2 Rücknahme begünstigender VAe

477 Bei der **Rücknahme begünstigender VAe** unterscheidet § 48 einerseits zwischen VAen, die eine einmalige oder laufende Geld- oder teilbare Sachleistung gewähren oder hierfür Voraussetzung sind (Abs. 2) und andererseits sonstigen begünstigenden VAen (Abs. 3).

---

22 Vgl. BVerwG DVBl 2004, 126; OVG Weimar DÖV 2005, 36.
23 So BVerwG NVwZ 2004, 487
24 Z. B. Hess. VGH RdNr. 40, DÖV 2015, 936.

Beispiele für Fälle im Sinne von **Abs. 2**: Eine „einmaligeGeldleistung" istdieeinzelneZahlung eines Betrages[25], „laufende Geldleistung" ist z. B. eine monatlich wiederkehrende Zahlung. – Um eine „teilbare Sachleistung" handelt es sich beispielsweise bei der Gewährung einer Mehrzahl von Sachgütern (wie Heizmaterial, Bekleidung). – „Voraussetzung" für einen Geldleistungs-VA ist z. B. ein Subventionsbewilligungsbescheid.
Beispiele für **sonstige begünstigende VAe** im Sinne von **Abs. 3** sind: Einbürgerung, Erteilung der Fahrerlaubnis, Baugenehmigung, gewerbliche Genehmigung, Zulassung zur Hochschule. – Die Rücknahme einer Spätaussiedlerbescheinigung richtet sich ausschließlich nach Abs. 3, erst bei etwa nachfolgenden Entscheidungen über die Rücknahme von hierauf basierenden Leistungsbescheiden findet Abs. 2 Anwendung[26].

3.2.1 Ein rechtswidriger, auf eine **Geldleistung** oder teilbare **Sachleistung** gerichteter VA „darf nicht zurückgenommen werden, soweit der Begünstigte auf den Bestand des VA vertraut hat und sein Vertrauen unter Abwägung mit dem öffentlichen Interesse an der Rücknahme schutzwürdig ist" (§ 48 Abs. 2 S. 1 VwVfG). **478**

1. Es besteht also ein Rücknahmeverbot unter zwei Voraussetzungen:
   - **Vertrauen** des Begünstigten auf den Bestand des VA. Es ist in der Regel zu bejahen, jedoch beispielsweise dann nicht, wenn der Begünstigte bei seinen Dispositionen vom Vorhandensein des VA keine Kenntnis hatte oder wenn feststeht, dass er auch ohne den VA so disponiert hätte.
   - **Schutzwürdigkeit** des Vertrauens nach **Abwägung** mit dem öffentlichen Interesse an der Rücknahme.

   Die Schutzwürdigkeit des Vertrauens wird in § 48 Abs. 2 S. 2 u. 3 positiv und negativ näher konkretisiert: Nach S. 2 ist das Vertrauen **in der Regel schutzwürdig,** „wenn der Begünstigte gewährte Leistungen verbraucht oder eine Vermögensdisposition getroffen hat, die er nicht mehr oder nur unter unzumutbaren Nachteilen rückgängig machen kann".

   Zu Einschränkungen bei gemeinschaftsrechtswidrigen VAen unten RdNr. 489 ff.

   Nach S. 3 kann sich der Begünstigte **auf Vertrauen nicht berufen,** wenn er den VA durch unlauteres Verhalten (Nr. 1) oder durch unrichtige oder unvollständige Angaben (Nr. 2) erwirkt hat oder die Rechtswidrigkeit des VA kannte oder infolge grober Fahrlässigkeit nicht kannte (Nr. 3). **479**

   Zum Begriff der „groben Fahrlässigkeit" vgl. die Legal-Definition in § 45 Abs. 2 Satz 3 Nr. 3, 2. Halbsatz SGB X.
   Zu beachten ist, dass die arglistige Täuschung, die unrichtigen Angaben u. s. w. allein für die Rücknahmen nicht ausreichen, vielmehr muss der VA zugleich rechtswidrig sein. Bei Ermessensakten führen arglistige Täuschungen u. s. w. aber regelmäßig zur Rechtswidrigkeit des VA[27], da die auf falscher Tatsachenbasis beruhende Ermessensentscheidung fehlerhaft ergeht (vgl. oben RdNr. 392 ff.).
   Für die Behördenpraxis ergibt sich aus § 48 RdNr. 2 S. 3 VwVfG ein besonderer Grund, in Fragebögen alle erforderlichen Angaben (etwa über anzurechnende Einkünfte) aufzunehmen.[28]

   Soweit kein Ausschluss eines schutzwürdigen Vertrauens gemäß § 48 Abs. 2 Satz 3 VwVfG vorliegt, ist eine Abwägung auf der Basis des Satz 2 („in der Regel schutzwürdig ...") vorzunehmen. Dabei wird nur ein gravierendes öffentliches Interesse die Rücknahme gebieten. Dies ist etwa für den Fall der Rücknahme von EG-rechtswidrigen Subventionsbescheiden anzunehmen (vgl. unten RdNr. 489). **480**
   Greifen Satz 3 und 2 nicht ein, erfolgt die Abwägung nach den Kriterien des eingangs wiedergegebenen § 48 Abs. 2 Satz 1 VwVfG („soweit"). Ergibt sich nach

---

25 Z. B. OVG RP DVBl 2015, 1138.
26 BVerwG LS 200, DÖV 2015, 807.
27 Vgl. BVerwG DVBl 2004, 126 ; OVG Weimar DÖV 2005, 36.
28 Zur Erwirkung durch unrichtige oder unvollständige Angaben: VGH Mannheim NVwZ-RR 2016, 9.

§ 48 Abs. 2 kein Rücknahmeverbot, so bleibt es bei der Befugnis der Behörde gemäß § 48 Abs. 1 S. 1 VwVfG zur Rücknahme nach Ermessen.

Da jedoch die entscheidenden Abwägungsgesichtspunkte – das Vertrauensinteresse des Betroffenen an der Aufrechterhaltung des VA und das öffentliche Interesse an seiner Rücknahme – bereits bei den vorangegangenen Voraussetzungen zu prüfen waren, besteht für weitergehende Ermessenserwägungen im Rahmen des § 48 Abs. 1 S. 1 nur noch wenig Raum.

481 2. Die Frage, auf welchen **Zeitpunkt** bezogen der VA zurückgenommen werden soll, beantwortet § 48 Abs. 2 **Satz 4** VwVfG für die Fälle des Satz 3 dahingehend, dass der VA „in der Regel mit Wirkung für die Vergangenheit“ zurückzunehmen ist.
Im Übrigen ist bei VAen mit Dauerwirkung, bei denen eine Rücknahme für die Zukunft oder die Vergangenheit möglich ist, eine doppelte Abwägung vorzunehmen:
- zunächst für die Vergangenheit, wobei oft die Voraussetzungen des § 48 Abs. 2 S. 2 VwVfG vorliegen (verbrauchte Leistungen oder Vermögensdispositionen);
- außerdem für die Zukunft, wobei nur ausnahmsweise ein überwiegend schutzwürdiges Interesse des Betroffenen anzuerkennen ist; dieser kann sich in der Regel auf eine durch die Rücknahme des VA geänderte Lage einstellen (z. B. auf die niedrigere, jetzt gesetzmäßige Zahlung).

In der Verwaltungspraxis greifen die Behörden je nach Gegebenheit auch zu flexiblen Lösungen etwa dergestalt, bei der Rücknahme für die Zukunft Übergangszeiten (Schonfristen) zu gewähren. Durch zeitlich oder sachlich beschränkte Rücknahmen können variable, der jeweiligen Schutzwürdigkeit angepasste Lösungen erreicht werden.

482 3. Eine in die Vergangenheit wirkende Rücknahme lässt die rechtlichen Grundlagen für bereits erbrachte Leistungen entfallen; dementsprechend sind nach **§ 49a** Abs. 1bereits **gewährte Leistungen zurückzuzahlen**. Es handelt sich hier um einen gesetzlich geregelten Fall des „öffentlich-rechtlichen Erstattungsanspruchs“. Nach § 49a Abs. 2 VwVfG sind dabei die Regeln des BGB über die Herausgabe ungerechtfertigter Bereicherung analog anwendbar.

In der Praxis ist zu beachten, dass diese Rückforderung der Leistungen nicht im Ermessen der Verwaltung steht, sondern dass die Behörde im Falle der Rücknahme des zu Grunde liegenden VAs zur Geltendmachung des Erstattungsanspruchs verpflichtet ist. Zur Verzinsung des Erstattungsanspruchs nach § 49a Abs. 3und 4 VwVfG vgl. unten RdNr. 511.

483 **3.2.2** Bei den **sonstigen begünstigenden VAen** – also denen, für die § 48 Abs. 2 VwVfG nicht gilt – trägt § 48 **Abs. 3** VwVfG dem Vertrauensschutz in der Weise Rechnung, dass ein **Ausgleichsanspruch** für Vermögensnachteile „auf Antrag“ eingeräumt wird.

Beispielsweise zählen zu diesen sonstigen begünstigenden Verwaltungsakten: Baugenehmigung, Fahrerlaubnis, Namensänderung oder Einbürgerung.

Für diese VAe ergeben sich die Rücknahmevoraussetzungen aus dem Grundsatz der „Rücknehmbarkeit nach pflichtgemäßem Ermessen“ (§ 48 Abs. 1 S. 1 VwVfG).
Auf der Voraussetzungsseite für die Rücknehmbarkeit gibt es bei diesen sonstigen VAen (im Sinne von § 48 Abs. 3 VwVfG) keine Rücknahmeschranken. Allerdings sind auch hier „Vertrauensschutzgesichtspunkte ... bei der Ermessensausübung nach § 48 Abs. 1 S. 1 zu berücksichtigen“[29].

29 OVG Münster, NWVBl. 2005, 71.

Begründet hat der Gesetzgeber die Regelung des § 48 Abs. 3 VwVfG mit der Überlegung, dass derartige, nicht auf vermögenswerte Leistung gerichteten VAe „stärker staatsbezogen" seien, weshalb ihr Fortbestand im Falle der Rechtswidrigkeit schwerer erträglich sei. – Wenn nach dem Wortlaut des § 48 Abs. 1 S. 2 VwVfG auch für diese Fallgruppe „Einschränkungen" der Rücknahme gelten sollen, so ist das Wort irreführend: Die hier anwendbare Regelung des § 48 Abs. 3 VwVfG (Ausgleichsanspruch) enthält keine Einschränkung der Rücknahme, sondern lediglich eine an die Rücknahme geknüpfte Rechtsfolge.

Bei Rücknahme eines solchen VA wird das vermögensbezogene Vertrauensinteresse „auf Antrag" durch den **Ausgleichsanspruch** (Entschädigung) nach § 48 Abs. 3 VwVfG geschützt. Satz 2 des Abs. 3 ist so zu verstehen, dass der Anspruch unter den gleichen Voraussetzungen besteht, unter denen bei Anwendung des § 48 Abs. 2 VwVfG ein Bestandsschutz erfolgt. Bezüglich der Einzelheiten des Ausgleichs sei auf § 48 Abs. 3 S. 2–5 VwVfG verwiesen. **484**
In der Verwaltungspraxis hat diese Vermögensausgleichspflicht dazu geführt, dass vielfach rechtswidrige, begünstigende VAe, die keine Geld- oder Sachleistungs-VAe sind, bestehen bleiben, weil die zuständigen Behörden eine Entschädigungspflicht im Falle einer Rücknahme scheuen.

Da, wie ausgeführt, für die Rücknahme selbst keine weiteren Voraussetzungen aufgestellt sind, ist hier das der Behörde durch § 48 Abs. 1 S. 1 VwVfG eingeräumte **Ermessen** in den Fällen des Abs. 3 zu spezifizieren: Dabei scheiden die vermögensbezogenen Interessen des Begünstigten als gegen die Rücknahme anzuführende Gesichtspunkte aus, weil ihnen bereits im Rahmen des Ausgleichsanspruchs nach § 48 Abs. 3 VwVfG Rechnung getragen wird. **485**
Vom Gesetz nicht ausdrücklich entschieden ist die Frage, ob ein sonstiges Interesse des Begünstigten am Fortbestand des VA („Bestandsinteresse"), das gerade bei den nicht vermögensbezogenen VAen im Vordergrund steht, zu berücksichtigen ist. Wenn ein Ermessen hier überhaupt einen Sinn haben soll, muss dieses Interesse zu berücksichtigen sein. Bei den nicht unter § 48 Abs. 2 VwVfG fallenden begünstigenden rechtswidrigen VAen erfolgt daher Vermögensschutz nur durch den Ausgleichsanspruch nach § 48 Abs. 3, Bestandsschutz dagegen im Rahmen der Ermessensausübung nach § 48 Abs. 1 S. 1 VwVfG (wobei allerdings das öffentliche Interesse an der Rückgängigmachung des VA nach hM in der Regel überwiegt).

Für die hM spricht, dass kaum vorstellbar ist, dass z. B. bei der Rücknahme einer Einbürgerung nach mehreren Jahren das Interesse des Betroffenen daran, als Deutscher in Deutschland leben zu dürfen, völlig außer Betracht zu bleiben hätte, zumal in derartigen Fällen ein Anspruch aus § 48 Abs. 3 VwVfG keinen Ausgleich bieten kann.[30]

3.2.3 Für die Rücknahme gilt die **Jahresfrist des § 48 Abs. 4** VwVfG. Dies betrifft die Rücknahme in allen oben genannten Varianten des § 48 VwVfG. Abgestellt wird zum Fristbeginn auf den „Zeitpunkt der Kenntnisnahme" von „Tatsachen", die eine Rücknahme „rechtfertigen". Innerhalb eines Jahres muss hiernach die Behörde also handeln; sonst ist die Rücknahme ausgeschlossen. Diese Ausschlussfrist gilt (gemäß Satz 2) nicht in Fällen der Unlauterkeit; sie gewährt nur dem schutzwürdigen Adressaten einen zusätzlichen Schutz. **486**

Voraussetzung für das Eingreifen der Fristregelung ist allerdings, dass das VwVfG nicht durch Spezialgesetz verdrängt wird, etwa durch die insoweit abschließenden Regelungen des Waffengesetzes (§ 45). – Der Anwendungsbereich des § 48 Abs. 4 VwVfG sowie der Beginn der Frist sind problematisch und waren zeitweise selbst zwischen einzelnen Senaten des BVerwGs umstritten. Eine Klärung hat ein Beschluss des Großen Senats des Bundesverwaltungsgerichts[31] ergeben, wie folgt:

30 Zu Rücknahme von Einbürgerungen vgl. VGH Mannheim NVwZ-RR 2008, 139.
31 In BVerwGE 70, 356.

487 § 48 Abs. 4 VwVfG gilt nicht nur in Fällen, in denen neue Sachverhaltskenntnisse auftreten, sondern auch dann, wenn die Behörde nachträglich erkennt, dass sie einen bei Erlass des VA „vollständig bekannten Sachverhalt unzureichend berücksichtigt oder unrichtig gewürdigt und deswegen rechtswidrig entschieden hat“, also auch bei schlichten Rechtsanwendungsfehlern. Hinsichtlich des Fristbeginns gilt somit: Die Frist beginnt erst zu laufen, wenn die Behörde die Rechtswidrigkeit des Verwaltungsakts erkannt hat und ihr außerdem **die für die Rücknahmeentscheidung erheblichen Tatsachen vollständig bekannt** sind[32].

In der Rechtswirklichkeit tritt diese Kenntnis gelegentlich bei einer Behörde recht spät ein, z. B. erst „aufgrund eingehender Darlegungen der Aufsichtsbehörde“ über den Rechtsirrtum[33]. Die Jahresfrist kann aber auch schon durch Kenntnis der Widerspruchsbehörde in Lauf gesetzt werden[34].

488 Für die Verwaltungspraxis bedeutet das jedenfalls, dass die Frist nicht schon bei „ersten Zweifeln“ eines Mitarbeiters zu laufen beginnt oder bei ersten investigativen Berichten etwa im SPIEGEL, sondern erst nach der Aufarbeitung des Sachverhaltes in der Behörde. Dadurch wird vermieden, dass VAe, bei denen ein schlichter Rechtsfehler unterlaufen ist, praktisch nur innerhalb eines Jahres zurückgenommen werden können. Das (de facto) verwaltungsfreundliche Hinausschieben des Fristbeginns begründete der Große Senat des BVerwGs unter anderem damit, dass andernfalls der drohende Fristablauf die Behörde zu einer Entscheidung zwingen könnte, obwohl ihr dies mangels vollständiger Kenntnis der rücknahmeerheblichen Gesamtumstände noch nicht möglich ist.

Für die Verwaltungspraxis erfolgt hierdurch eine Erweiterung der behördlichen Bewegungsfreiheit in Rücknahmesachen. Trotz erheblicher Kritik an dieser Entscheidung[35], ist der Streit um § 48 Abs. 4 hierdurch für die Praxis entschieden[36].

3.3 Rücknahme gemeinschaftsrechtswidriger Verwaltungsakte

489 Für die Praxis der Subventionsverwaltung hat – nicht zuletzt aufgrund der Rechtsprechung des EuGH – der Einfluss des europäischen Gemeinschaftsrechts besondere Bedeutung gewonnen. Dies betrifft auch die Anwendungsfälle des § 48 VwVfG erheblich: Nach Art. 107 AEUV „sind staatliche oder aus staatlichen Mitteln gewährte“ Subventionen, „die durch Begünstigung bestimmter Unternehmen oder Produktionszweige den Wettbewerb verfälschen oder zu verfälschen drohen, mit dem Gemeinsamen Markt unvereinbar“, soweit nicht eine der besonders benannten Ausnahmen vorliegt.
Da gemeinschaftsrechtliche Regelungen für die Rücknahme solcher nationalen Subventionsbescheide weder erforderlich noch vorhanden sind, richtet sich die Rücknahme eines dem Art. 107 AEUV widersprechenden deutschen Bewilligungsbescheides und die Rückforderung der erbrachten Leistungen nach §§ 48, 49a VwVfG.

Grundvoraussetzung ist dabei, dass es sich bei der Subvention um eine Beihilfe im Sinne von Art 107 AEUV handelt, was z. B. zu verneinen ist bei Abnahmepflicht für Strom aus erneuerbaren Energiequellen[37].

Für die Anwendung des § 48 VwVfG auf gemeinschaftsrechtswidrige Beihilfen ergeben sich nach der Rechtsprechung des BVerfGs, BVerwGs und des EuGHs vor allem unter folgenden fünf Gesichtspunkten **Besonderheiten:**

32 Kein Rückgriff auf die Jahresfrist im Verwaltungsprivatrecht: BGH NVwZ 2010, 531.
33 OVG Münster DÖV 2001, 965; BVerwG NVwZ-RR 2012, 933.
34 So OVG LSA DÖV 2004, 398; vgl. zur Kenntnis „anderer“ Behörden BVerwG NVwZ-RR 2015, 681.
35 Bull/Mehde, RdNr. 821.
36 BVerwG NVwZ-RR 2012, 933; BVerwG NVwZ-RR 2015, 681; VGH Mannheim NVwZ-RR 2016, 9.
37 EuGH DÖV 2001, 554.

1. Die in § **48 Abs. 1 S. 1** VwVfG vorgesehene **Ermessensentscheidung** über die Rücknahme (vgl. oben RdNr. 476) verwandelt sich nach der Rechtsprechung des EuGH bei gemeinschaftsrechtswidrigen Subventionen in eine Pflicht zur Rücknahme des Bescheides. Dem öffentlichen Interesse an der Durchsetzung des Gemeinschaftsrechts und an der Erfüllung des EG-Vertrages wird eine praktisch alle anderen Abwägungsgesichtspunkte überragende Bedeutung zugewiesen. Durch entsprechende Ermessensreduktion auf Null[38] soll erreicht werden, dass der in der Subventionsvergabe liegende Gemeinschaftsrechtsverstoß nicht noch durch nationalrechtlich begründeten Verzicht auf Rücknahme bestätigt wird[39]. **490**

Beispiel: Wenn die Rücknahme eines Subventionsbescheides ansteht, weil die EG-Kommission durch bestandskräftige Entscheidung erklärt hat, dass die Beihilfe „mit dem Binnenmarkt nach Art. 107 unvereinbar ist" und von der Bundesrepublik Deutschland ihre Rückforderung verlangt (Art 108 AEUV), ist selbst grobes Mitverschulden der Subventionsbehörde (bei der Bescheiderteilung) im Rahmen einer Ermessensentscheidung nach § 48 Abs. 1 S. 1 VwVfG nicht zugunsten des Subventionsempfängers berücksichtigungsfähig.
Während bei rein innerdeutschen Sachverhalten ein Mitverschulden der Behörde eine Ermessensentscheidung zugunsten des Subventionsempfängers nahe legen kann, überwiegt nach der Rechtsprechung des EuGH bei gemeinschaftsrechtswidrigen Beihilfen das öffentliche Interesse an der Durchsetzung des Gemeinschaftsrechts und an der Erfüllung des AEUV.

Im Ergebnis führt die Pflicht der Mitgliedstaaten, dem Gemeinschaftsrecht größtmögliche Wirksamkeit zu verschaffen („**effet utile**"[40]) dazu, dass ihnen untersagt ist, sich auf eigene Versäumnisse (im obigen Beispiel: Mitverschulden der Behörde) bei der Umsetzung von Gemeinschaftsrecht berufen zu können.

2. Auch die **Schutzwürdigkeit des Vertrauens** des Begünstigten nach § **48 Abs. 2 S. 1 und 2** VwVfG wird gemeinschaftsrechtlich zu Ungunsten des Subventionsempfängers beeinflusst: Aufgrund der Rechtsprechung des BVerfGs, BVerwGs und des EuGHs tritt faktisch zu den – ein schutzwürdiges Vertrauen ausschließenden – Tatbeständen des § 48 Abs. 2 S. 3 Nr. 1–3 VwVfG als weiterer Grund das vorrangige öffentliche Interesse an der Durchsetzbarkeit der gemeinschaftlichen Wettbewerbsordnung hinzu[41]. **491**

Beispiel: Hat ein Subventionsempfänger bei gemeinschaftsrechtswidriger Beihilfe über die ausgezahlten Mittel bereits irreversibel disponiert und ist keiner der Tatbestände des § 48 Abs. 2 S. 3 Nr. 1–3 VwVfG erfüllt, so liegt gem. § 48 Abs. 2 S. 2 ein Regelfall schutzwürdigen Vertrauens vor. Dieses Ergebnis nationalen Verwaltungsverfahrensrechts könnte allerdings die Durchsetzung des gemeinschaftsrechtlichen Beihilfeverbots aus Art. 107 AEUV gefährden. In dieser Konfliktsituation bleibt § 48 Abs. 2 S. 2 VwVfG zwar „anwendbar", wird aber durch das Gemeinschaftsrecht derart überlagert, dass eine Vertrauensbetätigung, die dem Gemeinschaftsrecht widerspricht, regelmäßig nicht schutzwürdig ist.
Verkürzt bedeutet dies, dass die in § 48 Abs. 2 S. 2 VwVfG als Regelfall vorgesehene größere Gewichtung des Vertrauensschutzes bei Rücknahme von gemeinschaftsrechtswidrigen Beihilfebescheiden in ihr Gegenteil verkehrt wird.

3. Zur „**groben Fahrlässigkeit**", die nach § **48 Abs. 2 S. 3 Nr. 3** VwVfG schutzwürdiges Vertrauen ausschließt, ist nach der Rechtsprechung des EuGHs auch zu zählen, dass ein Gewerbetreibender es unterlässt, „sich zu vergewissern", dass das in Art. 108 Abs. 3 AEUV zwingend vorgesehene Informations- und Kontrollverfahren für Beihilfen vor der Kommission („Notifizierungsverfahren") durchlaufen worden ist[42]. **492**

---

38 Vgl. oben RdNr. 498.
39 Vgl. EuGH NVwZ 98, 45, 47 – Nr. 43 und EuGH NVwZ 2004, 459; Jennert/Pauka, KommJur 2009, 321.
40 Sensburg, Staats- und Europarecht, 8. Kapitel, B II und C.
41 Vgl. Kadelbach, Allgemeines Verwaltungsrecht unter europäischem Einfluss, S. 470 ff., 481; BVerfG DVP 2000, 302; VGH Mannheim, DVP 2015, 260.
42 Vgl. EuGH NVwZ 98, 45, 46 – Nr. 25.

Für die Praxis aller Unternehmen, die eine hier relevante Subvention erhalten, bedeutet das im Ergebnis, dass sie überprüfen müssen, ob die Verwaltung wegen der Beihilfe ihrer „Notifizierungspflicht“ aus Art. 108 Abs. 3 AEUV entsprochen hat und ob eine entsprechende positive Stellungnahme der Kommission vorliegt. Wurde das unterlassen und deshalb die Gemeinschaftsrechtswidrigkeit vom Beihilfeempfänger nicht erkannt, soll dies wegen grober Fahrlässigkeit nach § 48 Abs. 3 S. 3 Nr. 3 VwVfG zum Ausschluss schutzwürdigen Vertrauens führen[43].

493 Die „Umformung“ nationalen Verfahrensrechts durch die Argumentation dieser Rechtsprechung zum Zwecke der europäischen Wettbewerbsgleichheit mag bei juristisch gut beratenen Großunternehmen angemessen sein; bei mittelständischen oder bei kleineren Unternehmen kann die Pflicht, selbst zu prüfen, ob von der zuständigen Behörde ein Notifizierungsverfahren durchgeführt worden ist, eine Überforderung darstellen – etwa im Bereich der kommunalen Wirtschaftsförderung.

Die kommunale Wirtschaftsförderung im Bereich der Gemeinden, Städte und Kreise gehört zum grundgesetzlich garantierten Selbstverwaltungsrecht[44].

Im Übrigen bleibt zu berücksichtigen, dass der § 48 VwVfG nach seinem Normzweck nicht in erster Linie für Großunternehmen geschaffen worden ist, sondern vorrangig konzipiert ist als Regelung des Interessens- und Vertrauensausgleichs zwischen der Behörde und einem (Einzel-) Bürger, an den ein VA gerichtet war, welcher inzwischen zu Disposition steht.

In dem der dargestellten Rechtsprechung des EuGH zu § 48 VwVfG zugrundeliegenden[45] Verfahren handelte es sich um einen – für die Konzeption den § 48 nicht typischen – Rechtsstreit zwischen der Aluminiumhütte Alcan Deutschland GmbH, dem Land Rheinland Pfalz, der Bundesrepublik Deutschland und der EG-Kommission über eine Beihilfe von damals 8 Millionen DM[46].

494 4. Die **Jahresfrist** des **§ 48 Abs. 4** VwVfG wird bei der Rücknahme von gegen Art. 107 AEUV verstoßenden Subventionsbescheiden in zweifacher Hinsicht gemeinschaftsrechtlich berührt:

a) Da zu den in § 48 Abs. 4 VwVfG genannten „Tatsachen ..., welche eine Rücknahme des rechtswidrigen Verwaltungsakts rechtfertigen“, auch die Entscheidung der EG-Kommission über die Gemeinschaftsrechtswidrigkeit zählt, beginnt die Jahresfrist frühestens mit Bestandskraft der Entscheidung zu laufen bzw. mit der Zustellung dieser bestandskräftigen Kommissionsentscheidung[47].

b) Außerdem hat der EuGH seine frühere[48] Rechtsprechung zur Frage der Rücknahmefrist weiter verschärft: Nunmehr geht der EuGH davon aus, dass die zuständige nationale Behörde „gemeinschaftsrechtlich verpflichtet ist“, den Bewilligungsbescheid für die rechtswidrige Subvention gemäß einer entsprechenden Entscheidung der EG-Kommission „selbst dann noch zurückzunehmen, wenn sie die nach nationalem Recht dafür ... bestehende Ausschlussfrist hat verstreichen lassen“[49].

Für die Praxis der Verwaltungsbehörde bedeutet diese Rechtsprechung des EuGH, dass die Rücknahme immer möglich bleiben muss; die Rücknahmebehörde wird insoweit zum Weisungsempfänger der EG-Kommission („... ist die nationale Behörde nicht be-

43 Vgl. Jennert/Pauka, KommJur 2009, 321, 323; Jennert/Manz, KommJur 2009, 367.

44 Zur kommunalen Wirtschaftsförderung im EG-Rahmen: Hofmann/Theisen/Bätge, Kommunalrecht in NRW, 1.2.1.2.5.

45 Verfahren „Alcan“, am 17.2.2000 durch Beschluss des BVerfGs beendet: http://www.bundesverfassungsgericht.de/entscheidungen/rk20000217_2bvr121098.html.

46 Vgl. Gündisch NVwZ 2000, 1125.

47 BVerwG DVBl 93, 727, 729.

48 EuGH NVwZ 90, 1161.

49 EuGH, NVwZ 98, 45, 47 – Nr. 38; problematisierend OVG LSA DÖV 2004, 398. Zur Rücknahme von bestandskräftigen VAen vgl. auch EuGH NVwZ 2004, 459.

rechtigt, irgendeine andere Feststellung zu treffen ..."[50]). Im Ergebnis kann hiernach die deutsche Rücknahmebehörde bei gemeinschaftsrechtswidrigen Subventionsbescheiden überhaupt nicht mehr die abgelaufene Frist des § 48 Abs. 4 VwVfG berücksichtigen[51].

5. Auch die **Schutzfunktion des „Wegfalls der Bereicherung"** nach § 818 Abs. 3 BGB, der bei Gutgläubigkeit gemäß § 49a Abs. 2 VwVfG anzuwenden ist, wenn das Geld zweckentsprechend im öffentlichen Interesse ausgegeben wurde, wird durch die Rechtsprechung des EuGH entscheidend modifiziert: Die Rückforderung der gemeinschaftsrechtswidrig geleisteten Beträge ist von der jeweiligen Verwaltungsbehörde nach EuGH selbst dann vorzunehmen „wenn dies nach nationalem Recht wegen Wegfalls der Bereicherung mangels Bösgläubigkeit des Beihilfeempfängers ausgeschlossen" wäre[52]. 495

In der Praxis ist ein derartiger „Wegfall der Bereicherung" im Sinne von § 818 Abs. 3 BGB regelmäßig gegeben, da diese Beihilfen oft solchen Unternehmen gewährt werden, die sich in wirtschaftlichen Schwierigkeiten befinden; bei diesen ist der aus der Beihilfe resultierende Vermögenszuwachs im Zeitpunkt der Subventionsrückforderung selten identifizierbar. Deshalb hat der EuGH die Anwendung der §§ 49a Abs. 2 VwVfG und 818 Abs. 3 BGB praktisch ausgeschlossen, weil sie sonst dazu führen würde, die EG-rechtlich gebotene Rückforderung in fast allen Fällen unmöglich zu machen[53].

Fasst man die Besonderheiten, die sich aus den genannten Entscheidungen des EuGH ergeben, zusammen, so werden dadurch für die Rückforderung von gemeinschaftsrechtswidrigen Subventionen praktisch alle hier relevanten VwVfG-spezifischen Eingrenzungen (wie Rücknahmeermessen, Vertrauensschutz, Jahresfrist) „überformt". 496

4. Widerruf des VA gemäß § 49 VwVfG

§ 49 VwVfG fasst unter den Begriff „Widerruf" die Aufhebung eines **rechtmäßigen** (belastenden oder begünstigenden) VA. Der Widerruf ermöglicht der Verwaltung, einen ursprünglich rechtmäßigen VA außerhalb eines Rechtsbehelfsverfahrens geänderten Verhältnissen anzupassen (auch noch nach Unanfechtbarkeit). 497

4.1 Nicht begünstigender VA

Derrechtmäßige **„nicht begünstigende" VA** kann gemäß § 49 **Abs.** 1 VwVfG nach pflichtgemäßem Ermessen mit Wirkung für die Zukunft widerrufen werden. Die etwas umständliche, negative Gesetzesformulierung „nicht begünstigend" umfasst neben den im Vordergrund stehenden belastenden VAen auch „neutrale"[54] VAe. 498

Beispiel: Als „neutraler VA" kann hiernach auch eine rechtmäßige Widmung[55] (etwa einer Straße) nach § 49 Abs. 1 VwVfG mit Wirkung für die Zukunft Widerrufen werden.

Jedoch ist der Widerruf ausgeschlossen,
- wenn ein VA „gleichen Inhalts erneut erlassen werden müsste" (ein *gebundener* rechtmäßiger VA im Rahmen der pflichtigen Verwaltung darf also nicht widerrufen werden);
- wenn „aus anderen Gründen ein Widerruf unzulässig ist" (z. B. wegen der wirksamen Zusicherung gegenüber einem Dritten, den VA nicht zu widerrufen).

---

50 So EuGH NVwZ 98, 45, 47 – Nr. 34.
51 BVerfG DVP 2000, 302; VGH Mannheim, DVP 2015, 260.
52 So EuGH NVwZ 98, 45, 47 – Nrn. 44 und 54.
53 Vgl. Schmalz AVR, RdNr. 504.
54 Sachs in Stelkens/Bonk/Sachs § 49 RdNr. 21.
55 Siehe oben RdNr. 345.

Für die übrigen Fälle wird mit dem Wort „kann" in § 49 Abs. 1 VwVfG eine Ermessensentscheidung zur Voraussetzung gemacht. In bestimmten Fällen verdichtet sich das Ermessen dabei zu einer Widerrufspflicht, z. B. wenn sich die Verhältnisse derart geändert haben, dass der VA jetzt, etwa wegen Grundrechtseinschränkungen, nicht mehr erlassen werden dürfte[56].

4.2 Begünstigender VA

499 Beim Widerruf **begünstigender VAe** besitzt der Vertrauensschutz wegen der Rechtmäßigkeit der ursprünglichen Regelung noch stärkeres Gewicht als bei der (oben behandelten) Rücknahme. In § 49 **Abs. 2** VwVfG sind die Abwägungen im Wesentlichen bereits gesetzlich vorgeformt. Ein Widerruf ist hiernach nur in engen Grenzen zulässig. Für die Erlaubnisse, die eine wichtige Gruppe solcher VAe bilden, folgt dies daraus, dass die normale Erlaubnis (z. B. Baugenehmigung, Gewerbeerlaubnis, Sondernutzungserlaubnis) auch der individuellen Konkretisierung von Grundrechtspositionen dient. Deshalb nimmt diese Erlaubnis am grundrechtlichen Schutz teil, so dass die Entziehung durch eine Schranke des Grundrechts gedeckt sein muss. Das gilt auch für die weitere Gruppe der leistungsgewährenden VAe, soweit sie unter den Schutzbereich des Art. 14 GG fallen. Aber auch wenn das nicht der Fall ist, erwirbt der Begünstigte aus einem solchen VA ein Recht, das nach rechtsstaatlichen Grundsätzen nicht ohne weiteres entzogen werden kann.

4.2.1 Begünstigende VAe, die rechtmäßig erlassen worden sind, können nur bei Vorliegen folgender in § 49 Abs. 2 VwVfG abschließend aufgezählter Widerrufsgründe widerrufen werden (soweit nicht spezialgesetzliche Regelungen eingreifen):

500 **Nr. 1**: Zulassung des Widerrufs in Rechtsvorschrift oder **Widerrufsvorbehalt**

In der Verwaltungspraxis ist der Widerrufsvorbehalt der wichtigste Widerrufsgrund. Er verhindert, dass ein Vertrauen in den dauernden Fortbestand des VA überhaupt entstehen kann. Seine Zulässigkeit richtet sich nach § 36 VwVfG (vgl. unten RdNr. 552), soweit er nicht sondergesetzlich geregelt ist oder der Widerruf durch Gesetz zugelassen ist.

Beispiele zu sondergesetzlichen Regelungen oder Ermächtigungen: etwa zur straßenrechtlichen Sondernutzungserlaubnis § 8 Abs. 2 FStrG („... darf nur ... auf Widerruf erteilt werden ...") oder zur wasserrechtlichen Erlaubnis gemäß § 18 Abs. 1 WHG („Die Erlaubnis ist widerruflich.").

Der Widerruf darf nur auf solche Gründe gestützt werden, die durch den ursprünglichen Zweck des Widerrufsvorbehalts gedeckt sind.

Für die behördliche Anwendungspraxis ist wichtig, dass bei der Ausübung des Widerrufs der bloße Hinweis auf den Vorbehalt nicht ausreicht; der Widerruf muss selbst durch sachliche Gründe gerechtfertigt sein. Bei einer pflichtgemäßen Ausübung eines Widerrufsermessens ist die entsprechende Abwägung und die Angabe dieser sachlichen Gründe erforderlich (§ 39 Abs. 1 S. 3 VwVfG). Nach hM muss der Widerrufsvorbehalt auch selbst rechtmäßig sein[57].

501 **Nr. 2:** Nichterfüllung einer mit dem VA verbundenen Auflage

Ausschlaggebend ist hier, dass der Begünstigte selbst Anlass zum Widerruf gibt, sich also insoweit auf ein Vertrauen in den Fortbestand des VA nicht berufen kann. Auf ein Verschulden des Begünstigten kommt es dabei nicht an[58].

---

56 Instruktiver Fall mit unterschiedlichen Argumentationen zur Ausübung des Widerrufsermessens: Möller, DVP 2002, 25, 28. Vgl. auch VG Gießen VR 2005, 33 und BVerwG DÖV 2005, 77.

57 Maurer § 11 RdNr. 41; differenzierend Stelkens/Bonk/Sachs § 49 RdNr. 40 ff.; Bull/Mehde RdNr. 832; vgl. BVerwG NVwZ 2001, 556; BVerwG DVBl 2001, 1873.

58 Vgl. VGH München NJW 97, 2255; BVerwG NVwZ 2001, 672.

Für die Verwaltungspraxis spielt dabei der Grundsatz der Verhältnismäßigkeit eine gewichtige Rolle: Er wird der Behörde oft gebieten, zunächst eine Frist zu setzen und die Durchsetzung der Auflage zu versuchen. Auch rechtfertigt der Verstoß gegen eine geringfügige Auflage in der Regel nicht den Widerruf einer bedeutenden Vergünstigung.
In diesem Rahmen (oder beim in § 49 Abs. 2 VwVfG enthaltenen Ermessen) kann auch berücksichtigt werden, ob der Betroffene die Rechtswidrigkeit der Auflage geltend macht. Da eine Auflage – anders als ein Widerrufsvorbehalt – in der Regel selbständig anfechtbar ist (vgl. RdNr. 553), kommt es, falls die Auflage bestandskräftig ist, nach der hM nicht auf ihre Rechtmäßigkeit an[59].

Nr. 3: **Sachlagenänderung** und Gefährdung des öffentlichen Interesses **502**
VAe mit Dauerwirkung kann die Behörde bei nachträglicher Änderung der Sachlage widerrufen, wenn sie (nunmehr) berechtigt wäre, den VA nicht zu erlassen, und wenn zugleich ohne Widerruf das öffentliche Interesse gefährdet wäre. Berechtigt, „ ... den VA nicht zu erlassen ...“, ist die Behörde bei gebundenen VAen, wenn die tatbestandlichen Voraussetzungen der entsprechenden Norm nicht (mehr) gegeben sind, bei Ermessensentscheidungen außerdem, wenn die Begünstigung ermessensfehlerfrei versagt werden könnte.

Beispiele für „nachträglich eingetretene Tatsachen“ sind Sachverhaltsänderungen und auch die aus einer durch neue wissenschaftliche Erkenntnisse gebotene abweichende Bewertung (wie neuerdings feststehende Schädlichkeit bestimmter Stoffe oder Verfahren); hierzu zählen nicht jedoch bloße „Meinungsänderungen“ der Behörde.

In der Verwaltungspraxis ist die Bedeutung des § 49 Abs. 2 Nr. 3 relativ gering, da bei den meisten begünstigenden VAen (insbesondere den Genehmigungen) gesetzliche Spezialregelungen den typischerweise eintretenden Änderungen der Sachlage Rechnung tragen.

Beispielsweise erfolgt bei Wegfall der Eignung zum Führen von Kraftfahrzeugen die Entziehung der Fahrerlaubnis nach § 3 StVG iVm § 46 FeV. – Der Erlaubnisentzug bei Wegfall der für eine gewerberechtliche Erlaubnis erforderlichen persönlichen Eigenschaften richtet sich nach § 15 Abs. 2 und 3 GastG[60] oder § 25 Abs. 1 und 2 PBefG.

Nr. 4: **Rechtslagenänderung** bei nicht genutztem VA und Gefährdung des öffentlichen **503**
Interesses
Grundvoraussetzung ist, dass die Behörde wegen einer geänderten Rechtsvorschrift nunmehr berechtigt wäre, den VA nicht zu erlassen. „Rechtsvorschriften“ sind nur Außenrechtssätze, wie förmliche Gesetze oder Satzungen (in diesem Zusammenhang besonders praxisrelevant: Bebauungsplanänderungen durch Änderungssatzungen). Eine Änderung der Rechtsprechung reicht für den Begriff „Rechtslagenänderung“ nicht aus, auch nicht eine Änderung der gefestigten Rechtsprechung oberster Bundesgerichte.

Dies ist nur anders bei dem gesetzlich geregelten Sonderfall der „Aufhebung eines sozialrechtlichen VA mit Dauerwirkung“ nach § 48 Abs. 2 SGB X (vgl. unten RdNr. 772 ff.).

Neben der Rechtsänderung und der Gefährdung des öffentlichen Interesses ist – im Unterschied zu § 49 Abs. 2 Nr. 3 VwVfG – erforderlich, dass der Begünstigte von dem VA noch keinen Gebrauch gemacht hat bzw. noch keine Leistungen empfangen hat.

Beispielsweise darf noch kein „Vertrauen investiert“ oder durch „Ins-Werk-Setzen“ manifestiert sein, wie etwa durch den Baubeginn bei einer Bauerlaubnis.

---

59 Strittig: Vgl. OVG Münster, NVwZ 2001, 693.
60 Vgl. z. B. VG Gießen VR 2005, 33.

504 **Nr. 5:** Verhütung oder Beseitigung schwerer Nachteile für das Gemeinwohl
Bei diesem Widerrufsgrund handelt es sich um ein rechtspolitisch nicht unbedenkliches Notstandsrecht der Behörden[61], das in der Verwaltungspraxis kaum anwendbar ist. Vorrangig sind die sachlich-rechtlichen Vorschriften über den Erlass und Fortbestand des VA. Bei deren Anwendung ist der VA meist entweder von vornherein rechtswidrig gewesen (dann § 48 VwVfG), oder es liegt eine nach § 49 Abs. 2 Nr. 3 oder 4 VwVfG wesentliche Änderung vor.

505 **4.2.2** Zu den sonstigen Einzelheiten beim Widerruf begünstigender VAe gehört, dass die Behörde auch bei Vorliegen eines der Gründe des § 49 **Abs. 2** VwVfG nicht etwa zum Widerruf verpflichtet ist, sondern dass sie „ganz oder teilweise" widerrufen „**darf**". Es besteht somit – anders als bei einigen spezialgesetzlichen Regelungen (z. B. § 15 Abs. 2 GastG, § 48 Abs. 1 und 2 SGB X) – ein **Ermessen,** in dessen Rahmen insbesondere zu berücksichtigen ist, ob und inwieweit durch den Widerruf Grundrechtspositionen beeinträchtigt werden.

Das Ermessen ermächtigt aber nur, ganz oder teilweise zu widerrufen, „nicht aber nur dem Grunde nach" zu widerrufen[62].

Der Widerruf ist nach § 49 Abs. 2 S. 2 nur **innerhalb eines Jahres** nach Kenntnisnahme aller rücknahmerelevanten Tatsachen zulässig (vgl. oben RdNr. 486), soweit nicht sondergesetzliche Regelungen eingreifen[63].

506 Sämtliche Widerrufsgründe des § 49 Abs. 2 VwVfG sind **auch bei rechtswidrigen VAen** denkbar. Da der Fortbestand eines rechtswidrigen VA nicht stärker geschützt sein kann als der eines rechtmäßigen VA, sind die Vorschriften des § 49 Abs. 2 VwVfG nach ständiger Rechtsprechung des Bundsverwaltungsgerichts *erst recht* auf rechtswidrige VAe (analog) anwendbar[64].

Beispielsweise kann die Behörde, wenn der Begünstigte einer der Erlaubnis beigefügten Auflage hartnäckig zuwider handelt, die Erlaubnis nach § 49 Abs. 2 Nr. 2 widerrufen, ohne dabei die Frage entscheiden zu müssen, ob die Erteilung der Erlaubnis seinerzeit rechtmäßig oder rechtswidrig war.

507 Als Folge des Widerrufs ist die Behörde nach § 49 Abs. 6 VwVfG in den Fällen des Abs. 2 Nr. 3–5 zu **Entschädigung** verpflichtet. Gesetzliche Voraussetzungen sind: Antrag des Betroffenen innerhalb Jahresfrist (nach entsprechendem Hinweis) und schutzwürdiges Vertrauen auf den Bestand des VA, das für den Vermögensnachteil ursächlich war. Streitigkeiten über diese Entschädigung sind den Zivilgerichten zugewiesen (§ 49 Abs. 6 S. 3 VwVfG).

Für die Verwaltungspraxis wichtig ist, dass nur in den Fällen von § 49 Abs. 2 Nr. 3–5 Entschädigung zu leisten ist, nicht jedoch in den Fällen der Nr. 1 und 2; hieraus ergibt sich noch ein zusätzlicher Grund für die oben (unter RdNr. 500) angesprochene wichtige Rolle des Widerrufsvorbehalts: Auch dem Widerruf nach entsprechendem Vorbehalt liegt typischerweise eine Änderung rechtlicher oder tatsächlicher Verhältnisse zugrunde. Er ist jedoch – im Unterschied zu Fällen der Nr. 3 und 4 – wegen des Vorbehalts in der Regel für die Behörde problemloser durchsetzbar und löst keine Entschädigungsverpflichtung nach § 49 Abs. 6 aus.

508 **4.2.3** Für rechtmäßige Verwaltungsakte, die eine zweckbestimmte Geldleistung (oder teilbare Sachleistung) gewähren oder dafür Voraussetzung sind, ermöglicht **§ 49 Abs. 3** den Widerruf auch **für die Vergangenheit** (ex tunc) ganz oder teilweise.
Hierbei geht es in der Praxis meist um Subventionsbewilligungsbescheide. Voraussetzung ist, dass die Leistung vom Empfänger

---

61 So Bull/Mehde, RdNr. 834.
62 So BVerwG DÖV 2001, 384.
63 Vgl. BVerwG DÖV 97, 338.
64 Z. B. BVerwG DÖV 2005, 77.

- von vornherein nicht,
- nicht alsbald
- oder nicht mehr für den im VA bestimmten Zweck[65] verwendet wird,
- oder dass eine Auflage nicht bzw.
- nicht fristgerecht erfüllt wird.

Dabei hat die Behörde gemäß § 49 Abs. 3 S. 2 VwVfG die Jahresfrist (entsprechend § 48 Abs. 4 VwVfG) zu beachten[66].

4.3 Erstattung und Verzinsung

Der § 49a VwVfG regelt die Erstattung und Verzinsung gewährter Leistungen im Falle der Aufhebung des bewilligenden VA mit Wirkung für die Vergangenheit[67]. Er gilt sowohl für den Widerruf rechtmäßiger (§ 49 Abs. 3 VwVfG) als auch für die Rücknahme rechtswidriger VAe (§ 48 Abs. 1 VwVfG) und erfasst auch die Erstattung von Leistungen im Fall des Eintritts einer auflösenden Bedingung. 509
Die Entstehung des Anspruchs ist nicht abhängig von einem Verschulden des erstattungspflichtigen, früheren Begünstigten (anders zum Umfang des Anspruchs: vgl. unten RdNr. 510 zu Abs. 2).
Die zu erstattende Leistung wird durch schriftlichen VA[68] (Leistungsbescheid) zurückgefordert (Satz 2). Eine gerichtliche Klage ist also nicht erforderlich. Dieser Leistungsbescheid wird in der Verwaltungspraxis oft mit dem RücknahmeVA verbunden.[69]

Ob nach dem Wortlaut des 49a Abs. 1 VwVfG die frühere recht großzügige Praxis „konkludenter“ Aufhebungen von VAen durch schlichte Rückforderung der Beträge[70] weiter vor der Rechtsprechung Bestand haben kann, erscheint zweifelhaft.

Der **Umfang des Erstattungsanspruchs** ist in § 49a Abs. 2 VwVfG durch Rechtsfolgeverweisung auf die Vorschriften des BGB über ungerechtfertigte Bereicherung geregelt. Eine Abweichung (von § 818 Abs. 3 BGB) enthält § 49a Abs. 2 S. 2 VwVfG zugunsten der Behörde: Der Begünstigte kommt nur dann wegen Wegfalls der Bereicherung von seiner Erstattungspflicht frei, wenn er die Umstände, die zur Aufhebung oder Unwirksamkeit des VAs führten, weder kannte noch infolge grober Fahrlässigkeit nicht kannte. Schuldner des Erstattungsanspruchs ist regelmäßig der Adressat des früheren Zuwendungsbescheides[71]. 510

Die (gegebenenfalls rückwirkende) **Verzinsung** der Erstattungsbeträge regelt § 49a Abs. 3 VwVfG: Von Eintritt der Unwirksamkeit des VAs an sind die Erstattungsbeträge mit 5 % über dem Basiszinssatz zu verzinsen. Der Basiszinssatz ergibt sich aus § 247 BGB[72]. Von der Geltendmachung dieses Zinsanspruchs kann abgesehen wer- 511

---

65 In der Verwaltungspraxis auftretende Auslegungszweifel zum „im VA bestimmten Zweck“ sind durch Auslegung nach objektiviertem Empfängerhorizont zu lösen: OVG Lüneburg NVwZ-RR 2015, 11.

66 Vgl. oben RdNr. 486 und Baumeister NVwZ 97, 19, 22. – Kein Rückgriff auf die Jahresfrist im Verwaltungsprivatrecht: BGH NVwZ 2010, 531. – Zur Zweckverfehlung BVerwG DÖV 2015, 676.

67 Vgl. Fraund/Rach DVP 2004, 231.

68 Vgl. OVG Münster, NWVBl. 2004, 314.

69 Für die Verwaltungspraxis ist es in Einzelfällen u. U. zweckmäßiger, von einer solchen Verbindung abzusehen, wenn etwa die Rücknahme wegen der Jahresfrist des § 48 Abs. 4 VwVfG vorab ausgesprochen werden muss und die Berechnung des Umfangs der Erstattung noch weitere Nachforschungen erfordert.

70 Vgl. seinerzeit BVerwG NVwZ 84, 518 und NVwZ 85, 488.

71 Vgl. zum Schuldner bei Abtretung der Forderung: OVG Magdeburg NVwZ 2001, 214.

72 § 247 BGB: „(1) Der Basiszinssatz beträgt 3,62 Prozent. Er verändert sich zum 1. Januar und 1. Juli eines jeden Jahres um die Prozentpunkte, um welche die Bezugsgröße seit der letzten Veränderung des Basiszinssatzes gestiegen oder gefallen ist. Bezugsgröße ist der Zinssatz für die jüngste Hauptrefinanzierungsoperation der Europäischen Zentralbank vor dem ersten Kalendertag des betreffenden Halbjahrs.(2) Die Deutsche Bundesbank gibt den geltenden Basiszinssatz unverzüglich nach den in Absatz 1 Satz 2 genannten Zeitpunkten im Bundesanzeiger bekannt.“

den – vor allem, wenn den Begünstigten kein Verschulden trifft und wenn er zugleich fristgemäß erstattet.

Mit dem variablen Zinssatz (unter Bezugnahme auf § 247 BGB) wird verhindert, dass Zuwendungsempfänger hier ungerechtfertigt Zinsgewinne erwirtschaften.

Eine entsprechende Verzinsungspflicht ist in § 49a Abs. 4 VwVfG für den Fall vorgesehen, dass die Leistung „nicht alsbald nach der Auszahlung für den bestimmten Zweck verwendet“[73] wird. Hierdurch kann in der Verwaltungspraxis verhindert werden, dass ein Begünstigter aus verzögertem Einsatz der erhaltenen Leistung auch noch wirtschaftliche Vorteile zieht; dies ermöglicht den Behörden, steuernd einzuwirken, ohne sogleich zum Mittel des Widerrufs auf Grund des neuen § 49 Abs. 3 S. 1 Nr. 1 VwVfG wegen „Nicht-alsbaldiger-Verwendung“ greifen zu müssen.

Für die „alsbaldige Verwendung“ der Fördermittel gilt für die Praxis als „Faustformel“, dass sie innerhalb von zwei Monaten nach dem Auszahlungstage erfolgen muss[74].

5. Sonderfälle von Rücknahme und Widerruf

5.1 VA mit (drittbelastender) Doppelwirkung

512 Beim **VA mit (drittbelastender) Doppelwirkung** (vgl. oben RdNr. 268 ff.) besteht eine spezielle Interessenkollision, in der Regel wie folgt: Erhaltungsinteresse des Begünstigten, Allgemeininteresse der Behörde, Beseitigungsinteresse des Dritten. Deshalb trifft § 50 VwVfG eine – die §§ 48, 49 VwVfG modifizierende – Sonderregelung:
Solange ein zulässiger Rechtsbehelf[75] (Widerspruch, Klage) des Dritten läuft, kommen die zugunsten des VA-Adressaten bestehenden Beschränkungen der Rücknahme und des Widerrufs nicht zur Anwendung, soweit dem Widerspruch oder der Klage abgeholfen wird. Der Rechtsschutz, der dem Dritten gewährt werden muss, ist dem Vertrauensschutz des Begünstigten gleichrangig und verbietet eine „Bevorzugung“ des Begünstigten durch einseitigen Schutz seines Vertrauensinteresses.

Beispiel: Dem E ist eine Baugenehmigung erteilt worden, einen Bau auf der Grenze zum Nachbarn N zu errichten. Dadurch ist in rechtlich geschützte Interessen des N eingegriffen worden (Bau im Bauwich). Legt N gegen die Baugenehmigung einen Rechtsbehelf ein, so kann die Baubehörde die Baugenehmigung zurücknehmen bzw. widerrufen und dadurch „abhelfen“ (im Sinne von § 50 VwVfG). Eine Einschränkung ergibt sich aber aus dem mit „außer“ eingeleiteten Satzteil des § 49 Abs. 1 VwVfG (also kein Widerruf einer gebundenen rechtmäßigen Baugenehmigung); ferner besteht – wie immer – das Gebot zur pflichtgemäßen Ermessensausübung.

In der Verwaltungspraxis findet diese, dem Aspekt der Verfahrensökonomie dienende, Regelung des § 50 VwVfG nur selten Anwendung; sie ist auch wegen ihrer Negierung jeglichen Vertrauensschutzes nicht unproblematisch.[76]

5.2 Privatrechtsgestaltenden VA

513 Beim **privatrechtsgestaltenden VA** können Besonderheiten bestehen, welche die Rücknahme oder den Widerruf einschränken oder ausschließen. Für den negativ privatrechtsgestaltenden VA und den positiv privatrechtsgestaltenden VA gelten (unterschiedliche) Besonderheiten:

Beispiel zum **negativ privatrechtsgestaltenden VA**: Ist bei der Veräußerung eines landwirtschaftlichen Grundstücks nach § 2 GrdstVG eine Grundstücksverkehrsgenehmigung erforderlich, so ist

---

73 Vgl. BVerwG NVwZ 2005, 964 und BVerwG DÖV 2010, 284.
74 Vgl. OVG Magdeburg NVwZ-RR 2001, 284; vgl. BVerwG NVwZ 2005, 964.
75 Vgl. unten RdNr. 969.
76 „Keine umfassende Regelung der Probleme ...“ Sachs in Stelkens/Bonk/Sachs § 50 RdNr. 7.

vor der Entscheidung über die Genehmigung der genehmigungsbedürftige Kaufvertrag schwebend unwirksam. Wird die Genehmigung unanfechtbar versagt, so wird dieser Vertrag endgültig unwirksam. Eine Rücknahme oder ein Widerruf der Versagung ist unzulässig, weil sie keine Rechtsfolgen haben könnten. Der unwirksame Vertrag könnte dadurch nicht etwa wieder wirksam oder auch nur wieder schwebend unwirksam gemacht werden. Also ist dieser negativ privatrechtsgestaltende VA nicht rücknehmbar oder widerruflich.
Beispiel für den **positiv privatrechtsgestaltenden** VA ist – als Gegenstück zur Versagung der Grundstücksverkehrsgenehmigung aus dem vorangehenden Beispiel – die Erteilung einer Grundstücksverkehrsgenehmigung. Hier ist eine Rücknahme nicht schlechthin ausgeschlossen[77]. Zwar besteht dabei die Besonderheit, dass ein Rückgängigmachen der Genehmigung in die Rechtssphäre Dritter eingreifen kann (z. B. des Grundstückskäufers, falls der Verkäufer den Genehmigungsantrag gestellt hat). Dadurch kann sich das Gewicht der gegen eine Rücknahme sprechenden Gesichtspunkte beträchtlich erhöhen[78]. Gleichwohl sind hier grundsätzlich §§ 48, 49 VwVfG anwendbar, so dass beispielsweise eine Rücknahme nach § 48 Abs. 1 iVm Abs. 3 VwVfG möglich ist, sofern sie sich durch eine Interessenabwägung im Rahmen der Ermessensausübung rechtfertigen lässt[79].

5.3 Ungünstige Änderung eines belastenden VA

Probleme bestehen auch bei der Einordnung der für den Betroffenen **ungünstigen Änderung eines belastenden VA.** 514

Beispiel: Das Unternehmen U erhält für die Untersuchung von Fleisch einen Gebührenbescheid, wonach pro Kilogramm 0,10 € zu zahlen sind[80]. Später wird der Bescheid mit der Begründung, es sei ein falscher Gebührensatz angewandt worden, dahin geändert, dass pro Kilogramm 0,40 € zu zahlen sind. Handelt es sich hier um die Rücknahme eines belastenden oder eines begünstigenden VA?

Sieht man in dem zur Zahlung verpflichtenden (belastenden) VA zugleich die (begünstigende) Regelung, „dass eine höhere Belastung nicht erfolgt", so greift § 48 Abs. 1 S. 2 VwVfG ein, mit der Folge, dass bei der nachträglichen Erhöhung die hieraus folgenden Rücknahmevoraussetzungen und Rücknahmeschranken zu berücksichtigen sind. Die hM wendet hier jedoch § 48 Abs. 1 S. 1 VwVfG an, so dass der rechtswidrige belastende VA nach pflichtgemäßem Ermessen auch mit dem Ziel zurückgenommen werden kann, ihn durch einen stärker belastenden zu ersetzen. Ein im Einzelfall bestehendes schutzwürdiges Vertrauen ist dabei im Rahmen einer korrekten Ermessensausübung, die ja auch im Falle des § 48 Abs. 1 S. 1 VwVfG („kann") geboten ist, zu berücksichtigen[81].

6. Wiederaufgreifen des Verwaltungsverfahrens

Der Bürger kann sich gegen einen belastenden VA durch Rechtsbehelf[82] wehren, also 515
durch Widerspruch (nach § 68 VwGO, soweit das Widerspruchsrecht nicht abgeschafft ist) oder Klage. Unterlässt er das innerhalb der vorgesehenen Fristen, so muss er den VA grundsätzlich hinnehmen. Es ist nämlich gerade Sinn der Fristen, Rechtssicherheit dadurch zu gewähren, dass Zweifel an der Zweck- und Rechtmäßigkeit zeitnah geklärt werden und dementsprechend nur begrenzt geltend gemacht werden können[83]. Die sich aus dem Fristablauf ergebende Unanfechtbarkeit muss jedoch in

77 BVerwGE 54, 257.
78 BVerwGE 54, 261.
79 Vgl. BVerwGE 54, LS und 263, 264.
80 Beispiel nach BVerwGE 30, 132.
81 BVerwGE 67, 129, 130; 30, 132.
82 Zum Begriff des „Rechtsbehelfs" siehe oben RdNr. 754.
83 Vgl. BVerfGE 60, 253, 270.

begründeten Ausnahmefällen überwindbar sein; selbst die Rechtskraft des eine frühere Klage abweisenden Urteils schließt die Möglichkeit eines späteren Wiederaufgreifens des Verwaltungsverfahrens nicht aus.[84]

Oben wurde bei der Darstellung der durch die Unanfechtbarkeit des belastenden VA bewirkten Bestandskraft schon darauf hingewiesen, dass dies keine Unabänderlichkeit bedeutet. Im Folgenden ist nun der, in § 51 VwVfG (vgl. § 48 SGB X) geregelten Frage nachzugehen, welche Möglichkeiten es gibt, einen VA trotz Unanfechtbarkeit abzuändern, wie das Verfahren zu gestalten ist und welche Rechte dem Betroffenen insoweit zustehen.

Praxisbeispiel zur Veranschaulichung: E ist Inhaber eines Schweinemastbetriebes mit 800 Mastschweineplätzen, von dem erhebliche Geruchsbelästigungen ausgehen. Durch Verfügung nach §§ 22, 24 BlmSchG wurde ihm aufgegeben, zur Vermeidung der Geruchsbelästigung nicht mehr als 400 Schweine zu halten. E hat innerhalb der Frist keinen Rechtsbehelf eingelegt, aber ein Ingenieurbüro mit dem Einbau von Entlüftungsfiltern beauftragt. Später verlangt E, wegen der Filter die Beschränkung auf 400 Schweine wiederaufzuheben.

Geht es um die Abänderung eines unanfechtbaren belastenden VA, so sind zwei Schritte auseinander zu halten:

- Zunächst muss eine **Verfahrensentscheidung** über das Wiederaufgreifen des abgeschlossenen Verwaltungsverfahrens getroffen werden (dazu unten RdNr. 516 und RdNr. 520).
- Fällt diese positiv aus, dann kann der ursprüngliche VA zurückgenommen und widerrufen oder es kann auch von einer Rücknahme bzw. einem Widerruf abgesehen werden. Die insoweit ergehende **Sachentscheidung** wird, weil sie eine bereits durch unanfechtbaren VA – den Erstbescheid – getroffene Regelung betrifft, als Zweitbescheid bezeichnet (dazu unten RdNr. 527).

6.1 Wiederaufgreifen nach § 51 Abs. 1–4 VwVfG

516 Als erstes ist hier das **Wiederaufgreifen nach § 51 Abs. 1–4 VwVfG** zu behandeln. Bei Vorliegen der Voraussetzungen hat der Betroffene einen Anspruch auf Wiedereintritt in das Verwaltungsverfahren, also ein Recht auf Entscheidung über die Frage, ob der unanfechtbare VA eventuell aufgehoben oder abgeändert werden soll. Besteht ein Anspruch auf Wiederaufgreifen, so bedeutet das nicht, dass deshalb auch schon der Erstbescheid abgeändert werden muss, sondern nur, dass das Verfahrenshindernis der Bestandskraft des VA beseitigt wird.

6.1.1 Voraussetzung ist – neben dem entsprechenden Antrag des Betroffenen – vor allem, dass einer der gesetzlichen Wiederaufgreifens-Gründe § 51 Abs. 1 Nr. 1 bis 3 vorliegt:

517 Der in der Verwaltungspraxis am häufigsten geltend gemachte Grund ist die Änderung der Sach- oder Rechtslage (§ 51 Abs. 1 **Nr. 1** VwVfG). Eine **Sachlagenänderung** ist gegeben, wenn sich entscheidungserhebliche tatsächliche Verhältnisse oder Vorgänge verändert haben.

Eine **Rechtslagenänderung** liegt (nur) vor bei Änderung von Rechtsvorschriften (praxisrelevant neben formellen Gesetzen hier insbesondere Satzungen). Ein Wandel von Rechtsauffassungen oder eine Änderung in der Rechtsprechung stellt keine Rechtslagenänderung dar; dies selbst dann nicht, wenn das BVerwG eine „Rechtsprechung im Nachhinein aufgegeben hat. [Dies steht] ... einer nachträglichen Änderung der Rechtslage im Sinne von § 51 Abs. 1 VwVfG [auch] nicht gleich“[85].

---

84 Lehnt die Behörde dies nach Rechtskraft eines Urteils aber ab, bedarf es dazu „keiner weiteren ins Einzelne gehenden Ermessenabwägungen“: BVerwG, VR 2010, 141.

85 So OVG Münster, NVwZ 86, 134.

Praktische Bedeutung hat dieser Wiederaufgreifensgrund für VAe mit Dauerwirkung bzw. noch nicht vollzogene VAe. – Da der VA mit Dauerwirkung infolge einer Änderung der Sach- oder Rechtslage rechtswidrig wird, ist es nicht gerechtfertigt, gerade diesen VA aus dem Anwendungsbereich des § 51 Abs. 1 Nr. 1 VwVfG herauszunehmen[86].
Beispielsweise kann im Eingangsfall (oben RdNr. 515, Einschränkung der Schweinemasthaltung nach BImSchG) der E ein Wiederaufgreifen verlangen, wenn er inzwischen Entlüftungsfilter eingebaut hat (Sachlagenänderung gemäß § 51 Abs. 1 Nr. 1 VwVfG). Im wieder aufgegriffenen Verfahren wird dann geprüft, ob die Geruchsbelästigung unter die Schädlichkeitsgrenze zurückgegangen ist. Bejahendenfalls wird die Behörde die Verfügung dann widerrufen[87].

§ 51 Abs. 1 **Nr. 2** VwVfG stellt auf **neue Beweismittel** ab, die eine für den Betroffenen günstigere Regelung herbeigeführt haben würden. Der Begriff Beweismittel wird in § 26 VwVfG erläutert. Neue Beweismittel sind keine „neuen Tatsachen“ (die unter Nr. 1 fallen würden), sondern beziehen sich auf vorgetragene, „alte“ Tatsachen, die beim Erlass des VA schon vorgelegen haben, aber nicht bekannt oder beweisbar waren. Neu sind nicht nur solche Beweismittel, die erst nach Abschluss des Verwaltungsverfahrens entstehen, sondern auch solche, die zwar schon vorhanden waren, aber ohne Verschulden des Betroffenen nicht oder nicht rechtzeitig beigebracht werden konnten. 518
Für die Praxis der Behörden hat die Einbeziehung der zivilprozessualen Wiederaufnahmegründe (§ 580 ZPO) durch § 51 Abs. 1 **Nr. 3** VwVfG kaum Bedeutung; das nicht zuletzt deshalb, weil diese Gründe teilweise Unterfälle von Nr. 1 und Nr. 2 sind.

Beispielsweise stellt § 580 ZPO ab auf Eides-Straftaten, gefälschte Urkunden oder strafbare Falschaussagen als Urteilsgrundlage, auf Rechtsbeugung und Auffinden einer Urkunde oder eines früher rechtskräftig gewordenen Urteils.

6.1.2 **Weitere Voraussetzungen** für das Wiederaufgreifen sind, dass der Betroffene den Antrag innerhalb einer **Frist von drei Monaten** nach Kenntniserlangung von dem Wiederaufgreifensgrund stellt (§ 51 **Abs. 3** VwVfG) und dass er **ohne grobes Verschulden** außerstande war, den Grund im früheren Verfahren geltend zu machen (§ 51 **Abs. 2** VwVfG). 519

Beispielsweise ist grobes Verschulden gegeben, wenn dem Betroffenen „das Vorhandensein einer Urkunde bekannt war, oder sich den ihm bekannten Umständen nach aufdrängen musste und er sich trotzdem unter Verletzung der einem Verfahrensbeteiligten zumutbaren Sorgfaltspflicht nicht weiter darum kümmerte“[88].
Ein Wiederaufgreifensantrag der auf solche – durch § 51 Abs. 2 VwVfG ausgeschlossene – Gründe gestützt wird, ist (bereits) unzulässig[89] – und nicht, wie teilweise vertreten, unbegründet[90].

Unzulässig wäre auch ein Wiederaufgreifensantrag, der sich gegen einen noch anfechtbaren VA richtet (dieser lässt sich u. U. in einen Widerspruch umdeuten).
Die in § 51 Abs. 3 VwVfG genannte Frist läuft für jeden einzelnen Wiederaufgreifensgrund gesondert.

Umstritten ist die Zulässigkeit des Nachschiebens von Wiederaufgreifensgründen im gerichtlichen Verfahren ohne vorherige Antragstellung bei der Behörde[91].

6.2 Wiederaufgreifen nach § 51 Abs. 5 VwVfG

In der Verwaltungspraxis stellen die bisher erörterten Tatbestandsvoraussetzungen für den Antragsteller relativ schwer zu überwindende Hürden dar. Aber **§ 51 Abs. 5** 520

86 Vgl. auch BVerfG NVwZ-RR 94, 119; Schmalz AVR RdNr. 538.
87 Vgl. Fall Nr. 125 bei Dietlein/Dünchheim, Examinatorium – Allgemeines Verwaltungsrecht.
88 So VGH Mannheim NVwZ 86, 225; vgl. auch BVerwG NVwZ 86, 822.
89 So auch Stelkens/Bonk/Sachs § 51 RdNr. 24 und 127; Hendler RdNr. 367.
90 So jedoch Kopp/Ramsauer § 51 RdNr. 44. – Vgl. dazu das nachfolgende Aufbauschema unter RdNr. 523.
91 Vgl. dazu VGH München NVwZ 90, 269.

VwVfG verweist auf die Möglichkeit des Wiederaufgreifens *außerhalb* der Regelung des § 51 Abs. 1–4 VwVfG: Durch die **Bezugnahme auf §§ 48 Abs. 1 S. 1, 49 Abs. 1** VwVfG wird an das (ohnehin bestehende) Recht der Behörde erinnert – unabhängig von Fristen und Anträgen –, das Verfahren aus eigenem Antrieb wiederaufzugreifen, natürlich auch nach Anregung durch den Betroffenen und auch zu seinen Gunsten.

521 In der Praxis der Verwaltung ist diese Konstellation des „Wiederaufgreifens außerhalb des § 51 VwVfG" **häufiger und bedeutsamer** als das Wiederaufgreifen nach § 51 Abs. 1–4 VwVfG.
Dabei ist erster Schritt[92], dass die Behörde zunächst über das Wiederaufgreifen des mit der Unanfechtbarkeit des VAs abgeschlossenen Verfahrens nach §§ 48 Abs. 1 S. 1, 49 Abs. 1 VwVfG entscheidet. Da das Wiederaufgreifen auch im Interesse des Betroffenen erfolgt, hat dieser insoweit einen Anspruch auf fehlerfreie Ermessensausübung.

522 Das Gesetz bestimmt allerdings nicht näher, nach welchen Gesichtspunkten dieses **Ermessen** auszuüben[93] ist. Grundsätzlich darf die Behörde sich auf die Unanfechtbarkeit berufen und ein Wiederaufgreifen ablehnen. Das gilt insbesondere, wenn der Betroffene noch nicht einmal die Rechtswidrigkeit des VA geltend macht. Für ein Wiederaufgreifen können – als Elemente der hier erforderlichen Ermessensbetätigung – in der Praxis folgende Gesichtspunkte sprechen:

- Wenn die Rechtswidrigkeit geltend gemacht wird, wobei es auf das Gewicht der rechtlichen Bedenken ankommt (Wiederaufgreifen kommt eher in Betracht, wenn die Rechtswidrigkeit in die Nähe der Nichtigkeit rückt);
- wenn der VA eine besonders starke Belastung des Betroffenen enthält;
- wenn der VA noch zukünftige Rechtswirkungen hat, also eine zukünftige Belastung enthält (im Gegensatz zu einem VA, der einen abgeschlossenen, vielleicht sogar länger zurückliegenden Sachverhalt regelt).
- Schließlich ist ein Wiederaufgreifen eher möglich in einem einzelnen, atypischen Fall, als bei Vorliegen einer Vielzahl gleich zu behandelnder VAe.

Eine erneute Sachbehandlung ist nach Auffassung des Bundesverwaltungsgerichts[94] jedenfalls dann erforderlich, wenn die Aufrechterhaltung des Erstbescheides „schlechthin unerträglich" und eine Berufung auf die Unanfechtbarkeit als „Verstoß gegen die guten Sitten oder Treu und Glauben" zu würdigen wäre.[95]
Beispielsweise würde im obigen Fall (RdNr. 515, Einschränkung der Schweinemasthaltung nach BImSchG) für ein Wiederaufgreifen sprechen, wenn die Verfügung grob unverhältnismäßig wäre, etwa weil schon geringfügige Änderungen der Entlüftung Abhilfe schaffen würden. Hinzu kommt die starke Belastung des E (eingeschränkte Rentabilität des Betriebs). Auch hat die Verfügung noch künftige nachhaltige Wirkungen. Es handelt sich im Übrigen um einen Einzelfall, bei dem Weiterungen im Hinblick auf gleichliegende Fälle nicht zu befürchten sind. Unter diesen Voraussetzungen könnte eine Ermessensentscheidung im Sinne eines Wiederaufgreifens ergehen.

Für die praktische Fallbearbeitung bietet sich wegen der Doppelgleisigkeit der Möglichkeiten des Wiederaufgreifens folgendes **Aufbauschema** an:

523 A **Wiederaufgreifen gemäß § 51 VwVfG** („Wiederaufgreifen im engeren Sinne")
Anspruch auf Wiedereintritt in das Verwaltungsverfahren, wenn:
I. zulässig, wenn:
   1. Antrag auf Änderung eines bestandskräftigen VAs (Abs. 1)
   2. bei der zuständigen Behörde (Abs. 4)

92 So auch BVerwG, VR 2010, 141.
93 Zur Ermessensreduzierung auf Null im Rahmen des § 51 Abs. 5 VwVfG vgl. BVerwG DVBl 2005, 317.
94 BVerwGE 44, 333, 336.
95 Nach Rupp, Festschrift für Bachof, S. 152 sind diese Kriterien allerdings „für die Praxis unbrauchbar".

3. ohne grobes Verschulden (Abs. 2)
4. innerhalb der Dreimonatsfrist (Abs. 3)
und
II. begründet, wenn:
Wiederaufgreifensgrund (Abs. 1 Nr. 1–3) gegeben
(Danach folgt gegebenenfalls in einem zweiten Schritt die Prüfung, ob der ursprüngliche Sach-VA aufgehoben oder geändert wird – nach dem obigen Aufbauschema unter der RdNr. 379)

B **Wiederaufgreifen außerhalb § 51 VwVfG** („Wiederaufgreifen im weiteren Sinne")[96]
Anspruch auf fehlerfreie Ermessensentscheidung
aus § 48 Abs. 1 S. 1 VwVfG („... kann ... zurückgenommen werden"),
bzw. aus § 49 Abs. 1 VwVfG („... kann ... widerrufen werden");
Vgl. dazu § 51 Abs. 5 VwVfG („... § 48 ... und § 49 ... bleiben unberührt.") – Also Anspruch möglich auch bei Nichtvorliegen der Voraussetzungen von § 51 Abs. 1–4 VwVfG.

6.3 Behördliche Entscheidung 524

Bei der behördlichen Entscheidung über das Wiederaufgreifen ergeht nach Bearbeitung des Wiederaufgreifens-Antrags hinsichtlich des ursprünglichen VA
– im Ablehnungsfall eine „wiederholende Verfügung" (RdNr. 525),
– andernfalls ein „Zweitbescheid" (RdNr. 527):

6.3.1 Eine das Wiederaufgreifen ablehnende Entscheidung kann ausdrücklich (durch 525
explizite Ablehnung des Wiederaufgreifensantrages) erfolgen, kann aber auch darin liegen, dass die Behörde auf den Erstbescheid verweist oder ihn lediglich – ohne inhaltliche Prüfung – nochmals wiedergibt. Eine solche **„wiederholende Verfügung"** ist dann nur eine Entscheidung über den geltend gemachten verfahrensrechtlichen Wiederaufgreifensanspruch, aber keine Regelung „in der Sache" des ursprünglichen VAs.
Sie führt nicht zur Wiedereröffnung des Verwaltungsrechtsweges hinsichtlich des GrundVAs selbst; aber da der Betroffene einen Antrag auf Wiederaufgreifen gestellt hat, liegt hierin die Ablehnung des Wiederaufgreifens. Dies ist ein VA, dessen „Regelung"[97] die Ablehnung einer positiven Verfahrensentscheidung ist; dem gegenüber sind Rechtsbehelfe (Widerspruch, Verpflichtungsklage) möglich[98].
Ob der **Begriff** der **„wiederholenden Verfügung"** als überholt[99] oder als unverzichtbar[100] anzusehen ist, wird hier als weniger relevant erachtet, als der Hinweis, dass er **unpräzise** ist und **zu Missverständnissen Anlass** gibt: Genau genommen wird hier gerade keine „Verfügung" (= Bescheid oder VA) „wiederholt", also gerade nicht der ursprüngliche SachVA erneut erlassen; vielmehr ergeht eine erstmalige Ablehnungsentscheidung über den (eventuellen) Anspruch auf Wiederaufgreifen, wobei der ursprüngliche SachVA hierzu nur „Hintergrundmaterial" ist.

Für die Verwaltungspraxis sei darauf hingewiesen, dass bei der „wiederholenden Verfügung" besondere Aufmerksamkeit geboten ist: Wenn nur die Ablehnung der Neube- 526

96 Vgl. BVerwG, VR 2010, 141.
97 Zur Regelung vgl. oben RdNr. 327 ff.
98 Vgl. BVerwG NVwZ 2002, 482.
99 So Maurer § 11 RdNr. 56.
100 So Stelkens/Bonk/Sachs § 51 RdNr. 63.

fassung gewollt ist, dürfen in dem entsprechenden Ablehnungsschreiben keine Formulierungen verwendet werden, die bei objektiver Auslegung auf eine nochmalige Entscheidung in der Sache schließen lassen. Ein erneutes Eingehen auf tatsächliche Verhältnisse, auf Rechtsfragen des Erstbescheides oder die Würdigung des neuen Vortrags des Betroffenen könnten dazu führen, dass ungewollt doch ein – über den bloßen Verfahrensverwaltungsakt – hinausgehender Zweitbescheid entsteht, der den Verwaltungsrechtsweg in der Sache selbst wiedereröffnen würde.

Da auch der in der wiederholenden Verfügung liegende, bloße Ablehnungsbescheid ein – über den verfahrensrechtlichen Anspruch entscheidender – VA ist[101], bedarf es bei Wiederaufgreifensablehnungen in jedem Falle der Anfügung einer Rechtsbehelfsbelehrung[102].

527 6.3.2 Wenn das Verfahren aufgrund gesetzlicher Verpflichtung (§ 51 Abs. 1 VwVfG) oder kraft Ermessens (§§ 51 Abs. 5, 48 Abs. 1 S. 1, 49 Abs. 1 VwVfG) wiederaufgegriffen werden soll, formulieren die Behörden in der Verwaltungspraxis hierzu meist keine gesonderte Entscheidung, sondern gehen sogleich zu der Frage über, inwieweit der Erstbescheid aufrecht erhalten bleibt oder zurückgenommen bzw. widerrufen wird. Deshalb liegt im Erlass eines solchen – positiven oder negativen – **Zweitbescheids** stets ein Wiederaufgreifen des Verwaltungsverfahrens.

Beim Zweitbescheid steht die Prüfung im Vordergrund, ob der Erstbescheid rechtmäßig war. Selbstverständlich muss dabei das einschlägige materielle Recht richtig angewendet werden. Ob das der Fall ist, kann später auch noch einmal im Widerspruchsverfahren (soweit nicht abgeschafft) oder vom Verwaltungsgericht im Rahmen einer Klage gegen den Zweitbescheid überprüft werden.

Wurde im obigen Beispielsfall (RdNr. 515: Einschränkung der Schweinemasthaltung nach BImSchG) das Verfahren aufgrund der Behauptung des E, die Geruchsbelästigungen seien in Wahrheit geringfügig, wiederaufgegriffen und der Umfang der Geruchsbelästigung überprüft, so müssen nicht nur die dahingehenden tatsächlichen Feststellung richtig sein, sondern es muss auch die rechtliche Beurteilung, welche Geruchsbelästigungen iSd §§ 3, 22 BImSchG schädliche Umwelteinwirkungen sind, zutreffend sein. Andernfalls würde das Verwaltungsgericht einen die ursprüngliche Verfügung ganz oder teilweise aufrechterhaltenden Zweitbescheid aufheben.

528 Ob und inwieweit der Behörde noch ein Ermessensspielraum verbleibt, ist umstritten. In der Praxis ist jedenfalls für den Anwendungsbereich des § 51 Abs. 1 VwVfG nur in Ausnahmefällen vorstellbar, dass die Behörde (bei Vorliegen aller Voraussetzungen für das Wiederaufgreifen) die Rücknahme eines belastenden VA sollte ablehnen können. Im Übrigen kann vom Bürger schwerlich Verständnis dafür erwartet werden, dass in einem eigens dafür eingerichteten Wiederaufgreifens-Verfahren die Rechtswidrigkeit eines Verwaltungsakts festgestellt, aber trotzdem keine Konsequenzen daraus gezogen werden.

Praxisbeispiele für Ausnahmefälle, in denen der Erstbescheid gleichwohl selbst bei Rechtswidrigkeit aufrechterhalten bleiben könnte, wären: Es hat sich herausgestellt, dass nicht der geltend gemachte (schwere) Fehler vorliegt, sondern lediglich eine leichtere Rechtswidrigkeit, die auch in zahlreichen anderen Fällen vorliegt, und dass die Zurücknahme aller dieser VAe nicht erfolgen kann. – Oder: Der VA betrifft ein so komplexes Rechtsverhältnis, vielleicht unter Beteiligung Dritter, dass durch die Rücknahmen kein angemessener Rechtszustand herbeigeführt wird. – Bei einem VA mit Dauerwirkung ist möglich, dass der VA nur für die Zukunft zurückgenommen wird.

6.4 Ablehnungsbescheid

529 Besonderheiten können sich bei **Ablehnungsbescheiden** ergeben. Nach ihrem Wortlaut können §§ 51, 49, 48 VwVfG auch dann Anwendung finden, wenn ein Antrag auf einen begünstigenden VA abgelehnt und die Ablehnung infolge Nichteinlegung eines

101 Differenzierend Sachs in Stelkens/Bonk/Sachs § 51 RdNr. 57.
102 Vgl. BVerwG, VR 2010, 141.

Rechtsbehelfs (Widerspruch, Verpflichtungsklage) unanfechtbar geworden ist. Denn auch die Ablehnung (etwa einer Erlaubnis) ist selbst ein VA, der nach Fristablauf gemäß §§ 68 Abs. 2, 70, 74 Abs. 2 VwGO bestandskräftig wird und verhindert, dass ohne weiteres eine entgegengesetzte Entscheidung ergeht.
Jedoch ist hierbei zu unterscheiden zwischen einem Wiederaufgreifensantrag und einem Neuantrag. Dabei ist darauf abzustellen,

- ob ein neuer Lebenssachverhalt vorgebracht wird, „der sich mit dem der ablehnenden Entscheidung zugrundeliegenden allenfalls am Rande berührt, ... und daraus erstmals ein ... Anspruch aus Gründen hergeleitet wird, über die bisher noch nicht entschieden worden ist" (**Neuantrag**), **530**
- oder ob der Antrag an die ursprüngliche Verwaltungsregelung in derselben Angelegenheit und an den dafür gelten gemachten Sachverhalt anknüpft, um eine „neue ... Entscheidung über den seinerzeit gestellten Antrag zu erreichen" (**Antrag auf Wiederaufgreifen**)[103].

In der Praxis ist hier zu beachten, dass eine Ablehnungsentscheidung meist eine schwächere Bindungswirkung hat, weil sie ihre Regelung nur auf der Grundlage der derzeitigen Lage trifft. Sie steht dann sozusagen unter dem stillschweigenden Vorbehalt, dass nicht ein neuer Antrag mit geänderter Begründung gestellt wird oder dass sich nicht sonstige entscheidungsrelevanten „Verhältnisse" ändern. Man wird in solchen „Ablehnungsfällen" daher eher zu einem Wiederaufgreifen und zur Möglichkeit einer nunmehr positiven Entscheidung kommen können.

Zu dem Sonderfall, dass ein bestandskräftig abgelehnter Baugenehmigungsantrag neu gestellt wird, hat das BVerwG „mehrfach entschieden, dass die Bestandskraft insoweit in das nachfolgende Verfahren nicht hineinwirkt"[104]. Danach wäre § 51 VwVfG nicht anwendbar. **531**

Das BVerwG nimmt also einen Neu-Antrag auf Neu-Regelung an, auch wenn dem Antrag eine unveränderte Sachlage bei gleicher Rechtslage zugrunde liegt. Dies ist nicht nur unter dem Praxisaspekt doppelter Verwaltungsarbeit problematisch, sondern verstößt gegen §§ 68 Abs. 2, 70, 70 Abs. 4 VwGO, wonach auch Ablehnungsbescheide bestandskräftig werden. Art. 14 GG, worauf das BVerwG sich stützt, schließt die Bestandskraft einer Baugenehmigungsentscheidung nicht aus, vielmehr sind die genannten Vorschriften der VwGO im Interesse der Rechtssicherheit erforderlich und fallen unter Art. 14 Abs. 1 S. 2 GG.

Vielmehr ist auch hier anhand der aufgezeigten Kriterien zwischen Neuantrag und Wiederaufgreifensantrag zu unterscheiden. In der Verwaltungspraxis wird bei Baugenehmigungssachverhalten relativ oft ein Neuantrag anzunehmen sein, weil dabei zwei Konstellationen typisch sind:

a) Zum einen kann der Bürger für dasselbe Grundstück (auch nach früherer Ablehnung eines anderen Vorhabens) jederzeit mit einem abweichenden Bauplan einen neuen Baugenehmigungsantrag stellen.
b) Zum anderen kann er aber auch für ein Vorhaben, das bereits durch bestandskräftigen VA wegen eines entgegenstehenden Bebauungsplans abgelehnt worden ist, nach Abänderung dieses Bebauungsplans den gleichen Antrag erneut stellen.

In beiden Fällen entscheidet die Behörde nur über den ihr vorliegenden Antrag und nicht etwa gleichzeitig über den Bestand ihrer früheren ablehnenden Bescheide.

---

103 Vgl. die beiden Entscheidungen des BVerwGs in NVwZ 85, 889 u. 889 f.
104 E 48, 271, 274.

8. Abschnitt: Besondere Arten der Verwaltungsakte. Verwaltungsakte mit Nebenbestimmungen

1. Verwaltungsakte mit Drittwirkung

532 Der normale VA löst Rechtsfolgen nur im Verhältnis der Behörde zum Adressaten des VA aus. Zahlreiche VAs haben jedoch außerdem Rechtswirkungen gegenüber einem Dritten oder gegenüber mehreren („dritten") Personen. Diese Wirkungen können von der Behörde und den zugrundeliegenden Rechtsvorschriften bezweckt sein, sie können aber auch unbeabsichtigt eintreten. Je nachdem, ob der Dritte belastet oder begünstigt wird, ergeben sich die nachfolgenden Unterscheidungen:

533 Um einen **begünstigenden VA mit drittbelastender „Doppelwirkung"**[1] **(belastender Drittwirkung)** handelt es sich beispielsweise, wenn dem Bauherrn B eine Baugenehmigung erteilt wird, welche die Nutzung des Nachbargrundstücks des N verschlechtert (Wegnahme von Licht, Lärmbeeinträchtigung, Zufluss von Wasser oder Absenkung des Grundwassers). Rechtsbehelfe (Widerspruch, Anfechtungsklage) werden in solchem Fall idR nicht vom Adressaten, sondern von dem Dritten (Nachbarn) erhoben[2]. Die rechtlichen Konsequenzen eines VA mit belastender Drittwirkung folgen den allgemeinen Regelungen; aus dem Begriff selbst ergeben sich keine besonderen Rechtsfolgen. So besteht die Möglichkeit einer Anfechtung des VA für den belasteten Dritten nur dann, wenn er selbst durch diesen VA in eigenen Rechten verletzt ist, § 42 Abs. 2 VwGO. Für die Fälle der Rücknahme bzw. des Widerrufs muss seitens der Behörde § 50 VwVfG beachtet werden[3].

Eine weitere wichtige Norm für Dreiecksbeziehungen ist § 80a VwGO: Er enthält Regelungen zum vorläufigen Rechtsschutz im Bereich der VAe mit Drittwirkung[4]. (Die hier weitgehend verwendete – nicht zum Gesetzestext gehörende (nichtamtliche) – Paragraphenüberschrift „VA mit Doppelwirkung" ist ungenau[5].)

534 **Belastende VAe mit drittbegünstigender „Doppelwirkung" (begünstigender Drittwirkung)** sind seltener. Ein Beispiel wäre eine Verfügung der Gewerbeaufsichtsbehörde gegenüber einem Unternehmer, mit der diesem aufgegeben wird, Schutzvorrichtungen zugunsten seiner Arbeitnehmer (begünstigte Dritte) anzubringen. Auch in solchem Fall entsteht ein dreiseitiges Rechtsverhältnis zwischen Behörde, VA-Adressaten und Dritten[6].

---

1 Die Gleichsetzung Doppelwirkung/Drittwirkung ist ungenau, hat sich aber eingebürgert (vgl. auch § 80a VwGO). Ist man bereit, zu differenzieren, so ergibt sich: **Doppel**wirkung liegt vor, wenn ein VA (nur) für den Adressaten sowohl begünstigende als auch belastende Wirkungen hat; **Dritt**wirkung ist hingegen gegeben, wenn neben dem Adressaten auch ein Dritter betroffen ist (oder mehrere Dritte). Wie hier z. B. Haurand, DVP 2007, 221, 225 oder Sachs in Stelkens/Bonk/Sachs, § 50 RdNr. 8 (mit weiteren Nachweisen zum – praktisch allerdings wenig ergiebigen – Streitstand); Jachmann/Drüen, Allgemeines Verwaltungsrecht, RdNr. 91.

2 Vgl. zur (geruchs-) belastenden Drittwirkung der Genehmigung einer Biogasanlage OVG Münster, Beschluss vom 30. Januar 2013 – 8 B 1130/12 –, juris.

3 RdNr. 512.

4 Vgl. unten RdNr. 1095 ff.

5 Vgl. oben Fußnote 1.

6 Beispiel einer „Doppelbegünstigung" aus dem Sozialrecht: Der Kostenübernahmebescheid des Sozialhilfeträgers gegenüber dem Sozialhilfeempfänger stellt für den Einrichtungsträger (hier: eine Behindertenwerkstatt) zwar einen Verwaltungsakt mit begünstigender Drittwirkung dar, begründet jedoch für ihn keine eigenen Rechte, SG München, Urteil vom 12. März 2013 – S 48 SO 395/09 –, juris.

Beispiele „mehrpoliger Verwaltungsrechtsverhältnisse" finden sich in den sogenannten Massenverfahren nach § 17 VwVfG[7].

2. Verwaltungsakte, bei denen der Betroffene oder eine andere Behörde mitzuwirken hat

Von einem **mitwirkungsbedürftigen VA** wird gesprochen, wenn es der Mitwirkung des Adressaten (Bürgers) bedarf. Die Mitwirkung erfolgt verfahrensrechtlich zumeist in Form eines Antrages (vgl. § 22 S. 2 VwVfG). Davon zu trennen ist die materiellrechtlich erforderliche **Zustimmung** des Betroffenen, deren Notwendigkeit sich aus dem jeweiligen Fachrecht ergibt[8]. Der Verwaltung ist es vom Grundsatz her verwehrt, ohne gesetzliche Ermächtigung dem Bürger eine Begünstigung aufzudrängen, die er nicht wünscht – zumal wenn sich aus dem so begründeten Rechtsverhältnis auch Pflichten ergeben. 535

Beispiele für mitwirkungsbedürftige VAs: Beamtenernennung[9], Erteilung von Erlaubnissen aller Art, Einbürgerung

Fehlt die erforderliche (verfahrensrechtliche) Mitwirkung, ist der VA rechtswidrig[10], jedoch besteht die Möglichkeit einer Heilung gemäß § 45 Abs. 1 Nr. 1 VwVfG (vgl. RdNr. 444, 614, 706).

Allein die Verpflichtung der Behörde, einen vom VA Betroffenen nach § 28 VwVfG anzuhören, ist jedoch nicht ausreichend für die Annahme eines mitwirkungsbedürftigen VA. – Auch die allgemeine Pflicht des Betroffenen, bei der Ermittlung des Sachverhalts mitzuwirken, § 26 Abs. 2 VwVfG, ist nur ein generelles Element eines jeden Verwaltungsverfahrens (etwa die Beibringung eines medizinisch-psychologischen Gutachtens im Rahmen der Sachverhaltsermittlung zur Entziehung einer Fahrerlaubnis)[11].

Bedarf es derMitwirkung einer **anderen Behörde,** handelt es sich um einen **mehrstufigen VA** (siehe oben RdNr. 337). Der VA wird in zwei Stufen[12] erlassen: Zunächst wird die andere Behörde (z. B. die Gemeindebehörde) beteiligt; danach entscheidet die für den Erlass des VA zuständige Behörde (z. B. Erteilung der Baugenehmigung durch die Kreisverwaltung[13]). 536

Beispielsfall ist die Mitwirkung der Gemeinde (und der höheren Verwaltungsbehörde) bei der Erteilung einer Baugenehmigung im Fall des § 36 BauGB. Fehlt die Mitwirkung, ist der VA rechtswidrig[14], jedoch ist eine Heilung nach § 45 Abs. 1 Nr. 5 VwVfG möglich[15].

3. Erlaubnisse

Eine besondere Art des VA ist die **Erlaubnis** (gleichbedeutend: Genehmigung). Mit ihr verbunden ist ein typisches rechtliches Instrumentarium, das vor allem im Baurecht, 537

7 Zu den mehrpoligen Verhältnissen Schmitz in Stelkens/Bonk/Sachs, § 9 RdNr. 25 ff. – Zur drittschützenden Wirkung der Sperrzeitregelung des § 18 GaststättenG für die Nachbarn einer Gaststätte BVerwG, DÖV 97, 253.

8 Ausführlich hierzu Berger, DVBl 2009, 401 ff. m. w. N.

9 Der künftige Beamte muss seiner Ernennung zustimmen – typischweise erfolgt dies konkludent durch Entgegennahme der Ernennungsurkunde. So BVerwG, ZBR 2015, 344 ff.

10 Vgl. für den Fall eines mangelhaften Antrags auf eine Sondernutzungserlaubnis OVG Münster, Beschluss vom 15. September 2014 – 11 A 624/14 –, juris.

11 Vgl. OVG Münster, NJW 2001, 3427; OVG Weimar, ThürVBl 2004, 212.

12 Beispiele bei Lange, DVP 2004, 314.

13 Zur Mitwirkungslast des gemeindlichen Einvernehmens BVerwG, NVwZ 2005, 213; zu eventueller Amtshaftung bei Versagung des Einvernehmens: Zeiler, KommJur 2009, 288.

14 BVerwG, NWVBl 2009, 95.

15 Vgl. U.Stelkens in Stelkens/Bonk/Sachs § 35 RdNr. 174.

Gewerberecht, Straßenverkehrsrecht, Immissionsschutzrecht und Wasserrecht erhebliche Praxisbedeutung hat. Je nach dem vom Gesetz verfolgten Zweck sind folgende Fallgruppe zu unterscheiden[16]:

3.1 Kontrollerlaubnis

538 Im Normalfall bezweckt das Gesetz, das einem vom Bürger gewünschten Verhalten eine behördliche Erlaubnis vorschaltet, nicht, das erlaubnisbedürftige Verhalten insgesamt zu unterbinden; das zu überprüfende Verhalten ist vielmehr vom Grundsatz her sozial unbedenklich bzw. sogar wertvoll: So wird die Bebauung eines Grundstücks durch das Eigentumsgrundrecht des Art. 14 GG mitgeschützt; die Gewerbefreiheit genießt den Schutz des Art. 12 GG. Allerdings sollen durch die der Erlaubnis vorgeschaltete Prüfung künftige Missstände verhindert und die Einhaltung der gesetzlichen Voraussetzungen sichergestellt werden. Dieser Fall wird als „präventives Verbot mit Erlaubnisvorbehalt" bezeichnet. Die Erlaubnis ist eine sog. **Kontrollerlaubnis.**

Hierzu gehören gewerberechtliche Erlaubnisse wie die Gaststättengenehmigung, aber auch z. B. die Fahrerlaubnis und die Baugenehmigung. Wenn Versagungsgründe nicht vorliegen, hat der Bürger einen Anspruch auf Erteilung der Erlaubnis (gebundene Erlaubnis, Legaldefinition z. B. in § 23 OGB NRW).

Bei rein formaler Betrachtung erscheint die Kontrollerlaubnis als begünstigender VA, der dem Antragsteller ein Recht gewährt – materiell-rechtlich jedoch gibt sie dem Bürger nur das, was ihm nach (Verfassungs-) Recht und Gesetz zusteht, worauf er einen Anspruch hat. Insofern stellt die Ablehnung einer Kontrollerlaubnis einen Eingriff in die Rechtsposition des Bürgers dar[17].

3.2 Ausnahmebewilligung

539 Stuft das Gesetz dagegen ein Verhalten als sozial schädlich oder sonst unerwünscht ein, dient die Erlaubnisbedürftigkeit letztlich der Verhinderung oder Zurückdrängung des Verhaltens. Bei diesem „repressiven Verbot mit Befreiungsvorbehalt" (**Ausnahmebewilligung**, Befreiung, Dispens) soll die Erlaubnis nur ausnahmsweise, bei atypischer Lage, erteilt werden.

Beispiele hierzu sind: Bauplanungsrechtliche Ausnahmen (§ 31 Abs. 1 BauGB) und Befreiungen (§ 31 Abs. 2 BauGB). In diesen Fällen besteht idR kein Anspruch auf die Erlaubnis, sondern deren Erteilung steht im pflichtgemäßen Ermessen der Behörde.

Im Gegensatz zur Kontrollerlaubnis handelt es sich bei der Ausnahmebewilligung tatsächlich um einen materiell-rechtlich begünstigenden VA: Dem Bürger wird durch den Dispens etwas gestattet, was grundsätzlich verboten ist; sein Rechtskreis wird durch die Erlaubnis erweitert.

4. Zusicherung, § 38 VwVfG

4.1 Definition

540 § 38VwVfG enthält die Legaldefinition der **Zusicherung**: Dabei handelt es sich um das rechtlich verbindliche Versprechen der Behörde, einen bestimmten **Verwaltungsakt** später zu erlassen oder zu unterlassen[18]. Die Zusicherung, die sich inhaltlich also auf

16 Vgl. auch Gromitsaris, DÖV 97, 401 ff.
17 Jachmann/Drüen, Allgemeines Verwaltungsrecht, RdNr. 94.
18 Eine instruktive Übungsklausur zum Thema Zusicherung findet sich bei Kremer, DVP 2015, 69 ff.

einen VA bezieht, ist ein Unterfall der gesetzlich nicht explizit geregelten **Zusage**: Unter einer Zusage versteht man eine hoheitliche Selbstverpflichtung mit Bindungswirkung[19], die auf ein späteres Tun oder Unterlassen (gleich, welcher Rechtsqualität) gerichtet ist. Die „Zusage" stellt also den Oberbegriff zur „Zusicherung" dar[20].

Mit einer Zusage oder einer Zusicherung kommt die Behörde dem Interesse des Bürgers an einer frühzeitigen verbindlichen Entscheidung entgegen und verschafft ihm Planungssicherheit. So kann sie ihm z. B. den Erlass eines VA zusichern, der im Augenblick mangels Klarheit über das Vorliegen bestimmter Tatbestandsvoraussetzungen noch nicht erlassen werden kann. Oder sie verspricht ihm schon heute, auch in Zukunft auf die Aufhebung z. B. eines Subventionsbescheides zu verzichten.

4.2 Rechtsbindungswille

Eine Zusicherung setzt voraus, dass die Behörde mit **Rechtsbindungswillen** handelt. **541**
Von einem solchen rechtsverbindlichen Versprechen abzugrenzen sind Auskünfte zum Stand des Verfahrens, allgemeine Ankündigungen, Hinweise auf künftige Verfahrensschritte oder informelle Absprachen. Der Rechtsbindungswille der Behörde muss in der (notwendigerweise schriftlichen, § 38 Abs. 1 S. 1 VwVfG) Zusicherungserklärung hinreichend deutlich erkennbar zum Ausdruck kommen. „Ob eine behördliche Erklärung mit dem für eine Zusicherung i. S. v. § 38 VwVfG oder für eine ... Zusage erforderlichen Bindungswillen abgegeben wurde, ist durch **Auslegung** nach der im öffentlichen Recht entsprechend anwendbaren Regel des § 133 BGB zu ermitteln; maßgebend ist danach der erklärte Wille, wie ihn der Empfänger bei Würdigung des objektiven Erklärungswerts und der weiteren Begleitumstände, insbesondere des Zwecks der Erklärung, verstehen konnte."[21] Nicht entscheidungserheblich sind dementsprechend interne Aktenvermerke, Gespräche oder gar die bloß innerlich gebliebenen Vorstellungen eines Behördenmitarbeiters.

Beispiele für Zusagen **mit Bindungswillen**: Die Einbürgerungsbehörde sichert für den Fall, dass der Antragsteller auf seine bisherige Staatsangehörigkeit verzichtet, die Einbürgerung zu. – Der Bundesverteidigungsminister sichert einem Soldaten zu, ihm nach Bestehen der Fachhochschulprüfung ein Studium an der Technischen Universität zu genehmigen[22]. – Der Rat einer Gemeinde sichert zu, ein Bauvorhaben abschnittsweise zu subventionieren[23].
Beispielsfall ohne Bindungswillen: Wird in einer „Bescheinigung zur Vorlage bei einer ausländischen Botschaft" ausgeführt, den Familienmitgliedern eines Antragstellers „ ... kann im Rahmen der Härtefallregelung für ausländische Familien mit langjährigem Aufenthalt eine Aufenthaltserlaubnis bei gültigem Reisepass erteilt werden ...", enthält diese Erklärung keinen Bindungswillen der Behörde zum späteren Erlass einer Aufenthaltsgenehmigung sondern einen bloßen aufklärenden Hinweis für die ausländische Botschaft; dieser ist zusätzlich (mit dem Ermessensbegriff „kann") offen gehalten[24].

4.3 Abgrenzung von Vorbescheid und Teilgenehmigung

Abzugrenzen ist die Zusicherung, also das Versprechen, einen VA zu erlassen, vom **542**
sog. **Vorbescheid.** Ein Vorbescheid bezieht sich auf eine einzelne Voraussetzung des Genehmigungstatbestandes und regelt diese abschließend. Im Gegensatz zu einer Zusicherung, mit der eine Genehmigung (nur, aber verbindlich) in Aussicht gestellt wird,

19 BVerwGE 96, 71, 74.
20 Vgl. zu solchen „Versprechungen" der Verwaltung Hebeler, Jura 2010, 881 ff.
21 BVerwG, Beschluss vom 10.11.2006, 9 B 17.06, JurionRS 2006, 27960 (Hervorhebung nicht im Original).
22 BVerwGE 53, 182.
23 Zur steuerrechtlichen Zusage im Anschluss an eine Außenprüfung vgl. § 204 AO.
24 Vgl. Guckelberger, DÖV 2004, 357.

wird durch einen Vorbescheid eine Einzelfrage des Gesamtvorhabens bereits rechtsverbindlich und abschließend entschieden.

Hauptanwendungsbereich ist das Baurecht. Ein Bauwerk darf nur errichtet werden, wenn es sowohl bauplanungsrechtlich als auch bauordnungsrechtlich unbedenklich ist. Durch einen Vorbescheid kann zunächst die planungsrechtliche Zulässigkeit festgestellt werden. Ein positiver Vorbescheid dieser Art wird als „Bebauungsgenehmigung“ bezeichnet. Vgl. hierzu § 71 BauO NRW („... kann zu Fragen des Bauvorhabens ein Bescheid (Vorbescheid) beantragt werden ...“)[25]. Ähnlich auch § 9 BImSchG („... Vorbescheid über einzelne Genehmigungsvoraussetzungen ...“).

Ebenfalls von der Zusicherung zu unterscheiden ist die **Teilgenehmigung**. Eine solche bezieht sich auf einzelne, real trennbare Teile eines zu genehmigenden Gesamtvorganges, die durch die Teilgenehmigung verbindlich geregelt werden. Eine solche Aufspaltung der Gesamtgenehmigung in kleinere, sinnvolle „Häppchen“ ist bei Großanlagen üblich und wird als Genehmigungserteilung im „gestuften Verwaltungsverfahren“ bezeichnet.

Beispielsweise wird zunächst die Errichtung einer Anlage und anschließend der Betrieb der Anlage genehmigt, so dass sich die Berechtigung zum Betrieb einer errichteten Anlage aus einer Errichtungsgenehmigung und einer Betriebsgenehmigung ergibt (z. B. „Teilgenehmigung“ nach § 8 BImSchG)[26]. Zur baurechtlichen „Teilbaugenehmigung“ vgl. § 76 BauO NRW.

4.4 Wirksamkeit

543 § 38 Abs. 1 und Abs. 2 VwVfG enthalten die rechtlichen Vorgaben für die **Wirksamkeit** einer Zusicherung. Danach müssen folgende Voraussetzungen gegeben sein:

a) Die Zusicherung muss von der sachlich, örtlich und instanziell **zuständigen Behörde** erteilt werden – anders als beim VA führen Verstöße nicht (nur) zur Rechtswidrigkeit, sondern zur Unwirksamkeit einer Zusicherung. Zuständig für den Erlass einer Zusicherung ist die Behörde, die auch für den (Nicht-) Erlass des in Rede stehenden VA zuständig wäre.
b) Die Zusicherung muss in **schriftlicher Form** erteilt werden; § 37 Abs. 3 VwVfG findet entsprechende Anwendung[27]. Eine Zusicherung kann auch in elektronischer Form gegeben werden; dann sind die Voraussetzungen des § 3a Abs. 2 VwVfG zu beachten[28]. Eine Behörden-E-mail ohne digitale Signatur „wahrt auf keinen Fall“ dieses Erfordernis[29].
c) Die Zusicherung darf nicht aus sonstigen Gründen nichtig sein, § 38 Abs. 2 i. V. mit § 44 VwVfG.

4.5 Rechtsfolgen

544 Eine wirksam abgegebene Zusicherung entfaltet **Rechtsfolgen** in zwei denkbaren Richtungen:

a) Wird der Erlass eines VA zugesichert, so erlangt der Bürger durch die wirksame Zusicherung einen **Rechtsanspruch**, ein **subjektiv-öffentliches Recht** auf den versprochenen VA, welches notfalls auch gerichtlich geltend gemacht werden kann. Für das Entstehen des Rechtsanspruchs ist allein die **Wirksamkeit** der Zusicherung von Belang; ihre Rechtmäßigkeit ist insoweit unerheblich.
b) Wird zugesichert, einen bestimmten VA zu unterlassen, so hat der Bürger auch hierauf ein subjektiv-öffentliches Recht; dementsprechend ist ein **VA**, der entgegen

---

25 Vgl. BVerwGE 69, 1; zur Abgrenzung Vorbescheid/Zusicherung: VG Gießen, NVWZ-RR 2005, 232.
26 Zur Teilgenehmigung für Sichtflugbetrieb auf auf einem Flugplatz BVerwG, NVwZ 2002, 350.
27 BVerwG, NVwZ 2003, 997.
28 Kingler/Krebs, JuS 2010, 1059, 1061.
29 OVG Lüneburg, DVP 2005, 475.

der Zusicherung trotzdem erlassen wird, **rechtswidrig** (obwohl er für sich genommen, also ohne die Zusicherung, womöglich sowohl in formeller wie materieller Hinsicht rechtmäßig wäre).

Sichert die Behörde einem Subventionsempfänger zu, auf eine spätere Aufhebung des Zuwendungsbescheides zu verzichten, und setzt sie sich später über ihre eigene Zusicherung hinweg, so ist der Aufhebungsbescheid rechtswidrig – es sei denn, die Bindungswirkung der Zusicherung ist gemäß § 38 Abs. 2 oder 3 VwVfG weggefallen.

4.6 Verwaltungsaktsqualität

Ob der Zusicherung gemäß § 38 VwVfG selbst **VA-Qualität** zukommt, ist umstritten; 545
der Streit knüpft insbesondere am Tatbestandsmerkmal der „Regelung“ an, das für das Vorliegen eines VA erforderlich ist, § 35 S. 1 VwVfG. Danach muss ein VA auf die „Herbeiführung einer Rechtsfolge“ gerichtet sein. Wie soeben beschrieben resultieren aus einer wirksamen Zusicherung subjektiv-öffentliche Rechte auf Erlass bzw. Nicht-Erlass eines VA – damit setzt bereits die Zusicherung eine verbindliche Rechtsfolge, die notfalls auch gerichtlich durchsetzbar ist. So sprechen die wohl besseren Gründe für eine Qualifizierung der Zusicherung als VA. Die Gegenmeinung spricht der Zusicherung den Regelungscharakter ab – die eigentliche Regelung sei erst der versprochene VA. In der Rechtsprechung wird die Frage zumeist offen gelassen, da § 38 Abs. 2 VwVfG einen Großteil der für den VA relevanten Normen für die Zusicherung explizit für anwendbar erklärt[30].

Relevant wird der Streit im Rahmen des Rechtsschutzes: Möchte sich z. B. ein Nachbar gegen eine Zusicherung auf Erteilung einer Baugenehmigung für das Nachbargrundstück wenden, so kann er diese nur mit der Anfechtungsklage, § 42 Abs. 1 VwVGO, zu Fall bringen, wenn die Zusicherung selbst einen VA darstellt[31].

4.7 Erlöschen der Wirksamkeit

Der Anspruch des Bürgers auf das zugesicherte Verhalten geht jedoch unter, wenn 546
die Wirksamkeit der Zusicherung erlischt. Dafür hält das Gesetz zwei Möglichkeiten bereit:

a) Nach § 38 Abs. 3 VwVfG ist die Verwaltung an die Zusicherung nicht mehr gebunden, wenn sich nach Abgabe der Zusicherung die **Sach- oder Rechtslage** derart **ändert**, dass die Behörde bei Kenntnis der nachträglich eingetretenen Änderung die Zusicherung nicht gegeben hätte oder aus rechtlichen Gründen nicht hätte geben dürfen[32]. In der Sache handelt es sich hier um einen ins öffentliche Recht gewendeten Fall des „Wegfalls der Geschäftsgrundlage“; die Zusicherung verliert ihre Wirksamkeit kraft gesetzlicher Anordnung.
b) Kommt ein Wegfall der Bindungswirkung kraft Gesetzes nicht Betracht, kann die Verwaltung die Zusicherung gemäß § 38 Abs. 2 i. V. mit §§ 48, 49 VwVfG aktiv **aufheben**, d. h. sie kann eine rechtmäßige Zusicherung widerrufen bzw. eine rechtswidrige Zusicherung zurücknehmen. Die Widerrufsgründe des § 49 Abs. 2 Nr. 3 und 4 VwVfG können allerdings nicht zur Anwendung kommen; sie werden durch die speziellere Regelung in § 38 Abs. 3 VwVfG verdrängt. Widerruf und Rücknahme beseitigen die Bindungswirkung der Zusicherung mit Wirkung ex tunc.

---

30 Vgl. zum Streitstand U. Stelkens in Stelkens/Bonk/Sachs, VwVfG, § 38 RdNr. 29 ff. m. w. N.
31 Zum Rechtsschutz vgl. Kingler/Krebs, JuS 2010, 1059, 1063 sowie Hebeler, Jura 2010, 881, 884.
32 Beispiel zur Änderung der Sach- und Rechtslage bei Zusicherung: BVerwG, DÖV 2002, 82. – Zur Aufhebung steuerrechtlicher Zusagen vgl. § 207 AO. – Zur Frage einer Haftung aus Amtspflichtverletzung nach Zusage: BGH, DÖV 2002, 88.

4.8 Rechtmäßigkeit

547 Für die Frage der rechtlichen Verbindlichkeit kommt es allein auf die **Wirksamkeit** der Zusicherung an; die Frage ihrer **Rechtmäßigkeit** ist jedoch insbesondere für die Möglichkeit einer Rücknahme gemäß § 38 Abs. 2 i. V. mit § 48 VwVfG entscheidend.

Wurde z. B. seitens der Verwaltung „sehenden Auges" der Erlass einer rechtswidrigen Baugenehmigung versprochen, und fordert der Bürger diese nun ein, so kann die Verwaltung sich nicht auf § 38 Abs. 3 VwVfG berufen, denn es haben sich „nach Abgabe der Zusicherung" keine Änderungen hinsichtlich der Sach- oder Rechtslage mehr ergeben; es stand bereits im Zeitpunkt der Zusicherungserteilung fest, dass der versprochene VA rechtswidrig war. Will sich die Verwaltung jetzt von ihrem rechtswidrigen Versprechen lösen, so kann sie dies nur über eine Rücknahme der Zusicherung erreichen, muss dabei allerdings die strengen Voraussetzungen des § 48 Abs. 1 S. 2 VwVfG beachten.

Die Rechtmäßigkeit einer Zusicherung ist – mit kleineren Abweichungen – ähnlich zu prüfen wie die Rechtmäßigkeit eines VA. So bedarf es für ihren Erlass einer gesetzlichen **Ermächtigungsgrundlage**. Diese ist jedoch nicht in § 38 VwVfG zu sehen, sondern die Ermächtigung zur Abgabe einer Zusicherung steckt als „Minus" in der Ermächtigungsgrundlage des zugesicherten VA[33]. Die Entscheidung über die Abgabe einer Zusicherung steht sodann im pflichtgemäßen Ermessen der Behörde[34].

Darf die Behörde gemäß § 18 StrWG NRW eine Sondernutzungserlaubnis erteilen, so darf sie auf gleicher Rechtsgrundlage auch versprechen, eine solche demnächst zu erteilen.

Weiter muss die Zusicherung in **formeller Hinsicht** rechtmäßig sein; hier ist insbesondere an die erforderliche Anhörung der Beteiligten zu denken, § 38 Abs. 1 S. 2 VwVfG.

Achtung: Verstöße gegen die Zuständigkeitsregelungen und gegen das Erfordernis der Schriftform führen anders als beim VA bei der Zusicherung zur Unwirksamkeit und Nichtigkeit, § 38 Abs. 2 S. 1 VwVfG!

In der **materiellen Rechtmäßigkeit** der Zusicherung sind zwei Aspekte relevant – die Rechtmäßigkeit der Zusicherung ist in „doppelter" Hinsicht zu prüfen:

a) Gemäß der Bindung der Verwaltung an Recht und Gesetz darf nur **rechtmäßiges Verhalten** zugesichert werden – verstößt also das versprochene Verhalten gegen rechtliche Vorschriften, so ist auch eine entsprechende Zusicherung rechtswidrig. Somit ist in einem ersten Schritt zu prüfen, ob der VA, dessen Erlass oder Unterlassen zugesichert wurde, rechtmäßig ist („Inzident-Prüfung"). Verstößt dieser in Aussicht gestellte VA bzw. sein Unterlassen gegen das Gesetz, so ist die Zusicherung rechtswidrig.
b) Auch die Zusicherung selbst muss materiell rechtmäßig sein; da § 38 VwVfG keine inhaltlichen Vorgaben vor den Erlass einer Zusicherung stellt, sondern diese schlicht im Ermessen der Behörde steht, ist hier insbesondere die korrekte Ausübung des **Ermessens**, § 40 VwVfG, zu überprüfen.

5. Verwaltungsakte mit Nebenbestimmungen

548 In der Verwaltungspraxis sind **Nebenbestimmungen** zu VAs außerordentlich häufig. Der Grund hierfür liegt darin, dass die Behörde durch den Einsatz von Nebenbestimmungen ihre Entscheidungen flexibler ausgestalten kann; sie kann für jeden Einzelfall eine „passgenaue" Lösung finden. Die Verwendung von Nebenbestimmungen ermöglicht es einer Behörde, auf den Antrag eines Bürgers nicht nur mit „ja" oder „nein", sondern auch mit einem „ja, aber" reagieren zu können. Damit kommt sie zum einen

33 Kingler/Krebs, JuS 2010, 1059, 1061 m. w. N.
34 U.Stelkens in Stelkens/Bonk/Sachs, VwVfG, § 38 RdNr. 110.

dem Begehren des Bürgers entgegen und erhöht so die Akzeptanz des VA, setzt aber zugleich notwendige rechtliche Vorbehalte verbindlich durch. Ein solches Vorgehen entspricht letztlich dem aus dem Rechtsstaatsprinzip folgenden Grundsatz der Verhältnismäßigkeit.

Nebenbestimmungen beziehen sich inhaltlich immer auf die durch den VA getroffene (Haupt-) Regelung (vgl. § 35 S. 1 VwVfG); diese wird durch die Beifügung einer Nebenbestimmung verfeinert, abgerundet oder ergänzt[35]. Nebenbestimmungen sind im Verhältnis zur Hauptregelung des VA **streng akzessorisch**: Ohne die Hauptregelung können Nebenbestimmungen keinen Bestand haben, da sie sich inhaltlich stets auf diese beziehen. Entfällt die Hauptregelung, so fallen auch die Nebenbestimmungen weg.

5.1 Arten und begriffliche Einordnung der Nebenbestimmungen

Von Nebenbestimmungen abzugrenzen sind inhaltliche Aspekte der Hauptregelung: 549
Denn eine Inhaltsbestimmung (Konkretisierung, Detailbeschreibung) des VA bzw. der mit ihm getroffenen Regelung kann keine Nebenbestimmung sein.

Beispielsweise ergibt sich, dass der Inhaber einer normalen Fahrerlaubnis keinen Autobus fahren darf, aus dem Inhalt der Fahrerlaubnis und kann keine Nebenbestimmung (weder eine Auflage noch eine Bedingung) sein. – Fährt er dennoch einen Bus, verstößt er nicht gegen eine Auflage oder Bedingung, sondern fährt ohne Fahrerlaubnis (§ 21 StVG).

Wird ein beantragter VA von der Behörde nur teilweise genehmigt, so liegt nur eine (eingeschränkte) Hauptregelung vor, nicht aber ein VA mit Nebenbestimmungen.

Wird vom Inhaber einer Eisdiele eine Sondernutzungserlaubnis beantragt, acht Tische mit je vier Stühlen auf dem Bürgersteig aufzustellen, und genehmigt die Behörde nur fünf Tische mit je drei Stühlen, so handelt es sich nicht um einen VA mit einer Nebenbestimmung, auch wenn dies sprachlich oft nicht eindeutig ist („Genehmigung unter der Bedingung, nur fünf Tische mit je drei Stühlen aufzustellen"), sondern um eine (inhaltlich reduzierte) Genehmigung bzw. eine teilweise Ablehnung.

Auch schlichte Hinweise auf die Rechtslage stellen keine Nebenbestimmung dar.

Enthält eine Baugenehmigung den Verweis auf § 77 BauO NRW, wonach die Baugenehmigung erlischt, wenn nicht innerhalb von drei Jahren mit der Ausführung des Bauvorhabens begonnen wird, so handelt es sich dabei nicht um eine Befristung im Sinne des § 36 Abs. 2 VwVfG, sondern um die schlichte Wiedergabe des Gesetzeswortlauts.

§ 36 Abs. 2 VwVfG benennt[36] die wichtigsten Arten von Nebenbestimmungen[37]. Diese Begriffsbestimmungen gelten für alle Fälle, in denen die dort definierten Begriffe verwandt werden, also auch für Spezialgesetze.

In der Verwaltungspraxis werden Nebenbestimmungen oft ungenau bezeichnet oder es werden Formblätter mit Überschriften wie „Genehmigungszusätze" oder „Bedingungen und Auflagen" verwandt. Ausschlaggebend für den Rechtscharakter ist nicht die Benennung, sondern der Inhalt des Zusatzes[38].

5.1.1 Befristung

Eine **Befristung** (§ 36 Abs. 2 Nr. 1 VwVfG) liegt vor, wenn die Hauptregelung des VA 550
zu einem bestimmten oder zumindest bestimmbaren Zeitpunkt eintreten soll (Anfangsbefristung), enden soll (Endbefristung), oder aber für einen bestimmten oder bestimmbaren Zeitpunkt dauern soll (Kombination aus Anfangs- und Endbefristung = Zeitraumbefristung). Der Eintritt des Zeitpunktes muss sicher bzw. gewiss sein; dies ist

35 So Krüger, VR 2014, 162 m. w. N.
36 nach h. M. nicht abschließend, vgl. U. Stelkens in Stelkens/Bonk/Sachs, VwVfG, § 36 RdNr. 65.
37 Vgl. auch § 32 SGB X.
38 Vgl. Beckmann, VR 2003, 148; Braun/Kettner, VR 2005, 25.

bei Datumsangaben stets der Fall, muss aber auch für sonstige Zeitbestimmungen gelten.

Beispiel: Dem Grundstückseigentümer E wird aufgegeben, das Befahren seines Grundstückes durch Baufahrzeuge bis zum 31.10. des Jahres (bestimmter Zeitpunkt) oder bis zur Beendigung der Umbauarbeiten am städtischen Krankenhaus (bestimmbarer Zeitpunkt) zu dulden. – Ist der Umstand, von dem eine Rechtsfolge abhängen soll, der Tod eines Menschen, so handelt es sich um eine Befristung, weil der Tod eines Menschen ein gewisses Ereignis ist (und nicht um einen Fall der nachfolgend behandelten Bedingung).

5.1.2 Bedingung

551 Die **Bedingung** (§ 36 Abs. 2 Nr. 2 VwVfG) beschreibt das Gesetz als den ungewissen Eintritt eines zukünftigen Ereignisses. Sie kommt in zwei Formen vor: Führt das Eintreten des ungewissen zukünftigen Ereignisses zum Eintritt der Rechtsfolge, handelt es sich um eine **aufschiebende** Bedingung, führt es zu deren Wegfall, um eine **auflösende** Bedingung. Der Eintritt des ungewissen Ereignisses kann auch vom Willen des Adressaten abhängen (sog. Voluntativ- oder Potestativbedingung). Auch bei der Bedingung ist eine Kombination von aufschiebender und auflösender Wirkung möglich.

Beispiele: A erhält die Genehmigung zur Einleitung von Abwässern in den F-Fluss unter der (aufschiebenden) Bedingung, dass er in das Einleitungsrohr zusätzliche Filter und Kontrollvorrichtungen einbaut (Potestativbedingung) und diese in bestimmter Weise funktionieren. – B erhält eine Aufenthaltsgenehmigung, solange er bei einem Arbeitgeber in Deutschland beschäftigt ist (auflösende Bedingung).

5.1.3 Widerrufsvorbehalt

552 Der **Widerrufsvorbehalt**, § 36 Abs. 2 Nr. 3 VwVfG, stellt eine Sonderform der auflösenden Bedingung dar: Das ungewisse Ereignis, das die Regelungswirkung des VA beendet, ist der von der Behörde erklärte Widerruf, der durch den Widerrufsvorbehalt ermöglicht wird. Die Beifügung eines Widerrufsvorbehalts verhindert das Entstehen von Vertrauensschutz beim Adressaten; dieser muss sich von Anfang an auf die Möglichkeit der Aufhebung des VA einstellen. Damit sichert sich die Behörde eine spätere Widerrufsmöglichkeit gemäß § 49 Abs. 2 S. 1 Nr. 1 VwVfG. Die Ausübung des Widerrufs auf der Grundlage eines Widerrufsvorbehalts stellt selbst einen VA dar, dessen Regelung darin besteht, dass der ursprüngliche VA unwirksam wird, § 43 Abs. 2 VwVfG.

Beispiele und Details zu den Voraussetzungen des Widerrufs nach Widerrufsvorbehalt oben bei RdNr. 500.

5.1.4 Auflage

553 Die wichtigste Nebenbestimmung ist die **Auflage** (§ 36 Abs. 2 Nr. 4 VwVfG). Sie ist nur bei einem begünstigenden VA möglich. Das Wesen der Auflage besteht darin, dass der Begünstigung ein Gebot oder Verbot (Tun, Dulden oder Unterlassen) hinzugefügt wird. Beim begünstigenden VA unter Auflage verfährt die Behörde nach dem Prinzip: „Ja, aber …“. Dabei besteht zwischen VA und Auflage ein innerer Zusammenhang dergestalt, dass die Auflage nur so lange sinnvoll ist, wie der VA Bestand hat und von ihm Gebrauch gemacht wird.

Beispiel: Eine Baugenehmigung wird unter der Auflage erteilt, dass auf dem Baugrundstück fünf Einstellplätze für Kraftfahrzeuge geschaffen werden. Die Auflage enthält ein Gebot. Dieses ist in seinem rechtlichen Bestand von der Baugenehmigung abhängig, weil die Errichtung der Einstellplätze entfällt, wenn von der Baugenehmigung kein Gebrauch gemacht, dh. der Bau selbst nicht errichtet wird.

Begrifflich erfüllt die Auflage sämtliche Merkmale des VA gemäß § 35 VwVfG; insbesondere enthält sie eine eigene Regelung. Sie ist aber nur ein „unselbständiger“ VA, der nach dem insoweit differenzierenden Wortlaut des Gesetzestextes des § 36 Abs. 2

VwVfG „mit" dem Haupt-VA „verbunden" wird. Aufgrund des eigenständigen Regelungsgehaltes ist die Auflage separat vollstreckbar (vgl. z. B. § 55 Abs. 1 VwVG NRW). Damit hat die Behörde die Möglichkeit, die Durchsetzung des Gebots oder Verbots zu erzwingen, ohne die begünstigende Hauptregelung anzutasten. Dieses bleibt jedoch im Rahmen der Verhältnismäßigkeit als „ultima ratio" möglich: Verstößt der Begünstigte gegen eine Auflage, so kann die Behörde den gesamten VA widerrufen, § 49 Abs. 2 S. 1 Nr. 2 bzw. Abs. 3 S. 1 Nr. 2 VwVfG.

5.1.5 Auflagenvorbehalt

§ 36 Abs. 2 Nr. 4 VwVfG geht davon aus, dass die Auflage dem VA bei dessen Erlass 554
beigefügt wird. Es ist aber auch möglich, dass sie später hinzugefügt wird. Sofern hierfür keine spezielle Rechtsgrundlage vorhanden ist, kann sich die Behörde die Möglichkeit zur Beifügung einer nachträglichen Auflage durch einen **Auflagenvorbehalt** nach § 36 Abs. 2 Nr. 5 VwVfG schaffen[39]. Damit verhindert sie das Entstehen von Vertrauensschutz beim Adressaten des VA: Erhält dieser einen VA mit Auflagenvorbehalt, so muss er damit rechnen, später (also auch nach Eintritt der Bestandskraft des VA) noch zu weiterem Tun, Dulden oder Unterlassen verpflichtet zu werden.

Keine Auflage im vorgenannten Sinn ist die sogenannte **„modifizierende Auflage"**. In der 555
Verwaltungspraxis finden sich häufig Erlaubnisse „mit der Einschränkung, dass …" oder Genehmigungen „nach Maßgabe…"; diese Zusätze oder andere Modifikationen, die oft in der äußeren Form einer Auflage ergehen, sind in Wirklichkeit inhaltliche Abänderungen[40] oder Einschränkungen des VAs. Es handelt sich also in einem solchen Fall nicht um eine Auflage im Sinne von § 36 Abs. 2 Nr. 4 VwVfG, sondern (soweit sie nicht bloß konkretisierende Inhaltsbestimmung des VA ist) um eine gegebenenfalls vom beantragten VA abweichende **„modifizierte Genehmigung"**.

Beispiel: Enthält die Baugenehmigung eine „Auflage", dass das Dach in einer vom Bauantrag völlig abweichenden Form errichtet werden soll (Flachdach statt Satteldach), so liegt darin eine Ablehnung des ursprünglichen Antrages und eine „modifizierende Genehmigung"/"modifizierte Gewährung" eines „anderen" Gebäudes.[41]

5.2 Abgrenzung von Nebenbestimmungen

Obwohl die Arten der Nebenbestimmungen begrifflich-theoretisch klar voneinander 556
zu trennen sind, ist in der Verwaltungspraxis oft zweifelhaft, ob eine Auflage oder ob eine Befristung bzw. eine Bedingung gegeben ist. Für die **Abgrenzung** ist entscheidend, dass Bedingung und Befristung die (innere) Wirksamkeit[42] der in dem VA vorgesehenen Rechtsfolge betreffen. Bei einer aufschiebenden Bedingung/Befristung tritt die Rechtsfolge der Hauptregelung erst mit Eintritt der Bedingung/Befristung ein; wird die Bedingung nicht erfüllt, kann z. B. die Erlaubniswirkung einer Genehmigung nicht eintreten. Ein eigenständiges Gebot oder Verbot, das vollstreckt werden könnte, ergibt sich weder aus einer Bedingung noch aus einer Befristung.
Bei der Auflage ist es genau umgekehrt: Ihre Beachtung oder Nichtbeachtung wirkt sich auf die im VA enthaltene Hauptregelung nicht aus. Das in der Auflage enthaltene Gebot oder Verbot ist aber selbständig vollstreckbar.

Beispiel: Eine Gaststättenerlaubnis wird erteilt unter der „Maßgabe", dass der Antragsteller die nach § 4 Abs. 1 Nr. 4 GastG erforderliche Bescheinigung der Industrie- und Handelskammer über lebensmittelrechtliche Kenntnisse vorlegt. Handelt es sich bei der „Maßgabe" um eine **Be-**

39 Zur umstrittenen Rechtsnatur des Auflagenvorbehalts vgl. Krüger, VR 2014, 162, 164.
40 Vgl. OVG Münster, NWVBl 2004, 307.
41 Wienbracke, apf 2011, 331, 334. Weitere Beispiele auch bei Krüger, VR 2014, 162 f.
42 Vgl. zu innerer und äußerer Wirksamkeit oben RdNr. 451.

dingung, so wird die Gaststättenerlaubnis zwar mit Bekanntgabe wirksam, § 43 Abs. 1 VwVfG; die innere Wirksamkeit, also das Inkrafttreten der Regelung (hier der Erlaubnis) hängt jedoch vom Eintritt der Bedingung ab. Wird die Gaststätte eröffnet, ohne dass zuvor die Bescheinigung vorgelegt wird, handelt der Gastwirt ohne Erlaubnis. Erst mit Vorlage der Bescheinigung tritt die Erlaubnisregelung in Kraft.
Handelt es sich bei der „Maßgabe" um eine **Auflage**, so darf der Gastwirt die Erlaubnis nutzen sofort ab Bekanntgabe und Wirksamkeit, § 43 Abs. 1 VwVfG. Mit der Bekanntgabe der Erlaubnis wird aber auch die beigefügte Regelung der Auflage wirksam, daher ist er zugleich verpflichtet, sofort die Bescheinigung vorzulegen. Kommt er dieser (Zweit-) Regelung nicht nach, kann die Behörde ihn dazu im Verwaltungszwang verpflichten. Der Bestand der Hauptregelung ist davon jedoch nicht berührt; allerdings kann diese widerrufen werden, wenn der Gastwirt der Verpflichtung aus der Auflage nicht nachkommt, § 49 Abs. 2 S. 1 Nr. 2 VwVfG.

Wie lassen sich nun Bedingung und Auflage voneinander abgrenzen[43]? Die von der Behörde gewählte Bezeichnung hat häufig nur Indizcharakter. Entscheidend ist, wie wichtig die Nebenbestimmung für die Behörde ist (**Wichtigkeitskriterium**): Soll der Bestand der (Haupt-) Regelung von der Erfüllung der Nebenbestimmung abhängen, so handelt es sich im Zweifel um eine Bedingung – denn wird die Bedingung nicht erfüllt, tritt die Rechtswirkung der Genehmigung gar nicht erst bzw. (noch) nicht ein. Ein weiterer Aspekt berücksichtigt, dass die Behörde sich im Zweifel rechtskonform verhalten will: Ist gesetzlich also nur eine Auflage zugelassen, so hat die Behörde im Zweifel auch eine Auflage erteilen wollen (**Zulässigkeitskriterium**). Zu guter Letzt darf auch die Verpflichtung der Verwaltung zu möglichst bürgerfreundlichem Verhalten herangezogen werden (**Belastungskriterium**): Eine Auflage ist für den Bürger weniger belastend als eine Bedingung, da er die Erlaubnis bereits nutzen kann, auch wenn er die Auflage noch nicht erfüllt hat. Auch für die Behörde ist eine Auflage von Vorteil, da diese separat vollstreckt werden kann; im Zweifel ist daher vom Vorliegen einer Auflage auszugehen.

5.3 Rechtmäßigkeit von Nebenbestimmungen

557 Die Rechtmäßigkeit der Beifügung von Nebenbestimmungen kann sich aus Spezialvorschriften ergeben (z. B. § 7 Abs. 2 S. 1 AufenthaltsG: „Die Aufenthaltserlaubnis ist unter Berücksichtigung des beabsichtigten Aufenthaltszwecks zu befristen."). Soweit Spezialvorschriften nicht vorhanden sind, ist § 36 VwVfG anzuwenden. Die Vorschrift unterscheidet in ihren ersten beiden Absätzen danach, um welche Art von VA es sich unter dem Blickwinkel der Rechtsgrundlage (für den VA) handelt:

5.3.1 bei gebundenen Entscheidungen

558 § 36 **Abs. 1** VwVfG behandelt den VA, „auf den ein Anspruch besteht". Gemeint ist damit der **gebundene VA** (vgl. oben RdNr. 391). In diesem Fall sind Nebenbestimmungen grundsätzlich nicht zulässig. Formal macht § 36 Abs. 1 VwVfG hiervon zwei Ausnahmen:
Davon ist die erste – wenn die Nebenbestimmung „durch Rechtsvorschrift zugelassen ist" – eine Selbstverständlichkeit, zumal es sich hierbei nur um eine Spezialvorschrift handeln kann, die ohnehin § 36 VwVfG verdrängt, vgl. § 1 Abs. 1 VwVfG. Die zweite Ausnahme betrifft den Fall, dass die Erfüllung der gesetzlichen Voraussetzungen des VA sichergestellt werden soll. Sie dient dem Ausräumen von Versagungsgründen. Dadurch soll der Erlass des VA zu einem Zeitpunkt ermöglicht werden, in dem noch nicht alle gesetzlichen Voraussetzungen erfüllt sind, aber angenommen werden kann, dass sie noch erfüllt werden.

43 Hierzu Wienbracke, apf 2011, 331, 333 sowie Sodan/Ziekow, Grundkurs Öffentliches Recht, § 78 RdNr. 3.

Beispielsweise darf eine Gaststättenerlaubnis unter der Bedingung erteilt werden, dass die für den Betrieb notwendigen baulichen Veränderungen der Betriebsräume (z. B. Einbau einer zusätzlichen Toilette) vorgenommen werden.

5.3.2 bei Ermessensentscheidungen

Bei **Ermessens-VAs** ist die Beifügung einer Nebenbestimmung nach pflichtgemäßem Ermessen zulässig (§ 36 **Abs. 2** VwVfG). Dem liegt der Gedanke zugrunde, dass das Verwaltungsermessen auch die vollständige Ablehnung des Bürgerbegehrens mit einschließt; der Erlass eines VA mit Nebenbestimmungen anstelle der Ablehnung muss insofern als „geringeres Übel" für den Bürger erst recht möglich sein. Das Verhältnismäßigkeitsprinzip kann geradezu verlangen, dass statt einer Ablehnung des beantragten VA dieser mit einer Nebenbestimmung erteilt wird. 559

Wird beispielsweise eine Baugenehmigung für eine größere Wohnanlage beantragt und der sofortigen Genehmigung steht allein entgegen, dass der Bebauungsplan weisse Kunststoffrahmen statt der beantragten Fensterrahmen aus Aluminium vorschreibt, so wäre es unverhältnismäßig, allein deswegen den gesamten Antrag abzulehnen; stattdessen kann der Antrag genehmigt werden unter der Auflage, dass weisse Kunststoffrahmen verwendet werden. Befolgt der Bauunternehmer die Auflage nicht, so kann diese vollstreckt werden bzw. notfalls kann die gesamte Genehmigung widerrufen werden, § 49 Abs. 2 Nr. 2 VwVfG.

Im Falle des § 36 Abs. 2 VwVfG ist eine Nebenbestimmung rechtswidrig, wenn ihre Beifügung ermessensfehlerhaft ist iSd § 40 VwVfG.

5.4 § 36 Abs. 3 VwVfG

Weder im Fall des § 36 Abs. 1 noch im Fall des § 36 Abs. 2 darf die Nebenbestimmung dem Zweck des VA zuwiderlaufen, § 36 Abs. 3 VwVfG („**Kopplungsverbot**"). Die Hauptregelung darf also nicht durch Beifügung einer Nebenbestimmung wieder zunichte gemacht werden. 560

Beispiel: Die Arbeits- und Aufenthaltserlaubnis für einen Ausländer, der in der Bundesliga Fußball spielen soll, darf nicht mit der Auflage verbunden werden, dass der Ausländer sich nur im Bundesland L aufhält und dieses nicht verlässt.

Darüber hinaus entnimmt man § 36 Abs. 3 VwVfG auch das Gebot, dass die beigefügte Nebenbestimmung in einem sachlichen Zusammenhang mit der Hauptregelung stehen muss.

So wäre die Verknüpfung einer Sondernutzungserlaubnis mit der Bedingung, zunächst ausstehende Steuerschulden zu zahlen, unzulässig.

5.5 Rechtsschutz gegenüber belastenden Nebenbestimmungen zum begünstigenden VA

Häufiges Praxisbeispiel zur hier zu behandelnden Problematik ist folgende Situation: 561
Dem Antragsteller wird ein begünstigender VA (z. B. eine Erlaubnis) gewährt, jedoch unter einer belastenden Nebenbestimmung (z. B. befristet oder bedingt, unter Auflage). Der Antragsteller hält die Nebenbestimmung für rechtswidrig und möchte dagegen Widerspruch einlegen oder vor dem Verwaltungsgericht klagen. Sein Interesse geht also dahin, dass der VA selbst (die Erlaubnis) aufrechterhalten bleibt und nur die Nebenbestimmung wegfällt.
Die Möglichkeit, Nebenbestimmungen separat anzufechten, war lange Gegenstand von rechtlichen Auseinandersetzungen[44]. Heute hat sich sowohl in der Rechtspre-

44 Vgl. hierzu die Übersicht bei Sodan/Ziekow, Grundkurs Öffentliches Recht, § 78 RdNr. 7; Stein, DVP 2010, 459, 463.

chung wie in der Literatur die Ansicht durchgesetzt, dass eine isolierte Anfechtung von Nebenbestimmungen grundsätzlich möglich ist, und zwar unabhängig von der Art der konkret in Frage stehenden Nebenbestimmung. Begründet wird dies insbesondere mit Verweis auf den Wortlaut von § 113 Abs. 1 S. 1 VwGO, der eine nur teilweise Aufhebung von Verwaltungsakten explizit nahelegt (Aufhebung, „soweit" rechtswidrig) – die teilweise Aufhebung kann sich auch auf eine rechtswidrige Nebenbestimmung beziehen. Eine Anfechtungsklage „nur" gegen eine Nebenbestimmung ist also grundsätzlich zulässig. Bei der Begründetheit der Klage ist jedoch zu differenzieren: Wurde die Nebenbestimmung rechtmäßig beigefügt? Falls ja, ist die Klage abzuweisen, falls nein, ist zu prüfen, ob der VA auch ohne die Nebenbestimmung in rechtmäßiger und sinnvoller Weise fortbestehen kann. Problematisch sind hier insbesondere Ermessensentscheidungen, da die Behörde den VA im Zweifel ohne die streitige Nebenbestimmung nicht erlassen hätte und das Gericht die Ermessensentscheidung der Behörde grundsätzlich nicht ersetzen bzw. übergehen darf[45].

562 Die Möglichkeit der separaten Anfechtung gilt jedoch nicht für die sog. „modifizierende Auflage (vgl. oben RdNr. 555), also die modifizierte Genehmigung/Erlaubnis: Da in diesen Fällen gerade keine Nebenbestimmung iSv § 36 VwVfG vorliegt, sondern eine vom beantragten VA abweichende Regelung („modifizierte Genehmigung"), ist eine isolierte Aufhebung nicht denkbar; will der Antragsteller diese „Abänderung" aufheben lassen, muss er den ganzen VA zur Disposition stellen, dh. er muss Verpflichtungswiderspruch bzw. Verpflichtungsklage auf den ursprünglich beantragten VA erheben[46].

5.6 Prüfungshinweise

563 In der praktischen Fallbearbeitung ergeben sich bei der Frage nach der Rechtmäßigkeit der Beifügung einer Nebenbestimmung folgende Überlegungen:
- Liegt überhaupt eine Nebenbestimmung vor (Abgrenzung zu Inhaltsbestimmungen, modifizierenden Auflagen etc.)?
- Existiert eine spezialgesetzliche Regelung für die Beifügung von Nebenbestimmungen? Wenn nein:
- Ergeht die Hauptregelung aufgrund einer gebundenen oder einer Ermessens-Ermächtigungsgrundlage?
- Falls gebundene Norm: Zulässigkeit nach den Vorgaben des § 36 Abs. 1 VwVfG, falls Ermessensnorm: grundsätzliche Zulässigkeit nach § 36 Abs. 2 VwVfG
- Kopplungsverbot beachtet, § 36 Abs. 3 VwVfG?

6. Genehmigungsfiktion

564 In der Verwaltungspraxis gewinnen in jüngerer Zeit Fälle an Bedeutung, in denen ein **GenehmigungsVA fingiert wird**, wenn nicht fristgerecht auf einen Antrag hin ein Bescheid erlassen wird; dabei entfaltet die „Genehmigungsfiktion" (Legaldefinition in § 42a Abs. 1, S. 1 VwVfG) die **gleiche Wirkung wie ein tatsächlich erlassener und bekannt gegebener VA**. Die Rechtskonstruktion eines fiktiven VA war schon früher in einzelnen Fachgesetzen enthalten[47]; sie wird durch die Regelung in § 42a VwVfG zu

---

45 Beaucamp, apf 2013, 116, 119 m. w. N.

46 Vgl. Schörnig, NVwZ 2001, 1246; Braun/Kettner, VR 2005, 25.

47 Z. B. § 15 Abs. 1 S. 5 PersonenbeförderungsG (für Genehmigungsanträge zur entgeltlichen oder geschäftsmäßigen Beförderung von Personen); § 8 Abs. 5a S. 1 TierschutzG (für Genehmigungsanträge zu bestimmten Tierversuchen); § 8 Abs. 2 S. 4 BauO NRW (für Genehmigungen bestimmter Grundstücksteilungen); zu Problemen der Genehmigungsfiktion im Baugenehmigungsverfahren vgl. Hulmann/Zorn, NVwZ 2009, 756.

einem generellen Institut des allgemeinen Verwaltungsrechts gemacht[48]. Die Einführung[49] des § 42a VwVfG basiert auf Art. 13 Abs. 4 der europäischen Dienstleistungsrichtlinie[50] und verfolgt den Zweck, bisweilen oft zäh verlaufende behördliche Genehmigungsverfahren im Interesse des Bürgers zu beschleunigen und auf diese Weise schneller als bisher Planungs- und Investitionssicherheit zu schaffen.

6.1 Voraussetzungen und Folgen der Genehmigungsfiktion

Damit die Fiktionswirkung eintreten kann, müssen folgende **Voraussetzungen** erfüllt sein: 565

a) Die Fiktionswirkung muss **„durch Rechtsvorschrift angeordnet"** sein; es bedarf also ergänzend zu § 42a VwVfG fachgesetzlicher Regelungen, die eine Fiktion vorsehen.

Beispiele für bundesrechtliche Vorschriften: § 6a Abs. 1 GewerbeO („Hat die Behörde über einen Antrag auf Erlaubnis zur Ausübung eines Gewerbes ... nicht innerhalb einer Frist von drei Monaten entschieden, gilt die Erlaubnis als erteilt"); ähnlich § 18 Abs. 1 S. 3 SignaturG (Anerkennung als Prüf- oder Bestätigungsstelle); § 10 Abs. 1 S. 3 HandwO (Eintragung in die Handwerksrolle).
Beispiele für landesrechtliche Vorschriften, z. B. in NRW: § 70 Abs. 4 S. 4 BauO NRW (Eintragung in die Liste der Bauvorlageberechtigten); § 118 Abs. 6 S. 3 SchulG (Anerkennung als Ergänzungsschule)[51].

b) Es muss ein Genehmigungs**antrag** bei der **zuständigen Behörde** gestellt werden.

c) Der Antrag muss **hinreichend bestimmt** sein. Dieses Erfordernis ist essentiell, da hier ja gerade kein (gegebenenfalls konkretisierender) VA erlassen wird, sondern alle Details der fingierten Genehmigung sich schon aus dem Antrag (und den zu Grunde liegenden Vorschriften) ergeben müssen[52]; als Maßstab für die erforderliche Bestimmtheit des Antrags können die von der Rechtsprechung zu § 37 Abs. 1 VwVfG entwickelten Kriterien herangezogen[53] werden.

d) Die behördliche **Entscheidungsfrist** – drei Monate gemäß § 42a Abs. 2 VwVfG, sofern nicht fachgesetzlich etwas anderes bestimmt ist – muss abgelaufen sein und

e) eine Genehmigung der Behörde muss **ausgeblieben** sein.

Die behördliche Entscheidungsfrist beginnt mit dem Eingang der vollständigen Unterlagen zu laufen; sie kann einmal angemessen verlängert werden, wenn dies wegen der Schwierigkeit der Angelegenheit gerechtfertigt ist, § 42a Abs. 2 S. 3 VwVfG.

Mit Ablauf der Entscheidungsfrist gilt die beantragte Genehmigung als erteilt; das Gesetz fingiert ab diesem Zeitpunkt das Vorhandensein eines VA. Legt man an die Fiktion die Kriterien für einen VA an, § 35 VwVfG, so fehlt es bereits am Merkmal der „Maßnahme", also an einem (behördlichen) zweckgerichteten Verhalten mit Erklärungsgehalt – denn im Fall der gesetzlichen Fiktion „verhält" sich die Behörde gerade nicht: Allein durch Zeitablauf kommt die Fiktionswirkung zustande. Desweiteren fehlt es an der für einen wirksamen VA erforderlichen Bekanntgabe, § 43 Abs. 1 VwVfG. 566

Da der Antragsteller im Falle einer Genehmigungsfiktion nach Ablauf der Frist zwar über eine Genehmigung, nicht aber über ein Schriftstück oder einen sonstigen Beweis für seine neu erworbene Rechtsposition verfügt, hat er gemäß § 42a Abs. 3 VwVfG einen Anspruch auf eine schriftliche Bescheinigung der Genehmigungsfiktion; dieser Anspruch

48 Röckinghausen, NWVBl 2009, 464, 468.
49 VwVfG des Bundes: BGBl. 2008, I S. 2418.
50 RL 2006/123/EG vom 12.12.2006, ABl. L 376/36.
51 Weitere Beispiele bei Lenders, NWVBl. 2009, 457, 459.
52 Röckinghausen, NWVBl 2009, 464, 468.
53 Siehe oben RdNr. 417 ff.; vgl. Guckelberger, DÖV 2010, 109, 114.

steht allen zu, denen der – nunmehr durch Fiktion ins Leben getretene – VA „in echt“ hätte bekanntgegeben werden müssen. Der Fiktionsbescheinigung ist gemäß § 37 Abs. 6 S. 2 VwVfG[54] eine Rechtsbehelfsbelehrung beizufügen. Nach § 42a Abs. 1 S. 2 VwVfG gelten „die Vorschriften über ... das Rechtsbehelfsverfahren ... entsprechend“. Rechtsbehelfe dürften für den Antragsteller selbst in der Regel nicht in Betracht kommen, da sein Anliegen durch die Genehmigungsfiktion voll erfüllt ist, aber für Dritte, die von dem fiktiven VA im Sinne eines „VA mit Drittwirkung“[55] belastet werden, ist die Möglichkeit, Drittwiderspruch oder Klage erheben zu können, von erheblicher praktischer Bedeutung: Für sie läuft die Rechtsbehelfsfrist ab Zugang der schriftlichen Bescheinigung[56].

6.2 Aufhebung der Fiktion

567 Durch die Genehmigungsfiktion wird zwar die Existenz eines wirksamen VA fingiert, nicht jedoch seine Rechtmäßigkeit[57]. Konsequenterweise erklärt § 42a Abs. 1 S. 2 VwVfG deshalb die „Vorschriften über die Bestandkraft von Verwaltungsakten“ für entsprechend anwendbar; gemeint ist mit diesen „Vorschriften“ der 2. Abschnitt von Teil III des VwVfG, also die §§ 43–52 VwVfG. Die für die Behörde praktisch nicht unwichtige Möglichkeit, nach Eintritt der Fiktion „nachzusteuern“ und den VA, den sie aus welchen Gründen auch immer innerhalb der Frist nicht bearbeitet hat, durch Aufhebung wieder zu beseitigen, muss gemäß 42a Abs. 1 S. 2 VwVfG den allgemeinen Regelungen[58] der §§ 48/49 VwVfG über Rücknahme[59] und Widerruf folgen. So sind insbesondere auch Vertrauensschutzgesichtspunkte (etwa § 48 Abs. 2 VwVfG) zu beachten oder gegebenenfalls die Pflicht zum Ausgleich eines Vermögensnachteils (§ 48 Abs. 3, § 49 Abs. 6 VwVfG). Unter dem Gesichtspunkt der Verhältnismäßigkeit[60] kann sich an Stelle einer Rücknahme des fiktiven VA hier in der Verwaltungspraxis oft anbieten, mit der nachträglichen Festlegung von Nebenbestimmungen – soweit zulässig – eine gewünschte Korrektur oder Anpassung zu bewirken[61].

---

54 Mit Einführung dieser Regelung im Jahr 2013 hat der Gesetzgeber zugleich klargestellt, dass die sog. „Fiktionsbescheinigung“ kein eigenständiger feststellender Verwaltungsakt ist; der diesbezügliche Streit in Wissenschaft und Lehre ist damit obsolet geworden. Ausführlich hierzu Broscheit, DVBl 2014, 342 m. w. N.

55 Siehe oben RdNr. 533 ff.

56 Schmitz/Prell, NVwZ 2013, 745, 753.

57 Röckinghausen, NWVBl 2009, 464, 468.

58 Zu den Details der §§ 48/49 VwVfG vgl. die Ausführungen im 7. Abschnitt.

59 Beispiel zur Rücknahme eines fiktiven Bauvorbescheides (außerhalb des Anwendungsbereichs des § 42a VwVfG liegend, aber inhaltlich entsprechend) VGH Kassel, NVwZ-RR 2009, 790.

60 Zur Verhältnismäßigkeit siehe oben RdNr. 409 ff.

61 Zu weiteren praxis- bzw. klausurrelevanten Einzelfragen der Genehmigungsfiktion vgl. Kluth, JuS 2011, 1078 ff.

9. Abschnitt: Das Verwaltungsverfahren

1. Einleitung

1.1 Funktionen des Verwaltungsverfahrens

Das Verwaltungsverfahren lässt sich allgemein umschreiben als ein „Informations- und Entscheidungsprozess“[1], in dem die Verwaltung bzw. die Behörde zu ihren Ergebnissen kommt. Ziel und Zweck des Verwaltungsverfahrens ist die Herbeiführung einer **rechtmäßigen und sachrichtigen Verwaltungsentscheidung**[2]. Das Verwaltungsverfahrensrecht stellt dabei für die Behörde ein strukturiertes, bindendes „Arbeitsprogramm“ dar, das ihr vorgibt, wie bei der Feststellung und Verarbeitung von sachverhaltsbezogenen Informationen vorzugehen ist[3]. 568

Dem Verwaltungsverfahrensrecht wird häufig eine überwiegend „dienende“ Funktion zugeschrieben[4]: Es „dient“ in erster Linie der „Verwirklichung des objektiven materiellen Rechts und der subjektiven Rechte der Einzelnen“. Die „richtige“ Anwendung der materiellen Rechtsvorschriften – die letztlich die Rechtmäßigkeit der Verwaltungsentscheidung bewirkt – ist selbst allerdings nicht Gegenstand des Verfahrensrechtes: Das Verfahrensrecht setzt vielmehr einen Schwerpunkt auf die Ermittlung und Aufklärung des der Entscheidung zugrunde liegenden Sachverhalts, denn nur wenn dieser umfassend aufgeklärt und bekannt ist, kann die Behörde auf fundierter Tatsachengrundlage durch „richtige“ Anwendung der materiellen Rechtsgrundlagen eine richtige und rechtmäßige Entscheidung treffen.

Zu den Normen, die die umfassende Sachverhaltsermittlung sicherstellen sollen, gehört z. B. der in § 24 VwVfG enthaltene Untersuchungsgrundsatz, der die Behörde zur Sachverhaltsaufklärung „von Amts wegen“ verpflichtet, § 26 VwVfG, der die dazu einzusetzenden Beweismittel nennt, oder auch § 28 VwVfG, der die Behörde bei eingreifenden VAs verpflichtet, dem Bürger Gelegenheit zu geben, sich zu den entscheidungserheblichen Tatsachen zu äußern.

Die Kenntnis aller sachverhaltsrelevanten Tatsachen ist für das gewünschte Ergebnis einer „richtigen“ Verwaltungsentscheidung generell unabdingbar – aber in besonderer Weise gilt dies für Entscheidungen, bei denen der Behörde ein Ermessens- oder Beurteilungsspielraum zukommt[5]: Damit die hier erforderlichen Abwägungs- oder Prognoseentscheidungen rechtmäßig sind, ist die vorherige umfassende Ermittlung aller zu berücksichtigenden Interessen zwingend erforderlich. Wird z. B. im Rahmen einer Ermessensentscheidung ein abwägungsrelevanter Belang „übersehen“, ist die Ermessensausübung fehlerhaft.

Es ist heute unbestritten, dass das Verwaltungsverfahrensrecht neben der Sicherung der Herstellung von rechtmäßigen und sachrichtigen Entscheidungen auch noch weitere Funktionen erfüllt[6]; besonders zu erwähnen ist hier der Gedanke der **Akzeptanz**. Die Frage, ob es einer Behörde gelingt, ihre Verwaltungsentscheidung so zu treffen, dass der beteiligte Bürger sie akzeptiert, ist von nicht zu unterschätzender Bedeutung für die Stabilität und Überzeugungskraft der demokratischen Ordnung. Ihre Strukturen sind nur in 569

---

1 Hufen/Siegel, Fehler im Verwaltungsverfahren, RdNr. 78.
2 Burgi, DVBl 2011, 1317 ff. m. w. N.
3 U. Stelkens, DVBl 2010, 1078, 1079.
4 Burgi, Fn. 2, unter Hinweis auf Groschupf, DVBl 1962, 627, 630: „Das Verfahrensrecht ist nicht das Recht selbst, es soll nur eine Entscheidung über das materielle Recht ermöglichen, hat also eine dem materiellen Recht gegenüber dienende Funktion.“ Vgl. auch BVerfGE 105, 48, 60.
5 Pünder, JuS 2011, 289.
6 Sachs in Stelkens/Bonk/Sachs, VwVfG, § 45 RdNr. 11 m. w. N.

dem Maße innerlich stabil, in dem der Bürger die staatliche Entscheidungsorganisation grundsätzlich für sachgerecht hält und von der Angemessenheit der (Summe der) Einzelentscheidungen überzeugt ist. Das Meinungsbild hierüber wird vorrangig durch die zahlreichen persönlichen Erfahrungen des Bürgers mit den Verwaltungen geprägt; dabei ist nicht allein die Schlussentscheidung ausschlaggebend, sondern auch der Eindruck, **ob bei der Entscheidungsfindung „fair verfahren"** worden ist.

Als Verfahrensvorschriften, die die Akzeptanz von Behördenentscheidungen erhöhen, wären z. B. die Befangenheitsvorschriften zu nennen, §§ 20, 21 VwVfG, die nicht nur die Sachentscheidung vor sachfremden Einwirkungen schützen, sondern dem Bürger auch gewährleisten, dass seine Angelegenheiten objektiv-unbefangen bearbeitet werden. Die Gewissheit der sachlich-neutralen Bearbeitung seines Anliegens erhöht die Bereitschaft des Betroffenen, das Ergebnis am Ende auch zu akzeptieren. Auch die Begründungspflicht, § 39 VwVfG, erhöht die Akzeptanz beim Bürger: Je besser die Behörde ihre Entscheidung begründet, umso eher wird der Bürger bereit sein, diese anzunehmen und auf Rechtsmittel zu verzichten, insbesondere dann, wenn er der Begründung entnehmen kann, dass seine Belange gesehen und berücksichtigt worden sind. Auch die Beratungspflicht der Behörde, § 25 VwVfG, erhöht die Akzeptanz sowohl des Verfahrens als auch des Ergebnisses beim Bürger.

Neben der Akzeptanz beim Einzelnen sichern weitere Verfahrensvorschriften die **Publizität** von Verwaltungsentscheidungen, also deren Bekanntwerden und Akzeptanz in der Öffentlichkeit, sowie den Gedanken der **Bürgerpartizipation** an Verwaltungsentscheidungen, der letztlich im Demokratieprinzip seine verfassungsrechtliche Stütze findet.

So ermöglicht § 27a VwVfG die öffentliche Bekanntmachung auch im Internet, wodurch ein erheblich größerer Empfängerkreis erreicht werden kann; § 25 Abs. 3 VwVfG gewährleistet die „frühe Öffentlichkeitsbeteiligung", die mehr Transparenz in Großverfahren bringen und die Öffentlichkeit früher als bisher in das Planungsgeschehen einbeziehen soll. Beide Normen wurden erst 2013 durch das Planungsvereinheitlichungsgesetz in das VwVfG integriert[7].

570 Verfassungsrechtliche Grundlage der Ausgestaltung des Verwaltungsverfahrensrechts ist zum einen das Rechtsstaatsprinzip – die Rechtmäßigkeit des Ergebnisses soll durch die Rechtmäßigkeit des Verfahrens gesichert werden. Dazu treten, wie bereits erwähnt, das Demokratieprinzip sowie die Grundrechte, die nicht nur materielle, sondern auch verfahrensrechtliche Ansprüche des Bürgers sichern[8]. „Es entspricht der gefestigten Rechtsprechung des Bundesverfassungsgerichts, dass Grundrechtsschutz weitgehend auch durch die Gestaltung von Verfahren zu bewirken ist und dass die Grundrechte demgemäß nicht nur das gesamte materielle, sondern auch dasVerfahrensrecht beeinflussen, soweit dieses für einen effektiven Grundrechtsschutz von Bedeutung ist. Aus der objektiv-rechtlichen Dimension der Grundrechte folgt die Verpflichtung des Staates zu einer grundrechtsschützenden und -fördernden Ausgestaltung von Organisations- und Verfahrensregelungen. Materieller Grundrechtsschutz und rechtsstaatliche Verfahrensgestaltung bedingen einander wechselbezüglich."[9]

---

7 Vgl. hierzu und zu den sonstigen Neuerungen durch dieses Gesetz Stüer, DVBl 2013, 700 sowie Schmitz/Prell, NVwZ 2013, 745.

8 Nachweise bei Sachs in Stelkens/Bonk/Sachs, VwVfG, § 45 RdNr. 14. So gewährleistet z. B. Art. 12 Abs. 1 GG auch das Recht auf ein faires Prüfungsverfahren, BVerfGE 84, 34. Ein eigenes „Grundrecht" auf eine „gute Verwaltung", wie es Art. 41 der Grundrechtecharta der Europäischen Union mit Blick auf die Verwaltungstätigkeit der EU-Behörden statuiert, kennt das Grundgesetz nicht. Kritisch zu dieser Norm Laubinger in der Festschrift für Hans Peter Bull, 2011, www.jura.uni-mainz.de/Dateien/ Laubinger_FS_Bull. pdf, S. 28: Die Norm vermöge dem deutschen Verwaltungsrecht keine wesentlichen Impulse zu vermitteln, sie sei gesetzestechnisch misslungen und tauge nicht als Vorbild für das deutsche Recht. Zum inzwischen vorliegenden Musterentwurf für ein EU-Verwaltungsverfahrensrecht vgl. Schneider/Hofmann/Ziller, ReNEUAL – Musterentwurf für ein EU-Verwaltungsverfahrensrecht, 2015; eine kurze Übersicht hierzu bieten Schneider/Hofmann/Ziller, JZ 2015, 265 und Stüer, DVBl 2016, 100. Aus Sicht des BVerwG hierzu Rennert, DVBl 2016, 69; aus Sicht des EuGH Skouris, DVBl 2016, 201.

9 Thüringer Verfassungsgerichtshof, Urteil vom 21. Mai 2014 – VerfGH 13/11 –, juris, RdNr. 148 unter Hinweis auf BVerfGE 53, 30, 65.

1.2 Begriff des Verwaltungsverfahrens

Der allgemeine **Begriff des Verwaltungsverfahrens** (Verwaltungsverfahren im weiteren Sinne) umfasst jede Tätigkeit einer Verwaltungsbehörde im Bereich des öffentlichen Rechts, die auf den Erlass einer Verwaltungsmaßnahme gerichtet ist. 571
Wesentlich **enger** ist der Begriff des Verwaltungsverfahrens gemäß der §§ 9 VwVfG, 8 SGB X: Er erfasst nur Verfahren, die
- unter den allgemeinen Geltungsbereich dieser Gesetze fallen (§§ 1, 2 VwVfG, 1 SGB X) und
- auf Erlass eines VA oder auf Abschluss eines öffentlichen Vertrages bzw. deren Vorbereitung gerichtet sind.

Ausgeschlossen vom Anwendungsbereich der „Verfahrensgrundsätze" des VwVfG und des SGB X ist somit das gesamte Verwaltungshandeln in Privatrechtsform, da § 1 VwVfG den Anwendungsbereich des Gesetzes auf die „öffentlich-rechtliche" Tätigkeit der Behörden beschränkt. Weiter ausgeschlossen sind sodann rein verwaltungsinterne Vorgänge wie z. B. der Erlass von Richtlinien oder Weisungen, schlichtes Verwaltungshandeln sowie die Normsetzung durch die Verwaltung.

Nach dem Wortlaut der §§ 9 VwVfG, 8 SGB X ist der Erlass des VA bzw. der Abschluss des öffentlich-rechtlichen Vertrages vom Verwaltungsverfahren noch mit umfasst und stellen dessen offiziellen Endpunkt dar. Daraus könnte man schließen, dass nach Erlass des VA (oder nach Abschluss des öffentlich-rechtlichen Vertrages) kein Raum mehr für ein Verwaltungsverfahren in dieser Sache besteht. Dies ist jedoch nicht der Fall: So kann sich z. B. an den Erlass eines VA ein (selbständiges) Vollstreckungsverfahren anschließen, das seinerseits wieder auf den Erlass eines (Vollstreckungs-) VA gerichtet ist. Ebenso ist hinsichtlich des mit seiner Bekanntgabe wirksam gewordenen VA ein (neues) Verwaltungsverfahren denkbar, mit dem später die Möglichkeit seiner Aufhebung geprüft wird – auch diese wäre ihrerseits ein VA.

1.3 Arten des Verwaltungsverfahrens

Folgende **Arten des Verwaltungsverfahrens** lassen sich unterscheiden: 572
1. In Anwendung der allgemeinen Verfahrensgesetze, insbesondere des VwVfG:
   - das „normale", **nichtförmliche Verwaltungsverfahren,** § 10 ff. VwVfG
   - das **förmliche Verwaltungsverfahren,** § 63 ff. VwVfG
   - das (noch förmlichere) **Planfeststellungs-** bzw. das **Plangenehmigungsverfahren,** § 72 ff. VwVfG
2. das in erster Linie den Vorschriften des Vollstreckungsrechts unterliegende **Verwaltungsvollstreckungsverfahren**
3. das **Rechtsbehelfsverfahren** vor den Verwaltungsbehörden, insbesondere das Widerspruchsverfahren (soweit das Widerspruchsrecht nicht abgeschafft ist[10]). Dieses ist ein echtes Verwaltungsverfahren (sogar „zweiter Instanz", sofern der Devolutiveffekt zum Tragen kommt), dient aber auch bereits dem Rechtsschutz des Bürgers und der Entlastung der Gerichte. Für das Widerspruchsverfahren gelten vorrangig die Vorschriften der §§ 68 VwGO, das VwVfG gilt insoweit nur subsidiär, § 79 VwVfG.

Teilweise wird auch das Bußgeldverfahren gemäß §§ 35 ff. OWiG zu den Verwaltungsverfahren hinzugezählt.

Im Folgenden werden die allgemeinen, für das nichtförmliche Verwaltungsverfahren geltenden Regeln nach dem VwVfG behandelt. Im Anschluss daran wird das förmliche Verwaltungsverfahren (RdNr. 718 ff.) und das Planfeststellungs-/Plangenehmigungsverfahren (RdNr. 721 ff.) in gebotener Kürze erläutert.

---

10 Vgl. dazu unten RdNr. 892.

Hinweise auf Besonderheiten des sozialrechtlichen Verwaltungsverfahrens finden sich unten in Abschnitt 10. Zum Widerspruchsverfahren und zum Verwaltungsvollstreckungsverfahren vgl. Abschnitt 12 und Abschnitt 15.

1.4 Das nichtförmliche Verwaltungsverfahren

573 Gemäß § 10 VwVfG (§ 9 SGB X) ist das Verwaltungsverfahren an eine bestimmte Form nicht gebunden, soweit keine besonderen Rechtsvorschriften für die Form des Verfahrens bestehen. Damit gilt für den überwiegenden Teil aller Verwaltungsverfahren der bürger- und verwaltungsfreundliche Grundsatz der **Nichtförmlichkeit** als Regelfall. Danach ist das Verwaltungsverfahren „einfach, zweckmäßig und zügig durchzuführen".

Der Behörde kommt somit bei der Gestaltung des Verwaltungsverfahrens ein weites Verfahrensermessen[11] zu. Zu den Grundsätzen, von denen sie sich leiten lassen darf, gehört der Transparenzgedanke, der Grundsatz der Effizienz und Effektivität, der Beschleunigung und der Verfahrensökonomie. Über aller Gestaltungsfreiheit steht jedoch der eherne Grundsatz der Gesetzmäßigkeit des Verwaltungshandelns, Art. 20 Abs. 3 GG; insoweit sind auch vor dem Hintergrund des § 10 VwVfG weder die im VwVfG (§§ 11 ff.) selbst gesetzlich fixierten Verfahrensregeln noch spezialgesetzlich festgelegte Form- oder Verfahrensvorschriften abdingbar.

2. Die Behörde als Verfahrenspartner

2.1 Behördenbegriff

574 Aktiv betrieben wird das Verwaltungsverfahren von der Behörde; sie ist die „Herrin des Verfahrens"; zum Behördenbegriff vgl. oben RdNr. 56 ff. und RdNr. 322 ff.

2.2 Zuständigkeit

575 Die Zuständigkeit betrifft die Frage, **welcher Verwaltungsträger durch welches seiner Organe** (= Behörden) eine bestimmte Aufgabe erfüllen darf bzw. muss (Kompetenz). Diese Frage stellt sich bei jeder Staats- oder Verwaltungstätigkeit und ist nicht auf den Regelungsbereich der Verwaltungsverfahrensgesetze beschränkt. Jedes Organ hat sich vor jedem Tätigwerden von Amts wegen seiner Zuständigkeit zu vergewissern.

Selbst die Parlamente dürfen in ihrem Bereich der Gesetzgebung nur insoweit tätig werden, wie sie Gesetzgebungskompetenz besitzen.

Bei der Einleitung eines dem VwVfG (SGB X) unterliegenden Verwaltungsverfahrens gehört die Zuständigkeitsprüfung zu den regelmäßigen Anfangsüberlegungen der in §§ 9 VwVfG, 8 SGB X genannten „Prüfung der Voraussetzungen". Da die Zuständigkeit im Außenverhältnis gegenüber dem Bürger Bedeutung hat, soweit sie die ihm gegenüber handelnde Stelle festlegt, erfolgt die Regelung grundsätzlich durch Rechtsnorm, nur in wenig bedeutsamen Fällen durch Verwaltungsvorschrift[12].
Der Sinn der Zuständigkeitsregelungen liegt einerseits für die Verwaltungspraxis darin, Doppelarbeit, gegensätzliche Entscheidungen und Kompetenzprobleme der Behörden zu vermeiden, andererseits für den Bürger darin, ihm Gewissheit über den richtigen „Ansprech- bzw. Verfahrenspartner" zu verschaffen. Durch kontinuierliche Zuständigkeiten wird zugleich gewährleistet, dass sich bei der (zuständigen) Behörde umfassende Sachkenntnisse und Erfahrungen sammeln, die dem Bürger die richtige und angemessene Bearbeitung und Erledigung seiner Sache gewährleisten.

---

11 Schmitz in Stelkens/Bonk/Sachs, VwVfG, § 10 RdNr. 16 ff.
12 Vgl. oben RdNr. 399; s. auch Collin/Fügemann, JuS 2005, 694, 696.

Wie oben bereits festgestellt, sind im Rahmen der Zuständigkeitsprüfung zwei Fragen zu klären: **576**

1. Zunächst muss der zuständige **Verwaltungsträger** (Bund, Land, Gemeinde, sonstige juristische oder natürliche Person des öffentlichen oder privaten Rechts) bestimmt werden (Bestimmung der **Verbandskompetenz**). Hierbei ist zunächst die Verteilung der Verwaltungsaufgaben zwischen dem Bund und den Ländern zu prüfen, Art. 83 ff. GG. Danach liegt die Verwaltungskompetenz, also die Kompetenz zur Ausführung der (Bundes-) Gesetze, grundsätzlich bei den Ländern, es sei denn, das Grundgesetz selbst weist diese Aufgabe ausnahmsweise dem Bund zu. Ist die Frage der Zuständigkeit von Bund oder Ländern geklärt, ist als nächstes zu ermitteln, ob die Verwaltungsaufgabe in unmittelbarer oder in mittelbarer Staatsverwaltung durchgeführt wird[13]: Bei unmittelbarer Staatsverwaltung erledigen der Bund oder die Länder die Aufgabe selbst durch ihre eigenen Behörden[14], bei mittelbarer Staatsverwaltung übertragen sie die Aufgabe auf einen anderen Verwaltungsträger (Gemeinde, Kreis, Landschaftsverband, sonstige rechtfähige Körperschaften, Anstalten, Stiftungen oder auch beliehene Personen des Privatrechts).

   So ist z. B. bei der Frage nach der Zuständigkeit zur Ausführung der StVO (z. B. Aufstellen von Verkehrszeichen, § 45 StVO) zunächst festzustellen, dass diese den Ländern obliegt (Art. 83 GG; § 44 Abs. 1 StVO). Das Land NRW hat auf der Grundlage des § 44 Abs. 1 StVO die Kreisordnungsbehörden (§ 3 OBG NRW) mit den Aufgaben der Straßenverkehrsbehörde betraut[15]; damit liegt die Verbandskompetenz bei den Kreisen und kreisfreien Städten.

2. Steht der Verwaltungsträger fest, so ist als nächstes zu klären, welche seiner **Behörden** die Aufgabe wahrnimmt (Bestimmung der **Behördenzuständigkeit**).

   So verfügt z. B. der Kreis in NRW über drei Behörden: den Kreistag, den Kreisausschuss und den Landrat. Letzterer nimmt die gesetzliche Außenvertretung des Kreises in Rechts- und Verwaltungsgeschäften wahr, § 42 e) KrO NRW; er wäre damit im obigen Beispiel die zuständige Behörde für die Aufstellung von Verkehrszeichen. In der kreisfreien Stadt wäre dies der Oberbürgermeister als gesetzlicher Vertreter der Gemeinde in Rechts- und Verwaltungsangelegenheiten, § 63 Abs. 1 GO NRW.

Folgende **Arten von Zuständigkeiten** sind zu unterscheiden:

2.2.1 Sachliche Zuständigkeit

Die **sachliche Zuständigkeit** weist der Behörde eine vom Gegenstand her zu bestimmende **Aufgabe** zu. Handelt die Behörde nicht im Rahmen ihrer sachlichen Zuständigkeit, so führt das zur (schlichten) Rechtswidrigkeit des VAs; in Ausnahmefällen kann auch Nichtigkeit die Folge sein, §§ 44 Abs. 1 VwVfG, § 40 Abs. 1 SGB X. Die sachliche Zuständigkeit ergibt sich in der Regel aus dem jeweiligen Fachgesetz, dem die Eingriffs- oder Rechtsgrundlage für das behördliche Handeln entnommen werden kann. **577**

So regelt § 62 BauO NRW, dass für den Vollzug der BauO NRW, z. B. die Erteilung einer Baugenehmigung, § 75 BauO NRW, die „untere Bauaufsichtsbehörde" sachlich zuständig ist. Wer untere Bauaufsichtsbehörde ist, regelt § 60 Abs. 1 Nr. 3 BauO NRW: Danach sind die kreisfreien Städte sowie die Großen und Mittleren kreisangehörigen Städte untere Bauaufsichtsbehörden, ansonsten die Kreise für die übrigen kreisangehörigen Gemeinden. Sachlich zuständige untere Bauaufsichtsbehörde wäre also z. B. der Oberbürgermeister als Behörde einer kreisfreien Stadt oder der jeweilige Landrat als Behörde des Kreises für eine kreisangehörige Gemeinde.

---

13 Vgl. hierzu oben RdNr. 86 f.

14 Für NRW aufgezählt in §§ 2 ff. LOG NRW.

15 gemäß § 1 der Verordnung über die Bestimmung der zuständigen Behörden nach der Straßenverkehrs-Ordnung.

2.2.2 Instanzielle Zuständigkeit

578 Die **instanzielle Zuständigkeit** (als Teilbereich der sachlichen Zuständigkeit) stellt klar, welche Behörde im Rahmen eines mehrstufigen Behördenaufbaus zuständig ist[16].

§ 60 BauO NRW legt fest, dass bei den Bauaufsichtsbehörden ein dreistufiger Behördenaufbau gegeben ist: Es gibt die oberste Bauaufsichtsbehörde, und daneben noch mittlere und untere Bauaufsichtsbehörden. § 62 BauO NRW stellt klar, dass grundsätzlich die untere Bauaufsichtsbehörde zuständig ist, soweit nichts anderes bestimmt ist.
Für eine Veranstaltungserlaubnis nach § 29 Abs. 2 StVO ist gemäß § 44 Abs. 3 StVO je nach Größe bzw. Ausdehnung der geplanten Veranstaltung entweder die Straßenverkehrsbehörde, die höhere Verwaltungsbehörde oder sogar die oberste Landesbehörde zuständig. Wer diese Aufgaben in NRW wahrnimmt, ergibt sich wieder aus der Verordnung über die Bestimmung der zuständigen Behörden nach der Straßenverkehrs-Ordnung.

Die Festlegung der instanziellen Zuständigkeit kann nur aufgrund von abweichenden gesetzlichen Regelungen durchbrochen werden; ein allgemeines Selbsteintrittsrecht z. B. der höheren (Aufsichts-) Behörde ist nicht anzuerkennen. Ein solches Recht existiert nur dort, wo es gesetzlich festgelegt ist.

Vgl. z. B. § 123 Abs. 2 GO NRW, wonach die Kommunalaufsicht „anstelle und auf Kosten der Gemeinde" eine aufsichtliche Anordnung umsetzen kann, wenn die Gemeinde dieser Anordnung nicht innerhalb einer bestimmten Frist nachgekommen ist. Auch im Widerspruchsverfahren verschiebt sich kraft Gesetzes die instanzielle Zuständigkeit: Hilft die Ausgangsbehörde einem Widerspruch nicht ab und bleibt bei ihrer Entscheidung, so entscheidet gemäß § 70 Abs. 1 VwGO in einem nächsten Schritt die Widerspruchsbehörde – in der Regel die nächsthöhere Behörde, § 70 Abs. 1 S. 2 Nr. 1 VwGO. Die Zuständigkeit für die Angelegenheit wird damit kraft Gesetzes zur nächsthöheren Instanz verschoben. Für eine Durchbrechung der instanziellen Zuständigkeit bei „Gefahr im Verzug" vgl. § 6 Abs. 1 OBG NRW oder § 14 Abs. 1 POG NRW.

2.2.3 Örtliche Zuständigkeit

579 Die **örtliche Zuständigkeit** regelt den räumlichen Tätigkeitsbereich der (sachlich-instanziell zuständigen) Behörde; sie ergibt sich zumeist aus § 3 VwVfG (§ 2 SGB X), soweit nicht spezialgesetzliche Normen eine andere Regelung treffen.

Abweichend von § 3 VwVfG regelt z. B. § 4 OBG NRW, dass diejenige (sachlich-instanziell zuständige) Ordnungsbehörde zuständig ist, in deren Bezirk die zu schützenden Interessen verletzt werden. Spezialgesetzlich hierzu regelt § 13 LHundG NRW für die Abwehr von Gefahren, die von Hunden ausgehen, dass die örtliche Zuständigkeit bei der Behörde liegt, in deren Bezirk der Hund gehalten wird.

Die örtliche Zuständigkeit ist nur dann zu prüfen, wenn von der als sachlich zuständig ermittelten Behörde mehrere existieren, die in verschiedenen Verwaltungsbezirken tätig werden.

Ergibt die Prüfung der sachlichen Zuständigkeit, dass ein Ministerium als oberste Behörde sachlich zuständig ist, so erübrigt sich die Prüfung der örtlichen Zuständigkeit, da es diese Behörde nur einmal gibt. Ergibt sich eine sachliche Zuständigkeit für die Gemeinden, Kreise oder Bezirksregierungen, so ist die örtliche Zuständigkeit zwingend zu prüfen, um zu klären, bei welcher Gemeinde/Kreis/Bezirksregierung die Zuständigkeit liegt.

Fälle sich **überschneidender („mehrfacher") örtlicher Zuständigkeit** regelt § 3 Abs. 2 VwVfG (§ 2 Abs. 1 SGB X). Dort wird zugleich die Lösung von Kompetenzkonflikten den Aufsichtsbehörden übertragen. Eine Abweichung von der an sich gegebenen örtlichen Zuständigkeit bewirkt die **Fortführungsbefugnis** des § 3 Abs. 3 VwVfG (§ 2 Abs. 2 und 3 SGB X). Hiernach kann bei Wohnsitzwechsel einer Person die bisher zuständige Behörde ein laufendes Verwaltungsverfahren fortführen. Diese Regelung dient der Verfahrensökonomie und vermindert die Gefahr gezielter Verschleppung.

16 Etwas anders Collin/Fügemann, JuS 2005, 694, 698.

Die Verletzung von Vorschriften zur örtlichen Zuständigkeit führt in der Regel zur Rechtswidrigkeit, im Fall des § 44 Abs. 2 Nr. 3 VwVfG zur Nichtigkeit des VA. Unter den Voraussetzungen des § 46 VwVfG (42 SGB X) bleibt ein Verstoß folgenlos.

2.2.4 Funktionelle Zuständigkeit

Durch die (in der Praxis eher seltene) Regelung der **funktionellen Zuständigkeit** wird **580**
eine Aufgabe einem bestimmten **Organwalter** (etwa dem Behördenleiter selbst oder einem besonders Beauftragten) innerhalb der zuständigen Behörde zugewiesen.

So sind zur Aufnahme einer Versicherung an Eides statt zur Niederschrift im Verwaltungsverfahren befugt nur der Behördenleiter, sein allgemeiner Vertreter sowie Angehörige des öffentlichen Dienstes, welche die Befähigung zum Richteramt haben oder die Voraussetzungen des § 110 Satz 1 des Deutschen Richtergesetzes erfüllen, § 27 Abs. 2 VwVfG. Die Beantragung einer Rasterfahndung muss durch den Behördenleiter erfolgen, § 31 Abs. 4 PolG NRW. Einen schriftlichen Verweis an einen pflichtvergessenen Schüler kann nur der Schulleiter veranlassen, § 53 Abs. 6 SchulG.

Soweit eine solche (Ausnahme-)Regelung der funktionellen Zuständigkeit nicht vorliegt, sind innerbehördliche Aufgabengliederungen – etwa nach Abteilungen, Referaten, Dezernaten oder Ämtern – für die Behördenzuständigkeit ohne Relevanz. Eine derartige Geschäftsverteilung der zuständigen Behörde wirkt nur verwaltungsintern und hat daher grundsätzlich keine Rechtswirkung im Verhältnis zum Bürger.

Beispiele: Ob die auf Stillegung eines Kraftfahrzeuges gerichtete Verfügung vom Ordnungsamt oder Straßenverkehrsamt der Kreisverwaltung erlassen worden ist, ist für die Frage der Behördenzuständigkeit ohne Bedeutung: Da beide Ämter zur selben Behörde (Landrat) gehören, ist die nach § 44 Abs. 1 StVO zuständige Behörde tätig geworden. – Hat der Bürger vom Tiefbauamt der Stadtverwaltung S einen Erschließungsbeitragsbescheid erhalten und richtet er seinen Widerspruch an das Rechtsamt der Stadt S, so ist der Widerspruch entsprechend § 70 VwGO bei der Behörde erhoben, die den VA erlassen hat – nämlich dem Ober-/Bürgermeister (als Behörde der Stadt), dem beide Ämter zugeordnet sind.

2.2.5 Delegation und Mandat

Um eine rechtlich zulässige Abweichung von der normalen Zuständigkeitsverteilung **581**
handelt es sich, wenn das Gesetz die Möglichkeit einer **Delegation** eröffnet. Delegation ist die gesetzlich zugelassene Übertragung der Zuständigkeit.

Beispiele: § 203 BauGB, § 44 Abs. 3 S. 3 StVO, § 53 Abs. 6 SchulG NRW: Danach kann der Schulleiter die Entscheidungsbefugnis über den Erlass von bestimmten Ordnungsmaßnahmen auf die sog. „Teilkonferenz" übertragen.

Im Unterschied zur Delegation handelt bei einem bloßen **Mandat** der Beauftragte im Namen der beauftragenden Stelle, so dass die gesetzlich festgelegte Zuständigkeitsordnung nicht berührt wird.

Beispiel hierzu: Einleitung eines Disziplinarverfahrens durch den Präsidenten einer Landeszentralbank im Namen des Präsidenten der Deutschen Bundesbank[17].

2.2.6 Fehlerfolgen

Verstößt die Behörde gegen die gesetzlich vorgegebenen Zuständigkeitsregelungen, so **582**
kann dies unterschiedliche Konsequenzen haben:

1. Gemäß § 44 Abs. 2 Nr. 3 VwVfG ist ein VA **nichtig**, „den eine Behörde außerhalb ihrer durch § 3 Abs. 1 Nr. 1 begründeten Zuständigkeit erlassen hat, ohne dazu ermächtigt zu sein" – damit sind (nur!) Verstöße gegen die Zuständigkeitsregelung wegen der Belegenheit der Sache gemeint – alle anderen Verstöße gegen Regelungen zur örtlichen Zuständigkeit führen niemals zur Nichtigkeit, § 44 Abs. 3 Nr. 1 VwVfG.

17 Nach BVerwGE 63, 258; vgl. auch BDiszG, NVwZ 86, 866 und Horn, NVwZ 86, 808.

Auch in den Fällen der sog. „absoluten Unzuständigkeit" einer Behörde soll der VA nichtig sein[18].

2. Sonstige Verstöße gegen Zuständigkeitsregeln führen zur **Rechtswidrigkeit** des VA. Mangels Anwendbarkeit des § 45 VwVfG sind sie nicht heilbar. Allerdings kommt bei Verstößen gegen Regelungen zur örtlichen Zuständigkeit eine Unbeachtlichkeit des Fehlers gemäß § 46 VwVfG in Betracht – für andere Zuständigkeitsfehler, insbesondere Verstöße gegen Vorschriften zur sachlichen Zuständigkeit, ist der Anwendungsbereich des § 46 VwVfG nicht eröffnet.

583 In der Verwaltungspraxis bereitet vereinzelt die Behandlung von Anträgen Probleme, die der Bürger bei einer **unzuständigen Behörde** eingereicht hat. Theoretisch denkbar wäre zwar, dass die betroffene Behörde den Antrag „bearbeitet" und durch abschlägigen VA („wegen fehlender Zuständigkeit") bescheidet. Dies würde aber weder dem Zweckmäßigkeitsgebot (§ 10 S. 2 VwVfG, § 9 S. 2 SGB X) noch der Beratungspflicht der Behörde (§ 25 VwVfG, § 13 ff. SGB I) entsprechen. Sachgerecht ist es in solchen Fällen, den Antrag unmittelbar an die zuständige Behörde weiterzuleiten (mit Abgabenachricht an den Antragsteller) oder aber, den Antragsteller über die zuständige Behörde (unter Rückgabe des Antrages) zu informieren. Vereinzelt wird ein solcher begrenzter „Bürger-Service trotz Unzuständigkeit" bereits durch Gesetz vorgeschrieben.

Beispiele: § 16 Abs. 2 SGB I, § 22 Abs. 1 und 3 GO NRW

2.3 Amtshilfepflicht

584 Die **Amtshilfe** nach Art. 35 Abs. 1 GG, §§ 4 ff. VwVfG, 3 ff. SGB X bewirkt keine Verschiebung der Zuständigkeit im Außenverhältnis zum Bürger – es werden lediglich einzelne Abschnitte eines Verwaltungsverfahrens bzw. bestimmte Verfahrenshandlungen aus besonderen Gründen des Einzelfalles nicht von der zuständigen Behörde, sondern von der um Amtshilfe ersuchten Behörde wahrgenommen. Der Erlass der abschließenden Entscheidung verbleibt jedoch bei der zuständigen Behörde.

585 Art 35 Abs. 1 GG verpflichtet – als unmittelbar geltendes Recht – „alle Behörden des Bundes und der Länder" zu gegenseitiger „Rechts- und Amtshilfe"; die erforderlichen verwaltungsrechtlichen Konkretisierungen zur behördlichen Amtshilfe enthalten die §§ 4 ff. VwVfG, 3 ff. SGB X. Begrifflich hiervon zu trennen – und hier nicht zu behandeln – ist die „Rechtshilfe" durch Gerichte (in Form richterlicher Unterstützungshandlungen)[19].

Die Amtshilfe ist die auf „Ersuchen" einer anderen Behörde zu leistende „ergänzende Hilfe" (§ 4 Abs. 1 VwVfG, § 3 Abs. 1 SGB X); nicht hierzu gehört somit die „Spontanhilfe" (z. B. unaufschiebbare Maßnahmen einer an sich nicht zuständigen Behörde in einer Gefahrensituation, vgl. z. B. § 6 OBG NRW). Da die Amtshilfe der ersuchten Behörde nach dem Gesetzeswortlaut nur ergänzend wirkt, bleibt die ersuchende Behörde „Herrin des Verfahrens"[20].

Beispiele für Amtshilfeleistungen: Erteilung von Auskünften; Übersendung von Akten, Urkunden oder anderen Beweismitteln; Vornahme von Ermittlungen oder Ortsbesichtigungen für die ersu-

---

18 Vgl. dazu oben 6. Abschnitt, RdNr. 438.

19 Zu der von Gerichten zu leistenden „Rechtshilfe": § 156 GerichtsverfassungsG: „Die Gerichte haben sich in Zivilsachen und in Strafsachen Rechtshilfe zu leisten." – Vgl. § 14 VwGO: „Alle Gerichte und Verwaltungsbehörden leisten den Gerichten der Verwaltungsgerichtsbarkeit Rechts- und Amtshilfe." – Ähnlich § 5 SGG und § 13 FGO.

20 Vgl. Weidemann, VR 2010, 38.

chende Behörde; Durchführung technischer Untersuchungen; Bereitstellung von Schreibkräften, Räumlichkeiten oder technischen Hilfsmitteln.

Eine Behörde kann „insbesondere“ dann andere um Amtshilfe ersuchen (§ 5 Abs. 1 586
VwVfG, § 4 Abs. 1 SGB X), wenn sie aus rechtlichen oder tatsächlichen Gründen die Amtshandlung nicht selbst vornehmen kann oder die Amtshandlung „nur mit wesentlich größerem Aufwand vornehmen könnte als die ersuchte Behörde.“ Die Absätze 2 der §§ 5 VwVfG, 4 SGB X enthalten Amtshilfeverbote, die Absätze 3 Ausnahmemöglichkeiten nach pflichtgemäßen Ermessen. Die ersuchte Behörde darf die Hilfe aber nicht deshalb verweigern, weil sie das Ersuchen aus anderen als den dort „genannten Gründen oder weil sie die mit der Amtshilfe zu verwirklichende Maßnahme für unzweckmäßig hält“ (jeweils Abs. 4).
Amtshilfe liegt nicht vor, wenn zwischen den Behörden ein Weisungsverhältnis besteht oder wenn die Hilfe in einer Handlung besteht, die der ersuchten Behörde „als eigene Aufgabe obliegt“ (§ 4 Abs. 2 VwVfG, 3 Abs. 2 SGB X).

Beispiele solcher „eigenen Aufgaben“: Datenübermittlung vom Kraftfahrt-Bundesamt an die Fahrerlaubnisbehörde (§ 50 FeV); Auslegung des Plans durch die Gemeinde für das Anhörungsverfahren zur Planfeststellung nach § 73 Abs. 3 VwVfG; Übermittlung von in Fahrerlaubnisregistern gespeicherten Daten nach § 52 StVG; Gutachten- oder Berichterstattung durch die Handwerkskammern an Behörden (§ 91 HandwerksO); Mitwirkung einer anderen Behörde beim „mehrstufigen VA“[21].

Die Zusammenarbeit von Behörden im Rahmen der Amtshilfe fördert die Qualität des 587
Verwaltungsverfahrens, die Sachgerechtigkeit der Entscheidung und die zügige Abwicklung. Vom Normzweck her dient die Amtshilfe nur dem Interesse der Allgemeinheit an einer effektiven Verwirklichung der Verwaltungsaufgaben und an rechtsstaatlich gebotenen „richtigen“ Verwaltungsentscheidungen. Mittelbar dient sie damit zwar auch den Interessen der Bürger; allerdings kann ein Bürger aus diesen Vorschriften keinen Rechtsanspruch auf Amtshilfetätigkeiten ableiten[22].
Die Amtshilfe der Behörden darf nicht dazu dienen, Rechte der Betroffenen zu beeinträchtigen: Insbesondere enthalten die Amtshilfevorschriften **keinerlei Ermächtigung für Eingriffe** in die Rechtssphäre der Bürger; die §§ 4 ff. VwVfG, 3 ff. SGB X betreffen nur das „Binnenverhältnis“ der beteiligten Behörden. Wird im Rahmen der Amtshilfe in Rechte der Bürger eingegriffen, bedarf es hierzu einer speziellen Ermächtigungsnorm[23].

Beispiele derartiger Ermächtigungen: § 8 VwVG des Bundes (Zwangsmaßnahmen außerhalb des Zuständigkeitsbezirks der Vollzugsbehörde); § 22 SGB X (Vernehmung eines im Verwaltungsverfahren aussageverpflichteten Zeugen bei Zeugnisverweigerung).

Die Frage der **Kosten** regeln § 8 VwVfG bzw. § 7 SGB X: Gebühren für die Amtshilfe sind nicht zu entrichten und Auslagen der ersuchten Behörde sind von der ersuchenden Behörde (nur) zu erstatten, wenn sie 35 €[24] übersteigen. Bei Amtshilfe zwischen Versicherungsträgern beträgt diese Bagatellgrenze sogar 100 €[25]. Leisten Behörden desselben Rechtsträgers einander Amtshilfe, ist die Auslagenerstattung generell ausgeschlossen.

2.4 Europäische Verwaltungszusammenarbeit

Amtshilfe leisten sich nicht nur deutsche Behörden untereinander; auch zwischen den 588
Behörden der Mitgliedstaaten der Europäischen Union ist heute Amtshilfe (in der

21 Vgl. oben RdNr. 536.
22 BVerwG, NVwZ 1999, 535.
23 Kopp/Ramsauer, VwVfG, § 6 RdNr. 6 m. w. N.
24 § 8 S. 2 VwVfG und § 7 Abs. 1, S. 2 SGB X.
25 § 7 Abs. 1 S. 2, 2. Halbsatz SGB X.

Sprache des Gesetzes: gegenseitige „Hilfeleistung") möglich[26]. Verbindlich festgelegt wurde dies europarechtlich im Jahre 2006 mit Erlass der EU-Dienstleistungsrichtlinie[27]; die anschließend gebotene Richtlinienumsetzung erfolgte durch die simultane Einfügung der §§ 8 a ff. zur „Europäischen Verwaltungszusammenarbeit" in die Verwaltungsverfahrensgesetze des Bundes und der Länder. Die Parallelverfahrensgesetze SGB X und AO wurden allerdings nicht um einen entsprechenden Abschnitt ergänzt. Mit den Regeln zur europäischen Verwaltungszusammenarbeit wird jedoch keine allgemeine, der Amtshilfepflicht gem. § 4 VwVfG entsprechende Pflicht zur Hilfeleistung oder Zusammenarbeit gegenüber Behörden anderer Mitgliedstaaten eingeführt. Für die Anwendbarkeit der §§ 8 a ff. VwVfG ist vielmehr Voraussetzung, dass ein „Rechtsakt der Europäischen Gemeinschaft" die gegenseitige Hilfeleistung vorsieht. Die konkreten Pflichten und Ansprüche der zuständigen Behörden ergeben sich also aus den allgemeinen Regelungen des VwVfG, die jedoch erst zur Anwendung kommen, wenn ein Rechtsakt des Unionsrechts dies vorschreibt[28].

Beispiele solcher europäischer Rechtsakte: Die bereits erwähnte Dienstleistungsrichtlinie enthält in Art. 28 ff. weitgehende Amtshilfeverpflichtungen, um eine wirksame Kontrolle der Dienstleistungserbringer im Aufnahmeland zu gewährleisten. Die Berufsanerkennungsrichtlinie[29] enthält Amtshilfevorschriften in den Art. 8, 50 und 56 für Verwaltungshandlungen im Zusammenhang mit dem Zugang zu reglementierten Berufen[30].

2.5 Unparteilichkeit der Amtsführung

589 Aktiv betrieben wird das Verwaltungsverfahren gemäß § 9 VwVfG von einer Behörde – doch letztlich werden auch hier die Entscheidungen (wie überall) von Menschen getroffen, den Amts- oder Organwaltern[31]. Entsprechend besteht die Gefahr, dass aufgrund von persönlichen Beziehungen (Verwandtschaft, Freundschaft, Feindschaft, private oder berufliche Abhängigkeiten) eine unparteiische Amtsführung im Einzelfall schwierig, wenn nicht gar ausgeschlossen ist. Die §§ 20, 21 VwVfG (§§ 16, 17 SGB X) tragen Sorge dafür, dass an Behördenentscheidungen keine Mitarbeiter beteiligt sind, denen es an der gebotenen Sachlichkeit und Distanz im Einzelfall fehlt. Dabei lassen die Normen erkennen, dass bereits der **„böse Schein"** von sachfremd geprägten Entscheidungen vermieden werden soll. Die sog. Befangenheitsvorschriften bewirken, dass

- der Bürger sich sicher sein kann, dass seine Sache unparteiisch und uneigennützig behandelt wird,
- dem Amtsträger der Konflikt zwischen dienstlichen und persönlichen Interessen erspart wird
- oder aber auch ein Konflikt zwischen dienstlichen Interessen in verschiedenen Funktionen.

Befangenheitsvorschriften sind über die Regelung im VwVfG (SGB X) hinaus auch in spezielleren Gesetzen zu finden; verwandte Regelungen finden sich im Vergabeverfahren (§ 16 VgV), im Recht der Kommunalvertretungen (z. B. §§ 43 Abs. 2, 31 GO NRW), in den Prozessordnungen (§§ 41- 49 ZPO, § 54 VwGO) sowie auch im Grundrecht auf eine „gute Verwaltung", Art. 41 Abs. 1 EU-Grundrechtecharta.

Beachte auch § 65 BBG und die diesbezüglichen Vorschriften der Landesbeamtengesetze, z. B. § 47 LBG NRW.

26 Umfassend hierzu Schliesky, Die Europäisierung der Amtshilfe, 2008.
27 Richtlinie 2006/123/EG vom 12.12.2006 über Dienstleistungen im Binnenmarkt, ABl Nr. L 376 S. 36 ff.
28 Ausführlich hierzu Schmitz/Prell, NVwZ 2009, 1121, 1122.
29 Richtlinie 2005/36/EG vom 7.10.2005, ABl 2005 Nr. L 255/22.
30 Kopp/Ramsauer, VwVfG, § 8a RdNr. 11a.
31 Dazu oben RdNr. 75.

2.5.1 Ausgeschlossene Personen

§ 20 VwVfG (§ 16 SGB X) schließt bestimmte Personen kraft Gesetzes aus dem Verwaltungsverfahren aus, unabhängig davon, ob sie tatsächlich in einem besonderen Näheverhältnis zu einem Beteiligten stehen oder nicht – es soll ja bereits der „böse Schein“ vermieden werden. 590

So ist auf Behördenseite auch ein Neffe befangen und damit kraft Gesetzes aus dem Verfahren ausgeschlossen, der seine antragstellende Tante bislang noch gar nicht kannte, § 20 Abs. 1 Nr. 2, Abs. 2 Nr. 5 VwVfG.

Das Mitwirkungsverbot des § 20 VwVfG erfasst diejenigen Amtsträger, die entweder selbst Beteiligte sind, die Angehörige eines Beteiligten bzw. Beschäftigte eines Beteiligten sind oder die sonst in einer der im Gesetz aufgezählten Arten mit einem Beteiligten in engerer Beziehung stehen. Die Ausschlusstatbestände sind abschließend aufgezählt und nicht durch Analogie erweiterungsfähig[32]. Lässt sich ein persönliches Näheverhältnis nicht unter § 20 VwVfG subsumieren, so kann sich dennoch eine Befangenheit aus § 21 VwVfG ergeben.

Wer „Angehöriger“ eines Beteiligten ist, ergibt sich aus dem Katalog in Abs. 5. Zu den „Angehörigen“ im Rechtssinne gehören zwar Onkel und Neffe (Nr. 5 bzw. Nr. 7), nicht jedoch Cousins und Cousinen – die sprichwörtliche „Vetternwirtschaft“ ist damit vor dem Gesetz kein Grund für einen Verfahrensausschluss. Nicht erfasst werden auch Pflegegeschwister (Umkehrschluss aus Nr. 8, der Pflegeeltern und -kinder als Angehörige betrachtet).

Der Gesetzeswortlaut in § 20 VwVfG („ … darf nicht tätig werden …“) macht deutlich, dass sich der Verfahrensausschluss nicht nur auf die Schlussentscheidung, z. B. den Erlass eines VA, bezieht, sondern generell auf die Mitwirkung im Verfahren – auch vorbereitende, ermittelnde und beratende Mitwirkungshandlungen sind verboten. Lediglich Hilfstätigkeiten (etwa mechanischer oder manueller Art), die sich nicht auf den Gang des Verfahrens oder sein Ergebnis auswirken können, sind noch zulässig. 591

Beispiele: So darf eine Schreibkraft durch das Schreiben des Erlaubnis-VA im Baugenehmigungsverfahren ihres Bruders mitwirken; ebenso ein mit Zustellungen betrauter Mitarbeiter der Behörde bei der Übermittlung eines Bescheides an seine Schwester[33]. Auch die Entnahme von Bodenproben wurde als reine Hilfstätigkeit gewertet[34].

Gemäß S. 2 der Absätze 1 der §§ 20 VwVfG, 16 SGB X steht einem Beteiligten gleich, wer durch die Tätigkeit oder durch die Entscheidung einen **unmittelbaren Vorteil oder Nachteil** erlangen kann. Die Formulierung „steht einem Beteiligten gleich“ verweist auf Abs. 1 S. 1, wonach derjenige, der selbst Beteiligter ist, vom Verfahren ausgeschlossen ist, Nr. 1, ebenso wie die Angehörigen eines Beteiligten, Nr. 2 – dies gilt damit auch für die von S. 2 erfassten Personen. Der Begriff des Vor- oder Nachteils erfasst zunächst rechtliche, aber auch wirtschaftliche oder ideelle Vor- oder Nachteile[35]; es genügt, wenn das Eintreten des Vor- oder Nachteils zumindest wahrscheinlich ist. Weiter muss der Vor- oder Nachteil „unmittelbar“ durch die Entscheidung oder Tätigkeit verursacht sein – dies ist häufig schwer zu beurteilen. Als **Faustformel** kann folgende Frage dienen: Ist für den Eintritt des Vorteils oder Nachteils noch das Hinzutreten eines weiteren Umstandes erforderlich (dann nur Mittelbarkeit) oder folgt der Vor- oder Nachteil aus der Tätigkeit oder Entscheidung selbst (dann Unmittelbarkeit)? Allerdings sollte die reine Kausalitätsfeststellung nur ein erster Anhaltspunkt sein; das Ergebnis muss sodann noch einer wertenden Betrachtung unterzogen werden: Wirkt sich der Vor- oder Nachteil bei objektiver Betrachtung tatsächlich auf die Unparteilich- 592

32 Im einzelnen str.; teilweise wird vorgeschlagen, die nichteheliche Lebensgemeinschaft analog zum Verlöbnis zu behandeln, vgl. zum Streitstand Beaucamp, apf 2015, 145, 147 mit vielen weiteren Beispielsfällen.
33 Vgl. Stüer/Hönig, DÖV 2004, 642, 643 f.
34 VGH Mannheim, DÖV 2011, 328 (Leitsatz).
35 Hufen/Siegel, Fehler im Verwaltungsverfahren, RdNr. 133.

keit der Person aus? Nur wenn tatsächlich ein individuelles Sonderinteresse befürchten lässt, dass die Person nicht mehr unbefangen ist, greift der Verfahrensausschluss[36].

So dürfte ein Amtsträger bei der Entscheidung über die Erteilung einer Gaststättenerlaubnis für den neu zugezogenen G befangen sein, wenn seine Ehefrau in der kleinen Gemeinde die bislang einzige Gaststätte betreibt.

593 Zu beachten ist allerdings, dass nicht jeder unmittelbare Vor- oder Nachteil die Befangenheit auslöst: Bei einem sog. „Gruppenvorteil" ist dies nämlich nicht der Fall, Abs. 1 S. 3. Wird der Betroffene nur als Teil der Bevölkerung in Allgemeininteressen begünstigt oder benachteiligt, so scheidet eine Befangenheit aus.

So kann ein Amtsträger, der ein Haus besitzt und gerne spazieren geht, z. B. von Entscheidungen betroffen sein, die alle Hauseigentümer (Räumpflicht im Winter) oder alle Besucher eines Stadtparks (Kürzung der Schließzeiten) betreffen – wenn er hier nur als Teil der Gruppe belastet wird oder profitiert, scheidet eine Befangenheit aus. So ist ein Hundebesitzer nicht automatisch befangen, wenn er mit der Neufassung der Hundesteuersatzung seiner Gemeinde befasst wird – denn hier werden nur die gemeinsamen Interessen aller Hundehalter berührt, nicht jedoch sein individuelles Interesse. Die Abgrenzung kann im Einzelfall schwierig sein.

2.5.2 Besorgnis der Befangenheit

594 Regelt § 20 VwVfG ein generelles Mitwirkungsverbot für Amtsträger, bei denen kraft Gesetzes ein besonderes Näheverhältnis angenommen wird, so bietet § 21 VwVfG (§ 17 SGB X) als Auffangtatbestand ergänzend die Möglichkeit, solche Amtsträger vom Verfahren auszuschließen, die sich aufgrund besonderer Umstände oder durch ihr eigenes Verhalten dem Verdacht ausgesetzt haben, nicht mehr unparteiisch zu sein[37].

Hierzu gehören Fälle von besonderer Freundschaft oder Feindschaft, wirtschaftliche Interessen, die unterhalb der Schwelle des § 20 Abs. 1 S. 2 VwVfG bleiben, aber auch z. B. unqualifizierte Bemerkungen gegenüber einem Beteiligten: Gibt z. B. ein Prüfungsvorsitzender während der noch andauernden Prüfung zu erkennen, die „Prüfung könne eigentlich sofort beendet werden, weil sich am Ergebnis auch bei ihrer Fortsetzung nichts mehr ändern" werde, begründet dies die Besorgnis der Befangenheit[38]. Dass jemand einer bestimmten Partei oder Konfession angehört oder aber bestimmte Rechtsauffassungen vertritt, genügt in der Regel nicht.

Das bloße persönliche Misstrauen eines Bürgers, das allein in seiner subjektiven Vorstellung wurzelt, oder die schlichte Behauptung, der Amtswalter sei befangen, führen nicht zu den Rechtsfolgen des § 21 VwVfG (§ 17 SGB X): Die Begriffe „Besorgnis" und „ ... Grund der geeignet ist, Misstrauen ... zu rechtfertigen ..." verlangen gegenständliche, nachvollziehbare Kriterien, die sich auf objektiv feststellbare Tatsachen gründen müssen[39].

595 Äußert ein Beteiligter oder der Amtswalter selbst die Besorgnis der Befangenheit, so hat dieser den **Leiter der Behörde zu unterrichten** (im Falle der Befangenheit des Behördenleiters: die Aufsichtsbehörde) und sich (erst) auf dessen Anordnung der Mitwirkung zu enthalten. Damit soll erreicht werden, dass der Betroffene nicht selbst über seine weitere Tätigkeit in dem Verfahren entscheidet. Der Behördenleiter hat bei seiner Entscheidung kein Ermessen; vielmehr muss er bei tatsächlichem Vorliegen eines „ ... Grundes, der geeignet ist ... Misstrauen ... zu rechtfertigen ..." den Verfahrensausschluss anordnen.

Eine „Selbstablehnung" des Amtswalters ist vom Gesetz ausgeschlossen[40].

---

36 Kopp/Ramsauer, VwVfG, § 20 RdNr. 35.
37 Hufen/Siegel, Fehler im Verwaltungsverfahren, RdNr. 151.
38 So VGH Mannheim, NVwZ 2002, 235.
39 Kopp/Ramsauer, VwVfG, § 21 RdNr. 14.
40 Zu den Folgen einer solchen „Selbstablehnung" vgl. BVerwG, NVwZ 1985, 576.

2.5.3 Rechtsfolgen

§ 20 VwVfG schließt befangene Amtsträger kraft Gesetzes vom Verwaltungsverfahren aus; § 21 VwVfG gebietet, dass der Behördenleiter befangene Personen ausschließt. Nehmen diese entgegen der gesetzlichen Regelung dennoch am Verfahren teil, so führt dies zur **Rechtswidrigkeit** der Entscheidung bzw. des VA. Dies ergibt sich insbesondere aus § 44 Abs. 3 Nr. 2 VwVfG, der klarstellt, dass ein Verstoß gegen § 20 Abs. 1 Nr. 2 bis 6 niemals Nichtigkeit zur Folge hat – und dies muss erst Recht für den weiter gefassten Auffangtatbestand des § 21 VwVfG gelten. Damit ist jedoch nicht ausgeschlossen, dass ein Verstoß gegen den in §§ 44 Abs. 3 Nr. 2 VwVfG nicht genannten § 20 Abs. 1 Nr. 1 die **Nichtigkeit** nach sich zieht: Ist ein Amtsträger selbst Beteiligter, so ist dies regelmäßig ein „schwerer und offenkundiger Fehler" i. S. des § 44 Abs. 1 VwVfG und ein solcher VA deshalb nichtig. 596

Erteilt Amtsträger A sich selbst seine Baugenehmigung, so ist diese gemäß § 44 Abs. 1 VwVfG nichtig.

Ein Ablehnungsrecht steht dem betroffenen Bürger in den Fällen der §§ 20, 21 VwVfG nicht zu, ebenso wenig wie ein Anspruch auf Zuweisung eines unbefangenen Sachbearbeiters. Eine gerichtliche Überprüfung des Umgangs der Behörde mit der (vermeintlichen) Befangenheit ist wegen § 44 a VwGO auch nicht isoliert schon während des Verwaltungsverfahrens möglich, sondern erst nach Erlass des VA mit den gegen diesen zulässigen Rechtsbehelfen[41].

Eine Heilung nach § 45 VwVfG kommt bei der Mitwirkung befangener Personen mangels Anwendbarkeit der Norm nicht in Betracht; eine Unbeachtlichkeit des Fehlers gemäß § 46 VwVfG ist bei Ermessensentscheidungen ebenfalls regelmäßig ausgeschlossen, denn die §§ 20, 21 VwVfG gehen ja gerade davon aus, dass eine Befangenheit der Amtsträger sich auf das Ergebnis des Verfahrens auswirkt – und schließen diese deshalb aus. Bei gebundenen Entscheidungen ist eine Unbeachtlichkeit i. S. des § 46 VwVfG jedoch möglich. 597

3. Die Verfahrenspartner der Behörde

Das VwVfG weist den Beteiligten des Verwaltungsverfahrens spezielle Rechte und Pflichten zu (etwa Anhörungs- und Akteneinsichtsrechte, z. B. §§ 28, 29 VwVfG, oder Mitwirkungspflichten, z. B. §§ 60 ff. SGB I). Eine klare **Festlegung der Beteiligtenstellung** ist daher Voraussetzung für die praktische Anwendung der Verfahrensregelungen. Da das VwVfG den Bürger als selbstverantwortlichen Verfahrenspartner versteht, ist vorab sicherzustellen, dass er den ihm auferlegten Funktionen auch gerecht werden kann. Den Rahmen dafür stecken die Regeln über die Beteiligungs- und Handlungsfähigkeit ab (§§ 11 f. VwVfG, 10 f. SGB X), die zusammen mit dem Beteiligtenbegriff im Folgenden am Beispiel des VwVfG dargestellt werden sollen. 598

3.1 Beteiligungsfähigkeit

Die **Beteiligungsfähigkeit** umschreibt die Fähigkeit, überhaupt Subjekt eines Verwaltungsverfahrens sein zu können und entspricht der zivilrechtlichen Rechtsfähigkeit. Als verfahrensrechtliche Seite der Rechtsfähigkeit gibt sie die **Möglichkeit, Rechte und Pflichten zu haben**. Wer nicht beteiligungsfähig ist, kann im Verwaltungsverfahren keinen Antrag stellen (stellen lassen), hat kein Recht auf Anhörung; ihm gegenüber 599

41 Kritisch hierzu Hufen/Siegel, Fehler im Verwaltungsverfahren, RdNr. 148.

kann kein VA erlassen werden; er kann nicht Partner eines öffentlich-rechtlichen Vertrages sein.

Gemäß § 11 VwVfG (§ 10 SGB X) sind beteiligungsfähig:

1. natürliche und juristische Personen,
2. Vereinigungen, soweit ihnen ein Recht zustehen kann,
3. Behörden.

Zu **Nr. 1** ist darauf hinzuweisen, dass auch ein Minderjähriger Beteiligungsfähigkeit besitzt, da er „natürliche Person" ist und da es im Rahmen des § 11 VwVfG – anders als bei § 12 VwVfG (Handlungsfähigkeit) – auf Geschäftsfähigkeit nicht ankommt. Der Begriff der „juristischen Person" erfasst rechtsfähige juristische Personen sowohl des privaten (rechtsfähige Vereine, GmbHs, AGs etc.) wie des öffentlichen Rechts (Körperschaften, Anstalten, Stiftungen).

600 Aber auch Vereinigungen, denen die Rechtsordnung keine (volle) Rechtsfähigkeit zuerkennt, können materielle öffentlich-rechtliche Rechte und Pflichten haben und sind dann gemäß §§ 11 **Nr. 2** VwVfG (10 Nr. 2 SGB X) zumindest insoweit beteiligungsfähig, wie ihnen ein solches Recht zusteht.

Beispielsweise können nicht rechtsfähige Vereine Inhaber von Gaststätten sein. Grund dafür ist § 2 Abs. 1 GastG, wonach eine Gaststättenerlaubnis auch nichtrechtsfähigen Vereinen erteilt werden kann. Dementsprechend muss es dem nicht rechtsfähigen Verein auch möglich sein, an einem Verwaltungsverfahren teilzunehmen, um die Gaststättenerlaubnis zu beantragen und zu erhalten – insoweit räumt ihm das Gesetz Beteiligungsfähigkeit ein. – Den Gebietsverbänden einer politischen Partei sowie den Kreisverbänden einer Gewerkschaft kann eine Sondernutzungserlaubnis für einen Informationsstand erteilt werden.

Der Verwaltungspraxis bereitet die Abgrenzung des Begriffs „Vereinigung" zuweilen Schwierigkeiten: Hier ist ein Mindestmaß an Struktur erforderlich – aber auch ausreichend.

Beispielsweise besitzt eine körperschaftsähnlich organisierte Bürgerinitiative, die eine Mitgliederversammlung durchgeführt und einen Vorstand gewählt hat, das Antragsrecht auf Genehmigung eines Informationsstandes in der Fußgängerzone (Sondernutzung). – Einer unstrukturierten, spontanen Versammlung hingegen, die nur ein lockerer Zusammenschluss von Personen ist, die ohne organisatorische Verbindung punktuell auf einen Missstand hinweisen wollen, kommt keine Beteiligungsfähigkeit iSd §§ 11 Nr. 2 VwVfG, 10 Nr. 1 SGB X zu; ein eventueller Antrag auf Sondernutzung kann daher nur von den einzelnen Teilnehmern als natürlichen Personen gestellt werden.

601 **Nr. 3** der §§ 11 VwVfG, 10 SGB X regelt die Beteiligungsfähigkeit von Behörden. Da Behörden letztlich die vertretungsberechtigten Organe eines Verwaltungsträgers sind, berechtigen und verpflichten ihre verfahrensrechtlichen Handlungen jeweils die hinter ihnen stehenden Verwaltungsträger (die als juristische Personen des öffentlichen Rechts natürlich auch selbst beteiligungsfähig sind). Achtung: Die verfahrensleitende Behörde selbst ist zwar beteiligungsfähig, gehört aber nicht zu den Beteiligten im Verfahren, § 13 VwVfG. Verwaltungsverfahren, bei denen auf „beiden Seiten" Behörden stehen (als Beteiligter und als Genehmigungsbehörde) sind insbesondere dort denkbar, wo eine Behörde fiskalische Interessen vertritt.

3.2 Handlungsfähigkeit

602 Die in § 12 VwVfG (§ 11 SGB X) geregelte **Handlungsfähigkeit** betrifft die Fähigkeit, **selbst Verfahrenshandlungen vornehmen zu können** – etwa Anträge zu stellen oder (andere) Erklärungen abzugeben. Die verwaltungsrechtliche Handlungsfähigkeit entspricht in etwa der privatrechtlichen Geschäftsfähigkeit (§§ 104 ff. BGB). Während die Beteiligungsfähigkeit die Frage regelt, ob jemand überhaupt Teilnehmer an einem Verwaltungsverfahren sein kann, geht es bei der Handlungsfähigkeit darum, ob er

seine Teilnehmerrolle auch selbst wahrnehmen bzw. ausüben kann. Nicht jeder, der beteiligungsfähig ist, ist auch handlungsfähig!

Beispielhaft lässt sich das Verhältnis zwischen Beteiligungsfähigkeit und Handlungsfähigkeit im Zusammenhang mit der juristischen Person erläutern. Diese ist zwar beteiligungsfähig, kann aber selbst nicht handeln, ist also nicht handlungsfähig und handelt deshalb durch ihre Organe (jeweils Abs. 1 Nr. 3 in den §§ 12 VwVfG, 11 SGB X). – So kann z. B. ein Sportverein zwar Inhaber einer Gaststättengenehmigung sein (siehe oben), den Antrag auf Erteilung der Genehmigung muss aber der Vorstand oder ein von ihm besonders Beauftragter stellen; an diese Person muss auch die Bekanntgabe der Genehmigung erfolgen. Ähnlich bei einem Kind: Dieses ist zwar als natürliche Person beteiligungsfähig, jedoch nicht handlungsfähig. Daher muss es sich im Verwaltungsverfahren durch seine Eltern vertreten lassen, soweit nicht § 12 Abs. 1 Nr. 2 VwVfG greift.

Im Verwaltungsverfahren handlungsfähig sind nach § 12 VwVfG (§ 11 SGB X) in erster Linie natürliche Personen, die nach bürgerlichem Recht geschäftsfähig sind (Nr. 1), aber auch nach bürgerlichem Recht beschränkt rechtsfähige Personen, soweit sie für den Gegenstand des Verfahrens nach BGB als geschäftsfähig anerkannt sind oder soweit sie aufgrund öffentlichen Rechts als handlungsfähig anerkannt sind (Nr. 2). **603**

Im Regelfall tritt die Verfahrens-Handlungsfähigkeit eines Menschen gemäß Nr. 1mit der Volljährigkeit ein (§§ 2, 104 ff. BGB). – Ist eine natürliche Person nicht handlungsfähig, so handelt für sie ihr gesetzlicher Vertreter; für Kinder handeln also die Eltern, § 1629 BGB.

Beispiele zu den Sonderfällen der Nr. 2 sind neben §§ 112, 113 BGB zahlreiche Sondervorschriften, wonach Personen auch unter 18 Jahren öffentlich-rechtlich handlungsfähig sind,
z. B. ab 16 Jahren: Erhalt bestimmter Fahrerlaubnisse, § 10 Abs. 1 FeV;
z. B. ab 15 Jahren: Antragstellung auf Sozialleistungen, § 36 Abs. 1 SGB I;
z. B. ab 14 Jahren: Entscheidung über das religiöse Bekenntnis, § 5 RelKErzG.
Juristische Personen und Vereinigungen nach § 11 Nr. 2 VwVfG können nur durch ihre gesetzlichen Vertreter oder besonders Beauftragte handeln (Nr. 3).

So handelt ein rechtsfähiger Verein durch seinen Vorstand (§ 26 Abs. 1 BGB), eine GmbH durch ihren Geschäftsführer (§ 35 Abs. 1 GmbHG).

Behörden handeln durch ihre Leiter, deren Vertreter oder Beauftragte (Nr. 4).

So handelt für eine Bezirksregierung der Regierungspräsident, für ein Ministerium der Minister oder als sein Vertreter ein Staatssekretär.

3.3 Beteiligte

Während die oben dargestellte Beteiligungsfähigkeit allgemein umschreibt, wer Subjekt eines Verwaltungsverfahrens sein kann, beantworten die § 13 VwVfG, und § 12 SGB X die Frage, wer im konkreten Verfahren **Beteiligter** ist. Dabei zählt die verfahrensleitende Behörde selbst nicht zu den Beteiligten in diesem Sinne[42]! Die Begrenzung der genannten Vorschriften auf den Bereich der „Passivbeteiligten" ist für die Praxis sachgerecht, da die eigentliche Funktion dieser Definitionen darin besteht, die Beteiligten als Adressatenkreis bzw. Inhaber der (nachfolgend behandelten) Verfahrensrechte und -pflichten zu bestimmen. **604**
Hiernach sind Beteiligte gemäß § 13 VwVfG, § 12 SGB X:

- Antragsteller und Antragsgegner (Nr. 1),
- diejenigen, an die die Behörde einen VA richten will oder gerichtet hat (Nr. 2),
- diejenigen, mit denen die Behörde einen öffentlich-rechtlichen Vertrag schließen will oder geschlossen hat (Nr. 3) und

42 Kopp/Ramsauer, VwVfG, § 13 RdNr. 10 m. w. N.

- diejenigen, die von der Behörde zu dem Verfahren hinzugezogen worden sind, weil ihre rechtlichen Interessen berührt werden können (Nr. 4).

Zu dem in Nr. 1 verwendeten Begriff „Antragsgegner" ist darauf hinzuweisen, dass es sich hierbei nicht etwa um die verfahrensleitende Behörde handelt, sondern um gegebenenfalls drittbetroffene Personen, deren Rechte der vom Antragsteller angestrebte VA verändern könnte.

Beispiel: Jemand (Antragsteller) beantragt bei der zuständigen Behörde, für das Gartenhäuschen seines Nachbarn (Antragsgegner) eine Abrissverfügung zu erlassen. Oder: Wegen nächtlicher lautstarker Musik fordert Rentner R (Antragsteller) ein Einschreiten der Polizei gegen den feiernden Nachbarn (Antragsgegner). Im Anwendungsbereich von § 12 Abs. 1 Nr. 1 SGB X: Der Arbeitgeber muss vor der beabsichtigten Kündigung eines Schwerbehinderten (Antragsgegner) die Zustimmung des Integrationsamtes zur Kündigung beantragen, §§ 85 ff. SGB IX.

Die in **Abs. 1 Nr. 1–3** der §§ 12 VwVfG, 13 SGB X genannten Fälle erfassen die **kraft Gesetzes** beteiligten Personen.

605 **Abs. 1 Nr. 4** bezieht sich auf die in Abs. 2 der §§ 13 VwVfG, 12 SGB X geregelten Fälle der Beteiligung kraft **Hinzuziehung** durch die Behörde. Die Hinzuziehung steht dann im Ermessen der Behörde, wenn (lediglich) **„rechtliche Interessen"** Dritter durch den Ausgang des Verfahrens berührt werden können.

Die Verwaltungspraxis lässt erkennen, dass dieser Ermessensspielraum „restriktiv gehandhabt" wird; zu vermutende Gründe dürften sein: Verlängerung des Verfahrens durch Hinzuziehung Dritter und problematischer Ausgleich der divergierenden Interessen[43].

606 Hat der mögliche Ausgang des Verfahrens dagegen **„rechtsgestaltende Wirkung"** für einen Dritten im Sinne des jeweiligen Satzes 2 des Abs. 2 der §§ 13 VwVfG, 12 SGB X, so **muss** dieser „auf Antrag als Beteiligter" hinzugezogen werden.

Beispielsweise ist dies der Fall, wenn eine Baugenehmigung, die der Bauwillige erstrebt, im Falle ihrer Erteilung in zugunsten des Nachbarn bestehende nachbarschützende Bestimmungen eingreift. – Zur „Beteiligung der Angrenzer" (also insbesondere der Eigentümer der Nachbargrundstücke) vgl. § 74 BauO NRW („ … sind … zu beteiligen …").

Abs. 3 der §§ 13 VwVfG, 12 SGB X stellt klar, dass nicht jede Anhörung, die in einem Verwaltungsverfahren vorgenommen werden muss, dazu führt, dass der Angehörte zum Beteiligten wird[44] – die §§ 28 VwVfG, 24 SGB X, die die Anhörung regeln, setzen vielmehr umgekehrt eine Beteiligtenstellung des Anzuhörenden bereits voraus. Gemeint ist hier z. B. die Anhörung von Sachverständigen oder Zeugen.

Beispiel: Gemäß § 53 SchulG NRW ist vor dem Erlass von Ordnungsmaßnahmen der Klassenleiter/die Klassenleiterin anzuhören – dadurch werden diese jedoch nicht zu Beteiligten des Verwaltungsverfahrens.

3.4 Bevollmächtigte und Beistände

607 Beteiligte können sich durch einen **Bevollmächtigten** vertreten lassen (Abs. 1 der §§ 14 VwVfG, 13 SGB X) und zu Verhandlungen und Besprechungen mit einem **Beistand** erscheinen (jeweils Abs. 4).

Beispielsweise treten in der Verwaltungspraxis als Bevollmächtigte oder Beistände oft Familienangehörige auf, aber vor allem auch Rechtsanwälte, Steuerberater, Architekten oder sonstige Fachkundige (im Sozialverwaltungsverfahren Mitarbeiter von Gewerkschaften oder von Vereinigungen der Arbeitgeber).

Bevollmächtigte haben auf behördlichen Wunsch ihre Vollmacht schriftlich nachzuweisen (Abs. 1 S. 3). – Ungeeignete Bevollmächtigte und Beistände können u. U. (nach Abs. 6) „ … vom Vortrag zurückgewiesen werden".

---

43 So auch Bonk, NVwZ 2001, 636, 639.
44 Vgl. BVerwGE 66, 291, 295.

Beteiligte ohne Wohn- oder Geschäftssitz in der Bundesrepublik Deutschland haben einen Empfangsbevollmächtigten (§§ 15 VwVfG, 14 SGB X) zu benennen. – Für abwesende oder unbekannte Beteiligte sowie solche, die infolge geistiger oder körperlicher Gebrechen nicht in der Lage sind, im Verwaltungsverfahren selbst tätig zu werden, hat das Betreuungsgericht bzw. das Familiengericht auf Ersuchen der Verwaltungsbehörde einen geeigneten Vertreter zu bestellen (§§ 16 VwVfG, 15 SGB X; vgl. auch § 207 BauGB).

Bei „gleichförmigen Eingaben“ von mehr als 50 Personen oder bei Verfahren, an denen mehr als 50 Personen „im gleichen Interesse beteiligt“ sind, ohne vertreten zu sein (§§ 17 ff. VwVfG), kommt ein **gemeinsamer Vertreter** in Betracht, der gegebenenfalls auch durch die Behörde von Amts wegen bestellt werden kann. **608**

In der Praxis des SGB X kommen solche Konstellationen kaum vor, so dass sich in diesem Gesetz keine entsprechenden Regelungen zur Bewältigung von Massenverfahren finden.
Zu beachten ist, dass die §§ 17 ff. VwVfG nur eingreifen, wenn die betreffende Personengruppe nicht bereits selbst eine beteiligungsfähige „Vereinigung“ z. B. im Sinne des § 11 Nr. 2 VwVfG darstellt. Dies zeigt die enge Beziehung zwischen Beteiligungsfähigkeit und Vertretung sowie die Notwendigkeit, regelmäßig beides zusammen zu untersuchen.

Die Befugnis, sich durch einen Bevollmächtigten vertreten zu lassen oder mit einem Beistand zu erscheinen, gilt gemäß § 2 Abs. 3 Nr. 2 VwVfG (des Bundes) nicht bei „Leistungs-, Eignungs- oder ähnlichen Prüfungen“ und (nach LandesVwVfG) auch nicht bei der „Besetzung von Professorenstellen“ (z. B. § 2 Abs. 3 Nr. 2 VwVfG NRW). Auch in Verwaltungsverfahren von Schulen und Hochschulen ist die Einbeziehung von Bevollmächtigten und Beiständen ausgeschlossen, § 2 Abs. 3 Nr. 2 VwVfG NRW.

So dürfen sich Eltern im Verwaltungsverfahren über den Erlass einer Ordnungsmaßnahme in der Schule nicht anwaltlich vertreten lassen – erst nach Abschluss des Verfahrens durch Erlass des VA (§ 9 VwVfG) kann der Anwalt im Widerspruchsverfahren die Vertretung übernehmen.

4. Der Verfahrensablauf

4.1 Einleitung des Verfahrens

Über die **Einleitung** des Verwaltungsverfahrens entscheidet die Behörde grundsätzlich nach **pflichtgemäßem Ermessen,** § 22 VwVfG, § 18 SGB X (**Opportunitätsprinzip**). **609**
Kein Ermessen besteht jedoch, wenn
- die Behörde auf Antrag oder von Amts wegen tätig werden muss (Nr. 1), oder aber,
- wenn die Behörde nur auf Antrag tätig werden darf und ein solcher nicht vorliegt (Nr. 2):

Im Fall der Nr. 1 **muss** die Behörde das Verfahren einleiten, im Fall der Nr. 2 **darf** sie es **nicht.**
Das Opportunitätsprinzip gilt regelmäßig in den Fällen, in denen die Rechts- oder Ermächtigungsgrundlage, die dem zu regelnden Einzelfall zugrunde liegt, der Behörde Ermessen einräumt.

So steht im Gefahrenabwehrrecht ein Einschreiten der Behörde grundsätzlich in ihrem Ermessen, vgl. z. B. § 14 OBG NRW oder § 8 PolG NRW. Beschweren sich Nachbarn nachts über Geräusche in der Nebenwohnung, so entscheidet die Polizeibehörde zunächst nach Ermessen, ob sie ein Verfahren eröffnet und einschreitet. Verdichten sich jedoch (z. B. durch anhaltendes Weinen) die Hinweise, dass Kinder alleine in der Wohnung und in Not sind, so kann sich dieses Ermessen auf Null reduzieren: Die Behörde muss nun das Verfahren eröffnen und einschreiten, denn es liegt jetzt ein Fall der Nr. 1 vor.

§ 22 Nr. 1 VwVfG zwingt die Behörde zur Eröffnung eines Verfahrens; dies ist zum einen dann der Fall, wenn die zugrunde liegende Rechts- oder Ermächtigungsgrund- **610** lage der Behörde ein bestimmtes Verhalten vorschreibt, also in der Rechtsfolge eine gebundene Entscheidung angeordnet ist.

So muss die Behörde gemäß § 15 Abs. 2 GastG eine Gaststättenerlaubnis widerrufen, wenn sie Kenntnis von Tatsachen erhält, die die Unzuverlässigkeit des Gastwirtes belegen; entsprechend ist sie auch gezwungen, ein entsprechendes Verfahren auf Erlass des Widerrufs einzuleiten (Legalitätsprinzip) – denn anders kann sie die gesetzliche Verpflichtung nicht erfüllen. So auch im Fall des § 35 GewO.

Die zweite Alternative von Nr. 1 regelt die Antragsverfahren: Wenn der Bürger einen Antrag stellt, so **muss** die Behörde ein Verwaltungsverfahren eröffnen – vorausgesetzt, das materielle Recht räumt dem Bürger ein subjektiv-öffentliches Recht auf ein Tätigwerden der Verwaltung ein und er macht dieses Recht durch seinen Antrag geltend. Dabei genügt es, dass das subjektiv-öffentliche Recht auf eine ermessensfehlerfreie Entscheidung gerichtet ist; eine gebundene Rechtsfolge ist nicht zwingend[45].

Beispiele: Antrag auf Erlass einer Gaststätten- oder Gewerbeerlaubnis oder auf Erteilung einer Baugenehmigung (gebundene Entscheidungen); Antrag auf Erlass einer Sondernutzungserlaubnis (nach pflichtgemäßem Ermessen). In allen Fällen ist die Verwaltung verpflichtet, das Verfahren unverzüglich einzuleiten.

611 In den Fällen der Nr. 2 entfaltet der fehlende Antrag für die Verwaltung eine Sperrwirkung, und ein Verfahren darf nicht eingeleitet werden; dies gilt allerdings nur für die Fälle, in denen die materiellen Rechtsvorschriften eine Antragstellung zwingend vorsehen.

Beispiele: Verfahren auf Erteilung einer Baugenehmigung, § 69 BauO NRW; Anlagengenehmigung nach §§ 8 ff. BImSchG

Dabei muss das Antragserfordernis nicht zwingend gesetzlich festgeschrieben sein; es genügt, wenn sich dies aus dem Sinn und Zweck der gesetzlichen Regelung ergibt, oder wenn das Gesetz allgemein festlegt, dass eine Genehmigung erforderlich ist; entsprechend gilt die Nr. 2 für nahezu alle Genehmigungsverfahren.

Beispiel: Weder das GastG noch die GewO schreiben explizit eine Antragstellung vor, sondern regeln nur die Genehmigungsbedürftigkeit der jeweiligen Tätigkeiten. Daraus lässt sich jedoch das Antragserfordernis ableiten. Das gleiche gilt für das Verfahren auf Erteilung einer Sondernutzungserlaubnis.

612 Bei der **Auslegung von Anträgen** ist entsprechend § 133 BGB der wirkliche Wille des Antragstellers zu erforschen. Auf die Verwendung des Begriffs „Antrag" kommt es nicht an. Darüber hinaus soll die Behörde die Stellung oder Berichtigung von Anträgen anregen, wenn eine Unkenntnis oder ein Versehen des Bürgers erkennbar ist (§ 25 VwVfG, § 16 Abs. 3 SGB I). Der Antrag muss allerdings hinreichend bestimmt sein.

Beispiele: Nach BVerwG ist ein Schreiben, mit dem der Behörde zwei unterschiedliche Teilungspläne für ein Grundstück zur beliebigen Auswahl vorgelegt werden, kein ausreichend bestimmter Teilungsantrag iSd § 8 BauO NRW[46]. – In einem Antrag auf ein „Mehr", dem nicht stattgegeben werden kann, steckt idR ein Antrag auf ein „Weniger": Kann einem Baugenehmigungsantrag für eine Werbeanlage mit beweglichen Leuchtbuchstaben nicht stattgegeben werden, so ist zu prüfen, ob nicht eine einfache Leuchtschrift oder eine indirekt beleuchtete, dezente Werbeanlage genehmigt werden kann.

Die VwVfG'e enthalten für Anträge des allgemeinen Verwaltungsverfahrens keine Formvorschriften, allerdings kann spezialgesetzlich etwas anderes vorgeschrieben sein (Schriftformzwang, Erfordernis der Erklärung zur Niederschrift oder Formularzwang).

Beispiele für gesetzlich vorgesehene **Schriftform**: § 10 Abs. 1 S. 1 BImSchG (Genehmigungsantrag für umweltbelastende Anlagen), § 64 VwVfG (Antrag im förmlichen Veraltungsverfahren),

---

45 Kopp/Ramsauer, VwVfG, § 22 RdNr. 26.

46 BVerwG, NJW 1984, 2481 zu § 19 Abs. 3 BauGB (alte Fassung), vgl. heute z. B. § 8 BauO NRW.

§ 69 Abs. 1 S. 1 BauO NRW (Bauantrag). Dem Schriftformerfordernis kann unter den Voraussetzungen des § 3 a Abs. 2 VwVfG auch durch elektronische Antragstellung genügt werden. Beispiele für gesetzlich vorgesehene **Formularform:** § 150 Abs. 1 S. 1 AO (Steuererklärung), § 23 Abs. 1 Bundesmeldegesetz (Meldeschein), § 60 Abs. 2 SGB I (Antrag auf Sozialleistung, nur Sollvorschrift)

Wendet sich ein Bürger an die Behörde, so kann dies ein förmlicher Antrag aufgrund einer gesetzlichen Antragsbefugnis sein. Fehlt die Antragsbefugnis, so ist zu erwägen, ob es sich nicht um eine „Bitte oder Beschwerde" iSd Art. 17 GG handelt, also um eine Petition, die inhaltlich zu prüfen und deren Art der Behandlung dem Bürger mitzuteilen ist – bzw. auf kommunaler Ebene eine „Anregung/Beschwerde" (z. B. gemäß § 24 GO NRW[47]). Anderenfalls handelt es sich nur um eine für die Behörde nicht verbindliche Mitteilung. **613**

Zur Behandlung von Anträgen, die bei einer unzuständigen Stelle eingereicht worden sind, vgl. § 16 Abs. 2 SGB I, § 22 Abs. 1und 3 GO NRW[48].

Antragsbedürftige VAs, die die Behörde ohne Antrag erlässt, sind formell rechtswidrig, in seltenen Fällen sogar nichtig[49]. Ansonsten ist an die Möglichkeit einer nachträglichen Heilung nach § 45 Abs. 1 Nr. 1 VwVfG zu denken. **614**

4.2 Amtssprache

An sich ist es selbstverständlich, dass die Landessprache auch die Sprache der Behörden ist. Die Festlegung der **Amtssprache** in § 23 Abs. 1 VwVfG (§ 19 Abs. 1 SGB X) könnte somit – anders etwa als bei mehrsprachigen Staaten wie der Schweiz oder Belgien – als überflüssig erscheinen. Wegen der großen Zahl ausländischer Mitbürger oder Zuflucht Suchender in der Bundesrepublik Deutschland sowie der grenzüberschreitenden Wirtschaftsbeziehungen und der wachsenden internationalen Verflechtung im Zuge der zunehmenden Globalisierung[50] sind Regelungen jedoch zwingend erforderlich. **615**

In der Verwaltungspraxis treten die Asyl-, Ausländer-, Finanz-, Gewerbeaufsichts-, Sozial- und Zollbehörden in vielfältigen Verwaltungskontakt zu Personen, die der deutschen Sprache nicht oder nur unvollkommen mächtig sind. Hierbei entstehen Probleme, die sich mit den teilweise angebotenen fremdsprachigen Merkblättern allein nicht lösen lassen. Vielmehr stellt sich dann die Frage, wie mit Anträgen und Erklärungen, die in fremder Sprache abgegeben werden, zu verfahren ist und ob etwa Fristen durch fremdsprachige Anträge gewahrt werden. **616**

Hierzu sind zwei Extrempositionen denkbar: a) Jede (zuständige) Behörde hat jeden Antrag in jeder Sprache zu bearbeiten; b) Anträge oder Erklärungen in fremder Sprache werden von keiner Behörde entgegengenommen, haben keine Rechtsfolgen und sind nie fristwahrend. – Dass die Position a) in der Verwaltungswirklichkeit eine Stadtverwaltung, eine Oberfinanzdirektion und auch ein Ministerium überfordern könnte, bedarf keiner näheren Erläuterung. Die „ausländerunfreundliche" Gegenposition b) aber würde weder den rechtsstaatlichen Anforderungen an ein faires Verfahren noch dem Selbstverständnis der Bundesrepublik als einer global aufgestellten Wirtschaftsnation kaum gerecht.

Die Regelungen der §§ 23 VwVfG, 19 SGB X bieten eine ausgewogene Lösung. Sie kommen einerseits fremdsprachigen Antragstellern entgegen, bleiben aber andererseits im Behördenalltag umsetzbar und entgehen damit der Gefahr, etwa wegen Überforde- **617**

47 Vgl. Hofmann/Theisen/Bätge, Kommunalrecht in NRW, 2.3.3.1.1.5.
48 S. oben RdNr. 583.
49 BVerwGE 30, 185, 187.
50 Kritisch insbesondere zur Zunahme von Anglizismen im Rechtsverkehr Aden, ZRP 2011, 120.

rung des vorhandenen Verwaltungspersonals zu bloßen Programmsätzen ohne Praxisrelevanz zu verkümmern.

Besonderheiten bestehen im Rahmen der Europäischen Verwaltungszusammenarbeit nach § 8a ff. VwVfG[51]: Zur Entschärfung der Sprachproblematik stellt die Kommission hier ein Hilfsmittel zur Verfügung: das Binnenmarktinformationssystem „IMI“ (Internal Market Information System)[52], das mit automatischen Übersetzungen, vorübersetzten Frage- und Antwortkomplexen und mehrsprachigen Suchfunktionen arbeitet.

Aus Abs. 2–4 der §§ 23 VwVfG, 19 SGB X ergeben sich für Ausländer u. a. günstige Rechtsfolgen, die bestimmte Härten der in Abs. 1 aufgestellten Grundregel („Die Amtssprache ist deutsch“) ausschließen: Nach Abs. 2 sind fremdsprachige Anträge, Eingaben, Urkunden und sonstigen Dokumente jedenfalls von den Verwaltungen entgegenzunehmen. Die Behörden sollen unverzüglich die Vorlage einer Übersetzung verlangen, gegebenenfalls auf Kosten des Beteiligten selbst eine Übersetzung beschaffen. Soll durch einen Antrag o. ä. zugunsten des Beteiligten eine Frist gegenüber der Behörde gewahrt, ein öffentlich-rechtlicher Anspruch geltend gemacht oder eine Leistung begehrt werden, so gilt dieser – trotz Fremdsprachigkeit – gemäß Abs. 4 als zum Zeitpunkt des Eingangs abgegeben, falls der Behörde auf Verlangen nach angemessener Frist eine Übersetzung vorgelegt wird. Soll hingegen durch einen Antrag „eine Frist in Lauf gesetzt werden, innerhalb deren die Behörde … tätig werden muss“, so beginnt der Lauf der Frist gemäß Abs. 3 erst mit dem Zeitpunkt, in dem der Behörde eine Übersetzung vorliegt.

4.3 Ermittlung des Sachverhalts

618 Eine zentrale Voraussetzung für die Rechtmäßigkeit behördlichen Handelns ist die zutreffende **Ermittlung des Sachverhalts**[53]. Fragt man, wem das Zusammentragen der entscheidungserheblichen Tatsachen obliegt, so ist von der Grundüberlegung auszugehen, dass die Verwaltung ihre Aufgaben stets **im öffentlichen Interesse** erfüllt[54], und zwar gleich, ob sie von Amts wegen tätig wird oder von einem Beteiligten durch einen (idR privatnützigen) Antrag zum Handeln veranlasst wird. Diesem Gedanken entspricht es, die Beschaffung der Entscheidungsgrundlagen im tatsächlichen Bereich – anders als im Zivilprozess – nicht den Beteiligten zu überlassen, sondern die Sachverhaltsermittlung zur **Aufgabe der Behörde** zu machen.

4.3.1 Untersuchungsgrundsatz

619 Demgemäß bestimmt der im Verwaltungsverfahren geltende **Untersuchungsgrundsatz** (Amtsermittlungsgrundsatz) der § 24 VwVfG, § 20 SGB X, dass die Behörde den der Entscheidung zugrundezulegenden Sachverhalt von Amts wegen ermittelt. Sie bestimmt Art und Umfang der Ermittlungen und damit auch, ob und welche Beweise erhoben werden. An das Vorbringen und an Beweisanträge der Beteiligten ist sie nicht gebunden.

Der Untersuchungsgrundsatz gilt auch im Verfahren vor den Verwaltungsgerichten (§§ 86 Abs. 1 VwGO[55], 103 SGG, 76 Abs. 1 FGO). – Der Zivilprozess wird hingegen vom sog. „Beibringungsgrundsatz“ beherrscht, der auf der Annahme beruht, dass die (mit gegenläufigen Interessen) am Rechtsstreit beteiligten Parteien von sich aus die ihnen vorteilhaft erscheinenden Informationen (unter Beachtung der Pflicht zur Vollständigkeit und Wahrheit) zusammentragen.

---

51 Siehe oben RdNr. 588.
52 http://ec.europa.eu/internal_market/imi-net/about/index_de.htm.
53 Vgl. oben RdNr. 382.
54 Zaumseil, VR 2012, 325.
55 Zum Amtsermittlungsgrundsatz vor dem Verwaltungsgericht Jacob, JuS 2011, 510.

Der Umfang der gemäß § 24 VwVfG, § 20 SGB X erforderlichen Ermittlungen wird insbesondere durch den **Grundsatz der Verhältnismäßigkeit** geprägt: Je schwerwiegender die Rechtsfolgen einer Verwaltungsentscheidung für den Betroffenen sind, umso sorgfältiger ist der Sachverhalt zuvor aufzuklären, um Fehler nach Möglichkeit zu vermeiden. Letztlich bemisst sich das Verwaltungshandeln hier zum einen nach den Grundsätzen der Zweckmäßigkeit und Effektivität, zum anderen aber auch nach den Grundsätzen der Sparsamkeit und Zügigkeit[56]. So muss die Behörde jeweils im Einzelfall entscheiden, in welchem Umfang die Ermittlungen durchzuführen sind und das Interesse an der zügigen Erledigung abwägen gegen die Notwendigkeit, die Tatsachen umfassend und gründlich zusammenzutragen. Im Behördenalltag schleicht sich dort, wo massenhaft VAs ähnlichen Inhalts erlassen werden müssen, nicht selten ein schablonenartiges Verfahren ein, in dem dann die Besonderheiten des Einzelfalles nicht mehr ausreichend berücksichtigt werden. Dies widerspricht dem in § 24 VwVfG, § 20 SGB X enthaltenen Verbot der Schematisierung von Verwaltungsentscheidungen. 620
Die im jeweiligen Abs. 2 der genannten Paragraphen enthaltene **Pflicht zur Neutralität** bei Ermittlungen, wonach „auch die für die Beteiligten günstigen Umstände zu berücksichtigen" sind, ist aufgrund des verfassungsrechtlichen Rechts- und Sozialstaatsgebots selbstverständlich und wird in der Verwaltungspraxis auch weitestgehend befolgt.
Aufgabe der Verwaltung ist es also nicht, als „Bedenkenträger" primär zu überlegen, was alles nicht möglich ist, sondern als „Dienstleister" zu prüfen, was möglich ist. Dies schließt allerdings immer die Pflicht ein, im öffentlichen Interesse dem Beteiligten nur solches zu gestatten, was rechtlich zulässig und für die Allgemeinheit (etwa für die Umwelt oder die Nachbarn) verträglich sein wird[57].

4.3.2 Beweismittel, Mitwirkung der Beteiligten und Dritter

Als **Beweismittel**, derer sich die Verwaltung bei der Sachverhaltsaufklärung bedienen kann, sind in § 26 Abs. 1 VwVfG, § 21 Abs. 1 SGB X u. a. Auskünfte, Zeugenaussagen, Sachverständigengutachten, Urkunden und Augenscheinseinnahme genannt; diese Aufzählung ist, wie aus dem Wort „insbesondere" zu entnehmen ist, nicht abschließend. Die Behörde besitzt hinsichtlich der Beweismittel ein Auswahlermessen, das sich im Wesentlichen einerseits an den Kriterien Tauglichkeit/Zweckmäßigkeit und andererseits Kosten/Verwaltungsaufwand orientiert. 621
Eine Pflicht, als Zeuge[58] oder Sachverständiger auszusagen oder ein Gutachten zu erstatten, besteht gemäß § 26 Abs. 3 VwVfG nur, wenn dies durch Rechtsvorschrift besonders vorgesehen ist.

Beispiele: § 57 SGB II und § 117 Abs. 4 SGB XII regeln die Auskunftspflichten von Arbeitgebern, §§ 98–100 SGB X betreffen die Auskunftspflichten von Angehörigen, Arbeitgebern und Ärzten. § 52 Abs. 6 S. 1 BImSchG begründet eine Zutrittsgestattungspflicht für unbeteiligte Grundstückseigentümer oder Wohnungsinhaber, um den Behörden die Kontrolle von Immissionen zu ermöglichen.

Auch eine Versicherung an Eides statt darf nur kraft spezieller gesetzlicher Regelung und nur unter Beachtung besonderer Voraussetzungen (§ 27 VwVfG) verlangt werden (vgl. z. B. § 95 AO).

Auch die Beteiligten im Verwaltungsverfahren sind zur **Mitwirkung** an der Ermittlung des Sachverhalts nicht verpflichtet; allerdings trifft sie insoweit eine (nicht erzwingbare) sog. „Obliegenheitspflicht", die sich im Wort „sollen" widerspiegelt, § 26 Abs. 2 VwVfG, § 21 Abs. 2 SGB X. Die Möglichkeit, im Verfahren mitzuwirken, gibt jedoch den Beteilig- 622

56 Zaumseil, VR 2012, 325, 326.
57 Eine Liste denkbarer Verstöße gegen den Untersuchungsgrundsatz findet sich bei Hufen/Siegel, Fehler im Verwaltungsverfahren, RdNr. 218.
58 Zum Zeugen im nichtförmlichen Verwaltungsverfahren Tiller, KommunalPraxisN 2001, 278.

ten schon früh die Gelegenheit, ihre Sachverhalts-Kenntnisse und auch ihre Rechtspositionen in das laufende Verfahren einzuspeisen und dient auf diese Weise sowohl dem individuellen Rechtsschutz als auch der Verfahrensbeschleunigung. Spezialgesetzlich können auch weitergehende Mitwirkungsverpflichtungen festgelegt werden, Abs. 2 S. 3. Beispielsweise können Antragsteller und sonstige Beteiligte verpflichtet sein:

- zur Erteilung von Auskünften (§ 29 Abs. 2 S. 3 InfektionsSchutzG, § 117 SGB XII, § 90 AO),
- zur Vorlage von Urkunden (§ 10 Abs. 1 S. 2 BImschG, § 208 S. 1 Nr. 2 und 3 BauGB, § 56 S. 1 Nr. 2 SGB II),
- zur Duldung behördlicher Augenscheinseinnahme (§ 42 LebensmitBedarfsgegenstG, §§ 98, 100 AO),
- zur Duldung des Betretens von Grundstücken (§ 14 Abs. 1und § 30 KreislaufwirtschaftsAbfallG, § 22 Abs. 2 GastG, § 99 AO, § 209 Abs. 1 BauGB),
- zur Duldung einer Durchsuchung (§§ 39 Abs. 2 PolG NRW, § 399 Abs. 2 S. 2 AO),
- zum persönlichen Erscheinen (§ 6 Abs. 3 PassG, § 208 S. 1 Nr. 1 BauGB, § 82 Abs. 4 AufenthaltsG),
- zur Duldung einer ärztlichen Untersuchung (§ 62 SGB I, § 29 Abs. 2 S. 1 InfektionsSchutzG).

Weigert sich ein Beteiligter, an der Aufklärung von verfahrensentscheidenden Fragen mitzuwirken, so darf die Behörde aus diesem Umstand auch für ihn ungünstige Schlüsse ziehen[59]. Teilweise sind negative Konsequenzen sogar gesetzlich festgelegt, z. B. in § 11 Abs. 8 FeV: Weigert sich ein Bewerber um eine Fahrerlaubnis, sich auf Anordnung der Behörde ärztlich oder medizinisch-psychologisch untersuchen zu lassen, so darf die Behörde „bei ihrer Entscheidung auf die Nichteignung des Betroffenen schließen". Im Rahmen des § 66 Abs. 1 SGB I kann der Sozialleistungsträger bei fehlender Mitwirkung des Antragstellers oder Leistungsbeziehers die Leistungen versagen oder entziehen. Vgl. auch § 25 Abs. 4 AsylG: Erscheint der um Asyl nachsuchende Ausländer ohne genügende Entschuldigung nicht zur Anhörung, entscheidet das Bundesamt für Migration und Flüchtlinge nach Aktenlage, „wobei auch die Nichtmitwirkung des Ausländers zu berücksichtigen ist".

623 Wegen des Untersuchungsgrundsatzes gibt es im Verwaltungsverfahren keine formelle Beweisführungslast. Jedoch muss auch hier bestimmt werden, zu wessen Nachteil es gereicht, wenn sich eine Frage zum Sachverhalt nicht aufklären lässt (sog. **materielle Beweislast**). Die Grundregel hierfür lautet: Eine Nichterweislichkeit von Voraussetzungen geht zu Lasten desjenigen, der aus der Voraussetzung positive Rechtsfolgen herleiten will[60].

Beispielsweise trägt also die Behörde die materielle Beweislast bei einem Eingriff in die Rechte des Bürgers, dagegen trägt sie der Bürger, wenn er von der Behörde eine Leistung verlangt: Bleibt ein entscheidungserheblicher Umstand unaufklärbar, kann die angestrebte Regelung wegen der Nichterweislichkeit dieser Voraussetzung eben nicht getroffen werden.[61]

Fehler bei der Ermittlung des Sachverhalts sind nicht bloße Verfahrensfehler, sondern wirken sich in der Regel im materiellen Bereich der Entscheidung aus, etwa wenn infolge unzulänglicher Aufklärung die Voraussetzungen für den VA nicht festgestellt wurden und dieser daher zu Unrecht abgelehnt wurde. Bleibt der Ermittlungsfehler jedoch offensichtlich ohne Einfluss auf das Ergebnis, kommt eine Anwendung von § 46 VwVfG in Betracht. Eine separate Anfechtung eines Ermittlungsfehlers oder eine Verpflichtung der Behörde zur Vornahme von bestimmten Ermittlungshandlungen während des laufenden Verwaltungsverfahrens scheidet wegen § 44a VwGO aus[62].

59 Kopp/Ramsauer, VwVfG, § 26 RdNr. 44 m. w. N.
60 Kopp/Ramsauer, VwVfG, § 24 RdNr. 42 m. w. N.
61 Vgl. OVG Münster, DVBl 1997, 1225.
62 Vgl. dazu unten RdNr. 716.

4.4 Beratung und Auskunft

Betrachtet man den Bürger als „mündigen", selbstverantwortlichen Verfahrenspartner der Behörde, so ist es konsequent, von ihm grundsätzlich die eigenständige Erledigung seiner Angelegenheiten zu verlangen und ihm das Risiko eventueller Nachteile durch nicht sachgerechte Wahrnehmung seiner Interessen aufzuerlegen. Jedoch ist zu berücksichtigen, dass es selbst gut informierten Bürgern kaum möglich ist, die große Zahl von Gesetzen und sonstigen Vorschriften zu überblicken. 624

Für ein faires Verwaltungsverfahren ist es deshalb notwendig, dass die Behörde die Beteiligten an ihrem (idR vorhandenen) Informationsvorsprung zu Rechts- und (teilweise auch) Tatsachenfragen teilhaben lässt. Nicht nur das Gebot der Bürgerorientierung, sondern auch das Sozialstaatsprinzip erfordern **Beratung und Auskunft** im Verwaltungsverfahren.

Die hierzu in §§ 25 Abs. 1 VwVfG, 14 ff. SGB I getroffenen Regelungen sollen sicherstellen, dass der Bürger ihm zustehende Rechte nicht wegen mangelnder Information oder wegen bloßer Versehen verliert. Dem gleichen Zweck dient die Hinweis- und Betreuungspflicht des § 68 Abs. 2 VwVfG in mündlichen Verhandlungen des förmlichen Verfahrens. Die Behörden sollen bei offensichtlichen Unkenntnissen oder Irrtümern der Bürger zu zweckdienlichen Anträgen und Erklärungen anregen und gegebenenfalls auch notwendige Korrekturen anmahnen; sie erteilen, soweit erforderlich, auch Auskünfte über Verfahrensrechte und -pflichten.

In den Gemeindeordnungen der Länder gibt es weitergehende kommunalrechtliche Betreuungspflichten (etwa § 22 GO NRW)[63].

Der im Gesetzeswortlaut verwendete Begriff „soll" (abweichend §§ 14 ff. SGB I) lässt praxisgerechte Eingrenzungen zu, durch welche die gesetzlichen Betreuungspflichten jedoch nicht entwertet werden. Auch hier gilt nämlich, dass die Soll-Vorschrift eine bindende Anweisung für den Regelfall enthält, also im „Normalfall" eine Beratungsverpflichtung für die Behörde. Nur in atypischen Fällen ist ein Absehen von Beratung und Auskunft möglich[64]. 625

§ 25 Abs. 2 VwVfG, erst 2009 in die VwVfGe eingefügt, weitet die Betreuungs- und Fürsorgepflichten der Behörde jetzt auch schon auf den Zeitraum **vor** der Antragstellung aus: Die Behörde hat hiernach, soweit erforderlich, mit einem zukünftigen Antragsteller zu erörtern, „welche Nachweise und Unterlagen von ihm zu erbringen sind und in welcher Weise das Verfahren beschleunigt werden kann". Sie soll zusätzlich auch „Auskunft über die voraussichtliche Verfahrensdauer und die Vollständigkeit der Antragsunterlagen geben." Auch diese neuen Vorschriften dienen letztlich zum einen zur Effizienzsteigerung des Verwaltungsverfahrens, zum anderen dem Interesse aller Seiten an einer zügigen, sachgerechten und rechtmäßigen Entscheidung. 626

Über das konkrete Verwaltungsverfahren des Beteiligten hinausgehende **allgemeine Auskunftsansprüche** können sich zusätzlich aus Spezialgesetzen ergeben. 627

Vgl. für den Bereich der Sozialverwaltung z. B. § 13 SGB I sowie § 11 SGB XII. Daneben vermitteln die Informationsfreiheitsgesetze des Bundes und der Länder den Bürgern allgemeine Auskunftsansprüche gegenüber der Verwaltung, ebenso für den Umweltbereich die Umweltinformationsgesetze (z. B. das UIG NRW) sowie im Bereich des Verbraucherschutzes das Verbraucherinformationsgesetz (VIG)[65].

---

63 Umfassend dazu Hofmann/Theisen/Bätge, Kommunalrecht in NRW, 2.3.3.1.1.9.
64 Zur Soll-Vorschrift in § 25 Abs. 1 VwVfG Hill, NVwZ 85, 449, 455.
65 Allgemein hierzu Vahle, DVP 2013, 135.

4.5 Anhörung

628 Die in § 28 VwVfG (ähnlich § 24 SGB X) geregelte **Anhörung** ist unverzichtbarer Bestandteil eines fairen, demokratiewürdigen, rechtsstaatlichen Verfahrens; sie stellt das „zentrale Recht" des Bürgers im Verwaltungsverfahren dar[66]. **Normzweck** der Anhörungspflicht ist zum einen, individualrechtlich die Stellung des Betroffenen im Verwaltungsverfahren zu sichern – nach dem rechtsstaatlichen Verständnis des Grundgesetzes ist der Bürger kein „bloßes Objekt" von Verwaltungsentscheidungen, sondern Verfahrens-„Subjekt". Als solches kann er im Anhörungsverfahren (neue) entscheidungsrelevante Tatsachen vorbringen sowie (neue) Beweismittel benennen oder anregen, er kann aber auch seine (Rechts-) Meinung zu dem geplanten VA vortragen (auch, wenn diese nach dem Wortlaut des Gesetzes nicht Gegenstand der Anhörung ist) und so den weiteren Gang des Verfahrens (mit-) steuern. Auf diese Weise dient die Anhörungspflicht der Rechtswahrung des Bürgers und schützt ihn vor Überraschungsentscheidungen der Verwaltung. Objektivrechtlich dient die Anhörung dem Effizienzprinzip im Verwaltungsverfahren, indem die (Tatsachen-) Kenntnisse des Betroffenen frühzeitig in die Ermittlungen mit einbezogen werden und so die Tatsachenbasis für die zu treffende Entscheidung verbreitert wird; das Risiko der Verwaltung, fehlerhafte Entscheidungen wegen unzureichender Tatsachenkenntnis zu treffen, vermindert sich[67].

Beispiele für ähnliche Regelungen in zahlreichen Spezialgesetzen: § 71 VwGO (Anhörung eines im Widerspruchsverfahren erstmalig Beschwerten), §§ 107 Abs. 1 S. 3 BauGB (Aufforderung zur Äußerung im Enteignungsverfahren); § 109 BBG (Anhörungspflicht vor Aufnahme ungünstiger Bewertungen in die Personalakte), § 53 SchulG NRW (Anhörungspflichten für Schüler, Eltern und Klassenleitungen bei schulischen Ordnungsmaßnahmen).

4.5.1 Tatbestandsvoraussetzungen

629 Die Anhörungspflicht des § 28 VwVfG (24 SGB X) setzt tatbestandlich voraus, dass das Verfahren einen VA betrifft, der in die Rechte eines Beteiligten eingreift. Damit stellt das Gesetz zunächst klar, dass Gegenstand der Anhörung ein (geplanter) **VA** ist. Ob der Erlass eines VA beabsichtigt ist, muss anhand der Merkmale des § 35 VwVfG objektiv festgestellt werden[68].

Umstritten ist, ob § 28 VwVfG in analoger Weise anwendbar ist für bestimmte Verwaltungsrealakte, die sich ähnlich wie ein VA nachteilig auf die Rechtspositionen von Bürgern auswirken (z. B. behördliche Hinweise oder Warnungen)[69].

Sodann muss der geplante VA in Rechte eines **Beteiligten** eingreifen; der Beteiligtenbegriff ergibt sich insoweit abschließend aus § 13 VwVfG. Eine irgendwie sonst geartete „Betroffenheit" eines Dritten löst keine Anhörungspflicht aus[70].

630 Der beabsichtigte VA muss in Rechte eines Beteiligten „**eingreifen**". Dies ist unstreitig bei belastenden VAs gegeben, die dem Betroffenen eine rechtliche Verpflichtung auferlegen, insbesondere ein Tun oder Unterlassen von ihm fordern. Typische Anwendungsfälle sind Ordnungsverfügungen sowie andere VAs auf dem Gebiet der Eingriffsverwaltung. Ebenso klar ist, dass **kein Eingriff** und damit auch keine Anhörungspflicht vorliegt, wenn die Behörde einem Antrag auf Erlass eines begünstigenden VA in vollem Umfang stattgibt.

---

66 Heilmann, DVP 2013, 141.

67 Zu den Zwecken der Anhörungspflicht und generell instruktiv zum Thema Anhörung: Schoch, Jura 2006, 833; Guckelberger, JuS 2011, 577 (mit Schwerpunkt auf den Fehlerfolgen).

68 S. oben RdNr. 320 ff.

69 Befürwortend Schoch, Jura 2006, 833, 835; ablehnend VGH Kassel, NVwZ 2003, 1000, 1001 (zum Verfassungsschutzbericht). S. auch BVerwG, NVwZ 2003, 354, 356 (keine Anhörungspflicht bei Realakten).

70 BVerwG a. a. O.

Streitig ist, ob auch die Fälle als „Eingriffe“ zu bewerten sind, in denen die Behörde eine beantragte Begünstigung ganz oder teilweise ablehnen oder mit belastenden Nebenbestimmungen ergänzen will. Das BVerwG argumentiert hier eher formal: Schon sprachlich lege die Verwendung des Wortes „eingreifen“ nahe, dass dem Betroffenen etwas weggenommen werde bzw. dass sein Bestand an Rechten verkleinert bzw. beschränkt werde. Die Ablehnung einer Begünstigung lasse jedoch die bestehenden Rechtspositionen des Antragstellers unberührt; seine Rechte würden hierdurch nicht beschränkt. Lediglich die gewünschte Erweiterung seines Rechtskreises werde ihm versagt; dies sei jedoch nicht als „Eingriff“ zu werten[71]. Gestützt wird dieses Ergebnis durch die Überlegung, dass bei der Beantragung einer Begünstigung der Antragsteller üblicherweise in seinem Antrag zu den entscheidungsrelevanten Tatsachen Stellung nimmt – insofern brächte eine erneute Anhörung kaum neue Erkenntnisse[72] und wäre reiner Formalismus. **631**

Diese Auffassung ist zumindest dann problematisch, wenn die Versagung einer Erlaubnis wie ein Eingriff in Grundrechte wirkt (z. B. Versagung eines Reisepasses oder einer Gewerbeerlaubnis). Aber auch sonst kann die Ablehnung einer Begünstigung für den Betroffenen ebenso nachteilig wirken wie ein Eingriff. Deshalb soll nach gegenteiliger Auffassung[73] die Anhörungspflicht auch dann gelten, wenn die Behörde eine beantragte Begünstigung ablehnen will. **632**

Sachgerecht dürfte eine mittlere Auffassung sein, wonach die Anhörungspflicht davon abhängt, welche Begründung für die Ablehnung in Betracht kommt: Will die Behörde von den vom Antragsteller angeführten Tatsachen nicht abweichen und den Antrag lediglich aus Rechtsgründen zurückweisen, erübrigt sich eine Anhörung – denn dann kann eine Anhörung keine neuen „entscheidungserheblichen“ Tatsachen ergeben. Anhörung ist aber geboten, wenn die Behörde auf einer anderen tatsächlichen Grundlage entscheiden will oder die Antragsbegründung in tatsächlicher Hinsicht für nicht ausreichend hält.

Da § 28 VwVfG letztlich nur ein rechtsstaatliches Minimum festlegt, empfiehlt es sich, in der Verwaltungspraxis bei der Gewährung des Anhörungsrechts nicht kleinlich zu sein – insbesondere dann nicht, wenn genug Zeit ist. Eine Anhörung vermittelt in der Regel zusätzliche Tatsachen- oder Hintergrundkenntnisse; diese können die Entscheidung verbessern, so dass dadurch die Akzeptanz bei den Beteiligten erhöht wird und – falls es doch zu Rechtsbehelfen kommt – der VA einer gerichtlichen Überprüfung eher standhält[74].

4.5.2 Durchführung

Für die **Durchführung der Anhörung** ist eine bestimmte Form nicht vorgeschrieben; sie kann mündlich, schriftlich oder elektronisch erfolgen. Auch ein Telefonat ist möglich – und in eiligen Fällen das Mittel der Wahl. Die Anhörung muss von der zuständigen Behörde durchgeführt werden. Dabei entscheidet diese nach Ermessen, wie sie im konkreten Fall vorgehen möchte; häufig wird sie sich für ein schriftliches Verfahren entscheiden und den Bürger mit einem Anhörungsschreiben zur Stellungnahme in angemessener Frist auffordern. Damit der Bürger von seinem Anhörungsrecht effektiv Gebrauch machen kann, ist es notwendig, dass die Behörde ihn vorab darüber in Kenntnis setzt, welchen VA sie erlassen möchte. Da der Bürger sich zu den „entscheidungserheblichen“ Tatsachen äußern soll, ist es notwendig, dass die Behörde ihm mitteilt, welche Tatsachen sie für entscheidungserheblich hält – und warum. Daher ist es im Anhörungsschreiben oder –gespräch in der Regel unerlässlich, auch auf die rechtli- **633**

---

71 BVerwGE 66, 184, 186. Ähnlich die offizielle Gesetzesbegründung, die für einen Eingriff die Umwandlung des „status quo“ in einen „status quo minus“ fordert, BT-Drs. 7/910, S. 51.

72 So Vahle, DVP 2013, 46, 49 f.

73 Z. B. Hufen/Siegel, Fehler im Verwaltungsverfahren, RdNr. 288.

74 Vgl. Fall Nr. 88 bei Dietlein/Dünchheim, Examinatorium – Allgemeines Verwaltungsrecht.

chen Hintergründe einzugehen, denn nur aus den Erfordernissen der Rechts- oder Ermächtigungsgrundlage ergibt sich, welche Tatsachen „entscheidungserheblich" sind. Offenkundig ist dies für die Prüfung, ob die tatbestandlichen Voraussetzungen des Behördenhandelns gegeben sind – aber auch eine rechtmäßige Ermessensprüfung setzt die Kenntnis aller maßgeblichen Umstände des Einzelfalls zwingend voraus. Werden relevante Tatsachen nicht in die Ermessensprüfung mit einbezogen, so ist das Ermessen fehlerhaft ausgeübt und der VA rechtswidrig.

In der Verwaltungspraxis findet die mündliche Anhörung oft im Zusammenhang mit einem Ortstermin statt.

634 Das Recht des Bürgers, sich zu den **entscheidungserheblichen Tatsachen** äußern zu dürfen, umfasst nach der Intention des Gesetzgebers[75] nicht eine Pflicht zum Rechtsgespräch für die Behörde. Es erscheint jedoch zweifelhaft, ob diese Auffassung haltbar und in der Verwaltungspraxis durchführbar ist: Tatsächliche und rechtliche Ausführungen lassen sich idR nicht völlig trennen; eine funktionsgerechte Anhörung zu Tatsachen setzt auch die Mitteilung voraus, zu welchem Zweck die Tatsachen ermittelt werden, also unter welchem rechtlichen Gesichtspunkt sie relevant sind. Von seinem Recht, angehört zu werden, kann der Bürger nur dann in sachdienlicher Weise Gebrauch machen, wenn er erstens weiß, auf welche Tatsachen es bei der Entscheidung ankommt, und wenn er zweitens die möglichen rechtlichen Auswirkungen der Tatsachen überblickt. Manchmal argumentiert der Bürger auf einer gänzlich anderen „rechtlichen Schiene" als die Behörden, so dass auch sein Tatsachenvortrag an den Abwägungen und Überlegungen der Behörde vorbeigeht. Hier liegt es regelmäßig auch im Interesse der Verwaltung, in einen Austausch über die Rechtslage einzutreten – dies ist zulässig, auch wenn die Anhörungspflicht nach dem Gesetzestext an sich dazu dient, dem Bürger die Gelegenheit zu geben, sich zu den „ ... Tatsachen zu äußern"[76].

In der Verwaltungspraxis werden Grenzen des Äußerungsrechts im Rahmen der Anhörung ohnehin nur bedeutsam, wenn (ausnahmsweise) ein mündlicher Anhörungstermin stattfindet. Macht der Beteiligte von seinem Anhörungsrecht schriftlich Gebrauch, besteht für die Behörde keine Möglichkeit, das Vorbringen des Beteiligten zu begrenzen.

Eine umfassende Verpflichtung zur Anhörung von Beteiligten enthält für das förmliche Verwaltungsverfahren § 66 VwVfG, ohne die einengenden Begriffe „eingreift" und „Tatsachen" zu verwenden; nach Abs. 2 können hier die Beteiligten der Vernehmung von Zeugen beiwohnen und Fragen stellen; ein Gutachten, welches „ ... schriftlich oder elektronisch ..." vorliegt, „ ... soll ihnen zugänglich gemacht werden".

635 Es reicht aus, dass die Behörde dem Betroffenen **Gelegenheit** zur Äußerung gibt. Nimmt er diese nicht wahr, so tut er das auf eigenes Risiko; eine Rechtspflicht zur Äußerung begründet § 28 VwVfG nicht. Äußert er sich aber, so hat die Behörde seine Ausführungen zur Kenntnis zu nehmen und in ihre Willensbildung mit einzubeziehen. Dies sollte sie dann auch in der Begründung des Bescheids deutlich machen, indem sie darauf hinweist, dass die erforderliche Anhörung stattgefunden hat. Außerdem sollten die vom Bürger vorgebrachten Hinweise zum Sachverhalt und/oder zur Rechtslage im Bescheid verwertet werden – so kann der Bürger (und ev. auch das Verwaltungsgericht) erkennen, dass sich die Behörde mit seinen Argumenten auseinandergesetzt hat. Die Berücksichtigung der Einwände des Bürgers erhöht die Chancen darauf, dass der Bürger den VA im Ergebnis akzeptiert. Greift die Behörde den Vortrag des Bürgers jedoch nicht auf, so fühlt sich dieser womöglich nicht ernst genommen bzw. übergangen und legt allein deshalb einen Rechtsbehelf ein, was wiederum die ganze Sache verzögert

75 Vgl. BT-Drs. 7/910, S. 51.
76 So auch Hufen/Siegel, Fehler im Verwaltungsverfahren, RdNr. 301 f.

und verteuert. Außerdem besteht beim „Ausblenden" von Argumenten stets die Gefahr einer fehlerhaften Ermessensentscheidung[77].

4.5.3 Ausnahmen von der Anhörungspflicht

Gemäß § 28 Abs. 2 VwVfG (§ 24 Abs. 2 SGB X) kann von der nach Abs. 1 erforderlichen Anhörung abgesehen werden, wenn sie nach den Umständen des Einzelfalls nicht geboten ist – damit stellt das Gesetz die Entscheidung über einen Anhörungsverzicht in das **Ermessen** der Behörde. Sodann werden Beispielsfälle benannt, in denen nach der Wertung des Gesetzgebers eine Anhörung nicht „geboten" ist – diese sind jedoch nicht abschließend, wie sich aus der Formulierung „insbesondere" ergibt. **636**

§ 24 Abs. 2 SGB X weicht insoweit von § 28 Abs. 2 VwVfG ab, als dort die Aufzählung der Ausnahmefälle abschließend ist (ohne „insbesondere").

Wegen der erheblichen Bedeutung der Anhörung für ein rechtsstaatliches Verwaltungsverfahren ist bei der Anwendung der Ausnahmeregelungen ein strenger Maßstab anzulegen[78]; auch das Vorliegen eines Ausnahmetatbestandes führt nach der Wertung des Gesetzes nicht automatisch zu einem Wegfall der Anhörungspflicht. Vielmehr hat die Behörde stets zu prüfen,

- ob ein Ausnahmetatbestand vorliegt und
- ob nicht doch im Einzelfall eine Anhörung geboten ist (Ermessensausübung).

Wird im Rahmen einer Ermessensentscheidung auf die Anhörung verzichtet, so ist dies in einem schriftlichen Bescheid gemäß den Anforderungen des § 39 Abs. 1 S. 3 VwVfG zu begründen[79]. Aus Sicht der Verwaltung dürfte es in der Regel ökonomischer sein, eine Anhörung (z. B. durch ein Telefonat oder eine Mail) zeitnah und formlos durchzuführen, als später im Bescheid aufwendig zu begründen, warum auf die Durchführung der Anhörung verzichtet wurde.

Vor dem Hintergrund der rechtsstaatlichen Bedeutung der Anhörungspflicht ist **Zurückhaltung** bei der Anwendung der Ausnahmeregelungen geboten – dies gilt insbesondere für die **Nr. 1**, die im Bereich des Gefahrenabwehrrechts eine große Rolle spielt. So bedingt das Vorliegen einer Gefahr im Sinne z. B. des § 14 OBG NRW nicht automatisch auch eine „Gefahr im Verzug" – eine solche ist nur in Fällen gegeben, in denen „durch eine vorherige Anhörung auch bei Gewährung kürzester Anhörungsfristen ein Zeitverlust einträte, der mit hoher Wahrscheinlichkeit zur Folge haben würde, dass die durch den VA zu treffende Regelung zu spät käme"[80]. Auch in Gefahrensituationen ist jedoch häufig noch ein Telefonat mit dem Betroffenen möglich, ohne dass der VA seinen Sinn verliert – dies muss zumindest versucht werden. Alternativ kann die Behörde zunächst nur vorläufige Maßnahmen ergreifen und erst nach Anhörung des Bürgers eine endgültige Regelung treffen. **637**

Restriktiv ist auch die **2. Alternative von Nr. 1** auszulegen: Nicht jedes beliebige „öffentliche Interesse" kann das Gebot der Anhörungspflicht überwiegen – insbesondere fiskalische Erwägungen oder Effizienzgesichtspunkte dürften nicht ausreichen, um dem Bürger sein Recht auf Gehör zu nehmen. Ähnlich zurückhaltend muss auch **Nr. 2** angewendet werden: Gerät durch das Anhörungsgebot eine der Verwaltung obliegende Frist in Gefahr, so geht es nicht an, dass das Anhörungsrecht des Bürgers beschnitten wird, damit die Behörde die Frist hält – die Behörde ist vielmehr gehalten, entweder so rechtzeitig tätig zu werden, dass die Frist nicht in Gefahr gerät, oder aber sie sorgt für eine angemessene Fristverlängerung, um die Anhörung noch zu ermöglichen[81].

---

77 Hufen/Siegel, Fehler im Verwaltungsverfahren, RdNr. 303.
78 Vgl. OVG Weimar, NJ 1997, 102; BVerwG, NVwZ 2002, 509, 501.
79 VGH Kassel, NVwZ-RR 2012, 163, 164.
80 So BVerwG, DVBl 1984, 530.
81 Vgl. hierzu im einzelnen m. w. N. Hufen/Siegel, Fehler im Verwaltungsverfahren, RdNr. 313 ff.

Nr. 3 dient der Verfahrensökonomie: Baut die Behörde bei ihrer Entscheidung auf Tatsachen auf, die dem Beteiligten sämtlich bekannt sind, so wäre eine Anhörung unnötiger Formalismus. Sobald jedoch weitere Tatsachen entscheidungserheblich werden, die dem Bürger noch nicht bekannt sind, muss eine Anhörung stattfinden[82].
Nr. 4 geht von der Überlegung aus, dass in den dort genannten Konstellationen nur selten individuelle Besonderheiten gegeben sind, die im Verfahren berücksichtigt werden müssten; zugleich dient die Vorschrift der Praktikabilität des Verwaltungshandelns[83].

Beispiel: Verbietet die Versammlungsbehörde eine geplante Versammlung wegen drohender gewalttätiger Ausschreitungen, so ist der Adressatenkreis dieser Allgemeinverfügung, § 35 S. 2 VwVfG, nur bestimmbar – die Verwaltung kann nicht wissen, welche Personen im Einzelnen an der Versammlung teilnehmen wollten und von dem Verbot nun in ihrem Versammlungsrecht beschränkt werden. Entsprechend wäre eine Anhörungspflicht hier schlicht undurchführbar.

Nr. 5 erlässt der Behörde die Anhörung bei Maßnahmen in der Verwaltungsvollstreckung – da hier vorherige Anhörungen häufig dazu führen, dass die Vollstreckung vereitelt wird.

Im Gegensatz zu **Abs. 2** des § 28 VwVfG, der es unter bestimmten Voraussetzungen in das pflichtgemäße Ermessen der Behörde stellt, von einer Anhörung abzusehen, normiert **Abs. 3** eine Pflicht, die Anhörung zu unterlassen, falls ihr „ein zwingendes öffentliches Interesse entgegensteht". Dies ist in der Praxis selten der Fall (z. B. im Zusammenhang mit Sicherheitsbelangen der Bundesrepublik Deutschland oder eines Bundeslandes). Aber selbst hier ist immer zu prüfen, ob die Anhörung schlechthin ausgeschlossen sein soll oder nur bestimmte Fragen betroffen sind.

4.5.4 Fehlerfolgen

638 Die **Folgen** einer unterlassenen Anhörung richten sich nach §§ 45 Abs. 1 Nr. 3 und 46 VwVfG (§§ 41, 42 SGB X). Die Verletzung der Anhörungspflicht ist ein Verfahrensfehler, der zur Rechtswidrigkeit der Maßnahme führt. Dieser Fehler kann aber durch **Nachholen** der Anhörung geheilt werden und zwar nach §§ 45 Abs. 2 VwVfG, 42 Abs. 2 SGB X sogar noch im gerichtlichen Verfahren. Rechtsfolge der heilenden Nachholung ist, dass der VA insoweit rechtmäßig wird. Eine Heilung nach § 45 VwVfG kann jedoch nur eintreten, wenn die Anhörung nachträglich ordnungsgemäß durchgeführt und ihre Funktion für den Entscheidungsprozess der Behörde uneingeschränkt erreicht wird[84]. „Das setzt voraus, dass der Beteiligte – nachträglich – eine vollwertige Gelegenheit zur Stellungnahme erhält und die Behörde die vorgebrachten Argumente zum Anlass nimmt, die ohne vorherige Anhörung getroffene Entscheidung kritisch zu überdenken"[85]. Die Nachholung der Anhörung darf also nicht nur „auf dem Papier" erfolgen, sondern die Behörde muss – sofern notwendig – auf der Grundlage der nachgeholten Anhörung ev. neue, weitere Sachverhaltsermittlungen anstellen und/oder aber ihre Ermessensentscheidung überprüfen. In der Sache dürfte dies häufig auf eine Art „Wiederaufnahme" des Verfahrens hinauslaufen[86].
Wird eine notwendige Anhörung nicht nachgeholt, kommt noch eine **Unbeachtlichkeit** des Fehlers gemäß § 46 VwVfG in Betracht.

4.6 Akteneinsicht

4.6.1 Normzweck

639 In engem Zusammenhang mit der Anhörung steht das Recht auf **Akteneinsicht durch Beteiligte**. Effektiver Vortrag im Rahmen der Anhörung ist nur bei Kenntnis der

82 Schoch, Jura 2006, 833, 838.
83 Schoch, Jura 2006, 833, 839.
84 BVerwGE 137, 199.
85 VGH Kassel, NVwZ-RR 2012, 163, 164.
86 Heilmann, DVP 2013, 141, 142. Zur Wiederaufnahme des Verfahrens vgl. oben RdNr. 515 ff.

entscheidungserheblichen Umstände möglich, die der Bürger am wirksamsten durch Einsicht in die Behördenakten erlangen kann. § 29 Abs. 1 S. 1 VwVfG (ähnlich § 25 Abs. 1 S. 1 SGB X)[87] normiert einen **Rechtsanspruch** der Beteiligten auf Einsichtnahme in die Verfahrensakten, „soweit deren Kenntnis zur Geltendmachung oder Verteidigung ihrer rechtlichen Interessen erforderlich ist". Das Akteneinsichtsrecht sichert den verfassungsrechtlich fundierten Anspruch des Betroffenen auf rechtliches Gehör, der im Rechtsstaatsprinzip, aber auch in Art. 19 Abs. 4 GG verankert ist. Es stellt eine Art **„Waffengleichheit"** zwischen den Beteiligten und der Behörde sicher und ist ein wesentlicher Baustein für ein faires und transparentes Verfahren. Durch die Akteneinsicht kommen die Beteiligten mit der Behörde „auf Augenhöhe"; kennen sie den bisherigen Akteninhalt, können sie gezielt durch weitere Informationen zum Sachverhalt, aber auch durch Beweisanträge oder Rechtsvortrag auf den Gang des Verwaltungsverfahrens Einfluss nehmen. Insofern dient auch das Akteneinsichtsrecht der umfassenden Sachverhaltsaufklärung und einem effizienten Verwaltungsverfahren, das idealerweise in einen rechtmäßigen und von allen akzeptierten VA mündet. Zugleich erlebt sich der Beteiligte des Verwaltungsverfahrens nicht als „Objekt" staatlichen Handelns, sondern als ebenbürtiger Verfahrenspartner der Behörde. Neben den positiven Effekten auf das einzelne Verwaltungsverfahren bewirkt das Institut der Akteneinsicht zugleich eine gewisse Kontrolle der Verwaltung durch die Öffentlichkeit und stärkt im Idealfall das Vertrauensverhältnis zwischen der Behörde und den Beteiligten[88].

4.6.2 Geltungsbereich

Der **sachliche Anwendungsbereich** des § 29 VwVfG erstreckt sich nach dem Wortlaut des Gesetzes auf „die das Verfahren betreffenden Akten": Damit besteht ein Akteneinsichtsrecht nur in **Verwaltungsverfahren** gemäß § 9 VwVfG, die auf den Erlass eines VA oder den Abschluss eines öffentlich-rechtlichen Vertrages gerichtet sind. Bei (nur) tatsächlichem Behördenhandeln oder aber verwaltungsprivatrechtlichem Handeln greift die Norm von ihrem Wortlaut her nicht ein – allerdings kommt insoweit eine entsprechende Anwendung in Betracht. Auch in **zeitlicher Hinsicht** wird der Anwendungsbereich des § 29 VwVfG durch das Verwaltungsverfahren bestimmt, so dass das Akteneinsichtsrecht mit dem Beginn des Verfahrens einsetzt, § 22 VwVfG, und mit dem Erlass des VA oder dem Abschluss des öffentlich-rechtlichen Vertrages endet. Allerdings haben Rechtsprechung und Literatur den Anwendungsbereich der Norm insbesondere nach hinten erweitert: Da das Recht auf Akteneinsicht auch dem persönlichen Rechtsschutzinteresse des Betroffenen dient, soll dieses auch noch nach Erlass des VA bis zum Eintritt der Unanfechtbarkeit gewährt werden, um dem Betroffenen die Möglichkeit zu geben, innerhalb der Rechtsbehelfsfrist die Chancen eines eventuell einzulegenden Rechtsbehelfs auszuloten[89]. 640

Ist ein Widerspruchsverfahren statthaft, so kommt § 29 VwVfG im Widerspruchsverfahren über § 79 VwVfG zur Anwendung; im verwaltungsgerichtlichen Verfahren wird Akteneinsicht gemäß § 100 VwGO gewährt.

In **persönlicher Hinsicht** steht das Akteneinsichtsrecht nur den im Verwaltungsverfahren **Beteiligten** zu, § 13 VwVfG – anderen Personen kann Akteneinsicht nach pflichtgemäßem Ermessen gewährt werden. Können diese ein berechtigtes Interesse geltend machen, so haben sie Anspruch auf eine ermessensfehlerfreie Entscheidung der Behörde[90].

---

87 Anders im Steuerrecht: die AO kennt keinen gesetzlich festgelegten Anspruch auf Akteneinsicht; die Behörde entscheidet vielmehr nach pflichtgemäßem Ermessen. Vgl. dazu Vahle, DVP 2013, 135 m. w. N.

88 Vgl. hierzu ausführlich Engel/Mailänder, I+E 2015, 67 f.

89 VG Berlin, NVwZ 1982, 576, 577; Hufen/Siegel, Fehler im Verwaltungsverfahren, RdNr. 378 m. w. N.

90 Vgl. hierzu m. w. N. Kopp/Ramsauer, VwVfG, § 29 RdNr. 10.

4.6.3 Reichweite des Anspruchs

641 Im Zentrum des Akteneinsichtsrechts steht die „**Akte**". Dieser Rechtsbegriff wird im VwVfG nicht näher definiert, sondern schlicht als gegeben vorausgesetzt[91]. Nach dem heute anerkannten „materiellen Aktenbegriff" umfasst die Akte im Sinne des § 29 VwVfG alle Unterlagen, die einem konkreten Verwaltungsverfahren zuzuordnen sind[92]. Welche Unterlagen im Einzelfall zur Verfahrensakte gehören, entscheidet nicht die aktenführende Behörde, sondern dies ist allein anhand **objektiver Kriterien** zu bestimmen – andernfalls könnte die Behörde das Recht auf Akteneinsicht weitgehend ins Leere laufen lassen. Eine Verfahrensakte umfasst Unterlagen und Urkunden wie z. B. Schriftsätze, Gutachten, Zeugnisse oder Aktenvermerke, aber auch Bildmaterial wie z. B. Fotos, Zeichnungen, Skizzen oder Pläne. Ebenfalls erfasst werden „Behördeninterna" wie Randbemerkungen an Schriftsätzen, Bearbeitervermerke, Telefonnotizen, Besprechungsprotokolle etc. – gerade diese behördeninternen Informationen sind für die Beteiligten von großem Wert, da aus ihnen Rückschlüsse auf die Beurteilung des Sachverhalts durch die Behörde und deren Handlungspräferenzen gezogen werden können. Auch von der Behörde beigezogene Akten aus anderen Verfahren sind der aktuellen Verfahrensakte zuzuordnen.

642 Irrelevant ist, ob die Akte „klassisch" aus schriftlichen Unterlagen besteht, also in Papierform geführt wird, oder aber elektronisch. Bis sich der Übergang von der schriftlichen zur elektronischen Akte vollständig vollzogen hat, wird eine Zeitlang auch eine „hybride" Aktenführung stattfinden (müssen), die beide Formen nebeneinander bzw. ergänzend bestehen lässt; für bestimmte Fallgestaltungen wird dies auch dauerhaft so bleiben (müssen), obwohl solche „Medienbrüche" die Aktenbearbeitung nicht wenig verkomplizieren und die Gefahr der Aktenunvollständigkeit in sich bergen.

§ 6 des E-Government-Gesetzes (EGovG) des Bundes vom 25. Juli 2013[93] ordnet an, dass die Behörden des Bundes ihre Akten elektronisch führen sollen; diese Vorschrift tritt allerdings erst am 1. Januar 2020 in Kraft. Bis zu diesem Zeitpunkt liegt die Entscheidung für eine elektronische Aktenführung im Ermessen der Behörde; einer expliziten Ermächtigung bedarf es hierzu nicht[94]. Ähnlich wird sich die Situation in den Bundesländern gestalten: Auch hier ist bislang die elektronische Aktenführung ins Ermessen gestellt. In Bayern sollen die staatlichen Behörden Akten und Register spätestens ab dem 1. Januar 2017 elektronisch führen, Art. 7 Abs. 1 S. 1 BayEGovG. Auch in NRW hat die Landesregierung einen Gesetzesentwurf für ein Gesetz zur Förderung der elektronischen Verwaltung vorgelegt, das eine Soll-Vorschrift zur elektronischen Aktenführung für die Landesbehörden enthält – ab dem 1. Januar 2022[95]. Soweit Unterlagen in Papierform zur Akte vorgelegt werden, sollen diese in elektronische Dokumente überführt werden (durch Einscannen); dabei ist „nach dem Stand der Technik sicherzustellen, dass die elektronischen Dokumente mit den Papierdokumenten bildlich und inhaltlich übereinstimmen, wenn sie lesbar gemacht werden," § 7 Abs. 1 EGovG. Papierdokumente sind anschließend zu vernichten oder zurückzugeben, sofern sie nicht aus Rechtsgründen oder zur „Qualitätssicherung des Übertragungsvorgangs" aufbewahrt werden müssen, § 7 Abs. 2 EGovG[96].

643 Damit das Akteneinsichtsrecht seine Funktion erfüllen kann, den Beteiligten den Weg zu einer effizienten Mitwirkung im Verwaltungsverfahren zu eröffnen, muss die Aktenführung der Behörde bestimmten qualitativen Anforderungen genügen. Aus dem Rechtsstaatsgebot des Art. 20 Abs. 3 GG werden folgende **Grundsätze ordnungsgemäßer Aktenführung** abgeleitet[97]:

---

91 Berlit, NVwZ 2015, 197.
92 Engel/Mailänder, I+E 2015, 67, 68.
93 Informativ zu diesem Gesetz z. B. Roßnagel, NJW 2013, 2710 sowie Heckmann/Albrecht, ZRP 2013, 42.
94 Berlit, NVwZ 2015, 197.
95 LT-Dr 16/10379 vom 2. Dezember 2015.
96 Zu den Anforderungen an einen rechtssicheren Scanvorgang VG Wiesbaden, NJW 2014, 2060 und NVwZ 2015, 238; kritisch dazu Berlit, NVwZ 2015, 197.
97 Vgl. hierzu Hufen/Siegel, Fehler im Verwaltungsverfahren, RdNr. 381 ff. sowie Engel/Mailänder, I+E 2015, 67, 69 f. mit Schwerpunkt auf der elektronischen bzw. hybriden Aktenführung.

- Das Gebot der **Aktenvollständigkeit** verbietet es, Teile der Akte abzuspalten und „Schatten"- oder „Nebenakten" zu führen, die nicht zur Akteneinsicht bestimmt sind. Aus dem Gebot der Aktenvollständigkeit folgt bei Papierakten die Pflicht zur Paginierung (= Seitennummerierung) – so kann derjenige, der Akteneinsicht nimmt, unschwer erkennen, ob Teile der Akte entfernt wurden.
- Das Gebot der **Aktenwahrheit** verpflichtet die Behörde dazu, alle Vorgänge wahrheitsgetreu zu dokumentieren – unabhängig von der Richtigkeit. Korrigiert die Behörde im Laufe des Verfahrens ihre Einschätzung, so muss die Korrektur zur Akte genommen werden – ohne die alte Einschätzung zu entfernen.
- Das Gebot der **Aktenverständlichkeit** soll verhindern, dass die Behörde das Akteneinsichtsrecht des Bürgers durch schwer verständliche, verklausulierte Texte auf „bürokratisch" unterläuft – allerdings ist dabei zu berücksichtigen, dass die Akte zunächst der Arbeit der Behörde dient: Daher werden sich rechtliche und verwaltungstechnische Fachtermini nicht vermeiden lassen. Allerdings ist die Behörde dann gehalten, den Bürger bei seiner Akteneinsichtnahme entsprechend zu beraten und zu informieren, § 25 VwVfG.
- Das Gebot der **Aktenbeständigkeit** verpflichtet die Behörde, dafür zu sorgen, dass die Datenträger (Papier, aber auch die elektronischen Datenträger) unversehrt erhalten bleiben und so die Information stets zugänglich ist.

Der Akteneinsichtsanspruch aus § 29 VwVfG wird inhaltlich begrenzt durch das **644** Merkmal der „**Erforderlichkeit**": Die Beteiligten können die Einsichtnahme in die Akten nur verlangen, „soweit deren Kenntnis zur Geltendmachung oder Verteidigung ihrer rechtlichen Interessen erforderlich ist." Vor dem Hintergrund von Sinn und Zweck des Akteneinsichtsrechtes ist das Erforderlichkeitskriterium großzügig auszulegen[98]: Dieses ist in der Regel erfüllt, wenn ein Verfahrensbeteiligter um Akteneinsicht bittet – allein die Tatsache der Beteiligung legt schon die Vermutung nahe, dass rechtliche Interessen betroffen sind[99]. Außerdem soll durch die Akteneinsicht ja in der Regel gerade geklärt werden, ob, und wenn ja, welche rechtlichen Interessen in welchem Umfang im Einzelfall berührt werden – entsprechend ist hier großzügig zu verfahren.

Weiter erstreckt sich der Einsichtsanspruch nicht auf „Entwürfe zu Entscheidungen **645** sowie die Arbeiten zu ihrer unmittelbaren Vorbereitung", § 29 Abs. 1 S. 2 VwVfG. Solche Dokumente dürfen also vor Einsichtnahme des Betroffenen aus der Akte entfernt werden.

Zweck dieser Regelung ist u. a., die Vollständigkeit und Unbefangenheit der Aktenführung zu gewährleisten[100] – die Behörde soll sich selbst keine „Denkverbote" auferlegen. Zugleich soll aber vermieden werden, dass solche Entscheidungsentwürfe, die – als bloß vorbereitende Arbeiten – später unter Umständen verworfen werden, Gegenstand irrelevanter Auseinandersetzungen zwischen Bürger und Verwaltung werden. Außerdem soll der Versuchung entgegengewirkt werden, derartige Unterlagen gar nicht erst in die Akten aufzunehmen, was bei späterem Sachbearbeiterwechsel zu Bearbeitungsproblemen führen könnte.

Verboten wird die Offenlegung von Entwürfen durch § 29 Abs. 1 S. 2 VwVfG allerdings nicht; die Behörde kann vielmehr nach pflichtgemäßem Ermessen entscheiden, ob sie Vorarbeiten und Entwürfe den Beteiligten in der Akteneinsicht zugänglich macht. Dies kann im Einzelfall durchaus hilfreich und zielführend sein, da der Beteiligte sein Vorbringen dann auf einen konkreten Handlungsentwurf ausrichten und eventuell auch Alternativen aufzeigen kann.

---

98 Rohlfing, VR 2010, 87.
99 Hufen/Siegel, Fehler im Verwaltungsverfahren, RdNr. 384.
100 Kallerhoff in Stelkens/Bonk/Sachs, VwVfG, § 29 RdNr. 51.

4.6.4 Ausnahmen

646 § 29 Abs. 2 VwVfG benennt **Ausnahmefälle,** in denen die Behörde zur Gestattung der Akteneinsicht nicht verpflichtet ist. Der Ausnahmekatalog soll drei höherrangige Interessen schützen: die ordnungsgemäße Aufgabenerfüllung der Behörde, das Wohl des Bundes oder eines Landes und Geheimhaltungsinteressen Beteiligter oder Dritter. In diesen Fällen besteht nach dem Gesetzeswortlaut kein Verbot der Akteneinsicht, sondern lediglich ein Verweigerungsgrund; hierzu hat die ersuchte Behörde eine pflichtgemäße **Ermessensentscheidung** zu treffen. Vor dem Hintergrund von Sinn und Zweck des Akteneinsichtsrechtes ist die Vorschrift restriktiv auszulegen; der Verhältnismäßigkeitsgrundsatz ist strikt zu beachten.
Für die Verwaltungspraxis ist zu dem Kriterium der „ordnungsgemäßen Erfüllung der Aufgaben" darauf hinzuweisen, dass der normale Geschäftsgang der Behörde durch die Akteneinsicht immer etwas belastet wird – zumal sie in der Regel in den Amtsräumen und unter Aufsicht eines Bediensteten stattfindet, Abs. 3. Hierdurch allein wird jedoch nie die behördliche Aufgabenerfüllung iSd Wortlauts von § 29 Abs. 2 VwVfG „beeinträchtigt". Auch der Umstand, dass etwa die Akten gerade dem Behördenleiter vorliegen, ist kein Grund für die Verweigerung der Einsichtnahme, sondern hat allenfalls Bedeutung für den Zeitpunkt ihrer Ausübung[101]. Der Behörde kann zugemutet werden, sich so zu organisieren, dass der Beteiligte sein Akteneinsichtsrecht ausüben kann, ohne dass die behördlichen Abläufe über Gebühr beeinträchtigt werden.

Beispiele für „Nachteile ... für das Wohl des Bundes oder eines Landes" als Begründung für die Verweigerung der Akteneinsicht (§ 29 Abs. 2, 2. Alt. VwVfG) sind Aspekte der äußeren oder inneren Sicherheit, die im Einzelnen sorgfältig zu begründen sind; der Wunsch etwa, bloß mangelhafte Aktenführung, ein fehlerhaft geführtes Verfahren oder inhaltlich falsche Entscheidungen „abzuschirmen", reicht hierfür keinesfalls.

Die dritte Ausnahmemöglichkeit betrifft Vorgänge, die nach einem Gesetz oder „ihrem Wesen nach" **geheim** gehalten werden müssen, namentlich wegen der berechtigten Interessen der Beteiligten oder dritter Personen. Zu den gesetzlich angeordneten Geheimhaltungspflichten gehört insbesondere die Regelung des § 30 BVwVfG (für NRW ähnlich § 3b VwVfG NRW): Über diese „Brücke" sind die Vorschriften der **Datenschutzgesetze** in die Ausnahmeregelung des § 29 Abs. 2 VwVfG mit „hineinzulesen" und beschränken in zulässiger Weise das Akteneinsichtsrecht. Ebenfalls gesetzlich angeordnet ist die Beachtung des Steuergeheimnisses, § 30 AO.

Die Frage, wann „Vorgänge ... ihrem Wesen nach ... geheim gehalten werden müssen", führt in der Praxis nicht selten zu Streitigkeiten. Derartige Geheimhaltungsgründe sind beispielsweise: der Schutz der Menschenwürde, der Persönlichkeitssphäre (insbesondere Krankenakten oder Akten aus dem sozialpsychiatrischen Bereich) und berechtigter Vermögens-, Geschäfts- oder sonstiger Schutzinteressen[102].
Beispiel für ein besonderes Praxisproblem ist der Schutz von Gewährspersonen und sonstigen Informanten: Bei der hier erforderlichen Abwägung ist zu berücksichtigen, dass die Behörden (etwa zum Schutze von Pflegekindern oder bei Sozialleistungsmissbrauch) teilweise auf Hinweise angewiesen sind, die nur nach Zusicherung der Vertraulichkeit gegeben werden[103].

647 Das Wort „soweit" in §§ 29 Abs. 2 VwVfG, 25 Abs. 3 SGB X verdeutlicht, dass das Verweigerungsrecht nur in dem Umfang besteht, in dem sich die entgegenstehenden Interessen auswirken. Enthält etwa eine Akte nur einzelne geheim zu haltende Seiten, so muss die Behörde diese Seiten vorübergehend aus der Akte entfernen und hat im

---

101 Zur Pflicht zur Nachforschung über den Verbleib unauffindbarer Akten: VG Hamburg, NVwZ-RR 2010, 216.
102 Vgl. Vahle, DVP 2004, 187, 191.
103 Zum Schutz von Informanten in der Finanzverwaltung gegenüber Akteneinsicht FG Köln, NVwZ 2001, 477 und VerfGH Koblenz, DVP 2001, 256 (mit Anm. von Vahle). – Zum Schutz von Sozialbehörden-Informanten BVerwG, NWVBl 2004, 93 und OVG Lüneburg, DVP 2009, 385.

übrigen Akteneinsicht zu gewähren[104]; personenbezogene Daten, die nicht offen gelegt werden dürfen, können geschwärzt werden.

4.6.5 Erfüllung des Anspruchs

Gemäß §§ 29 Abs. 3 VwVfG, 25 Abs. 4 SGB X erfolgt die Akteneinsicht bei der Behörde, die die Akten führt, d. h. grundsätzlich in den Amtsräumen dieser Behörde und unter ihrer Aufsicht. Nach pflichtgemäßem Ermessen kann die Behörde die Einsichtnahme aber auch an einem anderen Ort (beispielsweise bei wohnortnäheren Behörden, konsularischen Vertretungen, Anwaltskanzleien) gestatten; sie hat dabei das Risiko eines eventuellen Verlustes der Akten mit einzukalkulieren. **648**
Die Überlassung an einen Rechtsanwalt[105] ist nach pflichtgemäßem Ermessen (analog § 100 Abs. 2 S. 3 VwGO) zulässig; dies nicht zuletzt im Hinblick darauf, dass Rechtsanwälten in einem eventuell nachfolgenden Prozess ohnehin die gesamten Gerichtsakten einschließlich der Behördenakten überlassen werden können[106].
In der Verwaltungspraxis wird oft um Fotokopien gebeten. Der Anspruch auf Akteneinsicht schließt die Befugnis ein, eigene Ablichtungen oder auch handschriftliche Auszüge aus den Akten zu fertigen; die Behörde kann dem Beteiligten aber auch (gegen angemessene Kostenerstattung) Fotokopien übergeben.

Beispiel für einen gesetzlich festgeschriebenen Anspruch auf Fotokopien: § 25 Abs. 5 S. 1 SGB X.

Wenn von dem Beteiligten „Einsicht" durch Übersendung einer bestimmten Zahl von Fotokopien gewünscht wird, kann dies u. U. auch für die Behörde sachgerechter sein, als die persönliche Einsichtnahme durch den Betroffenen in den Behördenräumen unter Aufsicht eines Bediensteten; eine solche „Akteneinsicht durch Übersendung bestimmter Kopien", die jedenfalls über die bloße Einsichtnahme hinausgeht, ist zwar in §§ 29 VwVfG, 25 SGB X nicht erwähnt, aber als „wesensgleiches Minus" von diesen Vorschriften mitumfasst. Die Behörde kann bei solchen Wünschen (nach pflichtgemäßem Ermessen) wählen, ob sie die bestimmten Kopien fertigen und übersenden will oder Einsichtnahme durch den Beteiligten in ihren Räumen vorzieht.

Eine Einsichtnahme in eine elektronische Akte kann gemäß § 8 EGoVG (ähnlich § 25 Abs. 5 S. 2 SGB X) dadurch gewährt werden, dass die Behörde **649**

1. einen Aktenausdruck zur Verfügung stellt,
2. die elektronischen Dokumente auf einem Bildschirm wiedergibt,
3. elektronische Dokumente übermittelt oder
4. den elektronischen Zugriff auf den Inhalt der Akten gestattet.

Auch wenn das EGovG nur für Bundesbehörden gilt, so lassen sich diese Handlungsoptionen doch auf sämtliche Fälle der Einsichtnahme in elektronisch geführte Akten übertragen, sofern dies bislang landesrechtlich (noch) nicht geregelt ist. Sowohl für die Beteiligten als auch für die Behörde wird die Akteneinsicht durch diese Möglichkeiten deutlich erleichtert.

4.6.6 Rechtsschutz und Fehlerfolgen

Der **Rechtsschutz** gegen eine behördliche Ablehnung der Akteneinsicht ist – wie auch bei anderen Verfahrensentscheidungen – beschränkt. Eine ungerechtfertigte Verweigerung der Akteneinsicht kann wegen § 44a VwGO grundsätzlich **nicht selbständig** klageweise geltend gemacht werden, sondern nur im Zusammenhang mit der Klage gegen **650**

104 Vahle, DVP 1990, 355, 358.
105 Zum „ewigen Kampf des Rechtsanwalts um Akteneinsicht" Bohl, NVwZ 2005, 133.
106 Vgl. §§ 99, 100 VwGO. – Zu dem Sonderfall des Einsichtsrechts von Beamten in die Personalakten vgl. §§ 90 ff. BBG und die entsprechenden Regelungen der Landesbeamtengesetze. – Zur Einsicht in Prüfungsakten Steike, NVwZ 2001, 868.

den Sachentscheidungs-VA[107]. Es handelt sich hier um einen Hauptanwendungsfall des § 44a VwGO[108].

Unter besonderen Umständen kann die Anwendung des § 44a VwGO bei der Verwehrung von Akteneinsicht „das Grundrecht auf effektiven Rechtsschutz gem. Art. 19 Abs. 4 GG verletzen", wenn zwischenzeitlich unrevidierbare Nachteile entstehen (dann gesonderte Einklagbarkeit)[109].

Hat die Behörde dem Beteiligten zu Unrecht die Akteneinsicht verweigert, so führt dies in der Regel zur Rechtswidrigkeit des VA; allerdings kann der Fehler gemäß § 46 VwVfG unbeachtlich sein, wenn der Verstoß gegen § 29 VwVfG offensichtlich ohne Einfluss auf die Sachentscheidung geblieben ist.

4.6.7 Sonstige Akteneinsichts- und Informationsrechte

651 Das Akteneinsichtsrecht gemäß § 29 VwVfG steht nur den Beteiligten des konkreten Verwaltungsverfahrens zu – und auch nur, sofern sie ein rechtliches Interesse geltend machen können. Darüber hinaus hat der Gesetzgeber in der jüngeren Vergangenheit im Sinne einer transparenten und bürgerorientierten Verwaltung zunehmend auch Informations- und Akteneinsichtsrechte geschaffen, die es **jedermann** ermöglichen, sich über den Inhalt von Behördenakten zu informieren – unabhängig von einer persönlichen Betroffenheit oder gar einem eigenen rechtlichen Interesse[110].
Dieser Öffnungsprozess geht auf europarechtliche Impulse zurück: So verpflichtete zunächst die Umweltinformationsrichtlinie[111] die Mitgliedstaaten, jedermann Zugang zu Umweltinformationen einzuräumen unabhängig von der Darlegung eines rechtlichen Interesses. Der bundesdeutsche Gesetzgeber setzte die Richtlinie mit Erlass des Umweltinformationsgesetzes (UIG) 2005 in deutsches Recht um; inzwischen haben auch die meisten Bundesländer entsprechende Gesetze verabschiedet. So kann heute jedermann ohne weitere Voraussetzungen einen Anspruch auf freien Zugang zu Umweltinformationen geltend machen, sofern nicht der Schutz von privaten oder öffentlichen Interessen dem entgegensteht.

652 Ebenfalls im Jahr 2005 erließ der Bundesgesetzgeber das Informationsfreiheitsgesetz (IFG), mit dem über den Umweltbereich hinaus ein allgemeiner Anspruch für jedermann auf Zugang zu allen behördlichen („amtlichen") Informationen geschaffen wurde, soweit nicht der Daten- und Geheimnisschutz, der Schutz von öffentlichen Belangen oder der Schutz eines behördlichen Entscheidungsprozesses entgegenstehen (vgl. §§ 3–7 IFG). Auch hier zogen die meisten Länder durch Erlass entsprechender Landesgesetze nach. Aus dem Jahr 2007 stammt das Gesetz zur Verbesserung der gesundheitsbezogenen Verbraucherinformation (VIG), das grundsätzlich freien Zugang zu Informationen über Lebensmittel und bestimmte Verbraucherprodukte gewährt.

Den Umgang mit der Akten-Hinterlassenschaft des ehemaligen Ministeriums für Staatssicherheit der DDR regelt das **Stasi-Unterlagen-Gesetz;** die Akteneinsichtsrechte sind hier allerdings aus Gründen des Drittschutzes recht differenziert ausgestaltet.

Das Verhältnis der verschiedenen Informationsgesetze zueinander ist unklar und im Einzelnen durchaus umstritten – hier ist der Gesetzgeber gefordert, durch ein einheitliches „Informationszugangsgesetz" für mehr Transparenz und Rechtsklarheit zu sorgen[112].

---

107 Kritisch hierzu Kopp/Ramsauer, VwVfG, § 29 RdNr. 44.

108 S. RdNr. 716. Umstritten ist, ob die Verweigerung der Akteneinsicht durch die Behörde selbst ein Verwaltungsakt ist; kritisch hierzu Hufen/Siegel, Fehler im Verwaltungsverfahren, RdNr. 401, die sich gegen die damit verbundene Vorstellung eines „Verwaltungsverfahrens im Verwaltungsverfahren" aussprechen.

109 BVerfG, NJW 1991, 415. – Vgl. Steike, NVwZ 2001, 868, 871.

110 Guter Überblick bei Vahle, DVP 2013, 135.

111 Richtlinie 90/313/EWG des Rates vom 7.6.1990, ABl EG Nr. L 158 vom 23.6.1990, S. 56.

112 So auch Detterbeck, Allgemeines Verwaltungsrecht, RdNr. 953 m. w. N.

5. Verfahrensabschluss

Als Ziel und Endpunkt schließt das Verwaltungsverfahren „den Erlass des Verwaltungsaktes oder den Abschluss eines öffentlich-rechtlichen Vertrages ein" (§§ 9 VwVfG, 8 SGB X). Von diesen beiden im Gesetz genannten Möglichkeiten überwiegen in der Praxis – der Zahl und der Bedeutung nach – solche Verfahren, die durch den Erlass eines VA enden. Manchmal finden Verwaltungsverfahren ihr Ende auch dadurch, dass eine Angelegenheit sich von selbst erledigt, ein Antragsteller seinen Antrag zurücknimmt, die Behörde ein von Amts wegen eingeleitetes Verfahren wieder einstellt oder die Beteiligten ihre auf einen öffentlich-rechtlichen Vertrag gerichteten Verhandlungen abbrechen. Die folgenden Ausführungen lassen derartige Fälle jedoch unberücksichtigt und konzentrieren sich auf den Abschluss des Verwaltungsverfahrens durch VA. 653

5.1 Form des Verwaltungsaktes

5.1.1 Grundsatz der Formfreiheit

Während ein öffentlich-rechtlicher Vertrag gemäß §§ 57 VwVfG, 56 SGB X schriftlich zu schließen ist, sehen die §§ 37 Abs. 2 VwVfG, 33 Abs. 2 SGB X eine bestimmte Form für den VA nicht vor. Bestehen keine sondergesetzlichen Formerfordernisse, kann ein VA „schriftlich, elektronisch, mündlich oder in anderer Weise" erlassen werden. In diesem Grundsatz der **Formfreiheit des VA** spiegelt sich der Grundsatz der Nichtförmlichkeit[113] des Verwaltungsverfahrens (§§ 10 VwVfG, 9 SGB X) wider. 654

So kann z. B. eine Demonstrationsauflösung per Rundfunk- oder Lautsprecherdurchsage erlassen werden; ein Polizist kann per Handzeichen zum Halten auffordern, § 36 Abs. 1, Abs. 5 StVO. Auch das Aufstellen einer Schranke stellt einen VA dar, ebenso die Signale einer Lichtzeichenanlage (= Ampel), § 43 StVO. Soweit das Gesetz den „mündlichen" Erlass eines VA zulässt, ist auch der fernmündliche, also telefonische Erlass gestattet.
Schriftform ist gesetzlich vorgeschrieben z. B. für Ordnungsverfügungen, § 20 Abs. 1 OBG NRW, oder schulische Ordnungsmaßnahmen, § 53 Abs. 9 SchulG. Die Übergabe einer Urkunde ist zwingend erforderlich bei einer Beamtenernennung, § 8 Abs. 2 BeamtStG.

Ist der VA mündlich oder elektronisch ergangen, kann der Betroffene unter den Voraussetzungen des Abs. 2 S. 2 und 3 der §§ 37 VwVfG, 33 SGB X eine schriftliche Bestätigung verlangen[114], soweit hieran ein „berechtigtes Interesse besteht" und er dies „unverzüglich verlangt".

Für VAs, die schriftlich oder elektronisch ergehen, stellen die §§ 37 Abs. 3 VwVfG, 33 Abs. 3 SGB X zusätzlich einige Mindestanforderungen auf: Der VA muss die erlassende Behörde erkennen lassen und die Unterschrift oder die Namenswiedergabe des Behördenleiters, seines Vertreters oder eines Beauftragten enthalten. Wird bei einem VA, für den „durch Rechtsvorschrift die Schriftform" vorgesehen ist, die elektronische Form gewählt, so „muss auch das der Signatur zugrunde liegende qualifizierte Zertifikat ... die erlassende Behörde erkennen lassen" (§§ 37 Abs. 3 S. 2 VwVfG, 33 Abs. 3 S. 2 SGB X)[115]. Bei schriftlichen VAs genügt zur Zeichnung des bei den Akten bleibenden „Entwurfs" des Bescheides eine abgekürzte Namenswiedergabe (die sog. Paraphe). Die Unterschrift auf dem an den Bürger zu sendenden Bescheid muss eigenhändig erfolgen; die alternativ zulässige „Namenswiedergabe" kann faksimiliert, maschinengeschrieben oder gedruckt sein. 655

---

113 Vgl. oben RdNr. 573.
114 Dietlein/Heinemann, NWVBl 2005, 53, 54.
115 Rossnagel, NJW 2003, 469, 473.

656 In einigen Verwaltungszweigen ist das durch eine elektronische Datenverarbeitungsanlage automatisiert gefertigte (Formular-) Schreiben inzwischen zur Regelform des Bescheides geworden (z. B. Rentenbescheide, Steuerbescheide). Hierzu enthalten § 37 Abs. 5 VwVfG, § 33 Abs. 5 SGB X Sonderregelungen, welche die Bearbeitung derartiger Massen-Vorgänge erleichtern.

Beispielsweise können hier Unterschrift und Namenswiedergabe fehlen, zur Inhaltsangabe können Schlüsselzeichen verwendet werden und es bedarf in der Regel keiner Begründung (vgl. dazu § 39 Abs. 2 Nr. 3 VwVfG).

5.1.2 Der elektronische VA

657 Die öffentliche Verwaltung wird zunehmend von der Idee des „**E-Government**" geprägt; darunter versteht man „die Abwicklung geschäftlicher Prozesse im Zusammenhang mit Regieren und Verwalten (Government) mit Hilfe von Informations- und Kommunikationstechniken über elektronische Medien"[116]. Durch die Methoden des E-Government sollen Verwaltungsdienstleistungen „effektiver, transparenter, flexibler, bürgerfreundlicher und kostengünstiger" erbracht werden[117]. Dementsprechend setzt sich in der öffentlichen Verwaltung sowohl die (nur) elektronische Aktenführung als auch die elektronische Kommunikation mit dem Bürger durch[118] – und auch VAs werden in zunehmendem Maße elektronisch erlassen[119]. Der Gesetzgeber begleitet und beschleunigt diesen Prozess durch die Ausgestaltung der gesetzlichen Rahmenregelungen, zuletzt im Bereich des allgemeinen Verwaltungsrechts durch den Erlass des EGovG im Jahre 2013; die Bundesländer ziehen hier im Bereich ihrer Zuständigkeit entsprechend nach.

658 Gemäß dem Grundsatz der Formfreiheit im Verwaltungsverfahren kann somit ein VA auch **elektronisch** erlassen werden, § 37 Abs. 2 VwVfG. Dies setzt jedoch voraus, dass der Empfänger hierfür einen **Zugang** eröffnet, § 3a Abs. 1 VwVfG – denn es kann (noch) nicht vorausgesetzt werden, dass jedermann über eine E-Mail-Adresse zum Empfang elektronischer Dokumente verfügt. Die Behörde darf sich im Rahmen ihrer Formenwahl daher nur dann für die elektronische VA-Form entscheiden, wenn der Bürger sich zuvor ausdrücklich mit der Kommunikation per E-Mail einverstanden erklärt hat.

Vorsicht ist geboten bei der Annahme einer konkludenten Zugangseröffnung: Während bei Firmen davon ausgegangen werden kann, dass die Angabe einer E-Mail-Adresse auf dem Briefbogen zugleich ein Einverständnis mit elektronischer Kommunikation zum Ausdruck bringt, gilt dies für Private heute (noch) nicht: Diese müssen ihr Einverständnis zur Mail-Kommunikation explizit äußern[120].

In der Verwaltungspraxis ergehen VAs zwar bisher überwiegend noch schriftlich, vor allem wegen der oft auf Seiten der (älteren) Bürger fehlenden „Zugangseröffnung"; im Rechtsverkehr mit Unternehmen und Anwälten dürfte die elektronische Variante aber inzwischen auf dem Vormarsch sein.

659 Darüber hinaus kann durch einen elektronischen VA ein gesetzlich vorgeschriebenes **Schriftformgebot** erfüllt werden, wenn bestimmte gesetzliche Vorgaben beachtet werden, § 3a Abs. 2 VwVfG[121].

---

116 Speyerer Definition von E-Government, vgl. BT-Drucksache 17/11473, S. 1.

117 Roßnagel, NJW 2013, 2710.

118 Vorreiter ist das Steuerrecht, das in naher Zukunft mit ausschließlich automationsgestützt erlassenen Steuerbescheiden auskommen will; vgl. hierzu Heintzen, DÖV 2015, 780.

119 Zu den rechtlichen Voraussetzungen eines rein „virtuellen" VA, bei dem auch die eigentliche Entscheidungsfindung elektronisch und ohne menschliches Zutun stattfindet, vgl. Siegel, VerwArch 105 (2014), 241, 255 ff.

120 Kopp/Ramsauer, VwVfG, § 3a RdNr. 10.

121 Eingefügt durch das 3. Verwaltungsverfahrensänderungsgesetz, in Kraft getreten am 1.2.2003.

Beispiel: Ordnungsmaßnahmen gegen pflichtvergessene Schüler müssen in NRW schriftlich ergehen, § 53 Abs. 9 SchulG – hier wäre also unter den Bedingungen des § 3a VwVfG auch eine elektronische Ordnungsmaßnahme möglich.

Nur in seltenen Fällen ist diese Ersetzungsmöglichkeit gesetzlich ausgeschlossen:

- für die Beamtenernennung: Aushändigung einer Ernennungsurkunde – die „Ernennung in elektronischer Form ist ausgeschlossen" (so § 8 Abs. 2 BeamtStG);
- für die Einbürgerung: Aushändigung einer Einbürgerungsurkunde (§ 16 StAG) – die Ausstellung von Urkunden in Staatsangehörigkeitssachen „in elektronischer Form ist ausgeschlossen" (so § 38a StAG);
- für die Baugenehmigung (§ 75 Abs. 1 S. 2 und S. 3 BauO NRW): „eine Ausfertigung der Bauvorlagen" mit Genehmigungsvermerk „ist zuzustellen";
- für die Fahrerlaubnis (§ 2 Abs. 1, S. 3 StVG, §§ 4 Abs. 2, 25 FeV): Aushändigung des Führerscheins;
- Allgemeine Gebote und Verbote für den Straßenverkehr können nur in Form von Verkehrszeichen und Verkehrseinrichtungen (§§ 41, 43 StVO) erlassen werden.

Soll der elektronische VA einen schriftlichen VA ersetzen, so enthält § 3a Abs. 2 **660** VwVfG hierfür weitere Vorgaben: So muss das elektronische Dokument mit einer qualifizierten Signatur nach dem Signaturgesetz versehen sein, S. 2. Alternativ kann gemäß § 3a Abs. 2 Nr. 3 VwVfG die Schriftform ersetzt werden bei einem elektronischen VA durch Versendung einer DE-Mail-Nachricht nach § 5 Abs. 5 des DE-Mail-Gesetzes, bei der die Bestätigung des akkreditierten Diensteanbieters die erlassende Behörde als Nutzer des DE-Mail-Kontos erkennen lässt. Darüber hinaus eröffnet § 3a Abs. 2 Nr. 4 VwVfG den Weg zu weiteren „sicheren Verfahren", die durch eine Rechtsverordnung des Bundes festgelegt werden können[122].

5.1.3 Die elektronische Kommunikation

Gemäß der Idee des E-Governments, die Erledigung von Verwaltungsaufgaben durch **661** die Nutzung von elektronischen Medien zu beschleunigen und zu vereinfachen, kann nicht nur die Verwaltung unter den beschriebenen Voraussetzungen in elektronischer Form mit dem Bürger kommunizieren, sondern dies muss auch umgekehrt möglich sein. Dementsprechend können auch die Bürger ihre Anträge, Schriftsätze, Anfragen etc. in elektronischer Form an die Behörde übermitteln. Voraussetzung ist allerdings auch hier, dass die Behörde dafür einen **Zugang** eröffnet hat, § 3a Abs. 1 VwVfG – und zwar durch Bekanntmachung auf der Homepage unter Angabe der technischen und organisatorischen Rahmenbedingungen. Nach der bisherigen Regelung ist diese Zugangseröffnung für die Behörde freiwillig; die meisten Behörden nutzen jedoch gerne die Vorteile, die die elektronische Kommunikation ihnen bietet. Mit Erlass des EGovG hat sich für die von diesem Gesetz erfassten Behörden die Situation geändert: Sie sind jetzt verpflichtet, einen Zugang für die Übermittlung elektronischer Dokumente zu eröffnen, § 2 Abs. 1 EGovG, sei es durch die Angabe einer E-Mail-Adresse, sei es durch Einrichtung einer Portallösung, über die elektronische Dokumente übermittelt werden können. Zusätzlich müssen Behörden jetzt in der Lage sein, qualifiziert signierte Dokumente zu empfangen und zu prüfen; sie müssen einen Zugang über eine DE-Mail-Adresse eröffnen und sind außerdem verpflichtet, in Verwaltungsverfahren, in denen sie die Identität einer Person auf Grund einer Rechtsvorschrift festzustellen haben oder aus anderen Gründen eine Identifizierung für notwendig erachten, einen elektronischen Identitätsnachweis nach § 18 des Personalausweisgesetzes oder nach § 78 Absatz 5 des Aufenthaltsgesetzes anzubieten, § 2 Abs. 3 EGovG.

Auch im Anschluss an einen erlassenen VA bestehen in den Bereichen Widerspruch **662** und Klage sowohl auf Seiten des Adressaten als auch auf Seiten der Behörde prakti-

122 Hierzu kritisch Prell, NVwZ 2013, 1514; Schulz/Tischer, NVwZ 2014, 1049.

kable Wege der elektronischen Kommunikation: § 3a VwVfG bzw. § 36a SGB I ermöglichen die Übermittlung eines **Widerspruchs** an die Behörde **in elektronischer Form**[123]; die (z. B. nach § 70 VwGO) erforderliche Schriftform wird durch E-Mail mit qualifizierter elektronischer Signatur gewahrt. – Auch für den elektronischen **Widerspruchsbescheid** der Behörde lässt § 5 Abs. 5 BVwZG eine **elektronische Zustellung** zu, soweit der Adressat hierfür einen Zugang eröffnet hat. Wenn ein Verfahren „auf Verlangen" des Adressaten elektronisch abgewickelt wird, besteht eine Pflicht zur elektronischen Zustellung (§ 5 Abs. 5 BVwZG/LZG NRW).

663 Für eine **Klage** ermöglichen § 55a Abs. 1 und 2 VwGO die elektronische Kommunikation von Beteiligten mit dem Gericht; § 55a Abs. 3 VwGO regelt die elektronische Kommunikation des Gerichts mit den Beteiligten, soweit sich diese ausdrücklich oder konkludent damit einverstanden erklärt haben. Die Möglichkeiten **elektronischer Prozessaktenführung** regelt § 55b VwGO.

5.1.4 Fehlerfolgen

664 Bei **Formfehlern** können unterschiedliche Rechtsfolgen eintreten:

- Wird eine vorgeschriebene Urkunde nicht ausgehändigt, ist der VA nach den §§ 44 Abs. 2 Nr. 2 VwVfG, 40 Abs. 2 Nr. 2 SGB X nichtig.
- Lässt ein schriftlicher oder elektronischer VA die erlassende Behörde nicht erkennen, ist er ebenfalls nichtig (jeweils Abs. 2 Nr. 1 der §§ 44 VwVfG, 40 SGB X).
- Ist für einen VA die Schriftform zwingend vorgeschrieben (z. B. für eine Ordnungsverfügung, § 20 OBG NRW), und wird der VA nur mündlich erlassen, so wäre zwar eine Heilung durch Nachholung der schriftlichen Bekanntgabe theoretisch denkbar; allerdings sind diese Fälle in § 45 VwVfG nicht genannt. Wird also die Schriftform nachgeholt, so dürfte dies als Erlass eines neuen, formgerechten VA zu werten sein[124].

5.2 Bekanntgabe

5.2.1 Begriff und Rechtsfolgen

665 Der Begriff der „**Bekanntgabe**" ist von zentraler Bedeutung für die Lehre vom VA, denn nur durch die Bekanntgabe erhält der VA seine **Wirksamkeit**, § 43 Abs. 1 VwVfG, § 39 Abs. 1 SGB X[125]. Ein VA, der nicht bekanntgegeben wurde, ist weder rechtswidrig noch nichtig, sondern schlicht nicht vorhanden (Nicht-VA) – erst durch die Bekanntgabe wird der VA existent.

Obwohl die Bekanntgabe als „Geburtsstunde" des VA angesehen werden kann[126], findet sich für diesen zentralen Rechtsbegriff im Gesetz keine Legaldefinition. Nach übereinstimmender Meinung[127] ist eine Bekanntgabe im Rechtssinne dann gegeben, wenn

- die für die Bekanntgabe **zuständige Behörde**
- in **amtlicher Eigenschaft**
- wissentlich und willentlich, d. h. **mit Bekanntgabewillen**
- den **Inhalt des VA** dem Betroffenen oder dem gegenüber, für den er bestimmt ist, **eröffnet** und
- der VA dem **Adressaten zugegangen** ist.

---

123 VG Berlin (mit Anm. von Vahle), DVP 2009, 128.

124 Sachs in Stelkens/Bonk/Sachs, VwVfG, § 37 RdNr. 148.

125 Zur Wirksamkeit vgl. oben RdNr. 450.

126 Instruktiv zu verschiedenen Abschnitten im „Leben" eines VA Herrmann, ZJS 2011, 25 – www.zjs-online.com.

127 Kopp/Ramsauer, VwVfG, § 41 RdNr. 6 ff.; Detterbeck, Allgemeines Verwaltungsrecht, § 10 RdNr. 552.

Fehlt es an einer der genannten Voraussetzungen, so liegt eine Bekanntgabe nicht vor – und damit auch kein VA. In einer Kurzfassung lässt sich die Bekanntgabe definieren als **die von der Behörde gewollte Unterrichtung des Adressaten bzw. Betroffenen über den Inhalt des VA.** Dahinter steht der rechtsstaatliche Grundsatz, dass ein Hoheitsakt nur dann seine Regelungs- bzw. Bindungswirkung gegenüber dem Bürger entfalten kann, wenn dieser zuvor Gelegenheit hatte, dessen Inhalt zur Kenntnis zu nehmen[128]. Dabei genügt die bloße **Möglichkeit** der Kenntnisnahme: Der Bescheid muss dergestalt in den Herrschaftsbereich des Empfängers gelangen, dass dieser die Möglichkeit der Kenntnisnahme erhält – dass der Empfänger den Bescheid tatsächlich liest, ist nicht erforderlich. Die zivilrechtliche Zugangsregelung des § 130 BGB kann analog angewendet werden.

Gibt der Bürgermeister auf einer privaten Party abends beim Bier eine Ordnungsverfügung bekannt, so liegt mangels Tätigwerdens in amtlicher Eigenschaft keine Bekanntgabe vor – und damit auch keine Ordnungsverfügung. Gibt eine aufmerksame Reinigungskraft einen Stapel Bescheide in die Post, die sie nach Dienstschluss auf dem Schreibtisch des Sachbearbeiters vorgefunden hat, so liegt ebenfalls keine Bekanntgabe vor, da hier nicht die zuständige Behörde mit Bekanntgabewillen gehandelt hat. Geht ein Bescheid auf dem Postweg oder eine E-Mail (gemäß § 3a VwVfG) in den Weiten des Internet verloren, so ist ebenfalls keine Bekanntgabe erfolgt – es fehlt am Zugang beim Empfänger.

Als vorrangige Rechtsfolge der Bekanntgabe tritt die **Wirksamkeit** des VA ein, § 43 **666**
Abs. 1 VwVfG; ab jetzt entfaltet die im VA enthaltene Regelung ihre Bindungswirkung gegenüber dem **Bürger**, aber auch gegenüber der **Behörde**. Der Bürger kann sich dieser Bindungswirkung jetzt nur noch durch Widerspruch und/oder Anfechtungsklage entziehen; mit seiner Bekanntgabe wird der Bescheid nicht nur rechtlich existent, sondern auch **anfechtbar**. Dementsprechend ist die Bekanntgabe zugleich der maßgebliche Zeitpunkt für die Ingangsetzung der **Rechtsbehelfsfristen**, §§ 70, 74 VwGO. Geht der Empfänger des VA nicht innerhalb dieser Fristen gegen den VA vor, so wird dieser unanfechtbar und bestandskräftig.
Aber auch die Behörde muss nach der Bekanntgabe ihren VA gegen sich gelten lassen; eine Änderung ist jetzt nicht mehr möglich. Will sie sich von der im VA getroffenen Regelung wieder lösen oder diese abändern, so bleibt ihr nur die Möglichkeit der (teilweisen) **Aufhebung** oder Änderung unter den verschärften Voraussetzungen der §§ 48, 49 VwVfG.

5.2.2 Adressaten

Sofern spezialgesetzlich kein bestimmter Adressat benannt wird, regeln die §§ 41 **667**
Abs. 1 VwVfG, § 37 Abs. 1 SGB X, wem der VA bekanntzugeben ist. Nach diesen Vorschriften ist der VA demjenigen **Beteiligten** bekanntzugeben, für den er bestimmt ist oder der von ihm betroffen wird; wer „Beteiligter" ist, regelt § 13 VwVfG (§ 12 SGB X)[129]. Die Einbeziehung des „Betroffenen" als Adressat der Bekanntmachung trägt dem Phänomen des VA mit Drittwirkung[130] Rechnung: Da ein VA auch Rechtspositionen von Dritten (Nachbarn, Konkurrenten etc.) berühren kann, ist der VA auch diesen Personen bekanntzugeben – so wird er auch ihnen gegenüber wirksam. Mit der Bekanntgabe beginnen dann auch für die Dritten die Rechtsbehelfsfristen zu laufen. Voraussetzung einer wirksamen Bekanntgabe gegenüber den Beteiligten ist grundsätzlich, dass diese **handlungsfähig** sind, § 12 VwVfG (§ 11 SGB X) – liegt Handlungsunfähigkeit vor, so ist die Bekanntgabe gegenüber dem gesetzlichen Vertreter zu bewirken. Hat ein Beteiligter einen **Bevollmächtigten** (z. B. einen Rechtsanwalt) bestellt, so kann die Bekanntgabe diesem gegenüber vorgenommen werden, § 41 Abs. 1 S. 2

128 Schoch, Jura 2011, 23.
129 Vgl. insoweit oben RdNr. 604 ff.
130 Vgl. hierzu oben RdNr. 532 ff.

VwVfG (§ 37 Abs. 1 S. 2 SGB X); die Behörde hat insoweit einen echten Ermessensspielraum, der weiter ist als der in der (allgemeineren) Vorschrift des § 14 Abs. 3 VwVfG: Dort ist geregelt, dass sich die Behörde an den Bevollmächtigten wenden „soll“, sofern ein solcher für das Verfahren bestellt wurde. Ist ein Verfahrensbevollmächtigter allerdings bereits im Verwaltungsverfahren für den Beteiligten tätig gewesen, so wird das Ermessen regelmäßig dahingehend reduziert sein, dass die Bekanntgabe gegenüber dem Bevollmächtigten vorzunehmen ist[131].

668 Sind mehrere Personen am Verfahren beteiligt, so ist zwingend jedem einzelnen der VA bekanntzugeben, § 41 Abs. 1 VwVfG[132]. Die rechtlich unvermeidliche Konsequenz ist, dass hierdurch der VA für die einzelnen Adressaten zu unterschiedlichen Zeitpunkten wirksam wird, § 43 Abs. 1 VwVfG, denn diese Norm hebt für den Beginn der Wirksamkeit jeweils individuell auf den „Zeitpunkt“ ab, in dem der VA dem Beteiligten oder Betroffenen bekanntgegeben wird. Dies bedeutet zugleich, dass mit unterschiedlichen Bekanntgabeterminen auch die Rechtsbehelfsfristen in unterschiedlicher Weise laufen und der Zeitpunkt der Unanfechtbarkeit des VA dementsprechend individuell verschieden ist. Endgültig bestandskräftig ist der VA erst, wenn die letzte Frist abgelaufen ist.

Beispiel: Eine Abrissverfügung für ein Gartenhäuschen erreicht den Adressaten A nach einer Woche Postlauf am 2.5.; der Nachbar N, der diese Verfügung aus Ärger über das zu nah an der Gartengrenze errichtete Häuschen bei der Behörde beantragt hatte, findet seinen Bescheid erst am 7.5. im Briefkasten. Damit wird die Verfügung gegenüber A am 2.5. wirksam, gegenüber N erst am 7.5. Da für den Lauf der Klagefrist der Zeitpunkt der Bekanntgabe maßgeblich ist, § 74 VwGO, endet die Klagefrist für A am 2.6., die Klagefrist für N am 7.6.

5.2.3 Arten der Bekanntgabe

669 Entsprechend dem Grundsatz der Nichtförmlichkeit des Verwaltungsverfahrens stellt das VwVfG auch die Art der Bekanntgabe eines VA grundsätzlich in das pflichtgemäße Ermessen der Behörde – es sei denn, eine speziellere gesetzliche Regelung schreibt eine bestimmte Bekanntgabeform zwingend vor. Für die Zustellung wird dies (überflüssigerweise) in § 41 Abs. 5 VwVfG noch einmal ausdrücklich klargestellt.

Beispiele: Gemäß § 73 VwGO muss der Widerspruchsbescheid zugestellt werden; gleiches gilt für einen VA, der im förmlichen Verfahren erlassen wird, § 69 Abs. 2 S. 1 VwVfG. Wird ein Zwangsmittel der Verwaltungsvollstreckung angedroht, so muss die Androhung zugestellt werden; wird die Androhung des Zwangsmittels bereits mit dem zugrunde liegenden VA verbunden, so muss auch dieser zugestellt werden, § 13 Abs. 7 BVwVG, § 63 Abs. 6 VwVG NRW.

670 Unterscheiden lassen sich folgende Bekanntgabearten:
- die individuelle Bekanntgabe gegenüber den Beteiligten ohne besondere Bekanntgabeform (§ 41 Abs. 1 und 2 VwVfG, § 37 Abs. 1 und 2 SGB X),
- die öffentliche Bekanntgabe (jeweils Abs. 3 und 4),
- die förmliche Zustellung nach Verwaltungszustellungsgesetz (jeweils Abs. 5 sowie § 65 SGB X). Beachte: Zustellung ist die Bekanntgabe eines schriftlichen oder elektronischen Dokuments in der in den Zustellungsgesetzen bestimmten Form, § 2 Abs. 1 BVwZG/LZG NRW. Die Zustellung ist also ein Unter- oder Sonderfall der Bekanntgabe; wenn das Gesetz an die Bekanntgabe bestimmte Rechtsfolgen knüpft (wie z. B. die Wirksamkeit des VA, § 43 Abs. 1 VwVfG), so treten diese auch bei Zustellung ein.

671 **5.2.3.1 Individuelle Bekanntgabe.** Im Regelfall wird die Verwaltung den VA **individuell**, also direkt gegenüber dem Adressaten, bekanntgeben. Dies kann entsprechend der

---

131 Schoch, Jura 2011, 23, 25; Kopp/Ramsauer, VwVfG, § 41 RdNr. 35.
132 Zur Frage des Umgangs mit Personenmehrheiten vgl. Kopp/Ramsauer, VwVfG, § 41 RdNr. 30 ff.

Regelung in § 37 Abs. 2 VwVfG schriftlich, elektronisch, mündlich oder in anderer Weise geschehen[133].

Beispiele: Ein Polizist, der den Straßenverkehr regelt, kann seine Anordnungen mündlich oder durch Handzeichen bekanntgeben; eine mündliche Bekanntgabe kann auch durch ein (fern-) mündliches Telefongespräch erfolgen. Ein schriftlicher VA kann durch einen Behördenvertreter oder Boten dem Adressaten übergeben werden oder aber durch ein Postunternehmen überbracht werden; auch eine Übermittlung per Telegramm oder Fax ist möglich. Die elektronische Bekanntgabe eines VA per Mail z. B. in Form eines pdf-Dokuments ist nur unter den Voraussetzungen des § 3a VwVfG zulässig[134].

Die Bekanntgabe ist erfolgreich bewirkt, wenn der VA dem Empfänger tatsächlich zugegangen ist. Wann der Zugang konkret erfolgt, lässt sich im Fall einer mündlichen Mitteilung in der Regel leicht, im Fall von Briefen oder Mails aber häufig nur schwer feststellen. Deshalb hat der Gesetzgeber für die Bekanntgabe von schriftlichen VAs, die im Inland durch einen Postdienstleister übermittelt werden, sowie für elektronische VAs den Zeitpunkt des Zugangs mit Hilfe einer gesetzlichen **Fiktion** festgelegt, § 41 Abs. 2 S. 2 VwVfG, § 37 Abs. 2 S. 2 SGB X: Diese VAs gelten am dritten Tag nach ihrer Aufgabe zur Post bzw. nach ihrer Absendung (ins Inland oder Ausland[135]) als bekanntgegeben. Aber Achtung: Diese Fiktion greift nicht ein, wenn der VA gar nicht oder zu einem späteren Zeitpunkt dem Empfänger zugegangen ist – und im Zweifel hat die Behörde sowohl den Zugang als auch dessen Zeitpunkt zu beweisen, § 41 Abs. 2 S. 3 VwVfG, § 37 Abs. 2 S. 3 SGB X. Die Fiktion gilt also immer nur **zu Gunsten des Empfängers**, niemals zu seinen Lasten. Erreicht ein VA den Empfänger erst nach Ablauf der drei Tage, so findet die Bekanntgabe zu diesem späteren Zeitpunkt statt; geht der VA auf dem Postweg oder im Netz verloren, kommt gar keine Bekanntgabe zustande und der VA wird nicht wirksam[136]. Behauptet die Behörde diesbezüglich etwas anderes, so trägt sie insoweit die Beweislast – der sie nur schwerlich genügen kann. Das Risiko einer erfolgreichen Bekanntgabe liegt also bei der Behörde. In der Praxis empfiehlt es sich deshalb, für die Bekanntgabe von schriftlichen oder elektronischen VAs die Bekanntgabeform der Zustellung zu wählen, wenn der Zugang des VA und sein Zeitpunkt rechtssicher nachgewiesen werden sollen, z. B., weil über den Lauf von Rechtsbehelfsfristen Klarheit herrschen soll – dazu sogleich unten RdNr. 674 ff. 672

Beispiel: Gibt die Behörde einen Bescheid am 3.5. zur Post, und liegt er am 4.5. im Briefkasten des Empfängers, so greift die Fiktion zugunsten des Empfängers ein: Der VA gilt „am dritten Tage nach der Aufgabe zur Post", also am 6.5., als bekannt gegeben – unabhängig davon, dass der Empfänger ihn bereits am 4.5. erhalten hat und lesen konnte. Der Empfänger bekommt also durch die gesetzliche Fiktion zwei weitere Tage zum Nachdenken über die Möglichkeit eines Rechtsbehelfs „geschenkt". Kommt der Brief aber erst am 8.5. beim Empfänger an, so findet auch die Bekanntgabe erst am 8.5. statt. Ist die Behörde der Meinung, dass der Brief tatsächlich schon eher beim Empfänger war, so hat sie dies im Streitfall zu beweisen – was ihr kaum gelingen dürfte.

Beachte: Bei dem im Gesetz festgelegten Drei-Tages-Zeitraum handelt es sich um die Fiktion eines Bekanntgabezeitraums – und nicht um eine Frist im Sinne des § 31 VwVfG. Dementsprechend ist es für die Frage nach dem Zeitpunkt der Bekanntgabe unerheblich, ob der Drei-Tages-Zeitraum an einem Samstag, Sonntag oder Feiertag endet: Fällt der dritte Tag nach Aufgabe zur Post

133 Zu den rechtlichen Problemen der individuellen Bekanntgabe über Behördenportale (vgl. z. B. Art. 6 Abs. 4 BayEGovG) Braun Binder, NVwZ 2016, 342.

134 Vgl. dazu oben RdNr. 657 ff.

135 Röckinghausen, NWVBl 2009, 464, 469; Lenders, NWVBl 2009, 457, 458.

136 Zur Frage, wie ein schlichtes Bestreiten des Zugangs rechtlich zu werten ist, vgl. OVG Bautzen, Beschluss vom 12. Januar 2016 – 3 B 273/15, – juris, RdNr. 9: Dem Adressaten sei es schlichtweg unmöglich, zu beweisen, dass ihm ein schriftlicher VA nicht zugegangen sei; es bleibe ihm nichts anderes übrig, als den Zugang (nur) zu bestreiten. Da die Beweislast für den Zugang bei der Behörde liege, sei im konkreten Fall ein Zugang nicht gegeben.

oder Absendung der Mail auf einen Sonntag, so gilt der VA auch als am Sonntag bekanntgegeben (und nicht etwa erst am Montag!); § 31 Abs. 3 VwVfG findet keine Anwendung[137].

673 **5.2.3.2 Öffentliche Bekanntgabe.** Das „Gegenmodell"[138] zur individuellen Bekanntgabe stellt die **öffentliche Bekanntgabe** dar; sie ist in § 41 Abs. 3 und 4 (§ 37 Abs. 3 und 4 SGB X) geregelt. Abs. 3 regelt die Frage der **Zulässigkeit**, Abs. 4 die Art und Weise der **Durchführung** einer öffentlichen Bekanntgabe bei schriftlichen oder elektronischen VAs.

Zulässig ist eine öffentliche Bekanntgabe dann, wenn sie durch eine (speziellere) Rechtsvorschrift zugelassen wird; in diesen Fällen soll – unabhängig von der Art der öffentlichen Bekanntmachung – auch eine Veröffentlichung im Internet stattfinden, § 27a VwVfG.

Beispiele: Gemäß § 6 StrWG NRW ist die Widmung einer Straße öffentlich bekannt zu machen, ebenso die Einziehung oder Teileinziehung, § 7 Abs. 1 StrWG NRW. Bei einer immissionsschutzrechtlichen Genehmigung kann die Zustellung durch eine öffentliche Bekanntmachung ersetzt werden, § 10 Abs. 8 BImSchG. Auch im förmlichen Verwaltungsverfahren und im Planfeststellungsverfahren können Entscheidungen öffentlich bekannt gegeben werden, wenn sie sonst an mehr als 50 Personen zugestellt werden müssten, §§ 69 Abs. 2 S. 3 VwVfG, § 74 Abs. 5 S. 1 VwVfG.

Zulässig ist die öffentliche Bekanntgabe auch bei Allgemeinverfügungen[139], wenn eine Bekanntgabe an die Beteiligten „untunlich" wäre, d. h. entweder unmöglich oder aber mit erheblichen Schwierigkeiten verbunden.

Beispiel: Die Auflösung einer Versammlung durch Allgemeinverfügung kann öffentlich bekanntgegeben werden (z. B. durch Durchsagen), da bei vielen Hundert Teilnehmern eine individuelle Bekanntgabe an jeden Einzelnen nicht möglich ist.
Die Bekanntgabe eines Verkehrsschildes (ebenfalls ein VA in Gestalt einer Allgemeinverfügung) erfolgt nach den bundesrechtlichen (Spezial-) Vorschriften der Straßenverkehrs-Ordnung durch Aufstellung, § 39 Abs. 1 und § 45 Abs. 4 StVO[140].

Die öffentliche Bekanntgabe kann z. B. mit Durchsagen im Rundfunk oder per Megafon bewirkt werden; auch eine Veröffentlichung im Internet ist möglich[141]. Für die öffentliche Bekanntgabe von schriftlichen oder elektronischen VAs schreibt § 41 Abs. 4 VwVfG (§ 37 Abs. 4 SGB X) vor, dass die Bekanntgabe dadurch bewirkt wird, dass der verfügende Teil des VA, also sein Tenor[142], „ortsüblich bekanntgemacht wird". Erforderlich ist also die Veröffentlichung entweder in einem amtlichen Mitteilungsblatt, in einer (regionalen) Tageszeitung oder aber durch einen öffentlichen Aushang (z. B. am oder im Rathaus); ergänzend ist auch eine Veröffentlichung im Internet sinnvoll[143]. Dabei ist anzugeben, wo der VA und seine Begründung eingesehen

---

137 Ganz h. M. für die Fiktion des § 41 Abs. 2 VwVfG sowie des § 37 Abs. 2 SGB X, vgl. Schoch, Jura 2011, 23, 28 f. Anders für § 122 Abs. 2 AO der BFH in ständiger Rechtsprechung, vgl. nur BFH, Beschluss vom 05. Mai 2014 – III B 85/13 –, juris; kritisch zur bestehenden Uneinheitlichkeit in der Rechtsprechung Dau, jurisPR-SozR 1/2015 Anm. 1.

138 Schoch, Jura 2011, 23, 25; ausführlich zur öffentlichen Bekanntgabe nach VwVfG, SGB X und AO Rheindorf/Weidemann, DVP 2012, 310.

139 Vgl. dazu oben 5. Abschnitt, RdNr. 342 ff.

140 BVerwGE 138, 21; abweichend von der Regelung des § 74 Abs. 1 S. 2 VwGO, wonach die Rechtsbehelfsfrist mit der Bekanntgabe des VA zu laufen beginnt, stellt das BVerwG hier klar, dass bei Verkehrsschildern die Rechtsbehelfsfrist für den einzelnen Verkehrsteilnehmer erst dann zu laufen beginnt, wenn sich dieser erstmals der Regelung des Verkehrszeichens gegenübersieht – ein anderes Verständnis sei mit Art. 19 Abs. 4 GG nicht vereinbar. Vgl. hierzu auch Muckel, JA 2011, 477; kritisch Ehlers, JZ 2011, 155.

141 OVG Münster, NWVBl 2010, 326 hinsichtlich einer Allgemeinverfügung, die Werbung für Sportwetten im Internet verbietet; vgl. dazu Jäger, jurisPR-ITR 4/2010, Anm. 5.

142 Vgl. dazu oben 5. Abschnitt, RdNr. 358 ff.

143 Aber als alleinige Quelle nach h. M. noch nicht ausreichend, vgl. nur Rheindorf/Weidemann, DVP 2012, 310, 313.

werden können. Die Bekanntgabe wird gemäß der gesetzlichen Fiktion zwei Wochen nach der ortsüblichen Bekanntmachung wirksam; bei Allgemeinverfügungen kann ein früherer Tag bestimmt werden, jedoch frühestens der auf die Bekanntmachung folgende Tag.

5.2.3.3 **Zustellung.** Bei der **Zustellung** handelt es sich um eine (Unter-) Art der Bekanntgabe, die **streng formalisiert** ist[144]; der Vorteil dieser Bekanntgabeform liegt darin, dass der Zugang des VA beim Empfänger rechtssicher nachgewiesen werden kann. Zweifel hinsichtlich der Frage, ob und wann ein VA dem Empfänger bekanntgegeben wurde, lassen sich also dadurch vermeiden, dass ein VA nach den gesetzlichen Regeln zugestellt wird. Dementsprechend hat die förmliche Zustellung für die Behördenpraxis eine erhebliche Bedeutung, die sich in der Existenz besonderer Verwaltungszustellungsgesetze des Bundes (BVwZG) und der Länder (z. B. LZG NRW) widerspiegelt. Soweit die Verwaltungszustellungsgesetze der Länder Vollgesetze sind (z. B. das LZG NRW), entsprechen sie dem Verwaltungszustellungsgesetz des Bundes (VwZG) weitgehend in Wortlaut und Inhalt, andere Landeszustellungsgesetze (z. B. das niedersächsische VwZG) enthalten nur wenige eigene Regelungen und verweisen im Wesentlichen auf das BVwZG. Die Vorschriften des BVwZG gelten für Zustellungen „der Bundesbehörden, der bundesunmittelbaren Körperschaften, Anstalten und Stiftungen des öffentlichen Rechts und der Landesfinanzbehörden“ (§ 1 Abs. 1 BVwZG). Die Landeszustellungsgesetze gelten für das Zustellungsverfahren der „Behörden des Landes, der Gemeinden und Gemeindeverbände sowie der sonstigen der Aufsicht des Landes unterstehenden Körperschaften, Anstalten und Stiftungen des öffentlichen Rechts“ (so z. B. § 1 Abs. 1 LZG NRW). – Eine Besonderheit gilt für die Zustellung von Widerspruchsbescheiden: Hier gilt gemäß § 73 Abs. 3, S. 2 VwGO in jedem Falle das BVwZG, also auch dann, wenn der Widerspruchsbescheid durch eine Landesbehörde oder eine Kommunalbehörde erlassen wird. 674

Zustellung bedeutet „die Bekanntgabe eines schriftlichen oder elektronischen Dokuments in der in diesem Gesetz bestimmten Form“, vgl. § 2 Abs. 1 BVwZG/LZG NRW – die Möglichkeit der Bekanntgabe durch Zustellung ist also auf schriftliche bzw. elektronische VAs beschränkt. Eine Zustellung erfolgt, „soweit dies durch Rechtsvorschrift oder behördliche Anordnung bestimmt ist“, § 1 Abs. 2 BVwZG/LZG NRW. 675

Beispielsweise ist eine förmliche Zustellung durch Rechtsvorschrift vorgeschrieben für die Androhung von Zwang nach dem Verwaltungsvollstreckungsgesetzes (§ 13 Abs. 7 BVwVG, § 63 Abs. 6 VwVG NRW), für den Widerspruchsbescheid (§§ 73 Abs. 3 VwGO), oder für den Planfeststellungsbeschluss (§ 74 Abs. 4 VwVfG, § 17b Abs. 1 Nr. 7 FStrG; vgl. auch § 65 SGB X).

Mit der Formulierung „durch behördliche Anordnung“ ist gemeint, dass die Behörde, die den VA erlassen will, selbst entscheiden, also „anordnen“ kann, dass die Bekanntgabe durch Zustellung erfolgen soll – sie hat insoweit Ermessen. Ist ihr daran gelegen, den Zugang eines VA im Zweifelsfall rechtssicher nachweisen zu können, z. B. weil sie mit Rechtsbehelfen des Betroffenen rechnen muss und der Zeitpunkt der Bestandskraft auch für eine sich anschließende Vollstreckung entscheidend ist, wird sie sich für eine Zustellung entscheiden, selbst wenn diese im Einzelfall kostenaufwändiger ist als eine formlose Bekanntgabe durch einfachen Brief. Hat sich die Behörde einmal für die Bekanntgabe durch Zustellung entschieden, so muss die Zustellung zwingend nach den im jeweiligen Gesetz vorgeschriebenen Regeln erfolgen; ein Rückgriff auf die „weicheren“ Bekanntgabevorschriften des VwVfG ist dann ausgeschlossen.

144 Instruktiver Überblick zum Thema Zustellung bei Weidemann, DVP 2011, 406.

676 Die Zustellung des schriftlichen oder elektronischen VA ist grundsätzlich an den denjenigen **Beteiligten** zu bewirken, für den er bestimmt ist oder der von ihm betroffen wird; gemäß § 6 BVwZG/LZG NRW ist jedoch bei Geschäftsunfähigen und beschränkt Geschäftsfähigen an die gesetzlichen Vertreter zuzustellen. Gleiches gilt für Personen im Betreuungsverhältnis, sofern der VA sich auf eine Angelegenheit im Aufgabenkreis des Betreuers bezieht. Bei juristischen Personen ist ebenfalls an die gesetzlichen Vertreter zuzustellen.

677 Im Behördenalltag stellt sich nicht selten die Frage, ob Zustellungen an den Beteiligten selbst oder einen **Bevollmächtigten**, der ebenfalls im Verfahren tätig war, gerichtet werden sollen. Dies steht grundsätzlich im (Verfahrens-)Ermessen der zustellenden Behörde; soweit der Bevollmächtigte allerdings eine **schriftliche Vollmacht** vorgelegt hat, „sind" nach § 7 S. 2 BVwZG/LZG NRW Zustellungen „an ihn zu richten" – die Behörde ist in diesem Fällen zur Zustellung an den Bevollmächtigten verpflichtet. Eine dennoch an den Beteiligten unmittelbar gerichtete Zustellung wäre unwirksam[145] – allerdings kommt in solchen Fällen die Möglichkeit einer Heilung nach § 8 BVwZG/LZG NRW in Betracht.

678 Für die **Durchführung einer Zustellung** benennen die Zustellungsgesetze **drei mögliche Akteure**, vgl. § 2 Abs. 2 BVwZG/LZG NRW, nämlich:
a) die Erbringer von Postdienstleistungen (**Post**)
b) einen nach § 17 des **De-Mail**-Gesetzes akkreditierten **Diensteanbieter** oder
c) die **Behörde** selbst.

679 a) Dabei kann die **Post** oder ein anderer Postdienstleister zustellen durch:
- **Zustellungsurkunde**, § 3 BVwZG/LZG NRW oder
- **Einschreiben**, § 4 BVwZG/LZG NRW (Übergabeeinschreiben oder Einschreiben mit Rückschein).

b) Der nach § 17 des DE-Mail-Gesetzes akkreditierte Dienstleister kann eine **elektronische Zustellung gegen Abholbestätigung** vornehmen, § 5a BVwZG/LZG NRW in Verbindung mit den Vorschriften des DE-Mail-Gesetzes[146].

c) Die **Behörde** selbst kann zustellen durch:
- **Übergabe** gegen **Empfangsbekenntnis**, § 5 Abs. 1–3 BVwZG/LZG NRW,
- **„auf andere Weise"**, auch elektronisch, an qualifizierte Adressaten gegen **Empfangsbekenntnis**, § 5 Abs. 4 BVwZG/LZG NRW,
- **elektronisch** gegen **Empfangsbekenntnis**, § 5 Abs. 5–7 BVwZG/LZG NRW.

680 Daneben gibt es noch zwei **Sonderarten der Zustellung**, nämlich
- die **Zustellung im Ausland**, § 9 BVwZG/LZG NRW und
- die **öffentliche Zustellung**, § 10 BVwZG/LZG NRW.

Ob die Behörde die Zustellung selbst oder durch andere vornehmen (lassen) will, und auf welche Weise die Zustellung bewirkt werden soll, liegt in ihrem Ermessen, denn gemäß § 2 Abs. 3 S. 1 BVwZG/LZG NRW hat die Behörde die Wahl zwischen den einzelnen Zustellungsarten.

681 In der Verwaltungspraxis hat unter diesen verschiedenen Möglichkeiten die Zustellung durch die Post mit **Zustellungsurkunde** (ZU) nach § 3 besondere Bedeutung. Hier übergibt die Behörde der Post (Post AG oder einem anderen Postdienstleister)
- den Zustellungsauftrag,
- das zuzustellende Dokument in einem verschlossenen Umschlag und
- den vorbereiteten Vordruck einer Zustellungsurkunde.

---

145 Vgl. Humberg, VR 2006, 325, 327; BFH, NVwZ-RR 2005, 765.
146 Vgl. hierzu Weidemann, DVP 2011, 406, 410 f.

Der Postbedienstete übergibt das zuzustellende Dokument an den Adressaten, datiert und unterzeichnet die Zustellungsurkunde und leitet sie an die Ausgangsbehörde zurück[147]. Praxisvorteile ergeben sich – neben der klaren Beweislage wegen der Rückkehr der unterzeichneten ZU zur Behördenakte – zusätzlich aus der Verweisung des § 3 Abs. 2 BVwZG/LZG NRW auf bestimmte Vorschriften der Zivilprozessordnung (ZPO): Ist eine Übergabe des Schriftstücks an den Adressaten nicht möglich, so kann die Zustellungswirkung hiernach durch „Ersatzzustellung" eintreten.

Beispiele: 682
Wird der Adressat in seiner Wohnung nicht angetroffen, kann Ersatzzustellung dort an Familienangehörige etc. erfolgen (§ 178 Abs. 1 Nr. 1 ZPO).
Wird ein Gewerbetreibender in seinen Geschäftsräumen[148] nicht angetroffen, kann die Zustellung an eine dort beschäftigte Person erfolgen (§ 178 Abs. 1 Nr. 2 ZPO).
Wird die Annahme grundlos verweigert, so „ist das Schriftstück in der Wohnung oder in dem Geschäftsraum zurückzulassen. ... Mit der Annahmeverweigerung gilt das Schriftstück als zugestellt" (§ 179 ZPO).
Wird niemand angetroffen, kann das Schriftstück in einen zu der Wohnung oder dem Geschäftsraum gehörenden Briefkasten ... eingelegt werden. ... Mit der Einlegung gilt das Schriftstück als zugestellt. Der Zusteller vermerkt auf dem Umschlag des zuzustellenden Schriftstücks das Datum der Zustellung (§ 180 ZPO).

Dies alles sind für die Verwaltungspraxis nützliche Hilfen, um einen Bescheid auch bei einem solchen Adressaten „unterzubringen", der sich verweigert, versteckt oder verleugnen lässt.

Die Zustellungsurkunde besitzt die Beweiskraft einer öffentlichen Urkunde (§§ 182 und 418 ZPO)[149].

Ein Dokument kann auch nach § 4 Abs. 1 BVwZG/LZG NRW durch die Post mittels 683
Einschreiben durch Übergabe oder mittels **Einschreiben mit Rückschein** zugestellt werden.

Das von den Postdienstleistern auch angebotene „Einwurf-Einschreiben" genügt für eine Zustellung nicht, da hier keine Übergabe beurkundet wird[150]. Der Postbote vermerkt lediglich – intern – den Einwurf.

Beim Einschreiben mit Rückschein bestätigt der Empfänger den Erhalt des Dokuments durch Unterschrift auf einem Beleg (Rückschein); die Behörde kann den Nachweis der Zustellung durch diesen an sie zurückgesandten Rückschein erbringen (§ 4 Abs. 2 BVwZG/LZG NRW). Die Zustellung ist an dem Tag bewirkt, der auf dem Rückschein als Tag der Zustellung vermerkt ist[151].
Beim Übergabe-Einschreiben erfolgt die Zustellung durch den Postdienstleister mit Übergabe gegen Unterschrift an den Adressaten (bzw. an seinen Ehegatten, seinen Postbevollmächtigten oder andere Empfangsberechtigte[152]). Hier gilt das Dokument nach § 4 Abs. 2, S. 2 BVwZG/LZG NRW „am dritten Tag nach der Aufgabe zur Post als zugestellt, es sei denn, dass es nicht oder zu einem späteren Zeitpunkt zugegangen ist. Im Zweifel hat die Behörde den Zugang und dessen Zeitpunkt nachzuweisen". Wegen dieser Zustellfiktion ist es nicht nur vom Gesetz geboten, sondern auch für die Behördenpraxis wichtig, den Aufgabezeitpunkt in den Akten zu vermerken bzw. den „Zustellnachweis bei Einschreibebriefen" mit der jeweiligen Sendungsnummer des Einschreibens zu den Akten zu nehmen[153].

---

147 Muster einer ZU als Anlage Nr. 1 der Zustellungsvordruckverordnung, BGBl. I 2004, 619 ff.
148 Zum Begriff Geschäftsraum BVerwG, DVP 2005, 1275.
149 Vgl. Humberg, VR 2006, 325, 326.
150 Stein, DVP 2006, 441, 448; Weidemann, DVP 2011, 406, 409.
151 LAG Berlin-Brandenburg, Beck-RS 2015, 66239.
152 § 2 Abs. 4 Post-Universaldienstleistungsverordnung.
153 VGH München, NVwZ-RR 2013, 789.

684 Stellt die Behörde selbst gegen **Empfangsbekenntnis** (EB) zu, wird das Schriftstück von einem Behördenbediensteten dem Empfänger gegen Unterschrift auf dem EB ausgehändigt (§ 5 Abs. 1 BVwZG/LZG NRW). Dieses EB wird als Beweisurkunde über die erfolgte Zustellung in die behördliche Akte aufgenommen. Auch hier ist die Ersatzzustellung gemäß §§ 177 bis 182 ZPO möglich; zugleich macht das Gesetz Vorgaben für den Nachweis der Zustellung in den Akten.
Gegenüber bestimmten in § 5 Abs. 4 BVwZG/LZG NRW aufgeführten Personen und Institutionen, die das Gesetz für besonders vertrauenswürdig erachtet, kann „auch auf andere Weise“ und auch elektronisch gegen EB zugestellt werden; die einfachste Form dieser „anderen Weise“ ist die postalische Zustellung als „normaler Brief“. In der Verwaltungspraxis ist dieses „vereinfachte Empfangsbekenntnis“ insbesondere dann von Bedeutung, wenn z. B. **Rechtsanwälte** (oder Steuerberater) im Verwaltungsverfahren für ihre Mandanten tätig geworden sind: Hier kann die Behörde ihren Bescheid kostensparend – und in der Regel genauso sicher wie bei der teureren Zustellung per ZU – durch einfachen Brief (mit eingelegtem Empfangsbekenntnisvordruck) zustellen. Bei den in § 5 Abs. 4 BVwZG/LZG NRW genannten Empfängern kann davon ausgegangen werden, dass sie aufgrund von Dienst- oder sonstigen Pflichten (z. B. anwaltliche Standespflicht) das EB unterschrieben[154] zurücksenden.

In der Behördenpraxis wird zum Teil in „eiligeren Fällen“ wegen der mit dem EB verbundenen Zeitverzögerung (hier fallen i. d. R. zwei Wege per Briefpost an) auch bei Anwälten eine Zustellung durch Zustellungsurkunde vorgenommen. Ein noch größerer Beschleunigungseffekt ergibt sich, wenn die in § 5 Abs. 4 VwZG erwähnte Möglichkeit der elektronischen Zustellung gegen Empfangsbekenntnis genutzt wird; der größte Beschleunigungseffekt wird in der Praxis meist dadurch erzielt, dass die Behörde die Zustellung durch einen eigenen Bediensteten selbst bewirkt[155], wobei das EB vom Empfänger sofort zu unterzeichnen ist und unmittelbar wieder in die Behörde mitgenommen wird.

685 Eine **elektronische Zustellung** gegen **Empfangsbekenntnis** (EB) ist nach § 5 Abs. 5 BVwZG/LZG NRW möglich, soweit der Empfänger hierfür einen Zugang eröffnet hat, eine qualifizierte Signatur beigefügt ist und sichergestellt ist, dass eine unbefugte Kenntnisnahme durch Dritte ausgeschlossen ist[156]. Es besteht sogar eine Pflicht[157] zur elektronischen Zustellung, wenn auf Grund einer Rechtsvorschrift das Verfahren auf Verlangen des Empfängers in elektronischer Form abgewickelt wird.

Beispiel: Pflicht zur elektronischen Verfahrensabwicklung auf Verlangen nach § 71e VwVfG im „Verfahren über eine einheitliche Stelle“ (siehe unten RdNr. 723 ff.)

Bei jeder elektronischen Zustellung ist die Übermittlung nach § 5 Abs. 6 BVwZG/LZG NRW einzuleiten mit dem Hinweis „Zustellung gegen Empfangsbekenntnis“. Der **Nachweis der Zustellung** erfolgt durch das unterzeichnete **Empfangsbekenntnis,** das der Adressat per Post oder elektronisch der Behörde zurückzusenden hat. Anderenfalls gilt das Dokument nach § 5 Abs. 7 S. 2 BVwZG/LZG NRW „am dritten Tag nach der Absendung an den vom Empfänger hierfür eröffneten Zugang als zugestellt ...“[158]. Der Adressat ist vor der Übermittlung über diese Rechtsfolge belehren. Diese Zugangsfiktion gilt nicht, wenn der Empfänger „glaubhaft macht, dass das Dokument nicht oder zu einem späteren Zeitpunkt zugegangen ist“[159]. Im Behördenalltag ist es jedenfalls ratsam, zum Nachweis der Zustellung jeweils einen Aktenvermerk darüber aufzunehmen, wann und wohin das Dokument elektronisch gesendet wurde.

---

154 Vgl. zur Wirkung dieser Unterschrift OVG Münster, NWVBl 2009, 325.
155 Zum Behördenboten bei Abgabebescheiden OVG Frankfurt/Oder, NVwZ 2004, 507.
156 ausführlich zur elektronischen Zustellung Weidemann/Barthel, DVP 2010, 486.
157 Röckinghausen, NWVBl 2009, 464, 469.
158 Hierzu Schmitz/Prell, NVwZ 2009, 1, 11.
159 Zur Glaubhaftmachung: Lenders, NWVBl 2009, 457, 462.

In der Verwaltungspraxis selten (aber unverzichtbar) ist die Zustellung durch **öffentliche Bekanntmachung**. Sie ist ausschließlich in den in § 10 BVwZG/LZG NRW genannten Fällen möglich[160]. 686

Beispiele: Zustellung durch öffentliche Bekanntmachung, wenn der Aufenthaltsort des Empfängers trotz aller Ermittlungen unbekannt ist oder wenn bei bestimmten juristischen Personen keine Zustellung unter ihrer Anschrift möglich ist.

Die Möglichkeiten einer Zustellung ins Ausland sind in § 9 BVwZG/LZG NRW beschrieben.

5.2.4 Fehlerfolgen

Treten bei der Bekanntgabe Fehler auf, so ist zu unterscheiden: Führt der Fehler dazu, dass keine Bekanntgabe im Rechtssinne[161] vorliegt, so ist der VA nicht existent; es liegt ein Nicht-VA vor, der erst wirksam werden kann, wenn er erneut fehlerfrei bekanntgegeben wird. 687

Beispiel: Erreicht ein VA, der ohne Bekanntgabewillen der Behörde in die Post geraten war, den Empfänger, so hat eine wirksame Bekanntgabe nicht stattgefunden; damit der VA wirksam werden kann, ist diese zu wiederholen. Gleiches gilt, wenn die Behörde einen VA zur Post gegeben hat, dieser aber nicht beim Empfänger angekommen ist, es also am Zugang fehlt.

Liegen die Elemente einer wirksamen Bekanntgabe vor, wurde aber z. B. gegen die gesetzlich vorgegebene Form verstoßen (mündlich anstelle von schriftlich), so ist die Bekanntgabe erfolgt und der VA wirksam, jedoch wegen des Rechtsverstoßes rechtswidrig. Eine Heilung kommt mangels Einschlägigkeit des § 45 VwVfG nicht in Betracht; jedoch kann der Fehler gemäß § 46 VwVfG unbeachtlich sein.

Im Zustellungsrecht ist eine Heilung von Zustellungsmängeln ausdrücklich vorgesehen: Wenn sich die Zustellung eines Dokuments nicht nachweisen lässt oder wenn es unter Verletzung zwingender Zustellungsvorschriften zugegangen ist, gilt es (gleichsam als fehlerfrei) „in dem Zeitpunkt zugestellt, in dem es dem Empfangsberechtigten tatsächlich zugegangen ist"; bei elektronischer fehlerhafter Zustellung gilt dies „in dem Zeitpunkt, in dem der Empfänger das Empfangsbekenntnis zurückgesendet hat", vgl. § 8 BVwZG/LZG NRW. Voraussetzung ist allerdings, dass die Behörde tatsächlich eine Zustellung vornehmen wollte – hat sie einen VA, der zugestellt werden muss, irrtümlich durch einfachen Brief bekanntgegeben, so scheidet eine Heilung nach § 8 BVwZG/LZG NRW mangels Zustellung aus[162].

Beispiel: Hat sich ein Anwalt im Verfahren mit schriftlicher Vollmacht als bevollmächtigt ausgewiesen, und wird ein zustellungsbedürftiger Widerspruchsbescheid nicht, wie in § 7 BVwZG vorgesehen, diesem Anwalt, sondern dem Beteiligten selbst zugestellt, so kann dieser Zustellungsfehler geheilt werden, wenn der Brief dem Anwalt anderweitig zugeht, z. B. indem sein Mandant ihm den Brief aushändigt. Zu diesem Zeitpunkt gilt der Bescheid als wirksam zugestellt[163].

5.3 Begründung

5.3.1 Normzweck

Gemäß § 39 Abs. 1 VwVfG (§ 35 Abs. 1 SGB X) muss die Behörde einen schriftlichen oder elektronischen VA sowie einen schriftlich oder elektronisch bestätigten VA mit einer **Begründung** versehen. In der Begründung sind die „wesentlichen tatsächlichen und rechtlichen Gründe" mitzuteilen, die die Behörde zu ihrer Entscheidung bewogen haben. Die Begründung von Ermessensentscheidungen soll auch die Gesichtspunkte 688

160 Zu Einzelheiten Rheindorf/Weidemann, DVP 2012, 310, 314 f.
161 Vgl oben RdNr. 665, wo die notwendigen Elemente einer wirksamen Bekanntgabe benannt werden.
162 OVG Münster, NVwZ-RR 2008, 294.
163 Weidemann, DVP 2011, 406, 411.

erkennen lassen, von denen die Behörde bei der Ausübung ihres Ermessens ausgegangen ist. Wie bereits oben[164] ausgeführt wurde, stellt die Begründung unter rechtsstaatlicher Betrachtungsweise das „Herzstück" eines jeden Bescheides dar, denn ein Bürger, in dessen Rechte die Verwaltung eingreift, hat einen Anspruch darauf, die dafür maßgeblichen Gründe zu erfahren, „weil er nur dann in der Lage ist, seine Rechte sachgemäß zu verteidigen"[165].

Insgesamt verfolgt der Gesetzgeber mit der Begründungspflicht für schriftliche und elektronische VAs gleich mehrere Ziele bzw. Funktionen[166]:

- Dadurch, dass die Behörde gezwungen wird, ihre Überlegungen zu den tatsächlichen und rechtlichen Gründen schriftlich zu formulieren und niederzulegen, findet eine Selbstkontrolle der Behörde statt: In der Verwaltungspraxis werden bei der schriftlichen Abfassung der Gründe manchmal neue Aspekte erkannt, die zu Abweichungen des endgültigen VA vom Entwurf führen. Dies gilt in besonderer Weise auch für die Ausübung des Ermessens (**Kontrollfunktion**).
- Durch die Begründung werden die im Tenor festgelegten Entscheidungen noch einmal erläutert, präzisiert und ergänzt (**Klarstellungsfunktion**)[167].
- Eine gute Begründung überzeugt den Bürger von der Recht- und Zweckmäßigkeit der getroffenen Entscheidung und hält ihn von Rechtsbehelfen ab (**Befriedungsfunktion**).
- Der Adressat benötigt die Begründung, um die Erfolgsaussichten eines Rechtsbehelfs einschätzen zu können; das gleiche gilt für die Widerspruchsbehörde oder das Verwaltungsgericht, die sich ebenfalls an der Begründung orientieren, um die Recht- bzw. Zweckmäßigkeit der getroffenen Regelung überprüfen zu können. Fehlen z. B. Ausführungen zur Ermessensausübung, so liegt der Verdacht eines Ermessensausfalls nahe (**Rechtsschutzfunktion**).

689 Vielfach ist die Begründungspflichtigkeit eines VA auch spezialgesetzlich angeordnet; § 39 VwVfG ist in diesen Fällen ergänzend heranzuziehen.

So ist der Widerspruchsbescheid zu begründen, § 73 Abs. 3 VwGO, ebenso die Anordnung der sofortigen Vollziehung, § 80 Abs. 3 VwGO. Für die immissionsschutzrechtliche Anlagengenehmigung schreibt § 10 Abs. 7 BImSchG eine Begründung vor, für eine Schulordnungsmaßnahme § 53 Abs. 9 SchulG NRW. Zum förmlichen Verwaltungsverfahren vgl. § 69 Abs. 2 VwVfG.

5.3.2 Umfang der Begründungspflicht

690 Die Begründungspflicht erstreckt sich auf die wesentlichen tatsächlichen und rechtlichen Gründe, die die Behörde zu ihrer Entscheidung bewogen haben. Dabei umfassen die **tatsächlichen Gründe** den von der Behörde festgestellten und dem VA zugrunde gelegten Sachverhalt, während zu den **rechtlichen Gründen** die Angabe der Rechtsgrundlagen gehört sowie deren Auslegung, Anwendung und Subsumtion. Üblicherweise findet sich diese Zweiteilung auch im Aufbau des Bescheides wieder.

Vgl. deshalb ausführlich oben im 5. Abschnitt, RdNr. 365 f., die Ausführungen zur tatsächlichen und rechtlichen Begründung („Sachverhalt" und „rechtliche Würdigung") im Rahmen des Bescheidaufbaus.

Auch die Begründung einer **Ermessensentscheidung** ist Teil der rechtlichen Gründe; die „Soll-Vorschrift" des Gesetzes ist vor dem Hintergrund von Art. 19 Abs. 4 GG als „Muss-Vorschrift" zu verstehen. Auf die Darlegung der Gründe für die Ermessensentscheidung ist besondere Sorgfalt zu verwenden; fehlen hier Ausführungen bzw. sind diese unvollstän-

164 5. Abschnitt, RdNr. 364 ff.
165 BVerwG, DVBL 1982, 198, 199.
166 Schoch, Jura 2005, 757; vgl. auch Saurer, Verwaltungsarchiv 2009, 364.
167 Die Erläuterungen in der Begründung dürfen zur Auslegung der Hauptsacheentscheidung herangezogen werden, vgl. OVG Münster, Beschluss vom 16. Oktober 2001 – 7 B 1939/00 –, juris.

dig, so liegt für das prüfende Verwaltungsgericht der Verdacht eines Ermessensausfalls nahe. Anders liegt der Fall nur beim von der Rechtsprechung entwickelten sog. „intendierten“ Ermessen: Wenn eine Ermessensvorschrift so auszulegen ist, dass sie im Regelfall das Ermessen in eine ganz bestimmte Richtung lenkt, so ist bei Vorliegen eines „Normalfalls“ auch diese „intendierte“ Entscheidung zu treffen; die entsprechende Ermessensausübung versteht sich in diesem Fall von selbst. Für diese „selbstverständliche“ Ermessensausübung ist eine Begründung verzichtbar, denn Selbstverständlichkeiten müssen nicht aufwendig begründet werden. Eine Begründung ist nur dann erforderlich, wenn die Behörde in einem vom „Normalfall“ abweichenden Einzelfall eine andere Ermessensentscheidung als die „Regelentscheidung“ treffen will[168].

Das Begründungserfordernis aus Abs. 1 erstreckt sich auf diejenigen Gründe, „die die Behörde zu ihrer Entscheidung bewogen haben“ – diese Formulierung lässt erkennen, dass der Begründungspflicht ein subjektives Element innewohnt[169]: Den Anforderungen des § 39 VwVfG wird genügt, wenn die Behörde dem Betroffenen die Begründung mitteilt, die für sie maßgeblich war – es kommt nicht darauf an, dass diese Begründung inhaltlich „richtig“ ist. Für § 39 VwVfG und die formelle Rechtmäßigkeit des VA ist es unerheblich, ob die von der Behörde mitgeteilten Gründe in sachlicher und rechtlicher Hinsicht zutreffen und einer gerichtlichen Überprüfung standhalten. § 39 VwVfG schreibt nur eine rein „formelle“ Begründungpflicht vor; dass die Begründung den VA auch materiell trägt, ist vor dem Hintergrund des § 39 VwVfG nicht erforderlich. 691

Beispiel: Eine Tierfreundin hielt eine große Schar munter zwitschernder Kakadus in ihrer Wohnung. Nachdem sich Nachbarn beschwert hatten, verbot die Gemeinde G der Frau die Haltung von mehr als zwei Kakadus und begründete dies mit dem Hinweis auf bauplanungsrechtliche Vorschriften. Das OVG Münster sah dies in zweiter Instanz anders und hob das Verbot auf: Nach Bauplanungsrecht zähle zum Wohnen auch das Halten von Tieren; die konkrete Zahl spiele dabei keine Rolle. Die Behörde habe die falsche Ermächtigungsgrundlage gewählt; zum Schutz der Anwohner sei z. B. ein Vorgehen nach immissionsschutzrechtlichen Regelungen möglich gewesen. Rechtlich gesehen war somit der VA mit Blick auf § 39 VwVfG formell rechtmäßig, denn die Behörde hatte ja die (= ihre) Gründe mitgeteilt, die sie zum Erlass des VA bewogen hatten, und damit ihrer formellen Begründungspflicht genügt. Dass die Gründe den VA inhaltlich nicht tragen, führt zu seiner materiellen Rechtswidrigkeit, ist aber kein Problem von § 39 VwVfG[170].

Gleiches gilt für Ermessenserwägungen: § 39 VwVfG verpflichtet die Behörde dazu, mit ihrer Begründung offenzulegen, dass sie die Interessen der Betroffenen berücksichtigt und abgewogen hat und nach welchen Kriterien sie dies getan hat. Für § 39 VwVfG genügt es aber, wenn die Behörde dieser Verpflichtung nachkommt – ob die Ermessenserwägungen tatsächlich vertretbar sind und ob sie einer (gerichtlichen) Überprüfung anhand der Ermessensfehlerlehre standhalten, ist für die formelle Rechtmäßigkeit des VA unerheblich. Lässt die Begründung einen oder mehrere Ermessensfehler erkennen, so führt dies nicht zur formellen, wohl aber zur materiellen Rechtswidrigkeit des VA. Fehlt es jedoch an einer Begründung für eine Ermessensentscheidung, so führt dies sowohl zu einem Verstoß gegen § 39 VwVfG und damit zur formellen Rechtmäßigkeit, als auch zu einem Verstoß gegen § 40 VwVfG und damit zur materiellen Rechtswidrigkeit (wegen Ermessensausfalls).

In der Verwaltungspraxis bereitet die Frage, wie eingehend ein schriftlicher VA zu begründen ist, manchmal **Umsetzungsprobleme**. Die Begründung braucht nicht sämtliche erwogenen Umstände und jede im Laufe des Verfahrens aufgeworfene Einzelfrage wiederzugeben, sondern nur solche Feststellungen und Erwägungen, welche die Ent- 692

168 Zum intendierten Ermessen vgl. oben 6. Abschnitt, RdNr. 395 ff.; vgl. auch Lampert, DVP 2000, 390, 391 m. w. N.

169 Lindner/Jahr, JuS 2013, 673, 675.

170 OVG Münster, Urteil vom 18. Februar 2016 – 10 A 985/14 –, juris.

scheidung tragen. Der konkrete Umfang „richtet sich nach den Besonderheiten des jeweiligen Rechtsgebietes und nach den Umständen des Einzelfalles“[171].

Beispielsweise gebietet die Begründungspflicht einerseits nicht, in einfach gelagerten Fällen etwa Selbstverständlichkeiten, die jedenfalls für die Beteiligten offen zu Tage liegen, breit abzuhandeln. – Andererseits besteht für Behördenbedienstete, die ständig vergleichbare Entscheidungen aufgrund von ähnlichen Sachverhalten zu treffen haben, die Gefahr, dass einstmals gut durchdachte Einzelfallabwägungen in Wiederholungsfällen zu (für den konkreten Fall nicht ausreichenden) Pauschalbegründungen gerinnen.

Die Begründung kann unter Umständen sehr kurz sein. Um die Akzeptanz des VA beim Betroffenen zu erhöhen, kann es aber auch geboten sein, in der Begründung auf Argumente des Bürgers einzugehen, die zwar eindeutig „neben der Sache“ liegen, für den Bürger aber nach seinem Vortrag erkennbar wesentlich und entscheidungserheblich sind. In der Frage nach dem Begründungsumfang drückt sich ein grundsätzliches Spannungsverhältnis aus zwischen dem Erfordernis effizienten Verwaltungshandelns und dem berechtigten Interesse des Bürgers an umfassender Begründung[172]. So wird dem Begründungserfordernis nicht Genüge getan, wenn lediglich formelhafte, abstrakte oder nichtssagende Thesen niedergeschrieben werden. Das gleiche gilt, wenn sich die Begründung auf die bloße Wiedergabe des Gesetzes und/oder des Sachverhalts beschränkt.

Zulässig ist jedoch die Verwendung gleichlautender Begründungen bei einer Mehrzahl von identischen Fällen – wenn sie denn wirklich identisch sind.

693 Das VwVfG versucht, das aufgezeigte Spannungsverhältnis zwischen Verwaltungseffizienz und Bürgerinteresse an möglichst umfassender Begründung mit Hilfe der **Ausnahmeregeln** des § 39 Abs. 2 VwVfG (35 Abs. 2 SGB X) zu lösen:

So bedarf es nach Abs. 2 Nr. 1 einer Begründung dann nicht, wenn die Behörde einem Antrag entspricht bzw. einer Erklärung folgt und der VA nicht in Rechte Dritter eingreift. Eine Begründung ist gemäß Abs. 2 Nr. 2 auch dann entbehrlich, wenn dem Betroffenen die Auffassung der Behörde bekannt ist oder diese für ihn ohne weiteres erkennbar ist. Beispiele für Ausnahmen vom Begründungsgebot, die sich iSd Abs. 2 Nr. 4 aus einer Rechtsvorschrift ergeben, gelten etwa für Prüfungsentscheidungen (dies ergibt sich aus der Nichterwähnung des § 39 VwVfG in § 2 Abs. 3 Nr. 2 VwVfG[173]), für Verteidigungsangelegenheiten (§ 95 VwVfG des Bundes bzw. § 94 VwVfG NRW) oder nach landesrechtlichen Sondervorschriften (vgl. § 75 Abs. 1 S. 2 BauO NRW: „Die Baugenehmigung … braucht nicht begründet zu werden“). Einen wichtigen Ausnahmefall regelt Nr. 5: Bei der öffentlichen Bekanntgabe einer (schriftlichen) Allgemeinverfügung kann auf die Begründung verzichtet werden.

Ob die Verwaltung in den in Abs. 2 genannten Fällen auf eine Begründung verzichtet, steht in ihrem Ermessen. In der Praxis sollte von diesen Ausnahmen nur sparsam Gebrauch gemacht werden, da das Weglassen der Begründung vermeidbaren Ärger und Mehrarbeit (durch Nachfragen, zusätzlichen Schriftverkehr, Widerspruch oder gar eine gerichtliche Auseinandersetzung) verursachen kann. Die Ausnahmemöglichkeit des Abs. 2 Nr. 3 für solche Fälle, in denen der VA „mit Hilfe automatischer Einrichtungen erlassen worden ist und die Begründung … nicht geboten ist“, kann heute als „totes Recht“ bezeichnet werden – ihr Anwendungsbereich geht gegen Null[174].

---

171 BVerwG, NVwZ 1986, 374, 375.

172 Zur Akzeptanzfunktion des VA vgl. oben RdNr. 312; zum praktischen Umgang mit dem genannten Spannungsverhältnis vgl. BVerwG, DVBl 1998, 145 (mit Anmerkung von Schwabe).

173 Allerdings hat hier die Rechtsprechung für die Begründung von Prüfungserfordernissen eine umfangreiche Kasuistik geprägt, die rechtstaatlichen Anforderungen und namentlich dem Gebot eines wirksamen Rechtsschutzes nach Art. 19 Abs. 4 GG entspricht, vgl. z. B. BVerwG, NVwZ-RR 2013, 44; Oberverwaltungsgericht Berlin-Brandenburg, Beschluss vom 04. April 2014 – OVG 10 N 84.11 –, juris.

174 Die gesetzgeberischen Hintergründe erläutert U. Stelkens in Stelkens/Bonk/Sachs, VwVfG, § 39 RdNr. 95 ff.

5.3.3 Fehlerfolgen

Eine **fehlende Begründung** kann nach § 45 Abs. 1 Nr. 2 VwVfG (§ 41 Abs. 1 Nr. 2 SGB X) **nachgeholt** werden; dies ist möglich bis zum Abschluss der ersten Instanz eines verwaltungsgerichtlichen Verfahrens, § 45 Abs. 2 VwVfG NRW (§ 45 BVwVfG: bis zum Abschluss der letzten Tatsacheninstanz im verwaltungsgerichtlichen Verfahren; ähnlich § 41 Abs. 2 SGB X). Durch die Nachholung der Begründung wird der formell rechtswidrige VA „geheilt" und damit formell rechtmäßig. Gleiches gilt, wenn die Behörde im Nachhinein feststellt, dass ihre Begründung unvollständig war, z. B. wichtige Hinweise zum Sachverhalt fehlten: Auch hier ist eine nachträgliche Heilung des formellen Fehlers möglich. **694**

Eine Heilung nach § 45 VwVfG ist jedoch ausgeschlossen, wenn die Behörde nach Erlass des VA feststellt, dass ihre in ausreichendem Umfang erteilte Begründung sachlich oder rechtlich falsch war, z. B. wegen eines Rechtsirrtums (z. B. falsche Ermächtigungsgrundlage). Denn mangels eines Verstoßes gegen § 39 VwVfG ist in solchen Fällen der Anwendungsbereich von § 45 VwVfG gar nicht eröffnet: Wie oben ausgeführt wurde, wird den Anforderungen des § 39 VwVfG genügt, wenn die Behörde diejenigen Gründe ihres Handelns offenlegt, von denen sie bei Erlass des VA motiviert war – dass diese Gründe richtig oder rechtmäßig sind, ist für die formelle Begründungspflicht unerheblich[175]. Ob in solchen Fällen ein sog. **„Nachschieben von Gründen"** zulässig ist, ist im Einzelnen umstritten[176]; eine gesetzliche Vorschrift, die dies regelt, fehlt bislang. Das Bundesverwaltungsgericht und mit ihm die weit überwiegende Rechtsprechung hält das Nachschieben von Gründen überwiegend für zulässig, macht aber deutlich, dass neue Gründe für einen Verwaltungsakt nur nachgeschoben werden dürfen, „wenn sie schon bei Erlass des Verwaltungsakts vorlagen, dieser nicht in seinem Wesen verändert und der Betroffene nicht in seiner Rechtsverteidigung beeinträchtigt wird"[177].

Eine besondere (Teil-) Konstellation des „Nachschiebens von Gründens" ist in **§ 114 S. 2 VwGO** geregelt: Nach dieser Vorschrift kann die Behörde „ihre Ermessenserwägungen hinsichtlich des Verwaltungsaktes auch noch im verwaltungsgerichtlichen Verfahren ergänzen". Auch hier handelt es sich nicht um einen Anwendungsfall des § 45 Abs. 1 Nr. 2 VwVfG. Wie der Wortlaut der Norm klarstellt, kommt § 114 S. 2 VwGO von seinem Anwendungsbereich her nur in Betracht, wenn die Behörde nachträglich weitere Ermessenserwägungen vortragen möchte. Der Begriff „ergänzen" stellt klar, dass dies im gerichtlichen Verfahren nur dann zulässig ist, wenn in der ursprünglichen Begründung des angegriffenen VA Ermessenserwägungen bereits enthalten waren. Von einem solchen Ergänzen (im Sinne der Vervollständigung vorhandener Begründungselemente) ist jedoch der Fall zu unterscheiden, dass im VA ursprünglich gar keine Abwägungen erkennbar waren – was regelmäßig auf den materiellen Fehler des Ermessensnichtgebrauchs schließen lässt: Nach § 114 Satz 2 VwGO scheidet ein „erstmaliges Begründen" des Ermessens ebenso aus[178], wie etwa das komplette Auswechseln der Ermessenabwägungen[179] oder eine „Ergänzung", welche die ursprüngliche Ermessensabwägung in ihrem Wesensgehalt maßgeblich verändert (also die tragenden Gründe austauscht)[180]. **695**

---

175 So auch Lindner/Jahr, JuS 2013, 673, 676; Kopp/Ramsauer, VwVfG, § 39 RdNr. 18 f.

176 Übersicht über den Streitstand bei Kopp/Ramsauer, VwVfG, § 45 RdNr. 21.

177 BVerwG, Beschluss vom 09. Juni 2015 – 6 B 60/14 –, RdNR. 21, juris; vgl. auch OVG Münster, NVwZ-RR 2006, 86.

178 BVerwG, NVwZ 2007, 470.

179 BVerwGE 106, 351, 356.

180 Vgl. zu den Grenzen der Ergänzung von Ermessenserwägungen ausführlich Lindner/Jahr, JuS 2013, 673, 678.

Grundsätzlich bleibt damit festzuhalten, dass eine im Sinne des § 39 VwVfG fehlende oder unvollständige Begründung gemäß § 45 VwVfG nachgeholt werden kann, so dass der VA formell rechtmäßig wird. § 114 S. 2 VwGO bietet dagegen in begrenztem Rahmen die Möglichkeit, durch das Ergänzen von Ermessenserwägungen eine materiell rechtswidrige Ermessensentscheidung nachträglich zu heilen. Durch das (gesetzlich nicht geregelte) „Nachschieben von Gründen" kann unter gewissen Voraussetzungen eine fehlerhafte Begründung ausgetauscht werden – auch dies betrifft aber nicht die formelle, sondern die materielle Rechtmäßigkeit des VA.
Ist die Begründungspflicht aus § 39 VwVfG verletzt und wird die mangelhafte Begründung auch nicht nach § 45 Abs. 1 Nr. 2 VwVfG nachgeholt oder ergänzt, kommt noch eine Unbeachtlichkeit des Fehlers gemäß § 46 VwVfG in Betracht; bei gebundenen Entscheidungen wird der Fehler regelmäßig unbeachtlich sein.

5.4 Rechtsbehelfsbelehrung

696 Gemäß § 37 Abs. 6 VwVfG ist einem schriftlichen oder elektronischen VA, der der Anfechtung unterliegt, „eine Erklärung beizufügen, durch die der Beteiligte über den Rechtsbehelf, der gegen den Verwaltungsakt gegeben ist, über die Behörde oder das Gericht, bei denen der Rechtsbehelf einzulegen ist, den Sitz und über die einzuhaltende Frist belehrt wird (**Rechtsbehelfsbelehrung**). Die Rechtsbehelfsbelehrung ist auch der schriftlichen oder elektronischen Bestätigung eines Verwaltungsaktes und der Bescheinigung nach § 42a Absatz 3 beizufügen." Der Zweck der Vorschrift liegt auf der Hand: Der Bürger soll über seine Rechtsschutzmöglichkeiten gegen einen VA aufgeklärt werden; zugleich dient die Vorschrift der Förderung von Rechtssicherheit und Rechtsfrieden, da sie ein zügiges Vorgehen gegen Verwaltungsentscheidungen innerhalb der vorgesehenen (Monats-) Fristen der §§ 70, 74 VwGO bewirkt und so die ansonsten geltende Jahresfrist (§ 58 Abs. 2 VwGO) vermieden wird[181].

Teilweise ist die Verpflichtung zur Erteilung einer Rechtsbehelfsbelehrung auch spezialgesetzlich geregelt: So z. B. in § 36 SGB X für VAs in der Sozialverwaltung, in § 211 BauGB für bauplanungsrechtliche VAs oder in § 20 OBG NRW für Ordnungsverfügungen. Für Widerspruchsbescheide ergibt sich die Belehrungspflicht aus § 73 Abs. 3 VwGO, für Bescheide im Bereich des Ordnungswidrigkeitenrechts aus § 50 Abs. 2 OWIG. Für Justizverwaltungsakte vgl. § 117 JustG NRW.

5.4.1 Anwendungsbereich

697 Die Verpflichtung zur Beifügung einer Rechtsbehelfsbelehrung gilt für **schriftlich und elektronisch erlassene VAs** sowie für die Fälle, in denen ein mündlicher VA später schriftlich oder elektronisch bestätigt wird, § 37 Abs. 2 S. 2 VwVfG. Außerdem erstreckt sich die Verpflichtung auch auf die behördliche Bescheinigung über den Eintritt einer Genehmigungsfiktion gemäß § 42a Abs. 3 VwVfG[182].
Sodann greift die Verpflichtung nur ein bei VAs, „die der **Anfechtung** unterliegen": Deshalb ist belastenden VAs eine Rechtsbehelfsbelehrung beizufügen, ausschließlich begünstigenden VAs jedoch nicht, denn diese unterliegen mangels einer Rechtsverletzung beim Betroffenen nicht der Anfechtung, § 42 Abs. 2 VwGO. Sind einem begünstigenden VA jedoch belastende oder einschränkende Nebenbestimmungen beigefügt, so ist aus diesem Grund die Rechtsbehelfsbelehrung beizufügen, denn die Nebenbestimmungen wirken belastend und können separat angefochten werden[183]. Dasselbe gilt, wenn ein Bürger bei der Verwaltung eine Begünstigung (z. B. Genehmigung) beantragt, und diese nur teilweise gewährt wird: Zwar ist in einem solchen Fall Rechts-

181 Schmitz/Prell, NVwZ 2013, 745, 752.
182 Vgl. dazu oben 8. Abschnitt RdNr. 564 ff.
183 Vgl. 8. Abschnitt, RdNr. 561 f.

schutz nicht über die Anfechtungs- sondern über die Verpflichtungsklage zu suchen, aber die Interessenlage des Betroffenen ist mit den übrigen Fällen, in denen eine Rechtsbehelfsbelehrung beizufügen ist, vergleichbar[184]. Bei einem begünstigenden VA, der einen Dritten belastet (z. B. eine Baugenehmigung), muss (nur) der belastete Dritte über seine Rechte belehrt werden – sofern er am Verfahren beteiligt war und der VA ihm gegenüber bekanntgegeben werden muss, § 41 Abs. 1 VwVfG.

5.4.2 Umfang der Belehrungspflicht

Die Frage, worüber genau die Belehrung erfolgen muss, ist in § 37 Abs. 6 VwVfG im **698**
Einzelnen festgelegt; bei den dort genannten Punkten handelt es sich um den „Mindestinhalt", der erforderlich ist, um der gesetzlichen Verpflichtung nachzukommen. § 37 Abs. 6 VwVfG ist inhaltlich abgestimmt auf § 58 Abs. 1 VwGO; wird den hier wie dort übereinstimmend beschriebenen Anforderungen nicht genügt, so verlängert sich die Dauer der Rechtsbehelfsfrist auf ein Jahr, § 58 Abs. 2 VwGO. Eine ordnungsgemäß erteilte Rechtsbehelfsbelehrung muss also folgende Angaben enthalten:

a) Sie muss angeben, **welcher Rechtsbehelf** gegen den VA gegeben ist;
b) sie muss die **Behörde** oder das **Gericht** benennen, bei der bzw. dem der Rechtsbehelf einzulegen ist – mit Angabe des jeweiligen **Sitzes** und
c) sie muss über die einzuhaltende **Frist** belehren.

Sowohl der Bund als auch viele Bundesländer halten Muster für die korrekte Formulierung von Rechtsbehelfsbelehrungen bereit[185].

a) Zunächst muss die Rechtsbehelfsbelehrung über die Art des Rechtsbehelfs belehren: **699**
Ist also gegen einen VA ein Vorverfahren (= Widerspruchsverfahren) gemäß §§ 68 ff. VwGO statthaft, so muss hierüber belehrt werden; ansonsten ist auf die Möglichkeit der Klage hinzuweisen. Ob ein Vorverfahren statthaft ist, oder ob als Rechtsbehelf nur die Klage in Betracht kommt, ergibt sich aus § 68 VwGO; in NRW ist das Vorverfahren in großen Teilen abgeschafft, vgl. dazu im einzelnen § 110 JustG NRW[186].

b) Sodann ist anzugeben, bei welcher Behörde oder bei welchem Gericht der Rechtsbe- **700**
helf eingelegt werden muss. Zusätzlich muss der jeweilige Sitz benannt werden, also die Gemeinde, in der die Behörde oder das Gericht seinen (Haupt-) Sitz hat. Die Angabe der genauen Anschrift ist nach h. M. nicht erforderlich, jedoch weitgehend üblich, um dem Bürger lästiges Recherchieren zu ersparen.

c) Als letztes ist über die Frist zu belehren, innerhalb derer der Rechtsbehelf zu erheben **701**
ist; hierfür genügt die abstrakte Zeitangabe (z. B. innerhalb eines Monats nach Bekanntgabe). Die Frist im Einzelnen korrekt zu berechnen fällt in den Verantwortungsbereich des Bürgers – für die Behörde ist dies auch unmöglich, da sie den für den Beginn des Fristlaufs maßgeblichen Zeitpunkt der Bekanntgabe oder Zustellung im Vorhinein nicht wissen kann.

Unter Berücksichtigung dieser Mindestanforderungen könnte also eine Rechtsbehelfs- **702**
belehrung für einen VA, gegen den der Widerspruch statthaft ist, wie folgt lauten:

„Gegen diesen Bescheid/diese Verfügung/Anordnung/Entscheidung kann innerhalb eines Monats nach Bekanntgabe Widerspruch bei (Bezeichnung und Sitz der Behörde, die den Verwaltungsakt erlassen hat) erhoben werden."

---

184 U. Stelkens in Stelkens/Bonk/Sachs, VwVfG, § 37 RdNr. 153 m. w. N.

185 Für den Bund vgl. die als Rundschreiben ergangene Belehrung über Rechtsbehelfe nach dem Verwaltungsverfahrensgesetz (VwVfG) – VwVfGReBehBelRds – vom 12.8.2013 unter www. jurion.de; für Bayern unter den Suchworten „Rechtsbehelfe, Muster" auf www.stmi.bayern.de.

186 Zur Statthaftigkeit des Vorverfahrens vgl. ausführlich unten 11. Abschnitt.

Eine Rechtsbehelfsbelehrung, die auf die Möglichkeit der Klage hinweist, könnte wie folgt lauten:

„Gegen diesen Bescheid/diese Verfügung/Anordnung/Entscheidung kann innerhalb eines Monats nach Bekanntgabe Klage bei dem Verwaltungsgericht (Sitz des zuständigen Verwaltungsgerichts) erhoben werden.“[187]

5.4.3 Fehler und Fehlerfolgen

703 Die Rechtsbehelfsbelehrung ist kein Bestandteil des VA, sondern diesem nur „beizufügen“; daher macht eine fehlende oder fehlerhafte Rechtsbehelfsbelehrung den VA auch nicht rechtswidrig[188]. Verstößt die Behörde jedoch gegen die Vorschrift des § 37 Abs. 6 VwVfG, so hat dies gemäß § 58 Abs. 2 VwGO zur Folge, dass sich die Rechtsbehelfsfrist auf ein Jahr verlängert. Wird eine fehlende Rechtsbehelfsbelehrung nachgereicht oder eine fehlerhafte Belehrung nachträglich berichtigt, so läuft die Rechtsbehelfsfrist ab Zugang der nachgereichten Belehrung.

Fehlerhaft ist eine Rechtsbehelfsbelehrung, wenn sie die in § 37 Abs. 6 VwVfG geforderten Mindestangaben nicht enthält, aber auch dann, wenn unrichtige oder unklare Zusätze angefügt oder im Gesetz nicht vorgesehene Anforderungen aufgestellt werden.

Beispiel für eine fehlerhafte zusätzliche Anforderung ist es, wenn die Rechtsbehelfsbelehrung verlangt, dass der Widerspruch „zu begründen“ oder „in doppelter Ausfertigung einzusenden“ sei. Beispiel für eine Unvollständigkeit ist es, wenn die Behörde oder das Gericht, bei dem der Rechtsbehelf einzulegen ist, nicht genannt wird. Beispiel für eine sonstige Unrichtigkeit ist die Angabe einer „Vierwochenfrist“ an Stelle der gesetzlichen Monatsfrist oder das Abstellen der Frist bei einem zuzustellenden VA auf den Zeitpunkt der „Bekanntgabe“ anstatt auf den Zeitpunkt der Zustellung[189].

704 Fehlerhafte Rechtsbehelfsbelehrungen treten in der Praxis recht häufig auf, denn viele Behörden gehen über die recht kargen gesetzlichen Mindestanforderungen hinaus und geben dem Bürger weitere hilfreiche Hinweise zur Wahrung seiner Rechte an die Hand. Allerdings stellen die Gerichte hohe Anforderungen an die Richtigkeit und Vollständigkeit von Rechtsbehelfsbelehrungen: Wenn zusätzliche Informationen gegeben werden, so müssen diese richtig und vor allem vollständig sein; auch dürfen sie den Bürger nicht verwirren und von der Einlegung des Rechtsbehelfs abhalten bzw. diesen erschweren. Daran hapert es oft in der Praxis.

Fehleranfällig sind insbesondere Hinweise zur **Form** der Rechtsbehelfseinlegung. § 37 Abs. 6 VwVfG enthält keine Verpflichtung, über die Form der Rechtsbehelfseinlegung zu belehren[190]. Dennoch weisen viele Behörden freiwillig darauf hin, auf welche Weise der Widerspruch oder die Klage erhoben werden kann; dies war in der Vergangenheit auch unproblematisch, da sowohl Widerspruch als auch Klage nur entweder schriftlich oder zur Niederschrift bei der Behörde bzw. bei dem Urkundsbeamten der Geschäftsstelle des Gerichts erhoben werden konnten, §§ 70 Abs. 1, 81 Abs. 1 VwGO. Da aber in jüngster Zeit die Möglichkeiten der elektronischen Kommunikation mit Behörden und Gerichten erheblich gestiegen sind (z. B. durch die Einführung der § 3 a VwVfG sowie § 55a VwGO), birgt dieses an sich bürgerfreundliche Verhalten ein recht hohes Risiko, die Rechtsbehelfsbelehrung fehlerhaft zu machen mit der Konsequenz, dass sich die Rechtsbehelfsfrist auf ein Jahr verlängert, § 58 Abs. 2 VwGO.

So herrscht inzwischen in der Rechtsprechung die Ansicht vor, dass eine Rechtsbehelfsbelehrung, die trotz Eröffnung des elektronischen Rechtsverkehrs lediglich auf die Rechtsbehelfseinlegung in schriftlicher Form oder zur Niederschrift des Urkundsbeamten der Geschäftsstelle verweist,

---

187 So die Musterentwürfe im VwVfGReBehBelRds (Fn. 186), Anlage 1.

188 U. Stelkens in Stelkens/Bonk/Sachs, VwVfG, RdNr. 163.

189 OVG Münster, DVP 2001, 85 (mit Anm. von Vahle); Himmelmann/Höcker, VR 2003, 79, 84; OVG Münster, NWVBl 2009, 395.

190 Achtung, anders in § 36 SGB X!

unvollständig und deshalb irreführend sei, weil sie geeignet sei, den Eindruck zu erwecken, die Nutzung des elektronischen Rechtsverkehrs sei ausgeschlossen. Konsequenz ist jeweils die Verlängerung der Rechtsbehelfsfrist auf ein Jahr[191].

Da die Möglichkeiten der elektronischen Kommunikation mit Behörden und Gerichten vielfältig und auch von Behörde zu Behörde unterschiedlich sind, besteht die Gefahr, dass Rechtsbehelfsbelehrungen, die auch über die Form der Einlegung informieren wollen, unübersichtlich[192] und verwirrend werden. Daher sollte im Augenblick davon besser Abstand genommen werden[193].

6. Heilung und Unbeachtlichkeit von Fehlern im Verwaltungsverfahren; § 44a VwGO

6.1 Allgemeines

Führt eine Behörde ein Verwaltungsverfahren durch, so ist sie nach Recht und Gesetz 705
verpflichtet, sämtliche soeben dargelegten Anforderungen an ein korrektes Verwaltungsverfahren zu beachten, Art. 20 Abs. 3 GG. Doch im täglichen Behördenalltag passieren notgedrungen immer wieder Fehler an den einzelnen „Stationen" des Verfahrens: Vielleicht leitet die Behörde das Verfahren ein, obwohl ein notwendiger Antrag (noch) nicht vorliegt (§ 22 VwVfG); vielleicht versäumt sie es, jemanden ins Verfahren einzubeziehen, dessen Rechte vom Ausgang des Verfahrens massiv betroffen werden (§ 13 Abs. 2 VwVfG). Vielleicht ist die handelnde Behörde sogar unzuständig. Weiter können Fehler auftreten bei der Ermittlung des Sachverhalts (§ 24 VwVfG), befangene Amtsträger können tätig werden (§ 20, 21 VwVfG), und Akteneinsicht kann grundlos verweigert werden (§ 29 VwVfG). Schließlich sind Verstöße gegen Form- oder Bekanntgabevorschriften möglich; außerdem kann eine erforderliche Begründung (§ 39 VwVfG) mangelhaft sein. Grundsätzlich führen solche Rechtsverstöße zur (formellen) Rechtswidrigkeit des VA mit der Folge, dass dieser aufgehoben werden muss – sei es von der Widerspruchsbehörde, sei es vom Verwaltungsgericht (§§ 68, 113 VwGO). Sodann müsste das Verwaltungsverfahren erneut – und diesmal fehlerfrei – durchgeführt werden, wobei sich aber am Ergebnis in der Sache selbst womöglich gar nichts änderte.

Beispiele: Der Widerruf einer Gaststättenerlaubnis wegen Trunksucht des Wirts wird von einem befangenen Behördenmitarbeiter ausgesprochen. Würde das Verwaltungsgericht den Widerruf (nur) wegen dieses formellen Fehlers aufheben, so muss, wenn der Wirt tatsächlich trunksüchtig ist, ein erneutes Verfahren notwendig zum gleichen Ergebnis führen, da der Widerruf in diesem Fall nicht im Ermessen der Behörde steht, sondern zwingend zu erfolgen hat, § 15 Abs. 2 GastG. Der Widerruf wird also erneut ausgesprochen – nur diesmal von einem anderen Behördenmitarbeiter. Oder aber es ergeht eine schriftliche Ordnungsverfügung ohne Begründung und wird (nur) deshalb vom Gericht kassiert: Wahrscheinlich wird die gleiche Ordnungsverfügung sofort noch einmal erlassen werden – nur diesmal mit Begründung. In beiden Fällen bleibt das Endergebnis gleich, aber für die Verwaltung entstehen Gerichtskosten und zusätzlicher Arbeitsaufwand.

Um angesichts solcher Konsequenzen zu verhindern, dass jeder formelle Fehler notwendig zur Aufhebung des VA und zur Wiederholung des Verwaltungsverfahrens führt, hat der Gesetzgeber Regelungen im VwVfG eingeführt, mit deren Hilfe formelle Fehler entweder geheilt werden können (§ 45 VwVfG), oder aber unbeachtlich sind

191 OVG Magdeburg, Urteil vom 14. Oktober 2014 – 1 L 99/13 –, juris; vgl. auch OVG Münster, NWVBl 2014, 38; anders OVG Bremen, Beschluss vom 25. August 2015 – 2 LB 283/14 –, juris.

192 Negativbeispiele sind die „Muster" im VwVfGReBehBelRds (Fn. 178), Anlage 2 – für den Bürger dürfte diese Art von Rechtsbehelfsbelehrung keine Erleichterung sein.

193 U. Stelkens in Stelkens/Bonk/Sachs, VwVfG, RdNr. 193.

mit der Folge, dass ein VA allein wegen dieses Fehlers nicht aufgehoben wird (§ 46 VwVfG).

Hintergrund dieser Regelungen ist also der Gedanke der Verfahrensökonomie und Effizienz sowie die Idee der überwiegend „dienenden“ Funktion des Verfahrensrechts[194]. Vielfach wird diese Rechtslage kritisch betrachtet: Denn werden Verstöße gegen Verfahrensrecht vom Gesetzgeber weitgehend folgenlos gelassen, so führt dies zu einer Entwertung von verfahrensrechtlichen Rechtspositionen, die auch verfassungsrechtlich bedenklich ist. Werden an die formelle Fehlerhaftigkeit des Handelns der Verwaltung nur in beschränktem Umfang Konsequenzen geknüpft, so birgt dies die Gefahr, als eine gewisse Ermunterung an die Behörden missverstanden zu werden, Verfahrens- und Formvorschriften nicht so ernst zu nehmen[195] oder als „Signal, ... dass Verfahrens- und Formvorschriften erst dann beachtet werden müssen, wenn es zur gerichtlichen Auseinandersetzung kommt“[196]. Es steht hier jedenfalls die Grundfrage nach der Verbindlichkeit von (Verfahrens-) Rechtsvorschriften in Rede[197].

6.2 Heilung, § 45 VwVfG

706 § 45 VwVfG (§ 41 SGB X) legt folgende Voraussetzungen für die nachträgliche Heilung eines Verfahrensfehlers fest:

- Es muss ein **VA** bekanntgegeben worden sein,
- der **nicht nichtig** sein darf, § 44 VwVfG. Außerdem
- muss ein in Abs. 1 Nr. 1 bis 5 genannter **Verfahrens- oder Formfehler** vorliegen[198], der
- durch **Nachholung** der entsprechenden Verfahrenshandlung nachträglich geheilt wird,
- und zwar innerhalb der in Abs. 2 genannten **Frist**.

Nach § 45 Abs. 2 BVwVfG und § 41 Abs. 2 SGB X dürfen Heilungshandlungen **„bis zum Abschluss der letzten Tatsacheninstanz“** eines sozial- oder verwaltungsgerichtlichen Verfahrens nachgeholt werden; nach § 45 Abs. 2 VwVfG NRW ist Heilung durch Nachholung erlaubt **bis zum Abschluss der ersten Instanz** eines verwaltungsgerichtlichen Verfahrens (anders nur für einen fehlenden Antrag: Dieser kann auch noch in den weiteren Instanzen nachgeholt werden).

§ 45 VwVfG lässt eine Heilung nur zu für Fehler, die nicht so gravierend sind, dass sie zur Nichtigkeit führen; ob der Verfahrensfehler die Nichtigkeit des VA nach sich zieht, beurteilt sich nach § 44 VwVfG[199]. Für die in § 45 Abs. 1 Nr. 4 und 5 VwVfG genannten Fehler stellt § 44 Abs. 3 Nr. 3 und 4 VwVfG klar, dass sie niemals zur Nichtigkeit führen, also stets heilbar sind.

707 Die in der Praxis wichtigsten Fälle der Heilung sind die nachträgliche **Begründung** (Abs. 1 Nr. 2)[200] und die nachträgliche **Anhörung** (Abs. 1 Nr. 3)[201]:

---

194 Vgl. dazu oben RdNr. 568.
195 Vahle, DVP 2005, 265, 266.
196 Hatje, DÖV 97, 477, 480.
197 So auch Bonk, NVwZ 2001, 636, 641; Fremuth, JA 2012, 844, 850. – In der Verwaltungspraxis wird teilweise eine – auf den späteren Heilungsmöglichkeiten basierende – Tendenz beobachtet, „ ... für den Bürger belastende Entscheidungen unter Missachtung der formellen Voraussetzungen zu erlassen.“ So Gühlstorf, DVP 2004, 313. Umfassender Überblick über die Kritik an der bestehenden gesetzlichen Regelung bei Hufen/Siegel, Fehler im Verwaltungsverfahren, RdNr. 911 ff.
198 Ob die Regelung des § 45 VwVfG analog auf andere Verfahrens- oder Formfehler angewendet werden kann, wird überwiegend kritisch gesehen, vgl. dazu nur Hufen/Siegel, Fehler im Verwaltungsverfahren, RdNr. 938.
199 Vgl. dazu oben 6. Abschnitt, RdNr. 433 ff.
200 Vgl. dazu bereits oben RdNr. 694 ff.
201 Oben RdNr. 638.

708 Gibt die Behörde im Anwendungsbereich des § 39 VwVfG dem VA entweder keine oder aber eine nur unvollständige **Begründung** bei, so kann dies durch Nachholung bzw. Vervollständigung der Begründung geheilt werden – die Behörde darf also auch später noch die Gründe benennen oder ergänzen, die sie zum Erlass des VA bewogen haben bzw. hatten. § 45 Abs. 1 Nr. 2 VwVfG kann jedoch nicht dazu genutzt werden, eine ausreichende, also dem § 39 VwVfG genügende, aber inhaltlich fehlerhafte Begründung auszutauschen, denn der Anwendungsbereich des § 45 VwVfG ist in diesem Fall mangels Verstoßes gegen § 39 VwVfG gar nicht eröffnet. § 45 Abs. 1 Nr. 2 VwVfG ermöglicht also nicht das nachträgliche Korrigieren einer falschen Begründung, die z. B. auf einer fehlerhaften Ermächtigungsgrundlage oder einer falsch abgewogenen Ermessensentscheidung beruht[202].

Achtung: „Ergänzende" (neue) Ermessenserwägungen dürfen gemäß § 114 S. 2 VwGO auch im Verwaltungsprozess noch „nachgereicht" werden – dies betrifft jedoch nicht mehr die formelle, sondern die materielle Rechtmäßigkeit des VA.

Das Nachholen der Begründung obliegt zunächst der Behörde, die den VA erlassen hat. Findet ein Widerspruchsverfahren statt, so kann die Nachholung auch durch die Widerspruchsbehörde erfolgen[203]. Da der das Widerspruchsverfahren abschließende Bescheid gemäß § 73 Abs. 3 VwGO (§ 85 Abs. 3 SGG) zwingend zu begründen ist, enthält dann der – nunmehr „in zweiter Instanz" ergehende – Widerspruchsbescheid stets die Heilung im Sinne des § 45 Abs. 1 Nr. 2 VwVfG.

709 Gemäß § 45 Abs. 1 Nr. 3 VwVfG kann auch eine fehlende **Anhörung** durch Nachholung geheilt werden. Gerade diese gesetzliche Heilungsmöglichkeit wird jedoch vielfach kritisch gesehen, da sie das „zentrale Verfahrensrecht" des Bürgers verkürzt, nämlich das Recht, seine Sichtweise auf den Fall rechtzeitig in den Entscheidungsprozess der Behörde einzuspeisen[204]. Für den betroffenen Bürger ist es nicht dasselbe, ob er seine Meinung vor oder nach Erlass des VA äußern kann – in letzterem Fall liegt das Kind aus seiner Sicht ja schon „im Brunnen". Dies zugrunde gelegt, kann eine Heilung der versäumten Anhörungspflicht nur dann eintreten, wenn die Anhörung nachträglich ordnungsgemäß durchgeführt und ihre Funktion für den Entscheidungsprozess der Behörde uneingeschränkt erreicht wird[205]. „Das setzt voraus, dass der Beteiligte – nachträglich – eine vollwertige Gelegenheit zur Stellungnahme erhält und die Behörde die vorgebrachten Argumente zum Anlass nimmt, die ohne vorherige Anhörung getroffene Entscheidung kritisch zu überdenken"[206]. Die Nachholung der Anhörung darf also nicht nur „auf dem Papier" erfolgen, sondern die Behörde muss – sofern notwendig – auf der Grundlage der nachgeholten Anhörung ev. neue, weitere Sachverhaltsermittlungen anstellen und/oder aber ihre Ermessensentscheidung überprüfen. In der Sache dürfte dies häufig auf eine Art „Wiederaufnahme" des Verfahrens hinauslaufen[207].

Die genannten Überlegungen führen dazu, dass die Anhörung grundsätzlich durch die Ausgangsbehörde nachzuholen ist; eine Nachholung durch die Widerspruchsbehörde (sofern ein Widerspruchsverfahren statthaft ist!) kommt nur dann in Betracht, wenn hierdurch der Zweck der Anhörung noch vollumfänglich erreicht wird. Dies wird regelmäßig der Fall sein, wenn die Widerspruchsbehörde denselben Prüfungsmaßstab

---

202 Beaucamp, JA 2007, 117, 118; Weidemann/Rheindorf, DVP 2010, 178, 180. Das sog. „Nachschieben von Gründen" wird heute auch ohne gesetzliche Grundlage überwiegend für zulässig gehalten, vgl. dazu oben RdNr. 694. Befürwortend z. B. OVG Münster, NVwZ-RR 2006, 86 für den Fall einer späteren Auswechslung der Ermächtigungsgrundlage.

203 Sachs in Stelkens/Bonk/Sachs, VwVfG, § 39 RdNr. 33 m. w. N.

204 Vgl. nur Beaucamp, JA 2007, 117, 118.

205 BVerwGE 137, 199.

206 VGH Kassel, NVwZ-RR 2012, 163, 164.

207 Heilmann, DVP 2013, 141, 142. Zur Wiederaufnahme des Verfahrens vgl. oben RdNr. 515 ff.

anzulegen hat wie die Ausgangsbehörde (Prüfung der Rechtmäßigkeit und Zweckmäßigkeit des VA, vgl. § 68 Abs. 1 VwGO); ist die Widerspruchsbehörde allerdings (wie in Selbstverwaltungsangelegenheiten) auf die Überprüfung der Rechtmäßigkeit der Entscheidung beschränkt[208], scheidet diese Möglichkeit aus[209].

Grundsätzlich ist also die Behörde verpflichtet, die Anhörung „aktiv" nachzuholen. Hat allerdings der Adressat eines VA gerade einen ausführlich begründeten Widerspruch eingelegt, so dürfte er sich sehr wundern, wenn er danach nochmals – sei es von der Ausgangs-, sei es von der Widerspruchsbehörde – aufgefordert wird, im Rahmen einer nachgeholten Anhörung seine Argumente vorzubringen. In diesem Fall wird man wohl die notwendige Aktivität der Behörde darauf beschränken können, das Vorbringen des Betroffenen ernsthaft zu prüfen und in die Entscheidung über den Widerspruch mit einzubeziehen[210].

710 Wird ein Verfahrens- oder Formfehler durch Nachholung „geheilt", so ist der Rechtsverstoß in der Sprache des § 45 Abs. 1 VwVfG „unbeachtlich"; in der Sache bedeutet dies, dass der VA durch die Nachholung **rechtmäßig** wird, und zwar nach h. M. rückwirkend auf den Zeitpunkt seines Erlasses[211]. Abs. 3 beseitigt darüber hinaus die mögliche Nebenwirkung, dass wegen des Fehlens einer Begründung oder der Anhörung eine Anfechtungsfrist versäumt wurde.

Die **Kostenfolgen** eines eventuellen Widerspruchs, der zwar bei seiner Einlegung (etwa wegen einer fehlenden Anhörung) erfolgversprechend war, der aber im Ergebnis erfolglos ist, da durch die Heilung der Mangel zwischenzeitlich (etwa im Widerspruchsverfahren) beseitigt wurde, regelt § 80 Abs. 1 Satz 2 VwVfG: Hiernach trägt der Rechtsträger, dessen Behörde den angefochtenen VA erlassen hatte, die Kosten „auch, wenn der Widerspruch nur deshalb keinen Erfolg hat, weil die Verletzung einer Verfahrens- oder Formvorschrift nach § 45 unbeachtlich ist"[212].

6.3 Unbeachtlichkeit, § 46 VwVfG

711 Kommt die nachträgliche Heilung eines Verfahrens- oder Formfehlers gemäß § 45 VwVfG nicht in Betracht, oder aber hat die Behörde von der Heilungsmöglichkeit keinen Gebrauch gemacht, so kann gemäß § 46 VwVfG (§ 42 SGB X) ein solcher **Fehler** dennoch für die Behörde **folgenlos** bleiben, „wenn offensichtlich ist, dass die Verletzung die Entscheidung in der Sache nicht beeinflusst hat." § 46 VwVfG greift also nur ein bei ergebnisneutralen Verfahrens- oder Formverstößen. Anders als bei § 45 VwVfG ist im Rahmen des § 46 VwVfG keine Heilungshandlung erforderlich, durch die der VA nachträglich rechtmäßig wird; § 46 VwVfG bewirkt stattdessen, dass der Anspruch des Betroffenen auf Aufhebung des rechtswidrigen VA im Widerspruchsverfahren oder vor dem Verwaltungsgericht entfällt. Der VA selbst bleibt nach wie vor fehlerbehaftet und rechtswidrig; es steht der Behörde frei, ihn jederzeit nach § 48 VwVfG aufzuheben.

Obwohl also der VA formell rechtswidrig ist, hätte eine Anfechtungsklage vor dem Verwaltungsgericht keine Aussicht auf Erfolg, da die Aufhebung des VA, die als Rechtsfolge einer zulässigen und begründeten Anfechtungsklage erfolgen müsste, § 113 Abs. 1 VwGO, vom Betroffenen wegen § 46 VwVfG gerade nicht verlangt werden kann.

Bei streng rechtsstaatlicher Betrachtungsweise müsste an sich jeder Gesetzesverstoß – auch ein solcher im Verfahren oder in der Form – zur Aufhebung des VA wegen Rechtswidrigkeit führen. Als Grund für die abweichende Gesetzesregelung in § 46

208 Vgl. hierzu nur Detterbeck, Allgemeines Verwaltungsrecht, RdNr. 1371.

209 Da allerdings in der Regel die Selbstverwaltungsbehörde auch Widerspruchsbehörde ist, § 73 Abs. 1 S. 2 Nr. 3 VwGO, dürfte dieser Fall nur selten eintreten.

210 Beaucamp, Jura 2007, 117, 118; vgl. auch Stein, DVP 2009, 2, 5.

211 Sauerland, Allgemeines Verwaltungsrecht, RdNr. 240; Beaucamp, JA 2007, 117, 119 m. w. N.; Weidemann/Rheindorf, DVP 2010, 178, 179 m. w. N.

212 Zur Verwaltungspraxis Gülstorf, DVP 2004, 313.

VwVfG ist jedoch anzuerkennen, dass es in der Verwaltungspraxis unökonomisch wäre, einen VA wegen eines formellen Fehlers aufzuheben, wenn er sofort mit gleichem Inhalt wieder (diesmal aber formgerecht) erlassen werden könnte oder gar müsste. Hintergrund ist die Idee von der „dienenden Funktion" des Verfahrensrechts: Ist der VA im Ergebnis materiell-inhaltlich rechtmäßig, so treten die Verstöße gegen das Verfahrensrecht in den Hintergrund, solange nur das „Endprodukt" inhaltlich zu überzeugen vermag.

Voraussetzung für § 46 VwVfG ist, dass 712
- ein **VA** erlassen wurde,
- der unter Verletzung einer Vorschrift über das **Verfahren**, die **Form** oder die **örtliche** (nicht jedoch: sachliche!) **Zuständigkeit** zustande gekommen ist.
- Der VA darf **nicht nichtig** sein, und
- es muss offensichtlich sein, dass der Fehler „die Entscheidung in der Sache nicht beeinflusst hat".

§ 46 VwVfG greift ein bei Verfahrens-, Zuständigkeits- oder Formfehlern, die nicht 713 schon zur Nichtigkeit des VA führen – ob Nichtigkeit vorliegt, bemisst sich nach § 44 VwVfG.

Achtung: Zwar ist § 46 VwVfG anwendbar bei Verstößen gegen Regelungen über die örtliche Zuständigkeit – nicht aber bei solchen Verstößen, die zur Nichtigkeit des VA gemäß § 44 Abs. 2 Nr. 3 VwVfG führen: Dies sind Verstöße gegen § 3 Abs. 1 Nr. 1 VwVfG (Zuständigkeit nach der Belegenheit der Sache).

Von § 46 VwVfG werden auch solche Verfahrens- oder Formverstöße erfasst, die grundsätzlich nach § 45 VwVfG heilbar wären, also z. B. ein fehlender Antrag, eine fehlende Begründung oder eine fehlende Anhörung. Werden diese Verfahrenshandlungen aus welchem Grund auch immer nicht nachgeholt, so kommt noch eine Unbeachtlichkeit des Rechtsverstoßes wegen § 46 VwVfG in Betracht.

Zu prüfen ist bei solchen Verstößen zunächst die Frage der Heilung – denn hat diese stattgefunden, ist der VA rechtmäßig geworden, und für § 46 VwVfG bleibt kein Raum. Ist eine Heilung jedoch nicht erfolgt, so kann der Fehler immer noch unbeachtlich sein, § 46 VwVfG.
§ 42 S. 2 SGB X nimmt die fehlende Anhörung vom Geltungsbereich der Vorschrift aus; das heißt, dass das SGB X der Anhörung einen höheren Stellenwert als den übrigen Verfahrensregeln beimisst, mit der Folge, dass in seinem Anwendungsbereich ein Verstoß gegen die Anhörungspflicht nicht unbeachtlich bleibt.

Der Fehler ist jedoch nur dann unbeachtlich, wenn **„offensichtlich"** ist, dass er sich 714 nicht auf das Ergebnis des VA ausgewirkt hat. „Offensichtlich" bedeutet in diesem Zusammenhang, dass ein Einfluss des Fehlers auf die Sachentscheidung eindeutig und unter allen Umständen **ausgeschlossen** werden kann. Dies ist immer dann der Fall, wenn die materielle Sachentscheidung als **gebundene Entscheidung** zu treffen ist – oder aber, wenn das Behörden**ermessen auf Null reduziert** ist[213].

Beispiel: Gemäß § 75 Abs. 1 S. 1 BauO NRW „ist" die Baugenehmigung zu erteilen, wenn dem Vorhaben öffentlich-rechtliche Vorschriften nicht entgegenstehen. Ob die Behörde unzuständig oder der Sachbearbeiter befangen ist oder nicht, kann sich auf das materielle Ergebnis in keiner Weise auswirken, denn wenn die Voraussetzungen für die Baugenehmigung vorliegen, dann muss diese erteilt werden. Diese gesetzliche Bindung verpflichtet auch die unzuständige Behörde bzw. den befangenen Sachbearbeiter. Könnte die Genehmigung (nur) wegen des formellen Fehlers erfolgreich angefochten werden, so müsste sie im Anschluss sofort wieder erteilt werden, denn ihre Tatbestandsvoraussetzungen liegen ja vor. Solche kostspieligen Umwege sollen mit § 46 VwVfG vermieden werden.

213 Detterbeck, Allgemeines Verwaltungsrecht, RdNr. 636, 638; Beaucamp, JA 2007, 117, 119.

715 Liegt dem VA eine Ermessensnorm zugrunde und ist das Ermessen im konkreten Fall nicht auf Null reduziert (was der Regelfall ist!), so liegt die für § 46 VwVfG erforderliche „Offensichtlichkeit" nur dann vor, wenn eindeutig keine Möglichkeit besteht, dass die Behörde ohne den formellen Rechtsverstoß anders entschieden hätte – „jeglicher Zweifel" muss ausgeschlossen sein[214]. Ob dies der Fall ist, muss mittels einer „hypothetischen Betrachtung" geklärt werden[215].

Für den Fall einer fehlenden Anhörung wäre also zu prüfen, was der Betroffene bei fehlerfreier Anhörung vorgetragen hätte und ob dieser Vortrag objektiv geeignet gewesen wäre, die Sachentscheidung der Behörde zu beeinflussen[216].

Danach dürfte eine Anwendung des § 46 VwVfG bei Ermessensentscheidungen nahezu ausgeschlossen sein, denn es besteht fast immer die Möglichkeit, dass die Behörde bei Beachtung der formellen Verfahrensvorschriften anders entschieden hätte.

Beispiel: So liegt auf der Hand, dass ein befangener Mitarbeiter sein Ermessen vermutlich anders betätigt hat als ein unbefangener, der Verstoß gegen § 20 VwVfG sich also wahrscheinlich aufs Ergebnis ausgewirkt hat; gleiches dürfte im Fall der örtlich unzuständigen Behörde gelten – die örtlich zuständige und damit sachnähere Behörde hätte mit einiger Wahrscheinlichkeit anders entschieden. Aber auch bei einer fehlenden Begründung kann nicht ausgeschlossen werden, dass das Ergebnis anders ausgefallen wäre, hätte sich die Behörde die Mühe gemacht, ihre Gedanken noch einmal schriftlich zu fixieren.

6.4 § 44a VwGO

716 § 44a VwGO ordnet an, dass Fehler im Verwaltungsverfahren nur gemeinsam mit der am Ende ergangenen Sachentscheidung, also dem VA, überprüft werden können; eine isolierte Überprüfung **vor** Erlass des VA ist ausgeschlossen. Auch diese Norm dient hauptsächlich der Verfahrensökonomie: Eine mehrfache, eventuell im Ergebnis auch unnötige Inanspruchnahme der Verwaltungsgerichte soll vermieden werden; zugleich soll eine Verzögerung der Sachentscheidung durch Prozesse während des Verwaltungsverfahrens verhindert werden. Außerdem trägt die Norm den Regelungen in §§ 45, 46 VwVfG Rechnung, wonach Verfahrensfehler sogar noch im späteren Prozess um die Rechtmäßigkeit der Sachentscheidung, also des VA, geheilt werden können, oder gar gänzlich unbeachtlich sind.

Wichtigster Anwendungsfall der Norm ist der Anspruch auf Akteneinsicht: Verweigert die Behörde im Verwaltungsverfahren dem Beteiligten die Akteneinsicht, so kann dies während des noch laufenden Verwaltungsverfahrens nicht separat eingeklagt werden – der Beteiligte muss abwarten, bis der Erlass des VA das Verfahren beendet und dann entscheiden, ob er gegen diesen vorgehen will. Häufig hat sich dann der Streit um die Akteneinsicht bereits „erledigt": Trotz des fehlerhaften Verfahrens kann der VA zu einem inhaltlich befriedigenden Ergebnis für den Beteiligten geführt haben, z. B. indem seinem Antrag vollumfänglich stattgegeben wurde. Zu einer Klage „nur" wegen des Verstoßes wird es dann wohl nicht mehr kommen. Diese wäre außerdem wahrscheinlich erfolglos wegen § 46 VwVfG.

§ 44a VwGO zwingt also die Beteiligten, den Ausgang des Verwaltungsverfahrens abzuwarten; nur wenn das „Endprodukt", also der VA selbst, nicht überzeugt, steht § 44a VwGO einer Klage nicht mehr im Wege. Ausnahmefälle sind in S. 2 geregelt.

7. Besondere Verfahrensarten

717 Im Normalfall wird das Verwaltungsverfahren als nichtförmliches Verfahren im Sinne des § 10 VwVfG (§ 9 SGB X) durchgeführt. Das VwVfG hält jedoch noch weitere

---

214 BVerwGE 142, 205.

215 BVerwG, DVBl 2014, 303; zur Frage der Beweislast bei § 46 vgl. EuGH, DVBl 2015, 1514 mit Anmerkung Stüer/Buchsteiner.

216 BVerwGE 137, 199.

Verfahrensarten bereit, die sehr viel stärker formalisiert sind; diese sollen, so die Idee des Gesetzgebers, bei solchen Angelegenheiten oder Projekten zur Anwendung kommen, die wegen ihrer Bedeutung, entweder wegen ihres Umfangs oder ihrer Größe, oder aber ihrer Grundrechtsrelevanz, einer besonderen „förmlichen" Behandlung bedürfen[217]. Da diese Verfahren für die Ausbildung von nachrangiger Bedeutung sind, werden sie hier nur kurz vorgestellt, aber nicht weiter vertieft.

7.1 Förmliches Verwaltungsverfahren

Die §§ 63–71 VwVfG (ohne Entsprechung im SGB X) regeln den Ablauf des sog. förmlichen Verfahrens, das ebenso wie das nichtförmliche Verfahren ein Verwaltungsverfahren im Sinne des § 9 VwVfG ist, also auf den Erlass eines VA oder den Abschluss eines öffentlich-rechtlichen Vertrages gerichtet ist. Allerdings kommt das förmliche Verfahren nur dann zur Anwendung, wenn dies durch **Rechtsvorschrift explizit angeordnet** ist, § 63 Abs. 1 VwVfG. Sein **Zweck** ist eine erhöhte Richtigkeitsgewähr und Legitimationskraft in Verfahren, bei denen es um schwerwiegende Eingriffe in die Rechtsstellung Beteiligter oder um besonders gewichtige allgemeine Belange geht. Entsprechend wird durch besondere Vorschriften eine Stärkung der Rechtsstellung der Beteiligten im Verfahren bewirkt und durch einen gerichtsförmigen bzw. prozessähnlich ausgestalteten Verfahrensablauf die Legitimationskraft der späteren Verwaltungsentscheidung erhöht. **718**

In der Praxis kommt das förmliche Verfahren nur selten zur Anwendung; nur in wenigen Gesetzen findet sich die Anordnung, eine Entscheidung im förmlichen Verfahren herbeizuführen. **719**

Auf bundesrechtlicher Ebene wären hier zu nennen z. B. das Bundesberggesetz, das Saatgutverkehrs- und das Sortenschutzgesetz. Landesrechtlich wird dies angeordnet z. B. im Enteignungsrecht (vgl. z. B. § 18 Abs. 2 EEG NRW) oder im Wasserrecht (z. B. § 143 WasserG NRW).

Darüber hinaus enthalten manche Fachgesetze eigenständige Verfahrensregelungen, die einem förmlichen Verfahren im Sinne der §§ 63 ff. VwVfG angenähert sind (förmliche Verfahren im weiteren Sinne).

Vgl. z. B. §§ 104 ff. BauGB für das Enteignungsverfahren oder §§ 102 ff. GWB für die Verfahren vor den Vergabekammern.

Das förmliche Verwaltungsverfahren wird durch folgende **Elemente** gekennzeichnet: **720**
- Formbindung des verfahrenseinleitenden Antrags, § 74 VwVfG
- Mitwirkungspflicht von Zeugen und Sachverständigen, § 75 VwVfG
- erweiterte Mitwirkungsrechte der Beteiligten[218], § 66 VwVfG
- Durchführung einer mündlichen Verhandlung, §§ 67, 68 VwVfG
- Schriftform der Entscheidung mit Begründungs- und Zustellungspflicht, § 69 VwVfG.

Dem Umfang dieses aufwendigen behördlichen Sonderverfahrens entsprechend ist vor Erhebung einer verwaltungsgerichtlichen Klage kein Vorverfahren erforderlich (§ 70 VwVfG).

7.2 Planfeststellungsverfahren

Noch stärker formalisiert als das förmliche Verfahren ist das Planfeststellungsverfahren[219] gemäß §§ 72 ff. VwVfG (ohne Entsprechung im SGB X). Es greift gemäß § 72 **721**

217 Sachs in Stelkens/Bonk/Sachs, VwVfG, § 63 RdNr. 1 mit Hinweis auf die Gesetzgebungsmaterialien.
218 Zum Anhörungsrecht im förmlichen Verwaltungsverfahren Spranger, NwVBl 2000, 166.
219 Grundlegend Stüer/Probstfeld, Die Planfeststellung – Grundlagen, Fachrecht, Rechtsschutz, Beispiele, 2. Aufl. 2016.

Abs. 1 VwVfG ebenfalls nur ein, wenn dies ausdrücklich „... durch **Rechtsvorschrift angeordnet**" wird. Gegenstand dieser Verfahrensart sind Entscheidungen über die Genehmigung **raum- oder objektbezogener (Groß-) Vorhaben** wie z. B. Straßen- oder Fernmeldeanlagenbau oder der Ausbau von Gewässern, Flughäfen oder Eisenbahnstrecken.

Beispiele: § 9b AtomG (für Anlagen zur Zwischenlagerung oder Endlagerung radioaktiver Abfälle), § 14 WasserstraßenG (Ausbau und Neubau von Bundeswasserstraßen); § 17 BFernstraßenG (Bau oder Änderung von Bundesfernstraßen); § 28 Abs. 1 PBefG (Betriebsanlagen von Straßenbahnen); §§ 8 ff. LuftVG (für das Anlegen von Flughäfen und Landeplätzen)

Das Planfeststellungsverfahren ist ein rationelles, komplexes, konzentriertes und einheitliches Verwaltungs- und Planungsverfahren[220], das eine Vielzahl von öffentlichen und privaten Interessen in einem geordneten Verfahren in einen angemessenen Ausgleich bringen und in einer einheitlichen Gesamtentscheidung zusammenfassen soll. Allerdings gelingt dies nur selten zur Zufriedenheit aller – fast immer wird heute nach der Planfeststellung von großen Infrastrukturprojekten um verwaltungsgerichtlichen Rechtsschutz nachgesucht.

722 Das Planfeststellungsverfahren ist gekennzeichnet vor allem durch Regelungen zu einem umfänglichen **Anhörungsverfahren** (§ 73 VwVfG) sowie zum **Planfeststellungsbeschluss,** mit dem am Ende des Verfahrens der Plan festgestellt wird. Der Planfeststellungsbeschluss ist ein VA, der vor dem Verwaltungsgericht mit der Anfechtungsklage angegriffen werden kann. Die Besonderheit eines Planfeststellungsbeschlusses liegt in seiner **Konzentrationswirkung**, denn durch ihn wird die Zulässigkeit des Vorhabens im Hinblick auf alle von ihm berührten öffentlichen Belange festgestellt; neben der einen einheitlichen Planfeststellung sind andere behördliche Entscheidungen, insbesondere öffentlich-rechtliche Genehmigungen, Verleihungen, Erlaubnisse, Bewilligungen, Zustimmungen und Planfeststellungen nicht erforderlich, § 75 Abs. 1 VwVfG. Dementsprechend muss das Verfahren so strukturiert sein und geführt werden, dass sämtliche relevanten Belange, private wie öffentliche, in die Entscheidung mit einbezogen werden können – dem dient insbesondere das breit angelegte Anhörungsverfahren.

Da eine einheitliche Planungsentscheidung nicht immer alle Betroffenen zufrieden stellen wird, enthalten die gesetzlichen Vorschriften auch besondere Regelungen zum Umgang mit nicht fristgerecht vorgebrachten Einwendungen (§ 74 Abs. 4 VwVfG) sowie zu Abwägungsmängeln (§ 75 Abs. 1a VwVfG). Selbst schwere Abwägungsmängel führen in der Regel nicht zur Aufhebung des Plans, sondern lediglich zu einer Planergänzung[221]. Ist der Planfeststellungsbeschluss einmal unanfechtbar geworden, sind Ansprüche auf Unterlassung des Vorhabens, auf Beseitigung oder Änderung der Anlagen oder auf Unterlassung ihrer Benutzung regelmäßig ausgeschlossen (§ 75 Abs. 2 VwVfG).

In einfach gelagerten Fällen kann an die Stelle eines Planfeststellungsbeschlusses auch eine Plangenehmigung treten, § 74 Abs. 6 VwVfG; diese hat die gleichen Rechtswirkungen wie ein Planfeststellungsbeschluss. In Fällen von „unwesentlicher Bedeutung" können Planfeststellung und Plangenehmigung auch ganz entfallen, § 74 Abs. 7 VwVfG.

7.3 Verfahren über eine einheitliche Stelle

723 Seit dem Jahr 2008 enthält das VwVfG[222] mit den §§ 71 a ff. Regelungen, die es ermöglichen, ein (förmliches oder nichtförmliches) Verwaltungsverfahren, aber auch anderweitige Anliegen über eine „einheitliche Stelle" abzuwickeln[223]. Durch diese ge-

---

220 Neumann in Stelkens/Bonk/Sachs, VwVfG, § 72 RdNr. 1.
221 Hierzu ausführlich Hildebrandt, Der Planergänzungsanspruch, 1999.
222 in Umsetzung der Europäischen Dienstleistungsrichtlinie vom 12.12.2006.
223 Instruktiv Röckinghausen, NwVBl 2009, 464.

setzliche Regelung soll es dem Bürger ermöglicht werden, über einen einzigen behördlichen Ansprechpartner alle Verwaltungsverfahren abzuwickeln, die für die Realisierung seines Vorhabens erforderlich sind. Dazu nimmt diese Stelle (nach § 71b Abs. 1 VwVfG) z. B. Anzeigen, Anträge, Willenserklärungen und Unterlagen entgegen und leitet sie an die sachlich zuständige(n) Behörde(n) weiter. So soll dem Bürger erspart werden, bei größeren Projekten gleichzeitig mit unterschiedlichen Behörden arbeiten zu müssen und im „Behördendschungel" verloren zu gehen; die „einheitliche Stelle" übernimmt für ihn die Kommunikation mit allen zu beteiligenden Behörden.

Dies kann sehr hilfreich sein, wenn z. B. für ein größeres Bauprojekt unterschiedliche Erlaubnisse eingeholt werden müssen, von der Baugenehmigung über denkmalschutzrechtliche bis hin zu straßen- oder verkehrsrechtlichen Erlaubnissen und Genehmigungen; hierfür sind im Zweifel unterschiedliche Behörden zuständig. Im Verfahren über die „einheitliche Stelle" gibt es für den Bürger dann nur noch einen Ansprechpartner, der für ihn die Zusammenarbeit mit den anderen Behörden übernimmt.

Auch das Verfahren über eine einheitliche Stelle ist nur dann möglich, wenn dies **durch Rechtsvorschrift angeordnet** ist; dem Bürger ist es aber auch in diesen Fällen unbenommen, sich selbst an die zuständigen Behörden zu wenden[224].

Gesetzliche Optionen für eine Verfahren über eine einheitliche Stelle finden sich z. B. in § 5b HandwerksO, § 164a Abs. 1 SteuerberatungsG; § 25 Abs. 2 S. 1 AbfallG NRW.

Wer die Aufgaben der einheitlichen Stelle wahrnimmt, ist zwar nicht in §§ 71a ff. VwVfG, aber doch ebenfalls gesetzlich geregelt.

So liegt in NRW diese Aufgabe bei den Kreisen und kreisfreien Städten als Pflichtaufgabe zur Erfüllung nach Weisung, vgl. § 1 Abs. 2 des Gesetzes zur Bildung einheitlicher Ansprechpartner in Nordrhein-Westfalen (EA-Gesetz NRW). In Schleswig-Holstein wurde hierfür eigens eine Anstalt des öffentlichen Rechts gegründet.

Die einheitliche Stelle hat die Aufgabe einer „Verfahrensmittlerin"[225]; insbesondere nimmt sie alle Anzeigen, Anträge, Willenserklärungen und Unterlagen entgegen und leitet diese unverzüglich an die zuständigen Behörden weiter, § 71b Abs. 1 VwVfG. Sie erteilt dem Bürger alle erforderlichen Informationen bzw. holt diese auch bei den zuständigen Behörden ein, §§ 71c, d VwVfG. Mitteilungen der zuständigen Behörden an den Antragsteller erfolgen über die einheitliche Stelle, § 71b Abs. 5 VwVfG. Die Sachentscheidungskompetenz verbleibt allerdings bei den zuständigen Behörden; nur die Bekanntgabe erfolgt über die einheitliche Stelle, es sei denn, der Bürger verlangt ausdrücklich etwas anderes, § 71b Abs. 5 S. 2 VwVfG. Auf seinen Wunsch hin kann das gesamte Verfahren auf elektronischem Wege abgewickelt werden, § 71e VwVfG. **724**

Die einheitliche Stelle hat keine Aufsichtsbefugnisse oder Eingriffskompetenzen gegenüber der zuständigen Fachbehörde[226]. Die speziellen Pflichten und Aufgaben der einheitlichen Stelle gehen aber über die allgemeinen verfahrensrechtlichen Anforderungen zur Beratung, § 25 VwVfG[227], bzw. zur Amtshilfe, § 4 VwVfG[228], und über die bisherige Verwaltungspraxis deutlich hinaus. **725**

Beispielsweise gelten die Informationspflichten – über § 25 VwVfG hinausgehend – auch bereits, bevor ein Verwaltungsverfahren i. S. v. § 9 VwVfG in Gang gekommen ist[229]. – Über die punktuellen Amtshilfepflichten des § 4 VwVfG hinaus gebieten §§ 71 a ff. VwVfG eine umfassende Zusammenarbeit[230], auch mit der Pflicht, alle „einheitlichen Stellen und zuständigen Behörden" des Bundes und der Länder zu unterstützen (§ 71d VwVfG).

224 Vgl. Röckinghausen, NwVBl 2009, 464, 465.
225 Amtliche Begründung, BT-Drucksache 16/10493, S. 13.
226 Prell, apf 2009, S. 65, 67 und Lenders, NwVBl 2009, S. 457, 461.
227 Vgl. oben RdNr. 624 ff.
228 Vgl. oben RdNr. 584 ff.
229 Schmitz/Prell, NVwZ 2009, 1, 5.
230 Prell, apf 2009, S. 65, 68.

726 Die Zwischenschaltung der „einheitlichen Stelle“ wird in der Verwaltungspraxis jeweils zu einer gewissen Verzögerung führen[231]; sie dürfte bei elektronischer Verfahrensabwicklung eher gering sein, kann aber bei postalischer Übermittlung durchaus mehrere Tage betragen. Dem trägt § 71b Abs. 2 VwVfG Rechnung, der den Zugang bei der zuständigen Behörde am dritten Tag nach dem Eingang des Antrags etc. bei der „einheitlichen Stelle“ fingiert; im Übrigen werden „Fristen ... mit Eingang bei der einheitliche Stelle gewahrt.“

Beispielsweise ergeben sich in der Verwaltungspraxis regelmäßig Verzögerungen, wenn sich zwei Stellen (einheitliche Stelle und zuständige Fachbehörde) zu einem Sachverhalt koordinieren müssen: Anfragen zu Verfahrensdetails wird die einheitliche Stelle (im Rahmen ihrer Informationspflicht nach § 71c Abs. 1 VwVfG) oft nur nach Rückfrage bei der zuständigen Behörde beantworten können. – Der Abstimmungsbedarf zwischen der einheitlichen Stelle und der zuständigen Behörde dürfte zu Reibungsverlusten führen[232]. – Auch die Trennung von „Bürgerkontakt im Front-Office“ (einheitliche Stelle) und „Sachbearbeitung im Back-Office“[233] (zuständige Behörde) kann in der Verwaltungswirklichkeit Verzögerungen bringen und die Fehleranfälligkeit erhöhen.

Da die einheitliche Stelle nur tätig werden kann, wenn diese Möglichkeit durch (Fach-) Gesetz eröffnet wird, ist der Anwendungsbereich der §§ 71a ff. VwVfG bislang sehr überschaubar geblieben.

---

231 So auch Ernst, DVBl 2009, 953, 957.
232 Dietz, DÖV 2005, 772, 774.
233 Ernst, DVBl 2009, 953, 957.

10. Abschnitt: Erstattungs- und Ersatzansprüche auf Leistungen nach dem Sozialgesetzbuch und die Aufhebung von Verwaltungsakten nach dem SGB X

1. Einleitung

Der folgende Abschnitt konzentriert auf die Darstellung der Erstattungs- und Ersatzansprüche im Sozialverfahrensrecht. Hierbei soll das Hauptaugenmerk auf dem Erstattungsanspruch aus § 50 SGB X (s. unten unter 3.) sowie den Ersatzansprüchen bei rechtswidrigen und sozialwidrigen Leistungen nach dem SGB II und SGB XII (unter 4.) liegen. Die zahlreichen und sehr differenzierten weiteren Ansprüche werden am Ende im Überblick noch einmal vorgestellt. **727**

Der Erstattungsanspruch aus § 50 SGB X setzt, wie auch § 49a VwVfG, die Aufhebung des bewilligenden Verwaltungsaktes voraus. Die Regelungen zur Aufhebung ergeben sich aus §§ 44 ff. SGB X. Die Anwendungsbereiche der einzelnen Aufhebungsvorschriften ordnen sich nach bestimmten, aus dem VwVfG bekannten, Charakteristika des aufzuhebenden Verwaltungsaktes. § 47 und § 46 SGB X enthalten die Aufhebungsvorschriften für rechtmäßige Verwaltungsakte. Demgegenüber findet §§ 44, 45 SGB X Anwendung für die Aufhebung von rechtswidrigen Verwaltungsakten. Die Differenzierung zwischen beiden Normen erfolgt über das Tatbestandsmerkmal der Begünstigung. **728**

Das für die Aufhebung von Verwaltungsakten nach dem Sozialgesetzbuch geltende SGB X enthält mit § 48 SGB X eine Aufhebungsvorschrift, die sich im VwVfG so nicht findet. Ihr Anwendungsbereich überschneidet sich sowohl mit der Anwendbarkeit von § 44 SGB X als auch § 45 SGB X. Eine Anwendung nach § 48 SGB X erfolgt bei Dauerverwaltungsakten, bei denen sich Änderungen nach deren Erlass ergeben, d. h. ein Umstand der Rechtswidrigkeit später eintritt. **729**

Eine zentrale Voraussetzung für die Erstattung von zu Unrecht erbrachten Leistungen ist die Aufhebung des bewilligenden Verwaltungsaktes. Aus diesem Grund wird sich das folgende Kapitel zunächst mit der Aufhebung von Verwaltungsakten nach dem SGB X beschäftigen. Hierbei werden lediglich die Aufhebungsvorschriften betrachtet, deren Anwendungsbereich auf rechtswidrige Verwaltungsakt beschränkt ist. Denn dem Erstattungsanspruch liegt eine unrechtmäßige und regelmäßig rechtswidrige Leistung zu Grunde.[1] Die Erstattung erfolgt somit nach einer Aufhebung gem. § 45 bzw. § 48 SGB X. Im Anwendungsfall des § 44 SGB X kommt es nicht zu einem Erstattungsanspruch nach § 50 SGB X, da sich § 44 SGB X nur auf nicht begünstigende Verwaltungsakte abstellt. Dennoch soll auch diese Norm hier näher betrachtet werden. Die Aufhebung nach §§ 46, 47 SGB X sollen hier unbeachtet bleiben. **730**

---

1 Schütze, in: von Wulffen/Schütze (Hrsg.), SGB X, 8. Aufl. 2014, § 50, RdNr. 23, der § 50 SGB X nur auf §§ 45, 48 SGB X begrenzt; gegen eine solche Eingrenzung Baumeister in: Schlegel/Voelzke (Hrsg.), jurisPK-SGB X, § 50 SGB X, RdNr. 80.

2. Aufhebung von Verwaltungsakten nach dem SGB X

731 Die Aufhebung von Verwaltungsakten kann aus verschiedenen Gründen erforderlich und gewünscht sein. Mit der Aufhebung besteht die Möglichkeit, auch bestandskräftige Verwaltungsakt „aus der Welt zu schaffen“. An der Aufhebung für die Vergangenheit hat insbesondere die erlassende Behörde ein Interesse, wenn sie sich rechtswidrige Leistungen nach § 50 SGB X erstatten lassen will. Die Aufhebung eines rechtswidrigen Verwaltungsaktes für die Zukunft kann insbesondere aus Gründen der Rechtsstaatlichkeit gewollt und erforderlich sein. Die Prüfung der Aufhebung nach § 45 SGB X oder § 48 SGB X muss somit nicht zwingend mit dem Verlangen der Erstattung verbunden sein.

732 Der Bürger kann ein Interesse an der Aufhebung eines rechtswidrigen Verwaltungsaktes haben, wenn dieser ihn belastet (bzw. nicht begünstigt). Der § 44 SGB X tritt damit als weitere Rechtsschutzmöglichkeit neben Widerspruch und Klage. Eine Aufhebung nach § 44 SGB X ermöglicht es, einen bereits bestandskräftigen Verwaltungsakt „zu beseitigen“. Für den Fall der Aufhebung für die Vergangenheit kann dieses bedeuten, dass zu gering gezahlte Leistungen nachgezahlt werden müssen.

Bei allen Aufhebungen ist daher die Differenzierung nach Vergangenheit und Zukunft sinnvoll und erforderlich. Alle drei Vorschriften stellen unterschiedliche Anforderungen an die Aufhebung für die Zukunft oder Vergangenheit.

2.1 Aufhebung rechtwidrig begünstigender Verwaltungsakte nach § 45 SGB X

733 Die Aufhebung eines Verwaltungsaktes durch Rücknahme nach § 45 SGB X ist der klassische Fall im Zusammenhang mit dem Erstattungsanspruch von zu Unrecht erbrachter Leistungen nach § 50 SGB X (siehe dazu unten RdNr. 789). Das Erstattungserfordernis ergibt sich zumeist, weil der zu Grunde liegende Verwaltungsakt rechtswidrig war. Die Regelung entspricht etwa dem § 48 Abs. 1 Satz 2 VwVfG (siehe dazu oben RdNr. 475).

Im Zusammenhang mit dem Erstattungsanspruch kommt darüber hinaus die Aufhebung nach §§ 47[2] und 48 SGB X in Betracht. Die Aufhebung nach §§ 44, 46 SGB X kann nicht Grundlage für die Erstattung nach § 50 SGB X sein. In diesen Anwendungsfällen ist der Leistungsempfänger nicht begünstigt. Der Adressat des aufzuhebenden Verwaltungsaktes hat zunächst daher nicht zu viel sondern zu wenig erlangt, so dass auch eine Erstattung nicht in Betracht kommt.

734 Aus dem ersten Absatz des § 45 SGB X ergibt sich die Anwendbarkeit der Norm und die Rechtsfolge. Bereits hier wird erkennbar, dass sowohl die Aufhebung des Verwaltungsaktes für die Vergangenheit wie für die Zukunft unter den besonderen Voraussetzungen der § 45 Abs. 2 bis 4 SGB X ergeben kann. Im Zentrum der Aufhebungsvorschrift steht der Schutz des Vertrauens des Begünstigten. Absatz 2 verlangt eine Abwägung des Vertrauens in den Bestand des Verwaltungsaktes mit dem öffentlichen Interesse der Aufhebung. Absatz 4 stellt diesbezüglich besondere Voraussetzungen für die Aufhebung des Verwaltungsaktes für die Vergangenheit. Verwaltungsakte mit Dauerwirkung dürfen – sowohl für die Vergangenheit wie für die Zukunft – nur innerhalb der Frist des Absatzes 3 aufgehoben werden. Vorgaben zur Zuständigkeit der Aufhebung enthält Absatz 5 mit dem Verweis in § 44 Abs. 3 SGB X.

735 Die Prüfung der Aufhebung beginnt mit Frage der Anwendbarkeit der Rücknahmevorschrift nach § 45 Abs. 1 SGB X. Eine Anwendbarkeitsprüfung ist erforderlich, da die Aufhebung nach verschiedenen Vorschriften möglich ist. Diese enthalten unterschiedliche Voraussetzungen und schließen sich grundsätzlich gegenseitig aus. Entscheidende

2 Andere Ansicht Schütze, in: von Wulffen/Schütze (Hrsg.), SGB X, 8. Aufl. 2014, § 50, RdNr. 23.

Prüfungspunkte zur Differenzierung sind die Tatbestandsmerkmale „begünstigend – nicht begünstigend“ und „rechtswidrig – rechtmäßig“. Alleine die Aufhebung nach § 48 SGB X stellt auf ein anderes Tatbestandsmerkmal (Rechtswidrigkeit nach Erlass des Verwaltungsaktes) ab (siehe unten RdNr. 776). Die Aufhebung nach § 45 SGB X kann nach Absatz 1 dann erfolgen, wenn es sich um einen wirksamen Verwaltungsakt handelt, der rechtwidrig erlassen wurde und den Adressaten begünstigt.

Die Rechtswidrigkeit ist in § 44 Abs. 1 SGB X legal definiert[3] und unterscheidet zwei Alternativen. Auf der einen Seite wurde dem aufzuhebenden Verwaltungsakt ein Sachverhalt zugrunde gelegt, welcher der tatsächlichen Sachlage, bei nachträglicher Betrachtung im Zeitpunkt der Überprüfung des Verwaltungsaktes so nicht entspricht. Entscheidend ist die Sachlage bei Erlass des Verwaltungsaktes, wobei diese aus der – nachträglichen – Sicht zum Zeitpunkt der Überprüfung zu betrachten ist.[4] Auf ein Verschulden der Behörde bei der Bewertung der Sachlage kommt es an dieser Stelle nicht an. **736**

In diesem Sinne ist ein Verwaltungsakt auch dann rechtswidrig, wenn beim Antragsteller zum Zeitpunkt des Erlass eine dauerhafte, volle Erwerbsminderung im Sinne des § 42 Abs. 2 SGB VI festgestellt wurde, sich dieses jedoch aufgrund fortgeschrittener Erfolge in der Diagnostik zum späteren Zeitpunkt der Überprüfung als unrichtig erweist.[5]

Die zweite Variante stellt die unrichtige Anwendung des Rechts im Sinne eines Subsumtionsfehlers[6] dar. Die Behörde wendet, auf der Grundlage eines richtigen Sachverhalts, eine Norm fehlerhaft an. **737**
Der § 45 SGB X ist jedoch nur anzuwenden, wenn die Rechtswidrigkeit bereits bei Erlass des Verwaltungsaktes vorgelegen hat. Diese Anforderung findet sich zwar nicht direkt in § 45 Abs. 1 SGB X, ist jedoch bei gemeinsamer Lesart mit § 48 SGB X erforderlich. Letztere Norm ist ebenso bei rechtswidrigen, begünstigenden (Dauer-)Verwaltungsakten anwendbar. Die Rechtswidrigkeit ergibt sich im Anwendungsbereich des § 48 SGB X jedoch erst durch Änderung der Verhältnisse (sic!) nach Erlass des Verwaltungsaktes. § 48 SGB X findet nur, § 45 SGB X auch bei Dauerverwaltungsakten Anwendung.

Hier darf nicht davon ausgegangen werden, dass § 48 SGB X nur gilt, wenn der Verwaltungsakt zu Beginn rechtswidrig war. Es kommt eine kombinierte Anwendung beider Normen zu Tragen, wenn ein seit Erlass aufgrund falscher Sachverhaltsanwendung oder Subsumtionsfehler rechtswidriger Verwaltungsakt (hierfür dann § 45 SGB X) im Laufe seiner Dauer eine wesentliche Änderung erfährt (hierfür dann § 48 SGB X).

Die Rücknahme nach § 45 SGB X stellt besondere Anforderung an die Aufhebung, da die Norm für begünstigende Verwaltungsakte gilt. Der Leistungsempfänger muss vor ungünstige Rückwirkungen geschützt werden. Begünstigend ist ein Verwaltungsakt nach der Legaldefinition aus Absatz 1 dann, wenn er ein Recht oder rechtlichen Vorteil begründet/bestätigt hat. Das Tatbestandsmerkmal „rechtlich erheblicher Vorteil“ wiederholt nicht einfach den Begriff „Recht“, sondern erweitert die Anwendbarkeit. So soll vermeiden werden, dass die Norm zu eng ausgelegt wird.[7] § 45 Abs. 1 SGB X **738**

---

3 Siehe dazu auch unten.

4 BSG, Urteil vom 25.10.1984, AZ: 11 RAz 3/83; vgl. zum Ganzen Schütze, in: von Wulffen/Schütze, SGB X, 8. Aufl. 2014, § 44, RdNr. 10.

5 Mit einer differenzierenden Betrachtung bei fehlendem „Handlungsunrecht der Behörde zum Zeitpunkt des Erlasses und unter Aufgabe der Ansicht in vorherigen Auflagen Baumeister in: Schlegel/Voelzke (Hrsg.), jurisPK-SGB X, § 44 SGB X, RdNr. 39 f. (Stand: 19.6.2015).

6 Damit wäre die Alternative nur ein Unterfall des unrichtig festgestellten Sachverhalts, da ein falscher Sachverhalt zwangsläufig zur fehlerhaften Subsumtion führt, vgl. Waschull, in: Diering/Timme/ders. (Hrsg.), SGB X, 3. Auflage 2011, § 44, RdNr. 26.

7 BT-Drs. 7/910, vgl. die identischen Formulierungen in § 48 VwVfG, § 48 Abs. 1 Satz 2 Nr. 1 SGB X.

erfasst jedes von der Rechtsordnung geschützte Individualinteresse. Eine lediglich tatsächliche Begünstigung genügt jedoch nicht.[8]

Das BSG stellt formal auf die gegenwärtige, subjektive Sicht des Betroffenen ab. Dessen – subjektives – Interesse unschwer anhand der Anträge oder dessen Begehren zu beurteilen ist.[9] Wird einem Antrag nicht in vollem Umfang entsprochen, ist dieser in der Regel belastend.[10] Es werden dabei alle unmittelbaren, gesetzlichen Folgen mit betrachtet. Mittelbare Folgen bleiben außer Acht.[11]

739 Bei Verwaltungsakten, die sowohl vorteilhafte wie nachteilige Wirkungen entfalten und teilbar sind, erfolgt die Aufhebung des begünstigenden Teiles nach § 45 SGB X, da diese Vorschrift mit den strengen Anforderungen als Vertrauensvorschrift ausgewiesen ist.[12]

Bei Unteilbarkeit soll geprüft werden, ob eine Belastung oder eine Begünstigung überwiegt. Alleine auf § 45 SGB X abzustellen, wenn einem Antrag entsprochen wurde, erscheint verkürzt.[13] Entscheidender ist wohl, ob der Betroffene an einer Rücknahme interessiert ist.[14]

740 Die Aufhebungsvorschrift des § 45 SGB X gilt sowohl für den „einfachen“ wie für den Dauerverwaltungsakt. Ein Dauerverwaltungsakt bestimmt sich dadurch, dass er „sich nicht in einem einmaligen Gebot oder Verbot oder in einer einmaligen Gestaltung der Rechtslage erschöpft, sondern ein auf Dauer berechnetes oder in seinem Bestand vom VA abhängiges Rechtsverhältnis begründet bzw. inhaltlich verändert.“[15] (weiteres bei § 48, siehe RdNr. 773).
Erforderlich ist in jedem Fall, dass der Verwaltungsakt rechtlich existent ist. Ist der Verwaltungsakt bereits nach § 40 SGB X nichtig, scheidet die Aufhebung aus. Er ist bereits gem. § 39 Abs. 3 SGB X unwirksam. Darüber hinaus scheidet die Anwendung des § 45 SGB X aus, wenn sich aus den §§ 38 ff. SGB X andere Fehlerfolgen als die Rechtswidrigkeit ergeben. Verstöße gegen formelles Recht können gem. § 41 SGB X heilbar sein, andere Form- oder Verfahrensfehler sind u. a. nach § 42 SGB X unbeachtlich. Daneben können unter den Voraussetzungen des § 43 SGB X Verwaltungsakte umgedeutet werden.[16]
Die Aufhebung nach § 45 SGB X ist unabhängig von der Bestandskraft der Verwaltungsakte. Für die Behörde hat es daher keine Auswirkung, ob der aufzuhebende Verwaltungsakt bestandskräftig ist oder nicht. Die Voraussetzungen sind gleich. Die entscheidenden Voraussetzungen für die Aufhebung eines Verwaltungsaktes ergeben sich aus § 45 Abs. 2 bis 4 SGB X.[17] Zentral sind die Voraussetzungen des Absatz 2,

---

8 Pohl, in: Eichehofer/Wenner (Hrsg.), SGB I, VI, X, 1. Aufl. 2012, § 45, RdNr. 10; Waschull, in: Diering/Timme/ders. (Hrsg.), SGB X, 3. Auflage 2011, § 45, RdNr. 11.

9 BSG, Urt. vom 22.2.1980, AZ: 12 RK 12/79, Rn. 22 – juris „...würde der Bescheid, der zunächst dem Antrag entsprach und den Antragsteller deshalb nicht beschwerte.“; Pohl, a. a. O.

10 St.Rspr. BSGE 84, 281, 285, BSG, Urt. v. 28.9.1999, AZ: B 2 U 32/98 R.

11 BSG a. a. O.

12 Schütze, in: von Wulffen/ders. (Hrsg.), SGB X, 8. Aufl. 2014, § 45, RdNr. 23.

13 So Pohl a. a. O., der jedoch auch erkennt, dass die Interessenlage des Betroffenen zu betrachten ist. Bei zu geringen Leistungen möchte der Betroffene eine Aufhebung erreichen, welche bei § 45 SGB X nur unter erschwerten Bedingungen möglich ist.

14 Wurden zu geringe Leistungen nach dem SGB II bewilligt, kann eine Teilbarkeit nach dem Grunde (begünstigend) und nach der (falschen) Höhe vorgenommen werden. Im Übrigen kann hinterfragt werden, ob überhaupt dem gewollten Antrag entsprochen wurde, wenn die Leistungen zu gering ausgefallen sind (vgl. § 16 Abs. 3 SGB I).

15 So BT-Drs. 8/2034; dem folgend BSG, Urt. v. 16.2.1984, AZ: 1 RA 15/83.

16 Vgl. zum Ganzen Pohl, in: Eichenhofer/Wenner (Hrsg.), SGB I, VI, X, 1. Aufl. 2012, § 45, RdNr. 4.

17 Etwas anders formuliert bei Waschull, in: Diering/Timme/ders. (Hrsg.), SGB X, 3. Auflage 2011, § 45, Rn. 23, der Abs. 2 als Einschränkung der allgemeinen Erlaubnis aus Abs. 1 darstellt. Hierfür spricht insbesondere, dass sich aus Abs. 1 auch die Rechtsfolge ergibt. Dennoch müssen stets die Voraussetzungen des Abs. 2 vorliegen. Padé, in: Schlegel/Voelzke (Hrsg.), jurisPK-SGB X, § 45 SGB X, RdNr. 28 (Stand: 8.2.2016), der bei Abs. 1 von den grundsätzlichen Voraussetzungen für die Anwendbarkeit spricht.

da diese sowohl bei der Aufhebung für die Vergangenheit wie die Zukunft geprüft werden müssen. Eine Aufhebung ist nur möglich, wenn das öffentliche Interesse an der Aufhebung dem Vertrauen des Begünstigten in den Verwaltungsakt überwiegt. Allerdings kann bereits Satz 3 dazu führen, dass jegliches Vertrauen verwirkt ist. Sollte dieses nicht der Fall sein, kann umgekehrt das Vertrauen regelmäßig unter den Voraussetzungen des Satzes 2 überwiegen. Erst wenn beides nicht gegeben ist, kommt es zu einer Abwägung nach Satz 1.
§ 45 SGB X stellt den Modellfall für die Abwägung von „öffentlichem Interesse" und „Vertrauen in den Bestand des Verwaltungsaktes durch den Adressaten. Am Ende ist für die Aufhebung relevant, dass ein verhältnismäßiger Ausgleich dieser Interessen entsteht.

Abwägungen sind dabei sowohl auf Seiten des Tatbestands als auch in der Rechtsfolge möglich. Grundsätzlich steht die Aufhebung im Ermessen. Die Abwägung ist im § 45 Abs. 2 geregelt. Zentral im § 45 SGB X ist jedoch, dass in besonderen Fällen, eine Abwägung auf der Tatbestandsseite außen vor bleibt (vgl. § 45 Abs. 2 Satz 3 SGB X).

Eine besondere Bedeutung bei der Abwägung kommt dem Satz 3 zu. Liegen die Vo- **741**
raussetzungen des Satz 3 vor, ist bereits kein schutzwürdiges Vertrauen gegeben. Eine Abwägung kann dahinstehen. Das öffentliche Vertrauen überwiegt, da der Begünstigte durch sein Verhalten die Berufung auf den Schutz seines Vertrauens verwirkt hat.[18] Die Voraussetzungen sind daher auch streng und haben gemeinsam, dass alle ein schuldhaftes – zum Teil strafbares – Verhalten verlangen.

Die Feststellung dieses Verhaltens führt zu weiteren Rechtsfolgen. Eine Aufhebung für die Vergangenheit ist nach Abs. 4 nur möglich, wenn die strengen Vorschriften des Satz 3 vorliegen. Darüber hinaus verlängert sich die Frist für die Aufhebung von 2 auf mindestens 10 Jahre. Zuletzt wandelt sich gem. § 40 Abs. 2 Nr. 3 SGB II das Ermessen für die Aufhebung in eine gebundene Entscheidung (vgl. dazu unten RdNr. 760)]

§ 45 Abs. 2 Satz 3 Nr. 1 SGB X bezieht sich auf den höchsten Verschuldensgrad. Beste- **742**
chung im Sinne der Norm meint strafbares Verhalten im Sinne des §§ 332ff StGB. Arglistige Täuschung und Drohung ist im Sinne der zivilrechtlichen Anfechtungsgründe gem. § 123 BGB zu verstehen.[19] Hier ist Vorsatz[20] erforderlich. Eine Zurechnung von unredlichen Stellvertreterverhalten ist nicht möglich (vgl. dazu unten RdNr. 747). Der Tatbestand ist jedoch auch dann erfüllt, wenn der Begünstigte der „Teilnehmer" im Sinne der Anstiftung oder Beihilfe einer solchen Tat ist. Das Verhalten muss nicht kausal für den Erlass des – rechtswidrigen – Verwaltungsaktes, sondern für die Fehlerhaftigkeit gewesen sein.[21] Die Leistung ist bereits „erwirkt", wenn das Verhalten ursächlich, nicht zwingend final ist.[22]
§ 45 Abs. 2 Satz 3 Nr. 2 SGB X stellt darauf ab, dass dem Verwaltungsakt Angaben zu Grunde gelegt werden, die der Begünstigte schuldhaft in wesentlicher Beziehung unrichtig oder unvollständig gemacht hat. Der aktiven Angabe von falschen Umständen ist das sog. „beredete Schweigen" gleichzusetzen.[23] Dieses ist gerade der Fall, wenn aus dem Schweigen auf die (Nicht-)Angabe eines bestimmten Umstands geschlossen wird. Gerade die Mitteilungspflichten aus § 60 Abs. 1 Nr. 1 SGB I können bedingen, dass Schweigen zu einem Rückschluss führt.[24]

---

18 Waschull, in: Diering/Timme/ders. (Hrsg.), SGB X, 3. Auflage 2011, § 45, RdNr. 27.
19 Pohl, in: Eichenhofer/Wenner (Hrsg.), SGB I, VI, X, 1. Aufl. 2012, § 45, RdNr. 14; Waschull, in: Diering/Timme/ders. (Hrsg.), SGB X, 3. Auflage 2011, § 45, RdNr. 30 spricht von „verwerflicher Unredlichkeit".
20 Dieses meint „Wissen und Wollen oder zumindest billigende Inkaufnahme".
21 Schütze, in: von Wulffen/ders. (Hrsg.), SGB X, 8. Aufl. 2014, § 45, RdNr. 23.
22 Vgl. Gesetzesbegründung BT-Drs. 8/2034, S. 34.
23 BSG, Urt. vom 1.6.2006, AZ: B 7a AL 76/05 R, RdNr. 23;
24 M.w.N. Schütze, in: von Wulffen/ders. (Hrsg.), SGB X, 8. Aufl. 2014, § 45, RdNr. 49; nochmal bekräftigend mit Hinweis auf eine Mitteilungspflicht nach § 60 SGB I BSG, Urt. v. 9.10.2012, AZ: B 5 R 8/12 R, RdNr. 27; a. A. Waschull, in: Diering/Timme/ders. (Hrsg.), SGB X, 3. Auflage 2011, § 45, RdNr. 35.

Die Angaben sind in wesentlicher Beziehung unrichtig/unvollständig gemacht, wenn sie erheblich, d. h. kausal, für die Fehlerhaftigkeit des Verwaltungsaktes sind. Hieran kann es fehlen, wenn der Verwaltungsakt auch bei richtiger bzw. vollständige Angabe mit dem gleichen Ergebnis ergangen wäre. Hierzu gehört ebenso der Fall, dass die Behörde auf entsprechende Informationen keinen Wert legt.[25]

Ähnlich verhält es sich, wenn die Behörde offensichtliche, d. h. offenkundige Unrichtigkeiten im Sinne des „Meistbegünstigungsprinzips" im Sinne des § 16 Abs. 3 SGB I nicht aufklärt.[26] Allerdings soll die eigene Kenntnis der Behörde von Veränderungen im Sinne des § 60 Abs. 1 NR. 2 SGB I den Begünstigten nicht von der Meldepflicht entbinden.[27]

743 Im Gegensatz zu den verwandten Regelungen im VwVfG verlangt Nr. 2 ein schuldhaftes Verhalten. Vorwerfbar ist lediglich vorsätzliches und grob fahrlässiges Verhalten. Die einfache Fahrlässigkeit ist nicht erfasst. Vorsatz meint die wissentlich und willentliche (direkter Vorsatz) oder die billigende Inkaufnahme (bedingter Vorsatz) falscher oder unvollständiger Angaben. Die grobe Fahrlässigkeit ist in § 45 Abs. 2 Satz 3 Nr. 3 Hs. 2 SGB X legal definiert. Nicht ganz einfach ist die Feststellung, wann die erforderliche Sorgfalt in einem besonders schweren Maße verletzt wurde. Entscheidend ist dabei auf die Einsichtsfähigkeit der Person abzustellen.

Es ist die erforderliche Sorgfalt verletzt, wenn der Begünstigte schon einfachste, ganz nahe liegende Überlegungen nicht anstellt und daher nicht beachtet, was im gegeben Fall jedem einleuchten muss.[28]

744 In der Bestimmung der Fahrlässigkeit im Bereich des Sozialrechts ist jedoch ein sozialrechtlicher Fahrlässigkeitsbegriff zu Grunde zu legen. Im Gegensatz zur zivilrechtlichen Bestimmung des Fahrlässigkeitsmaßstabs ist die subjektive Einsichtsfähigkeit des Begünstigten – und nicht die des objektivierten Dritten – maßgeblich.[29] Es kommt dabei mithin auf das individuelle – intellektuelle – Vermögen des Begünstigten an.

Allerdings kann sich dieser nicht dadurch entschuldigen, dass er bei unzureichenden Sprachkenntnissen einem Antrag „blind" vertraut hat. Bei fehlenden Sprachkenntnissen liegt der Schuldvorwurf darin, dass auf die Hinzuziehung eines Übersetzers verzichtet wurde. Belehrungen sind verständlich zu formulieren. Die bloße Nichtkenntnisnahme entlastet dabei nicht.[30]

745 Das Verschulden verwirkt der Begünstigte darüber hinaus, wenn er nach § 45 Abs. 2 Satz 3 Nr. 3 SGB X bösgläubig ist. Der Begünstigte kann sich dann nicht mehr auf Vertrauen berufen, wenn er die Rechtswidrigkeit des Verwaltungsaktes kannte oder ihm der Vorwurf der grob fahrlässigen Unkenntnis gemacht werden kann.

746 Im Gegensatz zur Nr. 2 bezieht sich hier der Verschuldensvorwurf nicht alleine auf die Kenntnis der Tatsache, welche die Rechtswidrigkeit begründen.[31] Das Verschulden muss sich auf die fehlerhafte Subsumtion des Sachverhalts unter den gesetzlichen Tatbestand (= Rechtswidrigkeit) beziehen. Es gilt der oben dargestellte Maßstab der groben Fahrlässigkeit. Bei der rechtlichen Bewertungen sind aber keine zu strengen Maß-

---

25 Schütze, in: von Wulffen/ders. (Hrsg.), SGB X, 8. Aufl. 2014, § 45, RdNr. 50, Padé in: Schlegel/Voelzke (Hrsg.), jurisPK-SGB X, § 45 SGB X, RdNr. 82 (Stand: 8.2.2016).

26 Vgl. den Grundgedanken zum damaligen § 1744 RVO, BSG, Urt. v. 25.6.1980, AZ: 1 RJ 102/79, „Der Grundgedanke § 1744 RVO berechtigt den Rentenversicherungsträger nicht, eine rechtsfehlerhaft bewilligte Versichertenrente zu entziehen, wenn er den Rechtsfehler schon bei Erlaß des Bewilligungsbescheides hätte vermeiden können."

27 BSG, Urt. v. 12.2.1980, AZ: 7 RAr 13/79, RdNr. 26; zum Ganzen Schütze a. a. O.

28 StRspr. BSG, Urt. v. 31.8.1976, AZ: 7 RAr 112/74 R, RdNr. 19. – juris.

29 StRspr. BSG, Urt. v. 13.12.1972, AZ: 7 RKg 9/69, RdNr. 3 – juris; BSG, Urt. v. 1.7.2010, AZ: B 13 R 77/09 R, RdNr. 32 m. w. N.

30 Mit zahlreichen weiteren Nachweisen Schütze, in: von Wulffen/ders. (Hrsg.), SGB X, 8. Aufl. 2014, § 45, RdNr. 752.

31 BVerwGE, NwVZ 1994, 369, 369.

stäbe anzusetzen. Vielmehr hätte der Leistungsempfänger die Fehlerhaftigkeit des Verwaltungsaktes ohne Mühe erkennen können müssen. Bei der Subsumtion gilt die „Parallelwertung in der Laiensphäre“.[32]

Ein einmal – bei Bekanntgabe – entstandenes Vertrauen kann nicht dadurch beseitigt werden, dass der Begünstigte später Kenntnis von der Rechtswidrigkeit erlangt hat. Diese können das Vertrauen nicht mehr beseitigen. Die Verwaltung kann durch eine Anhörung damit auch nicht die Bösgläubigkeit herstellen. Der Adressat kann sich jedoch nicht mehr auf überwiegendes Vertrauen im Sinne des Satz 2 berufen.[33]

Das Vertrauen ist jedoch nicht nur verwirkt, wenn der Begünstigte der Urheber bzw. **747**
Bösgläubige ist. Unter Umständen muss er sich das Verhalten eines Dritten zurechnen (Zurechnung) lassen. Hier gelten die zivilrechtlichen Vertretungsregeln analog. Handelt ein Dritter, so muss sich der Begünstigte dieses Verhalten nach § 278 BGB analog zurechnen lassen, sofern ein Vertretungsverhältnis besteht.[34] Die Bösgläubigkeit im Sinne der Nr. 3 kann für den Begünstigten auch gegeben sein, indem er sich Rechtskenntnisse des Bevollmächtigten nach § 166 BGB analog zurechnen lassen muss.[35]

Eine Zurechnung verlangt eine Vertretungsmacht. Diese kann sich aus Gesetz ergeben (z. B. §§ 1626, 1629 BGB), wie das elterliche Vertretungsrecht. Keine Vertretungsmacht ergibt sich aus der Vertretungsregel des § 38 SGB II, da diese lediglich die Vermutung einer Vertretung für die Antragstellung statuiert. Eine gewillkürte oder rechtgeschäftliche Vollmacht kann sowohl direkt – nicht zwingend schriftlich – oder konkludent erfolgen. Bei einer konkludenten, sog. Duldungsvollmacht ist zumindest die Kenntnis des Vertretungsverhältnisses erforderlich.[36]
In der Prüfung ist mit Satz 3 zu beginnen, da er die speziellsten Voraussetzungen enthält. Ist einer der Verwirkungsvorschriften erfüllt, so bedarf es keiner weiteren Abwägung gem. Satz 1 mehr. Ein abwägbares Vertrauen ist nicht mehr vorhanden ist. Die grundsätzlichen Voraussetzungen für die Aufhebungen sind gegeben.[37]

Die Abwägung des öffentlichen Interesses an der Aufhebung gegenüber dem Vertrauen **748**
in die Regelungswirkung des Verwaltungsaktes ist zentral für die Aufhebung (vgl. § 45 Abs. 2 Satz 1 SGB X).
Satz 2 legt fest, wann das Vertrauen überwiegend schutzwürdig ist und die Abwägung aus Satz 1 bereits im Vorfeld zu Gunsten des Begünstigten ausfällt. Der Satz 2 enthält mit dem Verbrauch und der Vermögensdisposition zwei Varianten, wie das Vertrauen als innerer Vorgang nach außen erkennbar (Manifestation) wird.[38] Sowohl mit dem Verbrauch als auch mit der Vermögensdisposition hat der Begünstigte zu erkennen gegeben, dass er auf die Leistungen vertraut. Die Verwendung des Geldes kann dann eine Betätigung des Vertrauens darstellen, dass sich von der bloßen Hoffnung auf weitere Leistungen abgrenzt

Die Betätigung des Vertrauens durch Verbrauch oder Vermögensdisposition begrün- **749**
den, dass das Vertrauen in der Regel schutzwürdig ist. Die Disposition für die Zukunft steht unter der weiteren Voraussetzung, dass diese nicht oder nur unzumutbar rück-

32 Vgl. zum Ganzen m.w.N: Waschull, in: Diering/Timme/ders. (Hrsg.), SGB X, 3. Auflage 2011, § 45, RdNr. 42.
33 Schütze, in: von Wulffen/ders. (Hrsg.), SGB X, 8. Aufl. 2014, § 45, RdNr. 60.
34 Schütze, in: von Wulffen/ders. (Hrsg.), SGB X, 8. Aufl. 2014, § 45, RdNr. 60, Waschull, in: Diering/Timme/ders. (Hrsg.), SGB X, 3. Auflage 2011, § 45, RdNr. 37; Pohl, in: Eichenhofer/Wenner (Hrsg.), SGB I, VI, X, 1. Aufl. 2012, § 45, RdNr. 14. vgl. auch BSGE 28, 258, 258, LSG Hamburg, Urt. v. 20.10.2011, AZ: L 5 AS 87/08. a.A. Padé in: Schlegel/Voelzke (Hrsg.), jurisPK-SGB X, § 45 SGB X, RdNr. 83 (Stand: 8.2.2016).
35 BSGE 57, 274, 279, BSG, Urt. v. 13.12.1984; AZ: 9a RV 40/83; RdNr. 24; ausführlich zur früherer Rechtslage BSGE 28, 258, 258, BSG, Urt. v. 22.10.1968, AZ: 9 RV 418/65.
36 Vgl. vgl. sehr instruktiv LSG Hamburg, Urt. v. 20.10.2011; AZ: L 5 AS 87/08, RdNr. 39ff – juris.
37 Waschull, in: Diering/Timme/ders. (Hrsg.), SGB X, 3. Auflage 2011, § 45, RdNr. 25.
38 Vgl. zur Manifestation und der Frage, ob eine solche für die Vertrauensbestätigung erforderlich ist, Padé in: Schlegel/Voelzke (Hrsg.), jurisPK-SGB X, § 45 SGB X, RdNr. 83 (Stand: 8.2.2016).

gängig gemacht werden kann. Die beiden Varianten sind nicht abschließend.[39] Darüber hinaus handelt sich um eine Regelvermutung, die widerlegt werden kann. Die Vermutungswirkung kommt bei atypischer Konstellation nicht zum Tragen. Die für den Begünstigten vorteilhafte Vorrangregelung zur Abwägung nach Absatz 2 Satz 1 kommt nicht zum Tragen. Dieses ist beispielsweise der Fall, wenn der Begünstigte bspw. grob unangemessene oder vernunftswidrige Ausgaben getätigt hat.[40]

750 Verbrauch bedeutet, dass die Leistungen wertmäßig aufgezehrt sind. Eine zu Unrecht gewährte Leistung ist daher nur dann verbraucht, wenn der zugewendete Wert dem Begünstigten wirtschaftlich nicht mehr zur Verfügung steht. Dieses ist gerade nicht der Fall, wenn die Leistungen für Anschaffung oder zur Schuldentilgung verwandt wurden.[41]

751 Die Variante des Verbrauchs ist wohl weitgehend leerlaufend. Ein Verbrauch erschöpft sich als Disposition in der Vergangenheit und wirkt sich damit nicht auf ein Vertrauen in die Zukunft aus, auf das regelmäßig geschlossen werden könnte. Die Hoffnung oder Erwartung in den künftigen Leistungsbezug, die erneut verbraucht werden könnten, sind gerade nicht umfasst. Der Verbrauch wirkt damit nicht in die Zukunft. Sollen jedoch Leistungen für die Vergangenheit aufgehoben werden, besteht aufgrund der Regelung des § 45 Abs. 4 Satz 1 i. V. m. § 45 Abs. 2 Satz 3 SGB X bereits kein Vertrauen mehr, dass im Sinne des Satz 2 regelmäßig überwiegen könnte. Diese erste Alternative der Regelschutzwürdigkeit kann zumeist außer Acht bleiben.[42]

752 Eine Vermögensdisposition ist getroffen, wenn ein Verhalten im Vertrauen auf den Bestand des begünstigenden Verwaltungsakts unmittelbar oder mittelbar nicht nur unwesentliche Auswirkungen auf die finanzielle Situation des Betroffenen hat.[43] Im Fall der Vermögensdisposition kommt hinzu, dass diese nicht mehr oder nur unter unzumutbaren Umständen rückgängig gemacht werden kann, damit das Vertrauen schutzwürdig ist und es zum Vorrang zur Abwägungsregel nach Absatz 2 Satz 1 kommt. In dieser Alternative müssen unter dem Gesichtspunkt der Unzumutbarkeit bereits die Besonderheiten des Einzelfalls berücksichtigt werden, bevor überhaupt die Regelvermutung betrachtet werden kann.[44]

Der Begünstigte hat mit den Leistungen disponiert, indem er Vertrauen auf die Beständigkeit der zukünftigen Leistungen hegte. Diese Disposition als Freiheitsbetätigung soll geschützt werden. Die Unzumutbarkeit bedingt jedoch erst, dass das Vertrauen[45] schutzwürdig ist. Vor diesem Hintergrund ist das Tatbestandsmerkmal zu interpretieren.[46]

753 Erst wenn das Vertrauen nicht nach Satz 3 verwirkt ist und sich auch aufgrund des Verbrauchs bzw. einer Disposition das schutzwürdige Vertrauens nicht dem öffentli-

---

39 „…vielmehr handelt es sich um beispielhaft genannte Sachverhalte, bei deren Vorliegen die Schutzwürdigkeit vom Gesetz vermutet wird. Wären demgegenüber keine anderen die Rücknahme ausschließenden Sachverhalte möglich, wäre der Grundtatbestand der Abwägung in Abs. 2 Satz 1 nicht gerechtfertigt und die Absätze 1 und 2 hätten sehr viel einfacher gefaßt sein müssen, …“, vgl. BSG, Urt. v. 14.6.1984 – AZ: 10 RKg 5/8, RdNr. 15 – juris.

40 Schütze, in: von Wulffen/ders. (Hrsg.), SGB X, 8. Aufl. 2014, § 45, RdNr. 42.

41 Schütze, in: von Wulffen/ders. (Hrsg.), SGB X, 8. Aufl. 2014, § 45, RdNr. 43 f.

42 Für eine Abschaffung Pohl, in: Eichenhofer/Wenner (Hrsg.), SGB I, IV, X, 2012, § 45, RdNr. 24; ebenso Schütze, in: von Wulffen/ders. (Hrsg.), SGB X, 8. Aufl. 2014, § 45, RdNr. 44; Padé in: Schlegel/Voelzke (Hrsg.), jurisPK-SGB X, § 45 SGB X, RdNr. 72 (Stand: 8.2.2016).

43 Padé in: Schlegel/Voelzke (Hrsg.), jurisPK-SGB X, § 45 SGB X, RdNr. 72 (Stand: 8.2.2016).

44 Die beiden Varianten bedingen nicht zwingend die Schutzwürdigkeit des Vertrauens. Sowohl die Regelvermutung als auch das Tatbestandsmerkmal der Unzumutbarkeit öffnen als unbestimmte Rechtsbegriffe, besondere Umstände des Einzelfalles zu berücksichtigen.

45 Im Regelfall.

46 Vgl. mit Beispielen Pohl, in: Eichenhofer/Wenner (Hrsg.), SGB I, IV, X, 2012, § 45, RdNr. 25 f.

chen Aufhebungsinteresse als überwiegend darstellt, ist eine Abwägung nach Satz 1 erforderlich.

Auf der einen Seite spricht der Gedanke der Recht- und Gesetzmäßigkeit der Verwaltung für eine Aufhebung von rechtswidrigen Verwaltungsakten. Dem gegenüber darf ein nicht verantwortlicher Begünstigter[47] auf die Rechtmäßigkeit des Verwaltungshandelns vertrauen.[48] **754**
Die Behörde hat nunmehr diesen Widerspruch[49] zu lösen, indem zwischen dem öffentlichen Aufhebungsinteresse und dem privaten Vertrauen in den Verwaltungsakt abgewogen wird, mithin das Vertrauen – objektiv – schutzwürdig ist. Die in der Abwägung aufkommende Frage, ob subjektiv auf den Bestand des Verwaltungsaktes vertraut wurde, ist eine Beweisfrage. Die Behörde hat nach § 20 SGB X den Sachverhalt zu ermitteln. Sie trägt die objektive und subjektive Beweislast. Die Abwägung ist gerichtlich voll überprüfbar.[50]

Für ein öffentliches Aufhebungsinteresse spricht die Belastung der Solidargemeinschaft, die bspw. bei Dauerverwaltungsakten häufig höher ist als bei einmaligen Leistungen.[51] Eine Aufhebung ist wohl auch angezeigt, wenn der Begünstigte fahrlässig die Rechtswidrigkeit verschuldet hat.
Ein überwiegendes Vertrauen in den Bestand des Verwaltungsaktes kann angenommen werden, wenn es dem Begünstigten nicht zugemutet werden kann, die zukünftigen Leistungen zu entbehren. Alleine die Möglichkeit, dass der Begünstigte unter die Grenze der sozialhilferechtlichen Bedarfe „abrutscht", ist wohl nicht ausreichend. Dieses gilt insbesondere für den Fall, dass ein anderes Sicherungssystem die aufkommende Hilfebedürftigkeit auffängt.[52] Ebenso begründen Fehler der Behörde für sich noch kein überwiegendes Vertrauen, solange dieses nicht durch weiteres Verwaltungshandeln noch bestärkt wird.[53]

Die Aufhebung nach § 45 SGB X verlangt sowohl für die Vergangenheit wie für die Zukunft ein überwiegendes Aufhebungsinteresse. Soll der Verwaltungsakt für die Vergangenheit aufgehoben werden, sind besondere Voraussetzungen zu erfüllen, die sich aus Absatz 4 ergeben. Im Zentrum der Rücknahme für die Vergangenheit steht das schuldhafte Verhalten des Begünstigten. Die Aufhebung verlangt das verwirkte Vertrauen nach dem § 45 Abs. 2 Satz 3 SGB X[54]. Es darf im Fall der Rücknahme für die Vergangenheit kein Vertrauen des Begünstigten mehr vorhanden sein. Ein alleiniges Überwiegen des öffentlichen Aufhebungsinteresses im Sinne des Abs. 2 Satz 1 reicht nicht. **755**

Daneben unterliegt die Aufhebung für die Vergangenheit gem. § 45 Abs. 4 Satz 2 SGB X einer besonderen Frist, welche neben der Frist nach § 45 Abs. 3 SGB X anzuwenden ist. Sie gilt nur für die Aufhebung für die Vergangenheit. Der Beginn des Fristenlaufs unterscheidet sich von § 45 Abs. 3 SGB X. Die Frist beginnt mit Kenntnis der Behörde von den Umständen, die zur Aufhebung berechtigen. Selbst bei verwirktem Vertrauen wird nach einem Jahr das Vertrauen wieder hergestellt. Die Fristrege- **756**

47 Daher kommt es nicht mehr zur Prüfung des Satzes 1, wenn das schuldhafte Verhalten nach Satz 3 belegt ist.
48 Schütze, in: von Wulffen/ders. (Hrsg.), SGB X, 8. Aufl. 2014, § 45, RdNr. 36.
49 Vgl. BSGE 59, 157, 163.
50 Zum Ganzen Waschull, in: Diering/Timme/ders. (Hrsg.), SGB X, 3. Auflage 2011, § 45, RdNr. 25, m. w. N. zum Streit, ob nur solche Umstände in die Abwägung eingestellt werden, die das öffentliche oder private Interesse beeinflusst haben; vgl. auch Schütze, in: von Wulffen/ders. (Hrsg.), SGB X, 8. Aufl. 2014, § 45, RdNr. 37 ff., der bei der, sich in der Sphäre des Bürgers befindliche Vertrauen, die Darlegungslast beim Begünstigten sieht.
51 StRspr. BSGE 81, 156, 160, BSG, Urt. v. 21.6.2001, B 7 AL 6/00 R, RdNr. 23 – juris.
52 In diese Richtung BSG, 7 RAr 123/84, Rn. 40ff, mit Verweis auf die Überlegung im Ermessen.
53 B 7 AL 6/00 R – juris, RdNr. 25.
54 Die Gründe der Restitution gem. § 580 ZPO begründen sogar ein über Abs. 2 Satz 3 hinausgehende Verwerflichkeit.

lung dient damit der Rechtssicherheit.[55] Das Bundessozialgericht stellt als Zeitpunkt der Kenntnis auf die Anhörung ab.[56]

757 Der Vertrauensschutz bei Dauerverwaltungsakten[57] lebt aufgrund der – allgemeinen – Fristenregelung nach § 45 Abs. 3 SGB X wieder auf, indem der Rücknahme von Verwaltungsakten mit Wirkung für die Vergangenheit und Zukunft Grenzen gesetzt werden.

Begünstigte bei einmaligen Verwaltungsakten werden nur vordergründig schlechter gestellt, indem die Frist für diese Verwaltungsakte nicht gilt. Der Schutz ergibt sich bereits aus Absatz 4, da stets nur eine Aufhebung für die Vergangenheit in Betracht kommt.[58]

Diese Rücknahmefrist steht neben der Frist aus Absatz 4 Satz 2 und dient der Schaffung eines „endgültigen“ Rechtsfriedens. Selbst bei Vorliegen der Voraussetzungen aus den Absatz 2 und 4 scheidet eine Aufhebung auf, wenn die Frist nach Absatz 3 verstrichen ist.

758 Die regelmäßige Verjährungsfrist aus Absatz 3 Satz 1 beträgt 2 Jahre. Diese setzt bei einer Gesamtschau des Absatz 3 voraus, dass der Begünstigte sein Vertrauen nicht nach § 45 Abs. 2 Satz 3 verwirkt hat. Bei vorwerfbarem Verhaltens im Sinne des § 45 Abs. 2 Satz 3 Nr. 2 SGB X oder der Bösgläubigkeit im Sinne der Nr. 3 wird die regelmäßige Verjährung durch eine 10jährige Frist verdrängt.[59]

Liegen die Voraussetzungen vor, die eine sog. Restitutionsklage nach § 580 ZPO rechtfertigten würden, entfällt jede Frist nach Absatz 3. Die Norm wird entsprechend angewandt. Den zahlreichen Wiederaufnahmegründen liegt zumeist eine besondere, über die Schuldhaftigkeit des Satz 3 hinausgehende, Bösgläubigkeit zugrunde. Die 10-jährige Frist, die bei den Voraussetzungen des Abs. 2 Satz 3 Nr. 2 und Nr. 3 Anwendung findet, wird suspendiert, wenn die Aufhebungsgründe entsprechend vorliegen.[60]

759 Das Fehlen der Nr. 1 in § 45 Abs. 3 Nr. 1 SGB X lässt sich auf den Gesetzgebungsprozess zurückführen, dürfte sich aber nicht weiter auswirken. Ein gesteigertes Verschulden im Sinne der Nr. 1 dürfte auch die Wiederaufnahmegründe nach § 580 Nr. 4 ZPO erfüllen.[61] Zumindest sind in diesem Fall auch die Voraussetzungen nach Nr. 2 und Nr. 3 erfüllt, so dass jedenfalls eine 10-jährige Frist zum Tragen kommt.[62]

760 Die Aufhebung nach § 45 SGB X steht grundsätzlich im Ermessen der Behörde. Hieran ändert auch die missverständliche Formulierung aus Absatz 4 Satz 1 nichts. Dieses ist gemeinsam mit der „darf-Formulierung“ zu lesen. Wird für die Zukunft zurückgenommen, ist nicht klar, welche Aspekte in die Ermessensentscheidung und welche in die Abwägung nach § 45 Abs. 2 Satz 1 auf der Tatbestandsebene eingestellt werden müs-

---

55 LSG, Urt. v. 05. Juni 2008 – L 9 AL 157/06 –, Rn. 34, juris, mit Ausführungen zum entscheidenden Zeitpunkt der Kenntnisnahme: ... „Unter Berücksichtigung des Grundsatzes, dass die zeitliche Begrenzung der Rücknahmebefugnis für die Vergangenheit der Rechtssicherheit dient, ist vielmehr die den Beginn der Jahresfrist bestimmende Kenntnis dann anzunehmen, wenn mangels vernünftiger, objektiv gerechtfertigter Zweifel eine hinreichend sichere Informationsgrundlage bezüglich sämtlicher für die Rücknahmeentscheidung notwendiger Tatsachen besteht.“

56 Vgl. vertiefend zur Fristenregelung Rieker, NZS 2015, 656, 656.

57 Zum Dauerverwaltungsakt vgl. § 48 SGB X.;

58 Vlg. Padé in: Schlegel/Voelzke (Hrsg.), jurisPK-SGB X, § 45 SGB X, RdNr. 98. (Stand: 8.2.2016).

59 Dieses gilt jedoch nur, wenn die Bösgläubigkeit bereits bei Bekanntgabe vorlag. Eine später eintretende Kenntnis verlängert die Frist nicht, vgl. BSG, Urt. v. 4.2.1998, AZ: B 9 V 24/96 R, RdNr. 16 – juris.

60 So wohl Schütze, in: von Wulffen/ders. (Hrsg.), SGB X, 8. Aufl. 2014, § 45, RdNr. 72, mit einer differenzierten Darstellung. Kritisch Waschull, in: Diering/Timme/ders. (Hrsg.), SGB X, 3. Auflage 2011, § 45, RdNr. 90.

61 Waschull, in: Diering/Timme/ders. (Hrsg.), SGB X, 3. Auflage 2011, § 45, Rn. 91.; Schütze, in: von Wulffen/ders. (Hrsg.), SGB X, 8. Aufl. 2014, § 45, RdNr. 30.

62 So wohl Pickel, § 45, RdNr. 56.

sen. Zu beachten ist hier, dass Ermessensgesichtspunkte u. a. nicht gerichtlich vollüberprüfbar sind, sondern die Prüfung auf die klassischen Ermessensfehler beschränkt ist.[63] Gründe für das Ermessen können i. Ü. bis zur letzten mündlichen Verhandlung in der Tatsacheninstanz (Landessozialgericht) nachgeholt werden (§ 41 Abs. 1 Nr. 2, Abs. 2 SGB X).[64]

Interessant ist, dass die Behörde nicht verpflichtet ist, eigene Fehler zugunsten des Begünstigten einzustellen.[65]

Eine „Ermessensreduzierung auf Null" zugunsten der Aufhebung ist nicht bereits gegeben, wenn die Voraussetzungen des § 45 Abs. 2 Satz 3 SGB X gegeben sind.[66] Die Rechtsfolge wird jedoch in den Fällen der Rücknahme von Verwaltungsakten nach dem SGB III und SGB II „modifiziert". § 330 Abs. 2 SGB III schreibt für den Fall des verwirkten Vertrauens nach § 45 Abs. 2 Satz 3 SGB X eine verpflichtende Rücknahme vor. Die Norm gilt gem. § 40 Abs. 2 Nr. 3 SGB II auch für Verwaltungsakte nach dem SGB II.

2.2 Aufhebung von rechtswidrigen, nicht begünstigenden Verwaltungsakten gem. § 44 SGB X

Die Rücknahme nach §§ 45 und 48 SGB X erfolgt grundsätzlich durch Aktivwerden **761** der Behörde. Sie möchte damit einen Fehler korrigieren, der den Leistungsempfänger begünstigt. Die Rücknahmen nach §§ 45, 48 SGB X dienen der Erstattung nach § 50 SGB X. Eine Rücknahme nach § 44 SGB X erweitert die Rechtsschutzmöglichkeiten, indem auch bei unzulässigem Widerspruch oder unzulässiger Klage der Verwaltungsakt beseitigt werden kann. Der Adressat kann beantragen, dass bei vorliegenden Voraussetzungen ein Verwaltungsakt aufgehoben wird. Markig wird in diesem Fall auch vom „Wunder des § 44 SGB X" gesprochen, da ein bestandskräftiger Verwaltungsakt „reanimiert" wird.[67] Der § 44 SGB X stellt eine „Säule des Sozialrechts" dar.[68] Die parallelen Normen aus dem VwVfG (§ 48) kennen keine Pflicht zu Aufhebung. Damit ist bereits klar, dass § 44 SGB X für nicht begünstigende Verwaltungsakte gilt, der Adressat nach der Aufhebung zumeist besser steht.

Die Rechtswidrigkeit wird in § 44 Abs. 1 SGB X legaldefiniert und enthält zwei Varian- **762** ten. Rechtswidrigkeit bedeutet demnach, dass die Tatsachenebene (Sachverhalt) falsch erkannt und zu Grunde gelegt wurde und dass das Recht unrichtig angewandt wurde.

[Letzteres ist jedoch auch dann gegeben, wenn von einem falschen Sachverhalt ausgegangen ist. Zur Subsumtion gehört nicht nur die richtig ausgelegte Norm sondern auch die fehlerfreie Sachverhaltsermittlung.]

Unrichtig angewandt ist Recht, wenn es gegen höherrangiges Recht verstößt, der Erlass des Verwaltungsakts also gegen jegliche Rechtsvorschrift verstößt, welche der Rechtskon-

63 Zu den Ermessensfehlern vgl. Waschull, in: Diering/Timme/ders. (Hrsg.), SGB X, 3. Auflage 2011, § 45, RdNr. 69 f.

64 Mit der Differenzierung von Fehlern in der Ermessensausübung und –begründung, Müller-Grune, in: Eichenhofer/Wenner (Hrsg.), SGB I, VI, X, 1. Aufl. 2012, § 41, RdNr. 5; zu den Problemen zur Nachholung der Begründung bei Ermessensentscheidung vgl. Waschull, in: Diering/Timme/ders. (Hrsg.), SGB X, 3. Aufl. 2011, § 41, RdNr. 13 f.

65 StRspr. BSG, Urt. v. 21.6.2001, AZ: B 7 AL 6/00 R, Rn. 27 – juris.

66 So noch in der Andeutung 4. Senat BSG, Urt. v. 25.1.1994, AZ: 4 RA 16/92, RdNr. 20 (jedoch mit Ausnahmen); gegen eine allgemeine Ermessensreduzierung auf Null auch BSGE 55, 251; 60, 240; 64, 38, später auch der 4. Senat die Aussage zurücknehmend BSG, Urt. v. 30.10.1997, AZ: 4 RA 71/96, Rn. 25 verklausulierend „Die folgenden Ausführungen zur Ermessensreduktion auf Null setzten somit eine Ermessensentscheidung der Behörde voraus, hier allerdings eine solche, die wegen fehlender ermessensrelevanter Anhaltspunkte zur Ermessensreduktion auf Null führte.".

67 Mutschler, WzS 2009, 193, 193.

68 Dörr, RVaktuell 2013, 348, 350.

kretisierung durch die Exekutive übergeordnet sind. Die sich aus Art. 20 Abs. 3 GG ergebene Normenhierarchie mit einer Bindung der Verwaltung „an Recht und Gesetz“ lässt jedoch zahlreiche Interpretationen offen.[69] Formell-materielles Gesetz oder eine Rechtsverordnung im Sinne des Art. 80 GG stellen eindeutig anwendbare Rechte dar. Problematisch wird es bei untergesetzlichen Normen und höchstrichterliche Rechtsprechung.

Verwaltungsvorschriften haben grundsätzlich nach außen keine Bindungswirkung. Etwas anderes kann sich jedoch bei – normkonkretisierenden – Verwaltungsvorschriften ergeben, die über das verfassungsrechtliche Gleichbehandlungsgebot aus Art. 3 Abs. 1 GG zu einer Selbstbindung der Verwaltung führen.

763 Die höchstrichterliche Rechtsprechung ist grundsätzlich wie Recht im Sinne des § 44 SGB X anzusehen, so dass eine, der Rechtsprechung des BSG zuwiderlaufende, Rechtsanwendung als rechtswidrig zu betrachten ist. Die Änderung einer bestehenden höchstrichterlichen Rechtsprechung wird jedoch unterschiedlich behandelt.
§ 44 SGB X normiert, dass sich der Verwaltungsakt als unrichtig erweist. Entscheidend für die Frage der Rechtswidrigkeit ist der Zeitpunkt seiner Überprüfung und nicht der Erlasszeitpunkt. Grundlage der Beurteilung ist die damalige Sach- und Rechtslage, bewertet aus der „heutigen“ Sicht.[70] Für Rechtssprechungsänderungen bedeutet dieses, dass die Frage, ob das Recht unrichtig angewandt wurde, nicht nach der bei Erlass des Verwaltungsaktes bestehenden oder herrschenden Rechtsauffassung, sondern im Lichte einer – eventuell geläuterten – Rechtsauffassung in rückschauender Betrachtungsweise zu beantworten ist.[71] Die Bestimmung der Rechtmäßigkeit eines Verwaltungsaktes hat somit auf der Basis, der zum Aufhebungszeitpunkt bestehenden höchstrichterlichen Rechtsprechung zu erfolgen. Es erfolgt keine Änderungen nach Erlass des Verwaltungsaktes. Es hat sich nicht das Recht, sondern nur die „richtige“ Ansicht des Rechts geändert (vgl. dazu unten RdNr. 785).

Die Rechtsprechung macht eine Ausnahme für solche Fälle, in denen sich die Änderung der Rechtsprechung nicht alleine aus einer gewandelten Rechtssicht („geläuterte Rechtsprechung“) ergibt, sondern auf neue soziale, wirtschaftliche oder rechtliche Umstände gründet. Hier wirkt die Änderung nicht zurück.[72] An dieser Stelle setzt der § 48 Abs. 2 SGB X an.]

764 Wird eine gesetzliche Grundlage vom Bundesverfassungsgericht „verworfen“, ist die genaue Formulierung des Entscheidungstenors entscheidend. Nicht auf die zu Beginn bestehende Rechtswidrigkeit wirkt es sich aus, wenn das Bundesverfassungsgericht das Gesetz für verfassungswidrig erklärt, die Regelung bis zu einer Änderung durch die Legislative zunächst weitergelten lässt.[73] Es bleibt dem Gesetzgeber dann überlassen, ob mit einer neuen rechtlichen Regelung eine Rückwirkung einhergeht. Rechtswidrig im Sinne des § 44 SGB X sind solche Verwaltungsakte, deren gesetzliche Grundlage später vom Bundesverfassungsgericht für nicht erklärt wurde.[74]

Es sind jedoch nur solche Fehler ausschlaggebend, die ursächlich für die Versagung der vollständigen, begünstigenden Leistung sind. Formelle Fehler, wie bspw. die Anhörung, sind zumeist unbeachtlich. Hier ist auf die §§ 38, 41–43 SGB X zu verweisen. Fernen findet § 44 SGB X keine Anwendung auf nichtige Verwaltungsakte im Sinne des § 40 SGB X.

765 Eine Differenzierung ist bei rechtswidrigen Dauerverwaltungsakten vorzunehmen, denn auch § 48 SGB X findet für die Aufhebung von rechtswidrigen, nicht-begünstigenden Verwaltungsakt Anwendung. Dieses lässt sich bereits aus § 48 Abs. 1 Satz 2

---

69 Zum Ganzen Pohl, in: Eichenhofer/Wenner (Hrsg.), SGB I, VI, X, 1. Aufl. 2012, § 44, RdNr. 4.
70 Vgl. m. w. N. Schütze in: von Wulffen/ders. (Hrsg.), SGB X, 8. Aufl. 2014, § 44, RdNr. 10.
71 BSG, Urteil vom 26. Januar 1988 – 2 RU 5/87 –, Rn. 13 – juris, BSGE 63, 18–25, RdNr. 23.
72 BSG, Urt. v. 28.4.1999, AZ: B 9 V 16/98 R, RdNr. 21 – juris.
73 BSG Urt. v. 25.3.2003, AZ: B 7 AL 106/01 R – RdNr. 11 – juris.
74 BSG, Urt. v. 8.9.1988, AZ: 11/7 RAr 61/87, RdNr. 18 – juris. Vgl. zum Ganzen Schütze a. a. O., RdNr. 7.

Nr. 1 SGB X erkennen. Der § 44 SGB X findet Anwendung, wenn die entscheidende[75] Rechtswidrigkeit bereits bei der Erlass des Verwaltungsaktes vorlag.

Eine Besonderheit regelt § 48 Abs. 2 SGB X für den Fall der höchstrichterlichen Rechtssprechungsänderung. Die Norm stellt bereits klar, dass § 44 SGB X nicht verdrängt wird. Vielmehr gilt § 48 Abs. 2 SGB X nur für den Fall, dass sich die Rechtsprechung „nur" ex nunc, insbesondere wenn der Rechtssprechungswandel auf Änderungen rechtlicher Grundlagen oder bei Schaffung von sozialen, soziologischen und wirtschaftlichen Gegebenheiten und Ausnahmen beruht.[76]

Wesentliche Strukturunterschiede in den Aufhebungsvorausschriften des § 44 SGB X **766** und § 45 SGB X ergeben sich aus dem Tatbestandsmerkmal „nicht begünstigend", insbesondere für die Aufhebung für die Vergangenheit. Nur für die Aufhebung nach § 45 SGB X ist der Vertrauensschutz zentral. Rückwirkende Aufhebungen bedürfen aus verfassungsrechtlicher Sicht nur bei begünstigenden Verwaltungsakten einer besonderen Begründung. Eine Binnendifferenzierung findet bei § 44 SGB X zwischen Absatz 1 als „lex specialis" und Absatz 2 als Auffangnorm statt. Letztlich wird aber „nur" hinsichtlich der Rechtsfolge differenziert.

Begründet der aufzuhebende Verwaltungsakt Sozialleistungen oder werden Gebühren **767** erhoben, findet § 44 Abs. 1 SGB X als Spezialregelung Anwendung.[77] Im Gegensatz zur Auffangvorschrift des § 44 Abs. 2 SGB X enthält Absatz 1 eine bindende Rechtsfolge für die Aufhebung für die Vergangenheit. Absatz 2 stellt die Aufhebung des Verwaltungsaktes für die Vergangenheit in das Ermessen der Behörde. Alleine die Aufhebung für die Zukunft ist verpflichtend.

Sozialleistungen im Sinne des Absatz 1, die nicht erbracht wurden, sind in § 11 SGB I **768** legaldefiniert und umfassen alle Dienst-, Sach- und Geldleistungen der speziellen Bücher des SGB. Klassische Bescheide über Sozialleistungen sind Rentenbescheide[78], Feststellung einer Rentenzahlungsbefugnis[79] und gem. § 9 Abs. 4 AsylbLG auch solche des Asylbewerberleistungsrecht[80]

Insgesamt ist der § 44 Abs. 1 SGB X auf solche Verwaltungsakte begrenzt, die unmittelbar Ansprüche auf nachträglich erbringbare Sozialleistungen i. S. d. §§ 3 ff. und §§ 18 ff. SGB I betreffen.[81] Streitig ist der Anwendungsbereich der Spezialregelung des § 44 Abs. 1 Satz 1 SGB X, wenn ein (rechtswidriger) Aufhebungsbescheid über Sozialleistungen aufgehoben wird. Wohl unstreitig soll dieses jedenfalls dann für den aufhebenden Verwaltungsakt nach § 45 SGB X gelten, wenn gleichzeitig eine gewährte Leistung zurückgefordert wird.[82] Zum Teil wird mittlerweile auf eine solche Differenzierung verzichtet, so dass auch nur der aufhebende Verwaltungsakt nach § 45 SGB X mittels § 44 Abs. 1 SGB X aufgehoben werden kann.[83]

Nicht umfasst sind die Befreiung von der Versicherungspflicht[84] oder die Feststellung einer Schwerbehinderteneigenschaft.[85] Hier finden weder Absatz 1 noch die daraus resultierend Regelung zur rückwirkenden Zahlung aus Absatz 4 Anwendung.

---

75 Hier ist zu beachten, dass § 48 SGB X auch auf zu Beginn rechtswidrige Verwaltungsakte anwendbar ist, wenn eine weitere, zur Rechtswidrigkeit führende Änderung „korrigiert" werden soll.

76 BSG, NZS 1996, 536.

77 Vgl. BSG, Urt. v. 16.2.2012, AZ: B 9 SB 2/11 R, mit zahlreichen Nachweisen Schütze in: von Wulffen/ders. (Hrsg.), SGB X, 8. Aufl. 2014, § 44, RdNr. 21.

78 BSG v. 7.2.2012 – B 13 R 40/11 R – juris Rn. 15 – NJW 2012, 2908; BSG v. 8.2.2012 – B 5 R 38/11 R – juris RdNr. 14 ff. – NJW 2012, 2139.

79 BSG v. 26.6.2007 – B 4 R 19/07 R – juris RdNr. 23 – SozR 4-1300 § 44 Nr. 12.

80 BSG v. 9.6.2011 – B 8 AY 1/10 R – juris Rn. 10 – SozR 4-1300 § 44 Nr. 22.

81 BSG v. 30.10.2014 – B 5 RS 1/13 R – juris RdNr. 12.

82 Sehr ausdifferenziert Waschull, in: Diering/Timme/ders. (Hrsg.), SGB X, 3. Auflage 2011, § 44, RdNr. 22.

83 Ganzen Baumeister, in: JurisPK, § 44, RdNr. 64ff, Stand: 19.6.2015, der auf eine, jedoch nicht ganz eindeutige, gewandelte Sicht des BSG verweist, BSG v. 13.2.2014, AZ: B 4 AS 19/13 R, RdNr. 14 – juris.

84 BSG, Urt. v. 8.12.1999, AZ: B 12 KR 12/99 R –. RdNr. 23 – juris –; BSGE 85, 208.

85 BSG, Urt. v. 29.5.1991, AZ: 9a/9 RVs 11/89 – RdNr. 19 – juris; BSGE 69, 14, BSG, Urt. v. 16.2.2012, AZ: B 9 SB 2/11 R, RdNr. 17 – juris.

769 Die Pflicht der Behörde, bei Vorliegen der Voraussetzungen des § 44 Abs. 1 Satz 1 SGB X, den Verwaltungsakt zurück zu nehmen, steht unter der negativen Voraussetzung des § 44 Abs. 1 Satz 2 SGB X. Schuldhaftes Verhalten lässt zumindest die Pflicht zur Aufhebung entfallen. Das Verschulden kann mit § 45 Abs. 2 Satz 3 Nr. 2 SGB X verglichen werden, gilt jedoch nur bei vorsätzlichem Verhalten.

Die verpflichtende Aufhebung nach Abs. 1 entfällt mit der Folge, dass der darüber hinaus geltende Abs. 2 eine gesetzliche Regel der Aufhebung nur für die Zukunft vorsieht. Nach Abs. 2 Satz 2 kann die Aufhebung für die Rücknahme durchgeführt werden.[86]

Absatz 2 sieht für andere als Verwaltungsakte über Sozialleistungen oder Beiträge lediglich eine verpflichtende Aufhebung für die Zukunft („ist… zurückzunehmen") vor. Im Übrigen steht eine Aufhebung für die Vergangenheit gem. § 44 Abs. 2 Satz 2 SGB X im pflichtgemäßen Ermessen der Behörde.

Gründe der Rechtstaatlichkeit streiten zwar grundsätzlich für Herstellung des rechtmäßigen Zustandes, aber eine generelle Pflicht besteht jedoch nicht.[87] Eine Rücknahme ausschließlich für die Zukunft kann u. a. dann gerechtfertigt sein, wenn der Verwaltungsaufwand unverhältnismäßig hoch wäre oder die Schuld der Rechtswidrigkeit alleine bzw. überwiegend beim Adressaten liegt.[88]

770 Der Aufhebung des nicht begünstigenden Verwaltungsaktes folgt zumeist eine leistungsrechtliche Nachzahlung. Der Absatz 4 begrenzt die Nachzahlungspflicht auf 4 Jahre. Zugunsten des Adressaten wird die Frist auf den Anfang des Jahres der Aufhebung gelegt. Im maximalsten Fall können damit bis zu 5 Jahren zurück erstattet werden. Erfolgt die Rücknahme auf Antrag des Adressaten, bestimmt sich gem. § 44 Abs. 4 Satz 3 SGB X hiernach die Berechnung des Zeitpunktes. Eine verzögerte Aufhebung der Behörde kann daher die Frist nach Satz 1 verlängern. Der Bürger wird vor einer Benachteiligung bei einer zu langen Verfahrensdauer geschützt.[89]

Die Nachzahlungspflicht ist im Bereich der Sozialhilfe nicht ganz unproblematisch. Die Leistungen hiernach dienen der Beseitigung einer gegenwärtigen Notlage und werden nicht nachträglich erbracht. Dieses solle nach dem Willen des Gesetzgebers jedoch nicht gelten, wenn bei Ablehnung ein Rechtsmittel eingelegt wurde oder die Behörde säumig war.[90] Nach der Rechtsprechung werden nachträgliche Sozialhilfeleistungen gewährt, wenn der Bedarf noch nicht entfallen ist, das heißt die Notlage im Zeitpunkt der beanspruchten Hilfeleistung noch besteht und der Bedarf damit noch gedeckt werden kann.[91] Die Sonderregelungen des § 40 Abs. 1 Satz 2 SGB II und § 116a SGB XII zeigen im Übrigen, dass § 44 SGB X auch hier Anwendung findet.

771 Die 4-Jahres-Frist aus Absatz 4, die eine unendliche Nachzahlpflicht verhindert, wird im § 40 Abs. 1 Satz 2 SGB II und § 116a SGB XII auf ein Jahr verkürzt. Die Modifikation wird damit den Besonderheiten einer fehleranfälligen Massenverwaltung gerecht.[92] Eine

---

86 Waschull, in: Diering/Timme/ders. (Hrsg.), SGB X, 3. Auflage 2011, § 44, RdNr. 45, so auch BSG, Urt. v. 7.9.2006, AZ: B 4 RA 43/05 R, RdNr. 54. Pohl, in: Eichenhofer/Wenner (Hrsg.), SGB I, VI, X, 1. Aufl. 2012, § 44, RdNr. 13, m. w. N. Schütze in: von Wulffen/ders. (Hrsg.), SGB X, 8. Aufl. 2014, § 44, RdNr. 19.

87 Zum Erfordernis der Einzelfallprüfung und gegen einen generellen „Ermessenreduzierung auf Null" vgl. BSG, Urt. v. 24. Februar 1987, AZ: 11b RAr 60/86, RdNr. 21 ff. – juris, „(…) kann weder allein die Rechtswidrigkeit des früheren Bescheides zu dessen Rücknahme verpflichten noch kann die eingetretene Bindungswirkung entscheidender Grund für die Ablehnung der Rücknahme sein.

88 Waschull, in: Diering/Timme/ders. (Hrsg.), SGB X, 3. Auflage 2011, § 44, RdNr. 55.

89 Tritt ohne triftigen Grund eine Verzögerung bei einer Aufhebung ein, die von Amts wegen eingeleitet wurde, erhält die Möglichkeit diesen Nachteil im Wege des ungeschriebenen sozialrechtlichen Herstellungsanspruchs geltend zu machen. Vgl. Waschull, in: Diering/Timme/ders. (Hrsg.), SGB X, 3. Auflage 2011, § 44, RdNr. 70.

90 BT-Drs. 8/2034, S. 33.

91 BSGE 104, 213, 213; vgl. zum Ganzen m. w. N. Schütze in: von Wulffen/ders. (Hrsg.), SGB X, 8. Aufl. 2014, § 44, Rn. 48; Pohl, in: Eichenhofer/Wenner (Hrsg.), SGB I, VI, X, 1. Aufl. 2012, RdNr. 25.

92 Damit ist auch gleichzeitig geklärt, dass § 44 SGB X ohne weitere Einschränkungen mit Blick auf die Besonderheiten des SGB II anwendbar ist, vgl. BSG, Urt. 1.6.2010, AZ: B 4 AS 78/09 R.

ähnliche zeitliche Eingrenzung ergibt sich aus § 330 Abs. 1 SGB III.[93] Urteile, welche zur Nichtigkeit oder Unvereinbarkeit mit dem Grundgesetz von untergesetzlichen Normen (im SGB II zu Satzungen über die Kosten der Unterkunft und Heizung i. S. d. § 22 SGB II) führen, werden nicht vollständig, sondern erst ab dem Zeitpunkt der Rechtsprechungsänderung aufgehoben.
§ 44 Abs. 3 SGB X enthält Vorgaben zur Zuständigkeit der Aufhebung (siehe dazu unten RdNr. 795).

2.3 Aufhebung von Dauerverwaltungsakten nach § 48 SGB X

Während § 45 SGB X und § 44 SGB X sich in der Anwendung aufgrund des Tatbestandsmerkmals „begünstigend“ und „nicht begünstigend“ ausschließen, findet die Aufhebung nach § 48 SGB X sowohl in den Fällen des rechtswidrigen, begünstigenden Verwaltungsaktes (§ 45 SGB X) als auch bei rechtswidrigen, nicht begünstigenden Verwaltungsakten (§ 44 SGB X) Anwendung. Der Anwendungsbereich des § 48 SGB X liegt in der Korrektur von wesentlichen Änderungen, die während des Geltungszeitraumes eines Dauerverwaltungsaktes eintreten. Die Regelung des § 48 SGB X findet keinen direkt Vergleich im VwVfG. Sie ermöglicht im Anwendungsbereich des SGB X erlassene Verwaltungsakte den gewandelten Verhältnissen anzupassen. **772**

Für die Zukunft ist eine solche Anpassung zwingend und voraussetzungslos. Rückwirkende Anpassungen des Verwaltungsaktes an die tatsächlichen Umstände sind unter besonderen Voraussetzungen, insb. Vertrauensschutzaspekten möglich. Der Vertrauensschutz ist hier aber schwächer ausgestaltet als im § 45 SGB X

Anwendung findet § 48 SGB X nur bei Verwaltungsakten mit Dauerwirkung. Die Norm hat den Zweck, einen laufenden Verwaltungsakt stets an die tatsächlichen und rechtlichen Verhältnisse anzupassen. Die Dauerwirkung eines Verwaltungsaktes bestimmt sich überwiegend über das Zeitmomentum. Ein Verwaltungsakt entwickelt Dauerwirkung, „wenn sich der VA nicht in einem einmaligen Gebot oder Verbot oder in einer einmaligen Gestaltung der Rechtslage erschöpft, sondern ein auf Dauer berechnetes oder in seinem Bestand vom VA abhängiges Rechtsverhältnis begründet bzw. inhaltlich verändert.“[94] **773**
Nicht ganz unproblematisch ist die Bestimmung des Dauerverwaltungsaktes im Bereich der Sozialhilfe. Aufgrund des Gegenwärtigkeitsgrundsatzes[95] werden die aktuell anfallenden Bedarfe grundsätzlich tagtäglich neu gewährt. Die bisherige Rechtsprechung des BVerwG ging denn auch bei den üblicherweise monatlich gestalteten Bescheiden in der Sozialhilfe von einem Verwaltungsakt ohne Dauerwirkung aus.[96] Mittlerweile wird auch von der Rechtsprechung des BSG auf den durch Auslegung zu ermittelnden Regelungsgehalt des Bescheids abgestellt.[97]

Der Anwendungsbereich des § 48 SGB X definiert sich über den Zeitpunkt der wesentlichen Änderung. Bei Vorliegen eines Dauerverwaltungsaktes ist zur Differenzierung der Aufhebung nach § 44 und § 45 SGB X, welche ebenfalls für Dauerverwaltungsakte **774**

---

93 Welche über § 40 Abs. 2 Nr. 2 SGB II ebenso für die Grundsicherung für Arbeitssuchende gilt.
94 StRspr. BSGE 95, 57; BSGE 74, 287, 288.
95 Die Sozialhilfe bezieht sich als Soforthilfe in einer gegenwärtigen Notlage auf die aktuelle Mittellosigkeit und nimmt vom Grundsatz weder vergangene noch zukünftige Notlagen mit in den Blick. Vgl. dazu Rothkegel, Sozialhilferecht, 1. Aufl. 2005, S. 57 f.
96 In der früheren Rechtsprechung BVerwGE 25, 309, 309; BVerwGE 57, 237, 237, später offenlassend BVerwGE 99, 114, 114.
97 BSGE 98, 116, 116; BSGE 101, 49, 49; vgl. zum Ganzen Schütze, in: von Wulffen/ders. (Hrsg.), SGB X, 8. Aufl. 2014, § 45, RdNr. 66.

gelten, auf den Erlasszeitpunkt abzustellen. Ergibt sich die Änderung nach Erlass des Verwaltungsaktes, so ist der Anwendungsbereich des § 48 SGB X gegeben.

775 Dieses gilt jedenfalls dann, wenn die Änderungen wesentlich sind. Eine wesentliche Änderung in den tatsächlichen oder rechtlichen Verhältnissen ist gegeben, wenn der Verwaltungsakt von der Behörde nach den geänderten (rechtlichen oder tatsächlichen) Verhältnissen so nicht mehr erlassen werden dürfte.[98] Die Änderung wirkt sich mithin auf die Rechtswidrigkeit aus.

Dieses bedeutet jedoch nicht, dass die Aufhebung von Verwaltungsakten nur in Fällen möglich ist, in denen der Verwaltungsakt nach Erlass rechtswidrig wird. Vielmehr ist ein Anwendungsfall des § 48 SGB X auch dann gegeben, wenn sich wesentliche Änderungen nach Erlass eines bereits zu Beginn rechtswidrigen Verwaltungsaktes ergeben.[99] Dieses ist auch bereits an § 48 Abs. 3 Satz 1 SGB X erkennbar, der einen nicht aufhebbaren, rechtswidrigen Verwaltungsakt voraussetzt.

776 Die Änderung kann die tatsächlichen Verhältnisse (Änderung der Pflegestufe, Änderung bei Einkommen und Vermögen) oder die rechtlichen Verhältnisse betreffen. Dieses ist regelmäßig bei der Änderung der gesetzlichen Grundlage der Fall. Ein Wandel der höchstrichterlichen Rechtsprechung ist davon jedoch nicht erfasst, sondern wird, neben dem Ausnahmefall des § 48 Abs. 2 SGB X, im Übrigen durch § 44 und § 45 SGB X erfasst (siehe dazu oben RdNr. 785).
Treten wesentliche, die rechtliche Qualität des Dauerverwaltungsaktes betreffende Änderungen nach dessen Erlass ein, findet § 48 SGB X für die Aufhebung hinsichtlich dieser Änderung Anwendung. Die Aufhebung für die Zukunft ist gem. § 48 Abs. 1 Satz 1 SGB X dann voraussetzungslos und eine gebundene Entscheidung. Das Sozialverfahrensrecht verlangt also stets die Anpassung eines Dauerverwaltungsaktes an die aktuellen Gegebenheiten.
§ 48 Abs. 1 Satz 2 SGB X regelt die Aufhebung für die Vergangenheit. Aufgrund der Rückwirkung der Aufhebung auf den Zeitpunkt der Änderung, ist dieses nur unter den besonderen Voraussetzungen des Satzes 2 möglich. Die Aufhebung findet nur „soweit“ statt, als die Voraussetzungen des Satzes 2 reichen. Die Fälle des Satzes 2 stellen eine abschließende Aufzählung dar, die einer Analogie verschlossen sind.[100] Die Voraussetzungen zur Rücknahme für die Vergangenheit aus Satz 2 können zwischen Nr. 1 und den Nr. 2 bis 4 unterschieden werden.

777 Satz 2 Nr. 1 ist von § 44 SGB X abzugrenzen, denn in dieser Fallgruppe soll ein nichtbegünstigender Verwaltungsakt für die Vergangenheit aufgehoben werden. Haben sich mehrere Änderungen auf den Dauerverwaltungsakt ausgewirkt, so kommt Nr. 1 nur zur Anwendung, wenn sich aus einer Gesamtschau „per saldo“ eine günstigere neue Regelung ergibt.[101] Da es keines weiteren Vertrauensschutzes bedarf, soll in einem solchen Fall auch für die Vergangenheit der Verwaltungsakt aufgehoben werden.

In der Unfall- und Rentenversicherung wird die rückwirkende Neufeststellung zugunsten des Betroffenen auf den Zeitpunkt der Antragstellung begrenzt (vgl. § 99, 101 SGB VI, § 75 Satz 2 SGB VII.

778 Zwar findet die Jahresfrist nach § 45 Abs. 4 Satz 2 SGB X gem. § 48 Abs. 4 Satz 2 SGB X keine Anwendung. Leistungen werden jedoch gem. § 48 Abs. 4 Satz 1 i. V. m. § 44 Abs. 4 Satz 1 SGB XII auf vier Jahre begrenzt.

---

98 BSG v. 6.11.1985 – 10 RKg 3/84 – juris RdNr. 11.
99 BSG, Urteil vom 13. Februar 2013, AZ: B 2 U 25/11 R, RdNr. 19 – juris.
100 BSGE 69, 255, 255.
101 Waschull, in: Diering/Timme/ders. (Hrsg.), SGB X, 3. Auflage 2011, § 44, RdNr. 59.

Das Regel-Ausnahmeverhältnis der Aufhebung ab dem Zeitpunkt der wesentlichen Änderung gem. § 48 Abs. 1 Satz 1 SGB X (als Regelfall) und der Aufhebung rückwirkend auch für die Vergangenheit nach § 48 Abs. 1 Satz 2 SGB X (als Ausnahme) wird besonders deutlich bei Aufhebung zu Lasten des Betroffenen. In diesen Fällen rechtfertigen besondere Umstände aus der Sphäre des Betroffenen die Aufhebung.[102] **779**

Die Verletzung der Mitteilungspflicht gem. Satz 2 Nr. 2 soll im Regelfall die Aufhebung auch für die Vergangenheit und zulasten des Leistungsempfängers ermöglichen. Der Maßstab des schuldhaften Verhaltens ist mit § 45 Abs. 2 Satz 3 SGB X vergleichbar. In beiden Fällen geht es um die Überwindung des Vertrauensschutzes. **780**

Ändern sich Einkommens- und Vermögensverhältnisse ist eine Aufhebung für die Vergangenheit im Regelfall schon unter einfacheren Umständen möglich. Im Gegensatz zu den Regelungen aus § 45 Abs. 2 Satz 3 und § 48 Abs. 1 Satz 2 Nr. 2 SGB X ist hier kein Verschulden erforderlich. Dieser Ausnahmetatbestand ermöglicht so den Doppelbezug von Sozialleistungen rückgängig zu machen. Das Einkommen oder Vermögen muss nach Erlass erzielt worden sein. Im Fall, dass sich die Mittel nach Antragstellung aber vor Erlass ergeben haben, kann dieses nur eine Aufhebung nach § 45 SGB X begründen, unabhängig davon, wann die Behörde Kenntnis vom Zufluss hat.[103] § 48 Abs. 1 Satz 3 SGB X ergänzt die Nr. 3, indem der Änderungszeitpunkt auf den Beginn des Anrechnungszeitraums fingiert wird. **781**

Zuletzt stellt Nr. 4 auf die Kenntnis oder grob fahrlässige Unkenntnis über das Ruhen oder den Wegfall des Leistungsanspruchs ab. **782**

Beispiele für gesetzliche Vorschriften über den Wegfall und das Ruhen lassen sind. § 142 Abs. 1 Satz 1 SGB III, § 34 SGB XI oder §§ 16 Abs. 1 bis 3a, 50 SGB V.

Wie im § 45 Abs. 2 Satz 3 und § 48 Abs. 1 Satz 2 Nr. 2 SGB X ist in Nr. 4 ein Verschulden erforderlich. Die grobe Fahrlässigkeit kann u. a. dadurch begründet werden, dass die Behörde in den Antragsformularen oder dem Bewilligungsbescheid in verständlicher Weise deutlich auf Ruhens- und Wegfallvorschriften hingewiesen hat.[104] Ergibt sich der Rechtsanspruch für den Betroffenen nicht direkt aus dem Gesetz sondern erst aus dem konkretisierenden Verwaltungsakt, kann er nicht auf die Verfolgung der Rechtsentwicklungen verwiesen werden. Der für Klarheit sorgende Verwaltungsakt schafft das Vertrauen und entlastet den Leistungsempfänger von der eigenen Rechtskenntnis. Dieses sei nach Ansicht des BSG erst gegeben, wenn die Rechtsänderung in einer breiten Öffentlichkeit bekannt gemacht wird.[105] **783**

Die Aufhebung rückwirkend bis zum Zeitpunkt des Eintretens der wesentlichen Änderung steht im „intendierten Ermessen", hat also regelmäßig zu erfolgen. Der Regelfall bleibt die Aufhebung. Im gerichtlich vollüberprüfbaren Einzelfall ist eine Ermessensentscheidung zu treffen. Zur Aufhebung des Verwaltungsaktes hat die Verwaltung nicht nur die Voraussetzungen des Satzes 2 zu prüfen, sondern auch, ob eine Sondersituation eine Ermessensentscheidung notwendig macht.[106] **784**

---

102 Vgl. zum Regel-Ausnahmeverhältnis Schütze, in: von Wulffen/ders. (Hrsg.), SGB X, 8. Aufl. 2014, § 48, RdNr. 20.

103 Fall anfänglicher Rechtswidrigkeit; vgl. BSGE 57, 274, 274; 61, 278, 278.

104 BSGE 63, 224, 224.

105 BSGE 65, 185, 185.

106 StRspr. Vgl. BSG, Urteil vom 28. Juni 1990, AZ: 7 RAr 132/88, RdNr. 27 – juris; Soll bedeutet, „daß der Leistungsträger in der Regel den Verwaltungsakt rückwirkend aufhebt, daß er jedoch in atypischen Fällen nach seinem Ermessen hiervon abweichen kann. Hierzu ist inzwischen klargestellt, daß die Frage, ob ein atypischer Fall vorliegt, nicht im Wege der Ermessensausübung zu klären ist, sondern vielmehr als Rechtsvoraussetzung im Rechtsstreit von den Gerichten zu überprüfen und zu entscheiden ist."

Das Vorliegen eines atypischen Falles verlangt, dass unter Würdigung aller Umstände des Einzelfalles der konkrete Sachverhalt im Hinblick auf die mit der rückwirkenden Aufhebung verbundenen Nachteile von den Normalfällen der Tatbestände der Nr. 1 bis Nr. 4 so deutlich abweichen, dass der Leistungsempfänger in besondere Bedrängnis geriete, wenn für die Vergangenheit aufgehoben werden würde.[107]

785 § 48 Abs. 2 SGB X regelten keinen Sonderfall der Änderung der rechtlichen oder tatsächlichen Verhältnisse, da sowohl die rechtliche wie die tatsächliche Lage gleich geblieben ist. Vielmehr wird die Anwendbarkeit der Aufhebungsvorschrift – lediglich für die Zukunft – erweitert. § 48 Abs. 2 SGB X regelt bei formaler Betrachtung allerdings eher einen Fall des § 44 SGB X, da die Änderung der höchstrichterlichen Rechtsprechung einen Anwendungsfall der anfänglichen Rechtswidrigkeit darstellt. Es liegt keine nachträgliche Änderung vor, da es lediglich die nachträgliche Erkenntnis des „richtigen“ Rechts ist. Bei Änderungen zu Lasten des Betroffenen findet somit § 45 SGB X, ansonsten § 44 SGB X Anwendung.[108]

786 § 48 Abs. 2 SGB X findet nur Anwendung für den Fall, dass die geänderte Auslegung durch die höchstrichterliche Rechtsprechung mit einer zwischenzeitlichen Änderung der rechtlichen Grundlagen oder der sozialen, soziologischen oder wirtschaftlichen Rahmenbedingungen oder Anschauungen begründet wird.[109] In diesem Fall gilt die Vorschrift jedoch nur für Änderungen zu Gunsten des Betroffenen und die Aufhebung für die Zukunft. Entscheidend ist alleine die Rechtsprechung der obersten Gerichtshöfe, welche in Art. 95 GG aufgeführt sind.

Hierzu gehören insb. das Bundesverwaltungsgericht und das Bundessozialgericht, da das Gesetz von den zuständigen Gerichten spricht.[110]

787 Das sog. „Einfrieren“ oder „Abschmelzen“ nach § 48 Abs. 3 Satz 1 SGB X kommt in Betracht, wenn eine für den Betroffenen günstige Aufhebung gem. § 48 Abs. 1 Satz 1 SGB X oder für die Vergangenheit gem. § 48 Abs. 1 Satz 2 Nr. 1 SGB X mit einen anfänglich rechtswidrigen, begünstigenden Verwaltungsakt zusammentrifft, dessen Aufhebung nur nach § 45 SGB X in Betracht kommt. Das Einfrieren ist für den Fall möglich, dass eine Aufhebung für die Zukunft nach § 45 Abs. 3 SGB X verfristet ist oder aufgrund Ermessenerwägungen von der Aufhebung abgesehen wird. Der Leistungsempfänger erhält daher auch weiterhin die rechtswidrigen Leistungen. Kommt es darüber hinaus zu einer Änderung rechtlicher oder tatsächlicher Verhältnisse nach Erlass des Verwaltungsaktes, die einen höheren Leistungsanspruch begründen, wird dieser verfahrensrechtlich mit § 48 SGB X geltend gemacht. § 48 Abs. 3 Satz 1 SGB X verhindert, dass ihm diese rechtmäßig zustehenden Leistungen vollständig zufließen, sondern zunächst für die Höhe der anfänglich rechtswidrig zu erbringenden Leistungen abgeschmolzen werden. Zwar dürfen die Leistungen aufgrund des Vertrauensschutzes nicht unter das Niveau des rechtswidrigen Verwaltungsaktes fallen, allerdings können die ihm rechtmäßig zustehenden Leistungen insoweit eingefroren werden, so dass das „Unrecht nicht weiter wächst.“[111]

Wirkt sich die anfängliche Rechtswidrigkeit nicht auf die Leistungshöhe sondern den Leistungsanspruch insgesamt aus, kommt insoweit keine Erhöhung der Leistungen nach § 48 SGB X in Betracht, da der grundsätzliche Anspruch in der Höhe „Null“ rechtmäßig wäre.[112]

---

107 Zusammenstellung der BSG-Entscheidungen Waschull, in: Diering/Timme/ders. (Hrsg.), SGB X, 3. Auflage 2011, § 48, RdNr. 49; BSGE 66, 103, 103; 74, 287, 287.

108 Vgl. zum Ganzen Waschull, in: Diering/Timme/ders. (Hrsg.), SGB X, 3. Auflage 2011, § 48, RdNr. 75 ff.

109 Vgl. hierzu BSG, Urt. v. 30.1.1984, AZ:- 1 RJ 2/84, RdNr. 22; bestätigt durch BSG, Urt. v. 15.5.1985, AZ: 5b RJ 60/84 und BSG, Urt. v. 28.4.1999, AZ: B 9 V 16/98 R – juris RdNr. 21 f.

110 So das Gesetzgebungsmaterial BT-Drs. 8/2034, 16.

111 BSGE 69, 208, 208.

112 Vgl. zum Ganzen Waschull, in: Diering/Timme/ders. (Hrsg.), SGB X, 3. Auflage 2011, § 48 RdNr. 94.

§ 48 Abs. 4 SGB X enthält zahlreiche Verweisungen. Nach § 44 Abs. 3 SGB X ist, wie bei anderen Aufhebungen, jeweils die zuständige Erlassbehörde grds. für die Aufhebung zuständig. Im Falle der Aufhebung nach § 48 Abs. 1 Satz 2 Nr. 1 SGB X für die Vergangenheit werden Leistungen nur in dem zeitlichen Umfang des § 44 Abs. 4 SGB X rückwirkend erbracht. Hierbei sind die Modifikationen nach § 40 Abs. 1 SGB II und § 116a SGB X zu beachten. Es gilt die allgemeine Frist zur Aufhebung nach § 45 Abs. 3 Satz 3 bis 5 SGB X. Dieses gilt jedoch nur für Aufhebung für die Vergangenheit. Eine Aufhebung für die Zukunft ist fristlos möglich.[113] Die Jahresfrist zur Aufhebung nach Kenntnis im Sinne des § 45 Abs. 4 Satz 2 SGB X gilt jedoch nicht für Aufhebung zu Gunsten des Betroffenen. **788**

3. Erstattungsanspruch nach § 50 SGB X

Mit dem Anspruch aus § 50 SGB X wird der bisher schon anerkannte öffentlich-rechtliche Erstattungsanspruch im, für das gesamte Sozialrecht geltende SGB X kodifiziert. Er entspricht insoweit dem § 49a VwVfG. Beim Erstattungsanspruch nach § 50 SGB X handelt es sich um einen Vermögensausgleich eigener Art. Er ähnelt in seiner Funktion dem zivilrechtlichen „Kondiktionsanspruch" aus §§ 812 ff. BGB, ist nach ständiger Rechtsprechung jedoch kein öffentlich-rechtlicher Bereicherungsanspruch und einer Analogie zum Zivilrecht verschlossen.[114] Er gilt nur für den Fall des Anspruchs auf Erstattung gegen den begünstigten Bürger und nicht umgekehrt. Erstattungsansprüche der Leistungsträger untereinander sind in §§ 102 ff. SGB X geregelt (siehe dazu unten RdNr. 827) **789**

§ 50 SGB X ermöglicht die Erstattung für den Fall, dass der Verwaltungsakt aufgehoben wurde. Abs. 2 bezieht sich auf Leistungen, die ohne einen Verwaltungsakt geflossen sind. Die Unterscheidung ist nicht immer ganz eindeutig, da sowohl der Erlass als auch die Aufhebung konkludent erfolgen können. In der Zahlung der Leistung kann dann bereits regelmäßig die Bewilligung der Leistung sein, wenn damit einem Antrag entsprochen worden ist.[115] Jedoch gelten auch in diesen Fällen die, den Begünstigenden schützenden Regelungen des §§ 45, 48 SGB X: **790**

Der Erstattungsanspruch als Rückabwicklung kann nur im Rahmen des Leistungsverhältnisses erfolgen. Spezielle Ansprüche zur Rückforderungen von Leistungen ergeben sich als Ersatzansprüche insb. aus dem SGB II und SGB XII (s. dazu unten RdNr. 796). **791**

Problematisch kann beim Leistungsverhältnis die Feststellung sein, an wen die Leistung erbracht wurde, insbesondere wenn dieses außerhalb des eigentlichen Leistungsverhältnisses – versehentlich – geschah. Sind die Leistungen an einen unbeteiligten Dritten versehentlich erfolgt, kommt weder § 50 Abs. 1 noch Abs. 2 SGB X zum Tragen. Es bleibt die analoge Anwendung des zivilrechtlichen Bereicherungsrechts nach §§ 812ff BGB.[116] Bei einschränkender Auslegung ist eine Leistung im Sinne des § 50 SGB X nur dann erbracht, wenn sie zur Erfüllung eines Leistungsanspruchs in einem öffentlich-rechtlichen Leistungsanspruch dem Leistungsempfänger zugewandt wurde. Dieses entspricht auch dem Charakter des § 50 SGB X als Kehrseite eines sozial-rechtlichen Leistungsverhältnisses.[117] **792**

---

113 BSG, Urt. v. 11.8.2015, AZ: B 9 SB 2/15 R.

114 BSGE 16, 151, 151.

115 BSG, Urt. vom 29. Oktober 1992, AZ: 10 RKg 4/92; Pohl, in: Eichenhofer/Wenner (Hrsg.), SGB I, IV, X, 1. Aufl. 2012, § 50, RdNr. 2.

116 BSG, Urt. vom 24.7.2001, AZ: B 4 RA 102/00 R; BSG, Urt. vom 30.1.2002, AZ: B 5 RJ 26/01 R.

117 Schütze, in: v. Wulffen/Schütze, SGB X, 8. Aufl. 2014, § 50, RdNr. 6; etwas zurückhaltender Pohl, in: Eichenhofer/Wenner (Hrsg.), SGB I, IV, X, 1. Aufl. 2012, § 50, RdNr. 2.

Neben der versehentlichen, nicht zweckgerichteten Leistungen sind Mehr-Personen-Konstellationen denkbar, in denen dennoch die Anwendung des § 50 SGB X zum Tragen kommt. Dieses ist bei der – befreienden – Leistung an einen Vertreter oder Empfangsbevollmächtigten der Fall. Der Vertretene bleibt der Erstattungspflichtige. Gleiches gilt für die Zahlung von Sozialleistungen an einen Abzweigungsberechtigten im Sinne des § 48 Abs. 1 SGB I.[118]

793 Die Erstattung ist geltend zu machen, wenn der zu Grunde liegende Verwaltungsakt aufgehoben wurde. Der Anspruch steht weder im Ermessen der Behörde noch enthält § 50 SGB X eine Härtefallregelung. Die Vorschriften des zivilrechtlichen Bereicherungsanspruchs, insb. das Berufen auf den Wegfall der Entreicherung nach § 818 BGB sind ausgeschlossen.[119] Schutz erfährt der Erstattungsverpflichtete allein über die Regelungen der Aufhebung (für die Vergangenheit), die tatbestandlich nur unter besonderen Voraussetzungen möglich sind und der Behörde grundsätzlich Ermessen eröffnen.

794 Der Anspruch nach § 50 SGB X erfährt bei der Erstattung von Leistungen nach dem SGB II gem. § 40 Abs. 4 SGB II eine Modifikation. Hiernach bleiben 56 % des, für die Unterkunft nach § 22 SGB II geleisteten Bedarfes von der Rückforderung verschont. Dieses gilt allerdings nicht in den Fällen des § 40 Abs. 4 Satz 2 SGB II. Der Anwendungsbereich ist daher eher gering. Voraussetzungen für die Aufhebung für die Vergangenheit, die für die Erstattung erforderlich ist, liegen in § 45 Abs. 2 Satz 3 SGB X bzw. § 48 Abs. 1 Satz 2 SGB X, welche jedoch die Kürzung ausschließen. Lediglich im Fall der Aufhebung nach § 48 Abs. 1 Satz 2 Nr. 3 SGB X kommt es zu einer nur begrenzten Erstattung.

795 § 50 Abs. 3 SGB X bestimmt die Schriftform. Der stets erforderliche Verwaltungsakt zu Aufhebung soll mit dem Erstattungsbescheid verbunden werden (S. 2). Weitere Vorgaben zur Zuständigkeit ergeben sich aus § 44 Abs. 3 SGB X, auf den auch § 45 Abs. 5 SGB X und § 48 Abs. 4 SGB X verweisen. Die Regelung differenziert. Bis zur Bestandskraft ist, im Sinne des „actus-contrarius-Gedanken", die – unter Umständen unzuständige – Erlassbehörde auch für die Aufhebung zuständig. Erlass- und Aufhebungsbehörde fallen nicht auseinander. Nach Bestandskraft liegt nach § 44 Abs. 3 SGB X die Zuständigkeit bei der zuständigen Behörde. Erlass- und Aufhebungsbehörde können auseinander fallen.

Ein besonderer Fall entsteht, wenn die zum Erlasszeitpunkt zuständige Behörde bspw. aufgrund Umzugs des Leistungsempfängers unzuständig geworden ist. Ansonsten bleibt es bei der Zuständigkeit der mittlerweile unzuständigen Behörde.[120]

Zum Aufhebungsverfahren gehört auch, dass der Erstattungspflichtige gem. § 24 SGB X anzuhören ist, da sowohl der Verwaltungsakt zur Aufhebung wie zur Erstattung in die Rechte des Begünstigten eingreift.

4. Ersatzansprüche nach dem SGB II und SGB XII

4.1 Einleitung

796 Der sich aus § 50 SGB X ergebene Erstattungsanspruch wird ergänzt durch spezielle Ersatzansprüche, die sich aus dem jeweiligen Sozialgesetzbuch ergeben. Für das SGB II sind das § 34 und § 34a SGB II sowie § 103 Abs. 1 Satz 1 und §§ 103 Abs. 1 Satz 2

118 BSG, Urt. vom 17.1.1991, AZ: 7 RAr 72/90; vgl. zum Ganzen Schütze, in: v. Wulffen/Schütze, SGB X, 8. Aufl. 2014, § 50, RdNr. 9.

119 Schütze, in: v. Wulffen/Schütze, SGB X, 8. Aufl. 2014, § 50, RdNr. 27.

120 BSG, Urt. v. 23.5.2012, AZ: B 14 AS 133/11; Folge ist, dass auch nach Bestandskraft Erlass- und Aufhebungsbehörde identisch bleiben; vgl. dazu auch Groth, jurisPR-SozR 2/2013, Urteils-Anmerkung 2; Schütze, in: v. Wulffen/Schütze, SGB X, 8. Aufl. 2014, § 50, RdNr. 37a.

und § 104 für das SGB XII. Der Erstattungsanspruch aus § 50 SGB X stellt einen Vermögensausgleich eigener Art dar.[121] Es werden über den Erstattungsanspruch die Leistungen „abgeschöpft“, die zu Unrecht geleistet sind.[122] Der Anspruch ist dabei auf das Leistungsverhältnis von Leistungsträger und Leistungsempfänger (bzw. Versicherten) beschränkt.[123]

Die Ersatzansprüche nach dem SGB II und SGB XII sind nicht an das Leistungsverhältnis gebunden. Die speziellen Ersatzansprüche[124] richten sich gegen einen Dritten und treten damit neben den Erstattungsanspruch aus § 50 SGB X, der sich alleine gegen den Leistungsempfänger richtet. Der Leistungsträger erhält einen zusätzlichen Schuldner, um Leistungen zurück zu erlangen. Leistungsempfänger bzw. Erstattungspflichtiger nach § 50 SGB X steht in einem gesamtschuldnerischen Verhältnis zum Ersatzpflichtigen (vgl. § 34a Abs. 4 SGB II; § 104 Satz 2 SGB XII). **797**

Eine gesamtschuldnerische Haftung bedeutet in diesem Fall, dass der Leistungsträger die rechtswidrigen Leistungen sowohl vom erstattungspflichtigen Leistungsempfänger nach § 50 SGB X wie vom davon zu unterscheidenden Ersatzpflichtigen nach § 34a SGB II und §§ 103 Abs. 1 Satz 2, 104 SGB XII verlangen kann. Die Behörde kann gem. § 421 BGB „nach Belieben“ von jedem einen Teil oder auch alles verlangen, dieses jedoch nur einmal. Die „beliebige“ Auswahl des Schuldners geht weiter als die Ermessensausübung. Die Behörde kann weitgehend „frei“ wählen. Die Grenze liegt allein in einer willkürlichen Entscheidung.[125] **798**

4.2 Ersatzansprüche bei rechtswidrigen Leistungen nach dem SGB II und SGB XII

4.2.1 Ersatz bei rechtswidrigen Leistungen nach dem SGB II – § 34a SGB II

Der Anspruch aus § 34a SGB II stellt einen öffentlich-rechtlichen Ersatzanspruch dar, welcher der Durchsetzung des Grundsatzes des Nachrangs von SGB II-Leistungen dient.[126] **799**
Der § 34a SGB II regelt den Ersatz bei rechtswidrigen Leistungen nach dem SGB II und tritt damit neben § 50 SGB X. Bereits aus den Gesetzgebungsmaterialien geht hervor, dass der Ersatzanspruch den Erstattungsanspruch ergänzen soll. Der Ersatzanspruch verlangt zwingend ein Dreiecks-Verhältnis. Der Anspruch kann nur gegen einen Dritten, mithin nicht gegen den Leistungsempfänger geltend gemacht werden.

Die Entstehung beruht auf drei Gesetzgebungsmotiven. Der Ersatzanspruch soll (1) dem Leistungsträger einen weiteren Schuldner zur Seite stellen, um rechtswidrige Leistungen nach dem SGB II zurückfordern zu können. Dieses ist bei mangelnder Solvenz des Erstattungspflichtigen (bspw. Kinder) günstig. Darüber hinaus (2) greift der Ersatzanspruch auch dann, wenn für die, dem Erstattungsanspruch zugrunde liegende Aufhebung ein Verschulden beim Leistungsempfänger nach § 45 Abs. 2 Satz 3 SGB X **800**

---

121 Vgl. die dogmatische Begründung Becker, DÖV 1973, 379, 379.

122 Der Anspruch ähnelt dem zivilrechtlichen Bereicherungsanspruch aus §§ 812ff BGB, wenngleich das BSG eine Analogie hierzu ablehnt, vgl. BSGE 16, 151, 151.

123 BT-Drs. 8/2034, S. 36.

124 § 34a SGB II und §§ 103 Abs. 1 Satz 2 und § 104 SGB XII gelten jeweils für den Ersatz von rechtswidrigen Leistungen. Vgl. dazu unten.

125 Vgl. BVerwG, Urteil vom 22. Januar 1993 – 8 C 57/91 –, RdNr. 20, juris; „Innerhalb der ihrem Ermessen lediglich durch das Willkürverbot und offenbare Unbilligkeit gezogenen Grenzen kann sie den Gesamtschuldner in Anspruch nehmen, dessen Wahl ihr namentlich unter dem Blickwinkel der Verwaltungspraktikabilität geeignet und zweckmäßig erscheint.“.

126 BVerwGE 64, 318; 109, 331.

nicht gegeben ist.[127] Der Ersatzanspruch verlangt gerade keine Aufhebung des, die Leistung begründenden Verwaltungsaktes. Zuletzt (3) wirkt der Ersatzanspruch der schuldnerschützenden Vorschrift gem. § 1626a BGB entgegen, welche den Anspruch gegenüber minderjährigen Schuldnern bei Eintritt in die Volljährigkeit begrenzt.[128] Der Anspruch ist auch dann geltend zu machen, wenn im Einzelfall keine dieser Motive zum Tragen kommt. Es entsteht dann lediglich ein gesamtschuldnerisches Verhältnis mit mehreren Schuldnern.

801 Der Anwendungsbereich des Ersatzanspruchs gem. § 34a SGB II ist begrenzt auf Leistungen, die an Dritte, d. h. nicht dem Ersatzpflichtigen geflossen sind. Der Ersatzpflichtige kann, muss aber nicht mit dem Leistungsempfänger in einer Bedarfsgemeinschaft nach § 9 SGB II leben, so dass neben Eltern auch Arbeitgeber oder Vermieter als Ersatzpflichtige in Betracht kommen. Eine Altersbegrenzung gibt es nicht.[129]

802 Der Ersatzanspruch umfasst nach § 34a Abs. 1 Satz 1 und Satz 2 SGB II nicht nur die Leistungen, die sich aus § 1 Abs. 3 SGB II (Leistungen zur Eingliederung in Arbeit und Leistungen zur Sicherung des Lebensunterhalt) ergeben, sondern auch die sich aus § 335 SGB III als Annexleistungen ergebenden Sozialversicherungsbeiträge. Die Leistungen müssen jedoch tatsächlich geflossen sein.[130]

Nicht ganz unproblematisch ist die Anwendung bei, als Darlehen gewährte Leistungen bzw. bei vorläufiger Leistungsgewährung. Es wird Ersatz für eine Leistung verlangt, die u. U. aufgrund des vorläufigen Charakters eh zurückgezahlt werden muss. Dieses muss jedoch eine vorrangige Befriedigung des Ersatzanspruchs ausschließen. In der weiteren Folge entfällt der Darlehnstilgungsanspruch, da eine „darüberhinausgehende" Tilgung unbillig wäre. Der Anspruch kann nach § 44 SGB II erlassen werden. Eine ähnliche Lösung bietet sich an, wenn die Leistungen nach § 40 Abs. 2 Satz 1 Nr. 1 SGB II i. V. m. § 328 SGB III vorläufig erbracht wurden.[131]

Die sich auch in der Bestimmung zur gesamtschuldnerischen Haftung mit dem Erstattungsanspruch nach § 50 SGB X erkennbare „Verwandtschaft"[132] spiegelt sich auch im Erfordernis der rechtswidrigen Leistungsgewährung wider. Es ist hierzu auf die Definition der Rechtswidrigkeit aus den Aufhebungsansprüchen (§ 44 SGB X) zu verweisen. Im Gegensatz zu § 50 SGB X ist jedoch keine Aufhebung erforderlich. Ausreichend ist es diesbezüglich, dass die Leistungen rechtswidrig erbracht wurden. Es kommt gerade nicht darauf an, dass im Verhältnis zum Leistungsempfänger, der (rechtswidrige) Verwaltungsakt aufgehoben wurde, damit der Anspruch gegen einen Dritten geltend gemacht werden kann. Dieses spiegelt sich auch in den beiden Varianten der Fristenregelung nach § 34a Abs. 2 Satz 1 und 2 SGB II wider, da Satz 2 den Fall vorsieht, dass eine Aufhebung nicht stattgefunden hat.[133]

803 Das, den Ersatzanspruch nach § 34a SGB II begründende Unwerturteil liegt im schuldhaften Verhalten, welches zur Zahlung von Leistungen an einen Dritten führt. Die eventuell an den schuldhaft handelnden Ersatzpflichtigen gezahlten rechtswidrigen Leistungen können alleine über § 50 SGB X i. V. m. den Aufhebungsvorschriften geltend gemacht werden. Hinsichtlich des vorsätzlichen oder grobfahrlässigen Verhaltens kann auf die Ausführungen zu § 45 Abs. 2 Satz 3 SGB X verwiesen werden. Auch hier ist der subjektive Fahrlässigkeitsbegriff des Sozialrechts anzuwenden.

---

127 … und ihm dieses auch nicht zugerechnet werden kann.
128 BT-Drs. 17/3404, S. 113 ff.
129 Link, in: Eicher (Hrsg.), SGB II, 3. Aufl. 2013, § 34a, RdNr. 12 ff.
130 Dieses ist auch der Fall, wenn sie nach § 22 Abs. 7 SGB II direkt an den Vermieter geleistet wurden.
131 Vgl. hierzu Link, in: Eicher (Hrsg.), SGB II, 3. Aufl. 2013, § 34a, RdNr. 22 f.
132 Vlg. hierzu die oben dargestellte gesetzgeberische Intention.
133 Liegen jedoch die Voraussetzungen des § 45 SGB X vor, so ist nach § 40 Abs. 2 Nr. 3 i. V. m. § 330 Abs. 2 SGB III verpflichtend. Ein Wahlrecht besteht dann nicht. Erstattungs- und Ersatzpflichtige stehen gem. § 34a Abs. 4 SGB II in einem gesamtschuldnerischen Verhältnis gem. §§ 421ff BGB zueinander.

Aufgrund des deliktsähnlichen Charakters der Norm sind die zivilrechtlichen Vorschriften zur Schuldfähigkeit gem. §§ 827, 828 BGB zu beachten. Dieses ist insbesondere zu beachten, da, im Gegensatz zu § 34 SGB II, der Ersatzanspruch auch gegen Minderjährige[134] gerichtet werden kann.[135]

Der Ersatzanspruch kann nur innerhalb der Frist von § 34a Abs. 2 SGB II durchgesetzt werden. Ist die Frist verstrichen, erlischt zwar der Ersatzanspruch nicht, dem Pflichtigen kommt jedoch ein Leistungsverweigerungsrecht im Sinne des § 214 BGB zu. Der Fristlauf differenziert nach Aufhebbarkeit und Nichtaufhebbarkeit. **804**

Mit dem Verweis auf § 34 Abs. 2 SGB II geht der Ersatzanspruch auf den Erben[136] über. Es handelt sich um eine unselbstständige Erbhaftung, da stets ein entstandener Ersatzanspruch erforderlich ist. Die Höhe des Ersatzanspruchs ist auf den Wert des Nachlasses zum Zeitpunkt des Erbfalles beschränkt. Vom Nachlass sind dann alle Passiva abzuziehen (siehe dazu RdNr. 817)

Der Ersatzanspruch steht im gesamtschuldnerischem Verhältnis zum Erstattungsanspruch nach § 50 SGB II. § 421 BGB bestimmt zur Gesamtschuld, dass die rechtswidrig erbrachten Leistungen sowohl als Ersatzanspruch vom schuldhaft Handelnden als auch, unter den Voraussetzungen der Aufhebung, als Erstattungsanspruch vom Leistungsempfänger verlangt werden können. Der Leistungsträger als Gläubiger hat ein Wahlrecht, gegen wen und in welchem Umfang er einen Anspruch gelten machen will.[137]

4.2.2 Ersatz bei rechtswidrigen Leistungen nach dem SGB XII – § 104 und § 103 Abs. 1 Satz 2 SGB XII

Im SGB XII übernimmt § 104 SGB XII die Erweiterung des „Regresses" über §§ 50 i. V. m. § 45, 48[138] SGB X hinaus. Während der Erstattungsanspruch nur an den Leistungsempfänger gerichtet werden kann, ermöglicht § 104 SGB XII, die rechtswidrig erbrachten Leistungen vom „Schädiger" außerhalb des Leistungsverhältnisses zu verlangen. In der Gesetzesbegründung wird direkt auf den gewünschten Lückenschluss hingewiesen, dass der Erstattungsanspruch nur im Leistungsverhältnis möglich ist. „Es sei nicht hinnehmbar, dass etwa Eltern, die für ihre Kinder Leistungen erschlichen, diese nicht zu ersetzen bräuchten und dem Träger der Sozialhilfe dadurch erhebliche Mehrkosten (…) entstünden."[139] Auch hier stehen die einzelnen Verpflichteten in einem gesamtschuldnerischen Verhältnis im Sinne des §§ 421 ff. BGB. **805**

Im Gegensatz zu § 34a SGB II ist der Ersatzanspruch nach § 104 SGB XII tatbestandlich eingeschränkter. § 104 SGB XII verlangt die Aufhebung („zu Unrecht") des dem Leistungsverhältnis zu Grunde liegenden Verwaltungsaktes, um den Ersatzanspruch gegen einen anderen geltend zu machen. Es ist damit ein zweistufiges Verfahren wie beim Erstattungsanspruch nach § 50 SGB X erforderlich. Der Ersatzanspruch hat lediglich die Funktion die Erweiterung des Kreises der Verpflichteten.[140] Neben der Aufhebung des bewilligenden Verwaltungsaktes beim Leistungsempfänger verlangt die **806**

---

134 Es war eine bewusste gesetzgeberische Intention, den Anspruch auch gegen Minderjährige möglich zu machen, um damit einen Gleichlauf zu den § 50 SGB X i. V. m. §§ 45, 48 SGB X zu ermöglichen; vgl. BT-Drs. 17/3404, S. 113).

135 Vgl. zum Ganzen Link, in: Eicher (Hrsg.), SGB II, 3. Aufl. 2013, § 34a, RdNr. 29.

136 Dieses bestimmt sich nach den zivilrechtlichen Regelungen zur, insbesondere gesetzlichen und gewillkürten Erbschaft. Wer Erbe ist bestimmt sich insb. nach § 1922 BGB, § 10 LPartG.

137 Siehe dazu oben RdNr. 798.

138 § 104 SGB XII ist auch anwendbar, wenn sich die Rechtswidrigkeit erst im Laufe der Geltungsdauer des VA ergibt. In Betracht kommt dann auch („nur") der Aufhebungsfall des § 48 Abs. 1 Satz 2 Nr. 2 SGB X, Simon in: Schlegel/Voelzke (Hrsg.), jurisPK-SGB XII, 2. Aufl. 2014, § 104 SGB XII, RdNr. 15.

139 BT-Drs. 12/5930, S. 4 zur wortgleichen Vorgängerregelung des § 92a Abs. 4 BSHG.

140 Conradis, in: Bieritz-Harder/Conradis/Thie (Hrsg.), SGB XII, 10. Aufl. 2015, RdNr. 5.

Norm grobfahrlässiges oder vorsätzliches Verhalten[141] beim Ersatzpflichtigen, das kausal zur Leistungsbewilligung ist.[142]

807 Aufgrund des Verweises gilt die unselbstständige Erbenhaftung nach § 103 Abs. 2 SGB XII und die Erlöschensfrist nach § 103 Abs. 3 SGB XII.[143] Es handelt sich um eine gebundene Entscheidung. Bei tatbestandlichen Vorliegen eines Härtefalls steht es gem. § 103 Abs. 1 Satz 3 SGB XII im Ermessen der Behörde, von der Geltendmachung des Anspruchs abzusehen.

808 § 104 SGB XII wird um § 103 Abs. 1 Satz 2 SGB XII ergänzt. Systematisch misslungen wurden der Kostenersatz bei Kenntnis der Rechtswidrigkeit dem § 103 Abs. 1 SGB XII zugeordnet. § 103 Abs. 1 SGB XII bezieht sich jedoch auf rechtmäßige, aber sozialwidrige Leistungen (s. u.). Der § 103 Abs. 1 Satz 2 SGB XII ist dem § 104 SGB XII zuzuordnen, da beide die Rechtswidrigkeit von Leistungen regeln. In der Folge erfordert der Kostenersatz vom Bösgläubigen nach § 103 Abs. 1 Satz 2 SGB XII die Aufhebung des bewilligenden Verwaltungsaktes beim Leistungsempfänger.[144]

Überzeugend ist es, dass sich § 103 Abs. 1 Satz 2 SGB XII bereits aufgrund des Wortlautes nur auf solche Fälle beziehen kann, in denen der Verwaltungsakt von Beginn an rechtswidrig ist (Anwendungsfall des § 45 SGB X). Die nach Erlass des Verwaltungsaktes eintretende Rechtswidrigkeit kann nicht zu einer vorwerfbaren Bösgläubigkeit führen.[145] Dieses ist anders beim ersatzpflichtigen Vertreter im Sinne des § 104 SGB XII. Dieser Ersatzanspruch findet auch Anwendung bei der nachträglichen Rechtswidrigkeit (Anwendungsfälle des § 48 SGB XII).[146]

Der wesentliche Unterschied zum Ersatzanspruch aus § 104 SGB XII liegt in der tatbestandlichen Anknüpfung des Verschuldens. Während § 104 SGB XII auf die schuldhafte Herbeiführung durch Verhalten (bspw. falsche Angaben oder „beredetes" Schweigen) abstellt, reicht für den Ersatzanspruch nach § 103 Abs. 1 Satz 2 SGB XII die Kenntnis bzw. grobfahrlässige Unkenntnis der Rechtswidrigkeit. Alleinige Kenntnis der falschen Tatsachenebene ohne rechtliche Subsumtion reicht nicht aus.

809 Der Ersatzanspruch steht, unter Beachtung der Härtefallklausel, nicht im Ermessen der Behörde. Die Fristen nach § 103 Abs. 3 SGB XII führen zum Erlöschen des Ersatzanspruchs. Mittels der unselbstständigen Erbenhaftung nach § 103 Abs. 2 SGB XII kann der beim Erblasser entstandene Anspruche u. U. gegen den Erben geltend gemacht werden.

4.3 Ersatzansprüche nach dem SGB II und SGB XII bei rechtmäßigen Leistungen

810 Während § 34a SGB II und §§ 103 Abs. 1 Satz 2, 104 SGB XII den Kostenersatz bei rechtswidrigen Leistungen regeln, ermöglichen die § 34 SGB II und § 103 Abs. 1 Satz 1 SGB XII den Kostenersatz bei rechtmäßigen Leistungen. Beide Normen gehen auf § 92a Abs. 1 bis 3 BSHG zurück.[147] Aufgrund des Ausnahmecharakters des Ersatzan-

---

141 Zum schuldhaften Verhalten im Sozialrecht vgl. § 45 Abs. 2 Satz 3 SGB X.

142 Typischer Anwendungsbereich ist bspw, dass Eltern bei der Beantragung für ihre Kinder grobfahrlässig oder vorsätzliche Angaben machen oder gegen die Mitwirkungspflicht nach §§ 60 ff. SGB I verstoßen.

143 Siehe dazu unten.

144 Zum Ganzen Bieback, in: Grube/Wahrendorf (Hrsg.), SGB XII, 5. Aufl. 2014, § 103, RdNr. 31ff; a. A. zur Aufhebung des Verwaltungsaktes Simon in: Schlegel/Voelzke (Hrsg.), jurisPK-SGB XII, 2. Aufl. 2014, § 103 SGB XII, RdNr. 38.

145 Simon in: Schlegel/Voelzke (Hrsg.), jurisPK-SGB XII, 2. Aufl. 2014, § 103 SGB XII, RdNr. 37.

146 M.w.N. Simon in: Schlegel/Voelzke (Hrsg.), jurisPK-SGB XII, 2. Aufl. 2014, § 104 SGB XII, RdNr. 14.

147 BT-Drs. 15/1516, S. 62 zu § 34; BT-Drs. 15/1516, S. 68 zu § 103.

spruchs bei rechtmäßiger Leistungsgewährung wird die Anwendbarkeit durch das Erfordernis der „sozialwidrigen" Herbeiführung eingeschränkt.

4.3.1 Ersatzansprüche nach dem SGB II bei rechtmäßigen Leistungen – § 34 SGB II

Der Ersatzanspruch aus § 34 SGB II dient ebenso wie der § 34a SGB II der Herstellung **811**
des Nachranganspruchs im SGB II.[148] Die Anwendbarkeit des § 34 SGB II schließt jedoch einen Anspruch nach § 34a SGB II aus. Während § 34a SGB II den Nachrang bei rechtswidrig erbrachten Leistungen wieder herstellt, findet § 34 SGB II alleine Anwendung auf rechtmäßig geflossene Leistungen (dazu unten mehr). Die Norm stellt den Nachrang bei Leistungen her, die verschuldensunabhängig geleistet wurden, dem Leistungsempfänger oder anderen Angehörigen aus der Bedarfsgemeinschaft jedoch ein Verschuldensvorwurf hinsichtlich der Herbeiführung der Hilfebedürftigkeit gemacht werden kann.[149] Indem ein Teilnehmer die Voraussetzungen zur Gewährung von SGB II-Leistungen an sich oder andere in der Bedarfsgemeinschaft „herbeigeführt" hat, bspw. durch Herbeiführung der Hilfebedürftigkeit, erfolgt die Leistung rechtmäßig.

Trotz der rechtmäßigen Leistungsbewilligung kann eine Pflicht zum Ersatz dieser Leis- **812**
tungen bestehen. Die Begründung für die Ersatzpflicht liegt im deliktsähnlichen Charakter, den die Norm enthält. Es handelt sich um einen quasi-deliktischen Anspruch.[150] Da die Ersatzpflicht von rechtmäßigen Leistungen Ausnahmecharakter[151] hat, ist neben dem schuldhaften Herbeiführen ein weiteres, einschränkendes Tatbestandsmerkmal zu prüfen. Der ständigen Rechtsprechung[152] folgend ergibt sich sowohl aus der (amtlichen) Überschrift als auch aus der Gesetzesbegründung[153] das Erfordernis des „sozialwidrigen Verhaltens". Freilich findet sich dieses nicht tatbestandlich in der Norm wieder.

Sozialwidrig ist ein Verhalten, das aus der Sicht der Gemeinschaft, die – was die Sicher- **813**
stellung von Mitteln für Hilfeleistungen in Notlagen angeht – eine Solidargemeinschaft ist, zu missbilligen ist.[154] Hierbei sind stets die Umstände des Einzelfalls zu beachten.[155] Rechtswidriges Handeln im Sinne von § 823 BGB oder gar Strafbarkeit sind weder Voraussetzung noch führen sie zwingend zur Sozialwidrigkeit.[156] Das Verschulden – Vorsatz oder grobe Fahrlässigkeit – erfasst auch die Sozialwidrigkeit.[157]

Das BSG macht die Sozialwidrigkeit von einem spezifischen Bezug des – schuldhaften – Verhaltens zur Herbeiführung der Hilfebedürftigkeit abhängig.[158] Es verneinte einen solchen Bezug bei einer Inhaftierung aufgrund begangener Sexualdelikte oder Verstößen gegen das BtMG. Entscheidend sei, dass „durch das Verhalten selbst die Existenzgrundlage unmittelbar beeinträchtigt wird oder wegfällt." Die Inhaftierung als mittelbare Folge reiche nicht aus.[159]

---

148 BVerwGE 64, 318; 109, 331.

149 Zum Verschulden ist wieder auf den bekannten subjektiven Fahrlässigkeitsbegriffs des Sozialrechts zu verweisen (s. o.).

150 So bereits zur Vorgängervorschrift des § 92a BSHG in st.Rspr. das BVerwGE 51, 61; 64, 318; ebenso auch heute das BSG, Urt. v. 2. November 2012, AZ: B 4 AS 39/12 R; BSG, Urt. v 16. April 2013, AZ: B 14 AS 55/12 R.

151 BVerwGE 118, 109 m. w. N.

152 BSG a. a. O.; BVerwGE a. a. O.

153 BR-Drs. 661/10, S. 182.

154 BVerwGE 64, 318, 318; BSG, Urt. v. 2. November 2012, AZ: B 4 AS 39/12 R; BSG, Urt. v 16. April 2013, AZ: B 14 AS 55/12 R.

155 BVerwGE 51, 65;

156 Link, in: Eicher (Hrsg.), SGB II, 3. Aufl. 2013, § 34, RdNr. 26; BSG a. a. O.

157 BVerwGE 109, 331; 118, 109; Der Ersatzpflicht muss sich der Sozialwidrigkeit bewusst oder grob fahrlässig nicht bewusst sein.

158 BSG, Urt. v. 2. November 2012, AZ: B 4 AS 39/12 R; BSG, Urt. v 16. April 2013, AZ: B 14 AS 55/12 R.

159 BSG, Urteil vom 16. April 2013 – B 14 AS 55/12 R, RdNr. 23.

814 Während das Tatbestandsmerkmal der Sozialwidrigkeit in der Norm textlich nicht verankert ist, verlangt die Anwendung des § 34 SGB II das Fehlen eines wichtigen Grundes für das sozialwidrige Verhalten.

Das Verhältnis des wichtigen Grundes zur Sozialwidrigkeit ist nicht klar. Das BSG hat sich wiederholt dazu entschieden, den wichtigen Grund neben der Sozialwidrigkeit zu prüfen.[160] Die Prüfung erfolgt dann zweistufig. Nicht ganz eindeutig ist dann die Differenzierung zum Erfordernis der Einzelfallbetrachtung beim Tatbestandsmerkmal der Sozialwidrigkeit. In beiden Fällen beziehen sich besondere Umstände in die Subsumtion mit ein, welche der Geltendmachung des Ersatzanspruchs entgegenstehen.

Beim „wichtigen Grund“ handelt es sich um einen unbestimmten Rechtsbegriff, der anhand des Zwecks der Ersatzpflicht auszulegen ist. Zur Konkretisierung des Begriffs wird zum Teil auf die Zumutbarkeitsregelungen des § 10 Abs. 1 SGB II abgestellt. Die Beweis- und Darlegungslast liegt bei der Behörde.[161]

815 Die Ersatzpflicht kommt nur zum Tragen, wenn der Ersatzpflichtige zum Zeitpunkt der schuldhaften Herbeiführung das 18. Lebensjahr vollendet hat und nur dann, wenn die Leistungen kausal zum Verhalten (Tun oder Unterlassen) waren. Entscheidend ist die Herbeiführung der Leistungen an sich oder Mitglieder in der Bedarfsgemeinschaft.[162]

816 Beim Ersatzanspruch handelt es sich um eine gebundene Entscheidung.[163] § 34 Abs. 1 Satz 3 SGB II enthält eine Härtefallregelung, die in der Rechtsfolge als gebundene Entscheidung zum – auch teilweisen („soweit“) – Absehen der Geltendmachung des Ersatzanspruch verpflichtet. Der Anspruch erlischt selbstständig, wenn die Frist aus § 34 Abs. 3 Satz 1 SGB II verstrichen ist.[164] Die Frist kann nach zivilrechtlichen Maßstäben gem. §§ 203ff BGB von der Behörde durch den Erlass eines Leistungsbescheides gehemmt werden (siehe § 34 Abs. 3 Satz 2 SGB II).

817 § 34 Abs. 2 SGB II enthält eine „unselbstständige“ Erbenhaftung, die abhängig ist von einem bestehenden – aber nicht zwingend geltend gemachten – Anspruch gegen den Erblasser. Wer Erbe ist und der Wert des Nachlasses bestimmen sich nach zivilrechtlichen Vorschriften. Die Ersatzpflicht tritt nicht ein, wenn bei einer gewillkürten oder gesetzlichen Erbschaft, das Erbe ausgeschlagen wird (§§ 1942, 1953 BGB). Der Anspruch wird nach Satz 2 jedoch auf den Nachlasswert begrenzt, so dass der Erbe als Ersatzpflichtiger grundsätzlich nicht mehr zurückzahlen muss, als er geerbt hat. Der Nachlasswert wird, entsprechend § 2311 BGB, nach einem Stichtagsprinzip zum Zeitpunkt des Erbfalls aus der Differenz von Aktiv- und Passivbestand im Zeitpunkt des Todesfalles ermittelt. Spätere Wertsteigerungen oder Wertminderungen des Nachlasses bleiben außer Betracht.[165] Zu den Passiva zählen Erbfall- (Schulden, die aus Anlass des Erbfalls entstanden sind) und Erblasserschulden.

Typische Erbfallschulden sind beispielsweise die Kosten für eine standesgemäße Beisetzung. Erblasserschulden sind gesetzliche, vertragliche oder außervertragliche Verbindlichkeiten. Einen Erben treffen unter Umständen auch die erbrechtlichen Pflichtteils- oder Vermächtnisansprüche.

---

160 BSG a. a. O., RdNr. 17, wo es offen lässt, was als wichtiger Grund neben der Einzelfallbetrachtung in der Sozialwidrigkeit noch zu prüfen ist. Vgl. m. w. N. zum Streit *Grote-Seifert* in: Schlegel/Voelzke, jurisPK-SGB II, 4. Aufl. 2015, § 34, RdNr. 22.

161 Zum Ganzen Link, in: Eicher (Hrsg.), SGB II, 3. Aufl. 2013, § 34, RdNr. 29 ff.

162 Ausreichend ist es, wenn die Bedarfsgemeinschaft im Zeitpunkt der Herbeiführung besteht; vgl. BSG, Urt. v. 2. November 2012, AZ: B 4 AS 39/12 R.

163 Der Ersatzanspruch umfasst nach § 34 Abs. 1 Satz 2 SGB II auch die geleisteten Beiträge zur Kranken-, Renten- und Pflegeversicherung.

164 Aufgrund er Geltung des § 188 Abs. 2 BGB endet die Frist jedoch immer am Ende des Kalenderjahres (31.12.).

165 Weidlich in: Palandt (Hrsg.), BGB, 75. Aufl. 2016, § 2311 RdNr. 1.

Diese werden nicht als Passiva in Abzug gebracht. Allerdings wird bei der Berechnung des Pflichtteils die unselbstständige Erbenhaftung bei der Wertbestimmung in Abzug gebracht.[166]

4.3.2 Ersatzansprüche nach dem SGB XII bei rechtmäßigen Leistungen – § 103 Abs. 1 Satz 1 SGB XII

§ 103 Abs. 1 Satz 1 SGB XII entspricht größtenteils dem § 34 SGB II, da beide auf § 92a BSHG zurückgehen. Zur Auslegung der Tatbestandsmerkmale wird dementsprechend auch auf die Rechtsprechung des BVerwG zu § 92a BSHG verwiesen. Die Beschreibung der Norm konzentriert sich dann auch nur auf einige Besonderheiten. Im Übrigen kann auf die Ausführungen zu § 34 SGB II verwiesen werden. 818

Hierbei ist jedoch, insb. hinsichtlich der aktuellen Rechtsprechung zum § 34 SGB II, zu beachten, dass dort zumeist ein Zusammenhang zur Erwerbstätigkeit besteht. Dieser Aspekt tritt jedoch bei § 103 Abs. 1 Satz 1 SGB XII eher in den Hintergrund.

Der Ersatzanspruch kann, wie bei § 34 SGB II, nur gegen einen volljährigen Ersatzpflichtigen geltend gemacht werden. Entscheidend ist der Zeitpunkt der sozialwidrigen Handlung. Für die Bestimmung des Alters des Ersatzpflichtigen zum Zeitpunkt des sozialwidrigen Verhaltens sind die Vorschriften des §§ 187 Abs. 2, 188 Abs. 2 BGB zu beachten.

Wie bei § 34 SGB II wird der Anwendungsbereich anhand des Tatbestandsmerkmal „Sozialwidrigkeit" eingeschränkt. Im § 103 Abs. 1 Satz SGB XII kann der Umfang der zu ersetzenden Leistungen jedoch höher sein als im SGB II. Während § 34 SGB II den Umfang der Ersatzpflicht auf den Kreis der Teilnehmer der Bedarfsgemeinschaft beschränkt, ist § 103 Abs. 1 Satz 1 SGB XII offener gestaltet und kann gegen sonstige Dritte geltend gemacht werden. § 103 Abs. 4 Satz 2 SGB XII verweist auf die gesamtschuldnerische Haftung. Ein solcher Hinweis fehlt im § 34 SGB II. 819

Der Ersatzanspruch des § 103 Abs. 1 Satz 1 SGB XII enthält nicht das eigenständige Tatbestandsmerkmal des „wichtigen Grundes" wie § 34 SGB II.[167] Die Prüfung eines wichtigen Grundes kann daher bei der Bestimmung des Sozialwidrigkeit herangezogen werden.[168] Ein wichtiger Grund ist nach allgemeiner Auffassung anzunehmen, wenn unter Berücksichtigung aller Besonderheiten des Einzelfalles Umstände vorliegen, unter denen nach verständiger Abwägung der Interessen des Einzelnen mit den Interessen der Allgemeinheit – also des Steuerzahlers – den Interessen des Individuums der Vorrang einzuräumen ist.[169] Die Berücksichtigung der Umstände des Einzelfalls ist auch ist für die Bestimmung der Sozialwidrigkeit entscheidend.[170] 820

Das sozialwidrige Verhalten muss in einem ursächlichen Zusammenhang zur Leistungsbewilligung stehen. Der Kausalzusammenhang wird unter Anwendung der Adäquanz- und Äquivalenztheorien bestimmt[171]

Eine Einzelfallbetrachtung ist darüber hinaus mit der Anwendung des § 103 Abs. 1 Satz 3 SGB XII möglich. Dieser stellt die Geltendmachung des Ersatzanspruchs in das 821

166 Mit weiteren Beispielen vgl. Schwitzky, in: Münder (Hrsg.), SGB II, 5. Aufl. 2013, § 35, RdNr. 20 ff.

167 Insoweit ist fraglich, wie sich die aktuelle Rechtsprechung zu § 34 SGB II (BSG, Urt. v. 2. November 2012, AZ: B 4 AS 39/12 R; BSG, Urt. v 16. April 2013, AZ: B 14 AS 55/12 R.) auf § 103 Abs. 1 Satz 1 SGB XII übertragen lässt.

168 Dieses wäre dann eine einstufige Prüfung, wie sie, entgegen der Rechtsprechung des BSG, zum Teil auch bei § 34 SGB II zu Grunde gelegt wird (siehe oben zu § 34 SGB II.).

169 So die Auslegung in st.Rspr. des BSG zum wichtigen Grund aus § 144 SGB III M.w.N. Grote-Seifert in: Schlegel/Voelzke (Hrsg.), jurisPK-SGB II, 4. Aufl. 2015, § 34, RdNr. 28.

170 BVerwGE 51, 61, 65.

171 Bieback, in: Grube/Wahrendorf (Hrsg.), SGB XII, 5. Aufl. 2014, § 103, RdNr. 24 ff.; Simon in: Schlegel/Voelzke, jurisPK-SGB XII (Hrsg.), 2. Aufl. 2014, § 103 SGB XII, RdNr. 30.

Ermessen der Behörde, wenn auf der Tatbestandsseite besondere Umstände ein Absehen von der Geltendmachung begründen.

822 Der Begriff der besonderen Härte ist ein unbestimmter Rechtsbegriff, der mithin gerichtlicher Kontrolle unterliegt. Erst die Bestimmung einer Atypik eröffnet der Behörde die Möglichkeit (das Ermessen), von der Geltendmachung abzusehen. Diese Atypik kann im Einzelfall dann bestehen, wenn, unter Beachtung der Herstellung des Nachrangs der Sozialhilfe, ein Kostenersatz unzumutbar oder unbillig wäre. Bloße ungünstige Umstände und eine wirtschaftliche Schlechtstellung reichen nicht aus. In Betracht kann eine solche Unzumutbarkeit kommen, wenn nach einem vergleichsweise kurzen Leistungsbezugs, der Rückzahlung in nur kleinen Raten möglich ist.[172] Darüber hinaus sprechen insb. Gründe des Familienfriedens oder die Möglichkeit der Teilhabe am gesellschaftlichen Leben[173] dafür, von der Geltendmachung abzusehen.[174] Die Härtefallregelung kann nicht aus Gründen der Verwaltungsvereinfachung angewandt werden.

823 Hinsichtlich der Fristenregelungen nach § 103 Abs. 3 SGB XII und der Erbenhaftung nach § 103 Abs. 2 SGB XII kann nach oben verwiesen werden.

824 Beim Umfang der Ersatzansprüche wird streitig diskutiert, ob der Umfang des Ersatzes aus §§ 34, 34a SGB II aufgrund § 40 Abs. 4 SGB II und aus §§ 103, 104 SGB XII aufgrund § 105 Abs. 2 SGB XII begrenzt wird. Zum Teil wird eine entsprechende Anwendung auch für § 34a SGB II als sachgerecht angesehen.[175] Jedoch sollte nicht verkannt werden, dass die Modifikation der Höhe der Erstattung nur im Fall der unverschuldeten Rechtswidrigkeit (vgl. § 40 Abs. 4 Satz 2 SGB II) zum Tragen kommt. Dieses Verschulden ist jedoch für § 34a SGB II und §§ 103 Abs. 1 Satz 2, 104 SGB XII beim Ersatzpflichtigen und für die Aufhebung für die Vergangenheit (vgl. § 45 Abs. 4 Satz 1 SGB X) beim Erstattungspflichtigen konstitutiv, so dass hier eine Reduzierung nicht zum Tragen kommt.

Alleine eine verschuldensunabhängige Aufhebung beim Leistungsempfänger gem. § 48 Abs. 1 Satz 2 Nr. 2 SGB X führt zu einer reduzierten Aufhebung gem. § 50 SGB X. Ein solcher Fall lässt sich aber wohl besser über die Regeln der „gestörten Gesamtschuld“ regeln.

4.3.3 Ersatzberechtigung

825 Berechtigt zum Ersatzverlangen sind die jeweiligen Träger der Sozialleistungen. Im Fall des § 103 Abs. 1 Satz 1 SGB XII ist dieses der Sozialhilfeträger. Zur Durchsetzung des Anspruchs kann er sich des Auskunftsanspruch aus § 117 SGB XII bedienen. Im Fall des § 34 SGB II ist zunächst zu beachten, ob die Leistungen einheitlich von einer Optionskommune nach § 6a SGB II getragen werden oder die gemeinsame Einrichtung (Jobcenter) nach § 44b SGB II gehandelt hat. Im letzteren Fall kommt es, trotz einheitlicher Wahrnehmung durch das Jobcenter, zu einer Unterscheidung nach Trägerschaft gem. § 6 Abs. 1 Satz 1 Nr. 1 und Nr. 2 SGB II. Nach § 44b Abs. 1 Satz 2 SGB II bleiben jeweils die einzelnen Träger (Kommune oder BA) Inhaber des Ersatzanspruchs.[176] Es kann jedoch letztlich offen bleiben, wer Anspruchsinhaber ist, da gem. § 44b SGB II die gemeinsame Einrichtung zuständig für das Ersatzverlangen ist.[177] Die Aufteilung erfolgt später intern.

---

172 So OVG NRW, Urt. v. 22.5.2000, AZ: 16 A 5805/96.
173 Dieses war noch eindeutig in der Vorgängerregelung des § 92a Abs. 1 Satz 2 BSHG enthalten.
174 Vlg. Zum Ganzen Bieback, in: Grube/Wahrendorf (Hrsg.), SGB XII, 5. Aufl. 2014, § 103, RdNr. 42 ff.
175 Schwitzky, in: Münder (Hrsg), SGB II, 5. Aufl. 2013, § 34a, RdNr. 20.
176 Schwitzky, in: Münder (Hrsg.), SGB II, 5. Aufl. 2013, § 34a, RdNr. 30.
177 So auch Link, in: Eicher (Hrsg.), SGB II, 3. Aufl. 2013, § 34, RdNr. 13.

5. Weitere Ersatz- und Erstattungsansprüche sowie Regelungen zur Herstellung des Nachranggrundsatzes

Neben den dargestellten Ersatzansprüchen bei rechtswidriger und rechtmäßiger Leistung nach dem SGB II und SGB XII finden sich zahlreiche weitere Regelungen, die darauf abzielen, den Nachranggrundsatz wieder herzustellen oder einen Ausgleich zwischen den unterschiedlichen Leistungsträger ermöglichen. Der Gesetzgeber hat im SGB II und SGB XII die Möglichkeit geschaffen, selbstständig an den Erben des verstorbenen Leistungsbeziehers heranzutreten.[178] Darüber hinaus sehen beide Gesetze die Möglichkeit von Anspruchsübergängen auf den Sozialleistungsträger vor. Im SGB X ist mit §§ 115 f. SGB X für das gesamte Sozialgesetzbuch die Möglichkeit gegeben, Ansprüche gegen Dritte geltend zu machen. Darüber hinaus enthalten §§ 102 ff. SGB X ein System des Ausgleichs zwischen den Leistungsträgern untereinander. 826

5.1 Ersatz- und Erstattungsansprüche

5.1.1 Erstattungsansprüche der Leistungsträger untereinander nach §§ 102 ff. SGB X

Während § 50 SGB X den Erstattungsspruchs des Leistungsträgers gegen den Bürger enthält, regeln in einem abgeschlossenen Komplex die §§ 102 ff. SGB X die Erstattungsansprüche der Leistungsträger untereinander. Die Ansprüche sind nicht vom Begünstigten abgeleitet. Ihm stehen daher auch keine Mitwirkungsrechte in diesem Verhältnis zu.[179] Der Gesetzgeber hat mit diesem Komplex bisher uneinheitlich geregelte Ansprüche zusammengefasst. Die Ansprüche lassen sich in 4 Grundtypen aufteilen. Während § 102 SGB X den Erstattungsanspruch des nur vorläufig verpflichteten Leistungsträgers regelt, bezieht sich § 103 SGB X auf den Fall, das die Zuständigkeit nachträglich wegfällt. Bei § 104 SGB X sind bereits zu Beginn zwei zuständige Leistungsträger gegeben, die in einem Vorrang-Nachrang-Verhältnis stehen. § 105 SGB X meint zuletzt den Fall des unzuständigen Leistungsträgers. 827

§ 102 SGB X regelt die Ansprüche des nur vorläufig leistenden Sozialleistungsträgers. Dieses kommt in Fällen zum Tragen, wenn gesetzliche Vorschriften vorläufige Leistungspflicht statuieren. Zentrale Vorschrift hierzu ist der § 43 SGB I. Darüber hinaus kommen bspw. § 23 SGB III oder § 32 SGB IX zum Tragen. 828

§ 103 SGB X eröffnet die Möglichkeiten, dass ein Leistungsträger diejenigen geflossenen Leistungen dann zurückfordern kann, wenn seine Leistungspflicht nachträglich wegfällt. Dieses gilt nur für den Fall der rechtmäßigen Leistungsbewirkung, da auch nur dann der Leistungsanspruch entfallen kann.[180] Ein typischer Anwendungsfall ist die Gewährung von SGB II-Leistungen, obschon noch Unsicherheiten hinsichtlich der Erwerbsfähigkeit im Sinne des § 44a Abs. 2 SGB II bestehen.[181] 829

§ 104 SGB X ist, schon dem Wortlaut entsprechend, nachrangig zu § 103 SGB X. Hier begründet sich der Erstattungsanspruch aufgrund von Vorrang- und Nachrangverhältnissen der Leistungsträger untereinander. Der nachrangige Leistungsträger hat die Leistungen erbracht, weil der vorrangige nicht oder nicht rechtzeitig Kenntnis erlangt hat. Erfüllt der vorrangige Träger jedoch dann, ohne Kenntnis von bereits erbrachten 830

---

178 Mit dem Entwurf eines Neunten Gesetzes zur Änderung des Zweiten Buches Sozialgesetzbuch soll die Erbenhaftung nach § 35 SGB II abgeschafft werden.

179 Ross, in: von Wulffen/Schütze, SGB X, 8. Auf. 2014, Vor §§ 102–114, RdNr. 4.

180 BSG, Urt. vom 27.8.1987, AZ: 2 RU 49/86; BSGE 62, 118, 118.

181 Mit weiteren Beispielen Ross, in: von Wulffen/Schütze, SGB X, 8. Auf. 2014, Vor §§ 102–114, § 103, RdNr. 16.

Leistungen des nachrangigen Trägers zu haben, entsteht der Erstattungsanspruch grundsätzlich nicht. Ein Nachrangverhältnis wird in § 104 Abs. 1 Satz 2 SGB X bestimmt. Satz 3 bildet hierzu eine Ausnahme.[182]

831 Ein Erstattungsanspruch eines unzuständigen Leistungsträgers nach § 105 SGB X besteht zum Beispiel dann, wenn dieser irrig annimmt, zur vorläufigen Leistung verpflichtet zu sein. In diesem Fall scheidet eine Anwendung des § 102 SGB X. Auch hier gilt wieder, dass der Erstattungsanspruch nur besteht, solange der eigentlich zuständige nicht in Unkenntnis auch – später – geleistet hat.

832 Eine Rangfolge des in sich geschlossenen Systems der Erstattungsansprüche der Leistungsträger untereinander ergibt sich aus § 106 SGB X. Die weiteren Normen treffen Regelungen zur Erfüllungswirkung und zu Fragen von Inhalt und Höhe der zu ersetzenden Leistungen sowie zur Durchsetzung.

5.1.2 selbstständige Ersatzansprüche gegen die Erben nach dem SGB II und SGB XII

833 Derzeit besteht sowohl im SGB II (§ 35 SGB II[183]) wie im SGB XII (§ 102 SGB XII) die Möglichkeit, den Erben eines Leistungsempfänger zum Ersatz heranzuziehen. Im Gegensatz zu den Regelungen in der Erbenhaftung in den Ersatzvorschriften aus §§ 34 f. SGB II und §§ 103 f. SGB XII, die die vorherige Ersatzpflicht des Erblassers voraussetzen, handelt es sich hier um einen sog. „selbstständigen Kostenersatz" durch einen Erben. Eine vorherige Ersatzpflicht des Erblassers bestand nicht.

834 Der Kostenersatz durch Erben kommt in diesen Fällen nur bei rechtmäßigen Leistungen in Betracht. Der Regelung liegt die Idee zu Grunde, dass dem Ersatzpflichtigen durch Erbschaft nicht solche Vermögensgegenstände zuwachsen sollen, die der ehemals leistungsberechtigte Erblassers nur deshalb nicht als eigene Mittel einsetzen musste, weil es sich um verschontes Vermögen handelt. Der Erbe soll nicht von der Privilegierung des Erblassers profitieren und die Möglichkeit des nachträglichen Ausgleichs vor dem Hintergrund des Nachranggrundsatzes geschaffen werden.[184]

835 Zum Schutz des Erblassers und zur Verwaltungsvereinfachung werden nach § 102 Abs. 1 Satz 2 SGB XII nur Leistungen der letzten 10 Jahre und ab dem dreifachen Grundfreibetrag nach § 85 Abs. 1 SGB XII ersetzt verlangt. Letzteres stellt einen Freibetrag der, der stets zu beachten ist. § 102 Abs. 5 SGB XII nimmt weitere Leistungen von der Ersatzpflicht aus.

836 Der Absatz 3 bezieht sich auf die Höhe der einzusetzenden Erbschaft und enthält unterschiedliche Freibeträge, die nicht eingesetzt werden müssen. Während nach Nr. 1 der Grundfreibetrag entsprechend des dreifachen Betrages nach § 85 Abs. 1 SGB XII (im Gegensatz zu Abs. 1 Satz 2 bezogen auf die Erbschaft) stets freibleibt, enthalten Nr. 2 und Nr. 3 in Betracht kommende höhere Freibeträge.

Der Ersatzanspruch ist nach § 102 Abs. 4 SGB XII befristet.

5.2 Herstellung des Nachranggrundsatzes – Anspruchsübergänge

837 Das SGB XII und SGB II enthalten spezielle Regelungen, die den Übergang von bestehenden Ansprüchen des Leistungsempfängers gegen einen (dritten) Schuldner ermöglichen.

---

182 Vgl. zum Ganzen Schoch, in: Berlit/Conradis/Sartorius (Hrsg.), Existenzsicherungsrecht, 2. Aufl. 2013, RdNr. 23 ff.

183 Die Erbenhaftung soll im Zuge des Neunten Änderungsgesetzes SGB II wegfallen. Aus diesem Grund konzentriert sich die Beschreibung auch auf den § 102 SGB XII. Der Aufbau des § 35 SGB II ist ähnlich, wenngleich die Freibeträge hier geringer sind.

184 Bieback, in: Grube/Wahrendorf (Hrsg.), SGB XII, 5. Aufl. 2014, § 102, RdNr. 2 f.

Die Regelungen sind nur anwendbar auf Ansprüche gegen Dritte, d. h. nicht Leistungsträger im Sinne des § 12 SGB I. Diese Übergangsregelungen dienen der Herstellung des Nachranggrundsatzes und damit auch der Schonung der Sozialkassen. Während § 33 SGB II keine Trennung nach Inhalt der Ansprüche vornimmt, differenziert das SGB XII nach Ansprüchen gegen Unterhaltspflichtige (§ 94) und andere Ansprüche (§ 93).[185]
Der Anspruch aus § 33 SGB II und § 94 SGB XII sind in der Struktur identisch. Beide haben gemein, dass es sich um einen gesetzlichen Forderungsübergang handelt (sog. „cessio legis"). Der Anspruch des Leistungsbeziehers geht unter den weiteren Voraussetzungen „automatisch" über. § 93 SGB XII stellt hingegen eine Überleitungsvorschrift dar. Der Überleitung erfolgt durch Verwaltungsakt.

Der öffentlich-rechtliche Verwaltungsakt ändert nichts am Charakter des übergeleiteten Anspruchs. Die Durchsetzung eines zivilrechtlichen Anspruchs durch die Behörde als neuen Gläubiger (Zessionar) erfolgt nach den zivilrechtlichen Regelungen und auf dem entsprechenden Rechtsweg.

Voraussetzungen aller drei Anspruchsübergänge ist der rechtmäßige Leistungsempfang **838** beim ursprünglichen Gläubiger (Zedenten). Bei der Prüfung des überleitenden Verwaltungsaktes nach § 93 SGB XII erfolgt keine Prüfung des Bestandes des übergeleiteten Anspruchs. Es reicht, wenn der überzuleitende Anspruch mutmaßlich besteht (sog. Negativevidenz).[186] Ob der Anspruch besteht, ist im Zuge der zivilrechtlichen Prüfung – durch das Zivilgericht – festzustellen. Aufgrund des Charakters der Legalzession bei § 94 SGB XII und § 33 SGB II ist hier erst Recht die Frage des Bestehens des Anspruchs irrelevant. Ein nicht bestehender Anspruch kann schon nicht übergehen.[187]
Bei allen drei Überleitungen müssen die übergeleiteten Ansprüche und die erbrachten Leistungen zeitlich deckungsgleich sein. Es werden nur die Ansprüche übergeleitet, wenn die Zahlungspflicht und die Leistungserbringung zeitlich übereinstimmten (Zeitraumidentität). § 93 Abs. 1 Satz 3 SGB XII enthält zusätzlich noch normativ das Erfordernis der kausalen Verknüpfung. Diese besteht dann, wenn bei vorrangiger Leistung des Schuldners, die Hilfeleistung des Leistungsträgers nicht erforderlich gewesen wäre.[188] Dieses Erfordernis lässt sich ebenso aus § 33 Abs. 1 Satz 1 SGB II herauslesen.
§ 33 Abs. 2 SGB II und § 94 Abs. 1 SGB XII enthalten verschiedenen Ausschlussgründe der Überleitung.

§ 93 Abs. 4 SGB XII und § 33 Abs. 5 SGB II regeln den Vorrang des §§ 115, 116 **839** SGB X. Bei beiden Vorschriften handelt es sich um gesetzliche Forderungsübergänge gegen Ansprüche gegen den Arbeitgeber oder bei Schadensersatz. Mit der cessio legis hinsichtlich der Ansprüche gegen den Arbeitsgeber gem. § 115 SGB X sollen zum einen Doppelleistungen verhindert werden (Arbeitslohn als einzusetzendes Mittel). Zum anderen soll der Arbeitgeber nicht auf Kosten der Sozialleistungssysteme entlastet werden. Diese Norm soll daher i. V. m. § 612 BGB auch bei sittenwidrig niedrig gezahlten Löhnen greifen. Wie bei den oben dargestellten Ansprüchen ist eine Kausalität und zeitliche Kongruenz erforderlich.[189]

Eine ähnliche Funktion erfüllt § 116 SGB X hinsichtlich des Anspruchs gegen einen **840** Schädiger. Neben der zeitlichen Kongruenz ist eine sachliche Kongruenz gefordert. Der übergeleitete Schadensersatz muss sich auf einen artgleichen Schaden beziehen, auf dessen Behebung auch die Sozialleistungen abzielen.[190]

---

185 Vgl. zum Ganzen hierzu sehr übersichtlich und anschaulich Münder, in: in: Berlit/Conradis/Sartorius (Hrsg.), Existenzsicherungsrecht, 2. Aufl. 2013, RdNr. 23 ff.
186 BVerwGE 34, 219; 58, 209; 92, 281; BSG, Urt. v. 25.4.2013, AZ: B 8 SO 104/12 B.
187 Link, in: Eicher (Hrsg.), SGB II, 3. Aufl. 2013, § 33, RdNr. 29.
188 Armbruster, in: Schlegel/Voelzke (Hrsg.), Juris-PK SGB XII, § 93, RdNr. 71 (Stand: 26.8.2015).
189 Vgl. zum Ganzen Bieresborn, in: von Wulffen/Schütze, SGB XII, 8. Aufl. 2014, § 115, RdNr. 1 ff.
190 Mit zahlreichen Beispielen Bieresborn, in: von Wulffen/Schütze, SGB XII, 8. Aufl. 2014, § 116, RdNr. 5.

11. Abschnitt: Einflussmöglichkeiten auf eine Verwaltungsentscheidung

1. Im Allgemeinen

841 Der Bürger als Adressat behördlicher Maßnahmen und Entscheidungen ist hiermit oftmals nicht einverstanden oder hält sie gar für rechtswidrig bzw. für politisch, wirtschaftlich oder sozial nicht vertretbar. Er möchte erreichen, dass seine persönlichen Wünsche und Interessen möglichst frühzeitig in behördliche Entscheidungen einbezogen werden.
Kontrollen bieten die Möglichkeit der Korrektur geplanter oder bereits getroffener Entscheidungen.
Der Begriff „**Kontrolle**" ist vom lateinischen „**contra rotulus**"[1] abgeleitet. Kontrolle hängt mit „Gegen-Schriftstücken" (des Bürgers) zusammen, die das Verwaltungshandeln und seine Zielsetzungen prüfen und bewerten. Eine Kontrolle muss bereits im Vorfeld einer Entscheidung möglich sein, denn jede bereits durchlaufene Entscheidungsebene steigert das Beharrungsvermögen. Die Kontrolle darf sich zudem nicht nur auf ein Handeln beschränken, sondern sie muss auch das Nicht-Handeln (Unterlassen) umfassen, denn die Verweigerung oder Verzögerung von Leistungen kann den Bürger genauso hart treffen wie Eingriffe in sein Eigentum oder in seine Freiheit.
In der Praxis stellt sich behördliches Handeln, insbesondere bei Großvorhaben, oft als Interaktion zahlreicher Behörden dar, was zielführende Kontrollen erschwert; hier kann nur gelten, dass der Bürger den Handelnden selbstbewusst und sachlich gegenübertritt. Für spezielle Großvorhaben sieht das Gesetz mit dem „Planfeststellungsverfahren" besondere Kontroll- und Einflussmöglichkeiten vor (§ 72 ff. VwVfG[2]).

842 Die Kontrolle der öffentlichen Verwaltung ist Ausfluss sowohl des Rechtsstaats- als auch des Demokratieprinzips.
Das **Rechtsstaatsprinzip** (Art. 20 Abs. 3 GG) bindet die Verwaltung in ihrer täglichen Arbeit an Gesetz und Recht. Die Herrschaft des Rechtes ist auf diese Weise verbindlich. Das erfordert Kontrollmöglichkeiten, da anderenfalls nicht gewährleistet wäre, dass die Verwaltung die ihr gezogenen Grenzen nicht überschreitet.
Das **Demokratieprinzip** (Art. 20 Abs. 1 GG) ist auf den Konsens zwischen Staat und Bürgern und auf die **Transparenz** behördlichen Handelns angelegt. Die Erhebung von Eingaben und Rechtsbehelfen mit der Möglichkeit der Kontrolle einer einmal getroffenen Entscheidung ist eine Form demokratischer Mitarbeit.

843 Eine Kontrolle darf aber niemals Totalkontrolle sein, denn das würde unweigerlich Widerstände des Kontrollierten zur Folge haben. Rechtssicherheit und Gerechtigkeit können nur durch eine ordnungsgemäße und vom Zweck beherrschte Kontrolle gewährleistet werden. Das verlangt die integrative und versöhnliche Zielsetzung einer Kontrollanregung.[3]
Neben den bürgerschaftlichen Kontrollen der Behörden gibt es vielfältige **interne** Verwaltungskontrollen: Vorgesetzte kontrollieren untergeordnete Mitarbeiter, übergeordnete Behörden kontrollieren nachgeordnete Behörden (Ministerium/Bezirksregierung), übergeordnete Rechtsträger kontrollieren nachgeordnete Rechtsträger (Land/Gemeinde). Behördeninterne Organisationseinheiten wie Rechtsamt oder Rechnungsprü-

---

1 Gegen-Verzeichnis/Aktenverzeichnis/Zusammenfassung von Urkunden.
2 Siehe oben RdNr. 721 f.
3 BVerwG, NJW 91, 936.

fungsamt werden in eine Entscheidungsfindung mit einbezogen werden. Das geschieht z. B. durch Querinformationen oder Koordinationsbesprechungen[4].
Im Rahmen einer Verwaltungskontrolle wird grundsätzlich sowohl die Rechtmäßigkeit als auch die Zweckmäßigkeit behördlichen Handelns kontrolliert[5]. Im Rahmen der Zweckmäßigkeit werden z. B. soziale, wirtschaftliche, aber auch politische Begründungen überprüft und auch ausgetauscht.
Im Unterschied dazu kontrolliert die **Verwaltungsgerichtsbarkeit** nur die Rechtmäßigkeit behördlichen Handelns.[6]

2. Kontroll- und Einflussmöglichkeiten

Es bestehen vielfältige Möglichkeiten, Rechte gegenüber der Verwaltung wahrzunehmen. Ein Betroffener kann in einem stark formalisierten Gerichtsverfahren eine streng begrenzte Anzahl von **gerichtlichen Entscheidungen** anstreben, nämlich: Urteil, Gerichtsbescheid oder Beschluss. **844**
Ein Betroffener kann aber auch **außergerichtliche Rechtsbehelfe**[7] einlegen, bei denen teilweise gewisse Formalien (Form, Frist, Betroffensein) beachtet werden müssen, z. B. Widerspruch gem. §§ 68 f. VwGO. Derartige Rechtsbehelfe werden als **förmliche Rechtsbehelfe** bezeichnet. Demgegenüber gibt es **formlose Rechtsbehelfe**, bei denen keinerlei Formvorschriften zu beachten sind, z. B. Petitionen.

2.1 Petitionen

Jedermann hat gem. Art. 17 GG das Recht, sich mit Bitten oder Beschwerden an die zuständigen Stellen und die Volksvertretung zu wenden. **845**

2.1.1 Die Parlamentspetition

In Deutschland ist das Petitionsrecht an die Volksvertretung tief verwurzelt. Man kann das Petitionswesen als eine Art Notrufsäule bzw. als Kummerkasten verstehen. Schon die frühen Reichstage hörten sich Beschwerden an, gaben sie dann aber an die Fürsten und Monarchen weiter. **846**
Erst im 19. Jahrhundert entwickelte sich das Petitionsrecht in Deutschland aus einem mehr oder weniger willkürlich angewandten Recht des Monarchen zu einem allgemeinen Freiheitsrecht. Erstmals formuliert war dies in § 159 der Paulskirchenverfassung.
Die Petition an das Parlament wird heute von einem Petitionsausschuss bearbeitet. Die Befugnisse des Bundestags-Petitionsausschusses sind im Gesetz vom 19. Juli 1975[8] geregelt; entsprechende Regelungen gibt es in allen Bundesländern.
Nach § 100 Abs. 1 und Abs. 6 GeschO des nordrhein-westfälischen Landtages überweist der Landtagspräsident Petitionen dem Petitionsausschuss. Der Ausschuss fordert vom zuständigen Ministerium einen Bericht über den Vorgang an, der der Petition zugrunde liegt. Diese Berichtspflicht wird von den Behörden „gefürchtet“. In etwa 15 % der Fälle gibt die Behörde sofort nach und erfüllt den Wunsch des Petenten ganz oder teilweise (sog. „positive Erklärung“). Der Petent wird davon benachrichtigt, und das Verfahren ist beendet.

---

4 Zu den spezifischen Eigenkontrollen durch hauptamtliche Gleichstellungsbeauftragte und die damit einhergehende (hinzunehmenden) Auswirkung auf die gemeindliche Organisationshoheit vgl. VerfGH, NRW, NWVBl. 02, 101.

5 Im Rahmen der Wahrnehmung von Selbstverwaltungsaufgaben erstreckt sich die staatliche Kontrolle nur auf die Einhaltung der Rechtsordnung.

6 Vgl. unten RdNr. 988 f.

7 Vgl. Überschrift zum 7.Teil der AO.

8 BGBl. I 1975, S. 1921.

Ergeht keine „positive Erklärung", so werden Petition und Bericht im Petitionsausschuss beraten. Der Ausschuss kann sich Akten vorlegen lassen, Ortsbesichtigungen durchführen, weitere Auskünfte einholen oder den Minister persönlich vorladen. Alle Behörden und Gerichte sind verpflichtet, dem Petitionsausschuss Amtshilfe zu leisten. Ein Recht des Petenten auf Akteneinsicht oder auf Anwesenheit bei der Beratung besteht nicht. Wenn der Ausschuss den Wunsch des Petenten für berechtigt hält, so „überweist" er die Petition (mit unterschiedlichem Grad der Strenge) an die Regierung. Diese ist formal nicht verpflichtet, einer „überwiesenen" Petition auch nachzukommen, tut es aber in der Mehrzahl der Fälle.

Der Ausschuss teilt seine Entscheidung (überweisen/nicht überweisen) dem Petenten schriftlich mit. Führt die Regierung den Überweisungsbeschluss des Parlaments aus, so erhält der Petent darüber ebenfalls eine Mitteilung.

Dem staatlichen Petitionsrecht sind Regelungen in den Gemeindeordnungen der Länder, z. B. § 24 GO NRW, nachgebildet[9]. Hiernach hat jeder das Recht, sich mit Anregungen und Beschwerden in Selbstverwaltungsangelegenheiten der Gemeinde an den Rat der Gemeinde zu wenden. Dieser kann zur Erledigung solcher Anträge einen **Beschwerdeausschuss** bilden.

Aus dem Petitionsrecht lassen sich allerdings keine Informationsansprüche an den Staat herleiten. Die zuständigen Petitionsausschüsse erfüllen auch keine Aufgaben „der Verwaltung", sondern sie überprüfen die Tätigkeit der Verwaltung. Petitionsausschüsse sind keine Behörden und ihre „Bescheide" treffen keine Regelungen und sind damit auch keine Verwaltungsakte[10].

Das Petitionsrecht ist zudem nicht unbegrenzt. Es ist allgemein anerkannt, dass mit einem solchen Bürgerantrag nicht in ein schwebendes gerichtliches Verfahren eingegriffen werden kann oder ein derartiger Antrag nicht zur Einholung von Rechtsauskünften verwendet werden kann.

2.1.2 Die Verwaltungspetition

847 Die Verwaltungspetition ist die Bitte eines Bürgers (Petent) an eine zuständige Behörde, in seinem Sinne zu verfahren. Sie wird auch als „Eingabe" bezeichnet. Häufiger Fall von Verwaltungspetitionen sind beispielsweise Unterschriftensammlungen für ein bestimmtes Anliegen (gemeinsame Petition).

Wer eine Petition einreicht, muss angehört werden. Er hat ein Recht darauf, dass sie sachlich geprüft und beschieden wird. Ihm dürfen in der Folge aus der Petition keinerlei Nachteile erwachsen. Die Bescheidung der Petition ist als solche kein Verwaltungsakt; der Petent kann deshalb dagegen nicht vor dem Verwaltungsgericht klagen.

Jede natürliche oder juristische Person hat das Recht, eine Verwaltungspetition einzureichen. Von diesem Petitionsrecht erfasst sind sowohl Bitten, Anregungen, Forderungen und Vorschläge für Verwaltungsinitiativen als auch Anträge sowie Dienstaufsichts- und Verwaltungsbeschwerden.

848 Die **Gegenvorstellung** verfolgt das Ziel, dass die Behörde, die entschieden hat, ihre Entscheidung noch einmal überprüft. Es ist zulässig, anstelle eines förmlichen Rechtsbehelfes, z. B. Widerspruch, eine Gegenvorstellung zu erheben. Das könnte in den Fällen ratsam sein, in denen kein Präjudiz einer übergeordneten Behörde geschaffen werden soll.

Über die Gegenvorstellung muss entschieden werden. Darauf hat der Antragsteller einen Anspruch. Fraglich ist jedoch, ob die Behörde verpflichtet ist, zur Begründung einer abschlägigen Entscheidung auf das Vorbringen des Bürgers im Einzelnen einzugehen.

---

9 Hierzu näher: Hofmann/Theisen/Bätge, Kommunalrecht in NRW, 2.3.3.1.1.5.

10 OVG Berlin, DVBl. 2001, 313.

Soweit diese Frage bejaht wird[11], wird darauf verwiesen, dass der Rechtsschutz des Petenten und der Bestand des Grundrechtes des Art 17 GG nur gesichert sei, wenn der Petitionsbescheid eine nachvollziehbare Begründung enthalte. Zudem vermöge nur eine Begründung den von Art 19 Abs. 4 GG bezweckten umfassenden Rechtsschutz sinnvoll zu garantieren. Ohne Begründung könne kein Petent erkennen, ob eine sachliche Auseinandersetzung oder warum keine sachliche Auseinandersetzung mit seinem Anliegen stattgefunden habe.
Teilweise wird die Auffassung einer begrenzten Begründungspflicht aus rechtsstaatlichen Erwägungen heraus vertreten.[12] Die Begründung müsse erkennen lassen, dass der Adressat der Petition seiner Erledigungspflicht nachgekommen sei, d. h. die Petition entgegengenommen und sachlich geprüft habe. Eine sachliche Auseinandersetzung mit dem Begehren sei nicht zu fordern, wohl aber eine erkennbare sachliche Prüfung. Dazu genüge es nicht, nur das Ergebnis der Prüfung mitzuteilen. Auch ein bloßer Hinweis, eine Überprüfung sei vorgenommen und Feststellungen seien getroffen worden, reiche nicht aus, da nicht nachvollziehbar. Die Tatsachenfeststellung „durch die Einholung von Stellungnahmen der beteiligten Senatsressorts“ sah das Gericht allerdings als ausreichende Unterrichtung der Petenten an.

Die wohl überwiegende Meinung entbindet die Verwaltung von der Pflicht zur Begründung der Antwort[13]. Dem Bürger ist nur mitzuteilen, „dass er mit seinem Anliegen Gehör gefunden hat und er darüber unterrichtet wird, ob und inwieweit seine Eingabe Erfolg hat“. **849**
Entscheidungen über Gegenvorstellungen sind keine Verwaltungsakte, sie dürfen daher auch keine Rechtsbehelfsbelehrung enthalten.

Sollte sich jedoch herausstellen, dass die Gegenvorstellungen von Bürgern begründet sind, so reicht es aus, wenn die Behörde ihnen mitteilt, sie werde dafür sorgen, die festgestellten Mängel zu beseitigen.

Mit einer Gegenvorstellung kann allerdings ein versäumtes rechtliches Gehör nicht nachgeholt werden. Es sollen keine neuen Tatsachen in ein Verwaltungsverfahren eingebracht werden, sondern die Verwaltung soll mit einer Gegenvorstellung gebeten werden, bereits bekannte Tatsachen neu zu würdigen bzw. zu bewerten.

Mit der **Fachaufsichtsbeschwerde** werden Mängel einer Verwaltungsentscheidung bei der Fachaufsichtsbehörde, d. i. die übergeordnete Behörde, angezeigt mit der Bitte der Änderung oder der Aufhebung der Entscheidung. Die Fachaufsichtsbehörde muss über diesen Rechtsbehelf entscheiden. Eine Begründung der Fachaufsichtsbehörde ist ebenfalls nicht erforderlich. **850**

Mit der **Dienstaufsichtsbeschwerde** wird das persönliche Verhalten eines Beamten bzw. eines Angestellten des öffentlichen Dienstes gerügt. **851**
Sie ist an die Dienstaufsichtsbehörde bzw. an den Dienstvorgesetzten zu richten. Mit der Einlegung einer Dienstaufsichtsbeschwerde wird die Kommunikation mit einem Mitarbeiter meist erheblich gestört, Gelegenheiten zu persönlichen Gesprächen sind damit weitestgehend verbaut. Häufig hilft das direkte und offene Gespräch mit einem Sachbearbeiter mehr als der Weg über den Dienstvorgesetzten. Von einer Dienstaufsichtsbeschwerde ist daher abzuraten, denn hier gilt die alte Faustregel der drei „f“: formlos, fristlos, fruchtlos.
Bei den behördlichen Antworten auf Beschwerden wird auf eine Untergliederung zwischen Tenor und Begründung verzichtet. Nach der persönlichen Anrede sollte kurz das Ergebnis der Überprüfung und daran anschließend die Begründung mitgeteilt werden. Stellt sich bei der Prüfung der Beschwerde heraus, dass die Vorwürfe begründet sind, so braucht dem Bürger der festgestellte Sachverhalt nicht in allen Einzelheiten

11 v. Münch/Rauball, GG, Art 17, RN 14; Württemberger, Bonner Kommentar, RdNr. 112.
12 OVG Bremen, JZ 90, 965 mit Anm. Lücke, JZ 90, 967.
13 BVerwG NJW 91, 936; Maunz/Dürig, GG, Art 17, RdNr. 9, 77.

dargelegt zu werden. Es genügt, wenn die Behörde ihm mitteilt, dass die festgestellten Mängel behoben werden und das Erforderliche veranlasst wird.

852 **Formulierungsbeispiel:**
Auf Ihre Eingabe vom … habe ich den Sachverhalt geprüft, jedoch keinen Grund für eine Beanstandung gefunden.
Es hat sich folgendes herausgestellt: ….
Wenn Sie behaupten, dass …, so ist dieser Vorwurf nicht berechtigt, denn nach den Aussagen des …
Bei dieser Sachlage bitte ich um Verständnis, dass ich keine Veranlassung zu einem dienstlichen Einschreiten gegen die/den …[14] *sehe.*
Grußformel

Es ist unbedingt darauf zu achten, dass besonders bei der Beantwortung von Dienstaufsichtsbeschwerden scharfe Formulierungen vermieden werden, selbst wenn der Beschwerdeführer zu solchen Formulierungen gegriffen hat, denn bis zu einer gewissen Grenze müssen Behördenmitarbeiter auch unsachliche Angriffe ertragen können.
Die Entscheidungen über Aufsichtsbeschwerden sind keine Verwaltungsakte und sie enthalten demgemäß auch **keine Rechtsbehelfsbelehrung**.

3. Kontrolle durch Akteneinsichts- und Anhörungsrecht

853 Damit Interessen gegenüber Behörden sachgerecht wahrgenommen werden können, ist es wichtig, an Informationen zu gelangen. Im Verwaltungsverfahren hat der Beteiligte gem. § 29 VwVfG ein Akteneinsichtsrecht und gem. § 28 VwVfG ein Anhörungsrecht. Das Recht auf Akteneinsicht ist ein wesentlicher Teil der in einem Rechtsstaat grundsätzlich unverzichtbaren Parteiöffentlichkeit des Verfahrens und der Gewährung rechtlichen Gehörs. Während das Recht auf Akteneinsicht nach dem Verwaltungsverfahrensgesetz auf die Betroffenen begrenzt ist, gewährt das **Gesetz zur Regelung des Zugangs zu Informationen des Bundes** (IFG) vom 5. September 2005 auch Nichtbetroffenen einen Anspruch auf Zugang zu amtlichen Informationen. Spezieller als nach dem IFG ist im **Umweltinformationsgesetz** (UIG) vom 22. Dezember 2004 der Zugang von Umweltinformationen geregelt; dieses Gesetz beruht auf der sogenannten „Aarhus Konvention“[15]. Besonders in politisch brisanten Verwaltungsvorgängen dürfte es aber nicht selten vorkommen, dass z. B. Aktennotizen über brisante Gespräche nicht in eine Akte übernommen werden. Umfassend zum Akteneinsichtsrecht siehe oben RdNr. 687–710 (auch unter Einbeziehung des UIG, des IFG und des VIG); umfassend zum Anhörungsrecht siehe oben RdNr. 677–686.

4. Mobilisierung der Öffentlichkeit

854 Verwaltungsverfahren bewegen häufig auch die Öffentlichkeit, z. B. die Erweiterung von Freizeitparks, der Bau von Umgehungsstraßen, die (Nicht)Ansiedlung von Gewerbebetrieben, Discountern, Factory-Outlet-Shops.
In diesen Fällen ist es meist ein Leichtes, die Medien hierfür zu interessieren. Allerdings sollte man berücksichtigen, dass die Wirkung der Einschaltung der Medien nicht immer kalkulierbar ist und es geschehen kann, einen vom erwarteten gegenteiligen Effekt zu erzielen.
In einer demokratischen Gesellschaft gehört die Massenkommunikation durch Presse, Rundfunk, Fernsehen usw. zu einem wesentlichen Anliegen. Kommunikation zielt auf

---

14 Hier erscheint Name und Dienstbezeichnung des Beamten bzw. bei einer Fachaufsichtsbeschwerde der Name der Behörde.
15 Abgedruckt in Beilage Nr. III zu Heft 3/2001 der NVwZ.

die Verbreitung und den Austausch von Informationen und ermöglicht Orientierung und Meinungsbildung, aber auch die Wahrnehmung von Kontrollfunktionen. Dieser Kommunikationsprozess muss frei von (staatlichen) Kontrollen und Sanktionen sein. Damit die Presse diese ihr zukommende öffentliche Aufgabe (§ 3 PresseG NRW) auch wirksam wahrnehmen kann, steht ihr gegenüber Behörden ein Recht auf Auskunft zu (§ 4 PresseG NRW), z. B. wie hoch die Kosten für neu eingestellte Mitarbeiter sind. Diese Auskunft darf nur verweigert werden, soweit auf Grund beamtenrechtlicher oder sonstiger gesetzlicher Vorschriften eine Verschwiegenheitspflicht besteht, den Behörden steht insoweit ein Ermessensspielraum zu[16]. Die Vorschriften der Gemeindeordnungen der Länder, die nicht-öffentliche Sitzungen vorsehen, begründen jedoch keine behördlichen Verschwiegenheitspflichten[17].

5. Externe Kontrollen

Auf vielfältige weitergehende Kontrollen der Verwaltung durch besondere Kontrollbeauftragte wie z. B. Datenschutzbeauftragte, der Wehrbeauftragte des Bundestages oder Bürgerbeauftragte sei nur verwiesen. **855**

Datenschutzbeauftragte (z. B.§ 25 DSG NRW) sind unabhängige Kontrollorgane. Sie sind teilweise außerhalb der üblichen Behördenstrukturen angesiedelt und dem Parlament zugeordnet, teilweise sind sie allerdings auch als behördliche Selbstkontrollorgane eingerichtet. An den Datenschutzbeauftragten kann sich jeder wenden, der meint, die Verwaltung habe seine schutzwürdigen Rechte auf informationelle Selbstbestimmung missachtet.

In NRW ist der Datenschutzbeauftragte Beamter auf Zeit (8 Jahre) und dem Innenministerium angegliedert. Er unterstützt den Landtag, den Petitionsausschuss des Landtages, den für Datenschutz zuständigen Landtagsausschuss und die Landesregierung bei der Wahrnehmung ihrer Aufgaben nach dem Datenschutzgesetz und legt dem Landtag und der Landesregierung jeweils für zwei Kalenderjahre einen Bericht über seine Tätigkeit vor. Jedermann kann sich an den Datenschutzbeauftragten wenden, wenn er der Ansicht ist, bei der Verarbeitung seiner personenbezogenen Daten durch Behörden oder andere öffentliche Stellen in seinen Rechten verletzt zu sein.

Zum Schutz der Grundrechte der Soldaten und als Hilfsorgan des Bundestages bei der Ausübung der parlamentarischen Kontrolle ist ein **Wehrbeauftragter** (Art 45b GG). Er nimmt die Beschwerden von Soldaten entgegen, erfüllt Aufträge des Verteidigungsausschusses des Bundestages und greift unter bestimmten Voraussetzungen Probleme im Zusammenhang mit der inneren Führung der Bundeswehr auch selbst auf. **856**

Besondere Kontrollfunktionen über die Verwaltung üben auch die **Bürgerbeauftragten** in Rheinland-Pfalz und die Bürgerbeauftragten für soziale Angelegenheiten in Schleswig-Holstein aus.

Eine besondere Stellung nimmt die Kontrolle durch die **Rechnungshöfe** ein. Rechnungshöfe im Bund und in den Ländern prüfen, ob die Verwaltung wirtschaftlich gehandelt hat. Ihre Mitglieder genießen richterliche Unabhängigkeit. Sie überprüfen die Haushaltsrechnung des Finanzministers sowie die Wirtschaftlichkeit und Ordnungsmäßigkeit der Haushalts- und Wirtschaftsführung. **857**

Der **Bundesrechnungshof** ist durch die Verfassungsreform im Jahre 1969 zu einem Verfassungsorgan geworden. Er nimmt damit eine selbständige Stellung ein und kann nicht mehr nur als Hilfsorgan des Parlamentes oder als Teil einer der drei Staatsgewalten gesehen werden. Bedauerlicher Weise werden kritische Anregungen des Bundesrechnungshofes nur selten in der Praxis aufgegriffen.

---

16 Wenzel, in: Löffler, § 4 LPG, RdNr. 90.

17 VGH München, NJW 04, 3358.

Derzeit zeichnet sich z. B. ab, dass die schier unglaublichen Feststellungen zur Führung der Arbeitslosenstatistik in den Arbeitsämtern wohl eher zögerlich aufgegriffen werden.

858 Die Prüfungsfunktion der **Landesrechnungshöfe** ist in § 42 Abs. 1 HGrG geregelt und durch Landesrecht ausgefüllt.
Sie umfasst:
- die haushaltsrechtliche Prüfung, d. h. die Kontrolle, ob die Bestimmungen des Haushaltsgesetzes und der Haushaltsplan eingehalten worden sind,
- die rechnerische Prüfung, d. h. die mathematische (kalkulatorische) Kontrolle,
- die förmliche Prüfung, d. h. die Kontrolle, ob die Haushaltsrechnung sowie die Nachweisung des Finanzministers vollständig und formgerecht aufgestellt worden ist und ob alle mitgeteilten Zahlungen begründet und belegt worden sind,
- die sachliche Prüfung, d. h. die Kontrolle, ob die Verwaltung wirtschaftlich und sparsam verfahren ist und ob die Aufgaben mit dem geringsten Personal- und Sachaufwand effektiv erfüllt worden sind.

Die **Beratungsfunktion** des Rechnungshofes (§ 42 Abs. 5 HGrG; §§ 88 ff. LHO NRW) umfasst die Befugnis, aufgrund von Prüfungserfahrungen den Landtag, die Landesregierung oder einzelne Minister zu beraten. Der Sinn dieser Vorschriften kann nur in einer Hinführung zu einer wirtschaftlichen und sparsamen Verwaltungsführung gesehen werden.
Die **Berichterstattung** des Rechnungshofes an das Parlament und die Landesregierung (§ 97 LHO NRW) erfolgt nach Beendigung der Prüfung. In aller Regel fasst der Rechnungshof sein Prüfungsergebnis in Jahresberichten zusammen, hierüber wird auch in den Medien berichtet. Bei Angelegenheiten von besonderer Bedeutung kommt eine aktuelle Berichterstattung in Betracht (§ 99 LHO).
Prüfungsaufgaben des Landesrechnungshofes können auf Vorprüfungsstellen bei den Landesbehörden, die dem Behördenleiter unmittelbar unterstellt werden, übertragen werden (§ 100 LHO NRW).
Die Haushaltskontrollen auf kommunaler Ebene nehmen kommunale Rechnungsprüfungsämter (örtliche Prüfung) sowie die staatlichen Gemeindeprüfungsämter wahr (überörtliche Prüfung; § 105 GO NRW).

6. Mediation in der Verwaltung

859 Mediation (lat. „Vermittlung") ist ein **vertrauliches und strukturiertes Verfahren**, bei dem Konfliktparteien mit Hilfe eines oder mehrerer Mediatoren freiwillig und eigenverantwortlich eine einvernehmliche Regelung ihres Konfliktes anstreben[18]. Kennzeichnend ist die professionelle Vermittlung durch einen Mediator, der die Aufgabe hat, die Verhandlung zu strukturieren, für einen fairen Gesprächsablauf zu sorgen, den Interessen der Parteien nachzugehen und die Parteien auf dem Weg zu einer Lösung zu unterstützen.[19] Der Mediator trifft dabei keine Entscheidungen im Hinblick auf eigene Interessen, sondern ist lediglich für das überparteiliche Verfahren der Konfliktbereinigung verantwortlich. Anders als der Richter sieht er auch von einer Bewertung der Rechtsfragen und weitgehend von konkreten eigenen Lösungsvorschlägen ab. Mediation ist keine Rechtsdienstleistung, solange sie nicht durch rechtliche Regelungsvorschläge in die Gespräche der Beteiligten eingreift (§ 2 Abs. 3 Nr. 4 Rechtsdienstleistungsgesetz).
In Deutschland gibt es schon seit 1827 auf der Grundlage einer preußischen Schiedsmannsordnung ein erfolgreich praktiziertes Mediationsverfahren in straf- und nachbarrechtlichen Angelegenheiten, nämlich das Schiedsamt[20]. Es wird derzeit in 12 Bundesländern praktiziert.

---

18 Legaldefinition in § 1 MediationsG v. 21.7.2012 (BGBl. I S. 1577).
19 Götz von Olenhusen, NdsVBl. 2015, 233.
20 http://www.schiedsamt.de/

Heute sind zunehmend auch Rechtsanwälte im Rahmen der anwaltlichen Beratung als Mediatoren anzutreffen.

Im Gerichtsverfahren bieten Gerichte aufgrund des neu gefassten § 278 Abs. 5 ZPO und des neu geschaffenen § 278a ZPO[21] die Mediation beim Güterichter an. Die gerichtliche Mediationspraxis erzielt durchschnittlich eine Einigungsquote zwischen 65 und 85 %[22]. Mediationslösungen sind im Allgemeinen nur möglich, wenn beide Parteien einen Vorteil haben, dafür aber keinen Nachteil erleiden **„win-win-Lösungen“**. Im Gegensatz zu einem förmlichen Verfahren gibt es keine Gewinner oder Verlierer. **860**

Die zunehmende Etablierung der Mediation auch im Bereich der öffentlichen Verwaltung deutet auf einen Paradigmenwechsel hin, mehr und mehr sollen Bürger und Verwaltung ihre Konflikte eigenverantwortlich und in Kooperation miteinander lösen[23]. Das bringt Vorteile für beide Seiten. **861**

Eine Mediation drängt sich in der öffentlichen Verwaltung in vielen Bereichen nahezu auf: nämlich im Umwelt- und Planungsrecht; bei Konkurrenzstreitigkeiten im Wirtschaftsverwaltungsrecht; zur Lösung nachbarrechtlicher oder interkommunaler Streitigkeiten im Baurecht oder bei der Gewerbeansiedlung; bei Streitigkeit über den Verlauf von Versammlungen; bei Organisationsentscheidungen wie die Auflösung von Grundschulen, die Krankenhausbedarfsplanungen oder gewerbliche Großprojekte wie z. B. in Köln der Ausbau des Godorfer Hafens oder in Hamburg der Bau einer weiteren Elbüber(unter)querung usw.

Mediationsverfahren können bereits vor Einleitung eines Verwaltungsverfahrens durchgeführt werden, damit verschafft sich auch die zuständige Behörde bereits einen Eindruck davon, ob ein geplantes Verfahren durchführbar erscheint. Vorteilhaft ist, dass die Beteiligung an einer Mediation keine Betroffenheit im Sinne des Verwaltungsverfahrensrechtes voraussetzt und mithin eine breitere Stimmung einfangen kann.

Im Rahmen eines Verwaltungsverfahrens kann eine Mediation ebenfalls durchgeführt werden, indem Anhörungen (§ 28 VwVfG) oder Erörterungstermine (§ 73 Abs. 3a VwVfG) hierzu genutzt werden.

Aus **rechtsstaatlichen Erwägungen** (Art. 20 Abs. 3 GG) muss wegen der Gesetzesbindung der Verwaltung aber auch in einem Mediationsverfahren ihr Letztentscheidungsrecht und die Vereinbarkeit mit dem materiellen Recht gewährleistet bleiben. Dies kann in vielen Fällen dafür sprechen, dass die Verwaltung als Initiatorin und Trägerin des Mediationsverfahrens auftritt, notwendig ist das allerdings nicht.

Die Mediation läuft regelmäßig in verschiedenen Schritten ab[24]. Das sind nun aber keine formellen Phasen, die zwingend nacheinander abgewickelt werden müssen, die Verhandlungsdynamik kann jederzeit eine Abweichung herbeiführen.

1. Phase: Auftragsklärung Zunächst wird ein Mediator bestimmt, die Beteiligten erhalten Informationen über das Mediationsverfahren, die Rolle und Haltung des Mediators. Hierüber wird eine Mediationsvereinbarung abgeschlossen und das weitere Vorgehen miteinander abgestimmt. **862**

2. Phase: Themensammlung

Als nächsten Schritt stellen die Beteiligten ihre Streitpunkte und Anliegen im Zusammenhang dar, sodass die Themen und Konfliktfelder gesammelt und für die weitere Bearbeitung strukturiert werden können.

---

21 Auf deren Anwendung im Verwaltungsprozess § 173 S. 1 VwGO verweist.

22 von Bargen, Gerichtliche Mediation, S. 29 m. w. N.

23 Härtel, JZ 2005, 754.

24 Vgl. http://www.vg-koeln.nrw.de/aufgaben/gueterichter/informationen/index.php (zuletzt abgerufen am 13.5.2016).

3. Phase: Positions- und Interessenbestimmung (Sichtweisen- und Hintergrunderkundung)
In dieser Phase beginnt die eigentliche Problembearbeitung mit der Entscheidung über das erste zu behandelnde Thema. Die Beteiligten bekommen die Gelegenheit, ihre Sicht des jeweiligen Aspekts des Konflikts zu jedem Themenpunkt umfassend darzustellen. Informationen, Daten und Wahrnehmungen werden ausgetauscht, bevor auf die unterschiedlichen und gemeinsamen Wünsche, Bedürfnisse und Interessen der Parteien vertieft eingegangen und damit der Konflikt umfassend erhellt werden kann.
Wichtig ist in dieser Phase vor allem, dass die einer Auseinandersetzung zugrunde liegenden Interessen – aber auch Emotionen – bekannt werden, denn nur dann wachsen die Chancen auf eine einvernehmliche Lösung.
4. Phase: Sammeln und Bewerten von Lösungsoptionen
In der vierten – der kreativen – Phase werden zu den einzelnen Problemfeldern zunächst im Wege des Brainstormings Lösungsoptionen **bewertungsfrei** gesammelt. Nach Abschluss der Ideenfindung werden diese Lösungsoptionen von den Mediandenbewertet und verhandelt.
Der Mediator muss darauf achten, dass alle Beteiligten ihre unterschiedlichen Positionen (durchaus auch heftig) austauschen können. Das verlangt von einem Mediator ein hohes Maß an Verhandlungsgeschick. Er muss neutral sein und bleiben, er darf keinerlei Werturteile oder Ratschläge an die Beteiligten austeilen; das wäre völlig kontraproduktiv.
5. Phase: Umsetzungslage (Abschlussvereinbarung)
Zum Abschluss der Mediation werden die Ergebnisse (meist schriftlich) festgehalten. Üblich ist dabei die konkrete Regelung des weiteren Vorgehens einschließlich der Festlegung von Umsetzungsfristen bis hin zum Verhalten in einem zukünftigen Konfliktfall.

6.1 Vor-/Nachteile einer Mediation

863 Der wesentliche Vorteil eines Mediationsverfahrens liegt in der Akzeptanz der am Zustandekommen der Abschlussvereinbarung Beteiligten, denn ihre Interessen, Standpunkte und Ziele werden in einer Mediation angemessen berücksichtigt. Für die Verwaltung ergibt sich ein hoher Grad an Planungssicherheit. Gerichtliche Urteile dagegen entfalten häufig keine wirklich befriedende Wirkung und ziehen nicht selten weitere Auseinandersetzungen nach sich.
Die Konfliktlösung mit Unterstützung eines stundenweise honorierten professionellen Mediators ist meist kostengünstiger als die streitige Austragung mit Hilfe eines Rechtsanwaltes, wo der Streitwert die Höhe der Gebühr bedingt, die in Rechnung gestellt wird. Bei untergeordneten Streitigkeiten mit geringem Streitwert und geringen persönlichen Beziehungen zwischen den Betroffenen kann allerdings ein reines Gerichtsverfahren kostengünstiger sein.
Mitunter bringt die Mediation aber keine Konfliktregelung, sodass Kosten eines Gerichtsverfahrens dann zusätzlich anfallen. Wird in einer Mediation dem Grundsatz der Informiertheit der Beteiligten nicht ausreichend Rechnung getragen – zum Beispiel wegen mangelnder externer anwaltlicher Beratung – so besteht außerdem die Gefahr, dass sich im Nachhinein eine Konfliktpartei durch die erzielte Regelung rechtlich benachteiligt fühlt. Dementsprechend sollten sich insbesondere bei existenziellen Streitigkeiten die Medianden über die rechtlichen Rahmenbedingungen beraten lassen.

Zusammenfassung der Strukturprinzipien Gerichtsverfahren/Mediation[25]

	Gerichtsverfahren	**Mediation**
Sachlich	Orientierung am Streitgegenstand, strenge Festlegung	Orientierung am Konflikt; keine Festlegung
Persönlich	Begrenzung auf die Verfahrensbeteiligten	Teilnahme aller am Konflikt Beteiligten
Sichtweise	Normorientiert	Interessenorientiert
Methode	Vergangenheitsorientiert	Zukunftsorientiert
	Beschränkung auf den rechtlich bedeutsamen Sachverhalt	Einbeziehung des gesamten für den Konflikt bedeutsamen Sachverhalts
	Öffentliche Verhandlung	Vertrauliches, kommunikatives Gespräch
Lösung	Einseitiger Richterspruch	Autonome Konfliktregelung durch Konsens
	Normorientierter Vergleich durch gegenseitiges Nachgeben	
	Gewinner/Verlierer	win-win-Situation
Ziel	Gewährung von Rechtssicherheit	Nachhaltige Befriedigung widerstreitender Interessen

25 Vgl. von Bargen, DVBl. 2004, 471.

12. Abschnitt: Widerspruchsverfahren

1. Funktion und Bedeutung des Vorverfahrens

864 Das „*Vorverfahren*" (so Überschrift § 68 VwGO) dient dazu, Verwaltungsakte, mit denen die Betroffenen nicht einverstanden sind, noch einmal verwaltungsintern auf **Rechtmäßigkeit** und **Zweckmäßigkeit** zu überprüfen und gegebenenfalls aufzuheben oder zu ändern. Die Widersprechenden können ohne Einschaltung der Gerichte die Aufhebung eines sie belastenden Verwaltungsakts (**Anfechtungswiderspruch**) bzw. unter Aufhebung des belastenden Verwaltungsakts den Erlass eines begünstigenden Verwaltungsakts (**Verpflichtungswiderspruch**) erreichen.

865 Das Widerspruchsverfahren hat vier Funktionen:
Selbstkontrolle der Verwaltung
Rechtsschutz für den Bürger
Entlastung der Gerichte
Informiertheit, Akzeptanz und Sicherung des Rechtsfriedens

866 Im Widerspruchsverfahren muss zwischen der Ausgangsbehörde und der Widerspruchsbehörde unterschieden werden. Ausgangsbehörde ist die Behörde, die den Verwaltungsakt erlassen hat,
Widerspruchsbehörde ist die Behörde, die über den Widerspruch entscheidet (§ 73 VwGO). Ausgangs- und
Widerspruchsbehörde können identisch sein, z. B. in Selbstverwaltungsangelegenheiten (§ 73 I Nr. 3 VwGO).
Das Widerspruchsverfahren ermöglicht es der Verwaltung, Fehler festzustellen und zu korrigieren, unterschiedliche Behördenebenen verstärken zudem die Kontrollintensität und -effizienz (Einheit der Verwaltung).
Die Selbstkontrolle und die Möglichkeit, den Betroffenen im Widerspruchsverfahren von der Rechtmäßigkeit des Verwaltungsaktes zu überzeugen, führen zur Vermeidung von Prozessen. Das Widerspruchsverfahren übt damit auch eine Filterfunktion aus[1].
Das Widerspruchsverfahren führt zudem zu einer Intensivierung der „Anhörung" des Bürgers. In kritischen Fällen mit Drittbeteiligung (z. B. Baunachbarrecht) trägt es durch die Eröffnung der Möglichkeiten eines zusätzlichen Kontaktes zum Bürger zu einer Lösungsfindung bei (Mediation).

867 Unter Hinweis darauf, dass in der Praxis die Kontrollfunktion der Widerspruchsbehörde aus Gründen einer „kameradschaftlichen Bürokratie" regelmäßig ins Leere laufe sowie mit Blick auf eine Verfahrensbeschleunigung und damit einhergehende Kostensenkung[2], ist in jüngerer Zeit in einigen Bundesländern das Widerspruchsverfahren ganz oder teilweise, d. h. begrenzt auf einzelne Rechtsmaterien abgeschafft worden (z. B. § 110 JustG NRW; § 16a Hess.AG VwGO; in Bayern sieht Art. 15 Abs. 1 Satz 1 Nr. 1 bis 6 Bay. AGVwGO ein fakultatives Widerspruchsverfahren vor, das eine Wahlmöglichkeit eröffnet zwischen Widerspruchseinlegung oder unmittelbarer Klageerhebung).

868 Darüber hinaus ist nach der Rechtsprechung ein Vorverfahren aus prozessökonomischen Gründen entbehrlich, wenn eine vor Gericht verklagte Behörde sich auch ohne Durchführung eines Vorverfahrens rügelos auf die Klage einlässt und ihre Abweisung

---

1 Kopp/Schenke, VwGO, § 68 RdNr. 1.
2 Wienbracke, NWVBl., Heft 7/2015.

beantragt. Ebenfalls entbehrlich ist ein Vorverfahren, wenn jemand im Wege der Rechtsnachfolge nachrückt und die Sache bereits Gegenstand des Widerspruchs des Rechtsvorgängers war[3].

Anders als ein Gericht kann die Widerspruchsbehörde nicht nur überprüfen, ob die gesetzlichen Vorschriften von einer Behörde beachtet worden sind, sondern sie kann auch die Zweckmäßigkeit der Entscheidung überprüfen und z. B. aus sozialen, wirtschaftlichen oder planerischen Gründen anderer Auffassung sein als die Ausgangsbehörde und deren Entscheidung abändern.

Das Widerspruchsverfahren ist ein „Vorschaltverfahren" (zum Prozess), das gem. **869** §§ 79 VwVfG, 68 f. VwGO durchzuführen ist. Dementsprechend ist auch für das Widerspruchsverfahren in Analogie zu § 40 VwGO generelle Voraussetzung, dass der Widerspruch eine öffentlich-rechtliche Streitigkeit nicht verfassungsrechtlicher Art zum Gegenstand hat[4].

Das Widerspruchsverfahren ist „auch" ein **Verwaltungsverfahren**[5], die Regeln des Verwaltungsverfahrensrechtes sind anzuwenden, z. B. der Bestimmtheitsgrundsatz (§ 37 VwVfG), die Beteiligten- und Handlungsfähigkeit (§§ 11, 12 VwVfG) oder die Verteilung der anfallenden Kosten (§ 80 VwVfG). Wie für jedes Verwaltungsverfahren, so gilt auch für das Widerspruchsverfahren: es ist **einfach, zweckmäßig** und **zügig** durchzuführen (§§ 79, 10 VwVfG).

Soweit im Gesetz (§ 73 Abs. 3 S. 1 VwGO) von dem Widerspruch als „Rechtsmittel" die Rede ist, ist dies ein redaktionelles Versehen. Rechtsmittel sind nach der allgemeinen Definition der VwGO nur die gerichtlichen Rechtsmittel der Berufung, Revision und Beschwerde, also „Mittel" gegen gerichtliche Entscheidungen.

Das Widerspruchsverfahren beginnt mit der **Erhebung des Widerspruchs** (§ 69 VwGO). **870** Ist Widerspruch erhoben, entfaltet er (bei Anfechtung) grundsätzlich aufschiebende Wirkung (**Suspensiveffekt,** § 80 Abs. 1 VwGO). Soweit in NRW der Widerspruch noch zulässig ist, begründet er grundsätzlich keine Entscheidungszuständigkeit der nächst höheren Behörde (mehr), der sogen. **Devolutiveffekt** isthier grundsätzlich **abgeschafft** (§ 111 JustG NRW).

Im Unterschied zu einem Gerichtsverfahren handelt es sich bei dem Widerspruchsver- **871** fahren aber nicht um ein kontradiktorisches Verfahren, in dem zwei Parteien sich widersprechen. Die Behörde, die den angegriffenen Verwaltungsakt erlassen hat, ist nicht Beteiligte des Widerspruchsverfahrens und damit auch nicht die Widerspruchs"gegnerin". Die Entscheidung in einem Widerspruchsverfahren ergeht ebenfalls nicht durch unabhängige Richter, sondern regelmäßig durch weisungsgebundene Behördenmitarbeiter.

Die Bezeichnung der Ausgangsbehörde als „Widerspruchsgegnerin" ist daher durchaus zweifelhaft[6].

Die Ausgangsbehörde kann im Widerspruchsverfahren keine Anträge stellen, sondern sie kann nur über eine Abhilfe entscheiden oder ihre Verwaltungsvorgänge mit einer Stellungnahme der Widerspruchsbehörde vorlegen, falls sie dem Widerspruch nicht stattgeben will.

Besteht die Aufgabenstellung in einer Klausur darin, einen Vorlagebericht an die Widerspruchsbehörde zu erstellen, so darf hierin auf keinen Fall ein „abweisender" Antrag formuliert werden. Der Verwaltungsvorgang kann der zuständigen Widerspruchsbehörde nur mit der Bitte um Über-

3 BVerwG, DVBl. 2006, 1247.
4 Kopp/Schenke, VwGO, § 40 RdNr. 2a; zu den Abgrenzungen hierzu: RdNr. 108 f.
5 BVerwGE 82, 336, 338.
6 Pietzner/Ronellenfitsch, Assessorexamen, § 1 RdNr. 29, lehnen dies generell ab.

prüfung und erneute Entscheidung vorgelegt werden, wenn die Ausgangsbehörde unzweifelhaft erklärt hat, dass sie dem Widerspruch nicht abhilft.

872 Die Regelungen des Widerspruchsverfahrens in der VwGO sind notwendiger Weise lückenhaft, da der Bund nur zuständig ist, Sachurteilsvoraussetzungen für ein gerichtliches Verfahren zu regeln (Art. 74 Abs. 1 Nr. 1 GG) und sich damit eine Bundeszuständigkeit zur Regelung des (Länder)Verwaltungsverfahrens nur im Rahmen einer Annexkompetenz begründen lässt[7]. Die Regelungen der VwGO über das Widerspruchsverfahren werden ergänzt durch Ausführungsgesetze der Länder sowie durch Fachgesetze verschiedenster Art.

In der Verwaltungsgerichtsordnung (§ 73 Abs. 1 VwGO) ist z. B. nur bestimmt, dass ein Widerspruchsbescheid ergeht, die wesentlichen inhaltlichen Anforderungen ergeben sich aus den Verwaltungsverfahrensgesetzen.
In der Praxis werden die Widerspruchsbescheide z. B. in Nordrhein-Westfalen und Niedersachsen regelmäßig im persönlichen Stil abgefasst (vgl. auch oben RdNr. 351 f.), in Bayern und Baden-Württemberg dagegen eher in der dritten Person. In Rheinland-Pfalz und Hamburg erlassen Widerspruchsausschüsse die Bescheide, sie ergehen ähnlich wie gerichtliche Entscheidungen in Beschlussform.

873 Bei der Verwebung von vorgerichtlichem Verfahrensrecht und Verwaltungsverfahrensrecht ist jedoch teilweise der **Vorrang** der bundesrechtlichen Verwaltungsgerichtsordnung zu beachten wie z. B. die Regelung der Wiedereinsetzung in den vorigen Stand bei Fristversäumnis (§ 70 Abs. 2 VwGO gegenüber § 32 VwVfG) oder das Verbot von Rücknahme oder Widerruf eines Widerspruchsbescheides gem. §§ 48, 49 VwVfG, da der Widerspruchsbehörde nach Abschluss des Widerspruchsverfahrens hierfür die Zuständigkeit fehlt.

2. Die Zulässigkeit des Widerspruchs

874 Im Rahmen der Zulässigkeit ist zu klären, was bei der Erhebung eines Widerspruchs zu beachten ist.
Je nach Problemstellung im Einzelfall ist im Rahmen der Zulässigkeitsprüfung einzugehen auf:
- die Form der Erhebung des Widerspruchs,
- die Frist,
- die Zuständigkeit der Widerspruchsbehörde,
- den Verwaltungsrechtsweg,
- die Statthaftigkeit des Widerspruchs,
- die Widerspruchsbefugnis
- die Beteiligten- und Verfahrensfähigkeit

875 Der Widerspruch muss der zuständigen Behörde zugehen; das ist entweder die Ausgangsbehörde oder die Widerspruchsbehörde. Da die Verwaltung als Einheit angesehen wird, kann der Widerspruch auch bei einer anderen Behörde eingelegt werden, allerdings gilt dies nicht zur Fristwahrung. Da Verwaltungsgerichte keine Behörden sind, ist eine Klageerhebung oder ein Antrag auf vorläufigen Rechtsschutz an das Verwaltungsgericht auch nur dann als Widerspruchserhebung anzusehen, wenn sich hieraus hinreichend deutlich ergibt, dass gleichzeitig auch Widerspruch eingelegt werden sollte[8].

---

7 Erichsen, Jura 1992, 645, 646.
8 OVG Hamburg, NVwZ-RR 1996, 397.

Es kommt nicht auf die ausdrückliche Bezeichnung „Widerspruch“ an, deutlich werden muss lediglich, dass der Bürger sich über die Entscheidung einer Behörde förmlich beschweren will[9].

2.1 Die schriftliche Erhebung des Widerspruchs

Zur ordnungsgemäßen Widerspruchserhebung gehört, dass wenige Formerfordernisse 876
eingehalten werden. Der Widerspruch kann nur schriftlich oder mündlich zur behördlichen Niederschrift erhoben werden (§ 70 Abs. 1 S. 1 VwGO).

Die **Schriftform** wird gewahrt durch eine Einlegung:

- per eigenhändig unterschriebenem Brief
- durch Telegramm
- per Telefax, wenn das Originalschriftstück (Telefaxvorlage) unterschrieben ist. Die auf diese Weise gewahrte **Schriftform** des Widerspruchs beinhaltet grundsätzlich auch die Unterschrift des Widersprechenden; eine vervielfältigte Unterschrift ist aber ausreichend, sofern sich aus dem Widerspruch zweifelsfrei ergibt, dass der Widerspruch vom Widersprechenden herrührt[10]
- durch Übermittlung eines elektronischen Dokuments, das mit einer qualifizierten elektronischen Signatur nach dem Signaturgesetz versehen ist. § 3a VwVfG lässt die Übermittlung elektronischer Dokumente an die Behörde zu, sofern die Behörde hierfür einen Zugang eröffnet hat. Von einer solchen Zugangseröffnung ist grundsätzlich nicht schon dann auszugehen, wenn ein privater Empfänger über einen E-Mail-Account verfügt und die E-Mail Adresse der Behörde bekannt ist. Eine Zugangseröffnung für Behörden Rechtsanwälte und geschäftliche Nutzer ist gegeben, wenn sie eine elektronische Adresse auf ihren Briefköpfen oder auf ihrer Homepage angeben[11].

Der Widerspruch kann nicht per einfacher E-Mail oder telefonisch eingelegt werden. 877
Es genügt auch nicht, wenn über einen telefonisch eingelegten Widerspruch in der Behörde ein Vermerk gefertigt wird[12]. Eine E-Mail kann nicht sicher identifiziert werden und ein Missbrauch kann nicht sicher ausgeschlossen werden[13]. Schriftlichkeit durch elektronische E-Mail erfordert eine qualifizierte **elektronische Signatur** (§ 2 Nr. 3 SigG).

2.2 Die mündliche Erhebung des Widerspruchs

Mündlich zur Niederschrift bei der Behörde bedeutet, dass die Widersprechende bzw. 878
der Widersprechende (mit Identitätsnachweis) in der Behörde den Widerspruch mündlich formuliert, woraufhin eine zur Entgegennahme befugte Person diese Erklärung schriftlich niederlegt und unterschreibt. Die bzw. der Widersprechende genehmigt dies i. d. R. durch Unterschrift[14]. Wird die Unterschrift verweigert, so ist das zu vermerken.

---

9 BVerwGE 115, 307.

10 Schriftlichkeit fordert grundsätzlich die eigene Unterschrift des Verfassers unter das Schriftstück (§ 126 Abs. 1 BGB). Lassen sich die Urheberschaft und der Wille zur Widerspruchseinlegung bei einem schriftlich erhobenen Widerspruch, der nicht unterschrieben ist, zweifelsfrei und hinreichend sicher ohne eine Beweiserhebung feststellen, so genügt dies aber der Schriftlichkeit, z. B. bei der Kopie eines Widerspruchsschreibens oder in der Übertragung einer Textdatei mit eingescannter Unterschrift (vgl. auch GemSOGH NJW 2000, 2340).

11 OVG NRW, NVwZ-RR 15, 172.

12 BVerwGE 17, 166, 169; BGH, MDR 2009, 362.

13 Kintz, NVwZ 04, 1429, 1430.

14 ThürOVG, NVwZ-RR 02, 409.

Niederschriften sind entsprechend den Vorschriften der Zivilprozessordnung (§§ 159–165) anzufertigen (§ 105 VwGO). Die Aufnahme in Kurzschrift, Tonaufnahme, in verständlichen Abkürzungen oder mit einer Kurzschriftmaschine ist gestattet (§ 160a ZPO).

Die Niederschrift muss mindestens enthalten:
- Tag und Ort der Abfassung
- Personalien des Erklärenden, d. h. Name, Vorname, Beruf, Wohnung
- die Feststellung dieser Personalien, z. B. „von Person bekannt“ oder „ausgewiesen durch Bundespersonalausweis Nr.…“
- v.g.u (vorgelesen, genehmigt, unterschrieben)
- Unterschriften des Erklärenden, des aufnehmenden Bediensteten und etwaiger Zeugen

Niederschriften werden üblicher Weise in wörtlicher Rede abgefasst.

879 *Stadt Köln*
– Die Oberbürgermeisterin –
Vollzug der Bauordnung
Abrissverfügung an Herr Karl Schmitz vom …
– 63.1.117/01 –
Niederschrift
Heute spricht Herr Karl Schmitz, geb. am 26. Nov. 1986, wohnhaft Schillerstr. 707, 50668 Köln, ausgewiesen durch Bundespersonalausweis Nr.XX 9835262 (bzw.: persönlich bekannt) vor und erklärt:
Gegen den Bescheid des Oberbürgermeisters der Stadt Köln vom … – 63.1.117/01 – erhebe ich hiermit Widerspruch.
Gleichzeitig beantrage ich, mir wegen der Versäumung der Widerspruchsfrist Wiedereinsetzung in den vorigen Stand zu gewähren.
Meinen Wiedereinsetzungsantrag begründe ich damit, dass …[15]
Zur Sache selbst möchte ich vortragen, dass …

Köln, den …
Vorgelesen (oder: selbst gelesen) — *Aufgenommen*
genehmigt und unterschrieben

Karl Schmitz — *Meyer,*
Stadtamtmann

2.2.1 Die Nichtbeachtung der Form für die Widerspruchseinlegung

880 Wird der Widerspruch nicht schriftlich oder mündlich zur Niederschrift bei der zuständigen Behörde eingelegt, ist dies kein Widerspruch im Rechtssinne[16], dieser Widerspruch entfaltet auch keine Rechtswirkungen wie z. B. die aufschiebende Wirkung. Die Schriftform kann nach Ablauf der Widerspruchsfrist nicht mehr nachgeholt werden. Entscheidet eine Behörde gleichwohl über einen formfehlerhaften Widerspruch, wird der Rechtsweg nicht eröffnet.

Geht bei einer Behörde allerdings ein Widerspruch ein, der erkennbar die Form nicht beachtet, weil er z. B. telefonisch eingelegt wurde oder nicht unterschrieben ist, so gebietet es die behördliche Fürsorgepflicht, den Widerspruchsführer aufzufordern, die Form innerhalb der Widerspruchsfrist nachzuholen.

2.2.2 Die aufschiebende Wirkung der Widerspruchserhebung

881 Erhebt der Betroffene formgerecht Widerspruch, hat dieser grundsätzlich aufschiebende Wirkung (**Suspensiveffekt**, vom Lateinischen „suspendere“, also „zeitweilig auf-

---

15 Eine subjektive Wertung des Aufnehmenden und gefühlsmäßige Äußerungen des Erklärenden („Ich sehe nicht ein, dass …“) gehören nicht in die Formulierung eine Niederschrift. Sofern in einer Niederschrift auch Versicherungen an Eides Statt aufgenommen werden sollen, ist § 27 VwVfG zu beachten.

16 Kopp/Schenke, VwGO, RdNr. 4 zu § 70.

heben“). Die Vollziehung des Verwaltungsakts, gegen den Widerspruch eingelegt worden ist, wird gehemmt, d. h. der Verwaltungsakt braucht von dem Adressaten solange nicht befolgt zu werden und die Behörde darf ihn solange nicht zwangsweise durchsetzen, bis eine Entscheidung über den Widerspruch gefallen ist. Der Widerspruchsführer darf deshalb z. B. weiter am Schulunterricht teilnehmen, wenn er gegen die Nichtversetzung Widerspruch eingelegt hat.
Diese vorläufige Sicherung des **status quo** dient dem Schutz des Widerspruchsführers, es sollen keine vollendeten Tatsachen durch die Behörde geschaffen werden. Die aufschiebende Wirkung kommt aber nur dem **Anfechtungswiderspruch** zu, nicht dagegen dem **Verpflichtungswiderspruch.** Lehnt die Behörde den Erlass eines begünstigenden Verwaltungsaktes ab und legt der Bürger hiergegen Widerspruch ein, so strebt er nur eine Erweiterung seiner Rechtspositionen an (Verpflichtungswiderspruch), mit irgendwelchen Vollstreckungsmaßnahmen seitens der Verwaltung muss er nicht rechnen; ohne nähere Rechtsprüfung können dem Widerspruchsführer aber keine Vergünstigungen eingeräumt werden.

Beispiel: Ein Student wendet sich gegen eine Klausurbeurteilung, er strebt damit eine bessere an.

Der **Suspensiveffekt** erstreckt sich auf alle **belastenden Verwaltungsakte** wie Ge- oder Verbote sowie auf **Allgemeinverfügungen** wie z. B. die Widmung von Straßen (§ 80 Abs. 1 S. 1 VwVGO). Die aufschiebende Wirkung erstreckt sich aber auch auf **rechtsgestaltende Verwaltungsakte,** z. B. Rücknahme oder Widerruf einer Erlaubnis; auf **feststellende Verwaltungsakte** mit belastendem Inhalt[17], z. B. die Feststellung der Nichtigkeit eines Verwaltungsaktes gem. § 44 Abs. 5 VwVfG sowie auf **Verwaltungsakte mit Doppelwirkung,** z. B. die Erteilung einer Baugenehmigung, die sich sowohl auf den Grundstückseigentümer als auch auf dessen Nachbarn auswirkt (§ 80 Abs. 1 S. 2, § 80a VwGO). **882**
Durch die Erhebung des Anfechtungswiderspruches wird der erlassene Verwaltungsakt in einen Schwebezustand versetzt, und zwar **rückwirkend** vom Zeitpunkt seines Erlasses an[18]. Aus dem mit Widerspruch angegriffenen Verwaltungsakt können zunächst weder nachteilige noch vorteilhafte Folgerungen gezogen werden. Auf diese Weise wird die Macht der Verwaltung, einseitig verbindliche Regelungen zu treffen und auch durchzusetzen, begrenzt und der Schutz des Widerspruchsführers erweitert. Vollendete Tatsachen kann die Behörde nicht schaffen.

Beispiel: Wird jemand rechtswidrig zum Wehrdienst eingezogen, so wäre es um seinen Rechtsschutz schlecht bestellt, wenn er erst einmal einrücken müsste und das Bundesverwaltungsgericht dann nach fünf Jahren feststellt, dass dies eigentlich nicht hätte geschehen dürfen. Ein finanzieller Ausgleich allein würde in diesem Fall schwerlich entschädigen.

Der Widerspruch hemmt den Vollzug des Verwaltungsaktes und erzeugt einen Schwebezustand. Die Wirksamkeit eines Bescheides wird durch die Einlegung von Widerspruch nicht berührt („**Vollziehbarkeitstheorie**“)[19], das ergibt sich auch aus dem insoweit eindeutigen Wortlaut des § 43 VwVfG, der die Wirksamkeit eines Verwaltungsaktes regelt und die aufschiebende Wirkung nicht anspricht. Demgegenüber wird in der Literatur[20] die sogen. **Wirksamkeitstheorie** vertreten, wonach die aufschiebende Wirkung die Wirksamkeit eines Verwaltungsaktes schlicht hemmt. **883**

---

17 BVerwG, DVBl. 2007, 1183 zur Interessenabwägung.

18 BVerwGE 66, 222, st. Rspr.

19 BVerwGE 99, 109 *„Nach der vom Bundesverwaltungsgericht in ständiger Rechtsprechung vertretenen Auffassung hat der Eintritt der aufschiebenden Wirkung zur Folge, dass der angefochtene Verwaltungsakt vorläufig nicht vollzogen werden darf. Dagegen bedingt die aufschiebende Wirkung nicht die Wirksamkeit des angefochtenen Verwaltungsaktes. Das bedeutet, dass der Eintritt der aufschiebenden Wirkung keine rechtsgestaltende Wirkung dahin hat, dass der Verwaltungsakt als vorläufig nicht existent zu behandeln wäre. Die Behörde darf jedoch nach der Anfechtung keine Maßnahmen treffen, die rechtlich als Vollziehung des nach wie vor wirksamen Verwaltungsaktes zu qualifizieren sind.“*

20 Schoch, in Schoch/Schmidt-Aßmann/Pietzner, § 80 RdNr. 86.

Praktische Auswirkungen ergeben sich aus dieser unterschiedlichen Auffassung kaum, denn es dürfen während der Dauer der aufschiebenden Wirkung nach beiden Auffassungen keine Folgerungen aus dem Verwaltungsakt gezogen werden[21].

884 Die aufschiebende Wirkung endet mit der Unanfechtbarkeit des Verwaltungsaktes oder bei Klageabweisung drei Monate nach Ablauf der Begründungsfrist für das Rechtsmittel, sofern das Oberverwaltungsgericht nicht etwas anderes anordnet (§ 80b VwGO). Damit soll verhindert werden, Rechtsmittel in der Hauptsache nur deswegen einzulegen, um die Vollziehung des angefochtenen Verwaltungsaktes hinauszuzögern[22].

885 In § 80 Abs. 2 S. 1 VwGO ist der Grundsatz der aufschiebenden Wirkung durchbrochen worden. In gesetzlich geregelten Fällen entfällt die aufschiebende Wirkung. Der Gesetzgeber misst den hier angesprochenen öffentlichen Interessen ein größeres Gewicht bei als dem privaten Interesse des Bürgers, durch die Einlegung von Widerspruch zunächst einmal von den Wirkungen eines Bescheides verschont zu bleiben.
Die aufschiebende Wirkung entfällt:
1. Bei der Anforderung öffentlicher Abgaben und Kosten (Nr. 1).
2. Bei unaufschiebbaren Anordnungen und Maßnahmen von Polizeivollzugsbeamten (Nr. 2).
3. Bei speziellen Regelungen durch **Bundes- oder Landesgesetz** (Nr. 3)
4. Bei der Anordnung der sofortigen Vollziehung im Einzelfall (Nr. 4).

In diesen Fällen löst ein Widerspruch gegen einen entsprechenden Bescheid den Suspensiveffekt nicht aus, die erlassenen Verwaltungsakte sind auch bei der Erhebung von Widerspruch sogleich vollziehbar und solange verbindlich, bis sie aufgehoben werden.
In diesen Fällen kann der Widerspruchsführer bei der Behörde ein **Aussetzungsverfahren** (§ 80 Abs. 4 VwGO) oder beim Verwaltungsgericht einen **Antrag auf Anordnung der aufschiebenden Wirkung** des Widerspruchs (§ 80 Abs. 5 VwGO) im Rahmen des einstweiligen Rechtsschutzes beantragen.[23]
Auf die nähere Darstellung der Fälle, in denen das Gesetz bereits die sofortige Vollziehbarkeit von bestimmten Verwaltungsakten festlegt (§ 80 Abs. 2 Nr. 1–3 VwGO) wird hier verzichtet und insoweit auf die einschlägige Literatur verwiesen.

2.2.3 Behördlicher Ausschluss der aufschiebenden Wirkung durch die Anordnung der sofortigen Vollziehung

886 Für die Verwaltungspraxis besonders wichtig ist die der Behörde eingeräumte Befugnis, die aufschiebende Wirkung von Widerspruch oder Anfechtungsklage durch **Anordnung der sofortigen Vollziehung** auszuschließen. Dieser Begriff ist nicht vollstreckungsrechtlich im Rahmen eines Sofortvollzuges, sondern als Anordnung der sofortigen Vollziehbarkeit eines Verwaltungsaktes gemeint[24].
Die Anordnung der sofortigen Vollziehung kann bereits beim Erlass des Verwaltungsaktes getroffen werden oder auch später erfolgen, sie kann auf einzelne Adressaten oder Sachbereich beschränkt werden, z. B. bei der Rücknahme einer einem Ehepaar erteilten Gaststättenerlaubnis nur auf den Ehemann oder auf Teilbereiche.

887 Für **Verwaltungsakte mit Doppelwirkung**, z. B. der Erlass einer baurechtlichen Abrissverfügung[25], enthält § 80a VwGO eine Sonderregelung. Es handelt sich hier um sogen. **mehrpolige Rechtsverhältnisse**, die eine besondere Komplexität aufweisen. Im Unter-

---

21 Pietzner/Ronellenfitsch, Assessorexamen, § 53 Nr. 4 m. w. N.
22 Rechtspolitische Bedenken bei Kopp/Schenke, VwGO, § 80b RdNr. 1 m. w. N.
23 Kopp/Schenke, VwGO, RdNr. 57 zu § 80.
24 Schoch, in: Schoch/Schmidt-Aßmann/Pietzner, VwGO, § 80 RdNr. 138.
25 OVG NRW NVwZ-RR 2007, 510.

schied zu einem zweipoligen Rechtsverhältnis kann hier nicht der Grundsatz des automatischen Eintritts der aufschiebenden Wirkung eines Rechtsbehelfes gelten, denn die Rechtsposition des Empfängers einer behördlichen Genehmigung ist nicht mehr bzw. weniger schützenswert als die des Drittbetroffenen[26]. In dieser Situation geht es grundsätzlich nicht um die Prüfung eines besonderen öffentlichen Interesse an der sofortigen Vollziehbarkeit einer ergangenen Entscheidung, sondern es sind zwei grundsätzlich gleichrangige Rechtspositionen Privater gegeneinander abzuwägen.

Legt ein Dritter gegen einen den Betroffenen begünstigenden Verwaltungsakt einen Rechtsbehelf ein, kann der Begünstigte die Anordnung bei der Behörde beantragen; ebenso kann auf Antrag des Dritten, wenn sein Rechtsbehelf keine aufschiebende Wirkung hat, die Behörde die sofortige Vollziehung aussetzen. **888**
Die behördliche Anordnung der sofortigen Vollziehung setzt voraus, dass ein Verwaltungsakt vorliegt, der noch nicht bestandskräftig geworden ist und der sich auch nicht erledigt hat.
Die Anordnung der sofortigen Vollziehung ist kein eigenständiger Verwaltungsakt[27]. Sie ist eine unselbständige Verfahrenshandlung der Behörde, die kein Verwaltungsverfahren (§ 9 Abs. 1 VwVfG) abschließt und die auch nicht bestandskräftig werden kann. Die Anordnung der sofortigen Vollziehung ist zudem nicht selbständig anfechtbar. Eine gesonderte vorherige Anhörung (§ 28 Abs. 1 VwVfG) ist damit nicht erforderlich.

Die selbst in Klausuren zum 2. juristischen Staatsexamen immer wieder breit diskutierte Frage, ob der Betroffene vor Anordnung der sofortigen Vollziehung gehört werden muss oder nicht, hat keine praktische Bedeutung, sie ist eher ein Scheinproblem[28].

Voraussetzung für die Anordnung der sofortigen Vollziehbarkeit ist in der Hauptsache das Vorliegen eines **besonderen Vollzugsinteresses**, das über jenes Interesse hinaus geht, das den Verwaltungsakt selbst rechtfertigt[29] unddas die Behörde **schriftlich** begründen muss (§ 80 Abs. 3 S. 1 VwGO). Mit der bloßen Rechtmäßigkeit des Verwaltungsaktes allein kann dieses besondere öffentliche Interesse nicht begründet werden[30]. Die Begründung muss substantiiert auf den Einzelfall abgestellt sein. Diese besondere Pflicht zur Begründung dient dem **Interesse des Betroffenen**, der durch Kenntnis der Gründe für die Vollziehungsanordnung die Erfolgsaussichten eines Rechtsmittels abschätzen kann. Die Begründungspflicht entfaltet aber auch einen **Warnfunktion**, denn sie soll der Behörde vor Augen führen, dass die Vollziehungsanordnung einen Ausnahmecharakter hat und deshalb das Vollziehungsinteresse besonders sorgfältig geprüft werden muss[31]. Allerdings entspricht es derzeit überwiegender Rechtsauffassung, dass die Behörde diese Begründung noch im gerichtlichen Verfahren nachholen kann. **889**
Das Vollzugsinteresse ist in der VwGO nicht begrenzt, es wird aber häufig auf Gründen der Gefahrenabwehr beruhen, z. B. bei der Entziehung der Fahrerlaubnis wegen mangelnder Eignung, der Rücknahme einer Gaststättenerlaubnis wegen hervorgetretener hygienischer Mängel, dem Schulverweis bei einem wiederholten Handeln mit Betäubungsmitteln, die Entfernung von korrupten Beamten aus dem Dienst.

Die in § 80a VwGO geschaffene Sonderregelung betrifft bei mehreren an einem Verwaltungsverfahren Beteiligten das überwiegende Interessen eines Beteiligten. **890**
Die Anordnung der sofortigen Vollziehbarkeit muss durch die **zuständige** Behörde geschehen. Das ist die Ausgangsbehörde oder die Widerspruchsbehörde. Liegt eine

---

26 BVerfG – K – NVwZ 2009, 240.
27 streitig, vgl. Kopp/Schenke, VwGO, RdNr. 82 zu § 80 m. w. N.
28 Proppe, JA 1996, 334.
29 BVerfG, NVwZ 2007, 946.
30 BVerfG, a. a. O.
31 OVG Berlin-Brandenburg, NVwZ 2008, 727.

Entscheidung der Widerspruchsbehörde vor, so bindet diese organisationsrechtlich auch die – nachgeordnete – Ausgangsbehörde.
Die Behörde muss das – ausnahmsweise bestehende – besondere Interesse an der sofortigen Vollziehung **schriftlich** begründen (§ 80 Abs. 3 S. 1 VwGO). Die Begründung muss das **besondere Vollzugsinteresse** schlüssig darlegen. Der **Ausnahmecharakter** der Vollziehungsanordnung muss deutlich werden. Die Begründung muss auf den Einzelfall bezogen sein und darf nicht nur aus formelhaften Wendungen bestehen. Das besondereVollzugsinteresse muss über das behördliche Interesse hinausgehen, das den Verwaltungsakt selbst rechtfertigt[32]. Die Gründe dürfen grundsätzlich nicht dieselben sein, die schon für den Erlass des Verwaltungsaktes benutzt worden sind. Davon kann abgewichen werden, wenn das besondere öffentliche Interesse und das Interesse an einer sofortigen Vollziehung **erkennbar identisch** sind.

Die Gefahr der Nachahmung einer illegalen Situation kann z. B. ein solches sofortiges Vollziehungsinteresse begründen. Allerdings könnte die Behörde einer solchen negativen Vorbildfunktion auch durch verstärkte Überwachungstätigkeiten, behördliche Presseerklärungen usw. entgegenwirken.

Es kommt allein und ausschließlich darauf an, ob das besondere Vollzugsinteresse von der Behörde schlüssig begründet worden ist oder nicht. Es ist an dieser Stelle allerdings nicht zu klären, ob die mitgeteilten Gründe zutreffend sind oder nicht.
Eine fehlende Begründung kann noch bis zum Abschluss des gerichtlichen Verfahrens nachgeholt werden (§ 45 Abs. 1 Nr. 2, Abs. 2 VwVfG analog), so dass dieser formelle Mangel dann geheilt ist[33]. Dieser Möglichkeit steht die § 80 Abs. 3 VwGO zugrunde liegende **Warnfunktion** nicht entgegen, denn die Behörde bleibt verpflichtet, ihre Entscheidung für die sofortige Vollziehung zu überdenken und zu begründen. Der Überprüfungsumfang des Gerichtes ändert sich nicht. Der Antragsteller wird eine für ihn günstige Kostenentscheidung erlangen (§ 155 Abs. 5 bzw. § 161 Abs. 2 VwGO).

891 Wenn die Behörde bei **Gefahr im Verzug** den sofortigen Vollzug als **Notstandsmaßnahme** bezeichnet, dann bedarf die sofortige Vollziehung keiner Begründung (§ 80 Abs. 3 S. 2 VwGO).
Ergibt sich das besondere öffentliche Interesse an einer sofortigen Vollziehung allerdings offenkundig schon aus der Art der getroffenen Verwaltungsentscheidung, weil z. B. erhebliche und gegenwärtige Gefahren von der Allgemeinheit abgewehrt werden sollen, so könnte eine besondere Begründung im Einzelfall nur Allgemeinplätze wiederholen. In solchen Fällen reicht es aus, wenn die Begründung der Vollziehungsanordnung auf die Gründe des zu vollziehenden Verwaltungsaktes verweist, denn hierdurch wird die behördliche Interessenabwägung klar erkennbar[34].

Beispiele: Entschärfung eines bei Bodenarbeiten freigelegten Blindgängers aus dem 2. Weltkrieg; Maulkorbverfügung gegen den Halter eines bissigen Hundes; Entziehung der Fahrerlaubnis wegen Trunkenheit am Steuer mit 2,8 ‰.

Die Anordnung der sofortigen Vollziehung muss bereits im **Tenor eines Bescheides** geschehen. Besteht die Entscheidung aus mehreren Verwaltungsakten und sollen nicht alle davon für sofort vollziehbar erklärt werden, so muss dies deutlich zum Ausdruck gebracht werden.

2.3 Statthaftigkeit des Widerspruchs

892 Nach § 68 Abs. 1 Satz 1 VwGO sind Rechtmäßigkeit und Zweckmäßigkeit des Verwaltungsakts vor Erhebung der Anfechtungsklage grundsätzlich in einem Vorverfah-

32 OVG NRW, NVwZ-RR 2007, 510 f.
33 OVG Greifswald, NVwZ-RR 1999, 409.
34 OVG NRW, NWVBl. 1998, 64; VG Freiburg, GewArch 03, 487.

ren nachzuprüfen. Einer solchen Nachprüfung bedarf es allerdings dann nicht, wenn ein Bundes- oder Landesgesetz dies bestimmt (§ 68 Abs. 1 Satz 2 VwGO).
Ein Gesetz in diesem Sinne ist z. B. § 110 JustG NRW[35]. Hiernach wurde der Katalog der Ausnahmen, für die ein Widerspruch gegen Verwaltungsentscheidungen möglich bleibt, zwar erweitert, der weitergehenden Forderung von vielen
Anwälten und Bürgerrechtlern nach Wiedereinführung des Widerspruchverfahrens hat der Landtag aber nicht entsprochen.[36]
Für die in § 110 JustG NRW geregelten Ausnahmefälle bleibt es allerdings bei der Erforderlichkeit eines Vorverfahrens. Gleiches gilt für die sogenannte Drittanfechtung von Verwaltungsakten, wenn der Beschwerte im Verwaltungsverfahren nicht beteiligt war.

Hat sich ein Verwaltungsakt vor einer Widerspruchsentscheidung erledigt, z. B. durch Rücknahme des ursprünglichen Antrages, so hätte der Betroffene keinen Vorteil mehr davon, wenn der Verwaltungsakt noch formal aufgehoben würde. Nach zutreffender Auffassung der Rechtsprechung[37] ist ein **Fortsetzungsfeststellungswiderspruch** gegen einen erledigten Verwaltungsakt nicht statthaft; es ist vielmehr sogleich eine Fortsetzungsfeststellungsklage beim Verwaltungsgericht zu erheben (§ 113 Abs. 1 S. 4 VwGO analog). Das Widerspruchsverfahren ist in diesen Fällen einzustellen. Die verbindliche Entscheidung über die Rechtmäßigkeit eines im Verwaltungsverfahren erledigten Verwaltungsaktes gehört nach Sinn und Zweck des Vorverfahrens nicht zu den Kontrollaufgaben der Verwaltung[38]. Für einen etwaigen Amtshaftungsprozess hätte eine Widerspruchsentscheidung auch ein wesentlich geringeres Gewicht als eine rechtskräftige gerichtliche Entscheidung. **893**
Dagegen wird eingewendet, dass in diesen Fällen der Betroffene noch ein berechtigtes Interesse an der Beseitigung der realen Folgen des Verwaltungsaktes habe, wie z. B. Wiederholungsgefahr oder Diskriminierung[39]. Zudem wird in Teilen der Literatur die in § 113 Abs. 1 S. 4 VwGO geregelte Fortsetzungsfeststellungsklage als sogen. „kupierte" Anfechtungs- oder Verpflichtungsklage eingeordnet, dann wäre ein Widerspruchsverfahren Sachurteilsvoraussetzung.[40]

Für beamtenrechtliche Streitigkeiten stellt sich diese Frage allerdings nicht, da hier bei allen Klagen ein Widerspruchsverfahren durchzuführen ist (§ 54 Abs. 2 BeamtStG), also auch vor Erhebung einer Fortsetzungsfeststellungsklage **894**

2.4 Behauptung einer Rechtsverletzung (Widerspruchsbefugnis)

Das Widerspruchsverfahren dient der Verteidigung individueller Rechte und ist kein objektives Beanstandungsverfahren. Es ist nur derjenige berechtigt, sich gegen eine Verwaltungsentscheidung förmlich zur Wehr setzen, der hiervon auch betroffen ist. **895**

35 GVBl. NRW 2014, 874.
36 Für die neu eingefügten Ausnahmetatbestände, z. B. Verwaltungsakte, die von den Vollstreckungsbehörden erlassen werden, Verwaltungsakte nach dem Kommunalabgabenrecht, Entscheidungen im Schul- und Prüfungsrecht gilt, dass ab Januar 2015 vor einer Klage über einen Verwaltungsakt erneut ein Widerspruchsverfahren durchgeführt werden muss. Für wesentliche Bereiche des Verwaltungsrechts, wie z. B. das Bau(nachbar)recht, das Gewerberecht oder
das Gaststättenrecht verbleibt es dagegen bei der nach Erlass oder Ablehnung des Verwaltungsaktes innerhalb der Rechtsmittelfrist von 1 Monat unmittelbar erforderlichen Klageerhebung vor den Verwaltungsgerichten.
37 BVerwGE 81, 228.
38 BVerwG, NVwZ 2000, 63.
39 Pietzner/Ronellenfitsch, Assessorexamen, § 31 RdNr. 30 m. w. N.
40 Pietzner/Ronellenfitsch, Assessorexamen, § 31 RdNr. 30.

Für einen anderen Widerspruch einzulegen (**Popularwiderspruch**) ist damit nur dann möglich, wenn das ausdrücklich durch Sondergesetz zugelassen worden ist, z. B. für anerkannte Naturschutzverbände in umweltrechtlichen Verfahren (§ 64 BNatSchG). In aller Regel muss der Widerspruchsführer aber **widerspruchsbefugt** sein.

896 Widerspruch einlegen kann lediglich *„der Beschwerte"* (§ 70 Abs. 1 VwGO). Dieser Hinweis auf den Beschwerten ist nun keine Legaldefinition einer Widerspruchsbefugnis, sondern nur der Hinweis darauf, dass eine vorliegende Beeinträchtigung eigener Rechte fristgerecht geltend gemacht werden muss. In eigenen Rechten ist der Betroffene dann nicht verletzt, wenn bei ihm durch die behördliche Entscheidung lediglich wirtschaftliche oder ideelle Interessen betroffen sind oder wenn es ausschließlich um die Rechtsstellung Dritter, etwa im Baunachbarrecht, geht. Im letzteren Fall muss sich der Widerspruchsführer auf drittschützende (und damit auch ihn schützende) Rechtsnormen berufen können. Ein Popularwiderspruch ist damit ausgeschlossen.
Durch einem behördlichen Verwaltungsakt wird der Betroffene unterschiedlich **tatsächlich belastet**.

897 Bei einem **gebundenen Verwaltungsakt**[41] führt die Behörde das Gesetz aus, eigene Entscheidungsspielräume hat sie nicht. Der Widerspruchsführer muss also geltend machen, dass die Behörde ihm gegenüber durch den erlassenen Verwaltungsakt oder durch dessen Ablehnung das Gesetz verletzt. Die **Widerspruchsbefugnis** ist insoweit identisch mit der **Klagebefugnis**[42].

898 Bei einem **Ermessensverwaltungsakt**[43] dagegen nimmt die Behörde eigene Handlungsspielräume in Anspruch, die rechtlich nicht detailliert festgelegt sind. Der Widerspruchsführer ist damit auch bereits dann in seinen Rechten verletzt, wenn diese Handlungsspielräume durch die behördliche Entscheidung nicht sachgerecht ausgefüllt worden sind.
Nun ist in einem Widerspruchsverfahren aber auch die **Zweckmäßigkeit** einer behördlichen Entscheidung zu überprüfen (§ 68 Abs. 1 S. 1 VwGO). Daraus folgt, dass der Widerspruchsführer bereits dann in eigenen Rechten verletzt ist, wenn der angefochtene Verwaltungsakt unzweckmäßig sein kann, denn der Betroffene hat einen Anspruch auf einen zweckmäßigen Verwaltungsakt, der seine Rechte und Interessen berücksichtigt, z. B. müssen bei einer Straßenumbenennung die zwangsläufig anfallenden finanziellen Dispositionen der Anlieger wie die Änderung von Briefpapier oder das Anbringen einer neuen Hausnummer berücksichtigt werden[44]. Die Widerspruchsbefugnis ist also insoweit nicht mit der Klagebefugnis identisch.

899 Die Verletzung eigener Rechte ist dann zu bejahen, wenn dies zumindest möglich erscheint. Das ist der Fall, wenn nicht offensichtlich und eindeutig eine Rechtsverletzung nach jeder denkbaren Betrachtungsweise ausgeschlossen ist[45]. Allerdings setzt das voraus, dass die infrage stehende Rechtsvorschrift zumindest auch die Interessen des Widerspruchsführers schützen soll (**Schutznormtheorie**). Rügt der Widerspruchsführer dagegen nur Rechtssätze, die ausschließlich allgemeinen oder anderen als seinen Interessen dienen, so besteht keine Widerspruchsbefugnis. Der Adressat eines belastenden Verwaltungsaktes ist bei einer möglichen Rechtswidrigkeit des Bescheides immer widerspruchsbefugt, zumindest könnte sein Persönlichkeitsrecht (Art. 2 Abs. 1 GG) verletzt sein (**Adressatentheorie**).

---

41 Vgl. RdNr. 391.
42 Vgl. RdNr. 1037.
43 RdNr. 392.
44 VGH BW NVwZ 1992, 196, 197; dagegen: OVG Berlin, NVwZ 1994, 922.
45 Kopp/Schenke, VwGO, RdNr. 65 zu § 42; OVG NRW, DÖV 2009, 640.

Beispiele: Die Vorschriften über das Beanstandungsrecht der Kommunalaufsichtsbehörde dienen der Gesetzmäßigkeitskontrolle und damit dem Schutz der staatlichen Ordnung, nicht jedoch der Wahrung der Rechte einzelner. Lehnt die Aufsichtsbehörde eine Beanstandung ab und teilt sie dies dem Bürger mit, so ist der nicht widerspruchsbefugt.
Polizei und Ordnungsbehörden schützen die „öffentliche" Sicherheit. Trotz dieser verwendeten Begrifflichkeit ergibt sich, dass der gewollte Schutzzweck auch individuelle Interessen berücksichtigt. Die Ausübung des polizeilichen Entschließungsermessens kann daher auch Einzelinteressen verletzen. Die Ausübung des Auswahlermessens, d. h. die Klärung der Frage, gegen wen vorgegangen werden soll und welches Mittel hierbei einzusetzen ist, führt demgegenüber nicht dazu, dass der Einzelne einen Anspruch auch auf eine ganz konkrete Maßnahme hat.
Widerspruchsbefugnis im Baunachbarrecht besteht nur bei der möglichen Verletzung von eigentumsähnlichen Rechtspositionen, nicht dagegen für Mieter und Pächter[46].

2.5 Widerspruchsfrist

Grundsätzlich ist der Widerspruch binnen eines Monats nach Bekanntgabe des Verwaltungsakts einzulegen (§ 70 Abs. 1 S. 1 VwGO). Der Widerspruch muss innerhalb der Frist bei der den Bescheid erlassenden Behörde oder bei der Widerspruchsbehörde eingegangen sein. Die rechtzeitige Absendung genügt nicht. 900
Das für die Berechnung der Monatsfrist maßgebliches Ereignis (= fristauslösendes Ereignis) ist die **Bekanntgabe**. Dazu muss die Behörde das Ziel verfolgen, ihren Bescheid dem Empfänger zukommen zu lassen; das lediglich zufällige Bekanntwerden eines Verwaltungsaktes oder eine informatorische Übermittlung „vorab" oder von Behördenmitarbeitern mit möglichen Adressaten geführte Telefonate zum Ausloten von Kompromissmöglichkeiten reichen dafür nicht aus[47], es fehlt an der Schaffung rechtssicherer Verhältnisse insbesondere im Hinblick auf die wegen der nur kurzen Rechtsmittelfristen zur Abwehr einer drohenden Bestandskraft. Keine Bekanntgabe liegt z. B. vor, wenn einem Nachbarn lediglich vom Bauherrn eine Kopie der ihm erteilten Baugenehmigung übermittelt wird. Bei Zweifeln muss die Behörde den Zugang nachweisen[48].

Ein mündlicher Verwaltungsakt ist in dem Moment bekannt gegeben, in dem sein Inhalt der Betroffenen bzw. dem Betroffenen von der zuständigen Stelle mitgeteilt wird. Ein schriftlicher Verwaltungsakt, der im Inland durch die Post übermittelt wird, gilt am dritten Tage nach der Aufgabe zur Post als bekannt gegeben (§ 41 Abs. 2 S. 2 VwVfG; gesetzliche Fiktion). Dazu reicht aus, dass unter gewöhnlichen Umständen nach der Verkehrsauffassung damit gerechnet werden kann, dass der Empfänger den Verwaltungsakt zur Kenntnis genommen hat, auf die tatsächliche Kenntnisnahme kommt es dann nicht an[49]. 901

Wenn z. B. die Poststelle der Deutschen Post AG samstags zeitweise geöffnet hat und ein Rechtsanwalt hat ein Postfach, so ist ein Bescheid bereits am Samstag mit dem Einwerfen in das Postfach dem Anwalt bekannt gegeben, denn ein Anwalt hat aufgrund seiner Berufsstellung eine gesteigerte Pflicht, für die Annahme von fristwahrenden Sendungen zu sorgen[50].

Geht der Verwaltungsakt tatsächlich früher zu, ist dies unerheblich. Tag der Bekanntgabe ist trotzdem der dritte Tag nach Aufgabe zur Post. Geht der Verwaltungsakt allerdings tatsächlich später zu, so ist dieser Zeitpunkt maßgeblich. 902
Hat die Behörde eine förmliche Zustellung (hierzu wird geraten) mittels Postzustellungsurkunde, Übergabeeinschreibens oder Einschreibens mit Rückschein gewählt, gilt

46 BVerwG, JuS 1999, 508.
47 OVG NRW, Beschluss vom 22.1.2015 – 19 B 1257/14 (juris).
48 Nds.OVG, NVwZ-RR 2007, 366.
49 Kopp/Ramsauer, RdNr. 7b zu § 41 VwVfG m. w. N.
50 OVG NRW, NVwZ 2001, 1171; a. A. Lechtleitner, AnwBl. 2002, 726.

Folgendes: erfolgt die Zustellung per Postzustellungsurkunde wird grundsätzlich mit Übergabe des zuzustellenden Dokuments an den Adressaten zugestellt. Im Falle der Zustellung mittels Übergabeeinschreibens gilt das Dokument als am dritten Tage nach der Aufgabe zur Post zugestellt (gesetzliche Fiktion). Wiederum ist eine tatsächlich frühere Zustellung unerheblich; bei tatsächlich späterer Zustellung ist dieser Zeitpunkt maßgeblich. Wird per Einschreiben mit Rückschein zugestellt, gilt die Zustellung an dem Tage als bewirkt, den der Rückschein angibt.

903 Wird der Betroffene durch einen Rechtsanwalt vertreten, so kann die **Bekanntgabe** an den Anwalt erfolgen (§ 41 Abs. 1 S. 2 VwVfG). Dies ist eine Sonderregelung, die § 14 Abs. 3 VwVfG verdrängt[51]. Der Behörde ist es also freigestellt, ob sie einen Bescheid dem Betroffenen oder seinem Rechtsanwalt bekannt gibt. Etwas anderes gilt für die Zustellung. Die Zustellung an einen Rechtsanwalt muss dann erfolgen, wenn der eine schriftliche Vollmacht vorgelegt hat (§ 7 Abs. 1 S. 2 LZG NRW).

Wird der Adressat nicht ausreichend bezeichnet, ergibt sich z. B. aus einem Abgabebescheid der Schuldner nicht eindeutig, so ist das keine fehlerhafte Bekanntgabe, sondern ein Mangel der Bestimmtheit des Bescheides, und das macht den Bescheid nichtig[52].

904 Die **öffentliche Bekanntgabe** ist gestattet, wenn eine Rechtsvorschrift dies zulässt (§ 41 Abs. 3 VwVfG). Allgemeinverfügungen dürfen öffentlich bekannt gemacht werden, wenn eine Bekanntgabe an die Beteiligten untunlich ist § 41 Abs. 3 S. 2 VwVfG). Untunlich bedeutet, dass die individuelle Bekanntgabe wegen der Natur des Verwaltungsaktes nicht möglich oder jedenfalls mit erheblichen Schwierigkeiten verbunden wäre[53].

Beispiel für öffentliche Bekanntgabe: Bekanntgabe der Umbenennung einer Straße, da eine solche Allgemeinverfügung nicht nur die Anlieger, sondern darüber hinaus auch die Straßenbenutzer, die Post, den Anlieferverkehr usw. betrifft.

905 Wird der Verwaltungsakt nicht oder nicht korrekt bekannt gegeben, wird **keine Widerspruchsfrist** in Lauf gesetzt, auch nicht die Jahresfrist (§§ 70 Abs. 2, 57 Abs. 1, 58 Abs. 2 VwGO).
Allerdings gilt auch im öffentlichen Recht der Grundsatz von **Treu und Glauben**, und in diesem Zusammenhang die **Verwirkung**. Hiernach kann ein Recht nicht mehr ausgeübt werden, z. B. Widerspruch einzulegen, wenn ein Berechtigter unter Verhältnissen untätig bleibt, unter denen jedermann vernünftiger Weise etwas zur Wahrung des Rechtes unternommen hätte.
In einem **nachbarschaftlichen Gemeinschaftsverhältnis**, z. B. im Baunachbarrecht beginnt die Widerspruchsfrist auch ohne Bekanntgabe einer Baugenehmigung an den Grundstücksnachbarn, sobald der zuverlässig davon Kenntnis erhält, etwa mit Beginn der Bauarbeiten[54]; denn in diesem Fall muss sich ihm quasi aufdrängen, dass dem Nachbarn die Baugenehmigung erteilt worden ist.

906 Die **Monatsfrist** (§ 70 VwGO) ist eine gesetzliche Frist, sie kann nicht von einer Behörde verlängert werden (arg. § 31 Abs. 7 VwVfG). Sie beginnt am Tag nach der Bekanntgabe des Verwaltungsaktes zu laufen. Sie endet mit dem Ablauf desjenigen Tages, welcher durch seine Zahl dem Tag der Bekanntgabe entspricht (§§ 57 Abs. 2 VwGO, 222 Abs. 1 ZPO, 187 f. BGB (= verwaltungsprozessuale Lösung) oder nach den §§ 79, 31 Abs. 1 VwVfG, 187 f. BGB (= verwaltungsverfahrensrechtliche Lösung).

---

51 BVerwG, NVwZ 98, 1292.
52 BayVGH, BayVBl. 95, 85.
53 Kopp/Ramsauer, VwVfG, RdNr. 44 zu § 41.
54 BVerwGE 78, 89; OVG Weimar, Beck RS 2009, 32169.

Beispiel: Der Verwaltungsakt wird dem Adressaten am 24.2.2016 bekannt gegeben. Die einmonatige Widerspruchsfrist beginnt am 25.2.2016 zu laufen und endet mit Ablauf des 24.3.2016 (24.00 Uhr)

Fällt das so berechnete Fristende auf einen Sonnabend, Sonntag oder einen gesetzlichen Feiertag, wird das Fristende auf den nächsten Werktag verlegt. 907

Beispiel: Der Verwaltungsakt wird dem Adressaten am 25.2.2016 bekannt gegeben. Die einmonatige Widerspruchsfrist beginnt am 26.2.201 zu laufen und endet grundsätzlich am 25.3.2016. Da dieser Tag jedoch ein gesetzlicher Feiertag (Karfreitag) ist, wird das Fristende auf den nächsten Werktag verlegt. Die Frist endet damit am Dienstag, dem 29.3.2016

Fehlt dem Verwaltungsakt, gegen den Widerspruch erhoben wird, eine ordnungsgemäße Rechtsbehelfsbelehrung[55] vollständig (z. B. weil der Verwaltungsakt mündlich erlassen oder im schriftlichen Bescheid die Rechtsbehelfsbelehrung schlicht vergessen wurde) oder wird sie unrichtig erteilt, gilt eine **Jahresfrist** zur Einlegung des Widerspruchs ab Bekanntgabe (§§ 70 Abs. 2; 58 Abs. 2 VwGO). 908
Eine ordnungsgemäße, die Monatsfrist auslösende Rechtsbehelfsbelehrung muss enthalten:
- die Bezeichnung des Widerspruchs als statthaften Rechtsbehelf
- den Namen und den Sitz der Behörde, bei der der Widerspruch zu erheben ist sowie
- die einzuhaltende Monatsfrist

Beispiel für eine ordnungsgemäße Rechtsbehelfsbelehrung:
„Gegen diesen Bescheid können Sie Widerspruch einlegen. Senden Sie den schriftlichen Widerspruch an…
Sie können das im Briefkopf genannte Dienstgebäude des … aufsuchen und Ihren Widerspruch dort schriftlich aufnehmen lassen.
Schließlich können Sie den Widerspruch auch durch E-Mail mit qualifizierter elektronischer Signatur nach dem Signaturgesetz erheben. Das elektronische Dokument muss mit einer qualifizierten elektronischen Signatur nach § 2 Nummer 3 des Signaturgesetzes vom 16. Mai 2001 (BGBl. I S. 876) in der jeweils geltenden Fassung versehen sein und an die elektronische Poststelle der Behörde übermittelt werden. Die E-Mail-Adresse lautet: … (E-Mail-Adresse der Behörde, die den Verwaltungsakt erlassen hat).[56]
Der Widerspruch muss innerhalb einer Frist von einem Monat eingelegt werden. Die Frist beginnt mit Ablauf des Tages, an dem Ihnen der Bescheid bekannt gegeben wurde. Als Tag der Bekanntgabe gilt der dritte Tag nach Absendung, wenn der Bescheid als einfacher Brief oder als Einschreiben verschickt wurde. Ist Ihnen der Bescheid zu einem späteren Zeitpunkt zugegangen, so ist er zu diesem Zeitpunkt bekannt gegeben. Bei Zustellung durch die Post mit Zustellungsurkunde oder gegen Empfangsbekenntnis ist der Bescheid am Tag der Zustellung bekannt gegeben. Falls die Frist durch das Verschulden einer von Ihnen bevollmächtigten Person versäumt werden sollte, so würde deren Verschulden Ihnen zugerechnet werden.“[57]

Für die Berechnung der Jahresfrist bei nicht vorhandener bzw. fehlerhafter Rechtsbehelfsbelehrung gelten die zuvor zur Monatsfrist gemachten Ausführungen entsprechend.

2.5.1 Wiedereinsetzung in den vorigen Stand (§ 32 VwVfG; § 60 VwGO) 909

Wurde die Widerspruchsfrist ohne eigenes Verschulden des Widersprechenden versäumt, kann Wiedereinsetzung in den vorigen Stand beantragt oder von Amts wegen gewährt werden. 910

---

55 § 37 Abs. 6 VwVfG schreibt dies explizit für alle schriftlichen oder elektronischen Verwaltungsakte vor.

56 Eine gesetzliche Verpflichtung, Zugänge zum Empfang von De-Mails nach § 5 Abs. 5 des De-Mail-Gesetzes einzurichten oder elektronische Formulare zwecks Eingabe mit sicherem Identitätsnachweis (§ 3a Abs. 2 Satz 4 Nr. 1 i. V. m. Satz 5 VwVfG NRW) zur Verfügung stellen, besteht bislang noch nicht. Eröffnen Behörden einen solchen Zugang, müssen Sie alle Vorkehrungen treffen, damit diese neuen Verfahren alle zum Schriftformersatz erforderlichen Funktionalitäten erfüllt.

57 Es wird empfohlen, darüber hinaus einen Hinweis darauf aufzunehmen, dass der Widerspruch nicht per E-Mail eingelegt werden kann sowie auf die Kostenpflichtigkeit eines erfolglosen Widerspruchsverfahrens hinzuweisen.

Der Widersprechende muss dazu

- unverschuldet die Widerspruchsfrist versäumt haben. Dies ist dann der Fall, wenn er die Nichteinhaltung weder selbst verschuldet noch ihm ein Verschulden seines Prozessbevollmächtigten zuzurechnen ist (§ 173 Satz 1 VwGO i.V.m. § 85 Abs. 2 ZPO), Bei der Frage, ob die Frist ohne Verschulden des Widerspruchsführers versäumt wurde, ist darauf abzustellen, ob er die Sorgfalt hat walten lassen, die für einen gewissenhaften, seine Rechte und Pflichten sachgerecht wahrnehmenden Beteiligten zumutbar ist. Bei einem Rechtsanwalt oder bei einer Behörde sind höhere Anforderungen an die Sorgfaltspflicht zu stellen als bei einem juristischen Laien.

  Beispiele:
  Kurz vor Ablauf der Widerspruchsfrist wird er von einem Auto angefahren und muss einige Wochen stationär im Krankenhaus behandelt werden. Die stets zuverlässige und in regelmäßigen Abständen stichprobenartig kontrollierte Anwaltsgehilfin des Rechtsanwalts, der den Betroffenen vertritt, verliert auf dem Weg zum Briefkasten unbemerkt das den Widerspruch enthaltende Schreiben des Rechtsanwalts; es wäre bei Einwurf fristwahrend eingegangen wäre. Dem Betroffenen selbst kann kein eigenes Verschulden vorgeworfen werden. Auch ist ihm kein fremdes Verschulden seines Rechtsanwalts zurechenbar, da diesem ebenso wenig ein Verschuldensvorwurf gemacht werden kann. Der Rechtsanwalt hat seine zuverlässig arbeitende Anwaltsgehilfin ordnungsgemäß überwacht, so dass ihm kein Organisationsverschulden zur Last fällt
- die Wiedereinsetzung innerhalb von zwei Wochen nach Wegfall des Hinderungsgrundes beantragen,
- den Widerspruch innerhalb von zwei Wochen nach Wegfall des Hinderungsgrundes einlegen. Ist dies geschehen, kann die Verwaltungsbehörde die Wiedereinsetzung auch ohne Antrag von Amts wegen gewähren
- die Tatsachen zur Begründung des Antrags glaubhaft machen. Letzteres muss nicht zwingend bei der Antragsstellung geschehen, sondern kann auch noch im Verfahren über den Antrag auf Wiedereinsetzung erfolgen. Über den Antrag auf Wiedereinsetzung entscheidet der für die Entscheidung über den Widerspruch zuständige Behörde

911 Beispiel für die Darstellung einer Wiedereinsetzungsentscheidung im Widerspruchsbescheid:
(Tenor:)[58] *Ihren Widerspruch vom … gegen den Bescheid des … vom … weise ich zurück.*
Ihr Widerspruch ist zulässig, aber unbegründet.
Der Zulässigkeit steht nicht entgegen, dass der Widerspruch erst nach Ablauf der Widerspruchsfrist eingegangen ist. Antragsgemäß war Ihnen Wiedereinsetzung in den vorigen Stand zu gewähren (§ 60 Abs. 1 VwGO)[59].

2.5.2 Heilung einer Fristversäumnis

912 Ist innerhalb der Widerspruchsfrist kein Widerspruch erhoben worden, wird der Verwaltungsakt bestandskräftig. Lässt sich die zuständige Behörde nun aber auf einen **verfristeten Widerspruch** ein und entscheidet in der Sache, so wird damit die Bestandskraft des Verwaltungsaktes wieder aufgehoben und der Weg zu einer gerichtlichen Sachprüfung eröffnet[60]. Begründet wird dies unter Hinweis auf die Sachherrschaft der Behörde. Die Widerspruchsfrist diene in erster Linie dem Schutz der Behörde und ihr stehe es daher frei, sich entweder auf die Verspätung des Widerspruchs zu berufen und diesen als unzulässig zurückzuweisen oder unter Außerachtlassung der Fristversäumnis zur Sache zu entscheiden[61]. Dagegen wird eingewandt, dass hierin eine Missachtung der in § 70 VwGO gesetzlichen angeordneten Frist läge, außerdem entfalte ein wegen Fristversäumnis verspätet eingelegter Widerspruch keinen Devolutiveffekt,

58 Im Tenor wird die Gewährung der Wiedereinsetzung in den vorigen Stand nicht erwähnt.
59 Die Entscheidung muss nicht begründet werden (§ 39 Abs. 2 Nr. 1 VwVfG).
60 BVerwGE 57, 342 f.
61 Deckenbrock/Patzer, Jura 2003, 476 f; BVerwG, BeckRS 2010, 47977, Beschluss v. 11.3.2010.

so dass der Widerspruchsbehörde die Zuständigkeit zur sachlichen Entscheidung fehle[62].

Für die Auffassung insbesondere der Rechtsprechung spricht letztlich aber auch der Aspekt der **Selbstkontrolle der Verwaltung** durch das Widerspruchsverfahren. 913
Dies kann allerdings dann nicht gelten, wenn ein Dritter infolge des verspätet erhobenen Widerspruches des Betroffenen bereits eine bestandskräftige Rechtsposition erlangt hat, z. B. hat der Bauherr bei einer erteilten Baugenehmigung bereits eine schützenswerte Position über die sich die Widerspruchsbehörde bei verspätetem Nachbarwiderspruch nicht hinwegsetzen darf.
Die Möglichkeit der Ausgangs- bzw. Widerspruchsbehörde, auch über verfristete Widersprüche sachlich zu entscheiden, führt jedoch nicht dazu, dass dieser Widerspruch zunächst einmal aufschiebende Wirkung hat[63].

2.6 Beteiligten- und Verfahrensfähigkeit

Weitere Widerspruchsvoraussetzungen sind die Beteiligten- und die Verfahrensfähigkeit (§§ 79, 11, 12 VwVfG). Dies ist in den meisten Fällen allerdings unproblematisch. 914
Beteiligtenfähig sind alle natürlichen und juristischen Personen sowie Behörden. Vereinigungen sind beteiligtenfähig, soweit ihnen ein Recht zustehen kann, z. B. die Benutzung einer gemeindlichen Einrichtung oder die Wahrnehmung von gemeindlichen Befugnissen durch eine Fraktion in Gemeinderat. Zu Einzelheiten vgl. oben RdNr. 649 f.
Die Widerspruchsbehörde ist niemals Beteiligte, sie ist die Herrin des Widerspruchsverfahrens[64].
Bei rechtsgestaltenden Verwaltungsakten mit Drittwirkung, z. B. im Baunachbarrecht, sind Dritte (Nachbar) an dem Verfahren zu beteiligen (§ 13 Abs. 2 S. 2 VwVfG), sofern sie einen Antrag gestellt haben. Haben sie keinen Antrag gestellt, kann die Behörde sie beteiligen. Dieses eingeräumte Ermessen dürfte jedoch im Fall des von einer Baugenehmigung betroffenen unmittelbaren Nachbarn auf Null reduziert sein[65].
Die **Verfahrensfähigkeit** orientiert sich an der **Geschäftsfähigkeit** des Privatrechtes (§§ 104 f. BGB). Es geht hierbei darum, das Widerspruchsverfahren selbst oder durch einen Bevollmächtigten zu führen. Sofern ein Beteiligter minderjährig ist, wird er durch seine Eltern gemeinsam vertreten (§ 1626 Abs. 2 BGB).

Ausführungen zur Handlungs- und Beteiligungsfähigkeit sind in einer Klausur in aller Regel entbehrlich.

2.7 Widerspruchsinteresse

Das Widerspruchsinteresse fehlt, wenn das Ziel des Widerspruches auf andere Art und Weise bei gleicher Effektivität schneller, besser oder billiger erfüllt werden kann. Einen unnötigen Aufwand an Zeit, Kosten und Mühe würde die Widerspruchsbehörde dann betreiben, wenn sie eine offensichtlich nicht erforderliche oder offensichtlich nutzlose Widerspruchsentscheidung zu treffen hätte[66]. 915
Bei einem **Anfechtungswiderspruch** ist das Widerspruchsinteresse immer zu bejahen, denn die Aufhebung eines Verwaltungsaktes kann auf anderem Wege nicht effizienter erreicht werden.

---

62 Kopp/Schenke, VwGO, § 70 RdNr. 9 m. w. N.; Ernst, Jura 2006, 166 f.
63 VGH BW, DVBl. 2004, 1051.
64 Kopp/Ramsauer, VwGO, § 13 RdNr. 10.
65 Kopp/Ramsauer, VwVfG, § 13, RdNr. 47.
66 VGH BW, NJW 1994, 211.

Die Widerspruchsentscheidung muss für den Betroffenen von irgendeinem Nutzen sein. Daran fehlt es, wenn der Zweck des Widerspruchsverfahrens bereits erreicht ist oder nicht mehr erreicht werden kann.

Beispiele: vor Abschluss des Streites um eine (höchstpersönliche) Fahrerlaubnis verstirbt der Betroffene; die Behörde hebt die angefochtene Entscheidung außerhalb des Widerspruchsverfahrens auf.

Diese Regelung, die auf der Grenze zwischen den Erfordernissen effizienten Rechtsschutzes einerseits und einer raschen, einfachen und Kosten sparenden Erledigung von Verwaltungsaufgaben andererseits liegt, kann allerdings nur in wenigen Ausnahmefällen zu einer Verneinung des Widerspruchsinteresses führen.

3. Begründetheit des Widerspruchs

916 Hält die Ausgangsbehörde den Widerspruch für begründet, so hilft sie ihm ab, Hilft sie dem Widerspruch nicht ab, legt sie ihn der Widerspruchsbehörde vor, die ihrerseits **Rechtmäßigkeit** und **Zweckmäßigkeit** der behördlichen Entscheidung überprüft.

917 Der **Anfechtungswiderspruch** ist analog zur Anfechtungsklage (§ 113 Abs. 1 S. 1 VwGO) dann begründet, wenn die Entscheidung der Ausgangsbehörde objektiv rechtswidrig und der Widerspruchsführer dadurch in seinen subjektiven Rechten verletzt ist.

918 Der **Verpflichtungswiderspruch** ist analog zur Verpflichtungsklage (§ 113 Abs. 5 VwGO) dann begründet, wenn die Ablehnung eines vom Widerspruchsführer beantragten Bescheides rechtswidrig und der Antragsteller dadurch in seinen subjektiven Rechten verletzt ist. Das ist immer dann der Fall, wenn der Widerspruchsführer einen **Anspruch**, d. h. ein subjektives Recht auf Erlass des begehrten Verwaltungsaktes hat.

919 Der Maßstab für die Prüfung der Begründetheit eines Widerspruches ist die **Recht- und Zweckmäßigkeit** des angefochtenen Verwaltungsaktes (§ 68 Abs. 1 S. 1 VwGO). Dieser Prüfungsmaßstab gilt sowohl für die Ausgangsbehörde als auch für die Widerspruchsbehörde.

Im Rahmen einer Klausurbearbeitung gibt es also keine Besonderheiten hinsichtlich Abhilfe- oder Widerspruchsentscheidung; in aller Regel spielt auch die Zweckmäßigkeitskontrolle hier kaum eine Rolle.

920 Soweit Widerspruch und Devolutiveffekt nicht durch Landesgesetz abgeschafft worden ist wird mit der Erhebung von Widerspruch auch eine neue, zusätzliche **Entscheidungszuständigkeit** begründet (**Devolutiveffekt**). Die Zuständigkeit für das **Verwaltungsverfahren** geht auf die **Widerspruchsbehörde** über, sobald die Ausgangsbehörde dem Widerspruch nicht abhilft; die Zuständigkeit der Widerspruchsbehörde endet mit der Zustellung des Widerspruchsbescheides an den Widerspruchsführer. Allerdings hat die Widerspruchsbehörde in dieser Zeit **keine alleinige Zuständigkeit**, denn die Zuständigkeit der Ausgangsbehörde bleibt daneben bestehen[67]. Folglich kann die Ausgangsbehörde auch dann noch einem Widerspruch abhelfen, wenn sie die Akten zunächst mit einer anderen Entscheidung der Widerspruchsbehörde vorgelegt hatte[68].

921 Aufgrund ihrer „**Sachherrschaft**“ über das Verwaltungsverfahren muss die Widerspruchsbehörde den angefochtenen Verwaltungsakt umfassend auf seine formelle und materielle Rechtmäßigkeit hin überprüfen, bei Verpflichtungswidersprüchen auch den Anspruch auf einen begehrten Verwaltungsakt. Dazu gehört im Rahmen der Zweck-

67 Pietzner/Ronellenfitsch, Assessorexamen, § 25 RdNr. 6.
68 Nds. OVG, NVwZ-RR 2003, 327.

mäßigkeitskontrolle auch eine vollständige Überprüfung von Ermessens- und Beurteilungsspielraumentscheidungen der Ausgangsbehörde. Der Widerspruchsbehörde steht die **ursprüngliche Entscheidungskompetenz** der Ausgangsbehörde zu.

Prüfungsentscheidungen und beamtenrechtliche Beurteilungen muss die Widerspruchsbehörde vollständig überprüfen; sie darf nicht auf Beurteilungsspielräume verweisen.

Die **Begründetheitsprüfung** eines Widerspruchs geschieht in folgenden Schritten: **922**
1. Nennung der Ermächtigungsgrundlage bzw. der Anspruchsgrundlage für den angefochtenen bzw. begehrten Verwaltungsakt.
2. Prüfung der formellen Rechtmäßigkeit des Ausgangsverwaltungsaktes bzw. der formellen Voraussetzungen für den Anspruch auf den Erlass des begehrten Verwaltungsaktes.
3. Prüfung der materiellen Rechtmäßigkeit des Ausgangsbescheides bzw. der Anspruchsvoraussetzungen.
4. Prüfung der Zweckmäßigkeit des Ausgangsbescheides bei mehreren denkbaren rechtmäßigen Entscheidungen.
5. Ggfls. Prüfung der Rechtmäßigkeit/Zweckmäßigkeit einer erfolgten Anordnung der sofortigen Vollziehbarkeit des Ausgangsverwaltungsaktes.
6. Feststellung der Rechtsverletzung des Widerspruchsführers.

Aus der für den Verwaltungsakt in Betracht kommenden **Ermächtigungs-** bzw. **Anspruchsgrundlage** ergeben sich häufig erst Hinweise auf die Zuständigkeit der handelnden Behörde sowie auf besondere Anforderungen an formelle Voraussetzungen eines Verwaltungsaktes, z. B. die Pflicht zur Anhörung der Industrie- und Handelskammer vor einer Gewerbeuntersagung (§ 35 Abs. 4 GewO).

Bei der Prüfung der **formellen Rechtmäßigkeit** empfiehlt es sich, von folgenden Fragestellungen auszugehen[69]: **923**
- Liegt ein Verfahrensmangel vor?
- Ist der Fehler beachtlich?
- Ist der Fehler heilbar?
- Welche Behörde kann den Fehler heilen?
- Wurde die heilende Verfahrenshandlung wirksam durchgeführt?

In einer Klausur sind Ausführungen zur formellen Rechtmäßigkeit nur dann sinnvoll, wenn der Sachverhalt hierzu Veranlassung gibt. Ansonsten belässt man es bei der feststellenden Bemerkung: *„Gegen die formelle Rechtmäßigkeit des angefochtene Verwaltungsaktes bestehen keine Bedenken“*.

Formelle Fehler machen einen Ausgangsbescheid zwar rechtswidrig, zu berücksichtigen ist allerdings, dass Form- und Verfahrensfehler nur in seltenen Ausnahmefällen zur Stattgabe des Widerspruches führen. Sie sind bedeutungslos, wenn sie keinen Einfluss auf die Sachentscheidung hatten (§ 46 VwVfG) oder sie können in bestimmten Fällen geheilt werden (§ 45 VwVfG). Die Heilung eines formellen Fehlers geschieht dadurch, dass die fehlerhafte Verfahrenshandlung von der Widerspruchsbehörde nachgeholt wird, z. B. durch nachträgliche Begründung oder Nachholung einer unterbliebenen Anhörung. Unschädlich ist, dass dies zeitversetzt geschieht. Bedeutsam ist im Fall der Heilung (nicht: im Fall der Bedeutungslosigkeit eines formellen Fehlers) die Kostenfolge für das Widerspruchsverfahren (§ 80 Abs. 1 S. 2 VwVfG). **924**

Die formelle Rechtmäßigkeit eines Bescheides spielt bei einem **Verpflichtungswiderspruch** allerdings keine Rolle, denn allein aus formellen Gründen heraus hat niemand einen Anspruch auf eine Verwaltungshandlung. Soweit dagegen im Widerspruchsverfahren eine Ermessensentscheidung zu überprüfen ist, muss allerdings auch bei einem **925**

69 Hufen, JuS 1999, 313.

Verpflichtungswiderspruch die formelle Rechtmäßigkeit geklärt werden, da dies Auswirkungen auf die Ausübung des Ermessens haben könnte.

926 Bei der Prüfung der **materiellen Rechtmäßigkeit** des Ausgangsbescheides darf sich die Widerspruchsbehörde im Hinblick auf den umfassenden Kontrollzweck des Widerspruchsverfahrens grundsätzlich nicht darauf beschränken, in einem ablehnenden Widerspruchsbescheid nur die von der Ausgangsbehörde genannten Rechtsgrundlagen und die hierzu genannten Begründungen zu überprüfen.

927 Die Widerspruchsbehörde kann sich umfassend neue Erkenntnisse verschaffen und sie hat eine eigene Ermessensentscheidung zu treffen. Selbst wenn nur der Widerspruchsbescheid daraufhin ermessensfehlerhaft ist, so führt das im Übrigen zur Aufhebung sowohl des Ausgangs- als auch des Widerspruchsbescheides[70].

Bei Verwaltungsakten mit Beurteilungsermächtigung darf die Widerspruchsbehörde ihre eigene Beurteilung an die Stelle der Ausgangsbehörde setzen, soweit es sich nicht um eine nur aus dem Einzelfall heraus erkennbare Wertungsentscheidung handelt wie z. B. bei Prüfungsentscheidungen und bei beamtenrechtliche Beurteilungen[71]. In diesen Fällen darf die Widerspruchsbehörde nur überprüfen, ob das richtige Verfahren eingehalten worden ist, ob der richtige Sachverhalt vollständig ermittelt wurde, ob sachfremde Erwägungen angestellt worden sind sowie ob allgemeingültige Bewertungsmaßstäbe beachtet worden sind.

Die Widerspruchsbehörde kann mithin auch einen an sich rechtmäßigen Verwaltungsakt abändern, wenn sie das Ermessen oder den Beurteilungsspielraum anders ausübt als die Ausgangsbehörde. Der Rechtsschutz, den eine Widerspruchsbehörde gewährleisten kann, geht also weiter als der Rechtsschutz durch die Verwaltungsgerichtsbarkeit.

Da das Verwaltungsverfahren erst durch den Widerspruchsbescheid abgeschlossen wird, hat die Widerspruchsbehörde auch eine etwaige Gesetzesänderung von Amts wegen bei ihrer Entscheidung zu berücksichtigen. Eine Änderung der Gesetzesauslegung durch obere Gerichte wird sie berücksichtigen, um dem Widerspruchsführer keinen unnützen Anlass für eine Klage zu geben.

Auch soweit die Prüfungen der Ausgangsbehörde bzgl. Form und Frist der Widerspruchseinlegung zu dem Ergebnis gekommen sind, es sei zulässiger Weise Widerspruch eingelegt worden, ist dies von der Widerspruchsbehörde zu überprüfen.

Die Widerspruchsbehörde hat auch unstreitig die Befugnis, die Gültigkeit einer (gemeindlichen) Satzung zu überprüfen, dies folgt aus dem Rechtsstaatsgebot.

Beispiel: Die Gemeinde beschließt gem. § 10 Abs. 1 BauGB Bebauungspläne als Satzung. In einer Baurechtsangelegenheit kommt die Widerspruchsbehörde zu dem Ergebnis, dass der einschlägige Bebauungsplan nichtig ist.

928 Streitig ist jedoch, wie die Widerspruchsbehörde für den Fall vorzugehen hat, dass sie zu dem Ergebnis kommt, eine für ihre Entscheidung erhebliche Satzung sei unwirksam, ob sie also hinsichtlich der Satzung eine **Verwerfungskompetenz** hat. Dies ist eine dem Verfahrensrecht zuzuordnende Frage.

Überwiegend wird eine Verwerfungskompetenz abgelehnt[72]. Hiernach kann auch eine Behörde einen Normenkontrollantrag stellen. Und dies wäre sinnlos, wenn den Behörden eine eigene Verwerfungskompetenz zustände[73]. Demgegenüber verweist die Gegenmeinung[74] auf die Gesetzesbindung der Verwaltung (Art. 20 Abs. 3 GG), die zu

70 OVG Bautzen, NVwZ-RR 2002, 409.
71 Dolde in: Schoch, RdNr. 3 zu § 68 VwGO.
72 Unter Hinweis auf § 47 Abs. 2 S. 1 VwGO.
73 Gerhardt in: Schoch, RdNr. 10 Vorbem. § 47.
74 Nds. OVG, DVBl. 2000, 212.

einer Abweichung von untergesetzlichen Normen zwinge, wenn diese gegen geltendes Recht verstoßen.
Die Widerspruchsbehörde kann eine Satzung unbeachtet lassen, wenn sie in anderen Verfahren bereits von Gerichten inzident für unwirksam erklärt worden ist[75]. Liegen solche Entscheidungen nicht vor, wird man der Widerspruchsbehörde nur dann eine Normverwerfungskompetenz zubilligen können, wenn ein Gesetzesverstoß klar und eindeutig auf der Hand liegt. Ist ein Rechtsverstoß dagegen nicht evident, sondern ist es im Gegenteil eher zweifelhaft, ob eine Satzung rechtswidrig ist oder nicht, muss die Widerspruchsbehörde die endgültige Klärung dieser strittigen Frage den Gerichten überlassen.

Wenn die Widerspruchsbehörde Kommunalaufsichtsbehörde ist, könnte sie auch ein Aufhebungsverfahren einleiten und die Aufhebung der Satzung im Wege der Ersatzvornahme selbst veranlassen. Auch in diesen Fällen läge die letzte Entscheidung bei den Gerichten.

Eine Beschränkung des Prüfungsumfanges der Widerspruchsbehörde ergibt sich bei **929**
Drittwidersprüchen. Anders als bei einer Anfechtung durch den Adressaten eines Verwaltungsaktes, die zu einer umfassenden Rechtmäßigkeitskontrolle führt, ist die Widerspruchsbehörde bei Rechtsbehelfen Dritter darauf beschränkt, den angefochtenen Bescheid nur auf die Verletzung von **drittschützenden Vorschriften** hin zu überprüfen. In der Praxis ist die Widerspruchsbehörde häufig gleichzeitig auch die Aufsichtsbehörde der Ausgangsbehörde. Nach den Vorschriften des Organisationsrechtes (z. B. § 13 LOG NRW), kann sie damit auch Einfluss auf die Erledigung des Widerspruches außerhalb des Widerspruchsverfahrens nehmen. Anstatt einen Widerspruchsbescheid zu erlassen, kann sie durch eine aufsichtsbehördliche Weisung die Ausgangsbehörde veranlassen, dem Widerspruch stattzugeben.
Die Weisung der Aufsichtsbehörde führt dann zum Erlass eines Abhilfebescheides durch die Ausgangsbehörde.

Bedenken gegen diese Auffassung bestehen allenfalls unter dem Gesichtspunkt, dass die VwGO hier bundesrechtlich die Durchführung eines Widerspruchsverfahrens und damit auch den Erlass eines Widerspruchsbescheides zwingend vorschreibt. Es ist jedoch nicht ersichtlich, dass die VwGO diese hergebrachten Befugnisse beschneiden wollte. Die Befugnisse aus der VwGO und die aufsichtsrechtlichen Ermächtigungen bestehen unabhängig voneinander.

Der **maßgebliche Zeitpunkt** für die Beurteilung der Sach- und Rechtslage durch die Wi- **930**
derspruchsbehörde ist grundsätzlich der **Erlass der Widerspruchsentscheidung**; der Verwaltungsakt der Ausgangsbehörde bekommt erst durch die Widerspruchsentscheidung seine endgültige Gestalt (§ 79 Abs. 1 Nr. 1 VwGO)[76], die verwaltungsbehördliche Entscheidung wird erst durch den Erlass des Widerspruchsbescheides endgültig festgelegt[77]. Das gilt selbst dann, wenn ein bereits unanfechtbarer Verwaltungsakt durch einen gleichwohl noch ergehenden Widerspruchsbescheid wieder anfechtbar wird[78]. Eine Ausnahme hiervon gilt bei **Drittwidersprüchen,** z. B. im Baunachbarrecht[79]. Ob eine erteilte Baugenehmigung den Nachbarn in seinen Rechten verletzt oder nicht, beurteilt sich nach der Rechtslage im Zeitpunkt der Erteilung der Baugenehmigung. Spätere Änderungen zu Lasten des Bauherrn bleiben außer Betracht. Dies ergibt sich aus der dem begünstigten Bauherrn zustehenden Rechtsposition (Art. 14 GG). Diese Lage kann auch bei einer Änderung der Rechtslage dem Begünstigten nicht mehr entzogen werden, denn die §§ 68 f. VwGO enthalten hierzu keine Ermächtigungsgrundlage.

Kommt die Widerspruchsbehörde im Rahmen ihrer umfassenden Rechtmäßigkeits- **931**
kontrolle zu dem Ergebnis, dass der Ausgangsbescheid für den Widerspruchsführer

75 BVerwG, DVBl. 2001, 931.
76 BVerwG, DÖV 2007, 302.
77 VGH Mannheim, DVP 04, 347.
78 Kopp/Schenke, VwGO, RdNr. 1 zu § 79.
79 BVerwG, DÖV 2007, 302.

zu günstig ist, z. B. ist eine gewährte Subvention zu hoch oder die Beurteilung einer Prüfungsleistung zu gut, stellt sich die Frage, ob sie den Ausgangsbescheid auch zum Nachteil des Widerspruchsführers ändern[80] darf (**reformatio in peius**)[81].
Um eine solche reformatio in peius geht es jedoch nicht in den Fällen, in denen:

- bei einem Drittwiderspruch der Verwaltungsakt verschärft wird, denn es geht hier nur um die Befugnis der Widerspruchsbehörde aufgrund eines zu entscheidenden Widerspruches,
- sich für den Widerspruchsführer eine zusätzliche Belastung durch ein von der Widerspruchsbehörde initiiertes neues Ausgangsverfahren ergibt, z. B. der Erlass einer zusätzlichen Zwangsgeldandrohung,
- die Widerspruchsbehörde die Begründung des Bescheides verschärft ohne den Tenor des Ausgangsbescheides zu verändern.

Die mögliche Verschlechterung der Ausgangsentscheidung im Widerspruchsverfahren ist im Allgemeinen vom Gesetzgeber nicht ausdrücklich angesprochen worden. Hieraus kann aber weder etwas für noch gegen ihre Zulässigkeit gefolgert werden. Da auch an anderer Stelle kein gesetzgeberischer Hinweis zu dieser Problematik besteht, muss insoweit von einer Regelungslücke ausgegangen werden

932 Ausdrücklich zugelassen ist die Verschlechterung der Ausgangsentscheidung im Abgabenrecht (§ 367 Abs. 2 S. 2 AO), ausdrücklich untersagt ist eine Änderung zum Nachteil eines Beamten im Disziplinarrecht (§ 42 Abs. 2 S. 1 BDO).

Das Verbot der reformatio in peius in einem Disziplinarverfahren wird allerdings dadurch relativiert, dass die oberste Dienstbehörde, der Widerspruchsbescheide unverzüglich zuzuleiten sind, innerhalb von drei Monaten nach der Zustellung des Widerspruchsbescheides grundsätzlich die Disziplinarmaßnahme nach Art und Höhe verschärfen oder Disziplinarklage erheben kann (§ 43 BDO). Diese allgemeine Änderungsbefugnis außerhalb eines Widerspruchsverfahrens ist zum Schutz der Beamten zeitlich begrenzt.

933 In der Abwägung überzeugen die Argumente der h. M. Auf die mangelnde Regelungskompetenz des Bundesgesetzgebers kann in diesem Zusammenhang nicht hingewiesen werden, da sich die Zulässigkeit der reformatio in peius nicht aus den §§ 68 ff. VwGO sondern aus den jeweils anzuwendenden Bundes- oder Landesgesetzen ergibt. Die getroffenen Regelungen zeigen, dass der Gesetzgeber bei den §§ 48, 49 VwVfG nicht von einer abschließenden Regelung der Veränderbarkeit von Verwaltungsakten ausgegangen ist.
Die §§ 71–73 VwGO sprechen nur von der „*Aufhebung*“ des Ausgangsbescheides oder der „*Abweisung*“ des Widerspruches, nicht aber von einer Änderung. Dies ist aber kein Hinweis darauf, dass die Verschlechterung vom Gesetzgeber nicht gewollt ist, es besteht vielmehr eine Regelungslücke[82]. Ein Verwaltungsakt bekommt nämlich erst nach Abschluss des Widerspruchsverfahrens seine endgültige Gestalt (§ 79 Abs. 1 Nr. 1 VwGO). Und das räumt der Widerspruchsbehörde auch Änderungsmöglichkeiten ein[83].
Als Ermächtigungsgrundlage für die Verschlechterung der Ausgangsentscheidung kommen die §§ 68 ff. VwGO allerdings nicht in Betracht, da diese Normen eine Verböserung nicht selbst regeln. Zwar geht § 79 II VwGO von einer „zusätzlichen selbständigen Beschwer“ aus, regelt aber nicht deren Voraussetzungen. Die Ermächtigungsgrundlage für die Verböserung kann daher nur die **sachliche Ermächtigungsgrundlage** der Ausgangsbehörde für die Ausgangsentscheidung sein.

---

80 Die Bezeichnung „verbösern“ wird zu Recht kritisiert, vgl. Geis, in Sodan/Ziekow, VwGO, § 68, RdNr. 221.
81 OVG Koblenz, DVBl. 2004, 1051.
82 BVerwGE 14, 175.
83 Jaroschek, JA 1997, 668 m. w. N.

Der Betroffene muss grundsätzlich gehört werden, bevor eine ihn schlechter stellende Entscheidung erwogen wird[84].

Eine „Verböserung“ scheidet aus, wenn sie zu „nahezu untragbaren Verhältnissen für den Betroffenen“ führen würde[85] oder wenn z. B. im Prüfungsrecht die Chancengleichheit materiell rechtlich eine Verschlechterung verbietet[86]. 934
Im Unterschied zum Widerspruchsverfahren kann das Gericht im Verwaltungsprozess bis auf ganz wenige Ausnahmen, z. B. bei einer Widerklage (§ 89 VwGO) oder bei Anschlussrechtsmitteln (§§ 127, 141 VwGO) eine behördliche Entscheidung nicht zu Lasten des Klägers abändern oder ein vorinstanzliches Urteil verschärfen. Das ergibt sich aus Gründen des Vertrauensschutzes gem. §§ 129, 141 VwGO.
Der Betroffene muss grundsätzlich gehört werden, bevor eine ihn schlechter stellende Entscheidung erwogen wird[87].

3.1 Prüfliste für das Widerspruchsverfahren

I. Allgemeine Sachentscheidungsvoraussetzungen für den Widerspruch

1. Auslegung des Begehrens des Bürgers („Was will der Betroffene?“)
   - *Fachaufsichtsbeschwerde (mit ihr wird der sachliche Inhalt einer behördlichen Maßnahme geprüft; sie kommt besonders dann in Betracht, wenn ein Widerspruch nicht zulässig wäre, weil z. B. der Beschwerdeführer nicht widerspruchsbefugt ist)*
   - *Dienstaufsichtsbeschwerde (mit ihr wird das persönliche Verhalten des handelnden Mitarbeiters gerügt)*
   - *Widerspruch (ist* ***im Zweifel*** *die effektivste Auslegung des Begehrens, sofern die Unzulässigkeit des Widerspruchs nicht offensichtlich zu erkennen ist, z. B. bei Fristablauf)*

2. Zuständigkeit zur Entscheidung über den Widerspruch
   - *Die nächst höhere Behörde (§ 73 Abs. 1 Nr. 1 VwGO)*
   - *Die Ausgangsbehörde, wenn*
   - *die nächst höhere Behörde eine oberste Bundes- oder Landesbehörde ist (§ 73 Abs. 1 Nr.2 VwGO)*
   - *eine Selbstverwaltungsangelegenheit vorliegt (§ 73 Abs. 1 Nr. 3 VwGO)*

3. Eröffnung des Verwaltungsrechtsweges (§ 40 Abs. 1 VwGO analog)
   - *Ausdrückliche Zuweisung*
   - *Abdrängende Verweisung*
   - *Generalklausel: öffentlich-rechtliche Streitigkeit nicht verfassungsrechtlicher Art*

4. Formell ordnungsgemäße Einlegung des Widerspruchs (§ 70 Abs. 1 S. 1 VwGO)
   - *schriftlich oder mündlich zur Niederschrift der Behörde*

5. Vorliegen persönlicher Voraussetzungen für das Widerspruchsverfahren
   - *Beteiligten- und Verfahrensfähigkeit (§§ 11, 12 VwVfG)*
   - *ordnungsgemäße Vertretung (§ 14 VwVfG)*

6. Statthaftigkeit des Widerspruchs (§ 68 VwGO)
   - *spezialgesetzliche Regelung (z. B. § 54 Abs. 2 BeamtStG)*
   - *Streitgegenstand ist Erlass oder Versagung eines Verwaltungsaktes i. S. des § 35 VwVfG*
   - *Vorverfahren nicht ausgeschlossen wegen*
   - *bundes- oder landesgesetzlicher Anordnung*
   - *erstmaliger Beschwer durch Abhilfe- oder Widerspruchsbescheid*
   - *Erledigung des Verwaltungsaktes*

---

84 VGH BW, NVwZ-RR 2002, 4.
85 BVerwG, NVwZ 1993, 686.
86 Dolde, in: Schoch, RdNr. 47 zu § 68 VwGO.
87 VGH BW, NVwZ-RR 2002, 4.

7. Behauptung einer Rechtsverletzung (Widerspruchsbefugnis gem. § 42 Abs. 2 VwGO analog)
8. Wahrung der Widerspruchsfrist (§ 70 Abs. 1 S. 1 VwGO)
– Monats- bzw. Jahresfrist
– Wiedereinsetzung in den vorigen Stand bei unverschuldeter Fristversäumnis; Klärung von Amts wegen
– keine Frist bei fehlender Bekanntgabe (evtl.: Verwirkung)
– Heilung durch Sachentscheidung
9. Widerspruchsinteresse (Rechtsschutzbedürfnis)
10. Keine Rücknahme, kein Verzicht

II. Begründetheit des Widerspruchs
*1. **Anfechtungswiderspruch** (§§ 68 Abs. 1; 113 Abs. 1 S. 4 VwGO)*
*(1) Der Verwaltungsakt ist **rechtswidrig** und **verletzt** den Widerspruchsführer in **seinen Rechten***
a) Nennung der einschlägigen Ermächtigungsgrundlage
b) Formelle Rechtmäßigkeit
– Sachliche Zuständigkeit
– Örtliche Zuständigkeit
– Form und Verfahren
c) Materielle Rechtmäßigkeit
– Tatbestandliche Voraussetzungen der Ermächtigungsgrundlage (Auslegungsprinzipien)
– Allgemeine Rechtsgrundsätze (Vertrauensschutz; Willkürverbot; Ausstrahlungswirkung der Grundrechte; Folgenbetrachtung der Entscheidung)
– Ermessensfehler (§ 40 VwVfG)
– Verhältnismäßigkeit (Art. 20 Abs. 3 GG)
(2) Falls Ermessensverwaltungsakt: Bescheid unzweckmäßig und Belastung für den Widerspruchsführer[88]
*2. **Verpflichtungswiderspruch** (§ 68 Abs. 2, 113 Abs. 5 analog VwGO)*
(1) Die Verweigerung des Verwaltungsaktes ist rechtswidrig und verletzt den Widerspruchsführer in seinen Rechten, weil er einen Anspruch auf den konkreten Verwaltungsakt hat
(2) Die im Ermessen der Behörde stehende Verweigerung des Verwaltungsaktes ist unzweckmäßig und belastet den Widerspruchsführer
Beachte: Formelle Mängel des ergangenen Bescheides sind bei dem Verpflichtungswiderspruch ohne Bedeutung, denn sie können nicht dazu führen, dass ein geltend gemachter Anspruch erfolgreich durchgesetzt werden kann[89]*. Allerdings muss die Widerspruchsbehörde im vollen Umfang über einen Anspruch entscheiden.*

*III. **Entscheidungsreife des Widerspruchs***
1. Der Widerspruch ist bei der Ausgangsbehörde eingelegt worden: Abhilfe oder Vorlage an die zuständige Widerspruchsbehörde
2. Der Widerspruch ist bei der Widerspruchsbehörde eingelegt worden: Weiterleitung an die Ausgangsbehörde zur Durchführungen eines (Nicht-)Abhilfeverfahrens

4. Der Ablauf des Widerspruchsverfahrens

935 Die Zuständigkeitsverteilung zwischen Ausgangs- und Widerspruchsbehörde ergibt sich allein aus den Regeln der Verwaltungsgerichtsordnung. § 73 Abs. 1 VwGO bestimmt ohne nähere Konkretisierung, dass die Widerspruchsbehörde „*einen Widerspruchsbescheid erlässt, wenn die Ausgangsbehörde dem Widerspruch nicht abhilft*".

88 Kopp/Schenke, VwGO, § 68 RdNr. 12 a.
89 BVerwG, DÖV 85, 407; Gerhardt, in Schoch, § 113 RdNr. 64.

Es ist also zunächst ein Abhilfeverfahren bei der Ausgangsbehörde durchzuführen. Sofern die Ausgangsbehörde den Widerspruch für begründet hält, erlässt sie einen Abhilfebescheid, der das Widerspruchsverfahren abschließt (§ 72 VwGO). In dieser Phase des Widerspruchsverfahrens besitzt die Widerspruchsbehörde keine sachbezogenen Zuständigkeiten. Erst wenn die Ausgangsbehörde dem Widerspruch nicht abhilft und diese Entscheidung sichtbar wird, wird die Zuständigkeit der Widerspruchsbehörde begründet.

4.1 Abhilfeverfahren

Der Widerspruch ist grundsätzlich bei der Ausgangsbehörde zu erheben (§ 70 Abs. 1 **936**
S. 1 VwGO). Das **Abhilfeverfahren** ist kein selbstständiges Verwaltungsverfahren, sondern Teil des **Widerspruchsverfahrens**, es muss zwingend durchgeführt werden. Sind Abhilfe- und Widerspruchsbehörde identisch, z. B. bei Verwaltungsakten im Rahmen der kommunalen Selbstverwaltung (§ 73 Abs. 1 Nr. 3 VwGO) oder bei Verwaltungsakten von Mittelbehörden (§ 73 Abs. 1 Nr. 2 VwGO), so findet wegen der fehlenden Zweistufigkeit kein Abhilfeverfahren statt und es wird sogleich durch einen Widerspruchsbescheid entschieden[90].

Hält die Ausgangsbehörde den zulässigen[91] Widerspruch für begründet, hilft sie ihm ab und entscheidet über die Kosten (§ 72 VwGO). Eine (Teil)Abhilfe in diesem Sinne liegt vor, wenn die Ausgangsbehörde dem Begehren des Widerspruchsführers ganz (oder teilweise) entspricht, weil sie den Widerspruch (wenigstens zum Teil) für begründet hält[92]. Soweit der Widerspruch zulässig und begründet ist, hat die Ausgangsbehörde kein Ermessen, sie muss den angefochtenen Verwaltungsakt aufheben. Stand der Ausgangsbescheid im Ermessen der Behörde, kann sie bei Widerspruch dieses Ermessen neu ausüben und zu einer anderen Entscheidung kommen[93].

§ 72 VwGO sieht nur eine **stattgebende** Entscheidung auf den Widerspruch vor[94]; auch einen offensichtlich unzulässigen Widerspruch darf die Ausgangsbehörde nicht zurückweisen, ebenfalls darf sie keine reformatio in peius vornehmen.

Mit der vollständigen Abhilfe des Widerspruchs endet das Widerspruchsverfahren, die Abhilfeentscheidung ist eine das Widerspruchsverfahren abschließende Sachentscheidung, der Abhilfebescheid ist aber kein Widerspruchsbescheid im Sinne des § 73 VwGO[95].

Hilft die Ausgangsbehörde dagegen dem Widerspruch zulässiger Weise nur teilweise ab, so wird das Widerspruchsverfahren mit dieser Entscheidung nicht beendet. Die Ausgangsbehörde muss den Widerspruch – mit einem Vorlagebericht und den Verwaltungsvorgängen – der Widerspruchsbehörde vorlegen, die in diesen Fällen ein Prüfungsrecht über den gesamten Widerspruch hat und damit auch zu einer von der Teilabhilfe abweichenden Einschätzung und Entscheidung kommen kann[96].

Die in § 72 VwGO geforderte Kostenentscheidung ist lediglich eine **Kostengrundentscheidung**; der Inhalt der Entscheidung, und damit die Feststellung, wer die Kosten des Widerspruchsverfahrens trägt, ergibt sich aus § 80 VwVfG[97].

Ist der Widerspruch zulässig und begründet, so kann die Ausgangsbehörde, anstatt einen Abhilfebescheid gem. § 72 VwGO zu erlassen, ihren Bescheid auch gem. § 48

90 Engst, Jura 2006, 166, 172.
91 Engst, Jura 2006, 167.
92 OVG Hamburg, NVwZ-RR 1999, 707.
93 Geis/Hinterseh, JuS 2002, 35.
94 Engst, Jura 2006, 168.
95 BayVGH, BayVBl. 2004, 245.
96 Pietzner/Ronellenfitsch, Assessorexamen, § 26 RdNr. 5.
97 BVerwGE 101, 67.

VwVfG zurücknehmen[98]. Auswirkung hat das insbesondere auf die Kostenentscheidung, denn § 80 Abs. 1 S. 1 VwVfG setzt voraus, dass *„der **Widerspruch** erfolgreich ist“*. Damit sich die Behörde aber nun nicht „trickreich“ der eigentlich gem. § 72 VwGO i. V. m. § 80 VwVfG gewollten Kostentragungspflicht entziehen kann, darf sie von ihrem Wahlrecht nur bei einem **triftigen** Grund Gebrauch machen[99], wenn sich z. B. in einer noch ungeklärten Baurechtssache aus anderen Verfahren eine Lösung ergibt und die Ausgangsbehörde in einem noch nicht abgeschlossenen vergleichbaren Widerspruchsverfahren die erteilte Baugenehmigung zurücknimmt.
Nimmt die Ausgangsbehörde aber ohne tragfähigen Grund ihr Wahlrecht in Anspruch und bringt sie den Widerspruchsführer damit um den zu erwartenden Kostenanspruch, so wäre dies eine „Flucht in die Rücknahme des Verwaltungsaktes“ zur Vermeidung der Kostenlast. Der Widerspruchsführer muss dann nach Treu und Glauben so gestellt werden, als wäre eine Abhilfeentscheidung ergangen, d. h. die Ausgangsbehörde trägt die Kosten des Widerspruchsverfahrens, ggfls. auch die eines notwendiger Weise hinzugezogenen Rechtsanwaltes. Alles andere wäre mit dem Gleichheitssatz und dem Rechtsstaatsgebot nicht vereinbar.

4.2 Abhilfeentscheidung

937 Das Abhilfeverfahren ist Teil des Widerspruchsverfahrens. Die Abhilfeentscheidung setzt voraus, dass der Widerspruch zulässig ist. Abhilfebescheide sind **keine Widerspruchsbescheide**, sie müssen daher von der Behörde nicht zugestellt werden; denn es fehlt – anders als bei Widerspruchsbescheiden – eine ausdrückliche gesetzliche Anordnung zur Zustellung[100]. Es liegt allerdings im Ermessen der Ausgangsbehörde, ob sie den Abhilfebescheid durch einfachen Brief bekannt gibt oder ob sie seine Zustellung veranlasst. Die **Begründung** einer Abhilfeentscheidung ist nicht notwendig (§ 39 Abs. 2 Nr. 2 VwVfG). Der Abhilfebescheid muss eine **Kostengrundentscheidung** enthalten. Eine **Rechtsbehelfsbelehrung** ist im Abhilfebescheid regelmäßig entbehrlich, da der Widerspruchsführer sein Rechtsschutzziel ja erreicht hat.
Für die Abfassung und den Aufbau des Abhilfebescheides gelten die üblichen Grundsätze[101]. Auch der Abhilfebescheid besteht aus vier Teilen:

1. **Bescheidkopf** (= Eingangsgestaltung des Bescheides),
2. **Tenor** (= Regelungen über Grundverfügung; sofortige Vollziehbarkeit; Androhung von Zwangsmitteln),
3. **Begründung** (= Verfügungstext, d. h. Sachverhaltsdarstellung und rechtliche Würdigung)
4. **Bescheidschluss** (= Rechtsbehelfsbelehrung; Unterschrift; Begleitverfügungen; Mitzeichnungen; Kenntnisnahme; Wiedervorlagefristen).

Hält die Ausgangsbehörde einen **Anfechtungswiderspruch** für zulässig und begründet, so hebt sie im **Tenor** den angefochtenen Bescheid auf oder sie ändert den Bescheid ab.

Formulierungsbeispiel:
Meinen Abgabebescheid vom … hebe ich auf/Meinen Abgabebescheid vom … ändere ich antragsgemäß dahin ab, dass nunmehr ein Betrag von 10.000 Euro festgesetzt wird.
*Wurde der angefochtene Bescheid auf **Antrag eines Dritten** erlassen, so reicht es nicht, ihn nur aufzuheben, es muss auch noch über den Antrag entschieden werden.*

---

98 BVerwGE 101, 69; a. A. Pachel/Kauff, DÖV 2004, 656, 658 unter Hinweis auf die vorrangig speziellere Regelung in § 72 VwGO während des Widerspruchsverfahrens.
99 BVerwGE 101, 71ö
100 BVerwGE 39, 257, 259.
101 Ramsauer, Die Assessorprüfung im öffentlichen Recht, 6. Aufl. 2007, § 12; Gerke, JuS 2009, 940.

Formulierungsbeispiel:
Die Baugenehmigung vom … hebe ich auf.
Den Bauantrag des Herrn Karl Schulze vom … lehne ich ab.

Bei einem begründeten **Verpflichtungswiderspruch** muss der ablehnende Bescheid aufgehoben und der beantragte Verwaltungsakt erlassen werden. In diesen Fällen muss auch die für eine Amtshandlung zu zahlende Gebühr erhoben werden. **938**

Formulierungsbeispiel:
Meinen Bescheid vom … hebe ich auf.
Ich erteile ihnen die Genehmigung, …
Die Kosten für die Baugenehmigung betragen 1.000 Euro.

Wird einem Widerspruch nur **teilweise abgeholfen**, so kann der ursprüngliche Bescheid nur geändert werden, denn die Aufhebung wäre eine umfassende Abhilfe. Über den gesamten Verfahrensgegenstand entscheidet dann noch die Widerspruchsbehörde, so dass auch keine Kostengrundentscheidung im Abhilfebescheid getroffen werden kann. Es ist jedoch in aller Regel zweckmäßiger, keine Teilabhilfe vorzunehmen und den Vorgang mit einer entsprechenden Stellungnahme an die Widerspruchsbehörde weiterzuleiten.

Formulierungsbeispiel:
Meinen Bescheid vom … ändere ich dahin ab, dass ich Ihnen Wohngeld in Höhe von 380 Euro monatlich bewillige.
Ihrem weitergehenden Widerspruch kann ich nicht abhelfen. Hierüber wird die zuständige … entscheiden.

4.3 Vorlagebericht bei Nichtabhilfe

Hält die Ausgangsbehörde einen Widerspruch für unzulässig und/oder unbegründet, **939** muss sie ihn der Widerspruchsbehörde zur Entscheidung vorlegen, denn sie darf in diesen Fällen nicht selbst über den eingelegten Widerspruch entscheiden. Die Ausgangsbehörde legt dann in einem „Anschreiben" an die – übergeordnete – Widerspruchsbehörde ihre Rechtsauffassung dar.
Traditionell werden dienstliche Schreiben immer noch auf die hierarchische Einstufung der absendenden oder der empfangenden Behörde abgestellt. Schreiben von nachgeordneten Behörden an vorgeordnete Behörden werden als **Bericht** bezeichnet. Das ist zwar nicht mehr zeitgemäß, es spricht aber auch nichts dagegen, hier traditionell und üblich weiterhin von einem „Vorlagebericht" auszugehen.
Die Darlegung der Ausgangsbehörde ist von der Gestaltung her dem Widerspruchs- bzw. dem Abhilfebescheid ähnlich, es handelt sich hierbei jedoch um ein **innerbehördliches Schreiben** bei dem gewisse Besonderheiten zu beachten sind. Der Vorlagebericht ist mit einfachem Brief an die zuständige Widerspruchsbehörde und nicht an einen dortigen Sachbearbeiter zu richten. Jede Form der Zustellung unterbleibt. Persönliche Anreden und Höflichkeitsformeln sind unüblich.

Zum Vorlagebericht gehören: **940**
- Briefkopf mit Benennung der Ausgangsbehörde
- Postanschrift der Ausgangsbehörde
- Postanschrift der Widerspruchsbehörde
- Betreffzeile (bzw. Fettdruck ohne Leitbegriff „Betreff")
- Bezugszeichenzeile
- Anlagen

Der Vorlagebericht ist kein Bescheid, denn er enthält keine Regelung. Damit die Widerspruchsbehörde über den Inhalt des Schreibens sofort informiert ist, empfiehlt es sich, eingangs darauf hinzuweisen, dass ein Widerspruchsvorgang nach negativ verlaufener Abhilfeprüfung zur Entscheidung vorgelegt wird.

Formulierungsvorschlag:
Anliegenden Widerspruchsvorgang lege ich gem. § 73 Abs. 1 VwGO zur Entscheidung vor. Ich kann dem Widerspruch nicht abhelfen.

941 Der Vorlagebericht ist ein Schreiben von Behörde zu Behörde. Der Sachverhalt ist dem Bearbeiter bei der Ausgangsbehörde in aller Regel vertraut. Um auch die Widerspruchsbehörde schnell zu informieren, sollte auch im Vorlagebericht eine Sachverhaltsdarstellung erfolgen[102]. Die Daten der Bekanntgabe des Bescheides sowie der Widerspruchseinlegung werden im Perfekt, Indikativ, dargestellt.
Sofern der Widerspruchsführer neue Tatsachen vorgetragen hat, muss die Ausgangsbehörde darauf eingehen. Etwaige neue Sachverhaltsermittlungen und das Nachholen von Verfahrenshandlungen nach der Widerspruchseinlegung werden im Präsens oder Perfekt dargestellt.
Juristische Zweifelsfragen können kontrovers dargestellt werde, etwa zur Zulässigkeit und/oder Begründetheit des Widerspruches, denn es handelt sich ja nicht um einen an den Bürger gerichteten Bescheid. Dies geschieht im Präsens.
Im Vorlagebericht kann die typische **Verwaltungssprache** beibehalten werden.
Am Schluss darf die Ausgangsbehörde keinen Antrag, etwa auf Zurückweisung des Widerspruches, stellen. Sie kann allenfalls einen Entscheidungsvorschlag unterbreiten. Es muss aber deutlich werden, dass die Ausgangsbehörde auf den Widerspruch hin die streitige Angelegenheit nochmals überprüft hat. Die Entscheidung der Ausgangsbehörde über die Nichtabhilfe wird im Präsens oder im Perfekt mitgeteilt.
Dem Vorlagebericht muss der gesamte entstandene Verwaltungsvorgang im Original beigefügt werden. Zum Verwaltungsvorgang gehören alle Schriftstücke, die im Zusammenhang mit dem anhängigen Verwaltungsverfahren entstanden sind, nicht nur die zufällig abgehefteten Schreiben. Nicht zum Verwaltungsvorgang gehören z. B. Notizzettel des Sachbearbeiters. Die Widerspruchsbehörde muss aufgrund des zu übersendenden Verwaltungsvorganges in der Lage sein, sich ein eigenständiges Urteil über einen Streitgegenstand zu bilden, besonders bei der Ausübung von Ermessen.

942 Die Entscheidung, dem Widerspruch nicht abzuhelfen, ist eine unselbstständige Verfahrensentscheidung, sie braucht den Beteiligten nicht bekannt gegeben zu werden[103]. Teilweise wird jedoch die Auffassung vertreten, die Mitteilung über die Nichtabhilfe und die Weiterleitung des Widerspruches an die Widerspruchsbehörde entspreche „gutem Stil“[104].
Hat die Ausgangsbehörde einen Verfahrensmangel, z. B. eine fehlende Anhörung gem. § 45 Abs. 1 Nr. 3 VwVfG nachträglich geheilt, so ist es aus Gründen der Rechtssicherheit ratsam, wenn die Beteiligten auch über die Nichtabhilfe und Weiterleitung des Widerspruches unterrichtet werden. Die Benachrichtigung ist auch in den Fällen empfehlenswert, in denen von vornherein absehbar ist, dass die Bearbeitung des Widerspruches bei der Widerspruchsbehörde eine unerwartet lange Zeit in Anspruch nehmen wird.
In den übrigen Fällen sollte die Ausgangsbehörde jedoch darauf verzichten, dem Widerspruchsführer mitzuteilen, sein Widerspruch sei der Widerspruchsbehörde zur Entscheidung vorgelegt worden. Das ist überflüssig und „ermuntert“ den Widerspruchsführer allenfalls, einen weiteren Schriftwechsel zu starten.

---

102 A. A. Volkert, 5. Kapitel, RdNr. 34, der dies für verzichtbar hält.
103 Kopp/Schenke, VwGO, § 72 RdNr. 3.
104 Eyermann, VwGO, § 72 RdNr. 12.

Unterrichtet die Ausgangsbehörde allerdings den Widerspruchsführer von der Abgabe der Sache, muss sie die Widerspruchsbehörde darauf hinweisen.

4.4 Entscheidung der Widerspruchsbehörde

Die Widerspruchsbehörde entscheidet durch **Widerspruchsbescheid** (§ 73 Abs. 1 S. 1 **943** VwGO). Die **Zuständigkeit** der Widerspruchsbehörde ergibt sich aus § 73 Abs. 1 S. 2 VwGO.

Danach erlässt in Staatsangelegenheiten den Widerspruchsbescheid in aller Regel die **nächsthöhere Behörde** (Nr. 1), denn das Widerspruchsverfahren kann seinen Zweck nur dann erfüllen, wenn die Zweitentscheidung grundsätzlich von einer übergeordneten Behörde erlassen wird[105].

Abweichend hiervon kann durch (Landes-)Gesetz bestimmt werden, dass die Behörde, die den Verwaltungsakt erlassen hat, auch für die Entscheidung über den Widerspruch zuständig ist (§ 73 Abs. 1 S. 3 VwGO). Ein solches Gesetz ist z. B. § 7 S. 1 AG VwGO NRW. Danach ist die Behörde, die den Verwaltungsakt erlassen oder dessen Vornahme abgelehnt hat, auch für die Entscheidung über den Widerspruch zuständig. Einen Devolutiveffekt gibt es mithin insoweit nicht. Eine Ausnahme hiervon (und damit den von der VwGO grundsätzlich. gewollten Devolutiveffekt) gibt es in NRW bei Schulverwaltungsakten, bei denen die nächsthöhere Behörde den Widerspruchsbescheid erlässt (§ 7 S. 2 AG VwGO NRW). Für Widersprüche nordrhein-westfälischer Landesbeamter ist die Entscheidung ebenfalls auf die Behörden und Einrichtungen übertragen worden, die den angefochtenen Verwaltungsakt erlassen oder die Handlung vorgenommen haben (§ 5 Abs. 1 Übertragungs-VO).

Ist die nächsthöhere Behörde eine **oberste Bundes- oder Landesbehörde**, so entscheidet die Ausgangsbehörde (Nr. 2), denn oberste Behörden haben Koordinierungs- und Leitungsaufgaben zu erfüllen, die das gesamte Gebiet des Landes betreffen. Bei der Entscheidung über Widersprüche handelt es sich demgegenüber stets um Entscheidungen in Einzelfällen und davon sollen oberste Behörden freigehalten werden. Oberste Behörden sind Behörden mit Verfassungsrang, denen keine anderen Behörden mehr vorgeordnet sind wie z. B. Bundeskanzler, Ministerpräsident, Fachminister, Rechnungshöfe.

Gem. § 185 Abs. 2 VwGO können einige Länder bestimmen, dass oberste Landesbehörden über Widersprüche entscheiden. Das ist z. B. in Bremen geschehen, hier entscheidet der zuständige Senator über Widersprüche.

In **Selbstverwaltungsangelegenheiten** schließlich entscheidet grundsätzlich die Selbst- **944** verwaltungsbehörde (Nr. 3), z. B. die Gemeinde über einen Widerspruch und erlässt auch den Widerspruchsbescheid, denn es gibt hier keine höhere Behörde. Selbstverwaltungsangelegenheiten in diesem Sinne sind aber nicht nur die Angelegenheiten des eigenen kommunalen Wirkungskreises, d. h. Angelegenheiten, die in einer örtlichen Gemeinschaft wurzeln oder auf sie einen spezifischen Bezug haben[106]. Hierzu gehören auch die Aufgaben, die der Staat den Kommunen zur selbstständigen Erfüllung nach Weisung übertragen hat[107].

An die Stelle einer Widerspruchsbehörde können Widerspruchsausschüsse und -beiräte treten, die auch bei der Ausgangsbehörde gebildet werden können (§ 73 Abs. 2 VwGO).

Beispiel: Widerspruchsausschüsse in Rheinland-Pfalz.

---

105 Amtliche Begründung zu § 70 VwGO, BT-Drcks. III/55, S. 38.
106 Hofmann/Theisen/Bätge, Kommunalrecht in NRW, 2.5.3 m. w. N.
107 Riotte/Waldecker, NWVBl. 1995, 401 f.

4.5 Widerspruchsbescheid

945 Der Widerspruchsbescheid ist ein Verwaltungsakt. Der Widerspruchsbescheid schließt das Widerspruchsverfahren ab. Nimmt der Widerspruchsführer seinen Widerspruch bis zur Zustellung des Widerspruchsbescheides zurück[108], ergeht kein Bescheid und das Widerspruchsverfahren muss durch behördlichen Beschluss eingestellt werden.
Vorgeschrieben ist, dass der Widerspruchsbescheid **begründet**, mit einer **Rechtsbehelfsbelehrung** (§ 58 VwGO) sowie einer **Kostengrundentscheidung** versehen und durch **Zustellung** bekanntgegeben werden muss (§ 73 Abs. 3 VwGO).
In den Ländern besteht eine unterschiedliche Verwaltungspraxis hinsichtlich der formalen Gestaltung von Widerspruchsbescheiden[109]. Im Wesentlichen werden Widerspruchsbescheide aber in zwei Formen abgefasst, nämlich in **Bescheidform** in einem persönlichen Stil oder ähnlich wie ein gerichtliches Urteil in **Beschlussform.**

4.5.1 Die ordnungsgemäße Zustellung des Widerspruchsbescheides

946 Voraussetzung für den **Beginn des Fristlaufs** ist in der Regel, dass der Widerspruchsbescheid ordnungsgemäß zugestellt worden ist (§ 73 Abs. 3 VwGO)[110]. In den Ländern, in denen ein Vorverfahren (teilweise) unzulässig ist[111], ist zwar nur die ordnungsgemäße **Bekanntgabe** des **Ausgangsbescheides** vorgeschrieben (§ 43 VwVfG), eine Monatsfrist für die Klageerhebung wird aber gem. § 56 Abs. 1 VwGO nur dann in Gang gesetzt, wenn dieser **Ausgangsbescheid** auch ordnungsgemäß **zugestellt** worden ist. Für Ausgangsbescheide ergibt sich das gesetzliche Zustellungserfordernis aber auch häufig dann, wenn mit dem Bescheid eine Zwangsmittelandrohung verbunden ist (§ 63 Abs. 6 VwVG NRW).
Die **Zustellung** ist die Bekanntgabe eines schriftlichen oder elektronischen Verwaltungsaktes in der in den Verwaltungszustellungsgesetzen des Bundes und der Länder bestimmten gesetzlichen Form. Die Zustellung ist eine besondere Form der Bekanntgabe, sie hat den Zweck, bei bedeutungsvolleren Vorgängen den Nachweis von Zeit und Art der Übergabe zu sichern. Zu diesem Zweck müssen bei der Übergabe des Schriftstückes bestimmte Formvorschriften beachtet werden.
Es kommt nicht darauf an, dass der Zustellungsempfänger den korrekt zugestellten behördlichen Bescheid **inhaltlich zur Kenntnis** nimmt[112].

947 **Zustellungsarten** eines Bescheides sind:
- Zustellung durch die Post[113] (§§ 3, 4 VwZG/LZG NRW)
- Zustellung durch die Behörde (§ 5 VwZG/LZG NRW)
- Elektronische Zustellung gegen Abholbestätigung über De-Mail-Dienste (§ 5a VwZG/§ 5a LZG NRW)
- Zustellung durch öffentliche Zustellung (§ 10 VwZG/LZG NRW[114])
- Zustellung an Beamte oder ähnliche Personen (nur 11 LZG NRW)

---

108 BVerwGE 44, 66; P/R, Assessorexamen, § 36 RdNr. 8.

109 Übersicht bei Pietzner/Ronellenfitsch, Assessorexamen, § 41, RdNr. 8.

110 Der Streit, ob § 73 Abs. 3 S. 2 VwGO auf das Verwaltungszustellungsgesetz des Bundes verweist (so BVerwGE 39, 257, 259; Geis in Sodan/Ziekow VwGO, § 73 RdNr. 54) oder ob auch Widerspruchsbescheide nach dem jeweils geltenden Landesverwaltungszustellungsgesetz zuzustellen sind (so Rosenbach, NWVBl. 2006, 121, 122), kann weitestgehend vernachlässigt werden, da er kaum zu inhaltlich unterschiedlichen Ergebnissen führt.

111 Vgl. RdNr. 892.

112 OVG Greifswald, NVwZ 2002, 113.

113 Neben der Post ist gem. § 33 Abs. 1 PostG auch ein Lizenznehmer, der Briefzustelldienstleistungen erbringt, verpflichtet, Schriftstücke unabhängig von ihrem Gewicht nach den Vorschriften der Prozessordnungen und der Gesetze, die die Verwaltungszustellung regeln, förmlich zuzustellen.

114 Inzwischen werden Zustellungen an juristische Personen durch öffentliche Bekanntmachung deutlich erleichtert, vgl. Lenders, NWVBl. 2009, 457, 462.

Durch die Post kann
a) mittels einer **Postzustellungsurkunde** (§ 3 LZG NRW; § 3 VwZG Bund)
   (1) unmittelbar an den Adressaten (§ 3 VwZG/LZG NRW i. V. m. § 177 ZPO)
   (2) durch Ersatzzustellung an eine andere Person (i. V. m. § 178 ZPO)
   (3) durch Einlegen in den Briefkasten als Ersatzzustellung (i. V. m. § 180 ZPO)
   (4) durch Niederlegung als Ersatzzustellung (i. V. m. § 181 ZPO)
b) mittels **eingeschriebenen Briefes** (§§ 4 VwZG/LZG NRW)
zugestellt werden.

Bei Übersendung als Einschreiben mit **Rückschein** gilt dessen Datum als Tag der Zustellung. Im Übrigen gilt ein Einschreibebrief gem. § 4 Abs. 2 S. 2 VwZG aufgrund der gesetzlichen Fiktion als **frühestens** mit dem dritten Tage zugegangen; ein früherer Zugang ist unbeachtlich, ein späterer Zugang kann nachgewiesen werden. **948**
Bei der Zustellung mit eingeschriebenem Brief gibt es zwar eine Zustellung an den Ersatzempfänger, aber **keine Ersatzzustellung**.
Die **Behörde** kann die Zustellung auch **selbst bewirken** (§ 5 VwZG/LZG NRW) indem sie das Schriftstück dem Betroffenen gegen Empfangsbekenntnis „Zug um Zug" gegen Unterzeichnung aushändigt.
An besonders vertrauenswürdige Personen, z. B. Rechtsanwälte, (§ 5 Abs. 4, Abs. 5 VwZG) ist die **vereinfachte Zustellungsmöglichkeit gegen Empfangsbekenntnis** vorgesehen. In diesen Fällen ist eine bestimmte Form nicht vorgeschrieben, es ist also eine Zustellung per Brief, per Telefax oder per E-Mail möglich, letzteres, falls die E-Mail mit einer qualifizierten elektronischen Signatur versehen wird (§ 5 Abs. 5 LZG NRW).
Die Zustellung an **gesetzliche Vertreter**, z. B. Eltern, Behördenleiter regelt § 6 LZG NRW, § 7 VwZG.
An **Bevollmächtigte kann** zugestellt werden (§ 8 Abs. 1 S. 1 LZG NRW); hat der Bevollmächtigte eine schriftliche Vollmacht vorgelegt, **muss** an ihn zugestellt werden (§ 8 Abs. 1 S. 2 LZG NRW).
Die Zustellung ist streng formalisiert, Fehler führen zur **Unwirksamkeit** der Zustellung. Dies führt dazu, dass eine Frist nicht zu laufen beginnt. Auswirkungen auf die Wirksamkeit des Verwaltungsaktes hat der Fehler allerdings nicht, soweit der Verwaltungsakt dem Betroffenen bekannt gegeben worden ist[115]. **Zustellungsmängel** gelten als **geheilt** und ein Bescheid gilt als in dem Zeitpunkt zugestellt, in dem ihn der Empfänger nachweislich erhalten hat (§ 8 LZG NRW; § 9 VwZG).

Schematische Darstellung eines Widerspruchsbescheides: **949**

Absender	Bezirksregierung Köln
Aktenzeichen, Sachbearbeiter	Az. xyz, Herr Müller
Ort, Datum	Köln, den ...
Zustellungsart	Mit Postzustellungsurkunde
Empfänger	Anschrift (Evtl. § 8 Abs. 1 VwZG beachten!)
Betreff	Unfall am ...
Bezug	Ihr Widerspruch vom ... gegen die Nichtanerkennung als Dienstunfall
Überschrift	Widerspruchsbescheid
Anrede	Sehr geehrter Herr X!

115 Kopp/Ramsauer, VwVfG, § 41 RdNr. 62.

Tenor	Entscheidung in der Sache Ggf. Entscheidung gem. § 80 Abs. 2 oder 4 VwGO Kostenentscheidung Ggf. Gebührenentscheidung
Begründung Sachverhalt	I. Sachverhaltsdarstellung – Unstreitige Tatsachen – Ausgangsbescheid, Tenor, wesentliche Gründe – Widerspruch, wesentliche Gründe – Widerspruch, wesentliche Gründe II. Rechtliche Würdigung – Zuständigkeit – Zulässigkeit des Widerspruchs *(nur soweit problematisch)* – Begründetheit des Widerspruchs
Sofortige Vollziehbarkeit	*„Die Anordnung der sofortigen Vollziehung meines Bescheides vom … war im öffentlichen Interesse geboten, weil …*
Kostenentscheidung	*„Die Kostenentscheidung ergibt sich aus § 80 Abs. 1 S. 3 VwVfG NRW“*
Einschaltung Rechtsanwalt	Die Einschaltung eines Rechtsanwaltes war (nicht) notwendig
Ihre Rechte	Klage beim Verwaltungsgericht
Hinweise	§ 80 Abs. 4, Abs. 5 VwGO: einstweiliger Rechtsschutz bei Behörde bzw. beim Verwaltungsgericht
Grußformel	Mit freundlichen Grüßen
Funktionsbezeichnung	Im Auftrag
Unterschrift	Meier

4.6 Tenor des Widerspruchsbescheides

950 Widerspruchsbescheide werden üblicher Weise so abgefasst, dass nach der persönlichen Anrede und der Überschrift des Bescheides ein Entscheidungstenor an den Anfang gesetzt wird.

Der **Tenor** des Widerspruchsbescheides ist sozusagen das Herzstück des Bescheides. In diesem **„Entscheidungssatz“** sind alle Regelungen der getroffenen Entscheidung enthalten, bei einem Widerspruchsbescheid erkennt der Widerspruchsführer aus dem Tenor im Wesentlichen, was aus seinem Widerspruch „geworden“ ist. Entweder er hat bekommen, was er wollte, er hat das was er wollte teilweise bekommen oder es ist ihm verweigert worden.

Nicht in den Tenor gehört die Angabe von Rechtsgrundlagen sowie alles, was zur jeweiligen Begründung des Bescheides gehört. Es ist auf eine strikte Trennung zwischen Tenor und den übrigen Bescheidbestandteilen zu achten.

Der Tenor der Entscheidung muss den Gegenstand und den Inhalt der Entscheidung der Widerspruchsbehörde ohne jeglichen Zweifel erkennen lassen.

4.6.1 Entscheidung bei unzulässigem Widerspruch

951 Kommt die Widerspruchsbehörde zu dem Ergebnis, dass eine Zulässigkeitsvoraussetzung des Widerspruches nicht erfüllt ist, so weist sie den Widerspruch als unzulässig zurück. Die Gründe hierfür sind im Einzelnen darzulegen. Bei Versäumung der Widerspruchsfrist kann die Widerspruchsbehörde durch eine Entscheidung in der Sache die Fristversäumnis heilen[116]. Sie wird in diesen Fällen also abzuwägen haben, ob sie der Rechtssicherheit oder der materiellen Gerechtigkeit den Vorzug gibt. Entscheidend für diese Abwägung dürfte sein, ob es sich nur um einen Einzelfall handelt und ob der Widerspruch in der Sache offensichtlich begründet ist.

116 Außer bei Drittwidersprüchen.

Formulierungsbeispiel:
Ihren Widerspruch vom ... gegen meinen/den Bescheid/die Ordnungsverfügung (des) ... vom ... weise ich hiermit zurück[117]*.*
Sie tragen die Kosten des Widerspruchsverfahrens.
Dieser Bescheid ergeht gebührenfrei/Für diese Entscheidung erhebe ich eine Gebühr in Höhe von ... Zahlen Sie diesen Betrag bitte innerhalb von ... auf eines der genannten Konten der Kreiskasse.

Aus stilistischen Gründen empfehle ich dringend, sprachlich das **Aktiv** und nicht das **Passiv** zu verwenden[118]. „Man" muss sich nämlich nicht sprachlich hinter einer Entscheidung verstecken, für die „man" sachlich verantwortlich ist. Das Passiv soll wohl vielfach Autorität und Unangreifbarkeit suggerieren. Wer das Passiv verwendet, lässt das Subjekt eines Satzes – das ist der Autor des Bescheides – weg, das geht aber nur, wenn das Satz-Subjekt völlig unwichtig ist. Natürlich ist das bei einem Entscheidungstenor nicht der Fall. Erstaunlicher Weise formuliert die Verwaltung positive Entscheidungen sprachlich nun meist im Aktiv. **952**
War zugleich Antrag auf **Wiedereinsetzung in den vorigen Stand** gestellt und hält die Widerspruchsbehörde ihn für unbegründet, so muss dieser Antrag vorrangig vor der Entscheidung zur Sache abgelehnt werden. Wird dem Antrag auf Wiedereinsetzung in den vorigen Stand dagegen stattgegeben, so ist dies nur in den Gründen darzulegen, eine Entscheidung im Tenor ist weder notwendig noch üblich.

4.6.2 Entscheidung bei unbegründetem Widerspruch

Hält die Widerspruchsbehörde den Widerspruch für unbegründet, so weist sie ihn zurück. **953**
Hatte der Widerspruchsführer gleichzeitig beantragt, die angeordnete sofortige Vollziehung auszusetzen, so muss die Widerspruchsbehörde hierüber ebenfalls im Tenor zusammenfassend entscheiden. Die Widerspruchsbehörde kann aber auch die sofortige Entziehung des Ausgangsbescheides selbst anordnen[119], in diesem Fall ist im Tenor der Entscheidung ein Zusatz aufzunehmen.

Formulierungsbeispiel:
Ihren Widerspruch weise ich zurück.
Den Antrag auf Wiederherstellung der aufschiebenden Wirkung des Widerspruches lehne ich ab/die sofortige Vollziehung der Entziehung der Fahrerlaubnis ordne ich an.

4.6.3 Entscheidung bei Heilung eines Form- oder Verfahrensfehlers

Hat der Widerspruch nur deswegen keinen Erfolg, weil die Verletzung einer Form- oder Verfahrensvorschrift gem. § 45 VwVfG im Widerspruchsverfahren geheilt worden ist, so wird dem Begehren des Widerspruchsführers zwar nicht nachgegeben, die Kosten des Widerspruchsverfahrens muss er aber nicht tragen. **954**
War der formelle Fehler dagegen unbeachtlich gem. § 46 VwVfG, so bleibt es bei der Verpflichtung des Widerspruchsführers, die Kosten des Widerspruchsverfahrens zu tragen.

Formulierungsbeispiel:
Ihren Widerspruch vom ... gegen meinen/den Bescheid/die Ordnungsverfügung (des) ... vom ... weise ich hiermit zurück.
Die Kosten des Widerspruchsverfahrens trägt die Stadt Köln/das Land Nordrhein-Westfalen.
Es war (nicht) notwendig, einen Rechtsanwalt einzuschalten.

---

117 Die Formulierung „... weise ich als unzulässig zurück", wäre eine zusammengefasste Sachentscheidung und das gehört nicht in den Tenor.

118 Z. B.: „Der Widerspruch wird zurückgewiesen"; die Kosten des Widerspruchsverfahrens „sind von Ihnen zu tragen".

119 Das stellt § 80 Abs. 2 Nr. 4 VwGO ausdrücklich klar.

4.6.4 Entscheidung bei zulässigem und begründetem Widerspruch

955 Ist der **Anfechtungswiderspruch** zulässig und begründet, hebt die Widerspruchsbehörde den angefochtenen Verwaltungsakt auf. Es reicht nicht aus, im Tenor nur festzustellen, dass der Widerspruch begründet war. War gleichzeitig ein Antrag auf Aussetzung der angeordneten sofortigen Vollziehung gestellt, so erübrigt es sich, hierüber zu entscheiden, denn mit der Aufhebung des Verwaltungsaktes entfällt auch sein Vollzug[120].

Formulierungsbeispiel:
„Auf Ihren Widerspruch vom ... hebe ich meinen/den Bescheid/den Beschluss (des) ... vom ... auf.[121]
Die Kosten des Widerspruchsverfahrens trage ich/trägt die Stadt ....
Es war (nicht) notwendig, einen Rechtsanwalt hinzuzuziehen."

Ist der **Verpflichtungswiderspruch begründet**, kann die Widerspruchsbehörde
- entweder den begehrten Verwaltungsakt selbst erlassen, und z. B. die verweigerte Baugenehmigung erteilen; verpflichtet ist sie hierzu aber nicht[122]; im Ermessensbereich wäre das auch wenig ratsam;
  oder aber (besser)
- die Ausgangsbehörde zu einer Bescheidung entsprechend ihren Vorgaben verpflichten.

Formulierungsbeispiel:
„Auf Ihren Widerspruch vom ... hebe ich meinen/den Bescheid/den Beschluss (des) ... vom ... auf.
Der Bürgermeister der Stadt ... wird verpflichtet, gegen Ihren Nachbarn ... eine bauordnungsrechtliche Nutzungsuntersagungsverfügung zu erlassen.
Die Kosten des Widerspruchsverfahrens trägt die Stadt ....
Es war (nicht) notwendig, einen Rechtsanwalt hinzuzuziehen.

956 Beschränkt sich die Widerspruchsbehörde nun darauf, die Ausgangsbehörde zur Erteilung einer begehrten Genehmigung zu verpflichten, anstatt diese Sachentscheidung selbst zu treffen, so entfaltet dieser Bescheid zwar eine Bindungswirkung, ihm kommt aber kein materiell-rechtlicher Regelungsgehalt zu, d. h. ein Bauherr hat mit Erlass des für ihn günstigen Widerspruchsbescheides noch keine gesicherte Rechtsposition, die erhält er erst, wenn die Ausgangsbehörde ihrer Verpflichtung nachkommt und die Baugenehmigung ausdrücklich erteilt; auch aus Art. 14 Abs. 1 GG ergibt sich insoweit nichts anderes[123].

4.6.5 Entscheidung bei teilweise begründetem Widerspruch

957 Hebt die Widerspruchsbehörde den Ausgangsbescheid nur teilweise auf, darf sie nicht vergessen werden, den Widerspruch im Übrigen zurückzuweisen. Die Kosten des Widerspruchsverfahrens sind in diesem Fall zu „quoteln", das folgt aus der Formulierung „*soweit*" in § 80 Abs. 1 VwVfG.

Formulierungsbeispiel:
Auf Ihren Widerspruch vom ... hebe ich den Bescheid des/meinen Bescheid ... vom ... hinsichtlich der Entziehung der Fahrerlaubnis der Klasse „B" auf.
Im Übrigen weise ich Ihren Widerspruch zurück.
Die Kosten des Widerspruchsverfahrens trägt die Stadt/trage ich zu 1/3 und Sie zu 2/3.
Es war (nicht) notwendig, einen Rechtsanwalt einzuschalten."

---

120 Das kann allenfalls klarstellend festgestellt werden.
121 Es darf keinesfalls im Tenor formuliert werden: „... gebe ich ihrem Widerspruch statt."
122 BVerwGE 130, 113; Pietzner/Ronellenfitsch, Assessorexamen, § 42, RdNr. 18.
123 BVerwGE 130, 113.

4.6.6 Entscheidung bei zurückgenommenem oder sonst erledigtem Widerspruch

Nimmt der Widerspruchsführer seinen Widerspruch zurück oder erledigt sich der Widerspruch auf andere Weise, z. B. indem der Widerspruchsführer und die Ausgangsbehörde einen Vergleich schließen, so ist das Widerspruchsverfahren einzustellen und nur noch über die Kosten zu entscheiden[124]. In diesen Fällen ist die Einstellungsentscheidung rein deklaratorisch, da § 161 VwGO im Widerspruchsverfahren nicht entsprechend angewendet werden kann. Die notwendige **Kostengrundentscheidung** dagegen hat **Regelungscharakter** und ist mithin ein Verwaltungsakt. **958**

*Wird das Widerspruchsverfahren **formlos eingestellt**, so ergeht auch keine Kostenentscheidung*[125].

Formulierungsbeispiele:
Das Widerspruchsverfahren stelle ich ein.
Die Kosten des Widerspruchsverfahrens tragen Sie als Widerspruchsführer.
oder:
Ich stelle fest, dass die Ordnungsverfügung/der Bescheid (des) … vom … rechtswidrig war.
Die Stadt … trägt die Kosten des Widerspruchsverfahrens.
Es war (nicht) notwendig, einen Rechtsanwalt einzuschalten.

4.7 Widerspruchsbescheid ist Kommunikation

Die hier gewählten Formulierungsvorschläge für einen Widerspruchsbescheid sind nicht „dogmatisch" zu sehen. Angesichts der Behördenvielfalt ist es nicht zur Herausbildung einheitlicher Formulierungen wie am Verwaltungsgericht gekommen. In der Klausur kommt es darauf an, die hier genannten Strukturelemente eines Widerspruchsbescheides niederzulegen und **sprachliche Klarheit** zu üben. **959**
Zu bedenken ist stets, ob im Widerspruchsbescheid auf alle Fragen einzugehen ist, die im internen Vermerk bzw. Gutachten problematisiert worden sind. Gegebenenfalls müssen nicht alle Erwägungen „nach außen" dringen, die der Sachbearbeiter (etwa zur Zulässigkeit des Widerspruchs) „intern" angestellt hat. Sofern Elemente aus dem Vermerk allerdings übernommen werden sollen, ist von der „Spitzklammertechnik" großzügig Gebrauch zu machen. Es bringt in der Regel nichts außer Zeitverlust, bereits niedergelegte rechtliche Gedanken noch einmal neu zu formulieren
„Sprache ist die Quelle aller Missverständnisse"[126]. Die Verwaltung muss sich bemühen, diese Missverständnisse so klein wie möglich zu halten. Die Sprache der Verwaltung ist eine **Fachsprache**, die eine präzise und ökonomische Kommunikation über bestimmte Sachverhalte ermöglicht. Dem steht aber das Streben nach **Verständlichkeit** nicht entgegen. Eine verständliche Sprache dient schließlich auch der Verwaltung. Unverständliche Formulierungen können dazu führen, dass unnötig Widersprüche eingelegt, Klagen erhoben oder einfach nur Rückfragen bei der Behörde viel Zeit in Anspruch nehmen.

Sprachliche Mängel in Klausuren können ohne weiteres zu einem Punktabzug führen[127].

Allerdings darf die Rechtssicherheit nun auch nicht durch vermeintlich bürgernahe Formulierungen beeinträchtigt werden; z. B. ist es ein Unterschied, ob der Führerschein oder die Fahrerlaubnis entzogen wird; ob jemand einem anderen „widerspricht" oder ob er „Widerspruch einlegt"; ob eine „Mülltonne" oder ein „Restmüllbehälter" ersetzt werden soll. Hier ist eine Sensibilität für Fachterminologien erforderlich. **960**

---

124 Engelbrecht, JuS 1997, 550.
125 VG Karlsruhe, VBlBW, 2002, 81.
126 Antoine de Saint-Exupéry in: Der kleine Prinz, Kapitel XXI.
127 VGH BW, NJW 1988, 2633.

Ein klarer Stil im Widerspruchsbescheid spricht den Bürger an, selbst schwierige Rechtsprobleme lassen sich so darstellen, dass auch juristische Laien die Entscheidung nachvollziehen können[128]. Die Sätze müssen kurz – nicht mehr als 20 Wörter – und grammatisch einfach sein, sie dürfen sich nicht gar zu weit von der **Alltagssprache** entfernen[129]. Zwischen wesentlichen und unwesentlichen Gründen muss deutlich erkennbar unterschieden werden. Eine typische **Verwaltungssprache** mit Leerformeln, weitschweifenden Formulierungen und Schlagworten muss vermieden werden, hiermit kann der Bürger nichts anfangen. Aus Verben und Adjektiven dürfen keine Substantive gemacht werden, der Nominalstil mit Endungen wie -ung, -keit und -heit klingt ungeschickt und hölzern[130]. Abkürzungen dürfen nur verwendet werden, wenn sie allgemein üblich und verständlich sind.

961 Das Passiv verzichtet auf das persönliche Subjekt, das geht aber schon sprachlich eigentlich nur dann, wenn das Satz-Subjekt völlig unwichtig oder bekannt ist. Das Passiv wird wohl auch besonders deswegen gern verwendet, weil es Autorität und Unangreifbarkeit suggerieren soll, das ist recht durchsichtig.

Im Alten Testament heißt es: „Am Anfang schuf Gott Himmel und Erde." Und nicht: Anfänglich wurden seitens Gottes der Himmel und die Erde geschaffen.

962 Zusammenfassend lässt sich feststellen: der Verfasser eines Widerspruchsbescheides sollte seine Worte so wählen, dass der betroffene Bürger den Inhalt des Bescheides ohne größere Schwierigkeiten verstehen kann. Abstrakte und theoretische Wendungen, die in einem gutachterlicher Vermerk durchaus Sinn machen können, sind in einem Bescheid fehl am Platze. Der Verfasser sollte sich – so gut es eben geht – in die Lage des betroffenen Bürgers versetzen.
Zu empfehlen ist das **„Kafka-Prinzip"**[131]; denn Korrespondenz ist die **Visitenkarte der Behörde.**

K = kurz und prägnant schreiben
A = aktive Verben verwenden
F = Füllwörter und Floskeln vermeiden
K = konkret und genau formulieren
A = Adjektive und Abkürzungen vermeiden

5. Kostenentscheidung im Widerspruchsverfahren

963 In dem Widerspruchsbescheid muss auch von Amts wegen über die Kosten entschieden werden (§ 73 Abs. 3 VwGO). Zu den Kosten des Widerspruchsverfahrens gehören in erster Linie die notwendigen Aufwendungen der Ausgangsbehörde und des Widerspruchsführers. Aber auch die Widerspruchsbehörde hat in vielen Fällen einen Anspruch auf Erstattung ihrer Kosten.
Gegenstand dieser Kostenentscheidung ist nur die Frage, wer dem Grunde nach die Kosten des Widerspruchsverfahrens zu tragen hat (**Kostengrundentscheidung**). Hierauf beruht dann ein gesonderter Gebührenbescheid, der eine Zahlungsverpflichtung auslöst.
Die im Widerspruchsbescheid zu treffende Kostenentscheidung ist allerdings nur dann von Bestand, wenn der Widerspruchsbescheid unanfechtbar wird. In allen anderen

128 Beispiele IDEMA, www.rub.de/idema.
129 Richtlinien Stadt Köln „Erstellung sehbehinderten- und blindengerechter Dokumente sowie die Verwendung der leichten Sprache"
130 Negatives Beispiel: BGHZ 11, 151, 153: „Im Verhältnis zum Geschäftsherrn ist aber die Ausübung der Aufsicht die Ausführung der Verrichtung, zu der der Ausführende bestimmt ist."
131 Berger/Goette, Flotte Schreiben vom Amt – Eine Stilfibel.

Fällen entscheidet das Verwaltungsgericht auch über die Kosten des Widerspruchsverfahrens (§ 162 Abs. 1 VwGO), und es ist hierbei nicht an die Entscheidung der Widerspruchsbehörde gebunden.
Der Inhalt der Kostenentscheidung richtet sich nach § 80 VwVfG. Für die Kostenentscheidung reicht regelmäßig ein kurzer Hinweis auf die Rechtsgrundlage aus.

Die Kosten des Widerspruchsverfahrens sind grundsätzlich nach dem **Erfolg des Widerspruches** zu verteilen. Ob ein Widerspruch erfolgreich ist oder nicht, entscheidet sich dabei allein nach einer rein formalen Betrachtungsweise[132], aus welchen Gründen auch immer einem Widerspruch stattgegeben worden ist. **964**

1. Bleibt der Widerspruch **erfolglos**, weil er unzulässig oder unbegründet ist, so hat der Widerspruchsführer der Ausgangsbehörde die zur zweckentsprechenden Rechtsverfolgung oder Rechtsverteidigung notwendigen Aufwendungen zu erstatten (§ 80 Abs. 1 S. 3 VwVfG).
   Dies gilt jedoch nur in den Fällen, in denen die Widerspruchsbehörde eine Kostenlastregelung zwischen einem Widerspruchsführer und einer fremden Ausgangsbehörde trifft, also in einem dreigliedrigen Verfahren[133]. War die Widerspruchsbehörde dagegen auch die Ausgangsbehörde, wie z. B. bei überprüften Entscheidungen der Mittelinstanz, so lassen sich die Aufwendungen der dann mit der Ausgangsbehörde identischen Widerspruchsbehörde nicht von dem allgemeinen Verwaltungsaufwand trennen. In einem nur zweigliedrigen Verfahren wird daher kein Erstattungsanspruch gewährt. Kosten können in diesen Fällen nur nach dem Gebührenrecht ersetzt verlangt werden.
2. War der Verwaltungsakt formell und materiell **rechtswidrig**, so trägt der Rechtsträger der Ausgangsbehörde die gesamten Kosten (§ 80 Abs. 1 S. 1 VwVfG).
   Der Widerspruch war auch dann erfolgreich, wenn die Behörde sich entschließt, von ihrer Wahlmöglichkeit Gebrauch zu machen und den angefochtenen Bescheid zurücknimmt, anstatt ihn im Widerspruchsverfahren aufzuheben. Das verlangen die Grundsätze einer fairen Verfahrensgestaltung und die Prinzipien von Treu und Glauben, denn die Behörde wird nur so gestellt, wie sie eigentlich bei sachgerechter Verfahrensweise stände.
3. War der Verwaltungsakt **teilweise** formell und materiell **rechtswidrig**, so findet eine verhältnismäßige Kosten**quotelung** statt, dies folgt aus der Formulierung *„soweit"* in § 80 Abs. 1 S. 1 VwVfG.
   Im Widerspruchsverfahren dürfen im Gegensatz zum gerichtlichen Verfahren wegen fehlender entsprechender Regelung keine Kosten gegeneinander aufgehoben werden[134].
4. Bleibt der Widerspruch erfolglos, so hat der Widerspruchsführer einen Anspruch auf Erstattung seiner notwendigen Aufwendungen, wenn ein Verstoß gegen eine Verfahrens- oder Formvorschrift im Widerspruchsverfahren **geheilt** wurde (§§ 45, 80 Abs. 1 S. 2 VwVfG). Bei der Heilung eines Fehlers war der Ausgangsbescheid zunächst rechtswidrig. Er hätte den Widerspruchsführer in seinen Rechten verletzt, diese Rechtswidrigkeit ist erst durch nachträgliches behördliches Handeln beseitigt worden.
   Dies gilt nicht in den Fällen, in denen ein Verfahrens- oder Formfehler bzw. die Verletzung der örtlichen Zuständigkeit **keinen Einfluss auf die Sachentscheidung** hatte (§ 46 VwVfG).
5. Bei **Verschulden** besteht eine Selbsttragungspflicht (§ 80 Abs. 1 S. 4 VwVfG).

---

132 BVerwG, NVwZ 1997, 272.
133 Pietzner/Ronellenfitsch, Assessorexamen, § 44 RdNr. 22.
134 Kosten gegeneinander aufzuheben heißt, die Gerichtskosten werden geteilt, die außergerichtlichen Kosten trägt jeder Beteiligte selbst.

6. Aufgrund ausdrücklicher gesetzlicher Entscheidung (§ 80 Abs. 3 S. 2 VwVfG) gehört die Notwendigkeit der Zuziehung eines **Bevollmächtigten** zur Kostengrundentscheidung, obwohl dies sachlich eine Frage des Kostenfestsetzungsverfahrens wäre[135].

965 Im Gegensatz zu einem Verwaltungsprozess (§ 162 Abs. 2 S. 1 VwGO) sind die Gebühren und Auslagen eines **Rechtsanwaltes** im Widerspruchsverfahren nur erstattungsfähig, wenn dessen Hinzuziehung **notwendig** war (§ 80 Abs. 2, Abs. 3 S. 2 VwVfG).

Die Erstattung von Anwaltskosten im isolierten Widerspruchsverfahren setzt voraus:

1. Für den Widerspruchsführer ist eine **positive Kostengrundentscheidung** getroffen worden.
2. Nach der Entscheidung der Widerspruchsbehörde war die Hinzuziehung eines Rechtsanwaltes oder sonstigen Bevollmächtigten **notwendig.**
3. Die zu erstattenden Aufwendung sind **festgesetzt** worden (§ 80 Abs. 3 S. 1 VwVfG).

Alle drei Entscheidungen sind Verwaltungsakte und können mit einer Verpflichtungsklage erstritten werden.

966 Maßstab für die Frage, ob die Hinzuziehung eines Rechtsanwaltes notwendig war oder nicht, ist aus der Sichtweise eines verständigen, nicht rechtskundigen Widerspruchsführers zu entscheiden[136]. Maßgeblicher Zeitpunkt für die Beurteilung der Frage, ob es dem vernünftigen Bürger zuzumuten war, das Widerspruchsverfahren selbst zu führen oder nicht, ist der Zeitpunkt der Beauftragung eines Rechtsanwaltes.

Geht es im Widerspruchsverfahren nur darum, Tatsachen zu klären, dürfte die Hinzuziehung eines Rechtsanwaltes nicht notwendig sein.

Die Hinzuziehung eines Rechtsanwaltes im Widerspruchsverfahren durch die Ausgangsbehörde ist in aller Regel nicht notwendig, sie sollte über ausreichende Sachkunde verfügen.

Formulierungsbeispiel:
Die Hinzuziehung eines Rechtsanwaltes im Widerspruchsverfahren war notwendig. Im Hinblick auf die schwierige rechtliche Problematik des vorliegenden Verfahrens war es dem Widerspruchsführer nicht zuzumuten, das Verfahren selbst zu führen.

967 Über die Kosten ist nur in den Fällen zu entscheiden, in denen das Widerspruchsverfahren **durch Bescheid** abgeschlossen wird. Erledigt sich der Widerspruch auf andere Weise als durch Bescheid, kann nicht auf die vorgenannten Regelungen zurückgegriffen werden.

Beispiele für die Beendigung des Widerspruchsverfahrens auf andere Weise: Rücknahme des Widerspruches; Erledigung vor Erlass des Widerspruchsbescheides (kein Fortsetzungsfeststellungswiderspruch); Beendigung des Verfahrens durch Vergleich.

Wird das Widerspruchsverfahren auf andere Weise als durch einen Widerspruchsbescheid beendet, so ergibt sich für die Kostenfolge[137]:

- Erfolgt die Rücknahme des Widerspruches noch vor Zustellung des Widerspruchsbescheides, so ergibt sich die Kostenregelung aus dem Grundgedanken des § 80 VwVfG, d. h. es ist auf den bisherigen Sach- und Streitstand abzustellen.
- Erfolgt die Rücknahme nach Zustellung des Widerspruchsbescheides aber vor Klageerhebung, so ergibt sich die Kostenregelung aus dem Bescheid.

135 Pietzner/Ronellenfitsch, Assessorexamen, § 44, RdNr. 6.
136 BVerwG, DVBl. 2008, 389.
137 Schildheuer, NVwZ 1997, 637 m. w. N.

– Erfolgt die Rücknahme nach Klageerhebung, so ergibt sich die Kostenregelung aus § 161 Abs. 1 VwGO.

Eine (selbstständige) **Gebührenentscheidung** ist nicht notwendiger Inhalt des Tenors des Widerspruchsbescheides. Sie kann auch in einem gesonderten Gebührenbescheid getroffen werden, auf den der Widerspruchsbescheid verweist. In der Praxis wird oftmals der Gebührenbescheid dem Widerspruchsbescheid im Anschluss an die Rechtsbehelfsbelehrung beigefügt. Eine Gebührenerhebung erfolgt, wenn das nach den einschlägigen Vorschriften (Gebühren- bzw. Verwaltungskostengesetze) vorgesehen ist. **968**

6. Rechtsbehelfsbelehrung

Die Rechtsbehelfs- bzw. Rechtsmittelbelehrung gem. § 58 VwGO, die auch bei einem Widerspruchsbescheid **zwingend** beizufügen ist (§ 73 Abs. 3 S. 1 VwGO) und die bei einem Ausgangsbescheid **sinnvoller Weise** beigefügt sein sollte, muss vorhanden sein und sie darf nicht irreführend sein. **969**

Die Rechtsbehelfsbelehrung ist **vollständig und richtig**, wenn sie

- den Rechtsbehelf klar und eindeutig bezeichnet, z. B. Klage zu erheben,
- das Gericht, wo der Rechtsbehelf einzulegen ist, benennt; eine genaue postalische Adresse ist zwar sinnvoll, aber nicht erforderlich,
- einen allgemeinen und abstrakten Hinweis auf die Dauer der einzuhaltenden Frist angibt,
- einen eindeutigen Hinweis auf den Beginn der Frist enthält, z. B. bei Widerspruchsbescheiden „Zustellung“,
- einen Hinweis auf zwingende Formvorschriften enthält, nämlich z. B. die Klage schriftlich oder zu Protokoll der Geschäftsstelle oder auf elektronischem Wege (§ 55a VwGO; § 2 Abs. 1 S. 2 ERVVO NRW)[138] zu erheben.

7. Begleitverfügung

Zum **üblichen Verwaltungsgang** gehört ein Schreiben/eine Verfügung[139] an die Ausgangsbehörde, mit dem dieser eine Abschrift des Widerspruchsbescheides sowie die möglicher Weise überlassenen Verwaltungsvorgänge übersandt werden. Eine derartige Begleitverfügung muss immer an die Behörde, z. B. „Oberbürgermeister der Stadt Köln“ gerichtet werden, niemals an einen Bediensteten der Behörde. Sie enthält keine Anrede und – als dienstliches Schreiben – auch keine Höflichkeitsformeln. In dieses Schreiben sind Rechtsausführungen und Anregungen an die Ausgangsbehörde über ein weiteres Vorgehen aufzunehmen, die nicht im Widerspruchsbescheid formuliert worden sind. Hält z. B. die Widerspruchsbehörde die Androhung von Verwaltungszwang für notwendig, so durfte sie das zwar im Hinblick auf die Zuständigkeitsregelungen nicht im Widerspruchsbescheid selbst tun, sie kann aber die Ausgangsbehörde hierzu auffordern und – sofern sie weisungsbefugt ist – auch durchsetzen[140]. **970**

---

138 Beim Fehlen dieses Hinweises ist die Rechtsmittelbelehrung fehlerhaft, OVG NRW, Beschluss 11.7.2013, 19 B 406/13 (juris); a. A. OVG Bremen, Beschluss 25.8.2015, 2 LB 283/14 (juris).

139 Schreiben an nachgeordnete Behörden werden immer noch traditionell als „Verfügungen“ bezeichnet.

140 im Rahmen einer Klausurbearbeitung können in eine solche Begleitverfügung auch alle rechtlichen Erwägungen des Bearbeiters aufgenommen werden, die weder in einem Aktenvermerk (hier bitte beachten: Gutachtenstil) noch im Widerspruchsbescheid festgehalten worden sind.

Formulierungsvorschlag:
Verfügung an:

Oberbürgermeister der Stadt …

Anliegenden Widerspruchsbescheid übersende ich zur Kenntnisnahme und Beachtung. Ihren übersandten Verwaltungsvorgang füge ich bei. Sollte der Widerspruchsführer Klage erheben, bitte ich, mich zu unterrichten.

Außerdem weise ich noch auf folgendes hin:

Es erscheint mir sinnvoll und notwendig, zur Durchsetzung ihres Bescheides ein geeignetes Zwangsmittel gem. § … anzudrohen. Ich bitte daher, dies in einer gesonderten Verfügung nachzuholen. Meines Erachtens kommt hier nur die Androhung von unmittelbarem Zwang durch Versiegelung der Räumlichkeiten in Betracht, da der Widerspruchsführer sich bei dem Ortstermin sehr uneinsichtig gezeigt hat und auch sehr deutlich zum Ausdruck gebracht hat, dass er trotz der Untersagungsverfügung die für das Wochenende geplanten Gotcha Spiele nicht absagen wird. Da nur der Veranstalter in der Lage ist, die Anordnung zu befolgen und damit eine nicht vertretbare Handlung gegeben ist, kommt das Zwangsmittel der Ersatzvornahme nicht in Betracht. Um den Spielbetrieb mit Sicherheit zu unterbinden, kommt daher nur die Androhung von unmittelbarem Zwang in Betracht.

Im Hinblick auf die erheblichen Beeinträchtigungen von Rechtsgütern sollte dem Veranstalter gem. § … zusätzlich ein Zwangsgeld in Höhe von 5.000 Euro für jeden Fall der Nichtbefolgung des Spieleverbotes angedroht werden. Dies ist die Summe der durchschnittlichen Tagesumsätze. Nur durch ein entsprechend hohes Zwangsgeld kann ihm die Dringlichkeit des Verbotes verdeutlicht werden, denn es darf sich für den Veranstalter auf keinen Fall lohnen, gegen die Verfügung zu verstoßen.

Als Widerspruchsbehörde habe ich nur die Sachherrschaft über den angefochtenen Verwaltungsakt, mir fehlt die Zuständigkeit zur selbständigen Androhung dieser Zwangsmittel.

Ich bitte, mir bis zum … zu berichten, was Sie veranlasst haben.

Im Auftrage

8. Aktenvermerke

971 Bei der Begründung des Widerspruchsbescheides soll sich die Widerspruchsbehörde gem. § 39 Abs. 1 S. 2 VwVfG auf die **wesentlichen** Erwägungen beschränken. Das bringt es mit sich, dass für den Bescheidempfänger unwesentliche, für die Behörde aber durchaus wichtige Erkenntnisse im Verwaltungsvorgang festgehalten werden müssen. Hierüber muss ein Vermerk gefertigt werden. In diesem Vermerk werden z. B. Fragen der Zulässigkeit des Widerspruches festgehalten. Dient die Einräumung von Ermessen nur den Interessen der Allgemeinheit und nicht auch denen des Bescheidempfängers, werden ermessensleitende Gesichtspunkte ebenfalls in diesem Vermerk festgehalten, damit auf sie für künftige vergleichbare Fälle zurückgegriffen werden kann.
Es ist aber darauf zu achten, dass in einem Aktenvermerk nicht noch einmal dargelegt wird, was in dem Bescheid an den Antragsteller ohnehin auftaucht.

9. Geschäftsvermerke

972 Der Behördenleiter ist angesichts des umfangreichen Schriftverkehrs nicht in der Lage, alle Schriftstücke zu unterschreiben. Die Zeichnungsberechtigung ist weitestgehend auf Mitarbeiter übertragen worden. Neben sogen. Vorbehaltskatalogen können sich

der Behördenleiter oder sonstige Vorgesetzte allerdings in jedem Einzelfall die **Schlusszeichnung** von Schriftstücken vorbehalten oder sich ein Schriftstück vor oder nach der Schlusszeichnung durch den Sachbearbeiter zur **Kenntnis** vorlegen lassen. In diesen Fällen will der Vorgesetzte das Zeichnungsrecht unberührt lassen und – bei Vorlage nach Schlusszeichnung – auch keinen Einfluss auf die Entscheidung nehmen.
Sicht- und Arbeitsvermerke von Vorgesetzten bringen ein derartiges Verlangen zum Ausdruck. Das geschieht durch Farbstifte, deren Farbe nur bestimmten Vorgesetzen vorbehalten ist. Dies ist in der Geschäftsordnung geregelt.

In NRW benutzt z. B. der Regierungspräsident den Rotstift und sein allgemeiner Vertreter den Blaustift (§ 34 GeschO Bez.-reg.).

Sichtvermerke sind Striche oder Namenszeichen mit Datum, sie sagen aus, dass der Eingang dem entsprechenden Vorgesetzen vorgelegen hat. **Arbeitsvermerke** sind Bearbeitungshinweise von Vorgesetzten. **973**

Beispiele: „farbiges Kreuz" bedeutet: Schlusszeichnung vorbehalten; „R" bedeutet: Rücksprache, d. i. eine kurze Erörterung der Sache mit dem Vorgesetzten.

In der **vertikalen Kommunikation**, d. i. der Dienstverkehr zwischen Vorgesetzten und Bediensteten und umgekehrt, ist grundsätzlich der **Dienstweg** einzuhalten. Unmittelbare Vorgesetzte dürfen nicht übergangen werden. Kann der Dienstweg ausnahmsweise einmal nicht eingehalten werden, so ist der Übergangene unverzüglich zu benachrichtigen.
In der **horizontalen Kommunikation**, d. i. der Dienstverkehr zwischen gleichgeordneten Organisationseinheiten, z. B. zwischen zwei Städten, brauchen Vorgesetzte nur eingeschaltet zu werden, soweit dies zur Wahrnehmung ihrer Leitungsaufgaben erforderlich ist. Sie müssen allerdings stets über wichtige Angelegenheiten informiert werden.

In vielen Fällen ist in den Ländern mit einem dreistufigen Verwaltungsaufbau die Bezirksregierung die Widerspruchsbehörde. Zur Erfüllung der **Bündelungs- und Koordinierungsfunktionen** einer Bezirksregierung sollen die Organisationseinheiten und Bediensteten eng zusammenarbeiten und auf einheitliche Entscheidungen hinwirken. Bei der Abfassung von Widerspruchsbescheiden werden daher mitunter andere Dezernate oder Bedienstete zu beteiligen sein. Dies geschieht durch **Mitzeichnen.** Damit wird die Verantwortung für die Entscheidung mit übernommen und zum Ausdruck gebracht, dass z. B. bei der Verweisung eines Schülers von der Schule juristische und pädagogische Belange berücksichtigt worden sind. Dokumentiert wird die Mitzeichnung in der Weise, dass der Entwurf des Widerspruchsbescheides ebenfalls abgezeichnet wird, ggfls. werden Bearbeitungsvermerke hinzugefügt. Um nun wortreiche Begleitvermerke zu ersparen, werden für die Mitzeichnung „Käsekästchen" am Schluss des Entwurfes vorgesehen, z. B. **974**

RP / RVP / 11 / 25

Die Mitarbeiter und Vorgesetzten zeichnen in dem für sie durch das Organisationseinheitszeichen vorgesehenen Kästchen mit Datum und Namenszeichen ab. Sie bekunden damit ihre Kenntnisnahme.

10. Schlussverfügungen

Von jedem Widerspruchsbescheid muss im Verwaltungsvorgang ein Entwurf verbleiben, der immer mit der Überschrift „E" bzw. „Entwurf" versehen wird. **975**
Am Ende des Entwurfes muss darüber entschieden werden, wie mit dem Aktenstück weiter verfahren werden soll. **Wiedervorlage** ist zu verfügen, wenn der Fall noch nicht abschließend bearbeitet werden kann. Es ist zweckmäßig, den Zweck der Wiedervorlage durch ein Stichwort zu kennzeichnen (z. B. Anhörung beantwortet? Vollstre-

ckung?). Bei einem Widerspruchsbescheid ist das jedoch in aller Regel nicht der Fall, der Eingang des Zustellungsnachweises etwa muss nicht überwacht werden.

Wiedervorlage muss z. B. immer angeordnet werden, wenn ein Verwaltungsakt noch vollstreckt werden muss.

976 Wenn weitere Aktivitäten in einer Sache nicht mehr erforderlich sind, wenn nichts mehr veranlasst werden muss, lautet die Schlussverfügung **„zu den Akten“** bzw. **„z.d.A.“**. Der Verwaltungsvorgang wird dem Bearbeiter dann nur noch auf besondere Anforderung wieder vorgelegt. Nach Ablauf einer Aufbewahrungsfrist von in der Regel 30 Jahren wird der Vorgang vernichtet oder dem Archiv zur Aufbewahrung angeboten.

Abgeschlossen wird der Vorgang dann mit **Namenszeichen** und **Datum** des Verfassers. Die Unterschrift mit vollem Namen ist in Bescheidentwürfen, die bei den Behördenakten verbleiben, unüblich.

13. Abschnitt: Behördliche Klage- und Antragserwiderung

1. Zunehmende Bedeutung der Anfertigung von Schriftsätzen an das Gericht in Studium und Praxis

Da sich aufgrund des weitgehenden Wegfalls des Widerspruchsrechtes in vielen Bundesländern nach Erlass des Ausgangsbescheides unmittelbar das verwaltungsgerichtliche Klageverfahren anschließt, wird in Ausbildung und Praxis vermehrt die Anfertigung einer Klageerwiderung gefordert und das gilt auch für Klausuren in den Prüfungen. **977**
Mit diesen sogen. Bürokratieabbaumaßnahmen in einigen Bundesländern ist zudem angestrebt, die **Professionalität** der **Aufgabenerledigung** durch die Verwaltung zu erhöhen[1]. Dies soll allein durch den Druck erhöht werden, der dadurch entsteht, dass sich die Ausgangsbehörde auch ohne Zuhilfenahme einer nächsthöheren Behörde vor dem Verwaltungsgericht rechtfertigen muss.
Schriftsätze an das Verwaltungsgericht sind mit einfacher Post zu senden, also ohne Zustellung. Die beim Gericht zuständige Kammer braucht in der Anschrift nicht ausdrücklich genannt zu werden, denn sie ergibt sich automatisch aus dem bekannten Aktenzeichen des Gerichtes[2]. Eine Anrede oder die sonst bei Behördenschreiben übliche Grußformel unterbleibt. Für die Beteiligten sind Kopien des Schriftsatzes beizufügen.

2. Aufbau und Gestaltung einer „Klageerwiderung“

Den Begriff „Klageerwiderung“ kennt die VwGO nicht (anders § 277 ZPO), denn das Verwaltungsgericht muss unabhängig vom Vorbringen Klägers den Beklagten (§ 63 Nr. 2 VwGO) von Amts wegen erforschen. Im Unterschied zum Zivilprozess bleibt es daher ohne prozessuale Folgen[3], wenn eine schriftliche Äußerung zur Klage und vor allem zur Begründung des Klagebegehrens durch die Beklagte nicht erfolgt. Folgerichtig enthält die VwGO auch keinerlei Verfahrensvorschriften über Aufbau und Gestaltung einer „Klageerwiderung“ oder gar über das Erfordernis eines Antrages zur Sache. **978**
In der Verwaltungspraxis hat sich jedoch ein Aufbau- und Gestaltungssystem herausgebildet, das sich in seiner Grundstruktur an der Klageschrift (§ 82 VwGO) sowie an den Vorschriften der ZPO orientiert, soweit grundsätzliche Unterschiede der Verfahrensarten dies nicht verbieten (§ 193 VwGO). Der wohl wesentlichste Unterschied ist, dass für den Verwaltungsprozess die **Offizialmaxime** gilt (§ 86 VwGO), d. h. das Gericht erforscht die Sach- und Rechtslage umfassend von Amts wegen, während im Zivilprozess die **Parteimaxime** gilt, d. h. das Gericht darf nur die Tatsachen in seinem Urteil berücksichtigen, die von den Prozessparteien vorgetragen worden sind (§ 282 Abs. 1 ZPO).
In der VwGO geregelt ist, dass die beklagte Körperschaft/Behörde
- zur Vorbereitung der mündlichen Gerichtsverhandlung Schriftsätze einreichen soll (§ 86 Abs. 4 VwGO)
- Beweisanträge stellen kann (Umkehrschluss § 86 Abs. 1 S. 2 VwGO)

Selbstverständlich ist es einer beklagten Körperschaft oder Behörde nicht verwehrt, alle aus ihrer Sicht notwendigen tatsächlichen und rechtlichen Gesichtspunkte in das

1 Schönenbroicher, NVwZ 2009, 1144, 1146.
2 Vgl. RdNr. 1081.
3 Kopp/Schenke, VwGO, § 5 RdNr. 4.

Gerichtsverfahren einzubringen und stets zu versuchen, das Verwaltungsgericht von der Rechtmäßigkeit der angefochtenen Entscheidung zu überzeugen.

979 **Inhaltlich** sollten die Ausführungen der beklagten Körperschaft/Behörde insbesondere folgendes enthalten:
- (nur) bei Bedarf Ausführungen zur Zulässigkeit der erhobenen Klage
- notwendige Richtigstellungen der in der Klageschrift vorgetragenen Tatsachen
- Beweisanträge, falls Tatsachen Mitwirkungspflichten des Klägers voraussetzen
- ergänzende Ermessenserwägungen (§ 114 S. 2 VwGO)
- Hinweise auf die Heilung von Verfahrens- und Formfehlern (§ 45 Abs. 2 VwVfG)
- fundierte und rechtssystematisch geordnete Ausführungen zur formellen und materiellen Rechtmäßigkeit des angefochtenenBescheides mit Hinweisen auf Rechtsprechung und Literatur
- fundierte Ausführungen zur fairen Inanspruchnahme von Beurteilungsspielräumen

980 Der formelle Rahmen einer „Klageerwiderung" ist folgender:
- Briefkopf der beklagten Körperschaft/Behörde
- Rubrum
- Antrag
- Sachverhaltsdarstellung
- Rechtliche Würdigung
- Zusammenfassung

2.1 Briefkopf

981 (1) **Angabe der absendenden Behörde und der Anschrift des Verwaltungsgerichtes**
Beteiligte in einem Verwaltungsprozess ist in NRW[4] grundsätzlich die Behörde, die den angefochtenen Verwaltungsakt erlassen oder den beantragten Verwaltungsakt unterlassen hat (§ 5 Abs. 2 S. 1 AG VwGO NRW). Betrifft der Verwaltungsrechtsstreit ein gegenwärtiges oder früheres Beamten-, Richter- Wehrdienst- oder Zivildienstverhältnis ist die Klage ausnahmsweise gegen die vertretende Behörde zu richten (§ 5 Abs. 2 S. 2 AG VwGO NRW).
Im Briefkopf ist daher die Behörde mit ihrem Behördensitz zu nennen, ebenso sind die Organisationseinheit/Sachbearbeiter/In/Telefon/Ort und Datum/Aktenzeichen zu benennen.
Alsdann folgen Name und Anschrift des erkennenden Verwaltungsgerichtes.
(2) **Betreff- und Bezugszeile**
Betreff- und Bezugszeile dienen der Orientierungshilfe. Der Betreff bezeichnet das Verwaltungsstreitverfahren, um das es geht. Hier werden die Beteiligten und das Aktenzeichen des Gerichtes genannt. Bei einer (ersten) Klageerwiderung empfiehlt es sich, dies ausführlich in dem (späteren) Rubrum darzustellen. In diesem Fall erübrigt sich im Betreff eine ausführliche Vorstellung. Die Begriffe Betreff und Bezug werden in aller Regel nicht mehr verwendet, es wird lediglich der Text durch Fettdruck hervorgehoben und ohne Schlusspunkt geschrieben. Nach dem Wortlaut des Betreffs erfolgen zwei Leerzeilen[5].
Antwortet die Behörde auf eine richterliche Verfügung, so wird sie im Bezug als konkreter Anknüpfungspunkt genannt; der Richter kann dann den Schriftsatz in dem Verfahren sofort zuordnen.

Formulierungsvorschlag:
Verfügung des Vorsitzenden/Berichterstatters/der Kammer/des Gerichts vom …

---

4 In anderen Ländern muss die Klage gegen die juristische Person gerichtet werden, die dann von der Behörde vertreten wird.
5 Linhart, § 5 Rdnr. 16.

(3) Anzahl der vorgelegten Schriftsätze
Ebenso wie die Klageschrift (§ 81 Abs. 2 VwGO) muss auch die Klageerwiderung Abschriften für alle Verfahrensbeteiligten enthalten. Deren Anzahl wird konkret benannt.
(4) Überschrift
Es ist üblich, auch behördliche Schriftsätze an das Verwaltungsgericht mit einer Überschrift zu versehen. Das erleichtert den Überblick der Prozessakte.
(5) Übergabe des Verwaltungsvorgangs an das Gericht
Damit das Verwaltungsgericht seiner Pflicht zur vollständigen Klärung des Sachverhaltes von Amts wegen nachkommen kann, ist die Behörde verpflichtet, ihren **gesamten Verwaltungsvorgang** dem Gericht vorzulegen (§ 99 VwGO). Die Beteiligten haben damit einen Anspruch, den **vollständigen** Verwaltungsvorgang einzusehen (§ 100 VwGO).
In aller Regel fordert der Kammervorsitzende mit der Zustellung der Klageschrift die Behörde auf, im Rahmen einer Klageerwiderung auch die dem Rechtsstreit zugrunde liegenden Verwaltungsvorgänge dem Gericht vorzulegen. Dieser Aufforderung nachgekommen zu sein, muss **aktenkundig** vermerkt werden.

Formulierungsvorschlag:
Ich übersende auf Verfügung des Vorsitzenden vom … meinen mit Blattzahlen versehenen Verwaltungsvorgang.

In diesem Zusammenhang gibt das Verwaltungsgericht den Beteiligten auch zumeist die Gelegenheit, zu einer beabsichtigten Übertragung der Entscheidung auf einen Einzelrichter Stellung zu nehmen (§ 6 VwGO). Eine Pflicht zur Anhörung ergibt sich wegen der beachtlichen Bedeutung einer solchen Entscheidung aus dem verfassungsrechtlichen Grundsatz der Gewährung rechtlichen Gehörs (Art. 103 Abs. 1 GG).

2.2 Rubrum

Soweit das bereits in der Betreffzeile geschehen ist, ist hier nur eine verkürzte Fassung üblich, z. B. „In dem Verfahren Meier. /. Oberbürgermeisterin der Stadt Köln" … **982**

2.3 Behördlicher Gegenantrag an das Verwaltungsgericht

Der Antrag bezeichnet die Forderung des/der Beklagten an das Gericht. Er muss so formu- **983**
liert sein, dass er das (gewünschte) Ergebnis der verwaltungsgerichtlichen Entscheidung in der Sache vorwegnimmt. Der Ausgang des Prozesses ist entscheidend von der **Exaktheit des Klageantrages** abhängig. Der Klageantrag ist eingerückt zu formulieren.
Ein Kostenantrag sowie ein Antrag zur vorläufigen Vollstreckbarkeit des Urteils muss nicht gestellt werden, darüber entscheidet das Gericht von Amts wegen (§§ 161 Abs. 1; 167 Abs. 1 VwGO; 704 f. ZPO).

2.4 Begründung des Antrages

Das Verwaltungsgericht entscheidet zwar gem. § 86 VwGO umfassend von Amts we- **984**
gen über den Klagegegenstand, so dass es einer behördlichen Begründung des Antrages eigentlich nicht zwingend bedürfte. Die Klagerwiderung nicht zu begründen, wäre jedoch unüblich.
Eine ordnungsgemäße Begründung unterscheidet zwischen **tatsächlichen** und **rechtlichen** Gründen.

2.4.1 Sachverhaltsdarstellung

Nach dem Klageantrag ist der Sachverhalt **gestrafft** darzustellen, und zwar überwiegend **985**
im **Imperfekt.** Die Sachverhaltsdarstellung soll dem Gericht in kurzer und knapper Form einen Überblick über das bisherige Geschehen geben. Es soll verdeutlicht werden, von wel-

chem Sach- und Streitstand die Behörde ausgegangen ist. Das Gericht wird damit in die Lage versetzt, zu überprüfen, ob die Behörde über die richtigen Fakten entschieden hat. Hierfür empfiehlt es sich, den Geschehensablauf möglichst **chronologisch darzustellen**, damit dem Richter zugleich ein Erfassen zeitlicher Zusammenhänge möglich wird. Daten werden nur dann angegeben, wenn sie für das Verständnis des Streitstoffes notwendig sind oder sie eine verfahrensrechtliche Bedeutung haben. Auf die Daten des angefochtenen Bescheides ist immer hinzuweisen. Soweit es um **Urkunden** geht, über deren **Auslegung** Streit besteht, sind wörtliche Passagen durch Einrücken hervorzuheben. Angaben zur Zustellung des angefochtenen Bescheides werden nur gemacht, wenn es darauf ankommt, z. B. für die Wahrung der Klagefrist.
Wird der Sachverhalt in der Klageschrift vom Kläger zutreffend geschildert, ist eine wiederholende Darstellung im Rahmen der Klageerwiderung überflüssig, der Sachverhalt muss dann nur noch von der Behörde „**unstreitig gestellt**" werden, d. h. die Darstellung des Klägers muss lediglich bestätigt werden. Dann ergibt sich für das Gericht, dass eine Beweisaufnahme nicht erforderlich ist.
Wird der Sachverhalt vom Kläger in der Klageschrift ungenau dargestellt, muss dies in der Erwiderung unbedingt korrigiert und ergänzt werden. Sofern keine wesentlichen neuen Tatsachen vortragen werden sollen, sollte auf die **Sachverhaltsdarstellung des Bescheides** Bezug genommen werden.
Die Reihenfolge der Sachverhaltsdarstellung ist:
- unbestrittene Tatsachen
- angegriffener Bescheid mit kurzer Wiedergabe seines Inhaltes
- Klageerhebung mit Vorbringen der Beteiligten

Es sollte jedoch unbedingt darauf geachtet werden, in der Erwiderung unnötige Wiederholungen und papierfüllende Ausführungen an das Gericht zu vermeiden. Den Inhalt von Bescheiden kann der Richter selbst lesen; der besseren Übersichtlichkeit dient es allerdings, wenn auf die einschlägigen Aktenseiten der (durchnummerierten) behördlichen Akte hingewiesen wird.

2.4.2 Rechtliche Würdigung

986 Im Aufbau entspricht die rechtliche Würdigung in der Klageerwiderung dem eines Ausgangsbescheides, nämlich:
- Ermächtigungsgrundlage
- formelle Rechtmäßigkeit[6]
  - Zuständigkeit
  - Verfahren
  - Form
- materielle Rechtmäßigkeit
  - Auflistung der Voraussetzungen der Rechtsgrundlage
  - Subsumtion des Sachverhaltes unter die gesetzlichen Voraussetzungen
  - Ermessenserwägungen und Verhältnismäßigkeit

Zu beachten ist, dass **Ermessensentscheidungen** in der Klageerwiderung so begründet werden müssen, dass das Gericht sie auf etwaige **Ermessensfehler** hin überprüfen kann (§ 114 VwGO). **Zweckmäßigkeitserwägungen** sind in der Klageerwiderung dagegen nicht anzustellen; die zu überprüfen ist nämlich nicht Sache des Verwaltungsgerichtes.
In einer Klageerwiderung unterbleibt eine Grußformel (ebenso wie eine persönliche Anrede, denn es werden ja keine bestimmten Richter angeschrieben).
Wie bei allen behördlichen Schreiben ist die Unterschrift auch bei der „Klageerwiderung" mit dem jeweiligen Zeichnungszusatz zu versehen (Behördenleiter/In ohne Zusatz; Stellvertreter „In Vertretung", alle übrigen zeichnungsbefugten Bediensteten „Im Auftrag").

---

6 Etwaige erkannte formelle Mängel können bis zur letzten mündlichen Verhandlung vor Gericht geheilt werden (§ 45 Abs. 1 VwVfG NRW).

3. Schematische Darstellung einer Klageerwiderung

Stadt Köln 987
Die Oberbürgermeisterin *[Ort], [Datum] [Adresse]*

An das Verwaltungsgericht […]
[Adresse]

In der Verwaltungsrechtssache

des Herrn [Name, Adresse]

– Klägers –

Verfahrensbevollmächtigter: Rechtsanwalt Klaus Schlau [Adresse]

gegen

die Stadt Köln, vertreten durch die Oberbürgermeisterin

– Beklagte –

wegen Widerrufs einer Gaststättenerlaubnis

überreiche ich hierneben meinen mit Blattzahlen versehenen Verwaltungsvorgang (Bl. 1–97).
Gegen die Übertragung des Rechtsstreites auf ein Mitglied der Kammer als Einzelrichter habe ich keine Bedenken.
Ich werde in der mündlichen Verhandlung beantragen, [bei Anfechtungsklage] die Klage abzuweisen.
Begründung:

[Sachverhaltsdarstellung]
Der Kläger hat am … die vorläufige Erlaubnis zum Betrieb einer Gaststätte erhalten. Diese Erlaubnis habe ich mit dem angefochtenen Bescheid vom … widerrufen.

[Rechtsdarstellung]
Die Klage ist bereits unzulässig, denn sie wurde verspätet erhoben. […]

Die Klage ist auch inhaltlich unbegründet. Der angefochtene Bescheid vom … ist rechtmäßig, so dass der Kläger nicht in seinen Rechten verletzt ist. Auf die Begründung des Bescheides nehme ich Bezug.
Die Rechtsauffassung des Klägers überzeugt nicht. Hiergegen spricht […]
Den Vorwurf eines Ermessensfehlers weise ich zurück […]
Im Übrigen […]

Die Klage kann nach alledem keinen Erfolg haben; sie ist deshalb abzuweisen.

Im Auftrag
Unterschrift oder elektronische Signatur
[Amtsbezeichnung]

Anlagen:
- *Verwaltungsvorgang*
- *2 Abschriften*

14. Abschnitt: Verwaltungsgerichtlicher Rechtsschutz

1. Allgemeines

988 Jede Behörde als Teil der öffentlichen Gewalt muss ihre Entscheidungen einem **unabhängigen Richterspruch** unterwerfen und ist damit ganz erheblich in ihrer Macht begrenzt. Aus heutiger Sicht erscheint das fast selbstverständlich. Vergessen wird dabei, dass dies das Ergebnis eines langen Prozesses ist, der erst mit dem Inkrafttreten des Grundgesetzes abgeschlossen wurde.

Die **Justizgewährleistungsgarantie** des Grundgesetzes sichert dem Einzelnen einen umfassenden Rechtsschutz zu, und zwar entgegen dem Wortlaut des Art. 19 Abs. 4 GG nicht erst, wenn feststeht, dass man in seinen Rechten „verletzt **ist**", sondern wenn man in seinen Rechten „verletzt sein **kann**". Die Anrufung eines Gerichtes kann selbstverständlich nicht nur dann möglich sein, wenn tatsächlich eine Rechtsverletzung schon feststeht. Die Auffangzuständigkeit der **ordentlichen Gerichtsbarkeit** hat heute nur noch eine geringe Bedeutung.

989 In Deutschland gibt es fünf Gerichtszweige (Art. 95 GG): die ordentliche, die Verwaltungs-, die Finanz-, die Arbeits- und die Sozialgerichtsbarkeit.

Der Verwaltungsrechtsweg ist in allen **öffentlich-rechtlichen Streitigkeiten** nicht verfassungsrechtlicher Art gegeben, soweit die Streitigkeit nicht durch Bundesgesetz (für das Gebiet des Landesrechtes: durch Landesgesetz) einem anderen Gericht ausdrücklich zugewiesen ist (§ 40 Abs. 1 VwGO).

Die Verwaltungsgerichtsbarkeit in Deutschland[1] ist **dreistufig** aufgebaut:

1. Verwaltungsgerichte, die als erste Instanz grundsätzlich über alle Streitigkeiten entscheiden, für die der Verwaltungsrechtsweg offen steht.
2. Oberverwaltungsgerichte (in manchen Bundesländern: Verwaltungsgerichthöfe)[2] entscheiden in zweiter Instanz (§ 46 VwGO) über **Berufungen** gegen Urteile der Verwaltungsgerichte und **Beschwerden** gegen andere Entscheidungen der Verwaltungsgerichte. In manchen Fällen sind Oberverwaltungsgerichte auch erstinstanzlich zuständig (§ 47 Abs. 1, § 48 VwGO).
3. Das Bundesverwaltungsgericht (Art. 95 Abs. 1 GG) mit Sitz in Leipzig (§ 2 VwGO) ist grundsätzlich **Revisionsinstanz** für Urteile der Oberverwaltungsgerichte (§ 49 Nr. 1 VwGO), teilweise auch der Verwaltungsgerichte (§ 49 Nr. 2). In Ausnahmefällen ist das Bundesverwaltungsgericht auch erstinstanzlich zuständig (§ 50 Abs. 1 VwGO).

990 Die Verwaltungsgerichte und die Oberverwaltungsgerichte sind Gerichte der Länder. Das Bundesverwaltungsgericht ist ein Gericht des Bundes.

Bei den Verwaltungsgerichten bestehen **Kammern**. Sie entscheiden aufgrund einer mündlichen Verhandlung in der Besetzung von drei (Berufs-) Richtern und zwei ehrenamtlichen Richtern, soweit nicht ein Einzelrichter entscheidet (§ 5 Abs. 3 VwGO). Die ehrenamtlichen Richter wirken bei Beschlüssen außerhalb der mündlichen Verhandlung und bei Gerichtsbescheiden nicht mit.

Der **Vorsitzende** einer Kammer wird vom Präsidium eines Gerichtes bestimmt (§ 21 e GVG). Der Vorsitzende stellt eine Klage zu, veranlasst die Bearbeitung im Rahmen

---

1 Zum Rechtschutz im Europarecht und dem Aufbau der europäischen Gerichtsbarkeit vgl. Böhm, JA 2009, 679 f.

2 So die traditionelle Bezeichnung in Bayern, Baden-Württemberg und Hessen.

eines im Voraus festgelegten Geschäftsverteilungsplanes, leitet die mündliche Gerichtsverhandlung, verkündet das von der Kammer gefasste Urteil und begründet es mündlich; schließlich unterzeichnet er das schriftlich begründete Urteil mit. Der Vorsitzende muss an mindestens 75 % der Entscheidungen der Kammer beteiligt sein[3].
Der Vorsitzende der Kammer bestimmt einen Berufsrichter zum **Berichterstatter** oder übernimmt diese Aufgabe selbst (§ 82 Abs. 2 S. 1 VwGO). Der Berichterstatter ist der „Sachbearbeiter" eines konkreten Falles mit Entscheidungsbefugnissen[4]. Der dritte Berufsrichter ist der **Beisitzer**, er entscheidet wie die ehrenamtlichen Richter aufgrund seines Eindruckes aus der mündlichen Verhandlung.

Allerdings finden bei den Verwaltungsgerichten zur Vorbereitung der mündlichen Verhandlung meist Vorberatungen der Berufsrichter statt, in denen der Berichterstatter schriftlich ausgearbeitete Voten vorbereitet hat.

Bei den Oberverwaltungsgerichten entscheiden **Senate** in der Besetzung mit drei Berufsrichtern (§ 9 Abs. 3 VwGO). Die Länder können bestimmen, dass die Senate nach mündlicher Verhandlung mit fünf Richtern, bei Großvorhaben mit sieben Richtern, von denen jeweils zwei ehrenamtliche Richter sein können, entscheiden (§ 9 Abs. 3 VwGO). Auch beim Oberverwaltungsgericht können Entscheidungen auf den Einzelrichter übertragen werden (§§ 125 Abs. 1 S. 1, 87a VwGO). **991**

Das nordrhein-westfälische Oberverwaltungsgericht in Münster entscheidet regelmäßig nach mündlicher Verhandlung in der Besetzung von drei Berufsrichtern und zwei ehrenamtlichen Richtern (§ 109 Abs. 1 JustG).

Beim Bundesverwaltungsgericht entscheiden derzeit elf **Revisionssenate** in der Besetzung mit fünf Berufsrichtern. Bei Grundsatzentscheidungen entscheidet ein **Großer Senat** in der Besetzung mit sieben Richtern. Bei Beschlüssen außerhalb der mündlichen Verhandlung entscheiden drei Richter. **992**
Besondere Disziplinargerichte gibt es zwar nicht mehr, in der ersten und zweiten Instanz sind jedoch spezialisierte Kammern und Senate für **Disziplinarsachen** einzurichten (§ 45 S. 2 BDO). In den Spruchkörpern müssen ehrenamtliche **Beamtenbeisitzer** mit entscheiden.
Vor dem Bundesverwaltungsgericht und dem Oberverwaltungsgericht muss sich jeder Beteiligte durch einen Rechtsanwalt oder Rechtslehrer mit der Befähigung zum Richteramt an einer Hochschule nach dem HRG vertreten lassen. Für juristische Personen des öffentlichen Rechtes und Behörden sowie für Gewerkschafts- und Interessenvertreter bestehen Ausnahmeregelungen (§ 67 Abs. 1 VwGO).

2. Die geschichtliche Entwicklung des Verwaltungsrechtschutzes

Bis zum Inkrafttreten des Grundgesetzes hatte der Bürger nur in bestimmten, gesetzlich aufgezählten Fällen (**Enumerationsprinzip**) das Recht, eine Kontrolle der Behördenentscheidung zu verlangen. **993**

Beispiele: Gewerberechtliche Verfügungen nach § 20 GewO i. d. F. vom 21.6.1869; polizeiliche Verfügungen nach der Teil-Generalklausel der §§ 127 f. des preußischen Gesetzes über die allgemeine Landesverwaltung vom 30.7.1883[5].

Nach Ende des zweiten Weltkrieges wurde in West-Deutschland die verwaltungsgerichtliche **Generalklausel** eingeführt. Hiernach können alle (nicht verfassungsrechtlichen) Streitigkeiten zwischen Bürger und Staat durch unabhängige Gerichte geklärt **994**

---

3 BGHZ 37, 210.
4 Er entscheidet z. B. in den in § 87a VwGO genannten Fällen.
5 Pr. GS S. 195.

werden. Verfassungsrechtlich abgesichert ist das durch die **Rechtsschutzklausel** des Art. 19 Abs. 4 GG: „*Wird jemand durch die öffentliche Gewalt in seinen Rechtes verletzt, so steht ihm der Rechtsweg offen*". Das darf nun aber nicht wörtlich verstanden werden, denn man kann nicht erst klagen, wenn feststeht, dass man in seinen Rechtes verletzt ist; es genügt, wenn man dies behauptet und nicht von vornherein offensichtlich feststeht, dass dies nicht der Fall sein kann. Die Verwaltungsgerichtsordnung gewährleistet heute ein **lückenloses Rechtsschutzsystem**.

995 Die Kontrolle der Verwaltung durch unabhängige Richter gehört heute zum rechtsstaatlichen Kernbestand, der gem. Art. 79 Abs. 3 GG nicht verändert werden darf. Dies ist ein Wert an sich. Durch die Gewährung eines unabhängigen gerichtlichen Rechtsschutzes soll „die Selbstherrlichkeit der vollziehenden Gewalt gegenüber dem Bürger" beseitigt werden[6]. Die Kontrolle des staatlichen Handelns durch unabhängige Gerichte schützt die Rechte des Einzelnen und sichert zugleich die Gesetzmäßigkeit der Verwaltung[7].

996 Ausnahmen von dieser Rechtsschutzgarantie sieht Art. 10 Abs. 2 GG für Maßnahmen geheimer Nachrichtenbeschaffung vor[8]. Gegen Gnadenentscheidungen schließt Art. 60 Abs. 2 GG eine gerichtliche Nachprüfbarkeit aus[9]. Eine Gnadenentscheidung kann ohne Antrag und sogar gegen den Willen des Begünstigten ergehen. Ein Recht auf einen Gnadenerweis des Staates besteht nicht, folglich kann ein solches Recht auch nicht verletzt werden.

997 Wegen des gewährleisteten Selbstbestimmungsrechtes der **Religionsgesellschaften** (Art. 140 GG i. V. m. Art. 137 Abs. 3 WRV) ist staatlicher Rechtsschutz im religiösen internen Autonomiebereich ausgeschlossen, sofern die innerkirchlichen Angelegenheiten den staatlichen Rechtskreis nicht berühren, denn den staatlichen Gerichten kommt es nicht zu, Entscheidungen über religiöse Fragen zu treffen.

Beispiele: Innerkirchliche Glaubens- und Kultusfrage ist z. B. die Verweigerung des Abendmahls. Die Errichtung eines Grabmals auf einem kirchlichen Friedhof ist dagegen kein den staatlichen Stellen entzogenes kirchliches Internum[10].

998 Das Verwaltungsprozessrecht ist heute Gegenstand der konkurrierenden Gesetzgebung (Art. 74 I Nr. 1 GG). Das Verwaltungsprozessrecht regelt das Recht des Verfahrens vor der Verwaltungsgerichtsbarkeit, die Vollstreckung von Urteilen und auch das Vor-Verfahren für die Überprüfung von Verwaltungsentscheidungen.[11] Der Bund hat von seiner Kompetenz Gebrauch gemacht und die Verwaltungsgerichtsordnung (VwGO) geschaffen. Auf der Landesebene bestehen vielfältige Gesetze[12] zur Ausführung der Verwaltungsgerichtsbarkeit.

3. Der Rechtsweg zu den Verwaltungsgerichten

999 Der Rechtsweg zu den Verwaltungsgerichten ist nach der verwaltungsgerichtlichen Generalklausel des § 40 Abs. 1 VwGO eröffnet, soweit es sich um öffentlich-rechtliche Streitigkeiten handelt. Öffentlich-rechtlich ist eine Streitigkeit dann, wenn sie sich unmittelbar aus dem öffentlichen Recht herleitet. Seit Jahrhunderten wird nun aber

6 BVerfGE 10, 264, 267.
7 Holste, JA 2009, 359, 362.
8 BVerfGE 30, 1.
9 BVerfG, NJW 2001, 3771.
10 BVerwG, NJW 1990, 2079.
11 Vgl. 12. Abschnitt (Widerspruchsverfahren).
12 In NRW das Justizgesetz.

schon versucht, überzeugende Kriterien für die Abgrenzung von öffentlichem und privatem Recht zu finden[13].
Bevor nun aber die Voraussetzungen der Generalklausel zu klären und abzugrenzen sind, müssen spezielle Sonderregelungen über den Rechtsweg zu den Verwaltungsgerichten geklärt und vorrangig angewendet werden.
Trotz der vielfältigen Regelungen gibt es vielfältige ungeklärte Rechtswegfragen, das gilt besonders für den Bereich der Klärung von Streitigkeiten aus Verwaltungshandeln, z. B. Hausverbote, Immissionen[14], Wettbewerbshandeln der öffentlichen Hand, amtliche Äußerungen von Behördenmitarbeitern.

3.1 Ausdrückliche Zuweisungen zum Verwaltungsrechtsweg

Einige Sachbereiche sind den Verwaltungsgerichten durch Gesetz ausdrücklich zur **1000** Streitentscheidung zugewiesen worden, man spricht dann von einer aufdrängenden Sonderzuweisung. Hierunter fallen in erster Linie Streitigkeiten aus besonderen Pflichtenverhältnissen, nämlich Klagen aus dem Beamtenverhältnis (§ 54 BeamtStG); aus dem Soldatenverhältnis (§ 59 SG). Bedeutsam sind außerdem Streitigkeiten aus der Verletzung öffentlich-rechtlicher Vertragspflichten (Umkehrschluss aus § 40 Abs. 2 S. 1 VwGO)[15].

3.2 Abdrängende Verweisungen auf andere Rechtswege

Von der Generalklausel abweichend sind einige öffentlich-rechtliche Streitigkeiten **1001** „abdrängend" den ordentlichen Gerichten (den Zivil- und Strafgerichten) sowie besonderen Verwaltungsgerichten (den Finanz- und Sozialgerichten) zugewiesen worden.

Für eine Klausurbearbeitung wird dringend empfohlen, diese Sonderzuweisungen zunächst zu prüfen.

3.2.1 Spezialzuständigkeiten der ordentlichen Gerichte

Das Grundgesetz selbst weist aus historischen Gründen Streitigkeiten über die **Höhe** **1002** **von Enteignungsentschädigungen** (Art. 14 Abs. 3 S. 4 GG) sowie den **Schadensersatz bei Amtspflichtverletzungen** (Art. 34 S. 3 GG) den Zivilgerichten zur Entscheidung zu. Hieran knüpft § 40 Abs. 2 VwGO an, der vermögensrechtliche Ansprüche aus **Aufopferung** und aus öffentlich-rechtlicher **Verwahrung**, z. B. nach Abschleppen eines Fahrzeugs, sowie aus der **Verletzung öffentlich-rechtlicher Pflichten** – sofern sie nicht auf einem öffentlich-rechtlichen Vertrag beruhen – wie z. B. aus einer Geschäftsführung ohne Auftrag[16] von Zivilgerichten entschieden werden.
Streitigkeiten über Verwaltungsakte von Justizbehörden werden gem. §§ 23, 25 EG GVG vom Oberlandesgericht geklärt.

Justizverwaltungsakte sind alle Maßnahmen – also auch schlicht hoheitliche Handlun- **1003** gen – einer Justizbehörde im funktionellen Sinne auf dem Gebiet der Strafrechtspflege[17].
Dieser Rechtswegezuweisung liegt der Gedanke zugrunde, dass die ordentlichen Gerichte Entscheidungen über die Rechtmäßigkeit von Verwaltungsmaßnahmen auf dem Gebiet des bürgerlichen Rechtes, des Zivilprozesses, der freiwilligen Gerichtsbarkeit und der Strafrechtspflege von der Sache her näher stehen als die Gerichte der allgemei-

13 Kopp/Schenke, VwGO, § 40, RdNr. 12.
14 BGHZ 91, 20 (Kläranlagen).
15 Hierzu im Einzelnen RdNr. 1153 f.
16 BGH, NJW 1986, 1110.
17 OLG Karlsruhe, NStZ 1988, 184.

nen Verwaltungsgerichtsbarkeit. Es soll verhindert werden, dass Gerichte zweier verschiedener Gerichtszweige Verwaltungsstreitigkeiten desselben Rechtsgebietes entscheiden können[18].

Der Begriff der Justizbehörde ist nun nicht im organisatorischen Sinne, sondern im **funktionellen Sinne** zu verstehen, d. h. hierunter fallen alle Behörden, die Aufgaben der Justizverwaltung (also nicht der Rechtsprechung) wahrnehmen. Als Justizbehörden gelten problemlos die Staatsanwaltschaften, aber auch Polizeibehörden, denn im Rahmen der Strafverfolgung werden Polizeibeamte als Ermittlungsbeamte der Staatsanwaltschaft tätig.

1004 Die **Polizei** wird sowohl zum Zwecke der Gefahrenabwehr (**präventiv** nach den Polizeigesetzen der Länder) als auch zur Strafverfolgung (**repressiv** nach der Strafprozessordnung des Bundes) tätig, dies ist die sogen. **Doppelfunktion** der Polizei.

Bei einer **kombinierten Tätigkeit** der Polizei ergeben sich Rechtswegprobleme.

Beispiel: Während der Weihnachtspredigt 2014 des Kölner Erzbischofs stürmten Femenmitglieder „barbusig“ den Altarbereich des Kölner Doms. Nachdem sie eine Aufforderung zum Verlassen des Domes unbeachtet ließen, nahmen Polizeibeamte die Demonstrantinnen fest, hüllten sie in Decken und trugen sie aus der Kirche. Die Polizei könnte hier sowohl zur Strafverfolgung (Hausfriedensbruch, § 123 StGB) als auch zur Gefahrenabwehr (Gesundheitsschutz) tätig geworden sein.

1005 Eine wohl noch überwiegende Meinung entscheidet danach, wo der **Schwerpunkt der Maßnahme** lag – bei der Gefahrenabwehr oder bei der Strafverfolgung[19]. Der Schwerpunkt richtet sich nach dem vorrangigen Zweck der Maßnahme. Zur Bestimmung dieses Zweckes müsste auf die subjektiven Vorstellungen des handelnden Beamten abgestellt werden. Die sind jedoch zum einen schwer zu ermitteln und sie liefern zum anderen wohl auch kaum saubere Abgrenzungsmöglichkeiten, denn der Beamte wird wohl in erster Linie effizient tätig werden wollen, und damit anstreben, sowohl repressiv als auch präventiv einzugreifen. Also kann der vorrangige Zweck nur objektiv ermittelt werden, es ist auf den „Gesamteindruck“ der Maßnahme abzustellen. Dieses Kriterium ist nun aber außerordentlich unbestimmt und daher für die Praxis schwer zu verwenden.

Nach anderer Auffassung[20] soll im Falle des Doppelcharakters einer polizeilichen Maßnahme der Schwerpunkt grundsätzlich auf der Prävention liegen, da die zukunftsgerichtete Gefahrenabwehr Vorrang vor der auf die Vergangenheit bezogenen Strafverfolgung haben müsse.

1006 Zutreffend dürfte sein, eine Polizeimaßnahme, die sowohl der Strafverfolgung als auch der Gefahrenabwehr dient, an beiden in Betracht kommenden Ermächtigungsgrundlagen zu messen, nämlich an den Vorschriften der Polizeigesetze der Länder und an der bundesrechtlichen Strafprozessordnung. Denn es ist nicht einzusehen, warum die Polizei sich nur auf ein Rechtsgebiet stützen können darf, wenn ihr sachlich beide Aufgabenbereiche eröffnet sind.

Kann die Polizei eine von ihr getroffene Maßnahme auf das Polizeirecht stützen, so bleibt diese Maßnahme selbstverständlich auch unter repressiven Gesichtspunkten rechtmäßig, es ist dann allenfalls eine weitere Befugnisnorm hinzugetreten. Der Bürger kann gegen die polizeiliche Maßnahme entweder die Verwaltungsgerichte (§ 40 Abs. 1 VwGO) oder die Strafsenate des Oberlandesgerichtes (§ 23 EG GVG) anrufen. Das ist auch **keine Rechtswegeverdoppelung**, denn das von dem Bürger angerufene Gericht entscheidet den Streit unter allen rechtlich in Betracht kommenden Gesichtspunkten[21].

---

18 BVerwGE 47, 255.
19 BayVGH, NVwZ 1986, 655.
20 Tegtmeyer, RdNr. 40 zu § 1 PolG NRW.
21 Ehlers in: Schoch pp., VwGO, RdNr. 607 zu § 40 VwGO.

Beispiele: Klagen auf Auskunftserteilung über gesammelte personenbezogene Daten[22]; Vernichtung erkennungsdienstlicher Unterlagen[23]; Presseerklärung der Staatsanwaltschaft[24]; Sperrerklärungen[25].

3.2.2 Spezialzuständigkeiten für besondere öffentlich-rechtliche Rechtswege

Gem. § 51 SGG sind die Sozialgerichte insbesondere zuständig für öffentlich-rechtliche Streitigkeiten auf dem Gebiet der Sozialversicherung (Renten-, Unfall-, Kranken-, Arbeitslosen- und Pflegeversicherung) und in Angelegenheiten der Sozialhilfe (SGB XII)[26]. **1007**
Über öffentlich-rechtliche Streitigkeiten in Steuer- und Abgabeangelegenheiten entscheiden gem. § 33 FGO die Finanzgerichte[27].

3.2.3 Die verwaltungsgerichtliche Generalklausel

Die Verwaltungsgerichte entscheiden grundsätzlich über öffentlich-rechtliche Streitigkeiten nicht verfassungsrechtlicher Art (§ 40 Abs. 1 VwGO). **1008**
Ist eine Streitigkeit verfassungsrechtlich zu beurteilen, sind die allgemeinen Verwaltungsgerichte aus der Streitentscheidung ausgenommen. Nach dem Grundsatz der doppelten Verfassungsunmittelbarkeit[28] ist eine Streitigkeit verfassungsrechtlich, wenn sie inhaltlich auf Verfassungsrecht beruht und Verfassungsorgane beteiligt sind.

Beispiele: Streitigkeiten zwischen Bund und Ländern; Klagen von Abgeordneten über Aufhebung ihrer Immunität

Der Begriff der **öffentlich-rechtlichen Streitigkeit** ist im Gesetz nicht definiert. Es werden verschiedene Theorien zur Abgrenzung der öffentlich-rechtlichen Streitigkeiten von den privatrechtlichen Streitigkeiten vertreten[29].

Die öffentliche Hand ist bei einer **wirtschaftlichen Betätigung** ebenfalls an die allgemein Wettbewerbsbedingungen wie das Gesetz gegen den unlauteren Wettbewerb gebunden. Insoweit sind Streitigkeiten zivilrechtlich[30]. Geht es dagegen um einen Streit über spezielle kommunalrechtliche Bindungen wie z. B. das „OB" eines solchen Unternehmens, so wäre dieser Streit öffentlich-rechtlicher Natur, da hier eine nur die Behörde bindende Sondernorm der Gemeindeordnung Gegenstand des Streites ist. **1009**
Über die Unterlassung einer wirtschaftlichen Betätigung entscheiden damit die Verwaltungsgerichte, über die Art und Weise einer wirtschaftlichen Betätigung die Zivilgerichte.
Die Ausübung des **Hausrechtes** beruht auf der öffentlich-rechtlichen Sachherrschaft über ein Gebäude, z. B. ein Rathaus. Sie ist dann öffentlich-rechtlicher Natur, wenn sie öffentlich-rechtlichen Zwecken dient[31]. Wird das Hausrecht im Landtag ausgeübt, so ist ein Streit hierüber nicht verfassungsrechtlicher Natur[32].
Abwehransprüche des Bürgers gegen staatliche **Einwirkungen** z. B. von Sportplätzen oder Kläranlagen sind öffentlich-rechtlich, soweit damit öffentliche Aufgaben erfüllt werden[33].

---

22 BVerwG, NJW 1990, 2765.
23 OVG Koblenz, NJW 1994, 2108.
24 BVerwG NStZ 1988, 513; dagegen OLG Hamm, NStZ 1995, 412.
25 BGH, DVBl. 1998, 1016.
26 Seit dem 1. Januar 2005.
27 Gemeindliche Steuer- und Abgabeangelegenheiten gehören demgegenüber überwiegend zur Zuständigkeit der allgemeinen Verwaltungsgerichte.
28 BVerwGE 51, 69.
29 Vgl. RdNr. 130 f.
30 OLG Düsseldorf, DÖV 01, 312; VG Gelsenkirchen, NWVBl. 05, 40.
31 OVG NRW, NWVBl. 89, 91.
32 VG Düsseldorf, NWVBl. 01, 69.
33 Kopp/Schenke, VwGO, RdNr. 12 zu § 40.

1010 Sofern Klage vor dem Verwaltungsgericht erhoben worden ist, obwohl die vorgenannten Voraussetzungen nicht vorliegen, verweist das Gericht den Rechtsstreit nach Anhörung der Beteiligten von Amts wegen an das örtlich zuständige Gericht (§ 83 VwGO i. V. m. § 17a GVG)[34]. Die Eröffnung des Verwaltungsrechtsweges ist also **keine Zulässigkeitsvoraussetzung** für eine Klageerhebung, denn dann müsste bei Nichtvorliegen die Klage abgewiesen werden.
In einer Klausurbearbeitung ist die Eröffnung des Verwaltungsrechtsweges in vielen Fällen nicht problematisch. Man sollte dann nicht gutachtlich prüfen, sondern nur im Urteilsstil formulieren:

„Der Verwaltungsrechtsweg gem. § 40 Abs. 1 VwGO ist eröffnet. Es handelt sich hier um eine ordnungsrechtliche Streitigkeit. Die streitentscheidenden Normen des Ordnungsbehördengesetzes für das Land Nordrhein-Westfalen sind solche des öffentlichen Rechtes, denn sie berechtigen oder verpflichten ausschließlich die Oberbürgermeisterin der Stadt Köln als Ordnungsbehörde. Eine Zuweisung zu einem anderen Gericht ist nicht ersichtlich."

4. Grundsätze des verwaltungsgerichtlichen Verfahrens

1011 Wie jedes Gericht, so wird auch das Verwaltungsgericht nur auf **Antrag** tätig. Das Verfahren wird **von Amts wegen** betrieben. Jeder Beteiligte hat Anspruch auf **rechtliches Gehör** (Art. 103 Abs. 1 GG). Das Verfahren ist **mündlich** (§ 101 Abs. 1 VwGO) und **öffentlich** (§§ 45 VwGO, 169 GVG). Seine Entscheidungsgrundlagen muss sich das Gericht selbst und unmittelbar beschaffen („**Amtsermittlungsgrundsatz**", §§ 86 Abs. 1, 96 Abs. 1 VwGO). Das Gericht ist bei der Rechtsfindung an die vorgebrachten Einschätzungen der Beteiligten nicht gebunden.

4.1 Der Verfügungsgrundsatz

1012 Im Unterschied zur Verwaltung, die eine Angelegenheit auch von sich aus aufgreifen kann, liegt die Einleitung eines verwaltungsgerichtlichen Verfahrens allein in der Hand der Beteiligten. Dieser sog. **Verfügungsgrundsatz** besagt, dass die Beteiligten die Herrschaft über das gerichtliche Verfahren und den Streitgegenstand haben.
Im Einzelnen heißt das:
- die Verwaltungsgerichte werden nur auf Antrag tätig (§§ 42 Abs. 1, 47 Abs. 1, 80 Abs. 5, 80 a, 123 Abs. 1 VwGO),
- der Kläger bestimmt den Streitgegenstand, nur hierüber darf das Verwaltungsgericht entscheiden. Das Gericht darf über den Antrag des Klägers nicht hinausgehen (§ 88 VwGO),
- der Kläger kann die Klage jederzeit ändern (§ 91 Abs. 1 VwGO),
- die Beteiligten können jederzeit Einfluss auf das Gerichtsverfahren nehmen, etwa durch Klagerücknahme (§ 92 Abs. 1 VwGO); durch gerichtlichen Vergleich (§ 106 VwGO) oder durch Erledigungserklärung (§ 161 Abs. 2 VwGO),
- die Beteiligten können Rechtsmittel einlegen (§§ 126, 127, 140 VwGO).

1013 Das Verwaltungsgericht erforscht den Sachverhalt von Amts wegen (§ 86 Abs. 1 VwGO), dabei ist es an Anträge der Beteiligten nicht gebunden. Dieser auch schon im Verwaltungsverfahren geltende **Untersuchungsgrundsatz** ist aus rechtsstaatlichen Gründen notwendig, um die Gesetzmäßigkeit des Verwaltungshandelns zu garantieren. Zur Anwendung dieses Grundsatzes kann das Gericht sämtliche Verfahrensakten der Ausgangs- und der Widerspruchsbehörde heranziehen (§ 99 Abs. 1 VwGO) sowie von sich aus eine Beweisaufnahme anordnen (§§ 96, 98 VwGO).

34 BVerwG, Buchholz 310, § 60 VwGO, Nr. 244, S. 40.

Der Kläger muss also dem Gericht keine Tatsachen vortragen und seine Klage hiermit begründen, der Beklagte ist nicht verpflichtet, die Klage zu bestreiten und Gegengründe zusammenzutragen. Eine Einschränkung dieses Amtsermittlungsgrundsatzes ergibt sich aus § 87b Abs. 3 VwGO, hiernach ist es dem Verwaltungsgericht möglich, Beteiligtenvorbringen auszuschließen.

Erforderlich ist allerdings, dass sich aus dem Vorbringen des Klägers schlüssig ergibt, dass eine Rechtsverletzung möglich ist, denn der Kläger muss eine Rechtsverletzung ***„geltend machen“*** (§ 42 Abs. 2 VwGO). Aus seiner Klage muss sich also erkennen lassen, worin eine mögliche Rechtsverletzung besteht[35].

Aufklärungsbedürftig sind alle Tatsachen, die auch nach dem Vorbringen der Parteien noch nicht als feststehend angesehen werden können und die – nach Überzeugung des Gerichtes – für die Entscheidung wesentlich sind. Das Verwaltungsgericht ist wegen des bestehenden Untersuchungsgrundsatzes weder an ein Geständnis noch an ein übereinstimmendes Vorbringen der Beteiligten gebunden. **1014**

Für eine notwendig werdende Beweisaufnahme gilt der Grundsatz der **Unmittelbarkeit** und der **Beteiligtenöffentlichkeit**, d. h. die zur Entscheidung berufene Kammer muss grundsätzlich Zeugen selbst vernehmen, um sich ein genaues Bild machen zu können. Für die Glaubwürdigkeit von Zeugen ist häufig auch die Art und Weise, wie sie ihre Aussage machen, von erheblicher Bedeutung. An dieser Zeugenvernehmung können die Prozessbeteiligten teilnehmen.

Im einstweiligen Anordnungsverfahren muss der Antragsteller allerdings einen Schritt weiter gehen, er muss für seinen Antrag „Tatsachen glaubhaft machen“ (§§ 123 Abs. 3 VwGO; 920 Abs. 2, 294 ZPO). **1015**

Eine Beweisführungslast wie im Zivilprozess gibt es im Verwaltungsprozess grundsätzlich nicht. Gleichwohl garantiert der Amtsermittlungsgrundsatz keine lückenlose Aufklärung, es sind immer wieder Situationen denkbar, in denen Tatsachen unaufklärbar sind. In diesen Fällen gilt auch im Verwaltungsprozess der allgemeine Beweisgrundsatz, dass jeder das beweisen muss, was für ihn günstig ist, **worauf er sich beruft**[36].

Die Behörde muss beweisen, dass die Voraussetzungen für eine belastende Maßnahme vorliegen, z. B. die Dienstunfähigkeit eines Beamten; der Bürger muss beweisen, dass die Voraussetzungen für eine beantragte Ausnahmegenehmigung vorliegen.

Im Verwaltungsprozess gilt der sogen. **Amtsbetrieb**. Ladungen der Beteiligten, Zustellungen von Klagen oder Urteilen usw. geschehen ausnahmslos durch das Gericht.

Verwaltungsgerichtliche Entscheidungen ergehen in aller Regel aufgrund einer mündlichen Gerichtsverhandlung (§ 101 Abs. 1 VwGO), die allerdings schriftlich vorbereitet wird (§ 86 Abs. 4 VwGO). Damit auch die zu entscheidenden Tatsachen nicht verloren gehen, muss zu Beginn der mündlichen Verhandlung der wesentliche Akteninhalt vorgetragen werden (§ 103 Abs. 2 VwGO). Die Beteiligten können auf eine mündliche Verhandlung verzichten (§ 101 Abs. 2 VwGO). Gerichtsbescheide ergehen ohne mündliche Verhandlung (§ 84 Abs. 1 VwGO). **1016**

In der mündlichen Verhandlung haben alle Beteiligten den Anspruch auf rechtliches Gehör, d. h. sie können sich zu allen tatsächlichen oder rechtlichen Fragen des Verfahrens äußern.

5. Der Inhalt der Klageschrift

Die Klage bei einem Verwaltungsgericht muss entweder **elektronisch** oder **schriftlich** bei dem zuständigen Gericht oder **mündlich zur Niederschrift der Geschäftsstelle** des **1017**

35 BVerwG, NVwZ 1993, 63.
36 BVerwG, NJW 1994, 468.

Gerichtes erhoben werden (§ 81 VwGO). Beim Oberverwaltungsgericht und beim Bundesverwaltungsgericht kann eine Klage nur durch **besondere Bevollmächtigte** erhoben werden.
Die Klageschrift **muss** gem. § 82 Abs. 1 S. 1 VwGO den **Kläger**, den **Beklagten** und den **Streitgegenstand** bezeichnen. Sie **soll** darüber hinaus einen bestimmten **Antrag** enthalten (§ 82 Abs. 1 S. 2 VwGO). Die zur Begründung dienenden **Tatsachen** und **Beweismittel** sollen angegeben, die angefochtene **Verfügung** und der **Widerspruchsbescheid** sollen in Urschrift oder Abschrift beigefügt werden.
Liegt eine dieser Voraussetzungen nicht vor, so muss der Vorsitzende oder der zuständige Berufsrichter (Berichterstatter) den Kläger auffordern, dies innerhalb einer bestimmten Frist nachzuholen.
Aus der Klageschrift muss der **Kläger** so eindeutig hervorgehen, dass Verwechslungen ausgeschlossen sind[37]. **Beklagter** ist als Rechtsträger gem. § 78 Abs. 1 Nr. 1 VwGO grundsätzlich eine juristische Person der öffentlichen Rechtes, z. B. Bund, Land, Gemeinde; in diesen Fällen reicht die Bezeichnung der Behörde als Beklagte. Die Länder können ausnahmsweise durch Landesrecht (Gesetz oder Verordnung) bestimmen, dass die Klage gegen die zuständige **Behörde** selbst zu richten ist (§ 78 Abs. 1 Nr. 2 VwGO)[38].

1018 Mit der Einreichung der Klage wird der Streitgegenstand **rechtshängig** (§ 90 VwGO). Damit ist jedes anderweitige Gerichtsverfahren über diese Sache ausgeschlossen (§§ 17 Abs. 1, 17b Abs. 1 GVG). Die Rechtshängigkeit endet mit dem Abschluss dieses Klageverfahrens.
Die **Klageschrift** besteht üblicher Weise aus einem **Eingangsteil** und aus einer **Klagebegründung.**
Für die Formulierung des **Eingangsteils** der Klage ist eine Anlehnung an das (später ergehende) Urteil üblich (§ 117 Abs. 2 VwGO), d. h. nach Absenderangabe und Anschrift des angerufenen Gerichtes folgt die Überschrift „Klage", die Bezeichnung der Beteiligten, die Benennung des Streitgegenstandes und die Formulierung eines bestimmten Sachantrages. Ist die Frist für die Klageerhebung abgelaufen, enthält der Klageantrag auch einen Antrag auf Wiedereinsetzung in den vorigen Stand.
Die **Begründung** der Klageschrift besteht in einer Sachverhaltsdarstellung und einer rechtlichen Würdigung.

5.1 Schematische Darstellung einer Klageschrift:

1019 ***Rechtsanwalt Klaus Schlau*** *[Ort], [Datum] [Adresse]*

An das Verwaltungsgericht [...]
[Adresse]

In der Verwaltungsrechtssache

des Herrn [Name, Adresse]

– Klägers –

Verfahrensbevollmächtigter: Rechtsanwalt Klaus Schlau [Adresse]

gegen

---

37 BGH, NJW 1985, 2650, 2651.

38 Das Land NRW macht hiervon (inzwischen) keinen Gebrauch mehr; anders z. B. Niedersachsen (§ 8 Abs. 2 Nds. AGVwGO).

die Stadt [Name], vertreten durch die Oberbürgermeisterin/den Oberbürgermeister [Adresse]

– Beklagte –

wegen Widerrufs einer Gaststättenerlaubnis

erhebe ich namens und kraft anliegender Vollmacht meines Mandanten, Herrn [Name], hiermit

Klage

Ich werde in der mündlichen Verhandlung beantragen,

[Beispiel Anfechtungsklage]:

- *den Widerrufsbescheid vom [Datum] der Beklagten aufzuheben*[39]
- *den Grundsteuerbescheid vom [Datum] insoweit aufzuheben, wie er … € übersteigt*
- *die Baugenehmigung der Beklagten gegenüber Herrn [Name, Adresse, Datum] aufzuheben*

[Beispiel Verpflichtungsklage]:

die Beklagte unter Aufhebung des Bescheides vom [Datum] zu verpflichten,

- *dem Kläger die begehrte Erlaubnis gemäß Antrag vom [Datum] zu erteilen, oder*
- *die Beklagte unter Aufhebung des Bescheides vom [Datum] zu verpflichten, den Antrag des Klägers vom [Datum] unter besonderer Berücksichtigung der Rechtsauffassung des Gerichts erneut zu bescheiden*

[Beispiel Fortsetzungsfeststellungsklage]:

- *festzustellen, dass der Bescheid vom [Datum] rechtswidrig war, oder*
- *festzustellen, dass der Kläger einen Anspruch auf Erlass der begehrten Erlaubnis vom [Datum] hatte.*

[Beispiel Allgemeine Leistungsklage]:

die Beklagte zu verurteilen, an den Kläger … € nebst 4 % Zinsen hieraus seit dem [Datum] zu zahlen

[Beispiel Allgemeine Feststellungsklage]:

festzustellen, dass der Kläger wirksam eingebürgert worden ist

Begründung (Ausgangsantrag):

Der Kläger hat von der Beklagten mit Bescheid vom 1. April 2016 die Erlaubnis zum Betrieb einer Gaststätte erhalten und diese Erlaubnis mit dem angefochtenen Bescheid widerrufen.

Die Beklagte geht irrig davon aus, dass […]

Beweis: Einholung eines Sachverständigengutachtens

Der Widerruf der Gaststättenerlaubnis ist rechtswidrig. Entgegen der Ansicht der Beklagten ist bereits in formeller Hinsicht zu beanstanden […]

---

39 Entgegen anwaltlicher Praxis sollte kein Kostenantrag gestellt werden, denn die Kostenentscheidung erfolgt von Amts wegen durch das Gericht.

Sollte die Kammer sich insoweit der Ansicht der Beklagten anschließen, so ergibt sich die Rechtswidrigkeit des Widerrufs jedoch zumindest aus [...]

Daher ist der Bescheid der Beklagten vom [Behörde, Datum] aufzuheben.

Klaus Schlau
Rechtsanwalt

Anlagen:
- *schriftliche Vollmacht des Klägers*
- *Abschrift der Klageschrift*

Der Vorsitzende der zuständigen Kammer des Verwaltungsgerichtes bestätigt den Eingang der Klage gegenüber dem Kläger und stellt dem Beklagten eine Durchschrift der Klageschrift zu. Der Vorsitzende trifft die Entscheidungen zur Vorbereitung der mündlichen Verhandlung (§§ 87, 87 a, 87b VwGO).
Für die weiteren Prüfungen der Klage ist die **Kammer** zuständig, die die Angelegenheit an einen **Einzelrichter** zur Erledigung verweisen kann (§ 6 VwGO). Bei Beschlüssen außerhalb der mündlichen Verhandlung und bei Gerichtsbescheiden entscheiden nur die Berufsrichter. Bei Urteilen wirken zwei ehrenamtliche Verwaltungsrichter mit, soweit nicht ein Berufsrichter allein entscheidet (§ 5 Abs. 3 VwGO).

6. Allgemeine Sachentscheidungsvoraussetzungen

1020 Eine verwaltungsgerichtliche Klage ist nur zulässig, wenn **allgemeine Sachentscheidungsvoraussetzungen** erfüllt sind; je nach Klageart kommen besondere Sachentscheidungsvoraussetzungen hinzu.
Auch hier gilt, dass sie in einer Klausur nur dann zu prüfen sind, wenn sich echte Probleme hinter ihnen verbergen. Überflüssige Ausführungen zur Zulässigkeit wirken nicht nur anfängerhaft, es ist sogar fehlerhaft, Prüfer ohne sachliche Notwendigkeit über theoretisches Wissen zu belehren[40]. In vielen Fällen ist also die schlichte Formulierung „*Die Klage ist zulässig*" ausreichend.
Sachurteilsvoraussetzung ist bei **allen Klagearten:**
- Eröffnung des Verwaltungsrechtsweges
- Sachliche und örtliche Zuständigkeit des angerufenen Verwaltungsgerichtes
- Beteiligtenfähigkeit
- Prozessfähigkeit
- Ordnungsgemäße Vertretung
- Ordnungsgemäße Klageerhebung
- Keine anderweitige Rechtshängigkeit
- Kein Klageverzicht
- Bestehen eines allgemeinen Rechtsschutzbedürfnisses

Verwaltungsgerichte sollen nicht unnütz oder gar missbräuchlich in Anspruch genommen werden; das ist selbstverständlich und wird in der VwGO nicht besonders geregelt. Für alle Klagen vor dem Verwaltungsgericht muss daher ein besonderes **Rechtsschutzbedürfnis** bestehen[41]. Das ist immer dann klärungsbedürftig, wenn es darum geht, Gerichte vorbeugend in Anspruch zu nehmen, wenn es also noch nicht zu einer konkret zu beanstandenden Behördenentscheidung gekommen ist.

1021 Im Allgemeinen ergeben sich zur Klärung des Rechtsschutzbedürfnisses folgende Fragestellungen[42]:

---

40 Lemke, JA 1999, 887.
41 Christonakis, Das verwaltungsprozessuale Rechtsschutzbedürfnis, Berlin 2004, Besprechung in DVBl. 2005, 831.
42 Christonakis, a. a. O., S. 68 f.

- Kann das angestrebte Klageziel mit der Klage/dem Antrag schon oder noch erreicht werden?
- Muss zur Erreichung dieses Zieles gerichtlicher Rechtsschutz in Anspruch genommen werden oder gibt es nicht einen einfacheren Weg, um zum Ziel zu kommen?
- Bei Klagen von Behörden: gibt es nicht schlichtere Möglichkeiten als die Anrufung eines Gerichtes, z. B. den Erlass eines Bescheides?
- Ist eine formal mögliche Klage schikanös, weil sie allein dem Zweck dient, dem Kontrahenten zu schaden?

Bei Bejahung einer Klagebefugnis, ist im Allgemeinen auch ein Rechtsschutzbedürfnis nicht zweifelhaft.

Die Erhebung einer Klage erfolgt in zwei Schritten, nämlich durch Einreichung der Klageschrift und Zustellung der Klageschrift an den Beklagten durch das Gericht. **1022** Bereits mit Einreichung der Klageschrift bei Gericht ist der Rechtsstreit **rechtshängig**[43]. Die Rechtshängigkeit bewirkt prozessual, dass eine **neue Klage über den gleichen Streitgegenstand unzulässig** ist. Die Zuständigkeit des Gerichts wird durch Veränderung der sie begründenden Umstände nach Rechtshängigkeit nicht mehr berührt.

7. Statthafte Klagearten

Die Verwaltungsgerichtsordnung kennt zwar nur „eine" öffentlich-rechtliche Streitig- **1023** keit, die gerichtlichen Rechtsschutzmöglichkeiten können aber nur durch statthafte Klagearten wahrgenommen werden. Statthafte Klageart bedeutet „richtige" Klageart. Die richtige und damit statthafte Klageart beurteilt sich allein nach dem **Begehren des Klägers.** Das Gericht ist an seinen Antrag gebunden. Ein Kläger kann z. B. beantragen, einen erlassenen Bescheid aufzuheben, Fördergelder an ihn auszuzahlen, seinen durch Straßenbaumaßnahmen beschädigten Vorgarten wieder herzurichten, ehrverletzende Behauptungen seitens des Bürgermeisters zu unterlassen, einen Bebauungsplan auf seine Gültigkeit hin zu überprüfen.
Der von einem Kläger geltend gemachte Anspruch wird zur Klärung der richtigen Klageart zunächst nur seiner Art nach bestimmt, es wird insoweit nicht geprüft, ob der Anspruch auch tatsächlich besteht oder nicht.

Das Verwaltungsprozessrecht unterscheidet zwischen **Gestaltungsklagen,** z. B. die An- **1024** fechtungsklage; **Leistungsklagen,** z. B. die Verpflichtungs- und die allgemeine Leistungsklage; **Feststellungsklagen,** allgemeine Feststellungsklage und Fortsetzungsfeststellungsklage sowie **Normenkontrollklagen.** Ein Sonderfall ist die inzwischen allgemein anerkannte **Organklage**[44].

Überblick **Klagearten:**

Anfechtungsklage	§ 42 I 1. Alt.	Aufhebung eines Verwaltungsaktes.
Konkurrentenklage (Drittanfechtungsklage)	§ 42 I 1. Alt.	Beamtenrecht, Wirtschaftsverwaltungsrecht (Zulassungsbeschränkungen, Subventionierungen).
Verpflichtungsklage, Untätigkeitsklage	§ 42 I 2. und 3. Alt.	Erlass eines unterlassenen oder abgelehnten Verwaltungsaktes.
Allgemeine Feststellungsklage, Fortsetzungsfeststellungsklage	§ 43 I § 113 I 4 (analog)	Feststellung, ob ein Rechtsverhältnis besteht oder nicht besteht; ob ein Verwaltungsakt nichtig ist.

43 § 90 VwGO.
44 OVG NRW, DVBl. 2007, 454.

Allgemeine Leistungsklage	§ 43 II	Vornahme eines Verwaltungshandelns (Auskunft, Folgenbeseitigung, Geldzahlung, wenn kein Verwaltungsakt vorausgehen muss).
Normenkontrollklage	§ 47 I	Überprüfung von Normen unterhalb des Landesrechtes, insbesondere Bebauungspläne.
Organklage	§ 43 II	Klage auf Aufhebung eines Ratsbeschlusses.

8. Der maßgebliche Zeitpunkt für die Entscheidung im Verwaltungsprozess

1025 Die Problematik, welcher Zeitpunkt für die zu berücksichtigende Sach- und Rechtslage im Verwaltungsprozess maßgeblich ist, stellt sich sowohl bei der Zulässigkeit als auch in der Begründetheit.
Im Rahmen der **Zulässigkeit** ergibt sich, dass die Prozessvoraussetzungen grundsätzlich noch im Zeitpunkt der letzten mündlichen Verhandlung vorliegen müssen[45].
In der **Begründetheit** muss differenziert werden. Unzweifelhaft ist lediglich, dass der allerletzte Zeitpunkt, auf den das Gericht bei der Beurteilung der Rechtmäßigkeit abzustellen hat, der Zeitpunkt der letzten mündlichen Verhandlung sein muss, denn danach ergeht ja das Urteil.

1026 Zu differenzieren ist bei der Begründetheitsfrage im Wesentlichen nach der **Klageart**. Der maßgebliche Zeitpunkt für die abschließende Beurteilung der Sach- und Rechtslage ergibt sich nicht aus § 73 Abs. 1 S. 1 VwGO, sondern aus dem materiellen Gehalt des geltend gemachten Anspruchs[46]. Bei **Anfechtungsklagen** ist in aller Regel die Sach- und Rechtslage im Zeitpunkt der letzten Behördenentscheidung maßgeblich, d. h. wenn ein Widerspruchsbescheid ergeht, der Zeitpunkt der Widerspruchsentscheidung[47]. Das gilt insbesondere bei Ermessensentscheidungen, denn Ermessenserwägungen sind zwar ergänzbar, aber nicht im Ganzen nachholbar (§ 114 S. 2 VwGO). Ändert sich die Sach- oder Rechtslage nach diesem Zeitpunkt, z. B. heiratet der ausgewiesene Ausländer während des Prozesses, so wird der Verwaltungsakt dadurch grundsätzlich nicht rechtswidrig.

1027 Eine Ausnahme von diesem Grundsatz gilt bei **Verwaltungsakten mit Dauerwirkung**, das sind Verwaltungsakte, deren Regelung sich quasi ständig aufs Neue aktualisiert, z. B. Verkehrszeichen, Fahrtenbuchauflagen, Anleinzwang für Hunde, denn es ist eine ständige Kontrolle dahingehend erforderlich, ob die Voraussetzungen für diese Dauerwirkung noch bestehen. Sind sie weggefallen, sind die Wirkungen, die von dem DauerVA ausgehen nicht mehr von der Ermächtigungsgrundlage gedeckt und er wird rechtswidrig, wenn keine Aufhebung erfolgt. Für solche Verwaltungsakte muss daher die Sach- und Rechtslage der letzten mündlichen Verhandlung maßgebend sein.
Die wichtigste Ausnahme von dieser Ausnahme ist die Gewerbeuntersagung (§ 35 GewO). Wegen der sich ausdrücklich im Gesetz angeordneten Wiedergestattungsmöglichkeit (§ 35 Abs. 4 GewO), ist trotz Vorliegens eines Dauerverwaltungsaktes der Zeitpunkt der letzten Behördenentscheidung maßgeblich.

45 Kopp/Schenke, VwGO, vor § 40, RdNr. 11.
46 BVerwGE 120, 246, 250.
47 BVerwGE 130, 113 mit Anmerkung Wolff, JA 2009, 316, 317; Gerhardt in: Schoch/Schmidt-Aßmann/Pietzner, § 113, RdNr. 21.

Enthält ein Verwaltungsakt ein einmaliges Verbot, das **noch nicht vollzogen** worden ist und ändert sich die Sach- und Rechtslage vor dem Vollzug zugunsten des Betroffenen, so kommt es auf den Zeitpunkt der letzten mündlichen Verhandlung an.
Sind Erschließungsbeiträge, Kostenbeteiligungen, usw. aufgrund einer wichtigen gemeindlichen Satzung erhoben worden, und wird die Satzung bis zur letzten mündlichen Verhandlung (rückwirkend) geheilt, so ist der Bescheid rechtmäßig.

Zunehmend sind in diesem Zusammenhang auch **europarechtliche Aspekte** zu berücksichtigen, denn eine innerstaatliche Gerichtspraxis, die z. B. bei der Anfechtung der Ausweisung eines EU-Bürgers nur die Sach- und Rechtslage zum Zeitpunkt der letzten Behördenentscheidung, nicht aber spätere Änderungen zu Gunsten des Betroffenen berücksichtigt, verstößt gegen Art. 3 RiL 64/221/EWG[48].

Bei **Fortsetzungsfeststellungsklagen** sind die Grundsätze der Anfechtungsklagen anzuwenden. Wird § 113 Abs. 1 S. 4 auf Verpflichtungsklagen und auf Erledigungen vor Klageerhebung analog angewendet, ist der Zeitpunkt des Eintritts der Erledigung maßgeblich.

Bei der **Verpflichtungsklage** muss das Gericht im Grundsatz prüfen, ob nach der Sach- **1028**
und Rechtslage im Zeitpunkt seiner Entscheidung, also in der letzten mündlichen Verhandlung, ein Anspruch auf den begehrten Verwaltungsakt besteht[49]. Eine Ausnahme gilt hier z. B. bei Subventionsentscheidungen, wenn es eine zeitgebundene Subvention im Zeitpunkt der Gerichtsentscheidung nicht mehr gibt.
Diese Auslegung ergibt sich auch für die **allgemeine Leistungsklage**, auch hier die Sach- und Rechtslage im Zeitpunkt der letzten mündlichen Verhandlung maßgeblich.

9. Der verwaltungsgerichtliche Überprüfungsmaßstab

Für die Rechtmäßigkeitsprüfung ausschlaggebend ist, ob der zu überprüfende Verwal- **1029**
tungsakt eine gebundene oder eine Ermessensentscheidung der Verwaltung ist.
Bei einem **gebundenen Verwaltungsakt**[50] prüft das Gericht, ob die Tatbestandsvoraussetzungen des Gesetzes erfüllt waren und die Behörde die zutreffende Rechtsfolge gewählt hat und ob allgemeine Rechtsgrundsätze wie z. B. der Grundsatz der Verhältnismäßigkeit beachtet worden sind.
Bei einem **Ermessensverwaltungsakt**[51] darf das Gericht seine Zweckmäßigkeitserwägungen nicht an die Stelle der von der Verwaltung angestellten Überlegungen setzen. Die Überprüfung von Ermessensentscheidungen ist auf Ermessens**fehler** begrenzt (§ 114 S. 1 VwGO). Bedeutsam ist, dass die Verwaltungsbehörde ihre Ermessenserwägungen hinsichtlich des Verwaltungsaktes auch noch im verwaltungsgerichtlichen Verfahren **ergänzen** kann (§ 114 S. 2 VwGO).

Die verwaltungsgerichtliche Kontrolle umfasst nur die Prüfung, ob **1030**
- die Verwaltung das ihr eingeräumte Ermessen **überschritten** hat, indem sie die vom Gesetz gezogenen Grenzen verlassen hat,
- die Verwaltung von dem ihr eingeräumten Ermessen **fehlerhaft Gebrauch** gemacht hat,
- die Verwaltung den ihr eingeräumten Ermessensspielraum vernachlässigt (**unterschritten**) hat.

Die häufigsten Ermessensfehler kommen im Rahmen des **Ermessensfehlgebrauches** vor. Um dies zu klären, ist im Einzelfall zu analysieren, welchen Zweck eine gesetzliche

---

48 EuGH, NVwZ 2004, 1099, 1101.
49 BVerwGE 99, 133.
50 Vgl. oben RdNr. 391.
51 Vgl. oben RdNr. 392.

Ermächtigung hat und danach sind die von der Behörde vorgenommenen und mitgeteilten Erwägungen daraufhin zu untersuchen, ob sie von dem Ermächtigungszweck gedeckt werden oder nicht. Das ist nicht der Fall, wenn z. B. von falschen Tatsachen ausgegangen wurde oder sachfremde Erwägungen angestellt worden sind. Damit dies überhaupt überprüfbar ist, sind die Behörden verpflichtet, die Gesichtspunkte für die Ausübung des Ermessens **schriftlich** darzulegen (§ 39 Abs. 1 S. 3 VwVfG).

Eine fehlerhafte Ermessensentscheidung liegt z. B. auch vor, wenn die Behörde eine unverhältnismäßige oder eine gegen den Gleichheitssatz verstoßende Maßnahme anordnet.

1031 Besonderheiten gelten für die Fälle des **„intendierten Ermessens“**.[52] Für die Ermessensbetätigung bedarf es in diesen Fällen keiner Abwägungen durch die Verwaltung, denn die Richtung der Entscheidung ist durch das Gesetz vorgezeichnet. **Kann-Vorschriften** werden damit **wie Soll-Vorschriften** behandelt.

Beispiele für solche ermessenslenkenden Vorschriften sind §§ 48, 49 VwVfG und § 15 Abs. 2 GewO. Sofern die hiernach zu entscheidenden Fälle keine außergewöhnlichen Besonderheiten aufweisen, kann die Behörde in ihrem Bescheid auf Ermessenserwägungen verzichten, eine Einzelfallprüfung erübrigt sich daher im Normalfall und die Ermessensbetätigung braucht auch nicht schriftlich dargelegt zu werden.

Weitere Einschränkungen einer verwaltungsgerichtlichen Kontrolle ergeben sich aus dem neuerdings entwickelten Begriff des **„Regulierungsermessens“**[53] bei Entscheidungen über telekommunikationsrechtliche Regulierungsentscheidungen der Bundesnetzagentur. Die dogmatische Klärung des Verhältnisses zwischen Verwaltungsverantwortung und Verwaltungsgerichtsbarkeit in diesen Fällen ist erst am Anfang[54] und soll hier nicht weiter vertieft werden. Allerdings muss das Regulierungsermessen nicht als Planungsermessen ausgewiesen werden, um ein Letztentscheidungsrecht der Verwaltung und damit eine Einschränkung der gerichtlichen Kontrolldichte z. B. für die Entgeltregulierung nach § 30 TKG zu begründen[55].

1032 Dem Gericht ist es in Anfechtungssachen grundsätzlich verwehrt, anstelle eines aufgehobenen Verwaltungsaktes einen neuen zu erlassen oder die Behörde hierzu zu verurteilen. Steht allerdings fest, dass der angefochtene Verwaltungsakt zwar fehlerhaft ist, dass zur Feststellung des genauen Umfanges der Rechtswidrigkeit aber noch umfangreiche Ermittlungen notwendig sind, kann das Gericht die Sache faktisch an die Behörde zurückgeben (§ 113 Abs. 3 S. 1 VwGO). Zwischen dem Eingang der Behördenakten bei Gericht und der Entscheidung dürfen nicht mehr als sechs Monate vergangen sein (§ 113 Abs. 3 S. 4 VwGO). Einer neuen Behördenentscheidung steht die Rechtskraft dieses Urteils nicht entgegen.

Hält das Gericht einen Verwaltungsakt für teilweise zu weitgehend, so kann es die Verfügung nicht auf die seiner Meinung nach zulässige Maßnahme zurückführen, sondern es muss die Verfügung ohne Einschränkung aufheben und es der Verwaltung überlassen, eine neue Verfügung zu erlassen. Bei Verwaltungsakten, die auf Geldbeträge bezogen sind, durchbricht § 113 Abs. 2 VwGO diesen Grundsatz.

10. Die Begründetheitsprüfung

1033 Für die gerichtliche Begründetheitsprüfung ist der **Urteilsstil** zu beachten, d. h. **erst das Ergebnis, dann die Begründung**. Das gilt sowohl für das Gesamtergebnis („Die Klage

---

52 BVerwGE 105, 57; ThürOVG, ThürVBl. 1999, 161.
§ 7, RdNr. 12; vgl. auch oben RdNr. 415 f.

53 BVerwGE 120, 263, 265; BVerwGE 130, 39, 48.

54 Gärditz, NVwZ 2009, 1005 f; Diskussionsgegenstand 16. Deutscher Verwaltungsgerichtstag.

55 BVerwG 6 C 36/10 (juris).

ist nicht begründet") als auch für Zwischenergebnisse („Der Kläger besitzt nicht die für die Gewerbeausübung erforderliche Zuverlässigkeit").
Aufgabe der Begründung eines verwaltungsgerichtlichen Urteils ist es, den **Weg der Subsumtion** nachzuzeichnen.
Also: **Es verhält sich so. Warum? Weil soundso.**
Beispiel: Untersagung einer Gewerbeausübung:
- Subsumtionsergebnis
- Abstrakter Tatbestand der Norm („Normparaphrase")
- Ergebnisorientierter Obersatz
- Abstrakte Auslegung der Tatbestandsvoraussetzungen
- Subsumtion (= Tatbestandsmerkmale des Gesetzes mit dem konkreten Lebenssachverhalt vergleichen

1. Schritt: Das Subsumtionsergebnis voranstellen.
Die Untersagung der Ausübung des vom Kläger ausgeübten Gewerbes ist rechtmäßig.
2. Schritt: Den **abstrakten Tatbestand der Norm** angeben, auf dem der Verwaltungsakt basiert.
Gem. § 35 Abs. 1 S. 1 GewO ist die Ausübung eines Gewerbes von der zuständigen Behörde ganz oder teilweise zu untersagen, wenn Tatsachen vorliegen, welche die Unzuverlässigkeit des Gewerbetreibenden in Bezug auf dieses Gewerbe dartun, sofern die Untersagung zum Schutz der Allgemeinheit oder der im Betrieb Beschäftigten erforderlich ist.
3. Schritt: Formulierter ergebnisorientierter **Obersatz** als **Subsumtionszwischenergebnis.**
Diese Voraussetzungen liegen hier vor. Der Kläger ist in Bezug auf sein Gewerbe unzuverlässig.
4. Schritt: Abstrakte Auslegung der Tatbestandsvoraussetzung.
Unzuverlässig ist, wer nach Charakter und persönlichem Verhalten nicht die Gewähr für eine ordnungs- und gesetzmäßige Führung des Betriebs bietet. Indizwirkung haben erhebliche gewerberechtlich relevante Straftaten und Ordnungswidrigkeiten, aber auch unbedeutendere Verletzungen von Vorschriften, wenn sie einen Hang zur Nichtbeachtung geltender Vorschriften erkennen lassen.
Subsumtionszwischenergebnis: Das ist hier der Fall.
5. Schritt: Subsumtion.
Der Kläger ist in den letzten fünf Jahren bereits siebenmal rechtskräftig wegen gewerberechtlich relevanter Straftaten verurteilt worden, dreimal wegen Steuerhinterziehung, einmal wegen Diebstahls und zweimal wegen Hehlerei. Damit hat er sich als unzuverlässig erwiesen.
(Weiteres) Subsumtionszwischenergebnis:
Die Untersagung der Gewerbeausübung durch den Kläger ist auch zum Schutz der Allgemeinheit erforderlich. ...

11. Die Anfechtungsklage

Mit der Anfechtungsklage (§ 42 Abs. 1, 1. Alt. VwGO) erstrebt der Kläger, einen ihm gegenüber erlassenen Verwaltungsakt ganz oder teilweise zu beseitigen. **1034**
Gegenstand der Anfechtungsklage ist in der Regel der ursprüngliche Verwaltungsakt in der Gestalt, die er durch den Widerspruchsbescheid erhalten hat (§ 79 Abs. 1 Nr. 1 VwGO). Abhilfebescheid und Widerspruchsbescheid können isoliert angefochten werden, wenn sie einen Dritten erstmalig beschweren oder wenn er gegenüber dem ursprünglichen Bescheid eine selbständige Beschwer enthält (§ 79 Abs. 1 Nr. 2 VwGO); enthält der Widerspruchsbescheid eine zusätzliche Beschwer gegenüber dem Ausgangsbescheid, kann er auch isoliert angefochten werden (§ 79 Abs. 2 S. 1 VwGO).

Beispiele für isolierte Anfechtung eines Widerspruchsbescheides:
Die Widerspruchsbehörde verpflichtet die Ausgangsbehörde, eine Baugenehmigung zu erteilen, dagegen wendet sich der Nachbar.
Die Widerspruchsbehörde macht von der reformatio in peius Gebrauch.

11.1 Besondere Sachurteilsvoraussetzungen der Anfechtungsklage

1035 Zusätzlich zu den allgemeinen Sachurteilsvoraussetzungen[56] verlangt die Anfechtungsklage weitere Zulässigkeitsvoraussetzungen, insbesondere:
- einen bereits erlassenen und noch wirksamen Verwaltungsakt i. S. des § 35 VwVfG,
- die Durchführung eines Widerspruchsverfahrens, sofern dies nicht durch Bundes- oder Landesgesetz ausgeschlossen ist (§ 68 VwGO),
- die mögliche Verletzung des Klägers in eigenen Rechten (§ 42 Abs. 2 VwGO),
- die Einhaltung einer Klagefrist (§§ 74, 58 VwGO).

11.1.1 Statthaftigkeit

1036 Die Anfechtungsklage ist nur dann statthaft, wenn es darum geht, dass das Gericht einen **Verwaltungsakt** (§ 35 VwVfG)[57] „kassieren" soll, d. h. es wird ein Kassationsurteil angestrebt.
Ob ein Verwaltungsakt vorliegt oder nicht, entscheidet sich entweder nach dem **äußeren Erscheinungsbild** der behördlichen Entscheidung, z. B. aufgrund der von der Behörde gewählten Bezeichnung als „Verfügung", der Beifügung einer Rechtsbehelfsbelehrung oder nach dem **Inhalt der Entscheidung** im Hinblick auf § 35 VwVfG. Voraussetzung ist aber die Bekanntgabe, denn ansonsten wäre die Entscheidung nicht wirksam (§ 43 Abs. 1 VwVfG)
Da ein Verwaltungsakt in aller Regel an keine bestimmte Form gebunden ist (§ 37 Abs. 2 S. 1 VwVfG), kann sich die Anfechtungsklage auch gegen einen konkludenten Verwaltungsakt richten, z. B. wenn aus einem schlüssigen behördlichen Verhalten zu folgern ist, dass ein Subventionsbescheid zurückgenommen wurde[58].
Der Verwaltungsakt darf sich noch nicht erledigt haben, d. h. seine Regelungswirkung darf noch nicht endgültig weggefallen sein.
Zweifelhaft ist die Statthaftigkeit einer Anfechtungsklage, wenn der Verwaltungsakt wegen eines schwerwiegenden und offensichtlichen Fehlers möglicher Weise nichtig i. S. des § 44 VwVfG ist, denn hierfür sieht die VwGO eine eigenständige Klage vor, nämlich die Feststellungsklage (§ 43 Abs. 1 VwGO) und nach allgemeinen Regeln geht eine spezielle gesetzliche Regelung einer allgemeinen vor. Zudem ist auch schwer vorstellbar, wie ein Verwaltungsgericht etwas „kassieren" soll, was rechtlich gar nicht existiert.
Bestehen allerdings Zweifel an der Nichtigkeit eines Verwaltungsaktes, weil sie nicht eindeutig erkennbar ist, muss zunächst auch eine Anfechtungsklage solange statthaft sein, bis die Zweifel sich verfestigen, dann wäre die Klage umzustellen.

11.1.2 Klagebefugnis

1037 Die Anfechtungsklage setzt gem. § 42 Abs. 2 VwGO voraus, dass der Kläger substantiiert behauptet, durch den Verwaltungsakt in seinen Rechten verletzt zu sein. Popularklagen sind dem deutschen Rechtssystem fremd.

56 Vgl. RdNr. xx.
57 Im Einzelnen vgl. zum Verwaltungsakt RdNr. xx f.
58 BVerwG, NVwZ 1985, 488, 489.

Die Verletzung eigener Rechte ist nach der **Möglichkeits-** und **Schutznormtheorie** dann zu bejahen, wenn dies nicht „nach jeder Betrachtungsweise ausgeschlossen“ ist.[59] Die Klagebefugnis fehlt, wenn die von dem Kläger beanstandete behördliche Maßnahme ihn ausschließlich **begünstigt**. Das ist der Fall, wenn der Verwaltungsakt ein Recht oder einen rechtlich erheblichen Vorteil begründet oder bestätigt (§ 48 Abs. 1 S. 2 VwVfG). Das ist auch der Fall, wenn ein belastender Verwaltungsakt zurückgenommen worden ist. Bei teils begünstigenden, teils belastenden Verwaltungsakten, ist die Anfechtungsklage nur zulässig, soweit sie sich auf den belastenden Teil bezieht, z. B. bei der Duldung von Immissionen nur zu bestimmten Uhrzeiten.

Soweit sich der Bürger gegen einen an ihn gerichteten Verwaltungsakt wendet, ist die Klagebefugnis unproblematisch und bedarf keiner näheren Erörterung (**Adressatentheorie**). Allerdings ist darauf zu achten, dass auch in diesen Fällen immer „eigene“ Rechte betroffen sein müssen, d. h. Vereinigungen dürfen keine Rechte ihrer Mitglieder, Gemeinden keine Bürgerrechte wahrnehmen, das wäre eine Prozessstandschaft.

Geht es nun um die Rechtmäßigkeit einer Genehmigung, die einem Dritten zur Durchführung eines bestimmten Vorhabens erteilt worden ist, z. B. um eine Baugenehmigung oder um einen Planfeststellungsbeschluss, so setzt die Klagebefugnis voraus, dass der Dritte von dem Verwaltungsakt betroffen ist. Das ist meist dann unproblematisch zu bejahen, wenn er Grundeigentum im Einwirkungsbereich hat und dadurch eine räumliche Nähe (**Nachbarschaft**) zu der in einem Verwaltungsakt getroffenen Regelung besteht. Diese eigentumsgestützte Klagebefugnis vermittelt die Möglichkeit zu einer umfassenden gerichtlichen Kontrolle.

Naturschutzverbände erwerben mitunter „Sperrgrundstücke“ in Planungsgebieten, das ist grundsätzlich nicht zu beanstanden[60].

Eine Klagebefugnis scheidet jedoch dann aus, wenn die Eigentümerstellung in **rechtsmissbräuchlicher Absicht** begründet wurde, nämlich allein zu dem Zweck, um dadurch die formalen Voraussetzungen für eine Prozessführung zu schaffen[61].

Beispiel (BVerwG, a. a. O.): Im unmittelbaren zeitlichen Zusammenhang mit der Durchführung des Planfeststellungsverfahrens für die Autobahn Schweinfurt – Erfurt erwarb der Kläger eine Streuobstwiese, die für den Autobahnausbau in Anspruch genommen werden sollte. Die bisherigen Eigentümer behielten lebenslang ein unentgeltliches Nießbrauchsrecht, gleichzeitig war vereinbart, dass eine etwaige Enteignungsentschädigung an die bisherigen Eigentümer weiterzuleiten sei.

Der Nachbar im Bau- und Immissionsschutzrecht ist allerdings nur dann klagebefugt, wenn er sich auf eine **drittschützende Rechtsvorschrift** berufen kann. Spricht die Rechtsordnung die Rechtssphäre des Klägers dagegen gar nicht an, besteht auch keine Klagebefugnis.

11.1.3 Vorverfahren

Eine Anfechtungsklage kann grundsätzlich erst dann erhoben werden, wenn zuvor ein Widerspruchsverfahren durchgeführt worden ist. Allerdings sind von dieser Voraussetzung in letzter Zeit viele Ausnahmen eingeführt worden[62]. **1038**

11.1.4 Klagefrist

Die Anfechtungsklage kann grundsätzlich nur innerhalb eines Monats nach Zustellung des Widerspruchsbescheides erhoben werden (§ 74 Abs. 1 S. 1 VwGO). Ist das Vorverfahren entbehrlich, beginnt die Monatsfrist mit der Bekanntgabe des Verwaltungsaktes (§ 74 Abs. 1 S. 2 VwGO). **1039**

---

59 OVG NRW, DVBl. 15, 514; Happ, in: Eyermann, VwGO, § 42, RdNr. 93.
60 BVerwGE 104, 236; BVerwG, NVwZ 2001, 322.
61 BVerwG, NVwZ 2001, 427.
62 Im Einzelnen vgl. 11. Abschnitt.

Die Frist berechnet sich nach § 57 Abs. 2 VwGO, § 222 Abs. 1 ZPO, §§ 187 ff. BGB. Bei einer **unverschuldeten Fristversäumnis** ist Wiedereinsetzung in den vorigen Stand zu gewähren (§ 60 VwGO)[63].

11.2 Die Begründetheit der Anfechtungsklage

1040 Die Anfechtungsklage ist begründet, wenn der Verwaltungsakt rechtwidrig ist und der Kläger hierdurch in seinen Rechten verletzt ist (§ 113 Abs. 1 S. 1 VwGO).
Insbesondere bei Eingriffsmaßnahmen empfiehlt es sich,
- zunächst die Rechtmäßigkeit eines Verwaltungsakts zu überprüfen,
- dann die Rechtsverletzung des Klägers,

denn wenn der Bescheid rechtswidrig ist, ergibt sich dadurch stets eine Verletzung des Klägers in seinem Grundrecht auf Handlungsfreiheit (Art. 2 Abs. 1 GG). Behördliche Ermessensentscheidungen dürfen vom Verwaltungsgericht nur dahin geprüft werden, ob die Behörde von dem ihr eingeräumten Ermessen sachgerecht Gebrauch gemacht hat (§ 114 VwGO).

12. Die Verpflichtungsklage

1041 Gegenstand der Verpflichtungsklage ist grundsätzlich der Wunsch auf Erlass eines Verwaltungsaktes durch die beklagte Behörde, die Verpflichtungsklage ist mithin eine Leistungsklage (§§ 42 Abs. 1, 113 Abs. 5 VwGO)[64].
Es ist jedoch zu berücksichtigen, dass der Kläger nur dann in seinen Rechten verletzt ist, wenn er einen **Anspruch** auf den begehrten Verwaltungsakt hat. Bei **Ermessensentscheidungen** ist das nur dann der Fall, wenn die Behörde ihr Ermessen nicht oder fehlerhaft ausgeübt hat. In vielen Fällen wird daher wohl nur ein Anspruch auf einen **fehlerfreien Bescheid** bestehen (§ 113 Abs. 5 S. 2 VwGO).

12.1 Zulässigkeitsvoraussetzungen

Bei den **Zulässigkeitsvoraussetzungen** der Verpflichtungsklage gibt es keine nennenswerten Unterschiede zur Anfechtungsklage. Notwendig ist grundsätzlich ein vorher im Verwaltungsverfahren erfolglos gestellter Antrag auf Erlass des eingeklagten Verwaltungsakts[65]. Bei der **Klagebefugnis** ist aber darauf zu achten, dass die „Adressatentheorie" nicht herangezogen werden kann, denn der Kläger strebt ja einen Verwaltungsakt erst an.

1042 Eine Verpflichtungsklage ist begründet, wenn der Kläger einen subjektiven Anspruch darauf hat, dass die Behörde ihre objektivrechtlichen Verpflichtungen zum Erlass eines begehrten Verwaltungsaktes beachtet.

1043 Die **formelle Rechtswidrigkeit** eines versagenden Bescheides muss bei gebundenen Entscheidungen nicht geprüft werden, denn hierauf allein kann niemand einen Anspruch gegen die Verwaltung stützen. Über einen Anspruch des Klägers hat das Gericht ohne Rücksicht auf etwaige Mängel des Verwaltungsverfahrens zu entscheiden[66].

1044 Bei einer **gebundenen Entscheidung** ist die Verpflichtungsklage begründet, wenn die Behörde die rechtlichen Voraussetzungen nicht beachtet hat. Steht der begehrte Ver-

---

63 Vgl. RdNr. 909.
64 Zu den allgemeinen Grundlagen vgl. Ehlers, Jura 2004, 310 f.
65 BVerwGE 130, 39, 46; Sodan, in Sodan/Ziekow, VwGO, 2. Aufl. 2006, § 42 RdNr. 37.
66 BVerwG, DÖV 1985, 407.

waltungsakt dagegen im **Ermessen** der Behörde, z. B. eine Gaststättenerlaubnis, kann das Gericht nur überprüfen, ob das Ermessen fehlerhaft ausgeübt worden ist oder nicht, denn das Verwaltungsgericht ist keine „Oberverwaltungsbehörde". Das Gericht würde unberechtigt in die Kompetenzen der Verwaltung eingreifen und Verwaltungstätigkeiten ausüben, wenn es den Ermessensspielraum der Verwaltung nicht beachtete.

Von den wenigen Fällen der **Ermessensreduzierung auf Null** einmal abgesehen, kann **1045**
das Gericht der Verwaltung nur vorschreiben, in welchem Rahmen sie ein bestehendes Ermessen auszuüben und dann den Kläger neu zu bescheiden hat. Es kommt dann zu einem **Bescheidungsurteil**.

Die polizeiliche Generalklausel sagt nichts darüber aus, wann im Einzelfall ein Anspruch auf polizeiliches Einschreiten geltend gemacht werden kann. Ein solcher Anspruch kann sich aber dann ergeben, wenn die Polizei trotz Vorliegens von Gefahren für wesentliche Rechtsgüter wie z. B. das Leben untätig bleibt, in diesen Fällen hat der Einzelnen einen Anspruch auf Schutzmaßnahmen gem. Art. 2 Abs. 2, 1 Abs. 1 GG.

Für eine gerichtliche **Verpflichtung** der Behörde zu dem begehrten Erlass eines Verwal- **1046**
tungsaktes muss **Spruchreife** bestehen (§ 113 Abs. 5 S. 1 VwGO), d. h. es müssen sämtliche Feststellungen getroffen worden sein, die dem Gericht ein abschließendes verpflichtendes Urteil erlauben. Aufgrund des Untersuchungsgrundsatzes (§ 86 Abs. 1 VwGO) muss das Gericht die Spruchreife grundsätzlich selbst herstellen[67], anderenfalls kann die Behörde nur dazu verurteilt werden, den Kläger unter Beachtung der Rechtsauffassung des Gerichts (neu) **zu bescheiden** (§ 115 Abs. 5 S. 2 VwGO). Bei komplexen Planungsentscheidungen, z. B. bei der Genehmigung zum Bau eines Flughafens oder des Braunkohleabbaus können die Gerichte diese Spruchreife jedoch in aller Regel nicht selbst herstellen, zumal meist den Behörden auch Beurteilungsspielräume zustehen. In diesen Fällen kommt nur ein Bescheidungsurteil in Betracht[68].

Bei Verpflichtungsklagen ist grundsätzlich die Sach- und Rechtslage zum Zeitpunkt **1047**
der letzten mündlichen Verhandlung in der gerichtlichen Tatsacheninstanz maßgeblich[69], allerdings ist eine Rechtsänderung auch noch in der Revisionsinstanz zu berücksichtigen[70]; eine Gemeinde kann daher z. B. noch im Revisionsverfahren eine Veränderungssperre oder einen Bebauungsplan erlassen, was sich auf die Verpflichtung zur Erteilung einer Baugenehmigung auswirkt[71]. Eine Gemeinde hat sogar das Recht, der Vollstreckung aus einem rechtskräftigen Verpflichtungsurteil mit einem nachträglich geänderten Bauleitplan oder durch eine Veränderungssperre entgegenzutreten[72], denn *„erst die erteilte Baugenehmigung gibt dem Bauherrn eine Rechtsposition, die sich auch gegenüber Rechtsänderungen durchsetzen kann"*[73]. Im Hinblick auf das Verständnis von Inhalt und Schranken des Eigentums erscheint diese Auffassung allerdings bedenklich.

13. Die Abgrenzung von Anfechtungs- und Verpflichtungsklagen

In der Praxis ist mitunter nicht sofort zu erkennen, ob das Ziel des Klägers eine An- **1048**
fechtungs- oder eine Verpflichtungsklage ist.

67 BVerwG, NVwZ 1999, 65.
68 Koppe/Schenke, VwGO, § 113 RdNr. 197.
69 BVerwG, NVwZ-RR 2003, 218, 221.
70 BVerwGE 119, 245.
71 Bei einer Veränderungssperre könnten sich allerdings Probleme wegen einer „faktischen" Zurückstellung gem. § 14 Abs. 1 S. 2 BauGB ergeben.
72 BVerwGE 117, 44, 46.
73 BVerwGE 70, 227, 230.

Beispiel: Der Kläger hat eine Ausnahmebewilligung beantragt, wonach er auch ohne Ablegung einer Meisterprüfung selbständig einen Handwerksbetrieb führen darf (§ 8 HandwO). Die zuständige Behörde hat diesen Antrag abgelehnt und den Widerspruch zurückgewiesen. Hiergegen richtet sich die Klage.

Einerseits will der Kläger den für ihn negativen Bescheid beseitigt haben, andererseits will er aber auch, dass die Behörde ihm eine Ausnahmegenehmigung erteilt.
In diesen Fällen der **kombinierten Anfechtungs- und Verpflichtungsklage** wird darauf abzustellen sein, ob die Anfechtungsklage zur endgültigen Streitbereinigung ausreicht oder ob sich auch nach einer Entscheidung über die Anfechtungsklage wegen neuer Streitpunkte eine weitere Inanspruchnahme des Gerichtes abzeichnet. Im letzteren Fall wäre ein Rechtsschutzinteresse für eine (isolierte) Anfechtungsklage zu verneinen[74].

Im Beispielsfall führt die reine Anfechtung der ablehnenden Behördenentscheidung nicht zu einer endgültigen Streitbereinigung. Der Kläger muss vielmehr versuchen, die Erteilung einer Ausnahmegenehmigung durch die Behörde zu erstreiten. Die Schwierigkeit besteht nun darin, dass der Kläger ein Kostenrisiko trägt, wenn das Gericht hinter seinem Antrag zurückbleibt, andererseits das Gericht gem. § 86 VwGO aber nicht über seinen Antrag hinausgehen darf. Für diese Fälle empfiehlt sich daher, den Anfechtungsantrag als Hauptantrag und den Verpflichtungs- und/oder Bescheidungsantrag als Hilfsantrag zu stellen.

14. Die allgemeine Leistungsklage

1049 Mit der allgemeinen Leistungsklage kann der Kläger beantragen, die Behörde zu einem **schlichten Verwaltungshandeln** zu verurteilen, also zu einem Tun, Dulden oder Unterlassen, das nicht in dem Erlass eines Verwaltungsaktes besteht. Eine ausdrückliche Regelung dieser Klageart fehlt in der VwGO, sie wird aber vorausgesetzt (§§ 43 Abs. 2, 111, 113 Abs. 3 VwGO).
Die allgemeine Leistungsklage ist richtige Klageart:

- zur Durchsetzung von Auskunftsansprüchen, z. B. die Gewährung von Akteneinsicht nach den Informationsfreiheitsgesetzen oder dem Umweltinformationsgesetz[75],
- zur Durchsetzung der Auszahlung von Geldbeträgen, z. B. bei öffentlich-rechtlichen Erstattungsansprüchen, sofern der Anspruch allerdings nicht zuvor durch einen Verwaltungsakt festzusetzen ist,
- bei Ansprüchen auf Beseitigung rechtswidriger Zustände (Folgenbeseitigungsansprüche),
- bei Widerruf oder Unterlassung von Äußerungen,
- zur Überprüfung von Anordnungen von Vorgesetzten in einem beamtenrechtlichen „Betriebsverhältnis“[76],
- zur Durchsetzung von „organschaftlichen Rechten“[77], z. B. eines Ratsmitgliedes gegen den Bürgermeister,
- bei Ansprüchen aus Verwaltungsverträgen.

In vielen Fällen dient die allgemeine Leistungsklage aber einfach nur dazu, einen umfassenden gerichtlichen Rechtsschutz zu garantieren und etwaige Lücken zu ausdrücklich geregelten Klagearten zu schließen, falls die speziellen Anforderungen ansonsten eine Klage unzulässig machen würden.

1050 Die allgemeine Leistungsklage ist gegenüber den ausdrücklich im Gesetz geregelten Klagearten **subsidiär**, dies gilt insbesondere im Hinblick auf die Verpflichtungsklage.

---

74 BayVGH, BayVBl. 1990, 312.
75 BVerwGE 102, 282, 283.
76 BayVGH, ZBR 2007, 172.
77 Ziekow, NWVBl. 1998, 297 m. w. N.

Nun ist aber in vielen Fällen einem schlichten behördlichen Verwaltungshandeln ein Verwaltungsakt „vorgeschaltet“[78], z. B. werden Geldbeträge nur nach vorheriger Entscheidung ausgezahlt, die Polizei setzt den Schlagstock nur nach einer vorherigen Entscheidung über die Anwendung unmittelbaren Zwangs ein. In diesen Fällen, die in der Praxis recht unterschiedlich gehandhabt werden[79], ist darauf abzustellen, ob die Behörde nach den jeweiligen gesetzlichen Regelungen typischer Weise eine verbindliche Vorentscheidung (durch Verwaltungsakt) zu treffen hat, bevor sie die tatsächliche Maßnahme vornimmt oder nicht. Bei einer schlichten Verweigerung von Auskunft etwa, wird man eine solche Vorentscheidung nicht annehmen können, weigert sich die Behörde aber, z. B. erkennungsdienstlich gesammelte Unterlagen zu vernichten, dürfte eine verbindlich vorgeschaltete Entscheidung zu bejahen sein; im letzteren Fall wäre die Verpflichtungsklage vorrangig zu erheben.

Um nun eine der VwGO fremde Popularklage zu verhindern, wird vor allem von der Rechtsprechung[80] eine **Klagebefugnis** auch bei der **allgemeinen Leistungsklage** gefordert. Die Gegenansicht[81] verneint hier die für die Analogie erforderliche Regelungslücke, da bei diesen Klagen das allgemeine Rechtsschutzbedürfnis ein ausreichendes Korrektiv sei, um eine Popularklage zu verhindern. Im Ergebnis bestehen zwischen diesen Meinungen allerdings selten Unterschiede. Für die Rechtsprechung spricht, dass der Gedanke der Klagebefugnis als spezielle Voraussetzung der allgemeinen Prozessführungsbefugnis vorgeht. 1051
Die Klagebefugnis ist immer zu bejahen, wenn dem Kläger der geltend gemachte Streitgegenstand (schlichtes Tun oder Unterlassen der Behörde) nach seinem schlüssigen und substantiierten Klagevortrag zustehen kann[82].

Durch Gesetz kann angeordnet sein, dass vor der Erhebung einer allgemeinen Leistungsklage ausnahmsweise ein **Widerspruchsverfahren** durchzuführen ist, z. B. hinsichtlich der Überprüfung von Realakten gegen Beamte („Betriebsverhältnis“) gem. § 54 Abs. 2 BeamtStG. 1052
Auch eine Behörde kann gegen den Bürger die allgemeine Leistungsklage vor dem Verwaltungsgericht erheben, allerdings gilt das dann nicht, wenn die Behörde ihre Ansprüche durch einen Bescheid geltend machen kann. In diesen Fällen fehlt der Behörde das Rechtsschutzbedürfnis[83].
Die allgemeine Leistungsklage ist begründet, wenn der Kläger gegen die Behörde einen **Anspruch** auf eine schlicht hoheitliche Handlung hat.

15. Die allgemeine Feststellungsklage

Mit der **allgemeinen Feststellungsklage** kann gem. § 43 Abs. 1 VwGO geklärt werden, ob ein **Rechtsverhältnis** besteht oder nicht bzw. ob ein **Verwaltungsakt nichtig** ist, wenn der Kläger ein berechtigtes Interesse an der baldigen Feststellung hat. 1053
Die Nichtigkeit einer Rechtsnorm kann dagegen nicht mit einer Feststellungsklage geklärt werden, hierfür gibt es das Normenkontrollverfahren (§ 47 VwGO) als speziellen Rechtsschutz.
Die allgemeine Feststellungsklage ist gegenüber den anderen Klagearten **subsidiär**[84] (§ 43 Abs. 2 S. 1 VwGO), außerdem darf sie nicht dazu verwendet werden, besondere

78 Kopp/Ramsauer, VwVfG, § 35 RdNr. 14.
79 Beispiele bei Kopp/Ramsauer, VwVfG, § 35 RdNr. 14.
80 BVerwGE 147, 312.
81 Nachweise bei Kopp/Schenke, 21. Auflage 2015, § 42 RdNr. 62.
82 BVerwG, NJW 2004, 698.
83 BVerwGE 80, 164.
84 Soweit es nicht um die Nichtigkeit eines Verwaltungsaktes geht.

Sachurteilsvoraussetzungen für die Anfechtungs- oder Verpflichtungsklage zu **umgehen**, z. B. die Fristvorschriften. Wenn also eine an sich statthafte Gestaltungsklage nur deswegen nicht mehr zulässig ist, weil der Verwaltungsakt wegen Versäumung der Klagefrist bestandskräftig geworden ist, dann kann dies nicht durch die Erhebung einer Feststellungsklage nachträglich umgangen werden.

1054 Kommt dagegen keine Umgehung von Fristen oder sonstigen besonderen Sachurteilsvoraussetzungen in Betracht, steht die Subsidiaritätsklausel der allgemeinen Feststellungsklage sinnvoller Weise nicht entgegen[85]. Sofern eine streitige Frage vollständig und sachgerecht durch ein Feststellungsurteil geklärt werden kann, ist im Gegenteil kein Grund erkennbar, warum auf eine vorrangige Gestaltungs- oder Leistungsklage verwiesen werden sollte, zumal aufgrund der Gesetzesbindung der Verwaltung die an sich fehlende Vollstreckbarkeit eines Feststellungsurteils nicht entgegensteht.

Beispiel: Ein verdeckter Ermittler der Polizei filmt bei einer Versammlung einen Demonstranten. Das ist kein Verwaltungsakt. Will der Demonstrant nun die Rechtswidrigkeit feststellen lassen, kann er nicht darauf verwiesen werden, die Rechtmäßigkeit des Einsatzes des verdeckten Ermittlers zunächst in einem getrennten Verfahren über die Löschung gespeicherter personenbezogener Daten klären zu lassen.

15.1 Kommunalverfassungsstreitverfahren

1055 Die Subsidiaritätsregel ist auch infrage zu stellen bei **Kommunalverfassungsstreitverfahren**[86] und ähnlichen Streitverfahren zwischen Organen einer Körperschaft. Aufgrund der Gesetzesbindung der Verwaltung dürfte außer Frage stehen, dass etwa Organe einer Gemeinde aus einem gerichtlichen Feststellungsurteil die entsprechenden Konsequenzen ziehen und es keines gerichtlichen Gestaltungsausspruches bedarf, z. B. der ausdrücklichen Aufhebung eines Ratsbeschlusses. Ein Feststellungsurteil greift nun aber deutlich geringer in die Handlungskompetenz eines gemeindlichen Organs ein als ein kassatorisches Urteil eines staatlichen Gerichtes, denn dem Gemeindeorgan wird so die Möglichkeit der **Selbstkorrektur** eingeräumt. Der Verweis auf die Subsidiaritätsklausel wäre in einem solchen Fall nicht sach- bzw. verfassungsgerecht.

1056 Ein **Rechtsverhältnis** liegt dann vor, wenn sich aus einer Rechtsnorm des öffentlichen Rechtes rechtliche Beziehungen zwischen einer Person zu einer anderen Person oder zu einer Sache ergeben, wonach eine Person etwas Bestimmtes tun oder unterlassen darf[87].

Beispiele: Feststellung des Bestehens eines Beamtenverhältnisses; Feststellung der Genehmigungsfreiheit bestimmter Bauvorhaben; Feststellung der Kompetenzen verschiedener Organe (Kommunalverfassungsstreitverfahren).

Das allgemeine Unterworfensein unter das Gesetz reicht nicht aus, um ein Rechtsverhältnis zu begründen, es muss vielmehr zu einer Konkretisierung bzw. Verdichtung der Beziehungen zwischen einer Behörde und einem Bürger gekommen sein. Die Rechtswidrigkeit eines Verwaltungsaktes ist kein feststellungsfähiges Rechtsverhältnis.

1057 Eine einfache Anfrage bei einer Behörde und die hierauf ergehende negative Stellungnahme, die noch kein Verwaltungsakt ist, reicht zur Konkretisierung i. S. eines Rechtsverhältnisses nicht aus. Ausreichend ist hingegen, wenn eine Behörde eine bestimmte Tätigkeit als verboten, strafbar oder polizeiwidrig bezeichnet oder gar androht, im Falle einer Wiederholung Strafanzeige zu erstatten (**„Damokles-Rechtsprechung“**). In

85 BVerwG, NJW 1997, 2534.
86 Vgl. Hofmann/Theisen/Bätge, Kommunalrecht in NRW, 2.8.4.
87 Hufen, Verwaltungsprozessrecht, § 18 RdNr. 8; Kopp/Schenke, VwGO, § 43, RdNr. 11.

diesem Fall ist nämlich die rechtliche Einstellung der Behörde zu einem bestimmten, tatsächlich feststehenden Sachverhalt so eindeutig klargestellt und kundgetan worden, dass das Vorliegen eines Rechtsverhältnisses nicht geleugnet werden kann[88].

Wer also anstrebt, eine Feststellungsklage zu erheben, darf sich nicht mit einer einfachen negativen Auskunft einer Behörde zufrieden geben. Er muss sich schon gegenüber einem Beamten „aufregen", damit dieser ihm droht und Zwangsmaßnahmen ankündigt, erst dann besteht ein Rechtsverhältnis.

Das festzustellende Rechtsverhältnis kann auch in der Vergangenheit oder in der Zukunft liegen, wenn es noch immer oder schon jetzt Auswirkungen auf die Rechte des Klägers hat[89].

Die Feststellung der **Nichtigkeit eines Verwaltungsaktes** setzt voraus, dass der Kläger 1058
die Nichtigkeit (§ 44 VwVfG) plausibel geltend macht, ob das tatsächlich der Fall ist, muss im Rahmen der Begründetheit der Klage geklärt werden.
Wegen der schwierigen Abgrenzung zwischen „nur" Fehlerhaftigkeit und Nichtigkeit eines Verwaltungsaktes, kann diese Frage auch im Rahmen einer (zulässigen, d. h. insbesondere fristgerechten) Anfechtungsklage oder einer auf Feststellung der Nichtigkeit gerichteten Verpflichtungsklage gerichtet sein. Dann muss der Kläger durch den von dem Verwaltungsakt ausgehenden Rechtsschein jedoch in seinen subjektiven Rechten verletzt sein können.

Der Kläger muss ein berechtigtes Interesse an der baldigen gerichtlichen Feststellung 1059
haben. Hierunter fällt **jedes schutzwürdige Interesse** rechtlicher, wirtschaftlicher, ideeller, kultureller oder religiöser Art[90].

Beispiele: Bei unklarer Rechtslage hat der Bürger ein berechtigtes Interesse an der Feststellung, er benötige keine behördliche Erlaubnis; ein Beamter hat ein Interesse an der Feststellung, wonach ein bestimmtes Verhalten kein Dienstvergehen ist; droht dem Bürger eine Strafanzeige oder eine Geldbuße, so hat er ein Interesse an einer Vorab-Klärung[91].

Kein berechtigtes Interesse liegt vor, wenn die Rechtslage eindeutig ist, z. B. beinhaltet das Recht der Versammlungsfreiheit unstreitig, sich ohne behördliche Erlaubnis versammeln zu dürfen, das braucht sich niemand gerichtlich feststellen zu lassen; wenn zur Vorbereitung eines Amtshaftungsprozesses lediglich eine öffentlich-rechtliche Vorfrage geklärt werden soll, so kann das der Zivilrichter selbst klären, eines verwaltungsgerichtlichen Verfahrens bedarf es nicht.

Auch bei Feststellungsklagen gilt der allgemeine Grundsatz, dass Popularklagen auszu- 1060
schließen sind und die Rechtsschutzgarantie nur bei der Verletzung „eigener Rechte" eingreift. Aus diesem Grunde muss auch bei Feststellungsklagen eine **Klagebefugnis** vorliegen[92] (§ 42 Abs. 2 VwGO analog). Bis auf wenige extreme Ausnahmen dürfte es an der Klagebefugnis fehlen, wenn nur **vorbeugend** eine Feststellung begehrt werden soll.

16. Die Fortsetzungsfeststellungsklage

Hat ein Kläger **Anfechtungsklage** erhoben und hat sich der Verwaltungsakt vor Erlass 1061
eines Urteils **erledigt**, könnte der Klage wegen fehlender Beschwer auch dann nicht mehr stattgegeben werden, wenn sie ansonsten begründet wäre. In diesen Fällen kann

88 BVerwGE 89, 331.
89 BVerwGE 80, 355, 356; Kopp/Schenke, VwGO, § 43 RdNr. 21.
90 BVerwG, NJW 1996, 1046 st. Rspr.; Kopp/Schenke, VwGO, § 43 RdNr. 23.
91 „Damokles-Rechtsprechung", BVerwGE 77, 213.
92 BVerwG GewA 2009, 484: Brüning, JuS 2004, 882, 884.

die Klage im Wege der **Fortsetzungsfeststellungsklage** weiterverfolgt werden; der Kläger muss vor Gericht lediglich seinen Antrag umstellen.
Rechtspolitischer Grund für die ausdrückliche Regelung in § 113 Abs. 1 S. 4 VwGO ist, dass der Kläger „nicht ohne Not um die Früchte seiner bisherigen Prozessführung gebracht werden soll“[93]. Diese rechtspolitische Zielvorstellung wirkt sich auf das Zulässigkeitserfordernis des **Fortsetzungsfeststellungsinteresses** aus. Dieses Zulässigkeitsmerkmal dürfte als besondere Ausprägung des Rechtsschutzbedürfnisses (nicht der Klagebefugnis) anzusehen sein. Es entspricht im Ansatz dem Feststellungsinteresse bei § 43 VwGO. Danach genügt jedes nach vernünftigen Erwägungen nach Lage des Falles anzuerkennende schutzwürdige Interesse rechtlicher, wirtschaftlicher oder ideeller Art; der Kläger muss mit dem Urteil „etwas anfangen können“, die gerichtliche Entscheidung muss geeignet sein, die Position des Klägers in den genannten Bereichen zu verbessern[94].
Die Vorschrift wird **analog** auf den Fall der Erledigung des angefochtenen Verwaltungsaktes **vor** Klageerhebung[95] und auf die entsprechenden Situationen der **Verpflichtungsklage** angewendet (im letzteren Fall sogen. doppelte Analogie)[96]. Unter Hinweis auf die allgemeine Feststellungsklage werden jedoch auch Bedenken gegen die Notwendigkeit dieser Weiterentwicklungen geltend gemacht[97].

1062 **Erledigung** der Hauptsache liegt vor, wenn die mit dem Verwaltungsakt verbundene rechtliche oder sachliche Beschwer des Klägers nachträglich, d. h. nach Klageerhebung oder nach Erlass des Verwaltungsaktes, in anderer Weise als durch Vollzug weggefallen ist[98] und von dem Verwaltungsakt keine belastende Wirkung mehr ausgeht. Dabei ist die Erledigung nicht subjektiv aus der Sicht des Betroffenen, sondern vom Regelungsgehalt des Verwaltungsaktes her objektiv zu beurteilen[99]. Eine Erledigung liegt nicht vor, wenn der Verwaltungsakt weiterhin belastende Wirkung hat, z. B. Grundlage für eine Vermögensverschiebung oder eine Kostenanforderung ist.

Beispiel für eine Erledigung: Die Behörde gibt sichergestellte Sachen zurück.

1063 Gem. § 113 Abs. 1 S. 4 VwGO ist Sachurteilsvoraussetzungen für die Fortsetzungsfeststellungsklage, dass der Kläger ein berechtigtes Interesse an der Feststellung der Rechtswidrigkeit des Verwaltungsaktes hat. Für die ausdrücklich im Gesetz geregelte Erledigung **nach** Klageerhebung ist ein **„Fortsetzungsfeststellungsinteresse“** häufig naheliegend.
Problematisch wird das aber für die analog angewendeten Fälle, wann nämlich das Interesse an der Erlangung des beantragten Verwaltungsaktes nach oder vor Klageerhebung wegfällt und der (Verpflichtungs)Kläger ein berechtigtes Interesse an der Feststellung hat, dass die Ablehnung des beantragten Verwaltungsaktes rechtswidrig war bzw. ob er einen Anspruch auf den beantragten Verwaltungsakt hatte[100].
Rechtspolitischer Grund für die ausdrückliche Regelung in § 113 Abs. 1 S. 4 VwGO war, dass der Kläger „nicht ohne Not um die Früchte seiner bisherigen Prozessführung gebracht werden soll“[101]. In Anlehnung an das in § 43 VwGO angesprochene Feststellungsinteresse muss ein Fortsetzungsfeststellungsinteresse mithin so beschaffen sein, dass der Kläger vernünftiger Weise mit dem verwaltungsgerichtlichen Urteil „etwas anfangen kann“.

---

93 BVerwGE 92, 172.
94 BVerwG, Urteil vom 16. Mai 2013 – 8 C 14.12 (juris).
95 Redeker, in: Redeker/von Oertzen, VwGO, § 113 RdNr. 35 m. w. N.
96 BVerwGE 89, 355 st. Rspr.; OVG NRW, NVwZ 2004, 508.
97 Wehr, DVBl. 2001, 785 f.
98 Kopp/Schenke, VwGO, § 113 RdNr. 101 f.
99 BVerwG, NVwZ 1991, 570, 571 st. Rspr.
100 Martin Redeker, a. a. O. (FN 93).
101 Gerhardt, in: Schoch/Schmidt-Aßmann/Pietzner, VwGO, § 113 RdNr. 76 m. w. N.

Aus rechtlichen, wirtschaftlichen oder ideellen Erwägung heraus ist das zu bejahen[102]:
- wenn der Kläger Schadensersatz- bzw. Entschädigungsansprüche geltend machen kann,
- wenn für den Kläger eine Wiederholungsgefahr besteht,
- wenn der Kläger ein Rehabilitationsinteresse hat,
- wenn der Kläger sich gegen einen sich typischer Weise kurzfristig erledigenden Grundrechtseingriff wendet.

16.1 Vorbereitung einer Schadensersatzklage

Das berechtigte Interesse ist zu bejahen, wenn in dem streitigen Rechtsverhältnis auf **1064** dem verwaltungsgerichtlichen Prozess aufbauend ein Folgenbeseitigungs-, Schadensersatz- oder Entschädigungsanspruch geltend gemacht werden soll. Um hier aber besonders für Amtshaftungsprozesse keine Rechtswegeverdoppelung zuzulassen, darf die Geltendmachung von Schadensersatz oder Entschädigung **nicht offensichtlich aussichtslos** sein[103]. Amtshaftungsprozesse soll grundsätzlich der Zivilrichter entscheiden (Art. 34 GG), der dann auch öffentlich-rechtliche Vorfragen klärt. Gründe der Prozessökonomie sprechen allerdings dafür, den rechtshängig gewordenen Verwaltungsprozess zu Ende zu führen. Ein solches Verfahren hat in aller Regel schon einen bestimmten Stand erreicht und bei Erledigung des ursprünglichen Anfechtungsantrages wäre der betriebene Aufwand nutzlos gewesen und der Kläger würde leer ausgehen, obwohl in den allermeisten Fällen das nicht auf sein Verhalten zurückzuführen ist.
Hat sich der Verwaltungsakt allerdings bereits **vor** der Klageerhebung erledigt, besteht nach diesen Erwägungen kein Fortsetzungsfeststellungsinteresse, der Betroffene muss dann sofort das an sich zuständige Zivilgericht anrufen, das dann die öffentlich-rechtliche Frage als Vorfrage klärt[104].

16.2 Wiederholungsgefahr

Das Fortsetzungsfeststellungsinteresse kann sich auch aus der Wiederholungsgefahr **1065** eines Verwaltungsaktes mit gleichem oder vergleichbarem Inhalt ergeben[105]. Eine Wiederholungsgefahr ist dann anzunehmen, wenn
- **konkrete Anhaltspunkte** dafür vorliegen, dass ein
- gleichartiger Verwaltungsakt
- in **absehbarer Zeit** wieder gegen den Kläger ergehen wird.

Hat sich ein Verwaltungsakt erledigt, so sind seine rechtlichen Wirkungen entfallen, und es besteht grundsätzlich kein Interesse mehr an einer gerichtlichen Klärung. Etwas anderes gilt jedoch dann, wenn zu erwarten ist, dass der Kläger bald wieder mit einem entsprechenden Verwaltungsakt überzogen wird, z. B. weil er als Mitglied einer besonderen Personengruppe in das behördliche Blickfeld geraten ist[106].
In diesen Fällen besteht zur **Verhinderung einer Wiederholungsgefahr** ein schützenswertes Interesse an der Feststellung, dass der erledigte Verwaltungsakt rechtswidrig war.

Beispiele: Demonstration in befriedeten Bannkreisen (§ 16 VersG)[107]; Sicherstellung von Motorrädern einer Gruppe von „Hardcore-Rasern".

---

102 Kopp/Schenke, VwGO, § 113 RdNr. 129.
103 Nds. OVG, Beschluss 12.11.2007 (juris).
104 BVerwGE 106, 295, 297 st. Rspr.
105 HessVGH, DÖV 2010, 49; VGH BW, VBlBW 2010, 153.
106 BayVGH, NJOZ 2009, 2695; VGH BW, VBlBW 2010, 153.
107 OVG NRW, NWVBl. 1994, 305, 306.

16.3 Rehabilitationsinteresse

1066 Ein berechtigtes Interesse an der Feststellung der Rechtswidrigkeit des erledigten Verwaltungsaktes kann sich dann ergeben, wenn die ursprüngliche Maßnahme für den Betroffenen **diskriminierende Wirkung** hatte und diese Beeinträchtigung seines allgemeinen Persönlichkeitsrechts aus der angegriffenen Maßnahme eine **Stigmatisierung** des Betroffenen ergibt, die geeignet ist, sein Ansehen in der Öffentlichkeit oder im sozialen Umfeld herabzusetzen. Die Stigmatisierung muss Außenwirkung erlangt haben und noch in der Gegenwart andauern[108].

Beispiele: gegenüber einem Gewerbetreibenden wird der Vorwurf der Unzuverlässigkeit erhoben; die Arbeit eines Künstlers wird abqualifiziert; ein Normalbürger wird von der Polizei „wie ein Terrorist" behandelt worden; das Motorrad eines Betroffenen wird nur deswegen sichergestellt worden ist, weil er zu einer Gruppe von Hardcore Rasern gezählt wurde

16.4 Sich typischer Weise kurzfristig erledigende (tiefgreifende) Grundrechtseingriffe

1067 Ein Unterfall des Rehabilitationsinteresse ist die Anerkennung eines Fortsetzungsfeststellungsinteresses in den Fällen, in denen sich der angefochtene Verwaltungsakt, mit dem es zu einem tiefgreifenden Grundrechtseingriff gekommen ist, sich typischer Weise kurzfristig erledigt und es ohne die Zulassung einer Fortsetzungsfeststellungsklage nicht zu einer Hauptsacheentscheidung hinsichtlich der Rechtmäßigkeit einer solchen Maßnahme kommen würde[109], z. B. bei Wasserwerfereinsätzen während einer Demonstration[110]; dem Einsatz verdeckter Ermittler bei einer Versammlung[111]; Freiheitsverlust durch Inhaftierung[112].

Darüber hinaus – zuweilen auch als weitere Voraussetzung der kurzfristigen Erledigung genannt – ist ein Fortsetzungsfeststellungsinteresse anzuerkennen, wenn der erledigte Verwaltungsakt einen Eingriff in **bedeutsame Grundrechte** (z. B. solche mit Richtervorbehalt wie Art. 13 Abs. 2 GG, aber wohl auch Art. 8 und 5 GG) darstellt[113].

Beispiele für das Verneinen eines besonderen Interesses: In einer Ratssitzung wird ein Spruchband mit politischer Aufschrift, das ein Ratsmitglied entfaltet, sichergestellt. Diese Situation ist eher singulär und begründet damit keine Wiederholungsgefahr. Bei der Sicherstellung von Filmen, die Demonstranten aufgenommen haben, begründet allein der Hinweis auf weitere Teilnahmen an Demonstrationen in der Regel ebenfalls keine Wiederholungsgefahr[114].

Beispiele für die Bejahung eines besonderen Interesses: Festhalten eines farbigen Studenten über viele Stunden, um seine Identität zu überprüfen[115]; Ausschluss von Parteien von Wahlsendungen in Funk und Fernsehen[116]; Freiheitsentziehungen zur Durchsetzung eines Platzverweises[117]; Wohnungsdurchsuchungen[118]; Einsatz verdeckter Ermittlern zur Datenerhebung in der Privatsphäre[119]; Verbot gegenüber einer Partei, ihren Bundesparteitag abzuhalten[120].

Der Kläger muss die Umstände für sein Fortsetzungsfeststellungsinteresse **selbst vortragen**; insoweit ist die Amtsermittlungspflicht des Gerichts – soweit es sich nicht aufdrängt – eingeschränkt.

---

108 BVerwG, Urteil vom 16. Mai 2013 – 8 C 14.12 (juris).
109 Ralf P. Schenke, JuS 2007, 697, 698 m. w. N.
110 BVerfG (K), NVwZ 1999, 290.
111 BVerwG, NJW 1997, 2534 f.
112 BVerfGE 110, 77.
113 ausdrücklich BVerfGE 104, 220 (233); anders BVerwG, Urteil vom 16. Mai 2013 – 8 C 14.12 (juris).
114 OVG NRW, a. a. O. (FN 105).
115 OVG Hamburg, NVwZ-RR 2003, 276.
116 OVG Hamburg, NVwZ 2004, 117.
117 VG Neustadt, NVwZ 2003, 277.
118 VGH BW, NVwZ 2003, 368.
119 BVerwG, NJW 1997, 2534.
120 BVerwG, NVwZ 1999, 991.

Die Erhebung der Fortsetzungsfeststellungsklage ist an keine Frist gebunden, Widerspruchs- bzw. Klagefrist laufen jedoch bis zum Eintritt des erledigenden Ereignisses[121].

17. Normenkontrollverfahren

Die bisher dargestellten Klagearten hatten **Einzelentscheidungen** der Verwaltung zum Gegenstand. Soweit über den Streitgegenstand rechtskräftig entschieden worden ist, bindet das gerichtliche Urteil die Beteiligten und ihre Rechtsnachfolger, das ist die materielle Rechtskraft (§ 121 VwGO). **1068**

Demgegenüber ist die verwaltungsgerichtliche Normenkontrolle darauf gerichtet, bestimmte untergesetzliche Rechtsvorschriften durch das **Oberverwaltungsgericht** überprüfen zu lassen.

Soweit einzelne Bundesländer wie z. B. NRW von der allgemeinen Ermächtigung zur Einführung eines Normenkontrollverfahrens keinen Gebrauch gemacht haben, kommen eine **inzidente Normenkontrolle** im Rahmen einer Anfechtungsklage oder eine allgemeine Feststellungsklage in Betracht.

Bundeseinheitlich findet das verwaltungsgerichtliche Normenkontrollverfahren bei **baurechtlichen Satzungen** statt, z. B. bei Bebauungsplänen (§ 10 BauGB), bei Veränderungssperren (§§ 14, 16 Abs. 1 BauGB), bei Erschließungsbeitragssatzungen (§ 132 BauGB).

Die Entscheidung des Oberverwaltungsgerichtes, durch die eine (gemeindliche) Satzung für nichtig erklärt wird, ist **allgemein verbindlich** und damit gegenüber jedermann wirksam. Jede Behörde und auch jedes Gericht ist an die Entscheidung gebunden. Soweit bereits unanfechtbare Verwaltungsakte oder rechtskräftige Urteile aufgrund der nichtigen Satzung ergangen sind, bleiben sie bestehen. Eine Vollstreckung scheidet dann jedoch aus (§ 183 VwGO).

Das Oberverwaltungsgericht entscheidet gem. § 47 Abs. 1 VwGO „im Rahmen seiner Gerichtsbarkeit", also nur bei einer öffentlich-rechtlichen Streitigkeit; eine Entscheidung über Ordnungswidrigkeitenbestimmungen ist damit ausgeschlossen, denn darüber entscheiden gem. § 68 OWiG die Amtsgerichte[122]. Gegenstand des Normenkontrollverfahrens können nur bereits erlassene Normen sein, eine Normerlassklage ist unzulässig[123].

Antragsberechtigt sind natürliche oder juristische Personen und Behörden sowie Vereinigungen gem. § 2 Abs. 4 S. 3 Umwelt-Rechtsbehelfsgesetz, sofern sie Tatsachen vortragen können, die es zumindest als möglich erscheinen lassen, dass sie durch die Norm in Rechten verletzt sind oder (und das ist gegenüber einer Anfechtungsklage eine Erweiterung) in absehbarer Zeit verletzt werden können[124]. **1069**

Vom Gesetzeswortlaut des § 47 Abs. 2 S. 1 VwGO her bestehen für Behörden keine unterschiedlichen Antragsbefugnisse. Dennoch ist in der Rechtsprechung geklärt, dass der Normenkontrollantrag einer Behörde nur zulässig ist, wenn sie die streitige Norm bei der Erfüllung ihrer Aufgaben zu beachten hat. Das ist der Fall, wenn die Norm sich auf das behördliche Aufgabenfeld auswirken kann.

Das ist dann der Fall, wenn die Rechtsvorschrift Festsetzungen trifft, die sich auf subjektive Rechte des Antragstellers auswirken können. Geht es um einen Bebauungsplan, trifft dies regelmäßig zu, wenn der Antragsteller **Eigentümer** oder **Pächter**[125] eines Grundstückes ist, das im Planbereich liegt. **Nachbarn** eines beplanten Gebietes

121 Jörg Schmidt, in: Eyermann, VwGO, § 113 RdNr. 72.
122 BVerwGE 99, 88, 97.
123 BayVGH, BayVBl. 2003, 433.
124 BVerwGE 107, 215, 217; OVG NRW, NWVBl. 2009, 435.
125 BVerwG, NVwZ 2000, 806.

sind ebenfalls antragsberechtigt, da das Abwägungsgebot des § 1 Abs. 6 BauGB drittschützende Wirkung hat und dementsprechend auch den Trägern privater Belange und Interessen ein subjektives Recht auf gerechte Abwägung vermittelt[126]. Für **Gemeinden** kann sich die Antragsbefugnis aus der Möglichkeit der Verletzung ihres Selbstverwaltungsrechtes ergeben, da Gemeinden bauplanungsrechtlich befugt sind, eine gemeindliche Verkehrspolitik zu betreiben[127]. Auch **Nachbargemeinden** sind aus dem in § 2 Abs. 2 BauGB verankerten **interkommunalen Abstimmungsgebot** heraus bei einer Berührung gewichtiger Planungsauswirkungen antragsbefugt, z. B. bei der Ansiedlung von Factory-Outlet-Centern, Multiplex-Kinos usw.
Die Verletzung privater Interessen allein reicht dagegen nicht aus.

Der Mieter eines Grundstückes ist lediglich vertraglich zur Nutzung berechtigt, er kann die Gültigkeit eines Bebauungsplanes nicht durch einen Normenkontrollantrag überprüfen lassen[128]. Auch ein Nacherbe ist nicht antragsberechtigt, denn vor Eintritt des Nacherbfalles ist er weder Eigentümer der zum Nachlass gehörenden Gegenstände noch steht ihm hieran ein Nutzungsrecht zu; es könnte zudem zu einem Interessenwiderstreit mit dem Vorerben kommen[129].

1070 Durch das am 1. Januar 2007 in Kraft getretene Gesetz zur Erleichterung von Planungsvorhaben für die Innenentwicklung sind **Anträge** zur Überprüfung eines Bebauungsplans oder einer Satzung gem. §§ 34 Abs. 4 S. 1 Nr. 2 und 3; 35 Abs. 6 BauGB **unzulässig,** wenn sie im Rahmen der Bauleitplanung hätten geltend gemacht werden können (§ 47 Abs. 2a VwGO).
Der Normenkontrollantrag kann nur innerhalb von zwei Jahren nach Bekanntmachung der Rechtsvorschrift gestellt werden (§ 47 Abs. 2 S. 1 VwGO). Diese Frist ist eine echte Ausschlussfrist, eine Wiedereinsetzung in den vorigen Stand kommt damit nicht in Betracht[130].
Der Antrag muss gem. §§ 81 Abs. 1 S. 1; 67 Abs. 4 VwGO **schriftlich** durch einen **postulationsfähigen Prozessvertreter** gestellt werden. Ein Antrag auf gerichtliche Normenkontrolle entfaltet **keine aufschiebende Wirkung.**
Im Normenkontrollverfahren überprüft das OVG die angegriffene Rechtsvorschrift unter jedem formellen und materiellen Aspekt bundes- und landesrechtlicher Art. Auch das europäische Gemeinschaftsrecht ist Prüfungsmaßstab[131]. Der Normenkontrollantrag ist begründet, wenn die Norm gegen höherrangiges Recht verstößt. Wesentliche Fehlerquellen sind die **Nichteinhaltung von Verfahrensvorschriften** beim Erlass der Norm sowie **Abwägungsfehler** bei der Planung.

1071 Es gibt zahllose Vorschriften, wonach Fehler unbeachtlich sind oder nur innerhalb bestimmter Fristen geltend gemacht werden können. Außerdem können Fehler auch in einem ergänzenden Verfahren geheilt werden, sofern der Fehler nicht so gravierend ist, dass das ursprüngliche Verfahren zumindest teilweise noch verwertbar ist[132].
Kann der Fehler in einem weiteren Verfahren behoben werden, wird ein Bebauungsplan „nur“ für nicht wirksam, aber nicht für nichtig erklärt. Stellt das Oberverwaltungsgericht fest, dass eine Rechtsvorschrift ungültig ist, so erklärt es sie für nichtig (§ 47 Abs. 5 S. 2 VwGO). Diese Erklärung ist **allgemein verbindlich.** Eine Norm mit vergleichbarem Inhalt darf ohne Behebung der festgestellten Fehler nicht erneut erlassen werden[133].

---

126 BVerwG, JuS 1999, 717.
127 BVerwG, NVwZ 2001, 1280.
128 OVG NRW, NWVBl. 1998, 22.
129 OVG NRW, NWVBl. 1998, 27.
130 Kopp/Schenke, VwGO, § 47, RdNr. 65.
131 Dünchheim, VR 2003, 361.
132 OVG NRW, NVwZ 1999, 79.
133 BVerwGE 92, 266, 269.

Formulierungsbeispiele für einen Tenor im Normenkontrollverfahren:
Der Antrag, den Bebauungsplan „Am Burgpark" der Stadt Hürth für nichtig zu erklären, wird abgelehnt.
Der Bebauungsplan „Hürtherberg" der Stadt Hürth wird für nicht wirksam erklärt. Im Übrigen wird der Antrag abgelehnt[134]*.*
Die Kosten des Verfahrens trägt der Antragsteller/die Antragsgegnerin.
Das Urteil ist wegen der Kosten vorläufig vollstreckbar. Der Antragsgegnerin wird nachgelassen, die Vollstreckung durch Sicherheitsleistung in Höhe der festzusetzenden Kosten abzuwenden, wenn nicht der Antragsteller vor der Vollstreckung Sicherheit in gleicher Höhe leistet.
Die Revision wird – nicht – zugelassen.

18. Verfahrensbeendigungen **1072**

Verwaltungsgerichtliche Verfahren können mit und ohne Sachentscheidung beendet werden.

18.1 Verfahrensbeendigungen ohne Sachentscheidung:

18.1.1 Klagerücknahme

Die Klage kann bis zur Rechtskraft des Urteils zurückgenommen werden, wenn Anträge in der mündlichen Verhandlung gestellt worden sind, muss der Beklagte zustimmen. Im einstweiligen Rechtsschutzverfahren ist eine Rücknahme jederzeit möglich (§ 92 Abs. 1 S. 2 VwGO). Die Klage gilt als zurückgenommen (Fiktion), wenn der Kläger das Verfahren trotz gerichtlicher Aufforderung mit entsprechenden Hinweisen länger als drei Monate nicht betreibt (§ 92 Abs. 2 VwGO). Möglich ist es auch, eine außergerichtliche Verpflichtung einzugehen, eine Klage zurückzunehmen, z. B. durch Vergleich.[135] Die Klagerücknahme ist bedingungsfeindlich und führt automatisch zur Verfahrensbeendigung, die Wirkungen der Rechtshängigkeit entfallen rückwirkend. Besteht Streit über die Wirksamkeit einer Klagerücknahme, muss ein Antrag auf Fortsetzung des Verfahrens gestellt werden, über den das Gericht durch Urteil entscheidet[136]. Abzugrenzen ist die Klagerücknahme vom **Klage- und Anspruchsverzicht**. Anders als bei Klagerücknahme ist bei Klageverzicht eine erneute Klage in der Sache unzulässig. Ein Anspruchsverzicht ist ein Verzicht auf den materiellen Anspruch. Das hat zur Folge, dass zwar eine erneute Klage erhoben werden kann, diese aber ohne Sachprüfung abzuweisen ist. **1073**

18.1.2 Prozessvergleich

Ist ein Verfahren beim Verwaltungsgericht anhängig, können die Beteiligten jederzeit, also auch noch in der Rechtsmittelinstanz, durch einen Prozessvergleich beenden (Ausdruck des Verfügungsgrundsatzes, Dispositionsmaxime). Der Prozessvergleich ist ein Vertrag (§ 779 Abs. 1 BGB analog), durch den die Beteiligten durch gegenseitiges Nachgeben (Verzicht auf einen Anspruch, Übernahme neuer Verpflichtungen usw.) den zwischen ihnen bestehenden Rechtsstreit beenden. Der Prozessvergleich hat eine Doppelnatur[137], er ist sowohl Prozesshandlung als auch ein materiell-rechtlicher Vertrag. Er muss grundsätzlich bei Gericht zur Niederschrift erklärt werden (§ 106 S. 1 VwGO), entweder vor der Kammer oder vor dem Berichterstatter bzw. Vorsitzenden **1074**

---

134 Ein Bebauungsplan wird nur dann für nichtig erklärt, wenn ein ausdrücklicher Antrag auf Nichtigkeitserklärung gestellt worden ist.
135 BVerwG, DVBl. 1994, 211, 213.
136 OVG NRW, OVGE 46, 84.
137 Nds. OVG, NVwZ 2000, 1309.

(§ 87 Abs. 1 S. 2 Nr. 1 VwGO). Der Vergleich ist zu protokollieren, vorzulesen und von den Beteiligten zu genehmigen (§ 105 VwGO i. V. m. §§ 160 Abs. 3 Nr. 1, 162 Abs. 1 ZPO). Enthält der Prozessvergleich einen Widerrufsvorbehalt, tritt die Prozessbeendigung aufschiebend bedingt durch die Nichtausübung des Widerrufsrechts ein. Sofern später Streit über die Wirksamkeit eines Vergleichs besteht, muss verfahrensrechtlich hinsichtlich der jeweiligen Ursache differenziert werden: Unwirksamkeitsgründe, die während des Prozesses aufkommen – Antrag auf Fortführung des ursprünglichen Verfahrens; nachträgliche Unwirksamkeitsgründe (z. B. Wegfall der Geschäftsgrundlage) – neuer Prozess.

18.1.3 Erledigungserklärung

1075 Die Beteiligten können das Verfahren jederzeit für erledigt erklären, das Gericht ist an die übereinstimmenden Erklärungen gebunden, es kommt nicht darauf an, ob auch objektiv die Sache erledigt ist. Durch die Erklärungen entfällt die Rechtshängigkeit der Sache (§ 90 VwGO). Durch die Erledigungserklärungen wird das Klagebegehren gegenstandslos. Das Gericht erlässt aus Gründen der Rechtssicherheit einen Einstellungsbeschluss (§ 92 Abs. 3 VwGO analog). Über die Kosten des Verfahrens entscheidet das Gericht nach billigem Ermessen unter Berücksichtigung des bisherigen Sach- und Streitstandes (§ 161 Abs. 2 VwGO). Der Beschluss ist unanfechtbar und bedarf keiner Rechtsmittelbelehrung (§ 158 Abs. 2; § 92 Abs. 3 S. 2 VwGO analog)

18.2 Verfahrensbeendigungen mit Sachentscheidung

1076 Verfahrensbeendigungen **mit** Sachentscheidung sind Gerichtsbescheide, Beschlüsse und – vor allem – Urteile.

18.2.1 Gerichtsbescheide

1077 Gerichtsbescheide sind zwar keine Urteile, sie wirken aber wie Urteile (§ 84 Abs. 3 HS 1 VwGO). Sie sind nur im Klageverfahren in der Hauptsache zulässig, nicht im einstweiligen Rechtsschutzverfahren oder im Berufungsverfahren (vgl. § 125 Abs. 1 S. 2 VwGO). Voraussetzung für einen Gerichtsbescheid ist, dass die Sache **keine besonderen Schwierigkeiten** tatsächlicher oder rechtlicher Art aufweist **und** der Sachverhalt **geklärt** ist. Besondere Schwierigkeiten sind nur solche, die das Normalmaß nicht unerheblich überschreiten. Ein Gerichtsbescheid kann danach nicht nur in einfachen Fällen, sondern auch in solchen mit normaler oder durchschnittlicher Schwierigkeit ergehen. Besondere Schwierigkeiten sind z. B. anzunehmen bei außergewöhnlichem Umfang der Sache, schwer überschaubaren wirtschaftlichen, politischen oder technischen Hintergründen des Falls, höchstrichterlich noch nicht geklärten Rechtsfragen, abweichen der Kammer von der Rechtsprechung eines OVG/VGH oder des BVerwG sowie in der Regel auch bei grundsätzlicher Bedeutung der Rechtssache. Ein **Sachverhalt ist geklärt**, wenn Zweifel vernünftiger Weise ausgeschlossen sind. Vor Erlass eines Gerichtsbescheides sind die Beteiligten anzuhören (§ 84 Abs. 1 S. 2 VwGO). Ein Gerichtsbescheid hat die gleiche Rechtswirkung wie ein erstinstanzliches Urteil (§ 84 Abs. 3, 1. HS VwGO). Rechtsbehelfe sind spezialgesetzlich ausgeprägt (§ 84 Abs. 2 VwGO); weiterhin ist Antrag auf mündliche Verhandlung möglich (§ 84 Abs. 3, 2. HS VwGO). Für die Form eines Gerichtsbescheides gelten die Vorschriften über Urteile entsprechend (§ 84 Abs. 1 S. 3 VwGO)[138], d. h. vor allem § 117 VwGO. Bzgl. Des Rubrums ist zu beachten, dass die ehrenamtlichen Richter nicht mitwirken (§ 5 Abs. 3 S. 2 VwGO). Der Tenor wird wie ein Urteil abgefasst. Da der Gerichtsbescheid auch Vollstreckungstitel ist (§ 84 Abs. 1 S. 3; § 168 Abs. 1 Nr. 1 VwGO), ist auch über die vorläufige Vollstreckbarkeit zu befinden. Der Aufbau des Tatbestandes

138 Hierzu Näheres unten, RdNr. 1080 f.

erfolgt wie im Urteil, es ist darauf zu achten, einen Hinweis auf § 84 Abs. 1 S. 2 VwGO aufzunehmen und zu Beginn der Entscheidungsgründe sind kurz die Voraussetzungen für den Erlass eines Gerichtsbescheides darzulegen. Von der Möglichkeit, auf die Begründung einer angefochtenen Entscheidung Bezug zu nehmen (§ 117 Abs. 5 VwGO), sollte gerade im Gerichtsbescheid Gebrauch gemacht werden.

18.2.2 Beschlüsse

Beschlüsse (§ 122 VwGO) sind alle Entscheidungen des Gerichts, die nicht Urteil oder Gerichtbescheid sind. Beispiele: Beweisbeschluss; Entstellungsbeschluss (§ 92 Abs. 3 VwGO); Kostenentscheidung (§ 161 Abs. 2 VwGO); vorläufiger Rechtsschutz (§§ 80 Abs. 5, 80a Abs. 3, 123 VwGO). Bei streitentscheidenden Beschlüssen gelten die Vorschriften des Urteilsverfahrens entsprechend. Besonderheiten: **1078**

- Beschlüsse ergehen nicht ausdrücklich „Im Namen des Volkes“
- Beschlüsse können ohne mündliche Verhandlung ergehen (§ 101 Abs. 3 VwGO)
- bei Beschlüssen außerhalb der mündlichen Verhandlung wirken die ehrenamtlichen Richter nicht mit (§ 5 Abs. 3 S. 2 VwGO)
- der Beschlusstenor enthält die Entscheidung zur Hauptsache, die Kostenentscheidung sowie die Streitwertfestsetzung
- es folgt keine Vollstreckbarkeitserklärung, denn das Rechtsmittel der Beschwerde hat grundsätzlich keine aufschiebende Wirkung, so dass der Beschluss sofort vollstreckt werden kann (§ 149 VwGO)
- bei Beschlüssen gibt es nur eine einheitlich Überschrift „Gründe“; die jedoch in I. (Darstellung des Sach- und Streitstandes und II. (Entscheidungsgründe bzw. rechtliche Erwägungen) getrennt werden
- eine Begründungspflicht besteht grundsätzlich nur, wenn die Beschlüsse durch Rechtsmittel angefochten werden können oder über ein Rechtsmittel entscheiden (§ 122 Abs. 2 S. 1 VwGO). Beschlüsse über die Aussetzung der Vollziehung (§ 80 Abs. 5 und 7; § 80a Abs. 3 VwGO); über einstweilige Anordnungen (§ 123 VwGO) sowie Kostenbeschlüsse nach Erledigung des Rechtsstreits in der Hauptsache (§ 161 Abs. 2 VwGO) sind allerdings stets zu begründen (§ 122 Abs. 2 S. 2 VwGO).

18.2.3 Urteile

Urteile ergehen in aller Regel aufgrund einer mündlichen Gerichtsverhandlung (§ 101 Abs. 1 VwGO), die allerdings schriftlich vorbereitet wird (§ 86 Abs. 4 VwGO). Damit auch die zu entscheidenden Tatsachen nicht verloren gehen, muss zu Beginn der mündlichen Verhandlung der wesentliche Akteninhalt vorgetragen werden (§ 103 Abs. 2 VwGO). Die Beteiligten können auf eine mündliche Verhandlung verzichten (§ 101 Abs. 2 VwGO). Gerichtsbescheide ergehen ohne mündliche Verhandlung (§ 84 Abs. 1 VwGO). **1079**
In der mündlichen Verhandlung haben alle Beteiligten den Anspruch auf rechtliches Gehör, d. h. sie können sich zu allen tatsächlichen oder rechtlichen Fragen des Verfahrens äußern.

19. Das verwaltungsgerichtliche Urteil

Es wird zwischen **Endurteilen** (§ 117 VwGO), **Teilurteilen** (§ 110 VwGO) und **Zwischenurteilen** (§ 109 VwGO) unterschieden. Die Unterscheidung hat in der Praxis nur geringe Bedeutung. Wichtiger ist die Differenzierung zwischen einem **Sachurteil** und einem **Prozessurteil.** Mit einem **Sachurteil** wird in der Sache entschieden, d. h. man gelangt in die Begründetheit der Klage. Nach Rechtskraft des Sachurteils ist ein neuer Prozess nicht mehr möglich. Mit einem **Prozessurteil** wird eine **Klage** als unzulässig abgewiesen. Wird der Zulässigkeitsmangel beseitigt, ist grundsätzlich ein weiterer Pro- **1080** zess möglich. Die mündliche Bekanntgabe der Urteilsgründe im Anschluss an die Verlesung der Urteilsformel ist nur unvollständig. Eine besondere Bedeutung kommt daher dem schriftlich abgesetzten Urteil[139] zu. Es hat folgende Bestandteile:

19.1 Rubrum

1081 Das **Rubrum** (§ 117 Abs. 1 Nr. 1; Abs. 2 Nr. 1, 2 VwGO) enthält
- die Angabe des Gerichtes,
- das **Aktenzeichen** des Rubrums setzt sich zusammen aus der Bezeichnung des Spruchkörpers, in der Regel der Kammer („1“), dem Buchstaben/Registerzeichen, der das Verfahren („K“) kennzeichnet[140], der laufenden Nummer des Verfahrens, die für das gesamte Gericht durchgezählt wird, nicht für jede Kammer gesondert („7433“), und dem Eingangsjahr („/10“),
- den Hinweis, dass das Urteil „**IM NAMEN DES VOLKES**“ erging,
- die Bezeichnung aller am Verfahren Beteiligten, wobei Im Rubrum eines verwaltungsgerichtlichen Urteils der **Prozessbevollmächtigte**[141] – anders als im Zivilrechtsstreit – jeweils mit voller postalischer Anschrift aufzuführen sind,
- die Kurzbezeichnung des Streitgegenstandes („wegen“) folgt im Anschluss an die Nennung der Beteiligten. Die Formulierung soll kurz und schlagwortartig, zugleich aber möglichst präzise den Gegenstand des Verfahrens bezeichnen. Es sollte versucht werden, den **tatsächlichen Kern des Rechtsstreits** zu erfassen, der den Gegenstand rechtlicher Maßnahmen bildet bzw. bilden soll, d. h. *nicht* „wegen Anfechtungsklage gegen Gebührenbescheid“, *sondern* „wegen Gebühren für Abfallentsorgung des Jahres 2015“[142],
- die Nennung des Spruchkörpers und die Namen der Richter, die bei der Entscheidung mitgewirkt haben; die Bezeichnung des Spruchkörpers ergibt sich aus der ersten Zahl des Aktenzeichens. Der Formulierung „hat die 1. Kammer des Verwaltungsgerichts Köln“ bedarf es eigentlich nicht, weil das erkennende Gericht bereits in der Überschrift des Urteils erwähnt ist. Aber da ist die Praxis von Verwaltungsgericht selbst in NRW unterschiedlich

19.2 Urteilstenor (§ 117 Abs. 2 Nr. 3 VwGO)[143]

1082 An das Rubrum schließt sich der Urteilstenor an. Wie bei allen Entscheidungen hat die gerichtliche Entscheidungsformel, der **Tenor**, besondere Bedeutung.
Besteht ein Widerspruch zwischen dem Tenor und den Entscheidungsgründen, dann ist der Tenor vorrangig zu beachten[144]. Der Tenor eines gerichtlichen Urteils muss sich inhaltlich am Antrag des Klägers orientieren, das Gericht darf nichts zusprechen, was der Kläger nicht beantragt hat (§ 88 VwGO).
Übliche Formulierungen für die Tenorierung des gerichtlichen Hauptsachenausspruchs sind: (§ 113 Abs. 1 Satz 1, Abs. 5 VwGO):

---

139 Wahrendorf/Huschens, Grundfragen beim Abfassen verwaltungsgerichtlicher Urteile, NWVBl. 2005, 197 f.

140 „K“ für Klageverfahren und „L“ für Verfahren des vorläufigen Rechtsschutzes erster Instanz bzw. „A“ und „B“ entsprechend für OVG.

141 Nicht der Sitzungsbevollmächtigte, falls nicht identisch.

142 Die Kennzeichnung des Streitgegenstands mit „wegen“…macht einen Einleitungssatz zu Beginn des Tatbestands („Die Beteiligten streiten über …“) überflüssig.

143 Die einzelnen Bestandteile des Tenors in einem Urteil zu beziffern, ist unnötig (anders bei einem Beschluss), da keine unterschiedlichen Rechtsmittelbelehrungen erfolgen, aber das wird von Gericht zu Gericht unterschiedlich gehandhabt.

144 Jakob, VBlBW 1995, 35.

- ***Anfechtungsklage***: *Der Bescheid des Beklagten vom … [ggf.: in der Gestalt des Widerspruchsbescheides der … vom …] wird aufgehoben.*
- ***Verpflichtungsklage:***
  (1) *Der Beklagte wird unter Aufhebung seines ablehnenden Bescheides vom … [ggf.: und des Widerspruchsbescheides der … vom …] verpflichtet, dem Kläger die Genehmigung … zu erteilen (bei* ***Spruchreife****, § 113 Abs. 5 Satz 1 VwGO).*
  (2) *Der Beklagte wird unter Aufhebung seines ablehnenden Bescheides vom … [ggf.: und des Widerspruchsbescheides der … vom …] verpflichtet, den Kläger unter Beachtung der Rechtsauffassung des Gerichts neu zu bescheiden (****Bescheidungsausspruch*** *bei entsprechendem Antrag, § 113 Abs. 5 Satz 2 VwGO).*
- ***Leistungsklage***: *Die Beklagte wird verurteilt, … (es folgt Leistungs- bzw. Abwehrausspruch)*
- ***Feststellungsklage***: *Es wird festgestellt, dass …*

Für die Formulierung gerichtlicher Entscheidungen ist allgemein zu beachten:
- **Klagen** … werden **abgewiesen.**
- **Anträge** … werden **abgelehnt.**
- **Beschwerden** … werden **zurückgewiesen.**
- **Berufungen** … werden **verworfen** oder **zurückgewiesen**.

Im Anschluss an die Entscheidung in der Hauptsache folgen die **Kostenentscheidung** (§§ 154 f. VwGO), die Entscheidung über die **vorläufige Vollstreckbarkeit der Kostenentscheidung** (§ 167 VwGO) und evtl. die Entscheidung über die **Berufungszulassung** § 124a VwGO). **1083**

19.3 Tatbestand (§ 117 Abs. 2 Nr. 4; Abs. 3 VwGO)

Für den Aufbau und die Zeitformen des Tatbestandes gilt folgendes: **1084**

1. Geschichtserzählung
   a) feststehender Sachverhalt *(„allgemeines Panorama“)*
   („Der Kläger ist Eigentümer … Am … beantragte er …“)
   b) Verwaltungsverfahren
      aa) bei Anfechtungsklage: Anhörung
      bb) bei Verpflichtungsklage: Antrag
      cc) Bescheid
      dd) gegebenenfalls: Widerspruchsverfahren/Widerspruchsbescheid/Zustellung des Widerspruchsbescheides
2. Prozessgeschichte
   Klageerhebung im Verwaltungsprozess (mit Eingang der Klage bei Gericht wird die Sache rechtshängig (§§ 81, 90 VwGO) [Perfekt]
3. Darstellung des Streitstandes
   a) Vorbringen des Klägers; meist keine strenge Unterscheidung zwischen Tatsachenbehauptungen und Rechtsansichten, vielmehr …, *„zur Begründung der Klage wiederholt der Kläger sein Vorbringen aus dem Verwaltungsverfahren und trägt ergänzend vor …“.*
   b) Antrag des Klägers (aus dem Protokoll der mündlichen Verhandlung zu entnehmen)
   c) Antrag des Beklagten (aus dem Protokoll der mündlichen Verhandlung zu entnehmen)
   d) Vorbringen des Beklagten
   e) Antrag des Beigeladenen
   f) Vorbringen des Beigeladenen [Präsens, indirekte Rede]
4. Weitere Prozessgeschichte
   a) ggfs. Beweisbeschluss und Ergebnis (keine Beweiswürdigung!)
   b) Verzicht auf mündliche Verhandlung [Perfekt]

Nach einem etwaigen, aber nicht notwendigen Einleitungssatz
(„Der Kläger wendet sich gegen …“) folgt die Geschichtserzählung, die sich aufgliedert in
a) den feststehenden Sachverhalt (sog. *„unstreitiges oder allgemeines Panorama“*) *„Der Kläger ist Eigentümer …“* [Präsens]

b) das Verwaltungsverfahren [Imperfekt] („*Am ... beantragte der Kläger ... Dies lehnte der Beklagte mit Bescheid vom ... ab. Am ... legte der Kläger Widerspruch ein und machte geltend ...*“ usw.).

Dieser Teil des Tatbestandes muss ohne rechtliche Wertungen formuliert werden.
Hieran schließt sich die Schilderung (des ersten Teils) [Perfekt] der Prozessgeschichte an, (sie beschränkt sich in aller Regel auf den Satz: „*Am ... hat der Kläger Klage erhoben.*“
Darauf folgt die Darstellung des Streitstandes im *Präsens*, die sich weiter untergliedert in den Vortrag des Klägers, seinen Antrag sowie den Antrag des Beklagten, danach der Vortrag des Beklagten. Im Falle einer Beiladung folgt der Antrag des Beigeladenen und anschließend der Vortrag des Beigeladenen.
Am Ende des Tatbestandes steht dann ggfs. der zweite Teil der Prozessgeschichte (z. B. Beweisaufnahme, Ortstermin) „*Das Gericht hat Beweis erhoben durch ... Wegen des Beweisthemas und des Ergebnisses der Beweisaufnahme wird auf Bl.... der Gerichtsakten verwiesen.*“
Die abschließende Bezugsklausel erfolgt im *Präsens*, sie wird allgemein gefasst: („*Wegen der weiteren Einzelheiten des Sach- und Streitstandes wird auf den Inhalt der Gerichtsakte und die beigezogenen Verwaltungsvorgänge Bezug genommen.*“ (sog. **Angstklausel**).
Möglich ist auch eine Bezugnahme auf einzelne Urkunden, Gutachten o. ä., die mit Angabe der Akte und Blattzahl genannt wird.

19.4 Entscheidungsgründe

1085 Am Beginn der Entscheidungsgründe wird das Gesamtergebnis formuliert:

Wenn die Zulässigkeit der Klage unproblematisch ist: „*Die zulässige Klage ist nicht begründet.*“
Wenn Ausführungen zur Zulässigkeit notwendig waren: „*Die Klage ist zulässig, hat aber in der Sache keinen Erfolg*“,

Die Formulierung der Begründetheit erfolgt dann mit dem **Obersatz**: „*Der Gebührenbescheid des Beklagten ist rechtswidrig und verletzt den Kläger in seinen Rechten*“.

Danach folgt die übliche Formulierung im Urteilsstil:
- Angabe der Ermächtigungsgrundlage für den belastenden Verwaltungsakt
- Normparaphrase
- Definition
- Subsumtion

19.5 Die Rechtsmittelbelehrung (§ 117 Abs. 2 Nr. 6 VwGO)[145]

19.6 Die Unterschriften (§ 117 Abs. 1 S. 2, 3, 4 VwGO)

1086 Der Beschluss über den **Streitwert** gehört nicht mehr zum Urteil, er wird aber in aller Regel zusammen mit dem Urteil verkündet.

20. Der vorläufige Rechtsschutz

1087 Die von der Verwaltungsgerichtsordnung bereitgestellten Klagemöglichkeiten garantieren eine umfassende Kontrolle der Verwaltung und stellen so den Grundsatz der **Gesetzmäßigkeit der Verwaltung** (Art. 20 Abs. 3 GG) sicher. Doch was nutzt z. B. einem Bewerber um einen Studienplatz, wenn er nach frühestens fünf Jahren vom

145 Die Rechtsmittelbelehrung ist damit Teil des Urteils. Aus der Formulierung muss sich ergeben, ob und ggfls. welches Rechtsmittel gegen das Urteil möglich ist, wo es in welcher Frist anzubringen ist und welche Formvorschriften zu beachten sind, letzteres insbesondere im Hinblick auf den Antrag auf Zulassung der Berufung bzw. Beschwerde bei Nichtzulassung.

Bundesverwaltungsgericht bestätigt bekommt, dass die Nichtzulassung zum Medizinstudium für ihn nicht rechtens war? Dieser „Rechtsschutz" käme für den Betroffenen einfach zu spät, es wären hier nicht wiedergutzumachende Folgen eingetreten. Gerichtlicher Rechtsschutz gegenüber Maßnahmen der Verwaltung ist nur dann **wirksam**, wenn er innerhalb **angemessener** Zeit gewährt wird[146]. Die Sicherstellung eines **effektiven** vorläufigen Rechtsschutzes gehört daher zur Justizgewährleistungsgarantie des Art. 19 Abs. 4 GG[147]; dies ergibt sich auch aus Art. 6 und 13 der Europäischen Menschenrechtskonvention[148]. Es muss für den Regelfall sichergestellt sein, dass die Verwaltungsbehörden keine vollendeten Tatsachen schaffen, bevor die Gerichte deren Rechtmäßigkeit überprüft haben[149]. Wenn es die Situation erfordert, muss im Rahmen des vorläufigen Rechtsschutzes die Sach- und Rechtslage „abschließend" geprüft werden und nicht nur „summarisch"[150], z. B. hat ein Nachbar angesichts des in § 212a BauGB angeordneten Ausschlusses der aufschiebenden Wirkung seiner Nachbarklage keine ernsthafte Aussicht darauf, dass ein zwischenzeitlich auf dem Nachbargrundstück errichtetes Gebäude wieder abgerissen wird, sofern seine Klage denn Erfolg hätte.

Wegen der mitunter langen Verfahrensdauer bis zu einer gerichtlichen Entscheidung **1088**
in der Hauptsache hat der vorläufige Rechtsschutz inzwischen in Rechtsbereichen wie z. B. dem Versammlungs- und Baunachbarrecht den regulären (Haupt)rechtsschutz in **tagesaktuellen Fallsituationen** schon nahezu verdrängt. Mit dazu beigetragen hat wohl auch die Regelung, dass man im Eilverfahren problemlos eine obergerichtliche Entscheidung erreichen kann, während die Berufungen im Hauptsacheverfahren stark begrenzt worden sind (§ 124a VwGO).
Der verwaltungsgerichtliche vorläufige Rechtsschutz ist in der VwGO im Wesentlichen an zwei Stellen angesprochen[151]:
- In **§ 80 Abs. 5 VwGO** ist das gerichtliche Verfahren zur **Anordnung der aufschiebenden Wirkung** von Widerspruch und/oder Anfechtungsklage geregelt.
- In **§ 123 VwGO** ist der Erlass einer gerichtlichen **einstweiligen Anordnung** geregelt.

Während in den erstgenannten Fällen der §§ 80, 80a VwGO auch eine Behörde vorläufigen Rechtsschutz einräumen kann, kommt das in den Fällen des § 123 VwGO nur dem Gericht zu; wesentliche Bedeutung hat die Möglichkeit der **behördlichen Aussetzung** der Vollziehung in der Praxis aber nicht[152].

Die Entscheidung des Gerichtes ergeht immer durch **Beschluss**, an dem nur die Berufs- **1089**
richter mitwirken. Eine mündliche Verhandlung ist nicht erforderlich, sie kann jedoch anberaumt werden (§ 101 Abs. 3 VwGO). Dann wirken auch die ehrenamtlichen Richter mit. Wird aufgrund mündlicher Verhandlung entschieden, bleibt es bei der Beschlussform, es heißt dann jedoch wie im Urteil *„aufgrund der mündlichen Verhandlung vom" „durch …* [Berufs- und ehrenamtliche Richter]" (§ 5 Abs. 3 VwGO). Von der mündlichen Verhandlung im einstweiligen Rechtsschutz zu unterscheiden ist die – gegebenenfalls stattfindende – **nicht öffentliche Erörterung** vor der Kammer oder dem Berichterstatter, die lediglich eine mündliche Anhörung darstellt und nicht die Mitwirkung der ehrenamtlichen Richter erforderlich macht.
Die Hauptbeteiligten im Verfahren des einstweiligen Rechtsschutzes heißen **Antragsteller** und **Antragsgegner.** Eine Beiladung muss bzw. kann auch in diesen Verfahren erfol-

---

146 BVerfG-K, NVwZ-RR 2001, 694.
147 BVerfG, DÖV 2010, 189.
148 EuGH, DVBl. 2001, 539 Tz. 48.
149 BVerfGE 93, 1, 13.
150 BVerfG, NVwZ-RR 2009, 945.
151 Zu dem einstweiligen Rechtsschutz im Normenkontrollverfahren gem. §§ 47 Abs. 6, 123 VwGO vgl. Jäde, UPR, H. 2; Bay VGH, NVwZ-RR 2010, 44; BVerwG, NVwZ-RR 2009, 753.
152 Schoch, in: Schoch/Schmidt-Aßmann/Pietzner, VwGO, § 80 RdNr. 189.

gen. Alle Beteiligten können sich durch Rechtsanwälte vertreten lassen; diese werden als „Verfahrensbevollmächtigte“ bezeichnet, können aber auch als Prozessbevollmächtigte geführt werden.
Entscheidungen werden wegen der Dringlichkeit üblicher Weise vorab telefonisch oder per Fax den Beteiligten mitgeteilt.

Der vorläufige Rechtsschutz in Normenkontrollverfahren (§ 47 Abs. 6 VwGO)[153] sowie der einstweilige Rechtsschutz im Rahmen der Zwangsvollstreckung aus verwaltungsgerichtlichen Urteilen (§ 167 Abs. 1 VwGO; §§ 719, 769 ZPO) ist von eher untergeordneter Bedeutung und wird hier nicht näher behandelt.

1090 Die **Abgrenzung** des vorläufigen Rechtsschutzes ergibt sich aus § 123 Abs. 5 VwGO. In den Fällen, in denen nach diesen Bestimmungen vorläufiger Rechtsschutz gem. §§ 80, 80a VwGO zu gewähren ist, geht diese Art des vorläufigen Rechtsschutzes als **Spezialregelung** vor, während der Erlass einer einstweiligen Anordnung gem. § 123 VwGO nur als **Auffangregelung** in Betracht kommt.
Hiernach ergibt sich im Wesentlichen folgender **Abgrenzungsgrundsatz:**
- Ist in der Hauptsache die Anfechtungsklage statthaft („Anfechtungssachen“), richtet sich der vorläufige Rechtsschutz nach §§ 80, 80a, 80b VwGO.
- Bei allen übrigen Klagearten („Vornahmesachen“) richtet sich der vorläufige Rechtsschutz nach § 123 VwGO.

Dennoch ist diese Abgrenzung nur recht grobmaschig, da die Fallgestaltungen sehr vielfältig sind. Zudem fehlt auf dem Gebiet des vorläufigen Rechtschutzes die prägende Kraft des Bundesverwaltungsgerichtes, denn gegen erstinstanzliche Entscheidungen der Verwaltungsgerichte gibt es nur die Möglichkeit der Beschwerde zum jeweiligen Oberverwaltungsgericht.

1091 Für die Praxis wichtige Fallgestaltungen sind wie folgt aufgelöst worden:
- bei selbständig anfechtbaren Nebenbestimmungen eines begünstigenden Verwaltungsaktes richtet sich der vorläufige Rechtsschutz nach § 80 Abs. 5 S. 1 VwGO, bei unselbständigen Nebenbestimmungen und bei modifizierenden Auflagen dagegen nach § 123 Abs. 1 VwGO,
- im Schul-, Hochschul- und Prüfungsrecht richtet sich der einstweilige Rechtsschutz nach § 123 VwGO,
- im Beamtenrecht wird vorläufiger Rechtsschutz gegen eine Versetzungs- oder Abordnungsverfügung nach § 80 Abs. 5 S. 1 1. Alt. VwGO gewährt[154], gegen eine Umsetzung dagegen nach § 123 Abs. 1 VwGO, letzteres gilt auch für beamtenrechtliche Konkurrentenstreitigkeiten,
- im Kommunalverfassungsstreitverfahren ist ebenfalls eine einstweilige Anordnung gem. § 123 VwGO zu beantragen,
- im Baurecht wird vorläufiger Rechtsschutz des Nachbarn gegen eine Baugenehmigung grundsätzlich gem. § 80a VwGO gewährt,
- verzichtet die Bauordnung des Landes auf das Erfordernis einer Baugenehmigung, indem bestimmte Bauvorhaben genehmigungsfrei sind, kann die Baubehörde nur durch eine einstweilige Anordnung gem. § 123 VwGO zum Einschreiten veranlasst werden,
- bei der Verweigerung einer Aufenthaltsgenehmigung muss wegen der fehlenden aufschiebenden Wirkung des Widerspruches (§ 72 AuslG) einstweiliger Rechtsschutz gem. § 80 VwGO beantragt werden,
- angesichts der grundsätzlich bestehenden Versammlungsfreiheit bedarf die Durchführung einer Versammlung keiner staatlichen Genehmigung; um eine Versammlung durchzuführen reicht es daher aus, eine für sofort vollziehbar erklärte Verbotsverfügung gem. § 80 Abs. 5 VwGO anzufechten,

---

153 Vgl. hierzu Nds. OVG, DVBl. 2001, 1779.
154 Widerspruch hat gem. § 51 BeamtStG keine aufschiebende Wirkung.

- wird die Nutzung öffentlicher Einrichtungen verweigert, kann einstweiliger Rechtsschutz gem. § 123 VwGO beantragt werden,
- in den Fällen der sogen. **faktischen Vollziehung**, d. h. eine Behörde vollzieht eine Entscheidung trotz eingelegter Rechtsmittel, ist § 80 Abs. 5 VwGO entsprechend anzuwenden. Das Gericht kann dann allerdings nur **feststellen**, dass eine aufschiebende Wirkung besteht.

Welchen einstweiligen Rechtsschutz ein Antragsteller begehrt, ergibt sich nicht aus der gewählten Formulierung, sondern aus der **Auslegung** seines Antrages.

Formulierungsvorschlag für die Auslegung eines Antrages auf einstweiligen Rechtsschutz:
Der Antragsteller hat beantragt, ihm durch einstweilige Anordnung zu gestatten, am ... zwischen 17.00 und 19.00 Uhr in ... eine Protestveranstaltung durchzuführen. Dieser Antrag ist gem. §§ 88, 122 VwGO dahin auszulegen, dass der Antragsteller gem. § 80 Abs. 5 VwGO die Wiederherstellung der aufschiebenden Wirkung seines Widerspruches gegen die Verbotsverfügung des Polizeipräsidenten Köln begehrt. Die von dem Antragsteller beabsichtigte Versammlung bedarf angesichts der grundsätzlich bestehenden Versammlungsfreiheit keiner behördlichen Erlaubnis, so dass die Anfechtung der Verbotsverfügung ausreicht, um die Versammlung durchzuführen.

20.1 Der einstweilige Rechtsschutz nach § 80 Abs. 5 VwGO

Vorprüfung: Der Verwaltungsrechtsweg muss eröffnet sein. Sonst Verweisung an das **1092**
zuständige Gericht.
Zulässigkeit des Antrags:
Zuständigkeit des Gerichts (§ 80 Abs. 5 i. V. m. §§ 45 f., 52 VwGO)
Statthaftigkeit des Antrages (Abgrenzung in § 123 Abs. 5 VwGO)Antrag muss auf Widerherstellung oder Anordnung der aufschiebenden Wirkung eines Widerspruchs/Klage gerichtet sein. In der Hauptsache muss es sich daher um eine Anfechtungsklage handeln (Vorrang des vorläufigen Rechtsschutzes nach den §§ 80, 80a VwGO)Der Verwaltungsakt darf nicht offensichtlich erledigt sein, da sonst (nur noch) in der Hauptsache eine Fortsetzungsfeststellungsklage zulässig ist. Antrag auf **Feststellung**, dass der Rechtsbehelf aufschiebende Wirkung entfaltet, erfolgt analog § 80 Abs. 5 VwGO, ein Antrag als solcher wäre unzulässig, da Rechtsbehelf objektiv aufschiebende Wirkung hat.
Antragsbefugnis (§ 42 Abs. 2 VwGO analog) liegt vor, wenn in der Hauptsache Klagebefugnis besteht.
Allgemeines Rechtsschutzbedürfnis

- Rechtsbehelf muss erhoben worden sein, da dessen aufschiebende Wirkung sonst nicht wiederhergestellt oder angeordnet werden kann[155]. Antrag ist aber schon vor Erhebung der Anfechtungsklage zulässig, sofern ein Widerspruchsverfahren notwendig ist (§ 80 Abs. 5 S. 2 VwGO)
- Rechtsbehelf darf keine aufschiebende Wirkung haben
- Rechtsbehelf darf nicht offensichtlich unzulässig sein
- vorheriger Antrag an die Behörde auf Aussetzung der Vollziehung (§ 80 Abs. 4 VwGO) nur im Rahmen des § 80 Abs. 6, 2 Satz 1 Nr. 1 VwGO erforderlich
- Antragsteller darf es nicht zuzumuten sein, das Hauptsacheverfahren abzuwarten, z. B. bei geringfügigen Leistungen im Sozialrecht

Frist: Grundsätzlich besteht keine Frist, Ausnahme z. B. Asylrecht.

155 VG Düsseldorf 13. Kammer 24.9.2013 – 13 L 1420/13; VG Göttingen, Beschluss vom 9. Januar 2013 – 1 B 7/13 (juris).

Antragsgegner
Grundsatz: Rechtsträgerprinzip (§ 78 Abs. 1 Nr. 1 VwGO analog). Das Landesrecht kann bestimmen, dass Anträge gegen Behörde zu richten sind (nicht NRW)
Begründetheit des Antrags:
Formell ordnungsgemäße Anordnung der sofortigen Vollziehbarkeit (§ 80 Abs. 3 VwGO)
- Zuständigkeit: Ausgangs- und Widerspruchsbehörde (§ 80 Abs. 2 S. 1 Nr. 4 VwGO)
- Anhörung: nicht erforderlich:
- formelle Voraussetzungen in § 80 Abs. 3 VwGO abschließend geregelt
- Anordnung der sofortigen Vollziehbarkeit ist mangels Regelungscharakters kein Verwaltungsakt (h. M.), daher ist § 28 VwVfG nicht anzuwenden; für Analogie fehlt es an einer nicht gewollten Regelungslücke
- schriftliche Anordnung und Begründung (§ 80 Abs. 3 S. 1 VwGO)
- die Begründung muss des „**besondere**" öffentliche Interesse darlegen, das gerade im konkreten Fall über das allgemeine, bei jedem VA bestehende Vollzugsinteresse hinausgeht
- als Begründung genügt daher z. B. nicht die Verwendung allgemeiner, den zu entscheidenden Fall unberücksichtigt lassender Floskeln, die Wiederholung des Gesetzeswortlautes oder die Bezugnahme auf den VA selbst rechtfertigende Gründe
- allerdings ist nicht in allen Fällen ein über den Gesetzeszweck hinausgehendes Vollzugsinteresse erforderlich, denn sonst würde die Vollziehbarkeit letztlich von der Fassung der Eingriffsermächtigung abhängen; sie wäre gerade in den Fällen ausgeschlossen, in denen der Gesetzgeber besonders enge Eingriffsvoraussetzungen festgelegt hat. Das besondere Vollzugsinteresse kann deshalb – insbesondere bei Verwaltungsakten der Gefahrenabwehr – mit dem allgemeinen Vollzugsinteresse einer Vorschrift zusammenfallen. In diesen Fällen genügt es, wenn die Behörde in der Begründung darauf in geeigneter Form hinweist[156]
- an die Begründung sind keine übermäßig hohen Anforderungen zu stellen[157]
- Verwaltungsgericht prüft nur, ob die Begründung abstrakt geeignet ist, die sofortige Vollziehbarkeit zu rechtfertigen, nicht aber deren materielle Richtigkeit
- Inhaltliche Mängel der Begründung wie eine falsche Tatsachenwürdigung oder unzutreffende rechtliche Erwägungen können nur bei der materiellen Interessenabwägung berücksichtigt werden, führen aber nicht zur Verletzung des § 80 Abs. 3 S. 1 VwGO

Materielle Interessenabwägung des Gerichts
Die **gerichtliche Entscheidung** (§ 80 Abs. 5 S. 1 VwGO) ergeht auf der Grundlage einer (umfassenden) Interessenabwägung. Gegenstand der Abwägung sind das private Aufschubinteresse einerseits und das öffentliche Interesse an der sofortigen Vollziehung des Verwaltungsaktes andererseits[158]. Die Abwägung stellt vor allem auf die Erfolgsaussichten in der Hauptsache ab, d. h. darauf, ob der angegriffene Verwaltungsakt rechtmäßig oder rechtswidrig ist[159]. (Hinweis: das Verfahren im einstweiligen Rechtsschutz erfordert – wegen der Eilbedürftigkeit – lediglich eine summarische Prüfung. Dies hat auf die Klausurbearbeitung allerdings keine Auswirkungen).
Diese Interessenabwägung des Gerichts folgt in erster Linie danach, wie die Erfolgsaussichten einer Klage in der Hauptsache bei der gebotenen Eilentscheidung einzuschätzen nach, also:

156 OVG NRW, NWVBl. 1993, 424, 425; Sächs. OVG, DVBl. 98, 107.
157 Nds. OVG, Beschluss vom 1.12.2015 – 11 ME 230/15 (juris).
158 Allgemeine Meinung, vgl. z. B. Schoch, in: Schoch/Schmidt-Aßmann/Pietzner, VwGO, § 80 RdNr. 248.
159 Nds. OVG, FN 185.

(1) offensichtliche Erfolgsaussichten
(2) offensichtliche Aussichtslosigkeit
(3) „offene“ Lage

20.2 Entscheidung des Gerichts: 1093

Wiederherstellung der aufschiebenden Wirkung (§ 80 Abs. 80 Abs. 2 S. 1 Nr. 4 VwGO)
Anordnung der aufschiebenden Wirkung (§ 80 Abs. 2 S. 1 Nr. 1–3; S. 2 VwGO)
Feststellung der aufschiebenden Wirkung bei faktischem Vollzug (§ 80 Abs. 5 VwGO analog). Sofern die Behörde sich darüber hinwegsetzt wird sie durch eine einstweilige Anordnung (§ 123 VwGO) dazu gezwungen, von rechtswidrigen Vollzugsmaßnahmen abzusehen. Kommt die Behörde einer solchen gerichtlichen Entscheidung nicht nach, kann das Verwaltungsgericht ein Zwangsgeld festsetzen (§ 172 VwGO)
Aufhebung der Vollziehungsanordnung nur bei formell fehlerhafter Anordnung
Anordnung der Leistung einer Sicherheit oder anderer Auflagen; Befristung der Anordnung; teilweise Wiederherstellung der aufschiebenden Wirkung/Anordnung der Aufhebung der Vollziehung

Verwaltungsgericht Köln 1094
20 K 1111/16

Beschluss
In dem verwaltungsgerichtlichen Verfahren

des ....
– Antragsteller
Verfahrensbevollmächtigter: Rechtsanwalt ....

gegen

die Stadt Köln, vertreten durch die Oberbürgermeisterin, Anschrift...

wegen Hundehaltung

hat die 20. Kammer des Verwaltungsgerichts Köln am 16. August 2016
durch
den Vorsitzenden Richter am Verwaltungsgericht Schulze,
den Richter am Verwaltungsgericht Katz,
die Richterin Emsig

beschlossen:
1. Die aufschiebende Wirkung der Klage des Antragstellers gegen die Ordnungsverfügung der Oberbürgermeisterin der Antragsgegnerin vom 15. August 2016 wird hinsichtlich Ziffern 1 und 2 wiederhergestellt und hinsichtlich der Zwangsgeldandrohung in Ziffer 3 angeordnet.

Die Antragsgegnerin trägt die Kosten des Verfahrens.

2. Der Streitwert wird auf 2.500,00 EUR festgesetzt.

Gründe:

I.[160] *Der Antragsteller ist Halter eines.... Seine Hundehaltung wurde durch die Antragsgegnerin aufgrund von Anzeigen von Nachbarn mehrfach überprüft. Am 11. August 2016 wurde*

160 Unter Ziffer I. der Gründe ist eine dem Tatbestand des Urteils angeglichene Darstellung des Sach- und Streitstandes zu geben, die sich in der Praxis (nicht in Klausur) wegen des summarischen Charakters dieses Aussetzungsverfahrens und wegen der Eil-bedürftigkeit auf die Hervorhebung der für das Verfahren maßgeblichen Gesichtspunkte beschränken kann.

in den Grünanlagen eine Katze durch einen Hund tot gebissen, der dem des Antragstellers glich.

II.[161] *Der nach § 80 Abs. 5 Satz 1, 2. Alternative VwGO (Ziffer 1 und 2) bzw. § 80 Abs. 2 Satz 1 Nr. 3 VwGO, § 112 JustG NRW, § 80 Abs. 5 Satz 1 1. Alternative VwGO (Ziffer 3) zulässige Antrag hat auch in der Sache Erfolg.*

Zunächst ist die formelle Rechtmäßigkeit der Anordnung der sofortigen Vollziehung nicht zu beanstanden.
Die Begründetheit eines Aussetzungsantrages ist danach zu beurteilen, ob das öffentliche Interesse an der sofortigen Vollziehung das private Interesse an der Aussetzung überwiegt. Maßgebliches Kriterium für die Abwägung sind grundsätzlich die Erfolgsaussichten der Klage in der Hauptsache, d. h. allein die formelle und materielle Rechtmäßigkeit der zu vollziehenden Grundverfügung am Maßstab des § 113 Abs. 1 Satz 1 VwGO, und gegebenenfalls in den Fällen des § 80 Abs. 2 Satz 1 Nr. 4 VwGO eine weitere Abwägung von Vollzugs- und Aufschubinteresse.
Danach war hier die aufschiebende Wirkung der Klage des Antragstellers gegen die Ordnungsverfügung der Oberbürgermeisterin der Antragsgegnerin wiederherzustellen bzw. anzuordnen, da vieles für ein Obsiegen des Antragstellers in der Hauptsache spricht. Die Ordnungsverfügung vom 15. August 2016 stellt sich nämlich bei der im Rahmen des Verfahrens nach § 80 Abs. 5 Satz 1 VwGO vorzunehmenden summarischen Prüfung der Rechtmäßigkeit als rechtswidrig dar.
[Es folgt eine Erörterung der Rechtmäßigkeit der Ordnungsverfügung wie in den Entscheidungsgründen eines Urteils auf eine Anfechtungsklage]
Die Interessenabwägung hinsichtlich der auf § 63, § 57 Abs. 3 Satz 2 VwVG NRW gestützten Zwangsmittelandrohung, für die der Maßstab des § 80 Abs. 4 Satz 3 VwGO in entsprechender Anwendung maßgeblich ist, geht ebenfalls zu Lasten der Antragsgegnerin aus. Es bestehen ernstliche Zweifel an der Rechtmäßigkeit auch der Zwangsmittelandrohung, weil diese das rechtliche Schicksal der Grundverfügung teilt.
Die Kostenentscheidung folgt aus § 154 Abs. 1 VwGO.
Die Festsetzung des Streitwerts beruht auf § 53 Abs. 2 Nr. 2, § 52 Abs. 1 GKG
Rechtsmittelbelehrung

Unterschriften der Berufsrichter

20.3 Der einstweilige Rechtsschutz nach § 80a VwGO

1095 Einstweiliger Rechtsschutz kommt nicht nur für den Adressaten eines belastenden Verwaltungsaktes in Betracht, sondern auch für einen Dritten, der von diesem Verwaltungsakt betroffen ist (Verwaltungsakt mit Doppelwirkung). Nach § 80 a VwGO kann auch der Drittbelastete vorläufigen Rechtsschutz erlangen.
Dabei ist § 80a VwGO jedoch keine selbständige Regelung, sondern eine spezielle Bestimmung für Verwaltungsakte mit Doppelwirkung. Diese ergänzt die Regelungen nach § 80 VwGO (siehe hierzu § 80 I Satz 2 VwGO, „... *das gilt auch bei Verwaltungsakten mit Doppelwirkung*"). Bei der Doppelwirkung handelt es sich um ein Dreiecksverhältnis zwischen dem Adressaten eines Verwaltungsaktes, der handelnden Be-

161 Unter Ziffer II. der Gründe ist eine den Aufbau- und Stilregeln für Entscheidungsgründe eines Urteils folgende Darstellung der rechtlichen Erwägungen des Gerichts zur Begründung der getroffenen Entscheidung zu geben. Dabei ist es allgemein üblich, nach den Ausführungen zur Zulässigkeit des Antrags (jedenfalls immer zwei Sätze zur Statthaftigkeit!) eingangs den materiell-rechtlichen Prüfungsmaßstab des § 80 Abs. 5 VwGO zu erläutern und darzulegen, welche Belange konkret gegeneinander abzuwägen sind. Durch den oftmals betonten summarischen Charakter des Verfahrens darf jedoch nicht nur eine unpräzise, oberflächliche und von einer reinen „Interessenabwägung" geprägte Darstellungsweise machen, denn die summarische Prüfung bezieht sich nur auf die tatsächliche Seite, die Rechtsfragen sind stets umfassend zu klären.

hörde und einem Dritten. Ein Verwaltungsakt mit Doppelwirkung ist ein VA, der zugleich einen Betroffenen begünstigt und einen anderen belastet.
Der Antrag des A nach §§ 80a Abs. 1 VwGO ist begründet, wenn er sich gegen den richtigen Antragsgegner richtet (§ 78 Abs. 1 Nr. 1 VwGO analog) und eine Interessenabwägung ergibt, dass das private Aussetzungsinteresse Suspensivinteresse) des Begünstigten oder eines betroffenen Dritten das behördliche oder private Vollzugsinteresse überwiegt.
Vorprüfung: Der Verwaltungsrechtsweg muss eröffnet sein. Sonst Verweisung an das zuständige Gericht.
Zulässigkeit des Antrags:
Zuständigkeit des Gerichts (§§ 80a Abs. 1, 3 S. 2 i. V. m. § 80 Abs. 5; §§ 45 f., 52 VwGO)
Statthaftigkeit des Antrags (§ 80a VwGO) Wie im Rahmen des § 80 VwGO muss es sich in der Hauptsache ebenfalls um eine Anfechtungsklage handeln. Des Weiteren bedarf es der Klärung, ob es sich um einen Verwaltungsakt mit Doppelwirkung handelt (§ 80 Abs. 1 S. 2 VwGO). Der Antrag muss auf Wiederherstellung oder Anordnung der aufschiebenden Wirkung eines Drittwiderspruchs/einer Drittklage gerichtet sein. Der Verwaltungsakt darf nicht offensichtlich erledigt sein, da sonst (nur noch) in der Hauptsache eine Fortsetzungsfeststellungsklage zulässig ist.
Antragsbefugnis (§ 42 Abs. 2 VwGO analog)
Allgemeines Rechtsschutzbedürfnis

- Rechtsbehelf (Widerspruch oder Anfechtungsklage) muss erhoben worden sein, da dessen aufschiebende Wirkung sonst nicht wiederhergestellt oder angeordnet werden kann
- Rechtsbehelf hat keine aufschiebende Wirkung (§§ 80a Abs. 3 S. 2, 80 Abs. 2 VwGO), da es sonst keines Eilantrages bedarf. Grundsätzlich besteht auch bei Drittrechtsbehelfen eine aufschiebende Wirkung (§ 80 Abs. 1 S. 2 VwGO). Praktisch bedeutsame Ausnahme ist § 212a BauGB[162]
- Rechtsbehelf darf nicht offensichtlich unzulässig sein
- Verwaltungsakt darf nicht offensichtlich bestandskräftig sein
- vorheriger Antrag an die Behörde auf Anordnung der sofortigen Vollziehung (§ 80a Abs. 3 S. 1Abs. 1 Nr. 1 VwGO) ist hier
- anders als im Rahmen des § 80 Abs. 5 VwGO erforderlich (str.), da die Verweisung des § 80 a Abs. 3 S. 2 VwGO mangels entsprechender Einschränkungen als Rechtsfolgenverweisung anzusehen ist und daher grundsätzlich auch die übrigen Fälle des § 80a VwGO umfasst[163]. Nach anderer Auffassung[164] stellt die diesbezügliche Verweisung in § 80a Abs. 3 S. 2 VwGO lediglich eine Rechtsgrundverweisung dar und gilt daher nur für den sachlichen Geltungsbereich des § 80 Abs. 6 VwGO, also nur für die Anforderung von öffentlichen Abgaben und Kosten nach § 80 Abs. 2 S. 1 Nr. 1 VwGO
- Antragsteller darf es nicht zuzumuten sein, das Hauptsacheverfahren abzuwarten

Frist: keine
Antragsgegner (§ 78 VwGO analog)
Begründetheit des Antrags
§ 80 VwGO allein ist nicht geeignet, einen intressengerechten Ausgleich der widerstreitenden Interessen herbeizuführen, wenn an dem Rechtsverhältnis ein Dritter beteiligt ist. § 80 VwGO bevorzugt einseitig die Interessen des Rechtsbehelfsführers. Ein angemessener Interessenausgleich kann daher nur über § 80a VwGO erfolgen.

---

162 Vgl. hierzu OVG NRW, NVwZ-RR 2008, 757, über das Verhältnis von Anordnung und Wiederherstellung der aufschiebenden Wirkung, da damit der gesetzlich angeordnete Ausschluss der aufschiebenden Wirkung nach § 212a Abs. 1 BauGB wieder auflebt.
163 Nds OVG, NVwZ 2007, 478; OVG Koblenz, NVwZ 1994, 1015.
164 Erbguth, JA 2008, 357, 363 m. w. N.

Die Regelungen betreffen nur Entscheidungen über die Vollziehung eines ergangenen Verwaltungsaktes. In allen anderen Fällen hat der Dritte lediglich die Möglichkeit, einen Antrag nach § 123 VwGO zu stellen, z. B. bei genehmigungsfreien Bauvorhaben, bei Baubeginn des Nachbarn ohne die erforderliche Baugenehmigung.
Die Entscheidung des Gerichts nach § 80a Abs. 3 VwGO ergeht auf der Grundlage einer umfassenden Interessenabwägung wie im Rahmen des § 80 Abs. 5 VwGO. Allerdings stehen sich hier ausschließlich die privaten Interessen des Adressaten des Verwaltungsaktes (z. B. Bauherr) sowie diejenigen des Dritten (z. B. Nachbar) gegenüber. Im Rahmen der Erfolgsaussichten des Rechtsbehelfs in der Hauptsache ist zu beachten, dass der Dritte ausschließlich die Verletzung drittschützender Nomen geltend machen kann.

20.4 Der einstweilige Rechtsschutz nach § 123 VwGO

1096 Im Rahmen des **vorläufigen (einstweiligen) Rechtsschutzes** durch das Verwaltungsgericht hat der Bürger die Möglichkeit, subjektive Rechte bereits vor einer Entscheidung im Hauptsacheverfahren wirksam zu schützen.

Beispiele: Beamtenrechtlicher Konkurrentenstreit; Zulassung eines Schaustellers zu einer gemeindlichen Kirmes[165]; Nichtversetzung eines Schülers; Zulassung zum Hochschulstudium; Kommunalverfassungsstreitverfahren.

Vorprüfung: Der Verwaltungsrechtsweg muss eröffnet sein. Sonst Verweisung an das zuständige Gericht.
Zulässigkeit des Antrags:
Zuständigkeit des Gerichts (§ 123 Abs. 2 i. V. m. §§ 45 f., 52 VwGO)
Statthaftigkeit des Antrags (§ 123 Abs. 5 VwGO)Antrag bei allen anderen Begehren als im Rahmen der Anfechtungssituation, sofern in der Hauptsache Verpflichtungs-, Leistungs- oder Feststellungsklage zu erheben ist. Im Normenkontrollverfahren gilt Spezialregelung (§ 47 Abs. 6 VwGO)
Antragsbefugnis (§ 42 Abs. 2 VwGO analog) Behauptung eines Anordnungsanspruchs und eines Anordnungsgrundes (= Darlegung der Voraussetzungen für eine einstweilige Anordnung)
Allgemeines Rechtsschutzbedürfnis
- vorheriger Antrag an die zuständige Behörde erforderlich
- Hauptsacheverfahren darf nicht offensichtlich unzulässig sein
- Antragsteller darf es nicht zuzumuten sein, das Hauptsacheverfahren abzuwarten, z. B. bei geringfügigen Leistungsbegehren im Sozialrecht
- Erlass einer einstweiligen Anordnung muss der einfachste und schnellste Weg zum Erfolg für den Antragsteller sein (Erlangen eines vollstreckbaren Titels)
- Begehren darf nicht erledigt sein (dann nur noch Fortsetzungsfeststellungsklage in der Hauptsache)

Frist: keine
Antragsgegner (§ 78 VwGO analog) Sofern in der Hauptsache eine Verpflichtungsklage erforderlich ist, gibt es landesrechtliche Sonderregelungen (nicht NRW). Grundsätzlich gilt wiederum das Rechtsträgerprinzip.
Begründetheit des Antrags:
Im Rahmen der **Begründetheit** einer einstweiligen Anordnung differenziert das Gesetz zwischen einer Sicherungsanordnung (§ 123 Abs. 1 S. 1 VwGO) und einer Regelungsanordnung (§ 123 Abs. 1 S. 2 VwGO) **Sicherungsanordnung:** Sicherung einer vorhandenen Rechtsposition des Antragstellers (status quo).

---

165 ThürOVG, ThürVBl. 2009, 36.

Regelungsanordnung: Erweiterung des Rechtskreises des Antragstellers, z. B. Leistungsanordnungen im Sozialrecht.
Hinsichtlich des **Verfahrens** gelten weitestgehend die Vorschriften der ZPO (§ 123 Abs. 3 VwGO).
Anordnungsanspruch und **Anordnungsgrund** müssen **glaubhaft** gemacht werden (§ 123 Abs. 3 VwGO i. V. m. §§ 920 Abs. 2, 294 ZPO). Hierbei wird häufig auf die Abgabe einer eidesstattlichen Versicherung zurückgegriffen.
Materielle Voraussetzungen:
Anordnungsanspruch: Es muss einAnspruch in der Hauptsache bestehen. An dieser Stelle ist in die materielle Prüfung des geltend gemachten Anspruches einzusteigen. Es sind die Erfolgsaussichten in der Hauptsache zu prüfen, z. B. die Erteilung einer Standgenehmigung für einen Schausteller.
Anordnungsgrund:
Die Entscheidung muss **eilbedürftig** sein. Es darf dem Antragsteller nicht zuzumuten sein, eine Entscheidung in der Hauptsache abzuwarten.

Dem Wesen und Zweck der einstweiligen Anordnung entsprechend kann das Gericht **1097**
nach § 123 Abs. 1 VwGO grundsätzlich nur vorläufige Regelungen treffen und einem Antragsteller nicht schon in vollem Umfang dasjenige gewähren, was er nur in einem Hauptsacheverfahren erreichen könnte.
Steht die erstrebte Entscheidung des Antragstellers im Ermessen der Behörde und ist eine Ermessensreduktion auf Null nicht feststellbar, so kann die Antragsgegnerin nur verpflichtet werden, eine neue (ggf. vorläufige) Entscheidung unter Beachtung der Rechtsauffassung des Gerichts zu treffen.
Dieses Verbot der Vorwegnahme der Hauptsache gilt allerdings im Hinblick auf Art. 19 Abs. 4 GG dann nicht, wenn die gerichtliche Regelung zur Gewährung effektiven Rechtsschutzes schlechterdings notwendig ist, weil der Antragsteller sonst Nachteile zu erwarten hätte, die für ihn unzumutbar wären, und das Begehren in der Hauptsache schon aufgrund summarischer Prüfung der Erfolgsaussichten bei Anlegung eines strengen Maßstabes erkennbar Erfolg haben muss[166], z. B. bei der **vorläufigen** Zulassung zum Studium in einem Numerus-Clausus-Fach, da anderenfalls der mit hoher Wahrscheinlichkeit bestehende Studienplatz durch Zeitablauf unwiederbringlich verloren geht oder bei der Gewährung von Hilfe zum Lebensunterhalt für nicht erwerbsfähige Personen.

Die Entscheidung des Gerichts erfolgt stets durch Beschluss, und zwar unabhängig **1098**
davon, ob eine mündliche Verhandlung stattgefunden hat oder nicht (§ 123 Abs. 4 VwGO). In dringenden Fällen entscheidet der Vorsitzende allein (§ 123 Abs. 2 S. 3 i. V. m. § 80 Abs. 8 VwGO). Der Beschluss ist sofort vollstreckbar, so dass es keiner gesonderten Vollstreckbarkeitsentscheidung bedarf (§ 123 Abs. 3 VwGO i. V. m. § 929 Abs. 1 ZPO).
Der Inhalt der Anordnung steht im Ermessen des Gerichts (§ 123 Abs. 3 VwGO i. V. m. § 938 Abs. 1 ZPO). Bei der Tenorierung der einstweiligen Anordnung ist darauf zu achten, dass die Vorläufigkeit der Entscheidung deutlich zum Ausdruck kommt

Verwaltungsgericht Köln **1099**
Beschluss
In dem verwaltungsgerichtlichen Verfahren

der ....
– Antragstellerin
Verfahrensbevollmächtigte: Rechtsanwälte Meier pp. ...

166 BVerfG, NJW 1989, 827; BVerwG, NJW 2000, 160 – ständige Rechtsprechung.

gegen

die Stadt Köln, vertreten durch die Oberbürgermeisterin, …
– Antragsgegnerin –

Beigeladene: …
Verfahrensbevollmächtigte: Rechtsanwälte Schulze pp., …

wegen Nichtzulassung zum Weihnachtsmarkt
hier: Antrag auf Gewährung von vorläufigem Rechtsschutz

hat die 20. Kammer des Verwaltungsgerichts Köln
am 24. Nov. 2016
durch
den Vorsitzenden Richter am Verwaltungsgericht Schulze,
den Richter am Verwaltungsgericht Katz,
die Richterin Emsig

beschlossen[167]*:*

1. Der Oberbürgermeisterin der Antragsgegnerin wird aufgegeben, der Beigeladenen für die Zeit vom … bis … eine vorläufige Standplatzgenehmigung für einen handwerklichen Stand auf dem Weihnachtsmarkt am Dom zu erteilen.
Im Übrigen wird der Antrag abgelehnt.

Die Kosten des Verfahrens einschließlich der außergerichtlichen Kosten der Beigeladenen tragen die Antragstellerin, die Antragsgegnerin und die Beigeladene je zu einem Drittel.

2. Der Streitwert wird auf 9.500,00 EUR festgesetzt.

Gründe

I.[168]
…

II.[169]
Der Antrag hat nur mit dem Hilfsantrag Erfolg. ….

Rechtsmittelbelehrung[170]

Unterschriften der Berufsrichter

---

167 Tenorierungsbeispiele für § 123 VwGO bei Mann/Blasche, Zur Tenorierung verwaltungsgerichtlicher Beschlüsse in den Verfahren des vorläufigen Rechtsschutzes – Teil II –, NWVBl. 2009, 77 ff.

168 Die unter Ziffer I. in den Gründen zu gebende Darstellung des Sach- und Streitstandes kann sich wegen der Eilbedürftigkeit auf die Hervorhebung der für das Verfahren nach § 123 VwGO maßgebenden Gesichtspunkte beschränken.

169 Den Ausführungen unter Ziffer II., die den Aufbauregeln für die Entscheidungsgründe eines Urteils folgen, ist kurz das Gesamtergebnis vorauszustellen. Zu erläutern ist, wie die besonderen Voraussetzungen des § 123 VwGO, nämlich Anordnungsgrund (Eilbedürftigkeit) und Anordnungsanspruch (materiell-rechtliche Grundlage für das Begehren) von der Kammer beurteilt worden sind.

170 Beschwerde innerhalb von zwei Wochen nach Bekanntgabe schriftlich, zur Niederschrift des Urkundsbeamten der Geschäftsstelle oder in elektronischer Form nach Maßgabe der Verordnung über den elektronischen Rechtsverkehr bei den Verwaltungsgerichten und Finanzgerichten im Lande Nordrhein-Westfalen (Elektronische Rechtsverkehrsverordnung Verwaltungs- und Finanzgerichte – ERVVO VG/FG – vom 7. November 2012, GV. NRW. S. 548) bei dem Verwaltungsgericht Köln, Appellhofplatz, 50667 Köln.

15. Abschnitt: Die Verwaltungsvollstreckung

1. Grundlagen

Die Verwaltungsvollstreckung ist ein staatliches Verfahren, das dazu dient, einen **öffentlich-rechtlichen Anspruch** eines Hoheitsträgers gegenüber einem nicht leistungsbereiten Bürger oder einem sonstigen Rechtssubjekt mit staatlichem Zwang durchzusetzen[1]. 1100

Die Vollstreckung öffentlich-rechtlicher Ansprüche muss von der Vollstreckung **privatrechtlicher Ansprüche** einer Behörde, z. B. aus Kauf- oder Mietverträgen oder aus Forderungen wegen erwerbswirtschaftlicher Betätigung abgegrenzt werden. Privatrechtliche Ansprüche muss eine Behörde wie jede Privatperson vor den Zivilgerichten geltend machen. Wenn die Behörde den Prozess gewinnt, ist sie zur Vollstreckung auf das Zwangsvollstreckungsrecht der ZPO angewiesen.

Die Vollstreckung öffentlich-rechtlicher Ansprüche muss von der Vollstreckung **privatrechtlicher Ansprüche** einer Behörde, z. B. aus Kauf- oder Mietverträgen oder aus Forderungen wegen erwerbswirtschaftlicher Betätigung abgegrenzt werden. Privatrechtliche Ansprüche muss eine Behörde wie jede Privatperson vor den Zivilgerichten geltend machen. Wenn die Behörde den Prozess gewinnt, ist sie zur Vollstreckung auf das Zwangsvollstreckungsrecht der ZPO angewiesen. 1101

Die **Besonderheit der Verwaltungsvollstreckung** besteht darin, dass öffentlich-rechtliche Ansprüche ohne die Mitwirkung von Gerichten durchgesetzt werden können. An die Stelle eines gerichtlichen Urteils (Titels) tritt ein durch die Behörde selbst erlassener **Verwaltungsakt als Vollstreckungstitel**. Die Behörde selbst kann den in ihrem Verwaltungsakt titulierten Anspruch durchsetzen, sie braucht dazu keine gerichtliche Hilfe in Anspruch zu nehmen. Abweichendes gilt für die Durchsetzung öffentlich-rechtlicher Verträge, soweit sich der Vertragspartner der Behörde nicht der sofortigen Vollstreckung unterworfen hat (§ 61 Abs. 2 S. 1 VwVfG),

Bei der Durchsetzung von öffentlich-rechtlichen Ansprüchen kann es sich um die Durchsetzung von **Geldforderungen** oder um die Durchsetzung von **Handlungs-, Duldungs- bzw. Unterlassungspflichten** handeln. In allen Fällen ergeben sich die behördlichen **Ansprüche aus öffentlich-rechtlichen Vorschriften**. Das Verwaltungsvollstreckungsverfahren ist allerdings hiernach unterschiedlich geregelt.

Grundlage der Verwaltungsvollstreckung ist in der Regel ein (befehlender) Verwaltungsakt, der sogenannte **Grundverwaltungsakt**[2]. Für die Vollstreckung wegen Geldforderungen ist dies der **Leistungsbescheid**, der den Schuldner zu einer Zahlung auffordert, z. B. der Abgabenbescheid. Für die Erzwingung von Handlungen, Duldungen oder Unterlassungen ist dies der **befehlende Verwaltungsakt**, der das Ge- oder Verbot enthält, z. B. die Ordnungsverfügung. Ausnahmsweise bedarf es in den Fällen keines Grundverwaltungsaktes für die Verwaltungsvollstreckung, in denen die Behörde wegen einer bestehenden gegenwärtigen Gefahr sofort handeln und auch Zwang einsetzen muss, das **Bundesrecht** verwendet hierfür den Begriff des **sofortigen Vollzugs** (§ 6 Abs. 2 VwVG). 1102

Nicht vollstreckbar sind **feststellende** und **gestaltende Verwaltungsakte**, sie verwirklichen sich ipso jure. Ein **gestaltender Verwaltungsakt** ist die Beamtenernennung, ein

---

1 App/Wettlaufer, Verw.-vollstreckungsrecht, § 1 RdNr. 1.

2 Vahle, DVP 94, 92.

feststellender Verwaltungsakt die Entlassung eines Beamten wegen Verurteilung zu einer längeren als einjährigen Freiheitsstrafe.
Die Vollstreckung verwaltungsgerichtlicher Urteile zugunsten der öffentlichen Hand geschieht ebenfalls im Rahmen der Verwaltungsvollstreckung, so dass Grundlage hierfür auch **verwaltungsgerichtliche Urteile** sein können (§ 169 Abs. 1 S. 1 VwGO).
Öffentlich-rechtliche Verträge können nur dann Grundlage der Verwaltungsvollstreckung sein, wenn ein Vertragsschließender sich gegenüber einer Behörde der sofortigen Vollstreckung aus dem öffentlich-rechtlichen Vertrag unterworfen hat (§ 61 Abs. 1 S. 1; Abs. 2 S. 1 VwVfG).
An der Verwaltungsvollstreckung beteiligt sind der **Vollstreckungsgläubiger**, d. i. die Behörde, und der **Vollstreckungsschuldner**, d. i. derjenige, der eine bestimmte Leistung erbringen muss[3].

1103 Die Verwaltungsvollstreckung ist im Bundes- und im Landesrecht gesetzlich geregelt. Für die Tätigkeit von Bundesbehörden gilt das Vollstreckungsgesetz des Bundes; für die Tätigkeit der Landesbehörden gelten die jeweiligen Landesverwaltungsvollstreckungsgesetze. In einigen Bundesländern ist der polizeiliche Zwang in besonderen Polizeigesetzen geregelt (z. B. §§ 50 f. PolG NRW). Die Finanzbehörden des Bundes und der Länder vollstrecken ihre Bescheide nach der Abgabenordnung.
Zudem gibt es für einzelne Verwaltungszweige eine Reihe von vollstreckungsrechtlichen Sonderregelungen, wie z. B. die Abschiebung von Ausländern, die Unterbindung einer unerlaubten Gewerbeausübung (§ 35 Abs. 5 GewO) oder einer unzulässigen Handwerksausübung (§ 16 Abs. 4 HandwO).
Die Darstellung folgt hier überwiegend nach dem Verwaltungsvollstreckungsgesetz des Landes NRW[4].

2. Die Vollstreckung wegen Geldforderungen

1104 Gegenstand der Vollstreckung wegen Geldforderungen sind öffentlich-rechtliche Geldforderungen (§ 1 Abs. 1 VwVG NRW). In Betracht kommen insbesondere Steuern, Gebühren, Beitragsforderungen, Zwangsgelder und Geldbußen.
Bei der Vollstreckung wegen Geldforderungen kann in das gesamte Vermögen eines Vollstreckungsschuldners vollstreckt werden. Dabei wird unterschieden zwischen der Vollstreckung in das unbewegliche Vermögen, z. B. Grundstücke und der Vollstreckung in das bewegliche Vermögen, z. B. ein Auto. Zudem wird das bewegliche Vermögen in Sachen und Forderungen unterteilt. Diese Unterscheidung ist wichtig, denn anders als eine Sache kann eine Forderung nicht in Besitz genommen und versteigert werden. Von der Vollstreckung ausgenommen sind bestimmte unpfändbare Sachen (§§ 811–813a ZPO) und Forderungen (§ 850–852 ZPO). Besondere Regelungen gelten bei Insolvenz des Schuldners.

2.1 Voraussetzungen für die Einleitung eines Vollstreckungsverfahrens

1105 Die Voraussetzungen für die Einleitung eines Vollstreckungsverfahrens ergeben sich aus dem jeweils geltenden Verwaltungsvollstreckungsgesetz, z. B. § 6 VwVG NRW. Wird bereits vollstreckt, ohne dass die gesetzlichen Voraussetzungen vorliegen, so liegt hierin eine zum Schadensersatz verpflichtende Amtspflichtverletzung[5].

3 App/Wettlaufer, Verw.-vollstreckung, § 5 RdNr. 2.
4 I. d. F. des Gesetzes vom 17. Dezember 2015 (GV. NRW S. 886), in Kraft getreten am 1. Januar 2016.
5 BGH, KKZ 93, 14.

Für die Einleitung eines Vollstreckungsverfahrens muss zunächst ein **Leistungsbescheid** erlassen und bekannt gegeben worden sein. Dabei handelt es sich um einen Verwaltungsakt, der eine öffentlich-rechtliche Geldleistungspflicht zum Inhalt hat. Ein Leistungsbescheid ist nicht erforderlich für die Vollstreckung von Nebenforderungen wie Säumniszuschläge, Zinsen, Kosten und bei Selbstberechnungserklärungen wie die Steueranmeldung des Schuldners.
Diese Geldleistungspflicht muss **fällig** sein. Eine Leistung ist fällig, wenn sie von dem Schuldner verlangt werden kann, wenn er also ohne weitere Aufforderung zur Zahlung verpflichtet ist. Die Fälligkeit ergibt sich nicht aus dem Vollstreckungsrecht, sondern aus den für die betroffenen Forderungen bestehenden Gesetzen. Ergibt sich aus dem Gesetz kein besonderer Zeitpunkt, so wird ein Anspruch fällig, sobald er entsteht, d. h. sobald er bekanntgegeben worden ist (arg. § 220 Abs. 2 AO).

Zudem muss vor dem Beginn der Vollstreckung eine **Schonfrist von einer Woche**, **1106**
berechnet ab Bekanntgabe des Leistungsbescheides, abgewartet werden. Wird der Leistungsbescheid schon vor Fälligkeit der Leistungspflicht bekannt gegeben, so berechnet sich die einwöchige Frist ab dem Eintritt der Fälligkeit der Forderung. Dem Schuldner soll hierdurch die Gelegenheit gegeben werden, freiwillig zu zahlen. Der Fälligkeitstermin der Leistung wird hierdurch jedoch nicht hinausgeschoben.
Nach Ablauf der Wochenfrist soll der Schuldner vor Erlass der Vollstreckungsanordnung noch einmal **gemahnt** werden. Die Mahnung ist die (nochmalige) Aufforderung an den Schuldner, eine bereits fällige Forderung innerhalb einer bestimmten Frist an die Kasse zu zahlen, um die zwangsweise Beitreibung zu vermeiden. Die – gebührenpflichtige – Mahnung ist möglich durch einfachen Brief, überwiegend auf vorgedruckten Mahnschreiben, durch Postnachnahmeauftrag oder durch öffentliche Erinnerung. Obwohl es sich bei der Mahnung um eine Soll-Vorschrift handelt, ist die Mahnung eine Rechtmäßigkeitsvoraussetzung für die Vollstreckung. Sie kann nur unterbleiben, wenn der Pflichtige sich ernsthaft und endgültig weigert, die Forderung zu erfüllen oder wenn ansonsten aufgrund einer Mahnung ein Misserfolg der Vollstreckung zu befürchten ist[6]. Das Fehlen einer Mahnung führt nicht zur Unwirksamkeit der Vollstreckungsmaßnahme, jedoch können in diesen Fällen dem Vollstreckungsschuldner Schadensersatzansprüche zustehen.
Verstreicht auch die in der Mahnung gesetzte Frist, kann das Vollstreckungsverfahren beginnen.

2.2 Die Vollstreckung in das unbewegliche Vermögen

Die Vollstreckung in das unbewegliche Vermögen, d. h. in Grundbesitz (**Immobiliar-** **1107**
vollstreckung), kann auf drei verschiedenen Wegen erfolgen:

1. die Vollstreckungsbehörde kann den Antrag auf Eintragung einer **Sicherungshypothek** stellen und so eine dingliche Sicherheit an dem Grundstück des Schuldners erlangen,
2. das Grundstück kann durch **Zwangsverwaltung** oder
3. durch **Zwangsversteigerung** verwertet werden.

Zwangsverwaltung und Zwangsversteigerung soll die Vollstreckungsbehörde nur beantragen, wenn die Vollstreckung in das bewegliche Vermögen erfolglos geblieben ist (§ 322 Abs. 4 AO).

Die Eintragung einer **Sicherungshypothek** ist die mildeste Zwangsvollstreckungsmaß- **1108**
nahme. Der Grundstückseigentümer verliert hierdurch nicht die Verfügungsgewalt über sein Eigentum. Unter dem Gesichtspunkt der Forderungseinbringung ist die Ein-

6 OVG Münster, OVGE M/L 20, 150.

tragung einer Sicherungshypothek allerdings auch eine unvollständige Vollstreckungsmaßnahme, da sie lediglich das Recht zur Forderungsverwirklichung bei einer späteren Verwertung des Grundstückes sichert. Die Sicherungshypothek entsteht mit der Eintragung im Grundbuch (§ 867 ZPO).
Die **Zwangsverwaltung** ist nur sinnvoll, wenn bei der Bewirtschaftung eines Grundstückes ein Profit erzielt werden kann. Der Anordnungsbeschluss gilt als Beschlagnahme, wodurch dem Schuldner grundsätzlich die Verwaltung und Benutzung des Grundstückes entzogen wird (§§ 148, 20 ZVG). Der vom Gericht bestellte Verwalter hat dafür zu sorgen, dass das Grundstück in seinem wirtschaftlichen Bestand ordnungsgemäß erhalten bleibt und die angemeldeten Ansprüche erfüllt werden können.
Die **Zwangsversteigerung** wird vom Vollstreckungsgericht durchgeführt, das einen Versteigerungstermin festsetzt (§ 36 ZVG). Mit dem wirksamen Zuschlag wird der Ersteher Eigentümer des Grundstückes (§ 90 ZVG). Der Erlös wird entsprechend der Rangfolge der zu befriedigenden Forderungen verteilt.
Die entsprechenden Anträge der Vollstreckungsbehörde sind an das zuständige Amtsgericht zu richten. Für einen etwaigen Rechtsschutz ist umstritten, ob dieser Antrag einen Verwaltungsakt[7] darstellt oder ob es sich hierbei nur um einen zwischenbehördlichen Akt handelt[8]. Für die Auffassung des Bundesverwaltungsgerichtes spricht, dass ein entsprechender Vollstreckungsantrag grundsätzlich dem Vollstreckungsschuldner nicht bekannt gegeben werden muss (§ 51 VwVG NRW), wäre der Antrag nun ein Verwaltungsakt, wäre er wegen fehlender Bekanntgabe unwirksam (§§ 41 Abs. 1, 43 Abs. 1 VwVfG). Die Gegenmeinung will die Wirksamkeit der Vollstreckungsantrages als Verwaltungsakt aus § 867 Abs. 1 ZPO i. V. m. den Bestimmungen der Grundbuchordnung herleiten.

2.3 Die Vollstreckung in das bewegliche Vermögen

1109 Zur Vollstreckung in das bewegliche Vermögen können bewegliche Sachen (**Sachpfändung**) oder Forderungen bzw. andere Vermögensrechte (**Forderungspfändung**) nach den Vorschriften des VwVG NRW[9] gepfändet werden. Eine Vollstreckung darf nicht durchgeführt werden, wenn zu erwarten ist, dass die Verwertung der Gegenstände noch nicht einmal die Kosten der Vollstreckung deckt[10].
Die Vollstreckungsbehörde nimmt bei der Vollstreckung in bewegliche Sachen eigene Vollziehungsbeamte als verlängerten Arm in Anspruch und erteilt ihnen einen Vollziehungsauftrag. Zahlt der Vollstreckungsschuldner nicht freiwillig, beginnt der Vollziehungsbeamte mit der Vollstreckungshandlung. Der Vollziehungsbeamte hat dabei grundsätzlich die gleichen Befugnisse wie der Gerichtsvollzieher. Verwehrt der Schuldner ihm etwa das Betreten seiner Wohnung, so muss die Vollstreckungsbehörde – außer bei Gefahr im Verzuge – bei dem Amtsgericht, in dessen Bezirk die Wohnung des Schuldners liegt, eine richterliche Durchsuchungsanordnung beantragen. Gefahr im Verzuge liegt dann vor, wenn durch die Verzögerung, die mit der Einschaltung eines Richters verbunden ist, die Durchführung der Vollstreckungshandlung gefährdet würde.

Der Vollziehungsbeamte kann z. B. bei dem Schuldner eine Leibesvisitation vornehmen, um eine Taschenpfändung durchzuführen.

1110 Die Pfändung beweglicher Sachen erfolgt grundsätzlich durch **Inbesitznahme** der Gegenstände, die sich im Gewahrsam des Vollstreckungsschuldners befinden. Gewahr-

---

7 App/Wettlaufer, Verwaltungsvollstreckungsrecht, § 28 RdNr. 4.
8 BVerwG, NJW 1961, 322.
9 Das Bundesverwaltungsvollstreckungsgesetz verweist demgegenüber auf die AO.
10 Carl, Gemeindehaushalt 93, 13.

sam ist das tatsächliche Innehaben einer Sache und entspricht im Wesentlichen dem unmittelbaren Besitz[11]. Gepfändete Gegenstände können allerdings im Gewahrsam des Vollstreckungsschuldners verbleiben, wenn nicht die Gefahr besteht, dass dieser Gewahrsam die Befriedigung der Behörde gefährdet. In diesen Fällen geschieht die Pfändung durch das **Anbringen eines Pfandsiegels** (§ 28 Abs. 2 VwVG NRW). Geld, Wertpapiere und Kostbarkeiten dürfen aus naheliegenden Gründen allerdings nicht im Gewahrsam des Vollstreckungsschuldners verbleiben.
Die **Pfändung** ist ein **Verwaltungsakt**[12]. Sie bewirkt ein Pfändungspfandrecht an der Sache. Hierdurch wird eine öffentlich-rechtliche Verstrickung der gepfändeten Sache herbeigeführt, d. h. dem Schuldner wird die Verfügungsgewalt über seine Sache entzogen. Über diese Sache wird eine staatliche Herrschaftsgewalt begründet[13], die unter Strafrechtsschutz steht (§ 136 StGB).
Mit der Pfändung erwirbt die Verwaltung zudem ein Pfandrecht (§§ 1204 f. BGB). Die Vollstreckungsbehörde hat damit alle Rechte eines Pfandgläubigers. Im Verhältnis zu anderen Gläubigern gilt das **Prioritätsprinzip**, d. h. spätere Pfandrechte sind nachrangig.

Es kommt häufig vor, dass z. B. Ehegatten Mitgewahrsam an Sachen in einer Ehewohnung haben. In diesen Fällen greift die gesetzliche Gewahrsamsvermutung ein (§ 263 AO; § 739 ZPO; § 1362 BGB). Zugunsten der Gläubiger wird vermutet, dass die sich im Gewahrsam eines Ehegatten oder beider Ehegatten befindlichen beweglichen Sachen dem Ehegatten gehören, der Vollstreckungsschuldner ist. Diese Vermutung ist widerlegbar, sie gilt nicht bei getrennt lebenden Ehegatten.

Die gepfändeten Sachen werden in der Regel durch **öffentliche Versteigerung** verwertet. Dies darf grundsätzlich gem. § 31 VwVG NRW frühestens nach Ablauf einer Woche seit der Pfändung erfolgen. Damit wird dem Vollstreckungsschuldner die Möglichkeit gegeben, die Verwertung durch die Begleichung der Forderung abzuwenden. Gleichzeitig werden dadurch **Drittbetroffene** geschützt, wenn Sachen gepfändet wurden, die zwar im Gewahrsam des Vollstreckungsschuldners, aber im Eigentum eines Dritten standen.

Etwas anderes gilt bei der Pfändung von Geld. Die Wegnahme durch den Vollziehungsbeamten gilt insoweit als Zahlung des Vollstreckungsschuldners (§ 30 VwVG NRW). **1111**
In einer Versteigerung soll dem **Zuschlag** an den Meistbietenden ein dreimaliger Aufruf vorausgehen. Der Zuschlag darf nur auf ein Gebot erteilt werden, das mindestens die Hälfte des gewöhnlichen Verkaufswertes einer Sache erreicht (**Mindestgebot**; § 817a ZPO). Alle beteiligten Gläubiger und der Schuldner können auf diese Schutzvorschrift verzichten. Mit dem Zuschlag im Versteigerungstermin erhält der Meistbietende einen schuldrechtlichen Anspruch auf Übereignung der Pfandsache; mit der Ablieferung geht sie dann in dessen Eigentum über.
Bei einer für jedermann zugänglichen und öffentlich bekanntgemachten Versteigerung erwirbt der gutgläubige Ersteigerer Eigentum selbst an den Sachen, die abhandengekommen sind oder an denen der Vollstreckungsschuldner gar kein Eigentum hatte[14]. Ist eine im Eigentum eines Dritten stehende Sache verwertet worden, hat der bisherige Eigentümer gegen den Vollstreckungsgläubiger einen Anspruch aus ungerechtfertigter Bereicherung (§ 812 BGB).
Von dem Versteigerungserlös werden zunächst die Vollstreckungskosten und die Vollstreckungsforderung befriedigt, verbleibt ein Überschuss, ist der selbstverständlich an den Vollstreckungsschulder auszuzahlen.

---

11 App/Wettlaufer, Verwaltungsvollstreckungsrecht, § 24 RdNr. 10.
12 BVerwG NJW 1961, 332.
13 BGHSt 5, 155.
14 BFH KKZ 90, 70.

1112 Eine **Forderungspfändung** bedeutet, dass der Vollstreckungsgläubiger Zugriff auf Forderungen des Vollstreckungsschuldners gegen einen Dritten, den sogen. **Drittschuldner,** nimmt.
Die Forderungspfändung wird bewirkt, indem dem Drittschuldner gem. § 40 VwVG NRW die schriftliche Aufforderung zugestellt wird, nicht mehr an den Vollstreckungsschuldner zu zahlen (sogen. **Arrestatorium**). Gleichzeitig erhält der Vollstreckungsschuldner die schriftliche Aufforderung zugestellt, sich jeder Verfügung über die Forderung zu enthalten (sogen. **Inhibitorium**).
Die Forderung wird verwertet, indem dem Drittschuldner eine Einziehungsverfügung zugestellt wird, die mit der Pfändungsverfügung verbunden werden kann. Der Vollstreckungsschuldner muss dem Vollstreckungsgläubiger bei der Geltendmachung der Forderung gegenüber dem Drittschuldner behilflich sein. Hierzu muss er nötige Auskünfte erteilen und die über die Forderung vorhandenen Urkunden herausgeben (§ 44 Abs. 2 S. 1 VwVG NRW). Der Drittschuldner muss auf Verlangen der Vollstreckungsbehörde innerhalb von zwei Wochen eine sog. Drittschuldnererklärung abgeben mit der er sich über die Berechtigung der Forderung erklären muss. Wenn der Drittschuldner trotz der Einziehungsverfügung nicht zur Zahlung an den Vollstreckungsgläubiger bereit ist, so muss der seine Ansprüche klageweise durchsetzen und dem Vollstreckungsschuldner vor Gericht den Streit erklären.

Vermögensauskunft

1113 Die Vermögensauskunft ist an die Stelle der eidesstattlichen Versicherung getreten. Für den Gläubiger vorteilhaft ist dabei, dass sie schon zu Beginn des Vollstreckungsverfahrens beantragt werden kann und nicht erst wie früher einen erfolglosen Vollstreckungsversuch voraussetzt. Außerdem kann der Gerichtsvollzieher, falls die Vermögensauskunft unergiebig bleibt, Auskünfte bei den Trägern der Rentenversicherung, beim Bundeszentralamt für Steuern und beim Kraftfahrt-Bundesamt einholen.

Pfändungsgrenzen

1114 Die §§ 850 ff. ZPO sehen bei der Pfändung des in Geld zahlbaren Arbeitseinkommens vor, dass Teile der Bezüge unpfändbar bzw. bedingt pfändbar sind. Der jeweils pfändbare Betrag hängt von der Höhe des Nettoeinkommens und der Unterhaltspflicht des Schuldners sowie der Art der Forderung ab. In der Zivilprozessordnung ist eine Tabelle in Anlage 2 aufgeführt, aus der die pfändbaren Beträge abgelesen werden können. § 811 Abs. 1 ZPO zählt die **unpfändbaren Sachen** des Schuldners auf. Dies sind die notwendigen Einrichtungsgegenstände (z. B. Fernseher, Waschmaschine) und Kleidungsstücke sowie Sachen, die der Schuldner zur Berufsausübung (z. B. PKW, PC) benötigt.

1115 Übersicht Verwaltungsvollstreckung wegen Geldforderungen

VV in bewegliches Vermögen	VV in unbewegliches Vermögen	
	Sicherungshypothek	Zwangsverwaltung
	Zwangsversteigerung	
VV in Sachen	VV in Forderungen und andere Vermögensrechte	
– Pfändung durch Inbesitznahme oder Anlegen eines Spiegels	– Pfändung durch Zustellung der Pfändungsverfügung an Drittschuldner – Mitteilung an Schuldner	
– Pfändung bewirkt ein Pfändungspfandrecht, d. h. öffentlich-rechtliche erstrickung	– Pfändung bewirkt – Drittschuldner kann mit befreiender Wirkung nur noch an Verwaltung leisten	
– Pfandrecht	– Verbot an Schuldner, über die Forderung zu verfügen	
– Verwertung durch Versteigerung	– Verwertung durch Einziehung	
– Schuldnerschutzvorschriften	– Schuldnerschutzvorschriften	

3. Die Erzwingung von Handlungen, Duldungen und Unterlassungen

Neben der Vollstreckung von Geldforderungen kann die Verwaltung auch zur Durchsetzung von Handlungs-, Duldungs- und Unterlassungspflichten die Verwaltungsvollstreckung einleiten. Diese Art von Verwaltungsvollstreckung wird üblicherweise **Verwaltungszwang** genannt[15]. Eine Handlungspflicht ergibt sich z. B. aus der Ordnungsverfügung, seinen Hund nur noch mit einem Maulkorb versehen auszuführen. Eine Unterlassungspflicht ergibt sich z. B. aus einer Gewerbeuntersagung. Zusätzlich kann der Vollstreckungsschuldner verpflichtet werden, das Betreten seines Grundstücks durch Behördenmitarbeiter zu dulden. **1116**
Grundsätzlich findet der Verwaltungszwang in einem **gestreckten Verfahren** statt. Dabei wird zunächst eine **Handlungs-, Duldungs- oder Unterlassungspflicht** durch Erlass eines Verwaltungsaktes konkretisiert. Der nächste Schritt ist dann die **Androhung** eines bestimmten Zwangsmittels für den Fall, dass die Pflicht nicht innerhalb einer bestimmten Frist beachtet wird. Nach Ablauf der Frist erfolgen die **Festsetzung** und schließlich die **Anwendung** des angedrohten und festgesetzten Zwangsmittels.

Neben diesem gestreckten Verfahren gibt es für Fälle besonderer Eilbedürftigkeit das Verfahren des **sofortigen Zwanges**[16]. Hier kann das jeweilige Zwangsmittel ohne vorangegangenen Verwaltungsakt, Androhung und Festsetzung angewendet werden. Den sofortigen Zwang könnte man auch als **Überfallverfahren** bezeichnen. Entscheidet sich die Behörde hierfür, so ergibt sich dadurch ein beachtliches Risiko für den Betroffenen, denn der Zwang könnte ja rechtswidrig sein und dies könnte erst nachträglich festgestellt werden. **1117**

Beispiel für gestrecktes Verfahren: Die Behörde ordnet den Abriss eines Gebäudes an. Macht der Betroffene das nun nicht freiwillig, droht sie ihm an, das auf seine Kosten zu tun, sie setzt das dann fest und lässt den Abbruch – wie angekündigt – durch einen Bauunternehmer durchführen.
Beispiel für Überfallverfahren: Ein Sondereinsatzkommando der Polizei erschießt einen Geiselnehmer ohne vorherige Ankündigung.

Die Anwendung von Zwang setzt in aller Regel einen entgegenstehenden Willen bei dem Betroffenen voraus. Nun gibt es aber Situationen, in denen der Verantwortliche nicht erreicht werden kann.

Beispiele: Der Fahrer, der sein Auto im Halteverbot abgestellt hat, macht einen Einkaufsbummel. Der Wohnungsinhaber, aus dessen Wohnung Schreie dringen, ist nicht erreichbar.

In diesen Fällen kann gegen den Verantwortlichen kein Verwaltungsakt erlassen werden, die zuständigen Behörden, die z. B. das Auto abschleppen oder die Wohnung öffnen lassen, handeln selbst oder lassen das von anderen Personen (Abschleppunternehmen, Schlüsseldienst) tun. Solche Maßnahmen bezeichnet man als **unmittelbare Ausführung** einer Maßnahme.
In vielen Gesetzen werden solche Maßnahmen besonders geregelt, so dass die Frage auftaucht, ob es sich hierbei überhaupt tatsächlich um Verwaltungszwang handelt. Wo insoweit keine speziellen Regelungen bestehen wie z. B. in NRW, zeigen die Regelungen über die Möglichkeit von Verwaltungszwang ohne vorausgehenden Verwaltungsakt (§ 55 Abs. 2 VwVG NRW) sowie die Möglichkeit der Ersatzvornahme durch behördliche Selbstvornahme (§ 59 Abs. 1 VwVG NRW), dass die Bestimmungen über den Verwaltungszwang auch für die unmittelbare Ausführung gelten. Die unmittelbare Ausführung wird dann wie der Sofortvollzug des Verwaltungszwanges behandelt.
Die Abgrenzung zwischen unmittelbarer Ausführung und Sofortvollzug ist allerdings nicht ganz eindeutig[17]. Bei unmittelbarer Ausführung besteht eine **sachliche**, beim So-

15 App/Wettlaufer, Verwaltungsvollstreckungsrecht, § 30 RdNr. 1.
16 Im Bundesrecht „sofortiger Vollzug“ (§ 6 Abs. 2 VwVG) genannt.
17 Denninger in: Lisken/Denninger, Kap. E, RdNr. 132.

fortvollzug besteht eine **zeitliche Notlage**[18]. Bei normaler Gefahrenanforderung ist bei der unmittelbaren Ausführung kein Störer vorhanden bzw. gegen ihn ist keine sinnvolle Verfügung möglich.
Beim Sofortvollzug hingegen besteht eine an sich normale Verfügungssituation, in der auch ein Störer anwesend ist, dieser hat jedoch keine rechtzeitige Handlungsmöglichkeit bzw. lehnt die ab.

Beispiel: Wird ein Nichtschwimmer durch die rasche Hilfe eines Polizeibeamten vor dem Ertrinken gerettet, so ist das kein Verwaltungszwang, sondern eine unmittelbare Ausführung. Anders, wenn der Ertrinkende ein Selbstmörder ist, der sich mit letzter Kraft und Entschlossenheit gegen seine Rettung wendet.

3.1 Die Zwangsmittel

1118 Zwangsmittel haben die Aufgabe, ein zukünftiges Tun, Dulden oder Unterlassen auch gegen den Willen des Betroffenen durchzusetzen. Sie sind damit **Beugemittel** ohne Buß- oder Strafcharakter. Sie können bei Geboten wiederholt und bei Verboten für jeden Fall der Nichtbefolgung festgesetzt werden, sofern die Gesetze dies vorsehen (z. B. § 57 Abs. 3 S. 2 VwVG NRW)[19]. Sobald die auferlegte Verpflichtung erfüllt ist, ist die weitere Anwendung eines Zwangsmittels unzulässig.

Beispiel: Gleichzeitig mit dem angeforderten Abschleppfahrzeug erscheint der Halter des PKW, um seinen verbotswidrig abgestellten PKW selbst wegfahren zu können.

Zwangsmittel können parallel zu Geldbußen oder Strafen angewendet werden (§ 57 Abs. 3 VwVG NRW).

Beispiele: Nichtbeachtung der Auflösung einer Versammlung oder die Nichtbeachtung eines wirksamen Hausverbotes für ein Rathaus.

Der Verwaltung stehen nur die gesetzlich vorgesehenen **Zwangsmittel** zur Verfügung (**numerus clausus der Zwangsmittel**). Dies folgt daraus, dass die Anwendung von Zwangsmitteln mit einem starken Eingriff in die Rechte des Vollstreckungsschuldners verbunden ist und damit dem strikten Vorbehalt des Gesetzes unterliegt[20]. Weiterhin ist der Grundsatz der Verhältnismäßigkeit bei der Anwendung der Zwangsmittel von besonderer Bedeutung und in den Vollstreckungsgesetzen besonders hervorgehoben (§ 58 VwVG NRW). Der Grundsatz der **Verhältnismäßigkeit** muss auch für die **Reihenfolge der einzelnen Zwangsmittel** angewendet werden, grundsätzlich ist die im Gesetz **zuerst genannte Ersatzvornahme** als **mildestes Mittel** vor dem **Zwangsgeld** und dem **unmittelbaren Zwang** als schärfstes Zwangsmittel vorrangig anzuwenden; im Einzelfall kann etwas anderes gelten. Es besteht somit kein genereller Vorrang des Zwangsmittels der Ersatzvornahme vor dem des Zwangsgeldes, etwa das die Höhe des Zwangsgeldes nicht die bei einer Ersatzvornahme zu erwartenden Kosten übersteigen darf[21].
Als Ausfluss des Verhältnismäßigkeitsgrundsatzes sehen die Gesetze vor, dass der Betroffene der Behörde ein **Austauschmittel** anbieten kann (§ 3 Abs. 2 PolG NRW). Das Austauschmittel muss ebenso wirksam sein und darf die Allgemeinheit nicht stärker beeinträchtigen als das von der Behörde vorgesehene Zwangsmittel.
Neben den überall vorgesehenen Zwangsmitteln **Ersatzvornahme**, **Zwangsgeld** und **unmittelbarer Zwang** kennen einige Bundesländer noch weitere Zwangsmittel wie die Wegnahme beweglicher Sachen, die Zwangsräumung (§ 62a VwVG NRW) oder die Vorführung als besondere Formen des unmittelbaren Zwanges[22].

---

18 Nds. OVG, NVwZ 1990, 786.
19 BVerwG, NVwZ 1998, 393.
20 Maurer, AVR, § 20 RdNr. 19.
21 VGH Mannheim, DVBl. 2004, 1122.
22 Engelhardt/App, RdNr. 3, Vorbem. § 6.

Die **Ersatzzwangshaft** (§ 61 VwVG NRW) ist kein selbständiges Zwangsmittel, sondern die Fortsetzung des Zwangsgeldverfahrens in den Fällen, in denen das Zwangsgeld „uneinbringlich" ist. Sie ist „nur ausnahmsweise"[23] zugelassen und muss von einem Richter angeordnet werden.

3.1.1 Die Ersatzvornahme

Die Ersatzvornahme dient dazu, eine **vertretbare Handlung** auf Kosten des Pflichtigen auszuführen[24]. Das bedeutet, dass Unterlassungen und Duldungen nicht mit der Ersatzvornahme durchsetzbar sind. Vertretbar ist eine Handlung, wenn sie nicht nur von dem Betroffenen persönlich, sondern auch von einem anderen wahrgenommen werden kann (Nr. 52.1 VV PolG NRW), wenn es also keinen Unterschied macht, ob der Pflichtige oder ein anderer die Handlung vornimmt. **1119**

Beispiel: Illegale Müllablagerungen können von dem Verursacher, einen von der Behörde beauftragten Unternehmer oder auch durch Mitarbeiter des Bauhofes beseitigt werden.

Angeordnete Unterlassungen oder Duldungen sind immer höchstpersönliche Pflichten und damit nicht vertretbar, sie können nicht im Wege der Ersatzvornahme durchgesetzt werden.

Erscheint eine vorgeladene Person nicht auf der Dienststelle, scheidet eine Durchsetzung der Vorladung durch Ersatzvornahme aus.

Je nach Bundesland gibt es die Ersatzvornahme als Selbst- und Fremdvornahme oder nur als Fremdvornahme. Bei der **Fremdvornahme** besteht die Ersatzvornahme darin, dass die Behörde die angeordnete Handlung von einem Unternehmer ausführen lässt; bei der **Selbstvornahme** nimmt die Behörde selbst die Ersatzvornahme vor. **1120**

Beispiel: Beim Öffnen einer Wohnung kann die Behörde einen Schlüsseldienst beauftragen oder die Tür durch einen Mitarbeiter öffnen lassen.

Bei der **Fremdvornahme** schließt die Behörde mit dem beauftragten Dritten einen Werk- oder Dienstvertrag ab. Zwischen dem Dritten und dem Vollstreckungsschuldner bestehen keine Rechtsbeziehungen. Kommt es zu Schäden, so können die bei der Behörde oder bei dem Unternehmer zivilrechtlich im Rahmen der Drittschadensliquidation geltend gemacht werden[25].
Die Ersatzvornahme erfolgt ohne aktive Mitwirkung des Vollstreckungsschuldners. Der Zwangscharakter liegt darin begründet, dass der Pflichtige die Durchführung der Maßnahme dulden und die entstehenden Kosten übernehmen muss.
Alle durch die Ersatzvornahme entstehenden Kosten werden durch einen **Leistungsbescheid** der Behörde festgesetzt, der mit Rechtsmitteln angefochten werden kann. Damit die voraussichtlich entstehenden Kosten nicht aus Steuergeldern vorfinanziert werden müssen, kann die Vollzugsbehörde sie durch einen selbständigen Bescheid vor Durchführung der Ersatzvornahme geltend machen und wie eine Geldforderung beitreiben (§ 59 Abs. 2 VwVG NRW).
Der Grundverwaltungsakt erledigt sich nicht durch die Vollziehung im Wege der Ersatzvornahme. Er bleibt Rechtsgrundlage für den auf die Ersatzvornahme folgenden Kostenbescheid[26]. Daher ist dieser Verwaltungsakt auch nach seiner Vollziehung im Wege der Ersatzvornahme weiterhin anfechtbar.

---

23 OVG NRW, NJW 2006, 2569.

24 Die Ermächtigungsgrundlagen für die Erhebung von Kosten für die Ersatzvornahme usw. sowie Gebühren befinden sich für das Land Nordrhein-Westfalen jetzt in § 59 VwVG i. V. m. § 15 Abs. 1; § 20 Abs. 2 Nr. 7 und 8 der Verordnung zur Ausführung des Verwaltungsvollstreckungsgesetzes (Ausführungsverordnung VwVG).

25 Engelhardt/App, § 10, RdNr. 3 b.

26 OVG NRW, NWVBl. 97, 218.

3.1.2 Das Zwangsgeld

1121 Das Zwangsgeld ist ein universell einsetzbares Zwangsmittel, weil es an keine besonderen verwaltungszwangsrechtlichen Voraussetzungen geknüpft ist; es dient aber in der Praxis in erster Linie dazu, **nicht vertretbare Handlungen** zu vollstrecken. Nicht vertretbar sind Handlungen, die vom Willen des Vollstreckungsschuldners abhängig sind. Daneben können auch vertretbare Handlungen durch Zwangsgeld vollstreckt werden, sofern dies nicht unverhältnismäßig ist[27].

Das Zwangsgeld ist ein Druckmittel, das den Pflichtigen „**in die Knie zwingen**" soll, d. h. es soll zur Ausführung einer Handlung führen oder eine weitere Zuwiderhandlung verhindern[28]. Mit Hilfe des Zwangsgeldes können sowohl Gebote als auch Verbote vollstreckt werden.

Zwangsgeld ist **keine Strafe**, mit der ein in der Vergangenheit liegendes Unrecht gesühnt werden soll, sondern ein in die Zukunft wirkendes **Beugemittel** zur Durchsetzung eines Verwaltungsaktes; Zwangsgeld darf nicht in eine Geldbuße umfunktioniert werden. Damit ist zweifelhaft, ob ein festgesetztes Zwangsgeld auch dann noch beigetrieben werden darf, wenn der Vollstreckungsschuldner seiner Duldungs- oder Unterlassungspflicht nachgekommen ist und keine weiteren Verstöße zu befürchten sind. Nach einer Auffassung[29] darf Zwangsgeld in diesen Fällen nicht mehr beigetrieben werden. Nach anderer Auffassung[30] setzt die Beugewirkung des Zwangsgeldes mit der Androhung ein, die Beitreibung setzt diese mit der Androhung eingesetzte Beugewirkung durch.

Mit der Zahlung des Zwangsgeldes erfüllt der Pflichtige die ihm auferlegte Handlung noch nicht.

1122 Die **Höhe des Zwangsgeldes** kann je nach Bundesland bis zu 50.000 €[31] und 500.000 €[32] liegen. Die Behörde muss die Höhe des Zwangsgeldes innerhalb dieses Rahmens unter Berücksichtigung der Verhältnismäßigkeit so bemessen, dass der Pflichtige sich voraussichtlich veranlasst sieht, die von ihm verlangte Handlung freiwillig zu erfüllen[33].

Bei der Höhe des Zwangsgeldes sind die Hartnäckigkeit des pflichtwidrigen Verhaltens, z. B. ein Wiederholungsfall, die finanzielle Leistungsfähigkeit des Betroffenen und die von ihm billigerweise zu erwartende Initiative zu berücksichtigen (Nr. 60.3 VV VwVG NRW).

Die wirtschaftliche Leistungsfähigkeit des Bürgers spielt eine wichtige Rolle, aber auch der Verhältnismäßigkeitsgrundsatz, der in aller Regel bei der erstmaligen Festsetzung des Zwangsgeldes die Inanspruchnahme des Höchstbetrages verbietet[34]. Aus Gründen der Verhältnismäßigkeit kann die Höhe der Zwangsgeldandrohung zu beanstanden sein, wenn sie die erwarteten Kosten einer Ersatzvornahme übersteigt[35].

Enthält ein Bescheid mehrere vollzugsfähige Regelungen, so gilt der Höchstbetrag für jede Einzelregelung gesondert[36].

Die Vollzugsbehörde kann das Zwangsgeld beliebig oft festsetzen. Erkennt sie dabei, dass der Pflichtige sich von einem zuvor festgesetzten Zwangsgeld nicht hat beeindrucken lassen, so kann das folgende Zwangsgeld höher sein als das vorausgehende.

---

27 Das Bundesrecht (§ 11 Abs. 1 S. 2 VwVG) gebietet das in den Fällen, in denen die Ersatzvornahme untunlich ist und nennt hier den Fall, dass der Vollstreckungsschuldner die durch eine Ersatzvornahme anfallenden Kosten nicht tragen kann.

28 Götz, Polizei- und Ordnungsrecht, RdNr. 397.

29 VGH BW, DÖV 1996, 792.

30 OVG NRW, NVwZ-RR 1993, 118.

31 Obergrenze in Berlin (§ 8 Abs. 1 VwVfG Berlin).

32 Obergrenze in Sachsen-Anhalt (§ 56 SOG LSA).

33 OVG NRW, NVwZ-RR 1993, 671.

34 OVG NRW, NWVBl 1993, 194.

35 VGH BW, DVBl. 2004, 1122.

36 OVG NRW, NVwZ-RR 92, 517.

Die Vollstreckung des Zwangsgeldes richtet sich nach den Bestimmungen über die Vollstreckung von Geldforderungen, eine Mahnung ist allerdings nicht erforderlich. Scheitert die Vollstreckung, so kann das zuständige Verwaltungsgericht auf Antrag der Vollzugsbehörde Ersatzzwangshaft anordnen, sofern der Pflichtige bei Androhung des Zwangsgeldes auf diese Möglichkeit hingewiesen worden ist. Die Anordnung der Ersatzzwangshaft ist das letzte Mittel des Staates, um seine Anordnungen gegen uneinsichtige Bürger durchzusetzen. Sie ist eine Vollstreckung mit anderen Mitteln[37]. Die Zahlungsunfähigkeit muss nicht verschuldet worden sein.

Im Hinblick auf den schwerwiegenden Eingriff, den die Verhängung von Ersatzzwangshaft bedeutet, muss die Uneinbringlichkeit des Zwangsgeldes im strengen Sinne feststehen, es reicht nicht aus, wenn sie nur wahrscheinlich ist. Das setzt in aller Regel einen erfolglosen Pfändungsversuch z. B. beim Arbeitgeber oder bei dem Betroffenen voraus. Eine etwaige Mittellosigkeit des Pflichtigen müsste offensichtlich sein, um hierauf verzichten zu können.

Das Verwaltungsgericht entscheidet unter Berücksichtigung der Umstände des konkreten Falles, insbesondere unter Beachtung der Grundsätze der Verhältnismäßigkeit[38]. Die Dauer der Ersatzzwangshaft ist gesetzlich begrenzt, sie beträgt z. B. in NW mindestens einen Tag, höchstens jedoch zwei Wochen (§ 61 VwVG NRW). Ordnet das Verwaltungsgericht Ersatzzwangshaft an, muss im Tenor der Entscheidung zur Vollstreckung der Ersatzzwangshaft Haftbefehl gegen den Pflichtigen erlassen werden (§ 908 ZPO).

3.1.3 Der unmittelbare Zwang

Der unmittelbare Zwang ist gekennzeichnet durch die Einwirkung auf Personen bzw. 1123
Sachen durch **körperliche Gewalt**, durch **Hilfsmittel** der **körperlichen Gewalt** oder durch **Waffen**. Dieses Zwangsmittel steht in erster Linie Polizeibeamten zur Verfügung, aufgrund landesrechtlicher Bestimmungen kann unmittelbarer Zwang aber z. B. auch von Mitarbeitern kommunaler Ordnungsämter wahrgenommen werden.

Beispiele für unmittelbaren Zwang: Auflösung von Demonstrationen, Räumung besetzter Häuser, Befreiung von Geiseln, Versiegelung von Gewerbebetrieben.

Der unmittelbare Zwang ist **subsidiär** zu Ersatzvornahme und Zwangsgeld. Wegen des bestehenden Folterverbotes (Art. 3 EMRK) darf unmittelbarer Zwang nicht angewendet werden, um **persönliche Erklärungen** zu erzwingen[39].

Körperliche Gewalt ist jede unmittelbare körperliche Einwirkung auf Personen oder Sachen (§ 67 Abs. 2 VwVG NRW). Es kommt nicht auf eine größere Kraftanstrengung an. Nicht erforderlich ist, dass ein Widerstand durch Körperkräfte überwunden wird. Dies wird zwar häufig notwendig sein, aus Gründen der Verhältnismäßigkeit wäre es jedoch widersinnig, nur dann einschreiten zu können, wenn körperlicher Widerstand zu brechen wäre, nicht aber, wenn schon eine geringere Einwirkung genügt.

Beispiele: Wegführen einer Person am Arm; Wegtragen einer Sache; Eintreten einer Tür.

Aber auch die Versiegelung eines Hauses ist Ausübung unmittelbaren Zwanges[40]. Auf das Haus wird durch das Anbringen eines Siegels körperlich eingewirkt, das führt auch zu einer Veränderung der Sache (§ 136 StGB). Hieran ändert sich nichts im Hinblick darauf, dass ein Siegel ohne größeren physischen Aufwand beseitigt werden kann.

Hilfsmittel der körperlichen Gewalt sind nicht abschließend genannt.

Beispiele: Wasserwerfer, Fesseln, Eisenstangen, Diensthunde, Dienstfahrzeuge, Reiz- und Betäubungsstoffe, Sprengmittel, Absperrgitter, Hubschrauber.

---

37 Drews/Wacke/Vogel/Martens, Gefahrenabwehr, S. 541.
38 OVG NRW, NWVBl. 90, 19, 20.
39 So ausdrücklich § 22 Abs. 2 Verwaltungsvollstreckungsgesetz Brandenburg.
40 OVG Greifswald, NVwZ 1996, 488.

Der Einsatz von **Waffen** kommt nur in einer **äußersten Zwangslage** in Betracht, wenn alle anderen Mittel als nicht wirksam genug ausscheiden.

Beispiele für Waffen: Schlagstock, Pistole, Revolver, Maschinenpistolen, Handgranaten.

Auf Personen darf nur mit dem Ziel geschossen werden, sie **angriffs- oder fluchtunfähig** zu machen. Das Ziel des Schusswaffengebrauchs zur Angriffsunfähigkeit soll es nicht sein, diejenigen Körperzonen zu treffen, deren Verletzung schnellstmöglich zum Tode führt. Allerdings kann es Situationen geben, in denen dies nicht ausgeschlossen ist. Die Fluchtunfähigkeit lässt sich jedoch niemals durch einen Todesschuss erreichen, denn deren Ziel kann nur sein, den Betroffenen daran zu hindern, sich dem staatlichen Gewahrsam zu entziehen. Bei einem Fliehenden ist also mit der Schusswaffe auf die Beine zu zielen (Nr. 63.21 VV PolG NRW).

In manchen Polizeigesetzen (z. B. § 64 PolG NRW) ist die Befugnis für einen gezielten Todesschuss (**finalen Rettungsschuss**) ausdrücklich enthalten[41].

Der unmittelbare Zwang ist das schärfste Zwangsmittel, er darf nur angewendet werden, wenn Ersatzvornahme und Zwangsgeld nicht in Betracht kommen. Unmittelbarer Zwang ist im Verhältnis zu den beiden primären Zwangsmitteln subsidiär, der Verhältnismäßigkeitsgrundsatz muss strikt beachtet werden. Es ist jedoch nicht erforderlich, dass andere Zwangsmittel vorher vergeblich angewandt wurden.

Der Pflichtige soll gezwungen werden, die ihm aufgegebene Handlungen selbst vorzunehmen. Ebenso wie beim Zwangsgeld wird durch die Anwendung unmittelbaren Zwanges der Erfolg nicht selbst herbeigeführt, sondern es wird versucht, den entgegenstehenden Willen des Pflichtigen zu brechen.

Wird die Anwendung unmittelbaren Zwanges erforderlich, so ist dies von der Polizei oder von besonderen Vollzugsdienstkräften auszuführen. Die Polizei leistet in diesen Fällen **Vollzugshilfe** (§ 47 PolG NRW). Die Polizei ist insoweit nur für die Art und Weise der Durchführung des unmittelbaren Zwanges verantwortlich, Vollzugsbehörde bleibt die ursprüngliche Behörde.

Muss die Polizei dagegen unmittelbaren Zwang anwenden, um etwa einen Gerichtsvollzieher bei der Vornahme seiner Vollstreckungshandlung (Pfändung) zu schützen (§ 758 Abs. 3 ZPO), so tut die Polizei dies aus Gründen der Gefahrenabwehr, damit ist die Polizei auch für die Zwangsanwendung zuständig[42].

3.1.4 Die Abgrenzung von Ersatzvornahme und unmittelbarem Zwang

1124 In einigen Ländern kann die Vollstreckungsbehörde eine Ersatzvornahme selbst anwenden. Bei einer **Selbstvornahme** ist eine **Abgrenzung** zum **unmittelbaren Zwang** nötig. Dies ist insbesondere dann bedeutsam, wenn das jeweilige Gesetz (z. B. § 10 VwVG Bund) **nur** bei einer Ersatzvornahme die Kostentragungspflicht für den Vollstreckungsschuldner vorsieht[43], während beim unmittelbaren Zwang dem Betroffenen keine Kosten auferlegt werden.

Ausgangspunkt für die Abgrenzung ist die in den Verwaltungsvollstreckungsgesetzen insoweit übereinstimmend enthaltene Legaldefiniton der Ersatzvornahme. Gem. § 59 Abs. 1 VwVG NRW ist die Ersatzvornahme „die **Ausführung** einer vertretbaren Handlung". Die Vollstreckungsbehörde führt also bei der Ersatzvornahme eine dem Pflichtigen obliegende Handlung aus. Von einer Ersatzvornahme kann man also nur dann ausgehen, wenn das Tätigwerden der Vollstreckungsbehörde mit der vom Pflichtigen

41 § 41 Abs. 2 S. 2 ME PolG: „Ein Schuss, der mit an Sicherheit grenzender Wahrscheinlichkeit tödlich wirken wird, ist nur zulässig, wenn er das einzige Mittel zur Abwehr einer gegenwärtigen Lebensgefahr oder der gegenwärtigen Gefahr einer schwerwiegenden Verletzung der körperlichen Unversehrtheit ist".

42 Tegtmeyer, RdNr. 3 zu § 47 PolG NRW.

43 Dagegen sehen die meisten Länderregelungen eine Kostentragungspflicht des Vollstreckungsschuldners auch für den unmittelbaren Zwang vor, Vgl. App/Wettlaufer, Verwaltungsvollstreckungsrecht, § 20 RdNr. 18.

vorzunehmenden Handlung **identisch** ist, wenn die Behörde die geschuldete Handlung ersetzt.
Sind diese Handlungen nicht identisch, liegt unmittelbarer Zwang vor.
Beim unmittelbareren Zwang übt die Vollstreckungsbehörde Druck auf den Vollstreckungsschuldner aus, damit er die geschuldete Handlung selbst vornimmt[44]. Unmittelbarer Zwang liegt auch dann vor, wenn die Vollstreckungsbehörde von einem Pflichtigen ein bestimmtes Handeln nicht verlangen darf, z. B. darf die Verwaltung von einem Wohnungseigentümer nicht verlangen, dass er seine eigene Tür aufbricht, weil eine solche Verfügung unverhältnismäßig wäre. Weiterhin liegt immer dann unmittelbarer Zwang vor, wenn die Vollzugsbehörde auf Personen einwirkt, insbesondere wenn das mit Waffen geschieht, z. B. schießt die Polizei hinter einem Fluchtauto her; anderenfalls würde der Schutzzweck der besonderen waffenrechtlichen Regelungen unterlaufen[45].

Beispiele für Ersatzvornahme: Abriss eines baufälligen Hauses; Abschleppen eines Autos.
Beispiele für unmittelbaren Zwang: Einsatz von Wasserwerfern, um Platzverweis gegen Demonstranten durchzusetzen; Schuss auf Fluchtauto, um Bankräuber anzuhalten
Beispiel: Aus einer Wohnung dringen Hilfeschreie. Nachdem die Tür trotz Aufforderung der Polizei nicht geöffnet wird, tritt ein Polizeibeamter gegen die Wohnungstür und bricht sie auf. Die Pflicht bestand hier nur im Öffnen der Tür (und nicht in deren Aufbrechen). Es handelt sich folglich um unmittelbaren Zwang[46].

3.1.5 Die Abgrenzung zu polizeilichen Standardmaßnahmen

Standardmaßnahmen des Polizei- und Ordnungsrechtes regeln Eingriffsmöglichkeiten 1125
in nahezu tagtäglich vorkommenden Situationen, die aus dem Anwendungsbereich der polizeirechtlichen Generalklausel herausgenommen worden sind[47].

Beispiele: Sicherstellung von Sachen, Ingewahrsamnahme von Personen, Wohnungsdurchsuchung, Platzverweis

In dem hier zu behandelnden Zusammenhang entstehen folgende beiden Problemfelder:
(1) Handelt es sich bei der Standardmaßnahme um einen Verwaltungsakt mit Regelungswirkung oder um schlicht-hoheitliches Handeln (Realakt)?
(2) Enthält die Standardmaßnahme selbst ein Vollstreckungselement, und zwar auch zu einer zwangsweisen Durchsetzung wie das z. B. im Strafverfahren eingeordnet wird[48], oder bedarf es eines Rückgriffs auf das allgemeine Vollstreckungsrecht?

Bsp.: Beispiel: Trotz Aufforderung verlässt ein Schaulustiger eine Unfallstelle nicht und behindert damit die Rettungsfahrzeuge. Der anwesende (Polizei)Beamte erwägt die Anwendung von Zwang. Und § 35 Abs. 1 Nr. 3 PolG NRW rechtfertigt die Ingewahrsamnahme zur Durchsetzung eines Platzverweises

In beiden Fällen kann die Antwort nur im Wege der Auslegung der jeweiligen Standardmaßnahme gefunden werden. Dabei ist zu berücksichtigen, dass Standardmaßnahmen in besonderem Maße in Freiheitsrecht eingreifen. Das erfordert, die jeweiligen Eingriffe auch unter dem Gesichtspunkt der Anforderungen des Gesetzesvorbehaltes der Grundrechte zu beleuchten bzw. den Schutz verfassungsimmanenter Schranken zu klären.
Ausgehend vom Wortlaut der einzelnen Standardmaßnahmen muss hinsichtlich der Vollstreckung eine Unterscheidung getroffen werden. Es existieren Standardmaßnahmen ohne und Standardmaßnahmen mit Vollstreckungselement.
Standardmaßnahmen **ohne Vollstreckungselement** erschöpfen sich grundsätzlich darin, zum Erlass eines Verwaltungsaktes zu ermächtigen.

44 Maurer, AVR, § 20 RdNr. 18.
45 Tegtmeyer, RdNr. 10 zu § 52 PolG NRW.
46 Ersatzvornahme wäre zu bejahen gewesen, wenn die Tür mit einem Nachschlüssel geöffnet worden wäre.
47 Götz, Polizei- und Ordnungsrecht, RdNr. 366.
48 Meyer-Goßner, RdNr. 29 zu § 81a StPO.

Beispiel: Platzverweisung (§ 34 PolG NRW): hiernach kann eine Person vorübergehend vom Platz verwiesen werden. Geht die Person dennoch nicht, regelt § 34 PolG NRW nicht, dass diese Person weggetragen werden darf oder auf ähnliche Weise vom Platz geschafft wird. Daher erschöpft sich die Platzverweisung als Standardmaßnahmen ohne Vollstreckungselement darin, zum Erlass eines Verwaltungsaktes zu ermächtigen. Muss zu ihrer Durchsetzung im Einzelfall Zwang angewendet werden, um den entgegenstehenden Willen des Betroffenen zu überwinden, bestimmt sich die Rechtmäßigkeit des Zwangseinsatzes nach den Vorschriften des Verwaltungsvollstreckungsrechts[49].
Beispiel: Ingewahrsamnahme (§ 35 PolG NRW): neben der behördlichen Handlung des „In-Gewahrsam-Nehmens" muss aber auch der mit dieser Standardmaßnahme „typischer" Weise oder „untrennbar" verbundene Zwang, z. B. die Anwendung des „Polizeigriffes"[50] vom Ermächtigungsumfang gedeckt sein[51], nicht jedoch das gewaltsame Abführen, soweit der Betroffene Widerstand leistet.

Standardmaßnahmen **mit Vollstreckungselement** ermächtigen neben dem Erlass eines Verwaltungsaktes auch dazu, die Maßnahme selbst durchzuführen, sie konkurrieren deshalb mit dem Vollstreckungsrecht.

Beispiel: Sicherstellung (§ 43 PolG NRW). Die zuständige Behörde ist nicht nur zum Erlass eines Verwaltungsaktes, sondern auch zum Zugriff auf die Sache ermächtigt – also gewissermaßen zur Vollstreckung des Verwaltungsaktes[52]. Gleiches gilt für das Betreten und Durchsuchen von Wohnungen. § 41 PolG NRW ermächtigt auch zum tatsächlichen Betreten der Wohnung

Wenn Standardmaßnahmen ein Vollstreckungselement aufweisen, sind sie lex specialis gegenüber dem Vollstreckungsrecht, (§ 55 VwVG NRW).
Es ist jedoch genau zu prüfen, in welchem Umfang die Standardmaßnahme ein vollstreckungsrechtliches Element aufweist.

Beispiel: Mitarbeiter der Ordnungsbehörde klopfen bei A an die Tür und bitten um Einlass. A öffnet kurz die Tür, um sie nach Erblicken der Beamten sofort wieder zuzuschlagen. Daraufhin treten die Beamten die Tür ein, um die Wohnung zu betreten und zu durchsuchen.

Fraglich ist, ob genannter § 41 PolG NRW auch das Eintreten der Tür erfasst. Dies ist durch Auslegung zu ermitteln. Bereits nach dem Wortlaut meint ein „Betreten" nicht das „Eintreten", sondern lediglich, dass man in die geschützte Räumlichkeit gelangt, ohne etwas zu beschädigen. Weiterhin spricht auch die Systematik für diese Auslegung. Standardmaßnahmen sind ganz besonders bestimmte Ermächtigungsgrundlagen im grundrechtssensiblen Bereich. Dies legt eine enge Auslegung nahe, da Standardmaßnahmen genaue Regelungen des Gesetzgebers sind, in denen normiert ist, was unter welchen Voraussetzungen getan werde darf. Hinsichtlich des Eintretens der Tür muss somit auf die vollstreckungsrechtlichen Vorschriften zurückgegriffen werden. Nur das tatsächliche Handeln des (späteren) des späteren Betretens und Durchsuchens ist von der Standardmaßnahme des § 41 PolG NRW gedeckt.[53]
Im Unterschied zum Strafverfahrensrecht existieren im Polizeirecht Vorschriften, die die besonderen Voraussetzungen und insbesondere die **Grenzen** der Anwendung von Verwaltungszwang regeln. Diese besonderen gesetzlichen Vorschriften würden nun aber unterlaufen, wenn es bei der Beurteilung des **zwangsweisen Handelns** von Polizeibeamten nicht auf die Vorschriften über den Verwaltungszwang ankäme. Das Recht der Vollstreckung ist aus gutem Grund gesondert und unter strengen Voraussetzungen geregelt. Und diese Voraussetzungen würde man unterlaufen, wollte man auch für den Einsatz von Zwang ausschließlich auf die Standardermächtigung abstellen.
Standardermächtigungen geben somit nur die Befugnis zu tatsächlichen Handlungen (der Polizei) bis zu der Grenze, wo persönlicher Widerstand überwunden werden

49 Muckel, Verwaltungsvollstreckung in der Klausur, JA 2012, 274.
50 Arme auf den Rücken biegen, damit der Betroffene nicht handgreiflich werden kann.
51 Pieroth/Schlink/Kniesel, § 17, RdNr. 32.
52 OVG NRW, DVBl. 09, 1399.
53 Muckel, Verwaltungsvollstreckung in der Klausur, JA 2012, 274.

muss. Jenseits dieser Grenze muss auf die besonderen Befugnisse des Verwaltungszwanges – zusätzlich – zurückgegriffen werden[54].

3.2 Das Regelvollstreckungsverfahren

Grundsätzlich werden Handlungs-, Duldungs- und Unterlassungspflichten in einer **1126** **Grundverfügung** konkretisiert, denen die Betroffenen auch ganz überwiegend freiwillig Folge leisten. Allerdings kann man auch nicht die Augen davor verschließen, dass es Menschen gibt, die auf solche „Aufforderungen" nicht reagieren. Für diese Fälle muss die Verwaltung ihre Anordnungen zwangsweise durchsetzen können.
Erfüllt der Betroffene die in einem Grundverwaltungsakt festgelegten Pflichten nicht innerhalb einer bestimmten Frist, wird ihm zunächst die Vollstreckung durch ein bestimmtes Zwangsmittel **angedroht**. Nach fruchtlosem Fristablauf wird das angedrohte Zwangsmittel **festgesetzt**. Danach erfolgt dann die **Anwendung** des angedrohten und festgesetzten Zwangsmittels.
Dieses **Regelvollstreckungsverfahren** ermöglicht es dem Betroffenen, ein noch erträgliches Maß an Rechtsschutz zu erlangen.

3.2.1 Die Vollstreckbarkeit der Grundverfügung

Das gestreckte Verwaltungszwangsverfahren verlangt in einem ersten Schritt den Er- **1127** lass einer **vollstreckbaren Grundverfügung**. An die Vollstreckbarkeit der Grundverfügung sind drei Voraussetzungen geknüpft:

1. die Grundverfügung muss **wirksam** sein,
2. die Grundverfügung muss einen **vollstreckbaren** Inhalt haben,
3. die Grundverfügung muss **unanfechtbar** sein oder ein mögliches Rechtsmittel darf **keine aufschiebende Wirkung** haben.

Für Beurteilung der **Rechtmäßigkeit** einer **Vollstreckungsmaßnahme** kommt es nicht auf die Rechtmäßigkeit der Grundverfügung, sondern lediglich auf deren **Wirksamkeit** an[55].

Beispiel: Die Polizei löst eine Versammlung auf und teilt dies den Versammlungsteilnehmern über Lautsprecher mit. Nachdem die meisten Versammlungsteilnehmer allerdings den Versammlungsort nicht verließen, setzte die Polizei Wasserwerfer ein.

Die hieraus folgende Beeinträchtigung des Rechtsschutzes für den Betroffenen ist unvermeidlich, denn die vom Staat zu gewährleistende Sicherheit anderer Rechtsgüter würde andernfalls hintangestellt werden. Der Vollzug staatlicher Entscheidungen kann vielfach nicht bis zur verbindlichen oder auch nur vorläufigen Klärung der Rechtsfrage aufgeschoben werden.

Die Grundverfügung wird **wirksam**, wenn sie dem Betroffenen bekannt gegeben wird **1128** (§ 43 VwVfG).[56] Eine nicht bekannt gegebene Grundverfügung existiert rechtlich gesehen gar nicht und sie könnte mithin auch nicht Grundlage der Verwaltungsvollstreckung sein.
Herkömmlich wird nach innerer und äußerer Wirksamkeit eines Verwaltungsaktes unterschieden[57]. Die äußere Wirksamkeit beginnt mit der Bekanntgabe an irgendeinen Betroffenen, damit ist der Verwaltungsakt „in der Welt". Für die Vornahme von Vollstreckungshandlungen ist grundsätzlich die innere Wirksamkeit erforderlich, der kon-

---

54 Muckel, a. a. O.
55 BVerfG, NVwZ 1999, 290; OVG NRW, NVwZ-RR 2014, 572 (st. Rspr).
56 Eine nichtige Grundverfügung wird hingegen auch mit der Bekanntgabe nicht wirksam, denn sie kann jeder ignorieren, aber das dürfte in der Praxis nur äußerst selten der Fall sein.
57 Maurer, AVR, § 9 RdNr. 66.

kret Betroffene muss in den **Wirkungsbereich** der Regelung kommen. Allerdings wird dieser Grundsatz nach „Treu und Glauben" durchbrochen.

Beispiel: Jemand hatte sein Auto an einer Straße abgestellt und war für drei Wochen in Urlaub gefahren. Wegen eines Straßenfestes wurde in der Zwischenzeit ein Halteverbotsschild aufgestellt und nach zwei Tagen wurde der PKW abgeschleppt – der Betroffene muss sich so behandeln lassen, als sei das Verbot ihm gegenüber wirksam gewesen.

Die Differenzierung zwischen innerer und äußerer Wirksamkeit ist für Verkehrsregelungen inzwischen aufgegeben worden. Nach den bundesrechtlichen Vorschriften der StVO, die dem § 41 VwVfG vorgehen, gilt ein Verkehrsschild schon dann als bekannt gegeben, wenn es aufgestellt wird[58]. Es kommt nicht darauf an, dass der Verkehrsteilnehmer das Verkehrszeichen auch tatsächlich wahrgenommen hat. Das rechtfertigt sich aus dem Grundprinzip des Straßenverkehrsrechtes, wonach nämlich für alle Verkehrsteilnehmer einheitliche Verkehrsregelungen zu treffen sind. Die Anforderungen an die Sicherheit und Leichtigkeit des Straßenverkehrs lassen eine Aufspaltung der Wirksamkeit von Verkehrszeichen nicht zu[59].

Die Grundverfügung muss weiterhin einen **vollstreckbaren Inhalt** haben, d. h. sie muss eine **Anordnung**, einen **Befehl** an den Betroffenen enthalten[60], der Grundverwaltungsakt darf also weder eine Begünstigung, eine Feststellung noch lediglich eine Gestaltung aufweisen. Eine bloße Bitte an einen Betroffenen reicht ebenfalls nicht aus[61].

Beispiel für feststellenden Verwaltungsakt: Festsetzung des Besoldungsdienstalters.
Beispiele für gestaltende Verwaltungsakte: Beamtenernennung, Einbürgerung, Widmung einer Straße.
Auch der Widerruf einer Gaststättenerlaubnis wirkt aus sich selbst heraus und ist damit ein rechtsgestaltender Verwaltungsakt. Wenn nun ein Gastwirt trotz dieses Widerrufes den Betrieb der Gaststätte fortsetzt, so ist der Widerruf allein nicht mit Zwangsmitteln vollziehbar. Zwangsweise durchzusetzen wäre nur eine selbständig neben dem Widerruf erlassene Schließungsanordnung.

Die Grundverfügung muss schließlich **bestandskräftig** sein oder ein möglicher Rechtsbehelf hiergegen darf **keine aufschiebende Wirkung** haben. Ein Verwaltungsakt ist bestandskräftig, wenn die Rechtsbehelfsfrist abgelaufen ist ohne dass Rechtsbehelfe eingelegt wurden oder wenn keine Rechtsbehelfe mehr möglich sind.

1129 Der **gesetzliche Regelfall** ergibt sich insoweit aus § 80 Abs. 1 VwGO. Nach dieser Vorschrift haben Widerspruch und Anfechtungsklage **aufschiebende Wirkung**. Aufschiebende Wirkung bedeutet, dass der Verwaltungsakt (noch) **nicht vollstreckbar** ist. Durch die Einlegung von Rechtsbehelfen kann der Betroffene die Realisierung einer behördlichen Maßnahme daher blockieren und die Grundverfügung – zumindest zeitweise – ins Leere laufen lassen.

Fällt die aufschiebende Wirkung dagegen weg, bedeutet dies im **Umkehrschluss**, dass der Verwaltungsakt vollziehbar ist, wenn Widerspruch oder Anfechtungsklage ausscheiden. Das ist der Fall, wenn entweder hierauf verzichtet worden ist oder die zur Einlegung vorgesehenen Fristen abgelaufen sind, der Verwaltungsakt ist dann **unanfechtbar** (und **vollstreckbar**).

Die Vollziehbarkeit eines Verwaltungsaktes kann sich ferner **kraft Gesetzes** ergeben. Gem. § 80 Abs. 2 VwGO entfällt die aufschiebende Wirkung in den dort genannten Fällen. Die angesprochenen Verwaltungsakte sind damit vollstreckbar, sobald sie wirksam werden. In diesen Fällen hat die öffentliche Hand ein herausgehobenes Interesse zur Sicherung ihrer öffentlichen Aufgaben, z. B. deren Finanzierbarkeit. Aus diesem

---

58 BVerwG, NJW 1997, 1021.
59 OVG NRW, NWVBl. 1995, 475, OVG Bautzen, NJW 2009, 2551.
60 Schoch, JuS 1995, 309.
61 BGH, DÖV 1998, 429.

Grunde wird die Vollziehbarkeit der dafür erforderlichen Verwaltungsakte gesetzlich sichergestellt[62].
Im Übrigen steht dem Bund und den Ländern die Möglichkeit offen, die sofortige Vollziehbarkeit von Verwaltungsakten generell vorzuschreiben (§ 80 Abs. 2 S. 1 Nr. 3 VwGO).
Die Vollziehbarkeit der Vollstreckungsgrundlage kann sich auch aus einer behördlichen Anordnung gem. § 80 Abs. 2 S. 1 Nr. 4 VwGO ergeben. Nach dieser Vorschrift kann sowohl die Ausgangsbehörde als auch die Widerspruchsbehörde die sofortige Vollziehung eines Verwaltungsaktes anordnen, und zwar sogleich mit dessen Erlass oder auch nachträglich.

3.2.2 Androhung des richtigen Zwangsmittels

Liegt eine vollstreckbare Grundverfügung vor und erfüllt der Betroffene die Anordnung, den Befehl nicht innerhalb der gesetzten Frist, so muss ein bestimmtes Zwangsmittel **angedroht** werden. **1130**
Der Adressat der Androhung ist, außer in dem Ausnahmefall der Rechtsnachfolge, identisch mit dem Adressaten der Grundverfügung.
Die **Zwangsgeldandrohung** ist ein aufschiebend bedingter Leistungsbescheid[63]. Die Androhung der **Ersatzvornahme** sowie die Androhung des **unmittelbaren Zwanges** sind aufschiebend bedingte Duldungsbescheide[64].
Durch die Androhung soll psychologisch auf den Pflichtigen eingewirkt werden, um seinen aktiven oder passiven Widerstand gegen die Verwirklichung der behördlichen Maßnahme nach Möglichkeit zu überwinden und den Verwaltungszwang abzuwenden. Außerdem soll auch die Behörde sich so weit festlegen, dass ein geeignetes Zwangsmittel avisiert wird. Mit der Androhung erhält der Pflichtige schließlich eine weitere Rechtsschutzmöglichkeit.
Die Androhung ist das **Kernstück** des Verwaltungszwanges. Die Androhung eines Zwangsmittels ist nur zulässig soweit auch dessen Anwendung im konkreten Fall erlaubt ist.
Von der Androhung kann abgesehen werden, wenn die Umstände sie nicht zulassen, wenn sie sinnlos ist oder wenn auf diese Weise das Überraschungsmoment verloren ginge und dadurch schärferer Zwang nötig würde.

Beispiele: Schaulustiger steht einem Sanitäter im Weg, Polizeibeamter zieht ihn weg; der Betroffene ist taub oder betrunken; wegen ohrenbetäubenden Lärms fände eine Androhung ohnehin kein Gehör. Die überraschende Räumung eines besetzten Hauses verhindert, dass sich die Besetzer gezielt verbarrikadieren.

Fehler bei der Androhung eines Zwangsmittels machen die spätere Festsetzung und Anwendung des Verwaltungszwanges rechtswidrig.

Zuständig für die Androhung von Verwaltungszwang ist die Behörde, die den Grundverwaltungsakt erlassen hat (§ 56 VwVG NRW). Eine vorherige **Anhörung** ist nicht erforderlich (§ 28 Abs. 2 Nr. 5 VwVfG). Die Androhung erfolgt in der Regel **schriftlich**, sie kann mit der Grundverfügung verbunden werden und ist dem Vollstreckungsschuldner **zuzustellen** (§ 63 Abs. 1 S. 1; Abs. 6 S. 1 VwVG NRW). Der Mangel einer fehlenden oder fehlerhaften Zustellung wird allerdings in dem Zeitpunkt geheilt, in dem der Empfangsberechtigte die Androhung nachweisbar erhalten hat (§ 8 LZG NRW). **1131**

---

62 Kopp/Schenke, RdNr. 55 zu § 80 VwGO.

63 BayVGH, NVwZ-RR 2002, 608.

64 Ein aufschiebend bedingter belastender Verwaltungsakt wird mit seiner Bekanntgabe existent und damit äußerlich wirksam, er ist innerlich aber zunächst schwebend unwirksam. Fällt die Bedingung aus, oder kann sie nicht mehr eintreten, wird der Verwaltungsakt endgültig unwirksam. Tritt die Bedingung ein, wird er wirksam, § 43 Abs. 1 S. 1 VwVfG.

Die Androhung muss mithin auch **begründet** werden, wobei Gesichtspunkte des Ermessens dem Pflichtigen mitgeteilt werden müssen (§ 39 VwVfG). Ungeeignet ist die Schriftform bei unaufschiebbaren Maßnahmen der Polizei, hier kann die Androhung von Zwang auch auf andere Weise zum Ausdruck gebracht werden.

Beispiele: Freimachen des Schlagstockes, Abgabe eines Warnschusses.

Das vorgesehene Zwangsmittel muss hinreichend **bestimmt** angedroht werden, die Androhung muss sich „auf ein bestimmtes Zwangsmittel" beziehen (§ 63 Abs. 3 S. 1 VwVG NRW). Das bedeutet, dass dem Betroffenen deutlich gemacht werden muss, unter welchen Umständen er mit welchem Zwangsmittel rechnen muss. Zwar können mehrere Zwangsmittel in einer bestimmten Reihenfolge in einem Bescheid angedroht werden (§ 63 Abs. 3 S. 2 VwVG NRW), dann ist aber auf die Einhaltung des Bestimmtheitsgrundsatzes besonders zu achten; es darf eine Wahl zwischen mehreren Zwangsmitteln nicht vorbehalten werden[65].

Um Verbote zwangsweise durchzusetzen, ist die Androhung eines Zwangsgeldes „für jeden Fall der Zuwiderhandlung" nur dann hinreichend bestimmt, wenn das Landesrecht dies ausdrücklich zulässt[66]. Ansonsten sind **Androhungen auf Vorrat** nicht rechtmäßig. Dies folgt auch aus dem Grundsatz, dass Zwangsmittel nur aufgrund einer erneuten selbstständigen Androhung wiederholt und gegebenenfalls gesteigert werden können.

In der älteren Literatur und Rechtsprechung[67] wurde in einer solchen Androhung auch kein Verstoß gegen den Bestimmtheitsgrundsatz gesehen, weil dem Pflichtigen für jeden Fall der Nichtbeachtung immer nur ein Zwangsgeld in bestimmter Höhe angedroht würde.

Nicht erforderlich ist es dagegen, dass die Behörde in der Androhung die Art und Weise der Durchführung des von ihr benannten Zwangsmittels mitteilt. Bei der Androhung von unmittelbarem Zwang genügt die Ankündigung, es werde unmittelbarer Zwang angewendet[68]. Eine weitergehende Konkretisierung der geplanten Maßnahme ist nicht erforderlich; dies könnte sogar unzweckmäßig sein, weil der Betroffene sich dann auf den unmittelbaren Zwang einstellen und gegen ihn eine stärker belastende Maßnahme ergriffen werden müsste.

1132 In der Androhung muss dem Pflichtigen eine kalendermäßig eindeutig bestimmte angemessene **Frist** bestimmt werden, innerhalb derer er der Grundverfügung nachzukommen hat (§ 63 Abs. 1 S. 2 VwVG NRW); die Verpflichtung, einer Anordnung „unverzüglich" nachzukommen, ist zu unbestimmt[69]. Die Frist muss so berechnet sein, dass der Betroffene eine wirkliche Chance hat, die Grundverfügung zu beachten.

Eine Fristsetzung ist nicht erforderlich in gesetzlich geregelten Ausnahmefällen, z. B. bei der Androhung der Abschiebung von inhaftierten Ausländern (§ 50 Abs. 5 AuslG) oder der Androhung der Erzwingung von Duldungen und Unterlassungen, da dies Dauerpflichten sind (§ 63 Abs. 1 S. 2 HS 2 VwVG NRW).

Eine Fristsetzung ist weiterhin entbehrlich bei Unterlassungspflichten[70].

Beispiel: Verbot, Wiesengelände zum Zwecke der landwirtschaftlichen Bearbeitung zu zerstören.

Bei der Androhung von Ersatzvornahme **soll** (§ 63 Abs. 4 VwVG NRW) bzw. **muss** (§ 13 Abs. 4 S. 1 VwVG Bund) der voraussichtlicheKostenbetragangesetzt werden, mit dem der Pflichtige zu rechnen hat. Dadurch soll dem Pflichtigen das Kostenrisiko vor

---

65 Götz, Polizei- und Ordnungsrecht, RdNr. 386.
66 BVerwG, NVwZ 1998, 393; § 57 Abs. 3 VwVG NRW.
67 OVG NRW, OVGE 22, 144.
68 BGH, MDR 1975, 1006.
69 OVG Greifswald, NVwZ-RR 1997, 762; OVG Weimar, DÖV 2008, 881.
70 OVG Koblenz, GewArch 1998, 337.

Augen geführt werden, das auf ihn zukommt, wenn er seine Pflicht nicht freiwillig erfüllt und es auf die Ersatzvornahme ankommen lässt[71]; die Behörde ist nicht verpflichtet, dem Pflichtigen vor Durchführung der Ersatzvornahme die dem beauftragten Unternehmen – nach durchgeführter Ausschreibung – zu zahlende Vergütung mitzuteilen[72]. Unterschätzt die Behörde bei der Androhung die voraussichtlichen Kosten, so muss der Betroffene auch die höheren Kosten für die Ersatzvornahme zahlen, sofern die Schätzung nicht vorsätzlich falsch geschehen ist[73]. Die spätere Durchführung der Ersatzvornahme ist nur dann rechtswidrig, wenn dem Pflichtigen überhaupt keine Kostenschätzung mitgeteilt worden ist.
Bei der Androhung von **Zwangsgeld** ist weiterhin zu beachten, dass grundsätzlich ein **„Koppelungsverbot"** besteht, d. h. zur Durchsetzung ganz unterschiedlicher Anordnungen darf kein einheitliches Zwangsgeld angedroht werden. Hängen allerdings mehrere Maßnahmen tatsächlich und rechtlich zusammen und ist das angedrohte Zwangsgeld auch im Hinblick auf die geringste der zu vollstreckenden Anordnungen angemessen, dann ist eine derartige Zwangsgeldandrohung nicht zu beanstanden[74].
Die Androhung muss dem Pflichtigen **zugestellt** werden (§ 63 Abs. 6 VwVG NRW). Das Fehlen wird allerdings geheilt, wenn die Androhung dem Betroffenen nachweislich zugegangen ist (§ 8 LZG NRW).

Formulierungsbeispiel:
Sollten Sie meiner in Ziffer 1 dieses Bescheides angeordneten Säuberung Ihres Grundstücks nicht bis zum … nachkommen, drohe ich Ihnen hier bereits die Festsetzung[75] eines Zwangsgeldes in Höhe von 1.000 € an.
(Evtl. Hinweis auf Ersatzzwangshaft)
Alternative Formulierung[76]:
Sollten Sie meinem in Ziffer 1 dieses Bescheides angeordneten Säuberungsgebot nicht bis zum … nachkommen, wird ein Zwangsgeld in Höhe von 1.000 Euro fällig, das hiermit angedroht wird.

3.2.3 Festsetzung des Zwangsmittels

Nach fruchtlosem Fristverlauf setzt die Vollzugsbehörde das angedrohte Zwangsmittel **1133**
fest (§ 64 VwVG NRW). Die Festsetzung bestimmt den genauen **Zeitpunkt der Anwendung** des Zwangsmittels und gibt dem Vollstreckungsschuldner die letzte Gelegenheit, die verlangte Anordnung/den Befehl freiwillig zu befolgen.
Die ursprünglich nur als Verwaltungsinternum gedachte Festsetzung[77] erfüllt alle Voraussetzungen eines Verwaltungsaktes und kann damit auch selbständig angefochten werden. Das macht das Vollstreckungsverfahren kompliziert und schwerfällig, dies kann aber nur vom Gesetzgeber korrigiert werden[78]. Der Festsetzung von Zwangsgeld kommt die Funktion eines Leistungsbescheides zu[79]
Bis auf die Festsetzung von Zwangsgeld braucht dem Betroffenen keine weitere Frist mehr eingeräumt zu werden, die Anwendung des Zwangsmittels kann der Festsetzung „auf dem Fuße" folgen.

---

71 Engelhardt/App Anm. 3d zu § 13 m. w. N.
72 OVG Saarlouis, NVwZ 2009, 602.
73 BVerwG, NJW 1984, 2592.
74 OVG NRW, DÖV 2004, 86.
75 Lediglich „ein Zwangsgeld" anzudrohen, wäre lediglich „die Androhung einer Androhung".
76 Linhard, § 19, RdNr. 12 unter Hinweis auf eine vom Bay. Staatsministerium des Innern empfohlene Formulierung.
77 In der amtlichen Begründung zu § 18 Abs. 1 S. 1 VwVG hieß es (BT-Drcks. I/3981, S. 9): „Die Festsetzung eines Zwangsmittels und der Vollzug selbst können nicht als Verwaltungsakte angesehen werden, so dass es sich erübrigt, hier Rechtsmittel vorzusehen."
78 BVerwG, NVwZ 1997, 381, 382: „eine weitere Verfahrenshürde".
79 Erichsen/Rauschenberg, Jura 1998, 31, 40.

Formulierungsbeispiel:
Sehr geehrter Herr XYZ!
Festsetzung von Zwangsgeld
Aufgrund des § 64 des Verwaltungsvollstreckungsgesetzes für das Land Nordrhein-Westfalen (VwVG NRW) in der derzeit gültigen Fassung setze ich das Ihnen in der Verfügung vom .... angedrohte Zwangsgeld in Höhe von
5 000,– Euro hiermit fest.
Zahlen Sie diesen Betrag bitte bis zum .... an die Stadtkasse auf eines der unten angegebenen Konten.
Gem. §§ 8–24 VOVwVG NRW zum Verwaltungsvollstreckungsgesetz werden folgende Auslagen erhoben: 42,– Euro.
Wenn Sie den Betrag in Höhe von 5.042,– Euro nicht fristgerecht zahlen, werde ich ihn im Verwaltungszwangsverfahren einziehen, dadurch entstehen Ihnen weitere Kosten.
Begründung:
....
Hinweise: Eine etwaige Klage gegen diese Festsetzung hätte keine aufschiebende Wirkung (§ 112 JustG NRW).
Das Verwaltungsgericht Köln kann auf Antrag die aufschiebende Wirkung einer Klage herstellen.
Sollte das Zwangsgeld uneinbringlich sein, kann das Verwaltungsgericht Köln die Erzwingungshaft anordnen. Sie beträgt mindestens einen Tag, höchstens zwei Wochen. Ich weise sie darauf hin, dass durch die Festsetzung der Erzwingungshaft die Verpflichtung zur Zahlung des Zwangsgeldes nicht entfällt.

3.2.4 Anwendung des Zwangsmittels

1134 Die Anwendung des Zwangsmittels wird durch die Festsetzung bestimmt (§ 65 Abs. 1 VwVG NRW). Die steht im Ermessen der Vollzugsbehörde[80]. Leistet der Betroffene Widerstand, so kann die Behörde diesen mit Gewalt brechen und dazu die Polizei um **Amtshilfe** in Anspruch nehmen.

Der Betroffene ist verpflichtet, die Durchführung des Zwanges zu dulden, er muss z. B. das Betreten seines Grundstückes gestatten, damit sein Haus abgerissen werden kann.

Die Anwendung des Zwangsmittels geschieht:

1. Durch Einziehung und Beitreibung des angedrohten und festgesetzten Zwangsgeldes, wobei weder Schon- noch Mahnfrist eingehalten zu werden brauchen.
2. Durch Vornahme der (vertretbaren) Handlung bei der Ersatzvornahme, entweder durch Beauftragung eines Unternehmers oder durch eigene Kräfte der Behörde.
3. Durch unmittelbare körperliche Einwirkung auf Personen oder Sachen bei unmittelbarem Zwang.

1135 **Kontrollliste für die Anwendung von Verwaltungszwang im Regelvollstreckungsverfahren**

1. Zwangsmittel
   a) Ersatzvornahme bei vertretbaren Handlungen
   b) Zwangsgeld
   c) unmittelbarer Zwang
2. Regelvollstreckungsverfahren
   a) Erlass und Bekanntgabe eines befehlenden Grundverwaltungsaktes
   b) Androhung des richtigen Zwangsmittels
      – Schriftform und damit Begründungspflicht
      – Verbindung mit Grundverfügung, falls Rechtsbehelf keine aufschiebende Wirkung hat
      – Zustellung

80 BayVGH, BayVBl. 2002, 437.

- Beachtung strikter inhaltlicher Vorgaben
- bestimmtes Zwangsmittels benennen
- angemessene Frist zur Erfüllung der Grundverfügung
- falls Zwangsgeld: Höhe beziffern
- falls Ersatzvornahme: Angabe der voraussichtlichen Kosten

c) Festsetzung des Zwangsmittels
d) Anwendung des Zwangsmittels
e) Beachtung allgemeiner Rechtsgrundsätze
   - fehlerfreie Ermessensbetätigung
   - Geeignetheit des Zwangsmittels
   - Erforderlichkeit des Zwangsmittels
   - Angemessenheit des Zwangsmittels
f) Keine Vollstreckungshindernisse
   - Verwaltungszwang ist einzustellen, sobald ihr Zweck erreicht ist oder sich zeigt, dass Zweck nicht (mehr) erreicht werden kann

3.3 Sofortvollzug

Neben dem Regelvollstreckungsverfahren sehen die Verwaltungsvollstreckungsgesetze 1136
für Eilfälle die Anwendung von **Sofortvollzug**[81] vor, z. B. § 55 Abs. 2 VwVG NRW. Denkbar ist der Sofortvollzug aber nur als Grundlage für die Anwendung der Zwangsmittel Ersatzvornahme oder unmittelbarer Zwang, denn Zwangsgeldvollstreckung dürfte kein Eilfall sein.
Der Sofortvollzug ist nicht mit der **„sofortigen Vollziehung"** eines Verwaltungsaktes zu verwechseln (§ 80 Abs. 2 Nr. 4 VwGO). Die Anordnung der sofortigen Vollziehung hat zur Folge, dass die Grundverfügung trotz eines dagegen erhobenen Rechtsbehelfes schon vor Eintritt der Unanfechtbarkeit vollzogen werden kann, und zwar im Rahmen des gestreckten Verwaltungszwanges.
Beim Sofortvollzug dagegen fehlt ein zu vollstreckender Verwaltungsakt als Vollstreckungstitel. Sofort vollzogen wird daher nicht ein Verwaltungsakt, sondern die Norm, auf der ein entsprechender Verwaltungsakt beruhen könnte. Zwischen materieller Rechtslage und Vollstreckung besteht beim Sofortvollzug im Unterschied zum gestreckten Verfahren daher eine Einheit. Androhung und Festsetzung des Zwangsmittels fallen beim Sofortvollzug weg. Das schließt allerdings nicht aus, in geeigneten Fällen auf die beabsichtigten Maßnahmen hinzuweisen, z. B. durch Lautsprecher.
Voraussetzungen für den Sofortvollzug:

- Der Sofortvollzug ist zur **Abwendung** einer **zeitnah existierenden Gefahr** notwendig.
- Die Vollstreckungsbehörde (Polizei) handelt **innerhalb ihrer Befugnisse**.
- Die **Art und Weise** der Vollstreckung begegnet keinen rechtlichen Bedenken.

3.3.1 Abwendung einer zeitnah existierenden Gefahr

Ein Vorgehen im Rahmen des Sofortvollzuges eines einschlägigen Zwangsmittels, also: 1137
Ersatzvornahme oder unmittelbarer Zwang, setzt voraus, dass dies zur Abwehr einer gegenwärtigen Gefahr notwendig ist (§ 55 Abs. 2 VwVG NRW; § 50 Abs. 2 PolG NRW).
Eine zeitnah existierende Gefahr als Voraussetzung des Sofortvollzuges liegt vor, wenn die Einwirkung des schädigenden Ereignisses bereits begonnen hat oder unmittelbar oder in allernächster Zeit mit an Sicherheit grenzender Wahrscheinlichkeit bevor-

81 Im Bundesverwaltungsvollstreckungsrecht (§ 6 Abs. 2 BVwVG: „sofortiger Vollzug").

steht[82], wenn z. B. im Rahmen der Lebensmittelüberwachung in einem fleischverarbeitendem Betrieb Gammelfleisch gefunden wird, wenn ein Geiselnehmer überwunden werden muss.

Es gibt in der tagtäglichen Verwaltungspraxis ständig Fälle, in denen aufgrund einer **akuten Gefahrenlage** ein rasches Handeln unabweisbar ist und es nicht angemessen wäre, wenn die Behörde erst ein gestrecktes Verfahren einleiten müsste, um einer Gefahr zu begegnen. Liegt ein solcher **Eilfall** vor, ist der Erlass eines Verwaltungsaktes nicht möglich oder nicht erfolgversprechend, der eintretende Zeitverlust würde die Maßnahme mit großer Wahrscheinlichkeit gefährden.

Beispiel: Ein Tanklastzug mit Öl beladen ist umgekippt. Das auslaufende Öl droht das Grundwasser zu gefährden.

Die Prognose über die Wahrscheinlichkeit eines Schadenseintrittes ist aufgrund der behördlichen Erkenntnisse im Zeitpunkt der Entscheidung zu treffen. Maßgeblicher Zeitpunkt für die Beurteilung der Rechtmäßigkeit der Eingriffshandlung ist also die Anordnung der Maßnahme (**„ex ante“**). Hat der handelnde Beamte die Lage zutreffend eingeschätzt und bestehen keine Möglichkeiten für die weitere Aufklärung eines Verdachtes, so wird die getroffene Maßnahme nicht dadurch rechtswidrig, dass die Situation anders als vorausgeschätzt verlaufen ist. Es ist nicht erforderlich, dass ein konkretes Schadensereignis auch eintritt. Es kommt also auf die Schutzwürdigkeit eines möglicherweise gefährdeten Rechtsgutes aus der Sicht eines **besonnen handelnden Beamten** an.

Im Ausgangsbeispiel ändert sich also nichts an der Rechtmäßigkeit des Sofortvollzuges, wenn aufgrund der geologischen Beschaffenheit des Bodens (undurchdringliche Lehmschicht) das Grundwasser gar nicht von dem auslaufenden Öl erreicht werden konnte. Es geht hier auch nicht um einen Gefahrenverdacht[83].

Eine akute Gefahrenlage liegt aber auch dann vor, wenn jemand im Begriff ist, einen **Straf- oder Bußgeldtatbestand** zu verwirklichen. In diesen Fällen muss der zur Strafbarkeit bzw. Ordnungswidrigkeit führende Wille sofort gebeugt werden.

Beispiel: Jemand rast auf eine Grenzkontrolle zu, um die zu durchbrechen. Hier kann unmittelbarer Zwang im Rahmen des Sofortvollzuges angewendet werden und der LKW durch einen Schuss in den Reifen zum Stehen gebracht werden.

Schließlich muss ein Eilfall wohl auch in problematischen Fällen anerkannt werden, in denen ein Betroffener ohne Vorwarnung von der staatlichen Gewalt überrascht werden soll (muss), z. B. bei einem unangekündigten Schuss auf einen Geiselnehmer.

1138 Das behördliche Vorgehen im Rahmen des Sofortvollzuges muss auch zur Abwehr der akuten bzw. gegenwärtigen Gefahr **notwendig** sein. Das ist der Fall, wenn eine überwiegende Wahrscheinlichkeit dafür besteht, dass die gefährliche Situation auf normalem Wege, d. h. durch Erlass eines Verwaltungsaktes gegen den Verantwortlichen[84], nicht zu bereinigen wäre. Zwischen dem Zeitpunkt der Feststellung einer Gefahr und der Anordnung von Ersatzvornahme oder unmittelbarem Zwang im Rahmen des Sofortvollzuges darf also kein Zeitraum liegen, in dem ein reguläres Verwaltungszwangsverfahren noch hätte durchgeführt werden können. Allerdings dürfen insoweit keine lebensfremden Anforderungen gestellt werden.

Als typischen Fall für die Notwendigkeit eines Sofortvollzuges nennt dann § 50 Abs. 2 PolG NRW auch die **Unmöglichkeit**, eine entsprechende Grundverfügung an den infrage kommenden Adressaten zu richten, weil dies nicht oder nicht rechtzeitig möglich ist. Das kann verschiedene Ursachen haben:

---

82 BVerwGE 45, 51; App/Wettlaufer, § 30 RdNr. 21.
83 Schoch, JuS 1994, 667.
84 Mit Anordnung der sofortigen Vollziehung.

- Es steht noch gar nicht fest, ob überhaupt ein Störer vorhanden ist, das Hindernis auf einer Straße kann z. B. auch von einem Naturereignis herrühren.
- Es steht noch nicht fest, wer als Verantwortlicher in Betracht kommt, es steht zwar fest, dass das Hindernis auf einer Straße von einer LKW-Ladung herrührt, Halter oder Fahrer des LKW sind aber noch nicht bekannt.
- Der Verantwortliche steht zwar fest, er kann aber nicht erreicht werden, z. B. bei einem verbotswidrig abgestellten PKW.

3.3.2 Handeln der Vollstreckungsbehörde (Polizei) innerhalb ihrer Befugnisse

Die Vollstreckungsbehörde muss im **Rahmen ihrer gesetzlichen Befugnisse** handeln. **1139**
Das bedeutet, die Vollstreckungsbehörde darf im Wege des Sofortvollzuges nur dann vorgehen, wenn sie auch befugt gewesen wäre, einen Grundverwaltungsakt zu erlassen. Dieser **fiktive Grundverwaltungsakt** müsste **formell** und **materiell rechtmäßig** sein[85], denn eine Behörde kann nichts mit Zwang durchsetzen, was sie nicht auch in einem einfachen Verwaltungsakt verlangen dürfte.
Die Vollstreckungsbehörde müsste für den Erlass der (hypothetischen) Grundverfügung **zuständig** gewesen sein und die **tatbestandlichen Voraussetzungen** der Befugnisnorm für das vorgenommene Handeln, z. B. das Aufbrechen einer Wohnungstür, müssten erfüllt sein.
Der Sofortvollzug muss sich auch an den korrekten **Adressaten** richten. Sind für den ordnungsgemäßen Zustand einer Sache allerdings mehrere Eigentümer verantwortlich, so setzt die Rechtmäßigkeit von Sofortvollzug gegen einen Eigentümer nicht voraus, dass gegen die anderen Eigentümer eine Duldungsanordnung ergangen ist, denn das würde der Unaufschiebbarkeit des Sofortvollzuges widersprechen[86].
Die Vollstreckungsbehörde hat ein ihr zustehendes **Ermessen** pflichtgemäß ausüben müssen. Ein rechtlich kontrolliertes **Auswahlermessen** kann beim Sofortvollzug allerdings erst nachträglich bei der Bestimmung des Kostentragungspflichtigen stattfinden. Das kommt durch die Wahl des Adressaten eines Leistungsbescheides zum Tragen[87].

3.3.3 Art und Weise der Vollstreckung

Auch im Rahmen des Sofortvollzuges muss eine Vollstreckung in ordnungsgemäßer **1140**
Art und Weise durchgeführt werden. Es muss das **richtige Zwangsmittel** angewendet werden. Damit verbietet sich z. B. die „überfallartige" Durchsetzung einer Ersatzvornahme zur Erfüllung höchstpersönlicher Pflichten. Die für ein Zwangsmittel erforderliche Androhung ist beim Sofortvollzug entbehrlich (z. B. § 61 Abs. 1 S. 2 PolG NRW).

3.4 Abgrenzung des Sofortvollzuges zum „abgekürzten" mehraktigen Vollstreckungsverfahren

Es gibt Situationen, in denen eine Behörde zunächst eine Verfügung erlässt, die zwar **1141**
noch nicht vollstreckbar ist, die aber wegen zwischenzeitlich eingetretener Dringlichkeit sofort vollzogen werden muss.

Beispiel: Eine Behörde ordnet das Fällen eines großen, morschen Baumes an. Eine Baumsanierung ist nicht mehr möglich. Hiergegen legt der Betroffene Widerspruch ein. Kurze Zeit später sagt das Deutsche Wetteramt einen orkanartigen Sturm voraus. Der Eigentümer des Baumes ist verreist und kann nicht erreicht werden. Um ein Auseinanderbrechen des Baumes bei dem erwarteten Sturm zu verhindern, beauftragt die Behörde eine ortsansässige Gartenbaufirma, den Baum zu beseitigen, was auch sofort geschieht.

---

85 App/Wettlaufer, § 30 RdNr. 22.
86 Jahn, JA 2000, 86.
87 Nds. OVG, NVwZ 1990, 786.

Das abgekürzte Vollstreckungsverfahren ist nicht ausdrücklich im Gesetz geregelt. Das entscheidende Merkmal dieses Verfahrens ist nicht das Fehlen eines Verwaltungsaktes, sondern das Ausbleiben der Androhung und Festsetzung von Verwaltungszwang. Ergibt sich wegen einer **drohenden Gefahr** (für die öffentliche Sicherheit) die Notwendigkeit, von der Androhung und Festsetzung eines Zwangsmittels abzusehen, so ist die Behörde auch befugt, den Verwaltungsakt unmittelbar durch die Anwendung des geeigneten Zwangsmittels im Wege des Sofortvollzuges durchzusetzen (argumentuma maiore ad minus)[88]; denn wenn nach den Regelungen des Sofortvollzuges auf einen Grundverwaltungsakt ganz verzichtet werden kann, so ergibt sich daraus, dass der Grundverwaltungsakt keine Rechtmäßigkeitsvoraussetzung für den Sofortvollzug ist. Daraus ist zu folgern, dass dies erst recht für die Fälle gelten muss, in denen die Behörde dem Pflichtigen gegenüber bereits mit einem – noch nicht durchsetzbaren – Verwaltungsakt eingegriffen hat und sodann die Voraussetzungen für einen Sofortvollzug eintreten[89].

1142 **Kontrollliste für die Anwendung von Sofortvollzug**

1. Zulässigkeit des Sofortvollzuges
   - Erlass einer Grundverfügung ist nicht möglich
   - (fiktive) Ge- bzw. Verbotsverfügung hätte rechtmäßig ergehen dürfen
   - akute Gefahrenlage rechtfertigt das sofortige Vorgehen der Behörde
2. Einsatz des Sofortvollzuges ist ordnungsgemäß erfolgt
   - Befugnis für Ersatzvornahme oder unmittelbaren Zwang
   - vertretbare Handlung bei Ersatzvornahme
   - Erforderlichkeit bei unmittelbarem Zwang
   - besondere Voraussetzungen für Fesselung oder Schusswaffengebrauch
3. Rechtmäßige Anwendung des Zwangsmittels
   - allgemeine Vorschriften für Schusswaffengebrauch
   - allgemeine Vorschriften für den Einsatz besonderer Waffen und Sprengmittel
4. Beachtung der fehlerfreien Ermessensbetätigung einschließlich des Grundsatzes der Verhältnismäßigkeit in jeder Lage des Verfahrens
   - Geeignetheit des Zwangsmittels
   - Erforderlichkeit des Zwangsmittels
   - Angemessenheit des Zwangsmittels
5. Keine Vollstreckungshindernisse
   - Vollstreckung ist einzustellen, sobald ihr Zweck erreicht ist oder sich zeigt, dass Zweck nicht (mehr) erreicht werden kann

4. Rechtsschutz in der Verwaltungsvollstreckung

1143 Streitigkeiten über die Rechtmäßigkeit des Verwaltungszwangs werden grundsätzlich im Verwaltungsrechtsweg ausgetragen, auch wenn die Polizei tätig wird, ist eine abdrängende Sonderzuweisung gem. § 23 Abs. 1 EG GVG nicht einschlägig. Hierbei ist zu unterscheiden zwischen dem Rechtsschutz gegen den **Grundverwaltungsakt** sowieden Rechtsschutzgegen **Vollstreckungsmaßnahmen**.

4.1 Rechtsschutz gegen den Grundverwaltungsakt

1144 Gegen den Grundverwaltungsakt sind unzweifelhaft Widerspruch und/oder Anfechtungsklage möglich. Soweit die Behörde ihn für sofort vollziehbar erklärt hat (§ 80

88 Maurer, AVR, § 20 RdNr. 27.
89 Rachor in Lisken/Denninger, Gefahrenabwehr, Abschn. F RdNr. 520.

Abs. 2 Nr. 4 VwGO), kann der Betroffene im Wege des einstweiligen Rechtsschutzes hiergegen vorgehen.
Auswirkungen auf die **Rechtmäßigkeit der Verwaltungsvollstreckung** hat die Rechtswidrigkeit des Grundverwaltungsaktes allerdings nicht; ebenso wenig ist seine Rechtmäßigkeit Voraussetzung einer Kostenerhebung für die Vollstreckung[90]. Dies ist besonders für den Fall bedeutsam, dass die Behörde den Grundverwaltungsakt nicht mit der Androhung von Verwaltungszwang verbindet und Betroffene sich häufig erst dann um Rechtsschutz bemühen, wenn ihnen die Verwaltungsvollstreckung droht und Rechtsbehelfsfristen etwa schon abgelaufen sind.

Beispiel: Gegen den Grundstückseigentümer ergeht zunächst eine Abrissverfügung wegen eines ohne Genehmigung errichteten Gebäudes. Erst Wochen später wird ihm die Ersatzvornahme angedroht.

Vollstreckungsgrundlage ist ein wirksamer und bestandskräftiger oder für sofort vollziehbar erklärter Verwaltungsakt[91]. Der Verwaltungsakt **erledigt** sich **nicht**, indem er vollzogen wird[92].

Die **Rechtswidrigkeit des bestandskräftigen Grundverwaltungsaktes** kann nicht im **1145**
Rahmen der Verwaltungsvollstreckung geltend gemacht werden, das liefe der Effektivität des Vollstreckungsverfahrens zuwider. Im Rahmen der Verwaltungsvollstreckung gilt im Übrigen wie im Zivilprozess der Grundsatz der **Formalisierung des Vollstreckungsverfahrens.**
Der Betroffene hat lediglich die Möglichkeit, einen Antrag auf Wiederaufgreifen des Verfahrens zu stellen und diesen mit einem Antrag auf Eilrechtsschutz gem. § 123 VwGO abzusichern[93].
Sind die Anfechtungsfristen gegen den Grundverwaltungsakt **noch nicht abgelaufen**, wird bei einer erfolgreichen Anfechtung die auf diesem Grundverwaltungsakt beruhende Vollstreckungsmaßnahme mangels Vollstreckungsgrundlage **rückwirkend rechtswidrig**[94]; gleichzeitig kann ein **Folgenbeseitigungsanspruch** geltend gemacht werden (§ 113 Abs. 1 S. 2 VwGO). Ratsam ist in solchen Fällen, Rechtsbehelfe gegen den Grundverwaltungsakt mit einem Rechtsbehelf gegen den Verwaltungsvollstreckungsakt zu verbinden (§ 44 VwGO). Gem. § 18 Abs. 1 BVwVG erstreckt sich ein Rechtsmittel gegen die Androhung von Vollstreckungsmaßnahmen automatisch auch auf den Grundverwaltungsakt, wenn dieser mit der Androhung verbunden ist.
Sind die Anfechtungsfristen gegen den Grundverwaltungsakt dagegen schon **abgelaufen**, bleibt nur die Möglichkeit, eine **Verpflichtungsklage** auf Rücknahme des Vollstreckungsverwaltungsaktes und Wiederaufnahme des Verfahrens (§§ 48, 51 VwVfG) oder, soweit es sich bei der Vollstreckung um einen Realakt handelt, eine allgemeine **Leistungsklage** hiergegen zu erheben[95]. Wird der Grundverwaltungsakt auf diesem Wege aufgehoben, werden auch die Vollstreckungsmaßnahmen rechtswidrig.

4.2 Rechtsschutz gegen Vollstreckungsmaßnahmen

Wegen der Zuordnung des Rechtsschutzes gegen Vollstreckungsmaßnahmen muss zu- **1146**
nächst unterschieden werden, ob es sich hierbei um Realakte oder um Verwaltungsakte handelt.

---

90 BVerwG, NVwZ 2009, 122; App/Wettlaufer, § 7 RdNr. 13 m. w. N.; kritisch dagegen unter dem Gesichtspunkt effektiven Rechtsschutzes: Labrenz, NVwZ 2010, 22 f.
91 Vgl. oben RdNr. 1127.
92 BVerwG, NVwZ 2009, 122 mit Anmerkung Enders, NVwZ 2009, 958.
93 Schenke/Baumeister, NVwZ 1993, 1 f; VGH BW, VBlBW 2009, 397.
94 Schenke/Baumeister, a. a. O.
95 Schenke/Baumeister, a. a. O.

Mahnungen wegen vollstreckbarer Geldforderungen (§ 19 VwVG NRW), das Ersuchen um Vornahme von Vollstreckungshandlungen durch andere Behörden oder die **Auftragserteilung** an einen Bauunternehmer zum Abriss eines Hauses im Wege der Ersatzvornahme sind unzweifelhaft **Realakte**. Hiergegen wäre im Vorfeld der Vollstreckung eine **vorbeugende Unterlassungsklage** und nach Durchführung der Vollstreckung eine **Feststellungsklage** möglich. Im Rahmen des einstweiligen Rechtsschutzes stände die Möglichkeit einer **einstweiligen Anordnung** (§ 123 VwGO) zur Verfügung. Um **Realakte** mit den sich eben genannten Rechtsschutzmaßnahmen handelt es sich auch bei der **Anwendung** der **Ersatzvornahme** und des **unmittelbaren Zwanges**[96]. Die früher vertretene Fiktion einer konkludenten Duldungsverfügung[97] war auf einen Rechtsschutz allein gegen Verwaltungsakte zugeschnitten, der dem heutigen System nicht mehr entspricht[98]. Die Zwangsmittelanwendung pauschal zum Verwaltungsakt zu erklären, wirkt angesichts des Umstandes, dass § 35 S. 1 VwVfG auf eine **Maßnahme mit Regelungswirkung** abstellt – und damit Verwaltungsakte von Realakten abgrenzt – nicht überzeugend.

Die **Androhung** und **Festsetzung**[99] von Verwaltungsvollstreckungsmaßnahmen sind demgegenüber Verwaltungsakte, die mit Widerspruch und/oder Anfechtungsklage angegriffen werden können, denn sie weisen Merkmale des § 35 S. 1 VwVfG auf. Allerdings ist zu berücksichtigen, dass Widerspruch und Anfechtungsklage gegen Vollstreckungsmaßnahmen **keine aufschiebende Wirkung** zukommt (§ 80 Abs. 2 S. 2 VwGO i. V. m. Länderregelungen, z. B. § 8 AG VwGO NRW).

Maßnahmen im Rahmen des **Sofortvollzuges** sind ebenfalls **Realakte**. Für das Bundesverwaltungsvollstreckungsrecht kommt es hierauf allerdings nicht an, da § 18 Abs. 2 BVwVG vorsieht, dass auch beim „sofortigen Vollzug" die gegen Verwaltungsakte gegebenen Rechtsmittel zulässig sind.

Für eine Einordnung des Sofortvollzuges als Verwaltungsakt mit den sich daraus ergebenden üblichen Rechtsmitteln spricht auch nicht, dass der Sofortvollzug als Maßnahme vor dem Hintergrund der Einordnung der Gesamtmaßnahme als Verwaltungszwang anzusehen sei, die direkt grundrechtsrelevant werde[100]. Die im Rahmen des Sofortvollzuges typischer Weise erfolgenden behördlichen (polizeilichen) Handlungen wie z. B. Aufbrechen von Türen, Verletzungen durch Schusswaffengebrauch, sind nicht in erster Linie ihrem objektiven Gehalt nach darauf gerichtet, eine verbindliche Rechtsfolge zu setzen, was begriffsnotwendig für einen Verwaltungsakt ist. Verwaltungsgerichtlicher Rechtsschutz ist hier durch die (negative) Feststellungsklage (§ 43 Abs. 1 VwGO) hinreichend gewährleistet, zwischen dem vom Sofortvollzug Betroffenen und der Behörde entsteht auch ein hinreichend konkretes Rechtsverhältnis[101].

5. Die Beendigung der Verwaltungsvollstreckung

1147 Verwaltungszwang endet bei Ersatzvornahme und unmittelbarem Zwang mit der Durchführung der Maßnahme. Beim Zwangsgeld hingegen endet das Verfahren nicht mit der Beitreibung, die Behörde kann vielmehr ein neues Zwangsgeld androhen, festsetzen und einziehen.

Allerdings gehen von dem Grundverwaltungsakt auch nach der Vollstreckung noch Rechtswirkungen aus, denn er ist die Grundlage für eine Kostenerstattung[102].

96 Maurer, AVR, § 20 RdNr. 26.
97 BVerwGE 26, 161, 164; Kästner, JuS 1994, 361, 362.
98 Pietzner, VerwArch 84, 271 f.
99 BVerwGE 49, 169.
100 BayVGH, BayVBl. 1988, 562, 563.
101 Vgl. RdNr. 1136.
102 OVG NRW, NWVBl. 1997, 218.

Die Verwaltungsvollstreckung ist einzustellen, sobald sie ihren Zweck erreicht hat. Das gilt für jeden Abschnitt des Verfahrens (§ 65 Abs. 3 VwVG NRW). Bei einem auf Duldung oder Unterlassung gerichteten Verwaltungsakt ist der Zweck erreicht, wenn keine Wiederholungsgefahr mehr besteht. Dies gilt auch dann, wenn der Zweck des Vollzuges nicht mehr erreicht werden kann.

Beispiele: Pflichtiger stirbt; abzureißendes Haus brennt ab.

Der Vollzug ist weiterhin einzustellen, wenn der zu vollziehende Verwaltungsakt aufgehoben wird oder seine Vollziehung aus anderen Gründen unzulässig geworden ist.

Beispiele: Aufhebung der sofortigen Vollziehung; Änderung der Sach- oder Rechtslage. Die Verwaltungsvollstreckung ist allerdings nicht schon dann einzustellen oder aufzuschieben, wenn der Pflichtige ankündigt, die durchzusetzende Anordnung freiwillig auszuführen und dieser Ankündigung keine Taten folgen[103], denn damit würde sie das Risiko einer weiteren Verzögerung eingehen.

6. Die Heranziehung zu den Kosten des Verwaltungszwanges

Die Kosten für die Durchführung des Regelvollstreckungsverfahrens trägt der Vollstreckungsschuldner, das ist nicht zweifelhaft, denn die durchgeführte Verwaltungsvollstreckung ist eine **Amtshandlung**, für die Kosten erhoben werden (müssen), zumindest in NRW. Die Höhe der Kosten richtet sich nach der jeweiligen landesrechtlichen Kostenordnung. 1148

Neben den für die „reine“ Ersatzvornahme anfallenden Kosten, die sich vielfach aus einer Unternehmerrechnung ergeben, sieht das Landesrecht auch die Erhebung von – zusätzlichen – Verwaltungsgebühren und behördlichen Sachkosten für den bei einer Behörde entstandenen Aufwand vor.

Insbesondere für das Abschleppen von Autos ergeben sich Kosten für die zeitliche Inanspruchnahme von Bediensteten vor Ort, in der Leitstelle sowie im Innen- und Schreibdienst, sowie Kosten für den behördlichen Einsatz, von technischen Hilfsmitteln wie z. B. Kosten für Fahrzeughaltung und -wartung, Treibstoff, Computer, Drucker, Funkgeräte, Telefon. Der durchschnittliche Aufwand wird dabei pauschaliert.

In NRW werden ein Personalaufwand von 1,5 Personen und ein Zeitaufwand von 85 Minuten angenommen. 40 % werden für den mittleren Dienst, die restlichen 60 % für den gehobenen Dienst gewertet. Bei einem durchschnittlichen Stundensatz von 47 Euro, für den gehobenen und 37 Euro für den mittleren Dienst ergeben sich pro Abschleppfall durchschnittlich 61 Euro für den Personalaufwand. Nicht beanstandet werden angesetzte Sachkosten in Höhe von 15 Euro.

Ist gegen einen Kostenbescheid ein Rechtsmittel eingelegt worden, so entfaltet das aufschiebende Wirkung, denn die Kosten einer Ersatzvornahme fallen weder unter den Kostenbegriff des § 80 Abs. 2 Nr. 1 VwGO noch werden sie von dem landesrechtlich angeordneten beschränkten Suspensiveffekt für das Vollstreckungsverfahren erfasst.

Zweifelhaft ist aber, ob die Behörde für die Durchführung des Sofortvollzuges auch dann einen **Kostenerstattungsanspruch** hat, wenn die Vollstreckungsmaßnahme rechtswidrig war, weil die Anwendung von Sofortvollzug z. B. nicht verhältnismäßig war.

Beispiel: Im Wege der Ersatzvornahme lässt die Behörde einen im Halteverbot stehenden Pkw sofort abschleppen. Es stellt sich heraus, dass der Halter sich in der Nähe aufgehalten hatte und dies auch auf einem an der Windschutzscheibe angebrachten deutlich lesbaren Zettel vermerkt hatte. Der Falschparker hätte also mühelos ermittelt werden können.

Im Beispielsfall war der Sofortvollzug nicht notwendig, da unverhältnismäßig, denn die Behörde hätte den Falschparker verständigen müssen, damit er sein Fahrzeug selbst versetzt[104].

---

103 OVG Saarlouis, NVwZ 2009, 602, 604.
104 App/Wettlaufer, § 30 RdNr. 20.

Für die Beurteilung der Frage, wer etwaige Kosten eines Sofortvollzuges zu tragen hat – **Sekundärebene** –, ist im Gegensatz zur Beurteilung der Eingriffsmaßnahme selbst auf die objektive Sach- und Rechtslage abzustellen, die sich bei späterer rückschauender Betrachtung („**ex post**") ergibt[105].
Die Grenzen der Verhältnismäßigkeit wären überschritten, wenn der Betreffende stets endgültig mit den Kosten der Maßnahme belastet bliebe. Hierin läge eine aus Gründen der effektiven Gefahrenabwehr nicht gebotene Abwälzung der Kostentragungspflicht des tatsächlich Verantwortlichen oder des Kostenrisikos der Allgemeinheit auf denjenigen, der objektiv Nichtstörer ist. Wie bei der Frage der Entschädigung, ist daher bei der Frage der Kostentragungspflicht für eine Vollzugsmaßnahme nicht die Sicht im Zeitpunkt des Eingriffes maßgeblich, sondern die wirkliche Sachlage, wie sie sich bei rückschauender Betrachtung objektiv darstellt.

Im obigen Beispielsfall würde anders zu entscheiden sein, wenn der Falschparker nur eine Visitenkarte mit ortsfremder Adresse und Mobilfunktelefonnummer hinterlegt hätte. In diesem Fall muss die Behörde den Aufenthaltsort des Fahrers nicht ermitteln, da nicht klar ist, ob er sich in der Nähe aufhält und das Fahrzeug selbst versetzen kann[106].

1149 Bei der Beurteilung der Kostenfrage im Rahmen des Sofortvollzuges ist darauf abzustellen, ob der in Anspruch Genommene den **Verdacht der Gefahrenlage verschuldet** begründet hat oder nicht. Die Anwendung des Verschuldensmaßstabes (§ 276 Abs. 1 BGB) für die Frage der endgültigen Belastung des Anscheins- und Verdachtstörers mit den Kosten behördlicher Maßnahmen führt zu einer sachgerechten Gleichbehandlung mit den gesetzlich geregelten Entschädigungsansprüchen bei der Inanspruchnahme eines Nichtstörers. Hier wird nämlich ebenfalls hinsichtlich der Höhe eines Ersatzanspruches auf einen Verschuldensmaßstab Bezug genommen (§ 40 Abs. 4 OBG NRW). Das Argument der Effektivität behördlicher Maßnahmen, mit dem auf der Eingriffsebene eine weite und verschuldensunabhängige Zurechnung erfolgt, hat demgegenüber für die Kostenfrage keine erhebliche Bedeutung mehr. Hier ist es nämlich ohne weiteres möglich, die Sachlage zu ermitteln und im Einzelnen aufzuklären.

7. Verwaltungszwang gegen Behörden

1150 Gegen Behörden und juristische Personen des öffentlichen Rechtes kommt nur dann Verwaltungszwang in Betracht, wenn dies gesetzlich zugelassen ist. Dies gilt unabhängig davon, ob die Vollstreckung im Wege des Sofortvollzuges oder des gestreckten Vollzuges durchgesetzt wird. Gesetzlich zugelassen ist der Verwaltungszwang gegen Behörden z. B. bei der Vollstreckung eines vom Gericht festgesetzten Zwangsgeldes (§ 172 VwGO).
Hiervon unberührt bleibt die Möglichkeit der Zwangsvollstreckung wegen einer Geldforderung gegen juristische Personen des öffentlichen Rechtes, z. B. eine Gemeinde; hierfür sehen die Landesgesetze allerdings Sonderregelungen vor (z. B. § 125 GO NRW).

Beispiel: Ein der Stadt A in NRW gehörender Papierkorb brennt. Eine zufällig vorbeikommende Polizeistreife löscht das Feuer unter Zuhilfenahme des Autofeuerlöschers. Für das Wiederauffüllen des Feuerlöschers entstehen Kosten in Höhe von 30,- Euro, die die Polizeibehörde bei dem zuständigen Oberbürgermeister geltend macht.

Es ist grundsätzlich anerkannt, dass aus dem Rechtsstaatsprinzip des Art 20 Abs. 3 GG auch eine materielle Bindung von Behörden an die Gesetze besteht; aus dem grundsätzlichen Verbot der Anwendung von Zwangsmitteln gegen juristische Personen des öffentlichen Rechtes ist aber zu folgern, dass das Löschen des Papierkorbes durch

---

105 OVG NRW, NWVBl. 1996, 340.
106 VGH Mannheim, NVwZ-RR 2003, 647.

die Polizei nicht als (rechtmäßige) Ersatzvornahme zu qualifizieren ist und damit Erstattungsansprüche nicht ausgelöst werden[107].

8. Die Rechts- bzw. Pflichtennachfolge im öffentlichen Recht

Verstirbt der Pflichtige, so stellt sich die Frage, ob und inwieweit das bereits durchgeführte Verfahren des Verwaltungszwanges auf seinen Rechtsnachfolger übergeht oder ob es von Anfang an wieder neu eingeleitet werden muss. Bei einer Rechtsnachfolge besteht ein verfahrens- und prozessökonomisches Bedürfnis, die bisher eingeleiteten Maßnahmen auch gegen den Rechtsnachfolger wirksam werden zu lassen, zumal dann, wenn sie bestandskräftig geworden sind. **1151–1152**

Beispiel: Kosten für eine Ersatzvornahme sind unanfechtbar festgesetzt, der Adressat verstirbt vor der zwangsweisen Beitreibung.

Die Frage der Rechts- und Pflichtennachfolge im öffentlichen Recht ist selten ausdrücklich geregelt[108]. Waren die begründeten Pflichten **höchstpersönlich**, so kommt eine Rechtsnachfolge nicht in Betracht, waren sie dagegen **sachbezogen**, so tritt eine **Pflichtennachfolge kraft Dinglichkeit** ein.

Beispiele: die Zustandshaftung im Polizei- und Ordnungsrecht ist sachbezogen, die noch nicht konkretisierte Verhaltenshaftung personenbezogen. Der Beamtenstatus ist höchstpersönlich, überzahlte Beamtenvergütung dagegen sachbezogen.

Dies gilt unabhängig davon, ob eine **Gesamt- oder Einzelrechtsnachfolge** vorliegt[109]. Unterschiedlich ist nur die heranzuziehende Rechtsgrundlage: Tritt der **Erbe** die Zustandshaftung an, so gilt § 1922 BGB (unmittelbar oder analog), liegt eine **Einzelrechtsnachfolge** vor, so ist auf die **Dinglichkeitstheorie** abzustellen[110].

Beispiel: Gegen den Grundstückeigentümer E ist eine – bestandskräftig gewordene – Verfügung ergangen, in der ihm unter Androhung eines Zwangsgeldes untersagt worden ist, Teile seines Grundstückes als Gaststätte zu nutzen. K hat das Grundstück erworben und setzt die untersagte Nutzung fort. Er ist verpflichtet, das Zwangsgeld zu zahlen, da er als Rechtsnachfolger eine sachbezogene Zustandshaftung übernommen hat.

Ersteigert jemand ein Grundstück im Rahmen der **Zwangsversteigerung** und weiß er nichts von einem haftungsbegründendem Sachverhalt, so hat er auch keine Gewährleistungsansprüche (§ 56 S. 3 ZVG). In diesem Fall kommt er auch nicht als Rechtsnachfolger in Betracht[111].

Beispiel: G erwarb ein Grundstück mit Baumbestand. Er begann damit, Bäume abzuholzen. Der Bürgermeister erließ daraufhin gegen ihn einen Bescheid und setzte entsprechend der Baumschutzsatzung eine Ausgleichszahlung fest. G meldete Konkurs an und X ersteigerte das Grundstück. Den festgesetzten Ausgleichsbetrag braucht er nicht zu zahlen.

107 OVG NRW -7 A 634/84, juris.
108 Etwas anderes gilt inzwischen für die Gesamtrechtsnachfolge in eine abstrakte Verhaltensverantwortlichkeit für schädliche Bodenveränderungen und Altlasten (§ 4 Abs. 3 S. 1 BBodSchG).
109 BVerwG, NJW 71, 1624.
110 Es wäre verfehlt, die §§ 414 f. BGB heranzuziehen.
111 VG Berlin, NVwZ-RR 04, 838.

16. Abschnitt: Öffentlich-rechtlicher Vertrag

1. Allgemeines

1153 Öffentlich-rechtliche Verträge im Allgemeinen kommen vor als

- **Völkerrechtliche** Verträge, das sind Verträge, die internationale Beziehungen regeln.
- **Kirchenrechtliche** Verträge, das sind Verträge, die das Verhältnis Staat/Kirche betreffen[1].
- **Verfassungsrechtliche** Verträge, die sich auf die Grundordnung des Staates wie die Regierungsbildung aufgrund einer Koalitionsvereinbarung beziehen.
- **Verwaltungsabkommen** (Staatsverträge) zwischen den Bundesländern wie z. B. der Rundfunkstaatsvertrag über den NDR als Mehrländer-Rundfunkanstalt.

1154 Aus dem Kontext der §§ 1, 9, 54 f. VwVfG ergibt sich, dass das Gesetz nur den **verwaltungsrechtlichen Vertrag** anspricht, d. h. öffentlich-rechtliches Handeln kann auch dadurch erfolgen, dass Rechtsverhältnisse auf dem Gebiet des öffentlichen Rechts durch Vertrag begründet, geändert oder aufgehoben werden (§ 54 Satz 1 VwVfG). Insbesondere kann die Behörde einen öffentlich-rechtlichen Vertrag abschließen, statt einen Verwaltungsakt zu erlassen (§ 54 Satz 2 VwVfG). Im Folgenden wird dieser Begriff des öffentlich-rechtlichen Vertrages zugrunde gelegt, d. h. materiell der **Verwaltungsvertrag** dargestellt.

1155 Wie jeder Vertrag kommt auch der öffentlich-rechtliche Vertrag durch zwei übereinstimmende Willenserklärungen zu Stande. Er unterscheidet sich vom privatrechtlichen Vertrag dadurch, dass er inhaltlich dem Gebiet des öffentlichen Rechts (z. B. dem Baurecht) zuzuordnen ist. Der **Vertragsgegenstand** muss also öffentlich-rechtlicher Natur sein. Auf die rechtliche Stellung der Vertragspartner kommt es aber nicht an.

Beispiele: Der Bauherr löst seine Pflicht, je errichteter Wohnung eine Garage zu bauen, dadurch ab, dass er in Höhe seiner Verpflichtung eine Zahlung für den Bau eines städtischen Parkhauses leistet (§ 51 Abs. 5 BauO NRW). Die Stadt Köln und der Grundstückseigentümer einigen sich in einem rechtlich nicht eindeutigen Fall über die Höhe der Erschließungskosten für das Grundstück (§ 124 Abs. 1 BauGB). Gemeinden vereinbaren, einen gemeinsamen Zweckverband zur Wasserversorgung und -entsorgung sowie zur Abfallbeseitigung zu gründen

1156 Insbesondere in den Bereichen von Städtebau und Umweltschutz werden Ziele heute zunehmend durch **kooperatives Verwaltungshandeln** definiert. Die moderne Verwaltung verlässt sich nicht mehr nur auf ihr hoheitliches Instrumentarium, sondern setzt sich mit den Bürgern an einen Tisch, um gesellschaftlich notwendige Maßnahmen auszuhandeln[2]. Besonders bei komplexen Sachverhalts- und Rechtslagen setzt sich in den Behörden immer öfter die Einsicht durch, dass es nach pflichtgemäßem Ermessen für alle Beteiligten oft sehr viel vorteilhafter ist, bestehende Ungewissheiten einvernehmlich und flexibel zu regeln, als es auf langwierige Verwaltungsstreitverfahren einzulassen und schwierige Rechtsprobleme „legant" zu lösen[3]. Das kann nun aber nicht heißen, dass die Verwaltung bei dem Abschluss öffentlich-rechtlicher Verträge völlig freie Hand hat. Sie bleibt auch insoweit dem Grundsatz der Gesetzmäßigkeit verpflichtet. Eine „Freiheit zum Abschluss von Verträgen" steht ihr nur insofern zur Verfügung als sie im Rahmen ihrer gesetzlich eingeräumten Ermessensspielräume nach Zweckmä-

---

1 Verträge mit der katholischen Kirche werden Konkordat genannt (von (lat.) concordatum: Übereinkunft, Vereinbarung).

2 Gurlit, Jura 2001, 659, 731.

3 Schlemminger, NVwZ 2009, 223.

ßigkeitsüberlegungen darüber entscheiden kann, ob sie tätig werden soll (Entschließungsermessen) und in welcher Form dies erfolgen soll (Formenwahlermessen). Bestehen solche Handlungsspielräume nicht, so hat die Verwaltung in Vollziehung der gesetzlichen Vorgaben zu handeln. Der Staat darf z. B. nicht mit dem Bürger über die Anwendung und Durchsetzung geltender Gesetze verhandeln.

Schließt die Behörde einen öffentlich-rechtlichen Vertrag, gibt sie dadurch Privilegien **1157**
auf.

- Die Behörde verzichtet auf ihre Vorherrschaft.
- Es besteht der Zwang zur Schriftform.
- Rücknahme oder Widerruf eines Vertrages kommen nicht in Betracht.
- Einen Vertrag kann die Behörde nicht einseitig durchsetzen, sie muss hierfür gerichtliche Hilfe in Anspruch nehmen.

1.1 Abgrenzung zum privatrechtlichen Vertrag

Die Rechtsnatur eines Vetrages bestimmt sich nach dessen Vertragsgegenstand, d. h. **1158**
nach den im Vertrag geregelten Rechten und Pflichten (Gegenstandstheorie)[4], nehmen diese Bezug auf einen Sachverhalt, der durch das öffentliche Recht geregelt ist, so handelt es sich um einen öffentlich-rechtlichen Vertrag[5]. Der Wille der Parteien, privatrechtlich oder öffentlich-rechtlich zu kontrahieren, ist regelmäßig unerheblich. Der Rechtscharakter bestimmt sich nach objektiven Merkmalen und nicht danach, wie Vertragspartner ihn begreifen[6]. Dabei ist ein Vertrag dann dem öffentlichen Recht zuzuordnen, wenn er sich auf Sachverhalte bezieht, die von der gesetzlichen Ordnung öffentlich-rechtlich geregelt werden. Ausschlaggebend ist, ob die den Vertrag prägenden Rechte und Pflichten der Vertragspartner, die durch den Vertrag begründet, geändert, aufgehoben oder bindend festgestellt werden, auf dem Gebiet des öffentlichen Rechts liegen, z. B. Verträge über die Nutzung öffentlichen Straßenraums, in denen zugleich eine Sondernutzungserlaubnis liegt[7]; Sanierungsverträge gem. § 13 Abs. 4 BBodSchG; Verträge über die Rückzahlung von Ausbildungskosten beim Ausscheiden aus dem öffentlichen Dienst. Maßgebend für die Zuordnung ist der **Gesamtcharakter** des Vertrages. Dafür reicht es aus, wenn eine Bestimmung des Vertrages Regelungen des öffentlichen Rechtes betrifft und nach dem Willen der Vertragspartner ein **enger Sachzusammenhang** mit dem öffentlichen Recht besteht, wenn z. B. private Ausgleichszahlungen in einem engen Zusammenhang mit einer erteilten Baugenehmigung stehen.

1.1.1 Gemischte Verträge

Erlaubt sind auch **gemischte Verträge**, die privatrechtliche und öffentlich-rechtlich ge- **1159**
prägte Regelungen verbinden, z. B. ein Grundstückskaufvertrag zwischen einer Behörde und einem Privaten, in dem der Private auch städteplanerische Aufgaben übernimmt. In einem solchen Fall könnte man etwa für einen Streiffall abstellen auf den **Schwerpunkt der gesamten Vereinbarung** und hiernach entscheiden, welcher Teil dem Vertrag das **entscheidende Gepräge** gibt[8]. Eine Aufspaltung des Vertrages würde dadurch vermieden. Ein Vertrag mit Schwerpunkt im öffentlichen Recht wäre auch dann im Streitfall von den Verwaltungsgerichten zu entscheiden, wenn der geltend gemachte Anspruch ausschließlich auf einen Teil des Vertrages gestützt wird, der – isoliert be-

---

4 GemSOBG, BVerwGE 74, 368, 370.
5 BVerwGE 92, 56, 59 („entscheidendes Gepräge").
6 BVerwG, DVBl. 2002, 843; BGHZ 32, 250.
7 Nds. OVG, Nds. VBl. 1994, 38, 39.
8 BGH, NJW 85, 1892, 1893; BverwGE 92, 56, 59; OLG Schleswig, NJW 04, 1052.

trachtet – nach Gegenstand und Zweck ausschließlich oder ganz überwiegend durch Normen des Zivilrechtes geprägt wird.
Für diese Auslegung bei „gemischten" Verträgen spricht der Vorteil der einfachen Anwendbarkeit, denn in aller Regel kann man in der Praxis recht klar beurteilen, wo das entscheidende Gepräge des Vertrages liegt. Verträge mit gleichwertigen Regelungselementen kommen selten vor. Demgegenüber wird aber im Streifall überwiegend darauf abgestellt, **auf welchen Teil des Vertrages** ein Kläger seinen Anspruch stützt[9]. Diese Abgrenzung hat den **Vorteil**, dass in einem konkreten Streitfall das **sachnähere Gericht** entscheidet. Sie hat den **Nachteil**, dass mehrere Rechtsstreitigkeiten aus unterschiedlichen Anlässen trotz Vorliegens eines einheitlichen Gesamtvertrages vor Gerichten verschiedener Gerichtsbarkeiten geführt können[10].
Nach hier vertretener Auffassung ist die „**Prägetheorie**" vorteilhafter, denn sie vermeidet in aller Regel langwierige Auseinandersetzungen über die Prozessvoraussetzung des richtigen Rechtsweges. Im Übrigen zeigt § 17 Abs. 2 S. 1 GVG, dass der Gesetzgeber von einer **rechtswegeüberschreitenden Sachkompetenz aller Gerichtsbarkeiten** ausgeht und Zuständigkeitsstreitigkeiten in den Hintergrund treten sollen.

1.2 Abgrenzung zum Verwaltungsakt

1160 Für die Abgrenzung des öffentlich-rechtlichen Vertrages zum Verwaltungsakt (§ 35 VwVfG) gilt ein Numerus Clausus der Handlungsform: Derselbe Gegenstand kann entweder durch Vertrag oder durch Verwaltungsakt, nicht aber durch beides gleichzeitig geregelt werden. Die in konkret gewählte Handlungsform muss daher exklusiv eingeordnet werden.
Der öffentlich-rechtliche Vertrag ist eine **abgesprochene Problemlösung** zwischen Bürger und Behörde, der Verwaltungsakt wird hingegen **einseitig** durch die Behörde ohne das für den Vertrag erforderliche Einvernehmen erlassen. Schwierigkeiten kann die Abgrenzung zum **zustimmungsbedürftigen Verwaltungsakt** bereiten. Eine vertragliche Regelung und kein mitwirkungsbedürftiger Verwaltungsakt liegt vor, wenn der Bürger als nicht hoheitlicher Vertragspartner einen etwa gleichberechtigten Einfluss auf den Inhalt der vertraglichen Regelung nehmen kann. Ob nun zwischen den Beteiligten eine **rechtsgeschäftliche Bindung** eingegangen wird oder eine **einseitige** Anordnung seitens der Behörde erfolgen sollte, ist eine Frage der Bewertung der Gesamtumstände des Einzelfalls. Anhaltspunkte sind u. a. die gewählte Bezeichnung, die Entstehung des Rechtsakts sowie dessen äußere Form. Charakteristisch für die Wahl der Vertragsform ist das Führen von Verhandlungen über den Inhalt der Regelung. Hatte der Bürger lediglich die Möglichkeit, eine Regelung zu verhindern, spricht das für einen Verwaltungsakt.

Beispiel: Die Ernennung zum Professor ist ein zustimmungsbedürftiger Verwaltungsakt; es kann niemand ohne seine Zustimmung ernannt werden. Die durch eine Beamtenernennung entstehenden Rechte und Pflichten werden aber einseitig vom Staat festgelegt; werden gleichzeitig noch Dinge festgelegt wie z. B. die Zahl der zur Verfügung zu stellenden Krankenhausbetten und Assistenten, so ist letzteres ein öffentlich-rechtlicher Vertrag.

2. Vertragstypen

1161 Ein dem Bürgerlichen Gesetzbuch vergleichbares System von Verträgen wird in den §§ 54 ff. VwVfG nicht entwickelt. Als normativer Anknüpfungspunkt wird lediglich

9 BGH, NJW 98, 909; OVG Schleswig, NordÖR 02, 309.
10 Zöller/Gummer, ZPO, RdNr. 21 zu § 13 GVG.

zwischen öffentlich-rechtlichen Verträgen im Sinne von § 54 S. 2 VwVfG und anderen öffentlich-rechtlichen Verträgen unterschieden.
Während die §§ 57, 58, 59 Abs. 1 und 3, 60 und 62 VwVfG für alle öffentlich-rechtlichen Verträge gelten, sind die §§ 55, 56, 59 Abs. 2 und 61 VwVfG nur auf Verträge im Sinne von § 54 S. 2 VwVfG anwendbar.
Herkömmlicherweise werden als abkürzende Kennzeichnungen für diese vorgegebene Unterscheidung die Begriffe „**subordinationsrechtlicher**" und „**koordinationsrechtlicher**" Vertrag gebraucht.

2.1 Differenzierung nach den Vertragspartnern

Als „**subordinationsrechtlich**" wird der öffentlich-rechtliche Vertrag im Sinne von § 54 **1162** S. 2 VwVfG bezeichnet. Nach dieser Vorschrift kann die Behörde, anstatt einen Verwaltungsakt zu erlassen, einen öffentlich-rechtlichen Vertrag mit demjenigen schließen, an die sonst den Verwaltungsakt richten würde. Darüber hinaus liegt ein solcher Vertrag auch vor, wenn sich die Behörde vertraglich verpflichtet, einen Verwaltungsakt zu erlassen oder einen Realakt durchzuführen.
Subordinationsrechtliche Verträge sind also solche zwischen Hoheitsträgern auf der einen und Privatpersonen auf der anderen Seite[11].

Beispiel für einen subordinationsrechtlichen Vertrag: Vertrag mit einem Angestellten über die spätere Ernennung zum Beamten.

Ein „**sonstiger**" (= **koordinationsrechtlicher**) **Vertrag** ist dadurch geprägt, dass die Vertragsparteien in einem gleichrangigen Verhältnis zueinander stehen. Keine der Vertragsparteien kann gegenüber der anderen einen Verwaltungsakt erlassen. Für diesen Vertragstyp gilt zwar § 54 S. 1 VwVfG, nicht aber Satz 2 dieser Vorschrift.

Beispiele: Vertrag zwischen zwei Gemeinden über die Anschaffung von Fahrzeugen für die Feuerwehr. Verträge zwischen Kirche und Gemeinde über die Nutzung eines Friedhofes

Der Grund für diese Unterscheidung zwischen „subordinationsrechtlichen" und „sonstigen" öffentlich-rechtlichen Verträgen liegt in der unterschiedlichen Schutzwürdigkeit. § 54 S. 2 VwVfG und die an ihn anknüpfenden Regelungen (§§ 55 ff. VwVfG) sollen der Situation Rechnung tragen, dass der im „Schatten der Hoheitsbefugnisse" der Behörde stehende Bürger besonders schutzwürdig ist. Außerdem soll der Behörde verboten werden, sich Hoheitsbefugnisse abkaufen zu lassen.

2.2 Differenzierung nach dem Vertragsinhalt

Als im Gesetz allein geregelte Arten „subordinationsrechtlicher" Verträge, für die un- **1163** ter den genannten Schutzwürdigkeitsgesichtspunkten besondere Anforderungen gelten, unterscheidet das Verwaltungsverfahrensgesetz zwischen **Vergleichsverträgen** (§ 55 VwVfG) und **Austauschverträgen** (§ 56 VwVfG).

2.2.1 Vergleichsvertrag

Nach der Legaldefinition des § 55 VwVfG ist unter einem Vergleichsvertrag ein öffent- **1164** lich-rechtlicher Vertrag zu verstehen, durch den eine bei verständiger Würdigung des Sachverhalts oder der Rechtslage bestehende Ungewissheit durch gegenseitiges Nachgeben beseitigt wird.
Eine **Ungewissheit** bezüglich des **Sachverhalts** kann nur bestehen, wenn die Behörde ihrer nach § 24 VwVfG bestehenden Amtsermittlungspflicht genügt und ggf. auch gemäß § 26 Abs. 2 VwVfG die Beteiligten zur Mitwirkung bei der Ermittlung des

11 BVerwGE 111, 162, 165.

Sachverhalts herangezogen hat. Eine Sachlage ist ungewiss, wenn die für eine Sachentscheidung maßgebenden Tatsachen nur mit einem unvertretbaren Aufwand geklärt werden könnten.

Beispiel: Zeugen sind bis auf weiteres nicht erreichbar.

§ 55 VwVfG ermächtigt die Behörde nicht, von vornherein den Abschluss eines Vertrags unter Ungewissheitsbedingungen anzustreben und deshalb jegliche Sachverhaltsaufklärung zu unterlassen. Die Möglichkeit, bei Ungewissheit bezüglich des Sachverhalts einen Vergleichsvertrag abzuschließen, dient vielmehr der Verfahrensökonomie
Eine **Rechtslage** ist ungewiss, wenn die Vertragsparteien gemeinsam zwar von einem unstreitigen Sachverhalt ausgehen, aber über die sich daraus ergebenden Rechtsfolgen im Ungewissen sind[12].

Beispiel: Widersprechende Urteile von Obergerichten.

Der Kern des Vergleichs besteht in einem **gegenseitigen Nachgeben.** Beide Seiten müssen „einlenken", wobei die Zugeständnisse nicht gleichgewichtig zu sein brauchen. Von einer Gegenseitigkeit kann nur dann die Rede sein, wenn jede Partei der anderen ein Zugeständnis macht, ohne dass insoweit eine Gleichwertigkeit der aufgegebenen Positionen bestehen müsste. Der Verzicht nur einer Partei auf ein erzielbares Ergebnis genügt ebenso nicht. Das Nachgeben muss sich gerade auf die bestehende Ungewissheit beziehen
Die **Behörde** kann nachgeben, indem sie

- einen an sich beabsichtigten Verwaltungsakt nicht erlässt,
- einen bereits erlassenen VA ganz oder teilweise aufhebt,
- einen zunächst abgelehnten begünstigenden VA erlässt,
- einen inhaltlich gleichen VA wie in einem Parallelverfahren erlässt,
- eine sonstige Leistung gewährt.

Der **Bürger** kann nachgeben, indem er

- Widerspruch oder Klage zurücknimmt,
- auf Schadensersatzforderungen ganz oder teilweise verzichtet,
- bei einer dem Inhalt und der Höhe nach umstrittenen Forderung ihre grundsätzliche Berechtigung anerkennt.

1165 In der Praxis werden solche Vergleichsverträge häufig vor dem Verwaltungsgericht geschlossen (§ 106 VwGO). Die Behörde erklärt sich z. B. bereit, einen Bescheid mit einem bestimmten Inhalt zu erlassen, während der Bürger sich bereit erklärt, hiergegen kein Rechtsmittel einzulegen. Die Behörde erklärt sich bereit, wie in einem Parallelverfahren zu entscheiden, der Kläger nimmt seine Klage zurück[13].
Ein Vergleichsvertrag ist zulässig, wenn die Behörde den Abschluss des Vergleichs zur Beseitigung der Ungewissheit nach pflichtgemäßem Ermessen für zweckmäßig hält. Solange sich Übereinkünfte noch innerhalb der objektiven Rechtslage bewegen, sind sie unproblematisch. Allerdings besteht der Reiz zum Abschluss eines Vergleichsvertrages eher in Grauzonen. Dies darf aber nun nicht dazu führen, die Gesetzesbindung der Verwaltung, den Amtsermittlungsgrundsatz sowie die behördliche Pflicht zu sorgfältiger Rechtsauslegung völlig zu unterlaufen[14].

2.2.2 Austauschvertrag

1166 Ein Austauschvertrag ist ein „gegenseitig verpflichtender" Vertrag (§ 56 VwVfG). Eine echte synallagmatische Austauschbeziehung ist insoweit allerdings nicht erforderlich. Es reicht aus, dass sich die Vertragsparteien zu Leistungen verpflichten, die funktional

12 BVerwG, DÖV 90, 929.
13 BSG NJW 89, 2565; BVerwG DVBl. 94, 211.
14 BVerwGE 49, 359.

aufeinander bezogen sind. Dies ist etwa der Fall, wenn die vom Bürger zu erbringende Leistung überhaupt erst die Voraussetzungen für die behördliche Leistung schaffen soll.
Von § 56 VwVfG – zumindest in entsprechender Anwendung – erfasst wird darüber hinaus der sog. hinkende Austauschvertrag, bei dem die behördliche Leistung nicht als Gegenleistung für die Leistung des Vertragspartners vereinbart wird, sondern als außervertragliche Bedingung für die Leistung des Bürgers oder stillschweigend als Geschäftsgrundlage vorausgesetzt[15].

Beispiele für Austauschverträge: Garagen- und Stellplatzverträge; Baudispensverträge; Folgelastenverträge bei Ausweisung neuer Baugebiete.
Beispiel für hinkenden Austauschvertrag: Gemeinde vereinbart mit einem Bürger, einen Bebauungsplan aufzustellen, wenn der bestimmte Folgekosten übernimmt.

Die gesetzlichen Regelungen sollen zweierlei bewirken, nämlich den sog. „Ausverkauf von Hoheitsrechten" zu verhindern und den Bürger davor zu schützen, dass ihm nach der Gesetzeslage nicht gerechtfertigte oder unangemessene Leistungen abverlangt werden. BVerwGE 42, 331, 342: *„Verwaltungsrechtliche Verträge sind stärker als privatrechtliche anfällig dafür, dass ein dem Vertrag vorgegebenes Machtgefälle ausgenutzt wird ... Verträge, die unter Missbrauch der Überlegenheit des einen oder anderen Vertragsteiles zustande kommen, sind ohne verpflichtende Wirkung."* **1167**

Die Gegenleistung des Vertragspartners der Behörde muss für einen bestimmten Zweck im Vertrag vereinbart werden. Das Bestimmtheitserfordernis soll verhindern, dass sich der Vertragspartner der Entscheidung der Behörde über die von ihm jeweils zu erbringende Gegenleistung unterwirft[16]. Es muss sich bereits aus dem im Vertrag selbst Vereinbarten und nicht erst aufgrund einer nachträglichen, den Vertragspartner bindenden einseitigen Entscheidung der Behörde ergeben, welche Gegenleistung zu erbringen ist, ob diese den gesamten Umständen nach angemessen ist und ob sie im sachlichen Zusammenhang mit der vertraglichen Leistung der Behörde steht. **1168**

Beispiele: Kommunale Wirtschaftsförderung gegen vorbeugende Immissionsschutzmaßnahmen[17]; Einvernehmen mit einer Baumaßnahme gegen Zahlung von Geld für den Ausbau eines Kindergartens.

Es reicht allerdings aus, dass sich im Text der Vertragsurkunde ein Anhaltspunkt findet, aufgrund dessen im Zusammenhang mit den Umständen des Vertragsschlusses die Gegenleistung und ihr Zweck durch Auslegung ermittelt werden können. Der Zweck, für den die Gegenleistung vereinbart wird, muss so hinreichend konkret bezeichnet werden, dass eine Prüfung von sachlichem Zusammenhang und Angemessenheit möglich ist. Werden mehrere Zwecke verfolgt, so müssen die ungefähren Anteile angegeben werden. Globale und pauschale Zweckbezeichnungen genügen diesen Anforderungen nicht. **1169**

Zur Erfüllung der öffentlichen Aufgaben der Behörde dient die Gegenleistung des Vertragspartners, wenn der verfolgte Zweck zum Aufgabenbereich der vertragschließenden Behörde gehört. Die Gegenleistung darf nicht zur Tauschware degradiert werden[18]. Da es das Handeln in der Form des öffentlich-rechtlichen Vertrages der Behörde nicht erlaubt, sich über die Zuständigkeitsordnung hinwegzusetzen, muss es sich um Aufgaben gerade der vertragsschließenden Behörde handeln. **1170**

Das sog. **Koppelungsverbot** verlangt, dass die Gegenleistung des Bürgers im sachlichen Zusammenhang mit der vertraglichen Leistung der Behörde steht. Es soll in erster **1171**

---

15 BVerwG, DVBl. 00, 1853.
16 Kopp/Ramsauer, VwVfG, § 56, RdNr. 7.
17 BVerwG, DVBl. 90, 376.
18 BT-Drcks. 7/920, 79 f.

Linie einen „Ausverkauf von Hoheitsrechten" verhindern und besagt, dass zum einen durch einen verwaltungsrechtlichen Vertrag nichts untereinander verknüpft werden darf was nicht ohnedies schon in einem inneren Zusammenhang steht, und dass zum anderen behördliche Entscheidungen ohne entsprechende gesetzliche Ermächtigung nicht von wirtschaftlichen Gegenleistungen abhängig gemacht werden dürfen, es sei denn, erst die Gegenleistung würde ein der Entscheidung entgegenstehendes rechtliches Hindernis beseitigen. Der erforderliche Zusammenhang ist insbesondere dann gegeben, wenn die Gegenleistung des Bürgers dazu dient, ein rechtliches Hindernis für die Behörde zu beseitigen[19].

Entscheidend für die Frage des Vorliegens oder Nichtvorliegens eines sachlichen Zusammenhangs sind Inhalt und Begleitumstände des konkreten Vertrages. Der Fall einer unzulässigen Gegenleistung des Bürgers liegt z. B. vor, wenn die Behörde im Gegenzug eine Leistung verspricht, auf die der Bürger nach dem einschlägigen Bundes- oder Landesrecht ohnehin Anspruch hat, oder wenn die vom Bürger zu erbringende Leistung einem anderen öffentlichen Interesse zu dienen bestimmt ist als die von der Behörde zu erbringende oder von ihr in Aussicht gestellte Leistung.

Beispiele für unzulässige Koppelung: Einstellung eines Familienmitgliedes gegen Abtretung eines Grundstückes zum Bau einer Straße; Ausnahme von der Stellplatzpflicht gegen Zahlung eines Kulturbeitrages.

Beispiel für zulässige Koppelung: Ausnahme von Stellplatzpflicht gegen Zahlung eines Betrages für die Errichtung eines Parkhauses

1172 Weiterhin muss die Gegenleistung den gesamten Umständen nach angemessen sein (§ 56 Abs. 1 S. 2 VwVfG). Angemessenheit bedeutet, dass bei wirtschaftlicher Betrachtung des Gesamtvorgangs die Gegenleistung nicht außer Verhältnis zu der Bedeutung und dem wirtschaftlichen Wert der von der Behörde erbrachten oder zu erbringenden Leistungen stehen darf und sich daraus keine unzumutbaren Belastungen für den Vertragspartner oder Dritte, auf die der Vertragspartner die Lasten ggf. abwälzt, ergeben dürfen. Insoweit handelt es sich bei dem Angemessenheitskriterium um eine Ausprägung des Grundsatzes der Verhältnismäßigkeit. Für den Regelfall ist anzunehmen, dass die Vertragspartner ihre Interessen sachgerecht erkannt und wahrgenommen haben und dass das gewählte Leistungsverhältnis angemessen ist.

1173 Hat der Private auf die Leistung der Behörde bereits außerhalb des Vertrages einen Anspruch, so kann nur eine solche Gegenleistung vereinbart werden, die bei Erlass eines Verwaltungsakts Inhalt einer Nebenbestimmung nach § 36 VwVfG sein könnte (§ 56 Abs. 2 VwVfG). Die Vorschrift soll den Bürger davor schützen, dass er sich durch den Abschluss eines Vertrages schlechter stellt als er ohne Vertrag stehen würde. Hat er ohnehin einen Anspruch auf die behördliche Leistung, so darf eine Gegenleistung nur vereinbart werden, wenn sie durch Rechtsvorschrift zugelassen ist oder sicherstellen soll, dass die gesetzlichen Voraussetzungen für die Erbringung der Leistung der Behörde vorliegen (§ 56 Abs. 2 i. V. m. § 36 Abs. 1 VwVfG).

Beispiel: Eine Gemeinde kann ihre Zustimmung zu einer Außenbereichsbebauung von der Regelung von Folgelasten abhängig machen (§ 36 BauGB).

3. Rechtmäßigkeitsvoraussetzungen eines Verwaltungsvertrags

3.1 Schriftform

1174 Ein öffentlich-rechtlicher Vertrag ist schriftlich zu schließen ist, soweit nicht durch Rechtsvorschrift eine andere Form vorgeschrieben ist (§ 57 VwVfG). Der Zweck des

19 VGH Mannheim, NVwZ 2001, 694.

Schriftformerfordernisses besteht zum einen in einer Warn-, zum anderen in einer Kontroll- bzw. Beweisfunktion: In seiner Warnfunktion soll das Schriftformerfordernis beide Vertragspartner vor Übereilung schützen; die Beweisfunktion zielt auf die Dokumentation von Vertragspartnern, -abschluss und -inhalt ab.
Das erfordert grundsätzlich eine sogen. **Urkundeneinheit**, d. h. alle Bestandteile eines Verwaltungsvertrages müssen zu einer **körperlichen Einheit** so verbunden werden, dass eine spätere Trennung Spuren hinterlässt[20]. Ausnahmen gelten aber z. B. bei umfangreichen Plänen als Vertragsanlagen oder bei sogen. Orientierungsanlagen wie bestimmte Hinweisschriftstücke, technische Gutachten, wenn sich dies durch Schriftbild, fortlaufende Nummerierung usw. zweifelsfrei erkennen lässt.
Die Beachtung der Schriftform setzt grundsätzlich voraus, dass der Vertrag von den Vertragsschließenden eigenhändig unterschrieben worden ist. Fehlende Vertretungsmacht eines Unterzeichners stellt keinen nach § 57 VwVfG beachtlichen Formverstoß dar. Insoweit gelten die zu §§ 177 ff. BGB entwickelten Grundsätze über die Vertretung ohne Vertretungsmacht[21].
Allerdings bedeutet Schriftform nicht zwingend, dass beide Vertragsparteien auf ein und demselben Schriftstück unterschrieben haben, es reicht aus, dass einem schriftlichen Vertragsangebot eine schriftliche Vertragsannahme folgt[22].
Sofern nach anderen Vorschriften eine strengere Schriftform vorgesehen ist, z. B. beim Abschluss von Grundstückverträgen die notarielle Beurkundung (§ 313 BGB), so geht die vor.

3.2 Beteiligung Dritter

Ein öffentlich-rechtlicher Vertrag, der in Rechte eines Dritten eingreift, ist erst wirksam, wenn der Dritte schriftlich zustimmt (§ 58 Abs. 1 VwVfG). Wird anstatt eines Verwaltungsakts, bei dessen Erlass nach einer Rechtsvorschrift die Genehmigung, die Zustimmung oder das Einvernehmen einer anderen Behörde erforderlich ist, ein Vertrag geschlossen, so wird dieser erst wirksam, nachdem die andere Behörde in der vorgeschriebenen Form mitgewirkt hat (§ 58 Abs. 2 VwVfG). Dieses Erfordernis der Mitwirkung einer anderen Behörde dient der Wahrung der Zuständigkeitsordnung. **1175**

Wenn z. B. eine Behörde sich vertraglich verpflichtet, eine Baugenehmigung zu erteilen, den Bauherrn von der Beachtung bestimmter nachbarschützender Normen befreit, muss der Nachbar schriftlich zustimmen[23], denn nicht erst die dann tatsächlich erteilte Baugenehmigung greift in nachbarschützende Rechte ein[24].

3.3 Wirksamkeit

Sowohl die Zustimmung des Dritten als auch die Mitwirkung der Behörde sind Wirksamkeitsvoraussetzung für den öffentlich-rechtlichen Vertrag: Ein ohne diese Mitwirkungsakte geschlossener Vertrag ist nicht nichtig, sondern schwebend unwirksam. Die Vertragsparteien sind mithin an einem ohne die erforderliche Zustimmung oder Mitwirkung erfolgenden Vertragsschluss nicht gehindert. Bis zur endgültigen Verweigerung oder Erklärung der Zustimmung bzw. Vornahme der Mitwirkung bleiben sie an **1176**

---

20 Schlemminger, NVwZ 2009, 223, 224 m. w. N.
21 Kopp/Ramsauer, § 57 RdNr. 12.
22 Kopp/Ramsauer, VwVfG, § 57 RdNr. 9 m. w. N.
23 OVG NRW, NVwZ 1988, 370, 371.
24 Hellriegel, DVBl. 2007, 1211, 1214 unterscheidet insoweit zwischen Verfügungs- und Verpflichtungsverträgen.

ihre Willenserklärungen gebunden. Die später erteilte Zustimmung bzw. vorgenommene Mitwirkung wirkt ex tunc, d. h. auf den Zeitpunkt des Vertragsschlusses zurück.

4. Nichtigkeit

4.1 Nichtigkeit nach BGB

1177 Ein öffentlich-rechtlicher Vertrag ist nichtig, wenn sich die Nichtigkeit aus der entsprechenden Anwendung von Vorschriften des Bürgerlichen Gesetzbuchs ergibt (§ 59 Abs. 1 VwVfG).
Von Bedeutung ist zunächst die in § 134 BGB vorgesehene Nichtigkeit eines Rechtsgeschäfts, das gegen ein gesetzliches Verbot verstößt. Gesetzlich angeordnet ist ein Verbot, wenn es durch eine Rechtsnorm statuiert wird. In Betracht kommen insoweit Vorschriften des Europäischen Gemeinschaftsrechts, des Verfassungsrechts, Gesetze, Rechtsverordnungen und Satzungen. Das Verbot muss nicht ausdrücklich ausgesprochen sein („Es ist verboten,...“). Es reicht aus, wenn es sich aus dem Zusammenhang oder dem Zweck der Vorschrift ergibt.

1178 Im Zivilrecht kommt es für das Vorliegen eines Verbotsgesetzes im Sinne von § 134 BGB vor allem darauf an, ob sich das Gesetz gegen die Wirksamkeit, den Erfolg des Rechtsgeschäfts wendet. Ordnungsvorschriften, die nur die konkrete Art und Weise der Vornahme des Rechtsgeschäfts, nicht aber dessen Inhalt betreffen, führen hingegen nicht zur Nichtigkeit. Im öffentlichen Recht ist die Situation anders: Der Verwaltung kommt eine Vertragsfreiheit nicht zu, vielmehr unterliegt sie der Gesetzesbindung. Während § 134 BGB im Privatrecht der Interessenverwirklichung der Parteien äußerste Grenzen setzt, verwirklicht die Verwaltung auch dann, wenn sie einen Vertrag schließt, keine autonom definierten Interessen, sondern Gemeinwohlaufgaben. Im Unterschied zu privatautonomem Handeln ist das gesamte Handeln der Verwaltung durch die Rechtsordnung bestimmt. Die Möglichkeit, rechtswidrig zu handeln, ist damit ungleich größer als für Privatpersonen. Im Unterschied zur Nichtigkeit des zivilrechtlichen Vertrags reicht daher für die Nichtigkeit des öffentlich-rechtlichen Vertrages ein „nur“ einfacher Gesetzesverstoß nicht aus, sondern für die Nichtigkeitsfolge muss ein **qualifizierter Rechtsverstoß** vorliegen sowie der spezifische Sinn und Zweck des verletzten Gesetzes die Nichtigkeit fordern[25]. Wann ein solcher qualifizierter Rechtsverstoß vorliegt, lässt sich nur im Einzelfall ermitteln. Orientierungslinien sind vor allem die Zielrichtung der Verbotsnorm, die Verwirklichung des Vertragsinhalts unbedingt zu verhindern oder die Vertragsform auszuschließen, sowie Art und Gewicht der berührten öffentlichen Interessen. Ein Grundrechtsverstoß führt immer zur Nichtigkeit, nicht dagegen der alleinige Verstoß gegen Verfahrensvorschriften.

1179 Weitere von § 59 Abs. 1 VwVfG erfasste Nichtigkeitsgründe sind u. a. die Sittenwidrigkeit des Rechtsgeschäfts (§ 138 BGB) und die objektive Unmöglichkeit einer der vertraglich vereinbarten Leistungen (§ 306 BGB). § 306 BGB gilt nur für die anfängliche objektive Unmöglichkeit, nicht für die subjektive Unmöglichkeit und auch nicht für die nachträgliche objektive Unmöglichkeit. Die Unmöglichkeit kann sich aus tatsächlichen oder rechtlichen Gründen ergeben. Dabei führt die bloße Rechtswidrigkeit der vereinbarten Behördenleistung nicht zur objektiven Unmöglichkeit. Für die Annahme einer rechtlichen Unmöglichkeit erforderlich ist vielmehr, dass die Behörde bzw. die andere Vertragspartei die vereinbarte Leistung nicht rechtswirksam erbringen kann. Hinsichtlich der Behördenleistung ist dies beispielsweise dann der Fall, wenn sie im Erlass eines Verwaltungsakts besteht, der nichtig sein würde.

---

25 BVerwGE 98, 58, 63.

4.2 Nichtigkeit wegen Formmangels

Zur Nichtigkeit führt die Nichtbeachtung der in § 57 VwVfG vorgesehenen Schriftform oder einer anderen durch Rechtsvorschrift vorgeschriebenen Form (§ 59 Abs. 1 VwVfG; § 125 BGB). Nach der zivilgerichtlichen Rechtsprechung kann allerdings eine Berufung auf die Formnichtigkeit unbeachtlich sein, wenn sie zu einem Verstoß gegen Treu und Glauben führen würde und die Folgen der Nichtigkeit für den anderen Vertragspartner schlechthin untragbare Ergebnisse zeitigen würden[26]. Da der Grundsatz von Treu und Glauben auch im öffentlichen Recht Anwendung findet, werden die für das Zivilrecht entwickelten Grundsätze auf den formnichtigen öffentlich-rechtlichen Vertrag übertragen. Der Verwaltung, die die Formbedürftigkeit kennen und vor Abschluss des Vertrages ihrer Amtsermittlungspflicht genügen muss, ist die Berufung auf Treu und Glauben daher grundsätzlich versagt[27]. **1180**

4.3 Heilung des Formmangels

Von der treuwidrigen Berufung auf den Formmangel zu unterscheiden ist die Möglichkeit der Heilung des Formmangels. Sie richtet sich nach den gesetzlichen Vorschriften. Die schriftliche Bestätigung des formnichtigen öffentlich-rechtlichen Vertrages durch die Parteien ist als erneute Vornahme zu beurteilen (§ 62 S. 2 VwVfG i. V. m. § 141 Abs. 1 BGB). Die Bestätigung hat keine rückwirkende Kraft. Doch sind – sofern kein abweichender Parteiwille zu erkennen ist – die Parteien verpflichtet, einander zu gewähren, was sie haben würden, wenn der Vertrag von Anfang an gültig gewesen wäre (§ 62 S. 2 VwVfG i. V. m. § 141 Abs. 2 BGB). **1181**

4.4 Nichtigkeitsgründe nach § 59 Abs. 2 VwVfG

Ausschließlich für den subordinationsrechtlichen Vertrag zählt § 59 Abs. 2 VwVfG weitere Nichtigkeitsgründe enumerativ auf: **1182**
- Nichtigkeit eines Verwaltungsakts mit entsprechendem Inhalt (Nr. 1)
- Nichtigkeit eines Verwaltungsakts mit entsprechendem Inhalt, die sich nicht nur aus Verfahrens- oder Formfehlern ergibt, wenn dies den Vertragsschließenden bekannt war (Nr. 2)
- das Fehlen der Voraussetzungen zum Abschluss eines Vergleichsvertrags, sofern ein Verwaltungsakt mit entsprechendem Inhalt nicht nur wegen eines Verfahrens- oder Formfehlers im Sinne von § 46 VwVfG rechtswidrig wäre (Nr. 3) und
- das der Behörde gegebene Versprechen einer nach § 56 VwVfG unzulässigen Gegenleistung (Nr. 4).

Der Nichtigkeitstatbestand des § 59 Abs. 2 Nr. 1 VwVfG bezieht sich auf die Nichtigkeitsgründe des § 44 VwVfG. Wird eine Überlegenheit eines Partners dem anderen gegenüber missbräuchlich ausgenutzt, so führt dies zur Nichtigkeit des Vertrages wegen Sittenwidrigkeit (§§ 59 Abs. 2; 44 Abs. 2 Nr. 6 VwVfG)[28]. **1183**

§ 59 Abs. 2 Nr. 2 VwVfG erfasst die Situation des kollusiven Zusammenwirkens der Vertragsparteien zur Herbeiführung eines rechtswidrigen Erfolges. Allerdings bedarf es keiner „Unrechtsvereinbarung" zwischen den Vertragsparteien. Es reicht aus, wenn im Zeitpunkt des Vertragsschlusses alle Vertragspartner positive Kenntnis von der Rechtswidrigkeit des Vertrages hatten. Fehlte diese Kenntnis bei einem der Vertrags-

26 BGHZ 92, 164 (171 f.); st. Rspr.
27 BVerwG DVBl. 2000, 1853 (1857) m. w. N.
28 BVerwGE 42, 331, 342.

schließenden, so ist § 59 Abs. 2 Nr. 2 VwVfG nicht anwendbar. Hinsichtlich der rechtlichen Bewertung als rechtswidrig ist eine Parallelwertung in der Laiensphäre ausreichend.

Anders als bei § 59 Abs. 2 Nr. 2 VwVfG ist für das Vorliegen des Nichtigkeitsgrundes der Nr. 3 keine Kenntnis der Parteien vom Fehlen der Voraussetzungen zum Abschluss eines Vergleichsvertrags oder von der Rechtswidrigkeit eines Verwaltungsakts mit entsprechendem Inhalt erforderlich. „Voraussetzungen zum Abschluss eines Vergleichsvertrages" meinen weder allein, dass eine bei verständiger Würdigung des Sachverhalts oder der Rechtslage bestehende Ungewissheit durch gegenseitiges Nachgeben beseitigt wird (§ 55 erster Satzteil VwVfG) noch ausschließlich die Zweckmäßigkeit des Abschlusses des Vergleichs nach pflichtgemäßem Ermessen (§ 55 zweiter Satzteil VwVfG). In Anbetracht der umfassenden Zielrichtung des § 59 Abs. 2 Nr. 3 VwVfG, den Missbrauch der erleichterten vertraglichen Regelung durch Vergleichsvertrag zur Herbeiführung eines an sich rechtlich missbilligten Erfolgs zu verhindern, ist § 59 Abs. 2 Nr. 3 VwVfG auf sämtliche in § 55 VwVfG enthaltenen Anforderungen zu beziehen. Der Nichtigkeitsgrund des § 59 Abs. 2 Nr. 4 VwVfG gilt für alle Austauschverträge, in denen sich die Behörde eine nach § 56 VwVfG unzulässige Gegenleistung versprechen lässt. Die Vorschrift verweist auf sämtliche in § 56 VwVfG genannten Anforderungen; das Fehlen nur einer einzigen führt daher zur Nichtigkeit des Vertrages. Maßgebend ist der Zeitpunkt des Vertragsschlusses; spätere tatsächliche Abweichungen, die ohne Änderung des Vertrages erfolgen, sind unbeachtlich. Ob die Parteien die Unzulässigkeit des Gegenleistungsversprechens kannten, ist unerheblich. Für den Fall der Unzulässigkeit der Behördenleistung gilt § 59 Abs. 2 Nr. 4 VwVfG allerdings nicht.

1184 Liegt einer der genannten, zur Nichtigkeit führenden Gründe vor, so führt der Nichtigkeitsgrund nicht notwendig zur Nichtigkeit des gesamten öffentlich-rechtlichen Vertrags. In Anlehnung an den zivilrechtlichen Grundsatz des § 139 BGB bestimmt § 59 Abs. 3 VwVfG, dass bei einer nur einen Teil des Vertrages betreffenden Nichtigkeit der Vertrag im Ganzen nichtig ist, wenn nicht anzunehmen ist, dass er auch ohne den nichtigen Teil geschlossen worden wäre. Maßgebend für die Begrenzung der Nichtigkeit auf einen Teil des Vertrages ist die Teilbarkeit des Vertragsinhalts: Lässt der Vertragsinhalt eine Teilung des Vertrages in einen von dem Nichtigkeitsgrund betroffenen und einen davon nicht betroffenen Regelungsgegenstand nicht zu, so ist der Vertrag insgesamt nichtig. Ausnahmsweise bleibt ein von der Nichtigkeit nicht betroffener Vertragsteil wirksam, wenn nach einer objektivierten Bewertung der im Gesamtzusammenhang der Vertragsregelungen zum Ausdruck gekommenen Interessen der nicht betroffene Teil eine selbständig sinnvolle Regelung enthält. Im Zweifel ist das aber eher zu verneinen.

5. Rückabwicklung eines Verwaltungsvertrags

5.1 Öffentlich rechtlicher Erstattungsanspruch

1185 Sind bis zur Feststellung der Nichtigkeit bereits Leistungen der Vertragsparteien erbracht worden, so erfolgt die Rückabwicklung nach den Grundsätzen des öffentlich-rechtlichen Erstattungsanspruchs[29], soweit die Leistung der Behörde nicht im Erlass eines Verwaltungsakts bestand. Die zur Erfüllung des nichtigen Vertrages erbrachten Leistungen können durch den Entreicherten zurückgefordert werden. Die für den zivilrechtlichen Bereicherungsanspruch geltenden Grundsätze der §§ 812 ff. BGB sind auf den öffentlich-rechtlichen Erstattungsanspruch nur modifiziert anwendbar. Besteht die

29 Vgl. unten RdNr. 1243.

von der Behörde erbrachte Leistung im Erlass eines Verwaltungsakts, so folgt die Nichtigkeit des Erfüllungs-Verwaltungsakts nicht schon aus der Nichtigkeit des öffentlich-rechtlichen Vertrages. Für die Beurteilung der Nichtigkeit eines Verwaltungsakts sind allein die Voraussetzungen des § 44 VwVfG einschlägig.

5.2 Anpassung und Kündigung in besonderen Fällen

Kommt es bei der Durchführung von Verwaltungsverträgen zu **Leistungsstörungen**, so **1186**
sind die nach den Vorschriften des BGB zu entscheiden (§ 62 S. 2 VwVfG; §§ 280, 323 f. BGB).

Eine spezielle Regelung enthält § 60 VwVfG bei Wegfall der Geschäftsgrundlage, so dass die jetzige privatrechtliche Regelung des § 313 BGB nicht anzuwenden ist[30]. Hiermit ist auch für den Bereich des Verwaltungsvertrages das Prinzip von Treu und Glauben festgeschrieben. Verhältnisse müssen sich entscheidend geändert haben, das wird z. B. in der Praxis im Rahmen von Altlastensanierungsverträgen vielfach zweifelhaft sein, weil z. B. neue Erkenntnisse aufgetaucht sind oder neue Grenzwerte festgelegt werden. Es sind in diesem Zusammenhang entscheidend die Kontinuität des vereinbarten Vertrages mit nachträglichen Veränderungen der Sach- und Rechtslage abzuwägen, wobei § 59 VwVfG zeigt, dass eine hohe Bestandskraft eines einmal abgeschlossenen Vertrages gewollt ist.

Sind die im Vertrag vereinbarten Leistungspflichten jedoch bereits erfüllt und ist der Vertragszweck abgewickelt, kommt eine Anpassung nicht mehr in Betracht[31].

Grundsätzlich ist ein Verwaltungsvertrag anzupassen. Erst wenn das nicht möglich oder nicht zumutbar ist, besteht ein Kündigungsrecht. Die Kündigung bedarf der Schriftform, die Kündigungsberechtigung ergibt sich aus § 60 Abs. 1 S. 2 VwVfG, d. h. es müssen schwere Nachteile für das Gemeinwohl zu verhüten oder zu beseitigen sein.

6. Durchsetzung von Ansprüchen aus Verwaltungsverträgen

Um einen verwaltungsvertraglichen Anspruch durchzusetzen, bedarf es eines gerichtli- **1187**
chen Vollstreckungstitels und dessen Vollstreckung.

Abweichend davon sieht § 61 Abs. 1 S. 1 VwVfG eine sofortige Vollstreckung (gemeint ist unmittelbare Vollstreckbarkeit) aus einem öffentlich-rechtlichen Vertrag vor, sofern:

6.1 Subordinationsrechtlicher Verwaltungsvertrag

Die Norm bezieht sich ausschließlich auf öffentlich-rechtliche Verträge i. S. d. § 54 **1188**
Satz 2 VwVfG, mithin auf subordinationsrechtliche Verwaltungsverträge, so dass eine Vollstreckung unmittelbar aus einem koordinationsrechtlichen Verwaltungsvertrag im Umkehrschluss ausscheidet.

6.2 Unterwerfung

§ 61 I 1 VwVfG setzt zusätzlich voraus, dass sich ein Vollstreckungsschuldner der **1189**
sofortigen Vollstreckung aus dem Vertrag unterworfen hat; erst in einer solchen Unterwerfungserklärung – die selbst Vertragsbestandteil sein muss – wäre der nötige Voll-

30 OVG NRW, NVwZ 1991, 1106.
31 Sanen, NVwZ 2009, 491, 493.

streckungstitel[32]. Hierbei muss die Behörde vom Behördenleiter, seinem allgemeinen Vertreter oder einem Angehörigen des öffentlichen Dienstes, der die Befähigung zum Richteramt hat oder die Voraussetzungen des § 110 S. 1 DRiG erfüllt, vertreten werden. Darüber hinaus bedarf die Vollstreckungsunterwerfung seitens der Behörde der Genehmigung durch deren fachlich zuständige Aufsichtsbehörde, es sei denn, die Unterwerfung wird von einer obersten Bundes- oder Landesbehörde erklärt. Dies verdeutlicht, dass § 61 Abs. 1 VwVfG eine dem Schutz der vertragschließenden Behörde dienende Vorschrift ist.

1190 In allen anderen Fällen muss auch die Behörde die Hilfe der Justiz in Anspruch nehmen[33]. Als Klageart kommt die **allgemeine Leistungsklage** in Betracht. Die Verwaltungsgerichte entscheiden auch über Schadensersatzansprüche aus der Verletzung öffentlich-rechtlicher Verträge[34]. Dies gilt auch für Schadensersatzansprüche wegen Verschuldens bei Abschluss eines öffentlich-rechtlichen Vertrages[35]. Die Vollstreckung des gerichtlichen Leistungstitels richtet sich nach den §§ 167 ff. VwGO und subsidiär dem entsprechend anzuwendenden Achten Buch der ZPO. Nach Zustellung dieses Titels durch das Gericht von Amts wegen (§ 116 VwGO), wird auf Antrag der Behörde dieser Titel vollstreckt. Einer Vollstreckungsklausel bedarf es nicht (§ 169 Abs. 1 S. 1 VwGO). Vollstreckungsbehörde ist der Vorsitzende des erstinstanzlichen Verwaltungsgerichts (§ 169 Abs. 1 S. 2 VwGO).

32 BVerwGE 98, 58.
33 BVerwGE 50, 171.
34 § 40 Abs. 2 S. 1 HS 1 3. Alt. VwGO.
35 BVerwG, NJW 02, 2894.

17. Abschnitt: Öffentliches Sachenrecht

1. Staatliches Vermögen

Bund, Länder und Gemeinden haben in beachtlichem Umfang Vermögen. Dieses Vermögen war übrigens beim Inkrafttreten des Grundgesetzes oftmals schon vorhanden; Art 134, 135 GG haben insoweit einen **entschädigungslosen Übergang** des ehemaligen Reichs- und Ländervermögens angeordnet[1]. 1191

Das Vermögen der öffentlichen Hand wird herkömmlich in **Verwaltungs-** und in **Finanzvermögen** eingeteilt. Es wird dabei jeweils nur einer Vermögensart zugeordnet. Diese Unterscheidung geht auf Laband[2] zurück.

Verwaltungsvermögen ist danach ein „wesentliches, durch den Staatszweck schlechthin erfordertes Vermögen des Fiskus."

Beispiele: Verwaltungsgebäude, Schulen, Museen, Krankenhäuser, Kasernen, Dienstwagen.

Das **Finanzvermögen** ist demgegenüber ein „zufällig durch die historische Entwicklung der Finanzwirtschaft dem Fiskus überliefertes Vermögen. Als Subjekt des Finanzvermögens erscheint der Staat als Kapitalist, der sein Vermögen zu seinem pekuniären Vorteil ausbeutet, als Subjekt des Verwaltungsvermögens stellt der Fiskus sein Vermögen dem öffentlichen Dienst zu Gebot."

Beispiele: staatliche Landwirtschaftsbetriebe, Wälder, Staatsunternehmen, Kapitalbeteiligungen bei Industrieunternehmen wie VW oder RWE.

Fiskus hat dabei die Wortbedeutung von Geldkorb oder Staatsschatz. Geschichtlich war der Fiskusbegriff deswegen von großer Bedeutung, weil man früher Entscheidungen des Landesherren (das war der Erlass von Verwaltungsakten nach heutigen Maßstäben) nicht überprüfen lassen konnte. Man war vielmehr angewiesen auf Entschädigungsansprüche gegen den Fiskus.

2. Eigentum an Sachen

Entsprechend den privatrechtlichen Regeln gibt es Eigentum an beweglichen Sachen und an Grundstücken. Sachen sind im Privatrecht körperliche Gegenstände (§ 90 BGB); Tiere sind privatrechtlich seit 1990 keine Sachen mehr (§ 90a BGB)[3]. Diese Begrenzung auf körperliche Gegenstände gilt im öffentlichen Recht allerdings nicht. Zu Sachen im öffentlichen Recht zählen daher z. B. auch der Luftraum und das offene Meer. 1192

Auf Sachen im öffentlich-rechtlichen Sinne sind die Vorschriften des BGB über wesentliche Bestandteile und Scheinbestandteile nicht anzuwenden. Eine öffentlich-rechtliche Sachherrschaft kann sich auch auf einzelne wesentliche Bestandteile einer Sache oder auf Sachgesamtheiten beziehen.

Beispiel: Verkehrsschild, das auf privatem Grund und Boden steht.

3. Arten und Entstehung öffentlicher Sachen

Sachen, die dazu bestimmt sind, von der Allgemeinheit benutzt zu werden, sowie Sachen, die der Verwaltung zur Erfüllung ihrer öffentlichen Aufgaben dienen, sind öffentliche Sachen. 1193

1 BVerfG, NJW 1991, 1597.
2 Staatsrecht III, S. 202.
3 im Strafrecht hingegen zählen Tiere immer noch zu den Sachen.

Beispiele: Parks, Wege, Flüsse, Rathäuser, Schulen, Kasernen.

Manche öffentliche Sachen werden schon seit eh und je durch die Allgemeinheit genutzt, z. B. der Meeresstrand[4].

Die meisten Sachen werden aber erst durch eine **hoheitliche Entscheidung** zu einer öffentlichen Sache. Diese **Widmung** genannte Entscheidung ist die **rechtlich verbindliche Erklärung** einer öffentlichen Stelle, dass eine bestimmte Sache einem bestimmten öffentlichen Zweck dienen soll[5], Das private Eigentumsrecht an der Sache wird dann zurückgedrängt und durch eine **öffentliche Sachherrschaft** überlagert. Es wird eine Art öffentlich-rechtlicher Dienstbarkeit begründet. Im Kollisionsfall hat die öffentliche Sachherrschaft Vorrang.

Die Widmung kann durch einen Verwaltungsakt, durch eine Rechtsnorm oder auch durch konkludentes Handeln erfolgen, letzteres z. B. bei gemeindlichen Einrichtungen, wenn eine Vermutung dafür spricht, dass eine der Allgemeinheit zur Verfügung stehende Einrichtung „öffentlich" ist.[6]

Beispiele: Luftraum (§ 1 Abs. 1 LuftVerkehrsG); Flüsse (§§ 5, 6 BWasserStrG[7]); gemeindliche Einrichtungen (§ 8 GO NRW); Straßen (§ 6 Abs. 1 StrWG NRW).

1194 Durch die **Widmung** wird der Umgang mit einer öffentlichen Sache unter den Vorbehalt des Gemeinwohls gestellt. Das private (Eigentums)Recht wird durch das öffentliche Recht insofern überlagert und modifiziert, wie es zur Sicherung und Erfüllung des öffentlichen Zwecks erforderlich ist. Zugleich unterliegen öffentliche Sachen (zumeist) aber auch der Privatrechtsordnung, die letztlich auf die Selbstbestimmung gleich freier Individuen (Art. 2 Abs. 1 GG) unter einem allgemeinen Gesetz abzielt. Der Konflikt von Gemeinwohlfunktion und Privatnützigkeit öffentlicher Sachen wird durch eine **dualistische Konstruktion** gelöst. Die privatrechtlichen Verfügungsrechte an einer öffentlichen Sache werden durch deren öffentlich-rechtlichen Status überlagert.

1195 **Dingliche Wirkung**

Hier gilt die Theorie des modifizierten Privateigentums. Öffentliche Sachen unterstehen danach regelmäßig[8] der Eigentumsordnung des BGB. Aufgrund der Widmung für einen öffentlichen Zweck lastet jedoch auf diesem Privateigentum ein beschränkt dingliches Recht, also gleichsam eine „Dienstbarkeit" des öffentlichen Rechts. Diese verleiht eine besondere öffentlich-rechtliche Sachherrschaft über die Sache, die verschieden abgesteckte Nutzungsbefugnisse einerseits und spezifische Unterhaltungspflichten des öffentlichen Rechts andererseits beinhaltet. Die Dienstbarkeit hat zugleich aus Sicht des Eigentümers der öffentlichen Sache die negative Wirkung, dass die privatrechtlichen Eigentümerbefugnisse im jeweiligen Umfange der öffentlich-rechtlichen Sachherrschaft verdrängt werden.

Beispiel: das Straßen- und Wegerecht sieht neben den öffentlich-rechtlichen Benutzungsformen des Gemein- und Sondergebrauchs nach wie vor die Benutzung der öffentlichen Sache aufgrund eines bürgerlich-rechtlichen Vertrags mit dem Privateigentümer vor. So richtet sich etwa die Einräumung von Rechten zur Benutzung des Eigentums der öffentlichen Straßen nach bürgerlichem Recht, wenn die Benutzung den Gemeingebrauch nicht beeinträchtigt" (§ 8 Abs. 10 BFernStrG, § 14 StrWG NRW).

Öffentlich-rechtliche Dienstbarkeiten belasten das Privateigentum (Art. 14 Abs. 1 S. 1 GG) und können deshalb aufgrund des verfassungsrechtlichen Vorbehalts des Gesetzes (Art. 20 Abs. 3 GG) nur durch Gesetz oder aufgrund Gesetzes entstehen. Auch das „sachenrechtliche Gesetzmäßigkeitsprinzip" verlangt als Ausfluss der normgeprägten

---

4 BGH, DÖV 1965, 568.
5 SächsOVG, LKV 2007, 185.
6 OVG NRW OVGE 24, 175 f. (Rathausbalkon).
7 I. d. F. der Bekanntmachung vom 23. Mai 2007, BGBl. I S. 962.
8 Ausnahme: § 4 Hamburgisches Deichgesetz.

Eigentumsfreiheit nach Art. 14 Abs. 1 GG einen numerus clausus der Sachenrechte und damit einen sachenrechtlichen Typenzwang. Eine gesetzliche Grundlage für eine mit dem öffentlich-rechtlichen Status einhergehende dingliche Sachherrschaft findet sich beispielsweise in § 2 Abs. 2 BFernStrG, § 6 StrWG NRW. Wo andererseits das öffentliche Sachenrecht nicht gesetzlich verfasst ist, ist es den Verwaltungsträgern aufgrund des Vorbehalts des Gesetzes nicht möglich, (ohne gesetzliche Grundlage) dingliche, das Privateigentum belastende oder modifizierende Rechte mit einem nach eigenem Ermessen bestimmten Inhalt zu begründen.

Beispiel: Nichtigkeit eines privatrechtlichen Verfügungsgeschäfts gemäß § 134 BGB bei Verstoß gegen die gesetzlich verankerte Gemeinwohlfunktion einer öffentlichen Sache

Verwaltungsrechtliche Wirkung

Bei einer Reihe von öffentlichen Sachen ist die Existenz eines öffentlich-rechtlichen beschränkten dinglichen Rechts, also die Existenz ein er sachenrechtlichen Sonderstellung überhaupt, zweifelhaft. Die Nutzung öffentlicher Einrichtungen und sonstiger öffentlicher Sachen im Anstaltsgebrauch erfolgt nämlich nicht aufgrund eines dinglichen Rechts an der öffentlichen Sache, sondern erst nach Begründung und nach Maßgabe eines öffentlich-rechtlich oder privatrechtlich ausgestalteten Benutzungsverhältnisses. Damit entstehen keine dinglichen Sachenrechte des Benutzers, sondern verwaltungsschuldrechtliche Ansprüche des öffentlichen Rechts. **1196**

3.1 Sachen im Verwaltungsgebrauch

Öffentliche Sachen, deren Zweckbestimmung darin liegt, dass sie von der Verwaltung selbst dazu benutzt werden, um die ihr anvertrauten öffentlichen Aufgaben zu erfüllen, werden als Sachen im Verwaltungsgebrauch bezeichnet. Sie dienen damit zwar unmittelbar nur der Verwaltung, aber mittelbar auch dem Bürger. **1197**

Beispiele: Rathaus, das die Beamten benutzen, um ihre Pflichten zum Wohle der Allgemeinheit erfüllen zu können; Handschellen, die Polizeibeamte verwenden, um Straftäter dingfest zu machen.

3.2 Öffentliche Einrichtungen

Öffentliche Einrichtungen sind öffentliche Sachen, die z. B. von einer Gemeinde im Bereich der Daseinsvorsorge für bestimmte Aufgaben der Leistungsverwaltung gewidmet worden sind und deren Nutzung eine Zulassung voraussetzt[9]. **1198**

Bei öffentlichen Einrichtungen umschreibt die Widmung den Nutzungszweck, den die Allgemeinheit von dieser Sache haben soll. Die Widmung einer öffentlichen Einrichtung kann daher in jeder Form, damit auch konkludent, erfolgen, sie unterliegt keinem Gesetzesvorbehalt. Der Umfang der Widmung kann ebenso formlos geändert werden.

Beispiele: Badeanstalten, Sportplätze, Kirmesplätze, Kindergärten, Theater, Museen, Bibliotheken, Friedhöfe, Altenheime[10].

Wegen der unterschiedlichen Zweckbestimmungen zählen zu den öffentlichen Einrichtungen keine Sachen im Gemeingebrauch (öffentliche Straßen).

3.3 Öffentliche Straßen

Öffentliche Straßen sind in der Praxis die wesentlichsten öffentlichen Sachen. **1199**

Hinsichtlich der bestehenden rechtlichen Regeln ist zunächst zwischen dem **Straßenrecht** und dem **Straßenverkehrsrecht** zu unterscheiden. Das Straßenverkehrsrecht ist

9 VGH BW, VBlBW 1998, 145.
10 Aufzählung in §§ 37 Abs. 1 Nr. a, 107 Abs. 2 Nr. 1 GO NRW.

Bundesrecht, während das Straßenrecht – bis auf die Regelung der Bundesfernstraßen – Landesrecht ist. Das Straßenrecht reglementiert den Verkehr auf Straßen unter dem Gesichtspunkt, dass öffentliche Straßen bereitgestellt werden und Rechtsverhältnisse an öffentlichen Straßen geschaffen werden, während das Straßenverkehrsrecht den Verkehr ermöglicht unter dem Gesichtspunkt ordnungsrechtlicher Belange für die Sicherheit und Leichtigkeit des Verkehrs, und zwar unter zwei Gesichtspunkten:

1. Bestimmungen über das Verhalten der Verkehrsteilnehmer (**Straßenverkehrsordnung**)
2. Bestimmungen über den Zustand und die Zulassung der Verkehrsmittel (**Straßenverkehrszulassungsordnung**)

Straßenrecht und Straßenverkehrsrecht sind über das Anwendungsgebiet „öffentliche Straße" miteinander verklammert[11]. Das Straßenverkehrsrecht setzt eine gewidmete öffentliche Straße voraus, während sich andererseits aus dem Straßenverkehrsrecht Einschränkungen für eben diese Widmung ergeben können.

1200 Eine baulich fertiggestellte Straße wird eine **öffentlichen Straße** durch den Rechtsakt der **Widmung** (§ 2 Abs. 1 FernStrG)[12]. Im Rahmen dieser Widmungsverfügung sind die **Straßengruppe**, zu der die Straße gehört, z. B. Landes-, Kreis- oder Gemeindestraße, **Beschränkungen der Widmung** auf bestimmte Benutzungsarten, Benutzungszwecke oder Benutzerkreise sowie etwaige sonstige Besonderheiten (**Widmungsinhalt**) festzulegen (§ 6 Abs. 3 StrWG NRW). Damit die Widmung einer Straße auch für alle sichtbar wird, muss sie auch „indienstgestellt" werden, z. B. durch Freigabe für den Verkehr[13].

Beispiel für Widmungseinschränkung: Begrenzung der Befahrbarkeit der Straße mit Kraftfahrzeugen bis zu einem bestimmten Gesamtgewicht.

Wird eine Straße schon seit mindestens 40 Jahren ständig von der Allgemeinheit genutzt und lässt sich eine (früher auch formlos mögliche) Widmung nicht mehr nachweisen, spricht man von einer Widmung „**kraft unvordenklicher Verjährung**"[14].
Zuständig für die Widmung sind die **Straßenbaubehörden** (z. B. § 6 Abs. 2 S. 1 StrWG NRW) bzw. die **Träger der Straßenbaulast** (z. B. § 6 Abs. 1 Nds. StrG) bzw. die **Wegeaufsichtsbehörde** (§ § 6 Abs. 2 HambWG). **Bundesfernstraßen** werden von der obersten Landesstraßenbaubehörde gewidmet (§ 2 Abs. 6 S. 1 FernStrG). Zur Widmungserklärung muss die **Verfügungsbefugnis** des Trägers der Straßenbaulast vorliegen, das ist in den meisten Fällen der Eigentümer der Straße oder der sonstige dinglich Berechtigte, also i. d. R. Bund, Land, Kreis, Gemeinde (§ 6 Abs. 5 StrWG NRW). Fehlt es an dieser Verfügungsbefugnis, ist die Widmung zwar nicht nichtig, aber rechtswidrig[15].

3.4 Die Benutzung öffentlicher Straßen

1201 Im Rahmen der Widmung (und der verkehrsrechtlichen Vorschriften) ist der Gebrauch der Straße jedermann gestattet (**Gemeingebrauch,** § 14 Abs. 1 StrWG NRW; § 7 Abs. 1 FernStrG). Eigentümer und Besitzer von Grundstücken an einer öffentlichen Straße haben darüber hinausgehend eine weiter reichende Gebrauchsmöglichkeit, den **Straßenanliegergebrauch** (§ 14a StrWG NRW), sie dürfen z. B. notwendige Baugerüste auf der Straße errichten oder ihre Mülltonnen auf der Straße abstellen. Die Benutzung einer Straße über diesen (gesteigerten) Gemeingebrauch hinaus ist **Sondernutzung** (§ 18 StrWG NRW; § 8 Abs. 1 FernStrG). Die Sondernutzung muss von der Straßen-

11 BVerwGE 40, 371, 378.
12 Vgl. oben RdNr. 1193.
13 Dieser Realakt erfolgt mitunter sehr medienwirksam.
14 Sauthoff, NVwZ 2004, 674 f. m. w. N.
15 SächsOVG, LKV 2007, 184 f.

baubehörde – bei Ortsdurchfahrten von der Gemeinde im Einvernehmen mit der Straßenbaubehörde – im Vorhinein erlaubt werden (§ 18 Abs. 1 S. 2 StrWG NRW; § 8 Abs. 1 FernStrG). Für die Sondernutzung können Gebühren erhoben werden (§ 19a StrWG NRW; § 8 Abs. 3 S. 1 FernStrG).

3.4.1 Die Abgrenzung von Gemeingebrauch und Sondernutzung

Der **Gemeingebrauch** beschreibt eine **typische Erscheinungsform** der **Straßenbenutzung**, die keiner vorherigen Erlaubnis bedarf (und die in der Regel auch kostenfrei ist). 1202

Das Straßenrecht bestimmt im Wesentlichen den rechtlichen **Umfang** des Gemeingebrauches. § 14 Abs. 1 StrWG NRW (ebenso § 7 Abs. 1 FernStrG) beschreibt den Gemeingebrauch dahingehend, dass eine Straße im Rahmen der Widmung und der verkehrsbehördlichen Vorschriften gebraucht wird. § 14 Abs. 3 StrWG NRW (ebenso § 7 Abs. 1 S. 3 FernStrG) stellt klar, dass kein Gemeingebrauch vorliegt, wenn die Straße nicht vorwiegend zum Verkehr benutzt wird (sondern zu anderen Zwecken). Die Unentgeltlichkeit der Nutzung ist nicht zwingende Voraussetzung für den Gemeingebrauch (§ 14 Abs. 4 StrWG NRW). Die Nutzung **„zum Verkehr"** wurde früher überwiegend im straßenverkehrsrechtlichen Sinne verstanden, nämlich: zur **Fortbewegung von Personen und Sachen**[16]. Zu dieser **Transportfunktion** der Straße wurde aber auch in gewissen Grenzen der ruhende Verkehr gezählt, weil z. B. beim Parken und Abstellen von Pkw (Laternengaragen) noch ein innerer Zusammenhang mit Verkehrsvorgängen bestehe[17].

Wer sich über die Grenzen der StVO hinwegsetzt, indem er etwa eine Einbahnstraße in falscher Richtung befährt, übt den Gemeingebrauch an dieser Straße zwar in unzulässiger Weise aus, sein Verhalten bleibt aber noch im Rahmen des Gemeingebrauches und wird nicht etwa zu einer Sondernutzung.

Im Hinblick auf einen Bedeutungswandel in der Einschätzung der Funktion öffentlicher Straßen geht man heute von einem **weiten Verkehrsbegriff** aus, wonach – insbesondere im innerörtlichen Bereich – öffentliche Straßen nicht nur der Fortbewegung dienen, sondern sie auch Stätten kommunikativer Begegnung sind, die der Pflege menschlicher Kontakte sowie des Informations- und Meinungsaustausches dienen, der sich insbesondere auf Art. 5 Abs. 1 GG stützt[18].

Auf der Grundlage dieses geänderten Verkehrsbegriffes ist zwischen dem **äußeren Erscheinungsbild** der Nutzung und dem **individuellen Verkehrsgebrauch** zu unterscheiden. Gemeingebrauch liegt nicht vor, wenn das äußere Erscheinungsbild der Straßennutzung weder auf Fortbewegung noch auf Kommunikation gerichtet ist[19]. Entscheidend, ob das Auftreten auf einer öffentlichen Straße als gewerbliche Betätigung erscheint oder nicht, z. B. ist das Verteilen von Flugblättern und Handzetteln mit rein informatorischen Inhalten als Straßenbenutzung im Rahmen des Gemeingebrauches anzusehen, nicht dagegen das Aufstellen von Fahrzeugen als Werbeträger, Tischen, Stühlen oder anderen ähnlichen Gegenständen für kommerzielle Zwecke. Letzteres ist Sondernutzung[20].

Bei der Würdigung des **Spannungsfeldes** zwischen erlaubnisfreiem Gemeingebrauch und erlaubnispflichtiger Sondernutzung sind insbesondere die tangierten Verfassungspositionen zu gewichten, wenn die Straße zu politischen, künstlerischen oder religiösen Zwecken in Anspruch genommen wird (Art. 4, 5, 21 GG). Dabei darf aber nicht

16 BVerwG, DVBl. 1970, 873, 874.
17 BVerwGE 34, 320.
18 Sauthoff, NVwZ 2004, 674 f.
19 NdsOVG, NVwZ-RR 1996, 247; nach anderer Auffassung (VGH BW, NVwZ 1998, 91) ist auf die Motivation des Veranstalters abzustellen.
20 Sauthoff, NVwZ 2004, 674, 678 m. w. N.

übersehen werden, dass Straßen und insbesondere Fußgängerzonen in erster Linie eine Verkehrseinrichtung für den ungehinderten Verkehr sind und bleiben, und sie erst **sekundär** ein Kommunikationsmedium sind. **Abgrenzungsprobleme** bringen immer wieder folgende Fälle mit sich:

1203 (1) **Das Abstellen von Kraftfahrzeugen mit und ohne gewerbliche Hinweise**[21]

Der durch die straßenrechtliche Widmung eröffnete Gemeingebrauch einer öffentlichen Straße wird wesentlich vom Straßenverkehrsrecht mitbestimmt. Danach ergibt sich, dass ein Verkehrsvorgang, der im Rahmen der Straßenverkehrsrechtsvorschriften erfolgt, sich gleichzeitig innerhalb des straßenrechtlichen Gemeingebrauchs bewegt. Ein Vorgang, der dem Straßenverkehr zuzurechnen ist, kann unter straßen- bzw. wegerechtlichen Gesichtspunkten nicht landesrechtlich abweichend von der StVO geregelt werden[22].

Wird dagegen eine Straße in erster Linie für kommerzielle Zwecke genutzt, so fällt das nicht mehr unter den Gemeingebrauch und ist Sondernutzung. Städte und Gemeinden können die Sondernutzung im Stadtgebiet durch Satzung regeln und darin auch bestimmte erlaubnisfreie Sondernutzungen vorsehen.

Abzustellen ist darauf, ob ein Bezug zum ruhenden oder fließenden Straßenverkehr besteht (dann Gemeingebrauch) oder vorranging zu anderen Zwecken (dann Sondernutzung).

Das Abstellen von Fahrzeugen gehört daher in aller Regel zum Straßenverkehr, denn der Autoverkehr kann seine Transportfunktion nur erfüllen, wenn am Zielort auch Abstellmöglichkeiten bestehen. Trotz angebrachter gewerblicher Offerten nimmt ein betriebsbereites Fahrzeug grundsätzlich auch am Straßenverkehr teil, denn das ist vergleichbar mit einem Fahrzeug, das ein Unternehmen mit einer Firmenaufschrift versehen hat und zur Erledigung von Arbeiten nutzt.

Deutet dagegen das **äußere Erscheinungsbild** eines abgestellten Fahrzeugs eher darauf hin, dass es als Ausstellungs- bzw. Werbefläche genutzt werden soll, liegt eine Sondernutzung vor[23]; Indizien hierfür sind: die Abmeldung als betriebsbereites Fahrzeug, die Gestaltung der Werbeaufschrift, die Wahl des Abstellortes an einer stark befahrenen Straße oder einer Autobahnbrücke, die Ausrichtung des Abstellens (längs oder quer zur Fahrtrichtung, die Entfernung zum Betriebssitz.

1204 (2) **Das langsame Durchfahren von Straßen zum Fotografieren für Google street view**

Google Street View wird auch mit Aufnahmen aus Deutschland aufwarten. Autos mit Kameras wurden im vergangenen Jahr bereits in mehreren Städten gesichtet und haben damit eine Diskussion nicht nur über den Datenschutz ausgelöst, sondern auch über das Straßen- und Wegerecht.

Für Gemeingebrauch spricht, dass öffentliche Straßen und Wegen hier zur langsamen Fortbewegung benutzt werden, für eine Sondernutzung spricht, dass hier aus kommerziellen Zwecken ganze Regionen gezielt erfasst werden sollen.

Sowohl statische als auch dynamische Beeinträchtigungen des Widmungszwecks durch Google-Fahrzeuge sind nicht zu erkennen, denn es werden weder feste Verkehrsflächen in Anspruch genommen noch kommt es zu Verkehrsbeeinträchtigungen im fließenden Verkehr.

Gem. § 3 Abs. 2 StVO dürfen Kraftfahrzeuge ohne triftigen Grund nicht so langsam fahren, dass sie den Verkehr behindern. Danach ist erforderlich, dass sich das Langsamfahren auf den Verkehrsfluss negativ auswirkt und dass hierfür kein zureichender

---

21 OVG NRW, NVwZ 2002, 218.
22 BVerfGE, Buchholz 442.151, § 12 StVO, Nr. 4, S. 9 f; BVerfGE 67, 229, 320 f.
23 OVG NRW, NWVBl. 2006, 58, 59.

Grund in Betracht kommt. Entscheidend ist die Behinderung der Verkehrsteilnehmer von der Geschwindigkeit abhängig, mit der die Pkw mit der aufmontierten Kamera durch die Straßen fahren. Die Aufnahmen der Fahrten des Google Kamera-Autos auf YouTube zeigen jedoch, dass dieses sich anscheinend mit „normaler" Geschwindigkeit durch den Straßenverkehr bewegt. Diese Geschwindigkeit macht eine angepasste Fahrweise möglich, die innerorts Behinderungen ausschließt.
Damit bietet sich aus dem Umstand, dass Google die Erfassung der Straßenräume von einem Kraftfahrzeug aus vornimmt, kein Ansatz für eine unerlaubte Sondernutzung[24].

(3) **Das Verteilen von Werbezetteln und Visitenkarten** **1205**
Nach dem äußeren Erscheinungsbild ist das Verteilen von Werbezetteln ein Verkehrsverhalten, denn die Verteiler müssen mit den angesprochenen Menschen kurz in Kontakt treten, dadurch unterscheiden sie sich also nicht von anderen Fußgängern, die sich unterhalten. Allerdings verfolgen die Werber subjektiv ein anderes Ziel, sie wollen den Kontakt nicht aus gesellschaftlichen Gründen knüpfen, sondern um kommerzielle Geschäfte anzubahnen oder abzuwickeln; die individuelle Kommunikation ist nur ein Nebenzweck und das liegt nicht mehr im Rahmen der Widmung. Es handelt sich damit um Sondernutzung. Das gewerbliche Befestigen von Visitenkarten an auf öffentlichen Parkplätzen abgestellten Autos ist ebenfalls eine genehmigungspflichtige Sondernutzung[25].

(4) **Wahlwerbung** **1206**
Politische Werbung verfolgt zunächst einmal ähnliche Zwecke wie kommerzielle Werbung; denn Menschen sollen nicht um der Kommunikation willen angesprochen werden, sondern um ein bestimmtes Ziel zu verfolgen: nämlich die Überzeugung von einer politischen Idee und das überschreitet den Gemeingebrauch an einer öffentlichen Straße, zumal wenn zusätzlich noch Informationsstände, Stelltafeln usw. aufgestellt werden[26]. Allerdings ist zu berücksichtigen, dass die politische Meinungsbildung einen besonderen Verfassungsrang genießt. Unzweifelhaft ist, dass im Rahmen einer Versammlung das Straßenrecht – und damit die Begrenzung auf Gemeingebrauch/Sondernutzung – nicht anwendbar ist, damit brauchen Versammlungen auch keiner Sondernutzungserlaubnis[27]. Das gilt auch, soweit politische Schriften oder Flugblätter mit politischem oder weltanschaulichem Inhalt von Hand zu Hand auf einer öffentlichen Straße verteilt werden[28]; allerdings gilt das nicht für das Verteilen politischer Schriften durch die Fahrbahn betretende Fußgänger an vor einer Ampel haltenden Autofahrern[29].

(5) **Straßenkunst und religiöse Betätigung** **1207**
In diesen Fällen wird die öffentliche Straße ebenfalls nicht zum Zwecke der Fortbewegung genutzt. Allerdings ist zu berücksichtigen, dass in beiden Fällen grundrechtlich gesicherte Rechtspositionen berührt sind. Der Schutzbereich des Art. 5 Abs. 3 GG erfasst neben dem „Werkbereich" auch den „Wirkbereich"[30] und damit das Recht, sich an jedem Ort künstlerisch zu betätigen. Der Schutzbereich der Religionsfreiheit umfasst auch das Recht der Missionierung für eine Religionsgesellschaft auf einer öffentlichen Straße[31].

---

24 VG Karlsruhe, Beschluss vom 1.12.1999, 2 K 2911/99, Gebäudedatenbank JurPC Web-Dok. 80/2001, Abs. 1–32 zu einer vergleichbaren Aktion eines Telefonbuchverlages.
25 Sauthoff, NVwZ 2004, 674, 678 f. m. w. N.; OLG Düsseldorf – IV – 4WS 57/10, juris.
26 Hagmann, DÖV 2006, 323, 325.
27 BVerfG, NJW 2001, 2459, 2460.
28 Nds.OVG, NVwZ-RR 2004, 884.
29 BayOBLG, NStZ 2003, 45.
30 BVerfGE 30, 173, 189.
31 BVerwG, NJW 1997, 406, 407.

Beide Grundrechte unterliegen aber den verfassungsimmanenten Schranken wie den Grundrechten Dritter; um einen schonenden Ausgleich der widerstreitenden Interessen zu erreichen, wird überwiegend vertreten, dass dies in aller Regel[32] nur durch eine Sondernutzungserlaubnis möglich ist[33], die dann aber nicht in das Ermessen der zuständigen Behörde gestellt werden kann.

Weitere Beispiele: Der Verkauf von Zeitungen oder sonstigen Bauchladenartikeln ist Sondernutzung. Die entgeltliche Abgabe von religiösen Schriften, wenn damit keine Gewinnerzielung verbunden ist, ist auch als Gemeingebrauch eingeordnet worden[34]. Der Alkoholverzehr auf Straßen ist dann Sondernutzung, wenn mehrere Personen regelmäßig in einer Fußgängerzone „lagern" oder sich „so ausbreiten", dass andere Verkehrsteilnehmer beeinträchtigt werden[35]; das gelegentliche „Niederlassen" zum Essen oder Trinken dagegen ist Gemeingebrauch. Das „stille Betteln" gehört ebenfalls noch zum Gemeingebrauch[36]; Werbeplakate an Brückenpfeilern sind Sondernutzung[37]

3.4.2 Der Anliegergebrauch

1208 Die Nutzung einer öffentlichen Straße durch die Eigentümer angrenzender Grundstücke über die schlichte Zweckbestimmung der Straße hinaus wird **Anliegergebrauch** oder auch gesteigerter Gemeingebrauch genannt. Er ist durch die Eigentumsgarantie in Artikel 14 GG verfassungsrechtlich geschützt.

Anliegern muss es möglich sein, neben dem bloßen Befahren der Straße den Gehweg zu überfahren, Mülltonnen aufzustellen oder Hinweisschilder anzubringen, und zwar ohne dass er hierfür einer Sondernutzungsgenehmigung bedarf.

Gem. § 14a StrWG NRW dürfen Straßenanlieger innerhalb der geschlossenen Ortslage die an die Grundstücke angrenzenden Straßenteile über den Gemeingebrauch hinaus benutzen, soweit dies zur Nutzung des Grundstücks erforderlich ist, den Gemeingebrauch nicht dauernd ausschließt oder erheblich beeinträchtigt oder in den Straßenkörper eingreift.

Vom Anliegergebrauch erfasst ist jedoch nur die Nutzung der öffentlichen Straße, die zur Wahrnehmung der Eigentümerinteressen unbedingt erforderlich ist.

Gemeint ist damit erster Linie der Zugang des Grundstücks zur Straße und seine Zugänglichkeit von der Straße her[38].

Damit unterliegt dem Anliegergebrauch z. B. nicht das Aufstellen von Warenautomaten oder anderen Gegenständen auf der Straße, der Verkauf von Waren auf dem Gehweg oder das Anbringen größerer Werbeschilder. Hierfür kann die Nutzung durch den Anlieger – wie bei jedem anderen – von einer Genehmigung zur straßenrechtlichen Sondernutzung abhängig gemacht werden.

Zumindest im Stadtkern gehört auch die Erreichbarkeit eines Grundstücks mit Kraftfahrzeugen nicht zum zwingenden Anliegergebrauch. Für Gewerbetreibende, die auf einen Liefer- oder Kundenzugang angewiesen sind, z. B. Tankstellen, dürfte sich das allerdings anders darstellen.

3.4.3 Die Sondernutzungserlaubnis

1209 Wer die Straße nicht vorwiegend zum Verkehr, sondern zu anderen Zwecken benutzt, überschreitet den Gemeingebrauch. Das ist **Sondernutzung** und hierfür ist eine besondere behördliche Erlaubnis erforderlich (§ 18 Abs. 1 S. 2 StrWG NRW; § 8 Abs. 1 FernStrG; § 29 StVO).[39]

---

32 Nicht, wenn die vorherige Einholung einer Erlaubnis die Grundrechtsausübung praktisch unmöglich machen würde, weil es sich notwendig um „spontane" Betätigungen handelt.
33 Nds. OVG, NVwZ-RR 2004, 884.
34 OLG Düsseldorf, NJW 1998, 2375.
35 OLG Saarbrücken, JuS 1998, 696.
36 VGH BW, VBlBW 1998, 428.
37 VGH Kassel, NVwZ 02, 540.
38 BVerwGE 54, 1.
39 Waldhoff, Abgrenzung zwischen Straßen- und Straßenverkehrsrecht, JuS 2014, 94 f.

Es handelt sich hierbei jeweils um ein **Verbot mit Erlaubnisvorbehalt.** Der gesetzliche Erlaubnisvorbehalt für eine straßenrechtliche Sondernutzung soll sicherstellen, dass die Straße in einer Weise genutzt wird, die den Widmungszweck, insbesondere den Gemeingebrauch, nicht wesentlich beeinträchtigt[40]. Der straßenverkehrsrechtliche Zweck liegt in der Gefahrenabwehr.
Durch dieses präventive Verbot erhält die Erlaubnisbehörde die Gelegenheit, im konkreten Fall zu prüfen, ob Rechtsgüter anderer verletzt werden.
Die Sondernutzungserlaubnis ist ein begünstigender Verwaltungsakt. Ihre Erteilung steht im **Ermessen** der zuständigen Behörde. Zu einer sachgerechten Ermessensausübung gehört, dass die Behörde nur solche Gründe ihrer Entscheidung zugrunde legt, die einen **sachlichen Bezug zum Widmungszweck** der Straße hat, z. B. Auswirkungen auf die Sicherheit und Leichtigkeit des Verkehrs; Beeinträchtigung der Anlieger; Schutz des Straßengrundes; städtebauliche Belange; Schutz des Ortsbildes; Vermeidung einer „Übermöblierung" des Straßenraumes. Keine sachlichen Erwägungen sind z. B. das Abhängigmachen von gewerberechtlichen oder „demokratiefeindlichen" Aspekten (Scientology) oder von Aspekten allein zur öffentlichen Sicherheit oder Ordnung, denn das ist Sache der zuständigen Ordnungs- und Polizeibehörden[41].
Sofern keine ernstlichen Beeinträchtigungen hinsichtlich der Rechte anderer Verkehrsteilnehmer oder der Rechte des Anliegergebrauches vorliegen, ist das Ermessen auf Null geschrumpft und es besteht ein Anspruch auf Erteilung der Sondernutzungserlaubnis.

Die Sondernutzungserlaubnis wird befristet und unter dem Vorbehalt des Widerrufes 1210
erteilt. Der Widerrufsvorbehalt entfällt bei Erlaubnissen auf Zeit für eine aufwändige Unternehmung. Die Erlaubnis kann mit bestimmten Pflichten und Einschränkungen verbunden werden wie z. B. die Pflicht zur ordnungsgemäßen Errichtung und Unterhaltung von Anlagen oder die Leistung von Kostenersatz für Aufwendungen, die dem Träger der Straßenbaulast für die Sondernutzung entstehen.
Die Erlaubnis ist höchstpersönlich, sie ist nicht übertragbar.

Beispiel: Fliegende Händler.

Für häufig vorkommende Sondernutzungen, die allerdings nicht zu einer Umstrukturierung des gesetzlichen Systems des Sondernutzungsgebrauches führen dürfen, können aus Gründen der Verwaltungsvereinfachung allgemeine satzungsrechtliche Regelungen ergehen.

Beispiele: Regelung des ortsüblichen Gebrauchs; Befreiung von Erlaubnispflicht für Werbeanlagen, Verkaufseinrichtungen usw. (jedoch keine Umwandlung in Gemeingebrauch).

Es gibt spezialgesetzlich geregelte Sondergebrauchsrechte.

Beispiel: Versammlungsgesetz.

In Planfeststellungs- oder Flurbereinigungsverfahren können Sondernutzungserlaubnisse auch durch andere Behörden als die Straßenbehörde erteilt werden.
Für die mit der Sondernutzung verbundene Beeinträchtigung des Gemeingebrauchs an öffentlichen Straßen muss eine **Sondernutzungsgebühr** bezahlt werden. Die Sondernutzungsgebühr ist keine Benutzungsgebühr im abgabenrechtlichen Sinne, sondern eine besondere Form eines öffentlich-rechtlichen Entgeltes. Der Kostendeckungsgrundsatz gilt nicht, denn der Erlaubnisnehmer verfolgt überwiegend private Interessen.
Es können mit der Gebühr auch politische Zielsetzungen verbunden werden (Lenkungs- oder Drosselungsgebühr).

Beispiel: Hohe Gebühren für das Aufstellen von Zigarettenautomaten zur Verfolgung gesundheitspolitischer Zielsetzungen.

---

40 VGH Mannheim, Urteil 18.3.2014 – 5 S 348/13 (juris).
41 OVG NRW, NWVBl. 2007, 64, 65.

Die Gebühr kann z. B. auch zum Schutz eventuell mit der Sondernutzung verbundener Beeinträchtigungen des Ortsbildes dienen.
Die Höhe der Gebühr richtet sich nach landesrechtlichen Gebührenordnungen oder kommunalen Satzungen. Sie setzt sich zusammen aus einer Verwaltungsgebühr für den Erlaubnisbescheid und der Gebühr für den Sondergebrauch. Bei der Höhe der Benutzungsgebühr darf die meist bestehende Monopolstellung der öffentlichen Hand nicht sittenwidrig ausgenutzt werden.

Beispiel: Jährliche Sondernutzungsgebühren für bestimmte Sachen dürfen nicht ohne einleuchtende Gründe erheblich voneinander abweichen.

Die Gebühr wird auch dann fällig, wenn die Sondernutzung ohne förmliche Erlaubnis erfolgt ist oder wenn die unerlaubte Sondernutzung als Ordnungswidrigkeit geahndet worden ist, denn die Gebühr wird für die Sondernutzung als solche geschuldet.

3.4.4 Der Schutz gegen Verkehrslärm

1211 Lärm- pp. Emissionen durch Straßenverkehr[42] stellen ein Umweltproblem ersten Ranges dar[43]. Im Bundesimmissionsschutzgesetz ist der verkehrsbezogene Immissionsschutz nur bruchstückhaft geregelt; er ist weitestgehend in Lärmschutzverordnungen[44] ausgegliedert worden. Auch im Verkehrsrecht sind Regelungen enthalten[45]. Beim **Bau** oder der **wesentlichen Änderung** öffentlicher Straßen ist sicherzustellen, dass hierdurch keine schädlichen Umwelteinwirkungen hervorgerufen werden können, die nach dem Stand der Technik vermeidbar sind[46]. Dabei ist unerheblich, ob es sich um Bundes-, Landes-, Kreis- oder Gemeindestraßen handelt[47].
Der **Bau** einer Straße ist deren **Neuerrichtung**, wenn also eine völlig neue Trasse – wenn auch nur in einem Teilabschnitt – errichtet wird[48]. Die **wesentliche Änderung** einer Straße ist in § 1 Abs. 2 der 16. BImSchVO dahin definiert, dass eine Straße

1. um eine oder mehrere durchgehende Fahrstreifen[49] für den Kraftfahrzeugverkehr baulich erweitert wird oder
2. durch einen erheblichen baulichen Eingriff der Beurteilungspegel des von dem zu ändernden Verkehrsweg ausgehenden Verkehrslärm um mindestens 3 db (A) oder auf mindestens 70 db (A) am Tage oder mindestens 60 db (A) in der Nacht erhöht wird.

Eine wesentliche Änderung einer Straße liegt wohl vor, wenn ihre Bitumenschicht durch Pflasterung ersetzt wird. Keine wesentliche Änderung liegt dagegen vor beim Errichten von Haltebuchten oder Verkehrsinseln.

Der zuständige Träger der Straßenbaulast muss in diesen Fällen nach dem derzeitigen Stand der Technik durch lärmschonende Trassenführung oder durch aktiven Lärmschutz wie z. B. lärmmeidender Straßenbelag, Lärmschutzwände, Tunnelung in erster Linie **aktiv** dafür sorgen, dass schädliche Umwelteinwirkungen vermieden werden (§ 41 BImSchG). Scheidet dies aus, kommen **passive Schallschutzmaßnahmen** zwingend in Betracht, wie z. B. Schallschutzfenster in den anliegenden Gebäuden, Isolierung von Außenmauern. Letztlich gewährt § 42 BImSchG den Lärmbetroffenen einen Anspruch auf eine **angemessene Entschädigung** für den Fall der Überschreitung der in

---

42 BVerwG, NVwZ 2005, 811 f., zum Lärm, der nicht von einer zu bauenden oder zu ändernden Straße ausgeht.
43 Schink, NVwZ 2003, 1041 f.
44 Z. B. 16. Verkehrslärmschutzverordnung; 24. Verkehrswege-Schallschutzmaßnahmenverordnung.
45 Z. B. §§ 47, 49 StVZO (BGBl. I 2009, S. 872).
46 VGH BW, NVwZ-RR 2007, 161, 163.
47 Schink, NVwZ 2003, 1041, 1043.
48 Jarass, BImSchG, § 41 RdNr. 18.
49 Legaldefinition in § 7 Abs. 1 S. 2 StVO; danach ist ein Fahrstreifen der Teil der Fahrbahn, den ein mehrspuriges Fahrzeug zum ungehinderten Fahren im Verlauf der Fahrbahn benötigt.

der 16. BImSchVO normierten Immissionsgrenzwerte. Die Höhe der Entschädigung orientiert sich an den für den Betroffenen notwendigen baulichen Schallschutzmaßnahmen.

4. Zugang zu öffentlichen Einrichtungen

Im Unterschied zu den öffentlichen Sachen im Gemeingebrauch, die von jedermann **1212**
ohne Erlaubnis benutzt werden können, ist für die Nutzung von öffentlichen Einrichtungen eine besondere **Zulassung** erforderlich. Von den Sachen im Verwaltungsgebrauch unterscheiden sich öffentliche Einrichtungen dadurch, dass sie den **Einwohnern unmittelbar** dienen, indem sie von ihnen benutzt werden, während Sachen im Verwaltungsgebrauch **unmittelbar** von den **Bediensteten** benutzt werden, sie dienen damit den Bürgern und Einwohnern „nur" **mittelbar**.
Wird eine öffentliche Einrichtung über die Widmung hinaus genutzt, ist das eine Sondernutzung. Die Gestattung steht im pflichtgemäßen Ermessen der zuständigen Behörde. Dabei muss der Gleichheitssatz beachtet werden.

Beispiel: Die Stadt Köln gestattet dem Zirkus „Roncalli" ständig, auf dem Neumarkt zu gastieren. Andere interessierte Zirkusunternehmen kann sie dann nicht einfach ausschließen. Der Hinweis allein auf die besondere Bindung des Zirkus „Roncalli" an die Stadt Köln ist jedenfalls nicht ausreichend, um eine Differenzierung zu ermöglichen.

Im Rahmen der Nutzung öffentlicher Einrichtungen kommt es immer wieder zu **Konkurrenzkonflikten**.

Beispiele: Eine städtische Badeanstalt soll an einem Tag der Woche nur für die Mitglieder von örtlichen Schwimmvereinen geöffnet werden, andere Einwohner bleiben dann ausgeschlossen; wegen beengter Platzverhältnisse können nicht alle interessierten Schausteller für eine Kirmes zugelassen werden. In einer profanierten Kirche finden seit eh und je nur klassische Konzerte statt, nunmehr wird die Durchführung eines Rockkonzertes beantragt.

Im Hinblick auf die bei einer Ablehnung zu rechtfertigenden Eingriffe in das Grundrecht der Berufsfreiheit (Schausteller) und den Gleichheitssatz muss der **Verteilungsmodus** von vernünftigen Gründen des Gemeinwohls getragen sein. Unzweifelhaft macht das Gemeinwohl eine Zuteilung erforderlich, wenn die Aufnahmekapazität einer Einrichtung erschöpft ist. Bei der Gestaltung des Zulassungsmodus hat der Betreiber einen **Gestaltungsfreiraum** bei der Konzeption der Veranstaltung und ein **Verteilungsermessen**. Allerdings erfordert die Chancengleichheit gem. Art. 3 GG dafür einen sachlich gerechtfertigten **Verteilungsmaßstab**[50]. Es können nur solche Kriterien sachgerecht sein, die sich an der **Marktfreiheit** und dem **Willkürverbot** orientieren[51]. Der Behörde steht hier ein weiter Beurteilungsspielraum zu[52].
Nicht sachlich gerechtfertigt bei einer solchen Verteilung ist z. B. das Kriterium der Ehegatteneigenschaft, da es insoweit in keinem sachlichen Zusammenhang steht[53]. Auch das Merkmal „seit langem bekannt und bewährt" als ausschließliches Auswahlkriterium erfüllt diese Voraussetzungen nicht, weil Neubewerber und Wiederholungsbewerber, die nicht kontinuierlich vertreten sind, auf unabsehbare Zeit keine Zulassungschance hätten. Bei gemeindlichen öffentlichen Einrichtungen mit kulturellem, sozialem und traditionsbildendem Hintergrund, die schon lange Zeit in kommunaler Verantwortung lagen, z. B. traditionelle Weihnachtsmärkte, kann die Gemeinde zwar Private zur weiteren Aufgabenwahrnehmung einschalten (Submissions- oder Konzessi-

50 BVerfGE 33, 303, 345.
51 Nds. OVG, GewArch 2002, 428.
52 VG Lüneburg, NVwZ-RR 2004, 256 m. w. N.
53 BVerwG, NVwZ 84, 585, 586.

onsmodell), sie muss sich aber auf jeden Fall Kontroll- und Einwirkungsrechte vorbehalten.[54].
Als **sachgerechte Kriterien** werden dagegen u. a. die Attraktivität des Betriebes; die Ausgewogenheit des Veranstaltungsangebotes; der Bekanntheitsgrad; das rollierende System; das Losverfahren; eingesetzte Attraktion unter dem Gesichtspunkt: neu/älter; Musikauswahl, Beleuchtung, Lautstärke bei einer Kirmes; sichere Anlage für die Benutzer sowie das Prioritätsprinzip anerkannt.
Zudem muss die Auswahlentscheidung **hinreichend begründet** werden, damit der Adressat seine Rechte effektiv wahrnehmen kann; hierdurch wird auch jedem Verdacht auf Korruption vorgebeugt.

4.1 Entgelte und Benutzungsgebühren

1213 Für die Benutzung von öffentlichen Einrichtungen können Entgelte und Gebühren erhoben werden.
Für die Bemessung der Gebühren ist das gebührenrechtliche **Äquivalenzprinzip** zu beachten, d. h. zwischen der geforderten Gebühr und dem Wert der Nutzung der Einrichtung für den Bürger muss ein angemessenes Verhältnis bestehen. Solange aber bestimmte Einrichtungen wie Schwimmbäder, Museen, Kindergärten usw. von der öffentlichen Hand soweit subventioniert werden, dass allenfalls der geringere Teil der entstehenden Aufwendungen durch Gebühren gedeckt wird, ist das Äquivalenzprinzip ohne Bedeutung.

Für die rund. vierwöchige Teilnahme am Weihnachtsmarkt am Kölner Dom zahlen Händler 4500 Euro für den laufenden Frontmeter ihrer Buden, Gastronomen 6000 Euro[55].

Die Gebühr ist weiterhin nach dem Grundsatz der speziellen Entgeltlichkeit festzulegen, d. h. sie ist nach Inanspruchnahme der Einrichtung oder Anlage zu bemessen (**Wirklichkeitsmaßstab**). Falls ein solcher Wirklichkeitsmaßstab fehlt oder wirtschaftlich nicht vertretbar ist, darf ein Wahrscheinlichkeitsmaßstab gewählt werden.
Ein Kirmesplatz kann von den einzelnen Schaustellern sehr unterschiedlich genutzt werden, auch die Intensität der Nutzung variiert stark. Es ist deshalb besonders schwierig, einen einheitlichen Maßstab zu finden, der Rückschlüsse auf die wirkliche Nutzung zulässt. Deshalb kann als Bemessungsgrundlage für die Gebühr ein Wahrscheinlichkeitsmaßstab gewählt werden. Allerdings lässt die alleinige Orientierung am Gewerbeertrag keinen Rückschluss darauf zu, in welchem Maß die Einrichtung in Anspruch genommen wird. Der erwirtschaftete Ertrag ist nicht gleichbedeutend mit dem Umfang der Nutzung. Bei der Berechnung von Standgebühren dürfte hierauf nicht allein abgestellt werden.

5. Verkehrssicherungspflichten

1214 Bei der Benutzung öffentlicher Sachen passieren täglich Unfälle, sei es auf Straßen, sei es in Badeanstalten, Kindergärten, Schulen. In einer Badeanstalt ist der Sprungturm defekt; auf einem Spielplatz verletzt sich ein Kind beim Schaukeln schwer, als es auf betonierten Boden unter der Schaukel fällt; in einem Schlachthof verenden angelieferte Schweine wegen des schlechten Zustandes der Aufbewahrungsboxen; auf einer Straße kommt es bei Glatteis zu schweren Unfällen.
Grundsätzlich muss jeder Rücksicht darauf nehmen, dass er keinen anderen gefährdet oder schädigt. Das gilt selbstverständlich auch für die öffentliche Hand, die durch ihre Widmung Sachen für die Benutzung durch die Allgemeinheit ja erst zur Verfügung gestellt hat.

---

54 VGH München, NVwZ-RR 1998, 193; BVerwG, GewA 2009, 484.
55 Rheinischer Merkur Nr. 49/2001; zum Äquivalenzprinzip näher BVerwG VBlBW 2009, 56.

Wenn die öffentliche Hand also durch die Bereitstellung von öffentlichen Sachen Gefahrenquellen schafft, muss sie auch zumutbare Vorkehrungen dagegen treffen, dass Dritten Gefahren drohen (Verkehrssicherungspflicht). Für den Umfang der Verkehrssicherungspflicht an Straßen bestimmt z. B. § 9a Abs. 2 S. 1 StrWG NRW, dass sie *„so herzustellen und zu unterhalten (sind), dass sie den Erfordernissen der Sicherheit und Ordnung genügen“*.

Die Rechtsprechung steht seit jeher auf dem Standpunkt, dass die Verkehrssicherungspflicht der öffentlichen Hand privatrechtlich wahrgenommen wird. Begründet wird dies damit, dass die Verkehrssicherungspflicht nicht aus dem Eigentum oder der Aufsicht folgt, sondern aus einem allgemeinen, aus den §§ 823, 836 BGB abzuleitenden Rechtsgrundsatz.

Soweit öffentliche Straßen in Frage stehen, haben die meisten Länder die Verkehrssicherungspflicht durch Gesetz als **öffentliche Aufgabe** deklariert (§ 9a Abs. 1 S. 2 StrWG NRW). Kommt es zu Schäden durch Verletzung der Verkehrssicherungspflicht, ist damit ein Ersatzanspruch nach den Grundsätzen der Amtspflichtverletzung zu prüfen, das Privileg der Subsidiaritätsklausel[56] lässt die Rechtsprechung in diesen Fällen jedoch nicht gelten.

Der Umfang der Verkehrssicherungspflicht bestimmt sich danach, was ein vernünftiger Benutzer an Sicherheit erwarten darf. Aus der Verkehrssicherungspflicht folgt nicht, dass Einrichtungen schlechthin gefahrlos und frei von allen Mängeln sein müssen. Die öffentliche Hand muss allerdings dann tätig werden, wenn Gefahren bestehen, die auch für einen sorgfältigen Benutzer nicht oder nicht rechtzeitig erkennbar sind und auf die er sich nicht oder nicht rechtzeitig einzurichten vermag, d. h. niemand muss bei einer öffentlichen Sache mit versteckten oder tückischen Mängeln rechnen.

6. Das Hausrecht

Das **privatrechtliche Hausrecht** (§ 903 BGB) kann im Rahmen der §§ 1004, 859 f. BGB verteidigt werden. Insoweit kommt auch Notwehr (§ 227 BGB) in Betracht. Verstöße gegen das Hausrecht werden als **Hausfriedensbruch** bestraft (§ 123 StGB). **1215**

Das Hausrecht im räumlichen Bereich der öffentlichen Verwaltung ist teilweise in Spezialvorschriften geregelt, z. B. das Hausrecht des Präsidenten des Bundestages im Gebäude des Reichstages (Art. 40 Abs. 2 S. 1 GG); das Recht des Vorsitzenden im Zivil- oder Strafprozess (§ 176 GVG), im Verwaltungsprozess (§ 55 VwGO) oder im förmlichen Verwaltungsverfahren (§ 68 Abs. 3 S. 1, 2 VwVfG), das Hausrecht des Vorsitzenden im Stadt- oder Gemeinderat (z. B. § 51 Abs. 2 S. 1 GO NRW).

Fehlt eine Spezialregelung hinsichtlich der Ausübung des Hausrechtes, so muss unterschieden werden:

1. Im Rahmen des sogen. **Anstaltsrechtes** sind Eingriffe auch ohne eine genaue gesetzliche Ermächtigung zulässig, sofern sie geeignet, erforderlich und nicht unverhältnismäßig sind, um den Zweck der rechtmäßig errichteten Anstalt zu erreichen oder zu sichern. Das Hausrecht kann sich dann aber immer nur gegen **Personen** richten, die der sogen. **Anstaltsgewalt** unterworfen sind, also nicht gegen **Dritte**.
2. Bei **Sachen im Verwaltungsgebrauch**, z. B. Rathäusern, richtet sich die Rechtsgrundlage für die Inanspruchnahme des Hausrechtes nach dem Zweck, zu dem jemand ein Verwaltungsgebäude betreten will.

   Die Zweckbestimmung eines Behördengebäudes besteht darin, dass Bedienstete ihre Tätigkeiten im Interesse der Bürger wahrnehmen können. Soweit der Besucher eines Rathauses privatrechtliche Rechtsbeziehungen anbahnen oder abwickeln

56 RdNr. 1234.

will, ist das Hausrecht den privatrechtlichen Regelungen zu entnehmen (§§ 903, 1004 BGB), ein etwaiger Streit wird von den Zivilgerichten entschieden[57].

Beispiel: Zulassung von Fotografen im Standesamt.

Soll der Bürger hingegen an der Besorgung öffentlich-rechtlicher Angelegenheiten in einer Behörde gehindert werden, so ist das Hausrecht als Annexkompetenz aus der öffentlich-rechtlichen Sachkompetenz zu folgern und sachgerecht auszuüben[58].
Hierüber entscheiden letztendlich die Verwaltungsgerichte.

Beispiel: Betretungsverbot für eine Bibliothek für einen Besucher, der zuvor Jugendliche sexuell belästigt hatte.

3. Im Schrifttum hingegen wird die Ausübung des Hausrechtes als **Annexkompetenz** der öffentlichen Verwaltung als **stets öffentlich-rechtlich** gesehen, und zwar ohne Rücksicht darauf, ob der Hausbesucher öffentliche oder private Interessen wahrnimmt. Begründet wird das damit, dass der Hoheitsträger die Befugnis habe, sich in seinem Bereich aufzuhalten und die öffentlichen Aufgaben zu erledigen. Die rechtswidrige Störung des Dienstablaufes stelle danach stets eine Störung der öffentlichen Sicherheit und Ordnung dar[59], und zwar unabhängig davon, ob ein Hausbesucher öffentliche oder private Interessen verfolge.

57 BayObLG, JZ 77, 311.
58 OVG NRW, JMBl. NRW 1989, 47.
59 Drews/Wacke/Vogel/Martens, Recht der Gefahrenabwehr, § 3 S. 35.

18. Abschnitt: Staatshaftungsrecht

1. System der Staatshaftung

Soweit die öffentliche Hand durch hoheitliches Verhalten Vermögensrechte oder auch immaterielle Rechtsgüter des Einzelnen wie Leben, Gesundheit, Freiheit beeinträchtigt, stellt sich die Frage nach Ansprüchen hinsichtlich des Ausgleichs der erlittenen Nachteile. 1216

Beispiele: Beim Ausbau der Kölner U-Bahn kommt es an der Ausbaustrecke zum Einsturz von Häusern, zwei Bewohner sterben; wegen nicht geräumter Bürgersteige durch die Stadt kommt es zu Stürzen mit gesundheitlichen Schäden.

Nimmt die öffentliche Hand wie eine Privatperson am Rechtsverkehr teil, kauft z. B. eine Gemeinde einen Dienstwagen für ihren Bürgermeister, und kommt es in diesem Zusammenhang zu Unregelmäßigkeiten, dann haftet die öffentliche Hand (§§ 89, 31 BGB) dafür nach allgemeinen zivilrechtlichen Grundsätzen (Vertragshaftung; Unerlaubte Handlung)[1].
Für einen Rechtsstaat ist es selbstverständlich, dass er für ein Fehlverhalten seiner Beschäftigten einzustehen hat, dass er bestimmte Einbußen oder Nachteile seiner Bürger ausgleichen und die Folgen rechtswidrigen Verwaltungshandelns rückgängig machen muss.

In Deutschland fehlt es an einer zusammenhängenden gesetzlichen Regelung öffentlich-rechtlicher Ausgleichs- und Wiederherstellungspflichten[2], und es bleibt zunächst bei der nur bruchstückhaften gesetzlichen Regelung dieser Materie in den verschiedensten Gesetzen und vor allem bei der für die Praxis wesentlichen Ausformung durch die Rechtsprechung. 1217
Für staatliche Ausgleichsleistungen gibt es folgende Haftungsgrundlagen und Haftungsinstitute[3]

1.1 Ansprüche auf Schadensersatz oder Entschädigung:

- Ansprüche aus **Amtshaftung** (§ 839 BGB; Art. 34 GG) bei einer schuldhaften Verletzung von Amtspflichten durch Amtsträger, die zu einem **Schadensersatzanspruch** führen. Zu ersetzen ist dann jeder Vermögensschaden[4]. 1218
- **Aufopferungsansprüche** (§§ 74, 75 Einl ALR) bei einem rechtswidrigen unverschuldeten/schuldhaften Eingriff in immaterielle Rechtsgüter des Bürgers wie Leben, Gesundheit, Freiheit, Ehre.
- **Enteignungsansprüche** (Art. 14 Abs. 3 GG) bei der Entziehung einer enteignungsfähigen Rechtsposition durch oder aufgrund eines Gesetzes, das auch die Entschädigung regelt.
- Ansprüche aus **enteignungsgleichem Eingriff** (richterrechtliches Institut; §§ 74, 75 Einl ALR) bei unverschuldeten oder schuldhaften Eingriffen in eine enteignungsfähige Rechtsposition durch eine rechtswidrige Maßnahme.

---

1 Instruktiv hierzu: BGH, NJW 2000, 2810.

2 § 1 des Staatshaftungsgesetzes aus dem Jahre 1981 (nichtig wegen damals fehlender Gesetzgebungskompetenz des Bundes) bestimmte: „Verletzt die öffentliche Gewalt eine Pflicht des öffentlichen Rechtes, die ihr einem anderen gegenüber obliegt, so haftet ihr Träger dem anderen für den daraus entstehenden Schaden nach diesem Gesetz."

3 Windthorst/Sproll, Aufsatzserie JuS 1995, 791, 892, 992, 1080; JuS 1996, 125, 219, 313, 605.

4 Im Unterschied zu § 823 BGB, der die Verletzung konkreter Schutzgüter verlangt.

- Ansprüche aus **enteignendem Eingriff** (§§ 74, 75 Einl ALR) bei tatsächlichen Auswirkungen einer rechtmäßigen Maßnahme, die einen unvorhergesehenen Eingriff in eine enteignungsfähige Rechtsposition zur Folge haben.
- Ansprüche aus **verwaltungsrechtlichen Schuldverhältnissen**, nämlich: öffentlich-rechtliche Verwahrung; öffentlich-rechtliche Geschäftsführung ohne Auftrag; verwaltungsrechtliche Verträge; öffentlich-rechtliche Benutzungs- und Leistungsverhältnisse. Die tatbestandlichen Voraussetzungen folgen denen des Zivilrechtes: Unmöglichkeit; Verzug; culpa in contrahendo (§ 311 Abs. 2 i. V. m. § 280 Abs. 1 in Verbindung mit 241 Abs. 2 BGB); Verletzung von Pflichten aus dem Schuldverhältnis (§ 280 Abs. 1).
- Ansprüche aus **öffentlich-rechtlicher GoA** (§ 677 BGB analog)
- Ansprüche aus spezialgesetzlichen Vorschriften, insbesondere des **Polizei- und Ordnungsrechts** (z. B. §§ 39 ff. OBG NRW, ggf. i. V. m. § 67 PolG NRW)
- Ansprüche aus **Gefährdungshaftung**, nämlich: Tierhalterhaftung; Haftung für Umweltschäden; Haftung für technische Risiken; Haftung beim Einsatz von Fahrzeugen (§ 7 StVG).

1.2 Ansprüche auf Ausgleich oder Wiederherstellung:

1219 – **Folgenbeseitigungsansprüche** (§ 113 Abs. 1 S. 4 VwGO) bei einer rechtswidrigen Schädigung, die rückgängig gemacht werden soll durch Wiederherstellung des status quo ante.
- **öffentlich-rechtliche Abwehransprüche**, sie sollen drohende rechtswidrige, hoheitliche Maßnahmen abwehren und sind – anders als der FBA – auf Unterlassung und nicht auf Kompensation gerichtet, der Unterlassungsanspruch ist zeitlich dem FBA vorgelagert.
- **Plangewährleistungsansprüche** (z. B. § 39 BauGB), die das durch eine verbindlich erscheinende staatliche Planungsentscheidung geschaffene Vertrauen schützen.
- **Öffentlich-rechtliche Erstattungsansprüche**, die rechtsgrundlose Vermögensverschiebungen im öffentlichen Recht rückgängig machen. Sie lehnen sich grob an die Vorschriften der §§ 812 BGB an.

Die Verletzung **gemeinschaftsrechtlicher Pflichten** durch einen Mitgliedstaat der Europäischen Union kann ebenfalls zu einer Staatshaftung führen[5].

1220 Im Staatshaftungsrecht gibt es derzeit **geteilte Rechtswege**. Zum Teil ist der Verwaltungsrechtsweg gegeben, z. B. bei öffentlich-rechtlichen Erstattungsansprüchen; Folgenbeseitigungsansprüchen, zum Teil der Zivilrechtsweg, z. B. bei Amtshaftungsansprüchen; Enteignungs- oder Aufopferungsansprüchen. Komplex wird es, wenn ein Anspruch aus mehreren Anspruchsgrundlagen hergeleitet wird, z. B. aus Amtshaftung und Folgenbeseitigung. Soweit die verfassungsrechtliche Entscheidung des Art. 34 S. 3 GG reicht, muss zwingend das Zivilgericht entscheiden, in den übrigen Fällen muss das Gericht, das nur für eine Anspruchsgrundlage zuständig ist, auch die andere mitentscheiden (§ 17 Abs. 2 S. 1 GVG).

2. Amtshaftung

1221 Im Mittelpunkt der Staatshaftung steht die **Amtshaftung** (§ 839 BGB i. V. m. Art. 34 S. 1 GG). Ansprüche aus Amtshaftung bestehen, wenn ein „Beamter“ sich gegenüber einem Bürger schuldhaft unrechtmäßig verhalten hat und dem Bürger hierdurch ein

---

5 EuGH, NJW 1992, 165 – Rechtssache Francovich; EuGH, NJW 96, 3139 – Rechtssache Dillenkofer betr. Nichtumsetzung einer Pauschalreiserichtlinie; im Einzelnen vgl. Frenz/Götzkes, JA 2009, 759 f.

materieller oder immaterieller Schaden entstanden ist. § 839 BGB begründet dann die persönliche Haftung des „Beamten“, die im Rahmen hoheitlicher Tätigkeit durch Art. 34 S. 1 GG auf die Anstellungskörperschaft übergeleitet wird (**„mittelbare Staatshaftung“**). Das ist für den handelnden Beamten eine **befreiende Schuldübernahme**. Der Staat tritt damit als Schutzschild vor seine „Beamten“ und leistet dem betroffenen Bürger Schadensersatz. Dies soll die Entscheidungsfreudigkeit der „Beamten“ im Interesse der Allgemeinheit erhöhen. Eine persönliche Haftung des Beamten entfällt.

2.1 Die Ausübung eines anvertrauten öffentlichen Amtes

§ 839 Abs. 1 BGB verlangt, dass ein **Beamter** gehandelt haben muss. Demgegenüber **1222**
knüpft die Amtspflicht in Art. 34 S. 1 GG nicht an einen Beamten an. Vielmehr ist es erforderlich, aber auch ausreichend, dass „jemand“ eine Amtspflicht verletzt, was wiederum bedeutet, dass es ausschließlich darauf ankommt, dass die handelnde Person Inhaber eines öffentlichen Amtes ist. Art. 34 GG erweitert mithin den Anwendungsbereich über den Beamten im statusrechtlichen Sinn hinaus auch auf
Personen, die in einem öffentlich-rechtlichen Dienstverhältnis stehen[6]. Erforderlich ist, dass ein **Zusammenhang mit einer Amtsausübung** besteht und das Handeln nicht nur **bei Gelegenheit einer Amtsausübung** geschieht[7], z. B. würde das Land NRW für einen Polizeibeamten nicht haften, der bei der Festnahme einer Person in der Wohnung des Festzunehmenden einen Diebstahl begeht.

Amtshaftung ist keine **Statushaftung**, sondern eine **Funktionshaftung**[8]. Es kommt **1223**
nicht darauf an, auf welche Weise einem Bediensteten ein öffentliches Amt anvertraut worden ist, sondern entscheidend ist allein, welche Aufgaben der Bedienstete wahrnimmt. Im Rahmen der Eingriffsverwaltung wird immer hoheitliches Handeln vorliegen, bei übrigen Tätigkeiten wird man im Einzelfall die Hoheitlichkeit abzuwägen haben[9]. „Beamter“ iSd § 839 Abs. 1 BGB ist also jeder, dem ein öffentliches Amt anvertraut ist, unabhängig davon, ob er statusrechtlich Beamter ist oder nicht. Beamte in diesem haftungsrechtlichen Sinne sind daher auch die Angestellten im öffentlichen Dienst oder die in einem sonstigen öffentlich-rechtlichen Amtsverhältnis stehen, z. B. Gemeinderatsmitglieder[10]; Amtsärzte; Bezirksschornsteinfegern[11]; Gerichtsvollzieher[12]; Beliehene[13], Verwaltungshelfer[14]; Abschleppunternehmer[15]. Für den geschädigten Bürger ist es schließlich gleichgültig und zudem rein zufällig, ob die öffentliche Hand selbst oder ein beauftragter Privater tätig geworden ist[16]. Je stärker der hoheitliche Charakter einer Aufgabe in den Vordergrund tritt, je enger die Verbindung zwischen der übertragenen Tätigkeit und der von der Behörde zu erfüllenden hoheitlichen Aufgabe und je begrenzter der Entscheidungsspielraum des Privaten ist, desto näher liegt es, ihn als „Beamten“ anzusehen[17].

Beispiele für Beliehene: amtlich anerkannte Sachverständigen der technischen Prüfstellen für den Kraftfahrzeugverkehr, z. B. TÜV oder DEKRA; Jagdaufseher. Beispiele für „bloße“ Verwaltungs-

---

6 Pieper in: Schmidt-Bleibtreu/Hofmann/Hopfauf, GG, Art. 34 RdNr. 16.
7 BGHZ 124, 15, 18 (Schwarzfahrt)
8 Rohlfing, S. 78 f.
9 Maurer, AVR, § 3 RdNr. 20 f.
10 BGH, NVwZ-RR 2003, 403.
11 LG Arnsberg, NVwZ-RR 2003, 545.
12 AG Mönchengladbach, NVwZ-RR2003, 405.
13 BGH, MDR 2003, 727.
14 BGH, NVwZ 2007, 681 (Schülerlotse).
15 BGHZ 121, 161, 165.
16 BGHZ 121, 161; BGHZ 147, 169.
17 BGHZ 161, 6.

helfer: Schülerlotsen; private Abschleppunternehmer; Labors, die Schnelltests zur Erkennung von BSE vornehmen.

Bei einem Abschleppunternehmer kommt die besondere Beziehung schon dadurch zum Ausdruck, dass stets ein Beamter oder eine Politesse beim Abschleppvorgang zugegen ist (und hierfür stellt der Staat Verwaltungsgebühren in Rechnung). Allerdings handelt der Private nur bei dem eigentlichen Abschleppvorgang als Werkzeug der Behörde. Entsteht später, etwa auf dem Verwahrplatz, ein Schaden an dem abgeschleppten Fahrzeug, so fällt das nicht mehr hierunter. Der Unternehmer handelt dann in eigener, selbständiger Verantwortung.

2.2 Schuldhafte Amtspflichtverletzung

1224 Der „Beamte" muss eine **Amtspflicht** verletzt haben. Amtspflichten sind die an den „Beamten" gerichteten Verhaltensmaßregeln, mithin die öffentlich-rechtlichen Verhaltenspflichten, die an die Wahrnehmung des öffentlichen Amtes anknüpfen. Amtspflichten ergeben sich aus den Gesetzen und den allgemeinen Rechtsgrundsätzen, die der „Beamte" beachten muss, z. B. auch Weisungen von Vorgesetzen, Dienst- und Arbeitspflichten.

Bei der Bestimmung von Amtspflichten hat ein öffentlich-rechtlicher Vertrag außer Betracht zu bleiben; die Grundsätze der Amtshaftung sind nicht anzuwenden, da „anderenfalls die besonderen Regeln, die sich für die gegenseitigen Leistungen aus dem öffentlich-rechtlichen Leistungsverhältnis ergeben, und die gerichtliche Zuständigkeit dort, wo über den Erfüllungsanspruch nicht die Zivilgerichte zu entscheiden haben, umgangen werden könnten"[18]. Würde jede Verletzung eines öffentlich-rechtlichen Vertrages zugleich eine Amtspflichtverletzung darstellen, würde dies zu einer Umgehung der vom Gesetzgeber vorgesehenen Rechtswegzuständigkeit führen (§ 13 GVG, § 40 VwGO).

Die Palette denkbarer Amtspflichten ist nahezu unüberschaubar, allgemein anerkannt sind folgende Amtspflichten:

- Amtspflicht zu rechtmäßigem Handeln
- Amtspflicht, unerlaubte Handlungen zu unterlassen
- Amtspflicht zu pflichtgemäßer Ermessensausübung
- Amtspflicht zur Beachtung des Verhältnismäßigkeitsgrundsatzes
- Amtspflicht zur Erteilung richtiger, klarer, unmissverständlicher und vollständiger Auskünfte entsprechend dem Stand der Erkenntnismöglichkeiten
- Amtspflicht zu zügiger Bearbeitung von Anträgen und Anfragen[19]
- Amtspflicht zu sorgfältiger und umfassender Sachverhaltsermittlung[20]
- Amtspflicht zu sachlichen und unvoreingenommenen Entscheidungen
- Amtspflicht zur Beachtung höchstrichterlicher Rechtsprechung
- Amtspflicht zur Beachtung des Gleichheitsgrundsatzes, besonders bei Personalentscheidungen
- Amtspflicht zu konsequentem Verhalten[21]
- Amtspflicht zur Beachtung interner Weisungen[22]
- Amtspflicht, fälschlich eingegangene Post (Irrläufer) ordnungsgemäß zu verwahren, weiterzuleiten oder zurückzusenden
- Verpflichtung zum Schutz des allgemeinen Persönlichkeitsrechtes (Mobbing)[23]

---

18 BGHZ 120, 184 (188) = NJW 1993, 1526 (1527).
19 BGH, NJW 2007, 830 (Grundbuchamt).
20 § 24 VwVfG; BGH, NJW 91, 2696.
21 BGH, NVwZ 2001, 709.
22 OLG Nürnberg, NJW 00, 3075.
23 BGH, NJW 2002, 3172.

Der Amtshaftungstatbestand in § 839 BGB gehört systematisch zu den Tatbeständen der unerlaubten Handlung, die ihrerseits durch das Erfordernis der Rechtswidrigkeit und des Verschuldens gekennzeichnet sind. Die „**Rechtswidrigkeit**" der die Schädigung verursachenden Amtshandlung im Amtshaftungstatbestand wird nicht erwähnt. Gleichwohl findet sie ihre Entsprechung in dem amtspflichtwidrigen Verhalten des „Beamten" gegenüber dem Verletzten. Amtshaftung ist **Verschuldenshaftung**. Der Beamte muss **vorsätzlich** oder **fahrlässig** gehandelt haben. 1225
Obschon es für die eigentliche Rechtsfolge des Amtshaftungsanspruchs nicht von Bedeutung ist, ob der „Beamte" die Amtspflichtverletzung vorsätzlich oder lediglich fahrlässig begangen hat, erlangt die Unterscheidung zwischen diesen beiden Schuldformen gleichwohl eine nicht nur unerhebliche Bedeutung:

- Fällt dem Beamten nur Fahrlässigkeit zur Last, so kann er nach näherer Maßgabe des § 839 Abs. 1 S. 2 BGB nur dann in Anspruch genommen werden, wenn der Verletzte nicht auf andere Weise Ersatz zu erlangen vermag (Subsidiaritätsklausel). 1226
- Verletzt ein Beamter bei dem Urteil in einer Rechtssache seine Amtspflicht, so ist er nach Maßgabe des § 839 Abs. 2 S. 1 BGB für den daraus entstehenden Schaden nur dann verantwortlich, wenn die Pflichtverletzung in einer Straftat besteht (Spruchrichterprivileg). Die Anwendung dieser Vorschrift ist im Fall vorsätzlichen Verhaltens ausgeschlossen.
- Ein Rückgriff (Regress) gegen den Beamten findet vor dem Hintergrund des Art. 34 S. 2 GG, § 48 BeamtStG nur im Fall vorsätzlicher oder grob fahrlässiger Pflichtverletzung statt.
- Bei den Haftungsbeschränkungsregelungen des § 46 Abs. 2 Ziff. 2 BeamtVG kommt es darauf an, ob die (unerlaubte) Handlung vorsätzlich begangen worden ist.
- Der Grad des Verschuldens, also die Frage, ob die Amtspflichtverletzung vorsätzlich oder fahrlässig herbeigeführt wurde, wirkt sich auf den Bereich des Mitverschuldens aus, d. h. auf die Frage, inwieweit dem Geschädigten bei der jeweils konkret maßgeblichen Erscheinungsform des Verschuldens ein (eigenes) Mitverschulden zur Last gelegt werden kann-

2.2.1 Vorsatz

Vorsatz ist zu bejahen, wenn der Beamte weiß, dass er pflichtwidirg handelt, wenn er sich also bewusst über bestehende Amtspflichten hinwegsetzt. 1227
„Nach der ständigen Rechtsprechung des Bundesgerichtshofs handelt ein Amtsträger vorsätzlich, wenn er sich bewusst über die verletzte Amtspflicht hinwegsetzt. Zum Vorsatz gehört nicht nur die Kenntnis der Tatsachen, aus denen die Pflichtverletzung sich objektiv ergibt, sondern auch das Bewusstsein der Pflichtwidrigkeit, d. h. das Bewusstsein, gegen die Amtspflicht zu verstoßen. Zumindest muss der Amtsträger mit der Möglichkeit eines solchen Verstoßes rechnen und diesen billigend in Kauf nehmen.[24]"
Ein **Rechtsirrtum** lässt zwar das Bewusstsein der Rechtswidrigkeit/Pflichtwidrigkeit wegfallen (und damit den Vorsatz), er befreit aber nicht automatisch von einem etwaigen Fahrlässigkeitsvorwurf[25].

2.2.2 Fahrlässigkeit

Fahrlässig handelt der Beamte, der die im Verkehr übliche Sorgfalt nicht beachtet (§ 276 Abs. 2 BGB). Es ist insoweit ein **objektiv-abstrakter** Sorgfaltsmaßstab anzulegen[26]. Es 1228

24 BGHZ 120, 176 (181).
25 OLG Hamm, Urt. v. 27.3.2013 – 11 U 25/12 (juris).
26 Palandt/Grüneberg, BGB, § 276 RdNr. 15.

kommt also nicht auf den im Einzelfall handelnden Beamten an, sondern darauf, was ein pflichtgetreuer Durchschnittsbeamter für Pflichten zu erfüllen gehabt hätte. Mithin muss der „Beamte" über die zur ordnungsgemäßen Erfüllung seiner Tätigkeit erforderlichen Sach-, Fach- und Rechtskenntnisse verfügen, sofern er sie nicht hat, muss er sich diese verschaffen, übliche Hilfsmittel wie Standardkommentare oder die Sammlung von Gerichtsentscheidungen muss er zu Hilfe nehmen[27]. Eine objektiv vorliegende Amtspflichtverletzung indiziert ein Verschulden. Wie jeder Mensch muss der Bedienstete auch einschätzen können, wann er überfordert ist. Eine erhöhte Sorgfalt trifft den Beamten, wenn er erkennen muss, dass seine Auskunft für einen Rat suchenden Bürger von erheblicher Bedeutung und wirtschaftlicher Tragweite ist[28]. „Zwar muss sich jeder Amtsträger die zur Führung seines Amtes notwendigen Rechts- und Verwaltungskenntnisse verschaffen. Bei der Gesetzesauslegung und Rechtsanwendung hat er die Rechtslage unter Zuhilfenahme der ihm zu Gebote stehenden Hilfsmittel sorgfältig und gewissenhaft zu prüfen und danach aufgrund vernünftiger Überlegungen sich eine Rechtsmeinung zu bilden. Nicht jeder objektive Rechtsirrtum begründet jedoch einen Schuldvorwurf. Wenn die nach sorgfältiger Prüfung gewonnene Rechtsansicht des Amtsträgers als rechtlich vertretbar angesehen werden kann und er daran bis zur gerichtlichen Klärung der Rechtslage festhält, so kann aus der späteren Missbilligung seiner Rechtsauffassung durch die Gerichte ein Schuldvorwurf nicht hergeleitet werden"[29].

1229 In aller Regel scheidet ein Verschulden des Beamten dann aus, wenn ein **Kollegialgericht** seine Auffassung als objektiv rechtmäßig angesehen hat[30]; eine Einzelrichtererkenntnis allein reicht dagegen nicht aus[31]. Auch eine mangelhafte Organisation des Verwaltungsablaufes kann ein Verschulden begründen[32].
Diese Verschuldensgrundsätze gelten auch für die Mitglieder kommunaler Vertretungskörperschaften. Mithin kann von Gemeinde- und Stadträten erwartet werden, dass sie sich auf ihre Entscheidungen sorgfältig vorbereiten und, soweit ihnen die eigene Sachkunde fehlt, den Rat ihrer Verwaltung oder die Empfehlung von sonstigen Fachbehörden einholen bzw. notfalls sogar außerhalb der Verwaltung stehende Sachverständige hinzuziehen[33]. Dies gilt insbesondere dann, wenn der Rat der Körperschaft beabsichtigt, von den Empfehlungen mehrerer Fachbehörden abzuweichen.[34]

2.3 Drittbezogenheit der Amtspflicht

1230 Das Merkmal der **Drittbezogenheit** der Amtspflicht soll – neben seiner haftungsbegründenden Wirkung – eine Haftungsbegrenzung gewährleisten[35]. Anderen Personen, die nicht zum Kreis der „Dritten" zählen, bleibt ein Ersatzanspruch auch dann versagt, wenn sich die Amtspflichtverletzung des Amtsträgers für sie nachteilig ausgewirkt hat.[36] Amtspflichten dienen zunächst einmal dem Interesse der Allgemeinheit an einer geordneten und funktionierenden Verwaltung. Soweit sich die Amtspflichten darin erschöpfen, diesem Allgemeininteresse zu dienen, kommen bei einer Verletzung dieser Amtspflichten für außenstehende Dritte auch keine Schadensersatzansprüche in Betracht.

---

27 OLG Hamm, NJOZ 2009, 4341.
28 OLG Zweibrücken, NVwZ-RR 2001, 79.
29 BGH, Urt. v. 4.7.2013 – III ZR 338/12 (juris).
30 BGH, NVwZ 1998, 878.
31 BGH, VersR 2003, 1274.
32 BGH, NJW 2007, 830; Brüning, NJW 2007 1094, 1096.
33 BGHZ 106, 323 (330).
34 BGH, NVwZ 2006, 117 (118).
35 So ausdrücklich BGH, NJW 2013, 604.
36 BGH NJW 1986, 2952 (2954).

Amtspflichten müssen **drittschützend** sein[37], also in persönlicher und sachlicher Hinsicht auch dem Schutz des Geschädigten dienen[38]. Das ist im Einzelfall allerdings schwierig abzugrenzen.

Entscheidend für die Drittbezogenheit sind drei Aspekte bzw. Fragestellungen[39]: 1231

- Ist die im jeweiligen Einzelfall konkret verletzte Amtspflicht generell geeignet, eine drittbezogene bzw. drittschützende Wirkung zu entfalten?
  Zunächst einmal muss im Rahmen der Drittbezogenheit festgestellt werden, ob eine Amtspflicht bzw. die darauf zurückzuführende Norm drittgerichtet ist, mithin auch den Schutz des jeweiligen, den Amtshaftungsschaden beanspruchenden Klägers bzw. des Geschädigten bezweckt. Die Eingrenzung des personellen Schutzbereichs bzw. die Reduzierung des geschützten Personenkreises soll gewährleisten, dass nicht jeder, der durch eine Amtspflichtverletzung einen Schaden erlitten hat, diesen Schaden im Wege der Amtshaftung liquidieren kann. Insoweit bestehen Auslegungsparallelitäten zur Klagebefugnis des § 42 Abs. 2 VwGO.
- Gehört der im konkreten Fall geschädigte Bürger zu dem Personenkreis, den die (verletzte) Amtspflicht schützen soll?
  Das Schutzzweckkriterium dient der inhaltlichen Bestimmung und sachlichen Begrenzung der Amtshaftung. Der Ersatzanspruch hängt davon ab, dass der konkret geltend gemachte Schaden von der Schutzwirkung der (drittbezogenen) Amtspflicht abgedeckt ist[40]. Das Kriterium des Schutzzwecks ist dem allgemeinen Deliktsrecht entlehnt. Insbesondere mit Rücksicht auf die bauaufsichtliche Genehmigung hat die Rechtsprechung aus dem Schutzzweck-Kriterium heraus auf den Aspekt des Vertrauensschutzes abgestellt.
- Ist der im konkreten Fall geltend gemachte Schaden bzw. die Schadensposition auch in sachlicher Hinsicht von der drittschützenden Wirkung, die von der Amtspflicht bzw. der Norm ausgeht, erfasst? Der Dritte muss schutzbedürftig sein[41]. Der mit besonderer Sachkunde ausgestattete Geschädigte, wird i. d. R. nicht hierunter fallen[42] und es wird an den Voraussetzungen fehlen.

Beispiele: Bei der **Erteilung** einer Baugenehmigung sind möglicher Weise auch die Interessen des Rechtsnachfolgers zu berücksichtigen, da eine Baugenehmigung für und gegen den Rechtsnachfolger wirkt – anders ist dies bei der **Versagung** einer Baugenehmigung. Diese entfaltet keine materielle Bestandskraft gegenüber Personen, die am formellen Antragsverfahren nicht beteiligt waren; diese Personen sind daher auch nicht „Dritte" im Sinne des Amtshaftungsrechtes[43]. Die Pflicht des Deutschen Wetterdienstes, Seefahrt und Luftfahrt vor Unwetter zu warnen, ist keine Amtspflicht gegenüber den einzelnen See- und Luftfahrern[44]. Auch die Aufsicht übergeordneter Behörden liegt allein im öffentlichen Interesse.
Die Verkehrssicherungspflicht dagegen soll die Benutzer öffentlicher Straßen vor Schäden schützen, die von der Beschaffenheit der Straße ausgehen (können), sie ist damit drittbezogen. Das gilt auch für die Vorsorge gegen Hochwasserschäden[45] oder die Sicherung gegen Überschwemmungen bei kommunalen Erschließungsmaßnahmen[46].

---

37 BGHZ 182, 370 (374).
38 BGHZ 134, 268–304; BGHZ 140, 380, 382.
39 Rohlfing, S. 110 f.
40 OLG Köln, Urt. v. 6.9.2012 – 7 U 18/12 (juris).
41 zu diesen Voraussetzungen: OLG Karlsruhe, Urt. v. 14.8.2013 – 7 U 63/13 (juris).
42 zu besonderen Fällen vgl. BGHZ 181, 65 m. w. N.
43 BGH, NJW 1991, 2696; anders ist das nur in den Fällen, in denen der Käufer aufgrund eines notariell beurkundeten Vertrages bereits einen Anspruch auf Übertragung des Eigentums hatte (Anwartschaftsrecht), in diesen Fällen ist auch der formell am Baugenehmigungsverfahren nicht Beteiligte „Dritter" (BGH, NJW 85, 2817)
44 BGH, NJW 1995, 828.
45 OLG Koblenz, NVwZ-RR 2003, 617.
46 BGH, NVwZ 2002, 1143.

Die Staatsanwaltschaft darf keine schlechterdings unvertretbare Anklage erheben, das dient auch den (Vermögens-)interessen des Bürgers, dessen Versicherung z. B. bei einer (unzulässigen) Anklage wegen Brandstiftung nicht zahlt[47]. Das Opfer von Straftaten, die ein Gefangener im gelockerten Strafvollzug begeht, ist Dritter[48]. Die Richtlinien des Landes NRW über die polizeiliche Aufnahme von Bagatellunfällen begründen dagegen keine Schutzpflichten zugunsten geschädigter Unfallteilnehmer[49].
Sperrzeitverkürzungen für eine Gaststätte berühren das Individualinteresse von Nachbarn, die eine enge räumliche und zeitliche Beziehung zu der Gaststätte haben, denn die Regelungen des GastG, die den Schutz gegen schädliche Umwelteinwirkungen bezwecken, dienen auch den Individualinteressen Dritter, die von den Auswirkungen qualifiziert betroffen sind[50].
Die Bauleitplanung liegt grundsätzlich im Interesse der Allgemeinheit und nicht im Interesse einzelner Privater. Soweit die Gemeinden Bebauungspläne aufstellen, haben sie jedoch gem. § 1 Abs. 5 BauGB insbesondere

- die allgemeinen Anforderungen an gesunde Wohn- und Arbeitsverhältnisse und
- die Sicherheit der Wohn- und Arbeitsbevölkerung zu berücksichtigen.

Insoweit beziehen sich die Pflichten der Gemeinde ausdrücklich auf den Schutz der Bevölkerung und sind damit drittschützend[51].

1232 Gesetze und Verordnungen enthalten durchweg generelle und abstrakte Regeln, die keine Belange bestimmter Einzelner unmittelbar berühren. Grundsätzlich scheidet damit eine Staatshaftung für sogen. **legislatives Unrecht** aus[52]. Bei Maßnahme- oder Einzelfallgesetzes hingegen werden Belange bestimmter Personen unmittelbar berührt, so dass in diesen Fällen auch eine Drittbezogenheit angenommen werden kann[53]. Diese strenge Rechtsprechung ist dann schwer nachvollziehbar, wenn durch ein Gesetz unmittelbar Grundrechte verletzt werden, sachgerechter wäre daher eine Koppelung der Drittbezogenheit an Grundrechtsverletzungen[54], wenn z. B. das Parlament ein Gesetz beschlösse, wonach die Nutzung von Windkraft auch für bereits bestehende Anlagen verboten würde. Die mangelhafte Umsetzung von Richtlinien des europäischen Gemeinschaftsrechtes kann eine Staatshaftung begründen[55].

2.4 Verursachung eines Schadens

1233 Ersetzt wird nur ein **Vermögensschaden**, der kausal verursacht worden ist.
Zwischen der **Amtspflichtverletzung** und dem eingetretenen **Schaden** muss ein **Ursachenzusammenhang** bestehen[56]. Nach der im Zivilrecht geltenden **Adäquanztheorie** muss die Amtspflichtverletzung nicht naturwissenschaftlich kausal, sondern adäquat kausal für den Schaden gewesen sein. Die Amtspflichtverletzung als „Ereignis" muss nach dem gewöhnlichen Verlauf von Dingen zu dem „Erfolg" geführt haben. Entscheidend wird also zugrunde zu legen und abzuklären sein, welchen Verlauf die Dinge wohl bei einem pflichtgemäßen Verhalten des Amtsträgers genommen hätten. Bei einem **Unterlassen** kann die Kausalität nur bejaht werden, wenn der Schaden bei einem pflichtgemäßem Verhalten mit an **Sicherheit grenzender Wahrscheinlichkeit** verhindert worden wäre, wenn z. B. ein Polizeibeamter eine Personalienfeststellung pflichtwidrig verweigert und ein Geschädigter seine privatrechtlichen Ansprüche deswegen nicht

47 BGH, NJW 2000, 2672.
48 OLG Karlsruhe, NJW 2002, 445 mit Anm. Ullenbruch, NJW 02, 416.
49 OLG Hamm, NZV 2000, 414.
50 BVerwG, DVBl. 1996, 1192.
51 BGH, NVwZ 1998, 318.
52 BGHZ 134, 30, 32.
53 BGH a. a. O. (FN 34).
54 Papier, in: Maunz/Dürig, GG, Art. 34, RdNr. 179.
55 LG Bonn, NJW 2000, 815.
56 BGH, DVBl. 2004, 948.

durchsetzen kann[57] oder wenn nicht sachgerecht gegen den Halter eines gefährlichen Hundes vorgegangen wird[58] deutet dieses Unterlassen nicht nur auf eine **bloße Möglichkeit** einer Schadensverhinderung hin, sondern auf eine an Sicherheit grenzende Wahrscheinlichkeit.
Liegen **Ermessensfehler** vor, ist hypothetisch darauf abzustellen, wie denn wohl die Entscheidung bei pflichtgemäßer Ermessensausübung ausgefallen wäre.
Wäre der Schaden auch bei einem rechtmäßigen Verhalten des Beamten entstanden (Prüfung eines **rechtmäßigen Alternativverhaltens**), kann das zur Verneinung der Schadensverursachung führen[59].
Die Beweislastregeln des § 252 BGB, § 287 ZPO erleichtern dem Geschädigten die Durchsetzung von Ansprüchen.
Ob ein **Schaden** vorliegt, ergibt eine Gegenüberstellung der Vermögenssituation bei dem Betroffenen vor und nach dem Handeln des Beamten.

2.5 Haftungsausschluss/Haftungsbeschränkung

Gem. § 839 Abs. 1 S. 2 BGB kann der Geschädigte bei fahrlässiger Amtspflichtverlet- **1234**
zung auf eine **anderweitige Ersatzmöglichkeit** verwiesen werden; sofern diese besteht, liegen die **Tatbestandsvoraussetzungen** für einen Amtshaftungsanspruch nicht vor. Da das Gesetz von „**erlangen**" und **nicht** von „**verlangen**" spricht, muss dieser Ersatzanspruch **zumutbar** und auch tatsächlich **realisierbar** sein. Das ist zu verneinen, wenn der Anspruch gegen einen Dritten wirtschaftlich nicht durchsetzbar ist – seine Vermögensverhältnisse sind ruiniert oder er lebt im Ausland – oder ein Vollstreckungsversuch bereits gescheitert[60] ist.
Nimmt der Geschädigte die anderweitige Ersatzmöglichkeit nicht wahr und ist seine Forderung dadurch verjährt, greift diese Subsidiaritätsklausel weiter ein; Rechtsmittel gegen die Entscheidung eines Kollegialgerichtes muss der Geschädigte allerdings nicht einlegen.

Aus den Gesetzesmaterialien zum BGB ergibt sich, dass der Gedanke der Entlastung der Staatsfinanzen für die Subsidiaritätsklausel keine Rolle spielte, sondern es sollte hiermit lediglich einer Überängstlichkeit des Beamten vorgebeugt werden[61].

Diese Subsidiaritätsklausel („**Fiskalprivileg**") ist nicht anzuwenden:
- Wenn sich Ersatzansprüche gegen einen anderen Verwaltungsträger richten, in diesen Fällen wird die öffentliche Hand als Einheit gesehen.
- Wenn Schadensersatzansprüche wegen Amtspflichtverletzung aus der dienstlichen Teilnahme am allgemeinen Straßenverkehr bzw. bei der Verletzung öffentlich-rechtlicher Verkehrssicherungspflichten entstanden sind. Das Verweisungsprivileg wäre hier ein Verstoß gegen den haftungsrechtlichen Gleichbehandlungsgrundsatz aller Verkehrsteilnehmer[62]; die Subsidiaritätsklausel ist dagegen anwendbar, wenn der Staat sich auf Sonder- und Wegerechte berufen kann, z. B. bei einer Einsatzfahrt der Polizei mit Blaulicht und Martinshorn (§ 35 StVO)[63].
- Wenn der Geschädigte die „anderweitigen" Ersatzmöglichkeiten durch eigene Leistungen erlangt hat, z. B. aus abgeschlossenen Versicherungen[64].

57 LG Hagen, NVwZ 2000, 479.
58 LG Köln, NVwZ 1999, 1027.
59 BGHZ 143, 362.
60 BGH, NJW 2002, 1266.
61 Bender, NJW 1975, 1818.
62 BGHZ 75, 134.
63 BGH NJW 1991, 1171.
64 BGHZ 62, 380.

1235 Die Amtshaftung entfällt, wenn der Geschädigte es versäumt hat, den Schaden durch die **rechtzeitige Einlegung** von **Rechtsmitteln** abzuwenden. Der Begriff des Rechtsmittels ist nach der Rechtsprechung weit zu fassen. Es fallen alle Rechtsbehelfe darunter, die sich unmittelbar gegen die schädigende Amtshandlung oder Unterlassung selbst richten und nach den geltenden Gesetzen ihre Beseitigung oder Berichtigung ermöglichen, also auch **Gegenvorstellungen** und **Dienstaufsichtsbeschwerden**. Auch die Möglichkeit von **einstweiligem Rechtsschutz** muss der Betroffene wahrnehmen[65]. Allerdings ist es nicht erforderlich, dass z. B. ein Bauherr, der gegen eine Baustilllegungsverfügung Widerspruch eingelegt hat, aufgrund des dann eintretenden Suspensiveffektes die bereits begonnenen Bauarbeiten fortsetzt[66].
Die Einlegung des Rechtsmittels muss zumutbar und die Nichteinlegung schuldhaft gewesen sein. Auf die Belehrung eines Beamten über die Möglichkeiten der Einlegung von Rechtsmitteln darf der Bürger grundsätzlich vertrauen.

1236 Wird bei einem **Urteil in einer Rechtstatsache** (Spruchrichterprivileg) eine Amtspflicht verletzt, besteht eine Schadensersatzpflicht nur, wenn die Pflichtverletzung in einer Straftat, z. B. Rechtsbeugung (§ 339 StGB) besteht (§ 839 Abs. 2 S. 1 BGB). Hierdurch soll weniger der Richter als vielmehr die Aufrechterhaltung von rechtskräftigen Urteilen geschützt werden; auch rechtswidrige Urteile haben Bestand und sollen nicht über den Umweg der Amtshaftung kontrolliert werden. Das Spruchrichterprivileg gilt nicht bei einer pflichtwidrigen Verzögerung eines Verfahrens[67]. Zum Schutz der **richterlichen Unabhängigkeit** haftet ein Richter auch bei sonstigen Tätigkeiten nur eingeschränkt, i. d. R. nur bei Vorsatz oder u. U. bei grober Fahrlässigkeit[68].

1237 Der Amtshaftungsanspruch verjährt in drei Jahren (**relative Verjährungsfrist**, § 195 BGB). Die Verjährungsfrist beginnt mit dem Schluss des Jahres (Ultimoverjährung), in dem der Anspruch entstanden ist (§ 199 Abs. 1 Nr. 1 BGB) und der Geschädigte von den den Anspruch begründenden Umständen sowie der Person des Ersatzpflichtigen Kenntnis hatte oder ohne grobe Fahrlässigkeit erlangt haben müsste (§ 199 BGB). Entstanden ist der Anspruch, sobald er geltend gemacht werden kann, also sobald er **fällig** ist. Das setzt auch den Eintritt eines Schadens voraus[69], d. h. die **Vermögenslage** des Betroffenen muss sich **verschlechtert** haben. Wegen des Abstellens auf die Fälligkeit beginnt die Verjährung hinsichtlich etwaiger Spätfolgen einer Amtspflichtverletzung erst dann zu laufen, wenn diese Spätfolgen auch sichtbar werden. Damit sich der Eintritt der Verjährung nicht auf unabsehbare Zeit hinausschieben kann, verjähren Sach- und Vermögensschäden einer Amtspflichtverletzung spätestens zehn Jahren nach ihre Entstehung[70], sonstige Schäden nach dreißig Jahren[71]. Die Verjährung kann **gehemmt** werden z. B. durch Klageerhebung vor dem Zivilgericht oder durch Zustellung eines Mahnbescheides (§ 204 BGB). Sie wird aber zusätzlich auch gehemmt durch Rechtsschutz gegen einen amtspflichtverletzenden Verwaltungsakt[72].
Herausgabeansprüche aufgrund einer Amtspflichtverletzung verjähren ebenfalls (§ 852 BGB).

1238 Die Staatshaftung für Amtspflichtverletzungen besteht nur „***grundsätzlich***" (Art. 34 S. 1 GG). Die Haftungsübernahme ist in wenigen Ausnahmefällen ausgeschlossen mit der

65 BGHZ 130, 332.
66 BGH, DVBl. 2001, 1439.
67 Brüning, NJW 2007, 1094, 1098.
68 BGH, NJW 2003, 3052.
69 BGHZ 170, 260.
70 § 199 Abs. 3 BGB.
71 § 199 Abs. 2 BGB.
72 OLG Frankfurt a. M., NVwZ-RR 2007, 63.

Folge, dass der Beamte persönlich haftet. Solche Beschränkungen müssen aus sachlichen Gründen geboten und verhältnismäßig sein und bedürfen einer formellen gesetzlichen Grundlage durch Bundes- oder Landesgesetz[73]. Eine Haftungsbeschränkung durch gemeindliche Satzung ohne spezielle gesetzliche Ermächtigung ist nicht möglich[74]. Die Staatshaftung entfällt für bestimmte Gebührenbeamte[75], z. B. Bezirksschornsteinfegermeister. Für bestimmte Beamte im Auswärtigen Dienst kann sie gem. § 5 Nr. 2 RBHG entfallen. Für Notare gilt § 19 BNotO[76].

Sind die Tatbestandsvoraussetzungen für einen Amtshaftungsanspruch erfüllt, ist der **1239**
entstandene **Vermögensschaden** zu ersetzen (§§ 249 f. BGB), d. h. der **materielle** und **immaterielle** (Schmerzensgeld, § 253 Abs. 2 BGB) **Schaden**. Es kommt aber nur eine Geldzahlung in Betracht, **Naturalrestitution** scheidet aus.
Ein **Mitverschulden** des Geschädigten ist zu berücksichtigen (§ 254 BGB).

Der Schadensersatzanspruch wegen Amtspflichtverletzung ist grundsätzlich gegen die **1240**
Körperschaft zu richten, die dem Bediensteten das Amt anvertraut hat, die ihn **angestellt** hat[77]. Hat ein Beliehener einen Schaden verursacht, so haftet grundsätzlich die Körperschaft, die dem Beliehenen die amtliche Anerkennung erteilt hat[78].
Der Anspruch auf Staatshaftung ist von den **Zivilgerichten** zu entscheiden (Art. 34 S. 3 GG), und zwar immer ohne Rücksicht auf die Höhe des Streitwertes in erster Instanz vom Landgericht (§ 71 Abs. 2 Nr. 2 GVG), dort besteht Anwaltszwang.

Neben dem deutschen Staatshaftungsrecht besteht ein vom EuGH entwickeltes **ge- 1241**
meinschaftsrechtliches Staatshaftungsrecht[79], auf das hier aber nur hingewiesen werden soll. Bei Verstößen gegen Gemeinschaftsrecht besteht unter dem Gesichtspunkt des Effizienzgebotes („effet utile") ein Haftungsanspruch des Einzelnen bei Vorliegen folgender Voraussetzungen[80]:
- die Richtlinie, gegen die verstoßen worden ist, muss den Einzelnen hinreichend begünstigen,
- der Inhalt der Richtlinie muss unbedingt und hinreichend bestimmt anwendbar sein, d. h. der Umfang der Rechte muss sich allein aus der Richtlinie ergeben,
- zwischen dem Verstoß gegen die Richtlinie und dem der geschädigten Person entstandenen Schaden muss ein unmittelbarer Kausalzusammenhang bestehen,
- der Verstoß gegen die Richtlinie muss qualifiziert sein, d. h. der Mitgliedstaat muss offenkundig und schwerwiegend gegen das Gemeinschaftsrecht verstoßen haben.

3. Sonstige Ansprüche

Entzieht der Staat aus Gründen des öffentlichen Wohls **rechtmäßig** das Eigentum eines **1242**
Bürgers ganz oder teilweise, spricht man von **Enteignung** (Art. 14 Abs. 3 GG). Die Enteignung kann unmittelbar aufgrund eines Gesetzes (**Legalenteignung**) oder mittelbar aufgrund einer behördlichen Entscheidung (**Administrativenteignung**) erfolgen. Die entsprechenden Gesetze müssen die Vorgaben des Art. 14 Abs. 3 GG erfüllen.

---

73 Mauer, AVR, § 26 RdNr. 39.
74 BGHZ 61, 7; BGH, DVBl. 2007, 1238.
75 § 5 Nr. 1 RBHG (Gesetz über die Haftung des Reichs für seine Beamten vom 22. Mai 1910; zuletzt geändert durch Art. 6 Gesetz über dienstrechtlichen Regelungen für besondere Verwendungen im Ausland (Auslandsverwendungsgesetz – AuslVG) vom 28.7.1993 (BGBl. I S. 1394).
76 BGHZ 135, 354, 356.
77 BGHZ 99, 326, 330.
78 BGH, NVwZ-RR 2003, 543.
79 Vgl. hierzu Gromitsaris, SächsVBl. 2001, 157 m. w. N.
80 EuGH, NVwZ 2009, 771.

Treffen den Bürger Einwirkungen, die auf von der öffentlichen Hand verursachte Eigentumseingriffe zurückgehen, z. B. als Geschäftsinhaber, der bei Straßenbauarbeiten vor seinem Geschäft deutliche Umsatzeinbußen hat, so kommen Ansprüche aus **enteignendem Eingriff** in Betracht[81]. Die Eingriffshandlung ist **rechtmäßig**, der eingetretene Erfolg aber rechtswidrig (**Erfolgsunrecht**).
Von einem **enteignungsgleichen Eingriff** spricht man, wenn ein Hoheitsträger unmittelbar und in **rechtswidriger Weise** eine vermögenswerte Rechtsposition i. S. des Art. 14 Abs. 1 S. 1 GG beeinträchtigt[82]. Unterlassen reicht grundsätzlich nicht. Der Anspruch wird inzwischen auch vom Bundesgerichtshof nicht mehr aus Art. 14 GG hergeleitet[83], er ist nur einfachrechtlicher Natur. Der Anspruch aus enteignungsgleichem Eingriff besteht neben dem Amtshaftungsanspruch.
Bei der **Verletzung immaterieller Rechtsgüter** wie Leben, Gesundheit, Freiheit bildet der aus §§ 74, 75 Einl ALR abgeleitete und inzwischen gewohnheitsrechtlich anerkannte **Aufopferungsanspruch** einen subsidiären, verschuldensunabhängigen Entschädigungstatbestand[84]. Es kommt nicht darauf an, ob der Eingriff rechtmäßig oder rechtswidrig, schuldhaft oder gezielt erfolgte. Unterlassen reicht nicht aus. Das vom Bürger erbrachte **Sonderopfer** muss sich vom allgemeinen **Lebensrisiko** abgrenzen und eine besondere Schwere aufweisen[85].

1243 Rechtsgrundlos erlangte öffentlich-rechtliche Leistungen müssen nach dem Grundsatz der Gesetzmäßigkeit der Verwaltung zurückgegeben werden, und zwar sowohl im Verhältnis **Staat – Bürger** als auch im Verhältnis **Bürger – Staat**. Beruht die Leistung, die der Bürger erhalten hat, auf einem Verwaltungsakt, muss dieser zunächst widerrufen oder zurückgenommen worden sein, das setzt die Abwägung von Vertrauensschutz voraus.

Beispiele: Rückzahlung von Subventionen; Rückerstattung überzahlter Steuern.

Der eigenständige **öffentlich-rechtliche Erstattungsanspruch** regelt im Prinzip nichts anderes als der zivilrechtliche Bereicherungsanspruch (§§ 812f BGB). Es geht um die Rückabwicklung von Leistungsbeziehungen[86]. Die öffentliche Hand kann sich nicht auf den Wegfall der Bereicherung berufen. Hat der Bürger einen Anspruch gegen den Staat, so kann der mit der allgemeinen Leistungsklage vor dem Verwaltungsgericht durchgesetzt werden. Da der Erstattungsanspruch die **„Kehrseite“** eines Leistungsanspruches ist, kann die Behörde einen Erstattungsanspruch auch dann durch Leistungsbescheid geltend machen, wenn dies nicht – wie im Fall des § 49a Abs. 1 S. 2 VwVfG – ausdrücklich gesetzlich geregelt ist[87].

1244 Der Bürger kann im Rahmen der Amtshaftung nicht verlangen, dass ein rechtswidriges hoheitliches Handeln tatsächlich rückgängig gemacht wird, da der Amtshaftungsanspruch nur Geldzahlungen begründet.
Es ist daher das Institut eines verschuldensunabhängigen **Folgenbeseitigungsanspruches** entwickelt worden und inzwischen allgemein anerkannt[88]. Gestützt wird er teilweise auf § 1004 BGB analog, das Rechtsstaatsprinzip, den Grundsatz der Gesetzmäßigkeit der Verwaltung bzw. die Grundrechte. Der Folgenbeseitigungsanspruch umfasst die Fälle, in denen hoheitlich durch Verwaltungshandeln oder durch ein Unterlassen in ein subjektives Recht eingegriffen worden ist und ein rechtswidriger, noch

81 BGHZ 140, 285, 298; OLG Hamm, NVwZ 2004, 1148.
82 BGHZ 83, 190.
83 Wie bis zur Nassauskiesungsentscheidung BVerfGE 58, 300.
84 BVerfG, NVwZ 1998, 271 f.
85 BGHZ 46, 327.
86 Im Einzelnen vgl. Hüttenbrink/Windmöller, SächsVBl. 2001, 133 m. w. N.
87 BVerwGE 40, 85, 90.
88 VGH Mannheim, DVBl. 2015, 106.

andauernder Zustand geschaffen wurde[89]. Der Folgenbeseitigungsanspruch ist also kein Schadensersatz- oder Entschädigungsanspruch, sondern ein Wiederherstellungsanspruch, denn dem Betroffenen geht es häufig nicht um Geldersatz, sondern einfach um Wiederherstellung des vor dem Eingriff bestehenden Zustands. Der FBA zielt daher auf die Beseitigung der tatsächlichen Folgen eines rechtswidrigen Eingriffs oder auf Wiederherstellung des ursprünglichen Zustands ab.

Der Folgenbeseitigungsanspruch knüpft nicht unmittelbar an den hoheitlichen Eingriff **1245**
selbst, sondern an dessen Folgen an. Selbst wenn der Eingriff rechtmäßig war, kann Beseitigung verlangt werden, wenn der Zustand, der geschaffen wurde, mittlerweile rechtswidrig ist.

Beispiel: Die (rechtmäßige) Einweisung eines Mieters in seine bisherige Wohnung trotz eines Räumungsurteils im Rahmen der Obdachlosenunterbringung wird spätestens nach sechs Monaten rechtswidrig. Der Vermieter kann dann von der Behörde die Räumung der Wohnung verlangen.

Nur die unmittelbar verursachten Folgen des rechtswidrigen Verwaltungshandelns müssen beseitigt werden.

Beispiel: Es kann nur die Exmittierung eines zu Unrecht eingewiesenen Obdachlosen verlangt werden, nicht jedoch auch Ersatz für das beschädigte Mobiliar[90].

War der Betroffene für die Umstände mitverantwortlich, die zu dem Folgenbeseitigungsanspruch geführt haben, so mindert sich der Anspruch.

Beispiele: Ein Grundstückseigentümer beeinträchtigt mit dem Bau einer Grenzmauer auch das anliegende Straßengrundstück. Es werden Aufschüttungen mit negativen Folgen auf das Eigentum vorgenommen.

Erfüllt die Behörde einen Folgenbeseitigungsanspruch nicht, so macht sie sich unter Amtshaftungsgesichtspunkten schadensersatzpflichtig[91].

Beispiel: Behörde lehnt ein Tätigwerden nach Ablauf der Einweisungszeit eines Obdachlosen ab.

Der Folgenbeseitigungsanspruch ist **ausgeschlossen**, wenn die Wiederherstellung des **1246**
ursprünglichen Zustandes tatsächlich oder rechtlich **unmöglich** oder **unzumutbar** ist oder wenn sich das Verlangen als **unzulässige Rechtsausübung** darstellt[92]. Die Wiederherstellungspflicht schlägt dann in einen Entschädigungsanspruch um[93], der sich aus dem Rechtsgedanken des § 251 BGB ergibt, denn es wäre unbillig, den zur Folgenbeseitigung Verpflichteten ganz aus seiner Verantwortung zu entlassen.
Ein Folgenbeseitigungsanspruch ist weiterhin ausgeschlossen, wenn sie mit **unverhältnismäßigen**, nach den Interessen der Beteiligten und allen sonstigen Umständen unbilligen **Aufwendungen** verbunden wäre[94].

Beispiel für Unmöglichkeit: Beleidigungen können nicht durch nachträgliches Handeln aus der Welt geschaffen werden. Verlangt werden kann nur der Widerruf falscher Tatsachenbehauptung, nicht jedoch falscher Werturteile[95]. – Beispiel für Unzumutbarkeit: Die Beseitigung einer rechtswidrigen Hausentwässerung würde das gesamte Kanalnetz der Gemeinde lahm legen.

Da es sich bei dem Folgenbeseitigungsanspruch um einen öffentlich-rechtlichen Anspruch handelt, ist er gem. § 40 Abs. 1 VwGO vor dem Verwaltungsgericht geltend zu machen. § 40 Abs. 2 S. 1 VwGO gilt nur für Geldansprüche des Bürgers. darunter

---

89 OVG NRW, NVwZ 2000, 217, 218.
90 Insoweit kommt ein Amtshaftungsanspruch in Betracht bzw. ein Anspruch aus enteignendem oder enteignungsgleichen Eingriff.
91 BGHZ 130, 332, Anm. Rüfner, JuS 97, 309.
92 BVerwG, DVBl. 2004, 1493.
93 OVG NRW, NVwZ 2000, 217, 219.
94 BGHZ 62, 388.
95 VGH Mannheim, NJW 1990, 1808, 1809.

fällt der Folgenbeseitigungsanspruch auch dann nicht, wenn er sich ausnahmsweise in eine Geldforderung wandelt. In der Regel wird die **allgemeine Leistungsklage** die richtige Klageart sein. Die **Verjährungsfrist** für Folgenbeseitigungsansprüche beträgt regelmäßig **drei Jahre** (§§ 195, 199 BGB), längstens aber zehn Jahre, da eine Verletzung der in § 199 Abs. 2 BGB genannten Rechtsgüter nicht vorstellbar ist.

Stichwortverzeichnis

Die Zahlen verweisen auf die Randnummern.

Stichwortverzeichnis

Stichwortverzeichnis

Stichwortverzeichnis